KB068963

NATIONAL
INTELLIGENCE
STUDIES

현대
국가정보학

전웅

박영사

머 리 말

　　정보활동은 인류의 역사와 더불어 시작될 만큼 오래되었지만, 정보활동에 대한 학문적 차원의 연구가 시작된 것은 불과 50여 년 전이다. 20세기 들어서서 두 차례의 세계대전이 발발했고, 여기서 영국과 미국의 효과적인 정보활동은 전쟁에 승리하는 데 결정적인 요인이 되었던 것으로 인정된다. 그럼에도 불구하고, 정보활동에 관한 자료는 비밀로 분류되어 일반인들의 접근이 어려웠기 때문에 학자들의 연구가 매우 미흡한 분야로 남아 있었다. 그런데 냉전의 종식과 더불어 정부 기록물들이 공개되면서 비밀 정보활동에 대한 학계의 연구가 보다 활성화되었다. 또한, 9/11 테러 사건과 이라크전쟁을 계기로 국가정보는 국가의 안보에 핵심적인 요인으로 부각되었으며, 이에 따라 정보활동에 대한 학계의 관심과 연구가 보다 증가되는 경향을 보이고 있다.

　　미국과 영국에서는 일찍부터 학문의 한 분야로서 국가정보학을 연구하고 발전시켜 왔다. 미국에서는 1950년대 이후 주로 국제관계학을 전공하는 학자들을 중심으로 국가정보학을 연구했고, 영국에서는 국제관계사 또는 외교사를 연구하는 역사학자들이 이 분야에 대한 연구를 활발히 수행했다. 학계의 연구뿐만 아니라 미국과 영국에서는 일반 대학에서도 강좌를 개설하여 국가정보학을 강의하고 있다. 그러나 영국과 미국을 제외한 대부분의 국가에서는 국가정보학에 대한 학계의 관심이나 연구가 매우 미흡한 실정이다. 특히 한국은 그동안 정보기관이나 정보활동에 대해 언급하는 것조차 금기시 할 정도로 비밀보안을 유지하면서 일반인들의 자료 접근조차 엄격히 제한했기 때문에 이 분야에 대한 학자들의 연구가 제대로 수행될 수 없었다. 이로 인해 일반인들은 물론 학계에서조차 정보활동을 음모론적 시각에서 왜곡되게 인식하는 경향을 보여

왔다.

탈냉전·정보화의 시대적 조류에 따라 정보활동은 더 이상 비밀의 베일에 싸인 금기의 영역이 아니다. 탈냉전과 더불어 비밀로 분류되었던 많은 정부 기록물들이 공개되고 있고, 정보화의 흐름 속에서 정보활동의 공개성이 확대되고 있다. 이러한 상황에서 영미권 학자들을 중심으로 국가정보학 연구를 보다 활성화하고자 하는 모습을 보이고 있다. 국가정보학 연구의 활성화는 국제관계사, 외교사, 정책결정과정 등에서 생략된 영역이었던 정보활동에 대한 부분을 보완함으로써 학문적 완성도를 높이는데 기여할 수 있다. 또한 학계의 연구가 활성화됨으로써 정보기관의 존재 의의와 정보활동의 필요성에 대해 학계는 물론 일반인들의 인식이 올바로 정립될 수 있는 계기가 마련될 수 있을 것이다.

국내 학계의 국가정보에 대한 관심과 연구는 20여 년에 불과한 짧은 역사를 가진다. 1995년 경 연세대 문정인 교수를 중심으로 국가정보에 관심을 가진 30여 명의 학자, 언론인들이 '국가정보연구회'를 결성하여 국가정보에 대한 연구가 최초로 시작되었다. 연구회의 일부 회원들은 연세대, 중앙대, 경희대 등 소속대학에서 국가정보론을 정식 과목으로 개설하여 강의하기 시작했으며, 2002년 강의 교재로서『국가정보론』이라는 교과서를 편찬하기도 하였다. 연구회는 국가정보론에 대한 강의와 연구를 활성화함으로써 불모지로 여겼던 이 분야에 대한 국내 학계의 관심을 유도하고 나아가 학문적 기초를 구축하는데 기여한바 크다. 2000년대에 들어서서 국가정보에 관한 국내 학계의 관심이 보다 증가되었고, 국가정보학을 학문적으로 체계화하여 연구할 필요성이 제기되었다. 이러한 국내 학계의 분위기가 무르익는 가운데 마침내 2007년 '한국국가정보학회'가 창립되었고, 이를 계기로 국가정보에 대한 국내 학계의 연구가 보다 활발히 진행되었다.

그러나 안타깝게도 국내 학계의 국가정보학분야에 대한 관심이나 연구는 여전히 미흡한 실정이다. 예를 들어, 국내 학계에서 국가정보학분야를 자신의 단일 전공으로 하여 전문적으로 연구하는 학자는 손꼽을 정도로 많지 않다. 지금까지 국내 저명 학술지에 게재된 논문은 고작 10편 내외에 불과하며, 모두 10여 권의 교과서가 시중에 발간되었지만 일부를 제외하고 대부분 기대에 미치지 못하는 수준으로 평가되고 있다. 해외에서 정보활동 관련 책자와 자료들이 엄청나게 쏟아져 나오는 반면, 국내에서는 번역서조차도 충분히 나와 있지 않은 가운데 학술서적보다는 저널리즘적 저서가 더 많이 발간되었다. 국내 대학의 학부 또는 대학원에서 국가정보학 강좌가 개설되어 있지만 이 분야를 전문적으로 강의할 강사 인력조차 충분치 않은 실정이다.

　이처럼 열악한 상황에서 국가정보학의 학문적 발전을 기대하기 어렵다. 국가정보학의 학문적 발전은 새로운 이론이나 기법의 개발을 통해 국가정보 업무의 효율성을 향상시키는데 기여할 수 있다. 또한 국가정보학은 올바른 정보활동의 방향을 제시해주고 국민들에게 국가정보의 중요성을 인식시켜 주는 등 긍정적인 역할을 수행할 수 있다. 이러한 관점에서 국내 학계의 국가정보학에 관한 연구와 교육을 보다 활성화시킬 필요가 있다. 이를 위해 다양한 방안들이 모색되는 가운데 무엇보다도 엄격한 이론과 학문적 체계를 갖춘 교과서의 발간이 절실히 요구된다. 이 책자는 그러한 요구에 다소나마 부응하고자하는데서 시도되었다.

　그동안 국내에 문정인 교수가 편찬한 『국가정보론』, 국가정보포럼에서 발간한 『국가정보학』 등 몇 권의 국가정보 관련 교과서들이 출간되어 관련 분야 연구 및 교육에 매우 유용하게 활용되어 왔다. 이 책자 역시 그러한 목적에 부합되게 활용될 수 있을 것으로 기대되는 한편, 몇 가지 점에서 기존의 교과서들과는 명백히 차별화된 내용들을 포함하고자 하였고 그것이 중요한 집필 동기가 되었다. 그런 점에서 이 책자는 몇 가지 중요한 특징을 갖는다.

　첫째, 이 책은 저자 단독으로 집필한 글로 구성되어 첫 장부터 마지막 장에 이르기까지 내용상의 일관성을 유지하고자 노력했다는 점이다. 기존의 교과서들 대부분이 여러 명의 저자들이 각 장별로 집필하고 이를 모아 편찬하는 형식으로 출판됨으로써 내용상의 일관성이 유지되기 어려웠던 점이 있었다. 여러 명이 집필진으로 참여함으로써 다양한 관점이나 접근방법이 제시되는 반면, 때로 핵심적인 내용이 생략되기도 하고 중요하지 않거나 불필요한 내용이 과다하게 기술되는 등의 문제도 드러났다. 저자는 이러한 점에 유의하여 각 장별로 독자들이 꼭 알아야 할 필요가 있는 핵심적인 내용을 일관성 있게 기술하고자 노력했다.

　둘째, 첩보수집, 정보분석, 비밀공작, 방첩 등 정보활동 관련 이론, 활동기법 그리고 사례 등을 풍부하게 삽입하였다. 특히 모든 정보활동의 기초를 이루는 첩보수집분야에 보다 많은 지면을 할애하여 신호정보, 영상정보, 인간정보 등 각 첩보수집 수단의 유형 및 장단점을 독자들이 알기 쉽게 정리하여 소개하였다. 또한 세계 첩보사에 널리 알려진 스파이들의 활약상, 성공 또는 실패한 정보분석, 비밀공작 그리고 방첩 등 관련 사례들을 가급적 빠짐없이 수록하고자 노력하였다. 이처럼 정보활동 관련 풍부한 사례들이 제공됨으로써 국가정보에 관심을 가진 독자들의 흥미와 이해를 증진시키는 데 도움이 될 수 있을 것으로 기대된다.

　셋째, 기존의 교과서에서 수록되지 않았거나 다루지 않았던 새로운 내용들을 추가했으며, 최신의 사례와 연구들을 업데이트하여 포함시켰다. 예를 들어, 국가정보학의 연구동향(제3장), 새로운 정보분석의 기법으로서 대안정보분석기법(제5장), 방첩의 한 유형으로서 능동적 방법(제7장) 등은 기존의 교과서에 다루지 않았던 내용이며, 제16장 (정보의 민주적 통제) 중의 거의 대부분은 저자가 새로운 내용으로 보완하였다. 그리고 미국, 영국, 유럽 국가 등 세계 주요 정보기관들의 조직체계 개편, 운영체계의 변화, 향후 전망 등 최근의 변화 상황을 반영하여 기술하였다. 요컨대, 새롭게 공개된 비밀 정보활동 관련 자료들, 국내외 학계에서 새롭게 연구되거나 조명된 내용, 정보환경의 변화에 따라 새롭게 개발된 정보활동 기법들 등 최신의 다양한 자료와 연구들을 총체적 으로 정리하여 소개하고자 하였다.

넷째, 이 책의 내용이 국가정보 관련 단순한 이론에 치우치지 않고 정보활동의 실상을 충실히 반영하여 이론과 현실의 조화를 지향하고자 고심하였다. 저자는 학문의 길로 들어선 이래 전공으로서 국가정보학을 꾸준히 연구해 왔으며, 정보조직의 일원으 로 근무하면서 정보활동을 수행하는 요원들을 대상으로 국가정보론을 직접 강의해 왔다. 저자의 그러한 독특한 경력은 학문으로서 국가정보 관련 이론과 더불어 정보활동 의 실상이라는 두 가지 관점을 조화롭게 반영하여 기술하는데 많은 도움이 되었다. 어쨌든, 이 책이 정보활동에 관한 학문적 이해를 증진시키면서 동시에 정보업무에 실질 적으로 도움을 주는 유용한 참고자료로 활용될 수 있을 것으로 기대해본다.

저자는 2006년 국가정보포럼 명의로 출간된 교과서,『국가정보학』의 공동 집필진 으로 참여했다. 당시 총 13개 장 중 6개 장을 저자가 쓴 것으로서 공동 집필진 중 가장 많은 분량을 집필했었다. 저자의 판단으로 동 책자는 10명이 공동 집필진으로 구성되어 책자를 썼기 때문에 내용상의 일관성이 다소 떨어지는 등 일부 미흡한 점이 있었다. 한편, 국가정보기관에 몸을 담고 있는 직원으로서 저자 스스로 국가정보 관련 실무로서 뿐만 아니라 학문적으로도 권위를 인정받는 교과서를 출간하는 일을 필생의 사명으로 인식하게 되었다. 이에 저자 단독으로 교과서를 저술하기로 작정하고 2007년 부터 홀로 집필 작업을 시작했다.

이 책을 집필하는 데 참으로 긴긴 인고의 세월을 거쳤다. 혼자서 방대한 분량의 책자를 집필하는 것이 결코 쉽지 않았다. 앞서 언급했듯이 저자는 국가정보포럼 편저 『국가정보학』의 많은 부분을 집필했고, 그동안 국내 저명학술지(국제정치논총, 국가전략, 국방연구, 국가정보연구 등)에 국가정보 관련 다수의 논문들을 게재해 왔다. 그래서 처음 생각으로 그동안 저자가 작성했던 글들을 모으면 책자를 쉽게 완성할 수 있을 것으로 판단했다. 실제로 이 책자의 일부 내용은 국가정보포럼 편저『국가정보학』에서 저자가 집필했던 부분을 발췌해서 수록했다. 또한 저자가 국제정치논총 등 국내 저명 학술지에 게재했던 학술논문들 중의 일부를 수정·보완 및 편집하여 이 책자에 포함시켰다. 그럼에도 불구하고 책자 원고 집필을 완성하는 일은 생각처럼 쉽지 않았다. 누가 시켜서 한 일이 아니었기에 중간에 그만 두어도 아무런 부담이 없었고, 직장에서 처리해야 할 잡다한 업무와 기타 사정으로 인해 집필이 자주 중단되었기 때문에 집필 시간이 생각보다 오래 걸렸다. 우여곡절 끝에 거의 7년여 간의 작업을 거쳐 마침내 교과서 원고 초고 작성을 마쳤다. 책자의 초고 작성에서부터 몇 차례의 교정에 이르기까지 집필과정 거의 대부분을 저자 홀로 수행했다. 참으로 길고 지루한 세월이었다.

지나온 나의 삶을 되돌아 보건대 고비 고비 힘든 시간이 많았다. 그 힘들고 어려울 때마다 늘 내 옆에서 든든한 버팀목이 되어 나를 지켜주신 하나님께 마음깊이 감사를 드린다. 그동안 집필과정에서 힘들고 지친 저자를 묵묵히 격려해 주고 성원해 준 아내 김진, 그리고 사랑하는 아들 전회수에게 감사를 표한다. 저자를 일찍이 학자의 길로 인도하시고 학업을 마치기까지 물심양면으로 뒷바라지를 해주신 부모님과 그러한 저자를 묵묵히 성원해 준 동생들에게도 감사를 표한다. 또한 이 책자를 강의교재로 사용하겠다면서 책자 발간을 손꼽아 기다리며 격려를 아끼지 않았던 선배 및 동료 교수들께도 사의를 표한다. 마지막으로 출판 과정에서 도움을 주신 박영사 관계자분들, 특히 우석진 부장, 강상희 과장에게도 감사를 표한다.

아무쪼록 이 책자가 대학생들이나 관심 있는 독자들에게 국가정보를 개괄적으로 이해하는 데 도움이 되고, 나아가 국가정보를 학문적으로 연구 또는 강의하는 데 필요한 교재로 뿐만 아니라 정보업무를 수행하는 데 실질적으로 도움이 되는 유용한 참고자료로 활용될 수 있기를 감히 기대해본다.

2015년 1월 12일
전 웅

차 례

제1편 국가정보의 개관

제1장 국가정보의 기초
제1절 국가정보의 개념 ··· 3
제2절 국가정보의 범위와 유형 ··· 10
제3절 국가정보의 순환 ··· 13

제2장 정보활동의 기원과 발전
제1절 정보활동의 기원 ··· 20
제2절 르네상스 시대의 정보활동 ··· 22
제3절 근대적 정보기관의 등장 ··· 25
제4절 현대 정보활동 ··· 28

제3장 국가정보학의 연구동향
제1절 국가정보학 연구의 의의 ··· 33
제2절 국가정보학의 연구범위 ··· 34

제 3 절 국가정보학의 접근방법 ·· 36
제 4 절 국가정보학의 학문적 기원과 발전 ··· 40
　　1. 고대에서 냉전시대까지 ··· 40
　　2. 탈냉전기 ··· 47
제 5 절 국가정보학의 학문적 위상과 한계 ··· 58

제 2 편　정보활동론

제 4 장　첩보수집

제 1 절 인간정보 ·· 66
　　1. 인간정보의 의미와 유래 ··· 66
　　2. 정보관과 첩보원 ··· 67
　　　　(1) 정보관의 유형: 공직 가장과 비공직 가장　69
　　　　(2) 첩보원의 종류: 협조자와 공작원　77
　　　　(3) 첩보원이 되는 동기　79
　　3. 스파이기술 ·· 85
제 2 절 기술정보 ·· 90
　　1. 영상정보 ··· 90
　　　　(1) 영상정보의 기원과 발전　90
　　　　(2) 항공정찰　92
　　　　(3) 위성정찰　98
　　2. 신호정보 ·· 104
　　　　(1) 신호정보의 기원과 발전　104
　　　　(2) 통신정보　107
　　　　(3) 전자정보　111
　　　　(4) 원격측정정보　113
　　　　(5) 신호정보 수집기지　113
　　3. 징후계측정보 ·· 121
　　　　(1) 레이저정보　121
　　　　(2) 레이더정보　122
　　　　(3) 적외선정보　122
　　　　(4) 핵정보　122

4. 신호정보와 영상정보: 장단점 비교 ·············· 123
(1) 신호정보의 장단점 123
(2) 영상정보의 장단점 125

제 3 절 인간정보와 기술정보의 비교 ················· 128
1. 기술정보 수집의 장단점 ···························· 128
2. 인간정보 수집의 장단점 ···························· 133
3. 소 결 론 ··· 140

제 4 절 공개출처정보 ····································· 141
1. 공개출처정보의 의의 ································ 141
2. 공개출처정보의 개념과 유형 ····················· 143
3. 탈냉전, 정보화, 그리고 공개출처정보 ··········· 146
4. 공개출처정보와 비밀출처정보의 관계 ············ 149
5. 공개출처정보의 장단점 ····························· 154

제 5 장 정보분석

제 1 절 개 관 ··· 162
1. 정보분석의 개념과 의미 ···························· 162
2. 정보분석의 목적과 범위 ···························· 163

제 2 절 정보분석 기법 ··································· 167
1. 기술적 분석: 암호분석 ····························· 168
2. 사회과학적 기법 ······································ 170
(1) 학문적 기법과의 비교 170
(2) 질적분석과 계량분석 173
3. 대안분석기법 ·· 176
(1) 개발 배경 176
(2) 대표적인 기법들 177
(3) 문제점과 한계 183

제 3 절 정보분석보고서: 생산과정, 유형, 특징 ······· 184
1. 정보분석보고서의 생산과정 ······················· 184
2. 첩보유형에 따른 분석보고서 생산방법 ·········· 186
(1) 알려진 사실 186
(2) 비 밀 187
(3) 기만정보 187
(4) 불가사의 188

  3. 정보분석보고서의 유형과 특징 ·· 189
    (1) 기본정보보고서 189
    (2) 현용정보보고서 190
    (3) 판단정보보고서 192
    (4) 브 리 핑 195
  4. 정보분석보고서의 평가 ··· 196

제 4 절 정보분석기구 ··· 198
  1. 수집기구와 분석기구의 관계 ·· 198
  2. 최고 정보판단기구 ··· 199
    (1) 영   국 200
    (2) 미   국 201
    (3) 영국과 미국의 국가정보판단체계 비교 202
    (4) 기타 국가들 204

제 5 절 분석과 정책의 관계: 분석관과 정보사용자 ··························· 205
  1. 분석관의 자질과 역할 ··· 205
  2. 정보사용자와 분석관의 관계 ·· 206
  3. 분석관과 정보사용자 간 의사소통의 방법들 ···································· 210

제 6 장   비밀공작

제 1 절 비밀공작의 기원과 발전 ·· 213
제 2 절 비밀공작의 이해: 개념, 특성, 필요성 ···································· 217
  1. 비밀공작의 개념 ··· 217
  2. 비밀공작의 특성 ··· 222
  3. 비밀공작의 필요성 ·· 225
제 3 절 비밀공작의 계획과 실행: 미국의 사례 ·································· 227
  1. 비밀공작의 결정과정 ··· 227
  2. 비밀공작의 예산 ··· 231
제 4 절 비밀공작의 유형 ·· 233
  1. 학계의 분류 ·· 233
  2. 선전공작 ·· 235
  3. 정치공작 ·· 240
  4. 경제공작 ·· 244
  5. 쿠 데 타 ·· 246
  6. 준군사공작 ··· 250

제 5 절 비밀공작의 쟁점과 과제 ······················· 257
  1. 정 당 성 ······································· 257
  2. 그럴듯한 부인 ······························· 258
  3. 역   류 ······································· 260
  4. 손익평가 ······································· 262

제 7 장 방   첩
제 1 절 방첩의 기원과 중요성 ························· 266
제 2 절 방첩의 이해: 개념, 목적, 범위 ················· 269
  1. 방첩의 기본 개념 ··························· 269
  2. 방첩의 목적과 범위 ························· 273
  3. 방첩의 유형: 수동적 방첩 vs 능동적 방첩 ····· 276
제 3 절 방첩의 실제 ······························· 278
  1. 수동적 방첩: 보안 ························· 278
    (1) 보안의 개념 278
    (2) 문서보안 281
    (3) 인원보안 285
    (4) 시설보안 288
    (5) 통신보안 289
    (6) 전자파 보안 291
    (7) 컴퓨터 보안 291
  2. 능동적 방첩: 대스파이활동 ················· 292
    (1) 개념과 의미: 보안 vs 대스파이 활동 292
    (2) 첩보수집 295
    (3) 방첩수사: 감시와 수사 297
    (4) 방첩공작: 이중간첩과 기만 301
    (5) 방첩분석 305
제 4 절 방첩의 새로운 영역 ························· 309
  1. 테러리즘 대응 ····························· 309
    (1) 9/11과 뉴테러리즘 309
    (2) 테러조직의 특성 311
    (3) 대테러 정보수집 수단들 312
    (4) 대테러 국제협력 313
  2. 사이버테러의 실태와 대응 ················· 314

(1) 사이버 테러의 실태　314
(2) 사이버테러의 개념과 특징　318
(3) 사이버테러 공격의 유형 및 사용무기　320
(4) 주요국의 사이버테러 대응실태　322
3. 국제범죄 대응 ·· 327
(1) 세계화 현상과 국제범죄　327
(2) 국제범죄의 개념　328
(3) 국제범죄조직의 실태　330
(4) 대응책과 한계　333
제 5 절　방첩의 과제와 전망 ·· 335

제 3 편　정보기구론

제 8 장　정보기구의 개관

제 1 절　정보기관과 정보활동 ·· 343
제 2 절　정보기관의 특성 ·· 344
제 3 절　정보기구의 유형 ·· 350
제 4 절　정보기구 비교: 민주주의 국가 vs 권위주의 국가 ·············· 352

제 9 장　미국의 정보기구

제 1 절　기원과 발전 ·· 355
제 2 절　조직과 운영체계 ·· 361
1. 미국의 정보공동체 개관 ·· 361
2. 미국의 정보기관 ··· 366
(1) 중앙정보국　366
(2) 국가안보국　368
(3) 국가정찰국　371
(4) 국가지형정보국　372
(5) 연방수사국　373
(6) 국방정보국　377
(7) 육·해·공·해병 등 각 군 정보부대 및 통합사령부 단위 정보부대　378

(8) 국무부 정보조사국 379

(9) 국토안보부 380

(10) 에너지부의 정보방첩실 382

(11) 재무부의 정보분석실 383

(12) 마약단속국 384

(13) 해안경비대 385

제 3 절 최근 변화 동향 ·· 385

제10장 동북아 주요국의 정보기구

제 1 절 일본의 정보기구 ··· 388

1. 기원과 발전 ··· 388

2. 구성과 기능 ··· 391

(1) 내각정보조사실 391

(2) 공안조사청 393

(3) 방위성 정보본부 394

(4) 기   타 396

3. 최근 동향과 전망 ··· 396

제 2 절 중국의 정보기구 ··· 399

1. 기원과 발전 ··· 399

2. 구성과 기능 ··· 401

(1) 개   관 401

(2) 당 산하 정보기구 403

(3) 국무원 산하 정보기구 404

(4) 군 산하 정보기구 407

3. 과제와 전망 ··· 408

제 3 절 러시아의 정보기구 ·· 412

1. 기원과 발전 ··· 412

2. 구성과 기능 ··· 415

(1) 해외정보부 415

(2) 연방보안부 418

(3) 참모본부 정보총국 420

(4) 연방정보통신국 422

(5) 연방경호부 423

3. 전망과 과제 ··· 423

제11장 유럽의 정보기구

제 1 절 영국의 정보기구 ·· 426

1. 기원과 발전 ··· 426
2. 구성과 기능 ··· 429
   (1) 보 안 부 429
   (2) 비밀정보부 430
   (3) 정보통신본부 432
   (4) 합동정보위원회 433
   (5) 런던 경찰국 434
   (6) 국방정보부 435
3. 최근 동향과 전망 ··· 436

제 2 절 프랑스의 정보기구 ··· 438

1. 기원과 발전 ··· 438
2. 구성과 기능 ··· 441
   (1) 해외안보총국 441
   (2) 국내안보총국 442
   (3) 군 정보기관 444
   (4) 합동정보위원회 445
3. 최근 동향과 전망 ··· 445

제 3 절 독일의 정보기구 ·· 447

1. 기원과 발전 ··· 447
2. 구성과 기능 ··· 449
   (1) 연방정보부 449
   (2) 헌법보호청 451
   (3) 군 정보기구: 군 정보부 453
3. 최근 동향과 전망 ··· 454

제12장 이스라엘의 정보기구

제 1 절 기원과 발전 ·· 456

제 2 절 조직과 운영체계 ·· 460

1. 이스라엘 정보공동체 개관 ·· 460
2. 이스라엘의 정보기관 ··· 460
   (1) 모 사 드 460
   (2) 신 베 트 463

(3) 아   만 464

(4) 라   캄 467

(5) 정치연구소 468

제 3 절 향후 전망과 과제 ·· 468

제13장 한국의 정보기구

제 1 절 기원과 발전 ·· 474

  1. 근대 이전 ·· 474

  2. 근대 이후 ·· 478

  3. 광복 이후 ·· 484

  4. 중앙정보부의 창설과 변천 ·························· 487

  5. 10.26 사건과 국가안전기획부 ·················· 489

  6. 국가정보원 ·· 490

제 2 절 국가정보원 ·· 493

  1. 조직과 운영체계의 변천 ·························· 493

  2. 임무와 기능 ·· 495

제 3 절 부문정보기관 ·· 499

  1. 군 정보기관 ·· 499

    (1) 국방정보본부 499

    (2) 정보사령부 501

    (3) 국군기무사령부 501

  2. 기타 정보기구 ·· 504

    (1) 경찰청 정보국 및 보안국 504

    (2) 통일부 정세분석국 505

제 4 절 대내외 안보환경 변화와 국가정보의 과제 ·························· 506

제 4 편 정책과 정보

제14장 국가안보와 정보

제 1 절 국가정보와 국가안보의 연계 ·································· 513

제 2 절 탈냉전기 대내외 환경변화와 국가정보 ·················· 518

    1. 대외 안보환경 변화 ·· 518
    2. 민주화의 확산 ·· 524
제 3 절 국가정보의 도전과 극복 ·· 529

제15장 정보의 실패

제 1 절 정보실패의 개념 ·· 531

제 2 절 정보실패의 실제 ·· 534

제 3 절 정보실패의 요인들 ·· 537
    1. 첩보수집 수단 및 자료의 신빙성 ··· 537
    2. 분석관의 오류와 자질 ··· 539
    3. 정보의 정치화 ··· 542
    4. 정보조직체계와 관료주의적 경직성 ······································ 545
    5. 정보배포와 조직 운영체계의 문제점 ···································· 548
제 4 절 정보실패의 극복방안 ··· 551

제16장 정보의 민주적 통제

제 1 절 개관: 정보통제의 개념, 기원, 발전 ···································· 556

제 2 절 이론적 논의 ·· 560
    1. 학자들의 견해 ··· 560
    2. 민주주의와 정보통제 ·· 562
    3. 정보통제의 필요성 ·· 565
제 3 절 정보통제의 기구들 ·· 568
    1. 행 정 부 ·· 568
        (1) 의   의 568
        (2) 최고정책결정자의 통제 수단들 569
        (3) 행정부의 정보통제 기구들 572
        (4) 장점과 한계 577
        (5) 과   제 580
    2. 입 법 부 ·· 582
        (1) 의   의 582
        (2) 의회의 정보통제 수단들 584
        (3) 의회의 정보통제 기구: 정보위원회 594
        (4) 장점과 한계 600

　　　(5) 과　　제　604
　　3. 언　　론 ··· 606
　　　(1) 의　　의　606
　　　(2) 언론의 정보통제 수단들　608
　　　(3) 한계와 과제　611
　　4. 사 법 부 ·· 614
　　　(1) 의　　의　614
　　　(2) 미국의 사례　615
　　　(3) 장점과 한계　621
제 4 절　정보통제의 과제 ·· 622

제 5 편　국가정보와 국가정보학의 발전방향

제17장　정보환경 변화와 국가정보의 발전방향

제 1 절　정보환경의 변화 ·· 629
제 2 절　한국 국가정보체계의 발전방향 ·· 635

제18장　국가정보학의 향후 연구방향　642

부　　록　655
찾아보기　657

제1편

국가정보의 개관

National Intelligence Studies

- 제 1 장   국가정보의 기초
- 제 2 장   정보활동의 기원과 발전
- 제 3 장   국가정보학의 연구동향

국가정보의 기초

제1절 국가정보의 개념

정보는 그것을 필요로 하는 분야에 따라서 여러 가지 의미를 내포하고 있어 이에 대한 정의 또한 다양하다. 우리 사회에서 종종 정보의 의미에 대해 혼란을 가져오는 경우가 많은데, 이 이유는 'information'과 'intelligence'라는 용어를 구분 없이 '정보'라는 명칭으로 통용하여 사용하는데서 비롯된다. 그래서 여기서 'information'과 'intelligence'를 명백히 구분하여 정의할 필요가 있다.

일반 사회에서 사용되고 있는 '정보(information)'는 정보학계에서 통용되고 있는 '정보(intelligence)'에 비하여 보다 포괄적인 개념으로서, (1) 의미를 부여할 수 없는 상태로 존재하는 자료(data)와 (2) 그 의미의 타당성이 검증되지 않은 상태의 '첩보(information)', 그리고 (3) 그 현상의 의미가 분석 및 평가과정을 거쳐 일반적으로 인정된 내용으로 통용되는 지식(knowledge) 등을 모두 포함한다. 이에 비해 'intelligence'는 대체로 가공된 지식, 즉 어떤 현상의 의미가 분석 및 평가과정을 거쳐 타당성이 검증된 지식(knowledge)이라고 할 수 있겠다. 그렇다고 모든 지식이 'intelligence'라고 할 수는 없고, 주로 국가정책이나 국가안전보장에 관련하여 정부기관이나 군대에서 한정적으로 사용되는 특수용어로서, 통상 군사상의 첩보나 비밀 내용을 담은 지식을 'intelligence'로 칭한다. 또한, 일반적인 지식 또는 학문적인 정보(즉 information)와는 달리 'intelligence'는 '비밀성(secrecy)'을 포함하고 있는 지식이라는 점에서도 명백히 구분되는 용어이다.

물론 'intelligence'의 개념에 대해서 학자 또는 전문가들 간에 각기 다양한 견해들이 제시되고 있다. 웹스터 사전에서는 'intelligence'를 "군사적인 목적을 위해 '비밀첩보(secret information)'를 수집하는 것"으로 정의하고 있다.[1] 리첼슨(Jeffrey T. Richelson)은 정보를 "현재 또는 잠재적으로 국가안보에 중요한 영향을 미칠 수 있는 국가들이나 작전지역에 대한 첩보자료들을 수집, 평가, 분석, 종합, 판단하는 일련의 과정을 거쳐서 생산된 결과물"로 정의하고 있다.[2] 이에 반해 심스(Jennifer Sims)는 정보를 "행위자 또는 정책결정자를 위해 수집, 정리, 분석된 첩보(information)"라고 정의하였다.[3] 심스는 정책결정자의 요구에 부응하여 수집된 자료라면 공개적이든 비밀적인 것이든 상관없이 모두 'intelligence'가 될 수 있다는 입장을 취한다. 이에 대해 슐스키는 심스가 정보(intelligence)를 지나치게 광의의 개념으로 정의하고 있다고 비판하고, 비밀성이 포함된 것만으로 제한해야 한다고 주장했다.[4]

이처럼 'intelligence'의 범위를 어떻게 설정하는가에 따라서 그 개념이 각기 다르게 나타날 수 있다. 예컨대, 'intelligence'의 개념을 보다 폭넓게 정의할 경우 국가뿐만 아니라 기업체, 정당 및 선거활동 등 다양한 분야와 관련되어 생각해 볼 수도 있다. 특히, 민간부문에서 '기업정보(business intelligence)', '경영정보(management intelligence)', '회사정보(corporate intelligence)', 또는 '경쟁업체정보(competitor intelligence)'라는 용어들이 종종 사용되기도 한다.[5] 심지어 경마 결과를 예측하는 데 활용되는 '경마정보(racing intelligence)'라는 용어도 있다. 그리고 'intelligence'의 의미를 보다 광범위하게 해석한 것으로서 '사회정보(social intelligence)'라는 용어가 있는데, 사회, 기관, 또는 개인이 정보(information)를 획득, 처리, 평가, 저장하고 실제 행동을 취하기 위해서 활용하는 과정을 의미한다.[6] 이처럼 'intelligence'의 개념이 민간부문으로까지 확대되어 다양한 의미로 활용되고 있지만, 그러한 용어들이 일반화된 것은 아니라고 생각된다.

대부분의 학자들이 intelligence의 개념을 좁은 범위로 제한하는 경향을 보인다. 예를 들어, 1970년대 미 의회 'Murphy위원회(US Murphy Commission)'의 보고서에서는

1) Abram Shulsky and Jennifer Sims, "What Is Intelligence?" A paper presented on the Working Group on Intelligence Reform(Consortium for the Study of Intelligence, 1994), p.2에서 재인용.
2) 리첼슨의 개념 정의는 *The Dictionary of U.S. Military Terms for Joint Usage*(Departments of the Navy, Army, Air Force, May 1955)에서 재인용한 것임. Jeffrey T. Richelson, *The U.S. Intelligence Community,* 2nd. ed.(Lexington, MA: Ballinger, 1989), pp.1-2.
3) Shulsky and Sims(1994), p.6.
4) Shulsky and Sims(1994), p.21.
5) '기업정보'(corporate intelligence)에 관해 잘 정리된 연구서로서는 George S. Roukis, Hugh Conway, and Bruce H. Charnov, (eds.), *Global Corporate Intelligence: Opportunities, Technologies, and Threats in the 1990s*(New York: 1990)을 참조 바람.
6) B. Cronin and E. Davenport, "The Compound Eye/I: An Introduction to Social Intelligence," Social Intelligence, Vol.1, No.1(1991), pp.1-2, in Michael Herman, *Intelligence Power in Peace and War* (New York: Cambridge University Press, 1996), p.1.

intelligence의 개념을 "(신문이나 잡지와는 달리) 일상생활 속에서 흔히 접하기 어려운 자료"[7]로 제한하였다. 데이비스(Jack Davis)는 정보는 'intelligence'가 다른 첩보(information)나 조언(advice)보다는 '비교우위'를 가질 경우 관심을 얻게 된다고 설명했다.[8] 즉 intelligence는 다른 어떤 첩보나 조언보다 질적으로 우수해야만 한다는 것이다. 이와 유사하게 로버트슨(Ken Robertson)이라는 영국 학자도 정보의 범위를 좁은 범위로 한정하면서 다음과 같이 주장했다.

> 정보를 제대로 정의하자면 위협(threats), 국가, 비밀, 수집, 분석, 의도(purpose) 등의 용어들을 포함시켜야 한다. 이 중에서 가장 중요한 것은 위협이다. 왜냐하면 위협이 없다면 정보기관이 존재할 이유가 없기 때문이다. … 위협이란 단순히 어떤 사람의 이익에 영향을 미치는 미지의 요소라기보다는 (실제로) 심각한 손실이나 부상을 야기할 수 있는 것이다. … [정보]는 타인의 비밀을 비밀리에 수집하는 것, 즉 비밀성을 내포한다.[9]

허만(Michael Herman)은 1989년 정보는 정보활동과 목표의 비밀보호 노력 간의 경쟁 사이에 위치한다고 주장하면서, "정보(intelligence)는 모든 종류의 첩보자료를 활용하지만 기본적으로 끝없는 은폐와 기만으로 가득 찬 부분을 꿰뚫고자 하는 노력"[10]이라고 정의했다. 슐스키(Abram Shulsky)는 정보를 "근본적으로 외부 집단이 숨기려고 노력하는 첩보자료에 접근하고자 하는 것"이라고 기술했다. 로버트슨, 허만, 슐스키 등의 관점에서 보면 정보(intelligence)는 좁은 의미에서 '상대방에 관한 비밀'에 한정된다.

요컨대, 슐스키, 갓슨(Roy Godson), 맥카시(Shaun P. McCarthy), 로웬탈(Mark M. Lowenthal), 허만 등 정보학 분야의 저명학자들은 대체로 'intelligence'의 개념을 국제관계, 국방, 국가안보, 비밀성에 관련되는 것으로 정의하고 있다.[11] 이 책에서도 전통적인 개념에 입각하여 'intelligence'를 국가안보와 관련되며 비밀성을 내포하고 있는 '지식'

7) R.J. Smith, "Intelligence Support for Foreign Policy in the Future," in Murphy Commission, *Report*, Appendix U, Vol.7, pp.78-79.
8) Jack Davis, *The Challenge of Opportunity Analysis*(CIA's Center for Study of Intelligence, July 1992).
9) Ken G. Robertson, "Intelligence, Terrorism and Civil Liberties," *Conflict Quarterly*(University of New Brunswick), Vol.7.No.2(Spring 1987), p.46.
10) Michael E. Herman, "British and US Concepts of Intelligence: Barriers or Aids to Cooperation?" BISA/ISA conference, London, March 1989, p.28.
11) 이에 대해서는 Abram N. Shulsky and Gary J. Schmitt, *Silent Warfare: Understanding the World of Intelligence*(Virginia: Brasseys, Inc., 2002), pp.1-3; Shaun P. McCarthy, *The Function of Intelligence in Crisis Management*(Brookfield: Ashgate, 1998), pp.44-45; Mark M. Lowenthal, *Intelligence: From Secrets to Policy*, 2nd ed.(Washington, D.C.: CQ Press, 2002), pp.5-9; Roy Godson, (ed.), *Intelligence Requirement for the 1980s: Intelligence and Policy*(Lexington, Mass.: Lexington Books, 1986), p.3; Herman(1996), pp.1-2.

과 '활동'을 지칭하는 것으로 한정한다.

　　그러면 '국가정보(national intelligence)'란 무엇인가? 위에서 언급한 '정보(intelligence)'의 개념은 정보의 사용자가 개인이나 집단인지 아니면 정부의 일부 부처 또는 국가인지 분명하지 않고 이들을 모두 포괄하는 의미로 사용된다. 그런데 '국가정보'는 국가적인 차원에서 활용되며, 그 사용자가 주로 국가의 최고정책결정권자라는 점에서 구별된다. 켄트(Sherman Kent)는 '국가정보'는 '전략정보(strategic intelligence)'가 되어야 한다고 강조하면서, 이를 '작전 또는 전술정보(operational or tactical intelligence)'와 구분하였다.12) 그리고 '적극적 고차원의 외교정보'가 아닌 정보행위들은 국가의 안보를 지키는 데 있어서 필수적인 것이 아니므로 '국가정보'가 될 수 없다고 주장했다.13) 즉 국가정보는 군대 조직이나 정부 조직 내 일부 부처의 업무 차원을 넘어서서 보다 고차원적인 국가 차원에서 생산되고 활용되는 '지식'을 의미하며, 국가적 차원의 안전보장이나 이익을 실현하는 목표를 달성하기 위한 활동이라고 볼 수 있다.

　　한편, 정보는 주로 '지식'이나 '활동'에 국한된 의미를 가지는데 반해 국가정보는 그러한 '지식'과 그러한 '활동'을 수행하기 위한 국가적 '조직'까지 포괄한다는 점에서 차이가 있다. 켄트는 "정보(intelligence)란 지식 또는 첩보(information), 활동(activities) 및 조직(organizations)을 포괄하는 개념"14)이라고 정의하였는데, 이것이 오늘날까지 국가정보의 개념을 가장 권위적으로 해석한 것으로 인정되고 있다. 다시 말해서 국가정보라는 용어는 일종의 지식이며 그러한 지식을 입수하는 행위(또는 상대방의 입수행위를 저지하는 것), 그리고 입수 또는 저지 기능을 수행하는 조직 등을 포괄한다.15)

　　지식으로서의 정보(intelligence)는 슐스키(Abram N. Shulsky)가 그의 저서, 『소리 없는 전쟁』(Silent Warfare)에서 언급한 바와 같이 "국가안보적 이익을 증진시키고, 외부로부터의 위협에 대처하는 정부의 정책 입안 및 시행에 관련된 첩보(information)"16)를 지칭하는 것이라고 볼 수 있다. 여기에는 비교적 획득이 어려운 비공개 첩보와 일반인에게 공개되어 입수하기 쉬운 공개 자료로서의 첩보가 있다. 일반적으로 비공개 자료로서는

---

12) Sherman Kent, *Strategic Intelligence for American World Policy*(Princeton, N.J.: Princeton University Press, 1949, 1965 재판), pp.3-4.
13) Kent(1965), pp.3-4.
14) 엄격히 말하자면, '국가정보'라는 것은 지식만을 의미하고, 활동은 국가정보 활동, 조직은 국가정보기관으로 구분하여야 할 것이다. 그리고 지식, 활동, 조직 등을 모두 포괄하는 것은 '국가정보체계'라고 칭하는 것이 타당할 것이다. 그러나 '국가정보'의 용어 속에 지식, 활동, 조직 등 3가지 요소를 포함하는 것으로 해석해 볼 수 있다. 켄트(Sherman Kent)는 그의 저서에서 국가정보를 3가지 요소로 나누어 각각의 장을 구성하고 있다. Kent(1965) 참조.
15) Shulsky and Schmitt(2002), pp.1-3.
16) Shulsky and Schmitt(2002), p.1.

관련국들의 군사첩보 및 외교활동에 관한 내용들이 포함된다. 공개 자료로서는 관련국의 국내정치, 경제 및 사회 문제와 자원 환경, 인구통계학적 수치 등이 있는데, 대체로 민주주의 체제의 경우는 이러한 자료들이 공개되어 쉽게 입수될 수 있지만, 전체주의 정부의 경우는 그렇지 못하다.

공개 자료든 비공개 자료든 최초 수집된 첩보는 '생 자료(raw data)'라고 하며, 이것이 분석 및 평가과정을 거쳐서 '정보(intelligence)'가 되는 것이다. 여기서 '첩보(information)'가 정보화되는 일련의 과정을 '정보순환과정(intelligence cycle)'이라고 한다.17) 그 첫 단계는 정보소비자(즉, 최고정책결정권자 또는 관련 정보조직)의 정보 및 첩보수집 요청에 따라서 수집목표 및 과제가 설정되고, 둘째 단계는 첩보수집이며, 마지막으로 분석 단계를 거치게 된다. 정책 입안자가 필요로 하는 것은 바로 이와 같은 분석과정을 거쳐 생산된 정보이며, 지식으로서 얼마나 유용한 정보를 생산해 내는가가 곧 정보기관의 역량을 평가하는 기준이 될 만큼 중요하다.

활동으로서의 정보에는 첩보수집과 정부의 국가안보정책의 입안 및 시행과 관련된 정보의 분석 등을 포함한 정보자료의 생산활동, 그리고 비밀공작과 방첩(counter intelligence) 등이 포함된다.

첩보수집은 인간 또는 기술을 통한 생 자료(raw data) 또는 첩보(information)의 입수를 지칭하는 것으로서 일반대중이 흔히 생각하는 정보활동의 개념이다. 첩보를 수집하는 방법은 크게 2가지로 구분되는바, 공개수집(overt collection)과 비밀수집(clandestine collection)이 있다. 공개적인 수단을 활용하여 수집·생산된 정보는 공개출처정보(open source intelligence, OSINT)라고 한다. 비밀수집을 통해서 생산된 정보로는 기술정보(technical intelligence, TECHINT)와 인간정보(human intelligence, HUMINT)가 있다.18) 공개수집은 라디오와 TV 방송, 신문, 잡지, 학술서적 등과 같은 공공 전파 또는 출판물을 통해 수집하는 활동으로 사실상 첩보수집의 주종을 이룬다.19) 기술정보는 영상 장비와

---

17) 이에 대해서는 Bruce D. Berkowitz and Allen E. Goodman, *Strategic Intelligence for American National Security*(Princeton: Princeton University Press, 1989), p.31의 도표 참조. 또한 본 장의 제3절에서 보다 상세하게 정리된 내용을 참고 바람.
18) 앞서 언급한 바와 같이 intelligence는 활동(수단)이면서 동시에 그것을 통해 생산된 지식을 의미한다. 그런 점에서 위의 용어들도 2중적인 의미로 통칭되는 경향이 있다. 즉, OSINT와 TECHINT는 공개 또는 비밀 수집수단 자체를 뜻하면서 동시에 그러한 수집수단을 활용하여 생산된 정보라는 의미로 해석되기도 한다. 뒤에 언급될 SIGINT, IMINT, HUMINT도 각각 신호감청 수단, 영상장비, 인간 등 수집수단을 지칭하면서 동시에 그것을 통해 생산된 지식이라는 의미로 해석되기도 한다.
19) 오늘날 매스 미디어가 고도로 발달되어 있고 언론기관들의 수집 능력이 매우 높기 때문에 이들을 활용한 첩보수집이 매우 효과적인 것으로 인정된다. 이에 관련하여 미국의 트루만 대통령은 미국의 비밀정보자료의 95%는 신문이나 정기간행물에 발표되어 있다고 주장한 바 있다. 겔트 브흐하이트 저, 국제과학문화연구소 역, 『정보기관: 그 사명과 기술』(서울: 국제과학문화연구소),

전자 장비를 활용하여 수집·생산되는 것으로서 영상정보(imagery intelligence, IMINT)와 신호정보(signal intelligence, SIGINT)가 있다.[20] 그리고 인간정보는 공작원이나 탈출자, 망명자 같은 인간출처로부터 첩보자료를 수집하여 생산되는 정보를 뜻한다.[21]

수집된 자료가 아무리 좋다고 해도 그 자체만으로 가치 있는 것은 아니다. 대부분의 경우 수집된 정보는 단편적이고 모호한데다 여러 가지 다른 해석이 있을 수 있기 때문에 외교정책이나 군사행동의 입안이나 수행 시 수집자료가 유용하게 쓰이기 위해서는 반드시 분석과정을 거쳐야 한다. 정보자료의 분석에는 사회과학적 방법과 암호판독기술이 사용되며, 이와 같은 방법을 통해 상대방의 능력, 의도, 행동방책 등에 대한 종합적인 평가가 곧 정보 생산물이 되는 것이다.

비밀공작(covert action)은 일반적으로 자국의 대외정책을 지원할 목적으로 수행되며, 외국의 정부, 정치, 경제, 군사, 사회 등 여러 분야에 은밀히 개입하여 자국에게 유리한 여건을 조성하기 위한 행위라고 정의할 수 있겠다.[22] 비밀공작은 비밀리에 수행된다는 점에서 첩보수집활동과 유사한 면이 있지만, 그 목적에서 차이가 있다. 즉 수집활동은 지식(knowledge)으로서 정보를 생산함에 목적이 있지만 비밀공작은 국가의 외교정책을 지원할 목적으로 수행된다는 점에서 분명히 차이가 있다.[23] 원칙적으로

---

p.16; Lock K. Johnson, *America's Sceret Power: The CIA in a Democratic Society*(New York: Oxford University Press, 1989), p.288, note 19; and Pat M. Holt, *Secret Intelligence and Public Policy: A Dilemma of Democracy*(Washington, D.C.: Congressional Quarterly Inc., 1995), p.57, note 3.

20) 영상정보란 영상장비 즉 사진기, 레이더 영상시스템, 항공정찰기, 첩보위성 등을 통해 수집되는 것이고, 신호정보에는 통신정보(COMINT: communication intelligence), 전자정보(ELINT: electronic intelligence), 원격측정정보(TELINT: telemetry intelligence), 레이더정보(RADINT: radar intelligence) 등이 포함된다. 이에 대해서는 Berkowitz and Goodman(1989), pp.68-71 참조.

21) 여기에는 해외공관에 정보관을 외교관으로 위장 파견하여 수집할 수도 있고, 비밀리에 공작원을 활용하여 첩보를 수집하는 방법도 있다. 과학기술의 발달과 함께 기술정보 수집능력의 획기적인 향상에도 불구하고 인간정보는 여전히 그 중요성을 인정받고 있다. 특히 모든 국가들이 비밀로 하는 많은 정보 범주, 즉 정치·군사적 의도와 계획 등에 대해서는 인간정보 수집의 역할이 증대된다. 인간정보와 기술정보의 장단점에 대한 비교에 대해서는 Shulsky and Schmitt(2002), pp.33-37를 참조.

22) 비밀공작의 개념은 1974년 미국 의회의 휴즈-라이언 수정안(the Hughes-Ryan Amendment) 속에서 최초로 정의되었던 것으로 알려졌다. 그러나 엄격히 말하자면 그것은 비밀공작의 개념 정의가 아니었다. 수정안에서는 첩보수집을 위한 활동을 제외하고 CIA가 외국을 대상으로 수행하는 모든 공작활동(operations)에 대해 대통령의 공식적인 허가가 있어야 하며 그 내용을 의회에 보고하도록 규정했을 뿐이다. 사실 1991년까지 미국에서 비밀공작의 개념은 대통령령이나 의회 정보감독위원회(oversight committees)의 지침을 해석하여 개별적으로 정의되곤 했다. 이에 대해 잘 정리된 내용을 기술한 글로서 Americo R. Cinquegrana, "Dancing in the Dark: Accepting the Invitation to Struggle in the Context of 'Covert Action', the Iran-Contra Affair and the Intelligence Oversight Process," *Huston Journal of International Law*, Vol.11, No.1(Fall 1988), p.177-209 in Shulsky and Schmitt(2002), ch.4, footnote, no.2, pp.207-208.

23) 미국 정보공동체는 비밀공작을 "미국의 대외정책을 지원할 목적으로 수행되는 행위로서 외국의 정부, 사건, 조직 또는 사람들에게 영향을 미치기 위하여 설계된 활동이며, 정부가 개입한 사실이 드러나지 않는다는 점에서 방첩활동이나 군사행동 또는 사법경찰 활동 등과 명백히 구분 된

비밀공작은 외국을 대상으로 하는 활동이지만 독재국가나 권위주의 정부의 경우처럼 정보기관이 자국민을 대상으로 흑색선전, 정치공작, 정적 암살 등의 공작을 수행하기도 한다. 비밀공작은 미국의 창조물이라고 칭할 만큼 주로 미국에서 많이 수행되었던 것으로 나타난다.[24] 비밀공작에는 선전공작(propaganda), 정치공작, 경제공작, 기만공작, 전복공작, 암살 및 테러, 준군사공작(paramilitary action) 등 다양한 유형이 있다.[25]

방첩이란 일반적인 의미로서 상대국 정보기관의 첩보수집, 전복, 테러 및 파괴행위 등의 각종 공작에 대응하는 국가적 노력을 의미한다.[26] 방첩활동은 크게 안보 위해 요소로부터 비밀을 유지하는 '보안(security)'과 적대국의 정보기관 요원을 무력화시키는 '대간첩활동(counterespionage)' 등 두 가지로 구분될 수 있다. 이러한 방첩활동은 수집된 첩보에 대한 올바른 분석을 가능하게 하고, 첩보수집관이나 분석관들에게 적의 기만이나 역정보에 빠질 위험성을 감소시켜 주기 때문에 국가의 효과적인 정보활동을 유지하는 기반이 된다.

마지막으로 정보에는 이러한 모든 활동을 수행하는 조직으로서 정보기관이 포함된다. 정보기관의 가장 중요한 임무는 가용한 모든 수단을 동원하여 공개 및 비공개 자료를 획득하고, 수집된 자료들을 과학적이고 체계적으로 분석하여 타당성 있는 정보를 생산하는데 있다고 본다. 정보기관은 이러한 정보생산활동 외에도 방첩활동과 국가의 외교·안보적 목표를 달성하기 위한 비밀공작(covert action) 등을 수행한다. 대표적인 정보기관으로서는 미국의 CIA와 FBI, 러시아의 FSB와 SVR, 영국의 SIS(일명 MI-6)와 SS(일명 MI-5), 프랑스의 DGSE, 서독의 BND, 이스라엘의 Mossad와 Shin Beth, 중국의 국가안전부 등을 들 수 있다.[27]

우리나라의 경우 국가정보기관으로서 국가정보원이 있고, 행정 각 부처에는 특정 부처에서 필요에 따라서 부문정보(departmental intelligence)를 생산하는 부문정보기관들

다"고 정의하고 있다. 그러나 외교활동, 방첩활동, 군사행동도 필요에 따라 비밀리에 수행되기 때문에 비밀공작과의 구별이 모호한 경우도 없지 않다. Shulsky and Schmitt(2002), p.76.

24) 미국이 수행했던 대표적인 비밀공작의 사례들로는 1954년 과테말라 군사쿠데타 지원, 1950년과 1960년대 일본 자민당 선거지원, 1961년 쿠바 침공사건, 1965 인도네시아 수카르노 정부 전복 기도, 1979년 니카라과에서 소모사정권이 전복된 이후 수립된 친 공산 산다니스타 정권 전복을 위한 게릴라 세력(콘트라 반군)의 지원, 1996년 실패로 끝난 이라크 사담 후세인 제거 공작 등을 들 수 있겠다. Holt(1995), pp.149-157, 163.

25) 비밀공작의 유형에 대해서는 Holt(1995), pp.137-156; Shulsky and Schmitt(2002), pp.77-90을 참고.

26) 광의의 방첩은 상대국의 정보행위에 대한 국가적인 대응으로서 정의되며, 국가 및 자국의 정보 관련 행위를 보호하기 위한 첩보수집, 분석 및 수행된 공작 등을 포함한다. 이 경우 방첩의 범위는 정보의 범위 그 자체만큼 광범위하다. 방첩의 정의 및 활동에 대한 자세한 논의는 Shulsky and Schmitt(2002), ch.5와 이 책의 제 7장을 참고 바람.

27) 각국 정보기관의 유래와 활동에 대해서는 최명호 편저, 『세계의 정보기관들』(서울: 대왕사, 1993)과 이 책의 제2장, 8~13장 등을 참조.

이 있다. 국가정보기관은 국방, 외무, 통일, 경제, 환경·자원 등 다양한 분야에 관련된 각 부처의 부문정보들을 통괄·조정하여 '국가적 차원'의 종합된 정보를 생산하는 기능을 수행한다고 볼 수 있다.

요컨대, 국가정보란 단순한 지식의 차원을 넘어 활동과 조직을 포괄하는 개념으로 이해되어야 할 것이다. 이러한 세 가지 분야(지식, 활동, 조직)는 상호 유기적으로 관련되는바 대체로 정보의 기본적인 목표는 지식의 생산에 있고, 활동 및 조직은 지식을 생산하기 위한 수단으로서의 의미를 가진다고 볼 수 있다.

제 2 절 국가정보의 범위와 유형

국가정보는 사용자의 수준, 대상지역, 요소(subject), 분석의 형태 등 여러 가지 기준에 따라 다양한 방식으로 분류될 수 있다. 그런데 이러한 분류 방식이나 기준들은 학자들에 따라 다양하게 제시되고 있으며 때로 상반된 입장을 보이기도 한다. 일반적으로 정형화된 분류 방식이나 기준이 없기 때문에 어떤 분류 방식이 옳고 어떤 기준에 따라서 분류하는 것이 합리적이라는 주장은 성립되지 않는다. 따라서 여기서는 사용자의 수준, 대상지역, 요소, 분석의 형태 등 여러 가지 기준에 따라 국가정보를 분류해보기로 한다.

우선 국가정보는 사용자의 수준에 따라서 '국가정보(national intelligence)'와 '부문정보(departmental intelligence)'로 분류될 수 있으며, 그러한 정보를 생산하는 조직을 각각 '국가정보기관(national intelligence organization)'과 '부문정보기관(departmental intelligence organization)'으로 통칭한다. 국가정보란 외교, 국방, 경제 등 국가정책의 수립과 집행에 필요하거나 국내외로부터 국가의 안보와 이익을 수호하는 데 요구되는 정보이다. 또한 국가정보는 국가의 최고정책결정권자의 필요나 요구에 따라 제공되는 정보로서 어느 특정부처의 권한이니 필요를 넘어선 높은 수준의 종합적 정보라고 할 수 있다. 이와 반해 부문정보는 통일, 외교, 국방, 경제, 환경 등 어느 특정 부처의 필요와 요구에 따라서 생산되는 정보를 의미한다.

미국의 경우 대표적인 국가정보기관으로서 CIA, NSA, NRO 등을 들 수 있겠고, FBI, DIA, 육·해·공군 및 해병대 정보기관, 국무부의 정보조사국(Bureau of Intelligence and research, INR) 등은 부문정보기관이다. 이 밖에 영국의 SIS, 프랑스의 DGSE, 독일의 BND, 러시아의 SVR과 FSB, 이스라엘의 Mossad, 중국의 국가안전부 등은 국가정보기관으로 널리 알려져 있다.

대상지역에 따라서 정보활동은 '국내정보(domestic intelligence)'와 '국외정보(foreign intelligence)'로 구분된다. 국외정보는 '국외보안정보'와 '국외정책정보'로 구분될 수 있다. 국외보안정보는 자국의 안전에 위협을 야기하는 간첩, 테러, 선동 활동에 관한 정보뿐만 아니라 상대국 정보기관의 조직, 활동방법, 활동목표 등을 탐지하는 것도 포함된다. 국외정책정보는 타국의 정치, 경제, 사회, 군사, 과학 등에 관한 정보를 의미한다. 국내정보 역시 국외정보와 유사하게 '국내보안정보'와 '국내정책정보'로 구분된다. 국내보안정보는 국내에 침투한 간첩이나 반국가 세력의 안보위협으로부터 국가의 안전을 유지하는 데 필요한 정보를 의미한다. 국내정책정보는 국내 경제, 사회, 과학기술 등 국가내부의 정책결정에 필요한 정보를 의미한다.

그런데 국내와 국외 중 어떤 대상에 중점을 두어 정보활동을 수행하는 것이 바람직한 것인가를 두고 학자들 간에 다소 상반된 논의가 있다. 그런데 켄트(Sherman Kent), 허만(Michael Herman), 리첼슨(Jefrey Richelson) 등 대부분의 학자들은 국가정보의 활동범위를 국내보다는 해외에 중점을 두는 것으로 간주하는 경향이다.[28] 특히 허만은 정보활동은 기본적으로 국내가 아닌 외국을 대상으로 수행되어야 한다는 것을 강조한다. 그는 국내보안정보(security intelligence)도 엄밀히 따지고 보면 국내에 있는 외국인들을 감시하는 활동을 중점적으로 수행한다는 점에서 그 주요 대상이 '외국'이라고 주장한다.[29] 허만이 주장하는바에 따르면 정보활동은 원칙적으로 '우리들'에 대한 것을 대상으로 하는 것이 아니고, '그들' 즉 외국을 대상으로 수행하는 것으로서 자국민에 대한 감시는 순수한 의미의 정보활동이 아니다.[30] 그러나 슐스키는 오늘날 국내와 국외 부문과의 밀접한 연계로 인해 외교와 국내정치를 구분하기 어려워져 국외정보만을 국가정보로 한정하기 곤란하다는 입장을 취한다.[31] 특히 테러, 국제범죄조직, 마약 문제 등 초국가적 안보위협은 국내와 국외가 밀접히 연계되어 전개되고 있기 때문에 국내보안정보 역시 국가정보의 중요한 요소로 고려된다.

국가정보는 요소별 기준에 따라 '정치정보(political intelligence)', '경제정보(economic intelligence)', '군사정보(military intelligence)', '과학기술정보(scientific and technical intelligence)', '사회정보(sociological intelligence)' 등 다섯 가지로 분류된다.[32] 정치정보는 정치권력

---

28) Kent(1965), pp.3-4; Herman(1996), p.34; Richelson(1989), p.1.
29) Herman(1996), p.34.
30) Herman(1996), p.34.
31) 이에 대해서는 Abram N. Shulsky, *Silent Warfare: Understanding the World of Intelligence*(New York: Brassey's, Inc., 1991), pp.171-173.
32) Richelson(1989), pp.5-6. 슐스키는 과학기술, 군사, 정치, 경제·사회 등 4가지로 분류했다. Shulsky

구조, 국민들의 정치적 태도, 정치 지도자들의 성향, 정당, 선거, 쿠데타, 분쟁 등 국내정
치 동향은 물론 외교정책, 주요국과의 관계, 외교 행태 등 대외정책을 포함한다. 경제정
보는 탈냉전과 더불어 중요한 안보 이슈로 부각되고 있는바, 국내외 경제정책, 전략자
원의 수급 실태, 국제경쟁력 확보 등에 관한 정보를 의미하며 국내 중요 산업기밀을
보호하기 위한 산업보안활동도 넓은 의미로 여기에 포함된다. 군사정보는 대상국의
군부 동향, 군사적인 능력, 취약점, 의도 등을 포함한다. 과학기술정보는 주로 대상국의
군사력에 영향을 줄 수 있는 요소에 중점을 두고 있는바, 군사분야 첨단무기체계의
개발 동향에 관한 정보뿐만 아니라 컴퓨터 공학, 생명공학, 과학, 레이저, 원자력, 우주
항공 등 민간분야의 과학기술 발전에 관한 정보수집 및 분석활동도 포함한다. 사회정보
는 대상국 내부의 사회 구조, 문화와 제도, 사회변동, 사회집단들의 성격과 활동 등에
관한 내용을 포함한다.

　　한편, 정보화 시대에 들어서서 컴퓨터와 네트워크에 관련된 비밀첩보를 수집하고
이에 대한 보안 대책을 강구하는 것을 내용으로 하는 '사이버정보(cyber intelligence)'도
새로운 정보 요소로서 주목받고 있다. 이 밖에 국가안보의 범위가 환경, 인구, 자원,
식량 등으로 확대됨에 따라 이 분야에 관한 첩보수집 및 정보분석활동이 보다 활발하게
수행되고 있다. 또한, 테러, 마약, 조직범죄 등은 행위자가 국가가 아닌 집단이라는
점에서 전통적인 안보와 구별되는 초국가적인 안보이슈이며, 오늘날 정보활동의 새로
운 요소로 부각되고 있다. 특히 미국의 경우 2001년 9월 11일 발생한 테러 사건 이후
국제테러리즘을 국가정보목표의 최우선 순위로 설정하고 있으며, 이를 위해 예산과
인원을 대폭 증강시켜 대응활동을 강화하고 있다.

　　사실 국가정보는 정치, 경제, 군사 등 요소별로 엄격히 분류하여 수집되기 어려운
점이 있다. 한 가지 수집수단으로 여러 가지 정보 요소들을 동시에 수집할 수도 있다.
예를 들어, 위성정보는 군사, 경제, 정치 등 여러 가지 정보요소들을 동시에 수집하는
임무를 수행하게 되는바, 이 경우 요소별 분류가 무의미하다. 신호정보 역시 상대국의
군사정보는 물론 국내 정치, 경제, 사회 등 다양한 요소를 포괄적으로 수집할 수 있다.
그리고 정치정보라는 용어는 타국의 국내정치와 더불어 대외관계까지 포함하기 때문
에 이를 엄격히 정치정보로 분류하기 어렵다.

　　참고로 미국 처치위원회의 보고서에 따르면 1970년대 미국 정보목표의 54%는
군사정보, 15%는 과학기술정보(거의 대부분 소련의 군사력에 관한 정보였음), 3%는 정치정
보, 3%는 경제, 그리고 나머지 25%는 어떤 요소라고 할 수 없는 일반적인 요소들에

_____

(1991), pp.49-53.

관한 정보였던 것으로 나타난다.[33] 냉전이 종식된 이후 정보요소의 비중이 기존의 군사정보 중심에서 경제정보의 중요성이 증가하는 등 대폭적인 변화가 있었다. 그럼에도 불구하고 여러 가지 요소 정보 중에서 가장 커다란 비중을 차지하는 것은 군사정보이다. 냉전이 종식된 이후 그 비중이 점차 줄어들기는 하였지만 앞으로도 군사정보는 요소별 정보의 가장 큰 비중을 차지할 것이다.[34]

마지막으로 국가정보는 분석대상의 시계열적 특성에 따라 '기본정보', '현용정보', '판단정보' 등으로 구분될 수 있다. 이는 원래 켄트가 정보분석의 최종 결과물로서 정보분석보고서의 형태를 '기본정보'(basic-descriptive)', '현용정보(current-reportorial)', '판단정보(speculative-evaluative)' 등 세 가지 유형으로 분류한데 기인한다.[35] 기본정보는 각국의 인구, 지리, 과학기술, 군사력, 경제력 등과 같이 비교적 변화가 적은 고정적인 상황에 관한 내용을 포함한다. 대표적인 기본정보로서 CIA에서 정기적으로 발행하는 『세계각국총람』(*Country Factbook*)을 들 수 있겠다. 현용정보는 최근에 무슨 일이 일어났고 현재 어떤 일이 진행되고 있는가에 관한 내용을 포함하는 것으로서 대부분의 정보분석보고서가 여기에 속한다. 현용정보보고서는 최근 소식들로 꽉 찬 일종의 '정제된 신문(a quality newspaper)'이라고 볼 수도 있다.[36] 판단정보는 대체로 사용자에게 제공된 첩보자료의 의미를 평가해주고, 장래 발생할 일에 대한 판단을 제시하는 내용들을 포함하고 있다. 판단정보보고서는 기본정보보고서나 현용정보보고서에 비해 그 숫자나 분량이 매우 적지만 국가의 안보와 이익에 결정적인 영향을 줄 수 있는 정책판단을 포함하고 있기 때문에 최고 중요한 보고서로 간주된다. 판단정보보고서는 사용자의 특별한 요구에 따라 작성되며 종종 예측하는 내용이 포함된다.

제 3 절 국가정보의 순환(Intelligence Cycle)

앞 절에서 언급했던바, 국가정보는 일련의 과정을 거쳐서 생산·배포되는데 이를 흔히 '정보순환(intelligence cycle)'이라고 일컫는다. 즉 정보기관은 정보소비자의 정보 요구에 부응하여 필요한 첩보(information)를 수집하고 이를 종합하여 분석보고서를 생

---

33) Herman(1996), p.49.
34) Herman(1996), p.50.
35) Kent(1965), p.8.
36) Herman(1996), p.105.

산·배포하게 되며, 이러한 과정이 한 차례에 그치는 것이 아니고 환류(feedback)를 거쳐 순환하게 된다. 이러한 정보의 순환과정은 보다 효율적이고 정확한 정보자료의 생산과 밀접하게 관련되기 때문에 그 중요성이 강조된다. 따라서 본 절에서는 앞 절에서 간략히 소개했던 정보순환과정의 유형과 의미에 대해 보다 구체적으로 살펴보기로 한다.

국가정보의 순환과정은 단계별로 나눌 수 있는데, 이에 대해서는 학자마다 다소 차이를 보인다. 미국 CIA의 경우 정보의 순환과정을 '기획 및 지시(Planning and Direction)', '수집(Collection)', '처리(Processing)', '분석 및 생산(Analysis and Production)', '배포(Dissemination)' 등 다섯 단계로 나누고 있다.[37)]

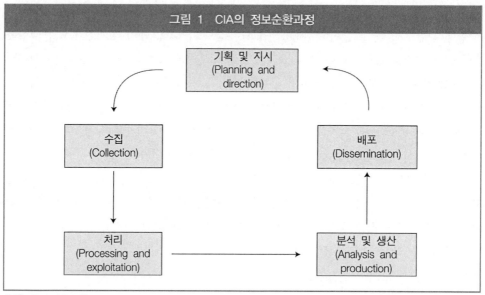

그림 1   CIA의 정보순환과정

출처: Central Intelligence Agency, *A Consumer's Handbook to Intelligence*(Langley, Va: Central Intelligence Agency, 1993).

이와 유사하게 버코위즈와 굿맨(Bluce D. Berkowitz and Allan E. Goodman)은 '정보요구(Requirements for Information)', '수집목표 및 과제설정(Generation of Requirements and Tasking)', '수집(Collection)', '분석(Anlaysis)', '배포(Dessemination of Production)' 등 다섯 단계로 구분했다.

---

37) 이 분야 학자들 중에서는 리첼슨(Jeffrey T. Richelson)과 존슨(Loch K. Johnson)이 CIA의 정보순환 과정을 그대로 수용하고 있다. Jeffrey T. Richelson, *The U.S. Intelligence Community*(Boulder, Colorado: Westview Press, 2008), p.3; Loch K. Johnson, America's *Secret Power: The CIA in A Democratic Society*(New York: Oxford University Press, 1989), pp.76-77; Central Intelligence Agency, A *Consumer's Handbook to Intelligence*(Langley, Va.: Central Intelligence Agency, 1993).

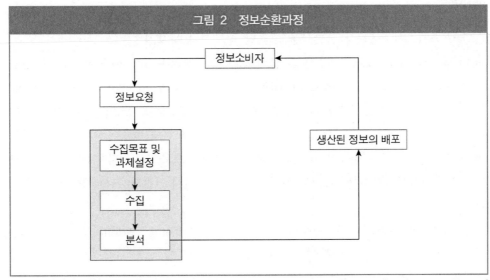

그림 2 정보순환과정

그러나 일부 학자들은 이러한 유형의 정보순환 과정은 실질적인 정보순환의 과정을 제대로 묘사하지 못하고 있다고 지적하고, 기존의 모델과는 다른 새로운 정보순환 모델들을 제시하고 있다. 우선 전통적인 정보순환 모델에서는 정보소비자 또는 사용자가 필요한 정보를 요구하고 이에 따라 정보기관이 정보를 생산·배포하는 것으로 묘사된다. 그러나 실제로는 정보생산자인 정보기관들이 각자 자기들 스스로 정보요구 사항을 만드는 경향을 보인다. 이에 관련하여 미국 '처치위원회(the Church Committee)'의 보고서에서는 정보순환과정이 실제와는 다르게 운용되고 있다면서 다음과 같이 주장했다.

> 현실적으로 정보순환(intelligence cycle)은 의미가 없다. 정보요구사항(intelligence requirements)은 정보생산의 책임자가 생각하기에 정보소비자가 필요로 하는 것을 반영한다. 그런데 여기서 중요한 것은 정보생산의 책임자는 소비자가 필요로 하는 것과 더불어 자신의 정보기관이 제공할 수 있는 것을 정보요구 사항에 그대로 반영한다는 것이다.[38]

이와 유사하게 카터 대통령도 "내가 대통령이 되었을 때 나는 정보공동체가 정보의 생산자이면서 스스로 정보생산의 우선순위를 설정해 두고 있다는 점을 의아하게

38) Senate Select Committee to Study Governmental Operations with Respect to Intelligence Activities (일명 *Church Committee*), *Final Report I: Foreign and Military Intelligence*(Washington, D.C.: United States Government Printing Office, 1976), p.18, 346

생각했다"고 술회했다.39) 이러한 상황을 고려하여 허만(Michael Herman)은 새로운 정보순환의 모델로서 '사용자의 반응을 고려한 정보수집 목표설정(study user reactions and adjust collection accordingly)', '수집 및 분석(collection and analysis)', '배포 및 사용자 반응 탐색(disseminate product and seek user reaction)', '사용자 수령 및 반응(users receive and react)' 등을 제시했다.40) 허만이 제시하는 정보순환 모델은 정보가 생산되어 배포되는 과정에서 정보생산자와 사용자 또는 소비자들 간에 긴밀한 교류와 접촉이 이루어지고 있는 점을 강조하고 있다는 점에서 현실성이 다소 제고된 것으로 인정된다. 그러나 정보순환과정을 정보생산자보다는 정보사용자 중심으로 지나치게 단순화시켜서 묘사하고 있다는 점은 문제로 남는다.

허만의 모델에서 지적된 단순화 문제는 로웬탈(Mark M. Lowenthal)의 모델에서 보완된다. 로웬탈은 CIA를 포함하여 기존의 학자들이 제시한 전통적인 정보순환 모델이 일차원적이고 지나치게 단순화되어 정보순환과정에서 발생하는 많은 변형들을 제대로 반영하지 못하고 있다고 지적하고, 보다 복잡한 형태의 모델을 제시했다. 로웬탈은 '정보요구(Requirements)', '첩보수집(Collection)', '처리와 개발(Processing and Exploitation)', '분석과 생산(Analysis and Production)', '배포와 소비(Dissemination and Consumption)', '환류(Feedback)' 등 여섯 단계로 나누었다.41)

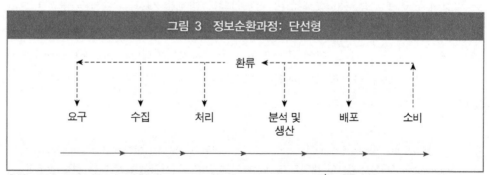

| 그림 3   정보순환과정: 단선형 |

출처: Mark M. Lowenthal, *Intelligence: From Secrets to Policy, 3ʳᵈ ed.*(Washington, D.C.: CQ Press, 2006), p.66.

---

39) 전임 DCI를 역임했던 게이츠(Robert M. Gates)가 술회한 바에 따르면 종종 아침에 면도를 하다가 갑자기 떠오른 생각들이 정보요구 사항으로 제안되는 경우가 있다고 한다. Johnson (1989), p.81.
40) Herman(1996), pp.293-296.
41) Mark M. Lowenthal, *Intelligence-From Secrets to Policy*, 3rd ed.(Washington, D.C.: CQ Press, 2006), pp.65-67.

그가 제시한 모델의 기본 골격은 CIA에서 제시한 모델과 거의 유사하다. 다만 그가 제시하는 모델에서는 정보순환과정의 어느 단계에서든 이전의 단계로 되돌아가는 것이 가능하고 때때로 필수적이라는 점을 강조한다. 예를 들어, 초기 수집된 첩보가 만족스럽지 않을 경우 새로운 첩보를 요구할 수 있고, 처리와 개발, 분석과 생산 등 어떤 과정에서든 미흡하거나 문제가 발생할 경우에도 첩보수집을 재차 요구하게 된다.[42] 그가 제시하는 모델은 각각의 정보과정에서 발생하는 복잡 다양한 상황을 반영하고 있다는 점에서 가장 현실적인 정보순환의 모델로 생각된다.

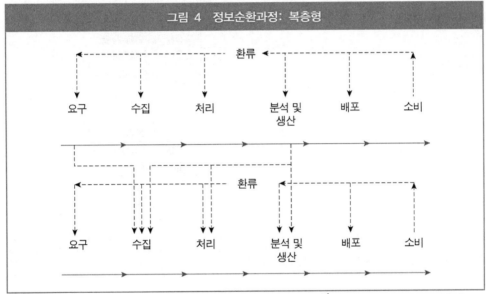

그림 4 정보순환과정: 복층형

출처: Mark M. Lowenthal, *Intelligence: From Secrets to Policy, 3rd ed.*(Washington, D.C.: CQ Press, 2006), p.66.

한편, 버코위즈와 굿맨은 최신 저서에서 기존의 정보순환 모델이 정보화시대의 변화된 현실을 제대로 반영하지 못하는 전통적 모델이라고 지적하고, 이를 대체할 새로운 모델을 제시했다.[43] 그들이 제시하는 새로운 대안모델은 허만이 제시한 모델과 유사하게 정보생산자와 소비자 간에 긴밀한 접촉이 유지되는 모습을 보여주고 있다. 그들의 대안 모델은 정보화시대의 추세를 반영하여 공개출처의 비중을 대폭 확대하고 정보생산 과정에서 분석관과 수집관, 그리고 분석관과 정보소비자 간에 직접적인 접촉

---

42) Lowenthal(2006), pp.66-67.
43) 이에 대해서는 Bruce D. Berkowitz and Allen E. Goodman, *Best Truth: Intelligence in the Information Age*(New Heaven: Yale University Press, 2000), pp.67-98, 특히 p.79의 그림 참고.

이 빈번하게 이루어질 것을 강조하고 있다. 새로운 대안 모델은 공개출처자료 활용의
확대, 조직체 내부 자료의 원활한 흐름, 분석관과 정보소비자 간의 빈번한 접촉 등을
통해 정보소비자의 변화된 욕구를 적시에 반영할 수 있다는 장점을 가진다.44)

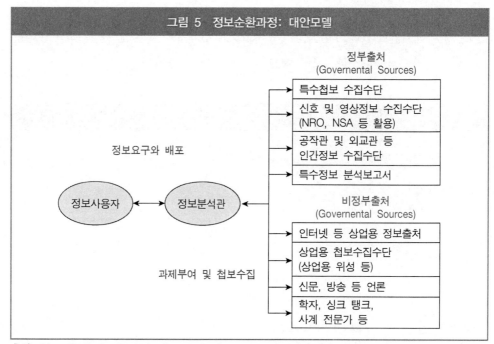

그림 5 정보순환과정: 대안모델

출처: Bluce D. Berkowitz and Allen E. Goodman, *Best Truth: Intelligence in the Information Age*(New
Heaven: Yale University Press, 2000), p.79.

　　지금까지 정보순환에 대해 다양한 모델들을 살펴보았다. 전통적 모델에서 제시하
는 정보의 순환과정처럼 모든 정보기관이 일정한 패턴의 정보순환 체계를 유지하는
것은 아니다. 세계 각국의 정보기관들마다 각기 다른 조직문화 또는 운영체계를 갖고
있기 때문에 정보를 생산하고 배포하는 과정 역시 다양할 것으로 예상된다. 다만 전통
적인 정보순환 모델은 수직적인 관료조직 구조와 단선적이며 외부와의 고립된 상태에
서 이루어지는 정보생산 및 순환과정을 묘사하고 있다. 이처럼 단선적이고 획일적인
형태의 전통적인 정보순환과정은 정보화시대의 복잡 다양한 현실을 반영하지 못한다
는 점에서 보완 또는 수정될 필요가 있다. 요컨대, 정보의 순환 모델은 국가의 체제,
문화적 특성, 정보기관의 조직구조와 운영체계 등 다양한 요인을 반영하여 각기 다양한
형태로 구축될 수 있을 것이다.

---

44) Berkowitz and Goodman(2000), pp.78-88.

정보순환과정의 실제 사례 - 미국 정보공동체

① 정보소비자가 필요한 첩보(information)를 정보공동체에 요구하게 되고, 이들 요구사항을 종합하여 '정보공동체 사무처(Community Management Staff, CMS)'에서 첩보수집 우선순위를 설정한다.[45]

② CMS는 영상정보, 신호정보, 인간정보 등을 기획하는 임무를 수행하는데, 첩보수집 요구와 첩보수집 우선순위 목록을 참고하여 NRO, NSA, CIA 공작국 등 각 정보기관에 합당한 첩보수집 임무를 부여하게 된다. 이들 각 정보기관은 부여된 임무에 따라 첩보를 수집하게 된다.

③ 수집된 '첩보성 정보(intelligence information)'는 처리과정을 거치게 된다. 분석관은 단편보고서, 연구보고서, 브리핑 자료 등 여러 가지 형태로 분석보고서를 생산한다.

④ 정보공동체는 여러 기관에서 생산된 보고서를 종합하여 통합된 형태의 보고서를 생산하게 된다. 만일 보고서의 내용에 이의가 있을시 각주를 삽입한다.

⑤ 완성된 정보보고서는 정보소비자에게 배포되고, 배포된 정보에 대해서 정보소비자가 읽어본 다음 다시 필요한 첩보를 요구함으로써 정보순환이 이루어지게 된다.[46]

---

45) 보다 구체적인 절차와 과정은 Berkowitz and Goodman(2000), p.46를 참고.
46) Berkowitz and Goodman(2000), pp.68-69.

제2장

정보활동의 기원과 발전

제1절 정보활동의 기원

정보활동은 인류의 탄생과 더불어 시작되었다. 인간은 집단을 이루어 살아가는 가운데 타 집단으로부터 자신과 가족 또는 씨족의 생명과 재산을 위협받았다. 이러한 위협으로부터 자신들의 안전을 지키기 위해 타 집단의 동향을 지속적으로 감시해야 했으며, 때로 정탐꾼을 보내 정찰활동을 수행하기도 하였다. 국가의 생성과 함께 정보활동이 보다 본격적으로 전개된다. 대내적으로는 통치권자가 자신의 권력을 유지·강화하기 위해서, 대외적으로는 타 국가 또는 세력으로부터 국가의 생존을 유지하기 위해서 정보활동이 필요했던 것이다.

아마도 부족국가 시대에 들어서면서부터 군소 국가들 간에 첩보활동이 빈번히 활용되었을 것으로 추정된다. 고대 이집트에서 신성문자(神聖文字, 상형문자의 일종)라고 하는 '히에로글리프(hieroglyph)'로 파라오의 명을 받아 순찰 중이던 '바눔'이라는 장군이 적정을 탐지한 내용이 전해져 내려오고 있다.[1] 이것은 지금으로부터 약 4,000년 전에 써진 것으로서 아마도 세계에서 가장 오래된 첩보활동 기록으로 생각된다.

구약성서 민수기 13장에 보면 기원전 1,400년경 모세가 이스라엘 백성을 이집트에서 탈출시킨 다음 가나안 땅을 정복하기 위해 12명의 정탐꾼을 보내는 내용이 있다.[2]

---

1) 손관승, 『우리는 그들을 스파이라 부른다』(서울: 여백, 1999), p.18.
2) 모세는 이스라엘 12지파에서 1명씩 뽑은 12명의 정찰대를 조직하고 이들에게 가나안 땅을 정탐하고 오라는 지시를 내린다. 12명의 정찰대는 40일에 걸쳐 가나안 땅을 정탐하고 돌아와 모세에게 보고하였는데 적정에 대한 정찰대의 보고가 엇갈린다. 여호수아와 갈렙을 제외한 10명은

사실 여부를 떠나서 오랜 옛날부터 사람들이 정보활동을 생존과 번영을 위한 수단으로 활용해 왔음을 알 수 있다.

기원전 600년경 중국의 손자는 손자병법에서 적에 관한 정보를 아는 것이 전투에서 승리할 수 있는 가장 결정적인 요인이라면서 일찍부터 정보의 중요성을 강조하였다.[3] 특히 용간(用間)편에서는 첩자를 향간(鄕間), 내간(內間), 반간(反間), 사간(死間), 생간(生間) 등 다섯 가지 유형으로 분류하고 각각을 어떤 종류의 첩보활동에 활용할 것인가에 대해 구체적으로 기술하고 있다.[4] 지금으로부터 2,600여 년 전인 그 시대에 이미 첩자를 활용한 정보활동이 활발하게 이루어졌던 것으로 추측된다.

중요한 정보가 적의 수중에 들어가게 될 경우 군사적으로 치명적인 결과를 초래할 수 있다. 그래서 첩보수집과 더불어 수집된 첩보를 안전하게 전달하기 위한 방법으로서 암호체계가 발전되었다. 기원전 5세기 경 그리스의 스파르타에서 원시적인 형태의 군사용 암호통신 수단으로서 '스키테일(skytale)'이라는 것을 고안했다는 기록이 있다.[5] 원통형의 막대기에 양피지나 파피루스 천 조각을 감은 다음 그 위에 비밀전문을 쓴다. 그리고 비밀전문이 적힌 천 조각을 풀어서 보내게 되는데 똑같은 크기의 원통형 막대에 되감기 전까지는 그 내용을 파악할 수가 없다. 기원전 4세기경 그리스의 극작가 폴리비우스(Polybius)는 아라비아 숫자와 로마자를 조합하는 방법을 활용하여 획기적인 암호체계를 고안했는데, 이후 그것이 수천 년에 걸쳐 활용되었던 것으로 나타난다.[6] 기원전 1세기 경 로마시대에도 간첩과 비밀암호체계를 활용했던 것으로 나타난다. 시저(Julius Caesar)는 키케로(Cicero) 또는 그의 친구들에게 원문의 문자를 알파벳 배열 순서에 따라서 2글자 건너 3번째에 위치하는 문자로 바꾸는 방식으로 ─예를 들어, A를 D로, K는 N으로 교체─ 암호화하여 편지를 보냈다고 한다.[7]

중세시대에 이르기까지 국가들 간의 전쟁에서 스파이 또는 정탐꾼들이 적정을

가나안 땅이 비옥하고 풍요로운 곳이긴 하지만 성이 매우 견고하고 그 땅에 살고 있는 사람들이 강하고 용맹스럽게 보여서 이스라엘이 이길 수 없을 것이라고 평가했다. 그러나 여호수아와 갈렙은 비록 성이 견고하고 그곳 사람들이 용맹스러워 보이지만 하느님이 이스라엘 백성들을 지키고 도와주실 것이므로 이길 수 있다고 보고했다. 『구약성경』, 민수기 제13장.

3) 『손자병법』 모공편(謀攻篇)에 나오는 구절로 원문은 "知彼知己 百戰不殆, 不知彼而知己, 一勝一負, 不知彼不知己 每戰必殆"이다. 노병천, 『도해 손자병법』(서울: 가나문화사, 1991), p.91.

4) 향간은 그 지방에 거주하는 자를 첩자로 이용하는 것을 말하며, 내간은 적국의 관료를 첩자로 포섭하는 것을, 반간은 적의 첩자를 포섭하여 역이용하는 것을, 사간은 자기 측 첩자에게 허위정보를 주어 적에게 보내는 것으로서 허위로 진술한 사실이 밝혀지면 죽게 되는 것을, 생간은 적정을 탐지한 후 살아 돌아와 정보를 보고하게 하는 것을 의미한다. 노병천(1991), p.311.

5) David Owen, *Hidden Secrets: A Complete History of Espionage and the Technology Used to Support It*(New York: Fairefly Book, 2002), p.18.

6) Mark Lloyd, *The Guinness Book of Espionage*(Middlesex: Guinness Publishing Ltd., 1994), p.12.

7) 이것이 오늘날 '시저 알파벳(Caesar alphabet)'이라는 것으로 널리 알려졌다. Owen(2002), p.18.

탐지하거나 허위정보를 유포하고 때로는 적국의 중요문서를 가로채는 등 초보적이나마 다양한 유형의 첩보활동이 수행되었던 것으로 기록되어 있다.8) 중요한 문서를 안전하게 전달하기 위한 수단으로서 암호체계가 지속적으로 발전되었으며, 아랍 지역에서는 언어구조의 특성을 활용한 암호 해독술이 보다 심층적으로 연구되기도 하였다.9) 그러나 아직까지 정보활동이 국가적 차원에서 조직적으로 전개된 것은 아니었고, 단지 그때그때 필요에 따라 간헐적으로 수행되었던 것으로 추정된다.

13세기 경 칭기즈칸이 아시아는 물론 유럽지역에 이르는 광대한 지역에 걸쳐 정복활동을 성공적으로 전개할 수 있었던 결정적인 요인은 효과적인 비밀정보활동에서 찾을 수 있다. 칭기즈칸은 어떤 지역을 정복하기에 앞서 첩자를 장사꾼으로 가장시켜 원정군 본부의 선발대로 출발시킨 다음 이들을 두 가지 용도로 활용하였다.10) 첫째, 첩자들은 상거래를 하면서 적의 능력, 취약점, 동향 등에 관한 정보를 수집하여 보고하였고, 둘째, 유언비어를 퍼뜨려 지역 내 공포 분위기를 조성하여 전투가 개시되기도 전에 상대국의 전의를 상실하도록 만들었다. 그들은 칭기즈칸의 군대가 곧 공격해 올 예정인데 만일 저항하게 되면 남자 성인은 물론 부녀자와 어린아이까지 완전히 몰살시킬 것이고, 자진해서 항복하면 관대한 처분을 받게 되리라는 소문을 퍼뜨렸다. 대부분의 경우 공포에 질려 성문을 순순히 열고 항복하게 되었다.11)

제 2 절 르네상스 시대의 정보활동

르네상스 시대에 이르러 유럽지역에서 정보활동이 보다 활발하게 전개되기 시작한다. 정보활동은 당시 국가들의 시대적 필요를 반영하면서 외교, 국방, 왕권유지(또는 내부치안) 등 대체로 세 가지 분야와 연계되어 발전되었다.

첫째, 유럽지역에서 상주대사 제도가 시행되면서 외교관들이 주재국에 상주하여 공식적인 외교활동과 더불어 비공식적인 정보활동을 수행하기 시작했다. 베네치아 공화국은 13세기경부터 상주대사 제도를 시행했으며, 15세기경에는 피렌체를 비롯한

8) Michael Herman, *Intelligence and Power in Peace and War*(New York: Cambridge University Press, 1996), p.9.
9) 9세기경 아랍지역에서 암호해독에 대해 기록한 것으로 보이는 최초의 문서가 발견되었다. Lloyd(1994), pp.12-15; Owen(2002), p.18.
10) Owen(2002), p.18.
11) Owen(2002), p.18.

이탈리아의 주요 국가들로 확산되었던 것으로 보인다. 상주대사 제도의 시행과 더불어 외교활동은 협상을 위해서 뿐만 아니라 정보수집 활동을 위해 활용되었다. 이탈리아 지역에서 피렌체는 금융과 모직 산업이 발전했고 베네치아는 해양국가로 알려졌는데, 두 국가는 각각 상대국에 첩보원을 파견하여 치열한 첩보전을 전개했던 것으로 나타난다.[12] 16세기와 17세기에 들어서서 유럽지역에서 이러한 종류의 외교 관례가 정착됨에 따라 외교와 정보활동이 밀접하게 연계되어 수행되었다. 그 무렵 대부분의 대사관에는 비밀정보요원이 상주했으며, 그 당시 대사는 허가받은 스파이로 여겨졌다고 한다.[13]

둘째, 유럽지역에서 르네상스 이후 등장한 절대주의 국가들은 왕권을 보호하고 내부 치안을 유지하기 위해서 비밀조직을 설립하여 다양한 유형의 국내정보활동을 수행하게 된다. 16세기 후반 영국 엘리자베스 1세 당시 월싱햄 공작(Fransis Walsingham, 1537-90)이 설립한 비밀조직은 국내외로부터 여왕 암살음모를 적발하여 왕권을 보호하고 주요국에 관한 정보를 수집하는 등의 임무를 수행했다.[14] 특히 월싱햄은 비밀공작활동을 효과적으로 전개하여 1588년 스페인 왕 펠리페 2세의 무적함대를 격파하는 데 결정적인 역할을 수행했던 것으로 평가된다.[15] 프랑스에서도 루이 13세 당시인 1620년경 리슐리외 추기경이 '샹브루 누아(Chambre Noir)'라는 비밀정보기관을 창설하였다.[16] 샹브르 누아는 국외 정보활동을 통해 국력신장에 기여한 바도 있지만 국내 귀족들의 동향을 감시하면서 비밀리에 서신검열까지 하는 등 주로 왕권 수호 임무에 치중했던 것으로 알려졌다. 러시아에서도 1565년 폭군으로 알려진 이반 황제(Tsar Ivan IV)가 '오프리치니나(Oprichnina)'라는 비밀경찰조직을 설립하였다. 약 6,000여 명의 요원들로 구성된 이 조직은 무소불위의 권력을 행사했으며 무고한 사람을 반역자로 몰아 집단 살상하는 등 악명을 떨쳤다.[17] 이들이 조직체를 갖추고 비밀첩보수집활동을 수행했다는 점에서 오늘날의 정보기관과 유사한 면이 없지 않다. 그러나 그 규모나 활동이

---

12) 그러한 첩보전의 와중에 『군주론』의 저자로서 유명한 니콜로 마키아벨리(1469-1527)가 등장한다. 마키아벨리는 도시국가 피렌체의 공무원으로 재직하면서 여러 차례에 걸쳐서 첩보수집 활동을 수행했던 것으로 알려졌다. 손관승(1999), pp.40-42.

13) Herman(1996), pp.9-10.

14) 월싱햄의 비밀조직은 옥스퍼드와 케임브리지 대학 출신의 우수한 인력들로 구성되었으며, 이들에게 암호학과 첩보기술을 훈련시켜 나름대로 체계적인 정보활동을 수행하고자 시도했던 것으로 알려졌다. 그러한 관점에서 혹자는 이것이 세계 역사상 최초로 등장한 근대적인 형태의 정보기관이라고 주장하기도 한다. 그러나 그 규모나 활동이 초보적인 수준에서 소규모로 이루어졌기 때문에 근대적인 정보기관의 효시로 보기에는 다소 무리가 있다. 손관승(1999), p.45.

15) Owen(2002), pp.19-20.

16) '샹브로 누아'는 방첩 및 보안활동을 매우 효과적으로 수행한 세계 최초의 정보기관이라는 평가를 받기도 한다. Owen(2002), p.20; Lloyd(1994), p.18.

17) 이 조직의 권력이 점차 비대해짐에 따라 두려움을 느낀 이반 황제는 1572년 조직을 전격적으로 해체하게 되었다. Lloyd(1994), pp.22-23.

아직은 초보적이었고 주로 국내정치적 목적에서 설립되어 정권안보적 차원의 왕권수호에 치중했다는 점에서 국가적 차원의 안보목표 달성에 목적을 둔 오늘날의 국가정보기관과는 많은 차이가 있다고 본다.

셋째, 르네상스 이후 절대주의 국가들 간에 전쟁이 빈번하게 발발하였고, 그러한 군사적 위협에 대응하기 위해 군사정보활동이 활발히 전개된다. 전투상황에서 적대국의 병력 및 무기 배치 현황, 작전계획 등에 관한 정보는 전투의 승패에 결정적인 영향을 미칠 수 있는 요소로 고려되었다. 16세기나 17세기 무렵부터 영국군은 야전에서 첩보활동을 수행하는 정찰대를 두었던 것으로 나타난다. 18세기 영국의 말보로(1st Duke of Marlborough, 1650-1722) 장군은 전투 임무를 수행하는 데 정보를 매우 효과적으로 활용했던 인물로 알려졌다.[18] 또한 프러시아의 프리드리히 대제는 간첩을 일반 간첩, 2중 간첩 등 4종류로 분류하기도 하였다.[19] 나폴레옹 전쟁(1789-1815)은 정보가 전투에 본격적으로 활용되는 계기가 되었다. 당시 프랑스와 영국군에 정찰대가 편성되어 적정에 관한 첩보수집활동을 활발하게 전개했던 것으로 나타난다.[20]

르네상스 이후 점차적으로 정보활동은 유럽 각국의 외교, 국방, 내부치안 분야에서 절대적으로 필요한 요소가 되었으며, 그러한 필요에 부응하고자 근대적 형태의 정보기구가 태동하게 되었다. 18세기경 영국을 비롯하여 대부분의 유럽 강대국들은 불법적으로 몰래 우편물을 개봉하고 암호를 해독하는 행위를 자행했다. 해외 우편물이나 소포의 내용물을 몰래 보려면 특수기관이 필요했고, 이것이 근대적인 보안정보기관으로 발전되는 계기가 되었다. 프러시아에서는 1736-52년까지 '블랙 캐비넷(Black Cabinet)'이라는 기관을 설립하여 우편물을 몰래 개봉해서 복사하고 다시 봉인하는 작업을 수행했던 것으로 알려졌다.[21] 영국에서도 우편물을 중간에 가로채 복사하여 가짜 봉인을 찍고, 암호를 해독하여 왕이나 신료들에게 결과물을 보고하는 등 비밀보안활동을 하는 기관이 있었다.[22] 그러나 아직까지 정보의 수집이나 처리를 위한 상설기구가 없이 그때그때 상황을 처리하기 위해 특별히 설립된 임시기구로 운영되었기 때문에 오늘날의 보안정보기관과는 다소 거리가 있었다. 사실 우편검열은 해외 정보수집 목적보다는 주로 민중

18) R.G. Rowan with R. G. Deindorfer, *Secret Service*(London: Kimber, 1969), p.91.
19) Rowan(1969), p.91.
20) B.A. Parritt, *The Intelligencers: the Story of British Military Intelligence up to 1914*(Ashford, Kent: Intelligence Corps Association, 2nd edition 1983), pp.36-45; A. Langie(trans. J.C.H. Macbeth), *Cryptography*(London: Constable, 1924), p.24, Herman(1996), p.12에서 재인용.
21) Langie(1924), p.24, Herman(1996), p.12에서 재인용.
22) 18세기 무렵 영국에는 Black Chambers, British Secret Office of the Post Office, Deciphering Branch 등 비밀정보활동을 수행하는 기관들이 있었다. K. Ellis, *The Post Office in the Eighteenth Century*(Oxford: Oxford University Press, 1958), ch.6, Herman(1996), pp.12-14에서 재인용.

봉기나 내란 등 내부 통치를 위해 활용되었다. 1844년 영국에서 우편검열을 수행했던 기구가 해체되었고, 오스트리아와 프랑스에서도 1848년에 그러한 임무를 수행했던 조직이 해체되었다. 요컨대, 18세기 경 유럽 국가들이 소규모 비밀조직을 설립하여 첩보를 중간에서 가로채는 일이나 암호해독 등의 활동을 수행하기도 했지만, 아직까지 독립적인 형태의 정보기관을 설립하여 보안정보활동을 본격적으로 수행했던 것은 아니었다.

제3절 근대적 정보기관의 등장

근대적인 형태의 정보기관이 최초로 등장한 것은 대략 19세기 후반으로 추정된다. 당시 군사기술의 획기적인 발전과 더불어 전투 양상에 많은 변화가 나타났고, 그러한 변화에 대응하고자 군사분야에서 최초로 정보기구들이 설립되기에 이른다.

19세기 후반 무렵 육·해군에서 무기체계의 획기적인 발전이 있었다. 육군에서는 사정거리와 파괴력이 센 무기들이 개발되었고 철도를 이용해서 무기를 이동시켰으며, 무선통신이 도입되기 시작했다. 해군에서도 증기기관을 장착한 군함이 건조되어 전투에 활용되었다. 예전보다 대규모 병력이 광범위한 지역에서 전투를 수행하게 됨으로써 기동성과 집중력을 동원한 전격적인 기습작전이 보다 빈번하게 전개되었고, 그것이 성공하게 될 가능성도 증가되었다. 이로 인해 전투 지휘 및 통제가 보다 복잡해졌다. 이러한 변화에 대처하기 위해서는 전투를 지휘하는 야전사령관에게 부대의 이동, 전쟁 계획 등을 지원해주는 참모 조직이 필요로 했다. 그 대표적인 사례가 프러시아의 참모 조직인데 이 조직은 1815년 무렵부터 점진적으로 도입되기 시작했고, 1866년과 1870년 프러시아가 오스트리아와 프랑스와의 전쟁에서 승리를 거두면서 그 명성을 얻게 되었다.[23] 적정에 대한 정보를 수집하는 일이 프러시아 참모조직의 중요한 임무였으며, 그것이 정보기구로 발전되는 중요한 전기를 이루었다.

영국의 경우 크림전쟁 이후 전쟁성 산하 '지형통계국(War Office Topographical and Statical Department)'이 창설되었지만 활동은 미약했다. 영국에서 정보활동이 본격화된 것은 1873년 전쟁성의 '정보국(War Office Intelligence Branch)'이 창설되면서부터이다. 1878년에 창설된 전쟁성 정보국의 '인도지부(Indian Intelligence Branch)'와 1882년 해군

---

23) M. Van Crevald, *Command in War*(Cambridge, Mass.: Harvard University Press, 1985), p.149.

에 설립된 '대외정보위원회(Foreign Intelligence Committee)' 등 군사정보활동을 수행하기 위한 기구들이 등장하기 시작했다. 1887년 전쟁성 해군정보국장(the First War Office and Admiralty Director of Intelligence, DMI and DNI)이 최초로 임명되었다.[24]

미국에서도 1882년과 1885년 각각 해군과 육군 정보국이 창설되었다.[25] 초기 정보는 단지 참모기능에 제한되었으며 아직 외국 군대를 연구·분석하는 수준은 아니었다. 그래서 독립적인 조직 형태로 발전되지는 않았다. 그러나 점차 정보부서에서 외국 군대에 대해 집중적으로 탐구하기 시작하였다. 이전까지 야전사령관은 즉흥적이고 주관적인 판단에 의거 중요한 결정을 내렸지만, 이제는 전투를 수행함에 있어서 적국의 병참, 철도 운행시간, 무선통신 등에 관한 정보가 매우 중요하게 활용되었다. 그러한 필요에 부응하여 1914년경 미국 군대의 육·해·공군에 초보적인 수준의 정보조직이 설립되기 시작했다.

군사정보의 필요성이 부각되는 시기에 국내정보활동의 필요성도 증가되었다. 19세기 초 유럽 대륙의 지배세력들은 프랑스 혁명과 유사한 사태가 재발하게 될 것을 우려하여 '비밀경찰'의 필요성을 실감하게 되었다. 이에 따라 유럽지역에서 자국의 내부 국민들에 대한 감시, 첩보수집, 우편 검색 등의 활동을 수행하기 위한 비밀경찰 조직이 생겨나게 되었다. 1826년 러시아에 설립된 러시아 재판소 '제3분과(the Russian Third Section of the Imperial Chancery)'가 아마도 최초의 비밀경찰 조직으로 생각된다. 이 조직은 이후 '오흐라나(Okhrana)'[26]로 발전했다.

19세기 중엽 이후 유럽지역에서 민중혁명이 발생하게 될 우려는 다소 감소했지만 공산주의와 무정부주의가 당시 국가체제를 유지하는데 심각한 위협이 되었다. 한편, 범죄가 빈번하게 발생하는 지역과 범죄를 저지를 가능성이 있는 사람들에 대한 정보를 수집하고 감시하기 위한 전문적인 기술이 필요하게 되었고, 그것이 경찰 업무의 전문화를 촉진시켰다. 비밀경찰 조직은 점차 제도화되었으며, 국제적인 활동을 전개하였다. 1870년 경 프랑스 군대는 60여 명의 전문 정보요원을 해외에 파견했으며, 1882년 파리에 오흐라나의 해외지국이 설립되었다.[27] 1914년 이전부터 러시아의 오흐라나와 프랑

---

24) Herman(1996), p.17.

25) Charles D. Ameringer, *US Foreign Intelligence*(Lexington: Lexington Books, 1990), pp.66-67.

26) 오흐라나(Okhrana)는 러시아 알렉산더 2세(Tsar Alexander II) 당시 창설되었는데 19세기 말 경 조직이 대폭 확대되었고 이때부터 본격적인 정보활동을 전개했다. 1900년경 이 조직에 고용된 인원이 약 10만 명에 달했으며, 이들은 반역자 색출을 통한 왕권보호 등 국내보안활동 업무뿐만 아니라 런던, 베를린, 로마 등지에 요원을 파견하여 국외정보 수집활동을 전개했다. 이들은 때때로 외교정책을 지원하기 위한 비밀공작 활동을 수행하기도 하였으며, 무선감청, 암호해독 등 신호정보 활동도 매우 효과적으로 수행했던 것으로 평가된다. 이 조직은 1917년 러시아 혁명으로 볼셰비키가 정권을 장악한 뒤 해체되었다. Lloyd(1994), pp.23-24.

스의 '수레떼(Surete)'가 각각 상대국의 수도에 외교부를 설치했고, 여기서 암호해독
등 비밀정보활동을 전개했다.[28]

영국은 1829년까지 국가적인 차원의 비밀경찰 조직을 두지 않았다. 영국은 1844년
경 외교문서의 불법적인 검색을 금지하는 조치를 취했다. 그러나 개인 우편에 대한 검색
은 계속 수행했다. 1883년 영국에서 아일랜드 결사조직의 폭탄테러(Fenian bombings) 사건
이 발생하고 나서 '경찰국 특수분과(the Metropolitan Police's Special [Irish] Branch)'가 생겨
났다.[29] 한편 19세기 말 영국은 자국 내부에 암약하여 활동하고 있는 외국의 간첩들에
대해 대응해야 할 필요성이 점차 증가하고 있었으며, 그러한 필요를 반영하여 1909년
마침내 '비밀정보국(Secret Service Bureau)'이 설립되었다.[30] 당시 '비밀정보국'은 해외
공작활동도 전개했다.

제1차 세계대전의 발발과 함께 유럽에서 대간첩활동과 사보타지에 대한 대응활동
의 필요성이 증가되었다. 그리고 1917년 소련에서의 볼셰비키 혁명이 발발함에 따라
유럽 내 사회주의 세력에 의한 체제전복의 위협이 증대하게 되었다. 당시 유럽 국가들
은 소련 스파이들에 대한 대간첩활동을 효과적으로 전개하는데 많은 노력을 기울였다.
또한 식민지 국가들이 독립운동의 일환으로 테러활동을 전개함에 따라 이에 대한 대응
노력을 기울여야 했다. 이처럼 유럽 국가들은 단순히 내부 체제유지 필요성뿐만 아니라
대간첩활동 또는 식민지 국가들의 테러 위협에 대응하고자 국내 보안정보기구를 설립
하게 되었던 것이다. 이러한 국내 비밀보안기구의 예로서 영국의 '보안부(Security
Service, SS, 일명 MI5)', 캐나다의 '캐나다 보안정보부(Canadian Security Intelligence Service,
CSIS)', 독일의 헌법수호청(Bundesamt Fur Verfassungsschutz, BfV), 프랑스의 국토감시청
(Direction de la Surveillance du Territoire, DST), 이스라엘의 신베트(Shin Beth) 등이 있다.
캐나다의 '경찰청(Royal Canadian Mounted Police)'은 1984년 CSIS가 설립되기 이전에

---

27) R.J. Goldstein, *Political Repression in Nineteenth-Century Europe*(London: Croom Helm, 1983), p.72;
C. Andrew and O. Gordievsky, *KGB: the Inside Story of its Foreign Operations from Lenin to
Gorbachev*(London: Hodder and Stoughton, 1990), p.6.

28) C. Andrew, "France and the German Menace," in E.R. May (ed.), *Knowing One's Enemies:
Intelligence Assessment before the Two World Wars*(Princeton: Princeton University Press, 1986), pp.
130-131.

29) C. Andrew, *Secret Service: the Making of the British Intelligence Community*(London: Sceptre
edition, 1986), pp.42-47.

30) 초기에 비밀정보부는 육군과 해군으로 분리되었지만 1년도 지나지 않아 '국내과(Home Section)'
와 '해외과(Foreign Section)'로 나뉘어져 재편되었다. 그리고 1916년 '군사정보국(Directorate of
Military Intelligence)'의 일부로 편입되면서 'MI5'와 'MI6'라는 명칭을 부여받았다. Hinsley, et.al.,
British Intelligence in the Second World War(New York: Cambridge University Press, 1979), p.16;
Nigel West, *MI6-British Secret Intelligence Service Operations, 1909~1945*(London: Weidenfeld &
Nicolson, 1983), p.4; Andrew(1986), pp.58-59.

국내 보안정보활동을 수행했던 기구이다. 유럽지역에서 비밀보안활동을 담당하는 정보기구(security intelligence)는 대체로 군사정보기구(military intelligence)와는 별도의 분리된 조직으로 설립되어 활동했다.

제4절 현대 정보활동

20세기 초 유럽에서 기술혁신이 일어나면서 기술정보의 필요성이 증가하게 되었다. 이 시기 유럽국가들 간에 무선을 이용한 외교전문(diplomatic telegrams)이 활발하게 이용되면서 무선통신 내용을 암호화하고 이를 중간에 가로채서 그 내용을 해독하려는 노력이 활발하게 전개되었다. 1880년경 프랑스에 암호분석기구가 부활되었고, 1914년까지는 영국은 본토에서는 암호해독활동을 하지 않았지만 인도에서 러시아 등 다른 나라의 무선통신에 대한 암호해독활동을 전개했던 것으로 나타난다.[31]

제1차 세계대전 동안 정보활동에 있어서 크게 두 가지 변화가 나타난다. 첫째, 무선감청 기술의 발달이고,[32] 둘째, 항공사진 기술의 발달이다. 제2차 세계대전 동안 위의 두 가지 변화가 더욱 발전하게 된다. 제2차 세계대전 당시에는 무선감청을 잘해서 적의 동향을 잘 파악하는 사람이 가장 유능한 장군으로 평가되었다.[33] 또한 독일 전 지역에 대한 정찰 사진이 연합군의 전쟁 수행에 중요한 역할을 담당했다. 한편 1945년 냉전시대 이후에는 소련 지역에 대한 공개정보 수집이 어려웠기 때문에 기술수단을 통한 정보수집 활동이 더욱 중요하게 부각되었다.

제1차 세계대전을 겪으면서 유럽 국가들은 상대국에 대한 군사정보 수집활동을 국가적 차원에서 보다 조직적으로 수행할 필요성을 느끼게 되었다. 이에 영국은 1921년 'Secret Intelligence Service(SIS, 일명 MI-6)'[34]를 설립하였고, 프랑스에서는 1909년에 설립된 군 첩보기구인 '제2부'에서 'French Service de Renseignments(이하 첩보국)'[35]이

---

31) J. Ferris, "Before 'Room 40': the British Empire and Signals Intelligence, 1898-1914," *Journal of Strategic Studies*, Vol.12, No.4(December 1989), pp.431-457.

32) 영국의 하워드 경(Michael Howard)은 무선감청을 '4차원 전쟁'이라고 표현했다. Herman(1996), pp.21-25.

33) M. Howard, *War in European History*(Oxford: Oxford University Press, 1976), p.134.

34) 원래 1909년에 설립된 비밀정보부(Secret Service Bureau)가 1916년 MI5와 MI6로 개편된 다음, 제1차 세계대전이 종결된 이후인 1921년 MI6의 업무가 외무성으로 이전되면서 외무성 소속하의 SIS로 개편되었다.

35) 첩보국은 해외정보 수집활동을 수행하는 '정보부'와 방첩임무를 담당하는 '대(對)정보부'로 구성

분리되어 나왔다. 독일은 1937년 중앙군사정보기구로서 '압베르(Abwehr)'를 설립하였다. 압베르는 소련, 프랑스, 미국 등 해외에 광범위한 공작망을 조직하여 적대국에 관한 군사정보를 수집했으며, 방첩활동도 전개하였다.[36]

1945년 이후 미국, 프랑스, 이스라엘, 오스트레일리아 등에서는 군 정보기구에서 분리되어 인간정보 수집활동과 비밀공작을 전담하는 기구들을 설립하기 시작했다. 드골이 제2차 세계대전 중에 창설한 '총특무국(Direction Générale des Services Spéciaux, DGSS)'은 군사정보활동을 수행했는데, 1944년 파리로 귀환하면서 '연구조사총국(DGER)'으로 개칭되었고 나중에 '해외정보 및 방첩국(SDECE)'으로 재차 개칭되어 인간정보 수집활동에 중점을 두는 기관으로 변모하였다.[37] 미국은 제2차 세계대전 중 군사정보기구인 'OSS(Office of Strategic Services)'를 설립하여 전쟁 임무 수행에 필요한 비밀공작활동을 활발하게 수행했으며, 이후 CIA의 '공작국(Operations Directorate)'으로 발전했다.

제1차 세계대전 당시 유럽에서 무선감청은 주로 육군이나 해군에서 수행되었다. 제2차 세계대전 동안 무선통신 감청이 중요한 수단으로 부각되면서 영국에서는 1945년 '영국 신호정보국(British Sigint)'을 계승하여 '신호정보국(Government Communications Headquarters, GCHQ)'이라는 별도의 독립기구가 설립되었다. 제2차 세계대전 당시 미국에서 신호정보(SIGINT)는 주로 육군이나 해군에서 수행했는데, 전쟁이 종결된 이후 영국을 본 따서 1952년 신호정보 임무를 전담하는 NSA가 설립되었다. 캐나다, 호주 등 여타 영연방 국가들도 영국과 유사한 형태의 신호정보기구를 설립하게 되었다. 한편 제2차 세계대전 동안 항공사진의 중요성이 부각됨에 따라 영국은 '항공정찰국(Joint Air Reconnaissance Interpretation Centre, JARIC)'을 설립하였다. 미국에서는 '국가정찰국(National Reconnaissance Office, NRO)'이 설립되어 위성사진 수집활동 임무를 수행했고, 항공사진 해석을 위해 '영상판독국(Central Imagery Office, CIO)'을 설립하게 되었다.

제1차 세계대전과 제2차 세계대전 사이 기간 동안 영국에 몇 개의 정보기구들이 활동하고 있었지만, 타국에 대한 정보분석 업무를 국가적인 차원에서 수행하지는 않았다. 그러나 제1차 세계대전의 경험을 통해 유럽 국가들은 전면전쟁을 수행함에 있어서 국가적 차원의 정보분석 기능이 필요하다는 인식이 생기게 되었다. 한 국가의 군사력은

되어 있었다. 첩보국은 독일, 이태리, 스페인을 대상으로 국내 5개 지역에 통신감청소를 설치 운영했다. Henri Navarre, *Service de Reinseignment, 1871~1944*(Paris: Edition Plon, 1978), pp.40-44.

36) M. Geyer, "National Socialist Germany," in May(1986), pp.317-318.

37) 박영일, 『강대국의 정보기구』(서울: 현대문화사, 1994), pp.95-96.

산업능력, 인구통계, 군기, 사기 등 여러 가지 군사 및 군사외적 요소가 통합되어 발휘되는 것으로서 이를 제대로 분석하기 위해서는 군사정보만으로는 미흡하고 별도의 통합된 정보기구를 설립하여 이러한 문제에 대처하고자 하였던 것이다.

영국의 경우 1930년대부터 독일의 군사력이나 전쟁 계획 등에 대한 종합적인 분석의 필요성을 실감하게 되었다. 당시 부문정보기구들이 있었지만 이들의 능력으로는 이러한 임무를 적절히 수행할 수 없다고 판단했다. 그래서 영국에서는 합참의장(the Chiefs of Staffs Committee) 산하에 통합된 군사계획기구를 설립했다. 이 기구를 통해 영국은 제2차 세계대전 동안 적의 육·해·공군, 정치, 경제 등 모든 요소들을 종합적으로 분석하는 '국가평가(national assessment)'가 가능했다. 영국의 이러한 방식은 독일, 이탈리아, 일본의 경우와 비교하여 보았을 때 매우 대조적이다. 예를 들어, 독일의 경우 히틀러 개인 또는 정권적 차원에서 정보기구가 이용되었던 반면에 영국은 국가적인 차원에서 적극적인 정보활동이 수행되었다. 아마도 그것이 영국이 독일과의 전쟁에서 승리할 수 있었던 중요한 요인이 되었을 것으로 생각된다.[38] 당시 일본의 정보활동 역시 비효율적이고 체계적이지 못했던 것으로 평가되었는데, 그것이 일본이 미국과의 전쟁에서 패배하게 된 중요한 요인이 되었을 것으로 추정된다.[39]

1945년 냉전과 함께 국가차원의 종합적인 정보기구의 설립 필요성이 더욱 증대되었다. 공산주의 운동이 정치, 군사, 경제 등 사회 모든 부문에 걸쳐 자유주의 진영에 위협을 가해옴에 따라 이에 대응하기 위한 수단으로서 정보활동의 중요성이 부각되었다. 특히 냉전시대 동안 소련과 중국 사회는 철저히 비밀에 싸여 있었기 때문에 비밀정보 수집활동의 필요성이 더욱 증대되었다. 또한 소련이나 중국에 대한 단편적인 첩보들을 종합하여 정보를 생산해내는 작업이 요구되었다.

영국에서는 1939년 '영국합동정보위원회(British Joint Intelligence Committee, JIC)'라는 기구를 설립하여 부문정보기관에서 제공되는 단편적인 정보를 종합하는 기능을 수행했다. JIC는 제2차 세계대전 중 전쟁 임무를 효과적으로 수행하여 명성을 얻었다. 미국은 진주만 기습을 겪고 나서 부문정보기관들의 첩보들을 종합하여 분석하는 기구가 필요하다는 판단에서 1947년 CIA를 창설하게 되었다. 국가 차원의 종합적인 정보분석기구는 영국과 미국의 독창적인 조직 형태로서 매우 효과적인 역할을 수행했던 것으로 인정된다.[40] 물론 영국과 미국 외에 다른 나라들도 유사한 형태의 정보기구들을

---

38) E.E. Thomas, "The Evolution of the JIC System Up to and During the Second World War," in C. Andrew and J. Noakes (eds.), *Intelligence and International Relations 1900-45*(Exeter: Exeter University Press, 1987), p.233.

39) Herman(1996), p.26.

설립했다. 그러나 영국이나 미국만큼 그다지 괄목할 만한 성과를 이루지는 못했던 것으로 평가된다.[41])

냉전시대 동안 미국과 소련 간에는 치열한 첩보전이 전개되었다. 비밀에 싸인 사회주의 국가들에 대해 다양한 수단을 동원하여 첩보를 수집하고자 노력했으며, 상대방 체제를 와해시키기 위한 비밀공작도 적극적으로 전개되었다. 예를 들어, 1950년대 비밀공작 활동이 미 CIA 예산의 절반을 차지했던 것으로 나타난다.[42]) 미국 상원 '처치위원회(the Church Committee)'의 조사결과에 따르면 미국 정부는 1961년부터 1975년간 900여 건의 비밀공작을 수행했던 것으로 알려졌다.[43]) 또한, 전자장비가 발전하면서 신호정보의 중요성이 더욱 증가하게 되었다. 미국이나 소련은 각기 상대방 국가의 국경 부근에 수백 개의 신호감청 기지를 건설하여 신호정보활동을 적극적으로 전개했다.[44])

1945년 이후 영상정보는 군사정보에의 활용도가 더욱 증가되어 신호정보만큼 중요하게 이용되었다. 냉전이 시작되고 나서 10년 동안 미국은 소련 영공에 대해 비밀 항공정찰활동을 전개했다. 당시 미국은 고공에서 운행하는 U-2기를 특별 제작하여 1956년부터 1960년 5월 1대가 격추될 때까지 소련 영공에 대해 비밀리에 항공정찰 임무를 수행했다. 그러나 불법적인 영공 침범 문제로 인해 항공기를 통한 정찰활동이 어려워짐에 따라 1960년대부터 미국과 소련은 저궤도 위성(대략 200~1,000km 고도 운행)을 쏘아 올려 상대국에 대한 첩보수집활동을 보완했다. 냉전시대 동안 신호정보보다는 위성을 활용한 영상정보(IMINT)분야에 있어서 괄목할 만한 발전을 이루었으며, 이는 세계첩보사에 있어서 하나의 획기적인 진전으로 기록된다.[45]) 오늘날 미국과 러시아는 신호정보와 영상정보를 동시에 수집할 수 있는 위성을 개발하여 이 분야에 있어서 독보적인 위치를 점하고 있다.

1980년대 말 베를린 장벽이 붕괴되고 소련체제가 와해되면서 냉전이 종식되기에 이르렀다. 냉전체제의 종식은 정보환경에 있어서도 엄청난 변화를 야기했다. 냉전시대의 적대국이 와해됨에 따라 적대국에 대한 군사정보의 중요성이 감소했고, 경제정보가

---

40) Herman(1996), p.26.

41) Herman(1996), p.26.

42) Pat M. Holt, *Secret Intelligence and Public Policy: A Dilemma of Democracy*(Washington, D.C.: CQ Press, 1995), p.163.

43) Holt(1995), p.163.

44) 1989년 당시 소련은 신호정보(SIGINT)에 엄청난 노력을 기울였던 것으로 나타난다. 당시 소련은 본토와 해외에 약 500개의 신호정보 감청 기지를 건설했는데 이는 미국의 5배에 이르는 것으로서 규모면에서 세계 최대였던 것으로 알려졌다. 그런 점에서 냉전시대 동안 소련이 인간정보보다는 신호정보에 보다 중점을 두고 첩보를 수집했던 것으로 평가된다. Herman(1996), p.68.

45) Herman(1996), p.78.

보다 중요한 요소로 부각되었다. 또한 범세계적으로 민주화가 이행되면서 정보활동의 공개성과 책임성이 보다 강조되었다. 이처럼 정보환경의 변화에 부응하여 냉전시대 악명을 떨쳤던 소련의 KGB가 해체되었고, 국내와 해외를 담당하는 FSB와 SVR로 각각 재탄생하게 되었다. 미국의 CIA를 비롯하여 프랑스의 DGSE, 독일 BND 등 서방 정보기관들도 탈냉전기 안보환경의 변화와 민주화 추세에 부응하여 조직, 기능, 활동을 대폭적으로 개혁하는 노력을 기울이고 있다. 특히 미국은 2001년 9/11 테러를 경험하고 나서 '국토안보부(Department of Homland Security, DHS)'를 창설하여 대테러활동을 보다 강화하게 된다. 또한 정부 부처의 장관급에 해당되는 '국가정보장(Director of National Intelligence, DNI)'이라는 직제를 신설하여 정보공동체 내 정보기관들 간의 정보협력 체제를 강화하려는 노력을 기울이고 있다.

제**3**장

국가정보학의 연구동향:
학문적 기원과 발전

제1절 국가정보학 연구의 의의

정보활동은 인류의 역사와 더불어 시작될 만큼 오래되었지만, 정보활동에 대한 학문적 차원의 연구가 시작된 것은 불과 50여 년 전이다. 20세기 들어서서 두 차례의 세계대전이 발발했고, 여기서 영국과 미국의 효과적인 정보활동은 전쟁에 승리하는 데 결정적인 요인이 되었던 것으로 인정된다. 그럼에도 불구하고, 정보활동에 관한 자료는 비밀로 분류되어 일반인들의 접근이 어려웠기 때문에 학자들의 연구가 매우 미흡한 분야로 남아 있었다. 그런데 냉전의 종식과 더불어 정부 기록물들이 공개되면서 비밀정보활동에 대한 학계의 연구가 보다 활성화되었다. 또한, 9/11 테러 사건과 이라크 전쟁을 계기로 국가정보는 국가의 안보에 핵심적인 요인으로 부각되었으며, 이에 따라 정보활동에 대한 학계의 관심과 연구가 보다 증가되는 경향을 보이고 있다.

미국과 영국에서는 일찍부터 학문의 한 분야로서 국가정보학을 연구하고 발전시켜 왔다. 미국에서는 1950년대 이후 주로 국제관계학을 전공하는 학자들을 중심으로 국가정보학을 연구했고, 영국에서는 국제관계사 또는 외교사를 연구하는 역사학자들이 이 분야에 대한 연구를 활발히 수행했다. 학계의 연구뿐만 아니라 미국과 영국에서는 일반 대학에서도 강좌를 개설하여 국가정보학을 강의하고 있다. 그러나 영국과 미국을 제외한 대부분의 국가에서는 국가정보학에 대한 학계의 관심이나 연구가 매우 미흡한 실정이다. 특히 한국은 그동안 정보기관이나 활동에 대해 언급하는 것조차 금기시할 정도로 비밀보안을 유지하면서 일반인들의 자료 접근조차 엄격히 제한했기 때문에 이 분야에 대한 학자들의 연구가 제대로 수행될 수 없었다. 이로 인해 정보활동에 대해 일반인들은 물론 학계에서조차 음모론적 시각에서 왜곡되게 인식하는 경향이 있다.

탈냉전·정보화의 시대적 조류에 따라 정보활동은 더 이상 비밀의 베일에 싸인 금기의 영역이 아니다. 탈냉전과 더불어 비밀로 분류되었던 많은 정부 기록물들이 공개되고 있고, 정보화의 흐름 속에서 정보활동의 공개성이 확대되고 있다. 이러한 상황에서 국내 학계에서도 국가정보학 연구를 보다 활성화하고자 하는 모습을 보이고 있다. 국가정보학 연구의 활성화는 국제관계사, 외교사, 정책결정과정 등에서 생략된 영역이었던 첩보활동에 대한 부분을 보완함으로써 학문적 완성도를 높이는데 기여할 수 있다. 또한 학계의 연구가 활성화됨으로써 정보기관의 존재 의의와 정보활동의 필요성에 대해 학계는 물론 일반인들의 인식이 올바로 정립될 수 있는 계기가 마련될 수 있다.

국가정보학 연구의 활성화를 위해 우선적으로 지금까지 국가정보학분야에서 어떤 연구들이 축적되어 있는지를 살펴보아야 할 것이다. 즉 어떤 학자들이 국가정보학을 연구하고 있으며, 어떤 이론이나 접근방법을 활용하여 정보활동을 분석하고 있는지, 그리고 학자들 간에 중점적으로 연구되는 주제는 무엇이고 앞으로 어떤 주제에 대해 보다 심층적인 연구가 필요한지 등에 관해 논의해 볼 필요가 있다. 따라서 본 장에서는 학문연구의 한 분야로서 국가정보학의 기원과 발전, 학계의 연구동향, 그리고 국제관계 연구에서 국가정보가 어떻게 기여하였는지 등을 살펴보기로 한다.

제 2 절 국가정보학의 연구범위

국가정보를 지식, 활동, 조직을 포괄하는 것으로 정의했을 때, 국가정보학은 바로 지식으로서의 정보, 활동으로서의 정보활동, 그리고 조직으로서의 정보기관 등 크게 세 가지 요소들을 연구 대상으로 한다.

지식으로서의 정보와 관련하여 국가정보학에서는 첩보수집과 분석과정을 거쳐서 생산된 정보가 국가의 정책결정에 어떤 영향을 미치는가를 중점적으로 연구한다. 최고 정책결정권자에게 적시에 정확한 내용으로 제공된 정보는 국가안보를 유지함에 있어서 결정적인 요소로 작용한다. 그러나 때로 적시에 필요한 정보가 제공되지 않거나 왜곡된 내용의 정보는 국가안보에 치명적인 결과를 초래할 수 있다. 예컨대, 진주만 기습을 막지 못한 결정적인 요인은 제때에 필요한 정보가 제공되지 못한 데서 비롯되었던 것으로 나타난다.[1) 또한, 미국 CIA는 2002년 말 발간된 보고서에서 이라크가 유엔 결의와 기타 규제를 위반하면서 대량살상무기 프로그램을 은밀히 추진하고 있다고 잘못된 판단을 내렸다.[2) 이처럼 왜곡된 정보판단으로 인해 미국은 하지 않아도 되었을 전쟁에 빠져드는 실수를 저지르게 되었던 것이다.

정보활동에는 정보자료의 생산을 위한 활동으로서 첩보수집 및 분석이 있고, 상대국 정보기관의 첩보수집, 전복, 테러 및 파괴행위 등의 각종 공작에 대응하는 노력으로서 방첩활동, 그리고 자국의 대외정책을 지원할 목적으로 외국의 정부, 정치, 경제, 군사, 사회 등 여러 분야에 은밀히 개입하여 자국에게 유리한 여건을 조성하기 위한 행위로서 비밀공작 등이 있다. 국가정보학에서는 주로 사례연구를 통해서 그러한 정보활동이 전개되는 배경, 과정, 그리고 그 결과에 대해서 연구한다. 예를 들어, 제2차 세계대전 당시 영국 정보기관이 독일군 암호체계를 해독하고자 추진했던 '울트라 계획(Ultra Project)'은 연합군이 승리하는 데 결정적으로 기여했던 것으로 알려졌는데 이에 대한 학계의 연구는 여전히 미흡한 상황이다.[3) 또한 방첩활동과 관련된 저술로서 최근에 나온 『슈타지 문서의 비밀』이라는 책은 동독 정보기관이었던 슈타지의 정보활동에 대해서 매우 상세하게 기술하였으며, 동독의 정보활동이 서독의 정치, 경제, 사회에 깊숙이 침투하여 엄청난 영향을 미쳤던 것으로 나타난다.[4) 비밀공작은 원칙적으로 외국을 대상으로 하는 활동이지만 독재국가나 권위주의 정부의 경우처럼 정보기관이 자국민을 대상으로 흑색선전, 정치공작, 요인 암살 등의 공작을 수행하기도 한다. 그런

---

1) 1941년 진주만 기습 당시 미국의 정보공동체는 '매직작전(MAGIC Project)'을 통해 일본의 비밀 전문을 감청하고 암호체계를 해독하여 진주만 기습이 있기 하루 전인 12월 6일 마침내 일본의 진주만 공격의 전모를 파악했다. 워싱턴에서 진주만 해군사령부로 일본의 기습공격에 대비할 것을 지시하는 경고 전문이 하달되었다. 그런데 전문 전송 임무를 맡은 관리가 경고 전문을 군의 긴급통신 아닌 민간회사인 웨스턴유니언 사를 통해 발송하는 결정적인 실수를 저질렀다. 결국, 경고 전문은 일본의 진주만 공습이 개시된 저녁 무렵까지 전달되지 못한 채 하와이 소재 웨스턴유니언 사의 창고에 있었다. 어네스트 볼크만 저, 이창신 역, 『스파이의 역사 I: 작전편』 (서울: 이마고, 2003), pp.293-312.

2) 당시 CIA 보고서에서 언급하고 있는 주요 내용은 다음과 같다: "1998년 마지막으로 무기사찰을 받은 이래 이라크는 생화학무기 프로그램을 계속 유지해왔고, 유엔 규제를 넘는 150km 이상의 사거리를 가진 탄도미사일을 보유하고 있다; 후세인 정부는 석유를 비밀리에 판매한 자금을 WMD 개발에 투입하고 있다; 만일 이라크를 당장 제지하지 않으면 10년 내에 핵무기까지 보유할 가능성이 있다." Director of Central Intelligence, 2001, http://www.odce.gov/cia/reports/Iraq_Oct_2002.pdf(검색일: 2004년 7월 6일).

3) 이에 대한 최초의 연구로는 F. C. Winterbotham, *The Ultra Secrets*(London: Weidenfeld and Nicolson, 1974)이 있다.

4) 후베르투스 크나베 저, 김주일 역, 『슈타지 문서의 비밀』(서울: 월간조선사, 2002).

데 상당수의 학자들이 비밀공작(covert action)을 국가정보의 개념에 포함시키지 않으려 하며, 이 때문에 이 분야에 대한 정보학계의 연구가 부진한 실정이다.[5]

국가정보학에서는 정보활동을 수행하는 정보기관의 조직구조 및 조직문화에 대해서도 관심을 갖고 연구를 수행한다. 예를 들어, 9/11 이후 미국 정보공동체의 조직에 어떤 문제점이 있고, 앞으로 어떻게 변화되는 것이 바람직한가에 대해 많은 연구들이 발표되었다.[6] 이러한 연구를 통해 미국의 중점적인 정보활동 방향을 추정해보기도 하고, 정보공동체의 조직 개편을 통해 정보활동의 효율성이 얼마나 개선되었는지를 평가하기도 한다. 영국과 미국 정보공동체 조직 문화의 특성을 비교하고, 조직 문화적 상이성에서 정보활동의 양상이 어떻게 다르게 나타나는가를 분석하는 내용의 연구도 있다.[7]

제 3 절 국가정보학의 접근방법

국가정보를 연구함에 있어서 다양한 분야의 학자들이 각기 다른 유형의 접근방법을 활용하고 있으며, 이에 대한 최초의 논의는 토마스(Stafford Thomas)의 논문에서 나타난다.[8] 토마스는 국가정보 연구에 활용된 접근방법을 크게 네 가지로 분류하여 설명했다. 첫째, 역사적/전기적 접근방법(historical/biographical approach)으로서 특정 시기의 역사적 사례를 중심으로 연구하며, 이들은 주로 회고록이나 정부 공식문서 자료를 1차 자료로 활용한다. 둘째, 기능적 접근방법(functional approach)으로서 정보활동이나 정보가 생산되는 과정에 초점을 두고 이루어진 연구를 의미한다. 여기에서는 특정한 역사 사례를 탐구하기보다는 다소 추상적인 문제를 보다 심층적으로 다루려는 경향이 있다.

---

5) 엔더슨(Elizabeth Anderson)은 "비밀공작은 정보의 한 가지 중요한 요소이면서도 학계의 연구가 미흡한 실정이다"라고 지적했다. Elizabeth Anderson, "The Security Dilemma and Covert action: The Truman Years," *International Journal of Intelligence and Counterintelligence*, Vol.11, No.4(1998/ 99), p.404.

6) 대표적인 연구로 Amy B. Zegart, "September 11 and the Adaptation Failure of U.S. Intelligence Agencies," *International Security*, Vol.29, No.4(Spring 2005), pp.78-111; William E. Odom, *Fixing Intelligence for a More Secure America*(New Haven, CT: Yale University Press, 2003) 등이 있다.

7) 이러한 종류의 연구로서 Philip H. J. Davies, "Intelligence Culture and Intelligence Failure in Britain And the United States," *Cambridge Review of International Affairs*, Vol.17, No.3(October 2004), pp.495-520.

8) S.T. Thomas, "Assessing Current Intelligence Studies," *International Journal of Intelligence and Counterintelligence*, Vol.2, No.2(1988), pp.236-238.

셋째, 구조적 접근방법(structural approach)으로서 정보기구의 조직 구조와 문화 등을 중점적으로 분석하는 경향을 보인다. 마지막으로 정치적 접근방법(political approach)은 정보와 정책 간의 관계에 초점을 둔 연구로서 정보의 정치적 의미를 평가 또는 분석하는 내용이 주류를 이룬다.

와크(Wesley Wark)는 토마스가 네 가지 유형으로 제시한 국가정보학의 접근방법들을 여덟 가지 유형으로 보다 세분화하여 설명하였다.[9] 첫째, 문헌조사적 연구(research project)는 정부 간행 공식문서에 기초하여 사실관계를 입증하는데 중점을 둔다. 둘째, 역사학적 연구(historical project)는 역사적 사실이 일어나게 된 배경과 경위 등을 중점적으로 기술한다. 셋째, 개념화 연구(definitional project)는 정보의 개념을 정의하고 정보가 생산되는 과정에 관해 모델을 구축하려는 시도라고 볼 수 있다.[10] 넷째, 방법론적 연구(methodological project)는 사회과학적 이론에 기초하여 개념적 모델을 구축하고 이를 정보활동 사례들에 적용하여 검증하려는 시도로 볼 수 있다.[11] 다섯째, 공공정책적 연구(public policy project)에서는 정보활동 관련 책임성, 리더십, 효율성, 윤리성 등을 중점적으로 논의한다.[12] 여섯째, 기본권 연구(civil liberty project)에서는 FBI, NSA 등 정보기관의 불법적인 도·감청과 그로 인한 개인 사생활 침해 문제들을 중점적으로

---

9) Wesley K. Wark, "Introduction: The Study of Espionage: Past, Present, Future?" Wesley K. Wark, (ed.), *Espionage: Past, Present, Future?*(Portland: Frank Cass, 1994), pp.2-8.

10) 이러한 접근방법의 효시로는 국가정보학 분야의 고전적 저서로서 학계에 널리 알려진 켄트(Sherman Kent)의 『전략정보』를 들 수 있다. Sherman Kent, *Strategic Intelligence for American World Policy*(Princeton, N.J.: Princeton University Press, 1949). 켄트는 그의 저서에서 정보를 몇 가지 기능으로 분류하여 설명하였다. 켄트의 분류 방식에 기초하여 학자들은 정보의 주요 기능을 수집, 정보판단, 그리고 정책에의 투입(policy input) 등 3가지로 구분한다. 일부 학자는 여기에 4번째 기능으로 비밀공작을 포함하기도 한다. 정보의 범위, 개념 그리고 정보활동의 기능에 관한 분류는 아직도 학자들 간에 많은 논의가 이루어지고 있으며, 향후 이러한 논의가 지속됨으로써 보다 정교한 개념과 모델을 구축할 수 있을 것으로 사료된다.

11) 프라이(Michael Fry)와 호크스타인(Miles Hochstein)의 논문은 학계 최초로 이러한 종류의 연구물들을 소개하고 평가하는 내용을 기술하고 있다. Michael Fry and Miles Hochstein, "Epistemic Communities: Intelligence Studies and International Relations," in Wesley K. Wark, (ed.), *Espionage: Past, Present, Future?*(London: Frank Cass, 1994). 이러한 접근방법을 취하고 있는 대표적인 연구물로서 베츠(Richard Betts)와 헨델(Michael Handel)의 저서 또는 논문을 들 수 있다. R.K. Betts, "Analysis, War and Decisions: Why Intelligence Failures are Inevitable," *World Politics*, Vol.31, No.1(October 1978), pp.61-89; Michael Handel, *The Diplomacy of Surprise*(Cambridge, MA, 1980).

12) 와크에 따르면 이러한 주제를 두고 정보활동을 실질적으로 수행하는 사람들과 학계 간의 견해 차이가 두드러지게 나타난다. 은퇴한 정보요원들은 회고록 형태로 정보기관의 기능과 역할, 정보활동의 내용들을 기술하는 경향을 보인다. 이러한 회고록을 통해 정보활동의 양상과 정보기관의 역할이 드러나는 반면 학계에서는 그 내용의 신뢰성을 의심하게 되어 서로 간에 상반된 입장을 취하게 된다. 와크는 이러한 상황을 타개하고 공공정책적 연구가 효과적인 결실을 얻기 위한 방안으로서 학계와 정보기관에서 정보활동을 실제로 수행하는 정보요원들 간의 긴밀한 연구협력을 강조하였다. Wark(1994), pp.5-6.

논의한다. 일곱째, 저널리즘적 연구(investigative journalism project)에서는 저널리즘적 시각에서 정보기관이나 정보활동에 대해 기술된 글을 의미한다.[13] 마지막으로 대중문화적 연구(popular culture project)는 소설 또는 영화처럼 대중문화 속에서 스파이활동의 역할과 의미에 대해서 묘사한 글들을 의미한다.

스캇(Len Scott)과 잭슨(Peter Jackson)은 국가정보 연구의 접근방법으로서 세 가지 유형을 제시하였다.[14] 첫 번째 접근방법은 일종의 사례연구로서 와크가 제시했던 문헌조사적 연구, 역사학적 연구, 개념화 연구, 저널리즘적 연구 등 네 가지 유형을 통합한 것과 유사하다. 이 접근방법은 국제관계사를 연구하는 학자들 간에 주로 활용되고 있는 문헌조사적 연구 또는 역사학적 연구의 형태로 나타나기도 한다. 때로는 첩보가 수집되는 과정, 정보의 출처와 특징, 정책 결정에 정보가 어떻게 활용되었는지 등에 대해 초점을 둔 연구도 여기에 해당된다. 정보요원의 회고록이나 첩보활동 사례들에 대한 저널리즘적인 기사나 저술활동도 여기에 속한다고 본다. 두 번째 접근방법은 정보순환과정(intelligence process)에서 발생하는 성공과 실패를 설명하기 위한 모델을 구축하는 데 관점을 두고 이루어지는 연구들이다. 여기서는 주로 정치학적 접근방법이 활용되며, 정책결정과 분석의 수준에 관심을 둔다. 연구자들은 정책결정과정에서 정보의 효과적인 활용에 장애가 되는 구조적 또는 인지적 오류들을 찾아내고 분석하는데 중점을 둔다. 이들은 정보실패를 야기하는 요인으로써 분석관의 편견이나 선입관 등 인지적 오류, 정보의 정치화, 관료주의적 병폐 등에 대해서 논의한다. 세 번째 접근방법은 국가의 통제 수단으로서 정보의 국내 정치적 기능에 관점을 두고 연구한다는 점에서 특징이 있다. 과거에 정치학 또는 역사학에서 이런 종류의 연구들이 많이 수행되었다. 예를 들어, 최근 소련 및 동구권 국가들에서 비밀 해제된 문서들이 공개됨에 따라 1945년 이후 국가보안기구들이 이들 나라의 정치 또는 사회생활에 어떤 역할을 수행했는가에 대한 연구들이 시도되고 있다. 역사학자들은 영국과 프랑스의 정보기관들이 과거 식민지 국가들에 대해서 어떤 역할을 수행했는지, 또는 MI5와 FBI 같은 국내보안기관들의 활동과 그것이 미국과 영국의 정치문화에 미친 영향 등 광범위한 주제에 걸쳐서 많은 연구들이 수행되고 있다.

토마스, 와크, 스캇과 잭슨이 제시하는 접근방법의 분류는 각각 나름대로 장단점을

---

13) 이들은 정보활동에 대해 신뢰할 수 있는 자료에 기초하기보다는 자신이 갖고 있는 상식이나 선입견에 의존하여 정보기관이나 정보활동을 묘사하는 경향이 있다. 이들은 종종 정보기관에 관한 기존의 주장들이 완전히 왜곡되었다는 것과 정보기관의 활동이 거대한 음모로 가득 찼다는 등의 상반된 시각을 드러낸다. Wark(1994), pp.6-7.

14) Len Scott and Peter Jackson, "The Study of Intelligence in Theory and Practice," *Intelligence and National Security*, Vol.19, No.2(Summer 2004), pp.143-144.

가진다. 토마스의 분류는 정보학 연구의 접근방법을 지나치게 단순화한 면이 없지 않지만 학계의 대표적인 연구 성향을 4개의 접근방법들로 집약하고 있다는 점에서 의미를 가진다. 와크의 분류는 학계의 연구물들을 세분화함으로써 연구물의 학문적 기법이나 성향을 보다 구체적으로 반영하고 있다는 장점이 있는 반면에 세분화된 만큼 중첩성이 심하다는 단점이 있다. 예를 들어, 제2차 세계대전 당시 진주만 기습의 과정과 원인을 규명한 월스테터(R. Wolhstter)의『진주만 기습: 경고와 정책결정』(Pearl Harbor: Warning and Decision)은 문헌조사적 연구와 역사적 연구가 혼재된 형태의 저술로서 어느 한가지로 분류될 수 없다.15) 또한, 정보학분야의 연구들을 보면 개념화 연구와 방법론적 연구가 혼합된 형태로 된 저술들이 많다. 예를 들어, 헨델(Michael Handel), 베츠(Betts)의 연구는 정보실패에 관한 저술로서 정보의 개념에서부터 시작하여 정보실패의 원인과 결과에 관한 이론적 모형을 만들고 이를 검증하는 과정을 제시하고 있다.16) 스캇과 잭슨의 분류에서 제시된 두 번째와 세 번째 접근방법은 최근 정보학의 연구 동향을 잘 반영하고 있다는 장점이 있는 반면에 학계의 대표적인 연구 성향을 제대로 반영하지 못하고 있는 것으로 평가된다. 특히 첫 번째 접근방법은 와크가 제시한 네 가지 접근방법을 통합하여 단순화했지만 대표적인 특징이 없다는 점에서 단일화된 하나의 접근방법으로 인정되기 어렵다.17)

　세 가지 분류들의 장단점을 균형 있게 평가해 보았을 때 토마스가 제시한 분류가 가장 적절한 것으로 판단된다. 와크의 분류는 지나치게 세분화되어 중첩성이 많은 단점이 있고, 스캇과 잭슨의 분류는 대표성이 떨어진다. 이에 비해 토마스의 분류는 학계의 연구들을 네 가지 유형의 접근방법으로 단순화함으로써 연구물의 특성을 구체적으로 반영하지 못한다는 단점이 있지만, 지나친 세분화로 인한 중첩성을 피하면서 학계 연구의 대표적인 특성을 매우 적절히 반영하고 있다는 점에서 가장 적합한 분류로 인정된다.

　사실 국가정보 연구의 접근방법은 국가정보에 대한 연구자들의 인식에 달려있다고 본다. 즉 국가정보의 성격을 연구자들이 어떻게 인식하고 있는가에 따라서 접근방법의 유형이 각기 다르게 나타나는 경향이 있다. 그런 점에서 국가정보의 성격을 어떻게 규명해야 할 것인지 즉 '기술(craft)'로 보아야 할 것인지 아니면 '과학(science)'으로 보아야 할 것인지에 대한 논의가 필요하다. 일반적으로 정보활동 업무를 실제로 수행하는 정보요원들은 실용주의적 관점에서 국가정보를 국가안보와 관련되는 정책결정을 지원

15) R. Wohlstetter, *Pearl Harbor: Warning and Decision*(Stanford: Stanford University Press, 1962).
16) Betts(1978), pp.61-89 and Handel(1980).
17) Scott and Jackson(2004), pp.143-144.

하기 위한 하나의 수단(tool), 즉 기술(craft)로 인식한다.[18] 한편, 1950년대 말에서 1960
년대 행태주의(behavioralism) 운동이 사회과학자들 간에 확산되면서 정보공동체에서도
정보활동에 대해 단순한 기술 이상의 정교한 이론적 기초를 구축해보자는 시각이 대두
되었다.[19] 일반적으로 학계에서는 이러한 시각을 행태주의적 접근방법으로 규정하고
있으며, 행태주의자들은 행태주의 이전의 접근방법을 전통주의적 접근방법으로 칭하
고 있다. 이처럼 행태주의 접근방법을 활용한 연구들은 국가정보를 단순한 '기술'을
넘어서 '과학'의 차원에서 다루고자 시도하였다는 점에서 의미를 가진다.

　　반드시 그러한 것은 아니지만 정보활동을 기술(craft)로 인식하는 사람들은 대체로
전통주의적 입장을 취하는 것으로 생각된다. 와크가 분류한 문헌조사적·역사학적·
저널리즘적·대중문화적 연구 등은 모두 전통주의적인 접근방법으로 간주된다. 반면에
개념화·방법론적 연구는 행태주의적 접근방법의 일종으로 생각된다. 정치학이나 국제
관계학 분야에서는 1960년대 이후 통계와 계량분석을 집중적으로 활용하는 연구들이
많이 발표되었고 오늘날 학계 연구의 주류를 이루고 있다. CIA를 비롯한 미국의 정보공
동체에서도 1960년대 이후 정보분석에 계량화 기법을 도입하여 활용하고 있다. 그러나
일반적으로 국가정보분야에 관한 학계의 연구는 아직도 전통주의적 접근방법이 주류
를 이루고 있고, 통계 또는 계량분석에 중점을 두는 행태주의 접근방법의 연구는 많지
않은 것으로 나타난다.

제 4 절 국가정보학의 학문적 기원과 발전

1. 고대에서 냉전시대까지

　　정보(intelligence)는 오랫동안 정치철학이나 국제관계를 연구하는 학자들에게 별다
른 관심을 끌지 못했다. 근대에 이르기까지 손자병법을 제외하고 정보에 관한 체계적인
연구가 거의 없었던 것으로 보인다. 기원전 600년경에 써진 손자병법은 군사정보의
중요성에 대해서 기술했고, 지금도 많은 학자들이 그 내용을 인용하고 있다. 손자는
"총명한 군주와 현명한 장수가 움직이기만 하면 적을 이기고 출중하게 공을 세우는

---

18) Walter Laqueur, *The Uses and Limits of Intelligence*(New Brunswick, New Jersey: Basic Books, 1985), p.293.
19) Laqueur(1985), p.293.

것은 먼저 적정을 알고 있기 때문이다"라고 하여 일찍부터 정보활동의 중요성을 강조
했다.[20] 클라우제비츠(Von Clausewitz)는 "적대국의 군대와 국가 동향을 파악하는 것은
우리의 대응 방향을 설정하는 기초"가 된다면서 정보의 중요성을 인정하였지만, "전쟁
중 적에 관한 대부분의 정보보고서는 거짓이거나 신뢰성이 떨어진다"고 주장하면서
정보에 대해 부정적인 입장을 취했다.[21] 사실 전쟁에서 거짓정보는 대체로 적의 기만이
나 허위정보 유포에서 비롯된 것인데 클라우제비츠는 그에 대한 대응책에 대해서는
언급하지 않았다.

근대에 들어서서 현실주의자로 분류되는 국제정치 학자들 역시 클라우제비츠처럼
정보의 획득이나 분석의 중요성에 대해서 별로 관심을 두지 않았던 것으로 나타난다.
예를 들어, 마키아벨리(Machiavelli)는 20세기에 들어서서 많이 활용되었던 전략적 기만
에 대해 잘 알고 있었으며, 그 중요성을 강조했다. 마키아벨리는 "기만행위는 혐오스럽
기는 하지만 전쟁에서는 매우 영광스럽고 칭찬할 만한 일이다"라고 언급하고, "힘으로
적을 제압하는 것만큼 기만책으로 적을 물리치는 것도 훌륭한 것으로 인정된다"고
기술했다.[22] 그러나 그는 음모나 모반 문제를 다루면서도 첩자나 이중첩자의 활용에
대해서는 전혀 언급하지 않았다. 즉 마키아벨리 역시 정보 판단이나 출처의 신뢰성이
중요하다는 점을 제대로 인식하지 못했던 것으로 보인다. 이와 대조적으로 어스킨(Toni
Erskine)에 따르면 홉스(Thomas Hobbes)는 17세기에 쓴 저서에서 첩자의 가치와 중요성에
대해서 충분히 이해하고 있었던 것으로 나타난다.[23]

정보활동은 인류의 역사와 더불어 시작될 만큼 오래되었지만, 그에 관한 본격적인
연구는 20세기 말경에 들어서서 비로소 시작되었다. 20세기에 들어서서 두 차례의
세계대전이 벌어졌고 여기서 정보활동이 전쟁의 승패를 좌우할 만큼 중요하게 기여했
던 것으로 인정되었지만, 이에 대한 학계의 관심은 여전히 부족했던 것으로 보인다.
이러한 가운데 셔먼 켄트(Sherman Kent)가 1949년 『미국 외교정책을 위한 전략정보』
(Strategic Intelligence for American Foreign Policy)라는 책을 출간하였는데 이것이 오늘날
국가정보학의 학문적 효시로 인정받고 있다.[24] 켄트는 제2차 세계대전 중 CIA의 전신

---

20) 노병천, 『도해 손자병법』(서울: 연경문화사, 1996), p.310

21) Carl von Clausewitz, *On War*(ed. and trans. by Michael Howard and Peter Paret, Princeton: Princeton University, 1976), p.117; Reed R. Probst, "Clausewitz on Intelligence," Roger Z. George and Robert D. Kline, (eds.), *Intelligence and the National Security Strategist: Enduring Issues and Challenges*(New York: Rowman & Littlefield Publishers, Inc., 2006), p.3.

22) John Plamenatz, (ed.), *Machiavelli, The Prince, Selections from the Discourses and other Writings* (London: Fontana/Collins, 1975), pp.252-271; Scott and Jackson(2004), p.146.

23) Tony Erskine, "As Rays of Light to the Human Soul?" *Intelligence and National Security*, Vol.19, No.2(Summer 2004), pp.195-215.

인 전략정보국(Office of Strategic Services, OSS)에서 근무하면서 정보업무를 직접 수행했고, 이를 바탕으로 정보활동을 학문적인 차원에서 체계적으로 정리했다. 켄트는 국가정보를 지식, 활동, 조직을 포괄하는 개념으로 정의했는데, 지금까지도 그것이 정보학 분야 학계에서 가장 권위 있는 해석으로 인정되고 있다. 켄트의 저서가 출간된 이후 상당한 기간이 지나도록 국제정치 분야를 비롯한 국내외 학계에서 국가정보에 관한 체계적인 연구가 거의 없었다. 케도간(Alexander Cadogan) 경이 "정보는 국제문제의 생략된 영역으로 남아 있었다"고 지적할 만큼 국제정치학계의 관심과 연구가 매우 부진했던 것으로 나타난다.[25]

비록 학문적 체계는 아직 미흡했지만 1950년대 중반부터 미국에서는 국가정보 관련 연구를 꾸준히 진행시켜 왔던 것으로 나타난다. 1955년 CIA는 켄트의 제안을 받아들여 *Studies in Intelligence*라는 학술지를 창간하였고, 여기에 전직 CIA 요원들이 중심되어 50년이 지난 현재까지 총 1,200편의 글들이 게재되었다.[26] 주로 전/현직 CIA 요원들이 글들을 기고하였는데, 정보활동 관련 경험담 또는 사례연구가 주류를 이루었고 정보실패 또는 성공의 요인, 정보분석 기법 등 학술적인 내용의 논문들도 많이 게재되었다.[27] 요컨대, *Studies in Intelligence*는 정보활동 기법을 발전시키고 국가정보를 학문적 차원에서 체계적으로 연구하는 토대를 마련하는데 중요한 역할을 담당했던 것으로 평가된다.

미국에서는 국가정보학에 대한 연구가 활성화되었을 뿐만 아니라 1960년경부터 일반 대학에 국가정보 관련 강좌가 개설되기 시작하였다. 도론도(P.J. Dorondo)는 1960년

---

24) Kent(1949).

25) Christopher Andrew and David Dilks, (eds.), *The Missing Dimension: Governments and Intelligence Communities in the Twentieth Century*(Urbana, IL: University of Illinois Press, 1984); Scott and Jackson(2004), p.140에서 재인용.

26) 학술지는 창간된 이후 4년 동안은 외부에 공개했지만 1959년부터 외국으로 배포하는 것을 제한 했으며, 1964년에는 미국 내 배포 시에도 관리번호를 매기고 회수하는 것을 원칙으로 했다. 1974년 CIA 분석국 내'정보학연구소(Center for the Studies of Intelligence)'가 설립되어 *Studies in Intelligence*의 편집 및 출판을 주관하게 되었다. 이후 1992년에 들어서서 비로소 *Studies in Intelligence* 내용이 국내외 일반에게 완전히 공개되었다. 오늘날에도 게재되는 글의 절반 정도만 비밀 해제된 내용으로 외부에 공개되고, 나머지 절반은 대외비로 설정하여 외부공개를 제한하고 있다. Nicholas Dujmovic, "Fifty Years of Studies in Intelligence," *Studies in Intelligence*, Vol.49, No.4(2005), http://www.cia.gov/csi/studies/vol49no4.Fifty_Years_1.htm(검색일: 2006년 7월 26일).

27) 주로 전/현직 CIA 요원들이 기고하였기 때문에 발행 초기부터 약 20여 년 동안은 기고자의 본명을 사용하지 못하고 주로 가명 또는 필명으로 기고했으며, 현재까지 전체적으로 게재된 논문의 약 15%는 가명으로 기고되었다. 1960년 이후 매년 기고된 논문 중에서 최우수 논문을 선정하여 시상했는데 1968년 켄트가 은퇴한 이후 그 명칭을 '켄트상(Kent Award)'으로 변경하여 수상해오고 있다. 그 해 우수한 논문이 없으면 시상하지 않았기 때문에 2005년까지 45년 동안 16회는 수상자가 없었던 것으로 나타난다. Dujmovic(2005), pp.6-7.

*Studies in Intelligence*에 대학에서 정보학이 강의되어야 할 필요성과 무엇을 강의해야 할 것인지를 구체적으로 기술한 논문을 발표했다.[28] 그는 "정부기관의 관료들은 국가 정보의 역할과 중요성을 잘 인식하고 있지만 학계나 일반 국민들은 그렇지 못하므로 대학에서 국가정보를 연구하고 강의하는 것이 필요하다"고 강조하고, 이를 통해 정보 활동을 보다 효과적으로 수행할 기술이나 이론이 발전할 수 있다고 주장했다.[29] 어쨌든 도론도의 논문이 발표되면서 일반대학에 국가정보학 강좌가 본격적으로 개설되기 시 작했고, 국가정보에 대한 학계의 연구가 보다 더 활발해졌던 것으로 보인다. 현재 미국 에서는 100여 개가 넘는 대학에서 학부생들을 대상으로 국가정보학 강좌를 개설하고 있으며, 조지타운대학(Georgetown University) 등 일부 대학에서는 석사과정도 개설하여 학위를 수여하고 있다. 미국에서 국가정보의 학문적 체계 수립과 발전을 이루게 된 데는 켄트의 역할이 매우 컸던 것으로 인정된다. 그는 "보안과 지식의 발전은 근본적으 로 충돌한다"고 지적하면서 국가정보의 학문적 발전을 위해서 보안의 범위를 축소하고 보다 공개화 할 것을 주장했다.[30] 그러한 그의 노력에 힘입어 실제로 미국에서는 국가 정보의 공개성이 보다 확대되었으며 일반 학문의 한 분야로서 연구되는 전통이 수립될 수 있었다.

그러나 영국에서는 국가정보분야에 대한 학문적 연구와 대학에서의 강좌 개설 등이 미국만큼 활성화되지는 못했던 것으로 나타난다.[31] 영국에서는 1911년에 제정되 어 1989년 개정된 '공문서 비밀보호법(Officials Secrets Act)'에 따라 정부의 비밀자료의 공개를 엄격히 제한해 왔다. 이에 따라 일반인은 물론 신문기자들조차 정부의 비밀자료 를 허가 없이 공개할 경우 엄중한 처벌을 받게 된다. 이러한 규제 때문에 영국에서는 정보활동에 대해 엄격한 비밀성이 유지되었고, 학계의 연구도 미국만큼 활발하게 진행 되지 못했던 것으로 나타난다.[32] 물론 이안 플러밍의 007 시리즈처럼 첩보활동을 소재

---

28) P.J. Dorondo, "For College Courses in Intelligence," *Studies in Intelligence*, No.4, No.3(Summer 1960); Michael S. Goodman, "Studying and Teaching about Intelligence: The Approach in the United Kingdom," *Studies in Intelligence*, Vol.50, No.2(2006), p.4.
29) Dorondo(1960).
30) Dujmovic(2005), p.6.
31) 영국의 국가정보학 연구 및 교육에 관해 잘 정리된 내용은 Goodman(2006)의 글을 참고할 것.
32) 알드리치(Richard J. Aldrich)는 영국 JIC(the Joint Intelligence Committee)와 진주만 기습 사건을 사례로 활용하여 영국과 미국의 정부기록문서 공개정책을 비교하면서 미국에서는 1945년 이전 자료들을 광범위하게 공개하고 있지만 영국에서는 공개하지 않고 있는 점을 비판하였다. Richard J. Aldrich, "British and American Policy on Intelligence Archives: Never-Never Land and Wonderland?" *Studies in Intelligence*, Vol.38, No.5(1995), pp.17-26. 이 밖에 영국과 미국의 정부 공식기록문서 공개정책에 관해 논의한 글로서 Christopher Andrew, "Whitehall, Washington and the Intelligence Services," *International Affairs*, Vol.53(July 1977), pp.390-404; Gill Bennett, "Declassification and Release Policies of the UK's Intelligence Agencies," *Intelligence and National*

로 다룬 대중소설이나 영화, 신문 기사들이 많이 발표되었지만 학계의 연구자료로 활용
되기에는 신뢰성이 부족했으며 대부분 국가정보의 실상을 왜곡시키는 결과만을 초래
했던 것으로 평가된다.[33]

　　1960년대와 1970년대에 걸쳐서 영·미 학계를 중심으로 정보활동에 관한 몇 권의
단행본들이 출간되었지만 대부분 자료의 신뢰성이나 논리적 체계가 매우 미흡하여
학술적 가치는 그다지 높지 않은 것으로 평가된다.[34] 그러한 가운데 미국 역사상 대표
적인 정보실패 사례로 지목되고 있는 진주만 기습의 과정과 원인을 규명한 월스테터(R.
Wolhstter)의 『진주만 기습: 경고와 정책결정』(Pearl Harbor: Warning and Decision)은 당시
학계의 주목을 받았으며, 지금까지도 널리 읽히고 있을 만큼 탁월한 연구로 평가되고
있다.[35] 또한 CIA 국장을 역임했던 덜레스(Allen Dullas)가 1963년에 저술한 『정보활동
기법』(The Craft of Intelligence)은 정보요구, 수집, 분석 등 일련의 과정을 거쳐 정보가
생산되고 그것이 실제로 어떻게 활용되고 있는지 그 실상을 보여주는 내용들을 수록하
고 있다.[36] 비록 일부 내용에 오류가 발견되지만 당시 정보활동의 실상에 관하여 귀중
한 경험적 자료를 제공해 주었다는 점에서 이 분야 연구를 선도하는 고전적 자료로
인정되고 있다.[37] CIA에서 1947년부터 1965년까지 근무하면서 감사관(General and
Executive Director)을 역임했던 커크패트릭(Layman B. Karkpatrick)이 저술한 『미국의 정보
공동체: 외교정책과 국내활동』(The U.S. Intelligence Community: Foreign Policy and Domestic
Activities) 역시 그 당시 미국의 정보공동체의 정보활동 실상을 이해하는데 도움이 될
수 있는 유용한 자료로 평가된다.[38]

　　한편 1970년 중반 무렵 영미 학계에서 정보학분야에 대한 연구가 보다 활발해지기
시작했다. 영국에서는 제2차 세계대전 당시 연합국의 암호해독 사례로서 '울트라계획

Security, Vol.17, No.1(Spring 2002), pp.21-32를 참고할 것.

33) 정보활동을 소재로 한 대중소설이나 영화가 정보활동이나 정보기관에 대한 일반인들의 인식에
　　어떤 영향을 미쳤는지를 심층적으로 분석·정리한 글로는 Nigel West, "Fiction, Faction and
　　Intelligence," Intelligence and National Security, Vol.19, No.2(Summer 2004), pp.275-289를 참고할 것.

34) 예를 들어, Jules Archer, Superspies: the Secret Side of Government(New York: Delacorte, 1977);
　　Constantine FitzGibbon, Secret Intelligence in the Twentieth Century(London: Hart-Davis,
　　MacGibbon, 1977) 등은 부정확한 증거 자료, 사실의 왜곡, 비논리성 등 여러 가지 관점에서 미
　　흡한 수준으로 평가된다. Ransom J. Clark, "The Literature of Intelligence: A Bibliography of
　　Materials, with Essays, Reviews, and Comments," in http://intellit.muskingum.edu/index.html(검색일:
　　2005년 3월 18일).

35) Wolhstter(1962).

36) 덜레스는 1953년부터 1961년까지 CIA 국장을 역임했다. Allen Dulles, The Craft of Intelligence
　　(New York: Harper & Row, 1963).

37) Clark(검색일: 2005년 3월 18일).

38) Layman B. Karkpatrick, The U.S. Intelligence Community: Foreign Policy and Domestic Activities
　　(New York: Hill & Wang, 1973).

(Ultra Project)'이 공개되었고, 미국에서는 워터게이트 사건과 더불어 CIA 비밀공작활동의 윤리성 문제를 두고 의회와 대중매체에서 신랄한 비판이 제기되었다. 이러한 일련의 사건들로 인해 정보활동에 관한 학계의 관심이 증가하게 되었던 것이다. 영국에서는 마스터맨(J.C. Masterman)이 제2차 세계대전 중 영국으로 침투한 독일 간첩을 일망타진하게 된 '더블크로스 작전(Double Cross System)'에 관한 저술을 발표했고, 윈터보담(F.C. Winterbotham)은 제2차 세계대전 당시 영국이 독일의 에니그마 암호체계를 해독하여 연합군의 승리에 결정적인 기여를 하였던 울트라 계획의 전모를 상세히 기술한 저서 『울트라 계획의 비밀』(The Ultra Secret)을 출간하였다.[39]

미국에서는 1970년대 정보기관에 대한 국민들의 비판과 더불어 불신감이 고조되는 가운데 정보기관의 불법성과 윤리성에 대한 학계의 논의가 활발히 전개되었다. 이러한 문제를 다룬 대표적인 자료로서 리피버(Ernest W. Lefever)와 갓슨(Roy Godson)의 The CIA and the American Ethic: An Unfinished Debate가 있다[40]. 한편 향후 정보기관의 역할이나 활동을 개선할 수 있는 방안을 마련한다는데 목적을 두고 1979년 4월 '국가정보연구협의회(Consortium for the Study of Intelligence)'가 설립되었다.[41] 동 협의회는 국제관계와 외교정책 전공의 정치학자, 역사학자, 사회학자, 법학자 등 다양한 학문 배경을 가진 학자들을 구성원으로 하여 연구활동을 활발하게 수행했다. 동 협의회가 단행본 형태로 출판한 연구결과보고서는 당시 미국 정보활동의 분야별 실태와 문제점들을 도출하고 개선책들을 제시함으로써 국가정보학의 학문적 발전에 기여했을 뿐만 아니라 미국의 정보활동 방향을 실질적으로 개선하는 데에도 많은 참고가 되었던 것으로 평가된다.[42]

1980년대 동안 영미 학계를 중심으로 국가정보학 분야의 연구가 꾸준한 진전을 보였다. 영국에서는 앤드류(Christopher Andrew)가 이 분야 연구에서 가히 독보적이라고 불릴 만큼 많은 논문과 저서를 발표했다.[43] 특히 1985년 발간된 Her Majesty's Secret

---

39) J.C. Masterman, Double-Cross System in the War of 1939-1945(London: Yale University Press, 1972); Winterbotham(1974).

40) Ernest W. Lefever and Roy Godson, The CIA and the American Ethic: An Unfinished Debate(USA: Ethics and Public Policy Center, Georgetown University, 1979).

41) Roy Godson, (ed.), Elements of Intelligence(Washington D.C.: National Strategy Information Center Inc., 1979), p.4, 85.

42) 협의회는 1979년부터 1986년에 이르는 기간 동안 갓슨(Roy Godson)을 편집위원장으로 하여 『국가정보의 요소』, 『정보분석과 판단』, 『방첩』, 『비밀공작』, 『비밀첩보수집』, 『국내정보』, 『정보와 정책』 등 모두 7편의 연구물들을 Intelligence Requirements for the 1980s라는 제목 하에 시리즈 형태의 단행본으로 편찬했다.

43) 대표적인 연구로 Christopher Andrew, "Whitehall, Washington and the Intelligence Services," International Affairs, Vol.53(July 1977); Christopher Andrew and David Dilks, (eds.), The Missing

*Service*는 MI5와 MI6를 중심으로 1980년에 이르기까지 영국 정보기관의 기원, 형성, 발전과정을 상세하게 기술하고 있어 국가정보분야의 연구자들에게 매우 유용한 정보와 자료들을 제공해주었다.[44] 이 시기 세계 각국 정보기관의 조직과 활동 양상, 그리고 이를 비교하는 연구들이 갓슨(Roy Godson), 웨스트(Nigel West), 리첼슨(Jeffrey T. Richelson), 보즈맨(Adda B. Bozeman) 등 여러 학자들에 의해 수행되었다.[45] 이들 연구는 한 국가에 대한 사례를 중심으로 한 기존의 연구방식에서 벗어나 세계 각국의 정보기관들에 대해 포괄적으로 비교해보고자 시도했다는 점에서 의미 있는 연구로 인정되지만 대체로 비교연구의 기준이나 방법이 다소 미흡한 것으로 평가된다.[46]

이 밖에도 리첼슨의 *The U.S. Intelligence Community*, 존슨(Loch K. Johnson)의 *America's Secret Power*, 제프리 존스(Rhodri Jeffreys-Jones)의 *The CIA and American Democracy* 등은 CIA를 비롯하여 미국 정보공동체의 형성과 발전에 대해서 상세히 기술하고 있어 미국 정보공동체를 연구하는데 유용한 자료로 활용되고 있다.[47] 또한 리첼슨과 밸(Desmond Ball)이 공동으로 저술한 *The Ties That Bind: Intelligence Cooperation Between the UKUSA Countries*는 제2차 세계대전부터 1980년대에 이르기까지 미국과 영국의 신호정보분야와 관련한 정보협력 실태를 기술한 내용으로써 국가 간 정보협력을 연구하는 학자에게 많은 참고가 될 수 있을 것이다.[48]

Dimension: *Governments and Intelligence Communities in the Twentieth Century*(Urbana, IL: University of Illinois Press, 1984); and Christopher Andrew, *Her Majesty's Secret Service: The Making of the British Intelligence Community*(London: Heinemann, 1985) 등이 있다.

44) Andrew(1985).

45) 갓슨(Roy Godson)의 저술은 미국, 소련, 영국, 그리고 제 3세계의 정보기관을 사례연구 대상으로 하였으며, 정보기관들에 대한 최초의 비교연구 시도로서 인정되고 있다. 웨스트(Nigel West)의 연구는 미국, 영국, 프랑스, 이스라엘 등을 사례로 하여 비교하는 내용이고, 리첼슨(Jeffrey T. Rechelson)의 연구는 미국을 제외한 세계 8개국의 대표적인 정보기관들의 조직·임무·활동에 대해서 체계적으로 정리했다. 마지막으로 보즈맨(Adda B. Bozeman)의 저서에는 총 8편의 논문들이 수록되어 있는데 주로 1980년대에 작성된 것이며 정보가 외교정책 등 국가정책에 어떤 의미와 영향을 미치는가를 중점적으로 논의하는 내용이다. 특히 보즈맨은 그동안 자료 부족 등 연구 여건이 미흡하여 학자들의 연구가 소홀했던 분야로서 비서구권 국가들의 국가정보에 대한 개념이나 인식을 심층적으로 분석해보고자 시도했다는 점에서 매우 의미 있는 연구로 평가된다. Roy Godson, (ed.), *Comparing Foreign Intelligence: The U.S., the USSR, the U.K. and the Third World*(Washington, D.C.: Pergrmon-Brassey's, 1988); Jeffrey T. Richelson, *Foreign Intelligence Organizations*(Cambridge, MA: Ballinger, 1988); Nigel West, *Games of Intelligence: The Classified Conflict of International Espionage Revealed*(London: Crown, 1989); and Adda B. Bozeman, *Strategic Intelligenced & Statecraft: Selected Essays*(New York: Brassey's, Inc., 1992).

46) Clark(검색일: 2005년 3월 18일).

47) Jeffrey T. Richelson, *The U.S. Intelligence Community*(Lexington, MA: Ballinger, 1985); Loch K. Johnson, *America's Secret Power: The CIA in a Democratic Society*(New York: Oxford University Press, 1989); and Rhodri Jeffreys-Jones, *The CIA and American Democracy*(New Haven and London: Yale University Press, 1989).

48) Jeffrey T. Richelson and Desmond Bell, *The Ties That Bind: Intelligence Cooperation between the*

2. 탈냉전기

냉전이 종식되고 나서 CIA는 냉전시대 동안 비밀로 분류하여 일반에게 공개하지 않았던 상당한 양의 자료들을 일반에게 과감하게 공개하였다. 대부분 냉전이 한창 심화되었던 당시의 정보활동이 어떻게 전개되었는지를 연구하는데 참고가 될 수 있는 내용들이 담겨 있는 귀중한 자료들이다.[49] 정보활동 관련 자료들이 풍부하게 공개되면서 학계의 연구가 보다 활성화되었다. 특히 영미 학계를 중심으로 국가정보학 연구의 필요성과 중요성이 부각되었고, 이 분야에 대한 연구가 활성화되면서 많은 이론서들이 출간되었다. 1980년대 말부터 현재에 이르기까지 버코위즈(Bruce D. Berkowitz)와 굿맨(Allan E. Goodman), 슐스키(Abram Shulsky), 홀트(Pat M. Holt), 허만(Michael Herman), 로웬탈(Mark M. Lowenthal) 등 영미 학자들이 교과서 형태의 저술을 발표함으로써 국가정보학이 학문적인 수준으로 발전하는데 상당한 정도로 기여했던 것으로 평가된다.

버코위즈와 굿맨의 *Strategic Intellignece for American National Security*는 정치학적 체계이론을 활용하여 수집, 분석, 정보 활용 등의 과정을 분석한 내용으로서 방법론적으로 매우 정교하다는 평가를 받았다.[50] 슐스키가 저술한 *Silent Warfare*는 정보학의 개념, 정보활동, 그리고 정보조직의 운영 등 국가정보 전반에 걸쳐서 풍부한 사례와 함께 매우 체계적으로 정리되었으며, 오랫동안 미국 대학에서 국가정보학 교과서로

UK-USA Countries(Boston, MA: Allen & Unwin 1985).

49) 냉전시대 CIA를 중심으로 정보활동 기법과 경험담을 수록한 대표적인 자료로는 H. Bradford Westerfield, *Inside CIA's Private World: Declassified Articles from the Agency's Internal Journal 1955-1992*(New Haven, Conn.: Yale University Press, 1995)를 들 수 있다. 이 자료는 1955년부터 1992년까지 CIA 내부 학술지 Studies in Intelligence에 게재되었으나 비밀문서로 분류되어 일반에게 공개되지 않은 32건의 논문들이 수록되어 있다. 주로 CIA 분석관들이 익명 또는 필명으로 작성하여 게재한 글로서 수집, 분석, 공작 등에 관련된 정보활동 기법 또는 경험담 등을 포함하고 있다. 이 밖에 냉전 이후 CIA에서 공개한 자료들로서 Michael Warner, *The CIA under Harry Truman*(Washington, D.C.: Central Intelligence Agency, 1994); Gregory W. Pedlow and Donald E. Welzenbach, *The CIA and the U-2 Program, 1954-1974*(Washington, D.C.: Central Intelligence Agency, 1998); Mary S. Mcauliffe, (ed.), *CIA Documents on the Cuban Missile Crises, 1962*(Washington, D.C.: Central Intelligence Agency, 1992); Harold P. Ford, *CIA and the Vietnam Policy Makers: Three Episodes, 1962-1968*(Washington, D.C.: Central Intelligence Agency, 1998); Central Intelligence Agency, *CIA Activities in Chile*(Washington, D.C.: Central Intelligence Agency, 2000); Douglas J. MacEachin, *U.S. Intelligence and the Polish Crisis, 1980-1981*(University Park: Pennsylvania State University Press, 2003); Scott A. Koch, *Selected Estimates on the Soviet Union, 1950-1959*(Washington, D.C.: Central Intelligence Agency, 1993); Donald P. Steury, *Intentions and Capabilities: Estimates on Soviet Strategic Forces, 1950-1983*(Washington, D.C.: Central Intelligence Agency, 1996); Gerald K. Haines and Robert E. Leggett, *CIA's Analysis of the Soviet Union, 1947-1991*(Washington, D.C.: Central Intelligence Agency, 2001) 등이 있다.

50) B. Berkowitz and Allen E. Goodman, *Strategic Intelligence for American National Security* (Princeton: Princeton University Press, 1989); Clark(검색일: 2005년 3월 18일).

가장 많이 활용되고 있는 것으로 알려져 있다.[51] 홀트의 *Secret Intelligence and Public Policy*는 미국 정보기관의 조직과 정보활동에 대해서 이해하기 쉽게 써진 교과서 형태의 저술이며, 정보활동에 대한 의회의 감독 기능에 관한 부분이 특히 잘 정리되었다.[52] 허만의 *Intelligence Power in Peace and War*는 국가정보학 연구의 수준을 한 단계 발전시켰다는 평가를 받을 정도로 수집, 분석 등 정보활동은 물론 정보기관의 조직구조와 문화적 특성들에 대해 매우 논리적이고 심층적인 분석을 제공하고 있다.[53] 로웬탈의 *Intelligence: From Secrets to Policy*는 정보활동에 대해서 독자들이 이해하기 쉽도록 써진 책으로써 미국에서 오랫동안 국가정보학 분야 교과서로서 최고의 베스트셀러였으며 일반 대학 학부생들을 위한 교재로 많이 활용되고 있다.[54] 2000년 이후에도 기존에 발간된 저서의 일부 내용을 수정·보완한 개정판 또는 새로운 이론서들이 꾸준히 출간되어 정보의 개념, 정보활동, 정보조직의 구조 및 운영실태 등 광범위한 주제들에 대한 학계의 논의가 지속되고 있다.[55]

1990년대 이후 정보활동을 이론적으로 체계화하기 위한 시도가 활발하게 전개되는 한편, 기존의 전통적인 연구방법으로서 회고록 형태의 저술이나 역사적·문헌적 연구도 꾸준히 지속되었다. 미국 정보활동의 기원과 발전과정을 역사적인 접근방법에 기초하여 저술한 연구로서 오툴(George J. A. O'Toole), 리첼슨(Jeffrey T. Richelson), 앤드류(Christopher Andrew), 노트(Stephen F. Knott) 등의 저서들을 들 수 있다. 오툴의 저서는 미국 독립전쟁부터 1962년에 이르기까지 미국 정보공동체가 형성되고 발전해온 과정을 역사적인 접근방법으로 기술하고 있어 건국 초기 정보활동에 관한 연구에 참고가 될 수 있겠다.[56] 리첼슨은 20세기 동안에 전개되었던 수많은 종류의 인간정보와 기술정

---

51) Abram N. Shulsky, *Silent Warfare: Understanding the World of Intelligence*, 2nd. ed. (New York: Brassey's, Inc., 1993).

52) Pat M. Holt, *Secret Intelligence and Public Policy: A Dilemma of Democracy*(Washington, D.C.: CQ Press, 1995).

53) Michael Herman, *Intelligence Power in Peace and War*(Cambridge: Cambridge University Press, 1996).

54) Mark Lowenthal, *Intelligence: From Secret to Policy*(Washington, D.C.: Congressional Quarterly Press, 2002).

55) 대표적인 저술로서 Jennifer E. Sims and Berton Gerber, (eds.), *Transforming U.S. Intelligence* (Washington, D.C.: Georgetown University Press, 2005); Loch K. Johnson and James J. Wirtz, *Strategic Intelligence: Windows Into a Secret World, An Anthology*(Los Angeles, California: Roxbury Publishing Company, 2004); Roger Z. George and Robert D. Kline, (eds.), *Intelligence and the National Security Strategist: Enduring Issues and Challenges*(New York: Rowman & Littlefield Publishers, Inc., 2006); Athen Theoharis, et. al., (eds.), *The Central Intelligence Agency: Security under Scrutiny*(Westport, Connecticut: Greenwood Press, 2006) 등을 들 수 있다.

56) George J. A. O'Toole, *Honorable Treachery: A History of U.S. Intelligence, Espionage, and Covert Action from the American Revolution to the CIA*(New York: Atlantic Monthly Press, 1991).

보 활동에 대해서 백과사전식으로 소개하였으며, 그러한 스파이 활동이 정치, 외교, 역사에 어떤 영향을 미쳤는지에 대한 분석을 제공하고 있다.[57] 앤드류의 저서 *For the President's Eyes Only*는 미국 건국 초기 워싱턴 대통령에서부터 부시 대통령에 이르기까지 대통령들이 정치, 외교, 군사 등의 정책결정에서 정보기관을 어떻게 활용해 왔는가에 대해 매우 심층적인 분석을 제공하고 있어 정치지도자와 정보기관 간의 관계를 연구하는데 유용한 참고자료가 될 수 있을 것이다. 이 책에 따르면 CIA가 '광포한 코끼리(Rogue Elephant)'라는 별명이 무색할 정도로 대통령의 지시에 충실했던 것으로 나타난다.[58] 노트는 그의 저서에서 1776년부터 1882년까지 100여 년 동안 미국 대통령들이 외교정책에 비밀공작을 어떻게 활용해 왔는가를 중점적으로 분석하였다. 이 책에서 저자는 미국 정보기관의 비밀공작활동이 건국 초기부터 활용되었다는 주장을 제시하고 있는바, 비밀공작이 냉전시대에 창안되었다는 기존의 주장과 상반되는 점이 주목된다.[59]

비교적 최근에 발간된 자료로서 오웬(David Owen)의 저서, *Hidden Secrets*는 고대로부터 현재에 이르기까지 첩보활동의 역사를 일목요연하게 조명하면서 첩보활동에 활용되는 각종 수단과 기법들을 자세히 소개하고 있어 첩보사 관련 연구에 유용하게 활용될 수 있을 것이다.[60] 키간(John Keegan)의 *Intelligence in War: Knowledge of the Enemy from Napoleon to al-Qaeda*는 정보가 전쟁에서 수행하는 역할에 초점을 두고 나폴레옹 전쟁에서부터 현재에 이르기까지 역사적으로 알려진 중요한 전투 사례들에 대한 분석을 제공하고 있다.[61] 그가 내린 중요한 결론 중의 하나는 정보가 전쟁에서 승리하는 데 중요한 역할을 수행하기는 하지만 결정적인 요인은 아니라는 것이다. 그는 전투에서 승리하는 결정적인 요인은 잔혹성과 운이라고 보았다. 예를 들어, 미드웨이 해전에서 미국이 승리한 것은 정보의 역할 때문이 아니고 운이 좋았기 때문이라고 분석했는데 이는 필자의 주관적인 판단이 다소 개입된 것으로서 수긍하기 어렵다.

사실 1990년대 냉전시대의 정보활동 관련 자료들이 공개되면서 가장 활발하게

---

57) Jeffrey T. Richelson, *A Century of Spies: Intelligence in the Twentieth Century*(New York: Oxford University Press, 1995).

58) Christopher Andrew, *For the President's Eyes Only: Secret Intelligence and the American Presidency From Washington to Bush*(New York: Harper Collins, 1995).

59) Stephen F. Knott, *Secret and Sanctioned: Covert Operations and the American Presidency*(New York: Oxford University Press, 1996).

60) David Owen, *Hidden Secrets: A Complete History of Espionage and the Technology Used to Support It*(Toronto: Firely Books, 2002).

61) John Keegan, *Intelligence in War: Knowledge of the Enemy from Napoleon to al-Qaeda*(New York: Knopf, 2003).

수행된 연구분야는 냉전시대 전개되었던 첩보활동, 비밀공작, 위기상황, 전쟁 등 역사적 사건에 관한 사례연구들이다. 냉전시대 동안에 전개된 정보기관의 비밀첩보활동에 대한 대표적인 연구자료로서 CIA에서 발간된 벤슨(Robert Louis Benson)의 *VENONA*를 들 수 있다.[62] 벤슨의 *VENONA*는 영국과 미국이 1939~1948년의 기간 동안 약 3,000여 개의 소련의 신호정보 또는 암호전문을 성공적으로 감청하고(나중에 이를 코드명 VENONA[63]라고 명명했다) 이를 해독하는 내용으로 구성되어 있는데 당시 암호로 쓰인 소련의 전문을 해독했다는 사실은 미소관계는 물론 미국 정치사에 중요한 의미를 가지는 것으로 평가된다. 이 밖에 스트리(Donale P. Steury)의 저서, *Intentions and Capabilities*는 냉전 당시 CIA가 소련의 전략무기체계의 능력과 의도에 대해서 어떻게 판단했는지를 알 수 있는 매우 가치 있는 자료로 인정된다.[64]

한편, 1954년 과테말라 정치공작, 1953년 이란 팔레비 정권 옹립 공작, 1961년 피그만 침공사건, 1973년의 칠레 아옌데 정권 전복 공작, 1986년 이란-콘트라 사건 등 1950년대 이후 CIA 주도로 수행된 비밀공작의 배경, 진행경과 그리고 정치적 의미 등을 분석하는 내용의 논문 및 저서들이 많이 발표되었다.[65] 이 밖에 1950년의 한국전쟁, 1960년의 베트남 전쟁, 1956년 스웨즈 운하 위기, 1962년의 쿠바 미사일 위기, 1968년의 푸에블로 납치사건, 1980년 이란 인질사건, 1983년의 대한항공 폭파사건 등 전쟁이나 위기상황에서 정보기관의 활동을 다룬 연구들도 많이 발표되었다.[66] 한편,

62) Robert Louis Benson, *VENONA, Soviet Espionage and the American Response, 1939-1957* (Washington, D.C.: Central Intelligence Agency, 1996).
63) *VENONA*에 관한 내용은 1980년대에 알려졌지만, 그 사실이 공식적으로 공개된 것은 1996년이다. Chirstopher Andrew, "Intelligence, International Relations and 'Under-theorisation'" *Intelligence and National Security*, Vol.19, No.2(Summer 2004), p.175.
64) Steury(1996).
65) 대표적인 연구로서 Nick Cullather, *Secret History: The CIA's Classified Account of Its Operations in Guatemala, 1952-1954*(Stanford, Calif.: Stanford University Press, 2000); Stephen Kinzer, *All the Shah's Men: The Hidden Story of the CIA's Coup in Iran*(New York: Wiley, 2003); Peter Kornbluh, (ed.), *Bay of Pigs Declassified: The Secret CIA Report on the Invasion of Cuba*(New York: New Press, 1998); James T. Currie, "Iran-Contra and Congressional Oversight of the CIA," *International Journal of Intelligence and Counterintelligence*, Vol.11, No.2(Summer 1998), pp.185-210 등이 있다.
66) Matthew M. Aid, "US Humint and Comint in the Korean War[Part I]: From the Approach of War to the Chinese Intervention," *Intelligence and National Security*, Vol.14, No.4(Winter 1999), pp.17-63; W. Scott Lucas, "The Hidden 'Alliance': The CIA and MI6 before and after Suez," *Intelligence and National Security*, Vol.15, No.2(Summer 2000), pp.95-120; James G. Blight and David A. Welch, (eds.), *Intelligence and the Cuban Missile Crisis*(London: Frank Csss., 1998); Horold P. Ford, *CIA and the Vietnam Policymakers: Three Episodes, 1962-1968*(Washington, D.C.: Central Intelligence Agency, 1998); Central Intelligence Agency, *CIA Activities in Chile*(Washington, D.C.: Central Intelligence Agency, 2000); William J. Daugherty, "Behind the Intelligence Failure in Iran," *International Journal of Intelligence and Counterintelligence*, Vol.14, No.4(Winter 2001-2002), pp. 449-484.

학술적인 가치는 다소 부족하지만 회고록 형태의 저술은 정보기관의 조직문화와 운영실태, 그리고 정보활동의 실상을 연구하는 데 유용한 참고 자료가 될 수 있다.[67]

1990년대 들어서서 정보기관과 정보활동 관련 용어사전, 백과사전, 연감 등도 많이 출판되었다. 용어사전들은 학자들 간에 정보관련 용어들의 개념적 혼란을 해소하는 데 중요한 역할을 수행했다.[68] 국가정보 관련 용어는 물론 첩보사에 알려진 유명한 스파이들, 첩보활동 관련 사건, 첩보활동 기법 등 정보기관이나 활동에 관한 모든 내용을 수록하고 있는 백과사전도 많이 편찬되었다. 이러한 것들 중에서 일부는 저자의 주관적 해석 또는 자료의 신뢰성이 떨어지는 것으로 지적되는 반면 멜톤(Keith H. Melton)의 *The Ultimate Spy Book*, 오툴의 *The Encyclopedia of American Intelligence and Espionage*, 포머와 엘렌(Norman Polmar and Thomas B. Allen)의 *Spy Book: The Encyclopedia of Espionage* 등은 자료의 신뢰성은 물론 체계적인 구성과 풍부한 내용을 갖추고 있어 이 분야 연구에 유용한 자료로 활용되고 있다.[69] 이 밖에 영국 정보기관의 기원과 발전에 대해서 체계적으로 정리한 웨스트(Nigel West)의 *Historical Dictionary of British Intelligence*, 그리고 세계 60여 국 정보기관들의 조직구조, 인원, 활동 양상 등을 체계적으로 요약 정리한 헨더슨(Robert D. A. Henderson)의 *Brassey's International Intelligence Year Book*도 국가정보학 연구를 위한 참고자료로 많이 활용되고 있다.[70]

앞서 언급했던바 토마스가 제시했던 구조적 접근방법은 정보기관의 조직구조 및 운영체계에 관한 연구를 의미한다. 구조적 접근방법으로 분류되는 연구는 문헌적·역사적 접근방법이나 기능적 접근방법의 연구에 비해 그다지 활발하게 수행되지 못했던

---

67) 2000년 이후 발간된 저술로서 James Risen, *State of War: The Secret History of the CIA and the Bush Administration*(New York: Free Press, 2006); Stansfield Turner and Allen Mikaelian, *Burn Before Reading: Presidents, CIA Directors, and Secret Intelligence*(New York: Hyperon, 2005); Ronald Kessler, *The CIA at War: Inside the Secret Campaign Against Terror*(New York: St. Martin's Press, 2003); Helms, Richard, *A Look over My Shoulder: A Life in the Central Intelligence Agency*(New York: Random House, 2003) 등이 있다.

68) Leo D. Carl, *The International Dictionary of Intelligence*(McLean, VA: Maven Books, 1990); Leo D. Carl, *The CIA Insider's Dictionary of U.S. and Foreign Intelligence, Counterintelligence and Tradecraft*(Washington, D.C.: NIBC Press, 1996) 등이 있다.

69) Keith H. Melton, *The Ultimate Spy Book*(London & New York: Dorling Kindersley, Ltd., 1996, 2002); George J. A. O'Toole, *The Encyclopedia of American Intelligence and Espionage: From the Revolutionary War to the Present*(New York: Facts on Files, 1988); Norman Polmar and Thomas B. Allen, *Spy Book: The Encyclopedia of Espionage*(New York: Random House, 1997). 이 밖에 Richard M. Bennett, *Espionage: An Encyclopedia of Spies and Secrets*(London: Virgin Books, 2002); Mark LLoyd, *The Guinness Book of Espionage*(New York: Da Capo Press, 1994) 등도 국가정보학 분야 백과사전으로 널리 활용되고 있다.

70) Nigel West, *Historical Dictionary of British Intelligence*(Lanham, Md.: Scarecrow Press, 2005); Robert D. A. Henderson, *Brassey's International Intelligence Year Book*(Washington D.C.: Brassey's, 2002).

것으로 나타난다. 정보기관 조직의 내부 구조 또는 운영 실태는 극도의 보안을 유지하고 있기 때문에 자료의 접근성이 거의 불가능하다. 전직 정보요원들의 회고록에서도 이에 대해서는 거의 언급하지 않는 경향이다. 따라서 이에 대한 학자들의 연구가 쉽지 않았을 것으로 판단된다. 물론 미국의 경우 비교적 정보자료들을 많이 공개하고 있어 CIA나 미국 정보공동체의 조직구조나 운영에 대해서 많은 논문 및 저서들이 나와 있다.71) 미국 정보기관 외에 일부 소수의 학자들이 영국, 소련, 이스라엘 정보기관에 대한 연구를 수행했다.72) 그러나 그 외 국가들의 정보기관의 조직구조 및 운영 실태, 정보활동 등에 관한 연구는 손꼽을 정도로 많지 않다. 이러한 상황에서 세계 각국 정보기관의 조직구조와 운영체계를 비교하는 연구도 거의 수행되지 않고 있다. 앞서 언급했던바, 불과 몇 편 안되는 비교연구 유형의 저술 중에서 갓슨이 편·저술한 *Comparing Foreign Intelligence: The U.S., the USSR, the U.K. & the Third World*는 영국, 미국, 독일, 오스트레일리아 등 주요 국가들의 국가정보 분석체계를 소개 및 비교하는 내용이 수록되어 있다.73) 그러나 비교연구라는 제목에도 불구하고 비교의 기준조차 제대로 제시되지 않았으며, 단순히 국가별 국가정보 분석체계를 소개하는 내용에 불과하다. 따라서 갓슨의 저술도 엄밀한 의미에서 비교연구로 인정되지 않는다.

정보실패에 관한 연구도 꾸준히 수행되었다. 정보실패란 "국가이익이나 안보에 치명적인 영향을 끼칠 수 있는 현상을 제대로 예측하거나 판단하지 못함으로써 국가적으로 상당한 손실이 발생하게 되는 상황을 의미하는 것"이라고 할 수 있다.74) 역사적으로 수많은 정보실패들이 있었으며, 그 사례로서 1941년의 진주만 기습, 1950년의 한국전쟁, 1982년 아르헨티나의 포클랜드(Falklands) 침공, 1990년 이라크의 쿠웨이트 침공 등과 같이 정보기관이 적의 기습을 사전에 예측하지 못한 것을 들 수 있다. 또한, 1973-4년 동안 OPEC가 석유를 무기화할 것에 대해 예측하지 못한 것, 1978-9년 이란에서 샤하(Shah) 정권의 몰락을 예측하지 못한 것, 소련의 전략적 능력에 대한 왜곡된 판단

---

71) 미국의 경우에도 정보공동체 내 16개 정보기관들 중에서 CIA에 대한 연구가 대부분이고 나머지 정보기관에 대한 연구는 거의 없다. CIA 외 정보기관에 대한 연구로는 James Bamford, Body of Secrets, *Anatomy of the Ultra-secret National Security Agency*(New York: Doubleday, 2001); Ronald Kessler, *The Bureau: The Secret History of the FBI*(New York: St. Martin's Press, 2002) 등이 있다.

72) Stephen Dorril, *MI6: Fifty Years of Special Operations*(London: Fourth Estate, 2000); Peter Deriabin and T.H. Bagley, *KGB: Masters of the Soviet Union*(New York: Hippocrene Books, 1990); Philip H.J. Davies, *MI6 and the Machinery of Spying*(London: Frank Cass, 2004).

73) Roy Godson, (ed.), *Comparing Foreign Intelligence: The U.S., the USSR, the U.K. & the Third World*(Washington, D.C.: Pergamon-Brassey's, 1988).

74) 정보실패의 유형과 사례들에 대한 보다 자세한 논의는 전웅, "9.11 테러 이라크 전쟁과 정보실패," 『국가전략』, 제11권 4호(2005년 겨울), pp.10-14를 참조할 것.

등 대상국의 정치·군사적인 동향이나 의도, 능력을 오판하는 것도 정보실패에 속한 다.[75]

　이러한 정보실패에 대한 학계의 연구는 대부분 문헌적·역사적 접근방법에 기초하여 수행되었다.[76] 그런데 일부 학자들의 연구는 정보실패에 관한 일종의 이론적 분석틀을 구축하고 실패하게 된 원인을 규명하려는 시도를 보이기도 한다. 이 경우 첩보수집 단계에서부터 분석, 배포, 정책결정권자와의 관계 등 정보활동의 기능적 측면을 분석하는데 초점을 둔 연구라는 관점에서 토마스가 제시한 '기능적 접근방법'으로 분류될 수 있겠다.[77] 앞서 언급했던바와 같이 정보실패에 관한 대부분의 연구는 역사적 사례 중심의 문헌적·역사적 접근방법에 기초하여 수행되었고, 개념화나 이론 구축에 중점을 두는 '기능적 접근방법'으로 인정될 수 있는 연구물은 많지 않은 것으로 나타난다. 그런데 1990년대 이후 '기능적 접근방법'에 기초하여 정보실패의 원인과 결과에 대한 이론적 틀을 구축하려는 연구가 나오기 시작했다. 대표적인 연구물로서 코드빌라의 *Informing Statecraft*와 맥카시의 *The Function of Intelligence in Crisis Management*를 들 수 있다.[78] 특히 맥카시는 정보생산자와 사용자 간의 관계에 관한 분석틀을 구축하고, 이를 세 가지 위기상황(국제테러사건)에 적용하여 정책결정과정에서 국가정보가 어떤 역할을 수행했는지를 검토하였다. 맥카시는 정보사용자와 생산자 간에 대화와 접촉의 부재, 관료주의적 병폐, 정보의 정치화 등 여러 가지 요인으로 인해 위기 상황에 적절히 대처하지 못하거나 또는 정보실패를 야기하는 것으로 결론지었다.[79]

　정보실패가 발생할 때마다 정보기관을 개혁해야 한다는 주장이 제기되어 왔다.[80]

---

75) 전웅(2005), pp.12-13.
76) 대표적인 연구물로는 1941년 당시 일본의 진주만 기습 사건을 다룬 Wohlstetter(1962)의 연구, 2001년 9/11 테러사건의 경과와 원인을 분석한 Bill Gertz, *Breakdown: How America's Intelligence Failures Led to September 11*(Washington, D.C.: Regnery Publishing, Inc., 2002) 등을 들 수 있다.
77) 예를 들어, K. Knorr, "Failures in National Intelligence Estimates," *World Politics*, Vol.16(April 1964); M. Handel, "The Yom Kippur War and the Inevitability of Surprise," *International Studies Quarterly*, Vol.21, No.3(September 1977); Betts, R. K. 1978, "Analysis, War and Decisions: Why Intelligence Failures are Inevitable," *World Politics*, Vol.31, No.1(October) 등을 들 수 있다.
78) Angelo Codevilla, *Informing Statecraft: Intelligence for a New Century*(New York: The Free Press, 1992); Shaun P. McCarthy, *The Function of Intelligence in Crisis Management: Towards an Understanding of the Intelligence Producer-Consumer Dichotomy*(Aldershot, UK: Ashgate Publishing Company, 1998).
79) McCarthy(1998), pp.267-275.
80) 실제로 CIA 설립은 1941년의 "진주만 기습"에 대한 예측 실패가 중요한 요인이 되었으며, 미국의 군 정보기관들이 1950년의 북한의 남침 예측 실패와 소련 군사력에 대한 상이한 정보판단 등에 대한 문제가 발생함에 따라 군사정보 분석업무를 총괄할 기구로서 1961년 국방정보국이 설립하게 되었던 것으로 알려졌다. 그리고 9/11 테러 사건 이후 DNI와 국토안보부 창설 등 미국 정보공동체 조직의 전면적인 개편이 있었다. Stan A. Taylor and David Goldman, "Intelligence Reform: Will More Agencies, Money, and Personnel Help?" *Intelligence and National Security*,

특히 냉전이 종식된 이후 미국 의회에서 미국의 정보기관들이 변화된 환경에 제대로 적응하지 못하고 있다는 지적과 함께 미국 정보공동체에 대한 다양한 개혁 방안들이 제시되었다.[81] 미국 내 학계에서도 2001년 9/11 테러 사건 이전부터 미국 정보공동체의 개혁방안에 대해서 다양한 견해들을 제시하였다. 예를 들어, 아이젠드레드(Crag Eisendrath)가 편·저술한 *National Insecurity*에서는 10명의 전문가들이 인간정보활동, 기술정보수집, 비밀공작, 조직운영 방식, 정보기관에 대한 감독활동 등 미국 정보공동체의 제반 문제점과 이를 개선하기 위한 방안을 논의하는 내용이 수록되어 있다.[82] 존슨(Loch K. Johnson)은 미국 정보공동체의 문제점들을 분석하고 개선책을 제시하는 가운데 결론적으로 기술정보활동보다는 인간정보활동에 중점을 두어야 할 필요성을 강조하였다.[83] 이와는 상반되게 오담(William E. Odom)은 인간정보활동을 지나치게 강조하고 기술정보를 적절히 활용하지 못하는 것이 정보실패의 중요한 요인이 되고 있음을 지적하였다.[84]

2001년 9/11 테러사건이 발생함에 따라 미 의회를 중심으로 미국 정보공동체의 문제점과 개혁방향을 제시하는 내용의 보고서가 발표되었다. 2001년 9/11 이후 미 의회 상·하원 합동조사위원회가 구성되었으며, 수 년 간의 방대한 자료수집 및 조사를 거쳐 최종 결과보고서 형태로 '상하원 합동조사위원회 보고서(The National Commission on Terrorist Attacks Upon the United States, 이하 9/11 Report)'가 발표되었다.[85] 그리고 '미국 정보공동체의 대량살상무기에 관한 정보 능력 평가위원회(The Commission on the Intelligence Capabilities of the United States Regarding Weapons of Mass Destruction, 이하 WMD

Vol.19, No.3(Autumn 2004), p.418.

81) 1990년대 탈냉전 이후 정보기관의 개혁을 위해 9개 위원회가 설립되어 다양한 개혁 방안이 제시되었으며, 2001년 9.11 테러 사건 이후 최소 10개의 정보기관 개혁 관련 위원회들이 설립되었다. 그리고 2004년 초까지 미국 정보공동체 내 정보기관들을 개혁하기 위한 위원회들이 7개 이상 가동되었다. 9/11 이후 미국 정보공동체 개혁을 위해 설립된 대표적인 위원회로서 '9/11 진상조사위원회(National Commission on Terrorist Attacks upon the United States, 일명 9/11 Commission)'와 '이라크 WMD위원회(The Commission on the Intelligence Capabilities of the United States Regarding Weapons of Mass Destruction)'가 있다. 두 위원회의 활동과 미국 정보공동체 개혁에 관한 논의는 Taylor and Goldman(2004), pp.416-435를 참조할 것.

82) Crag Eisendrath, (ed.), *National Insecurity: U.S. Intelligence After the Cold War*(Philadelphia, PA: Temple University Press, 2000).

83) Loch K. Johnson, *Bombs, Bugs, Drugs, and Thugs: Intelligence and America's Quest for Security* (New York and London: New York University Press, 2000).

84) William E. Odom, *Fixing Intelligence for a More Secure America*(New Haven, CT: Yale University Press, 2003).

85) National Commission on Terrorist Attacks Upon the United States, *The 9-11 Commission Report* (Final Report of the National Commission on Terrorist Attacks Upon the United States), Official Government Edition, http://www.9-11commission.gov/report/911Report.pdf(검색일: 2004년 10월 6일).

Commission)'에서 2005년 3월 31일 최종 결과보고서를 발표하였다.[86] 2개의 보고서는 각각 미국 정보공동체의 조직, 운영체계, 예산 등에 대해 상세히 소개하고, 향후 미국 정보공동체의 개혁의 방향에 대해 심도 있게 논의하고 있어 이 분야 연구에 필요한 귀중한 참고자료가 될 수 있겠다.

또한 2001년 9/11 테러사건과 함께 정보실패에 관한 학계의 관심의 관심이 증폭되었고, 이에 대해 전직 정보요원, 신문기자, 정치가, 정치학자, 역사학자 등 많은 사람들이 9/11 테러와 관련하여 정보기관의 문제점과 정보활동 실태를 비판하는 내용의 저술들을 발표하였다.[87] 예를 들어, 거츠(Gertz)는 그의 저서에서 9/11 테러 발생을 막지 못한 정보기관들(DIA, CIA, FBI 등)의 문제점들을 적나라하게 비판하는 내용을 담고 있다.[88] 또한 터너(Turner)는 전직 CIA 요원으로서 자신의 경험을 토대로 정보실패의 원인을 분석하고, 정보실패의 주요 요인을 수집, 분석 등 정보가 순환되는 단계별 과정에 초점을 두어 설명하였다.[89] 제가트(Amy B. Zegart)는 조직이론에 기초하여 미국 정보공동체의 실패 요인을 미국 정보기관들이 변화된 환경에 신속하게 적응하지 못한데서 비롯된 것으로 결론을 맺고 있다.[90] 테일러와 골드먼(Stan A. Taylor and David Goldman)은 미국의 정보공동체가 거듭된 정보실패에도 불구하고 인원과 예산만 증액시키고 정작 효율성 개선을 위한 노력을 기울이지 않음으로써 2001년의 9/11 테러 사태를 막는 데 실패했다고 주장했다.[91]

---

86) WMD Commission Report. 원명은 Commission on the Intelligence Capabilities of the United States Regarding Weapons of Mass Destruction, *Report to the President of the United States*(March 31, 2005), http://www.whitehouse.gov/wmd(검색일: 2005년 8월 24일); Intelligence Reform and Terrorism Prevention Act of 2004, www.nctc.gov/docs/pl108_458.pdf(검색일: 2008.3.29); and Douglas Jehl, "Bush to Create New Unit in FBI for Intelligence," *New York Times*(June 30, 2005).
87) 당시 발표된 학술논문으로서 Taylor and Goldman(2004), pp.416-435; and Amy B. Zegart, "September 11 and the Adaptation Failure of U.S. Intelligence Agencies." *International Security*, Vol.29, No.4(Spring 2005), pp.78-111; Joshua Rovner and Austin Long, "The Perils of Shallow Theory: Intelligence Reform and the 9/11 Commission," *International Journal of Intelligence and Counterintelligence*, Vol.18, No.4(Winter 2005-2006), pp.609-637 등이 있다. 단행본 저서로서는 Bill Gertz, *Breakdown: The Failure of American Intelligence to Defeat Global Terror*(New York: Penguin books Ltd., 2003); Roy Pateman, *Residual Uncertainty: Trying to Avoid Intelligence and Policy Mistakes in the Modern World*(New York: University Press of America, Inc., 2003); Arthurs S. Hulnick, *Keeping US Safe: Secret Intelligence and Homeland Security*(London: Praeger, 2004); Michael A. Turner, *Why Secret Intelligence Fails*(Dulles, Virginia: Potomac Books, Inc., 2005); Richard A. Posner, *Remaking Domestic Intelligence*(Stanford, California: Hoover Institution Press, 2005); Amy B. Zegart, *Spying Blind: The CIA, the FBI, and the Origins of 9/11*(Princeton and Oxford: Princeton University Press, 2007) 등이 있다.
88) Gertz(2003).
89) Turner(2005).
90) Zegart(2005), pp.78-111.
91) Taylor and Goldman(2004), pp.416-435.

정보화시대의 변화된 정보환경에 부응하여 정보기관의 조직구조와 활동 방향의 전면적인 개혁 필요성을 제기하는 학계의 논의도 활발히 전개되었다.92) 스틸(Robert David Steele)은 정보화시대에 들어서서 공개정보활동의 중요성을 강조하면서 비밀정보활동보다는 공개정보 활용을 통해 정보활동의 효율성을 제고하고 정보활동 비용을 획기적으로 절감할 수 있다고 주장하였다.93) 그는 미국 정보공동체가 공개정보활동에 중점을 두는 방향으로 개혁하게 되면 연간 116억 달러의 경비를 절감할 수 있다고 강조하였다. 유사한 관점에서 버코위즈와 굿맨은 *Best Truth*에서 정보화시대의 도래와 함께 기존의 정보활동 기법으로는 정보 소비자의 수요를 충족시킬 수 없다고 지적하고, 변화된 정보환경에 부응토록 미 정보공동체의 첩보수집, 분석기법, 비밀공작 등 정보활동 전반에 걸쳐 새로운 패러다임으로 전환될 필요성을 제기하였다.94) 그리고 기존의 비효율적이고 경직된 수직·계층적 조직구조를 탈피하여 보다 융통성 있게 변화를 수용하는 수평적·네트워크 형태의 조직구조로 변화될 것을 제안하였다. 또한 공개정보의 활용 비중이 증가하는 현실을 감안 정보수집이나 분석업무에 민간 업체의 참여를 적극 유도하고 민간 업체의 경영기법을 적용하는 등 획기적인 방안도 제시하였다. 버코위즈와 굿맨이 제시하는 대안들 중의 일부는 비밀성을 생명으로 하는 정보기관의 특성을 감안하지 않아 현실적으로 실행이 어려운 점이 있지만, 관료주의적 타성에 젖어 개혁을 거부하는 미 정보공동체의 만연된 비효율성을 개선하기 위한 의미 있는 시도라고 볼 수 있다.

앞서 언급했던바, 정보활동의 불법성과 윤리성에 관한 문제는 1970년대 워터게이트 사건과 CIA 비밀공작의 불법성과 비윤리성에 대한 논란이 제기되면서 학계에서 지속적인 관심을 보여 왔다. 정보활동의 윤리성에 관해 논의한 최초의 학술 논문은 갓프레이(E. Drexel Godfrey, Jr.)가 1978년 *Foreign Affairs*지에 게재한 "Ethics and Intelligence"로 알려져 있다.95) 이후 한동안 이 분야에 대한 학계의 관심이 미흡하여 그다지 많은 연구가 이루어지지 않았던 것으로 보인다. 2000년대 이후 정보활동의

---

92) Arthur S. Hulnick, *Fixing the Spy Machine: Preparing American Intelligence for the Twenty-First Century*(London: Praeger, 1999); Michael Herman, *Intelligence Services in the Information Age* (London and Portland, OR: Frank Cass, 2001); Gregory F. *Treverton, Reshaping National Intelligence for an Age of Information*(New York: Cambridge University Press, 2001).

93) Robert David Steele, *On Intelligence: Spies and Secrecy in an Open World*(Fairfax, VA: AFCEA International Press, 2000).

94) Bruce D. Berkowitz and Allen E. Goodman, *Best Truth: Intelligence in the Information Age*(New Heaven, CT: Yale University Press, 2000).

95) E. Drexel Godfrey, Jr., "Ethics and Intelligence," *Foreign Affairs*, Vol.56, No.3(April 1978), pp.624-642.

윤리성에 관해 몇 권의 단행본이 출간되어 이 분야에 대한 학계의 논의가 보다 본격적이고 체계적으로 이루어지기 시작했다. 거디스(Louise I. Gerdes) 편저, *Espionage and Intelligence Gathering*은 첩보수집 활동의 윤리적 정당성, 기본권(civil liberty)과의 관계, 법적인 개선 필요성 등에 대해 찬성하는 학자와 반대하는 학자 등 2개의 그룹으로 대비하여 각각의 주장들을 소개하고 있다.[96] 거디스의 저술은 주로 첩보수집활동에 제한하여 윤리성 문제를 다루고 있는 반면, 골드만(Jan Goldman) 편저, *Ethics of Spying: A Reader for the Intelligence Professional*은 첩보수집은 물론 정보분석, 방첩 그리고 비밀공작에 이르기까지 모든 영역에 걸쳐 정보활동의 윤리성 문제를 포괄적으로 다루고 있어 이 분야를 연구하는 데 필요한 기본서로서 매우 유용하게 활용될 수 있겠다.[97] 이 밖에 '세계정보윤리학회(International Intelligence Ethics Association)'의 홈페이지에 들어가 보면 정보활동의 윤리성 문제를 다루고 있는 다수의 학술논문과 저서들을 접할 수 있다.[98]

1970년대 중반 미국 국내 언론에서 CIA와 FBI 정보활동의 불법과 비윤리성에 대해 집중적으로 보도되면서 미 의회에서는 몇 개의 특별위원회가 설립되어 CIA 정보활동의 윤리성, 불법성 그리고 감독 및 통제 활동에 대한 대안을 마련하고자 노력하였다. 이와 함께 학계에서도 이러한 주제에 대한 논의가 시작되었으며, 주로 영·미 학계에서 이 분야에 대한 연구가 보다 본격적으로 전개되었다. CIA를 중심으로 미국 정보공동체의 비윤리성과 불법성에 대한 최초의 체계적인 연구는 아마도 1979년에 리퍼버(Ernest W. Lefever)와 갓슨(Roy Godson)이 공동 저자로 발간한 *The CIA and the American Ethic: An Unfinished Debate*에서 찾아볼 수 있다. 저자들은 정보활동의 윤리성에 대해서 소개하고, CIA 등 정보기관을 감독하기 위한 의회, 언론, 압력단체의 역할에 대해서 논의하였다.[99] 이후 이 분야의 연구를 체계적으로 종합·정리한 저술로서 1991년에 출판된 해스테드(Glenn Hastedt)의 편저, *Controling Intelligence*가 있다.[100] 오늘날 정보

---

96) Louise I. Gerdes, (ed.), *Espionage and Intelligence Gathering*(New York: Greenhaven Press, 2004).
97) Jan Goldman and Martin Gordon, (eds.), *Ethics of Spying: A Reader for the Intelligence Professional*(Lanham, Maryland: The Scarecrow Press, Inc., 2006). 증보판으로 Jan Goldman, (ed.), *Ethics of Spying: A Reader for the Intelligence Professional*, Volume 2(Lanham, Maryland: The Scarecrow Press, Inc., 2010)이 출간되어 있다.
98) http://intelligence-ethics-blogspot.kr (검색일: 2013년 10월 21일).
99) Ernst W. Lefever and Roy Godson, *The CIA and the American Ethic: An Unfinished Debate*(USA: Ethics and Public Policy Center, Georgetown University, 1979).
100) 이 분야 연구를 선도해온 대표적인 학자로서 해스테드(Glenn Hastedt), 존슨(Loch K. Johnson), 헐닉(Arther Sj. Hulnick), 트레버튼(Gregory F. Treverton) 등이 정보기관의 민주적 감독의 실태와 문제점에 대해서 깊이 있는 논의를 제공하고 있어, 이 분야를 연구하는데 필요한 기본서로서 유용하다. Glenn P. Hastedt, (ed.), *Controlling Intelligence*(Portland, Oregon: Frank Cass & Co.,

기관에 대한 민주적 통제와 감독에 대해서는 1980년대 말 이후 출간된 대부분의 국가정
보학 교과서에 한 개의 장으로 수록될 정도로 중요한 이슈가 되었다.101)

제 5 절 국가정보학의 학문적 위상과 한계

앞 절에서 언급했듯이 국가정보학은 주로 영미 학자들을 중심으로 연구되어 왔다.
영국에서 정보학 연구는 국제관계사를 연구하는 역사학자들을 중심으로 이루어졌다.
이들은 주로 정부의 기록물들을 분석하는 문헌적 접근방법을 활용하였으며, 공통의
접근방법을 활용하는 영미 역사학자들 간에 학문적 교류가 활발하게 이루어졌다. 미국
에서는 역사학자들뿐만 아니라 국제정치학을 전공하는 정치학자들이 관심을 갖고 활
발하게 연구를 수행했다. 이들은 정보의 개념과 특성에 대해서 이론화 작업을 수행했을
뿐만 아니라 정책결정과정에서 정보의 역할에 대해서 많은 연구를 진행했다. 그러나
아쉽게도 영미 정치학계에서 국가정보학 연구는 주로 정책결정을 연구하는 학자들
간에 제한적으로 이루어졌다. 사실 국가정보학은 국제관계 연구에서 거의 주목을 받지
못했으며, 현실주의자, 자유주의적 제도주의자, 구성주의자 그리고 탈근대주의(post
modernism) 이론가들 등 국제관계학의 주류 논쟁에서 제외되었다.102) 요컨대, 국가정보
학은 1990년대에 들어서서 학계에서 일종의 학문공동체(intellectual community)를 구성할
정도로 발전했던 것으로 인정되지만, 그렇다고 국제관계의 연구의 주류에 합류될 수준
으로까지 성장하지는 못했던 것으로 평가된다.103) 더욱이 국가정보학은 영미 학계를

Ltd., 1991).

101) 대표적인 저술로서 Rhodri Jeffreys-Jones, *The CIA and American Democracy*(New Haven: Yale
University Press, 1989); Loch K. Johnson, *America's Secret Power: The CIA in a Democratic
Society*(New York: Oxford University Press, 1989); Frank J. Smist, Jr., *Congress Oversees, the
United States Intelligence Community, 1947-1989*(Knoxville: University of Tennessee Press, 1990);
Leigh L. Lustgarten, *In from the Cold: National Security and Democracy*(Oxford: Clarendon Press,
1994).; Holt(1995); J. P. Brodeur and Töllborg Gill P., *Democracy, Law and Security: Internal
Security Services in Contemporary Europe*(Aldershot: Ashgate, 2003); Hans Born and Ian Leigh,
*Making Intelligence Accountable: Legal Standards and Best Practice for Oversight of Intelligence
Agencies*(Oslo, Norway: House of the Parliament of Norway, 2005); Hans Born, Loch K. Johnson
and Ian Leigh, (eds.), *Who's Watching the Spies? Establishing Intelligence Service Accountability*
(Washington, DC: Potomac Books, 2005); Hans Borns and Marina Caparini, (eds.), *Democratic
Control of Intelligence Services: Containing Rogue Elephants*(Burlington, VT: Ashgate Publishing
Company, 2007) 등이 있다.

102) Len Scott and Peter Jackson, "The Study of Intelligence in Theory and Practice," *Intelligence and
National Security*, Vol.19, No.2(Summer 2004), p.147.

제외하고 여타 국가에서는 학계의 관심이나 연구가 거의 없는 실정이다. 이처럼 영미 학계에 편중된 연구가 지속될 경우 영미 학계중심의 사고 또는 패러다임만을 고집하는 학문적 편협성이 심화될 위험성이 있다.

일반적으로 국가정보는 국제관계학과 밀접하게 관련되는 것으로 여겨지지만 정치학, 행정학, 정책학, 역사학, 외교사, 전쟁사, 군사학, 전략론, 협상론 등 다양한 학문 분야들과 연계를 가진다.[104] 우선 정보기관은 행정부처에 소속된 조직이므로 행정학의 연구 대상이 될 수 있으며, 정보는 정부의 정책결정과정의 중요한 요소로서 참여하면서 때로 권위주의 독재정권에서처럼 정치권력의 핵심적인 수단으로 활용될 수 있다는 관점에서 정책학 또는 정치학 분야에서도 중요하게 다루어질 수 있겠다. 또한 정보활동은 국가 간에 전개되는 전쟁, 외교, 협상 등에 중요한 영향을 미칠 수 있다. 예를 들어, 제1차 세계대전 당시 '짐머만의 전보', 제2차 세계대전 당시 영국 신호정보국에서 수행했던 '울트라 계획(Ultra Porject)'의 사례에서 드러났던 것처럼 정보활동은 전쟁의 승패에 결정적인 영향을 미쳤다. 냉전시대 미국과 소련은 각기 상대국에 대한 신호정보(SIGINT)활동을 활발하게 전개했으며, 이를 통해 상대국의 외교전문은 물론 각종 비밀 자료들을 입수하여 외교 협상에 적극 활용하였던 것으로 나타난다. 이처럼 정보활동이 여러 분야의 학문과 연계된다는 점에서 정보학 연구는 일종의 '학제간 연구(interdisciplinary research)'를 통해 보다 좋은 연구 성과를 도출해 낼 수 있을 것으로 생각된다. 그러나 실제로 정보활동에 대한 연구는 주로 외교사에 관심을 갖고 연구하는 역사학자와 국제정치학자들을 중심으로 수행되었고, 여타 학문분야에서는 관심은 물론 연구물도 거의 없는 것으로 나타난다.

사실 국제관계학분야에서 조차 정보학은 충분한 연구가 이루어지지 않고 있다. 이와 관련하여 데리안(James Der Derian)은 국제관계학에서 정보학은 "최소로 이해되고 가장 이론화가 이루어지지 않고 있다"고 지적했다.[105] 정보학 분야의 저명학자로 알려진 칸(David Kahn)도 "정보에 대한 개념조차 제대로 정립되어 있지 않다"고 개탄한 바 있다.[106] 이처럼 정보활동이 국가 간의 전쟁, 외교, 협상 등 국제관계에 중요한

---

103) Michael Fry and Miles Hochstein, "Epistemic Communities: Intelligence Studies and International Relations," in Wesley K. Wark, (ed.), *Espionage: Past, Present, Future?*(London: Frank Cass, 1994), p.14.

104) 국가정보학과 역사학, 군사학, 전략학 등과의 연계성에 대해서 논의한 연구로서 John Ferris, "Coming in from the Cold War: The Historiography of American Intelligence, 1945-1990," *Diplomatic History*, Vol.19, No.1(Winter 1995), pp.87-115를 참고.

105) James Derian, *Antidiplomacy: Spies, Terror, Speed and War*(Oxford: Blackwell, 1992).

106) David Kahn, "An Historical Theory of Intelligence," *Intelligence and National Security*, Vol.16, No.3.(2002), p.79.

영향을 미치고 있음에도 불구하고 국제관계학을 비롯하여 여타 학문분야에서 연구가 미흡하게 된 데는 크게 두 가지 요인에서 비롯된다. 첫째, 정보활동과 관련된 공식 기록문서들에의 접근성이 제한되기 때문이다. 둘째, 정보활동 사례에 대한 학자들의 편견 또는 고정관념으로 인해 발생되는 것으로서 일종의 '인식론적 부조화'로 표현된다.[107] 즉 학자들이 전통적인 국제관계나 정치사적 관점을 고집하면서 정보기관의 역할이나 활동에 관해 기록된 자료들을 쉽게 수용하지 않으려 한다는 것이다.

자료 접근성의 제한과 역사학자들의 편견으로 인해 연구가 활성화되지 못한 대표적인 사례로서 영국의 ULTRA 계획에 관한 연구를 들 수 있다. ULTRA 계획은 제2차 세계대전 당시 영국의 신호정보국(GCHQ)이 주도하여 독일 암호를 해독한 사건으로서 연합군이 승리하는 데 결정적인 요인이 되었던 것으로 평가되지만, 영국의 '국가비밀유지법(Official Secret Act)' 때문에 한동안 학계에서 이에 대해 공개적으로 논의조차 할 수 없었다. 더욱 기이한 것은 1973년 ULTRA 계획의 전모가 공개된 이후에도 역사학자들이나 국제관계 분야의 학자들 공히 ULTRA 계획이나 신호정보(SIGINT)의 중요성에 대해 여전히 관심을 보이지 않았다는 것이다.[108] 아마도 ULTRA 계획을 포함시켜서 제2차 세계대전의 역사를 재구성하는 작업은 기존의 고정관념이나 인식 틀을 수정해야 하기 때문에 학자들에게 상당한 부담이 되었을 것이다.

냉전시대 동안 미·소간에 신호정보 활동이 매우 활발하게 전개되었고,[109] 그것이 외교정책에 중요한 요소로 작용했음에도 불구하고 학계에서 그러한 사실을 배제함으로써 냉전기의 역사가 심각하게 왜곡된 것으로 지적된다. 앞서 언급했듯이, VENONA는 대표적인 신호정보(SIGINT) 성공사례로서 영국과 미국은 1939-1948년의 기간 동안 약 3,000여 개의 소련 정보 또는 전문을 성공적으로 감청했고, 1940년대 말부터 1950년대 초 영국과 미국 암호해독가들이 이를 해독했던 것으로 알려졌다.[110] 당시 암호로 쓰인 소련의 전문을 해독했다는 사실은 미소관계는 물론 미국 정치사에 중요한 의미를 가지는 것으로 평가된다. 미국의 많은 진보주의자들은 미국의 핵개발 비밀을 소련에 팔아넘긴 혐의로 체포되어 사형 당했던 히스(Alger Hiss)와 로젠버그(Rosenberg) 부부가 냉전의 희생양으로서 무죄라고 주장해왔다. 그러나 VENONA 자료에 따르면 그들이 유죄라는 증거를 설득력 있게 제시해주고 있다.[111] 또한 VENONA 자료를 보면 제2차

---

107) Andrew(2004), p.174.
108) Andrew(2004), p.174.
109) 미국은 소련 국경 부근에 신호정보를 수집하는 지상기지를 100여 개 이상 설치하여 운용했고, 소련은 그 5배에 이르는 500여 개의 신호정보 기지를 설치하였던 것으로 알려졌다.
110) Andrew(2004), p.175.

세계대전 동안 루즈벨트 행정부의 모든 부처가 소련 정보활동에 침투 당했다는 사실을 알 수 있다.112) VENONA 자료에 대해 비밀해제하도록 압력을 행사했던 모이니한(Patrick Moynihan)은 VENONA에서 드러난 자료를 무시하게 되면 10년 간 미국의 역사적 사실을 왜곡시키는 것이라고 주장했다.113) 이처럼 냉전시대 정보활동 사례들이 국제정치사에서 중요한 의미를 가지고 있음에도 불구하고 국제정치학자들이나 역사학자들이 자료 접근의 제약성 때문에 또는 선입관 또는 편견에 빠져 기존에 수립된 역사를 바꾸지 않으려는 속성 때문에 학문적으로 체계적인 연구가 수행되지 않았던 것으로 생각된다.

사실 국가정보학은 여타 분야와는 달리 자료의 접근성이 제한됨으로 인해 연구를 수행함에 있어서 많은 어려움이 있다. 어렵게 구한 자료라 할지라도 그 신뢰성에 유의하여 활용해야 하는 문제가 있다. 정보활동 관련 자료는 공식문서라 할지라도 신뢰성이 보장된 것은 아니다. 이에 관해 알드리히(Richard Aldrich)는 정보기록보관소(Public Record Office)의 공식문서들을 '사실과 유사한 것'으로 해석하지 말 것을 당부했다.114) 그는 영국의 공식문서들은 역사학자들을 위해 고도로 조작된 자료들이라고 주장했다. 실제로 영국 정부는 제2차 세계대전 동안 신호정보와 전략적인 기만책에 관한 내용을 주도면밀하게 통제했던 것으로 나타난다. 따라서 이에 기초한 역사연구는 신뢰성이 떨어지는 것으로 평가된다. 또한 알드리히에 따르면 소련 공식문서에 부분적으로 또는 통제된 접근에 기초하여 수행된 소련 정보 및 보안기관들에 대한 연구 역시 신뢰성을 인정하기 어렵다는 것이다.115)

마지막으로, 국가정보학분야의 연구자는 연구 작업을 수행함에 있어서 때로 정보가 조작되었을 가능성도 고려해야 한다. 대통령이나 수상 등 중요한 정보를 손아귀에 쥐고 통제하고 있는 사람들은 국민들에게 알리고 싶은 내용만을 공개하는 경향이 있다. 이와 관련하여 스미스(Michael Smith)는 중요한 정보를 손아귀에 장악한 사람들이 정보를 선택적으로 공개하고 그로 인해 자료의 신빙성이 저하되는 문제를 논의했다.116) 어쨌든 이러한 문제는 정보연구를 수행하는 데 있어서 매우 중요한 장애요소로 작용하며, 연구자들의 각별한 주의가 요구되는 부분이다.

---

111) Andrew(2004), p.175.
112) Andrew(2004), p.175.
113) Patrick Daniel Moynihan, *Secrecy: The American Experience*(New Haven, CT: Yale University Press, 1998).
114) Richard Aldrich, *The Hidden Hand: Britain, America and Cold War Secret Intelligence*(London: John Murray, 2001), p.6.
115) Aldrich(2001), p.6.
116) Michael Smith, "Bletchley Park and the Holocaust," *Intelligence and National Security*, Vol.19, No.2(Summer 2004), pp.111-121.

제 2 편

정보활동론

National Intelligence Studies

- 제 4 장   첩보수집
- 제 5 장   정보분석
- 제 6 장   비밀공작
- 제 7 장   방   첩

제4장

첩보수집(Collection)

첩보수집은 정보활동의 한 가지 수단이지만 정보의 생산, 방첩, 비밀공작 등 모든 정보활동에 필요한 핵심적인 요소이다.[1] 정책결정에 필요한 정보를 생산하기 위해 우선적으로 관련된 첩보자료의 수집이 요구된다. 방첩활동을 효과적으로 수행하기 위해서는 외국의 간첩행위, 전복, 테러 행위 등에 관한 정확한 첩보가 수집되어야 한다. 또한 비밀공작 목표를 성공적으로 달성하자면 대상 국가의 정치, 경제, 사회 상황 등에 관한 정보가 반드시 필요하다.

첩보자료의 정확성이나 신빙성이 결여되면 올바른 정보가 생산될 수 없고, 방첩활동이나 비밀공작을 수행함에 있어서도 성공을 기대하기 어렵다. 미국이 2001년 9/11 테러를 제때에 막지 못한 것은 그에 관한 정확한 첩보가 적시에 제공되지 못했기 때문이다. 미국은 이라크 정부가 핵무기를 포함한 대량살상무기를 보유하고 있다는 왜곡된 첩보에 기초하여 2003년 이라크를 공격하게 되는 잘못된 정책결정을 내리게 되었다. 미국이 수행했던 비밀공작 중에서 가장 참담한 실패로 지적되는 1961년의 피그만 침공도 현지 상황에 대한 첩보가 왜곡되거나 부정확했기 때문에 애초부터 성공을 기대할 수가 없었다.[2] 이처럼 첩보수집은 정보분석, 방첩, 비밀공작 등 모든 정보활동의 성패를 좌우한다. 그런 점에서 첩보수집은 기초적이면서도 가장 중요한 정보활동의 수단이라고 볼 수 있다.

첩보수집 방법은 크게 비밀 첩보수집(clandestine collection)과 공개 첩보수집(open-

---

1) John 4MacGaffin, "Clandestine Human Intelligence: Spies, Counterspies, and Covert Action," Jennifer E. Sims and Burton Gerber, (ed.), *Transforming U.S. Intelligence*(Washington, D.C.: Georgetown University Press, 2005), p.81.

2) 어니스트 볼크먼 저, 이창신 역, 『스파이의 역사 I: 작전편』(서울: 이마고, 2003), pp.48-63.

source collection)으로 분류될 수 있다. 비밀첩보수집은 활용되는 수집 수단에 따라서 인간정보(human intelligence, HUMINT) 수집과 기술정보(technical intelligence, TECHINT) 수집으로 나뉠 수 있다.[3] 인간정보(HUMINT)는 일반적으로 널리 알려진 '스파이활동(espionage)'과 유사한 의미로 인식되고 있으며, 대체로 사람을 활용하여 첩보를 수집하는 방법 또는 활동을 의미한다. 기술정보(TECHINT)는 사람이 아닌 다양한 유형의 과학기술 장비들을 활용하여 첩보를 수집하는 방법 또는 활동을 의미한다. 공개 첩보수집은 공식적인 외교활동이나 신문, 라디오, TV, 인터넷 등 공개적인 자료를 통한 수집 방법 또는 활동을 의미한다.

제1절 인간정보(Human Intelligence, HUMINT)

1. 인간정보의 의미와 유래

첩보의 세계에서 HUMINT라고 부르는 인간정보는 여러 가지 의미를 가진다. 일반적으로 HUMINT는 비밀리에 첩보활동을 수행하는 사람 즉 스파이를 의미한다. 그러나 때로는 사람을 활용하여 첩보를 수집하는 활동 자체를 뜻하기도 하고, 또는 그러한 활동을 통해서 생산된 지식을 의미하기도 한다. 요컨대, 인간정보란 사람을 활용하여 첩보를 수집하는 활동 또는 그러한 활동을 수행하는 사람, 그리고 그러한 활동을 통해서 획득된 지식 등을 포함하는 복합적인 의미를 가진다.

물론 사람이 수집한다고 해서 모두 HUMINT라고 칭하지는 않는다. 공개정보 수집활동은 사람을 활용했다고 할지라도 HUMINT로 인정되지 않는다.[4] 따라서 HUMINT는 인간을 활용하여 비밀리에 수행된 첩보수집활동만을 뜻하는 것으로 한정된다. 한편, 첩보수집을 위한 하나의 수단으로서 HUMINT는 적에게 스파이 행위의 사실이 노출될 위험이 있고, 첩보활동을 수행한 자가 적에게 붙잡혀서 생명을 잃게 될 수 있다. 이처럼 HUMINT는 위험 부담이 크기 때문에 공개정보 수집이나 기술정보 수집활동으로는 원하는 정보를 획득할 수 없는 특별한 경우로 제한하여 가급적 최후의 수단으로 활용되어야 할 것이다.

---

3) 엄밀한 의미에서 '인간정보수집'과 '기술정보수집'이라는 용어로 표기해야 하나 일반적으로 '수집'을 생략하여 '인간정보'와 '기술정보'로 표기하고 있다.
4) MacGaffin(2005), p.80.

인간정보활동은 가장 고전적인 유형의 첩보활동으로서 인류의 탄생과 더불어 시작되었다. 인간은 자신과 자신이 속한 가족이나 집단의 안전을 위협하는 타 집단의 동향을 파악하기 위해 첩자를 활용한 첩보수집활동을 전개했던 것이다. 국가의 생성과 더불어 타 국가 또는 세력으로부터 자국의 생존을 유지하기 위해 첩보활동이 더욱 본격적으로 전개되었다. 동서양 모두 약 4천 년 전부터 첩자를 활용하여 정탐활동을 수행했던 기록이 남아 있다. 앞 장에서 기술했듯이, 지금으로부터 약 4천 년 전 고대 이집트에서 적정을 탐지한 내용이 '히에로글리프(hieroglyph)'에 기록되어 전해지고 있다.[5] 아마도 이것이 세계에서 가장 오래된 첩보수집활동에 관한 기록으로 생각된다.

동양에서도 『좌전(左傳)』에 약 4천 년 전 하(夏)나라 첩자 여애(女艾)의 행적이 짤막하게 남아 있고, 이후 중국의 춘추전국시대 들어서서 첩자들의 활동에 관해 많은 기록들이 남아 있다.[6] 춘추시대 말인 기원전 600년경에 저술된 『손자병법』은 역사상 최고의 병법서로 평가받고 있는데 첩자의 종류와 역할에 대해서 타의 추종을 불허할 정도로 정교하고 체계적인 이론을 전개하고 있다. 손자는 첩자를 활용한 첩보수집의 의미와 중요성을 다음과 같이 설명하고 있다.

> 총명한 군주와 현명한 장수가 움직이기만 하면 적을 이기고 출중하게 공을 세우는 것은 먼저 적정을 알고 있기 때문이다. 먼저 적정을 안다는 것은 귀신에게 물어서 알 수 있는 것도 아니고 유사한 사례에 비추어서도 알 수 없고 일정한 법칙에 의해 파악되는 것도 아니다. 반드시 사람, 즉 첩자를 통해 적정을 알아야 한다.[7]

2. 정보관과 첩보원

사람들의 머릿속에 정보활동이라 하면 스파이(또는 첩자)들을 떠올리게 된다. 그만큼 스파이들의 활동은 정보활동의 핵심적인 요소이다. 손자는 첩자를 효과적으로 활용하게 되면 매우 적은 비용으로 전쟁에서 승리할 수 있다고 주장했다.[8] 이처럼 첩자는 전쟁의 승패는 물론 국가의 생존과 번영에 결정적인 영향을 미칠 수 있는 중요한 존재

---

5) 국가정보포럼, 『국가정보학』(서울: 박영사, 2006), p.18.
6) 김영수, 『역사를 훔친 첩자』(서울: 김영사, 2006), p.161.
7) 손자병법의 용간 편에 나오는 내용으로 원문은 다음과 같다: "故明君賢將, 所以動而勝人, 成功出於衆者, 先知也; 先知者; 不可取於鬼神, 不可象於事, 不可驗於度; 必取於人, 知敵之情者也." 노병천, 『도해 손자병법』(서울: 연경문화사, 1996), p.310.
8) 노병천(1996), pp.308-309.

로 인식된다. 실제로 동서양의 역사 속에서 무수한 첩자들의 활약상을 엿볼 수 있다. 우리나라에서도 고구려의 첩자 도림이 백제에 암약하여 개로왕을 파탄지경에 빠뜨리는 이야기가 삼국사기에 전해져 온다.[9] 알렉산더 대왕, 시저, 나폴레옹, 칭기즈칸 등 역사적으로 뛰어난 정복자들은 거의 예외 없이 첩자들을 활용한 첩보활동을 효과적으로 전개하여 수많은 전투에서 승승장구할 수 있었다. 군주론의 저자로서 유명한 마키아벨리, 로빈슨 크로스의 저자인 다니엘 디포우, 영국의 소설가 섬머셋 모옴, 미국의 소설가 헤밍웨이 등 우리에게 알려진 인물들 중에 첩자로 활동한 경력이 있다.[10]

본래 첩자(諜者)라는 단어에서 첩(諜)은 동사로서 '몰래 엿 본다' '살핀다'라는 뜻을 갖고 있어 '몰래 엿보는 자'라는 의미로 해석된다. 손자는 이를 '틈새'라는 의미로서 '간(間)'이라고 불렀으며, 첩(諜)과 합쳐서 간첩(間諜)이라는 단어가 파생된 것으로 보인다.[11] 그러므로 '간첩'을 글자 그대로 해석하면 '틈새를 엿 보는 사람'이라는 의미를 가진다. 나라마다 시대마다 첩자를 각기 다양한 용어로 표현하고 있다. 첩자를 의미하는 용어로서 영어권에서는 spy, espionage, agent, source, the Fifth Column(제 5열)[12], fraktsiya(프락치)[13] 등이 있다. 순 우리말에서 첩자를 '발쇠꾼' 또는 '샛꾼'이라 하는데, 남의 비밀을 살펴다가 다른 사람에게 넌지시 알려주는 행위를 '발쇠'라 하며, 그런 일을 하는 사람을 '발쇠꾼'이라 한다.[14] 이 밖에 중국과 한국의 역사 속에서 첩자는 간인(間人), 향도(嚮導), 세작(細作), 행인(行人), 반간(反間), 밀정(密偵) 등 다양한 용어로 불렸다.[15]

첩보활동을 수행하는 사람들은 역할에 따라 크게 두 종류, 즉 정보관(intelligence officer, 또는 handler)[16]과 첩보원(source)[17]으로 나뉠 수 있다. 정보관은 정보기관에 소속

---

9) 김영수(2006), pp.28-37.
10) 어니스트 볼크먼 저, 석기용 역, 『스파이들: 20세기 첩보전의 역사』(서울: 이마고, 2004), pp.469-502.
11) 김영수(2006), pp.162-163.
12) 스페인 내전에 참전했던 헤밍웨이가 1938년에 쓴 소설 제목 『제5열 및 최초의 49단편집』(The Fifth Column and the First Fortynine Stories)에 나오는 '제5열'이라는 용어는 '조직 내부에 숨어 있는 첩자'라는 의미를 가진다. 김영수(2006), p.163.
13) 러시아어로 정당이 대중 단체 속에 심은 당원 조직을 가리키는 용어인데 밀정이나 첩자와 같은 뜻으로도 쓰인다. 김영수(2006), p.163.
14) 김영수(2006), p.163.
15) 중국과 한국의 역사 속에 첩자를 의미하는 용어가 무려 60여 개에 이른다. 김영수(2006), pp. 198-201의 도표에 첩자 관련 용어들이 잘 정리되어 있다.
16) 수행하는 임무에 따라서 정보관(intelligence officer), 공작관(operator), 조정관(handler), 또는 공작담당관(case officer) 등 여러 가지 명칭으로 불린다. 정보관이 어떤 특정 비밀공작(covert action)이나 비밀수집 공작(clandestine collection operation)을 수행할 경우 공작담당관(case officer)으로 불리며, 특정 공작망을 운용할 경우 공작관(operator) 혹은 조정관(handler)으로 지칭되기도 한다. 염돈재, "첩보수집론," 문정인 편저, 『국가정보론』(서울: 박영사, 2002), p.92.

된 정보요원이고, 첩보원은 정보관에게 첩보를 제공하는 사람을 뜻한다. 정보관은 첩보원과 접촉을 유지하면서 본부로부터 받은 지령(instructions)을 전달해 주고, 필요한 접촉수단을 제공해 주는 등 첩보원과의 교류가 원활하게 이루어지도록 여건을 조성하는 책임을 맡고 있다. 인간정보에 활용되는 첩보원으로는 주로 외국인 관료들이 많이 활용된다. 이들은 자신의 직위를 이용하여 중요한 정보자료에 접근할 수 있기 때문이다. 이 밖에 망명객, 이주민, 포로, 여행객, 유학생, 신문기자, 상사 주재원 등 다양한 유형의 일반인들이 첩보원으로 활용된다.

(1) 정보관의 유형: 공직 가장과 비공직 가장

정보관은 주재국 정부로부터 주목을 받지 않도록 여러 가지 형태로 자신의 신분이나 행동을 '가장(cover)'한다. 예를 들어, 주재국에 입국하게 된 동기, 재정적으로 자금을 어떻게 조달하고 있는지, 그리고 대상 목표를 만나는 구실 등을 적절히 가장한다. 가장은 '공직 가장(official cover)'과 '비공직 가장(nonofficial cover)'으로 구분된다.[18] 공직 가장은 외교관이나 해외에 공직 직함을 가진 정부 관료로 신분을 위장하는 것을 말한다. 비공직 가장은 상사주재원, 신문기자, 여행자 등으로 신분을 위장하는 것으로서 때로 국적까지 다르게 할 정도로 철저히 신분을 가장한다. 러시아에서는 이들을 각각 '합법적 정보관(legal officers)'과 '비합법적 정보관(illegal officers)'으로 칭하는데 그 의미는 다소 차이가 있다.[19] 흔히 정보기관에서는 이들을 은어로 각각 '백색정보관(White officer)'과 '흑색정보관(Black officer)'으로 부르기도 하지만 공식적인 용어는 아니다.

공직 가장 정보관은 주재국의 대사관에서 외교관 신분으로 근무하기 때문에 국제법적으로 면책특권을 갖고 있다.[20] 공식적인 외교관계가 수립되면 첩보활동도 국제법

---

17) 'source'는 첩보원, 협조자 또는 출처라고 칭하며, 상황에 따라 agent(공작원), intelligence asset(공작 자산) 등 다양한 명칭으로 불린다. 여기서 agent는 일반적으로 source와 유사한 의미로 쓰이지만, FBI 용어사전에서는 정보관(intelligence officer)을 뜻하는 것으로 해석한다. Abram N. Shulsky and Gary J. Schmitt, *Silent Warfare: Understanding the World of Intelligence*(Virginia: Brassey's, Inc., 2002), p.181,

18) 리첼슨(Jeffrey T. Richelson)은 이를 'deep cover'라고 칭하기도 하였다. Jeffrey T. Richelson, *The U.S. Intelligence Community*, 2nd. ed.(Lexington, MA: Ballinger, 1989), p.234.

19) 합법과 비합법으로 구분되는 기준은 정보관이 주재국에 합법적으로 주재하고 있는지 여부보다는 본부 정보기관과 어떤 형태의 연락체계를 유지하고 있는가에 관련된다. 비합법적(illegal) 정보관은 주재국내 설치된 대사관, 영사관, 무역대표부 등 '합법적'인 기관들과 연락을 유지하지 않고 본부 정보기관과 직접적인 접촉을 유지하는 자를 뜻하며, '비공직 가장(nonofficial cover)'과 유사한 특징을 갖는다. Shulsky and Schmitt(2002), p.181,

20) 냉전시대 구소련이 파견한 대사관 직원이나 그 외 공식 대표단의 약 30~40%가 KGB나 GRU 요원이었다고 한다. 그리고 구소련에서 제3세계 국가로 파견한 외교관들 중에서 약 70%는 KGB

에 의해 보호된다.21) 따라서 스파이행위를 수행했던 사실이 드러나더라도 국제법 규정에 따라서 주재국에서 PNG22) 또는 국외추방 등의 조치를 취하는 것으로 해결된다.23) 공직 가장 정보관은 공직 외교관으로서 의심받지 않고 주재국의 요인들을 자유롭게 접촉할 수 있으며, 주재국에서 활동하는 타국 외교관들과의 교류를 통해서 자연스럽게 첩보를 수집할 수 있는 등의 장점이 있다.24) 또한 공직 가장 정보관은 외교 행낭(파우치)을 통해 본부와 공식적인 연락체계를 유지할 수 있으며, 급여 이채 등 행정적인 편의도 얻을 수 있다. 그러나 외국 대사관에는 소수의 인원이 근무하기 때문에 주재국 방첩기관에 정보관의 신분이 쉽게 노출될 수 있다. 그가 정보관인지 여부는 미행감시, 통화감청, 아파트 도청 등 다양한 방법을 활용하여 파악할 수 있다. 외교관으로 가장하게 될 경우 주재국의 외교관이나 안보 관련 분야에 근무하는 관료들과 접촉하는 것이 용이하지만, 외국 관료와의 접촉을 꺼리는 일부 내국인 요인들과의 접촉은 더욱 어려워질 수 있다. 만일 주재국과의 전쟁이나 위기 상황이 발생하여 외교관계가 단절되면 외교관 신분으로 가장한 정보관들도 주재국을 떠나야 하기 때문에 가장 정보가 필요한 시기에 정보를 얻을 수 없게 되는 낭패를 보게 될 뿐만 아니라 그동안 애써 구축해 놓은 첩보망이 일거에 소멸될 수도 있다.25)

　　비공직 가장은 공직 가장과 비교하여 정반대의 장단점을 가진다. 비공직 가장

요원이었다고 한다. 또한 미국 FBI는 워싱턴에 있는 소련 대사관 직원 중 절반은 KGB 요원일 것으로 추정하였다. Richelson(1989), p.79; 윌리엄 V. 케네디 저, 권재상 역, 『첩보전쟁』(서울: 자작나무, 1999), p.142.

21) 외국 대사관에 외국 군대의 대표자가 주재하는 무관제도는 주재국에서의 스파이 행위를 공식적으로 인정하는 것이라고 볼 수 있다. 케네디, 권재상 역(1999), p.141.

22) 외교 관례에 관한 전문 용어로서 라틴어 'persona non grata'의 약자다. 문자 그대로 해석하면 '환영받지 못하는 인물(an unwelcome person)' 또는 '기피 인물'이라는 뜻을 가진다. 비엔나 외교 협정문(the Vienna Convention on Diplomatic Relations) 제 9조에 따르면 "주재국은 자국 주재 외국인 외교관에 대해 언제든지 PNG 결정을 내릴 수 있으며 그리고 그러한 결정을 내린 이유를 설명할 필요 없다"고 규정되어 있다. 외교 관례상 PNG를 받은 외교관은 주재국으로부터 환영받지 못하기 때문에 본국으로 송환된다. 만일 본국으로 송환되지 않고 주재국에 남아 있을 경우 주재국은 외교관으로서 그가 수행하는 임무를 거부할 수 있다. 이에 대한 보다 자세한 설명은 http//en.wikipedia.org/wiki/Persona_non_grata(검색일: 2008년 12월 29일)를 참고할 것.

23) 1974년부터 1982년까지 총 196명의 소련인 '외교관'이 스파이활동을 하였다는 이유로 추방되었다. 196명 중 16명이 미국에서, 23명이 캐나다, 11명이 프랑스, 17명이 이집트, 12명이 노르웨이, 13명이 스페인, 14명이 스위스에서 추방되었다. Richelson(1989), pp.79-80.

24) Shulsky and Schmitt(2002), p.12.

25) 예를 들어, 1979년 11월 이란 주재 미국 대사관이 점거되고 직원들이 인질로 잡혀 있을 당시 이란 내 미국의 인간정보 수집 활동이 완전히 무력화되었던 것으로 드러났다. 인질구출을 위한 군사작전이 개시될 무렵 이란 내 단 한명의 미국인 정보요원도 없었다. 그래서 CIA는 인질구출 작전을 지원하기 위해 귀국했던 CIA 소속 정보요원을 이란으로 다시 파견시켜야 했다. A. Beckwith and Donald Knox, *Delta Force: The U.S. Counter-Terrorist Unit and the Iran Hostage Rescue Mission*(New York: Harcourt Brace Jovanovich, 1983), pp.196-197, 220-221; Shulsky and Schmitt(2002), pp.182-183.

정보관(nonofficial-cover officials, NOCs)은 사회의 다양한 계층이나 전문가로 가장할 수 있기 때문에 다양한 종류의 첩보원들(sources)을 접할 수 있다는 장점이 있다.26) 이들은 자국 국적의 지위를 유지하거나 또는 제3국 국적으로 가장하여 활동한다. 이들은 자신이 일하고 있는 정부와 관련이 없는 듯 가장함으로써 첩보원들(sources)과 밀접한 관계를 유지하는 가운데 유용한 첩보를 얻을 수 있다. 주재국과의 전쟁이나 위기 상황이 발생하여 외교관계가 단절되는 상황에서도 이들은 여전히 주재국에 체류하면서 첩보활동을 지속할 수 있다는 장점이 있다. 또한 주재국 방첩기관에서도 이러한 비공직 가장 정보관의 존재를 여간해서 색출하기 어렵다. 그렇지만 비공직 가장은 공직 가장에 비해 여러 가지 행정적인 어려움과 많은 비용을 수반한다. 우선 기업체나 사설기관에게 정보관을 자신의 임원으로 채용하도록 설득하는 일이 쉽지 않다. 그래서 보다 쉬운 방법으로써 정보관이 직접 기업체를 설립하든가 또는 대상 국가에 자신들이 체류하는 동기를 설득력 있게 제시할 수 있는 업무나 활동에 종사하기도 한다.27) 여기서 문제는 이렇게 가장하는데 너무 많은 비용이 지출될 뿐만 아니라 가장이 그럴듯하게 보이기 위해서는 많은 시간과 노력이 소요된다는 점이다. 이처럼 가장하는데 너무 많은 시간과 노력을 소비하다 보니 정작 본연의 임무인 첩보활동에 충분한 시간과 노력을 투여할 수 없는 상황이 발생한다. 또한, 비공직 가장 정보관은 의심스러운 행동으로 인한 신분 노출을 회피하기 위해 주재국 대사관의 통신수단을 활용할 수 없다. 이 때문에 본부와의 상호 연락이 매우 어렵다는 단점이 있다.28) 무엇보다도 비공직 가장 정보관은 외교관 신분이 아니기 때문에 스파이 행위가 발각되어 대상국 방첩기관에 체포되면 재판에 회부되어 그에 상응한 형벌을 받거나 때로 사형을 선고받고 목숨을 잃게 될 수 있기 때문에 위험부담이 매우 크다.

26) 냉전 당시 구소련의 KGB와 GRU 요원들은 여러 가지 위장 직업을 가졌다. 이들은 타스통신, 노보스치 통신, 무역대표단, 국영항공 아에로플로트, 소련 선박공단 몰플로트, 소련영화 수출공단, 『노보에 보레먀』(잡지사) 등 소련의 기관에 근무하는 것으로 위장하거나, 또는 미소무역공사(AMTORG), 싱가폴·소련 해운회사(SOCIAC) 등 특정국가의 조직에 근무하는 직장인으로 위장하기도 하였다. 때로 세계보건기구(WTO), 국제연합 등 국제기구에 파견된 소련 대표단 중에 또는 외국에 파견하는 과학대표단이나 문화사절단에 KGB와 GRU 요원이 투입되기도 하였다. Richelson(1989), p.91; Shulsky and Schmitt(2002), p.13.
27) CIA에서 설립하여 운영하는 기업체를 흔히 'Proprietary(비밀기업체)'라고 부르는데, 비공직 가장 정보관을 기업체 사장으로 가장 시키는데 활용될 수 있을 뿐만 아니라 비밀공작을 수행하는 데에도 유용하게 활용된다. 예를 들어, 선박회사를 운영하게 되면 반군에게 무기나 군수품을 비밀리에 수송하는 데 활용될 수 있다. Shulsky and Schmitt(2002), p.183.
28) Shulsky and Schmitt(2002), p.13.

냉전시대 미국과 소련의 가장 방식 비교[29]

CIA와 KGB 공히 언론매체 등 각종 사회단체 종사자들로 신분을 가장하여 스파이활동을 수행했다. CIA에 비해 KGB가 상대적으로 신분가장을 더 많이 활용했던 것으로 알려졌다. 미국 CIA의 경우 공작원이나 협조자를 언론사, 종교단체, 외교관, 상사 주재원 등을 가장했었는데 종종 소속단체의 구성원이 정보활동과 무관한 인물임에도 불구하고 KGB의 의심을 받아 생명의 위협을 감수해야 하는 등 여러 가지 문제가 발생하였다.[30] 예를 들어, CIA 요원이 언론사 해외특파원으로 가장하여 활동하는 경우가 많았기 때문에 신문기자들이 스파이로 오인되어 살해되거나 불이익을 당하는 사례가 종종 발생했다. 이에 따라 미국의 언론사에서 CIA측에 신문기자로 신분가장하지 말 것을 공식적으로 요청하는 일도 있었다. CIA와 유사하게 KGB도 요원의 신분을 가장하는 수단으로 공직 외교관은 물론 에어로플롯(Aeroflot)과 같은 민간기업체 또는 TASS 통신 등의 언론사를 활용하였다. 신분가장 수단을 활용함에 있어서 CIA와 KGB의 차이점은 기만공작과 망명자 활용에서 드러난다. 냉전시대 소련으로부터 미국으로 망명하는 대부분의 사람들은 합법적이고 정상적인 망명객이다. 그러나 그들 중에는 CIA에 기만정보를 유포할 목적으로 KGB가 보낸 이중간첩도 있었다. 대표적인 인물로 1960년대 노센코(Yuri Nosenko), 1980년대에는 유첸코(Vitaly Yruchenko)가 있다. 이처럼 KGB는 망명객으로 위장하여 기만공작을 전개했는데, 이와 대조적으로 CIA는 그러한 방식은 전혀 활용하지 않았던 것으로 알려졌다.[31]

냉전시대 동안 미국이나 서방국가들은 소련 지도자의 의도, 소련의 군사력 수준, 서방에 대한 소련 정보기관의 활동 등을 파악하기 위해 스파이들을 활용했다. 그러나 소련 방첩기관들이 소련 내 거주하는 외국인들에 대해 집중적으로 감시활동을 전개했기 때문에 미국이나 서방 정보기관들은 비공직 가장보다는 주로 공직 가장을 통한 첩보수집활동을 전개했던 것으로 나타난다.[32] 미국의 경우 대사관 내 CIA 요원과 국방부 무관이 공직 가장 정보관으로 활동하고, 육·해·공 첩보부대가 한국, 일본, 독일 등 해외에 주둔하면서 첩보원 또는 협조자를 모집하여 첩보수집활동을 전개했다. 미국이 운용하는 첩보부대로는 '육군정보단(Army Intelligence and Security Command)', '168 특수기동대(Task Force 168)', '공군정보단(Air Force Special Activities Center)' 등이 있다.[33]

29) Kevin A. O'Brien, "Interfering with Civil Society: CIA and KGB Covert Political Action during the Cold War," Loch K. Johnson and James J. Wirtz, (eds.), *Strategic Intelligence Windows into a Secret World: An Anthology*(Los Angeles: Roxbury Publishing Company, 2004), pp.268-269
30) Loch K. Johnson, *America's Secret Power: The CIA in a Democratic Society*(New York: Oxford University Press, 1989), pp.70, 186.
31) Edward Jay Epstein, *Deception: the Invisible War Between the KGB and the CIA*(New York: Simon & Schuster, 1989), p.4.
32) Shulsky and Schmitt(2002), p.15.

CIA의 경우 해외에 '거점(station)'을 두고 최고책임자를 '거점장(the Chief of Station, COS)'이라고 칭했다. 해외 거점은 국가마다 규모가 다양했는데, 작은 거점에는 CIA 요원이 수 명에 불과한 반면 필리핀처럼 150명이 근무하는 큰 거점도 있었다.[34] 이들은 모두 대사관에서 근무하는 공직 가장 정보관이지만 직위나 직책은 각기 다양했다. 이들은 주로 공식적이고 합법적으로 활동하지만 때로 비밀리에 불법적으로 첩보수집활동을 수행하다가 발각되어 주재국 방첩기관에 체포되거나 PNG를 당하기도 하며, 그러한 사례들이 종종 언론에 보도되곤 한다.[35]

한편, 미국이나 서방세계에서는 거주나 생활환경이 공산권 국가들에 비해 훨씬 자유롭기 때문에 첩보활동 여건이 양호하다. 따라서 소련은 공직 가장은 물론 비공직 가장 정보관들을 활용하여 활발하게 첩보활동을 전개했다. 세계 첩보사에 널리 알려진 소련 스파이들로서 조르게(Richard Sorge), 라이바 돔(Leiba Domb), 코논 트리피모비치 몰로디(Konon Trifimovich Molody) 등은 모두 비공직 가장 정보관이다.

세계 첩보사에서 최고의 스파이로 불릴 만큼 명성을 날렸던 조르게(Richard Sorge)는 소련 군 정보기관인 GRU의 첩보원으로서 독일 주요 신문의 특파원으로 가장하여 1930년대부터 1941년 가을 일본 경찰에 체포될 때까지 중국과 일본에서 첩보활동을 활발히 전개했다. 그는 일본 도쿄 주재 독일 대사관의 대사를 비롯한 관료들과의 친밀한 관계를 활용하여 독일과 일본의 전쟁계획에 관한 극비 정보를 입수할 수 있었다.[36] 체포되기 직전 조르게는 모스크바에 "소련의 극동지역은 일본의 공격으로부터 안전할 것"이라고 보고했다.[37] 조르게의 보고서에 따르면, 일본은 소련을 공격하지 않기로 결정했으며, 그 대신 미국 태평양 남부와 동부 지역, 그리고 동남아시아 지역의 영국과 네덜란드령 식민지를 공격할 것으로 예상했다. 조르게의 보고서를 받고 나서 스탈린은 극동 지역에 배치된 수만 명의 소련군을 모스크바로 외곽 지역으로 이동시켜 1941-42

---

33) 한국의 서울에는 '501 첩보단(501st Military Intelligence Group)'을 두고 있으며, 귀순자나 탈북자 등으로부터 군사 분야 첩보를 수집하고 있다. Richelson(1989), pp.236-237.
34) 영국 런던에는 5개의 CIA 거점이 있었고 여기에 약 40여 명의 CIA 요원들이 근무했다. Richelson (1989), pp.234-235.
35) 폴란드 정부는 폴란드 주재 미 대사관에 이등 서기관(Second Secretary)으로 재직하고 있던 뮬러(Albert Mueller)가 육군 레이더와 소련제 헬기를 촬영하고 폴란드 협조자에게 스파이 장비, 지령, 암호, 공작금 등을 제공했다는 혐의를 포착하고 1987년 그를 체포했다. Michael T. Kaufan, "Warsaw Accuses U.S. Aide of Spying," *New York Times*(April 20, 1987), p.9A; Richelson (1989), p.236.
36) 1940년 후반 조르게는 히틀러가 군 장성들과의 연석회의에서 소련을 침공하기로 결단했다는 첩보를 소련에 보고했으나 스탈린은 조르게와 같이 우수한 첩보원이 그런 터무니없는 거짓 첩보에 속아 넘어갔다면서 의심하였다고 한다. 볼크먼, 석기용 역(2004), p.219.
37) 볼크먼, 석기용 역(2004), pp.210-223.

년 겨울 독일의 공격을 막을 수 있었다. 돌이켜 보건대, 소련이 모스크바 외곽 지역에서 독일군의 공격을 격퇴시킨 것이 전쟁의 승패를 가르는 중요한 분수령이 되었다.[38] 그런 점에서 그가 제공한 정보는 소련이 독일군에게 승리하는 데 결정적으로 기여한 요인이 되었던 것으로 평가된다.

폴란드 태생 유태인이었던 돔(Leiba Domb)은 나중에 소련 GRU의 요원이 되었는데 1939년부터 유럽에서 유령 민간업체를 설립하여 유럽 전역에 걸쳐 광범위한 첩보활동을 전개하였다. 돔은 캐나다 출신 사업가 진 길버트(Jean Gilbert)로 위장하여 시멕스코(Simex Company)라는 유령 무역회사를 세웠고, 1년 후에는 파리에 시멕스 컴퍼니(Simex Company)라는 또 다른 유령회사를 설립하여 200여 명에 가까운 첩보원을 거느렸다.[39] 돔은 유럽 지역에서 독일군의 동향을 파악하는 데 중점을 두고 첩보수집활동을 전개했는데 히틀러의 독일 침공 계획인 '바바로사 작전(Operation Barbarossa)'의 정확한 개요를 소련에 제공하였다. 그러나 실망스럽게도 스탈린은 돔이 보내온 정보를 믿지 않았다.[40] 1941년 6월 22일 마침내 독일이 소련을 침공하는 사건이 발생하자 그의 정보가 정확했던 것으로 인정되었다. 이후 독일군의 병력 배치와 작전계획에 대한 많은 정보들을 무전기를 통해 모스크바로 송신했고, 그러한 과정에서 그를 추적하던 독일 방첩기관 압베르에게 체포되었다.[41]

1950년대 KGB의 가장 대표적인 스파이망은 '포틀랜드 스파이 링(Portland Spy Ring)'이다. 이 조직의 우두머리는 고든 론즈데일(Gordon Lonsdale)로 알려졌는데 그의

---

38) 조르게는 1941년 10월 스파이 활동이 노출되어 소련으로 탈출하려 했으나 일본의 군사보안기관인 켐페이 타이(Kempei Tai)에 체포되었다. 조르게는 체포되기 직전 그의 조직원 중의 한 명으로부터 일본인들이 매우 가까이 접근해왔으니 서둘러 도피해야 한다는 쪽지를 전달받았다. 이것을 불태우지 않고 찢어서 버렸는데 그를 추적하던 켐페이 타이가 찢어진 조각을 모두 짜 맞추어 그의 간첩행위를 알게 되었다. 1943년 일본은 조르게를 소련이 체포한 일본인 스파이와 교환하자고 소련 측에 제의했으나 소련이 거부하였다. 스탈린은 독일 침공에 대해 사전 경고한 인물이 살아 돌아옴으로써 자신의 실수에 대해 비난 받게 될 것을 원치 않았던 것이다. 조르게는 결국 1944년 일본에서 처형되고 말았다. 볼크먼, 석기용 역(2004), pp.210-223.
39) 독일 게슈타포와 압베르는 연합 방첩작전을 통해 이들이 독일에서 소련으로 무선 송신하는 것을 탐지하고 이들 송신자 조직망을 '붉은 오케스트라(Red Orchestra)'라고 불렀다. 볼크먼, 석기용 역(2004), pp.169-170.
40) 독소 불가침조약을 믿고 독일군의 침공 가능성을 부인했던 스탈린은 돔의 정보를 정리해서 제출한 GRU의 보고서 위에다 "이 말도 안 되는 정보를 제보한 자를 찾아내 처벌하라"고 휘갈겨 썼다. 그러나 GRU 본부에서 이를 묵살하는 바람에 돔은 처벌을 면할 수 있었다. 볼크먼, 석기용 역(2004), pp.167-168.
41) 이후 돔은 독일에서 모스크바로 간신히 탈출했으나 소련 당국은 그를 조국을 배신한 독일의 앞잡이라는 죄목을 씌워 10년 감옥형에 처했다. 스탈린은 독일 침공에 대한 그의 경고를 무시했다는 비난이 제기될 것을 우려하여 지레 그를 감옥형에 처했던 것이다. 그는 1953년 스탈린이 죽자 비로소 감옥에서 풀려났고, 이후 그는 공산주의에 환멸을 느껴 시온주의자로 전향하여 폴란드 유대 공동체의 지도자로 활동했다. 볼크먼, 석기용 역(2004), p.173.

본명은 코논 트로피모비치 몰로디(Konon Trifimovich Molody)이다.[42] 그는 1922년 모스크바에서 과학자의 아들로 태어났다. 소년 시절에는 숙모가 살고 있었던 캘리포니아 버클리에서 공부했고, 1938년 다시 소련으로 귀국했다. 그 후 소련 해군에 입대했다가 정보부에 채용되어 1945년 캐나다에 잠입했다. 그는 사망한 가짜 고든 로즈데일의 여권을 손에 넣었고, 그 때부터 고든 로즈데일 행세를 했다. 1955년 그는 캐나다에서 미국을 거쳐 영국으로 들어갔다. 영국에서 KGB의 공작금으로 슬롯머신 임대회사를 차렸는데 그가 술회한 바에 따르면 사업이 번창하여 KGB에 많은 이익을 남겨주었다고 한다.[43] 1955년부터 1961년까지 6년 동안 런던에 있으면서 로즈데일은 크로거 부부(Helen and Peter Krogers)라는 가명으로 런던에서 스파이활동을 활발하게 전개했던 코헨 부부(Lona and Morris Cohen), 헤리 호튼(Harry Houghton), 에델 지(Ethel Gee) 등 여러 명으로 구성된 스파이 조직을 거느렸다.[44] 그런데 1961년 CIA의 첩자로서 폴란드 UB(보안경찰)에 근무하고 있었던 미하일의 제보를 받고 영국 보안기관인 MI5가 이들의 행적을 추적하여 마침내 체포하게 되었다.[45]

엘리 코헨이라는 이스라엘 정보관은 국적을 위장하여 스파이활동을 효과적으로 전개한 대표적인 사례로 알려졌다.[46] 이집트 태생의 유태인으로서 코헨은 그의 나이 32세 되던 해인 1956년 이스라엘로 이주하여 이스라엘 정보기관에 자원하여 근무했다. 1961년 모사드는 그를 아르헨티나로 보내 카말 아민 타벳(Kamal Amin Taabet)이라는 가명의 아랍 사업가로 신분을 세탁시켰다. 그는 아르헨티나에 거주하는 시리아 출신 국외추방자 집단들과 친밀한 관계를 맺은 다음 1962년 초 시리아의 다마스커스로 진출했다. 아르헨티나의 부에노스 아이레스에서 새로 사귄 시리아 친구의 소개장을 활용하여 코헨은 운 좋게도 시리아의 최고위 지배 권력층에 끼어들 수 있었다. 코헨은 한때 새로 들어선 바티스트(Ba'athist) 정부와 추방당한 전직 시리아 대통령 간의 밀사 노릇을 하기도 했으며, 시리아 정부 내각에서 관료로 지명될 정도의 위치까지 올라갔다. 이후 3년 간에 걸쳐 시리아의 정치, 군사, 외교 문제들에 대한 스파이활동을 전개하다가 시리아 방첩기관에 체포되어 1965년 5월 교수형을 당했다.

---

42) 운노 히로시 저, 안소현 역, 『스파이의 세계사』(서울: 시간과 공간사, 2003), p.370.
43) H. Keith Melton, *The Ultimate Spy Book*(New York: Dorling Kindersley Publishing, Inc., 2002), p.50.
44) 로즈데일은 헤이 호튼과 지(Gee)로부터 NATO의 작전계획, 해군 기동작전, 대잠수함 추적체계 등에 관한 정보를 제공받았고, 이를 코헨 부부가 모스크바로 송신하는 역할을 맡았었다. 모리스 코헨 부부는 미국에서 원자폭탄 기밀을 빼내는 임무를 수행했던 거물급 스파이로서 영국 MI5에서 오래 동안 추적해왔었다. 운노 히로시, 안소현 역(2004), p.371; Melton(2002), p.51.
45) 운노 히로시, 안소현 역(2003), pp.371-372.
46) 이에 대해서는 Shulsky and Schmitt(2002), p.14를 참고.

일반적으로 많은 비공직 가장 정보관들이 이민자로 가장하여 주재국에 잠입한 다음 스파이활동을 전개하기도 한다.47) 이민자와 방문객들을 많이 받아들이는 국가에서 스파이들은 보다 쉽게 신분을 가장하여 첩보활동을 수행할 수 있다. 그러나 국경 경비를 엄중하게 하고 방문객들에 대해 철저한 경계를 유지하면서 이민자를 많이 수용하지 않는 국가에서는 비공직 가장 정보관의 신분 가장이나 스파이활동 여건이 어렵다.

이민자로 가장하여 스파이활동을 전개했던 대표적인 사례로서 슈타지 역사상 최고의 스파이라는 명성을 얻었던 귄터 기욤(Gunter Guillaume)을 들 수 있다. 귄터 기욤은 1927년 베를린에서 태어났다. 그의 아버지는 1948년에 자살했는데 아내의 배신 때문이었다고 한다. 이후 그는 슈타지의 해외담당 기관인 HVA 소속 정보관인 파울 라우퍼(Paul Lauper)에게 발탁되어 스파이 교육을 받고 서독으로 보내졌다. 기욤은 같은 슈타지 요원인 크리스텔과 결혼한 후 슈타지 요원이라는 사실을 숨기고 망명자로 가장하여 1956년 서독으로 이주했다. 이후 서독 사회민주당에 입당하였고, 얼마 지나지 않아 당내 중책을 맡게 되었다. 1969년 서독 의원선거에서 사회민주당과 자유민주당의 연합정권이 승리하여 빌리 브란트가 수상이 되었고, 기욤은 그의 최측근 비서로 근무하게 되었다. 기욤은 유능하고 사교성이 있어서 수상 관저에서 중요한 일을 맡아 처리했고, 기밀문서에 접근이 용이한 점을 이용하여 동독에 중요한 정보들을 제공하였다. 특히 그는 브란트 수상이 무슨 생각 또는 계획을 갖고 있는지를 동독에 수시로 전달하는 임무를 수행했다. 그는 빌리 브란트 서독 수상의 최측근 비서로 근무하면서 중요한 국가기밀을 동독으로 빼돌린 행위로 1974년 4월 체포되었다.48) 브란트 수상은 기욤이 스파이였다는 사실에 충격을 받았고 곧바로 사임했다.

최근 중국은 주로 비공직 가장 방법을 활용하여 미국에서 첩보활동을 효과적으로 수행하고 있는 것으로 알려졌다. 중국은 기업체 주재원, 교환학생 프로그램, 과학자 파견 등 다양한 종류의 비공직 가장 기법을 활용하고 있다. 중국 정보기관은 중국에서 미국으로 이민해 온 후 첩보활동을 수행하기 오래 전에 영주권을 취득한 자를 일종의 '잠복공작원(sleeper agents)'49)으로 활용해 왔다. 중국은 이처럼 광범위한 비공직 가장

---

47) 이민자를 이용한 비공직 가장의 대표적인 사례로서 루덱 제메넥(Ludek Zemenek) 사건과 귄터 기욤(Gunter Guillaume)을 들 수 있다. Shulsky and Schmitt(2002), pp.14-15; 운노 히로시, 안소현 역(2003), pp.504-508.

48) 동독에서 보낸 암호통신 중에 어느 첩보원 부부의 생일을 축하하는 전문 3건을 찾아냈는데 날짜를 대조해보니 각각 기욤과 그의 부인, 그리고 아들 피엘의 생일과 일치했다. 이를 근거로 기욤이 동독의 스파이였다는 것이 확인되었다. 운노 히로시, 안소현 역(2003), pp.504-508.

49) 결정적으로 중요한 시기에 활용할 목적으로 목표 국가 또는 조직에 아무런 첩보활동을 수행하지 않은 채 수년간 잠복해 있는 스파이를 의미한다. 평상시 직업을 갖고 자신의 신분을 철저히 위장하고 있어 상대국 방첩기관에서 색출하기가 매우 어렵다. 흔히 '극비위장간첩(deep cover

정보관을 활용하여 미국의 첨단 과학기술에 관한 정보를 수집하고 있다. 미국은 민간부문의 상업활동이 매우 공개적이고 미국 내 중국계 사회의 규모가 워낙 크기 때문에 그 속에 공작원이 정착하여 첩보활동을 수행하기에 좋은 여건을 갖추고 있다.[50]

(2) 첩보원의 종류: 협조자와 공작원

정보관에게 정보를 제공하는 사람을 일반적으로 첩보원 또는 출처(source)라고 칭한다. 앞서 언급한바와 같이 정보 가치가 비교적 높은 외국의 관리들이 첩보원으로 많이 활용되지만 상황에 따라 일반인들도 첩보원으로 이용된다. 첩보원은 때로 '협조자'와 '공작원'으로 분류하기도 하지만 사실상 그 구분이 모호하여 서로 혼용되게 용어가 사용되기도 한다.[51] 용어를 구태여 구분하자면 협조자는 협조하는 데 필요한 경비를 지원받아 정보수집에 협조하는 사람을 의미하고, 공작원은 협조자 중에서 정보기관에 공식적으로 채용되어 일정 보수를 받고 비밀정보활동을 수행하는 사람을 뜻한다.[52] 공작원은 대체로 정보관의 통제를 받지만 협조자는 정보관의 통제하에 있지 않다. 때로 유능한 협조자는 공작원보다도 더 좋은 양질의 정보를 제공해 주기도 한다. 공작원의 경우 본인이 정보기관으로부터 보수를 받는 만큼 의식적으로 협조하게 되나 협조자의 경우 자신이 정보기관을 위해 일한다는 것을 알지 못한 채 무의식적으로 협조하는 경우도 많다.[53]

채용되는 과정에서 첩보원은 크게 두 종류로 구분될 수 있다. 첫째, 정보관이 여러 가지 수단을 활용하여 포섭한 자가 있고, 둘째, 외국 정보기관에 자발적으로 협조하겠다고 자원한 자, 즉 '자발적 첩보원(walk-ins)'으로 분류될 수 있다. 자발적 첩보원 중에는 문자 그대로 외국 대사관으로 스스로 걸어 들어오는 경우도 있다.[54]

정보관은 중요 정보에의 접근성을 우선적으로 고려하여 첩보원을 포섭하게 된다. 일반적으로 첩보원을 포섭하는 데 엄청나게 많은 시간과 노력이 요구되며, 갖은 노력에도 불구하고 포섭하는 데 실패하게 되는 경우도 많다. 포섭된 첩보원은 정보관이 사전에 그의 성격이나 동기를 충분히 관찰한 다음 포섭하기 때문에 대체로 신뢰도가 높

---

agent)'으로 칭하기도 한다. http://en.wikipedia.org/wiki/Sleeper_agent(검색일: 2013년 10월 22일).

50) Shulsky and Schmitt(2002), p.15.

51) 영어의 source, agent, asset 간의 명확한 구분이 없는 것처럼 우리말의 출처, 첩보원, 공작원 등의 용어들 간에도 사실상 엄격한 구분은 없다. 일반인은 물론 학자들도 이러한 용어들을 각기 다른 개념으로 사용하고 있어 용어들에 대한 통일된 개념 정의가 필요하다고 본다.

52) 염돈재(2002), pp.93-94.

53) 염돈재(2002), p.94.

54) Shulsky and Schmitt(2002), p.16.

다.55)

반면에 자발적 첩보원은 포섭된 첩보원에 비해 신뢰성이 떨어진다. 자발적 첩보원은 자국에 관한 허위 또는 기만 정보를 유포할 목적으로 주재국의 정보기관에서 은밀히 보낸 자일 수도 있다. 주재국 정보기관에서 상대국 정보기관의 정보활동 기법을 탐색할 목적으로 은밀히 침투시키는 경우도 있다. 또는 상대국의 정보관을 체포 또는 추방시키려는 목적에서 그를 함정에 빠뜨리기 위한 미끼로서 활용되는 자일 수도 있다. 그렇다고 자발적 첩보원에 대해서 지나치게 의심하게 되면 손쉽게 얻을 수 있는 중요한 정보를 놓칠 수 있다. 세계 첩보사에서 드러나는바, 자발적인 첩보원이 제공한 첩보를 전혀 신뢰하지 않고 무시하였는데 나중에 그것이 매우 가치 있는 정보였던 것으로 드러나는 일이 종종 있었다.56) 첩보사에 알려진 대표적인 자발적 첩보원으로는 미국 CIA의 첩자로 암약한 펜코프스키(Olge Penkovskiy)와 필라토프(Anatoli Nikolaevich Filatov)가 있으며, 반대로 미국 정보기관에 근무하면서 구소련 KGB의 첩자로 암약한 에임즈(Aldrich Ames), 워커(John Anthony Walker, Jr), 한센(Robert P. Hanssen) 그리고 미국인이면서 이스라엘의 첩자로 활동한 폴라드(Jonathan Pollad) 등을 들 수 있겠다.57)

망명자나 체제 이탈자들도 중요한 첩보 출처가 될 수 있다. 냉전시대 동안 구소련에 관한 정보수집 활동은 상당 부분 망명자 또는 체제 이탈자들에 의존하였다. 1950년대 초 서방 정보기관에서는 소련인 첩보원을 거의 포섭하지 못하여 첩보수집에 어려움

---

55) Shulsky and Schmitt(2002), p.16.

56) 슐스키는 그러한 대표적인 사례로 제2차 세계대전 당시 독일 외교관으로 있으면서 미국 측에 중요한 기밀문서를 제공해주었던 콜비(Fritz Kolbe)의 경우를 들고 있다. 콜비는 해외 주재 독일 대사관에서 베를린으로 들어오는 유선 통화 내용을 분류하는 임무를 수행하고 있었다. 유선 통화 내용 중에는 외교는 물론 군사, 정치, 정보 등 민감한 사안들이 포함되어 있었다. 1943년 8월 콜비는 베를린의 외교부에서 작성한 약 200건의 문서를 갖고 스위스에 도착하여 이를 베른 소재 영국 대사관에 제공했다. 그러나 영국은 콜비를 독일 정보기관에서 보낸 첩자로 의심하여 그가 제공하는 첩보를 무시했다. 그러자 콜비는 스위스에서 미국의 공작활동을 지휘하고 있었던 덜레스(Allen Dulles)에게 접근하였다. 다소 의심하면서도 미국은 영국보다는 적극적으로 콜비가 제공하는 첩보를 수용하는 태도를 보였다. 이후 콜비는 수차례에 걸쳐 스위스 베른에 들러서 1,500건 이상의 중요한 비밀문서를 미국에 전달했다. 콜비가 제공한 문서들은 제2차 세계대전 당시 미국이 전쟁을 승리로 이끄는데 큰 도움이 되었던 것으로 평가된다. Shulsky and Schmitt(2002), p.16.

57) 펜코프스키는 구소련 GRU의 대령으로 재직하면서 1961-62 동안 미국 CIA와 영국 MI6에 소련의 전략무기 성능과 핵전략 관련 자료 등 많은 군사기밀을 제공했다. 특히 그는 소련에서 만든 MRBM의 공식 매뉴얼 복사본을 미국 측에 제공해주어서 쿠바 미사일 위기 당시 쿠바에 배치된 미사일이 소련제 MRBM이라는 것을 확인시켜 주었다. 필라토프 역시 GRU 대령으로 근무하면서 1970년대 중반 CIA에 자발적으로 접근해 와서 소련이 제3세계 인민해방운동과 어떻게 연계되어 활동하고 있는지에 관한 상세한 정보를 제공해 주었을 뿐만 아니라 소련의 군사 기밀들도 제공해 주었다. 이 밖에 에임즈, 워커, 한센, 폴라드의 첩보활동에 관한 내용은 다음 쪽에서 자세히 설명한다. Jeffrey T. Richelson, *American Espionage and the Soviet Target*(New York: William Morrow, 1987), pp.56-65; John Barron, *The KGB Today: The Hidden Hand*(New York: Reader's Digest Press, 1983), p.428; and Richelson(1989), pp.238-239.

이 많았다. 그런데 1954년에 5명의 소련 정보요원들이 서방으로 귀순해옴으로써 제2차 세계대전 이후 소련의 정보활동 기법에 관한 귀중한 정보를 얻을 수 있었다. 이들 체제 이탈자들을 통해서 KGB의 보안활동, 스파이 기법, 암호해독 기도, 서방 정부에의 간첩침투 실태, 요인 암살 행위 등에 관한 정보를 얻을 수 있었다.[58] 이와 유사하게 알 카말(Hussein al-Kamal, 사담 후세인의 조카)이 1995년 8월 이라크를 탈출해 옴으로써 UN 사찰팀이 4년간 사찰을 시행했으면서도 찾아내지 못했던 비밀 생물무기 개발계획에 관한 정보를 확인할 수 있었다.[59] 망명객 또는 체제 이탈자들은 '자발적 첩보원(walk-ins)'과 유사한 문제가 있다. 이들은 상대국 정보기관을 기만할 목적에서 체제 이탈자로 가장하여 밀파된 자일 수도 있기 때문에 주의해야 한다. 이들이 순수한 체제 이탈자인지 아니면 기만책으로 밀파된 자인지를 구분하는 것이 사실상 쉽지 않다.[60]

(3) 첩보원이 되는 동기

첩보활동은 매우 힘들고 위험하다. 그럼에도 불구하고 많은 사람들이 다양한 이유로 첩보원이 된다. 사람들이 첩보원이 되는 동기는 무엇일까? 멜톤(H. Keith Melton)은 그의 저서 *The Ultimate Spy Book*에서 첩보원이 되는 동기를 네 가지 요인으로 설명하는데, 이 네 가지 요인의 첫 글자를 모으면 'MICE(생쥐들)'가 된다.[61] 여기서 M은 'money(돈)', I는 'ideology(이념)', C는 'compromise(타협)', E는 'ego(자존심)'를 의미한다.[62] 즉 금전적인 탐욕(money)에 눈이 멀어서, 또는 이념(ideology)이나 종교에 사로잡혀서 첩보원이 되기도 한다. 또는 미인계로 인한 섹스 스캔들이나 기타 사생활 추문을 약점으로 잡고 협박하면 이에 굴복(compromise)하여 첩보를 제공하게 되기도 한다. 때로는 상대방이 자신의 자존심(ego)을 부추겨서 첩보를 제공하게 만들기도 한다. 네 가지

58) Shulsky and Schmitt(2002), p.21.
59) Shulsky and Schmitt(2002), p.22.
60) 때때로 이들 망명자 또는 체제이탈자들이 미국 고위 관료 중에 소련 첩자가 숨어 있는지 아닌지에 대해 서로 모순되는 첩보를 제공해 주어 미국 정보기관이 25년간이나 갈피를 잡지 못하고 난감한 입장에 처했던 적도 있었다. 이에 대한 구체적인 내용은 David C. Martin, *Wilderness of Mirrors*(New York: Harper and Row, 1980)를 참고.
61) Melton(2002), pp.8-9; 운노 히로시, 안소현 역(2003), pp.14-15.
62) Wikipedia 인터넷 백과사전에서는 'C'의 의미를 'Compromise' 대신 'Coercion(협박)'으로, 'E'의 의미를 'Ego' 대신 'Excitement(흥분)'으로 해석한다. Wikipedia의 해석도 나름대로 타당한 것으로 보인다. 특히 'Ego'의 경우 의미가 모호한 반면 모험심과 극적인 활동에 매료되어 스파이가 되고자 하는 사람들이 있다는 점에서 'Excitement'로 해석하는 것이 타당할 수도 있다. 그 대표적인 인물로 벤틀리(Elizabeth Bentley)를 들 수 있겠다. 벤틀리는 파시스트 조직에서 스파이 세계에 첫발을 내딛었는데, 이후 공산주의 조직에서 첩보 활동을 수행했다. 그녀는 이념보다는 모험, 사랑, 섹스 등에 매료되어 첩보활동을 수행했던 것으로 보인다. http://en.wikipedia.org/wiki/Agent_handling(검색일: 2007년 1월 15일).

요인은 모두 사람의 마음을 교묘히 이용하는 것으로서 이를 적절히 구사하면 대부분의 사람을 포섭할 수 있다.

소련의 첩보활동 사례를 보면 1930년대까지는 공산주의 이념이 영국이나 미국인 첩보원을 포섭하는 데 매우 호소력이 있었던 것으로 나타난다.[63] 세계 첩보사에서 '케임브리지 코민테른'으로 널리 알려진 버제스(Guy Burgess), 맥클린(Donald Maclean), 필비(Kim Philby), 블런트(Anthony Blunt), 케른크로스(John Cairncross) 등은 1930년대 영국 케임브리지 대학 출신의 학생이었는데 공산주의 이념에 빠져 KGB의 첩자로 암약했던 인물들이다.[64] 미 해군 정보부(US Naval Investigative Service)에서 분석관으로 근무했었던 폴라드(Jonathan Pollad)는 1985년 미국의 원자력 관련 비밀과 군사기밀을 훔쳐 이스라엘에 제공한 혐의로 FBI에 체포되었다. 폴라드(Jonathan Pollad)가 이스라엘을 위해 스파이 행위를 하게 된 것은 유태인 출신으로서 시오니즘에 사로잡혀 있었기 때문이었다.[65] 대부분의 스파이들은 애국심에서 자신의 조국을 위해 첩보활동을 수행한다. 예를 들어, 영국의 유명한 소설가 섬머셋 모옴은 제1차 세계대전 당시 스위스와 러시아에서 영국 정보국을 위해 첩보활동을 수행했다. 모옴은 나라를 위해 한 일이라며 그에 대한 대가로 돈을 받지 않았다고 한다.[66]

첩보사에 알려진 악명 높은 스파이들 중에는 첩보활동에 대한 대가로 받는 상당한 액수의 돈에 현혹되어 스파이가 된 경우가 많다. 정보기관에서는 높은 지위에 있는 정치가, 군인 장교, 외국 정보기관 요원들을 뒷조사한 뒤 경제적인 어려움을 겪는 사람에게 접근한다. 물론 자발적으로 첩보활동을 하고 자신이 입수한 정보를 직접 상대국 정보기관에 파는 행위를 하는 스파이도 있다. 1985년 금전적인 압박 때문에 고생하던

63) Shulsky and Schmitt(2002), p.17.
64) 제2차 세계대전 중에 블런트는 MI5, 버제스는 MI6에 채용되었다. 케른크로스는 GCHQ에 들어가 울트라 작전(Ultra Project)에서 해독한 암호를 KGB에 넘겼다. 필비는 MI6에서 근무하면서 방첩국의 부서장으로 승진하였다. 특히 메클린은 1950년 외교부 소속 직원으로 워싱턴 주재 영국 대사관에 근무하면서 트루먼 행정부가 한국전쟁을 제한적으로 치르기로 했고, 이에 따라 중국이 한국전쟁에 개입해도 핵무기를 사용하지 않을 것이며, 미국이 만주를 침공하는 일도 없으리라는 사실을 알아냈다. 멕클린은 이를 KGB에 알렸고, KGB가 당시 중국 인민군 사령관이었던 임표에게 이 사실을 전달해 주었다. 임표가 추후 진술한 바에 따르면 그는 당시 중국이 한국전쟁에 개입하게 될 경우 미국이 중국을 공격할 것으로 생각하여 한국전쟁에 개입하지 않으려했는데, 이 정보를 입수하고 나서 주저 없이 한국을 공격하게 되었다고 한다. 이들의 스파이 활동에 관한 자세한 내용은 볼크먼, 이창신 역(2003), pp.351-364를 참고.
65) 폴라드는 이스라엘의 정보기관인 라캄(Lakam)의 공작원이 되어 미국의 군사기밀 문서들을 대량 복사하여 이스라엘에 전달했다. 그가 라캄에 제공한 문서들 중에는 중동과 남아프리카에서 벌인 CIA 활동에 대한 보고서 등이 포함되어 있었다. 라캄은 폴라드에게 받은 정보를 모사드에 보냈고, 모사드는 그 정보를 남아프리카 공화국에 제공해주었다. 남아공화국은 그 정보를 바탕으로 자국내 CIA 정보망을 괴멸시켰다고 한다. 1987년 폴라드는 종신형을 선고 받았다. 운노 히로시, 안소현 역(2003), pp.545-548; Melton(2002), p.9.
66) 클라이드 기포드 저, 임정희 역, 『스파이』(서울: 더북컴퍼니, 2005), p.29.

CIA 고위 관리인 에임즈(Aldrich Ames)는 돈을 받고 첩보활동을 해주겠다는 쪽지를 소련 대사관에 보냈다. 1994년 체포될 때까지 에임즈는 KGB로부터 약 270만 달러 이상의 금전을 받았다. 그 대가로 90건이 넘는 CIA 비밀공작 관련 정보를 KGB에 넘겼고, 소련에서 활동하던 CIA 정예요원 11명이 KGB에 체포되어 사형되었다.[67] 미 해군에서 근무했던 워커(John Anthony Walker, Jr)는 그의 형과 아들과 함께 1967년부터 1985년 체포될 때까지 18년 동안 돈을 받고 KGB의 첩보원으로 활약하면서 미국의 극비 군사정보를 소련 측에 제공했다.[68] 레이건 대통령 당시 미국의 공격으로 체포된 파나마의 노리에가(Manuel Antonio Noriega) 전 대통령도 금전적 보상을 받고 CIA와 DIA 의 첩보원으로 활동했던 경력이 있다.[69]

정보관은 첩보원으로 포섭할 후보자의 성장 배경, 성품, 생활방식, 친분 관계를 철저히 조사한다. 이 조사에서 드러난 후보자의 과거 비밀은 나중에 협박 목적으로 사용되기도 한다. 서독 국회의원이었던 알프레드 프렌젤(Alfred Frenzel)은 체코 정보기 관인 StB의 협박에 굴복하여 스파이행위를 자행하게 되었다. 1956년 StB는 프렌젤이 한 때 체코의 공산당원으로 일했던 과거와 전과 기록을 세상에 알리겠다고 협박했다. 이런 사실이 밝혀지면 프렌젤은 정치가로서의 생명이 끝날 수 있었다. 결국 StB의 협박에 굴복하여 국회 국방위원회 소속 위원이었던 그는 국방 예산의 복사본과 서독에 서 쓰게 될 새 군용기의 설계도 등 수많은 일급비밀 문서를 체코에 넘겨주었다.[70]

세계 첩보사에서 정보기관들이 미인계(honey trap)를 수단으로 활용하여 비밀첩보

[67] 1986년부터 에임즈는 CIA 소련 분과 방첩부서 부장으로 임명되어 CIA가 소련에서 진행하는 비밀공작을 빠짐없이 알 수 있었고, 그 내용을 KGB에 제공해 주었다. 에임즈가 KGB 두더지(첩자)라는 사실은 1989년 KGB의 암호부서에서 근무하다 미국으로 망명해 온 사람이 제공해 주었다. 에임즈는 1993년 그의 아내와 함께 체포되어 종신형을 받았다. 볼크먼, 이창신 역(2003), pp. 222-227.

[68] 워커는 미 해군 대서양 함대 본부에서 근무하던 중 부업으로 차렸던 술집이 망하는 바람에 금전적으로 어려운 처지에 놓이게 되었다. 워커는 1967년 12월 22일 밤 일급비밀에 해당하는 암호작성기 KL-47의 사용법을 내부 복사기로 복사한 다음 워싱턴 소재 소련 대사관을 찾아가 돈을 받고 그것을 제공해주었다. 워커는 당시 1,000달러를 받았다고 한다. 이후 워커는 18년간 KGB의 첩자 노릇을 하면서 50만 달러 이상을 받았다. 그 대가로 미국은 기존의 통신체계를 모두 폐기해야 했으며, 이로 인해 약 10억 달러 이상의 막대한 비용이 소요되었다. 볼크먼, 이창신 역(2003), pp.365-381.

[69] 그는 페루 소재 군사학교에 다니던 시절 동료 생도들 중에 좌익분자들을 CIA에게 제보해 주었고, 나중에 국가경비대 정보부장(head of the intelligence section(G-2) of the National Guard)으로 재직하는 동안 CIA와 DIA의 첩보원으로 활동하면서 금전적 보상을 제공 받았다. 그는 파나마 정치와 쿠바 동향에 대한 첩보를 제공하고 CIA로부터 정기적으로 봉급을 받는 공작원으로 활동했다. Richelson(1989), p.241.

[70] 체코 정보기관 StB에서 암호명 '안나'로 알려진 프렌젤은 1960년 10월에 체포되어 15년형을 선도 받았지만 1966년 서독 스파이 4명과 교환하는 조건으로 체코로 돌아갔다. 기포드, 임정희 역(2005), p.29.

를 수집하거나 대상자에게 섹스 스캔들을 폭로하겠다고 협박하여 첩보를 제공하게 되는 사례들도 빈번히 발생한다.71) 미인계를 수단으로 활용하여 첩보활동을 벌인 대표적인 사례로 '마타하리(Mata Hari)'가 지목된다. 마타 하리는 네덜란드 태생으로 본명은 마가레테 젤레(Margaretha Zelle)이었다. 그녀는 제1차 세계대전 당시 영국, 프랑스, 독일 등을 오가면서 섹스를 미끼로 첩보활동을 벌인 세기의 여간첩으로 유명하지만, 그녀의 간첩활동에 대한 혐의는 대부분 과장되었던 것으로 지적된다.72) 미인계로 첩보수집활동을 수행한 또 다른 유명한 사례로 베티 펙(Betty Pack) 사건을 들 수 있다. 미국 태생의 펙은 영국 외교관과 결혼하여 미국과 영국 정보기관을 위해 일했다. 그녀는 외국 요인들과 육체적인 관계를 갖고 이를 통해 중요한 정보를 수집하였다. 그녀는 제2차 세계대전 이전 폴란드 외교부 관료로부터 폴란드가 독일 암호를 해독하기 위해 수행했던 작업에 관한 중요한 자료들을 입수했다. 또한 워싱턴 내 프랑스 대사관 내부의 정보를 완벽하게 수집했으며, 프랑스와 이탈리아 해군 암호문을 입수하는 등 첩보사에 기록될 중요한 활동을 수행했다.73)

냉전시대 구소련의 KGB는 젊고 잘생긴 남녀를 물색하여 갖가지 성적인 기교를 훈련시킨 다음 소위 '섹스공작(Sexpionage)'에 활용했던 것으로 널리 알려졌다.74) 중요한 자료나 정보에 접근이 가능한 관료에게 미인계를 써서 함정에 빠뜨리고 이를 미끼로 첩보를 제공하도록 협박하는 등 KGB의 전형적인 섹스공작 사례들이 종종 드러나곤 했다. 섹스공작의 포섭 대상은 주로 고위직 관료 또는 군인들이지만 때로 유학생, 관광객, 과학자 등 일반인들도 표적이 되었다.

---

71) 슐스키는 사기나 협박으로 첩보원을 포섭하는 일은 일반적으로 알려진 것처럼 흔치 않다고 주장했다. 또한 협박과 사기로 포섭된 첩보원과 정보관의 관계는 오래 동안 지속되기 어렵기 때문에 바람직한 첩보수집 수단이 아니라고 평가했다. Shulsky and Schmitt(2002), p.17.

72) 마타 하리의 간첩활동에 대한 평가는 프랑스와 독일에서 각기 상반되게 나타난다. 프랑스의 전기 작가들은 마타 하리가 1904년부터 독일의 공작원으로 활동했으며, 그 대가로 당시 3만 마르크라는 엄청난 거금을 받았다고 주장했다. 반면에 독일의 전기 작가들은 스파이로서 마타 하리의 활동은 미미했다고 평가한다. 마타 하리는 1917년 프랑스 정보기관에 체포되었고, 프랑스의 적대국인 독일을 위해 간첩행위를 한 죄명으로 처형되었다. 그러나 마타 하리의 간첩 행위에 대한 혐의 내용은 상당 부분 과장된 것으로 보이며, 아마도 프랑스 정부가 독일과의 전쟁에 패배한 책임을 전가하기 위한 희생양으로 마타하리를 처형했다는 주장이 설득력 있게 제기된다. 손관승(1999), pp.62-69.

73) Mary S. Lowell, *Cast No Shadow: The Life of the Ameridcan Spy Who Changed the Course of World War II*(New York: Pantheon, 1992); Shulsky and Schmitt(2002), p.17.

74) KGB는 남녀를 모두 섹스공작에 투입했다고 전해진다. 그들은 여자를 'Swallow(제비)'라고 부르고, 남자는 'Raven(까마귀)'라고 불렀다. *Sexpionage*의 저자인 루이스(David Lewis)가 전 KGB 섹스간첩 베라(가명)와의 면담을 통해 소개된 경험담에서 KGB의 물색과정으로부터 훈련 및 활동에 이르기까지 섹스공작의 전모가 자세히 드러나고 있다. David Lewis, *Sexpionage: The Exploitation of Sex by Soviet Intelligence*(New York: Harcourt Brace Jovanovich, 1976); 김훈 편, 『KGB와 공작활동』(서울: 대왕사, 1992), pp.83-144.

구소련의 여자 섹스공작원 출신의 리디아는 1950년대 초 KGB의 지원하에 서독 프랑크푸르트 시 중심가에 호화스러운 마사지 점포를 열었다. 개점한 지 얼마 되지 않아 재계 요인, 외교관, 고급장교, 정부 고관들이 단골손님이 되었다. 리디아는 손님들 몰래 비밀스러운 장면들을 녹화하여 동독으로 보냈다. 이 자료는 희생이 될 인물을 협박하여 기밀을 입수하기 위해 즉시 이용되거나 혹은 이 인물이 장차 높은 지위에 올랐을 때 협박 재료로 사용하기 위해 보관되었다. 이 자료에 희생된 대표적인 인물이 미군 상사 출신의 그렌 로라였다. 그렌 로라는 서독 소재 캠프 데이비드에서 거짓말탐지기 담당 기사로 근무하고 있었다. 1960년 초 그렌 로라는 리디아의 점포를 찾아왔다가 육체적인 정사 장면을 은밀히 촬영 당했고, KGB는 이를 그에게 보여주면서 그가 알고 있는 서방 첩보요원들의 신상을 제공하도록 협박했다. 그는 1965년까지 KGB에게 각양각색의 인물들에 관한 성명과 주소를 알려주었다. 그의 제보로 인해 수백 명의 서방 첩보요원들이 체포되었고, 미국 정보기관은 20여 년 간에 걸쳐 구축해온 공작망이 일거에 와해되는 등 엄청난 손실을 입게 되었다.[75]

1950년대와 1960년대에 걸쳐서 모스크바 주재 프랑스 대사로 재직하고 있던 마우리스 데진(Maurice Dejean)은 미인계 협박에 빠져 소련의 첩자 노릇을 하게 된 대표적인 사례로 알려졌다.[76] 프랑스인 전자공학 기술자로서 미사일 유도체계를 개발하는 기업에 근무하고 있었던 휘립 라톨은 1969년 2주간의 소련 여행중 KGB의 미인계 섹스 공작에 걸려들어 미사일 자동유도장치에 관한 비밀정보를 소련에 제공했다.[77] 소련 KGB는 1960년대 말 쿠바의 게릴라 지도자 체 게바라가 세계 젊은 혁명가들의 우상으로 급부상하자 그를 제거하기로 마음먹고 주도면밀한 미인계를 써서 그를 죽음의 함정에 빠뜨렸던 것으로 전해지는데 그 진위 여부는 분명치 않다.[78] 1960년 서독 외무성

---

75) 리디아는 모스크바로 귀국하여 승진했고, 이후 베르호브노이예 소재 섹스 스쿨의 교장이 되었다는 소문이 있으나 그 진위 여부는 알 수 없다. 김훈(1992), pp.133-135.

76) KGB 요원은 프랑스 대사가 바람기가 있음을 간파하고 한 소련 여인에게 그를 유혹하도록 시켰다. 둘 사이의 육체적인 정사가 한 참 진행되는 중에 그녀의 '남편'이라는 자가 갑자기 들이닥쳤다. 그 '남편'이라는 자는 '노발대발'하는 척하면서 외부에 알리고 고소하겠다고 협박했다. 대사는 러시아 '친구'에게 이 사실을 고백하고 도움을 청했다. 사실 러시아 '친구'는 다름 아닌 KGB 요원으로서 처음부터 이 공작을 지휘했던 것이다. 러시아 '친구'는 사건을 조용히 해결해 주었다. KGB는 프랑스 대사가 본국으로 돌아간 다음 그를 협박하여 첩보원으로 활용할 계획을 갖고 있었다. 그러나 KGB의 계획은 그 사건에 비밀리 관여했던 러시아 시나리오 작가의 배반으로 인해 무산되고 말았다. Shulsky and Schmitt(2002), p.17.

77) KGB는 그가 술과 여자를 좋아한다는 사실을 알고 의도적으로 여자 공작원(KGB는 이를 '제비'라 칭한다)을 접근시킨다. 그는 KGB가 투입한 여자 공작원의 유혹에 빠져 호텔에서 육체적인 관계를 갖게 되었다. KGB는 호텔에서의 육체적 정사 장면을 찍은 사진을 보여주며 그에게 비밀정보를 제공하도록 협박했다. 그는 소련에 체류하는 동안 KGB의 협박에 굴복하여 KGB의 공작원이 되기로 약속했으나 프랑스로 귀국한 다음 당국에 일체의 내용을 자백하여 면책받았다. 김훈(1992), pp.130-133.

비서로 재직하고 있던 노처녀 레오노레 하인츠는 KGB 소속의 남자 섹스공작원의 유혹에 포섭되어 6년 동안 NATO와 서독의 방어계획 등 수천 건의 기밀문서를 KGB에 전달했다.[79] 영국 해군 정보국에 근무하고 있던 존 밧살(John Vassal)은 1955년 KGB의 호모섹스 공작의 함정에 빠져 1962년 체포될 때까지 7년 동안 영국 잠수함 전술, 수중 음파탐지 기술 등 비밀정보를 KGB에 제공하였다.[80]

포섭 대상자의 자존심(ego)을 부추겨서 첩보원으로 활용하는 경우도 있다. 예를 들어, 공작관이 포섭 대상자에게 접근하여 학술지에 발표할 논문이나 기사를 작성해 달라고 부탁한다. 공작관은 처음에는 비밀이 아닌 공개적인 내용의 글을 요청하다가 점차적으로 민감한 비밀 내용을 작성해 주도록 요구하게 된다. 포섭된 자는 공작관의 칭찬에 현혹되어 또는 돈의 유혹에 빠져서 결국 민감한 비밀 내용을 제공하게 된다. 그 대표적인 사례가 휴즈 햄블턴(Hugh Hambleton)이다. KGB는 1947년 햄블턴에게 접근하여 그의 지적 자존심을 부추겨 주어 그를 공작원으로 포섭했다. 그는 1956년부터 1961년까지 NATO에서 근무하면서 군사기밀을 KGB에 제공했다.[81] 때로 복수심에서 첩자가 되는 경우도 있다. 하워드(Edward Lee Howard)는 전직 CIA 요원이었는데 CIA가 소련에서 수행하고 있는 비밀공작활동에 관한 상세한 정보를 소련에 제공했다. 그는 CIA가 그를 해고한 것에 대해 복수하기 위해 그런 행동을 취했다고 고백했다.[82]

---

78) 이에 대한 자세한 내용은 김훈(1992), pp.135-139를 참고.
79) 그녀는 소련 KGB 소속의 남자 섹스 공작원이었던 하인츠 짓테르린과 결혼했다. 그런데 짓테르린의 KGB 조정관이었던 룬게가 망명하게 되어 사실을 폭로함에 따라 부부가 체포되었다. 짓테르린은 자신은 처를 한 번도 진짜로 사랑한 적이 없으며, 처음의 만남, 구혼, 결혼 등 모든 것이 KGB 본부의 지령으로 행해진 것이라고 진술했다. 이 사실을 알고 나서 그녀는 큰 충격을 받아 목을 매어 자살했다. 김훈(1992), pp.139-141을 참고.
80) KGB는 밧살에게 호모 섹스 공작원을 투입하여 그들의 호모 섹스 장면을 찍은 사진으로 협박하였다. 1962년 KGB 첩자행위가 발각되어 체포되었다. 이후 10년간 복역하였다가 석방되었는데, 그는 당시 자신이 처한 상황을 다음과 같이 술회했다: "그것은 마치 거미줄과도 같았다. 매우 교묘한 장치에서 도저히 빠져 나올 수가 없었다. 나는 다만 허우적거릴 뿐이었다." 김훈(1992), pp.141-144를 참고.
81) Melton(2002), p.9, 160.
82) 하워드는 정기적으로 실시하는 거짓말탐지기 테스트에서 마약 복용과 절도행위를 했던 사실이 드러나 해고되었다. 1987년 7월 하워드의 밀고로 미국의 중요한 첩보를 제공해 주었던 소련인 협조자 톨카체프(A.G. Tolkachev)가 체포되었다. 그는 소련 과학연구소에 근무하면서 소련 항공기의 전자유도장치, 레이더, 스텔스, 레이더 탐지 장비 등에 관한 정보를 미국 측에 제공해 주었다. 그는 소련 군수용 항공산업의 개발 실태에 대한 정보를 제공해 줌으로써 미국에게 수십억 달러의 비용을 절감해주는 등 미국의 중요한 공작자산으로 활용되었었다. 하워드의 밀고로 인해 톨카체프를 포함하여 CIA 협조자로 활동했던 6명 이상의 소련인들이 체포되어 사형되었다. Richelson(1989), pp.239-240; David Wise, *The Spy Who Got Away: The Inside Story of Edward Lee Howard*(New York: Random House, 1988); Shulsky and Schmitt(2002), p.17.

3. 스파이 기술(Tradecraft)

오랜 옛날 스파이들은 오로지 눈과 기억력을 이용해서 정보를 수집했다. 그러나 시간이 지나면서 변장, 암호기술, 감시와 같은 여러 가지 스파이 기술이 개발되었고, 이와 더불어 자물쇠 따기와 신분 위조 등에 꼭 필요한 스파이 도구들도 발달했다. 20세기 들어서서 첩보활동과 관련된 도구와 기술들은 엄청난 발전을 보였다. 여기에는 카메라 사진, 항공과 위성 감시 장비, 무선 통신과 컴퓨터의 등장도 중요한 요인으로 작용했다. 오늘날 '스파이 기술(tradecraft)'은 암호통신(cryptography), 비밀연락(dead drop), 도감청(eavesdropping), 미행감시(surveillance), 위장 및 변장, 은폐(concealment), 협조자 관리(agent handling), 신문(interrogation), 미인계(honey trap) 등 첩보활동에 활용되는 다양한 기법들을 통칭한다.[83] 이처럼 첩보활동을 성공적으로 수행하기 위해 첩보요원들은 다양한 도구와 수단들을 갖추고 이를 적절히 활용할 수 있어야 한다.

첩보활동을 위해서 첩보원은 때로 복합단지, 건물, 차량 등에 몰래 숨어들어가야 한다. 적절하게 변장해서 경비원을 속이기도 하고 경비견이 보이면 마취시키거나 죽인다. 도난 경보기가 작동되지 못하게 만들어야 하며 필요하면 암호도 해독해야 한다. 자물쇠를 따고 금고를 부수는 기술도 필요하며, 일이 끝나면 들키지 않게 탈출해야 한다. 또한 숨겨 놓은 카메라, 전자 도청기, 음성 녹음기 등 감시도구를 활용하여 목표 대상을 계획적으로 관찰하고, 직접 또는 차량으로 목표 대상의 뒤를 밟는 '미행감시(surveillance)'활동도 수행한다.

또한 첩보요원은 적에게 들키지 않고 주변 사람들이 자신의 정체를 알아채지 못하도록 국적은 물론 남녀의 성까지 바꿀 정도로 자신의 신분이나 외모를 철저히 가장해야 한다. 예를 들어, 미국 남북전쟁 당시 백인 여성인 엠마 에드먼즈(Emma Edmonds)는 피부를 물들이고 가발을 써서 흑인 남성 노예로 변장하여 북군을 돕는 첩보활동을 성공적으로 수행했다.[84]

첩보요원은 감시 임무중이거나 감시당할 위험에 처하게 되었을 때 목소리, 몸짓, 언어, 태도를 변장하여 목표 대상이나 보호구역에 은밀히 접근하고, 또한 들키지 않고

---

83) 때로 어떤 국가나 조직에서 첩보활동의 일환으로 활용하는 특수한 기법(예를 들어, NSA가 빈번히 활용하는 특수한 형태의 암호화 기법 등)을 의미하는 것으로 통용되기도 한다. Wikipedia, "Tradecraft," http://en.wikipedia.org/wiki/Tradecraft(검색일: 2007년 1월 15일). 한편, 슐스키는 이를 협조자 관리(agent handling)에 초점을 둔 좁은 의미로 해석하여 정보관이 주재국 방첩기관에 발각되지 않게 첩보원을 운용하고 연락을 취하기 위해서 활용하는 특별한 수단들을 뜻하는 것으로 설명했다. Shulsky and Schmitt(2002), p.19.
84) 기포드, 임정희 역(2005), p.48.

몰래 탈출할 수 있어야 한다. 특히 위험 지역에서 활동하는 첩보요원은 가명이나 가짜 신분증으로 자신을 철저히 위장해야 하며, 때로 자신의 신분을 의심받지 않도록 사람들에게 가장된 신념과 행동을 보여주기도 한다. 예를 들어, 미 해군에 근무하면서 15년간 KGB의 첩자로 활동했던 워커(John Anthony Walker, Jr.)는 공산주의에 반대하는 사람처럼 행동하면서 여러 우익 단체에서 적극적으로 활동하는 모습을 보였다.[85]

첩보요원이 일급 비밀문서나 중요한 자료를 확보했다고 임무가 종결된 것은 아니다. 첩보원이 획득한 정보는 정보관(또는 조정관) 또는 본부에 전달되어야 한다. 오늘날 카메라, 무선통신, 컴퓨터의 발달과 함께 팩스, 이메일, 휴대전화 메시지 등 비밀 메시지와 정보들을 전달할 수 있는 방법이 다양해졌다. 그러나 오늘날처럼 유무선 통신이 발전되기 이전의 과거에는 밀사를 통해서 중요한 정보와 메시지를 전달했다. 밀사는 적에게 들키지 않도록 전달할 메시지와 정보를 철저히 은폐 또는 위장하였다. 이처럼 메시지와 정보를 숨기는 것을 '스테가노그라피(steganography)'[86]라고 한다. 예를 들어, 약 2,500년 전 그리스가 페르시아와 전쟁을 벌이는 동안에 밀사의 머리카락을 몽땅 밀어서 그 위에 비밀 메시지를 쓴 다음 다시 머리를 기르는 방법을 썼다는 기록이 전해져 오는데, 바로 스테가노그라피의 한 사례이다.[87]

이 밖에도 첩보요원들을 암호, 눈에 보이지 않는 은현잉크 등 여러 가지 방법을 이용해 비밀정보와 메시지를 전달해왔다. 밀사를 보내는 등 직접 사람이 접촉하지 않고 연락을 취하는 기타 고전적인 방법으로서 '비밀문서작성(secret writing)'과 '축소화(microdots)'가 있다. 이 방법은 문서 교환이 반드시 필요한데 다른 사람이 가로채서 볼 가능성이 있을 때 사용된다. 비밀문서작성의 한 사례로서 첩보요원은 전달할 편지지에 우선 겉으로 보기에는 무미건조한 내용의 글을 쓴다. 그런 다음 특별히 처리된 흑지(carbon paper)로 편지 윗부분에 비밀 메모를 적어 보낸다. 메모는 육안으로는 보이지 않고 정보관과 첩보원만 아는 화학물질을 처리해야만 읽을 수 있다.[88] 은현잉크(invisible ink) 역시 비밀 메시지를 전달하는 수단으로 오래 전부터 활용되었다.[89] 20세기

---

85) 기포드, 임정희 역(2005), p.49.
86) 암호화(cryptography)는 메시지의 존재는 알려지지만 그 내용을 이해할 수 없도록 만들지만, 스테가노그래피는 전달할 대상을 제외하고는 아무도 메시지가 존재한다는 사실조차 알 수 없도록 철저히 위장 또는 은폐한다는 점에서 차이가 있다. http://en.wikipedia.org/wiki/Stegan ography(검색일: 2007년 1월 15일).
87) 기포드, 임정희 역(2005), p.45.
88) Shulsky and Schmitt(2002), p.20.
89) 레몬 쥬스가 은현잉크로 많이 사용되었다. 레몬 쥬스로 글자를 썼다가 말리면 감쪽같이 글자가 사라진다. 여기에 촛불로 열을 가하면 글자가 다시 나타난다. H. Keith Melton, *The Ultimate Spy Book*(New York: Dorling Kindersley Publishing, Inc., 2002), p.125.

들어서서 특수한 화학약품에 담그면 비밀 메시지가 보이는 은현잉크와 특수종이들이
발명되어 활용되었다.[90] 축소화(Microdots)는 현미경으로 봐야 알 수 있는 크기로 전달
할 메시지를 축소시켜 글자들 가운데 끼워 넣는 방법이다. 때로 우표 밑이나 봉투
이음매 혹은 타이핑한 글자의 구두점 꼭대기 위 등에 비밀 메시지가 삽입되기도 한
다.[91] 때로 카메라를 활용하여 전달하고자 하는 사진을 현미경으로 보아야 볼 수 있도
록 축소시킨 다음 일상용품으로 보이는 각종 용기에 은폐(concealment)시켜서 전달하기
도 한다.

첩보요원들 간에 직접 만나지 않고 메시지나 정보를 전달하는 수단으로써 미리
약속한 장소에 비밀 메시지를 놓고 가는 '드보크' 또는 'dead drops(수수소)'는 고전적
방법이면서도 오늘날까지 활용되고 있다. 예를 들어, 정보관이 공원 내 속이 비어
있는 나무 등 약속한 장소에 메모를 남기고, 몇 시간 후 첩보원이 그것을 수거해 가는
방법이 있다. 이때 어리석은 미행감시자는 이미 정보관이 첩보원과의 접촉 임무를
마쳤음에도 불구하고 그것을 알아채지 못하고 그에 대한 미행감시 활동을 계속 수행하
게 된다. 로버트한센(Robert P. Hanssen)은 FBI 방첩부서 전문요원으로 근무하면서 15년
동안 소련과 러시아의 첩자로 활동하다 1985년에 체포되었는데, 그가 주로 활용한
교류 수단은 바로 'dead drop'이었다. 그는 FBI 방첩활동 기법을 잘 알고 있었기 때문
에 가장 안전하게 교류하는 비밀연락 수단으로서 'dead drop'을 활용하였던 것이다.[92]

오늘날 카메라, 무선통신, 컴퓨터의 발달과 함께 비밀 메시지와 정보들을 전달할
수 있는 방법이 다양해졌다. 그 중에서 무선통신은 오늘날 가장 빈번하게 활용되는
연락수단인데 대부분 암호화되어 교신된다. 최근 컴퓨터와 통신망의 발달로 인터넷이
첩보요원들 간에 비밀 메시지와 정보를 전달하는 가장 중요하고도 편리한 수단으로

---

90) 제2차 세계대전 당시 독일 스파이 오스발트 욥이 쓴 편지는 프랑스에 사는 친구들에게 보내는
    평범한 편지처럼 보였다. 그런데 MI5에서 조사해 본 결과 이 편지는 은현잉크를 이용해 독일군
    에게 보내는 비밀 메시지가 적혀 있는 것으로 밝혀졌다. 기포드, 임정희 역(2005), p.44.
91) Shulsky and Schmitt(2002), p.20.
92) 그는 자신의 집 근처 공원에 여러 개의 수수소를 설치하여 소련 측에 전달할 메시지를 숨겨 두
    었고 소련 측 정보 요원은 메시지를 받은 다음 그 대가로 수수소에 금전적 보상이나 새로운 지
    령을 전하는 메시지를 놓아 두었다. 이 밖에 첩보요원들 간에 문서나 소포를 전달하는데 다양
    한 방법들이 활용될 수 있다. 예를 들어, 사람들이 다니는 큰 길에서 첩보원에게 남의 눈에 띄
    지 않게 문서나 소포를 전달할 수 있다. 이것을 정보 세계의 은어로 'brush pass(스쳐가며 전달
    하기)'라고 칭한다. 이를테면, 정보관은 서류가방을 의자 옆에 놓아두고 카페에서 커피를 마시러
    간다. 이때 첩보원이 들어와서 정보관이 앉았던 옆 테이블에 자리를 잡고 앉으면서 정보관이
    놓아 둔 서류가방 바로 옆에 자신의 서류 가방을 놓아둔다(물론 첩보원의 서류가방과 정보관의
    서류가방은 형태가 동일해야 한다). 잠시 후에 첩보원이 나가면서 자신의 가방 대신 정보관의
    가방을 들고 간다. 이때 주의 깊게 감시하지 못하면 서류가방을 바꿔치기 한 사실을 알 수 없
    다. Shulsky and Schmitt(2002), p.20.

활용되고 있다. 이처럼 첨단 통신기기들을 활용하여 첩보요원들이 직접적인 접선이
없이도 얼마든지 필요한 시간에 중요한 메시지와 정보를 교환할 수 있게 되었다. 그런
데 중요한 문서나 물건을 전달해야 하는 등 첩보요원들 간에 불가피하게 직접적으로
접선해야 할 경우가 있다. 첩보요원들이 직접 접선하게 될 경우 주재국 방첩기관의
감시망에 노출될 수 있어 상당한 정도의 위험을 수반한다. 따라서 가급적 직접적인
접선은 삼가야 하지만 부득이 접선해야 할 경우 주재국 방첩기관의 감시망에 노출되지
않도록 각별한 주의와 함께 특별한 방책이 요구된다.

　　특히 주재국의 대사관에서 활동하는 공직 가장 정보관의 경우 주재국 방첩기관은
그가 사람들을 만나고 활동하는 모습을 지속적으로 감시한다. 따라서 정보관은 그가
주재국 방첩기관으로부터 미행감시를 받고 있는지를 알아채고, 첩보원과 접선하기 전
에 이를 철저히 따돌려야 한다.93) 한편, 외국 대사관에 근무하는 직원과 외교관들에
대한 주재국 방첩기관의 미행감시활동이 워낙 빈틈없고 치밀하여 주재국 내 첩보원과
접촉이 거의 불가능한 상황에 처해 있을 때 정보관이 아예 '공개적인' 방식으로 첩보원
과 접선하는 것이 오히려 안전할 수도 있다. 예를 들어, 소련 군사정보기관 GRU에서
대령으로 재직하고 있으면서 1960년대 초 미국과 영국 정보기관에 협조했던 펜코프스
키(Oleg Penkovsky)의 경우 그가 과학 기술 분야의 업무를 수행하고 있었기 때문에 영국
과 미국 외교관들과 공식적으로 접촉할 기회가 많다는 점을 이용하여 비교적 안전하게
접선할 수 있었다고 한다.94)

---

93) 정보관은 미행감시를 따돌리고 접속 장소로 가기 위해 여러 가지 종류의 교통수단을 활용하고
　　우회로를 이용하기도 한다. 만일 정보관이 서쪽 방향으로 가는 지하철에서 옆에 앉아 있던 사
　　람을 동쪽으로 가는 버스에서 또 만나게 되었다면 자신이 미행당하고 있다는 것을 알아차려야
　　한다. 미행감시팀은 대체로 감시 대상자에게 미행하고 있다는 사실이 발각되지 않도록 동일한
　　사람이 감시 대상자를 지속적으로 미행하도록 하지 않고 사람을 바꾸어가며 릴레이식으로 미행
　　감시 활동을 수행한다. 미행감시와 그에 대한 대응활동은 이루 헤아릴 수 없이 많은 수법이 동
　　원되어 매우 복잡하게 전개된다. Shulsky and Schmitt(2002), p.20.
94) 당시 소련 방첩기관이 워낙 빈틈없이 감시하고 있기 때문에 비밀리에 그와 접촉하는 것은 극히
　　위험했다. 그래서 미국 정보기관에서는 펜코프스키 대령이 과학 기술 분야의 업무를 수행하면
　　서 영국과 미국 외교관들과 공식적으로 접촉할 기회가 많다는 점을 이용하여 접선할 수 있는
　　묘책을 구상했다. 외교관 신분으로 가장한 정보관이 펜코프스키와 사전에 약속한 복장을 착용
　　하여 공식 석상에 모습을 드러낸다. 일상적인 외교의전에 따라 행동을 취하면서 접선할 대상을
　　서로 알아본다. 펜코프스키는 접선할 정보관으로부터 화장실에 갈 수 있다는 말을 듣는다. 펜코
　　프스키가 먼저 화장실에 가고, 약 5분 후 정보관이 그의 뒤를 따라 화장실로 가서 그가 전해주
　　는 메시지를 받게 된다. 이 경우 접선과정에서 아무런 대화가 필요 없다. 2-3분이면 자료를 건
　　네받고 일이 완벽하게 종료되는 것이다. 나중에 밝혀졌지만 이 방법이 가장 안전했던 것으로
　　보인다. 불행하게도 펜코프스키는 이 방법이 아닌 다른 방법으로 접선하다가 스파이 행위를 한
　　사실이 발각되어 체포되었고, 결국 사형되었다. Jerrold L Schecter and Peter S. Deriabin, *The Spy
　　Who Saved the World*(New York: Schribner, 1992), p.98, 287-299, 314-315, 409-411; Shulsky and
　　Schmitt(2002), pp.181-182.

대부분의 경우 주재국 방첩기관의 감시망을 피하기가 매우 어렵다. 따라서 첩보활동을 수행하고 있는 주재국에서 정보관이 첩보원과 접선하는 것은 가급적 삼가야 한다. 첩보원은 미행감시가 소홀하거나 없는 제3국에서 만나는 것이 안전하다. 예를 들어, 워커(John Anthony Walker)는 미국 해군에 근무하면서 미국 해군 통신장비 및 운용에 대해 많은 정보를 소련에 제공하는 등 소련의 특급 첩보원으로 활동했었는데, 소련은 주로 오스트리아에서 그와 접촉했다.[95] 오스트리아는 서방식 자유민주주의 국가이면서도 냉전시대 동안 중립국으로서 미국의 미행감시활동이 적었기 때문이다. 미국에서 첩보활동을 수행하는 정보관의 경우 첩보원을 종종 캐나다나 멕시코에서 접선한다. 캐나다나 멕시코는 워낙 많은 미국인들이 여행하는 곳이라서 별로 사람들의 주의를 끌지 않기 때문이다.[96]

이 밖에 정보관은 전쟁 포로, 망명자, 이주민 등을 신문(interrogation)하여 중요한 첩보를 획득할 수 있다. 출처로부터 첩보를 유출해내기 위해서는 속임수(deception), 고문(torture), 최면술, 심리적 변화를 유도하는 약물사용 등 다양한 신문기법을 활용할 수 있어야 한다. 때로 수면장애, 소음, 극도로 춥거나 더운 곳에 가둬두기, 오랜 시간 동안 심리적 스트레스를 주는 것 등 강압적인 신문기법도 종종 사용된다.[97] 이 경우 정도를 넘어서면 신문이라기보다는 악질적인 고문이 되어 첩보 유출을 위해 불가피했다는 주장이 정당화될 수 없다. 또한 포섭 대상에게 성적으로 매력적인 여자 또는 남자를 접근시켜 유혹한 다음 그것을 미끼로 비밀첩보를 수집하는 미인계(honeypot or honeytrap) 수법이 활용되기도 한다.[98] 대부분의 경우 미인계의 유혹에 빠져 자발적으로 정보를 제공하게 된다. 그러나 때로는 동성연애를 비롯한 불법적인 정사 장면을 사진으로 찍어 그 사실을 폭로하겠다고 협박하여 첩보를 획득하기도 한다. 앞서 언급했던 바와 같이 냉전시대 구소련의 KGB가 남녀 섹스공작원을 양성하고 다양한 유형의 미인계 수법을 활용하여 첩보수집활동을 전개했던 것으로 전해진다.

---

95) 워커 사건에서 보면 KGB가 중요한 첩보원에 대해서 극도의 보안을 유지하면서 접촉했던 것으로 드러났다. 워커와 KGB 요원은 대부분 오스트리아 비엔나에서 접촉했다. 워커와 만나는 KGB 요원은 모스크바에서 직접 온 사람이었으며, 결코 안가에서 접촉하지 않고 길거리를 거닐면서 은밀하게 접촉했다. 오스트리아 주재 소련 대사관의 정보관(residency)조차 워커와 KGB 요원이 만나는 사실을 전혀 알지 못하도록 극비로 접촉이 이루어졌다. Shulsky and Schmitt(2002), pp.20-21.

96) 래리 우 타이 친(Larry Wu-tai Chin)은 전직 CIA 언어분석관으로 재직하면서 1952년부터 1985년 체포될 때까지 33년 동안 중국 첩자로 활동했는데, 주로 캐나다의 토론토에서 그의 조정관과 접촉하면서 중요한 기밀을 넘겨주었던 것으로 드러났다. Shulsky and Schmitt(2002), p.21.

97) http://en.wikipedia.org/wiki/interrogation(검색일: 2007년 1월 15일).

98) http://en.wikipedia.org/wiki/Honey_trap(검색일: 2007년 1월 15일).

제 2 절 **기술정보**(Technical Intelligence, HUMINT)

기술정보(TECHINT)란 사람이 아닌 기술 장비를 활용하여 첩보를 수집하는 활동 또는 그러한 활동을 통해서 생산된 지식을 의미한다. 기술정보는 영상정보(Imagery Intelligence, IMINT), 신호정보(Signals Intelligence, SIGINT), 징후계측정보(Measurement and Signature Intelligence, MASINT) 등으로 분류된다. 기술정보 수집에 광학렌즈, 레이더, 감청장비, 음파탐지기, 지진계 등 각종 첨단 장비들이 활용되고 있으며, 이러한 장비를 장착하여 첩보수집활동을 수행하는 기지(platform)로서 인공위성, 항공기, 선박, 잠수함, 지상기지 등이 있다.

1. 영상정보(Imagery Intelligence, IMINT)

(1) 영상정보의 기원과 발전

영상정보(Imagery Intelligence, IMINT)란 지상 또는 공중에서 영상획득 감지기(센서)를 사용하여 획득된 첩보를 분석하여 생산된 정보를 말하며, 통상 종이에 인쇄된 것(hard-copy)과 모니터(monitor)에 나타난 것(soft-copy)으로 구분된다.[99] 영상정보를 획득하기 위한 수집수단으로서 주로 정찰위성과 항공기가 활용되고 있다. 영상정보는 적 시설·장비의 위치, 적 지형의 특징, 적의 활동사항 등에 대하여 정확한 정보를 제공하지만 기상에 따라 수집활동이 제한되며, 분석을 위해 장시간이 소요되는 단점이 있다.

1794년 4월 프랑스 혁명전쟁이 한창 전개되던 당시 프랑스의 한 부대에서 열기구를 만들어 약 9시간 동안 공중에 떠 있으면서 벨기에에서 벌어진 프를러스(Fleurus) 전투 상황을 관찰하였는 데 이것이 지상 위 영공에서 수행된 최초의 정찰활동으로 알려졌다.[100] 남북전쟁 당시 미국에서도 열기구를 활용하여 정찰활동을 수행했던 기록이 있지만 성과는 별로 없었던 것으로 여겨진다. 19세기 후반 영국에서 영상사진을 취득하기 위해 시험적으로 열기구를 활용했던 것으로 알려졌다.

그러나 본격적인 영상정보 수집활동은 20세기에 들어서서 시작되었다. 1914년

---

99) 대한민국 공군, "정보/전자무기: 영상정보," http://www.airforce.mil.kr/PF/PFF/PFFCA0100.html(검색일: 2006년 11월 27일).

100) William E. Burrows, *Deep Black: Space Espionage and National Security*(New York: Random House, 1987), p.28.

8월 제1차 세계대전 초 영국 공군(British Royal Flying Corps)이 항공기로 벨기에 영공 위를 비행하면서 독일군 공격방향에 대한 정찰임무를 수행했는 데 이것이 아마도 최초의 실질적인 영상정보 수집활동으로 여겨진다.[101] 비행기를 활용하면 적의 움직임을 한 눈에 간파할 수 있었기 때문에 항공정찰은 기존의 기병대를 활용한 정찰활동보다 매우 효과적인 수단으로 인정되었다. 이후 얼마 지나지 않아 항공기에 사진기를 장착하여 정찰임무를 수행하도록 영상정보 수집용 정찰기가 개발되었다. 항공기술과 사진영상 체계가 급속히 발전되면서 제2차 세계대전 동안 항공사진은 첩보수집에 매우 중요한 수단으로 활용되었다. 제2차 세계대전 동안 미국은 B-17, B-24 등을 개조한 정찰기를 활용하여 항공사진을 취득했다.[102] 그리고 전쟁이 종결된 직후 적대국으로 부상한 소련에 대해 미국은 소련 영토 주변을 비행하면서 항공정찰 활동을 수행했다.

초기의 항공정찰 장비는 주로 광학렌즈 카메라가 사용되었으나, 이후 적외선 정찰 장비, 레이더 영상장비 등이 개발됨에 따라 보다 융통성 있고 신뢰성 있는 정찰 임무 수행이 가능하게 되었다. 그러나 센서들마다 각기 성능의 한계가 있어 한 가지 센서로는 완벽한 정보획득이 제한된다. 따라서 최근에는 광학(Optics), 전자광학(EO), 적외선 (IR), 합성개구레이더(Synthetic Aperture Radar, SAR) 등 다중센서를 복합적으로 운용함으로써 상호 취약점을 보완하고 있고, 광역/정밀감시 및 주·야간 전천후 감시능력을 동시에 갖추는 추세로 발전하고 있다.[103] 해상도는 과거 미터 급에서 현재 센티미터 급에 이를 만큼 획기적으로 향상되었으며, 컴퓨터 기술을 이용한 디지털 영상처리 방식을 도입하여 실시간 영상전송체계까지 구비하는 추세이다. 향후 전자광학 및 영상 판독 능력의 지속적인 향상과 소프트웨어 개발 등으로 무인항공기를 활용한 영상정찰 임무가 점차 확대될 것으로 예상된다.

---

101) Christopher Andrew, *Her Majesty's Secret Service: The Making of the British Intelligence Community*(New York: Viking, 1986), p.133.

102) Richelson(1989), p.145.

103) 오늘날 활용되는 영상정보 센서로는 광학센서(optics), 전자광학센서(EO), 적외선센서(IR), 합성 개구레이더 SAR) 등이 있다. 광학 센서는 주간의 양호한 날씨에 항공사진을 촬영하여 지상에서 필름 및 사진으로 영상을 재생하여 활용한다. 해상도가 우수하여 정밀분석 시 사용되나 야간이나 악천후에서는 사진을 얻을 수 없다. 전자광학 센서(EO)는 반도체 소자인 CCD를 감지센서로 사용하여 디지털 방식으로 영상을 획득하고, 이를 압축하여 전송하는 센서인데 아직은 영상의 질이 떨어진다. 적외선 센서(IR)는 물체 고유의 복사열 에너지 차이를 감지하여 영상화하는 것으로서 위장된 표적이나 야간 탐지에 유리하며, 상승단계 미사일의 발사대 위치식별 및 피격 지점에 대한 예측이 가능하다. 그러나 습도가 높은 환경에서 사용할 때는 성능이 현저히 저하되는 단점이 있다. 합성개구레이더(SAR)는 레이더파를 순차적으로 쏜 후 레이더파가 굴곡 면에 반사되어 돌아오는 미세한 시간차를 합성해 지상지형도를 만들어내는 시스템이다. 고고도 장거리 운용이 가능하여 적의 공격으로부터 안전한 지대에서 정보를 수집할 수 있으며, 야간이나 악천후에도 정보를 수집할 수 있다. 대한민국 공군, "정보/전자무기: 영상정보," http://www.airforce.mil.kr/PF/PFF/PFFCA0100.html(검색일: 2006년 11월 27일).

한편, 평화 시 항공정찰은 상대국의 영공을 침범함으로써 정치적 문제를 야기했다. 또한 카메라를 탑재한 항공기로 관찰할 수 있는 최대 범위는 상대국의 영토 주변 불과 몇 마일에 한정되었다. 미국은 냉전시대 비밀에 싸인 구소련의 영토 주변 또는 영공 위로 비행하면서 필요한 영상정보를 수집할 수 있는 수단을 개발하고자 많은 노력을 기울이게 되었다. 보다 넓은 지역에 대해 위험 부담 없이 보다 정확한 영상자료가 필요했고, 이에 부응하여 첨단 장치를 갖춘 정찰위성이 개발되기에 이른다. 위성정찰은 1957년 구소련에서 세계 최초의 인공위성 '스푸트니크 1호'가 발사되면서 시작되었다. 이후 미국과 구소련 간에 위성개발 경쟁이 본격적으로 전개된다.

초창기 정찰위성은 발사된 후 궤도에서 체류하며 정찰임무를 수행하는 기간이 1-2주에서 많아야 3개월에 불과할 정도로 수명이 매우 짧았는 데 이후 위성의 엔진을 재시동 하도록 설계해 수명을 2-3년으로 연장시켰다. 또한, 초창기 정찰위성은 위성에 장착된 고화질 카메라를 활용하여 캡슐 속 필름에 영상이 찍히고, 이를 지상으로 직접 내려 보내는 방식으로 전송이 이루어졌다.[104] 이 경우 영상사진이 촬영되고 나서 이것이 전송되어 최종 분석이 이루어지기까지 상당한 시간이 지체되는 것이 문제였다. 고정된 군사시설이나 목표를 탐색하는 것은 문제가 없었지만 움직이고 빠르게 변화되는 사건을 추적하는데 시간이 지체되면 적의 갑작스런 공격을 사전에 탐지할 수 없어 낭패를 보게 될 수 있다. 이처럼 촬영된 영상물의 전송과 분석이 지체되었던 것이 이제 획기적으로 개선되었다. 필름대신 CCD(charge-couped device)로 알려진 광센서 반도체가 활용되어 영상물의 전송속도가 획기적으로 빨라졌다. 오늘날 촬영된 영상은 전자파로 변환시켜 우주에서 지상으로 전송되기 때문에 거의 '실시간'으로 영상물을 얻을 수 있다. 이처럼 영상정보 수집능력이 획기적으로 발전되었지만 야간이나 구름이 많이 낀 날은 제대로 된 영상을 얻기가 어려웠다. 그런데 이러한 문제도 획기적으로 개선되어 이제는 야간이나 구름이 많이 낀 날에도 레이더나 적외선을 활용하여 영상물을 얻을 수 있게 되었다.

(2) 항공정찰

항공정찰은 전시에 특히 유용하게 활용된다. 왜냐하면 전시 상황에서 항공정찰 활동은 군사적인 활용도가 높은 반면에 정치적인 문제를 야기하지 않기 때문이다.[105]

---

104) 초창기 미국의 경우 위성이 촬영이 끝난 필름 꾸러미를 낙하산으로 투하하고 이를 특별한 장치를 부착한 항공기가 공중에서 낚아채서 획득했다고 한다. 케네디, 권재상 역(1999), p.28.
105) Shulsky and Schmitt(2002), p.23.

전시에는 신문기자, 여행자, 외교관, 무관 등이 제공하는 정보로는 불충분하며, 언론이 통제되고 국경이 폐쇄되며 여행 제한이 시행된다. 때문에 적대국의 동향을 관찰하는 데 항공정찰이 유용하게 활용될 수 있다. 평시에는 국제법 규정에 따라 타국 영토 위로 정찰하는 것이 금지되고 정치적으로 문제가 될 수 있지만 전시에는 그것이 문제가 되지 않는다.

한편, 미국은 소련의 동향을 관찰할 수 있는 뾰족한 수단이 없었기 때문에 제2차 세계대전이 끝난 직후인 평화 시에도 소련에 대한 항공정찰 활동을 수행했다. 특히 미국은 1950년 북한이 남한을 침공하는 사태를 경험하고 나서 소련이 서구 유럽을 기습적으로 침공할 위험성에 대해 매우 우려했다.[106] 당시 소련에 대한 인간정보 수집 역량이 매우 미흡한 상태였기 때문에 소련의 기습침공을 조기에 탐지할 필요성이 증대되었다. 소련 군사력의 규모나 구성에 대한 정보가 부족했고, 소련의 군사비 지출 실태도 제대로 파악할 수 없었다.[107] 무엇보다도 미국은 소련에 대한 지도 제작 작업을 위해 항공정찰 활동을 절실히 필요로 했다. 소련에서 제작된 지도는 마을, 도시, 물리적 장애물 등을 실제와 다르게 그려놓았기 때문에 필요시 소련에 대한 전략폭격 임무를 효과적으로 수행할 수 없었다. 그래서 미국은 보다 정확한 소련 지도 제작을 위해 제2차 세계대전 중에 사용했던 B-17과 B-29 폭격기에 많은 카메라를 탑재하도록 개조한 RB-29를 개발하여 활용하였다.

이 밖에도 미국은 소련에 대한 군사정보 수집을 위해 여러 가지 방안을 시도하였다. 예를 들어, 미국은 서부 유럽지역에서 암호명 '모비 딕(Moby Dick)'이라고 하여 카메라를 장착한 풍선을 띄워 소련 영공을 관찰하는 작전을 은밀히 시행한바 있다.[108] 풍선은 서풍을 맞아 소련 영토 위를 넘어가서 일본을 거쳐 태평양으로 떠다닐 것으로 예상했다. 풍선이 일정지점에 도달하면 무선 신호음에 반응하여 카메라 장비가 회수되

106) Shulsky and Schmitt(2002), p.23.
107) 예를 들어, 미국에서는 소련 군사력에 관한 확실한 자료가 없어 1950년대 중반 미국은 소련과의 '폭격기 격차(bomber gap)' 논란이 있었다. 미국은 소련의 전략폭격기 개발 계획에 대해 거의 아무 정보도 갖지 못했다. 이러한 상황에서 1955년 7월 제네바에서 미국, 소련, 프랑스, 영국 등 세계 4강 정상회담이 개최된 직후 소련 '공군의 날' 기념식에 참석한 한 미국 공군 무관이 28기의 신형 전략폭격기가 비행하는 모습을 보았다. 얼핏 보기에 소련이 전략폭격기 개발에 박차를 가해서 미국과 소련 간에 전략폭격기 개발 수준에 상당한 격차가 발생한 것처럼 생각되었다. 그러나 미 공군 무관은 사실 소련의 기만책에 속은 것이었다. 사실은 28대가 아니고 소련이 의도적으로 그보다 적은 숫자의 전략폭격기를 참관단 시야로 여러 차례 반복해서 비행시켰던 것이었다. 믿을 만한 정보가 없었기 때문에 그 무관이 보낸 보고서에 기초하여 미국은 전략폭격기 개발을 위해 국방비를 증액시켰다. John Prados, *The Soviet Estimate: U.S. Intelligence Analysis and Russian Military Strength*(New York: Dial, 1982), pp.38-50.
108) http://en.wikipedia.org/wiki/Project_Moby_Dick(검색일: 2014년 10월 21일).

고 영상 사진을 획득할 수 있을 것으로 기대했다. 그러나 실상은 대부분의 풍선이 소련 영토에 떨어져 버렸다. 덕분에 소련은 미국의 카메라 장비 기술을 습득할 수 있게 되었다. 풍선에 장착된 카메라는 광범위한 소련 영토를 떠다니면서 대부분 쓸데없는 지역에 대한 영상을 촬영함으로써 미국이 애초 의도했던 정보수집에는 별 도움이 되지 못했던 것으로 알려졌다.

이후에도 미국은 항공정찰용 첩보수집 수단을 개선하기 위해 많은 노력을 기울였다. 이러한 노력의 일환으로 1950년대 당시 혁명적인 항공기였던 RB-36이 전략정찰기의 주력으로 부상되었는데 이것이 1959년부터 전술정찰기로 사용되었다.[109] 그리고 1955년 신형 항공정찰기 U-2기가 등장했다. U-2기의 최초 항속거리는 3,500킬로미터였지만 나중에 성능이 개선되어 6,000킬로미터 이상으로 늘어났다. 무엇보다도 U-2기는 소련 지대지 미사일과 전투기 공격 범위를 벗어난 2만 2천 미터 고공에서 정찰활동을 수행할 수 있었다.[110] 1956년 6월 21일 아이젠하워 대통령은 비밀리에 소련 영공을 침범하여 항공정찰활동을 전개하는 U-2기의 첫 번째 임무 수행을 승인해 주었다. 이후 4년간 U-2기는 소련 영공에서 항공정찰활동을 수행하여 소련 군사시설이나 기지에 관해 많은 정보를 수집할 수 있었다.

소련은 미국이 U-2기로 소련 영공을 불법적으로 침범하여 스파이활동을 벌이고 있다는 사실을 알고 있었으나 마땅히 대응할 방법을 찾지 못했다. U-2기는 워낙 고공에서 빠른 속도로 비행하기 때문에 당시 소련 대공 미사일로 격추시킬 수가 없었다. 소련은 미국에게 외교적으로 항의해 보기도 하였으나 미국이 극구 부인하는 바람에 더 이상 어쩔 도리가 없었다. 그러한 가운데 1960년 5월 1일 소련 영공을 침범하여 불법 정찰활동을 수행하고 있던 U-2기가 소련 미사일의 공격으로 기체 일부가 파손되고 조종사 게리파워즈(Francis Gary Powers)가 체포되었다.

U-2기 격추 사건으로 인해 소련의 흐루시초프는 아이젠하워 대통령과 예정되었던 정상회담을 결렬시켰고 스파이 비행의 전모를 세계에 발표하여 미국을 궁지에 몰아넣었다.[111] 미 국무부는 소련 영공에 대한 U-2기의 불법 침입행위를 시인하면서도 그

---

109) 케네디, 권재상 역(1999), p.276.
110) 케네디, 권재상 역(1999), p.276.
111) 당시 미국, 소련, 영국, 프랑스 등 4개국 정상회담이 개최될 예정이었는데 흐루시초프는 정상회담의 참가 조건으로 U-2기 사건에 대한 미국의 사과, 재발 방지 약속, 책임자 처벌 등 3가지 요구사항을 제시하였다. 아이젠하워 대통령은 남은 임기 동안 소련 영공에 대한 스파이 비행을 하지 않기로 약속했지만 나머지 요구사항은 지키지 않았다. 이에 흐루시초프는 4개국 정상회담을 결렬시켰고, 회담 후 아이젠하워 대통령을 소련으로 초청하겠다는 계획도 취소했다. Pat M. Holt, *Secret Intelligence and Public Policy: A Dilemma of Democracy*(Washington, D.C.: CQ Press, 1995), p.62.

근본적인 원인이 소련의 지나친 비밀주의 정책에 있다고 주장했다. 즉 소련이 철의 장막에 가려 있기 때문에 갑작스런 군사공격에 대비하기 위해 소련에 대한 정보수집이 필요했고, U-2기의 소련 영공 비행은 그러한 목적에서 수행되었다고 주장했다. 이어서 미 국무부는 1955년 소련에게 상호 영공 개방(Open Skies)을 제안했는데 소련이 이를 수용했디라면 구태여 U-2기로 스파이 비행을 할 필요도 없었을 것이라고 주장했다.[112] 어쨌든, 이 사건 이후 소련 영공에 대한 U-2기의 스파이 비행이 중단되었다.

소련 영공에 대한 정찰활동은 중단되었지만 U-2기는 이후 여타 지역에서 중요한 임무를 수행했다. U-2기는 1962년 8월 29일 쿠바에 지대공 미사일 기지가 건설되고 있는 사진을 찍어 보냈다. 이어 1962년 10월 14일 미국 공군의 리차드 헤이서 소령(Maj. Richard Heyser)이 조종하는 CIA 소속의 U-2기는 쿠바 부근의 산 크리스토빌 상공을 6분 동안 비행하면서 928장의 사진을 찍었다. 이 사진을 분석한 결과 소련이 쿠바에 핵탄두가 장착된 SS-4 미사일 관련 장비와 시설을 집중적으로 배치하고 있다는 증거를 확보했다.[113] 이 사진 자료를 근거로 미국은 쿠바 미사일 위기 상황에 적절히 대응할 수 있었다. 이후 U-2기는 1990-91년도의 걸프전과 1990년대 코소보 사태 당시 미국을 주축으로 한 나토 연합군의 군사작전을 효과적으로 지원하는 성과를 올리기도 하였다. U-2기는 1955년 이래로 그 외관은 거의 변경 없이 유지되고 있으나 첨단 센서와 카메라를 탑재하여 소위 '예술적 경지에 이르렀다'는 평가를 받을 정도로 정찰 시스템을 꾸준히 향상시켜 왔다.

1965년 U-2기의 후속기이면서 RB-36기의 임무를 계승한 전략정찰기로 SR-71이 개발되었다. 블랙버드(Black Bird)라고 불리는 SR-71은 마하 3(시속 3,360km)의 속력, 2만 4천 미터 이상의 고공 상승능력, 5,500킬로미터 이상의 항속거리, 그리고 최고 비행고도에서 한 시간에 25만 9천 평방미터의 지역을 촬영할 수 있는 능력을 갖추었다.[114] SR-71은 첩보수집용 정찰기로서 중요한 임무를 수행했었는데, 특히 중동전에서 그 진가를 유감없이 발휘했다. 1973년 제4차 중동전쟁에서 이스라엘이 아랍국가와의 전쟁에서 곤경에 처하게 되자 제리코(Jericho) 미사일에 핵탄두를 장착, 카이로와 다마스커스

---

112) Holt(1995), p.62.
113) 케네디, 권재상 역(1999), pp.282-283.
114) SR-71s는 해상도 9-12인치의 영상을 촬영할 수 있는 카메라를 장착하고 있으며, 밤낮은 물론 구름 낀 기상 조건에서도 촬영이 가능한 레이더 장비도 갖추고 있다. 또한 스텔스 기능을 갖춘 최초의 항공기로서 적의 레이더망에 노출되지 않고 정찰활동을 수행할 수 있는 장점도 있다. SR-71은 워낙 속도가 빠르고 고공 상승능력이 있기 때문에 소련제 MIG-25기나 대공 미사일로 도 격추시킬 수가 없다고 한다. Burrows(1987), pp.161-165; John Barron, *MIG Pilot: The Final Escape of Lt. Belenko*(New York: Avon, 1980), p.174.

를 공격하려 준비하고 있었다. 이러한 상황이 미국의 정찰위성에 포착되었고, 플로리다를 발진하여 한 번의 기착도 없이 이스라엘 상공을 정찰하고 귀환한 SR-71 정찰기가 촬영한 사진을 통해서도 확인되었다. 미국은 이 사실을 곧바로 소련에 통보함으로써 사태를 더 이상 악화시키지 않고 적절한 선에서 수습할 수 있었다.115)

항공정찰기로서 최고의 성능을 자랑했던 SR-71은 1990년 전략무기감축협정에 의해 폐기되었지만, U-2기는 성능이 떨어지는 덕분에 오래 동안 활용되었다.116) 그러나 정찰위성의 발달과 무인정찰기 글로벌 호크의 개발로 과거 U-2기가 담당했던 영역이 점차 줄어들고 있다. 『연합뉴스』에 따르면 미 국방부의 '예산 결정 프로그램 720'에 따라 U-2 드레곤 레이디(Dragen Lady) 전술정찰기를 2007년 3대, 2008년 6대, 2009년 7대, 2011년 10대 순으로 퇴역시킬 계획이라고 한다.117) 광학기술의 발달로 정찰위성의 해상도가 점점 높아지고 있고, 보다 작은 동체에 오랜 체공시간이 가능한 무인항공기의 발달로 이제 U-2기와 같은 유인 정찰기는 사라지게 될 것으로 보인다.

한편, 무인정찰기(unmanned aerial vehicle, UAV)는 두 가지 측면에서 위성이나 유인 정찰기에 비해 장점을 가진다. 첫째, 지구 멀리 고고도에서 운항하는 위성에 비해 무인 정찰기는 목표지역에 근접하여 정찰활동을 수행할 수 있다. 둘째, 유인 항공기는 대공 미사일 요격으로 조종사가 생명을 잃게 될 수 있지만 무인 항공기는 그런 위험이 없다. 최근 무인 정찰기에 각종 첨단 장비가 장착되어 실시간으로 매우 선명한 영상물을 제공해 주고 있어 전투에 매우 유용하게 활용되고 있다. 현재 미국, 이스라엘, 남아프리카공화국 등 많은 나라에서 무인 정찰기를 개발하여 실전에 운용하고 있다. 미국에서 개발한 대표적인 무인 정찰기로서 고고도 제트추진 비행기인 RQ-4 글로벌 호크(Global Hawk)와 중고도의 RQ-1 프레데터(Predator)가 있으며, 이스라엘에서 개발하여 운용중인 헤론(Heron)도 중고도 장시간 체공 무인 정찰기로서 탁월한 성능을 인정받고 있다.118)

---

115) 당시 닉슨 대통령은 브레즈네프 서기장에게 사태의 개요를 설명하고 만일 소련이 이집트에 판매한 스커드 미사일 용 핵탄두를 이집트에 제공하더라도 이의가 없다고 전했다. 만일 소련이 이집트에 핵탄두를 제공하게 되면 이스라엘과 이집트 간에 서로 20개 이하의 핵공격이 벌어질 수도 있었다. 다만 미국은 소련과의 핵전쟁으로 비화되는 최악의 사태는 막을 수 있을 것으로 판단했던 것이다. 소련은 상황의 절박성에 놀라 미국이 UN에 제출한 휴전 제안을 전폭적으로 지지했다. 다행히도 이스라엘이 아랍 군과의 군사적 우위를 회복하는데 성공하여 이집트에 대한 핵공격을 개시하지 않았다. 케네디, 권재상 역(1999), pp.235-236.
116) SR-71은 1990년 퇴역했다가 1995년 미 공군에서 다시 등장하여 1998년까지 활용되었다.
117) Defense Korea, "미 공군 U2 내년부터 퇴역, 2011년까지 글로벌호크로 대체"; "전술 정찰기 U-2 드래곤레이디(Dragon Lady)," http://defence.co.kr/(검색일: 2006년 11월 23일).
118) Faderation of American Scientists, "Unmanned Aerial Vehicles(UAVs)"; "RQ-4A Global Hawk(Tier II+HAE UAV)"; "RQ-1 Predator MAE UAV," http://www.fas.org/irp/program/collect/global_hawk.htm (검색일: 2006년 11월 23일).

프레데터는 시속 134-224km, 고공 상승능력 7,600m 이상, 전투반경 720km 그리고 16-24 시간의 비행능력을 갖추고 있다. 프레데터는 실시간 영상을 보내줄 수 있으며, 공대지 미사일을 장착하고 있어 공격목표가 발견되면 즉시 공격할 수 있다. 특히 프레데터는 헬파이어(Hellfire) 미사일을 장착하고 즉각적인 공습이 가능하여 대테러 전쟁에 효과적으로 활용되고 있으며, 실제로 예멘을 비롯한 여러 지역에서 알 카에다 집단에 대한 공습에 활용되었다.[119]

글로벌 호크는 그 역할과 성능이 U-2기와 유사하여 U-2기를 대체할 수 있을 것으로 평가된다. 글로벌 호크는 시속 640km, 고공 상승능력 19.8km 이상, 전투반경 4,800km, 그리고 24시간의 비행 능력을 갖추고 있어 목표지점에서 오랫동안 체공하면서 넓은 지역을 관찰할 수 있다.[120] 또한, 고해상도의 합성개구레이더(合成開口레이더, Synthetic Aperture Radar, SAR)를 장착하고 있어 구름층이나 폭풍우에서도 전자-광학/적외선(EO/IR) 영상을 제공할 수 있다.[121] 무엇보다도 글로벌 호크는 ELINT와 COMINT 수집용 장비를 장착하고 있어 영상정보는 물론 신호정보도 동시에 수집할 수 있도록 설계되어 있다.[122] 글로벌 호크는 대규모 전쟁이나 지역분쟁, 위기 상황 등 다양한 범위에 걸쳐 첩보수집을 할 수 있으며, 테러 집단처럼 신속히 이동하는 목표를 감시하는 데에도 효과적으로 활용될 수 있다.

최근 세계 각국에서는 2kg 이하의 소형 무인 정찰기를 대량으로 개발하고 있다.[123] 소형 무인 정찰기는 작전 반경이나 비행시간이 짧아 전술정보 수집용으로 매우 유용하게 활용될 수 있을 것이다.

---

119) 2005년 럼스펠드 국방장관은 향후 5년 동안 첩보수집과 공습을 동시에 수행할 수 있는 15개 프레데터 비행대대를 설립할 계획이라고 밝혔다(1개 비행대대는 12기의 무인 정찰기로 구성된다). Mark M. Lowenthal, *Intelligence: From Secret to Policy,* 3rd. ed.(Washington, D.C.: CQ Press, 2006), pp.86-87.

120) 2001년 4월 22~23일 간 글로벌 호크는 미국 본토에서 태평양을 건너 호주까지 왕복 12,000km를 무착륙 비행하여 무인항공기 최대 항속거리를 기록했다. Air Force Link, "Factsheets: Global Hawk," http://www.af.mil/factsheets/ffactsheet.asp?fsID=175(검색일: 2007년 1월 30일).

121) 합성개구레이더와 전자-광학/적외선 센서에서 나온 영상은 비행체 자체에서 내부 처리되어 프레임 별로 따로 따로 작전통제부(MCE)에 전송된다. 작전통제부에서는 보내온 각각의 프레임을 조합하여 전체적 영상을 만들어 다른 곳에 배포한다. 비행체의 운항은 관성항법장치와 자체적 GPS(Global Positioning System, GPS)를 이용한다. 글로벌 호크는 외부의 조종 없이 독자적으로 정찰임무를 수행할 수 있으며, 정찰활동을 통해 수집한 데이터를 인공위성 데이터 링크를 경유하여 무선 통신(Ku 대역 또는 UHF 대역 전파)으로 작전통제부에 전송한다. 수신 장비를 갖춘 사용자가 가시 위치(line-of-sight)에 있을 때에는 무인항공기는 통상적인 통신 데이터 링크를 통해서 가시 범위 내의 지상국에 직접 영상을 전송할 수도 있다. Faderation of American Scientists, "RQ-4A Global Hawk(Tier II+HAE UAV)," http://www.fas.org.irp/program/collect /global_hawk.htm (검색일: 2006년 11월 23일).

122) Lowenthal(2006), p.89.

123) Lowenthal(2006), p.87.

(3) 위성정찰

1957년 10월 4일 카자흐스탄의 사막에서 최초의 인공위성 '스푸트니크(Sputnik)
1호'가 발사됐다. 농구공 크기에 무게가 83kg 정도인 이 위성은 이듬해인 1958년 1월
4일까지 3개월 동안 지구 위 9백km 상공에서 타원궤도를 돌면서 96분마다 일정한
신호음을 지구로 보냈다.[124) 구소련의 스푸트니크 발사 소식에 '과학기술 최강국'임을
자부했던 미국의 위신이 돌연 추락했다. 또한 위성을 쏘아 올릴 수 있는 기술력이라면
핵폭탄을 실은 대륙간 탄도미사일도 발사할 수 있다는 예상과 함께 구소련의 미사일
개발 수준이 미국을 훨씬 앞질렀다는 주장이 제기되면서 미국 내 '미사일 갭(missile
gap)' 논쟁[125)이 시작되었다.

사실 스푸트니크 발사 당시 미국도 위성 발사를 추진하고 있었다. 1955년 9월
미 해군 연구소에서 태양활동과 지구에 대한 관측을 실시하고 지구표면 지도를 작성하
기 위한 '뱅가드(Vanguard) 프로젝트'가 추진되어 위성개발을 시작했다. 그런데 소련의
스푸트니크 발사에 자극받아 계획을 앞당겨 1957년 12월 6일 첫 위성 발사를 시도했으
나 실패하고 말았다. 이에 미국은 독일 출신의 저명한 로켓 과학자인 폰 브라운을
중심으로 '익스플로러(Explorer) 프로젝트'를 결성해 1958년 1월 31일 마침내 '익스플로
러 1호' 위성 발사에 성공했다.[126) 같은 해 미국은 '미항공우주국(NASA)'을 설립하고
인간의 우주탐사를 첫 번째 과업으로 추진하게 되었다. 이후 미국과 구소련 간의 우주
개발 경쟁이 본격화되었다.

미국의 영상정찰위성은 코로나/디스커버러(KH-1~KH-4) 시리즈로 시작됐다. 이후
지역조사(area survey)를 목적으로 하는 KH-9과 정밀관측(close look)을 목적으로 하는
KH-11로 발전했으며, 현재는 정밀성과 운용수명이 더욱 향상된 KH-12가 활용되고
있다.[127)

---

124) 과학동아 편집부, 『과학동아』(2000년 5월), http://www.n2n.pe.kr/php/pds/hviewbody.html?code=
    pds5&page=2&number=21&menu_n2=3&sub_k=0&keyfield=&key=(검색일: 2006년 11월 24일).
125) 1957년 소련이 세계 최초의 인공위성 스푸트니크를 발사하자 미국 내 정치인들과 국민 여론은
    소련의 과학 기술력과 미사일 개발 수준이 미국을 훨씬 앞질렀을 것으로 우려했다. 특히 케네
    디 상원의원은 소련에 비해 미국의 미사일 개발 능력이 뒤쳐졌다면서 아이젠하워 정부의 무능
    을 맹렬히 질타했다. 이에 아이젠하워 대통령은 소련의 미사일 개발 수준이 그다지 놀랄만한
    수준은 아니라는 성명을 발표했으나 당시 매카시즘에 빠진 미국 국내 여론의 비난을 잠재우지
    못했다. 사실 미국의 미사일 개발 능력이 소련보다 훨씬 앞섰으나 케네디 상원의원을 비롯한
    야당과 일부 여론이 이를 정치적으로 이용하면서 미국 내 미사일 개발 수준에 대한 상반된 논
    쟁이 한동안 지속되었다. http://en.wikipedia.org/wiki/Missile_gap(검색일: 2014년 10월 21일).
126) 소련은 1957년 11월 3일 '라이카'라는 개를 태운 스푸트니크 2호 발사에 성공했다.
127) 장영근, "세계 각국의 영상 정찰위성" 『과학동아』(1998년 9월); http://www.n2n.pe.kr/php/pds/

1958년 2월 아이젠하워 대통령은 CIA에 필름회수용 정찰위성 시스템을 개발하도록 지시했다. 그리고 1960년 5월 1일 중앙정보국의 U-2기가 구소련에 의해 격추되자, 미국은 구소련의 전략무기시스템과 군사기지를 감시할 필요성이 더욱 증가했다. 그래서 그해 8월 31일 CIA 주도로 최초의 정찰위성인 코로나/디스커버러(KH-1)를 발사했다.[128] 이것은 U-2기를 사용했을 때보다 훨씬 더 많은 영상데이터를 제공했다. 코로나/디스커버러는 길이 1천 82m의 필름(무게 9.1kg)을 탑재했으며, 427만㎢를 15m 해상도로 정찰했다. 코로나/디스커버러는 1962년 초 30회 발사를 마지막으로 사라졌다. 그 뒤를 이은 코로나(KH-4)는 1972년까지 활약하면서 주로 구소련의 대륙간탄도탄기지에 대한 영상을 확보했다.[129] '빅버드(Big Bird)'라는 별명으로 유명한 KH-9는 미 공군의 주 정찰위성으로서 지역조사와 특정지역을 정밀 관측하는 데 활용되었으며, 1971년부터 1986년까지 운용되었다.[130] 이 위성은 태양궤도를 돌면서 새로운 미사일 기지의 건설 여부, 장착된 미사일의 숫자와 형태 등에 관한 변화를 살폈다.[131] '캔난(Kennan)' 또는 크리스털(Crystal)이라는 암호명으로 불리는 KH-11부터는 반도체 소자로 널리 알려진 CCD를 이용한 전자광학 카메라가 동원돼 더 이상 필름을 회수할 필요가 없어졌다.[132] KH-12는 암호명 '아이콘(Ikon)' 또는 KH-11보다 성능이 개선되었다는 의미로 '개량된

hviewbody.html?code=pds5&page=2&number=21&menu_n2=3&sub_k=0&keyfield=&key=(검색일: 2006년 11월 24일).

128) 코로나(Corona) 계획은 1992년까지 비밀로 분류되어 공개되지 않다가 1995년 2월 22일 행정명령으로 공개되었다. 비슷한 시기인 1960년부터 1962년까지 미 공군에서 SAMOS(Satellite and Missile Observation Satellite) 계획을 추진했는데 CIA와 중복되는데다 영상물의 해상도가 미흡하여 중단되었다. Wikipedia, "Samos," http://en.wikipedia.org/wiki/Samos_%28satellite%29(검색일: 2006년 12월 16일).

129) 1960년부터 1972년까지 총 144기의 코로나 위성이 발사되었고, 그 중 102기의 위성으로부터 영상물을 획득했다. Wikipedia, "Corona," http://en.wikipedia.org/wiki/Corona_%28satellite%29(검색일: 2006년 12월 16일).

130) 록히드(Lockheed)사에서 제작하였으며, 총 21기의 위성이 발사되어 1개가 실패하고 20기가 운용되었다. Wikipedia, "KH-9," http://en.wikipedia.org/wiki/KH-9(검색일: 2006년 12월 16일).

131) 빅버드는 1970년대 당시에는 수명이 7-10일로 짧았는데 이후 점차 연장되어 마지막으로 발사된 위성은 275일간 운용되었다. 1974년 중동에 긴장감이 고조될 때 빅버드는 지대지미사일인 스커드의 부품을 하역하고 있는 16기의 러시아 함정을 촬영했고, 1980년에는 이란과 이라크의 전쟁을 261일 동안 지켜본 다음 그 필름을 보내오기도 했다. 장영근(1998); Wikipedia, "Corona," http://en.wikipedia.org/wiki/Corona_%28satellite%29(검색일: 2006년 12월 16일).

132) KH-9의 경우 사진을 찍은 후 캡슐에 넣어 지상으로 투하하면 HC-130H 수송기가 공중 회수하는 방식을 취했다. KH-11은 수명을 증가시키기 위해 KH-9이 사용했던 고도보다 훨씬 높은 고도(늘 태양을 볼 수 있는 태양동기궤도)를 이용했다. KH-11의 고급형인 최신 정찰위성은 해상도가 15cm에 이르고, 이를 위해 지름이 약 2.3m의 대구경 망원경과 고정밀의 CCD 센서를 탑재하고 있다. KH-11은 NRO 주도 하에 1976년부터 2005년까지 운용되었으며, 평균 3년 정도의 수명을 가졌는데 마지막으로 발사된 것은 11년간 운용되었다. 김경민, "각국 첩보위성 전쟁: 누가 한반도를 내려다 보는가," 『동아일보』(2002.8.20.); Wikipedia, "KH-11," http://en.wikipedia.org/wiki/KH-11(검색일: 2006년 12월 16일).

크리스털(Improved Crystal)'이라고 불리는데 1989년 8월 1호기가 발사되어 현재도 운용
되고 있는 세계 최고 성능의 정찰위성이다. KH-12는 KH-11보다 수명이 길고 궤도변환
능력이 우수해 분쟁이 발생할 경우 즉각 그 지역 상공의 궤도로 이동해 정찰활동을
수행할 수 있다.[133]

과거의 첩보위성들은 악천후 때나 밤에는 영상촬영을 하지 못했다. 그러나 이
문제는 1988년 미국이 발사한 레이더 영상위성인 '래크로스(Lacrosse)'로 해결됐다.[134]
래크로스는 일정 지역에 전파를 쏘아 그 반사파를 읽어내는 합성개구레이더(SAR)를
사용해 구름이나 어둠 속에서도 영상을 얻을 수 있다고 한다. 이 위성은 러시아의
군사 시설 및 동향을 1m의 고해상도 영상으로 기후상태나 밤낮의 구분 없이 관측할
수 있다. 또한 미국에서는 길이 50cm에 직경 41인치의 극소형 위성(microsatellites) 개발
을 계획하고 있다. 극소형 위성은 일반 위성보다 수명이 길고 가벼운 만큼 변경된
목표를 감시하기 위해 각도를 변경하기가 쉽도록 설계될 것으로 알려졌다.[135]

러시아는 구소련 당시인 1957년 세계 최초의 인공위성인 '스푸트니크 1호'를 발사
하여 우주시대를 열었다. 1996년 말까지 러시아는 영상정찰위성을 무려 8백 4회(34회
실패)나 발사했다.[136] 1-3세대를 유지해온 러시아의 제니트(Zenit) 정찰위성은 1962년
4월 코스모스 4호로부터 시작됐다. 4세대 정밀탐사위성인 얀타르(Yantar) 위성은 1974
년 12월에 처음 발사됐으며, 주기적으로 두 개의 필름 캡슐을 보내 왔는데 당시 수명은
6-8주에 불과했다. '코메타(Kometa)'라고 불리는 또 다른 4세대 위성은 1981년 2월부터
발사되기 시작했으며, 주로 지도제작 임무를 수행했다. 5세대 위성에 대한 공식적인
이름은 아직 알려지지 않았다. 1995년 파리 에어쇼에서 디지털 영상시스템을 탑재한

---

133) KH-11은 기본적으로 광학 카메라를 탑재한 주간정찰용이고 KH-12는 적외선 탐지 기능을 강화
하여 주·야간 정찰용으로 활용된다. KH-12의 해상도는 KH-11보다 다소 떨어지는 10-60cm 정도
이며 수명은 4년으로 알려졌다. 또한 KH-12는 KH-11에 없었던 신호정보(SIGINT) 수집 능력도
갖추고 있는 것으로 알려졌다. 1991년 걸프전 당시 미국은 KH-11과 KH-12, 그리고 레크로스 위
성 4-5기를 투입해 이라크 상공을 하루에도 몇 차례씩 선회하며 정보를 수집, 다국적 군의 인명
피해를 최소한으로 줄이고 전쟁을 승리로 이끌었다. 김경민(2002). KH-12의 후속모델로 KH-13
이 거론되고 있는데 이에 대한 정확한 내용은 밝혀지지 않고 있다. Wikipedia, "KH-13," http://
en.wikipedia.org/wiki/KH-11(검색일: 2006년 12월 16일).
134) 현재까지 래크로스의 성능이나 제원에 관한 구체적인 내용은 공식적으로 확인되지 않고 있다.
레크로스라는 암호명조차 일반인들의 추측에 따른 것이지 사실 확인된 것은 아니며, 단지 NRO
에서 운용하고 있는 위성으로 알려질 뿐이다. NRO는 현재까지 래크로스에 관한 사항을 비밀
로 분류하여 밝히지 않고 있다. 1988년 최초로 발사되어 2005년까지 총 5기가 발사되었는데
1988년 발사된 위성을 제외하고 4기가 현재 운용되고 있는 것으로 알려졌다. 나중에 발사된 3
기의 위성은 래크로스라는 명칭 대신 '오닉스(Onys)'라는 이름으로 불리고 있다. Wikipedia,
"Lacross(satellite)," http://en.wikipedia.org/wiki/Lacrosse_%28satellite%29(검색일: 2006년 12월 16일).
135) Lowenthal(2006), pp.87-88.
136) 장영근(1998).

모델이 선보인 후 1995년 9월에 발사해 1년 동안 사용됐지만 1997년 중반까지 더 이상 발사되지 않았다. 이 밖에도 6-7세대 위성과 세계 전역의 해군시설 등을 탐지하는 원자력 '로사트(RORSAT)' 프로그램이 있다.[137]

러시아는 지금까지 영상사진을 취득하는 방법으로 필름 방식과 디지털 방식을 동시에 운용하고 있다.[138] 즉 위성이 촬영한 필름 캡슐을 특정지역 지상까지 낙하시켜 필름을 회수한다. 회수한 영상은 다시 디지털화 과정을 거쳐 디지털 영상으로 만들어진다. 현재 운용중인 러시아 위성의 해상도는 최대 20cm로 알려져 있다. 러시아가 이런 방식을 고수하는 것은 기술적인 한계도 있지만 해상도 면에서 디지털 방식보다 우수하며 생산가격도 상대적으로 저렴하기 때문이다. 물론 필름 방식은 필름이 회수된 다음에 비로소 상황을 파악할 수 있어 실시간 확인이 불가능하다는 단점이 있다. 이를 보완하기 위해 디지털 방식으로 영상을 송신하는 아락스(Araks) 위성을 운용하고 있으나 해상도는 2-5m급으로 높지 않은 편이다.

위성정찰은 오랫동안 미국과 소련이 독점해 왔다. 여타 국가들은 기술도 미흡하고 비용을 감당하기 어려웠기 때문에 투자하기를 꺼렸다. 그러나 이제 중국, 인도, 프랑스, 일본 등 많은 국가들의 기술이 향상되고 경제력이 증가하면서 이들도 위성 개발에 많은 노력을 기울이고 있다.[139] 중국은 매년 6-8기의 소형 위성을 만들어 2020년까지 약 100기를 쏘아 올리겠다고 발표했다.[140] 독일도 독자적으로 위성을 보유할 계획을 갖고 있으며, 이스라엘은 인도, 대만, 터키와 위성 개발에 관해 협력하고 있다. 프랑스는 벨기에, 이탈리아, 스페인과 위성 개발에 관해 협력관계를 유지하고 있으며, 브라질과 중국도 위성 개발에 적극 협력하고 있다.[141]

군사부문이 위성의 발달을 주도해 온 것이 사실이지만 냉전의 해체와 과학기술의 민간화에 따라 상업용 위성 역시 획기적으로 발전하고 있다. 구소련이 붕괴된 이후 첩보위성에서 얻은 고해상도 영상자료들은 점차 상용화가 되고 있다. 지금까지 1m 이하 급의 지구관측은 기술도 어렵고 국가안보에 미치는 영향도 컸기 때문에 몇 나라에서만 활용되어 왔다. 그런데 프랑스는 1986년 스팟(Stellite pour l'Observation de la Terre,

---

137) 장영근(1998).
138) 나로 우주센터, "동맹국에도 안 주는 군사위성 정보," http://blog.empas.com/pp337337.read.html (검색일: 2006년 11월 29일).
139) Shulsky and Schmitt(2002), p.26. 조지 테넛 국장은 2002년 상원 청문회에서 "미국이 지난 수십 년간 누려왔던 (우주정찰에서)의 독점적 우위가 잠식당하고 있다"면서 "외국의 군사 정보기관 및 테러 단체들이 작전기획과 실행능력을 높이기 위해 상업용 항법 및 통신 서비스와 함께 인공위성을 이용하고 있다"고 말했다. 홍은택, "상업용 첩보위성 시대,"『동아일보』(2002.8.21.).
140) Lowenthal(2006), p.88.
141) Lowenthal(2006), p.88.

SPOT) 위성을 쏘아 올려 10m급 흑백 해상도를 가진 사진을 일반인들에게 판매해 왔
다.[142] 미국은 1994년 대통령령 제23호에 따라 1m급 위성기술의 상용화를 허용했고,
1995년 미 CIA는 1960년부터 1972년까지 수집한 80만 장의 영상을 대중에게 공개한
바 있다.[143] 미국 스페이스 이메이징사(Space Imaging Company)는 1999년 '이코노스
(Ikonos)' 위성을 운용하여 획득한 1m급 해상도의 영상사진을 일반인들에게 판매하고
있다. 미국 정부는 2006년과 2007년에 해상도 50cm 및 40cm급 상업용 위성 발사를
허용했던바 앞으로 50cm 해상도의 상업용 영상사진이 제공될 것이다.[144] 이 밖에 러시
아, 남아공화국, 캐나다, 인도, 호주, 이스라엘, 중국, 브라질, 한국 등의 민간 회사 또는
정부 산하 기구에서도 상업용 위성사진이 제공되고 있거나 앞으로 그럴 계획이 있는
것으로 알려졌다.

　　상업용 위성의 성능이 개선되고 활동이 증가하면서 이제 상업용 위성이 정보기관
의 첩보수집에 적극 활용되고 있다. 2001년 10월 미국 NGA(구 NIMA)는 이코노스 위성
이 아프가니스탄 지역을 촬영한 영상물에 대한 독점적 사용권을 구매하여 활용했
다.[145] 2002년 6월 조지 테닛(George Tenet) 중앙정보장은 정부의 지도작성 작업은 상업
용 저해상도 영상물로도 충분히 가능하므로 여기에는 상업용 위성을 우선적으로 활용
하고, 국가에서 운용하는 위성은 극히 예외적인 경우가 아니면 지도 제작에 활용하지
말 것을 지시했다.[146] 테닛의 지시는 국가적인 차원에서 운용하는 정찰위성을 고해상
도 영상물이 필요한 대상 목표를 관찰·감시하는 데 활용하여 그 효용성을 높여보자는
의미로 해석된다. 2003년 4월 부시 대통령은 군사, 첩보수집, 외교정책, 본토안보, 민간
업무 등 다양한 분야에 상업용 영상물의 활용을 지시하는 대통령령에 서명하였다. 따라
서 향후 미국에서 상업용 위성의 활용 범위가 보다 확대될 것으로 예상된다. 한편,
상업용 위성에서 제공하는 영상물이 무제한 배포될 경우 미국의 국가안보를 저해할
수도 있다는 판단에서 미국 정부는 상업용 영상물이라 할지라도 국가안보 상의 이유를
들어 통제권을 행사하고 있다. 미국은 적대적인 국가나 미국이 수행하고 있는 전쟁의
상황이나 실태를 평가하는데 활용할 가능성이 있는 대중매체에게는 상업용 영상정보

---

[142] 초기의 프랑스 스팟(SPOT) 위성에서 찍은 영상은 해상도가 낮음에도 불구하고 가격이 비쌌다.
　　이후 위성영상 판매는 경쟁자가 생기면서 가격이 많이 내렸다. 2002년 당시 프랑스에서 운용하
　　는 스팟-5 위성의 해상도는 2.5m급이다. 홍은택(2002).
[143] 홍은택(2002).
[144] 미국의 영상 전문분석가들에 따르면 해상도 1m급 영상은 군사목표물의 85%까지 판독할 수 있
　　고, 50cm와 30cm는 각각 90%, 95%까지 판독이 가능하다고 한다. 나로 우주센터, "동맹국에도
　　안 주는 군사위성 정보," http://blog.empas.com/pp337337.read.html(검색일: 2006년 11월 29일).
[145] Lowenthal(2006), p.84.
[146] Lowenthal(2006), p.85.

자료의 제공을 금지하고 있다. 물론 이에 대해 인권단체나 언론매체에서 헌법 정신에 위배된다면서 소송을 제기하고 있는데 아직 결론이 나오지 않은 상태이다.[147]

한국은 1999년 아리랑 1호에 이어 2006년 7월 28일 두 번째 다목적실용위성 (KOMPSAT Ⅱ)인 아리랑 2호를 성공적으로 발사했다.[148] 아리랑 2호의 성공으로 한국은 미국, 러시아, 프랑스, 독일, 이스라엘, 일본에 이어 세계 7번째 1m급 해상도 관측 위성 보유국이 되었다.[149] 아리랑 2호는 685km 상공에서 하루에 지구를 14바퀴 반씩 돌며 1회전마다 20분간 사진을 찍어 지구로 전송하는데 한반도 상공은 평균 세 차례 가량 통과한다.[150] 아리랑 2호는 레이더 위성이 없고 광학카메라만 장착하고 있기 때문에 밤 시간대 또는 구름이 끼어 있으면 촬영이 불가능하다는 약점을 안고 있다.

한국은 2012년 5월 18일 아리랑 3호에 이어 2013년 8월 22일 아리랑 5호 발사에 성공했다. 아리랑 3호는 해상도 70cm의 관측위성으로서 아리랑 2호(1m급)보다 2배 정밀 관측이 가능하다.[151] 아리랑 5호는 국산 위성 가운데 처음으로 밤이나 궂은 날씨 에도 1m급 물체를 구분할 수 있는 합성영상레이더(SAR)가 장착되어 있다. 기존 아리랑 2·3호는 광학위성으로서 낮에만 지상을 관측할 수 있지만 아리랑 5호는 밤이나 구름이 낀 날에도 지상을 선명하게 볼 수 있다.[152] 아리랑 5호 발사 성공으로 2013년 8월 현재 우리나라가 운용중인 위성은 모두 7기로 늘었다.[153] 2014년에 발사되는 아리랑

---

147) Lowenthal(2006), p.85.

148) 아리랑 2호는 한국이 개발한 10번째 인공위성으로서 1999년부터 7년에 걸쳐 총 2,633억 원의 개발비가 소요되었다. 위키백과, "아리랑 2호," http://ko.wikipedia.org/wiki/(검색일: 2006년 11월 27일)

149) 아리랑 2호는 우리나라 기술진과 이스라엘 ELOP사가 공동 개발한 MSC(Multi Spectral Camera) 렌즈를 장착하고 있다. 이 렌즈는 직경 60cm이며 해상도는 흑백 1m급(가로, 세로 1m가 점 하나로 표시됨), 천연색 4m급이다. 1m급 해상도는 90년대 중반까지 미국 군사용 정찰위성의 해상도 였다. 현재는 60cm 해상도의 퀵버드 위성이 세계 최고의 상용위성 해상도를 자랑하고 있다. 현재 미국 군사용 정찰위성 KH-12는 대략 30cm의 해상도를 가진 것으로 알려져 있다. 위키백과, "아리랑 2호," http://ko.wikipedia.org/wiki/(검색일: 2006년 11월 27일).

150) 아리랑 2호는 한반도를 2분 동안 촬영할 수 있으며 촬영 후 10초 정도면 사진 영상을 스크린 할 수 있다. 고화질의 영상을 얻기까지는 2시간 정도가 걸린다. 위키백과, "아리랑 2호," http:// ko.wikipedia.org/wiki/(검색일: 2006년 11월 27일).

151) 1m 이하, 즉 서브미터(sub-meter)급 민간 관측위성을 가진 나라는 미국, 유럽, 이스라엘뿐인 것 으로 알려졌다. 『조선일보』(2012.5.19.).

152) 아리랑 5호는 앞으로 5년간 지구 상공 550km를 하루 15바퀴씩 돌며 지상관측 임무를 수행한 다. 한반도 촬영은 오전 6시와 오후 6시 하루 두 차례 가능하다. 현재 임무 중인 아리랑 2·3호 는 하루에 한 번, 그것도 낮에만 촬영이 가능하다. 아리랑 2호는 매일 오전 10시 30분, 아리랑 3호는 오후 1시 30분을 전후해 한반도를 통과하며 영상을 촬영한다. 아리랑 2·3·5호가 가동됨 에 따라 하루 3.5회 이상 한반도 촬영이 가능해졌다. 『조선일보』(2013.8.24.).

153) 아리랑 2·3·5호 외에 통신위성이 무궁화 5호, 올레 1호, 기상위성인 천리안 위성, 그리고 2013 년 1월 국내에서 최초로 발사된 위성인 나로 과학위성 등이 있다. 위성방송용 위성인 한별 위 성은 2013년 6월 해외에 매각되었고, 아리랑 1호는 1999년 발사되어 임무기간 3년을 훨씬 넘어 8년간 작동하다가 2008년 2월 임무를 종료했다. 『조선일보』(2013.8.24.).

3A호는 다목적 실용위성으로서 적외선 카메라를 장착하여 야간에도 지상의 열을 측정할 수 있는 적외선 관측까지 가능한 것으로 알려져 있다.154)

■ 표 1 ■   세계 각국의 초정밀 민간관측위성

위성 이름	국 가	해상도(m)	발사시기
에로스-B(EROS-B)	이스라엘	0.87	2003년
지오아이(GeoEye 1)	미 국	0.41	2008년
월드뷰(World View II)	미 국	0.46	2009년
플레이아데스(Pleiades)	유 럽	0.5	2011년

출처: 한국항공우주연구원; 조선일보(2012.5.19.).

한국은 조만간 인공위성 자력발사 체제를 갖추어 2015년까지 과학위성 5회, 다목적 실용위성 4회, 예비발사 26회 등 모두 35회에 걸쳐 위성을 발사할 계획이다. 한국은 2005년 7월 국내와 미국·중동 일부 지역 촬영 영상은 한국항공우주산업과, 나머지 국외 지역 촬영 영상은 프랑스의 스팟 이미지와 판매대행 계약을 맺었다. 2006년 현재 1m급 해상도로 가로·세로 15km 지역을 찍은 위성영상의 국제가격은 한 장에 약 1만 달러에 이른다. 이에 따라 항공우주연구소는 아리랑 2호가 설계 수명인 3년 동안 5,400만 달러의 영상판매 수입을 올려줄 것으로 기대하고 있다.155)

2. 신호정보(Signals Intelligence, SIGINT)

(1) 신호정보의 기원과 발전

신호정보는 각종 통신장비 및 전자장비에서 방출되는 전자기파(이를 보통 신호라고 칭한다)를 감청하여 취득되는 지식 또는 그것을 생산하기 위한 수집, 처리, 분석 등의 제반 활동을 통칭한다. 신호정보는 전자기파의 종류에 따라 통신정보(Communication Intelligence, COMINT), 전자정보(Electronic Intelligence, ELINT), 원격계측정보(Telemetry Intelligence, TELINT) 등으로 분류된다. 신호정보는 20세기 들어서서 가장 널리 활용되는 수집 수단이다. 제2차 세계대전 이래 신호정보는 암호해독과 조합을 이루어 상대방에 관한 정보를 취득하는 가장 중요한 수단으로 활용되었다.

---

154) 『조선일보』(2013.8.24.).
155) 위키백과, "아리랑 2호," http://ko.wikipedia.org/wiki/(검색일: 2006년 11월 27일).

과거 신호정보는 통신수단에 물리적으로 접근해서 획득했다. 예를 들어 19세기 말 이후 전화선에 몰래 접속하여 타국의 외교 전문(telegram)을 감청하는 행위가 성행했던 것으로 알려졌던바 이것도 일종의 신호정보에 해당된다. 미국의 경우 남북전쟁 동안 상대편의 전화선에 접속하여 통화를 감청(line-tapping)하는 행위가 수행되었던 것으로 알려졌다.156) 최초의 본격적인 신호정보 수집활동은 무선통신이 군에 도입된 제1차 세계대전 중에 수행되었다.157) 제1차 세계대전 초기 영국 해군은 북해 지역으로 진입하려는 독일 해군의 움직임을 조기에 탐지하기 위해 독일에서 미국, 아프리카, 스페인 등지로 연결된 해저 케이블(telegraph cable)을 절단했다. 그 결과 독일은 유선 대신 무선을 활용하여 통신해야 했고, 이로 인해 영국 신호정보 수집기지에서 독일의 무선 통신을 손쉽게 감청할 수 있었다.158)

제2차 세계대전 발발과 함께 무선통신이 보다 활발하게 활용되면서 신호정보 수집의 중요성이 더욱 증가했다. 영국과 미국은 각각 '울트라(Ultra)'와 '매직(Magic)' 작전을 통해 독일과 일본의 무선 통신을 감청하고 암호를 해독하여 전쟁의 승패에 영향을 줄 수 있는 귀중한 정보를 취득할 수 있었다.159) 특히 제2차 세계대전 당시 대서양에서의 해전은 암호해독가들 간의 전쟁이었다고 칭할 만큼 암호해독이 전쟁의 승패에 중요하게 작용했던 것으로 평가된다. 영국의 저명한 역사학자인 힌슬리(F.H. Hinsley) 교수는 연합군이 암호해독에 성공함으로써 제2차 세계대전을 3-4년 정도 앞당겼다고 주장했다.160) 또한 레윈(R. Lewin)도 독일과의 전쟁에서 뿐만 아니라 태평양 지역에서도 연합군이 암호해독에 성공함으로써 전쟁을 빨리 끝낼 수 있었으며, 수천 명의 인명 희생을 막을 수 있었다고 주장했다.161)

미국 해군은 제2차 세계대전 중 신호정보활동을 효과적으로 수행함으로써 미드웨이(Midway) 해전에서 일본을 상대로 결정적인 승리를 얻을 수 있었다.162) 일본은 1941년 12월 진주만에서의 성공을 십분 활용하여 전략적 요충지인 미드웨이의 섬들을 장악

---

156) Michael Herman, *Intelligence Power in Peace and War*(New York: Cambridge University Press, 1996), p.67.
157) 원래 라디오는 일종의 전자파 방사선으로써 본래 민간용이 아닌 군사용으로 개발되었다.
158) Shulsky and Schmitt(2002), p.27.
159) 본서의 제 3장에서 이에 대해 개략적으로 소개되어 있으며, 보다 상세하게 잘 정리된 내용은 G.J.A. O'Toole, *Honorable Treachery: A History of U.S. Intelligence, Espionage, and Covert Action from the American Revolution to the CIA*(New York: Atlantic Monthly, 1991), pp.384-397를 참고.
160) F.H. Hinsley, "British Intelligence in the Second World War," in C. Andrew and J. Noakes, (eds.), *Intelligence and International Relations 1900-45*(Exeter: University of Exeter Press, 1987), p.218.
161) R. Lewin, *The American Magic: Codes, Ciphers and the Defeat of Japan*(London: Penguin, 1983), p.17.
162) Shulsky and Schmitt(2002), p.28.

하고 남아 있는 미국의 해군을 격파시키려 했다. 일본의 계획이 성공했더라면 하와이가 점령되고 미국은 일본에게 불리한 입장에서 평화협정을 맺어야 했을 것이다. 일본인들에게 있어서 미국처럼 막강한 국력을 가진 국가와 장기전을 치르게 되면 불리하므로 미국에게 속전속결로 승리하는 것이 매우 중요했다. 일본인들은 잘 몰랐지만 하와이에 있었던 미 해군 암호해독가들은 일본 해군이 암호로 통신하는 내용을 감청하여 해독하였다. 그 결과 미국은 일본이 미드웨이로 공격해 올 것을 사전에 알고 있었다.163) 1942년 6월 4일 니밋츠(Chester Nimitz) 제독은 미드웨이 섬 북쪽에서 일본 무적함대를 매복 공격하여 4척의 전투함을 파괴하였다. 이로써 미국은 태평양에서 대규모 공격작전을 수행할 수 있는 일본의 능력을 제거했다. 미드웨이 해전은 전쟁의 승패에 분수령이 될 만큼 일본에게 결정적인 타격을 주었다.164)

1945년 동서 진영 간에 냉전이 시작되고 전자장비가 비약적으로 발전하면서 신호정보 수집의 중요성이 더욱 증가하게 되었다. 미국과 소련은 각기 상대방에 대한 통신 감청을 위해 많은 노력을 기울였다. 미국은 신호정보 수집을 위해 소련 영토 주변에 상당수의 지상기지들을 설치했고, 소련 역시 미국의 신호정보 수집 기지 부근에 유사한 수준의 수집 기지들을 설치했다.

한편 미국과 영국은 1942년부터 1945년까지 소련이 암호화하여 교신했던 약 3,000여 개의 전문을 감청했고, 1946년부터 1980년까지 이에 대한 암호해독 작업을 성공적으로 수행했다.165) 코드명 'VENONA'로 알려진 소련 전문에 대한 암호해독 작업을 통해 미국은 미·소관계는 물론 미국 정치사에 중요한 의미를 가지는 여러 가지 정보를 획득할 수 있었다. 미국 내 많은 진보주의자들은 미국의 핵개발 비밀을 소련에 팔아넘긴 혐의로 체포되어 사형된 히스(Alger Hiss)와 로젠버그(Rosenberg) 부부가 냉전

---

163) 당시 미국이 감청하여 획득한 일본군의 전문에 일본이 'AF'를 공격 목표로 설정했다는 내용이 있었다. 하와이 지역의 정보분석관들은 'AF'가 미드웨이(Midway)의 코드명이라고 확신했지만 워싱턴의 정보분석관들은 미국 본토의 존스톤 섬(Johnston Island), 오아후(Oahu) 또는 미국 본토의 서부 해안 등을 의미하는 것으로 해석했다. 이 사실을 확인하기 위해 하와이 소재 해군정보 본부에서 미드웨이에 있는 미 사령관에게 지시하여 하와이 지휘본부로 식수가 떨어졌다는 내용의 무선전문을 보내도록 하였다. 예상했던 바대로 일본 측은 이를 즉시 감청하여 이틀 후 "AF에 식수가 부족한 상황"이라는 내용의 전문을 도쿄로 보냈다. 미국은 이 전문을 감청하여 'AF'가 미드웨이라는 사실을 확인할 수 있었다. Edwin T. Layton with Roger Pineau and John Costello, *And I Was There: Pearl Habor and Midway—Breaking the Secrets*(New York: Morrow, 1985), pp.421-422; Shulsky and Schmitt(2002), pp.28, 190.

164) Layton(1985), pp.421-422; Shulsky and Schmitt(2002), pp.28, 190.

165) VENONA에 관한 내용은 1980년대 알려졌지만, 그 사실이 공식적으로 공개된 것은 1996년이다. Robert Louis Benson, *VENONA, Soviet Espionage and the American Response, 1939-1957* (Washington, D.C.: National Security Agency, 1996); Wikipedia, http://en.wikipedia.org/wiki/Venona (검색일: 2006년 12월 6일).

의 희생양으로서 무죄라고 주장했었다. 그러나 VENONA 자료에 따르면 그들이 유죄라는 증거를 설득력 있게 제시해 주고 있다.[166] 또한 VENONA 자료를 면밀히 검토해 본 결과 제2차 세계대전 동안 루즈벨트 행정부의 모든 부처가 소련의 첩보원들에게 무차별 침투 당했다는 사실을 알 수 있었다.[167]

볼(D. Ball)의 연구에 따르면 소련 역시 냉전시대 동안 신호정보 수집활동에 엄청난 노력을 기울였던 것으로 나타난다.[168] 당시 소련은 본토와 해외에 약 500개의 신호정보 수집 기지를 설치했는데 이는 미국의 5배에 해당되는 것으로서 규모 면에서 세계 최대였던 것으로 알려졌다. 소련은 냉전시대 동안 외교관계를 맺고 있었던 국가들 중 약 62개국에 대해 신호수집활동을 전개했던 것으로 드러났다. 신호정보 수집활동을 수행하기 위해 소련은 63기의 신호정보 수집용 선박들, 20기의 유인 또는 무인 항공기들, 수개의 신호정보 수집용 위성들, 기타 신호정보 수집활동을 수행하기 위해 개조된 트럭이나 차량들 등을 운영했다고 한다. 이러한 연구에 따르면 냉전시대 동안 소련이 인간정보에 중점을 두고 첩보활동을 수행했다는 기존의 주장들이 틀리다는 것을 알 수 있다.[169]

(2) 통신정보(Communication Intelligence, COMINT)

통신정보는 각종 통신장비 운용하여 송수신되는 내용 중 의미 있는 문구를 수집, 분석, 처리하여 생산된 정보를 의미한다. 통신수단으로는 음성, 모르스 부호, 무선텔렉스(radioteletype), 팩스 등 다양한 방법이 활용될 수 있다. 일반적으로 민감한 통화내용은 암호화하지만 비용이나 기술적인 문제로 인해 암호화하지 않은 평문 통화도 있다. 예를 들어, 항공기와 지상 관제소 간의 통화는 내용이 명확하게 전달되어야 하기 때문에 암호화하지 않는다.

COMINT의 수집 목표는 다양하다. 전통적으로 외교통신(diplomatic communications)과 군사통신이 가장 중요한 감청 목표로 설정된다. 과거 미국은 여러 나라의 외교통신을 감청했다. 1956년 수에즈 운하 위기 당시 영국의 외교통신을 감청했고, 1985년 서베를린에서 발생한 나이트클럽 폭파사건이 발생하기 수 시간 전에 이루어졌던 리비아와 동베를린 인민국(People's Bureau) 간의 통화 내용을 성공적으로 감청했으며, 1970

166) Christopher Andrew, "Intelligence, International Relations and 'Under-theorisation'," *Intelligence and National Security*, Vol.19, No.2(Summer 2004), p.175.
167) Andrew(2004), p.175.
168) D. Ball, *Soviet Signals Intelligence(Sigint)*(Canberra: Strategic and Defence Studies Centre, Australian National University, 1989), p.136.
169) Herman(1996), p.68.

년 일본 주재 이라크 대사관의 통신을 감청했던 것으로 알려졌다.170) 앞서 언급했던
바, 제2차 세계대전 당시 영국은 '울트라 작전(Ultra Project)'을 통해 독일 히틀러가 야전
사령관들에게 보내는 전문을 감청하고 암호화된 내용을 해독하여 전쟁을 승리로 이끌
수 있었다.

　　대부분의 경우 COMINT는 무선 통신을 감청하지만 때로 유선으로 통신하는 내용
을 감청하기도 한다. 유선 감청의 경우 사람이 직접 유선에 접속하는 작업을 수행해야
하기 때문에 발각될 위험이 있어 꼭 필요한 경우가 아니면 시도되지 않는다.171) 1950년
대 초와 중엽에 영국과 미국의 정보기관은 당시 미국과 소련 관할로 나뉘어 있던 비엔
나와 베를린 지역에서 소련 군사당국이 사용하고 있었던 유선전화 케이블에 도청장치
를 설치하는데 성공했다. 미국은 베를린의 미국 관할 지역에서부터 소련 관할 지역의
유선 전화 케이블이 매설된 지역까지 비밀리에 터널을 뚫었고, 마침내 소련의 유선
전화 케이블에 도청장치를 설치하는데 성공했다.172) 때로 적대국의 해저 케이블을 도
청하는 경우도 있다. 예를 들어, 1971년 10월 미국은 헬리부(Halibut)라는 잠수함을 이용
하여 오호츠크 해에 설치된 소련의 군용 해저 케이블을 감청했다.173) 미국은 1979년부
터 1992년까지 베링 해 무르만스크 연안에 설치된 소련의 해저 케이블을 도청하기도
하였다.

　　미국은 냉전 이후에도 중동, 지중해, 동아시아, 남미 등 광범위한 지역의 해저에
설치된 케이블에 대해 도청활동을 전개하고 있는 것으로 추정된다.174) 특히, 미국은

170) Richelson(1989), p.167.
171) Shulsky and Schmitt(2002), p.29.
172) 이 작전의 구체적인 내용에 대해서는 David E. Murphy, Sergei A. Kordrashev, and George Bailey, *Battleground Berlin: CIA vs. KGB in the Cold War*(New Haven, Conn.: Yale University Press, 1997), ch.11 참고할 것. 영국 SIS 내 소련 첩자로 암약했던 블레이크(George Blake)가 이 사실을 소련에 밀고했고, 소련은 이 사실을 알고 나서 거꾸로 영국과 미국을 기만하는 행동을 취했던 것으로 드러난다. Shulsky and Schmitt(2002), pp.29, 190-191.
173) 헬리부 잠수함에는 잠수부들이 깊숙이 잠수할 수 있도록 특수 설계된 방이 장착되어 있었다. 이를 미 해군에서는 '구급 차량(rescue vehicle)'이라고 했는데, 사실은 여기에 잠수부들이 대기하고 있다가 잠수함이 깊숙이 잠수하면 빠져 나와서 소련의 유선 케이블에 도청용 코일을 설치하였다. 이후 1972년에는 유선 케이블 옆에 고성능 도청 장치를 설치하여 소련의 통신 내용을 녹음하였다. 1982년 전직 NSA 직원이 이 사실을 폭로하면서 이 케이블에 대한 도청 활동은 중단되었다. "Interception Capabilities 2000," http://www.cyber-rights.org/interception/stoa/ic2kreport.htm (검색일: 2006년 12월 5일).
174) 오늘날 미국은 무인 장치(drone)를 활용하여 해저에 설치된 유선 케이블을 원거리에서도 도청할 수 있는 능력을 갖추고 있는 것으로 추측되고 있다. 그러나 해저 케이블 도청의 대상 목표와 지역은 정확히 알 수 없다. 다만, 클린턴 정부는 해저 케이블 도청 활동이 매우 가치 있는 정보를 제공해 주는 것으로 인정하였으며, 1994년부터 1997년까지 매년 그러한 임무를 수행해 온 잠수함 선원들을 극진히 배려했던 것으로 알려졌다. Sherry Sontag and Christopher Drew, *Blind Mans Bluff: the Untold Story of American Submarine Espionage*(Public Affairs: New York, 1998); "Interception Capabilities 2000," http://www.cyber-rights.org/interception/stoa/ic2kreport.htm(검

NSA 주도하에 영국, 캐나다, 호주, 뉴질랜드 등 영연방 국가들과 함께 '에셜론 (ECHELON)'이라는 비밀감청 조직을 결성하여 전 세계의 무선 통신, 위성 통신, 전화, 팩스, 이메일 등을 감청하고 있는 것으로 알려져 있다.175) 에셜론 시스템은 120여 개의 첩보위성을 기반으로 모든 종류의 통신을 하루 120만 건까지 도청할 수 있다는 주장이 있지만 그 능력과 실상에 대해 아직도 정확히 파악되지 않고 있다.176) 한편 미국은 1945년부터 거의 30년 동안 미국의 주요 케이블 회사 사무실에 특수 장비를 설치하여 조직적으로 감청을 통한 수집활동을 수행했던 것으로 드러났다. 암호명 '샴록 (SHAMROCK)'으로 알려진 NSA의 도청 행위는 워터게이트 사건에 관한 청문회를 진행하는 가운데 폭로되었다.177) 1975년 8월 8일 당시 NSA 국장으로 재직중이었던 엘렌 (Lew Allen) 중장은 하원 파이크 위원회(Pike Committee)에서 "NSA는 음성 통화와 유선 케이블 등 국제통신에 대해 체계적인 감청활동을 수행했다"고 시인했다.178)

이후 여러 차례에 걸쳐 NSA의 도·감청 활동에 대한 의혹이 제기되었음에도 불구하고 NSA는 비밀 도·감청 활동을 지속해왔던 것으로 드러났다. 2013년 6월 10일 CIA와 NSA에서 컴퓨터 기술자로 일했던 스노든(Edward Joseph Snowden)이 영국 일간지 『가디언』과 『워싱턴 포스트』를 통해 미국 NSA를 필두로 하는 서방 정보기관들이 전 세계 일반인들의 통화기록과 인터넷 사용정보 등의 개인정보를 무차별적으로 수집·사찰해온 사실을 폭로했다.179) 스노든이 폭로한 바에 따르면 NSA를 중심으로 구축된 에셜론의 역량이 과거에 비해 대폭 강화된 것으로 보인다. 에셜론은 첩보위성, 지상기지, 고성능 신호인식 컴퓨터를 연결해 전화, 팩스, 이메일, 문자메시지, 금융거래

색일: 2006년 12월 5일).
175) 1947년 미국과 영국이 통신정보를 공동으로 수집·공유하자는 비밀 합의에서 출발한 에셜론은 1972년 영국과 미국이 먼저 시작한 UKUSA라는 국제 통신감청망에 캐나다, 호주 뉴질랜드 등 3개 영어권 국가를 포함시켜 이들 회원국을 제외한 전 세계 모든 종류의 통신정보를 수집·분석·공유한다. 현재까지 식별된 에셜론 기지 위치는 미국 야키마와 슈거 그로브(Sugar Grove) 영국 모웬스토(Morwenstow)와 멘위스힐(Menwith Hill), 호주 제럴드턴과 솔베이, 뉴질랜드 와이호파이, 캐나다 라이트림(Leitrim), 독일 그리스하임, 일본 미자와 등이다. 공식적으로 확인된 바는 없지만 한반도에는 오산 공군기지와 평택 미군 비행장으로 알려진 험프레이 캠프에 에셜론과 관련된 기지가 있는 것으로 알려져 있다. 최영재, "전 세계 도청망 에셜론 공포," 『신동아』(2000년 4월호), http://www.donga.com/docs/magazine/new_donga/200004/nd20000(검색일: 2006년 12월 6일); 부승찬, "미국의 '무차별 도청'은 계속된다," 『동아닷컴』(2013.11.4.), http://weekly.donga.com/docs/magazine/print.php?mgz_part=weekly&n=20131(검색일: 2013년 11월 15일).
176) Wikipedia, "ECHELON," http://en.wikipedia.org.wiki/ECHELON(검색일: 2006년 12월 5일).
177) "Interception Capabilities 2000," http://www.cyber-rights.org/interception/stoa/ic2kreport.htm(검색일: 2006년 12월 5일).
178) "Interception Capabilities 2000," http://www.cyber-rights.org/interception/stoa/ic2kreport.htm(검색일: 2006년 12월 5일).
179) "에드워드 스노든-위키백과," http://ko.wikipedia.org/wiki/%EC%97%90%EB%(검색일: 2013년 11월 15일).

등 지구상의 거의 모든 통신 내용을 매일 30억 건씩 감청할 수 있는 것으로 알려졌다.[180] 특히 에셜론의 IT버전이라 할 수 있는 '프리즘(PRISM)'은 가공할 수준의 정보수집 역량을 가진 프로그램으로 드러났다. 2007년에 설치된 프리즘은 인터넷과 통신회사의 중앙 서버에 접속해 사용자정보를 수집하는 프로그램이다. NSA는 프리즘을 이용해 구글, 페이스북, 야후 등 유명 IT 기업의 서버에 접근한 뒤 일반인 사용자의 이메일 및 메신저 주소록 등을 무차별적으로 수집했다고 한다.[181]

또한, 스노든은 NSA가 브뤼셀 EU 본부는 물론 미국 주재 38개국의 대사관을 도·감청한 사실도 폭로했다. 이어서 NSA가 메르켈 독일 총리를 비롯한 외국 정상 35명의 전화를 감청했다는 주장도 제기됐다.[182] 스노든의 폭로로 미국 정부는 에셜론의 실체를 지목하지는 않았지만 사실상 도청했다는 사실을 인정하기에 이르렀다. 제임스 클래퍼 미국 국가정보장(DNI)은 2013년 10월 29일 하원 청문회에 참석해 "외국 지도자들에 대한 감시는 전혀 새로운 것이 아니며, 이들에 대한 감시활동은 첩보의 기본"이라면서 "미국 동맹국들 역시 미국을 상대로 첩보활동을 한다"고 주장했다.[183] NSA의 도청 파문으로 국내외적으로 비난 여론이 고조하자 오바마 대통령은 미국 대통령으로서는 최초로 외국 정상들에 대한 도청 사실을 인정하고, NSA 첩보수집활동에 대한 재검토 작업에 착수했다고 밝혔다.[184]

한편, 오늘날 통신기술의 발전과 함께 COMINT 수집에 있어서 어려움이 생기고 있다. 과거 무선 통신은 적당한 장소에 안테나를 설치하여 감청할 수 있었고, 유선 통신은 사람이 직접 감청장치를 설치하면 되었다. 그런데 새로운 통신수단이 등장하면서 감청이 점점 더 어려워지고 있다. 예를 들어, 시간당 엄청난 전송속도를 가진 광케이블(optical fibre cable)은 일반 전화선보다 도청이 어렵다. 2006년 현재 전 세계 장거리 전화와 데이터 송수신의 99%가 광케이블을 통해 이루어지고 있다고 한다.[185] 에셜론에 대한 유럽의회의 조사보고서에 따르면 유럽의 경우 2001년 현재 위성을 활용한 국제통신의 비율이 0.4%-5% 수준으로 감소했다고 한다.[186] 과거에는 전 세계 인터넷 통신이

---

180) 『동아일보』(2013.11.4.).
181) 『동아일보』(2013.11.4.).
182) 영국 일간지 가디언은 전직 NSA 직원 에드워드 스노든에게서 입수한 기밀문서를 이용, NSA가 다른 정부 부처 관료로부터 외국 정상들의 전화번호를 확보해 이 같은 작업을 자행했다고 폭로했다. "미 NSA, 외국 정상 35명 전화통화 감청," 『동아일보』(2013.10.26.).
183) 부승찬(2013).
184) 부승찬(2013).
185) Wikipedia, "ECHELON," http://en.wikipedia.org.wiki/ECHELON(검색일: 2006년 12월 5일).
186) European Parliament Report on ECHELON, http://www.fas.org.irp/program/process/rapport_echelon_en.pdf(July 2001); Wikipedia, "ECHELON," http://en.wikipedia.org.wiki/ECHELON(검색일: 2006년

영국과 미국 지역을 거쳐야 했지만 지금은 그렇지 않기 때문에 과거처럼 인터넷 도청도 쉽지 않은 실정이라고 한다.[187] 휴대폰도 공중으로 발송되는 전파를 이용한 통신수단이지만 복잡한 연산으로 인해 도청이 쉽지 않은 것으로 알려졌다.

(3) 전자정보(Electronics Intelligence, ELINT)

전자정보는 레이더와 같은 적의 군사장비로부터 방출되는 전자파를 추적, 분석해서 취득되는 정보를 의미한다. 전자정보를 활용하여 적대국의 방공 레이더, 지휘통제센터 등 주요 군사시설에 대해 지속적인 감시 및 추적활동을 전개할 수 있다. 특히 전자정보는 스텔스 작전을 지원하는데 매우 유용하게 활용된다. 즉 스텔스 항공기라 할지라도 적의 추적을 완전히 피할 수는 없기 때문에 전자정보를 활용하여 어떤 지역이 적에게 노출될 위험이 있는지를 알아낼 수 있다. 전자정보의 수집기지로는 지상 기지, 선박, 항공기, 위성 등이 활용된다.

최초의 전자정보 활동은 제2차 세계대전부터 시작되었다. 당시 ELINT 주요 대상 목표는 적국의 방공 레이더 기지들이었다. 적국 방공 레이더의 위치와 성능을 파악함으로써 전투기 폭격 시 적국의 레이더 기지를 우회하거나 무력화시킬 수 있었다. 1950년대 초 미국 ELINT 체계의 주요 목표는 중국을 포함하여 소련 사회주의 국가들의 레이더 기지였다. 대표적인 ELINT 체계로서 구소련이나 현 러시아가 운용하고 있는 EORSAT(Elint Ocean Reconnaissance Satellite, 전자정보 수집용 해양정찰위성)를 들 수 있다. 러시아는 수년 동안 EORSAT를 활용하여 깊은 바다에서 발사하는 레이더 등 전자신호를 추적했고, 이를 통해 미국 전투함의 위치를 감시해 왔다.[188]

ELINT 수집활동은 단순히 전자파를 방출하는 물체를 탐지하는 것으로 끝나는 것이 아니다. 적대국의 레이더 신호를 탐색해서 한 번에 탐지할 수 있는 공간의 폭, 운용범위 등 레이더의 성능과 제원을 파악할 수도 있다. 예를 들어, 무선파의 진동수가 반복되는 상태를 분석하여 레이더의 범위를 파악할 수 있다. 제2차 세계대전 중 영국 '과학정보국(British Scientific Intelligence)'은 독일의 프레야(Freya) 방공 레이더가 초당 500회의 진동을 반복하는 방식으로 작동되고 있다는 사실을 추적하여 레이더의 최대 운용범위가 300km라는 것을 알아낼 수 있었다고 한다.[189]

12월 5일).

187) Wikipedia, "ECHELON," http://en.wikipedia.org.wiki/ECHELON(검색일: 2006년 12월 5일).

188) Jeffrey Richelson, *Sword and Shield: The Soviet Intelligence and Security Apparatus*(Cambridge, Mass.: Ballinger Publishing Company, 1986), pp.103-105.

189) Shulsky and Schmitt(2002), p.31.

ELINT는 '통화량분석(traffic analysis)'에 활용되어 유용한 정보가 취득될 수 있도록 지원하는 기능도 수행한다. 통화량 분석은 암호를 풀지 못해 통신 내용을 파악할 수 없는 상황에서 쌍방 간 교신의 패턴(pattern)을 분석하여 유용한 정보를 생산하는 기법이다.[190) 예를 들어, 지휘본부와 예하 부대 간 통화량이 갑자기 증가하면 중요한 작전이 진행되고 있을 것으로 추정할 수 있다. 또는 위치추적기법의 일종으로서 '무선신호발신지 추적기법'을 활용하여 배, 비행기, 부대 등의 위치를 탐지할 수도 있다.[191) 예를 들어, 제2차 세계대전 중 심해에서 활동하는 독일의 U보트 잠수함은 지상의 해군기지와의 교신에서 또는 잠수함들 간의 교신에서 상호 간에 무선을 활용했다. 연합군 호위함대를 공격하는 방법으로서 독일 해군이 '잠수함대(wolfpacks)' 작전을 전개할 경우 공격을 조율하고 화력을 집중하기 위해 지휘본부와 잠수함 간 그리고 잠수함들 상호 간에 통화량이 엄청나게 증가했다. 영국과 미국 신호감청 기지에서는 이를 이용하여 잠수함의 위치를 추적할 수 있었다. 연합국은 비록 통화내용을 알 수는 없었지만 잠수함 위치 추적을 통해 대서양 해전을 수행하는데 활용될 수 있는 유용한 정보를 얻을 수 있었다. 연합군은 잠수함 위치 추적기법과 암호해독을 활용하여 독일 잠수함대의 공격을 피할 수 있었다. 이후 영국과 미국은 이러한 기법을 더욱 발전시켜 독일 U-boat를 탐지·격파하는데 매우 유용하게 활용하였다.[192)

통화량 분석은 방첩활동에도 유용하게 활용될 수 있다. 전 MI5 요원으로 근무했던 라이트(Peter Wright)는 회고록에서 소련 정보기관이 통화량 분석 기법을 활용하여 런던 주변에서 수행되고 있던 소련의 첩보활동에 대한 영국 정보기관의 미행감시활동을 무력화시키곤 했다고 증언했다. 소련은 런던 주재 소련 대사관 내에서 영국 미행감시반이 교신하고 있는 상황을 계속 주시하고 있었다. 영국 미행감시반은 암호화하여 교신했기 때문에 내용을 파악할 수는 없었다. 그러나 교신량이 많아지면 영국 보안기관의 미행감시활동이 강화되고 있음을 알 수 있었다. 라이트는 "러시아 정보요원들은 통신 내용보다는 통화량 분석을 통해 정보를 취득했다"고 회고했다.[193)

---

190) Wikipedia, "Traffic Analysis" http://en.wikipedia.org.wiki/Traffic_analysis(검색일: 2006년 12월 5일).
191) Shulsky and Schmitt(2002), p.28.
192) David Kahn, *Seizing the Enigma: The Race to Break the German U-Boat Codes, 1939-1943* (Boston: Houghton Miffin, 1991), pp.144-145, 215-216, and 244-251; Patrick Beesly, *Very Special Intelligence: The Story of the Admiralty's Operational Intelligence Centre, 1939-45*(Garden City, N.Y.: Doubleday, 1978), pp.55-56, 97-98, 116, and 195; and Shulsky and Schmitt(2002), p.29.
193) Peter Wright, *Spycatcher: The Candid Autobiography of a Senior Intelligence Officer*(New York: Viking, 1987), pp.52-57, 91-93, and Shulsky and Schmitt(2002), p.190, footnote 66.

(4) 원격측정정보(Telemetry Intelligence, TELINT)

원격측정정보(TELINT)는 외국장비신호정보(Foreign Instrument Signals Intelligence, FISINT)의 일종이다. FISINT는 외국의 각종 장비에서 방출되는 신호를 포착하여 수집하는 정보를 뜻한다. Telemetry는 '원격측정' 즉 먼 거리에 떨어져 있는 정보를 읽는다는 의미를 가지는 것으로서 시험 발사된 미사일이나 항공기에서 지상 기지로 보내오는 일련의 신호들을 포함한다. TELINT는 COMINT와 거의 유사하지만 감청 대상이 사람들 간의 대화가 아니고 미사일 등 시험중인 무기체계와 지상 통제소간의 교신이라는 점이 다르다. 즉 TELINT의 임무는 대화로 된 교신이 아니고 감지장치(센서)와 기타 무기체계에 내장된 장비에 관한 정보를 읽는 것이다.

무기체계의 추진속도, 무기체계 내부 장치들의 온도, 연료소모량, 유도장치의 성능 등 여러 가지 변수들을 종합하여 지상관측소의 기술자는 시험 발사된 무기에서 어떤 일이 일어나고 있는지를 판단할 수 있다.[194] 무기체계를 시험하는 국가에서는 시험 발사중의 기록들을 분석하여 무기체계의 결함을 찾아내고 성능을 개선할 수 있는 매우 가치 있는 정보들을 얻을 수 있다. 만일 이러한 첩보를 감청하여 제대로 해석해 낸다면 적이 현재 개발중에 있는 새로운 무기체계의 성능을 파악할 수 있을 것이다. 냉전시대 동안 미국은 소련 대륙간탄도미사일에 관한 원격측정정보를 취득하여 소련 미사일의 성능을 지속적으로 파악해왔던 것으로 알려졌다.[195] 그러나 Telemetry 자료분석은 암호해독만큼이나 매우 어려운 과정이다. 무기체계를 시험하는 국가는 시험 발사된 무기와 지상관측소와의 교신을 암호화하여 적이 알아볼 수 없게 만드는 경향이 있다. 또한, 시험 발사된 미사일의 성능에 관련된 정보가 적에게 노출되지 않도록 하기 위해 때로 Telemetry 교신자료를 무기에 탑재된 장치에 기록하여 두었다가 나중에 꺼내서 내용을 분석하는 방법을 활용하기도 한다.[196]

(5) 신호정보 수집기지

1) 위　　성

아마도 미국에서 운용하기 시작한 최초의 신호정보 위성은 1962년에 발사된 '팝피

---

194) Richelson(1989), p.169.
195) Bruce Berkowitz and Allan E. Goodman, *Strategic Intelligence for American National Security* (Princeton: Princeton University Press, 1989), p.69; U.S. Congress, Senate, 94th Cong., 2nd sess., *Final Report of the Select Committee to Study Governmental Operations with Respect to Intelligence Activities*(Washington, D.C.: U.S. Government Printing Office, April 1976), p.354.
196) Shulsky and Schimitt(2002), p.30.

(POPPY)' 위성으로 보인다. 2005년 9월 NRO가 비밀 해제한 보고서에 따르면 미국은 NRO 주도하에 1962년부터 1971년까지 암호명 '팝피(POPPY)'라는 이름으로 총 7기의 전자정보(ELINT) 위성을 발사했던 것으로 드러났다.[197] 팝피 위성은 소련 지역에 설치된 레이더를 대상 목표로 하여 전자정보(ELINT) 수집활동에 중점을 두고 운용되었는데 자세한 내용은 아직도 비밀로 분류되어 밝혀지지 않고 있다.

미국은 1968년 8월 '케넌(CANYON)'이라는 이름의 통신정보(COMINT) 수집용 위성을 최초로 발사했다. 이 위성은 독일 '바드 아이블링(Bad Aibling)'에 있는 지상 통제소에서 관리되었다. 케넌 위성은 소련 지역에 대한 감청활동을 지속적으로 수행하기 위해 정지궤도에 근접하여 운행되었다. 미국은 1977년까지 총 7기의 케넌 위성을 발사하여 통신정보 감청활동을 수행했다. 소련 시베리아 지역은 지하에 케이블 매설이 어려웠기 때문에 소련은 주로 무선 통화를 활용했고, 이를 케넌 위성으로 감청할 수 있었다.[198]

케넌 위성이 감청활동을 매우 성공적으로 수행하게 되자 미국은 1978년 6월과 1979년 10월 2기의 '샤렛(Chalet)'이라는 새로운 유형의 통신정보 위성을 발사했다.[199] 샤렛 위성은 NSA가 주도하여 운용했으며 영국 '멘위드 힐(Menwith Hill)'에 지상 통제소를 두었다. 샤렛 위성의 이름이 신문에 알려지면서 '보텍스(Vortex)'로 개명했고, 1987년 '보텍스'라는 이름이 세상에 알려지자 다시 '머큐리(MERCURY)'라는 이름으로 바꾸었다.[200] 1985년 이후 머큐리 위성은 중동지역까지 감청 범위를 넓혔으며, 1987년부터 1988년까지 걸프 만에서 수행했던 미 해군 작전을 효과적으로 지원하여 그 명성을 높였다. 그리고 1991년 걸프전 당시 '사막의 폭풍' 작전과 '사막의 방패' 작전을 성공적으로 수행하는 데 중요한 역할을 담당했던 것으로 알려졌다.[201]

한편, 1970년대 동안 미국은 암호명 '리욜리트(Rhyolite)'로 알려진 5기의 원격측정정보(TELINT) 수집용 위성을 운용했다.[202] 리욜리트 위성의 주요 목표는 소련의 미사일

---

197) Wikipedia, "Poppy," http://en.wikipedia.org/wiki/Poppy_%28satellite%29(검색일: 2006년 12월 16일).

198) "Interception Capabilities 2000," http://www.cyber-rights.org/interception/stoa/ic2kreport.htm(검색일: 2006년 12월 5일).

199) 3번째 샤렛 위성은 1981년 10월 31일에 발사되었고, 이후 보텍스(Vortex)라는 이름으로 1984년부터 1989년까지 3기의 위성이 발사되었다. Wikipedia, "Vortex/Chalet, http://en.wikipedia.org/wiki/Vortex_satellite(검색일: 2006년 12월 16일).

200) Richelson(1989), p.174.

201) "Interception Capabilities 2000," http://www.cyber-rights.org/interception/stoa/ic2kreport.htm(검색일: 2006년 12월 5일).

202) 리욜리트 위성에 관한 내용은 현재 비밀로 분류되어 정확하게 알려지지 않고 있다. Wikipedia, "Rhyolite/Aquacade" http://en.wikipedia.org/wiki/Rhyolite/Aquacade(검색일: 2006년 12월 16일); Des Ball, *Pine Gap: Australia and the US Geostationary Signals Intelligence Satellite Program*(Sydney: Allen & Unwin Australia, 1988), pp.14-15.

시험발사를 감시하는 것이었지만, 아프리카, 유럽, 아시아, 중동 등 전 세계의 광범위한 지역을 대상으로 원격측정정보(TELINT)와 통신정보(COMINT) 수집활동도 수행했다.[203] 특히 리욜리트 위성은 주로 소련과 중국 지역의 VHF, UHF 및 단파 주파수를 이용하는 전화와 무선통신을 감청했고, 나아가 베트남, 인도네시아, 파키스탄, 레바논 지역에 대한 통신 감청활동도 수행했다.[204] 1975년 리욜리트 위성에 관한 기밀사항이 소련 KGB에 알려지게 되면서 NRO는 암호명을 '아쿠아케이드(AQUACADE)'로 바꿨다.[205]

신호정보 위성의 성능은 상당 부분 안테나 크기에 좌우된다. 리욜리트 위성은 우주에서 10m 길이의 안테나를 펼쳐서 운용되었다. 1985년 1월 25일 미국은 디스커버리 우주선(space shuttle)에서 암호명 '매그넘(MAGNUM)'으로 불리는 위성을 쏘아 올렸다.[206] 이 위성은 나중에 암호명을 '오리온(ORION)'으로 바꾸었는데 직경 약 100m까지 펼쳐진 안테나로 원격측정신호(telemetry), VHF, 휴대폰 호출신호, 무선자료송신(mobile data links) 등을 감청했다. 안테나의 크기가 클수록 낮은 출력의 신호까지 감청할 수 있는데 미국은 현재 직경 100m가 넘는 대규모 안테나가 장착된 위성을 개발하고 있는 것으로 추측된다.[207] 매그넘 위성은 스텔스와 교란(spoof) 대응 장치까지 갖추고 있어 소련에서 탐지하거나 전파교란(jamming)으로 방해하기도 어렵다고 한다.[208]

미국은 최초 '점프싯(JUMPSEAT)'으로 알려졌고 나중에 '트럼펫(TRUMPET)'으로 개명한 위성을 1985년과 1987년에 각각 발사하여 1980년대 말까지 운용했다.[209] 이 위성은 타원형의 고 궤도를 돌면서 소련 북쪽 지역을 대상 목표로 하여 '머큐리'나 '오리온' 위성이 수집하지 못하는 신호정보를 감청하는 활동을 수행했다. 또한 동일 궤도를 돌고 있는 러시아 통신 위성으로 송신되는 신호를 감청하기도 하였다.

---

203) Richelson(1989), p.173.

204) Robert Lindsey, *The Falcon and the Snowman: A True Story of Friendship and Espionage*(New York: Simon and Schuster, 1979), p.111; Ball(1988), p.54; Richelson(1989), p.173.

205) 1975년 TRW사 직원이었던 보이스(Christopher Boyce)와 리(Andrew Daulton Lee)가 KGB에게 리욜리트 위성의 기술적인 비밀사항을 팔아넘겼다. Lindsey(1979); Burrows(1987), p.192; Richelson (1989), p.173.

206) 1985년부터 1990년까지 3기의 메그넘 위성이 발사되었을 것으로 추측된다. Wikipedia, "Magnum (satellite)" http://en.wikipedia.org/wiki/Magnum_%28satellite%29(검색일: 2006년 12월 16일).

207) "Interception Capabilities 2000," http://www.cyber-rights.org/interception/stoa/ic2kreport.htm(검색일: 2006년 12월 5일).

208) 소련은 미사일 시험발사 등 중요한 기밀을 숨기기 위해 필요할 경우 미국의 신호정보 수집활동에 대한 전파교란 활동을 전개하였다. 1983년 대한항공 폭파사건 당시에도 미국에 대해 전파교란 행위를 했던 것으로 알려졌다. Walter Andrews, "Defense Aide Confirms U.S. Satellites Jammed," *Washington Times*(June 21, 1984); Richelson(1989), p.174.

209) Richelson(1989), p.175.

1990년 이후 미국의 신호정보 위성 발사 현황은 정확히 알려지지 않고 있다. 다만 지상통제센터를 비롯하여 미국의 신호정보 위성 수집활동은 축소되지 않았으며 오히려 지속적으로 확대되었던 것으로 추정된다. 미국의 신호정보 위성에 대한 지상통제소는 콜로라도 주 소재 버클리 필드, 호주 파인 캡, 영국 맨위드 힐, 독일 바드 아이블링 등에 있다. 신호정보 위성과 수신 시설은 1기당 약 10억 달러 정도의 엄청난 비용이 소요된다.[210] 1998년 미 NRO는 비용을 절감하고 신호정보활동을 보다 효과적으로 수행하기 위해 3가지 유형의 신호정보 위성을 통합한 새로운 통합형 신호정보 위성을 개발하겠다는 계획을 발표했었는데 구체적인 추진 상황은 아직 잘 알려져 있지 않다.[211]

미국은 위성을 활용하여 세계에서 가장 성공적으로 신호정보 감청활동을 전개하고 있다. 구소련이나 유럽도 신호정보 위성을 보유하고 있었지만 미국만큼 효과적으로 신호정보 수집활동을 전개하지는 못했던 것으로 보인다. 러시아 최초의 신호정보 위성은 구소련 당시인 1967년에 쏘아 올린 코스모스(Cosmos) 189호 전자정보 위성이다.[212] 구소련은 이후 24년 동안 200기의 신호정보 위성을 우주 궤도에 진입시켜 운용하였다. 러시아는 1994년과 1995년 각각 48기와 45기의 위성을 쏘아 올렸는데 그 중 50%는 군사용인 것으로 추정된다. 러시아는 GRU에서 전자정보 위성을 운용하고 있는데 통신정보 위성의 존재 여부와 운용 주체는 확실하게 알려져 있지 않다.[213] 영국의 '지르콘(ZIRCON)' 계획과 프랑스의 '제논(ZENON)' 계획은 독자적인 신호정보 수집을 위해 추진되었지만 지속되지는 못했던 것으로 보인다. 1988년 이후 영국은 미국 보텍스 위성(현재 머큐리)의 도움을 받아 신호정보 수집활동을 수행하고 있다.

2) 정 찰 기

현재까지 미국에서 신호정보 수집용으로 탁월한 능력을 갖고 있으며 가장 널리 활용되어온 정찰기는 RC-135이다. 1963-1964년에 RC-135B 10기가 발주된 이래 12개의 RC-135 기종이 개발되어 거의 40여 년 동안 활용되어왔다. RC-135는 미국이 수행했던 베트남 전쟁, 그라나다 침공, 파나마 침공, 걸프전 등 많은 전투에 활용되어 뛰어난

---

210) "Interception Capabilities 2000," http://www.cyber-rights.org/interception/stoa/ic2kreport.htm(검색일: 2006년 12월 5일).

211) "Interception Capabilities 2000," http://www.cyber-rights.org/interception/stoa/ic2kreport.htm(검색일: 2006년 12월 5일).

212) Federation of American Scientists(이하 FAS), "Signals Intelligence Programs and Activities," http://www.fas.org/irp/world/russia/program/sigint.htm(검색일: 2006년 12월 27일).

213) FAS, "Signals Intelligence Programs and Activities," http://www.fas.org/irp/world/russia/program/sigint.htm(검색일: 2006년 12월 27일).

능력을 보여주었다. '리벳 조인트(Rivet Joint)'라는 별명의 RC-135V/W는 고도 12,375m 고도까지 상승할 수 있고, 시속 736km의 항속으로 급유 없이 10시간 동안 최대 9,100km를 비행할 수 있으며, 최대 32명의 승무원을 태우고 신호정보를 수집하는 임무를 수행한다. 이 정찰기는 알래스카, 파나마, 영국, 그리스, 일본 등지에 기지를 두고 서부 유럽과 극동지역에서는 월 평균 70회, 중앙아메리카 지역에서는 월 평균 12회의 정찰비행을 실시했었는데 현재 14기가 운용되고 있다.[214] RC-135의 일부 기종은 신호 정보 수집 능력뿐만 아니라 전자정보 또는 영상정보 수집 능력도 갖추고 있는 것으로 알려졌다. 예를 들어 '컴뱃 센트(Combat Sent)'라고 불리는 RC-135U는 적외선 영상장비를 갖추고 있으며, '코브라 볼(Cobra Ball)'이라고 불리는 RC-135S는 소련 ICBM에 관한 정보수집을 목적으로 활용되는 특수한 전자/광학정찰기로서 공해상에서 소련 ICBM 탄두의 대기권 재돌입 상황을 관측하고 동시에 미사일에서 나오는 원격측정신호 (telemetry signals)를 수집한다.[215]

미국 NSA와 공군은 구소련 미사일 시험발사를 감시할 정찰기로 RC-135S와 더불어 EC-135N을 1985년까지 운용했으며, 이후 EC-18B가 그 임무를 계승하였다. 이 밖에 주로 영상정보 수집에 활용되는 SR-71, U-2, TR-1 등이 종종 신호정보 수집용 장비를 갖추어 영상정보와 동시에 신호정보활동을 수행했다.[216] 앞서 언급했던바 글로벌 호크 등 최근 개발된 무인 정찰기들도 영상정보와 신호정보를 동시에 수집할 수 있도록 설계되어 있다.

아시아 지역에서 미국 외에 러시아, 중국, 일본, 대만, 싱가포르, 한국, 태국, 호주 등 많은 나라들이 정찰기를 활용하여 신호정보 수집활동을 전개하고 있는 것으로 알려졌다. 러시아의 GRU 제6국(Sixth Directorate)은 20여 종류의 항공기를 활용하여 신호정보를 수집하고 있는 것으로 알려졌다.[217] 중국은 러시아제 Antanov An-12를 비롯하여 PS-5s, HZ-5s, Tu-154Ms 등 신호정보 수집 능력을 갖춘 여러 종류의 항공기를 보유하

---

214) Seymour M. Hersh, *The Target is Destroyed: What Really Happened to Flight 007 and What America Knew about It*(New York: Random House, 1986), p.9.

215) Burrows(1987), p.172. 1983년 9월에 구소련의 영공을 침범했다고 해서 격추된 대한항공의 보잉 747 여객기는 RC-135로 오인되었기 때문으로 추정된다. 2003년 3월 북한 원산에서 240km 떨어진 공해상에서 정찰활동을 벌이던 RC-135S를 북한의 MIG-29기 2대가 긴급 출격하여 15-120m 까지 접근하며 위협하는 사건이 발생하기도 하였다. 미국은 RC-135S로 2006년 7월 대포동 2호 발사 등 북한 미사일 발사 관련 움직임을 면밀히 추적해왔다. 유용원, "세계 최첨단 장비가 24 시간 북핵을 감시," 『주간조선』(2006.11.7.), http://news.naver.com/news/read.php?mode=LOD&office_ id=053&article_id=0000006268(검색일: 2006년 12월 27일).

216) Richelson(1989), pp.179-181.

217) FAS, "Signals Intelligence Programs and Activities," http://www.fas.org/irp/world/russia/program/ sigint.htm(검색일: 2006년 12월 27일).

고 있으며, 지상기지, 선박, 잠수함, 트럭, 위성 등을 활용하여 아시아·태평양 지역에서
신호정보 수집활동을 적극적으로 전개하고 있는 것으로 알려졌다.[218]

　　오늘날 신호정보 수집용 정찰기는 군사작전 외에 테러, 마약 등 새로운 안보위협에
도 유용하게 활용된다. 예를 들어, 미군의 P-3 정찰기는 1990년대 초 컬럼비아 마약
밀매 두목 파블로 에스코바(Pablo Escobar)를 추적하는 데 많은 도움이 되었던 것으로
보도되었다.[219] 미국 관세청(Customs Service)은 마약범 소탕에 4기의 P-3 항공기를 운용
하고 있다. 또한 신호정보 수집용 정찰기는 위성이나 지상기지보다 기동성이 있어 첩보
수집에 유리한 점이 있다. 선박보다는 원거리의 광범위한 지역에서 고주파 신호를 수집
할 수 있고, 위성보다 긴급하게 필요한 지역에 대한 정찰활동을 수행할 수 있다는
장점이 있다.

3) 지상기지

　　1940년대 말부터 미국은 소련과 동유럽 지역에 대한 신호정보 감청활동을 수행했
으며, 그 범위가 중국, 베트남, 북한, 중동, 중앙아메리카 등으로 확대되었다. 1980년대
말까지 미국은 NSA 주도하에 20개 국가에 걸쳐 약 60개의 지상기지를 운용했다.[220]
구소련이 붕괴되고 냉전이 종식되면서 미국이 해외에 설치한 지상기지는 급격히 감소
했다. 이탈리아, 독일, 영국, 터키에 설치되었던 지상기지들의 일부가 문을 닫았다.
그렇지만 미국은 여전히 알래스카, 일본, 영국, 독일, 태국, 한국 등에 신호정보 수집
지상기지를 운용하고 있다. 대표적인 지상 수집기지로서 알래스카의 세미야(Shemya)
섬 소재 '코브라 데인(Cobra Dane)' 레이더 시스템은 1977년에 최초로 배치되어 구소련
캄차카 반도와 태평양 부근에서 소련의 ICBM과 SLBM 미사일의 시험 발사를 감시하
는 임무를 수행해 왔다.[221] 일본 혼슈 섬 북쪽 끝에 소재한 미자와(Misawa) 기지는
소련 극동 지역을 목표로 신호정보 수집활동을 전개했는데 1980년대 말경 미 육·해·
공군에서 각기 파견한 암호해독 요원만 1,880명에 이를 정도였다.[222] 미국은 현재 유럽,
중남미, 아프리카, 아시아 등 전 세계에 걸쳐서 신호정보 수집을 위한 지상기지를 운용
하고 있다.[223]

---

218) http://www.globalsecurity.org/org/news/2001/01045-aries1.htm(검색일: 2006년 12월 26일).
219) http://www.globalsecurity.org/org/news/2001/01045-aries1.htm(검색일: 2006년 12월 26일).
220) 어떤 기지에는 3만 명의 인원이 근무하고 있는 반면, 일부 기지는 사람이 근무하지 않는 무인
　　기지도 있었다. Richelson(1989), p.181.
221) FAS, "AN/FPS-108 Cobra Dane," http://www.fas.org/spp/military/program/track/cobra_dane.htm(검색
　　일: 2006년 12월 27일).
222) Hersh(1986), p.47.
223) United States Army Field Station Korea, *Fiscal Year 1986 Annual Historical Report*(1987), p.2;

러시아는 주로 CIS 영토 내에 신호정보 수집용 지상기지를 운용하고 있으며, 베트남의 캄 랭크 베이(Cam Rank Bay), 쿠바의 로우르데스(Lourdes) 등에도 대규모 지상기지를 두고 신호정보를 수집하고 있다.224) 쿠바의 로우르데스에 있는 지상기지는 세계에서 가장 규모가 크고 최첨단 장비를 갖추고 신호정보를 수집하고 있으며, GRU, FAPSI, 쿠바 정보부가 합동으로 운용하고 있다. 특히 이 기지는 미국 플로리다 주의 키 웨스트(Key West)에서 불과 100마일이 되지 않는 곳에 위치하고 있어 미국 남동부 지역에서 미국과 유럽 국가들 간에 교신되는 민간 또는 정부의 통신을 감청하고 있는 것으로 추정된다.225)

4) 기   타

이 밖에 신호정보 수집용 플랫홈으로 선박과 잠수함이 활용되기도 하며, 종종 대사관의 밀실에서 은밀하게 주재국의 중요 인물들이 대화하는 내용을 도청하기도 한다. 냉전시대 동안 구소련은 60여 국의 해외주재 대사관, 영사관, 무역대표부 등의 밀실에서 주재국의 신호정보를 수집했다. 미국의 CIA와 NSA는 합동으로 45개 해외주재 미국 대사관과 영사관을 활용하여 통신정보 수집활동을 적극적으로 전개했던 것으로 드러났다. 모스크바 주재 미국 대사관에서는 1960년대 말부터 1970년대 초까지 브레즈네프 공산당 서기장, 우크라이나 공산당 서기장 포드고르니(Nikolai Podgorny), 코시긴 수상 등 정치국 위원들의 무선전화 내용을 도청했다.226) 당시 소련은 미국이 도청하는 것을 몰랐기 때문에 암호화하지 않은 채 통화했고, 그래서 모스크바에서 도청한 내용이 곧바로 CIA 본부로 전달되었다. 미국은 SALT I 조약이 조인되기 바로 직전 브레즈네프 소련 공산당 서기장과 그레츠코(Grechko) 군사령관과의 대화를 감청하고 암호를 풀어서 내용을 해독해냈다.227)

구축함을 개조한 선박이 신호정보 수집에 활용되기도 하였다. 미 국방부의 추정에 따르면 소련은 1959년부터 시작하여 냉전시대 동안 61척의 신호정보 수집용 선박을 운용했던 것으로 알려졌다.228) 미국이 1961년에 배치했던 '비전투 기술연구용 선박

Richelson(1989), pp.185-186.

224) FAS, "Signals Intelligence Programs and Activities," http://www.fas.org/irp/world/russia/program/sigint.htm(검색일: 2006년 12월 27일).

225) FAS, "Signals Intelligence Programs and Activities," http://www.fas.org/irp/world/russia/program/sigint.htm(검색일: 2006년 12월 27일).

226) Laurence Stern, "U.S. Tapped Top Russian's Car Phones," *Washington Post*(December 5, 1973), A1, A16; Ernest Volkman, "U.S. Spies Lend an Ear to Soviets," *Newsday*(July 12, 1977), p.7.

227) Stern(1973), A1, A16; Bill Gertz, "CIA Upset Because Perle Detailed Eavesdropping," *Washington Times*(April 15, 1987), 2A.

228) 제프리 리첼슨 저, 조용관 역, 『칼과 방패: 소련의 정보전략』(서울: 고려원, 1989), p.110.

(Auxiliary General Technical Research, AGTR)'과 1965년에 운용된 '비전투 환경연구용 선박(Auxiliary General Environmental Research, AGER)'은 모두 구축함을 개조한 것으로서 신호정보 수집용으로 활용되었다.[229] 이 밖에도 미국은 냉전시대 동안 데요(Deyo), 카론(Caron), 요크타운(Yorktown), 블레이클리(Blakely), 휴레이(Furei), 줄리어스(Julius), 코브라 쥬디(Cobra Judy) 등 여러 종류의 선박을 활용하여 신호정보활동을 활발하게 전개했다.[230] 이들의 주요 목표는 구소련의 미사일 시험발사 시 교신되는 원격측정정보(TELINT)를 수집하는데 있었지만, 선박의 항로, 선박의 수하물 종류, 선박들 간의 교신 내용 등 다양한 유형의 신호정보들을 수집했다.

잠수함에 특수 장비를 갖추고 전자정보와 영상정보를 수집하기도 한다. 피너클(PINNACLR), 볼라드(BOLLARD), 또는 버너클(BARNACLE)이라는 암호명으로 알려진 미국의 홀리스톤(HOLYSTONE) 잠수함은 1959년부터 구소련을 목표로 전자정보와 영상정보를 수집하는 활동을 전개했으며, 때로 지역을 넓혀 베트남이나 중국을 대상으로 신호정보를 수집하기도 하였다.[231] 홀리스톤 잠수함은 1975년까지 구소련 잠수함의 제원, 성능, 소음 형태, 미사일 발사 능력 등을 탐지하는 데 활용되었으며 잠망경을 통해 영상정보를 획득하기도 하였다.[232] 암호명 '아이비 벨(IVY BELLS)' 계획은 해군과 NSA의 합동작전으로 1981년까지 수행되었는데 잠수함을 활용하여 구소련이 오호츠크 해에 부설한 해저 케이블에 도청장치를 설치하고 통신정보를 획득하였다.[233] 미국과 같이 소련도 잠수함을 이용하여 신호정보활동을 활발히 전개했던 것으로 추정되는

---

229) AGTR 리버티 호는 1967년 '6일 전쟁' 중 이스라엘 공군의 폭격을 받아 거의 완파되고 34명의 승무원이 사망했다. 이스라엘 정부는 이집트 선박으로 오인했다고 변명했다. 그러나 혹자는 이스라엘 군이 전투에서 유리한 상황에 접어들면 미국은 전투를 조기에 종식시키려 할 것이므로 이스라엘 군이 군사적으로 압도적인 승리를 획득하고 있다는 사실을 미국이 알지 못하게 하기 위해 이스라엘이 의도적으로 리버티 호에 대한 폭격을 단행했다는 주장도 있다. 푸에블로 호라는 이름으로 널리 알려진 AGER는 1969년 북한 영해를 침범하여 신호정보를 수집하다가 북한 측에 나포되었다. 당시 승무원은 모두 체포되어 포로로 수용되었다가 미국의 사과를 받은 다음 송환되었고, 푸에블로 호는 북한에 그대로 억류되었다. Richelson(1989), p.188.
230) 이에 대한 자세한 내용은 Richelson(1989), pp.188-190.
231) 잠수함에서 정보 수집을 위한 작전이 개시되면 거의 90일 이상 계속되었다. 작전 기간 동안 구소련의 대잠수함 탐지활동에 노출되지 않기 위해 출입구가 완전히 봉쇄된 상태에서 승무원들에게 일체의 전자장비나 수중음파탐지기를 사용하지 못하도록 하였다. Seymour Hersh, "A False Navy Report Alleged in Sub Crash," *New York Times*(July 6, 1975); Richelson(1989), pp.188-189.
232) 당시 미국은 잠수함에 '해군과학기술정보분석반(the Naval Scientific and Technical Intelligence Center, 이후 Naval Intelligence Support Center로 변경)' 요원들이 탑승하여 잠수함 소음 유형 분석을 통해 구소련 잠수함들의 종류별 소음 형태를 식별할 수 있었다고 한다. 따라서 해저 원거리에서 운항 중인 구소련 잠수함의 종류나 이동 방향 등도 추적할 수 있었다고 한다. Richelson(1989), p.191.
233) 1982년 전직 NSA 직원인 펠톤(Ronald Pelton)이 소련에 이에 관한 정보를 팔아넘김으로써 이 작전이 중단되었다. Richelson(1989), p.192; "Interception Capabilities 2000," http://www.cyber-rights.org/interception/stoa/ic2kreport.htm(검색일: 2006년 12월 5일).

반면 그 구체적인 사실은 잘 알려지지 않고 있다.

이 밖에 벤이나 트럭 등 차량으로 목표물 근처에 주차하여 비밀리에 적의 군사, 외교, 과학 장비의 신호 또는 통화내용을 감청하는 활동을 수행할 수 있다. 냉전시대 동안 구소련은 NATO 국가에서 벤이나 트럭을 이용하여 매년 7,000여 건에 이르는 비밀수집활동을 전개했던 것으로 알려졌다.234)

3. 징후계측정보(Measurement and Signature Intelligence, MASINT)

징후계측정보(MASINT)는 기술정보의 일종이면서 신호정보나 영상정보와 다른 유형의 정보를 말한다. MASINT는 감지장치로부터 나오는 자료에 대한 양적 및 질적 분석을 통해 획득되는 정보로서 적국 무기체계를 탐지하고 그 특징과 성능 등을 파악하는데 활용된다. MASINT는 신호정보나 영상정보와 비교하여 종류는 매우 많지만 아직은 덜 발전된 정보체계로 평가된다.235) 과거에는 탐지·분류·추적 기능이 미흡하여 MASINT의 역할은 매우 제한적이었다. 그런데 오늘날 MASINT는 적의 공격징후 감시, 전략미사일 발사 조기 경보, 핵폭발 실험 감시 등 다양한 활동을 수행한다. MASINT에 속하는 대표적인 첩보수집 수단으로서 레이더정보(Radar Intelligence, RADINT), 해저정보(Acoustic Intelligence, ACOUSTINT), 핵정보(Nuclear Intelligence, NUCINT), 레이저정보(Laser Intelligence, LASINT), 적외선정보(Infrared Intelligence, IRINT) 등이 있다.236) 미국의 경우 DIA(Defense Intelligence Agency)가 이 분야의 활동을 주도한다.

(1) 레이저정보(Laser Intelligence, LASINT)

레이저나 유도에너지 빔(directed-energy beams)을 분석하여 획득되는 정보를 말한다. LASINT가 실제 어떻게 취득되고 활용되는지 그 구체적인 사례는 별로 알려져 있지 않다. 다만 레이저정보가 레이저 통신체계를 감시하고 우주에 레이저 무기를 개발·배치하는 것을 금지하는 조약 위반 여부를 검증하는데 활용되고 있을 것으로 추정된다.237)

---

234) FAS, "Signals Intelligence Programs and Activities," http://www.fas.org/irp/world/russia/program/ sigint.htm(검색일: 2006년 12월 27일).

235) FAS, "Measurement and Signature Intelligence(MASINT)," http://www.fas.org/irp/program/masint.htm (검색일: 2006년 12월 12일).

236) 슐스키, 버코위츠, 굿멘, 리첼슨 등 대부분의 학자들이 이러한 종류의 정보들을 신호정보로 분류하는 경향이 있다. Shulsky and Schmitt(2002), pp.30-31; Berkowitz and Goodman(1989), pp.70-71; Richelson(1989), PP.167-169.

(2) 레이더정보(Radar Intelligence, RADINT)

레이더로 주로 적국의 항공기를 추적하여 획득되는 정보를 의미한다. RADINT는 반사되는 레이더 신호를 분석하여 차량의 종류 및 특성을 식별해낼 수 있으며, 항공기의 비행 항로를 추적하여 항공기의 성능을 판단할 수 있다.[238] 예를 들어, 알류산 열도 지역에서 미국이 운용하고 있는 코브라 데인(Cobra Dane) 레이더 장비는 캄차카 반도에서 시험 발사되는 소련 미사일의 종류 및 성능을 분석하는데 활용되었다.[239]

(3) 적외선정보(Infrared Intelligence, IRINT)

IRINT(Infrared Intelligence)는 가시광선보다 파장이 긴 전자기파 현상으로서 적외선을 수집하여 획득되는 정보를 말한다. 이는 신호정보에 해당되는 것으로서 흔히 알려져 있는바 적외선을 이용하여 야간에 영상정보를 수집하는 것과는 다르다. 대표적인 사례로는 소련의 대륙간탄도미사일 발사를 탐지하기 위해서 미국이 활용하는 조기경보위성을 들 수 있다. 미사일이 대기권을 통과하게 될 때 위성에 장착된 적외선 감지장치가 미사일 발사 시 나타나는 버섯구름을 탐지하는데 활용된다.[240]

(4) 핵정보(Nuclear Intelligence, NUCINT)

핵폭발 시 방출되는 방사선과 낙진을 수집하여 획득되는 정보를 의미한다. 대표적인 사례로서 미국의 핵폭발 감시기구는 1949년 소련이 미국에 이어 세계에서 두 번째로 핵실험을 실시했을 때 소련 본토에서 사라졌다가 태평양 부근에 생긴 버섯구름을 탐지하였다. 핵폭발 시 발생되는 잔여물들을 분석해보면 핵무기의 특성과 파괴력을 추정해볼 수 있다. 예를 들어, 베라(Vela) 핵폭발 감시장비는 핵폭발 시 발산되는 섬광의 특성 등을 분석하여 핵확산금지조약(NPT)과 부분핵실험금지조약 등의 이행 여부에 대한 감시활동을 수행한다.

'불멸의 불사조(Constant Phoenix)'라는 별명의 WC-135는 대기 표본 수집을 통해 핵실험 여부를 확인할 수 있는 유일한 항공기로서 미 공군에서 단 2대만을 보유하고 있다. WC-135는 2006년 10월 3일 북한의 핵실험 실시 계획 발표 이후 연일 동해상으로

---

237) Berkowitz and Goodman(1989), p.70.
238) RADINT는 우주선 셔틀에 탑재된 합성개구레이더(synthetic aperture radar, SAR) 장치로 취득되는 영상정보와는 다르다. RADINT는 영상을 취득하는 것이 아니고 반사되는 레이더 신호를 분석하여 적의 항공기나 미사일의 유형 및 성능을 탐지하고 추적하는 데 활용되고 있다.
239) Berkowitz and Goodman(1989), p.70.
240) Berkowitz and Goodman(1989), pp.70-71.

출동해 북한의 핵실험 여부를 감시해 왔다. 이 항공기는 원래 미국 플로리다 주 패트릭 공군기지에 배치되어 있지만 북한 핵실험 위기 이후 오키나와 가데나 기지로 이동·배치되었다. 최대 33명의 승무원과 전문분석요원이 탑승하며 이들을 방사능 등으로부터 보호할 수 있는 특수여과장치가 비행기에 설치되어 있다. 1963년 제한핵실험금지조약 이행 감시를 지원하기 위해 C-135 수송기를 개조해 만들어졌는데 구소련의 체르노빌 원전 사고 때 방사능 유출을 추적·감시하기도 했다.[241)]

4. 신호정보와 영상정보: 장단점 비교

(1) 신호정보의 장단점

영상정보는 가시적인 것 즉 관찰 가능한 것만을 알 수 있고, 숨기거나 외형적으로 존재하지 않는 것은 알 수 없다. 그러나 신호정보는 레이더나 미사일 기지, 지휘본부 등 군사시설의 위치, 시험 발사하는 무기체계의 성능 및 가동상태 등 외형적으로 관찰 가능한 내용을 탐지·추적할 수 있을 뿐만 아니라, 눈으로 보이지 않는 적의 의도나 계획을 파악하는데도 도움이 된다. 즉 상대국의 통신을 감청하게 되면 상대가 무슨 말을 했고, 무엇을 계획하고 있는지를 알 수 있다. 통화 내용뿐만 아니라 목소리의 고저, 사용된 단어, 엑센트 등 전반적인 통화 분위기나 기조를 파악함으로써 적에 관해 많은 정보를 유출해낼 수도 있다. 예를 들어, 통화하는 사람이 사용한 엑센트에 따라서 그가 프랑스인인지 아랍인인지를 구분할 수 있다. 그리고 사용된 단어를 통해 그의 지식수준을 알 수 있고, 목소리 고저에 따라서 그의 심리상태를 파악할 수 있을 것이다.

그러나 신호정보는 장점 이상으로 몇 가지 단점들을 갖고 있다. 여기에는 통신정보, 전자정보, 원격측정정보 등 수집 수단에 따라 나타나는 단점이 있는 한편, 수집 대상 목표에 따른 단점도 드러난다. 또한 법률적 문제도 신호정보활동을 수행하는 데 중요한 장애요소로 작용하기도 한다.

첫째, 통신정보의 경우 목표가 침묵하고 있거나 감청이 어려운 광케이블을 통해 통신이 이루어질 경우 아무런 정보도 얻을 수 없다.[242)] 또한, 대상 목표가 통신 내용을 암호화할 경우 해독하는데 시간이 걸리거나 끝내 해독하지 못할 수도 있다. 목표가 감청되고 있다는 것을 알고 허위정보를 유포할 수도 있고, 별로 의미 없는 대화를

---

241) 유용원, "세계 최첨단 장비가 24시간 북핵을 감시," 『주간조선』(2006.11.7.), http://news.naver.com/news/read.php?mode=LOD&office_id=053&article_id=0000006268(검색일: 2006년 12월 27일).

242) Lowenthal(2006), p.91.

지속하다가 중간에 중요한 내용을 이야기하는 등의 기만책에 속수무책으로 당하게 될 수도 있다. 무엇보다도 전화, 팩스, 전자우편 등 통신량이 워낙 많아서 처리하기가 어려울 수 있다. 2002년 동안 280억 대의 휴대폰과 120억 대의 일반전화를 사용하여 총 1,800억 분 간의 국제전화 통화량을 기록했다. 최근에 나온 기술인 메시지 전송은 매일 5,300억 건이나 발송되고 있다.[243) 이처럼 엄청나게 많은 양의 통화 중에서 옥석을 가려낸다는 것은 결코 쉽지 않은 일이다. 또한, 통신정보 임무수행을 위해 외국어 해독 능력이 매우 중요하나 단기간에 필요한 외국어 전문 인력을 양성 또는 채용하는데 어려움이 있다.[244)

둘째, TELINT와 ELINT의 경우 목표에서 보안조치를 강화하면 정보를 얻기가 매우 어렵다. 예를 들어, 구소련은 무기 시험발사 시 교신되는 내용을 암호화함으로써 미국이 파악하지 못하도록 조치하였다. 또는 무기체계에 캡슐을 장착하여 시험한 내용을 기록하도록 한 다음 이를 회수하는 방식으로 미국의 TELINT 수집활동을 무력화시키기도 하였다.[245) 일반적으로 시험 발사되는 무기체계는 지속적으로 신호를 보내게 되지만, 감청을 막기 위해 의도적으로 시험 발사되는 무기체계에서 발송되는 모든 신호를 한꺼번에 모아 단 한번만 전송하도록 하기도 한다. 또는 불규칙하게 신호를 전송함으로써 감청하기 어렵게 만들기도 한다. 이처럼 상대국의 보안조치에 따라 정보수집 여건이 언제든 악화될 수 있다.

셋째, SIGINT는 주로 냉전시대 구소련에 관한 정보를 수집하는데 중점을 두고 발전되었기 때문에 테러집단에 대한 정보수집에는 그다지 효과적이지 못한 것으로 평가된다. 예컨대, 테러집단은 미국의 SIGINT 능력을 잘 알고 있어 이를 무력화시키는 방법을 활용하는 등 효과적으로 대응하고 있다. 또한 테러집단은 신호교신의 범위가 매우 협소하여 원거리 신호감청으로는 이들의 존재나 활동을 거의 탐지할 수 없다. 이러한 상황에서 테러집단에 대한 첩보를 효과적으로 수집하려면 첩보요원이 직접 목표에 근접하여 감청하는 방법이 효과적이다. 그래서 테러집단의 경우 SIGINT만으로

---

243) Lowenthal(2006), p.91.
244) 냉전시대 동안 미국은 러시아어를 유창하게 구사할 수 있는 어학 인력을 대거 양성했지만, 구소련의 붕괴와 함께 미국의 통신정보 활동 목표가 구소련에서 제3세계 국가들과 테러 집단, 국제범죄조직 등으로 변화되었다. 그런데 이러한 변화된 목표들이 사용하는 언어를 유창하게 구사할 수 있는 어학 전문 인력이 매우 부족한 실정이다. 미국 내 이들 언어를 교육하는 곳이 없어 어학 전문 인력을 양성하기도 어려운 상황이었다. 미국의 경우 1950년대는 87%의 대학에서 외국어를 필수 과목으로 채택했는데 지금은 8%로 떨어져서 외국어 어학 인력이 고갈되고 있다. 미국은 이민자의 나라로서 각양각색의 인종들이 모여 살고 있어 외국어 어학 인력이 풍부할 것으로 예상되지만 실상은 그렇지 않다. 대부분의 이민자들이 모국어로서 외국어 능력이 있지만 영어 실력이 미흡하여 감청한 내용을 해독할 수 없다고 한다. Lowenthal(2006), p.92.
245) Lowenthal(2006), p.91.

는 불충분하고 HUMINT와의 결합을 통해서 비로소 첩보수집 임무를 효과적으로 수행할 수 있을 것이다.

마지막으로, SIGINT 활동을 수행함에 있어서 법률적 문제도 장애요소로 작용할 수 있다. 만일 SIGINT의 목표가 테러 집단인 경우 그들이 미국 내에서 활동하고 있다면 대응할 책임 소재가 NSA가 아닌 FBI에 있다. 미국 내에서 유선 감청을 실시하기 위해서 FBI는 영장이 있어야 한다. 외국인을 대상으로 유선 감청활동을 수행하려면 1978년에 제정된 '외국인 정보사범 감청법(Foreign Intelligence Surveillance Act, FISA)'에 따라 설립된 FISA 법원에 영장을 청구하여 허가받아야 한다. 물론 이것이 감청활동 수행하는데 큰 장애 요소로 작용하지는 않는다. FISA 법원은 1978년 법원이 설립된 이래 13,164건의 영장을 허가했고, 단 4건만 거부했다.[246] 그럼에도 불구하고, 영장청구 등 번거로운 절차 때문에 신호정보 수집에 다소 부담이 되고 있다.

(2) 영상정보의 장단점

영상정보는 여러 가지 장점들을 가지고 있으며, 특히 위성을 통한 영상정보는 20세기 첩보사의 혁명적인 사건이라고 칭할 만큼 탁월한 첩보수집 능력을 과시한다.[247] 첫째, 영상정보가 제공하는 자료는 전문가의 도움 없이도 쉽게 이해될 수 있다는 장점이 있다. 일반적으로 신호정보는 전문가의 손을 거쳐 암호를 해독하거나 내용이 정리·분석되어야만 이해될 수 있다. 이에 비해 영상정보는 전문가가 아니라도 쉽게 이해할 수 있도록 대상 목표에 대해 흥미롭고도 생생한 장면을 제공해 준다. 정책결정권자에게 천 마디 말보다도 단 한 장의 영상사진이 효과적으로 의미를 전달해 줄 수 있다.[248]

둘째, 영상정보는 신호정보와 마찬가지로 단시간에 광범위한 지역에 걸쳐 많은 대상 목표에 관한 정보를 수집할 수 있다. 예를 들어, 아프가니스탄 전쟁에 투입된 무인 정찰기 글로벌 호크는 2002년 3월 11일부터 총 60회 출격하여 1,200시간을 비행하면서 17,000개의 영상정보를 미 공군과 합동전투사령부에 실시간으로 전송해 주었다.[249] 이라크 전쟁에서는 15회 출격하여 4,800개의 영상자료를 제공했다. 이것은 이라크 전쟁 동안 미 공군에 제공된 영상정보의 3%에 불과하지만 전체적으로 미 공군 공중 방어 목표의 55%에 이르는 핵심적인 정보를 제공해 주었던 것으로 평가된다.[250]

246) Lowenthal(2006), pp.92-93.
247) Herman(1996), pp.73-81.
248) Lowenthal(2006), p.81.
249) http://www.northropgrumman.com/unmanned/globalhawk/overview.html(검색일: 2007년 1월 30일).

또한, 첩보위성은 항공정찰보다 더 광범위한 지역에 걸쳐 보다 많은 대상 목표에 대한 감시 및 관찰이 가능하다. 특히 정찰위성은 고정궤도를 돌고 있기 때문에 관찰범위가 다소 제한되기는 하지만 평시에도 광범위한 지역에 걸쳐 적대국의 수많은 목표들에 대해 지속적으로 관찰할 수 있다는 장점이 있다.

셋째, 영상정보는 적의 능력에 관한 정보를 획득하는데 유용할 뿐만 아니라 적의 의도를 파악하는데도 활용될 수 있다. 배치된 병력의 위치, 이동상황, 그리고 그들의 능력을 보여주는 영상사진들은 적의 의도를 추정할 수 있는 중요한 단서를 제공해 줄 수 있다. 예를 들어, 전투기가 공군기지 전방으로 이동하게 되는 모습은 적이 곧 공격할 가능성이 있다는 강력한 징후로 인정된다. 이와 반대로 해군 전함이 바다로 진수하는 데 실패하는 모습을 보여주는 영상자료는 앞으로 당분간 적이 공격할 계획이 없다는 것으로 해석된다. 또한, 적대국 지역 내 새로운 시설을 건설하는 모습, 건물의 형태, 군사물자 지원 등에 관한 영상자료를 통해 적의 의도나 계획을 추정해 볼 수도 있다. 예를 들어, 미국 첩보위성은 2006년 10월 9일 북한의 핵실험이 있기 전 몇 주 동안 길주군 평계리 부근에서 대형 케이블이 트럭에서 하역되는 장면을 발견하고 북한의 핵실험이 임박했음을 포착했다.251)

영상정보는 많은 장점이 있는 반면 몇 가지 단점이 있다. 첫째, 영상정보는 보이는 것에 대한 정보만을 제공한다. 숨기거나 외형적으로 존재하지 않는 것은 전혀 알려주지 못한다. 물론 영상자료를 통해 어떤 단서를 찾아낼 수는 있지만 그것으로 적의 의도를 정확히 파악할 수는 없다. 냉전시대 동안 영상정보는 소련의 ICBM 기지처럼 노출된 물체를 탐색하는 데는 탁월한 효과를 자랑했지만 소련의 미사일 계획처럼 눈으로 볼 수 없는 것에 대해서는 전혀 능력을 발휘하지 못했다. 이처럼 영상정보 능력의 한계로 인해 미국은 1960년대 동안 소련의 미사일 무기체계 증강 상황을 과소평가하는 실수를 범하게 되었던 것이다.252) 오늘날 군사무기가 소형화되어 은익이 용이해지고 있으며 무기체계의 외형보다는 내부의 기술적 성능향상을 위한 노력이 지속되고 있다. 이러한 상황을 감안해 볼 때 영상정보처럼 가시적인 탐색 방식만으로는 적대국의 군사무기

---

250) 여기에는 13개 지대공 미사일 진지, 50기 SAM 발사대, 300문의 대포, 70기의 미사일 수송차 등에 관한 영상자료가 포함되어 있었다. 또한 300기의 탱크를 찍은 영상자료도 있었는데 이는 이라크 전체 장갑차량의 38%에 해당되는 것으로서 글로벌 호크가 제공하는 영상정보가 매우 정확하다는 것을 보여주고 있다. http://www.northropgrumman.com/unmanned/globalhawk/overview.html(검색일: 2007년 1월 30일).

251) http://www.rfa.org/korean/simcheongbodo/2007/01/05/nk_possibility_testing_2nd_test(검색일: 2007년 2월 1일).

252) Herman(1996), p.76

개발상황을 탐지하는 데 한계가 있다고 본다.

둘째, 영상물은 특정한 시간과 장소에서 촬영된 정지된 장면을 보여주기 때문에 전후 상황의 변화 동향을 추적하는데 미흡하다. 전후 상황변화를 추정하기 위해서 분석관들은 과거 촬영된 영상과 대조하여 활동이 언제 시작되었는지를 검증하는 '반증기법 (negation search)'이나 컴퓨터를 활용하여 영상물의 변화를 분석하는 '자동변화추적기법 (automatic change extraction)'을 활용하기도 한다.[253] 한 개의 정지된 영상으로는 대상목표의 변화 동향을 추적할 수 없고 여러 번의 촬영이 필요하다. 위성으로 특정 대상지역의 변화 상황에 대해 보다 선명한 영상을 획득하기 위해서는 저궤도 위성을 활용하여 가급적 자주 대상 지역을 지나가야 한다. 그러나 위성은 일정한 궤도를 돌기 때문에 보통 하루에 1회 정도 대상 지역을 지나면서 관찰할 수 있다. 따라서 대상지역을 지속적으로 관찰하려면 여러 개의 위성이 동시에 동원되어야 한다.[254]

셋째, 때로 영상물은 그 자체로는 의미를 알 수 없고 전문 판독관의 해석이 필요할 수 있다. 이로 인해 필요한 정보가 적시에 제공되지 못하거나 또는 정책결정권자가 이를 수용하지 않아 정책결정에 반영되지 못할 수도 있다. 영상사진은 5개의 S(size-크기, shape-형태, shadow-그림자, shade-명암 and surrounding object-주변 물체)를 기준으로 사람이 판독한다.[255] 오늘날 컴퓨터 프로그램을 활용하여 영상물을 확대하고 목표물을 식별하는 작업이 잘 수행되지만 영상정보 분석에 있어서 인간의 직감이나 판단이 여전히 중요하게 작용한다. 이처럼 전문 판독관의 분석과정을 거쳐야 되기 때문에 영상자료에 대한 최종 분석이 나오기까지 상당한 시간이 소요될 수 있다. 때로 대상 목표에 대한 영상이 너무도 생생하고 깊은 인상을 주기 때문에 정책결정권자가 경험 있는 전문 판독관의 의견을 무시한 채 지나치게 성급하고도 독단적인 정책결정을 내리게 될 위험도 있다.

넷째, 상대의 기만책으로 인해 영상정보 수집활동을 효과적으로 수행하기가 어려우며, 그로 인해 왜곡된 판단을 내리게 될 수 있다. 많은 국가들이 첩보 위성이나 항공정찰의 특성을 잘 알고 있기 때문에 위장이나 은폐 등 기만책을 써서 영상정보 수집활동을 무력화시키려 한다. 예를 들어, 인도는 미국 정찰 위성이 인도 지역을 통과하면서 감시하는 시간을 정확히 파악하고 이 시간을 피해서 핵실험 준비작업을 진행했다. 그래

---

253) Lowenthal(2006), p.84
254) 24개의 위성이 가동될 경우 한 지역에 대해 90% 감시가 가능하며, 48개의 위성을 가동하면 전 시간 동안 감시가 가능하다고 한다. 김윤덕, 『국가정보학』(서울: 박영사, 2001), p.100.
255) S. S. Beitler, "Imagery Intelligence," in G. W. Hopple and B. W. Watson(eds.), *The Military Intelligence Community*(Boulder: Westview, 1986), p.83.

서 미국은 최첨단 첩보 위성을 보유하고도 사전에 인도의 핵실험 진행 상황을 전혀 알 수 없었던 것이다. 2006년 10월 9일 북한이 1차 핵실험을 실시한 이후 미국의 첩보 위성은 북한이 추가 핵실험을 실시하려는 여러 가지 징후들을 포착했다.256) 그러나 그러한 징후들이 실제 핵실험을 하기 위한 행동이라기보다는 첩보 위성에 포착되도록 의도적으로 노출시킨 기만행위로 밝혀졌다. 1998년 북한 금창리 지하 핵시설 의혹도 첩보위성이 찍은 영상자료에 근거하여 제기되었으나 이후 미국 조사팀이 방문해본 결과 핵시설이라는 결정적인 증거를 찾아내지 못했다.257) 북한은 금창리 지하시설 방문을 허용해 준 대가로 미국으로부터 60만 톤의 식량을 얻어낼 수 있었다. 어쨌든 최첨단 첩보 위성이라 할지라도 관찰 및 감시 능력에 한계가 있으며, 상대국은 위성의 감시를 피할 수 있는 방책 또는 기만책을 구사할 수 있다. 그리고 상대국의 기만책을 제대로 파악하지 못하게 될 경우 국가적으로 엄청난 손실이 야기될 것이다.

제3절 인간정보와 기술정보의 비교

1. 기술정보 수집의 장단점

미국에서는 오래 동안 인간정보(HUMINT)와 기술정보(TECHINT)의 상대적 중요성을 놓고 논쟁이 지속되어 왔다. 일찍부터 정보활동은 주로 인간정보 중심으로 이루어졌고, 기술정보가 본격적으로 활용되기 시작된 것은 20세기 이후의 일이다. 제1차 세계대전 당시 군에서 무선 통신을 사용하게 되었고, 이를 감청하기 위한 신호정보활동이 전개되었다. 신호정보활동을 통해 적의 병력 배치 상황, 작전계획, 무기체계 등에 관해 유용한 정보를 획득하게 되면서 비로소 기술정보의 중요성이 인정되기 시작했다. 제2차 세계대전 동안 신호정보는 암호해독과 조합을 이루어 상대방에 관한 정보를 취득하는 가장 중요한 수단으로 활용되었다. 그리고 냉전시대에 들어서서 구소련을 비롯한 사회주의 체제에 대한 인간정보활동이 어려워지면서 기술정보의 중요성이 한층 부각되었다.

---

256) 익명의 정보 소식통에 따르면 "미상의 물체 한 개와 2-15명의 인원이 첩보위성에 포착됐다"며 "갱도 보수와 핵실험 준비를 위한 기자재 반입일 수 있다"고 추정했다. 특히 갱도 입구 10m 전방에 있는 임시건물 뒤편에 기초토목공사가 진행 중이어서 한·미 정보당국은 2007년 1월 당시 진행되는 상황을 예의 주시했었다. http://article.joins.com/article/article.asp?Total_ID=2558230(검색일: 2007년 2월 1일).

257) 『중앙일보』(2009.6.15.).

여기서는 인간정보와 비교하여 총체적으로 기술정보가 가지는 장단점들을 살펴보기로 한다. 우선 기술정보는 인간정보에 비해 다음과 같은 장점을 가진다.

첫째, 기술정보는 인간정보처럼 목표에 근접할 필요 없이 원거리에서 임무를 수행할 수 있기 때문에 인간정보에 비해 위험부담이 적다는 장점이 있다. 유인 항공기 정찰의 경우 적의 영공을 침범하여 스파이행위를 했던 사실이 발각되면 정치적인 문제가 야기될 수 있고, 상대국의 미사일 공격으로 조종사가 생명을 잃게 될 수 있다. 그러나 오늘날 무인 항공기로 대체되면서 그러한 위험이 사라졌다. 예를 들어, 1999년 코소보 사태 당시 NATO 측에서 무인 정찰기를 동원한 정찰활동이 매우 성공적이었던 것으로 드러났다. 당시 미국의 코헨(William Cohen) 국방장관과 셸톤(Henry H. Shelton) 합참의장은 상원 국방위원회에 제출한 공동 진술서에서 "당시 상당수의 무인 정찰기가 격추되었지만 유인 정찰기와 달리 조종사의 생명 위협에 대한 우려가 없었기 때문에 적들이 포진해 있는 위험지역을 마음대로 휘젓고 다니면서 첩보수집활동을 전개할 수 있었다"고 회고했다.[258] 또한, 위성을 활용한 첩보활동은 이제 국제적으로 합법화되었다. 1972년 ABM 조약 체결 당시 '국가기술수단(National Technical Means, NTM)'이라고 하여 조약의 이행 여부를 검증하는 수단으로서 위성정보활동을 공식적으로 인정하게 되었다.[259] 오늘날 첩보 위성은 지구 위 수십 킬로미터 원거리 상공을 돌면서 고해상도의 영상 및 신호를 수집할 수 있으며, 대상 목표 지역의 무기실험 발사, 핵실험 징후 등을 포착해 낼 수 있다.

둘째, 기술정보는 상대국의 방첩 및 보안활동이 강화되어 인간정보 수집이 매우 어려운 상황에서 효과적인 첩보수집 수단으로 활용될 수 있다. 냉전시대에는 적대국의 영공을 침범할 수 없었기 때문에 국경 부근을 정찰하면서 찍은 영상사진과 신호정보를 수집하는 것이 주요한 정보활동 수단이었다. 위성이 도입되면서 적대국에 대한 첩보수집활동이 보다 용이해졌다. 미국의 존슨 대통령은 1967년 "위성사진이 없을 때는 우리의 추측이 종종 빗나갔다. 그러나 위성이 도입되면서 나는 적이 얼마나 많은 미사일을 갖고 있는지 알게 되었다"라고 회고했다.[260] 어쨌든, 냉전시대 동안 기술정보는 미국이 구소련에 관한 첩보수집활동을 수행하는 데 있어서 필수불가결한 수단이었다. 물론 미국이 소련에 대해서 수집한 기술정보의 일부는 구소련이 아닌 여타 국가의 경우에

258) A Joint Statement by U.S. Secretary of Defense William Cohen and Gen. Henry H. Shelton, Chairman of the Joint Chiefs of Staff, before the Armed Services Committee of the U.S. Senate, October 14, 1999, www.fas.org/man/dod-101/ops/docs99/b10141999_bt478-99.htm.(검색일: 2007년 1월 30일).

259) http://www.armscontrol.org/factsheets/abmtreaty.asp(검색일: 2007년 1월 30일).

260) Beitler(1986), p.79.

있어서는 공개정보를 통해서 얼마든지 취득할 수 있는 내용이었다. 예를 들어, 신무기 체계의 개발현황과 군대의 규모 및 구성 등에 관한 정보는 대부분의 나라에서는 예산처나 의회의 문서를 통해서 얼마든지 공개적으로 입수할 수 있었다. 그러나 구소련처럼 철의 장막을 치고 철통같은 비밀보안을 유지하는 나라에 대해서는 정찰위성, 항공기 등에 탑재된 첨단 과학기술 장비를 동원해야만 첩보수집이 가능하다. 이처럼 기술정보는 적의 철통같은 비밀보안 조치에도 불구하고 첩보수집 임무를 효과적으로 수행할 수 있다는 장점을 가진다.

셋째, 기술정보는 인간정보에 비해 광범위한 지역에 걸쳐 수많은 대상 목표에 대해 한꺼번에 엄청나게 많은 정보를 수집할 수 있다. 인간정보는 인간이 직접 수행하는 만큼 첩보수집의 활동범위와 목표가 한정된다. 이에 반해 첨단 과학기술 장비를 탑재한 정찰위성이나 항공기를 동원하면 광범위한 지역에 걸쳐 다양한 목표에 대한 영상, 신호, 징후계측 정보를 수집할 수 있다. 앞서 언급했던바 글로벌 호크는 4,800km에 이르는 광범위한 지역을 비행하면서 합성개구레이더(SAR), '지상이동목표 탐지기(Ground Moving Target Indicator)', 전자광학 및 적외선 감지기 등 첨단 장비들을 탑재하고 있어 영상정보(IMINT)는 물론 전자정보(ELINT)와 통신정보(COMINT) 등 신호정보(SIGINT)도 한꺼번에 수집할 수 있다.[261] 또한, 첩보 위성은 국경을 넘어서 세계 어느 지역이든 자유롭게 관측 및 감시할 수 있어 항공 정찰보다 더 광범위한 지역과 목표에 대해 첩보수집활동을 수행할 수 있다는 장점이 있다. 오늘날 첩보 위성은 광학렌즈, 적외선 감지기, 열감지기, 레이더 등 첨단 과학기술 장비를 탑재하여 보다 광범위한 지역에 걸쳐 영상정보와 신호정보를 동시에 수집할 수 있다.

이러한 기술정보의 장점을 강조하는 대표적인 인물로는 카터 대통령 당시 중앙정보장(Director of Central Intelligence, DCI)을 역임했던 터너 제독(Adm. Stansfield Turner)을 들 수 있는데, 그는 회고록에서 기술정보의 역할을 다음과 같이 극찬했다.

… 우리는 아주 먼 거리에서 정밀사진을 얻을 수 있고, 적외선 장비를 통해 열을 추적할 수 있다. 자성 탐지기로 금속을 찾아낼 수 있으며, 도플러(Doppler) 레이더를 활용하여 조금이라도 움직이는 물체와 정지된 물체를 구분해 낼 수 있다. 또한 레이더를 활용하여 어둠 속에서도 물체를 탐지할 수 있고, 인간의 목소리에서부터 전자파에 이르기까지 모든 신호를 감청할 수 있다. 그리고 게이저 감지기(Geiger counters)로 핵물질 방사능을 탐지할 수 있으며, 지진탐지기로 원거리에서 지하 핵실험 징후를 포착해낼 수 있다. 우리가 감시하고 싶은 대부분의 활동은 여러 가지 종류의 신호를 방출한다. 전투 시 탱크는 엔진에서

---

261) http://www.northropgrumman.com/unmanned/globalhawk/overview.html(검색일: 2007년 1월 30일).

방출하는 열, 장갑차량에 부착된 자성체, 또는 사진 촬영 등을 통해 탐지될 수 있다. 핵무기 시설은 방사선을 방출하고 특별한 형태의 외형을 갖추고 있으며, 특수한 종류의 자재 공급을 필요로 하기 때문에 외부에 쉽게 노출된다. 여러 가지 기술정보 수집수단을 활용하여 우리는 주간이든 야간이든 기상 조건에 관계없이 지구상에서 일어나는 모든 활동을 추적할 능력이 있다.[262]

1970년대 동안 기술정보의 중요성이 지나칠 정도로 강조되었으나 최근 인간정보의 중요성이 다시 부각되고 있다. 특히 소련과 동구권 사회주의체제가 붕괴하면서 수집활동이 어려운 경성목표(hard target)의 숫자가 줄어들면서 기술정보의 필요성도 감소하였다. 물론 북한처럼 폐쇄적 사회가 아직도 있기 때문에 기술정보는 여전히 필요하다. 그러나 지나치게 기술정보에 편중되어 첩보수집활동이 전개될 경우 9/11 테러 또는 이라크 대량살상무기 정보판단의 왜곡 등과 같은 정보실패를 초래할 수 있다. 그런 점에서 기술정보의 미흡한 점이 무엇인지 정확히 알아볼 필요가 있다. 인간정보와 비교하여 기술정보는 대체로 다음과 같은 단점 또는 문제점을 갖고 있는 것으로 생각된다.

첫째, 기술정보는 광범위한 지역에 걸쳐 수많은 목표를 대상으로 한꺼번에 엄청난 양의 첩보들을 수집할 수 있는 장점이 있는 반면에 그것이 오히려 단점으로 작용하여 지나치게 많은 첩보 즉 '정보의 홍수(embarrassment of riches)'로 인한 어려움이 있다.[263] 광범위한 지역에 걸쳐 첩보수집 목표가 너무 많아서 어떤 목표가 중요하고 어떤 목표는 생략해도 되는지를 선별하기가 매우 어렵다. 그리고 수집된 첩보의 양이 워낙 많아서 그 중에서 가치 있는 첩보를 찾아내는 일도 쉽지 않다. 기술정보를 통해 획득한 첩보자료는 분류, 요약, 번역, 암호해독 등 여러 단계의 처리과정을 거치고 최종 분석을 마쳐야 비로소 정보보고서가 생산되는 것이다. 기술정보를 통해 수집이 필요한 목표의 설정, 그리고 수집된 첩보자료의 처리 및 분석 작업은 결국 사람이 하는 것이다. 따라서 첩보자료가 너무 많으면 첩보자료의 처리 및 분석 작업을 효과적으로 수행하기가 어려워 적시에 필요한 정보가 생산되지 못할 수도 있다.

둘째, 터너 제독은 기술정보 수집활동을 통해 지구상에서 일어나고 있는 모든 일들 다 알 수 있다고 주장했지만, 기술정보만으로는 수집하기 어려운 목표들이 많다. 오늘날 가장 중요한 수집 목표로 고려되는 테러집단의 경우 고정된 시설이 아닌 광범위한 지역에서 이동하면서 활동하기 때문에 은거지가 노출되지 않고 첩보 위성으로도

262) Stansfield Turner, *Secrecy and Democracy: The CIA in Transition*(New York: Harper and Row, 1986), p.92.
263) Shulsky and Schmitt(2002), p.36.

이들을 탐지하기가 어렵다. 또한 구성원들 간 신호 교신의 범위가 매우 협소하여 원거리 신호감청만으로 이들의 존재나 활동을 탐지하기 어렵다. 따라서 테러 집단의 경우 직접 목표에 근접하여 감청 또는 관찰하거나 조직 속으로 요원을 침투시키는 인간정보 수집이 보다 효과적일 것이다. 또한, 오늘날 무기체계 등 관찰 대상 목표가 점차 소형화되고 기동성 있게 움직이며 지하에 설치되기 때문에 기술정보만으로 이들에 대한 첩보 수집이 더욱 어려워지고 있다. 통신정보(COMINT)의 경우 무선에서 광케이블로 교체되고 있어 감청이 더욱 어려워지고 있다. 또한 암호화하여 교신하게 될 경우 해독하는 데 시간이 걸리거나 끝내 해독이 불가능하여 내용을 파악하지 못하게 될 수도 있다.

셋째, 상대가 기만책을 쓰거나 보안대책을 강화하게 되면 기술정보활동이 무력화되거나 또는 상황을 오판하게 될 위험도 있다. 통신정보의 경우 상대방이 감청되고 있음을 알고 일부러 허위정보를 흘릴 수도 있고, 의미 없는 대화를 지속하다가 중간에 중요한 내용을 슬쩍 언급하는 방식으로 감청 노력을 무력화시킬 수도 있다. 원격측정정보(TELINT)의 경우 상대방이 시험 발사한 무기체계와의 교신을 암호화하거나 아예 교신하지 않고 캡슐에 기록했다가 나중에 회수하는 방식을 쓰게 되면 필요한 첩보를 수집하기가 어려울 것이다. 영상정보의 경우에도 많은 국가들이 첩보 위성이나 항공정찰의 특성을 잘 알고 있기 때문에 감시가 없는 시간을 활용하여 비밀 작업을 진행하거나 감시에 노출되지 않도록 적절히 위장 또는 은폐시키는 방법을 구사하면 필요한 첩보를 수집하는 것이 결코 용이하지 않다.

넷째, 기술정보는 인간정보에 비해 훨씬 더 많은 예산과 시간이 소요된다. 참고로 미국의 경우 1970년대 전체 정보예산의 90%가 수집활동에 지출되는데, 그 중에서 87%는 기술정보에 투입되었고, 나머지 13%가 인간정보에 지출되었던 것으로 알려졌다.[264] 비공식 통계에 따르면 1996년 당시 미 정보공동체 총 예산이 280억 달러였는데, NSA가 신호정보(SIGINT)에 36억 달러, NRO가 첩보위성 운용에 62억 달러를 지출하는 데 비해 인간정보를 주로 하는 CIA는 31억 달러를 지출했던 것으로 추정되었다.[265] 항공정찰기로 유명한 SR-71은 대당 가격이 약 3,400만 달러였으며, 영상정보와 신호정보를 동시에 수집할 능력을 갖고 있는 글로벌 호크(Global Hawk)는 2007년 당시 개발비를 포함하여 대당 7,000만 달러로 알려졌다.[266] 최첨단 영상 및 신호정보 수집 장비를

264) U.S. Senate, Select Committee to Study Governmental Operations with Respect to Intelligence Activities(The Church Committee), *Final Report*(Washington D.C.: US GPO, April 1976), book I, p.344. 미국의 한 고위급 관료는 1984년 당시 인간정보와 기술정보의 비율을 1:7이라고 진술했다. Johnson(1989), p.85; Herman(1996), p.40.

265) FAS, "Intelligence Agency Budget and Personnel," http://www.fas.org/irp/agency.html(검색일: 2007년 2월 2일).

갖춘 미국의 첩보위성 KH-12는 대당 가격이 무려 10억 달러에 이르며, 개발하는데 약 18개월 이상이 소요되는 것으로 알려졌다.[267] 장비의 가격뿐만 아니라 운용 경비도 엄청나서 U-2기를 한번 이륙시켜 작전에 투입하는데 무려 10만 달러가 소요된다고 한다.[268] 이처럼 기술정보 장비는 첨단 과학기술이 요구될 뿐만 아니라 엄청난 예산이 소요되기 때문에 최근까지 미국과 소련(현재 러시아)이 거의 독점적으로 운용해왔다. 중국, 일본, 이스라엘, EU 등의 여러 국가들이 최근 첩보위성을 쏘아 올려 운용하고 있지만 이 분야에 있어서만큼은 여전히 미국과 러시아가 타의 추종을 불허할 정도로 월등한 능력을 갖고 있는 것으로 추정된다.[269] 이처럼 기술정보 수집용 시설 및 장비는 개발비용 및 운용에 엄청난 경비가 소요되기 때문에 경제력이 뒷받침되지 않고는 운용하기 어렵다.

2. 인간정보수집의 장단점

인간정보는 인류의 탄생과 더불어 시작된 고전적인 유형의 첩보활동이지만 오늘날에도 여전히 유용한 수단으로 활용될 만큼 장점들이 많다. 특히 인간정보는 앞서 언급한 기술정보의 단점들을 보완할 수 있다는 점에서 그 중요성이 강조된다.

기술정보와 비교하여 인간정보가 가지는 장점은 다음과 같이 정리된다. 첫째, 인간정보는 영상정보나 신호정보에 비해 매우 적은 양의 정보를 수집한다. 그러나 인간정보는 신호정보활동처럼 적의 의도나 계획을 파악하는 데 유용하게 활용될 수 있다는 장점이 있다. 대부분의 국가에서 정치, 군사적인 의도나 계획 등 국익이나 국가안보에 중요한 사안에 대해서는 엄격히 비밀을 유지하고 있다. 과학기술의 발전에도 불구하고 적대국 지도자의 정치적 행동, 의도, 전략적 방향 등에 관한 정보를 수집하려면 전통적인 인간정보 수집활동이 필요하다. 물론 적의 정치 지도자나 군부 수뇌 간의 대화를 감청하게 되면 인간정보활동을 통해서 얻는 것과 유사한 수준의 정보를 얻을 수 있다. 그러나 적은 민감한 대화는 암호로 교신하기 때문에 내용을 파악하기가 쉽지 않다.

---

266) 2007년 당시 가격인데 2013년 현재 구매가가 거의 2배로 올랐다. http://www.globalsecurity.org/ intell/systems/global_hawk.htm; http://72.14.253.104/search?q=cache:Tr-7-7WNfOIJ: www.wvi.com/~ (검색일: 2007년 2월 2일).

267) 미국은 2001년 당시 향후 20년간에 걸쳐 250억 달러를 투자하여 신세대 첩보위성을 개발할 계획이라고 했다. 미국 과학자연맹(FAS)에 따르면 새로운 첩보위성들은 현재의 시스템보다 8~20배 많은 영상정보를 수집할 수 있을 것으로 기대했다. *Los Angeles Times*(March 18, 2001).

268) http://chimuchyo.egloos.com/942341 (검색일: 2007년 2월 2일).

269) Herman(1996), p.77.

또한, 오늘날 많은 국가들이 공중파가 아닌 광케이블을 사용하여 통신하기 때문에 감청이 거의 어렵다. 이처럼 인간정보는 영상정보는 물론 신호정보를 통해서도 수집이 어려운 적의 의도, 전략, 그리고 상황에 대한 인식 등을 파악하는 데 적절한 수단으로 활용된다.

둘째, 인간정보는 어떤 대상을 수집해야 하는지, 즉 수집목표 설정에 중요한 역할을 수행한다. 앞서 언급했듯이 대부분의 기술정보 수집활동은 '정보의 홍수(embarrassment of riches)'로 인한 어려움이 있다. 광범위한 지역에 걸쳐서 첩보가 수집되는 한편 어떤 대상을 관찰하고 어떤 대상은 생략해도 되는지를 판단하기가 어렵다. 이러한 상황에서 인간정보는 어떤 목표를 관찰해야 하는지 또는 집중적인 관찰이 필요한 지역을 지정하는데 있어서 결정적인 역할을 수행할 수 있다. 예를 들어, 폴란드 육군 대령으로서 미국 정보기관을 위해 첩자로 활동했던 쿠크린스키 대령(Col. Ryszard J. Kuklinski)은 "[미국이] 위성으로 관측하고 있는 수집 목표들 중의 상당수가 소련이 기만책으로 위장한 가짜"라고 지적하고, 군사시설이나 무기가 배치되어 있는 실제 목표들을 알려주었다.270)

셋째, 인간정보는 기술정보를 통해 수집된 자료를 해석하는 데 필요한 결정적인 단서를 제공해주는 역할도 수행한다. 선명하게 찍힌 건물의 영상사진이 있더라도 그 자체만으로는 건물의 용도를 알 수 없다. 그러나 경험 있는 분석관이나 첩보원은 영상사진을 보고 그 건물의 용도 및 중요성을 구체적으로 판단할 수 있을 것이다. 1962년 쿠바 미사일 위기 당시 펜코프스키 대령이 제공해 준 정보 덕분에 쿠바에 배치된 미사일이 소련제 MRBM이라는 것을 확신할 수 있었다.271) 또한 기술정보를 통해 획득한 영상사진만으로는 적의 의도나 활동 방향을 정확히 파악하기 어렵다. 예를 들어, 화학, 생물 무기의 연구개발과 의약품이나 살충제 생산활동은 사실상 구분하기 어렵다. 이러한 점을 이용하여 적은 중요한 군사시설을 산업시설로 위장하거나 의도적으로 증거자료를 없애버리는 등의 기만책을 쓸 수 있다. 이 경우 기술정보로는 자칫 상황을 오판할 위험이 있는 반면, 목표 대상에 직접 접근하거나 핵심 관련자들로부터 정보를 수집하는 등의 인간정보활동을 통해서 그것이 정확히 어떤 시설인지를 판단할 수 있을 것이다.

넷째, 인간정보는 테러, 마약, 국제범죄 등과 같이 기술적인 장비로 추적이 불가능한 집단들에 대한 정보를 수집하는 데 활용될 수 있는 유일한 수단이다.272) 이러한

---

270) 쿠크린스키는 유럽지역에서 수행될 소련의 전투계획 등 수천 쪽의 비밀문서를 서방측에 제공해 주었다. 쿠크린스키가 제공해 준 정보들 덕분에 서방측은 유럽 지역에서 전개할 소련의 군사작전 계획을 파악할 수 있었다. Benjamin Weiser, "Polish Officer Was U.S.'s Window on Soviet War Plans," *Washington Post*(September 27, 1992), A1; "A Question of Loyalty," *Washington Post Magazine*(December 13, 1992), pp.9-30; Shulsky and Schmitt(2002), p.36, 194(endnote no.87).

271) Richelson(1989), pp.238-239.

목표들은 고정된 시설이나 통신수단을 갖고 있지 않으며 점조직 형태로 활동하기 때문에 기술정보로는 탐지하기 어렵고 인간정보를 활용하여 관찰 및 감시가 가능하다. 이 경우 누군가 이러한 조직 내부로 깊숙이 침투하거나 조직의 구성원을 협조자로 포섭하는 등 인간정보가 유용한 수단으로 활용될 수 있다.

다섯째, 인간정보활동은 단순히 첩보수집으로 끝나는 것이 아니고, 때로 상대국가에 공작원을 비밀스럽게 침투시켜 허위정보를 유포하는 등 기만책으로 활용될 수도 있다. 그 대표적인 사례로 '더블크로스 작전(Double Cross System)'을 들 수 있겠다. 제2차 세계대전 당시 영국 보안국(MI5)은 독일에서 보내 영국으로 침투한 간첩 138명과 영국을 상대로 첩보활동을 벌이기 위해 독일이 포섭한 20명의 스파이를 모조리 체포했다. 영국 보안국은 이들 중에서 약 40명을 이중간첩으로 활용하여 독일에 허위정보를 보내는 작전을 성공적으로 수행했다. 이 작전을 통해서 영국은 노르망디 상륙작전 당시 상륙 시기 및 장소에 대해 독일을 철저히 기만할 수 있었던 것이다. 노르망디 상륙작전의 D-day가 3일이나 지난 1944년 6월 9일 영국은 더블크로스 작전을 통해 연합군이 다른 지역으로 상륙한다는 허위정보를 칼레(Calais) 지역에 주둔하고 있던 독일 기갑사단에게 전달하였다. 이들은 연합군이 상륙하지 않을 지역에서 대기하느라 노르망디 상륙작전을 저지하는데 전혀 활용되지 못했다.[273]

마지막으로, 인간정보는 기술정보에 비해 그 비용이 저렴하다. 앞서 언급했던바, 1970년대 당시 미국에서 첩보수집 비용의 87%는 기술정보 운용에 투입되었고, 불과 13%가 인간정보활동에 지출되었던 것으로 나타난다.[274] 미국과 러시아 등 몇몇 선진국들을 제외한 대부분의 국가들은 사실상 기술력도 부족하고 장비 개발 및 운용에 지출되는 비용을 감당할 수 없어 기술정보를 활용하기가 어렵다. 비용을 감당할 수 있다고 하더라도 비용 대 효과를 고려하여 어디에 지출하는 것이 바람직한가를 두고 신중한 선택이 요구된다. 테러, 마약, 조직범죄 집단 등과 같이 대상 목표에 대한 첩보수집 활동을 수행하는 데 위험부담이 그다지 크지 않으면서 기술정보로는 효과적인 수집이 어렵다면 구태여 값비싼 기술정보 수집용 장비를 투입할 필요가 없을 것이다. 어쨌든, 인간정보는 저렴한 비용으로 최대의 효과를 거둘 수 있는 첩보수집 수단으로서 의미를 가진다.

---

272) Lowenthal(2006), 97.
273) Andrew(1986), p.488; J. C. Masterman, *The Double-Cross System in the War of 1939 to 1945* (New Haven, Conn.: Yale University Press, 1972); and Shulsky and Schmitt(2002), p.18.
274) U.S. Senate, Select Committee to Study Governmental Operations with Respect to Intelligence Activities(The Church Committee), *Final Report*(Washington D.C.: US GPO, April 1976), book I, p.344.

인간정보는 기술정보에 비교하여 보았을 때 위험부담이 크다는 점, 첩보원의 신뢰성이 의심되는 점, 수집 대상 목표에 침투하기 어려운 점 등 여러 가지 단점들이 있다.

첫째, 인간정보의 가장 큰 단점은 기술정보활동과 비교해 볼 때 위험 부담이 크다는 것이다. 기술정보를 활용하면 원거리에서 합법적으로 수집이 가능하지만 인간정보활동은 목표에 근접하지 않고는 수집이 불가능하다. 이 과정에서 불법적인 스파이 행위 사실이 발각되어 정치적인 문제가 야기될 수 있고, 때로 상대국 방첩기관에 첩보요원이 체포되어 생명을 잃게 되는 위험이 수반된다. 테러집단이나 국제범죄 조직의 경우 첩보원을 침투시키기도 어렵지만, 어렵게 침투시킨 첩보원의 생명이 위험에 처할 수 있다. 예를 들어, 정보기관에서 첩보원이 제공한 정보를 활용하여 테러에 대한 경계조치를 취하거나 테러 계획이 실패하게 되는 사태가 발생하게 되면 종종 침투시킨 첩보원이 테러집단의 내부 '밀고자(informant)'로 지목되어 생명을 잃게 될 수 있다.

둘째, 무엇보다도 출처로부터 제공되는 첩보의 신뢰성이 의심된다는 점이다. 출처가 제공하는 첩보의 진실에 대해서 일단 의문이 제기될 수 있고, 그 의문이 끝내 풀리지 않은 채 미궁에 빠질 수도 있다. 첩보원은 금전, 이념, 복수심 등 여러 가지 동기에서 첩보를 제공하는 데 그 진의가 무엇인지를 파악하기가 사실상 쉽지 않다. 그렇다고 첩보원의 진의를 무작정 의심할 수도 없다. 때로 첩보원을 지나치게 의심하여 귀중한 정보를 얻을 수 있는 기회가 무산될 수도 있다. 예를 들어, 앞 절에서 언급했던바, 구소련의 GRU에서 대령으로 재직했던 펜코프스키는 최초 미국 측에 중요한 첩보를 제공했는 데 미국 정보기관은 이를 의심하여 수용하지 않았다. 이에 펜코프스키는 영국 측에 첩보를 제공했고 이를 영국이 수용하였다. 나중에서야 미국은 그가 정보적 가치가 높은 첩보원임을 알게 되었던 것이다.[275] 앞서 언급했던바 콜비(Fritz Kolbe)의 경우는 이와 반대로 영국 측은 그가 제공한 첩보를 수용하지 않았으나 미국 측에서 보다 적극적으로 그가 제공한 첩보를 활용하였고, 그것이 제2차 세계대전 당시 미국이 전쟁을 승리로 이끄는 데 큰 도움이 되었던 것으로 평가된다.[276]

첩보원은 금전적인 동기 때문에 정보를 억지로 짜 맞추거나 자신이 상상하여 만들어 내기도 한다. 때로는 공개적으로 얻을 수 있는 자료를 마치 최고위층으로부터 입수한 극비자료인양 꾸며대기도 한다. 이를 정보요원들 간에 쓰는 은어로 '정보위조(paper mill)'라고 불린다.[277] 첩보사에서 이처럼 정보를 위조하여 정보관으로부터 거액의 돈을

---

275) Lowenthal(2006), p.98.
276) Shulsky and Schmitt(2002), p.16.
277) Shulsky and Schmitt(2002), p.18.

받고 도망쳐버린 사건들이 종종 발생했던 것으로 나타난다. 특히 이러한 정보위조는 1940년대 말부터 1950년대 초에 이르는 기간 동안에 많이 발생했는데, 대부분 서방 정보기관이 동구권 공산주의 국가에서 첩보활동을 수행하기 어려운 점을 악용하여 시도되었다.[278) 이들은 대체로 교육 수준이 높고 정치적인 안목도 꽤 있는 편이라서 공개적으로 얻을 수 있는 정보를 조작하여 마치 최고급 극비정보인 것처럼 그럴 듯하게 포장하여 제공했기 때문에 정보관이 속아 넘어가지 않을 수 없었다고 한다.279)

정보위조보다 더욱 심각한 문제는 애써 포섭한 첩보원이 '이중간첩(double agent)' 행위를 하게 되어 낭패를 보게 되는 경우도 있다. 이중간첩은 첩보원이 체포되어 처벌 받을 것이 두려워 상대국 정보기관에 협조하게 되는 경우도 있고, 앞서 언급했던 자발적 첩보원처럼 주재국의 정보기관에서 은밀히 보낸 자일 수도 있다. 첩보사에 널리 알려진 이중간첩 사례로서 제2차 세계대전 당시 영국의 '더블크로스 작전(double-cross system)'이 유명하다. 앞서 언급했던바, 제2차 세계대전 당시 영국 보안국(MI5)은 '더블 크로스 작전'을 통해 체포한 40명의 독일군 첩자들을 이중스파이로 활용하여 독일에 허위정보를 보냈다. 독일 정보 당국은 허위정보에 속아 노르망디 상륙작전에 제대로 대응하지 못했고, 결국 제2차 세계대전에서 패하게 되었던 것이다.280) 미국이 시행했던 비밀공작 중에서 첩보사에서 참담한 실패로 평가되고 있는 '피그만 공작'이 실패한 결정적인 요인은 CIA가 애써 포섭한 쿠바인 첩보원들이 모두 카스트로의 비밀정보기관에 소속된 이중첩자였기 때문이다.281)

한편, 스파이 행위가 드러나게 될 경우 정보관이나 첩보원의 생명은 물론 그 가족들마저 목숨을 잃게 될 수 있다. 그래서 정보관은 출처를 보호하고자 하는 목적에서 분석관에게 제공하는 보고서에 출처를 구체적으로 명시하지 않는다. 이로 인해 분석관

---

278) 당시 동구권 공산주의 국가에서 이주한 사람들 중에서 금전적으로 어려운 처지에 놓인 사람들이 과거 자신과 교분이 있었던 인물들이 새로 들어선 공산주의 정권의 고위직에 올라있고 그들로부터 얻은 정보를 제공해주겠다면서 그에 대한 금전적인 보상을 요구하는 일이 종종 있었다고 한다. Shulsky and Schmitt(2002), p.18.

279) Allan Dulles, *The Craft of Intelligence*(Boulder, Colo.: Westview, 1985), p.216; and Shulsky and Schmitt(2002), p.18.

280) Andrew(1986), p.488; Masterman(1972); and Shulsky and Schmitt(2002), p.18.

281) 이들은 CIA에 협조하는 척하면서 CIA로부터 얻은 피그만 공격의 시간과 상륙지점 등에 관한 정보를 카스트로에게 그대로 알려주었다. CIA는 미국에 망명해 있던 반 카스트로 쿠바인들을 훈련시켜 1961년 4월 17일 이른바 피그만 공격에 이들을 투입했다. 4척의 수송선에 분승한 1,511명의 대원은 의기양양하게 피그만으로 향했다. 그러나 이들 중 200명은 상륙하기도 전에 배가 암초에 부딪혀 사망했다. 카스트로는 사전에 정보를 입수하여 정부 내 위험 인사들을 구금하고 진압군을 미리 피그만으로 출동시켰다. 침공한 대원들은 4월 21일까지 나흘간의 격전 끝에 115명이 전사하고 1,189명이 포로가 되는 참패를 당했다. 이 사건을 배후 조종한 케네디 행정부의 위신도 크게 손상되었다. 채승병, "패전속 승리학 —피그만 침공," http://www. militaryreview.com/?inc=newsView&sno=31&no=2686&ssno=46(검색일: 2007년 2월 4일).

은 출처의 신뢰성을 의심하여 중요한 첩보를 무시 또는 평가절하할 수 있다. 이와 반대로 출처의 신뢰성이 의심되는 데도 불구하고 이를 여과 없이 수용하여 낭패를 보게 될 수도 있다. 이라크 WMD 정보판단이 왜곡된 주요 요인은 이라크 망명객들이 제공한 첩보를 분석관들이 여과 없이 그대로 수용하여 보고서를 작성했기 때문이다. 이라크 망명객들은 미국이 이라크를 공격하여 사담 후세인을 제거해 주기를 바랐기 때문에 대량살상무기가 이라크에 존재한다고 제보했던 것이다.282) 이처럼 출처 보호의 필요성과 출처의 신뢰성은 서로 상충되며, 그로 인해 이라크 대량살상무기 정보판단의 왜곡과 같은 엄청난 정보실패가 야기될 수 있다.

셋째, 상대국의 방첩활동이 효과적으로 수행될 경우 인간정보 수집활동이 어려워질 수 있다. 상대국에서 사람들의 이동, 교류, 경제활동은 물론 해외여행을 엄격히 통제하게 되면 정보관이 비공직 가장이나 불법적인 수단을 활용하여 첩보수집활동을 수행하기가 매우 어렵다. 공직 가장을 통해 첩보활동을 하게 되면 상대국 정보기관으로부터 집중적인 감시를 받게 되어 주재국의 시민들조차 자유롭게 만날 수 없다. 이런 나라에서 정보활동은 공직 가장을 통해서만 수행되기 때문에 정보관이 활동하는데 많은 어려움이 있는데, 이러한 목표를 미국 정보요원들은 은어로 '경성목표(hard target)' 또는 '거부 지역(denied area)'이라고 칭한다.283)

'경성 목표' 또는 '거부 지역'의 대표적인 사례로 테러집단이나 조직범죄집단을 들 수 있다. 이들 집단은 대체로 규모가 작고 극도의 보안을 유지하며 엄격히 통제되고 있기 때문에 첩보원을 침투시키기가 매우 어렵다. 이들 집단에 첩보원이 '침투(penetrate)' 해 들어가기 위해서는 집단의 구성원들과 오랜 기간에 걸쳐 친분관계를 유지해 왔거나 그들과 친족관계가 있든지 또는 과거 범죄활동 경력이 있어야 한다. 이들 집단구성원들은 엄격한 규율과 더불어 충성심이 워낙 강해서 소속 구성원으로 하여금 자신의 조직을 배반하도록 회유하는 것이 거의 불가능하다.

넷째, 인간정보 수집활동을 수행하는 과정에서 용납하기 어려운 윤리적 문제가 야기될 수 있다. 테러집단이나 국제범죄 조직에 첩보원 또는 공작원이 성공적으로 침투했더라도 조직의 구성원들에게 인정받기 위해 그는 테러 또는 범죄 행위에 필요한 자금을 지원하든지 또는 테러 행위에 직접 가담해야 한다. 이러한 행동의 불법성과 비윤리성이 차후 알려지게 될 경우 그에 대한 책임을 모면하기 어렵다. 그러나 첩보활

---

282) 이에 대해서는 전웅, "9/11테러, 이라크 전쟁, 그리고 정보실패," 『국가전략』, 제11권 4호(2005 년 겨울), pp.5-40을 참고.
283) Shulsky and Schmitt(2002), p.19.

동의 윤리성만을 지나치게 강조하게 되면 인간정보활동을 효과적으로 수행하기 어렵다.

9/11 테러를 사전에 막지 못한 중요한 요인으로 많은 전문가들은 인간정보활동이 미흡했다고 지적하면서 이와 관련하여 소위 '도이치 규칙(Deutch rules)'의 문제점을 비판했다.[284] 도이치(John M. Deutch)는 1995년 CIA 국장으로 재직하던 중 과거에 중대 범죄활동에 가담한 경력이 있거나 반인륜적 행위(human rights violations)를 저질렀던 공작원(assets)을 전원 해고 조치하도록 지시했다. 관련 규정이 선포됨에 따라 그러한 자를 채용하게 될 경우 본부로부터 사전 승인을 받도록 하였다. 9/11 테러 발생 이전 이 규칙 때문에 테러집단을 목표로 한 CIA의 침투 공작활동이 위축되었고 그로 인해 9/11 테러에 관한 정보를 사전에 수집하는 데 실패했다는 비난이 제기되었다. 물론 CIA는 공식적으로 도이치 규칙이 공작활동을 약화시켰다는 주장은 전혀 근거 없는 논리라고 반박했다. 그러나 정보관 입장에서는 규칙 위반에 따른 불이익을 꺼려하여 유능한 공작원을 포섭하는 데 적극적인 행동을 취할 수가 없었을 것이다. 어쨌든, 2001년 말부터 도이치 규칙은 더 이상 공작원 포섭 시 고려요소로 적용되지 않게 되었고, 2002년 7월 공식적으로 폐기되었다. 인간정보 수집활동을 수행하는 과정에서 발생하는 윤리성과 첩보활동의 효율성은 서로 상충되며, 적정 수준에서 조화를 이루기가 어려운 문제로 남아 있다.

마지막으로 불법적인 스파이 행위가 노출될 경우 국가적으로 엄청난 손실을 각오해야 한다. 아마도 스파이활동을 통해 어렵게 얻은 이득보다는 스파이 행위가 발각됨으로 인해 파생되는 손실이 더욱 클 수도 있다. 예를 들어, 전 서독 수상 빌리 브란트(Willy Brandt)의 비서로 있으면서 장기간 동독의 스파이로 암약했던 기욤(Gunter Guillaume)의 경우 1974년 체포되기 전까지 매우 성공적으로 첩보활동을 수행했지만 그가 스파이였다는 사실이 발각됨으로 인해 동독은 엄청난 손실을 감수해야 했다. 우선 그로 인해 브란트 수상이 사임하게 되었고, 동독에 막대한 이익을 가져다 줄 것으로 기대되었던 동방정책(Ostpolitik)도 돌연 중단되고 말았다. 기욤이 수년간에 걸쳐 스파이 행위를 통해 얻을 수 있었던 이득보다 동독에게 훨씬 더 큰 정치·경제적 손실을 야기했을 것으로 추정된다.[285] 이와 유사하게 폴라드(Jonathan Pollad)가 제공해 준 비밀정보가 이스라엘에게 얼마간 이득이 되었겠지만 그의 스파이 행위가 발각됨으로 인해 미국과 이스라엘 간의 우호관계가 한동안 악화됨으로써 이스라엘은 엄청난 타격을 입게 되었다.[286] 요

---

284) Lowenthal(2006), p.99.

285) Lowenthal(2006), p.99.

286) Lowenthal(2006), p.99.

컨대, 스파이 행위가 발각됨으로 인해 생명을 잃게 되거나 국가적 손실을 감수하면서까지 스파이 행위를 해야 하는지 그 필요성과 가치에 대해서 재고해 볼 필요가 있다. 즉 스파이 행위가 발각됨으로 인해 받게 될 손실을 감수할 만큼 스파이활동을 통해 얻을 수 있는 이익이 얼마나 큰 것인지 이해득실을 정확히 계산해 보아야 할 것이다. 그리고 생명을 담보로 한 위험한 스파이 게임은 상대에게 노출되지 않도록 빈틈없이 준비되어야 하며, 그것을 통해 국가적으로 충분한 이득이 보장된다는 전제하에서 수행되어야 할 것이다.

3. 소 결 론

미국에서는 인간정보와 기술정보의 상대적 중요성을 두고 수년 동안에 걸쳐 논쟁이 있었다. 한쪽에서는 기술 발전과 더불어 기술정보의 중요성이 증가하고 있다고 주장하는 반면, 다른 쪽에서는 기술정보 능력이 지나치게 과장되었다면서 인간정보의 역할도 중요하다는 점을 강조한다. 특히 1979년 이란 사하 정권의 붕괴, 1998년 인도의 핵실험, 2001년 9/11 테러 등과 같은 정보실패가 발생할 때마다 인간정보의 필요성이 강조되었다.[287]

카터 대통령 당시 DCI로 재직했던 터너 제독의 주장과는 달리 최첨단 기술정보 장비를 동원하여 첩보수집활동을 전개해도 지구상에서 일어나고 있는 모든 일들을 다 알 수는 없다. 반대로 구소련의 사례를 보면 인간정보의 가치가 지나치게 과장되었다는 측면이 없지 않다. 소련은 냉전시대 동안 인간정보활동을 매우 성공적으로 수행했던 것으로 평가된다. 구소련에 이어서 러시아는 워커, 에임즈, 한센 등 미국 정보기관에 재직 중인 자들을 KGB 첩자로 활용하여 미국의 첩보 역량, 군사력 및 전략 동향 등에 관한 매우 가치 있는 정보를 얻을 수 있었다. 그럼에도 불구하고, 소련제국은 냉전에서 참패를 당했고 결국은 소멸되고 말았다. 그런 점에서 소련의 인간정보활동이 소련체제를 유지하는데 별로 기여하지 못했다는 평가가 나온다. 물론 아무리 성공적인 인간정보를 전개했더라도 내부 모순으로 인해 붕괴되는 소련체제를 소생시킬 수는 없었을 것이다.[288]

앞서 살펴본 바와 같이 인간정보나 기술정보 공히 장점 이상으로 단점들이 많기 때문에 한 가지 수단에 지나치게 의존하여 첩보수집활동을 전개하게 되면 실패할 위험

---

287) Lowenthal(2006), p.99.
288) Lowenthal(2006), p.99.

이 크다. 냉전시대 구소련을 비롯한 사회주의 체제에 대한 인간정보활동이 어려운 상황에서 기술정보는 매우 효과적인 수집수단이었다. 오늘날 소련 제국이 붕괴되고 철의 장막이 거둬지면서 기술정보의 필요성이 감소했다. 그러나 세계 도처에서 아직도 비밀리에 대량살상무기들을 개발하고 있는 국가들이 있으며, 이들의 활동을 감시하는 수단으로서 기술정보는 여전히 유용하게 활용되고 있다.

한편, 인간정보는 기술정보로는 불가능하거나 효과적으로 수행할 수 없는 수집활동을 적절히 보완해 줄 수 있다. 앞서 언급했듯이, 인간정보는 적의 전략적 의도나 계획을 파악하는데 효과적이며, 광범위한 지역에서 기술정보로 탐지하기 어려운 수집목표를 선별해 낼 수 있다. 인간정보는 기술정보를 통해 수집된 자료를 해석하는 데 필요한 결정적인 단서를 제공해 주기도 한다. 또한, 인간정보는 테러, 마약, 국제범죄 등과 같이 기술적인 장비로 추적이 불가능한 집단들에 대한 정보를 수집하는 데 활용될 수 있는 유일한 수단이다. 이처럼 인간정보는 기술정보가 가진 단점들을 보완해 줄 수 있다는 장점이 있다. 그런 점에서 인간정보나 기술정보 중 어느 한 가지 수단만을 고집할 것이 아니라 수집 대상 목표의 특성을 감안하여 상호 보완적으로 활용되어야 할 것 이다.

제 4 절   **공개출처정보**(Open Source Intelligence, OSINT)

1. 공개출처정보(OSINT)의 의의

흔히 모든 정보활동은 비밀리에 수행되는 것으로 알려져 있다. 첩보수집, 분석, 방첩, 비밀공작 등 정보기관에서 수행하는 정보활동의 대부분은 철저하게 비밀을 유지하는 가운데 전개된다. 그러나 실제로 모든 정보활동이 비밀리에 수행되는 것은 아니다. 특히 첩보수집의 경우 공개적이고 합법적인 방법으로 자료를 수집하는 공개첩보수집(open-source collection)의 비중이 매우 높다. 앞 절에서 언급했듯이 첩보수집 방법은 크게 비밀첩보수집(clandestine collection)과 공개첩보수집(open-source collection)으로 분류될 수 있다. 비밀첩보수집은 사람이나 기술 장비를 활용하여 비밀리에 첩보를 수집하는 것을 의미한다. 이에 비해 공개첩보수집은 공식적인 외교활동이나 신문, 라디오, TV, 인터넷 등 공개적인 자료를 통한 수집방법 또는 활동을 의미한다. 공개적이고 합법적인 방법으로 획득된 자료를 일반적으로 '공개출처정보(open source intelligence, OSINT)'라고 칭한다. 전문가들에 따르면 사안에 따라 다소 차이가 있지만 OSINT는 정보기관에서 생산되는 정보의 35-90% 이상을 차지할 정도로 그 비중이 높다.[289]

냉전의 종식과 함께 공개출처 자료가 획기적으로 증가하게 되었다. 러시아의 경우 공개출처 대 비밀자료의 비율이 냉전시대 동안에는 20:80이었는데, 이것이 오늘날 완전히 역전되었다.[290] 동구권 사회주의 체제가 붕괴한 이후 북한, 쿠바 등 몇몇 국가들을 제외하고 국제사회에서 폐쇄적인 사회 또는 '거부지역(denied areas)'은 거의 사라졌다. 국제사회가 보다 개방화되면서 비밀첩보 수집활동의 필요성이 감소되었다. 그렇다고 비밀첩보 수집활동이 더 이상 불필요해졌다는 것은 결코 아니다. 개방화된 사회라 할지라도 대부분의 국가들이 정치, 군사적인 의도나 계획 등 국익이나 국가안보에 영향을 미치는 중요한 사안에 대해서는 엄격히 비밀을 유지하고 있다. 따라서 공개출처를 통해 수집된 자료만으로는 파악할 수 없는 사안들이 많이 있으며, 이를 위해 비밀첩보 수집 활동이 필요한 것이다. 다만, 탈냉전과 함께 공개출처 자료가 획기적으로 증가한 만큼 이를 국가정보의 생산에 적절히 활용할 수 있는 방안이 강구되어야 할 것이다.

전통적으로 정보기관은 공개출처정보의 효용성이나 가치를 인정하지 않으려는 태도를 보여왔다. 정보공동체의 일부 관료들이나 정보 사용자들 중에는 수집하는 데 어려움이 많을수록 보다 가치 있는 정보라고 생각하는 편견을 갖고 있다.[291] 그래서 누구나 쉽게 접근하여 수집할 수 있는 공개출처정보는 비밀출처정보에 비교하여 효용성이나 가치가 떨어진다고 생각하는 경향이 있다. 예를 들어, 암호체계, 첨단무기 개발 계획 등 적국이 극비사항으로 분류하여 철통같이 보안을 유지하는 자료는 수집하기가 매우 어렵지만, 일단 수집되면 엄청나게 중요한 정보적 가치를 가질 수 있다. 그러나 수집하기 어려울수록 가치 있는 정보라는 등식은 성립될 수 없다. 공개출처자료들을 잘 활용하면 저렴한 비용으로 얼마든지 가치 있는 정보를 생산해낼 수 있다. 공개출처 정보의 효용성을 강조하는 스틸(Robert David Steele)은 "학생이 갈 수 있는 곳에 스파이를 보내지 말라(Do not send a spy where a school boy can go)"라고 주장했다.[292] 사안에 따라 다르겠지만 공개출처자료로 충분할 경우 굳이 위험부담이 크고 많은 비용과 노력이

---

289) 이에 대한 더 자세한 내용은 Joseph Markowitz, "The Open Source Role," *Horizons* No.1, 2 (Summer 1997), pp.1-2; and Stephen C. Mercado, "Reexamining the Distinction Between Open Information and Secrets," *Studies in Intelligence*, Vol.49, No.2(2005), http://www.cia.gov/csi/studies/Vol49no2/reexamining_the_distinctio...(검색일: 2006년 7월 26일)을 참고.

290) Lowenthal(2006), p.102.

291) Mark M, Lowenthal, "Open Source Intelligence: New Myths, New Realities," *Defense Daily Network: Special Reports*(June 24, 2004).

292) Robert David Steele, *On Intelligence: Spies and Secrecy in an Open World*(Fairfax, Virginia: AFCEA International Press, 2000), pp.233.

소요되는 비밀첩보 수집활동을 수행할 필요가 없다는 것이다.

이러한 관점에서 본 절에서는 정보화시대에 부응한 새로운 정보활동 방향으로서 공개출처정보(OSINT)의 가치 및 효용성에 대해서 살펴보고자 한다. 이를 위해 우선 공개출처정보의 개념을 정의하고, 탈냉전·정보화로 표현되는 오늘날 시대에 OSINT가 어떤 의미를 갖고 있는지를 살펴볼 것이다. 그리고 OSINT가 비밀출처자료와 비교하여 어떤 장단점을 갖고 있는지를 평가하고, 비밀출처자료와의 관계를 정리해 본다. 마지막으로 정확하고 신뢰성 있는 정보의 생산을 위해 공개출처자료를 효과적으로 활용하기 위한 방안을 살펴본다.

2. 공개출처정보(OSINT)의 개념과 유형

공개출처정보(open source intelligence, OSINT)는 공개적이고 합법적인 방법으로 수집된 자료들로서 외국의 정치, 경제, 군사 활동에 대해 공개적인 관찰을 통해 얻은 정보, 라디오와 TV에서 취득된 정보 등을 포함한다. 공개출처정보의 중요한 특징은 그것을 수집하는데 어떤 종류의 비밀수집 수단도 활용하지 않고 단지 저작권료를 지불하거나 일상적인 상거래를 통해 취득된다는 것이다. 공개출처는 크게 (1) 대중 매체, (2) 공개자료, (3) 전문 학술자료 등 세 가지 유형으로 구분될 수 있다. 대중 매체에는 신문, 잡지, 라디오, TV, 인터넷 등이 있고, 공개자료(public data)에는 정부보고서, 예산과 인구 문제를 다룬 공식적인 자료, 청문회 자료, 법률적 문제를 토의한 자료, 기자회견, 연설 등이 있으며, 전문 학술자료로는 학술회의 자료, 심포지엄 자료, 전문가 협회에서 편찬한 자료, 학술 연구논문 등이 있다.[293]

'정보(Intelligence)'를 "타당성이 검증된 지식" 그리고 "비밀성이 내포된 지식"을 의미하는 것으로 해석했을 때 위에서 언급한 공개출처정보(OSINT)는 엄밀한 의미에서 '정보(intelligence)'로 인정되기 어렵다. 아마도 '공개출처첩보(open source information)' 또는 '공개출처자료(open source material)'라는 용어가 공개출처정보(OSINT)의 의미를 보다 정확하게 표현하고 있는 것으로 생각된다. 그래서 혹자는 '공개출처정보(OSINT)'를 '공개출처 첩보(open source information)' 또는 '공개출처자료(open source material)'와 엄격히 구분하여 정의하기도 한다.[294] 예를 들어, 로웬탈은 공개출처정보(OSINT)의 개념을 수

293) Lowenthal(2006), p.101.
294) Steele(2000), pp.106-107; and Amy Sands, "Integrating Open Sources into Transnational Threat Assessments," Jennifer E. Sims and Burton Gerber, (eds.), *Transforming U.S. Intelligence* (Washington D.C.: Georgetown University Press, 2005), p.66.

많은 '공개출처자료(open source material)'들 중에서 선별하여 정책결정권자에게 제공되는 것으로서 그 유용성과 타당성을 충분히 검토하여 작성된 지식을 의미하는 것으로 해석하기도 한다.295) 그러나 이는 지나치게 협소한 해석으로 생각되며 설득력이 미흡하다. 우선 공개출처정보는 정책결정권자에게만 제공되는 것이 아니라 정보분석관을 포함하여 누구에게나 접근 가능한 자료들로서 보다 광범위한 의미로 해석된다. 그리고 입수된 자료들은 선별, 분류, 번역 등의 처리 및 분석과정을 거쳐서 비로소 타당성이 검증된 지식이 생산되는 것이다. 분석관이 타당성을 검증하기 위해서는 공개출처자료는 물론 비밀첩보자료와 비교하는 등의 과정을 거치게 된다. 이처럼 전문적인 정보분석의 과정을 거쳐서 작성된 자료는 이미 비밀자료와 융합된 정보로서 순수한 의미의 공개출처자료라고 볼 수가 없고 오히려 비밀출처정보에 가깝다고 본다. 그런 점에서 공개출처정보(OSINT)를 공개출처자료와 엄격히 구분하여 정의하는 것은 합당하지 않다고 본다. 요컨대, 공개출처정보(OSINT)는 비밀첩보활동 수단을 통해 입수된 자료와 대비되는 개념으로써 공개적이고 합법적인 수단을 통해 획득된 모든 자료들을 통칭하는 것으로 정의할 수 있겠다.

개방화된 사회에서는 신문, 잡지, 학술지, 정부 간행물 등을 통해 정치, 군사, 경제적인 문제들에 관해 충분한 자료들을 수집할 수 있다. 구소련처럼 철통같은 비밀을 유지하는 국가들을 제외하고 대부분의 국가들은 도로망, 철도 노선, 신문, 잡지, 정부 간행 경제 및 통계 보고서, 여행 안내책자에 이르기까지 많은 것들을 공개하고 있다. 1948년 DCI로 재직했던 힐렌쾨터(Roscoe Hillenkoeter)는 "80%의 정보자료는 외국의 단행본, 잡지, 과학기술 연구, 사진, 민간연구소의 분석, 신문, 라디오, 국제문제 전문지식을 가진 사람들과의 대화 등을 통해 얻을 수 있다"고 언급했는데, 이는 오늘날에도 마찬가지로 적용된다.296)

폐쇄적인 사회라 할지라도 합법적으로 취득할 수 있는 자료들이 많이 있다. 냉전시대 구소련의 경우 *Communist of the Armed Forces, Military-Historical Journal, Soviet Military Review, Military Herald* 등을 포함하여 11개의 군사 분야 잡지와 신문들을 발간했다. 이 밖에도 부수는 적지만 다양한 분야의 전문 잡지들을 발간했으며, 매년 500권의 군사분야 단행본들을 출판했다.297) *Krasnaya Zvezda(Red Star)*는 소련 육군

295) 로웬탈은 open-source information과 open-source intelligence를 각기 다른 의미를 가진 개념으로 정의했다. 그럼에도 불구하고, 그의 논문에서는 OSINT의 의미를 두 가지 용어를 모두 포괄하는 개념으로 사용했다. Lowenthal(2004).

296) Roscoe H Hillenkoeter, "Using the World's Information Sources," *Army Information Digest* (November 1948), pp.3-6; and Richelson(1989), p.252.

297) Andrew Cockburn, *The Threat: Inside the Soviet Military Machine*(New York: Random House,

및 공군 정치국(Main Political Administration, MPA)에서 발간되었는데 군사 분야에서 가장 유용한 자료로 생각되었다.[298] 민간 신문이나 연설문도 많은 정보를 제공해 줄 수 있다. 콜러(F.D. Kolhler)에 따르면 "소련 정치체제의 경우 획일성(uniformity)을 중요시하기 때문에 지도층은 한 목소리를 내고 모든 관료들이 일사분란하게 동일한 입장을 취한다"고 한다.[299] 따라서, 지도층의 공식적인 발언을 분석해보면 그들이 무슨 일을 계획하고 어떤 전략적인 의도를 갖고 있는지를 판단해 볼 수 있다는 것이다.

소련 사회의 폐쇄성에도 불구하고 소련에서 발표되는 공식 보고서를 통해 정치 엘리트의 권력 서열을 파악할 수 있다. 예를 들어, 안드로포프(Yuri Andropov)가 브레즈네프(Leonid Brezhnev)의 장례식 주관자로 임명되었다는 공식적인 발표가 나온 것으로 미루어 그가 브레즈네프의 뒤를 이어 차기 공산당 서기장으로 취임하게 될 것을 알 수 있었다.[300] 단순한 관찰로도 정보적 가치가 있는 자료를 얻을 수 있다. 소련 고위급 지도자들이 공식 행사에 모습을 드러내는 것을 잘 관찰해보면 권력자가 살아 있는지 또는 그들의 권력 서열을 추정해 볼 수 있다. 예를 들어, 1984년 2월 9일 안드로포프가 사망했을 것으로 추정되는 여러 가지 조짐들이 나타났다. 우선, 국영 라디오와 TV 프로그램이 재즈에서 클래식 음악으로 바뀌었다. KGB 본부, 소련 내각, 국방부가 있는 사무실의 창문이 불빛이 켜져 있는 숫자가 보통 때보다 훨씬 많아졌다. KGB 건물 6층과 8층은 반 이상 창문에서 불빛이 새어나오고 있었고, 국방부는 3개 층이 환하게 불을 밝히고 있었다. 그리고 KGB의 차량 통행이 비정상적으로 많았다.[301] 이러한 모든 상황들은 공개출처정보이며 이들을 종합적으로 면밀히 분석해보면 안드로포프의 사망했으리라는 판단을 내릴 수 있을 것이다.

1983), p.22; Jonathan Samuel Lockwood, *The Soviet View of U.S. Strategic Doctrine*(New Brunswick, N.J.: Transaction, 1983), p.5; and Richelson(1989), p.252.

298) 소련 육·공군 정치국(MPA)은 소련 군대의 공식적인 명령 계통에서 벗어난 조직으로서 소련 군대의 이념화 교육을 담당하고 있다. 그래서 MPA는 소련 군대의 부패 또는 비효율성 등 문제점을 비교적 자유롭게 지적하는 경향이 있으며, 때로 소련의 군사작전에 관한 정보를 제공하기도 한다. 예를 들어, 1983년 초 아템코 중령(Lt. Colonel Artemko)은 "기습상륙부대가 목표를 달성하다"라는 제목의 글에서 아프가니스탄 지역에서 전개되고 있는 소련의 특수 작전에 대해서 논의했다. Cockburn(1983), p.22 in Richelson(1989), p.252.

299) F. D. Kohler, et al., *Soviet Strategy for the Seventies: From Cold War to Peaceful Coexistence* (Coral Gables, Fla.: Center for Advanced International Studies, 1973), p.5, in Richelson(1989), pp.252-253에서 재인용.

300) Richelson(1989), p.253.

301) John F. Burns, "2 Moscow Meetings May Lift the Veil on Andropov," *New York Times*(December 24, 1983), p.2; Dusko Doder, "Unusual Activity in Moscow," *Washington Post*(February 10, 1984), A1, A27, in Richelson(1989), pp255-256에서 재인용.

3. 탈냉전, 정보화, 그리고 공개출처정보

탈냉전기에 들어서서 오늘날 안보위협은 국내외 구분이 없으며 경제, 자원, 환경 등 다차원적인 요소들을 포함하고 있다. 또한 테러, 마약, 국제조직범죄 등은 전통적인 국가의 영역을 벗어난 초국가적 집단들로부터 발생되는 안보위협 요인들이다. 이처럼 복합적인 안보상황에서 미래의 안보위협을 분석하고 그것에 대응할 효과적인 방안을 모색함에 있어서 가용한 모든 자료들을 포괄적으로 활용하여야 할 것이다. 기존의 비밀 첩보 수집활동만으로는 이처럼 복잡하고 다차원적인 안보위협 요소들에 대해서 적절히 대응할 수 없다. 이와 관련하여 아스핀-브라운 위원회(Aspin-Brown Commission)의 보고서에서도 "정보공동체 밖의 전문가들을 보다 많이 활용해야 하며, 가급적 많은 양의 공개출처정보를 이용해야 한다"고 권고했다.302)

탈냉전과 함께 정보화시대에 들어서서 획득할 수 있는 공개출처자료의 범위가 획기적으로 확대되었다. 우선 탈냉전과 함께 폐쇄적이었던 사회주의 국가들이 개방화 되면서 냉전시대 동안 엄격히 통제되어 비밀에 싸였던 많은 자료들이 대거 공개되었다. 여기에 컴퓨터와 통신 네트워크의 혁명적인 발전에 따른 정보통신혁명은 공개출처자료의 접근성과 신속성을 획기적으로 증대시켰다. 정보혁명에 따라 정보를 저장하고 전달하는 수단, 정보를 사용하고 획득하고 배포하는 속도 및 규모가 과거에 비해 폭발적으로 증가했다.303) 특히 인터넷의 등장으로 국경을 초월하여 정보의 유통량과 속도에 있어서 비약적인 발전을 보이고 있다. 이러한 인터넷과 정보혁명의 발전상을 나이 (Joseph S. Nye, Jr.)는 다음과 같이 묘사했다.

> 지난 몇 년 동안 인터넷 활용 빈도는 100일마다 2배씩 계속 늘어났다. 1993년에는 전 세계에 웹사이트가 약 50개에 불과했다. 그러나 21세기로 접어들기 직전까지 웹사이트 숫자는 500만 개를 웃돌았다.304)
>
> 1980년대 말 동선을 이용하는 전화로 초당 한 페이지 정도의 정보를 전송했는데 오늘날 광섬유를 통해 초당 무려 9만권에 해당하는 정보를 전송할 수 있다. 1990년 현재 달러

---

302) Commission on the Roles and Capabilities of the U.S. Intelligence Community(Aspin-Brown Commission), *Preparing for the 21st Century: An Appraisal of U.S. Intelligence, Executive Summary*(Washington, D.C.: U.S. Government Printing Office, 1996).

303) Stuart J. Schwartzstein, *The Information Revolution and National Security: Dimensions and Directions*(Washington, D.C.: The Center for Strategic and International Studies, 1996), p.xv.

304) Jeremy Greenwood. *The Third Industrial Revolution: Technology, Productivity, and Income Inequality.* (Washington, D.C.: AEI Press.1997), pp.20-23; 조지프 나이 저, 홍수원 역, 『제국의 패러독스』(서울: 세종연구원, 2002), p.83.

불변가격으로 환산할 경우 1930년의 미국과 유럽의 3분 통화료는 250달러였지만 20세기 말에는 1달러 이하로 떨어졌다. 1980년에는 기가바이트의 저장면적이 어지간한 방 하나 크기가 되었지만 오늘날에는 신용카드 크기 정도면 충분하다.[305]

인터넷은 인류가 개발한 정보매체 중 가장 방대한 정보를 보유하고 있으며, 가장 편리하고 값싼 정보접근 수단이 되었다. 세계 거의 대부분의 국가들은 물론 폐쇄적인 국가나 단체들조차 인터넷에 많은 자료들을 공개하고 있다. 예를 들어, 러시아 정부는 서방의 투자 유치를 위해 한 때 국가기밀로 취급했던 농작물 수확량이나 방위산업체 생산량을 인터넷에 정기적으로 공개하고 있다. 인터넷 세계에서 일봉의 '블랙홀(black hole)'로 여겨지던 북한도 1999년 10월 '범태평양 조선민족 경제개발촉진협회' 명의로 중국 북경에 '조선 인포뱅크(www.dprkorea.com)'라는 사이트를 열고, 북한의 정치, 경제, 문화, 지리, 역사, 관광 등에 관한 자료들을 제공하고 있다.[306]

불과 몇 년 전까지 르완다나 타지키스탄과 같은 세계의 오지에서 일어난 사건을 화상으로 받아 보려면 외교관이나 정보관을 통하지 않고서는 불가능했었다. 그런데 이제는 세계 오지 어느 곳에서든 발생한 사건들을 실시간으로 TV 화면을 통해 볼 수 있을 정도로 민간 방송매체의 영상 전송시스템이 발전했다.[307] 알제리 주재 대사를 역임했던 존스톤(L. Craig Johnstone)은 워싱턴에서 개최된 학회에서 민간 방송매체의 발전상과 영상 전송시스템의 효용성에 대해서 다음과 같이 회고했다(당시 그는 CNN을 시청할 수 있는 위성 안테나를 구입했다고 한다):

> [위성 안테나를 구입했던] 첫째 주에 알제리에서 아랍연맹 정상회담이 개최되고 있었다. 미국 국무부는 이유를 막론하고 PLO 의장이었던 아라파트(Yasser Arafat)의 참석 여부를 알고자 했다. 그렇지만 그것을 아무도 알 수가 없었다. 정상회담이 개최되는 당일 국무부는 더욱 안달이 났다. 미 대사관 직원들은 정상회담이 개최되는 곳에 입장할 수 없었기 때문에 아라파트가 참석했는지 알 방법이 전혀 없었다. 나는 12시경 집에서 점심을 먹으면서 CNN을 시청하고 있었다. 국무부의 한 직원이 아라파트의 참석 여부에 대해서 국무장관에게 전할 소식이 있으면 연락해달라는 전화를 받았다. 바로 그 때 나는 CNN 뉴스에서 아라파트가 정상회의에 등장한 것을 보았다. 나는 "그가 분명히 정상회의에 참석했다"고 보고했다. 국무부 직원은 매우 기뻐하면서 이를 국무장관에게 보고했다. 다음 날 나는 그 일을 잘 처리한 것에 대해서 축하 전화를 받았다. 그들은 내게 어떻게 그것을 알아냈냐

---

305) Pippa Norris, *The Digital Divide: Civic Engagement, Information Poverty, and the Internet Worldwide*(New York: Cambridge University Press. 2001); 나이, 홍수원 역(2002), p.83.

306) http://www.dprkorea.com은 현재 불온 유해사이트로 등록되어 접속이 차단되어 있다.

307) Bruce D. Berkowitz and Allan E. Goodman, *Best Truth: Intelligence in the Information Age*(New Haven and London, Yale University, 2002), p.43.

고 물었다. 나는 그것을 나만 아는 비밀이라면서 말하지 않았다. 그렇지만 나는 그 때 외교 업무환경이 변화되었다는 것을 실감했으며, 앞으로 어떻게 외교 업무를 추진해야 할 것인지를 깨닫게 되었다.[308]

존스톤 대사의 사례에서 보는 바와 같이 때로 민간 영상매체를 활용한 공개출처정보가 비밀정보활동보다 더 효과적인 역할을 수행할 수도 있다. 21세기 과학정보의 상징인 비밀첩보위성은 이제 더 이상 국가정보기관의 전유물이 아니다. 구소련이 붕괴된 이후 첩보 위성에서 얻은 고해상도 영상자료들은 점차 상용화가 되고 있다. 지금까지 1m이하 급의 지구관측은 기술도 어렵고 국가안보에 미치는 영향도 컸기 때문에 몇 나라에서만 활용돼 왔다. 그런데 미국 스페이스 이메이징사(Space Imaging Company)는 1999년 '이코노스(Ikonos)' 위성을 운용하여 획득한 1m급 해상도의 영상사진을 일반인들에게 판매하고 있다. 미국 정부는 2006년과 2007년에 해상도 50cm 및 40cm급 상업용 위성 발사를 허용했던바 앞으로 50cm 해상도의 상업용 영상사진이 제공될 것이다.[309] 이 밖에 러시아, 남아공화국, 캐나다, 인도, 호주, 이스라엘, 중국, 브라질, 한국 등의 민간 회사 또는 정부산하 기구도 상업용 위성사진을 제공하고 있거나 앞으로 그럴 계획이 있는 것으로 알려졌다. 요컨대, 상업용 위성의 성능이 개선되고 활동이 증가하면서 이제 상업용 위성이 정보기관의 첩보수집에 적극 활용되고 있다.

정보분석분야에 있어서도 민간 부문의 발전이 두드러지게 나타나고 있다. 과거에는 CIA와 몇 개의 연구기관이 세계 각국의 경제 상황을 분석하는 임무를 수행했었는데, 오늘날에는 다우 존스(Dow Jones), 맥그로 힐(McGraw-Hill), 던 엔드 브레드스트리트(Dun & Bradstreet) 등 수 많은 민간 기관들이 그러한 임무를 매우 전문적으로 수행하고 있다. 이에 따라 이제 민간 기관들의 경제정보분석 수준이 CIA를 능가한다는 평가를 받기도 한다.[310] 또한 인터넷에서 상용으로 정보분석 서비스(commercial intelligence service)를 제공하는 사이트도 많이 있다. 예를 들어, '스트렛포(www.stratfor.com)'에서는 분야별로 공인된 세계적 전문가들이 각국의 외교, 정치, 경제, 산업, 과학기술, 군사, 무기 등의 분야에 대한 심층 분석정보와 주요 국제적 이슈에 대한 예측 및 판단 정보를 제공하고 있다.[311]

---

308) Berkowitz and Goodman(2002), p.43.
309) 미국의 영상 전문분석가들에 따르면 해상도 1m급 영상은 군사목표물의 85%까지 판독할 수 있고, 50cm와 30cm는 각각 90%, 95%까지 판독이 가능하다고 한다. 나로 우주센터, "동맹국에도 안 주는 군사위성 정보," http://blog.empas.com/pp337337.read.html(검색일: 2006년 11월 29일).
310) Berkowitz and Goodman(2002), p.44.
311) 스트렛포 웹사이트, http://www.stratfor.com(검색일: 2013년 10월 27일)를 참고.

정보혁명은 정보기술 분야의 하드웨어와 소프트웨어 상의 발전뿐만 아니라 정보 소비자의 행태와 문화에도 상당한 변화를 초래하게 되었다. 과거에는 일반인들이 중요한 정보를 주로 정부 기관으로부터 얻었고, 정보를 획득하는 데 지출되는 비용이 비쌌다. 그러나 이제 사람들은 인터넷, 케이블 채널 등 미디어의 홍수 속에서 다양한 출처로부터 정보를 획득할 수 있게 되었다. 이에 따라 사람들은 어떤 수단 또는 과정을 거쳐 첩보가 수집되었는지, 수집된 첩보가 정확한지 또는 신뢰성이 있는지를 스스로 평가할 수 있게 되었다. 사람들은 개인적으로 정보를 얻기가 쉬워졌기 때문에 정부 기관에서 생산된 정보에 대한 신뢰성을 과거에 비해 낮게 평가하는 경향이 있다. 또한, 정책결정권자들이 첩보를 직접 얻고 스스로 분석관의 역할까지 수행하거나 자체적으로 자료를 평가·분석하는 성향을 갖게 되었다.

과거 정보요원들은 자신들이 바깥세계에 비해 기술이나 정보력이 우세하다고 생각했다. 그러나 정보화시대에 들어서서 그러한 생각을 버려야 한다. 이제 민간 상업부문이 정부 부문보다 정보(information)분야에 있어서 기술적으로 앞서게 되었으며, 사용자들의 입맛에 맞는 상품과 서비스를 신속히 개발하여 보급하고 있다. 때로 상업 부문이 정부보다 더 좋은 고급정보를 갖고 있기도 한다. 이처럼 새로운 환경에서 정보 관료들은 상업 부문의 발전을 따라잡기 위해 보다 많은 노력을 기울여야 할 것이다. 기존의 전통적인 패러다임에 기초한 수집과 분석활동만을 고집하게 되면 변화된 정보 환경에 적절히 부응할 수 없다. 인간정보와 기술정보 등 비밀첩보 수집활동에 기반을 둔 전통적 정보활동은 윤리성, 고비용, 출처 개발의 어려움, 위험 부담 등 많은 문제를 드러냈다. 정보화시대 정보 소비자들의 요구에 맞추어 정확하고 세밀한 정보를 보다 신속하게 제공해 주어야 한다. 이를 위해 공개출처정보를 보다 효과적으로 활용할 수 있는 방안을 모색해 보아야 할 것이다. 이제 공개출처정보의 활용은 선택이 아닌 정보화 시대에 부응하기 위한 필수적인 요소가 되었다.

4. 공개출처정보(OSINT)와 비밀출처정보의 관계

한편 공개출처정보의 중요성에 대해서는 각기 상반된 주장이 제기되고 있으며, 이것이 정보의 본질에 관한 논쟁으로 확대될 수 있다. 예를 들어, 공개출처정보의 중요성을 강조했던 켄트(Sherman Kent)는 "최고급 외교 관련 정보는 … 공개적인 관찰이나 연구를 통해서 취득될 수 있다"고 주장했다.[312] 이에 반해 대부분의 학자들은 공개적으

---

312) Sherman Kent, *Strategic Intelligence for American World Policy*(Princeton, N.J.: Princeton

로 획득될 수 있는 첩보(information)가 어떻게 정보(intelligence)가 될 수 있는지 의문을 제기한다.[313] 이들은 공개출처정보를 통해 적의 행동이나 동향에 관한 개략적인 윤곽이나 배경을 추적할 수 있지만, 적의 의도를 알아내기 위해서는 HUNINT나 TECHINT 등 비밀첩보 수집활동이 필요하다고 주장한다.[314]

사실 정보의 세계에서 공개와 비밀의 명확한 구분이란 있을 수 없다. 공개와 비밀은 종종 구분이 없으며 복잡하게 얽혀 있기도 한다. 비밀 보고서라는 것이 언론 보도 자료를 종합한 것에 불과한 내용일 수도 있다. 신문 사설의 일부 내용은 비밀 자료에서 나온 경우도 있다. 예를 들어, 제2차 세계대전 당시 B-29 폭격기에 관한 정보는 분명히 비밀로 분류되었지만 이미 공개된 정보였던 것으로 드러났다. 전략정보국(Office of Strategic Services, OSS)에서 장교로 근무했던 헬펀(Samuel Halpern)은 해군 제독에게 브리핑을 하던 중 B-29 폭격기에 대해 언급했는데 해군 제독이 깜짝 놀라는 모습을 보았다. 해군제독은 헬펀에게 B-29 폭격기에 관한 내용은 일급비밀인데 어떻게 그것을 알았냐고 물었다. 이에 헬펀은 일본 라디오 방송을 듣고 알았다고 대답했다고 한다.[315] 요컨대, 어떤 사람에게 비밀이지만 다른 사람에게는 비밀이 아닌 경우가 있다. 외국인들이 자국의 방송을 통해 미국의 비밀공작에 관한 상세한 정보를 알고 있는데 미국 시민들과 정보공동체는 그러한 비밀이 노출된 것을 전혀 알지 못하고 있는 우스꽝스러운 상황이 발생하기도 한다. 이 경우 비밀로 분류된 자료는 엄격히 말하자면 누구에게나 비밀이 아니고 한쪽에게만 비밀인 '반쪽 비밀(unilateral secret)'이라고 표현하는 것이 정확할 것이다.[316]

비밀과 공개의 구분이 모호함을 보여주는 또 다른 사례로서 외교관과 무관의 보고서를 들 수 있다. 외교관과 무관의 보고서는 비밀출처로서의 인간정보와 공개출처정보(OSINT)가 합쳐진 성격을 가진다. 사실 외교관과 정보관의 구분은 명확하지가 않다. 외교사를 연구하는 어떤 역사학자는 "대사는 때때로 합법적인 수단과 불법적인 수단의 경계를 넘나들면서 첩보수집활동을 수행한다"고 언급했다.[317] 이와 유사하게 무관들도 주재국의 군 수뇌들과 접촉할 수 있기 때문에 군대의 요직에 있는 인사들의 성격, 능력, 민간 지도자와의 관계, 주재국의 군사전략 등에 관한 세밀한 정보들을 수집할

University Press, 1949; reprint, 1966), pp.3-4.

313) Lowenthal(2006), p.101.

314) Shulsky and Schmitt(2002), p.38.

315) Mercado(2005).

316) Mercado(2005).

317) Donald E. Queller, *The Office of Ambassador in the Middle Ages*(Princeton, N.J.: Princeton University Press, 1967), p.90, in Shulsky and Schmitt(2002), p.39.

수 있다. 또한 무관들은 주재국에서 실시하는 새로운 무기체계 시연이나 군사훈련에 합법적으로 참관할 수 있고, 공군기지, 항만, 주요 군사 및 민간 시설 등에 자유로이 접근하여 관찰할 수 있기 때문에 주재국 관해 군사적으로 필요한 정보들을 취득할 수 있다.[318] 이들은 대부분의 경우 공식적이고 합법적인 방법으로 첩보를 수집하지만 필요에 따라서 첩자나 불법적인 방법을 활용하기도 한다.

공개와 비밀의 구분이 모호한 가운데 대체로 정책결정권자나 정보관들은 비밀리에 획득한 첩보가 공개적으로 취득한 정보보다 우월하다고 생각하는 경향이 있다. 이에 따라 비밀 첩보수집활동에 많은 관심과 노력을 기울이는 반면 공개출처정보에는 지나칠 정도로 미흡한 수준의 인력과 예산이 투입되고 있다.[319] 예를 들어, 미국의 정보공동체는 신호정보(SIGINT), 영상정보(IMINT) 그리고 인간정보(HUMINT) 활동을 수행하는 기구들로 구성되어 있으며, 여기에 많은 예산을 투입해 왔다. 정보공동체 예산의 거의 대부분이 첩보위성을 개발하고, 신호정보를 수집하는 등 IMINT와 SIGINT 활동에 지출되어왔다. 그러나 미국의 정보공동체에는 몇 년 전까지 OSINT를 전담하는 기구조차 설립되어 있지 않았었다. '외국방송정보서비스(Foreign Broadcast Information Service, FBIS)'는 정보공동체에서 OSINT 업무를 담당하는 가장 큰 기구인데 CIA 소속으로 되어 있었다. 이 밖에 다른 OSINT 조직은 국방부, 국무부 등 여러 부처에 흩어져 있다. OSINT 임무를 수행하는 조직에는 거의 인력도 없고 예산도 편성되어 있지 않았었다. 앞서 언급했던바 전문가들의 연구에 따르면 OSINT는 미국 정부에서 활용되고 있는 정보(intelligence)의 35-95% 정도 기여하고 있는 것으로 인정되고 있다.[320] 그럼에도 불구하고, 그동안 OSINT에 투입되는 예산은 미국 정보공동체 예산의 1%도 되지 않았던 것으로 추정된다.[321]

사실 OSINT는 적은 비용으로 효과를 극대화할 수 있으며, 때로 비밀첩보수집을 통해 획득한 자료보다 더 우수한 정보를 제공해 줄 수도 있다. 버긴(Anthony Bergin)은 국가정보기관에서 OSINT 분야에 1%의 예산을 증가시키면 정보활동의 효율을 10% 이상 향상시킬 수 있다고 주장했다.[322] 오늘날 인터넷 상에서 특정 주제에 대해 서로의 의견과 지식을 교환하는 유즈넷이나 네이버의 '지식 iN' 등을 통해 전 세계의 수많은

---

318) Shulsky and Schmitt(2002), p.40.
319) 스틸은 미국 정보공동체에서 공개출처정보는 '버려진 자식(stepchild)' 취급을 받고 있을 정도로 관심이나 예산 투자가 매우 미흡하다고 지적한다. Steele(2000), p.120.
320) 이에 대한 더 자세한 내용은 Markowitz(1997), pp.1-2; and Mercado(2005).
321) 스틸은 미국은 공개출처정보에 정보공동체 예산의 단 1%를 지출하고, 40% 이상의 정보를 생산하는데 기여하는 효과를 가진다고 주장했다. Steele(2000), p.124; and Mercado(2005).
322) Anthony Bergin, "A Distinct Lack of Intelligence," *Australian Financial Review*(May 30, 2000).

전문가들로부터 필요한 정보를 매우 신속하게 수집할 수 있다. 예를 들어, 한 정보기관에서 뉴스 그룹에 '스텔스 전투기 은폐기술'에 대해 질문을 요청하자 전 세계의 공학자, 과학자, 심지어 공군 장교 등 수십 명의 전문가들이 '스텔스'기에 사용된 소재, 설계자료, 레이더 등에 포착될 수 있는 결함 등을 상세히 온라인으로 제공했다. 그런데 그들이 제공한 자료는 정보기관에서 필요로 했던 것보다 훨씬 가치 있는 정보였던 것으로 평가되었다.[323]

이처럼 공개출처정보로 얼마든지 적의 동향을 파악하고 국가안보에 적절히 대비할 수 있다면 굳이 정보기관이 존재할 필요가 없을 것이다. 정보기관을 설립하게 된 취지 또는 존재 이유는 비밀첩보 수집활동에 있다. 그런 점에서 공개출처정보와 정보기관은 서로 양립하기 어려울 것으로 생각되지만, 반드시 그러한 것은 아니다. 정보기관은 국가안보를 유지하기 위해 반드시 필요하지만 언론 매체나 민간 기업체가 제공하지 않거나 제공할 수 없는 정보(information)를 찾아내고 해석하는 일을 수행할 수 있다. 예를 들어, 정보기관은 비밀첩보 수집활동을 통해 상업적으로 별로 이익이 없기 때문에 민간부문에서 다루지 않는 주제, 기술적으로 어려워서 민간부문에서 수집하지 않으려 하거나 수집할 수 없는 정보(information), 그리고 법적인 제약이나 위험성 때문에 민간부문에서 수집할 수 없거나 수집하지 않으려하는 정보(information) 등을 수집할 수 있다.[324] 어쨌든 정보기관의 비밀첩보 수집활동은 국가안보를 위해 반드시 필요하며, 이를 공개출처정보로 대체할 수는 없을 것이다.

한편, 미국 대통령과 상하원 의장에게 보고된 "21세기를 위한 준비 - 미국 정보활동 평가"에서 공개출처정보와 정보기관에서 수집한 비밀첩보 자료들을 비교 평가하는 내용이 나온다.[325] 위 보고서의 평가에 따르면 공개출처로부터 얻은 첩보가 매우 현실감이 있었고 어떤 측면에서는 정보공동체에서 제공하는 비밀첩보보다 더 구체적이었다는 매우 흥미로운 내용을 기술하였다. 그런데 공개출처정보는 사실 여부에 대한 확인 작업이 요구되었으며, 분석관 또는 정보 사용자에게 꼭 필요한 정보들을 포함하지 못하는 단점이 있다고 지적했다. 공개출처정보의 핵심적인 장단점을 매우 적절하게 평가한 것으로 보인다. 어쨌든 공개출처정보는 저렴한 비용으로 쉽게 얻을 수 있으면서 비밀첩보수집을 보완해 줄 수 있다. 그러한 관점에서 비밀첩보와 공개출처정보가 적절히 융합됨으로써 보다 신속하고도 정확한 정보를 생산해 낼 수 있을 것으로 기대된다.

---

323) 조병철, 『공개출처정보 활용』(서울: 국가정보대학원, 2006), p.13.
324) Berkowitz and Goodman(2002), p.40.
325) Aspin-Brown Commission(1996).

나이(Joseph Nye)는 국가정보위원회(National Intelligence Council)의 위원장으로 재직하던 중 공개출처정보의 의미에 대해 다음과 같이 언급했다:

> 공개출처정보는 조각그림 맞추기의 바깥 부분에 있는 조각들이라고 볼 수 있다. 그것이 없다면 조각그림 맞추기를 시작할 수도 그리고 조각그림을 완성할 수도 없다. ... 공개출처정보는 종합판단정보를 작성하는데 절대로 생략될 수 없는 핵심적인 요소이다.[326]

다시 말해서 공개출처정보는 인간정보나 기술정보 등 비밀수집 수단으로 획득할 수 없는 내용을 보충해 주고 의미가 보다 명확하도록 보완해 준다. 또한 공개출처정보는 비밀첩보 수집활동의 목표와 방향을 설정하는데 도움을 줄 수 있다. 합법적인 방법으로 자료를 입수할 수 있는 분야의 경우 구태여 비용과 위험 부담이 많은 비밀수집 활동을 전개할 필요가 없다. 따라서 비밀첩보 수집활동의 목표와 방향을 공개출처정보가 없는 분야로 집중함으로써 한정된 예산을 효율적으로 사용할 수 있을 것이다.

최근 OSINT가 여러 가지 측면에서 장점들이 많고 효용성이 매우 높은 것으로 인정됨에 따라 세계 각국의 정보기관들이 OSINT를 적극적으로 활용하기 위한 노력을 기울이고 있다. 미국은 1992년 DCI 산하에 정보공동체 '공개출처정보담당처(Community Open Source Program Office)'를 설립하였으나 활동은 미미한 수준이었다. 그런데 2001년 9/11 테러 이후 미국에서는 OSINT의 역할을 새롭게 인정하기 시작했다.[327] 9/11 진상조사위원회는 2004년 7월의 보고서에서 '공개출처정보국(open-source intelligence agency)'의 설립을 권고했지만, 이에 대한 구체적인 계획은 언급하지 않았다.[328] 이후 WMD 진상조사위원회(WMD Commission, known as the Robb-Silberman Commission)에서 2005년 3월 CIA에 '공개정보국(Open Source Center)'을 설립토록 제안했다. 이에 2005년 11월 마침내 DNI 산하에 '공개정보센터(Open Source Center)'가 설립되었다.[329] 이로써 미국

---

326) Joseph Nye, Speaking to Members of the Security Affairs Support Association, Fort Meade, Md., April 24, 1993, in Sands(2005), p.64.

327) 물론 탈냉전과 함께 OSINT의 중요성이 부각되었고, 1990년대 초부터 미국 의회에서 정보공동체 내에 OSINT를 전담할 새로운 기구를 설립하자는 제안이 있었지만 그다지 주목을 받지 못했으며 결국 실현되지 못했다. 그리고 1996년 아스핀-브라운 위원회(Aspin-Brown Commission)는 미국은 공개출처 활용이 매우 미흡하다고 지적하고 여기에 최우선 순위를 두어 예산 편성을 제안했지만 역시 실행되지 못했다. Wikipedia, "Open Source Intelligence," http://en.wikipedia.org/wiki/Open_source_intelligence(검색일: 2007년 2월 10일).

328) 9/11 Commission Report(pdf), p.413, http://www.gpoaccess.gov/911/pdf/fullreport.pdf(검색일: 2007년 3월 12일).

329) 공개정보센터는 CIA 소속의 FBIS를 흡수하였으며, FBIS 소장을 역임했던 내퀸(Douglas Naquin)이 센터의 소장으로 임명되었다. David Ensor, "The Situation Report: Open Source Intelligence Center," CNN, 2005년 11월 8일, http://www.cnn.com/2005/POLITICS/11/08/sr.tues/; and Wikipedia,

정보공동체가 공식적으로 공개출처정보의 역할과 중요성을 인정하게 되었으며, 나아가 보다 적극적으로 이를 활용하기 위한 노력을 기울이기 시작했다. 앞으로 미국을 비롯한 정보기관에서 공개출처정보를 보다 적극적으로 활용하게 될 것으로 예상된다. 그런데 공개출처정보가 보다 효과적으로 활용되기 위해서는 그 장단점에 대한 평가가 선행되어야 할 것이다.

5. 공개출처정보(OSINT)의 장단점

실제로 공개출처정보는 비밀정보 수집활동이나 그것을 통해 획득된 자료와 비교하여 여러 가지 장점들을 갖고 있다. 공개출처정보의 가치를 신속성, 분량(quantity), 명료성, 편이성(ease of use), 비용부담, 윤리성 등의 기준에 따라서 평가해보기로 한다.

첫째, 공개출처정보는 비교적 신속하게 획득할 수 있다. 지구 저편 먼 곳에서 위기가 발생하게 될 때 그곳에는 첩보원이 없는 경우가 대부분이다. 이 경우 정보분석관이나 정책결정권자는 우선적으로 TV 방송을 청취하거나 인터넷 자료를 검색하는 등 공개출처정보에 의존하게 된다. 이처럼 공개출처정보는 자료 접근의 신속성이 보장된다는 장점이 있다. 몇 년 전 이라크 주재 UN 사찰반에 근무하고 있던 한 미국인 사찰 담당자는 다음 날로 예정된 신문(interrogation)을 위해 이라크의 미사일 개발계획에 관해 보다 상세한 정보가 필요했다. 시간이 워낙 촉박하여 정보기관을 통해서는 적시에 필요한 자료를 얻기 어렵다는 것을 깨닫고 그는 몬트레이 국제문제연구소(Monterey Institute of International Studies)의 비확산문제 연구센터에서 근무하고 있으면서 그와 친분관계가 있는 한 연구원에게 필요한 자료를 검색하여 보내주도록 요청했다. 불과 몇 시간 만에 그가 필요로 하는 자료를 입수할 수 있었고, 다음날 신문(interrogation)을 매우 효과적으로 수행할 수 있었다고 한다.[330]

둘째, 공개출처정보는 비밀첩보 자료에 비해 보다 많은 분량의 자료들을 확보할 수 있다. 정보관(또는 수집관)은 기껏해야 몇몇 소수에 불과하지만, 세계 도처에 수많은 인터넷 블로거, 신문기자, TV 리포터, 전문연구자, 학자 등이 있다. 정보관(또는 수집관)들 중에서 몇몇은 유능한 첩보원으로부터 공개출처정보를 능가할 정도로 많은 양의

"Open Source Intelligence," http://en.wikipedia.org/wiki/Open_source_intelligence 검색일: 2007년 2월 10일).

330) Timothy V. McCarthy, senior analyst at the Center for Nonproliferation Studies and former UNSCOM inspector, Personal Discussion with Amy Sands, Montery, Calif., June 2004, Sands(2005), p.63.

비밀정보를 제공받을 수도 있다. 그러나 양적으로 풍부한 공개 자료들을 잘 취합하면 소수의 정보관(또는 수집관)이 제공하는 비밀 자료보다 우수한 보고서를 생산해낼 수 있다.[331]

때로 소수의 정보관(수집관)이 제공하는 비밀 자료만을 근거로 판단을 내리게 될 경우 상황을 심각하게 오판할 위험이 있다. 예를 들어, 1998년 미국이 수단의 알 시파 (al-Shifa) 제약공장을 폭격한 것은 명백한 실수로 드러났다. 그러한 실수를 야기한 결정적인 요인은 그 화학공장에 관해 풍부한 양의 공개출처 자료들이 있었음에도 불구하고 이를 전혀 참고하지 않고 오로지 제한된 분량의 비밀첩보 자료만을 기초로 하여 정보판단을 내렸기 때문인 것으로 지적된다.[332] 공개출처정보를 통해서 (1) 시파 공장이 수단에서 실제로 의약품을 생산하는 공장이라는 것, (2) UN 주재 미국 관료의 공식적인 허가를 받고 이라크에 가축용 의약품을 수출하고 있었다는 것, (3) 그곳이 군사보호시설이 아니고 수단인은 물론 외국인도 자유롭게 방문할 수 있는 곳이었다는 것 등을 충분히 파악할 수 있었다. 만일 미국 정보공동체가 시파 공장을 폭파하기 전에 관련된 공개출처 자료들을 충분히 수집하여 참고했더라면 그와 같이 어처구니없는 실수를 범하지 않았을 것이다.

셋째, 공개출처정보는 출처의 명료성이 보장된다. 출처와 수집방법에 대해 정보관 (수집관)이 철저히 비밀을 유지하기 때문에 정보분석관은 항시 첩보출처의 신뢰성에 대해 의문을 제기한다. 이처럼 출처가 불분명하기 때문에 2002-03년 이라크 WMD 정보판단의 왜곡과 같은 문제가 발생하게 된 것이다. 특히 CIA의 공작국은 한 개의 출처를 여러 가지 다른 방식으로 표현하는 경향이 있다. 그래서 CIA 분석국의 분석관은 이라크 대량살상무기 존재에 대해 여러 출처에서 확보된 강력한 증거가 있는 것으로 오판하게 되었던 것이다. 어쨌든, 비밀정보에 비해 공개출처정보는 출처의 명료성이 보장되는 만큼 신뢰성을 높이 인정받는다.

넷째, 공개출처정보는 합법적인 방법으로 첩보를 수집하기 때문에 출처를 공개할 수 있고, 그래서 비밀 자료의 출처를 보호하는 수단으로 유용하게 활용될 수 있다. 때로 부득이하게 출처를 밝혀야 하는 곤란한 상황에 처하게 될 수 있다. 예를 들어, 이란이나 이라크의 WMD 개발 상황에 대해 첩보원을 통해 비밀리에 알아낸 사실은 외부에 공개하기 어렵다. 그러나 이를 상업용 위성사진을 판독하여 알아낸 것처럼 가장

---

331) Mercado(2005).
332) Michael Barletta, "Report: Chemical Weapons in the Sudan," *Nonproliferation Review* 6(Fall 1998), p.130; Sands(2005), p.70.

함으로써 출처와 수단을 보호할 수 있을 것이다. 과거 미국 관료들이 구소련, 이란, 이라크 등에서 비밀출처를 밝히지 않는 대신 공개출처정보를 근거로 제시하여 자신의 임무를 성공적으로 수행했던 사례가 많이 있었다.[333]

다섯째, 공개출처정보는 누구나 쉽게 접근하여 편리하게 활용할 수 있다는 장점이 있다. 비밀 자료들은 비밀 분류 및 차단 등으로 인해 정책결정권자나 정보관들조차도 자료 접근이 제한되어 있다. 자료 접근이 제한되는 만큼 적시에 필요한 정보를 생산하기 어려우며, 이로 인해 적시에 필요한 조치를 취하지 못함으로써 낭패를 볼 수 있다. 제2차 세계대전 당시 미국이 일본의 암호를 해독하고도 진주만 기습을 사전에 예방하지 못한 것은 암호해독에 관한 정보가 극히 소수의 사람들로 제한되어 해독된 내용의 의미를 파악하는 데 너무 많은 시간을 지체했고 그로 인해 즉각적인 대응조치를 취하지 못했기 때문이다. 9/11 테러 당시 한 FBI 수사관이 2명의 테러 용의자에 대한 신상자료 열람을 CIA 측에 요청했으나 CIA가 이를 거부하여 테러범을 잡을 수 있는 결정적인 기회가 무산된바 있다.[334] 이에 비해 공개된 자료는 누구나 쉽게 접근하여 편리하게 활용될 수 있는 만큼 중요한 정책결정에 신속히 반영될 수 있다는 장점을 가진다.

여섯째, 공개출처정보는 저렴한 비용으로 획득될 수 있다. 첩보 위성의 경우 개발, 발사 그리고 유지하는데 수십억 달러를 지출한다. 앞서 언급했듯이 최첨단 영상 및 신호정보 수집 장비를 갖춘 미국의 첩보위성 KH-12는 대당 가격이 무려 10억 달러에 이르며, 개발하는데 약 18개월이 소요되었던 것으로 알려졌다. 장비의 가격뿐만 아니라 운용 경비도 엄청나서 U-2기를 한번 이륙시켜 작전에 투입하는데 무려 10만 달러가 소요된다고 한다.[335] 이처럼 기술정보 장비는 개발비용 및 운용에 엄청난 경비가 소요되기 때문에 경제력이 뒷받침되지 않고는 운용하기 어렵다. 그런데 투자된 비용과 노력에 비해 그 효과는 기대에 못 미칠 수 있다. 첩보 위성으로 기껏해야 적의 무기 공장 지붕이나 잠수함 외형만 보이는 영상을 얻을 수 있을 것이다. 이에 비해 1년 구독료 100달러로 구입한 외국 잡지에서 무기 공장 마룻바닥이나 잠수함의 내부 사진까지 볼 수도 있다. 그런 점에서 공개출처정보는 최소의 비용으로 효용을 극대화할 수 있다

333) Sands(2005), p.71.
334) 뉴욕 주재 한 FBI 대테러 담당자는 합동조사위에서 그의 동료 FBI 요원이 9/11 테러 용의자인 미드하르(Khalid al-Midhar)와 하자미(Nawaf al-Hazmi)에 관한 자료를 찾고자 CIA 정보자료에의 접근을 요청했으나 거부당했다고 진술했다. 그는 2001년 8월 29일 관료주의적 장벽 때문에 정보자료 접근이 거부됨으로써 나중에 큰 문제가 발생할 수 있음을 경고하는 내용의 이메일을 FBI 본부에 보냈던 것으로 알려졌다. Bill Gertz, *Breakdown: The Failure of American Intelligence to Defeat Global Terror*(New York: Penguin Books, Ltd., 2003), p.xv.
335) http://chimuchyo.egloos.com/942341(검색일: 2007년 2월 2일).

는 장점이 있다.

마지막으로 공개출처정보는 합법적인 방법으로 첩보를 수집하기 때문에 위험부담이 없으며 윤리적인 문제를 야기하지도 않는다. 비밀첩보수집을 위해 평양이나 테헤란 등 거부지역에서 통신 감청 장치를 설치하는 등의 첩보활동은 많은 위험을 수반한다. 비밀첩보 수집활동이 노출될 경우 언론, 국회, NGO 등에서 윤리성 및 합법성에 대한 비판을 제기한다. 1970년대 미국에서는 워터게이트 사건과 더불어 CIA 비밀공작활동의 비윤리성을 두고 언론과 의회에서 많은 비판이 제기되었다. 미국 NSA 주도로 영국, 호주, 캐나다, 뉴질랜드 등이 함께 참여하여 전개되고 있는 에셜론(ECHELON) 계획은 타국의 인터넷, 전자우편, 팩스 등을 감청하는 활동을 수행하고 있는 것으로 알려졌는데 프랑스를 비롯하여 여러 국가에서 이에 대한 불만을 제기하고 있다.

한편, OSINT가 장점들만 있는 것은 아니고 효과적인 활용을 저해하거나 활용에 앞서 고려해야 할 요소들이 많이 있다. 대표적인 문제점으로서 지나치게 많은 분량의 자료들, 정보공동체의 조직문화적 편견, 보안문제 및 기술적인 제약 등을 들 수 있겠다.

첫째, 정보의 양이 지나치게 많아 옥석을 가리기가 힘들다는 것이다. 오늘날 정보혁명으로 유통되는 정보의 양은 엄청나게 증가했다. 그런데 정보의 양이 많을수록 활용가치가 있는 신뢰성 있는 정보를 골라내는 일이 쉽지 않다는 것이다. '메아리 효과(echo effect)'라고 하여 한 매체에서 만들어진 정보가 사실 여부를 확인하지 않은 채 다른 매체에서 확대 재생산되어 순식간에 여기저기로 유포될 수 있다.[336] 비록 최초에는 그것이 허위정보가 아니었을지라도 그 내용이 전파되는 가운데 허위정보가 추가될 수 있고, 최초 허위정보가 더욱 확대 재생산되어 사실과 전혀 다른 내용이 유포될 수도 있다. 자료의 양이 워낙 많기 때문에 그 중에서 허위정보를 색출하고 신뢰성 있는 자료를 선별하는 일조차 많은 시간과 노력이 요구된다. 그 분야의 전문가가 아니라면 적시에 필요한 자료를 효과적으로 선별할 수도 없다. 또한, 대부분의 자료들은 정보분석관이나 정책결정권자의 요구와는 무관하게 작성된 것이다. 그래서 분석관은 자료의 출처 확인은 물론 왜 그러한 자료들이 생산되었는지, 왜곡된 내용이 없는지 등을 보다 꼼꼼하게 검토해 보아야 한다. 그리고 정보분석관이나 정책결정권자의 요구에 부응하도록 자료들을 선별, 분류, 요약, 정리, 번역하는 등의 처리과정에서 많은 시간과 노력을 허비하게 된다.

둘째, OSINT에 대한 정보기관의 조직문화적 편견이 OSINT의 효과적인 활용을 저해하는 중요한 요소로 작용한다. 정보기관의 조직문화는 기본적으로 OSINT의 가치

---

336) Lowenthal(2006), p.102.

를 낮게 평가하려는 성향을 보이며, 그러한 편견으로 인해 정보기관의 수집요원이나 분석관은 공개출처 자료를 불신하고 이에 대해 주의를 기울이지 않는 태도를 보인다. 일반인들을 포함하여 누구나 접근할 수 있다는 점에서 공개출처 자료는 정보분석관들에게 특별한 매력을 끌지 못한다. 그러나 누구나 쉽게 접할 수 있었던 공개출처 자료들의 가치를 낮게 평가하고 무시함으로 인해 미국은 1998년 인도핵실험을 미리 예상하지 못하는 치명적인 실수를 저질렀다. 인도 바라티야 자나타(Bharatiya Janata)당은 선거운동 기간 중에 분명히 핵무기 개발 공약을 선언했다. 이후 바라티야 자나타당이 선거에서 승리했음에도 불구하고 미국의 정보공동체에서는 인도의 핵실험 예상 지역에 대한 첩보수집 활동을 수행하지 않았다. 당시 언론인과 학자들을 포함한 많은 외부 전문가들은 인도가 곧 핵실험을 실시할 것으로 예측했으나 미국의 정보공동체에서는 이에 대해 전혀 관심을 기울이지 않았다. 메타(Ved Mehta)는 "인도를 방문하는 일반 관광객들조차도 바라티야 자나타당이 호전적인 핵정책을 추구하고 있다는 사실을 잘 알고 있었다"고 언급했다.337) 게다가 파키스탄 수상 샤리프(Mohammed Nawaz Sharif)는 클린턴 대통령에게 그해 4월 3일 인도가 핵실험을 강행할 것이라는 경고를 보냈다.338) 그러나 미국 정보공동체의 정보분석관들은 그러한 주장들을 무시했으며, 바라티야 자나타당이 선거공약으로 내세웠던 것을 실제로 관철하리라고 믿지 않았다. 어쨌든 누구든 쉽게 접근할 수 있었던 공개출처 자료들에 대해 미국의 정보공동체에서 조금이라도 주의를 기울였더라면 아마도 냉전 이후 가장 치명적인 정보실패라는 사태를 막을 수 있었을 것이다.

셋째, 보안문제 및 기술적인 제약으로 인해 정보기관에서 공개출처정보의 효과적인 활용이 제한될 수 있다. 정보기관들은 보안문제로 인해 조직체 내부 전산망으로서 인트라넷을 채택하고 있으며, 이는 일반인들이 사용하는 상용망과 별도로 분리되어 있다. 이처럼 분리된 전산망 체계로 인해 인터넷을 활용한 공개출처 자료의 활용이 제한될 수밖에 없다. 인터넷에서 필요한 자료를 발견했더라고 이를 곧바로 자신의 컴퓨터 파일에 삽입하여 활용할 수가 없다. 이로 인해 정보기관의 분석관들은 공개출처 자료의 활용에 소극적인 태도를 보인다. 컴퓨터 보안 전문가들은 보안문제를 해결하면서 공개출처 자료를 자유로이 활용할 수 있는 방안을 마련하고자 노력하고 있으나, 아직까지 기술적인 문제가 해결되지 않아 만족할 만한 결과를 보여주지 못하고 있다. 한 때 미국의 정보공동체에서 내부 전산망에서 외부로 통하는 소위 '비밀창구(sneaker

337) Ved Mehta, "India's Combustible Mixture," *New York Times*(May 16, 1998).
338) Rowland Evans and Robert D. Novak, "What Punishment for India's Audacity," *Washington Post*(May 18, 1998).

net)'라는 프로그램을 만들어 인터넷을 일부 활용토록 하였다.[339] 그러나 내부 전산망과 외부 상용망 간에는 보안을 위한 차단벽이 설치되어 외부 공개 자료의 자유로운 활용은 여전히 제한되었다. 더욱이 1999년 내부 전산망의 핵기술 관련 기밀문서를 외부 전산망으로 유출시켰던 리(Wen Ho Lee)사건이 발생한 다음부터 '비밀창구'가 더 이상 활용되지 못하게 되었다.[340] 어쨌든 이러한 기술적 제약이 해결되지 않는 한 정보기관의 OSINT 활용도를 일반인들의 수준까지 높이기는 어려울 것으로 보인다.

정보화시대에 들어서서 모든 것은 빠르게 움직이고 변화한다. 사람들은 많은 양의 정보를 신속하게 획득할 수 있게 되었다. 컴퓨터를 활용한 분석기법의 발전 덕분에 정보분석관들이 보다 효율적으로 분석업무를 수행할 수 있게 되었다. 더불어 정보분석에 대한 정보 사용자들의 요구가 증가하였다. 그들은 보다 구체적이고 신속하게 정보를 제공해주도록 요구할 뿐만 아니라 그들 스스로 정보를 수집·분석 및 평가하는 능력까지 갖추고 있다. 따라서 정확하고 신속하게 정보가 제공되어야 하며, 이를 위해 정보기관은 공개출처정보를 효과적으로 활용할 수 있는 방안을 모색해야 한다. 단순히 비용이 저렴하다든지 위험부담이 없기 때문에 공개출처정보가 활용할 가치가 있다는 것은 아니다. 정보화시대에 들어서서 이제 공개출처정보는 비밀첩보수집을 보완하는 수준을 넘어서서 반드시 활용해야 하는 필수적인 요소로 부각되었다. 공개출처정보를 활용하지 않고는 정보화시대의 요구에 적절히 부응할 수 없다.

공개출처정보와 비밀첩보 자료는 상호 모순되거나 대립적인 관계가 아니다. 공개출처정보는 비밀첩보 자료를 보완하여 보다 정확하고 신뢰성 있는 정보를 생산하기 위해 반드시 필요하다. 공개출처 자료와 비밀첩보를 적절히 융합하게 되면 유용한 정보가 생산될 수 있다. 소련 문제 전문가로 널리 알려진 파이프스(Richard Pipes)는 수년 전 미 하원 정보위원회 청문회에서 공개출처 자료 활용의 효용성에 대해서 다음과 같이 진술했다.

> 그것[공개출처 자료]은 워낙 양이 많아 다소 어려움이 있지만 전문가라면 신속하게 필요한 자료들을 선별해낼 수 있다. ... 훈련된 분석관이라면 자료의 양이 아무리 많아도 중요한 자료들을 신속하게 선별해낼 수 있을 것이다. ... 풍부한 양의 정치분야 관련 자료들을 공개적으로 획득할 수 있으며 이를 정보 생산에 활용하면 그들[소련]의 의도에 대해서

---

339) Sands(2005), p.73.
340) 리(Wen Ho Lee)는 대만 출신 과학자로서 1999년 12월 뉴멕시코 소재 로스 알라모스(Los Alamos) 실험실에 근무하던 중 첨단 핵기술을 중국에 유출한 혐의로 기소되었으나 2000년 9월 무혐의로 석방되었다. 이에 대한 보다 자세한 내용은 http://en.wikipedia.org/wiki/Wen_Ho_Lee를 참고(검색일: 2007년 2월 17일).

파악할 수 있는 아이디어가 도출될 수 있다. 그리고 이것을 비밀첩보 자료를 통해 획득한 군사정보와 융합하면 소련이 무엇을 계획하고 있는지에 대해 보다 분명하게 추정해 볼 수 있을 것이다.[341]

공개출처정보와 비밀첩보 자료의 장단점을 적절히 활용하면 첩보수집 및 분석 업무를 보다 효과적으로 수행할 수 있을 것이다. 반대로 양자 간의 상호 보완이 제대로 이루어지지 않으면 불필요한 비용과 시간을 낭비하면서 결과적으로 생산된 정보도 미흡한 수준에 그칠 것이다. 예를 들어 인터넷 상에 존재하는 공개출처정보임에도 불구하고 분석관이 이를 몰라 수집관에게 관련된 첩보를 수집하도록 요구함으로써 불필요하게 많은 시간과 노력을 낭비하게 되는 경우도 있다. 따라서 비밀첩보 수집활동을 전개하기에 앞서 수집 목표에 대한 공개출처자료가 있는지를 여부를 우선적으로 파악해 보아야 한다. 공개출처정보로 대체할 수 있다면 구태여 시간과 비용뿐만 아니라 위험 부담을 감수하면서까지 비밀첩보 수집활동을 전개할 필요가 없다. 비밀 스파이나 첩보위성은 공개출처정보로 불가능한 경성목표(hard targets)에만 집중하는 것이 바람직할 것이다.[342] 요컨대, 공개출처정보를 적절히 활용하면 비밀첩보 수집활동의 목표를 정확히 설정할 수 있고, 나아가 첩보수집 예산과 노력을 어디에 투입하는 것이 효율적인지를 정확히 파악할 수 있을 것이다.

한편, 정보의 홍수 즉 지나치게 많은 양의 첩보 속에서 옥석을 가려내는 일은 쉽지 않을 것이다. 그러나 이를 해결하는 방법이 전혀 없는 것은 아니다. 우선 정보기관은 엄청나게 많은 양의 정보를 신속하게 검색, 분석, 평가할 수 있는 분석적 도구를 개발해야 한다. 또한, 이와 같은 기술적인 차원의 노력뿐만 아니라 많은 양의 자료들을 선별, 검색, 분석, 평가하는 데 필요한 전문성을 가진 인력을 양성시키는 노력도 요구된다. 정보의 양이 많을수록 그것을 검색, 분석, 평가할 수 있는 전문 인력도 많이 필요할 것이다. 그는 주제와 관련하여 어떤 종류의 공개출처 자료가 어디에 있는지를 잘 알고 있어 이를 신속히 찾아낼 수 있을 것이다. 또한 필요한 자료를 수집하기 위해서 어떤 종류의 검색 엔진 또는 자료검색 프로그램을 활용해야 할 것인지를 잘 알고 있어 필요한 자료를 적시에 수집할 수 있을 것이다.

유능한 분석관이라면 많은 양의 공개출처정보를 효과적으로 활용할 수 있을 것이

341) U.S. Congress, House Permanent Select Committee on Intelligence, *Soviet Strategic Forces* (Washington D.C.: U.S. Government Printing Office, 1980), pp.30-32; and Richelson(1989), pp.254-255.
342) Steele(2000), p.233.

다. 예를 들어, 관련 분야 저명 학자가 학술지에 게재한 과학기술분야의 학술 논문들을 지속적으로 추적해보면 해당 국가의 첨단 군사 무기체계의 개발 동향을 파악할 수 있겠다. 첨단무기 개발을 주도해 왔던 러시아의 저명한 과학자가 한동안 학술논문을 발표하지 않고 있으면 그가 새로운 무기체계 개발을 시작했을 것으로 추정해 볼 수 있다. 그가 어디에서 교육을 받았고, 어떤 분야를 연구해 왔으며, 어떤 내용의 연구들이 발표되었는지, 그리고 그가 어떤 학회에 참가하고 있고 어떤 연구소를 방문했는지 등 그의 연구 경력과 동향을 지속적으로 추적해보면 그가 어떤 무기체계를 연구하고 있고 앞으로 어떤 성능의 무기체계를 개발해 낼 것인지도 추정해 볼 수 있을 것이다.[343]

정보기관은 산업화시대의 산물로서 탄생되어 오늘날에 이르기까지 탁월한 능력을 보여주었다. 과거 정보조직은 수직적 계층구조를 갖추고 비밀보안을 생명처럼 중요하게 여겼다. 그러나 정보화시대에 들어서서 정보기관은 수직적 계층구조보다는 수평적 네트워크 형태의 조직구조로 변화될 것을 요구받고 있다. 또한 정보기관에게 비밀보안이 필요하지만 그것만을 고수해서는 시대적 요구에 부응할 수 없게 되었다. 오늘날 정보기관은 정보화시대의 요구에 부응하기 위해서 공개된 정보 자료들을 신속하고 효과적으로 검색하고 활용할 수 있는 기술을 개발하고 관련된 인력을 양성해야 할 것이다. 또한 수직적 계층구조에서 탈피하여 보다 수평적인 네트워크 형태의 조직구조로 변화하는 노력도 필요하다고 본다.

---

343) Sands(2005), p.68.

제5장

정보분석(Intelligence Analysis)

제1절 개 관

1. 정보분석의 개념과 의미

첩보활동을 통해 수집된 자료는 대부분 단편적이며 정확성이나 신뢰성을 확신할 수 없다. 따라서 수집된 첩보에 대해 전문가의 평가와 분석의 작업이 반드시 필요하다. 미국 정보공동체의 공식적인 개념 정의에 따르면 정보분석은 정보생산과정(intelligence cycle)의 한 부분으로서 수집된 첩보로부터 의미 있는 사실이나 결정적인 결론을 도출해 내기 위해서 체계적으로 검토하는 과정이다.[1] 이와 유사하게 슐스키와 슈미트는 여러 가지 수단으로 수집된 단편첩보들을 처리하여 정책결정권자나 군 지휘관이 정책결정에 활용될 수 있도록 가공하는 과정과 관련되는 것이라고 설명했다.[2] 스틸(Robert Steele)은 문서 또는 구두로 된 판단(assessments)을 생산하는 과정이라고 간단하게 정의했다.[3] 정보분석은 현재 또는 장래 국가적인 위협은 물론 이익과 관련된 문제들에 대해 관료들이 보다 잘 이해하고 효과적으로 대처할 수 있도록 도와줌으로써 국가의 정책결정과정을 지원하는데 활용된다.

미국의 전 DCI 헬름스(Richard Helms, 1966-1973)는 재직 당시 정보활동의 관심이

---

1) Leo D. Carl, *International Dictionary of Intelligence*(McLean, VA: International Defense Consultant Services, Inc., 1990), p.19.
2) Abram N. Shulsky and Gary J. Schmitt, *Silent Warfare: Understanding the World of Intelligence* (Virginia: Brassey's, Inc., 2002), p.41
3) Robert David Steele, *On Intelligence: Spies and Secrecy in an Open World*(Fairfax, Virginia: AFCEA International Press, 2000), p.46.

주로 수집과 비밀공작에 집중되었음에도 불구하고 국가정보의 핵심적인 요소로서 분석의 중요성을 강조했다.4) 비밀공작 및 첩보수집의 과정을 거쳐서 정보기관에서 최종적으로 생산하는 결과물은 정보분석보고서이며, 정책결정권자는 이에 기초하여 정책결정을 내리게 된다. 또한 첩보수집에서 오류가 있었다할지라도 정보실패에 따른 최종적인 책임은 분석관에게 부과되는 경향이 있다.5) 한 이스라엘 정보요원은 분석관의 오판에 따른 책임에 관해서 다음과 같이 회고했다.

> 신문기자들은 실수해도 큰 문제가 아니다. 다음날 헤드라인 뉴스가 나오고 나면 실수는 다 잊혀진다. 그러나 정보분석관의 경우는 다르다. 만일 그가 핵심적인 현안에 대해 잘못 판단한 것으로 드러나면 어떤 나라에서는 교수형에 처하게 될 것이다. 이스라엘에서는 다행히도 해고되는 것으로 끝난다.6)

정보학분야의 저명 학자로 알려진 포커(Robert Folker)는 "정보실패의 결정적인 요인은 분석의 실패에 기인한다"고 지적한 바 있다.7) 예를 들어, 이라크 망명객의 진술에만 의존해서 작성된 부정확한 첩보보고서의 내용이 이라크 대량살상무기 존재 여부에 관해 잘못된 정보판단을 내리게 된 결정적인 요인으로 작용했지만, 정보분석의 과정에서 첩보 자료의 정확성과 신뢰성에 대한 최종 판단을 내리기 때문에 결국 첩보수집보다는 정보분석의 실패로 간주하는 경향이 있다. 미국은 이라크 대량살상무기 존재 여부에 대한 잘못된 정보판단으로 인해 불필요한 전쟁에 개입하여 엄청난 인명의 희생과 비용을 지불하는 대가를 치렀다. 이처럼 정보분석은 국가안보와 이익에 엄청난 파급효과를 초래할 수 있다는 점에서 그 중요성이 강조된다.

2. 정보분석의 목적과 범위

앞 절에서 언급했듯이, 정보분석의 목적(objective)은 현재 또는 장래 국가 안보적인 위협은 물론 이익과 관련된 문제들에 대해 정보소비자들이 보다 잘 이해하고 효과적으

---

4) Mark M. Lowenthal, *Intelligence: From Secret to Policy,* 3rd. ed.(Washington, D.C.: CQ Press, 2006), p.109.
5) Michael Herman, *Intelligence Power in Peace and War*(New York: Cambridge University Press, 1996), pp.111-112.
6) S. Gazit, "Intelligence Estimates and the Decision Maker"(paper given at the US Army War College, 17-18 May 1988) in Herman(1996), p.111.
7) Robert D. Folker, "Intelligence in Theater Joint Intelligence Centers: An Experiment in Applying Structured Methods," *Joint Military Intelligence College Occasional Paper Number Seven*(Washington, D.C., January 2000), p.3.

로 대처할 수 있도록 도와주는 데 있다고 볼 수 있다.8) 여기서 정보소비자는 수집과 분석의 과정을 거쳐서 생산된 정보보고서를 활용하는 고객들로서 과거에는 주로 대통령이나 총리 등 국가의 최고정책결정권자를 의미했다. 그러나 오늘날 정보소비자는 대통령이나 총리는 물론 정부 부처 장관, 의회의 여야 의원, 언론기관, 기업체, 일반 국민에 이르기까지 그 범위가 크게 확대되었다. 물론 정보기관의 가장 중요한 고객은 여전히 대통령과 총리 등 최고정책결정권자들이며, 정보분석은 주로 최고정책결정권자를 수반으로 하여 수행되는 국가의 정책결정과정을 지원하는데 활용된다.

이러한 목적을 달성하기 위하여 구체적으로 어떤 문제 또는 주제에 중점을 두고 정보분석 작업을 수행하게 되는가? 비록 정보기관이 정보생산자라고 할지라도 정보분석의 대상(또는 목표)을 임의로 설정할 수 있는 것은 아니다. 앞서 언급했던 바와 같이 정보기관의 가장 중요한 고객은 대통령과 총리 등 최고정책결정권자이며 정보분석은 이들의 정책결정을 지원하는데 활용된다. 따라서 정보분석의 대상은 기본적으로 정책결정권자의 정보요구(intelligence requirements)에 기초하여 설정된다. 물론 정보생산자로서 분석관들 스스로의 판단에 따라 국가 안보적인 위협이나 이익에 영향을 미칠 수 있는 중요한 문제들을 정보분석의 대상으로 설정하고 이에 대한 분석 작업을 수행하기도 한다. 그런 점에서 때로 정보생산자와 정보소비자가 설정한 정보분석의 대상이 각기 상이할 수도 있다. 그리고 정보소비자와 생산자가 공히 동일한 주제를 정보분석의 대상으로 설정했다고 할지라도 중요도 또는 우선순위가 각기 다를 수 있다.

예컨대, 부시 행정부 초기 부시 대통령의 관심사는 미사일 방어체제(MD) 구축에 있었기 때문에 9/11 테러 발생 직전까지 미국 정보공동체가 대통령에게 알 카에다 등 국제테러리즘의 위협에 대해 수차례 경고했음에도 불구하고 이를 경시했던 것으로 나타난다.9) 또한 정보분석 목표의 우선순위는 국가별로 또는 시기별로 각기 다르게 나타날 수 있다.10) 냉전시대 동안 미국 정보공동체의 가장 중요한 정보목표는 소련 군사동향에 관한 정보였지만 냉전 종식과 함께 소련체제가 사라짐에 따라 정보분석 대상으로서 러시아의 비중이나 중요도는 획기적으로 감소되었다. 그리고 정보분석의 대상에 따라서 시의성이 각기 다를 수 있다. 즉 어떤 대상에 대해서는 매우 촉박한 시일 내 결과물을 생산해야 하는 반면 어떤 문제는 장기적인 관찰과 세밀한 분석의

---

8) Pat M. Holt, *Secret Intelligence and Public Policy*(Washington, D.C.: CQ Press, 1995), pp.80-82.
9) 전웅, "9/11 테러, 이라크 전쟁과 정보실패," 『국가전략』, 제11권 4호(2005년 겨울), p.22.
10) 미국의 경우 정보공동체에서 매년 2급 비밀로 분류된 '국가정보목표우선순위((Priorities of National Intelligence Objective, PNIO)'라는 책자를 발행하여 부문정보기관에 배포하는데 여기에 그 해 국가정보의 목표와 우선순위가 나타나 있다. 부문정보기관에서는 PNIO에 따라 첩보를 수집하여 CIA에 보내주고, CIA 분석국에서 이를 종합하여 분석보고서 작성에 활용하게 된다.

과정을 거쳐서 작성될 수 있도록 충분한 시간이 주어지기도 한다.

　정보분석은 대상 지역, 요소, 시계열적 특성 등 여러 가지 기준에 따라 다양하게 분류될 수 있다. 이에 대해서는 제1장에서 이미 언급했기 때문에 여기서는 간략하게 소개하기로 한다. 정보분석은 대상 지역에 따라 국내정보와 국외정보로 나누어 볼 수 있겠으며, 각각 보안정보와 정책정보로 구분하여 국내보안정보, 국내정책정보, 국외보안정보, 국외정책정보 등으로 세분될 수 있다.11) 또한 전통적인 분류방식으로서 요소별 기준에 따라 정치정보(political intelligence), 경제정보(economic intelligence), 사회정보(sociological intelligence), 군사정보(military intelligence), 과학기술정보(scientific and technical intelligence) 등으로 분류될 수 있겠다.12) 마지막으로 분석대상의 시계열적 특성에 따라 기본정보, 현용정보, 판단정보로 구분될 수 있다.

　한편 정보화시대에 들어서서 컴퓨터와 네트워크와 관련된 비밀첩보를 수집하고 이에 대한 보안대책을 강구하는 것을 내용으로 하는 사이버정보(cyber intelligence)도 정보분석의 새로운 대상으로 주목받고 있다. 이 밖에 환경, 자원, 에너지, 전염병의 확산 등이 신안보위협으로 부각됨에 따라 이에 대한 정보분석이 활발하게 수행되고 있다. 또한 테러리즘, 마약, 국제조직범죄 등은 행위자가 국가가 아니고 집단이라는 점에서 기존의 전통적인 안보 개념을 벗어났으며, 행위자들이 국가의 영토를 초월하여 활동하고 있다는 특징에서 초국가적인 안보위협으로 불리고 있는데 탈냉전기에 들어서서 정보분석의 주요 대상으로 그 중요성이 점차 강조되고 있다. 특히 미국은 2001년에 발생한 9/11 테러사건 이후 국제테러리즘을 가장 심각한 안보 위협요인으로 고려하고 있다. 이에 따라 국토안보부를 신설하고, DNI 산하에 반테러센터(National Counterterrorism Center, NCTC)13)를 설립하여 국제테러리즘의 징후를 분석하는 데 적극적인 노력을 기울이고 있다.

　정보분석 대상의 범위는 시기와 상황에 따라서 달라질 수 있다. 대체로 냉전의 종식과 더불어 정보분석 대상의 범위가 보다 넓어졌다. 게이츠(Robert Gates) 전 CIA 국장은 1987년 *Foreign Affairs*지에 기고한 글에서 정보기관에서 관심을 갖고 분석하는 대상의 범위가 넓다는 점을 다음과 같이 기술했다.

---

11) 이 책의 제1장 2절 참고.
12) 이 책의 제1장 2절 참고.
13) 이 기구는 2004년 8월 27일 대통령 행정명령을 통해 대테러업무를 총괄하는 기구로 설립되었으며, 주로 초국가적인 테러조직에 대한 정보를 종합적으로 분석하고 테러 위협에 대해 경고하는 임무를 수행한다. White House, "Executive Order National Counterterrorism Center," White House, August 27, 2005, http://www.cia.gov/public_affairs/press_release/2005/fs10132005.html(검색일: 2005년 12월 2일).

정보분석 대상의 범위는 전략무기 개발, 화학 및 생물 무기 확산, 소련의 레이저 무기 개발, 우주 공간의 활용, 제3세계 정치 불안정 등 전략적인 문제로부터 수자원, 광물자원, 식량, 에너지 안보 등 새로운 이슈로 확대되었고, 심지어 전염병, 기후, 미개 부족의 인구통계, 생필품 공급 등 지엽적인 문제들에 이르기까지 광범위한 주제들을 포함하고 있다.[14]

이와 관련하여 카버(G.A. Carver)는 1990년경 미국 정보활동은 이제 서유럽지역에 초점을 맞추어야 한다고 주장하고, 경제정보의 중요성을 강조했다.[15] 전 CIA 국장 터너(Stansfield M. Turner, 1977-1981)도 과거에는 적대국에 대한 군사정보가 중요시 되었지만 이제는 적이든 우방이든 관계없이 ―오히려 일본과 유럽 국가 등 우방국가들에 대해― 경제정보활동을 적극적으로 수행해야 할 것을 강조했다.[16] 그 이후 미국 정보공동체의 정보분석 대상의 범위가 기술정보와 경제정보를 넘어서서 더욱 광범위한 주제로 확대되었다.

여기서 문제는 이처럼 정보분석의 대상 범위가 확대되면서 권위 있는 정보분석보고서가 생산되지 못한다는 점이다. 예를 들어 미국의 경우 국제무역, 금융 등에 관한 정책 결정 시 재무성, 중앙은행, 대통령 경제담당 보좌관 등 전문성 있는 기관이나 인물의 평가가 주로 반영되는 반면 이 분야에 대한 정보기관의 분석은 별로 인정받지 못하고 있다. 정보기관에서 생산된 정보분석보고서는 우방국과의 관계에 대해서보다는 잠재적 적국이나 분쟁지역에 대한 분야에서 보다 신뢰성 있는 내용을 제공해 주고 있는 것으로 인정받고 있다.[17] 정보분석의 주요 목표는 우호국이나 동맹국이 아니기 때문에 이에 대해서는 권위 있는 보고서가 생산되기 어렵다. 실례로 미국의 CIA가 영국에 대한 정보분석보고서를 작성하지만 미국이 영국에 대한 정책결정 시 CIA에서 생산된 정보분석보고서는 거의 참고자료로 활용되지 않고 있는 것으로 알려졌다.[18] 사실 영국을 분석하는 전문가들이 워낙 많기 때문에 정보기관에서 생산된 보고서는 영국에 대한 정책결정에 활용되지 않는다. 또한, 영국이나 미국의 군부 지도자들은 상대방 국가의 군사 동향을 파악하기 위해 첩보수집활동을 포함한 정보활동을 적극적으로 수행하지 않는다. 이들은 우방국이기 때문에 상호 대화를 통해서 얼마든지 상대방의 정책이나 계획을 충분히 파악할 수 있기 때문이다.[19]

---

14) R.M. Gates, "The CIA and Foreign Policy," *Foreign Affairs,* Vol.66, No.2(1987-8), p.218.
15) G.A. Carver, "Intelligence in the Age of Glasnost," *Foreign Affairs*, Vol.69, No.3(Summer 1990), p.166.
16) S. Turner, "Intelligence for a New World Order," *Foreign Affairs,* Vol.70, No.4(Fall 1991), p.154.
17) Herman(1996), p.126.
18) Herman(1996), p.126.
19) Herman(1996), p.127.

정보기관은 대체로 타국의 군사 평가라든가 국제사회에서 분쟁지역 동향 등 정부의 일반 부처에서 잘 수행하지 못하는 분야에 대해서 전문성을 갖는다. 반면에 경제, 사회문화, 외교 등 정부 일반 부처에서 전문성을 갖고 수행하는 분야에 대해서는 정보기관의 전문성이 떨어지는 것으로 평가된다.[20] 때로 정보기관은 부처 간 의견을 조정하는 역할을 수행하기도 한다. 영국에서 장관들은 부처 이기주의를 초월한 정보기관의 의견을 신뢰하는 경향이다. 미국에서도 정보기관은 국무부와 백악관과의 의견을 조율하는 역할을 수행하는 것으로 알려져 있다. 실제로 영국의 JIC와 미국 정보공동체의 국가정보판단보고서(National Intelligence Estimates, NIE)는 부처를 초월하여 의견을 조율하는 데 핵심적인 역할을 수행하는 것으로 인정받고 있다.[21]

제 2 절 정보분석 기법

정보분석 기법은 크게 기술적인 분석(technical analysis)과 사회과학적인 분석으로 구분될 수 있다. 기술적인 분석(technical analysis)은 암호해독 및 분석, 원격측정정보 분석(telemetry analysis), 항공사진 판독(photo interpretation) 등 기술수단을 통해 수집된 첩보자료의 의미를 분석하는 방법을 뜻한다. 그런데 기술적 분석은 전문가가 아니면 이해하기가 어려우며 엄밀한 의미에서 분석이라기보다는 처리(processing)에 가깝기 때문에 여기서는 다루지 않기로 한다.[22] 다만 기술적 분석 중에서 암호분석은 전문가뿐만 아니라 때로 일반인들도 활용하고 있기 때문에 그 기본원리를 간략히 소개하기로 한다. 사회과학적인 분석기법은 가설을 세우고 자료를 검증하여 현재 일어난 사건을 설명하고 앞으로 발생할 사건의 전개방향을 예측하는 등 일반 사회과학에서 수행하는 분석 방법을 의미한다. 오늘날 일반 사회과학에서 개발된 다양한 종류의 질적분석 기법 (qualitative analysis)과 계량분석 기법(quantitative analysis)이 정보기관의 정보분석 기법으로 도입되어 활용되고 있다.

---

20) Herman(1996), p.128.

21) Herman(1996), pp.128-129.

22) 슐스키는 그의 저서에서 기술적 분석을 정보 분석의 중요한 요소로 고려하고 이에 대해 매우 상세하게 소개하고 있다. 아브람 N. 슐스키 & 개리 J. 슈미트 저, 신유섭 역, 『국가정보의 이해』(서울: 명인문화사, 2007), pp.85-106.

1. 기술적 분석: 암호분석(cryptanalysis)

암호분석이란 적의 코드(code, 음어)나 암호(cipher)를 해독하여 일반인들이 알아볼 수 있도록 전환시키는 작업이다.[23] 코드나 암호를 사용하여 메시지를 전달하면 중간에 누군가 가로채어 보게 되더라도 그 의미를 해석할 수 없다. 그래서 코드와 암호는 안전하게 메시지를 보낼 수 있는 방법으로 오랜 옛날부터 활용되어 왔다.[24]

코드와 암호는 곧잘 혼용되어 쓰이고 있지만 실제로는 다소 차이가 있다. 코드는 암호화하지 않은 평문을 코드 집을 이용해 바꾸어 놓은 것으로서 같은 코드 집을 가진 사람만이 해독이 가능하다. 제2차 세계대전 동안 영국으로 침투한 138명의 독일 스파이와 그 밖에 영국을 상대로 첩보활동을 벌이기 위해 독일이 포섭했던 20여 명의 스파이가 한 사람도 남김없이 영국 보안국(MI5)에 발각되어 체포되었다.[25] 당시 영국 정보부서에서 도청한 독일 정보기관의 무선교신 내용을 연구한 결과 독일이 당시 인기소설이었던 『우리 마음은 젊고도 활기찼다』라는 책을 '북 코드(book code)'로 활용하고 있다는 사실을 알아냈다. 예를 들어 '141011'이라는 조합은 메시지에 들어가는 단어가 14쪽 10행 11열에 있다는 뜻이다. 영국은 북 코드를 활용하여 독일의 무선교신 내용을 해독해냈고, 독일 스파이들이 언제 어느 지역으로 침투할 것인지를 미리 알고 적시에 이들을 체포할 수 있었다.

반면에 암호는 코드의 일종으로서 평문으로 작성된 메시지를 일정한 알고리즘에 따라 숫자나 글자로 대체시킨 것이다.[26] 메시지를 받는 사람은 암호키를 알기 때문에 메시지를 해독해 읽을 수 있다. 간단한 암호체계의 예를 들어보면 다음과 같다.

	1	2	3	4	5	6	7	8	9	0
1	ㄱ	ㄴ	ㄷ	ㄹ	ㅁ	ㅂ	ㅅ	ㅇ	ㅈ	ㅊ
2	ㅌ	ㅍ	ㅎ	ㅏ	ㅑ	ㅓ	ㅕ	ㅗ	ㅛ	ㅜ
3	ㅠ	ㅡ	ㅣ	ㅐ	ㅔ	ㅒ	ㅖ	ㅃ	ㅉ	ㅢ

---

23) H. Keith Melton, *Ultimate Spy*(New York: DK Publishing, Inc., 2002), p.200.
24) 암호학 체계의 발전에 대해서는 국가정보포럼, 『국가정보학』(서울: 박영사, 2006), pp.19-20 참고.
25) 영국은 체포한 138명의 독일 스파이 중에서 40명을 이중간첩으로 완벽하게 전향시켜 독일에 허위정보를 보내는데 이들을 활용했다. 더블크로스 작전으로 알려진 이 계획은 워낙 치밀하게 진행되었기 때문에 독일은 영국에서 보내오는 첩보가 모두 조작된 정보임을 전혀 눈치 채지 못하고 철저히 기만당했던 것으로 드러났다. 어니스트 볼크먼 저, 이창신 역, 『스파이의 역사 I: 작전편, 20세기를 배후 조종한 세기의 첩보전들』(서울: 이마고, 2003), pp.80-95.
26) Melton(2002), p.200.

메시지를 암호화 하려면 원하는 철자에 해당하는 왼쪽 숫자와 오른쪽 숫자를 읽으면 된다. 가령 "서울역 매표구 앞"이라는 문장을 암호화하자면 1726 1802014 182711 1536 2229 1120 182422가 된다. 암호문은 보통 숫자 5개를 한 묶음으로 사용하기 때문에 전송되는 메시지는 다음과 같다:

17261 80201 41827 11153 62229 11201 82422

이 같은 메시지를 해독하려면 0에서 9까지의 암호키를 알아야 한다. 또한 암호키는 간단한 조작으로 언제든지 바꿀 수 있지만 이를 해독하려면 몇 배의 노력이 요구된다. 예를 들어, 아래와 같이 암호키를 무작위로 변경하면 해독하는데 많은 시간과 노력이 필요할 것이다.

	3	5	1	4	3	9	0	8	6	7
1	ㄱ	ㄴ	ㄷ	ㄹ	ㅁ	ㅂ	ㅅ	ㅇ	ㅈ	ㅊ
2	ㅌ	ㅍ	ㅎ	ㅏ	ㅑ	ㅓ	ㅕ	ㅗ	ㅛ	ㅜ
3	ㅠ	ㅡ	ㅣ	ㅐ	ㅔ	ㅒ	ㅖ	ㅃ	ㅉ	ㅢ

제2차 세계대전 중 영국 정보기관은 울트라 계획(Ultra Project)을 통해 독일 에니그마 암호기를 해독하는데 성공했다. 그러나 독일이 에니그마 암호기의 키를 수시로 바꾸어 메시지를 보냈기 때문에 이를 해독하는데 어려움이 있었다. 당시 오늘날과 같은 복잡한 연산능력을 갖춘 컴퓨터가 없었기 때문에 약 1만여 명의 인원을 상시 대기시켜 암호키를 풀기 위한 연산 작업을 수행했던 것으로 알려졌다.[27]

코드와 암호를 만드는 체계는 워낙 다양하고 그 수법도 발전해서 이를 해독하기가 점점 어려워지고 있다. 코드 집에 일회용 암호표(one-time pad)와 같은 무작위 숫자들을 첨가시키게 되면 해독이 거의 불가능하다.[28] 암호에는 좀 더 다양한 수법들이 동원된다. 예를 들어, 암호키를 지속적으로 바꾸는 방법, 철자를 재배열하는 '치환', 그리고 평문에 쓰인 철자를 다른 철자로 바꾸는 '대입' 등을 통해 해독하기가 보다 어렵도록

---

27) 약 1만 명이 넘는 사람들이 이 계획에 참여했는데 이들 모두 비밀을 철저히 지켜 1974년 영국 정부가 공식적으로 이 사실을 인정할 때까지 단 한 명의 보안 누설자도 없었다고 한다. 볼크먼, 이창신 역(2003), pp.117-133.

28) 일회용 암호표는 1920년대 독일 외교관들이 최초로 도입하여 활용했다. 이에 관한 자세한 설명은 Melton(2002), p.49; 슐스키 & 슈미트, 신유섭 역(2007), pp.88-89를 참고.

만들 수 있다.[29]

오늘날 상대가 점점 복잡하고도 난해한 암호체계를 활용하기 때문에 암호분석 작업은 고도의 전문화된 기술과 더불어 엄청난 노력을 요한다. 그런데 암호체계를 해독했다는 사실이 상대방에게 발각되면 어렵게 해독한 암호분석 작업이 모두 물거품이 되어버리고 만다. 앞서 언급했듯이 영국의 울트라 작전은 단순히 암호해독에 성공했다는 사실 이상으로 1만여 명 이상의 인원이 전쟁이 끝날 때까지 암호해독에 관해 철통보안을 유지했기 때문에 효과를 극대화할 수 있었다. 이와 반대로 암호해독에 관한 보안이 누설될 경우 엄청난 손실이 발생할 수 있다. 1986년 레이건 대통령은 리비아 폭격을 정당화하기 위해서 미국의 첨단 암호해독 능력을 공개했고, 그로 인해 암호화된 메시지를 통한 정보획득 기회가 완전히 상실되는 결과를 초래했다. 『워싱턴 포스트』지 보도에 따르면 당시 상황은 다음과 같다.

> 레이건 대통령과 그의 최고위 참모들은 리비아가 서베를린 나이트클럽 폭파에 직접적인 책임이 있다는 강력한 증거를 갖고 있다는 사실을 보여주기 위해 미국 정보기관이 비밀리에 취득한 민감한 정보를 이례적으로 공개했다. … 정보 소식통에 따르면 대통령이 인용한 세부사항들은 미국이 리비아의 민감한 외교 통신을 가로채서 해독할 능력이 있음을 분명히 보여주었다고 밝혔다.[30]

이처럼 정책결정자가 자신의 정책을 정당화하기 위해 또는 사소한 실수로 인해 비밀이 누설될 경우 많은 시간과 노력을 들여서 어렵게 획득한 암호분석 능력을 하루아침에 잃어버리는 낭패를 보게 될 수 있다.

2. 사회과학적 기법

(1) 학문적 기법과의 비교

정보분석은 여러 가지 관점에서 일반 사회과학과 유사하다. 그래서 혹자는 미국 CIA 분석부서 구성원들과 대학의 '지역연구(area studies)'를 전공하는 교수진들 간의 유사한 점을 비교하여 묘사하기도 한다. 예를 들어, 터너(Stanfield M. Turner) 전 CIA 국장은 다음과 같이 기술했다:

---

29) 볼크먼, 이창신 역(2003), p.122.

30) Bob Woodward and Patrick E. Tayler, "Libyan Cables Intercepted and Decoded," *Washington Post*(April 15, 1986), A1 in Abram N. Shulsky, *Silent Warfare: Understanding the World of Intelligence*(Virginia: Brassey's, Inc., 1991), p.44.

CIA의 분석부서 요원들의 대부분은 대학에서 연구하는 사람들처럼 지적 능력을 갖춘 전문가들로 구성되어 있다. 여기에는 일반대학이나 정부 어떤 부처보다도 더 많은 Ph.D 보유자들이 근무하고 있으며, 이들의 전공은 고고학에서부터 인류학에 이르기까지 다양하다.[31]

실제로 미국 CIA의 분석국은 주로 공개정보 자료를 활용하여 외국 문제에 대해 연구하며, 지역문제 전문가들로서 외부로 공개될 수 있는 일반보고서들을 다량으로 생산해낸다. 미국 정보공동체의 기타 부서들 역시 광범위한 분야에 걸쳐서 연구를 수행한다. 그렇다고 정보기관이 대학과 똑같을 수는 없다. 정보기관은 일반 대학과는 달리 비밀 자료를 수집하고 이를 활용한다. 또한, 정보기관은 군사정보나 테러리즘 등과 같이 국가안보에 위협을 야기하는 문제들을 중점적으로 연구한다는 점에서도 일반 대학과 차이가 있다

앞서 언급했던바 정보분석에서 활용되는 기법은 기본적으로 사회과학적인 방법과 다르지 않다. 그렇지만 그러한 기법을 활용하여 얻고자 하는 궁극적인 목표는 다소 차이가 있다. 흔히 학문이 추구하는 목표는 진리 탐구라고 한다. 이는 곧 어떤 현상의 원인을 규명하는 데 중점을 둔다는 것이다. 자연과학은 자연현상을 사회과학은 사회현상을 분석하여 그 원인을 설명하고자 한다. 물론 자연현상이든 사회현상이든 그 원인을 규명해냄으로써 앞으로 일어날 사건을 예측해낼 수도 있다. 그러나 학문의 목표는 예측보다는 설명에 둔다. 일반 사회과학과 마찬가지로 정보분석도 국가안보와 관련된 사회현상을 설명하고 예측하고자 노력한다. 그러나 정보분석에서는 설명보다는 예측 또는 판단에 보다 많은 비중을 둔다는 점에서 일반 사회과학과 차이가 있다. 또한 일반 학문과 유사하게 정보분석도 객관성(objectivity)을 중요시한다. 그러나 정보분석은 기본적으로 정책을 지원하는 데 활용되기 때문에 정책 지향적인(policy oriented) 성격을 갖게 된다. 즉 정보분석은 한편으로는 객관성을 유지하면서 동시에 정책결정권자의 요구에 순응해야 하는 양면성을 지닌다. 이로 인해 때로 분석관이 지나치게 정보 사용자의 요구에 순응하느라 객관성을 상실하고 왜곡된 정보가 생산되는 '정보의 정치화 현상'이 발생하기도 한다.

어떤 학자에 따르면 정보분석은 첩보 자료들을 충분히 획득하지 못한 채 분석을 해야 하는 시간적 제약성, 분석 대상 변수를 통제할 수 없는 한계, 불완전한 자료수집 과정과 적의 기만책으로 인해 자료의 신뢰도가 떨어지는 점, 불확실한 예측에 비중을

---

31) Stanfield M. Turner, *Secrecy and Democracy: the CIA in Transition*(New York: Harper and Row, 1986), p.113.

두어야 하는 점 등 여러 가지 복잡한 요소들 때문에 사회과학적 연구보다 더 어렵다고 주장한다.32) 일반 학문분야의 학자들은 이론을 만드는 데 중점을 두지만 정보분석관들은 왜곡되거나 적의 기만일 수도 있는 사실들을 매우 제한된 시간 내에 해석해내야 한다.33) 분석의 어려움과 관련하여 존슨(Loch K. Johnson)은 "제도적 차원에서 볼 때 불완전한 첩보에 바탕을 두고 있어 혼란스럽기 그지없는 일이다. … 불확실성, 모호성, 논쟁, 혼란스럽게 얽혀 있는 문제에 대한 부분적 해답 등은 분석과정에서 항시 존재하는 조건들이다"라고 기술했다.34) 따라서 대부분의 정보판단은 상당한 정도의 불확실성을 내포하고 있으며, 그로 인해 상황을 오판하게 될 위험이 상존한다.

한편, 사회과학적 기법은 정보분석에 유용하게 활용된다. 복잡한 정보환경 속에서 사회과학적 기법을 알지 못하거나 그것을 제대로 적용하지 못하면 분석적 오류가 발생할 수 있다. 저비스(Robert Jervis)는 훌륭한 정보는 사회과학적인 기법에서 활용되는 세 가지 조건을 충족시켜야 한다고 기술했다:

　첫째, 분석관은 주어진 상황에서 각기 다른 설명들을 제시하고, 둘째, 각각의 설명에 대한 증거를 찾아낸 다음, 셋째, 현상에 대해 가장 타당성이 있는 것으로 보이는 주장을 보고하게 된다. 물론 이러한 조건이 충족되었다고 분석의 결과가 항시 정확하다는 것을 의미하는 것은 아니며, 다만 세 가지 조건이 생략되면 질적으로 우수한 분석 결과물이 생산될 가능성이 감소될 것이다.35)

요컨대, 사회과학적인 기준과 절차를 엄격하게 적용하지 않을 경우 분석적 오류가 야기될 수 있다. 그러므로 분석관들이 사실, 이론 또는 분석기법에 대해 보다 많은 지식을 갖추고, 더 나아가 정보분석에 학문적 방법론을 올바로 적용하게 될 때 분석적 정확성이 향상될 수 있을 것이다.36)

32) Jerome K. Clauser and Sandra M. Weir, *Intelligence Research Methodology*(State College, PA: HRB Singer, Inc., 1976), pp.37-46.
33) Robert Jervis, "What's Wrong with the Intelligence Process?" *International Journal of Intelligence and Counterintelligence,* Vol.1, No.1(1986), p.29.
34) Loch K. Johnson, "Analysis for a New Age," *Intelligence and National Security*, Vol.11, No.4 (October 1996), p.661.
35) Jervis(1986), p.33.
36) Stephen Marrin, "CIA's Kent School: A Step in the Right Direction," 18 March 2002, International Studies Association Conference, 전웅 역, 『CIA의 셔먼 켄트 정보분석학교』(서울: 국가정보대학원, 2005), p.54.

(2) 질적 분석과 계량분석

분석관은 다양한 종류의 사회과학적인 분석기법을 활용하여 첩보자료들을 정보보고서로 전환시키는 임무를 수행하게 된다. 콜비(William Colby) 전 CIA 국장은 분석관의 위상에 대해 "정보시스템의 중심에 분석관이 위치하고 있으며, 모든 첩보자료들이 그에게 보내져 그것을 검토하고 그것이 무슨 의미인지를 평가하게 된다"고 기술했다.[37] 분석관은 여러 가지 사회과학적 방법을 활용하여 복잡한 문제를 구조화하고 분석하여 국내외적인 안보현안을 해석하게 된다. 사회과학적 방법의 기본적인 양상에 대해서는 다양한 견해가 제시되고 있는 가운데 대체로 자료수집, 가설 정립, 가설 검증, 그리고 믿을만한 예측의 근거자료로 활용될 수 있도록 미래에 대해 결론을 도출하는 것 등을 포함하고 있다.[38]

분석관은 수집된 자료를 바탕으로 가설을 정립하고 그 진위를 검증하는 작업을 진행하게 된다. 가설 검증은 정보분석의 과정에서 가장 중요하면서도 어려운 단계이다. '합동군사정보대학(the Joint Military Intelligence College, JMIC)'에서 발행한 자료에 따르면 "분석관이 정보현안 분석과정에서 체계적인 가설검증 기법을 적용하게 되면 직관에 의존하여 분석하는 사람보다 훨씬 나은 결과를 도출할 수 있을 것이다"라고 기술했다.[39] 사회과학의 기초는 설정된 가정들(hypotheses)의 정확성과 신뢰성에 대한 가설 반증과 수정을 통해 구축되었다고 볼 수 있다. 이와 마찬가지로 정보현안에 대한 정확하고 신뢰성 있는 분석 또는 판단은 결국 체계적인 가설 검증에 달려 있다고 볼 수 있다.

정보분석과정의 가설 검증에 활용되는 분석기법으로서 '질적 분석'과 '계량분석'[40]이 있다. 물론 이는 정보분석에서 독자적으로 개발한 것이 아니고 일반 사회과학에서 활용되는 방법을 도입한 것이다. 정보현상에 대한 분석 작업을 수행함에 있어서 전적으로 하나의 분석기법만에 의존하여 검증하고 판단을 내리는 것은 아니다. 한 가지

---

37) William E. Colby, "Retooling the Intelligence Industry," *Foreign Service Journal*(January 1992), p.21.

38) Washington Platt, *Strategic Intelligence Production: Basic Principles*(New York: Frederick A. Praeger, 1957), p.75.

39) Robert D. Folker, "Intelligence in Theater Joint Intelligence Centers: An Experiment in Applying Structured Methods," *Joint Military Intelligence College Occasional Paper Number Seven* (Washington, D.C.: Joint Military Intelligence College, 2000), p.2.

40) 국가정보원 등 우리나라 정보기관에서는 '계량분석'이라는 용어 대신 '양적 분석'이라고 칭한다. 그러나 '양적 분석'이라는 용어는 우리나라 정보기관에만 국한되어 통용되고 있고 공식적으로 채택된 용어도 아니다. 사회과학 분야의 학계에서는 '양적 분석'보다는 '계량분석'이라는 용어가 일반적으로 통용되고 있다.

분석기법에만 의존하는 것보다는 다양한 종류의 질적 분석기법과 계량분석기법들을
경쟁적으로 또는 상호보완적으로 적용하여 검증해봄으로써 검증 결과의 정확성과 신
뢰성이 증가될 수 있을 것이다.

　　질적 분석기법(Qualitative Analytic Techniques)은 대체로 어떤 현상에 대해 수립된
가설이나 명제를 검증하는 데 필요한 자료의 양이나 사례가 충분하지 않거나 변수들을
계량화하기 어려운 경우에 적절히 활용될 수 있다.41) 질적 분석기법은 논리적 사고를
통해 결론을 도출하는 방법으로서 계량화가 불가능한 추상적인 이슈들 또는 행위자의
주관적 의도를 판단하는데 적합하다. 예들 들어, 우파, 좌파, 중도, 중도우파, 중도좌파
등 국가 지도자의 정치적 이념을 평가하는 경우 계량화가 사실상 매우 어려울 것이다.
또는 새로 등장한 정부의 개혁 성향을 규정하게 될 경우 이상주의, 현실주의, 급진,
진보, 보수, 극보수 등 대체로 주관적인 판단에 의존하게 될 것이다. 이 밖에 국가의
외교력, 경쟁력, 동맹관계 등 매우 복잡하고 불확실한 현상에 대한 분석은 계량화보다
는 논리적인 사고를 통해 추론하는 방법이 보다 적절할 것으로 생각된다.

　　정보분석에서 많이 활용하고 있는 질적 분석기법으로서 브레인스토밍(Brain Storming),
핵심판단(Key Judgement), 경쟁가설(Competing Hypotheses), 인과고리(Causal Loop Diagram),
역할연기(Role Playing) 등이 있다.42) 브레인스토밍은 가설 검증에도 유용한 방법이지만
어떤 상황에 대한 문제 파악으로부터 대안 강구에 이르기까지 광범위하게 활용된다.
핵심판단기법은 분석대상에 대해 다수의 가설을 설정하고 각각의 가설을 뒷받침할
수 있는 증거를 평가하여 몇 개의 중요한 가설로 압축한 후 이를 중심으로 핵심적인
판단을 추출해내는 방법이다. 경쟁가설 기법은 서로 모순되는 가설들에 대해 증거가
될 수 있는 첩보 자료들을 대조시켜 가장 유력한 가설을 선택하는 것이다. 인과고리
기법은 분석의 대상이 되는 어떤 현상에 영향을 미쳤을 것으로 예상되는 변수들 간의
인과관계를 도식화함으로써 사태 발생의 원인을 규명하고 향후 추세를 전망하는 방법
이다. 역할연기 기법은 다자간 회의나 협상 결과를 예측하는 데 매우 유용하게 활용될
수 있는데 전문가들에게 협상 당사자의 역할을 수행하도록 한 다음 그 과정과 결과를
관찰하여 분석에 활용하는 방법이다.43)

---

41) 이에 대해서는 Richards J. Heuer, Jr., *Psychology of Intelligence Analysis*(Washington D.C.:
　　Government Printing Office, 1999); Robert M. Clark, *Intelligence Analysis: A Target-Centric
　　Approach*(Washington D.C.: CQ Press, 2004); 국가정보포럼(2006), pp.97-105를 참고.

42) 이에 대한 간략한 소개는 국가정보포럼(2006), pp.97-101를 참고.

43) 이 밖에 질적분석기법으로서 분기분석(Divergent Analysis), 목표지도작성(Objectives Mapping), 계
　　층분석(Hierarchy Analysis), 사례연구(Case Study) 등이 있다. 이에 대한 간략한 소개는 국가정보
　　포럼(2006), p.101 참고.

계량분석(Quantitative Analytic Techniques)은 가설이나 명제를 검증하는 데 필요한 증거자료가 충분하고 계량화가 가능할 경우에 활용된다. 질적 분석은 계량화가 어려운 추상적인 이슈 또는 주관적 의도를 판단하는데 적합한 반면, 계량분석은 사실이나 현상에 대한 가설을 검증함에 있어서 계량화된 자료를 활용하기 때문에 보다 객관성을 가지는 것으로 여겨진다. 그러나 모든 사물이나 현상을 계량화 하는 데는 한계가 있으며, 그러한 분석을 통해 산출된 결과가 반드시 객관적이고 정확한 것은 아니다. 예를 들어, 베트남 전쟁 당시 병력이나 무기체계 등 물리적 차원의 군사력을 단순 계량적으로 비교했을 경우 미국이 베트남에 비해 압도적인 능력을 보유했던 것으로 평가되지만 결과는 베트남의 승리로 나타났다. 전쟁에 승리하는 데는 물리적인 군비 이외에 군대의 사기, 군기, 전략, 지휘관의 통솔력 등 계량화가 불가능한 요인들이 중요하게 작용한다. 따라서 단순히 양적인 방법만으로는 불충분하고, 질적인 판단이 보완됨으로써 보다 객관적이고 정확한 판단이 내려질 수 있을 것이다.

CIA의 분석국을 포함한 미국의 정보공동체에서는 1950년대부터 수학이나 통계학에서 개발된 다양한 종류의 계량분석 기법들을 활용해 왔다. 정보분석에 도입되어 빈번이 활용되고 있는 대표적인 계량분석 기법들로서 베이지안 기법(Bayesian Method), 게임이론과 합리적 선택이론에 기초한 Policon-Factions 등을 들 수 있다.[44] 베이지안 기법은 새로운 정보를 입수함으로써 의사결정을 바꾸어나가는 방법이다. 즉 어떤 주제에 대해 복수의 가설을 설정하여 일단 각 가설의 실현 가능성에 대해 확률판단을 내린 다음 새로운 사건들이 발생하여 추가 정보가 입수되면 이를 베이지안 공식에 적용하여 각 가설의 확률변화 추이를 통계학적으로 추론하는 방법이다.[45] Policon은 '정치적 갈등(political conflict)'의 약자로서 Policon이라는 회사가 개발한 정치전망 분석기법이다. 미국 CIA는 1982년부터 1986년까지 이를 도입하여 정보분석에 활용했고, 그 후 자체 분석환경에 맞도록 수정하여 Factions이라는 프로그램으로 발전시켰다.[46] Factions는 정치적 사건의 결과 예측, 정치지도자의 행동 패턴 분석, 국가 위기 수준 및 권력구조 등을 파악하는데 빈번히 활용되었다.

베이지안 기법과 Policon-Factions은 OR(Operation Research)의 일종이다. 이외에도 OR 기법에는 행렬(Matrix) 분석방법, 시뮬레이션(Simulation), 게임이론 등이 있다. 또한, 정보분석에는 빈도분석(Frequency), 분산분석(ANOVA), 상관관계분석(Correlation), 회귀

---

44) 이를 간략히 정리하여 소개하는 내용으로써 국가정보포럼(2006), pp.103-105.
45) 국가정보포럼(2006), p.103.
46) 국가정보포럼(2006), p.103.

분석(Regression), 요인분석(Factor Analysis) 등 다양한 통계기법들이 활용되고 있다. 이밖에 최적의 정책 대안을 찾아내는 방법으로서 의사결정나무(Decision Tree) 기법, 미래예측에 초점을 두고 개발된 델파이(Delphi) 기법,[47) 계량적 내용분석(Content Analysis) 등이 정보분석에 활용되고 있다.

3. 대안분석기법

(1) 개발 배경

정보실패는 부정확한 첩보, 불충분한 자료, 분석관의 오류 등 여러 가지 요인에서 비롯된다. 이 중에서 분석관이나 정책결정권자들의 인식론적 편견(cognitive bias) 또는 고정관념(mindset)은 정확한 상황판단을 저해하는 결정적인 요소로 생각된다. CIA에서는 1990년대 말부터 분석관들의 고정관념을 타파하기 위해 대안분석기법(alternative analysis)을 도입하여 활용해 왔다.

CIA에서는 구소련이 붕괴된 이후 CIA 분석기법의 문제점들을 전반적으로 재검토하기 시작했다. 1995년 경 CIA 분석국에서는 '분석기법 2000(Tradecraft 2000)'이라는 이름의 연수회(workshop)를 만들어 약 2주 동안 운영하였다. 일종의 분석기법 연구토론 과정으로서 중견 분석관들(junior analysts)을 이 과정에 의무적으로 참석하도록 하여 대안분석기법에 대한 연구 및 토론을 활성화하였다. 한편, 미국의 정보공동체는 1998년 인도의 핵실험을 사전에 전혀 파악하지 못함으로써 엄청난 비판을 받았다. 이에 당시 중앙정보장(Director of Central Intelligence, DCI)이었던 조지 테닛의 지시로 진상조사위원회(The Jeremiah Commission)가 구성되어 인도 핵실험 관련 CIA의 정보분석 실패 요인을 심층적으로 검토하였다.[48) 이어서 1998년 럼스펠드 위원회(Rumsfeld Commission)에서도 CIA 정보분석의 문제점을 평가했다.[49) 두 위원회 보고서는 분석관의 정보판단 오류를

---

47) 델파이 기법은 경마의 결과 예측을 위해 1948년에 처음으로 실험되었으며, 이후 주로 RAND 연구소에 의해 개발·응용되었다. RAND 연구팀은 재래식 무기와 핵무기를 조화시킨 최적의 전략목표체계를 도출하는 연구에서 미 공군의 지원을 받아 전문가의 의견을 수집하는 델파이 기법을 적용하였다.

48) Roger Z. George, "Fixing the Problem of Analytical Mindsets: Alternative Analysis," in Roger Z. George and Robert D. Kline, *Intelligence and the National Security Strategist: Enduring Issues and Challenges*(New York: Rowman & Littlefield Publishers, Inc., 2006), p.317.

49) *Report of the Commission to Assess the Ballistic Missile Threat to the United States,* March 18, 1999, unclassified version of the Intelligence Side Letter to the Rumsfeld Commission Report, http://www.fas.org/irp/threat/missile/sideletter.htm(검색일: 2007년 7월 30일). 동 위원회에는 럼스펠드(Donald H. Rumsfeld)를 위원장으로 하여 월포위츠(Paul D. Wolfowitz)와 전 CIA 국장 울시(R. James Woolsey) 등이 참여했다.

벗어날 수 있는 방법으로서 대안분석기법의 도입 필요성을 강력히 권고하였다.[50]

이에 CIA에서는 1999년 '대안분석연구회(Alternative Analysis Workshops)'를 구성하여 대안분석기법을 연구·개발하는 동시에 CIA 분석관들을 대상으로 대안분석기법을 교육하였다.[51] 그리고 분석관의 분석능력을 향상시키기 위한 방안으로 2000년 5월에 설립된 셔먼 켄트 정보분석학교(Sherman Kent School of Intelligence Analysis)에서도 새로운 분석기법 교육과정에 '대안분석기법(Alternative Analysis Techniques, 나중에 Advanced Analytical Techniques로 명칭 변경)'을 포함시켜서 교육하고 있다.[52]

(2) 대표적인 기법들[53]

대안분석기법이란 정보분석과정에서 무의식적으로 사용된 분석적 가정들(assumptions)의 색출, 미흡한 증거나 논리에 대한 반박, 확실한 증거가 불충분한 상황에서 대안적인 가설 제시 등 여러 가지 특별한 기법을 활용하여 기존의 분석이나 판단을 스스로 재검토해보는 방법이라고 볼 수 있다.[54] 대안 분석기법에서는 정보분석관들에게 결론에 이르게 된 기본 전제들(assumptions)에 대해 철저히 의문을 제기하고, 기존의 상식이나 고정관념에서 벗어날 것을 요구한다. 대표적인 대안분석기법으로서

① Key Assumption Checks(핵심 전제 점검)
② Devil's Advocacy(악마의 변론)
③ Team A/Team B(A팀 대 B팀)
④ Red Cell Exercises(붉은 세포 역할)
⑤ Contingency 'What If' Analysis(돌발적인 사건의 출현을 가정한 분석)
⑥ High-Impact/Low-Probability Analysis(가능성은 적지만 발생하면 충격이
　　 큰 이슈 분석)
⑦ Scenario Development(시나리오 전개기법) 등이 있다.[55]

일곱 가지 대안분석기법들은 유사한 점이 많으며 서로 중복되기도 한다. 이들은 정보분석의 불확실성을 인식시켜 주고, 정보수집 상의 미흡한 부분을 밝혀낼 수 있게 한다.

---

50) George(2006), p.317.
51) George(2006), p.322.
52) George(2006), p.317.
53) 본 절의 내용 대부분은 George(2006), pp.318-322를 번역하여 요약·정리한 것임을 밝힌다.
54) George(2006), p.318.
55) George(2006), p.318-322.

1) Key Assumption Checks(핵심 전제조건 점검)

이 기법은 중요한 결론을 포함하는 정보분석을 수행하는 과정에서 분석관들은 그러한 결론에 이르게 된 기본 전제들(assumption)과 그렇게 가정하게 된 중요한 요인이 무엇인지 밝혀주는 것을 의미한다. 기본 전제들(assumptions)이나 추진요소(drivers)를 명확히 보여줌으로써 분석관들은 두 변수들 간의 관계가 타당한지를 검증해 볼 수 있다.

예를 들어, 어떤 외국 정부가 사회적인 불안정을 야기하지 않으면서 경제개혁을 단행할 것으로 판단한 분석을 생각해보자. 이 경우에 분석관은 친위대(security forces)가 정권에 충성스러운 태도를 유지해야 한다는 핵심적인 전제조건을 밝혀주어야 한다. 이러한 전제조건들(assumptions)이 성립될 수 없거나 친위대 내부에 불만이 나타난다면 경제개혁이 성공적으로 단행될 수 있으리라는 분석관의 판단을 신뢰할 수 없을 것이다.

이처럼 핵심적인 전제들이나 추진요소(drivers)들을 확실히 밝혀줌으로써 분석관은 분석보고서를 읽는 정책결정권자를 포함한 정보소비자들로 하여금 첫째, 결론으로 귀결된 추진력이 무엇이고 어떤 논리로 그러한 결론을 도출하게 되었는지를 알 수 있도록 하고, 둘째, 결론을 내리는데 전제가 된 조건들(assumptions)이 타당한 것인지를 판단할 수 있게 하며, 셋째, 그러한 판단을 바꿀 수 있는 증거가 있는지를 파악할 수 있게 해준다.56)

2) Devil's Advocacy(악마의 변론)

중요한 판단이면서도 워낙 신뢰도가 높아 사람들의 사고에 깊이 고착된 견해를 쉽게 뒤집을 수 없는 경우에 이 기법을 활용하면 매우 효과적일 수 있다. 이 기법에서는 사람들에게 상식처럼 인정받고 있는 주장이나 논리에 도전하기 위해 의도적으로 증거자료를 자신에게 유리한 내용만 취사선택하여 활용하기도 한다.

이 기법의 핵심은 사람들의 사고 속에 뿌리 깊이 박혀 있는 핵심 가정이나 추진요소(drivers)들을 바꾸거나 반박하는 것이다. 예를 들어, 1998년 당시 미국 정보공동체의 지배적인 견해는 인도의 바라티야 자나타당(Bharatiya Janata Party)이 핵실험을 실시하면 연정체제를 약화시킬 위험이 있기 때문에 무리하게 핵실험을 단행하지는 않을 것이라는 판단이었다. 이와 반대로 '악마의 변론(devil's advocacy)' 기법에 따르면 느슨한 연정체제를 안정화시키는 핵심적인 요인은 새로 선출된 정부가 인도인들의 민족주의를 자극하는 극적인 조치를 취하는 것이라고 주장할 수 있다. 물론 1998년 5월 당시 인도는 미국 측에 공식적으로 그러한 주장을 부인하는 발언을 했기 때문에 그러한 주장이

---

56) George(2006), pp.318-319.

인정되기 어려웠다. 그러나 회고해 보면 이러한 모순된 견해는 적어도 미국의 정책결정
자들에게 새로 선출된 인도 정부가 국가이익을 어떻게 인식하고 있는지 전혀 알 수
없는 불확실한 상황임을 인식시켜 주었을 수도 있었을 것이다.[57] 그럼으로써 자신들의
판단이 반드시 옳다는 고착된 견해를 깰 수 있었을 것이다.

1973년 이후 이스라엘의 군 정보기관은 이웃 나라의 군사 기동훈련이 단순히 전쟁
준비를 가장하는 것이 아니라는 것을 밝혀내기 위해서 이러한 기법을 활용했었다.[58]
미국의 DIA도 군사 전략적인 문제에 관한 고정관념(conventional views)을 타파하기 위해
이 기법을 활용해 왔다. 대부분의 경우 이 기법에 따른 견해는 설득력이 부족하다.
그러나 이 기법을 활용해 봄으로써 기존의 견해가 얼마나 신뢰성이 있는지를 재고해
볼 수 있으며, 지배적인 견해의 논리성이나 설득력을 강화시킬 수 있다는 장점이 있다.
그러나 문제는 정보기관의 고위급 관료나 정책결정권자들이 이 기법을 전혀 신뢰하지
않고 쉽게 무시해버릴 수 있다는 점이다.

3) Team A/Team B(A팀 대 B팀)

미국 정보공동체는 동일한 이슈에 대해서 여러 정보기관들이 각기 다른 견해를
피력하는 경쟁분석 개념을 긍정적으로 평가한다.[59] 이러한 경쟁분석을 통해서 분석
결과물의 정확성과 신뢰성이 증진될 수 있을 것으로 기대한다. 실제로 시행되어 널리
알려진 대표적인 경쟁분석으로서 1976년 소련 전략 군사력에 대한 정보판단을 위해
A팀과 B팀을 구성한 일이 있다. 당시 A팀은 정보공동체 분석관으로 구성되었고, B팀
은 강경한 입장을 가진 외부 전문가들로 구성되었다. 소련이 구축하고 있는 전략 군사
력 체계에 대해서는 양 팀 모두 일치된 견해를 보였지만, 소련의 핵전략과 전략적인
의도에 관해서는 상반된 입장을 드러냈다. B팀은 A팀에 비해 소련의 의도를 보다 위협
적인 것으로 평가했다.[60] 1998년 럼스펠드 위원회(Rumsfeld Commission)의 경우도 외국
의 탄도미사일 개발에 관해 CIA의 분석에서 제시된 기본 전제들(assumptions)에 도전하
기 위해 B팀을 도입한 것이라고 볼 수 있다.

---

57) Roger(2006), p.319.

58) Roger(2006), p.319.

59) 정보공동체는 대체로 경쟁 분석을 긍정적인 효과를 가지는 것으로 평가하지만 정책결정자들은
그렇게 생각하지 않는 경향이 있다. 일부 정책결정자들은 각각의 이슈에 대해서 한가지로 분명
하게 답변이 나올 것을 기대하기 때문에 정보기관들이 의견일치를 보지 못한다는 것을 이해하
지 못한다. 사실 트루먼 대통령이 CIA를 창설한 한 가지 이유는 정보기관들이 의견일치를 이루
지 못하고 각기 다른 견해를 제시하는 것을 곤혹스러워 했기 때문이었다고 한다. 그는 서로 상
반되는 견해를 적절히 조율할 수 있는 기구를 설립하고자 했던 것이다. Lowenthal(2006), p.135.

60) Lowenthal(2006), p.135.

이 기법은 국가적인 사활이 걸린 정책적 이슈들에 대해 서로 대립되는 견해가 제기될 경우 언제든지 유용하게 활용될 수 있다. 각 팀에서 주장하는 논리나 내용은 주어진 이슈에 대해서 상호 간에 각기 다른 대안적인 사고(alternative way of thinking)를 나타내준다. 이 기법은 관료사회에서 분석관이 자신의 경력에 치명적인 손실을 입지 않으면서 조직 내 우세한 견해에 대해 합법적으로 반대 논리를 제시할 수 있는 통로 (dissent channels)로 활용될 수도 있다.[61) 또한 단순히 각 팀이 분석을 통해 도출한 주요 결론에 초점을 두기보다는 그러한 결론에 이르는데 적용된 분석적 가정이나 논리에 대해 터놓고 논의해 볼 수 있다는 장점이 있다.

4) Red Cell exercises(붉은 세포 역할)

붉은 세포(Red Cell)는 외국 정부의 고위관료 역할을 대행하기 위해 구성된 분석관 들을 의미한다. 자국의 외교안보정책적 목표 실현을 어렵게 만들 수 있는 여러 가지 행동방식들이 제시되고 Red Cell은 그에 따른 역할을 수행하게 된다. 이러한 분석기법 을 활용하여 분석관들은 자국의 전략적인 사고방식에서 벗어나 적의 입장에서 그들이 어떻게 생각하고 행동을 취할 것인지를 반영하여 분석해 볼 수 있다. 이 기법을 보다 효과적으로 활용하기 위해서 Red Cell 집단은 적국의 정치체제는 물론 문화를 잘 알고 있는 지역 전문가들로 구성되는 것이 바람직하다.[62)

Red Cell의 보고서는 의견 일치에 목적이 있는 것이 아니고 정책결정권자나 전략 가들의 상상력을 자극하는데 있다. 미국의 여러 정보기관들은 외국 지도자의 외교전략, 협상 행태, 비대칭전쟁을 개시할 가능성 등에 관한 모델을 구축하는데 Red Cell 분석기 법을 활용하고 있다. 1998년의 제레미아 위원회(Jeremiah Commission) 보고서에서는 미 국 정보공동체가 인도 핵실험을 사전에 예측하지 못한 원인을 면밀히 조사한 다음 외국 정부의 행동을 분석하는데 Red Cell 접근법을 보다 빈번하게 활용하여 적국에 대해서 거울 이미지로 판단하려는 경향을 피해야 한다고 지적했다.[63) Red Cell 분석은 정책결정권자들의 관심과 호응을 얻을 수 있으며, 보다 독창적인 전략계획을 수립하는 데 기여할 수 있을 것이다.

5) Contingency 'What If' Analysis(돌발적인 사건의 출현을 가정한 분석)

일반적으로 분석관은 발생할 가능성이 가장 높은 사건이나 결과를 분석하게 되지

---

61) Lowenthal(2006), p.136.
62) Roger(2006), p.320.
63) Roger(2006), p.320.

만, Contingency 'What If' Analysis는 별로 발생할 가능성이 없는 사건의 원인과 결과를 분석하는데 초점을 둔다.[64]

1998년 당시 미국의 정보분석관들은 대부분 인도가 핵실험을 강행하지 않을 것으로 확신했다. 이러한 상황에서 Contingency *What If* Analysis에서는 "만일 인도가 핵실험을 단행하기로 결정하고 미국을 기만하려 한다면?"이라는 질문으로 시작한다. 분석관들은 그러한 행동을 하게 될 동기나 배경이 무엇인가를 검토해본다. 그리고 그러한 행동을 예상할 수 있는 어떤 징후를 추정해본다. 또는 인도 당국이 그러한 행동을 미국이 사전에 알지 못하도록 만들기 위해 어떤 기만조치를 취할 것인지를 분석해본다. 그리고 미국의 불만이나 이의제기에도 불구하고 인도 정부가 어떤 구실을 내세워 자신들의 핵실험 강행을 정당화하려 할 것인지에 대해서도 의문을 제기해보고 이를 분석해본다.

이처럼 다양한 시각에서 의문을 제기해 봄으로써 분석관이나 정책결정권자들 스스로 자신이 알고 있는 것만큼 실제로 모르는 부분이 많다는 점을 인식하게 된다. *What If* 분석기법의 장점은 분석관이 기존의 사고방식이나 고정관념에서 벗어날 수 있다는 것이다. 'Devil's advocacy'는 상대의 논리가 장점을 갖고 있더라도 무조건 반박하는데 중점을 두지만, *What If* 분석기법에서는 다소 엉뚱한(awkward) 의문으로 시작하여 추가적으로 필요한 의문사항들을 제기하도록 유도하는데 중점을 둔다. 예를 들어, 당시에는 거의 가능성이 없는 인도의 핵실험 가능성을 제기하는 것으로 시작하여 미흡한 첩보수집 능력, 기만의 가능성, 현재의 판단을 내리게 된 핵심적인 가정 등에 대해 의문을 제기하는 것이다.

6) High-Impact/Low-Probability Analysis(HI/LP)(가능성은 적지만 발생하면 충격이 큰 이슈 분석)

"What if" analysis와 유사한 기법으로써 발생할 가능성이 적은 사건에 초점을 맞추지만, 사건이 발발하게 될 경우 그 파장이 'What If' analysis보다 엄청나다는 점에서 다소 차이가 있다.[65] 예를 들어, 분석관들은 인도가 핵실험을 하게 될 경우 그것이 미국에게 엄청난 파장을 일으킬 수 있을 것으로 예상하고, 인도 정부가 핵실험을 강행할 가능성들을 검토해 본다. 분석관들은 인도가 핵실험을 강행하게 될 국내적 변수와 국제적인 변수들을 조사해본다. 그리고 인도가 핵실험을 강행하지 않을 것이라는 정보공동체의 판단을 뒤집을 수 있는 핵심 가정들이나 주요 추진변수들(drivers)의 변화에

---

64) Roger(2006), p.320.
65) Roger(2006), p.321.

주목하여 분석해본다.[66]

7) Scenario Development(시나리오 전개기법)[67]

이 기법은 분석관이 '비밀(secrets, discoverable 나중에 밝혀낼 수 있는 것)'이라기 보다는 '수수께끼(mysteries, unknowable 전혀 알 수 없는 것)'에 부닥치게 되는 상황에 처했을 때 적용될 수 있다. 이 기법은 장차 발생할 수 있는 다양한 시나리오를 구상해보는 방법으로서 정보적 차원에서 다양한 의문점을 도출해보는데 유용하게 활용될 수 있다. 즉 단일 사건과 관련하여 불확실성이나 알 수 없는 변수가 너무 많은 가운데 장래 사건이 어떤 방향으로 전개될 것인지를 추정해보는데 활용된다.

이 분석기법에서는 먼저 전문가 집단이 브레인스토밍을 통해서 사건에 영향을 미칠 수 있는 변수들을 도출해본다. 그리고 전문가 집단은 일단 상식적인 판단이나 일반적인 가정에 기초하여 사건의 전개 방향을 추정해본다. 예컨대, 인도나 파키스탄은 국제적인 비난과 미국으로부터 제재조치를 우려하여 핵실험을 단행하지 않을 것으로 판단한다. 다음으로 전문가 집단의 브레인스토밍을 통해 비교적 확실한 요소들과 불확실한 요소들을 도출해본다. 인도의 핵실험과 관련하여 비교적 확실한 요소로서 미국에 대한 인도의 경제 및 정치적 의존도, 핵실험을 수행할 기술적인 능력, 핵물질에 대한 정부의 통제실태, 정책결정과정 등을 도출해볼 수 있다. 그리고 불확실한 요소로서 집권당 연정체제의 안정성, 여론의 역할, 인도의 위협에 대한 인식 등을 도출해볼 수 있겠다.

이러한 불확실한 요소들 중에서 분석관은 2개 이상의 핵심적인 불확실 요소를 선택하여 이것을 추진요소(drivers)로 설정하고 대안적 시나리오 행렬(matrix)을 작성해본다. 예를 들어, 행렬의 한 축은 인도 집권 연정체제의 상대적 안정성을(매우 안정에서 매우 불안정) 그리고 다른 한 축은 인도의 위협에 대한 인식 정도(매우 편안함에서 심각하게 위협을 느낌)를 나타내도록 한다. 이러한 행렬을 조합하면 네 가지 유형의 조건(conditions) —안정적 연정체제/위협에 무관심, 안정된 연정체제/심각한 위협인식, 불안정한 연정체제/위협에 무관심, 불안정한 연정체제/심각한 위협인식 등— 이 만들어진다. 분석관은 이처럼 각기 다른 조건에서 인도 정부가 어떤 행동을 취할 것인지를 판단해 볼 수 있다. 또한 좀 더 깊이 행렬을 분석해보면 일반 상식에서 가장 벗어난 시나리오, 또는 자국의 이익에 가장 심각한 위협이 될 수 있는 시나리오 등을 밝혀낼 수 있다. 그리고

66) Roger(2006), p.321.
67) Roger(2006), pp.321-322.

분석관들은 특별한 시나리오와 연관되는 상황변수 또는 징조(signposts)를 찾아낼 수 있다. 이러한 상황변수나 징조(signpost)가 어느 순간 나타나게 된다면 자국의 정치적 목표에 장애가 되는 방향으로 사건이 전개될 것으로 추정해 볼 수 있겠다.

시나리오 분석기법의 장점은 정책결정권자로 하여금 상식적인 판단으로 장차 어떤 일이 발생할 수 있는가를 예상해 볼 수 있게 해주며, 그러한 사건이 발생하게 될 경우 입게 될 피해를 최소화시킬 방책에 대해서 생각해보도록 유도한다는 것이다. 1998년 당시 상황을 고려해 보았을 때 상식적인 판단으로 가장 가능성이 높은 시나리오는 인도가 핵실험을 단행하지 않을 것으로 보인다. 그러나 분석관은 정책결정권자에게 잘못된 가정이나 불완전한 정보로 인해 현재의 분석에 오류가 있을 수 있다고 전제하고 대안적인 시나리오를 제시해야 한다.[68]

(3) 문제점과 한계[69]

첫째, 대안분석기법은 방법론적으로 모호하여 정책결정권자가 제대로 이해하지 못할 수 있다는 점이다. 예를 들어, '핵심 전제 점검(key assumption check)'은 보고서를 읽을 사용자가 사안을 상세히 파악하고 있다는 것을 전제로 한다. 그러나 어떤 고위정책결정권자는 분석기법에 대한 전문성이 부족하고 관련된 이슈에 대해 잘 알지 못할 수 있다. 그래서 왜 CIA가 스스로 분석해 놓은 것에 대해 의문을 제기하는지 의아하게 생각할 수도 있다. 또한, 대부분의 정책결정권자들은 시나리오 분석기법을 잘 알지 못하며, 어떠한 과정을 거쳐서 시나리오가 구축되었는지를 이해하지 못한다. 그 결과 정책결정권자들이 대안분석기법에 따라 작성된 내용을 간단히 무시해버릴 위험성이 있다.[70]

둘째, 몇 가지 대안분석기법들은 그것을 활용하는 사람들에게 매우 유용했던 것으로 인정되지만 보고서 작성에는 실질적인 도움이 되지 못한다는 비판이 제기된다. '시나리오 구상 연구회(scenario development workshops)'에 참석했던 분석관이나 정책결정권자들은 브레인스토밍 훈련이 매우 유용했다고 평가하면서도 보고서에서는 그것이 별로 도움이 되지 않는다고 지적했다.[71] 대부분의 대안적 분석은 나중에 틀린 것으로 판명되어 상식적인 판단을 뒤집기보다는 최초 작성된 보고서가 결국 옳았다는 것을 재확인해 주는데 그치기 때문에 보고서에 포함될 만한 가치가 없다. 결국 대안적 분석

---

68) Roger(2006), p.322.
69) 본 절의 내용은 George(2006), pp.323-324를 번역하여 요약·정리한 것이다.
70) George(2006), p.323.
71) George(2006), p.323.

기법은 교육훈련에서만 활용되고 보고서에는 거의 반영되지 못하게 되는 문제가 있다.

셋째, 대안적 분석기법이 때로 분석관들 간에 분열을 조장할 수 있다. 대안적 분석에 따라 현재의 분석과 모순되는 내용을 주장하게 됨으로써 팀워크를 해칠 수도 있다. 또는 개인적인 승진 욕심에서 현재의 분석과 대립되는 내용을 주장하게 될 수도 있다. 분석관들 상호 간에 충분한 이해가 없는 가운데 한 분석팀에서 제시한 내용과 대립되거나 그것을 정면으로 반박하는 대안적인 분석을 주장하게 되면 공개적인 적대감은 아닐지라도 상당한 정도의 반발을 불러일으킬 수 있다. 실제로 제레미아 제독이나 럼스펠드를 위원장으로 하여 구성된 조사위원회에 대해서도 정보공동체 내부로부터 적대적인 분위기가 표출된 바 있다.[72]

넷째, 대안적 분석기법은 '자원집약적인(resource-intensive)' 특성을 갖고 있어 지나치게 많이 활용될 경우 희소한 분석자원을 낭비하는 결과를 초래한다.[73] 많은 정보관리관들은 대안분석기법은 아무 때나 쓰는 것이 아니고 되도록 아껴서 가장 중요한 이슈에만 활용되어야 한다고 믿는다. 대부분의 정보분석관들은 정책결정권자들과 부딪혀가면서 별로 중요하지도 않은 이슈에 대안분석기법을 활용하려 하지 않는다. 이라크, 이란, 북한, 중국, 그리고 대테러 등과 관련된 사안들처럼 CIA 분석국에서 많은 노력을 투자하는 경우에 이러한 대안분석기법이 유용하게 활용될 수 있다. 그러나 일상적이고 별로 중요하지 않은 사소한 이슈에 대안분석기법을 적용시켜 희소한 분석자원을 낭비하는 것은 어리석은 짓이다. 대체로 정보관리자들은 잘못 판단하게 될 경우 정보공동체에 엄청난 파장을 야기할 수 있는 가장 중요한 이슈에 한하여 대안분석기법을 활용하는 것이 바람직하다고 생각한다. 이러한 분석기법을 활용함으로써 정책결정권자가 관련된 이슈를 보다 잘 이해하고 이슈를 판단함에 수반되는 불확실한 요소가 많다는 점을 깨닫도록 유도할 수 있을 것이다.

제 3 절　정보분석보고서: 생산과정, 유형, 특징

1. 정보분석보고서의 생산과정

NATO가 편찬한 '정보전략(intelligence doctrine)'에 따르면 최종 정보분석보고서는

---

72) George(2006), p.323.
73) George(2006), pp.323-324.

대체로 대조(collation), 평가(evaluation), 분석(analysis), 종합(integration), 해석(interpretation) 등 5단계를 거쳐서 생산된다고 기술하고 있다.[74]

첫째, 대조(collation)는 분석관이 새로이 입수된 첩보자료를 기존의 첩보 자료와 비교해보고 그것이 첩보적 가치가 있는 자료인지를 개략적으로 평가해보는 과정을 의미한다. 만일 첩보적 가치가 있는 자료로 판단되면 서류철 또는 컴퓨터에 분류하여 정리·보관하게 된다.

둘째, 평가(evaluation) 단계에서는 분석관이 첩보 자료 출처의 신뢰성을 판단하고, 첩보자료의 내용이 정확한지 그리고 활용할 가치가 있는지 등을 평가해보게 된다. 대체로 수집부서는 출처보호를 위해 첩보 자료의 출처를 밝히지 않는다. 비록 분석관이 출처의 신원을 알 수는 없지만 분석관으로서의 전문성과 경험을 바탕으로 출처의 신뢰성에 대해서 판단할 수 있어야 한다.[75] 무엇보다도 분석관은 입수된 첩보 자료가 적국 또는 적대세력이 아군 측을 교란 또는 기만할 목적으로 유포한 기만정보(disinformation)일 가능성에 대해서 세심하고 주의 깊게 검토해 보아야 할 것이다.

셋째, 분석(analysis) 단계에서는 첩보자료로부터 국가안보 또는 국가이익에 영향을 미칠 수 있는 중요한 사실을 찾아내고 이를 기존의 사실과 비교하여 결론을 도출해보는 작업이 수행된다.

넷째, 종합(integration) 단계는 분석된 모든 첩보들을 종합하여 사안의 윤곽을 그려보는 작업이 수행된다. 즉 신호정보(SIGINT), 영상정보(IMINT), 인간정보(HUMINT) 등 첩보 자료들을 서로 대조하여 비판적으로 평가한 다음 상황에 대한 복합적인 윤곽을 그려보게 된다. 특히 이 단계에서는 정보기관이 아닌 여타 정부 부처에서 수집된 공개 자료를 포함하여 모든 자료들을 참고로 활용한다. 외교전문, 방송 뉴스 보도 자료, 전시 작전 중 적과 접촉을 통해 얻어진 첩보 등 정보기관이 아닌 곳에서 수집된 모든 공개 및 비공개 자료들이 종합분석을 위한 참고자료로 활용된다.

마지막으로, 해석(interpretation) 단계에서는 분석과 첩보종합의 단계를 거쳐서 파악된 사실관계가 국가안보 또는 국가이익에 어떤 의미를 갖게 되는지를 해석해보고 그것이 장래 어떤 파급영향을 가져올지를 판단해보게 된다.

물론 정보분석의 과정이 이처럼 일정한 방향과 순서대로 진행되는 것은 아니다. 때로 단계별로 진행되다가 어떤 단계에서 거꾸로 되돌아가서 재검토하게 되는 경우도

---

74) North Atlantic Treaty Organisation, *Intelligence Doctrine*, NATO Military Agency for Standardization (August 1984), Annex F.
75) 예컨대, 출처가 코드명으로 표기되기 때문에 동일한 코드명의 출처로부터 제공된 첩보자료들을 지속적으로 관찰해보면 출처의 신뢰성에 대해서 어느 정도 판단해 볼 수 있을 것이다.

있다. 분석작업을 거쳐 가시적으로 나오는 결과물은 대부분 문서 형태의 정보보고서이지만, 때로 장래 예측이나 판단 등 정보적인 활용을 위해 축적된 지식의 형태(데이타베이스, 분석관의 기억들 등)로 보관되기도 한다.76) 그리고 이러한 분석과정을 거쳐서 다시 첩보수집 단계로 환류된다.

첩보수집 단계와는 달리 정보분석의 단계에서는 사실상 비밀적인 것이 없다. 단기 현안문제를 두고 즉각적으로 보고하는 일은 일간신문이나 방송뉴스에서 하는 것과 매우 유사하며, 장기 정책보고서는 일반 학계의 연구보고서와 유사하다. 그런 점에서 국외정보분야의 분석관들은 정보기관이 아닌 여타 기관의 연구원들과 매우 유사하다. 이들은 다양한 직업에 종사했던 경력을 가진 그 분야의 전문가들이다.

2. 첩보유형에 따른 분석보고서 생산방법77)

정보 분석은 가공되지 않은 다양한 유형의 생 자료 및 첩보(information)들에 대해 진위 여부와 타당성을 검증하는 방식으로 전개된다. 분석관은 사안에 따라 다양한 종류의 첩보들을 제공받게 된다. 버코위즈와 굿멘(Bruce Berkowitz and Allan E. Goodman)에 따르면 분석관이 다루게 될 첩보들은 '알려진 사실(known facts)', '비밀(secrets)', '기만정보(disinformation)', '불가사의(mysteries)' 등 크게 네 가지 유형으로 구분될 수 있다.78) 분석관은 첩보의 유형에 따라 각기 다른 방식의 분석기법들을 적용하여 검토하고 적절한 조치를 취하게 된다. 분석관은 정보사용자에게 이미 알려진 사실, 그리고 비밀이었지만 분석을 통해 밝혀진 사실들을 제공해 준다. 또한 기만정보를 찾아내고 진위 여부를 면밀히 검토하여 파악된 내용들을 전달해 준다. 분석을 통해서 도저히 밝혀낼 수 없는 문제에 대해서는 정보사용자에게 주의하도록 경고 메시지를 전하게 된다.79)

(1) '알려진 사실(known facts)'

알려진 사실은 말 그대로 확실한 사실로 인정되거나 타당성이 검증된 지식을 의미한다. 예를 들어, UN이나 OECD에서 발표한 지리, 인구, 경제 등에 관한 기초통계 자료들이 여기에 속한다. 또는 영국 전략문제연구소(International Institute of Strategic

---

76) Herman(1996), p.100.
77) 본 장의 내용은 Bruce Berkowitz and Allan E. Goodman, *Strategic Intelligence for American National Security*(Princeton: Princeton University Press, 1989), pp.86-106을 요약·정리한 것이다.
78) Berkowitz and Goodman(1989), pp.86-106.
79) Berkowitz and Goodman(1989), p.86.

Studies), *International Security, Jane's Defense Review* 등 저명 연구소나 학술지에서 발표한 내용, 라디오나 TV를 통해 발표된 외국 지도자의 연설 내용 등을 들 수 있다. 비록 알려진 사실이지만 일부 정보사용자들은 자신이 필요로 하는 자료가 어디에 있는지 또는 그러한 자료를 얻을 수 있는 출처에 접근할 방법을 알지 못한다. 특히 정보의 홍수 속에서 신뢰성 있는 자료를 찾아내기 어렵다. 따라서 정보사용자는 정보기관에 자신의 필요를 충족시킬 수 있는 신뢰성 있는 자료를 제공해 주도록 요청하게 되는 것이다. 이 경우 분석관이 제공할 자료들은 어느 정도 타당성이 검증된 지식이기 때문에 굳이 분석과정을 거칠 필요가 없다. 다만 정보사용자에게 가급적 신속히 그리고 사용자가 요구하는 양식(formats)에 맞추어서 자료가 제공되어야 할 것이다.[80]

(2) '비밀(secrets)'

비밀첩보는 외국 정부나 집단이 자신들 외에 누구에게도 알려지지 않도록 보안을 유지하고 있는 사건이나 상황, 그리고 과정에 관한 것이다. 여기에는 테러집단의 명부, 외국 전투기의 성능에 관한 기록 등 극도의 보안을 유지하고 있는 내용도 있고 그다지 중요하지 않은 자료들도 있다.[81] 이러한 종류의 비밀첩보는 스파이활동, 기술정보 수집활동, 공개출처 자료 등 다양한 출처로부터 획득되는데, 대체로 내용이 모호하거나 신뢰성이 미흡한 경우가 많다. 이러한 비밀첩보를 분석하는 과정은 2단계로 구분될 수 있다.[82] 첫째, 가장 신뢰성이 높은 판단(estimate)을 찾아내는 것이다. 둘째, 그러한 판단과 관련하여 불확실성의 범위를 찾아내고 그 범위를 좁히는 것이다. 이러한 분석의 과정을 통해서 비밀첩보의 사실 여부가 규명되거나 신뢰도가 증가될 수 있을 것이다.

(3) '기만정보(disinformation)'

기만정보는 적이 의도적으로 사실을 은폐하거나 분석관을 속이기 위해 노력한 결과로서 제공된 첩보를 의미한다. 대표적인 사례로 '더블크로스 작전(Double Cross System)'을 들 수 있겠다. 제2차 세계대전 당시 영국 보안국(MI5)은 이중간첩을 활용하여 독일에 허위정보를 보내는 작전을 성공적으로 수행했다. 이 작전을 통해서 영국은 노르망디 상륙작전 당시 연합군의 상륙시기 및 장소에 대해 독일을 철저히 기만할 수 있었던 것이다.[83] 기만정보는 관련된 문제에 대해서 왜곡된 정보판단을 야기한다.

---

80) Berkowitz and Goodman(1989), p.87.
81) Berkowitz and Goodman(1989), pp.88-89.
82) 이에 대한 구체적인 사례 및 설명은 Berkowitz and Goodman(1989), pp.89-96을 참고 바람.
83) Christopher Andrew, *Her Majesty's Secret Service: The Making of the British Intelligence*

여기서 더욱 심각한 문제는 관련된 사안에만 국한되는 것이 아니고 모든 정보판단에 대해 의심하고 신뢰할 수 없게 된다는 점이다. 분석관은 때로 사실을 거짓정보로, 또는 그 반대로 거짓정보를 사실로 받아들이는 등 혼란 상태에 빠지게 될 수 있다.[84] 기만정보를 분석하여 그 진위를 파악하기 위해서 우선 기만행위가 언제 시도되었는지를 밝혀내야 한다. 기만행위가 시도된 이후의 첩보는 일단 의심의 대상이 된다. 그리고 출처의 신뢰성에 대해 정확한 판단을 유지해야 한다.[85] 그래서 믿을 만한 새로운 출처를 획득하게 되면 기존의 첩보가 기만정보였다는 사실이 밝혀질 수 있다. 또는 일상 패턴에서 벗어난 첩보가 지속적으로 제공될 경우 이를 주의 깊게 분석해봄으로써 기만정보를 규명해낼 수 있을 것이다.[86]

(4) '불가사의(mysteries)'

불가사의(mysteries)란 정보수집과 분석 등 모든 수단을 동원하여 노력했음에도 불구하고 도저히 해결되지 않는 문제를 의미한다. 한 가지 이상의 결과가 나타날 것으로 예상되는데 발생할 확률이 거의 비슷하여 최종적으로 어떤 결과가 발생할지 전혀 확신할 수 없을 경우도 불가사의한 문제로 인정된다.[87] 예를 들어, 동전을 던졌을 때 앞면이 나올 확률과 뒷면이 나올 확률은 거의 50%로서 동전의 화학적 성분을 분석한다든지 동전을 던지고 난 이후의 궤적을 고성능 카메라로 촬영하여 분석하는 등 모든 수단을 동원할지라도 그 결과를 확신할 수 없다.[88] 또는 외국 지도자가 마음속에 은밀히 품고 있는 의도나 생각도 전혀 알 수 없는 불가사의한 문제라고 볼 수 있다. 여기서 문제는 분석관이 확신을 갖고 답변할 수 없는 문제임에도 불구하고 정책결정권자는 그것을 기대한다는 점이다. 정보분석으로는 도저히 밝혀낼 수 없기 때문에 분석관의 역할은 더 이상 기대할 수 없으며, 이 문제에 대해서는 결국 정책결정권자의 정치적인 판단에 맡길 수밖에 없다.

Community(New York: Viking, 1986), p.488; J. C. Masterman, *The Double-Cross System in the War of 1939 to 1945*(New Haven, Conn.: Yale University Press, 1972); and Shulsky and Schmitt (2002), p.18.

84) 예를 들어, 1950년대 후반 미국 국내에서 전개된 '미사일 갭' 논쟁에서 소련이 미국보다 미사일 개발능력이 훨씬 앞섰다고 주장했는데 이는 나중에 거짓정보로 판명되었다. 이에 대한 보다 자세한 설명은 http://en.wikipedia.org/wiki/Missile_gap(검색일: 2014년 10월 21일)를 참고.

85) Berkowitz and Goodman(1989), pp.97-102.

86) Berkowitz and Goodman(1989), pp.97-98.

87) Berkowitz and Goodman(1989), p.103.

88) Berkowitz and Goodman(1989), p.104.

3. 정보분석보고서의 유형과 특징

분석의 과정을 거쳐서 생산된 결과물은 여러 가지 형태를 띠게 되는데, 통상 시계열(time series)에 따라 분류된다. 일반화된 정보분석보고서의 양식은 없지만 켄트(Sherman Kent)는 정보분석보고서의 유형을 기본정보보고서(basic descriptive form of intelligence), 현용(現用)정보보고서(current reportorial form of intelligence), 판단정보보고서(speculative evaluative form of intelligence) 등으로 분류하여 제시했는데, 각각은 과거, 현재, 미래와 관련되어 있다고 설명하였다.[89] 기본정보보고서는 각국의 인구, 지리, 역사, 사회문화, 정치, 경제, 군사, 과학기술 등과 같이 비교적 변화가 적은 고정적인 상황을 기술하는데 초점을 둔다. 현용정보보고서는 최근에 무슨 일이 일어났고 현재 어떤 일이 진행되고 있는가를 기술한다. 판단정보보고서는 대체로 사용자에게 제공된 첩보 자료의 의미를 평가해 주고, 장래 발생할 일에 대한 판단을 제시하는 내용들로 구성된다.

세 가지 유형의 정보보고서는 유기적으로 연계되며 상호 보완적인 특성을 가진다. 기본정보는 현용정보와 판단정보의 기초자료가 되며, 현용정보는 기본정보의 내용을 최신 자료로 개정하여 새로운 지식을 축적시킨다. 그리고 판단정보는 어떤 현상이나 국가에 관한 기본정보 또는 현용정보에 대해 새로운 해석을 제공해 준다. 대표적인 기본정보보고서로는 CIA가 발간하는 *The World Factbook*, 현용정보보고서로는 미국 대통령에게 매일 보고되는 대통령 일일정세 브리핑(The President's Daily Brief) 그리고 판단정보보고서에는 미국 정보공동체 명의로 생산되는 국가정보판단보고서(National Intelligence Estimates)를 들 수 있다. 다음에서 세 가지 유형의 분류를 현대적인 의미로 넓혀서 해석해본다.

(1) 기본정보보고서

기본정보보고서는 장기간에 걸쳐서 고정적이고 변화하지 않는 현상을 다루며, 공개 또는 비공개 자료를 기초로 작성된 방대한 양의 배경지식들(background data)을 포함하고 있다.[90] 정보공동체의 공식적인 개념 정의에 따르면 기본정보란 "외국의 정치, 경제, 지리, 군사력 구조, 자원, 국가의 능력과 취약점 등에 관한 백과사전적 정보를 수집하여 작성된 것으로서 사실로 인정된 참고 자료들"이라고 기술하였다.[91] 예를 들

---

89) Sherman Kent, *Strategic Intelligence for American World Policy*(Princeton, N.J.: Princeton University Press, 1949), pp.11-68.

90) Leo D. Carl, *International Dictionary of Intelligence*(McLean, VA: International Defense Consultant Services, Inc., 1990), p.180.

어, 냉전시대 NATO에서 연례적으로 수행했던바 바르샤바(Warsaw Pact, WTO)의 군사력에 대한 평가보고서가 여기에 속한다고 본다. 이 보고서는 NATO의 능력을 어떤 수준으로 유지시킬 것인가를 정치적으로 결정함에 있어서 기초 자료로 활용되었다.[92] 냉전시대 동안 영국의 '합동정보위원회(Joint Intelligence Committee, JIC)'는 정기적으로 소련의 정책결정과정에 대한 기본 자료를 편찬했는데, 이를 작성함에 있어서 특정 부처의 필요 또는 정책결정에 활용될 것을 염두에 두지 않고 일반적인 참고 자료로 활용될 수 있도록 기술하였다.[93]

CIA에서 매년 갱신하여 발행하는 *The World Factbook*의 내용을 살펴보면 지리(geography), 인구통계(people), 정부조직(government), 경제(ecnomy), 통신(communications), 교통(transportation), 군사(military), 초국가적 문제(transnational issues) 등 여덟 가지 대주제로 구분하고 다시 각 주제별로 세부적인 사항들을 소개하고 있다. 예를 들어, 정부조직과 관련하여 국가명칭과 유래, 정치체제 유형, 입법 · 행정 · 사법부의 조직구조, 법률제도, 선거제도, 정당과 지도자, 압력단체, 외교관계 등 광범위한 내용을 포함하고 있다. 이처럼 전 세계 모든 국가들에 관한 기초 자료들이 체계적이면서도 매우 구체적으로 정리되어 있어 정부 부처는 물론 학계에서도 참고 자료로서 유용하게 활용되고 있다. 이와 유사한 자료로서 우리나라의 국가정보원에서도 매년 『세계각국편람』과 『국제기구편람』이라는 자료를 발행하여 정부 부처는 물론 민간에도 배포하고 있다.[94]

(2) 현용정보보고서

현용정보보고서는 현재 진행중이거나 1주 또는 2주 후에 일어날 문제에 대해 분석한 것으로서 정보공동체가 생산하는 보고서의 주종을 이룬다.[95] 정보공동체의 공식적인 개념 정의에 따르면 현용정보는 사용자가 즉각적으로 필요로 하는 정보들이며, 시간적인 제약 때문에 평가, 해석, 분석, 종합 등 완벽한 검증 과정을 거치지 않은 채 사용자들에게 배포될 수도 있다.[96] 현용정보보고서는 현재 발생하고 있는 사건이나 단기예측과 관련된 내용들을 포함하고 있어 일종의 '정제된 신문(a quality newspaper)'이라고 불리기도 한다.[97] 여기에는 전쟁이나 국가비상사태 등이 발발할 것을 사전에 예상하고

---

91) Carl(1990), p.180.
92) Herman(1996), pp.105-106.
93) Herman(1996), p.106.
94) 국가정보원, 『세계국가편람』(서울: 국가정보원, 2006); 국가정보원, 『국제기구편람』(서울: 국가정보원, 2006).
95) Lowenthal(2006), p.111.
96) Carl(1990), p.182.

경고해주는 경고정보(warning intelligence)도 포함된다.[98]

　　대표적인 현용정보보고서로서 미국의 대통령 일일정세브리핑(President's Daily Brief)과 국가정보일일보고(National Intelligence Daily)를 들 수 있다. 대통령 일일정세 브리핑은 "대통령이 국가안보와 관련된 임무를 수행하기 위해 꼭 알아야 할 가장 중요한 정보들"이 포함되어 있으며, "대통령, 부통령 그리고 대통령이 지명한 행정부 내 소수의 고위급 관료들에게만 배포되고 있다."[99] 국가정보 일일보고는 현재 '최고관리자 정보 브리핑(Senior Executive Intelligence Brief, SEIB)'으로 명칭이 변경되어 생산되고 있다. SEIB는 하루 이틀 전에 발생했거나 또는 며칠 후 발생하게 될 국가 중대 현안들이 포함된 약 6-8건의 단문보고서로 구성되어 있다.[100] 또한, 미 국방부와 국무부의 보고서들, 영국 JIC의 주간 'Red Book' 등은 국제적인 주요 사건들을 일간 또는 주간 단위로 요약한 내용들로 구성되어 있다.

　　현용정보보고서는 정보사용자가 가장 빈번하게 요구하고 정보기관에서 정보사용자에게 가장 많이 제공하는 보고서이다. 전쟁이나 위기 시에는 전술적 차원의 정책결정이 필요하기 때문에 현용정보보고서가 특히 많이 요구된다. 그런데 분석관들은 자신이 담당하고 있는 분야의 전문가로서 현용정보보다는 기간이 긴 중장기 정책판단보고서를 작성하고 싶어 한다. 그러한 중장기 정책판단보고서는 대체로 분량이 많다. 그런데 정책결정권자는 시간이나 관심이 부족하여 그것을 읽으려 하지 않는 경향이 있다. 현용정보보고서는 분량이 적어 분석관이 전문성을 발휘하여 자신의 견해를 충분히 피력할

97) 현용정보는 비밀스런 내용을 포함하고 있다는 것만 다를 뿐 사실상 신문이나 잡지의 뉴스 보도와 유사하다. 예를 들어, 과거 국가일일정보(*The National Intelligence Daily*)는 배포선이 확대되기 전에는 가장 많은 비밀정보들을 포함하고 있었다. Holt(1995), p.81; Herman(1996), p.105.

98) 이에 대한 자세한 내용은 슐스키 & 슈미트, 신유섭 역(2007), pp.121-123을 참고.

99) 9/11 진상조사위원회 보고서에 따르면 PDB 배포선은 대통령에 따라 다르다고 한다. 클린턴 행정부 당시에는 약 25명의 고위직 관료들에게 배포되었지만, 9/11 이전 부시 행정부에서는 6명으로 제한되었다고 한다. National Commission on Terrorist Attacks Upon the United States, *The 9/11 Commission Report: Final Report of the National Commission on Terrorist Attacks Upon the United States*, July 22, 2004, p.254.(이하 9/11 Commission Report); CIA Directorate of Intelligence Website(www.odci.gov/cia/di/work/daily.html(검색일: 2001년 3월 10일); 슐스키 & 슈미트, 신유섭 역(2007), p.118. CIA 정보관이었던 마이어(Cord Meyer)에 따르면 이 보고서는 6-8건의 단문 보고서들로 구성되며 매일 업무가 시작될 무렵 대통령이 10-15분 내에 읽을 수 있도록 작성된다고 한다. Cord Meyer, *Facing Reality: From World Federalism to the CIA*(New York: Harper and Row, 1980), p.352; 슐스키 & 슈미트, 신유섭 역(2007), p.118.

100) SEIB의 양식과 내용은 PDB와 거의 비슷하다. 다만 SEIB는 출처보호를 위해 PDB에 비해 비밀정보의 양이 다소 적다. SEIB는 CIA에서 준비하지만 그 내용은 정보공동체 여러 정보기관들과 협의를 거쳐서 작성되며, 수백 명의 행정부 고위 관료들과 의회 정보위원회 등에 배포된다. Alfred Cumming, "Congress as a Consumer of Intelligence Information," CRS(Congressional Research Service) Report, http://72.14.235.104/search?q=cache: JxOJLcqGi5sJ:feinstein.senate...(검색일: 2007년 7월 4일); CIA Directorate of Intelligence Website(www.odci.gov/cia/di/analytica_products_ section. html(검색일: 2007년 7월 5일).

수 없다. 그래서 정책결정권자가 읽고 싶어 하는 것과 분석관들이 제공하고 싶어 하는 것 간에 괴리가 발생하게 된다.

(3) 판단정보보고서

켄트(Sherman Kent)가 언급했던바 판단정보보고서는 전체적으로 숫자는 가장 적지만 가장 중요한 보고서로 간주된다. 판단정보보고서는 사용자의 특별한 요구에 따라 작성되며 종종 예측하는 내용이 포함된다.[101] 국가적 차원의 정보판단은 주제에 대한 폭넓은 지식과 견해를 수용하는 한편 정부 특정 부처의 차원을 넘어 보다 광범위한 시각에서 논의될 것을 요한다.

켄트는 정보판단에 있어서 증거 자료가 중요하기는 하지만 쉽게 획득할 수 없기 때문에 오직 현명한 판단에 의존하는 수밖에 없다고 주장했다.[102] 클라인(Cline)은 정보판단의 어려움에 대해 다음과 같이 언급했다:

> 정보판단은 어떤 일이 장래에 발생할 것에 대해 조심스럽게 묘사하는 것이다. 국가정보판단은 우리의 대외정책이나 국가안보에 변화를 야기할 수 있는 상황이나 사건에 대해 나름대로 예측하는 보고서라고 볼 수 있다. 장래 어떤 일이 발생할는지 그 답이 명확하다면 정보판단이 필요 없을 것이다. 정보판단은 장래 불확실성을 최소화하고자 노력한다. … 명확한 증거와 논리, 객관성을 유지하면서 정책결정에 관련이 있는 정보판단을 제공하는 일이 쉽지는 않을 것이다."[103]

정보판단보고서가 작성되는 과정에는 정보공동체 내 수많은 부서와 기관들이 참여한다. 미국의 정보공동체에서 생산하는 국가정보판단보고서(National Intelligence Estimates, NIEs)의 경우 국방부에 소속된 DIA, NSA, NRO, 육·해·공군 정보기관, 미 국무부 소속의 INR, 재무부, 에너지와 상무부 산하 정보기관들 등이 함께 관여한다. NIEs는 향후 몇 년 동안 중요한 이슈가 어떤 추세로 변화될 것인지를 판단하는데 중점을 두며, 정보공동체 한 기관의 견해가 아닌 모든 기관의 공통된 견해로서 제시된다.[104] 완성된 정보판단보고서는 중앙정보장(DCI)이 최종적으로 서명한다는 점에서 정보공동체 전

---

101) 미국에서는 이를 'estimates'라고 칭하고 영국이나 호주에서는 이를 'assessments'로 부른다. Lowenthal(2006), pp.133-134.

102) Sherman Kent, *Strategic Intelligence for American World Policy*(Princeton, N.J.: Princeton University Press, 1965), p.65.

103) R.S. Cline, *Secrets, Spies and Scholars: Blueprint of the Essential CIA*(Washington D.C.: Acropolis Books, 1976), p.136.

104) Lowenthal(2006), pp.133-134.

기관의 공동된 견해로 인정된다(지금은 DNI가 최종적으로 서명). 정보판단보고서는 장래를 예측(predictions)하는 것이 아니고, 국가의 중대사가 앞으로 어떻게 전개될 것인지를 판단하는데 중점을 둔다.[105]

때로 판단정보보고서들이 사용자의 요구로 작성된 것이 아니고, 향후 정책결정에 필요할 것이라는 자체판단에 따라 분석관이 임의로 작성한 것도 있다. 즉 분석관은 곧 군사공격이 임박했다는 경고를 내려야 할 상황 또는 국가이익이나 국가안보에 직접적인 위협이 되는 사태 등을 미리 예상하고 이에 대한 정보판단보고서를 준비한다. 예를 들어, 북한의 핵실험에 대해 미국의 강경대응이 예상되는 가운데 미국이 구체적으로 어떤 조치를 취할 것이고 이에 대해 북한이 어떻게 행동할 것인지를 평가하는 내용은 정책결정에 유용하게 활용될 수 있다. 따라서 사용자의 직접적인 요구가 없더라도 분석관이 임의로 판단하여 정보판단보고서를 작성하고 이를 정책결정자에게 제공할 수 있다.

판단정보보고서의 사례 –미국 정보공동체 NIEs의 작성과정[106]

　　미국의 국가정보판단보고서(National Intelligence Estimates, NIEs)는 여러 차례의 조정을 거치는 가운데 지금에 이르고 있다. 1973년까지 '국가정보판단실(Office of National Estimates, ONE)'이 정보공동체의 협력을 받아 NIE의 초안을 작성했고, '국가정보판단위원회(Board of National Estimates)'가 보고서의 최종 인가를 담당했다. 1973년 ONE가 폐기되고, 그보다는 다소 느슨한 조직 형태였던 국가정보관(National Intelligence Officers, NIOs)이 대신하게 되었다.[107] 이후 NIO는 국가정보회의(National Intelligence Council, NIC)로 대체되었으며, '분석단 (Analytic Group)'의 지원을 받아 NIEs를 생산하고 있다. NIC에서 작성된 정보판단보고서는 공식적으로 해외정보자문위원회(National Foreign Intelligence Board, NFIB)의 최종 승인을 받도록 규정되어 있다. 비록 그동안 다소 변화는 있었지만 NIE를 통한 국가정보판단의 기본 골격은 거의 변함없이 유지되었다. 수년 동안 위기 상황에 대한 정보판단은 '특별국가정보판단보고서 (special NIEs 또는 SNIEs)' 형태로 나왔다. 이것이 이후 '특별정보판단보고서(Special Estimates)' 라는 것으로 대체되었고, '대통령 요약보고(President's Summaries)'로 보완되었다.[108]

　　오늘날 NIEs 초안은 CIA 분석국에서 작성하며, 국가정보회의(National Intelligence Council, NIC)에서 최종적으로 검토하게 된다.[109] 국가정보회의는 DCI(현재는 DNI) 산하 조직

---

105) 정보판단과 예측 간에는 분명한 차이가 있는데 정책결정자들은 이를 이해하지 못하는 경향이 있다. 즉, 예측은 장래에 대해서 예언하는 것이지만 정보판단은 어떤 이슈가 하나 또는 그 이상의 결과로 전개될 것인지를 판단하는데 중점을 두고 있어 예측과는 다소 차이가 있다. Lowenthal (2006), pp.133-134.

106) Lowenthal(2006), pp.133-134 참고.

으로 CIA에서 분리되어 있으며, 13명의 국가정보관(national intelligence officers, NIOs)과 보좌진, 심의관 등을 포함하여 약 50여 명으로 구성되어 있다.[110] NIEs 초안은 국가정보위원회(National Intelligence Board, NIB)[111]에서 우선 검토된다. 국가정보위원회(National Intelligence Board)는 정보공동체 내 각 정보기관의 대표들로 구성된다. 정보공동체 내 각각의 정보기관들은 자신들 나름의 NIEs나 특별정보판단(Special National Intelligence Estimates, SNIEs)[112]을 제시한다.

최종 보고서가 나오기까지 정보기관들 간의 이견을 조율하기 위해서 여러 차례에 걸쳐서 회의가 개최된다. DNI는 여러 정보기관에서 파견한 고위직 관료들이 참석한 최종 검토 회의를 주재하게 되며, 최종적으로 확정된 NIEs에 서명하게 된다. 과거 DCI는 자신이 동의하지 않는 NIEs의 내용을 수정할 수 있었다. 초안 작성자들은 이에 대해 불만을 갖겠지만 DCI는 합법적으로 그런 권한을 행사할 수 있었다.[113]

1950년 최초로 NIEs가 생산되어 점차적으로 생산되는 양이 늘어났다. 1993년에는 일주일에 한 건의 NIE가 생산될 정도로 NIEs의 생산량이 급속히 늘어났다. 레이건 대통령 시절에는 연간 60-80건의 NIE를 생산했었는데 그 후 그 숫자가 점차 줄어들었다.[114] 때로 NIEs의 생산에 소요되는 시간이 지나치게 길다는 것에 대해 비판이 제기되기도 한다. 어떤 정보판단보고서의 경우 최종보고서가 생산되는데 1년 이상이 소요되기도 한다. 반면에 지나치게 짧은 기간에 작성된 것이 문제가 되는 경우도 있다. 2002년에 작성된 이라크 대량살상무기 존재 여부에 관한 NIEs가 그러하다. 당시 한 상원의원의 요청으로 보고서가 작성되었는데 이라크에 대한 대통령의 군사력 사용을 허용하는 결의안 표결이 실시되기 전 3주 내에 완료될 수 있도록 서둘러 작성되었던 것으로 드러났다.[115]

한 CIA 분석관에 따르면 여러 정보기관들이 공통으로 제시하는 최소 합의사항만을 반영하기 때문에 NIE 내용은 별로 가치가 없다고 주장한다.[116] 그런 점에서 CIA에서 자체적으로 생산된 정보보고서가 NIEs에 비해 질적으로 우수하다고 평가하기도 한다. 그의 주장에 따르면 대부분의 정책결정권자들이 NIEs 보고서에 대해서 그다지 높은 평가를 주지 않으려는 경향을 보인다. 미국 상원 정보위원회에서 정보 소비자들을 대상으로 실시한 여론조사에서도 정보공동체에서 생산된 분석보고서에 대해서 실망스런 입장을 표출하는 것으로 나타났다.[117] 물론 다소 지나친 평가로 생각될 수도 있지만, 이러한 상황은 미국의 뿌리 깊은 부처 간 관료주의적 경쟁 실태에서 비롯된 것으로 지적된다. 핼버스탬(David Halberstam)에 따르면 NIEs의 작성 또는 검토를 위해 각급 정보기관에서 대표로 파견된 정보관들은 비록 그것이 잘못된 내용임을 알고 있으면서도 자신이 속한 기관의 견해와 반대되는 내용을 언급하지 않으려는 성향을 보였다고 한다.[118] 왜냐하면 자신의 소속기관과 다른 견해를 제시했을 경우 평생 동안 몸담았던 기관으로부터 배신자라는 낙인이 찍혀 향후 승진이나 인사 상의 불이익을 당할 수 있기 때문이다.

(4) 브리핑(Briefing)

브리핑은 현용정보의 일종으로서 대체로 아침 시간에 가장 먼저 제공된다. 브리핑의 한 가지 장점은 정보관이 정책결정권자와 직접적으로 접촉하기 때문에 브리핑과 관련하여 정책결정권자의 선호와 반응을 즉각적으로 알 수 있다는 점이다. 특히 브리핑은 일주에 5-6회에 걸쳐 실시되기 때문에 고위정책결정자가 정보공동체와 가장 빈번하게 교류할 수 있는 기회가 되며, 이를 통해 정책결정자가 가장 관심을 갖고 있는 문제가 무엇인지를 쉽게 파악할 수 있다.[119] 브리핑 담당자는 정보를 정책결정권자에게 제공해주고 정책결정권자의 정보요구나 반응을 정보기관에 알려주는 등 두 가지 역할을 동시에 수행함으로써 정보와 정책결정 간 밀접한 연계를 유지하는데 기여한다.[120]

이처럼 브리핑은 정책결정권자와 분석관이 보다 밀접한 관계를 갖게 되는 여건을 제공하는 장점이 있지만 이로 인해 문제가 야기될 수 있다. 예컨대, 브리핑을 통해 분석관이 정책결정권자에게 지나치게 밀착되어 정책결정권자를 무조건적으로 지지하

---

107) Berkowitz and Goodman(1989), pp.11-12.
108) 이에 대한 보다 자세한 내용은 H.P. Ford, *Estimative Intelligence: the Purposes and Problems of National Intelligence Estimating*(Lanham, Md.: University Press of America with Defense Intelligence College, 1993), chapter 5 and 6.
109) Holt(1995), pp.81-82.
110) 국가정보관은 지역과 이슈별로 분류된다. 지역별로는 아프리카, 동아시아, 유럽, 근동(Near East), 러시아와 유라시아, 남아시아, 서반구(Western Hemisphere) 등 7명이 있고, 이슈별로는 경제와 세계문제, 군사, 과학기술, 초국가위협, 경고(Warning), 대량살상무기 등 6명으로 구성되어 있다. http://www.dni.gov/nic/NIC_organization.html(2007년 7월 5일)
111) 과거 National Foreign Intelligence Board(NFIB)에서 명칭이 바뀌었다. NIB의 의장은 DNI이며, CIA 부국장이 CIA를 대표하는 구성원으로 참석한다. NIB의 주요 임무는 NIE 내용에 대해 정보기관들 간 합의를 유도하는데 있으나, 합의가 이루어지지 않을 경우 주석을 달아 이견을 표출할 수 있다. Holt(1995), pp.81-82.
112) SNIEs는 긴급을 요하는 사안에 부응하여 작성되는 보고서로서 대체로 NIEs와 비교하여 분량이 짧고 특정 주제에 한정된다. 슐스키 & 슈미트, 신유섭 역(2007), p.125.
113) Lowenthal(2006), pp.133-134.
114) CIA는 정보판단보고서, 연구보고서, 기타 보고서 등을 포함하여 연간 약 1천 건의 보고서를 생산해왔던 것으로 알려져 있다. Charles R. Babcock, "An Opening to the Heart of the Process," *Washington Post*(October 4, 1991) in Holt(1995), p.82.
115) Lowenthal(2006), p.135.
116) Holt(1995), p.82.
117) Loch K. Johnson, "Smart Intelligence," *Foreign Policy* 89(Winter 1992-1993), pp.53-69 in Holt (1995), p.82.
118) 예를 들어, 어떤 공군 정보관은 폭격하는 것이 성공적인 결과를 가져오지 않을 것임을 잘 알고 있었음에도 불구하고 이것을 공개적으로 언급하는 것을 꺼렸다고 한다. David Halberstam, *The Best and the Brightest*(New York: Random House, 1972), p.359.
119) Lowenthal(2005), p.227.
120) Lowenthal(2006), p.112.

는 입장을 취하게 될 경우 분석의 객관성이 훼손되는 상황이 발생할 수 있다. 그리고 브리핑이라는 단어가 의미하는 바와 같이 아침 바쁜 시간에 수행되기 때문에 시간이 짧아서 정책결정권자에게 어떤 주제와 관련하여 구체적이고 깊이 있는 내용을 전달하기가 어렵다는 문제도 있다. 또한 '대통령 일일정세보고(president's daily brief, PDB)' 준비에 너무 많은 시간과 노력이 소요됨으로써 분석업무에 장애가 야기될 수 있다는 지적도 있다.121) 이에 따라 분석부서에서는 PDB업무에 집중하는 것과 보다 광범위하고 깊이 있는 분석보고서를 생산해내는 것 중에서 어디에 중점을 둘 것인지 선택을 내려야 할 것이다.

한편, 9/11 직후 대통령과 고위직 참모들을 대상으로 실시되었던 CIA 브리핑에 대해 비판이 제기되었다. 브리핑은 주로 CIA에서 생산한 대통령 일일정세보고 (president's daily brief, PDB)를 중심으로 실시되었기 때문에 다른 정보기관은 전혀 관여하지 못하고 전적으로 CIA가 주도하였다. 행정부나 정보공동체에도 PDB가 배포되었지만 극소수의 고위관료들로 배포선이 제한되었다. 그래서 CIA를 제외한 정보기관은 대통령이 어떤 정보를 제공받고 있는지 전혀 알 수 없었다. 그래서 여타 정보기관들이 이에 대해 시기심을 갖게 되었을 뿐만 아니라 그로 인해 정보공동체 각급 정보기관의 분석 부서들 간 협력이 이루어지지 못하고 엇박자로 운용되는 상황에 처하게 되었던 것으로 지적되었다.122)

이러한 문제점을 개선하기 위한 구체적인 조치가 「2004년 정보개혁법」을 통해 제시되었고, 그에 따라 PDB의 운용방식에 변화가 있었다. 즉 '국가정보장실(Office of the Director of National Intelligence)'에서 PDB를 담당하게 되었으며, 국가정보분석차장 (deputy director of national intelligence for analysis)의 지휘를 받게 되었다. 이처럼 PDB 수행 책임이 CIA에서 DNI에게로 이관됨에 따라 정보공동체 내 CIA의 영향력이 약화된 것으로 여겨진다.123)

4. 정보분석보고서의 평가

정보보고서를 평가할 수 있는 명백한 기준은 없다. 다만 정보사용자의 수요에 부응하는 제대로 된 정보보고서가 일반적으로 갖추어야 할 기본적인 요건으로서 적시

---

121) Lowenthal(2006), p.113.
122) Lowenthal(2006), p.113.
123) Lowenthal(2006), p.113.

성(timely), 적합성(tailored), 간결성(digestible), 명료성(clear), 객관성(objectivity), 정확성(accuracy) 등을 들 수 있겠다.[124]

첫째, 정보보고서는 적시성(timely)을 가져야 한다. 더 좋은 수집 자료가 입수되기를 기다리거나 보고서를 양식에 맞춰서 산뜻하게 보이도록 만드느라 시간을 늦추는 것보다는 정책결정자에게 적시에 필요한 정보를 제공해 주는 것은 매우 중요하다. 시간이 지나면 사건의 중요성이나 관점이 바뀔 수 있기 때문이다. 예를 들어, 북한이 핵실험을 이미 실시했는데 뒤늦게 제공된 북한 핵실험의 전망에 관한 보고서는 사용자의 정책결정에 전혀 도움이 되지 않는 불필요한 것이다.

둘째, 정보보고서는 사용자의 필요에 맞게(tailored, 적합성) 작성되어야 한다. 정책결정자가 상대국 정부의 군사용 신무기 개발 동향에 촉각을 곤두세우고 있는 상황에서 정치나 경제 동향에 관한 보고서는 정책결정자의 필요에 전혀 부응하지 못하게 된다. 물론 지나치게 사용자의 선호에 맞춘다고 객관성을 잃거나 정치화된 정보를 제공하라는 것은 아니다.

셋째, 정보보고서는 간결해야(digestible) 한다. 정책결정자는 매우 바빠서 시간을 갖고 보고서를 읽을 여유가 충분치 않다. 따라서 짧은 시간 내 내용을 빨리 파악할 수 있도록 적절한 양식이나 분량으로 작성되어야 한다. 보고서가 짧다고 다 좋은 것은 아니고, 정책결정자에게 전달하고자 하는 메시지가 분명하게 드러나도록 일목요연하게 작성되어야 한다는 것이다.[125]

넷째, 정보보고서의 내용은 모호하지 않고 명료해야(clear) 한다. 사실로 밝혀진 것과 밝혀지지 않은 것을 명백히 구분해 주어야 한다. 제대로 된 보고서는 독자들에게 사실여부가 규명된 것(known), 규명되지 않은 것(unknown), 분석관이 보완한 것, 자료의 신뢰성 등을 구분하여 밝혀준다. 특히 제공된 자료의 신뢰도를 밝혀주는 것은 매우 중요하다. 왜냐하면 정책결정자는 분석관이 정책결정자에게 제공하는 정보의 상대적인 신뢰도를 감안하여 정책에 활용하게 되기 때문이다.

다섯째, 정보보고서는 객관성(objectivity)을 갖추어야 한다. 객관성을 갖출 필요성은 너무도 중요해서 당연한 것으로 받아들여진다. 정보보고서가 객관성을 갖추지 못했다면 적시성, 간결성, 명료성 등의 조건들은 아무런 의미가 없다고 본다. 그만큼 객관성은

---

124) Lowenthal(2006), pp.140-141.
125) 대체로 2쪽의 보고서를 작성하는 것이 5쪽의 보고서를 작성하는 것보다 더 어렵다고 한다. 과거에 사무엘 클레맨스(Samuel Clemens, Mark Twain의 본명)는 친구에게 보내는 편지에서 다음과 같이 기술했다: "시간이 없어 네게 짧게 편지를 쓰지 못하고 길게 편지를 써 보낸다." Lowenthal(2006), pp.140-141.

양질의 보고서가 되기 위한 필수조건이라는 본다.

마지막으로 정보보고서는 정확성(accuracy)을 갖추어야 한다. 그런데 정확성은 정보보고서를 평가하기 위한 기준으로서 모호한 측면이 있다. 분명히 어떤 정보분석관도 정보보고서에 오류가 생기는 것을 원치 않는다. 그렇지만 오류가 전혀 없도록 작성하는 것은 불가능하다는 점을 알고 있다. 사실 정확성의 기준을 어떤 정도로 잡아야 할지 결정하기 어렵다. 100% 정확하게 작성하는 것은 너무 높은 기준이고, 0%로 하는 것은 너무 낮다. 정확성의 수준을 대략 50-100% 사이로 결정하는 것이 합리적 기준이 아닐까 생각된다.[126)]

제4절 정보분석기구

1. 수집기구와 분석기구의 관계

미국을 비롯한 대부분의 정보기관들은 수집과 분석 부서를 분리시켜서 운용하고 있다. 미국 정보공동체에 소속된 16개 정보기관들 중에서 분석업무에 중점을 두는 기관으로서 CIA, DIA, 국무부의 정보조사국(INR) 등이 있고 나머지 정보기관들은 첩보수집에 보다 많은 비중을 두어 임무를 수행한다. 예컨대, NSA는 신호정보수집, NRO는 영상정보 수집활동을 중점적으로 수행한다. 미국의 경우 별도의 독립적인 영상정보 수집과 분석 기구를 갖고 있는데 이는 미국만의 독특한 조직 형태로서 다른 나라에서는 찾아보기 어렵다. CIA의 경우 분석을 담당하는 분석국과 첩보수집 및 비밀공작을 담당하는 비밀공작국으로 분리되어 있다. 그러나 정보기관의 조직 편제상 수집과 분석 부서 간에 완전히 분리되기는 어렵다. 미국 CIA의 경우 수집과 분석이 마치 별도의 조직 단위로 운용되는 것처럼 보이지만 사실은 그렇지 않다. 일반적으로 수집과 분석활동은 밀접하게 연계되며, 수집부서라도 때로 분석을 하고, 분석 부서가 첩보수집활동을 수행하는 경우도 있다.[127)]

수집과 분석 부서의 분리는 '해외정보'분야에만 국한되고 '보안정보'분야에는 해당되지 않는다. 미국의 FBI, 영국의 MI-5 등 보안정보기관들의 경우 보고서의 생산이나 배포보다는 간첩활동 탐지 및 색출에 목표를 두고 있기 때문에 분석보다는 목표달성에 필요한 첩보를 수집하는 활동에 중점을 두고 있다. 보안정보기관은 미행감시 기법,

---

126) Lowenthal(2006), p.141.
127) Herman(1996), p.108.

대인접촉, 우편물 검색, 전화도청 등 다양한 수집 수단을 활용한다. 요컨대, 보안정보기관은 간첩을 탐지·색출하는 데 목표를 두고 필요한 첩보를 수집 및 분석하는 활동을 수행하는데, 대부분의 경우 별도의 분석 부서를 두지 않고 있어 첩보수집과 분석의 구분이 없다.

정보의 가장 중요한 사용자는 최고정책결정권자들이다. 종합판단정보는 정책에 직접적으로 반영된다. 그런 점에서 최고 수준의 정보는 객관적이고 정확해야 한다. 그런데 대체로 첩보수집과 분석의 구분이 없을 경우 종합적이고 객관적인 분석이 수행되기 어렵다. 특히 냉전시대 구소련 KGB의 경우 수집과 분석의 구분이 명확하지 않았다. 그래서 소련 KGB는 종종 획득된 비밀첩보를 분석과정을 거치지 않고 직접 정보사용자에게 전달하는 경우가 있었다. 이러한 첩보의 경우 종합적인 분석과정을 거쳐 검증된 정보가 아니기 때문에 정확성이나 신뢰성이나 떨어질 뿐만 아니라 정보사용자의 구미에 맞는 첩보만을 선별적으로 제공하게 됨으로써 객관성에도 심각한 문제가 있었던 것으로 드러났다. 이처럼 수집과 분석 부서의 구분이 모호한 가운데 KGB는 정보사용자에게 객관적이고 정확한 정보를 제공하지 못했던 것으로 지적된다. 정보사용자로서 소련의 최고정책결정권자가 제대로 된 정보를 제공받지 못했고, 그로 인해 올바른 정보판단을 내릴 것으로 기대하기 어려웠을 것이다.

냉전시대 구소련의 KGB의 경우와는 달리 미국이나 영국의 정보기관들은 수집 부서와 분석 부서가 분리된 형태를 보였다. 이처럼 수집과 분석 조직이 분리되어 있을 경우 몇 가지 단점들이 있다. 수집 부서는 단순히 자료를 전달하는 것이 아니고 그들 나름대로 해석할 수 있는 능력이 있다. 그런 점에서 수집 부서와 분석 부서가 통합되어 있으면 보다 신속하게 종합적인 정보판단을 내릴 수 있을 것이다. 또한 분석 부서가 분리되어 있기 때문에 기계적으로 자료를 대조하는 과정에서 중요한 자료들을 빠뜨리는 실수를 저지를 수 있다. 이 경우에도 분석 부서와 수집 부서가 통합되어 있으면 보다 쉽게 중요한 자료를 골라낼 수 있을 것이다. 종합적인 분석 없이 수집 자료는 그 의미를 가질 수 없다. 정보분석에는 첩보 자료뿐만 아니라 공개정보, 일반정보 등 모든 자료들이 종합되어야 한다. 그런 점에서 수집과 분석 부서가 통합된 형태를 유지하면 종합적이고 객관적인 정보를 보다 신속하게 생산할 수 있다는 장점이 있다.

2. 최고 정보판단기구

국가정보의 가장 중요한 사용자(고객)는 대통령, 수상, 장관 등 국가의 최고정책결정권자들이다. 정보기관에서 생산된 종합판단정보는 최고정책결정권자들에게 제공되어 국가정책에 직접적으로 반영된다. 그런 점에서 최고 수준의 정보는 두 가지 요건을 갖추어야 한다. 첫째, 정보판단의 객관성을 유지해야 한다. 즉 정부 내 어떤 특정부처의 이익을 반영하거나 선입관에 사로잡히지 말아야 한다. 둘째, 최고정책결정권자에게 제공되는 정보는 부서 간에 합의된 내용이 되어야 한다. 국가정책을 추진함에 있어서 정부 부처 간에 갈등을 조장하거나 정보기관들 간에 의견이 불일치하는 경우 반드시 이를 조정하여 합의된 정보판단을 제공토록 해야 한다. 이처럼 객관성을 유지하면서 정보기관들 간의 합의를 이끌어 내기 위해 어떤 제도적 장치를 두고 있는지 대표적인 선진정보기관으로서 미국과 영국의 사례를 살펴보기로 한다.

　　대부분의 국가들은 부문정보기관들 간에 정보판단을 조율하는 일에 대해 별로 관심이 없거나 그 일이 너무 어렵다고 여긴다. 정보판단을 조율하는 데 있어서 두 가지 모델이 있다. 그 하나는 부문 정보기관들 간에 협력이 용이하게 이루어질 수 있도록 제도적 장치를 구축하는 것이고, 다른 한 가지는 중앙정보기구를 만드는 것이다. 전자의 대표적인 사례로 영국 합동정보위원회(Joint Intelligence Committee, JIC)가 있고, 후자의 대표적인 사례는 미국의 DCI(현재 DNI)와 CIA의 분석 부서가 되겠다. 그러나 영국이나 미국의 정보시스템은 사실상 부서 간 협력과 중앙집권화라는 두 가지 요소를 모두 포괄하여 운영되고 있다.128)

(1) 영　　국

　　영국은 제2차 세계대전 이전부터 군사적인 요소뿐만 아니라 경제, 자원 등 적에 관한 정보를 종합적으로 파악하기 위한 새로운 방안으로써 부처 차원을 넘어선 국가적인 차원의 중앙집권적 정보분석기구를 만들고자 시도하였다. 그러나 부처 차원을 초월하는 중앙집권적 정보분석기구를 설립하는 것에 대해 여러 부처에서 반대하여 결국 합동정보위원회(Joint Intelligence Committee, JIC) 형태의 기구로 발전하게 되었다. JIC는 부문정보기구를 유지하면서 부처 간의 협력을 강화하는데 중점을 두고 설립되었다. JIC는 1936년 3개의 부문정보기구들의 협력체로서 출발하여 한동안 활동이 미흡했으나, 1939년 JIC의 대외처(Foreign Office)가 정치, 군사, 경제 분야를 종합하는 임무를 수행하면서 매우 효과적인 분석기구로 발전했다. 이후 JIC는 제2차 세계대전 동안 해외에서 입수되는 정보를 객관적으로 평가하고 부문정보기구들 간의 협력을 이끌어냈으며, 이를 통해 모든 정보를 종합하여 정부의 정책결정이 합리적으로 내려지는 데 최종

---

128) Herman(1996), p.259.

적인 책임을 가지는 임무를 수행했다. 여기에 1941년 부문 정보기관의 대표들로 구성된 합동정보사무처(Joint Intelligence Staff, JIS)가 설립되어 JIC의 활동을 효과적으로 지원하게 되었다.

1983년 프랭크 경(Lord Franks)을 의장으로 하여 구성되었던 포클랜드위원회(Falklands Committee)에 제출된 보고서에서 전후 영국 JIC 시스템의 공식적인 활동이 최초로 공개되었다.[129] 동 보고서에 따르면 JIC는 부문정보기관들을 관리하는 역할뿐만 아니라 장관들과 고위관료들에게 광범위한 분야에 걸쳐 외국의 상황들과 동향을 판단하는 보고서를 제공해 준다. 외국의 상황과 동향을 판단하는 일은 주로 JIC 내 '현용정보단(Current Intelligence Groups, CIGs)'에서 수행하는데, CIG는 여러 부문정보기관에서 차출된 사람들로서 각각 해당 지역문제 전문가들로 구성되어 있다. CIG의 핵심 조직은 '정보평가처(Assessments Staff)'인데, 여기에는 외교부와 국방부 출신의 민간인과 군인들로 구성된 약 20여 명 정도의 소규모 인원이 재직하고 있다. CIG는 JIC에 정보판단보고서 초안을 제출하며, JIC에서 각 부처의 의견을 종합하여 최종보고서를 생산하게 된다. JIC는 정보 및 보안기관의 수장, 국방부, 재무부를 비롯한 여러 부처의 장관들로 구성되어 있다.[130] JIC 의장은 관례상 외교부 소속의 고위관료가 맡아 왔는데 1983년 프랭크위원회의 권고안에 따라 수상에 의해 임명된 내각 사무처(Cabinet Office)의 관료가 맡게 되었다.

(2) 미 국

1941년 이전까지 미국에는 육군, 해군, FBI 등의 부분정보기관들이 독자적으로 활동하고 있었다. 그런데 진주만 기습사건 이후 부문정보기관들 간의 협력을 강화시킬 수 있는 새로운 정보체계의 설립 필요성이 제기되었다. 우선 미국은 부문정보기관들 간의 협력을 강화하는 영국식 JIC 모델을 채택했고, 이에 바탕을 두고 합동참모위원회(Combined Chiefs of Staffs Committee)를 설립하여 정보협력을 추진하였다. 그러나 냉전시대에 들어서면서 영국식 JIC 모델보다는 중앙집권적 정보기관을 설립할 필요성에 대한 공감대가 형성됨에 따라 1947년 국가안보법(National Security Act)에 근거하여 마침내 CIA가 창설되었다.

1947년에 창설된 CIA는 정보분석의 이정표가 되었다. CIA는 정부기관의 일부로

---

129) The Franks Committee, *Folkland Islands Review: Report of a Committee of Privy Counsellors* (London: HMSO, 1983), pp.94-95; and Herman(1996), p.262.
130) Herman(1996), p.262.

써 설립되었으며, 외국에 대한 정보분석을 목표로 창설된 최초의 전문적인 종합정보분석기구였다. 제2차 세계대전 이후 해체되었던 전략정보국(OSS)의 산하조직인 'R&A'가 CIA의 분석기구(Directorate of Intelligence)로 발전하면서 CIA는 중앙정보기관의 면모를 갖추게 되었다. 1947년 CIA의 설립과 함께 CIA 국장이 중앙정보장(Director of Central Intelligence, DCI) 직위를 겸임하게 되었다. DCI는 여러 정보기관들로 구성된 정보공동체의 수장으로서 대통령과 국가안전보장회의(NSC)에 정보 업무를 조언하는 조언자(advisor)로서의 역할을 수행하게 되었다. 물론 CIA와 DCI가 미국의 정보체계에서 결코 유일한 정보판단자는 아니다. 국방정보국(DIA)과 국무부의 정보조사국(INR)도 CIA의 일일정보(Daily Brief)와 유사한 형태의 정보보고서를 자체적으로 생산하고 있다. 부문정보기관이 부처 차원의 정보판단을 내리는데 반해 CIA와 DCI는 부문정보기관들 간의 합의를 통해 국가적 차원의 국가정보판단보고서(National Intelligence Estimates, NIEs)를 생산하는 임무를 수행한다. 1947년 국가안보법에 따르면 CIA와 DCI는 NIEs 생산을 위해 부문정보기관들 간의 정보 업무를 조정하고, 정보공동체의 공동이익을 추구하는 임무를 수행하도록 규정되어 있다. 1950년 이후 DCI(현재는 DNI)는 영국의 JIC와 유사한 과정을 통해 생산된 정보공동체의 종합판단보고서로서 NIEs를 제출하고 있다.

(3) 영국과 미국의 국가정보판단체계 비교

영국과 미국의 정보체계는 뿌리는 같지만 다소 차이가 있다. 영국은 부문정보기관들과의 협력과 합의를 중요시하지만, 미국은 CIA와 DCI(현재 DNI)의 중앙집권화를 특징으로 하고 있다. 미국 정보체계는 규모가 크고 사용자의 범위도 워낙 넓어 그만큼 정보의 흐름이 다양하다. 영국과 비교하여 미국의 정보체계는 규모면에서 차이뿐만 아니라 부문정보기관의 다양성을 용인하고 장려하는 점에서도 차이가 있다. NIEs를 생산하는 과정에 참여하는 분석요원들은 의견이 다를 경우 주석(footnote)을 달아서 다른 견해를 표현할 수 있으며, 그러한 전통을 오랫동안 유지해 왔다.[131] 그러나 영국에서는 부문정보기관들 간의 의견 불일치는 정보시스템 전체가 실패한 것으로 간주하기 때문에, 의견불일치를 공식적으로 표현하는 일은 거의 없다.[132] 어쨌든 영국은 CIA처럼 중앙집권식 기구가 없는 부처 간 협력체계로서 부처 간 합의를 반드시 필요로 하며 이견을 허용하지 않는다.

영국의 경우 정보공동체의 규모가 작기 때문에 여러 정책 부서들과 부문정보기관

---

131) Berkowitz and Goodman(1989), pp.132-133.
132) Herman(1996), p.265.

들이 정보판단 과정에서 서로 협력하기가 용이하다. 그리고 그것이 바로 영국식 정보공동체의 장점이다. 그러나 미국의 경우 정보공동체 내 정보기관들의 규모가 워낙 크고 거리적으로도 여러 지역에 멀리 산재해 있기 때문에 영국과는 달리 정보판단 과정에 서로 모여서 합의를 이루는 등의 협력이 쉽지 않다. 미국에서도 정보판단을 생산하는 과정에 모든 정보와 자료, 견해들을 반영해야 한다는 입장을 취하지만 실제로 이를 행동에 옮기는 일이 쉽지는 않은 듯하다. 아마도 미국은 이처럼 부문정보기관들 간의 협력이 어렵기 때문에 중앙집권적인 정보판단 체계를 선호했을 것으로 보인다. 이처럼 정보공동체의 지리적 여건과 구조적 특성에서 비롯된 차이점을 반영하여 미국과 영국은 각기 다른 형태의 정보판단 체계를 설립하게 된 것으로 보인다.[133]

무엇보다도 미국식과 영국식 정보판단 구조의 차이점은 정보판단 과정에 참여하는 구성원이 각기 다른데서 비롯된다. 미국의 경우 공식적으로 각 정보기관들 중 정보판단을 전문으로 하는 국무부 등 여러 정부 부처의 정보기구들이 포함되지만 여기에 정보사용자로서 정책결정권자는 제외된다. 그러나 영국의 경우 JIC와 산하기구로서 국가정보판단보고서의 초안을 작성하는 CIG의 구성원에는 여러 부문정보기관들은 물론 외무부, 재무부 등 관련 정부 부처 소속의 일반 공무원들도 포함된다.[134] 이에 따라 미국의 NIEs 회의에는 정보기관의 요원들만 참석하는데 반해 영국의 JIC와 CIG 회의에는 정보기관의 요원들뿐만 아니라 정책결정자들도 참여한다. 요컨대, 미국의 정보시스템은 정보가 정책에 투입되는 독립변수로서 작용할 것을 요구하면서 정보와 정책의 엄격한 분리를 강조하는 반면, 영국의 경우 정보판단의 생산과정에 정보기관의 요원과 정책결정권자들이 함께 참여하게 된다.[135]

특히 영국 외교부의 관료들은 CIG나 JIC 회의에 참석하여 주도적인 역할을 수행한다. 외교관들은 풍부한 경험과 지식을 갖추고 있기 때문에 정보판단 과정에서 막중한 영향력을 발휘한다. 이들은 정보판단보고서 작성에 직접적으로 관여한 다음 자기 사무실로 돌아가서 정책결정을 내리는 역할로 바뀌게 되는데 여기서 우스꽝스러운 점은 자신들의 정책결정에 필요한 '객관적'인 투입변수로서의 정보판단보고서가 도착하기를 기다리고 있다는 것이다.[136] 자신들이 정보판단 과정에 영향력을 행사해놓고 객관적인 정보판단보고서를 생산되기를 기대하는 모순을 이해하기 어려울 것이다. 이러한

133) Herman(1996), p.276.
134) Cabinet Office, *Central Intelligence Machinery*(London: HMSO, 1993), p.11 in Herman(1996), p.274.
135) Herman(1996), p.274.
136) Herman(1996), p.275.

모순 때문에 영국에서는 정보판단 과정에 정보요원만 참여하는 것이 바람직한가 아니면 참여의 폭을 넓혀 정책결정권자들의 참여까지 허용하는 것이 바람직한가를 두고 논란이 있었다. 물론 정보판단에 정책결정자들의 선입견이 반영됨으로써 부정적인 결과를 초래할 위험이 없지 않다. 그러나 영국에서는 정보판단 과정에 정책결정권자들의 경험과 지식이 충분히 반영됨으로써 보다 나은 정보판단을 제공해 줄 수 있다는 점을 좀 더 중요하게 고려하는 듯하다.[137]

(4) 기타 국가들

1945년 이후 구영연방제국 국가들은 대체로 영국의 JIC를 모델로 하여 국가정보판단 시스템을 설립하였지만, 각 국가의 고유한 특성을 반영하여 다양한 형태로 발전시켰다. 캐나다는 부문정보기관들이 협력하여 정보판단보고서를 생산하는 시스템을 유지했었으나 나중에 중앙집권적인 정보분석기구를 설립하였다. 오스트레일리아는 미국적인 모델을 받아들여서 보다 중앙집권적인 정보판단 유형을 발전시켰다. 오스트레일리아는 국가적 차원의 정보판단 기구로서 '국가정보위원회(National Intelligence Committee)'를 두었으나 1977년 이를 대체한 기구로 '국가정보평가실(Office of National Assessments, ONA)'을 설립했고, 이후 '국가정보평가실(Office of National Estimates, ONE)'이 되었다. 뉴질랜드의 국가정보판단 시스템은 미국식과 영국식의 중간 유형의 형태를 보이는 것으로 나타난다.[138] 이들 모두 육·해·공군 별로 각기 독립된 부문정보기관들을 갖고 있으며, 부문정보기관들을 포함한 정보공동체의 협력을 통해 국가정보판단을 생산한다는 개념을 유지하고 있다.

제2차 세계대전 직후 유럽 국가들의 국가정보판단 시스템은 대부분 이전과 별로 다를 바가 없었다. 즉 부문정보기관들을 포함한 정보공동체의 협력을 통해 국가정보판단을 생산한다는 개념조차 없었다. 물론 중앙집권적인 통합된 정보판단 기구가 설립되지도 않았다. 그래서 대부분의 유럽 지도자들은 서로 상반되는 내용의 보고서들을 보고 스스로 판단해야 했다. 그런데 놀랍게도 소련의 스탈린은 새로 설립된 미국의 CIA를 모델로 하여 1947년 '종합 정보판단기구(the Committee of Information)'를 창설했다. 그 기구는 1958년까지 존속했는데 결코 종합적인 정보판단을 제공하지는 못했다. 지도자의 구미에 맞는 정보만을 선별적으로 제공했기 때문에 지도자가 모든 첩보에 접근할 수 있는 것이 아니었다. 그래서 종합적인 정보판단 기구로서의 기능을 제대로 수행하지

---

137) Herman(1996), p.275.
138) Herman(1996), p.265.

못했던 것으로 평가된다.[139] 한편 제2차 세계대전 이후 서독에서는 히틀러 치하에서 정보기구들이 분산된 것을 통합시키는 데 목적으로 두고 겔렌(Gehlen) 장군의 주도 하에 중앙집권화된 정보기구로서 BND(Bundesnachrichtendienst)가 설립되었지만, 최고 정보판단에 대해 부처 간의 이견을 조정하는 시스템이 효과적으로 구축되지는 못했던 것으로 평가된다.

영국과 미국의 국가정보판단 시스템은 형태는 다르지만 궁극적으로 부서들 간의 이견을 조정하여 합의 또는 통합된 정보판단을 제공함에 있어 효과적인 것으로 인정되었다. 그래서 유럽 국가들은 미국 또는 영국식 시스템을 모델로 하여 자국의 특성에 맞는 국가정보판단 시스템을 구축하고자 시도했다. 그러나 대부분의 경우 정보분석 기구들 간의 상호교류가 미흡했고 통합적인 국가정보판단이 생산되는 시스템을 갖추지도 못했던 것으로 보인다. 그런 점에서 미국이나 영국식 모델을 완벽하게 모방하지는 못했던 것으로 평가된다.[140]

제 5 절 분석과 정책의 관계: 분석관과 정보사용자

1. 분석관의 자질과 역할

정보분석관은 외교정책과정에서 자신들의 역할이 무엇인가를 이해하고 있어야 하며, 복잡한 문제를 구조화하고 분석할 수 있는 기법들(tools), 정치 또는 경제 분석처럼 특수한 학문분야의 시각을 적용하여 특정 이슈를 분석할 수 있는 이론적 틀, 그리고 바쁜 정책결정자를 위해 정책결정에 적절히 활용할 수 있도록 설득하고 이해시키는 발표력 등이 요구된다. 올바른 정보보고서를 생산하기 위해 정보분석관은 목표(상대방)의 입장에서 생각해보고 목표(상대방)가 내면적으로 무엇을 계획하고 있는지를 찾아낼 수 있는 능력을 가져야 한다.[141] 카아(E.H. Carr)에 따르면 역사가는 자신이 속한 사회와 역사를 초월하여 현상을 이해(파악)할 수 있는 해안을 갖추어야 한다고 언급한 바 있다.[142] 정보관 역시 단기 또는 장기 정보판단보고서를 작성함에 있어서 자신의 선입관

---

139) V.M. Zubok, *Soviet Intelligence and the Cold War, the 'Small' Committee of Information, 1952-3, Cold War History Project Working Paper No.4*(Washington D.C.: Woodrow Wilson Center, 1992).

140) Herman(1996), p.266.

141) Herman(1996), p.109.

142) E.H. Carr, *What is History?*(London: Penguin edition, 1964), p.123.

을 넘어서서 현상을 객관적으로 파악할 수 있는 능력을 갖추어야 한다.

셔먼 켄트는 모든 분석관은 다음 세 가지 소망을 갖고 있어야 한다고 기술했다: 첫째, 모든 것을 알아야 하고, 둘째, 신뢰받아야 하고, 셋째, 선한 일을 위해 정책에 영향을 행사하는 것 등이다.143) 켄트가 제시하는 세 가지 소망은 곧 분석관이 어떠한 태도 또는 역할을 수행해야 하는지를 보여준다. 첫 번째 소망과 관련하여 분석관이라고 모든 것을 알 수는 없다. 만약 모든 것을 알 수 있다면 알아볼 필요가 없으니 정보활동은 불필요하게 될 것이다. 켄트의 첫 번째 소망은 어떤 이슈에 관한 분석보고서를 요청받기에 앞서 분석관은 그 이슈에 대해서 가능한 한 많이 알고 있어야 한다는 의미로 해석된다. 획득할 수 있는 정보의 양은 이슈별로 그리고 때에 따라 다양하다. 분석관은 정보의 양이 부족한 상황에서도 획득된 첩보로부터 숨겨진 의미를 찾아 낼 수 있는 깊은 안목, 통찰력, 그리고 지적인 능력을 발휘할 수 있도록 훈련받아야 할 것이다. 켄트의 두 번째 소망은 정보와 정책 간 긍정적인 관계를 유지하는 데 필요한 핵심적인 요소로 생각된다. 정보관이 정책결정자에게 객관적이고 신뢰성 있는 정보를 지속적으로 제공해주면 정책결정자가 그의 견해를 수용하게 될 것이다. 세 번째 소망과 관련하여 분석관은 자신이 정책결정자에게 제공해주는 정보가 국가를 재앙으로부터 구하고 국익증진에 기여하는 등 정책에 긍정적인 영향을 미치기를 소망하며, 자신이 그러한 역할을 수행할 수 있다는 점을 정책결정자가 인정해주기를 바란다.

2. 정보사용자와 분석관의 관계

분석은 정보와 정책이 만나는 곳에 위치한다. 분석관은 정보사용자와 정례 브리핑 또는 분석보고서를 주고받는 등 직간접적으로 빈번한 접촉을 유지한다. 분석관이 생산한 정보를 제공받는 정보사용자는 주로 행정부의 정책결정권자들로서 대통령과 각 부처 장관을 포함한 고위급 관료들이지만, 최근 의회도 중요한 고객으로 부각되고 있다. 정보사용자가 누구인지를 막론하고 정보생산자로서 분석관은 사용자에게 신뢰를 주고 설득력이 있어야 한다. 분석관은 사용자를 고객으로서 간주하고 그들과 밀접한 관계를 유지하는 가운데 그들이 원하는 것이 무엇인지를 찾아내고 그들의 요구를 만족시켜줌으로써 그들로부터 신뢰감을 얻도록 노력해야 한다.

때로 정책결정자들은 자신들이 정보분석관보다 더 많은 정보를 알고 있다고 생각하여 정보분석관을 불신하는 경우도 있다. 예를 들어, 대통령이나 외교부 장관은 때로

---

143) Lowenthal(2006), p.139.

외국인 지도자와 개인적으로 나눈 대화 내용에 대해 누구에게도 말하지 않고 혼자만의 비밀로 남겨둔다. 그리고 그러한 내용을 정보분석관이 알지 못하고 있기 때문에 자신이 분석관보다 더 많은 정보를 알고 있다고 생각한다. 미국의 경우 정무직 고위관료들은 CIA 분석관의 정치적 중립성을 의심하고 분석능력에 대해서도 과소평가하는 성향을 보인다.144) 반면에 일반직 고위관료들은 CIA 분석관의 객관성과 전문성을 충분히 인정하는 태도를 보인다. 중요한 점은 정보사용자가 분석관을 불신하게 되면 엄청난 시간과 노력을 들여 어렵게 생산된 정보가 무용지물이 될 수 있다는 것이다.

　사실 정보사용자와 생산자간에는 친밀성과 소원관계가 혼재된 복잡한 관계이다. 정보는 정부의 정책에 대한 조언자로서의 역할을 수행해야 하지만, 정책결정의 중심에서 좀 떨어져 있어야 한다. CIA의 경우 정보분석관은 대통령, 국무장관, 국방장관 등으로부터 영향력이나 간섭을 받지 않고 독립적이고 객관적인 분석보고서를 제시하고자 노력한다. 물론 그로 인해 정책적인 고려가 무시되고 현실과 괴리된 보고서를 생산하게 될 위험도 있다. 정보분석관과 정책결정자가 지나치게 밀착되는 것도 문제지만 너무 소원하면 현실감이 떨어지는 보고서가 제시될 수 있다.145) 그런 점에서 정보사용자와 생산자 간에 적정한 거리를 유지하는 것이 바람직하다고 생각된다.

　한편, 정보기관이 정부 또는 정권과 지나치게 밀접한 관계를 유지할수록 의식적이든 무의식적이든지 간에 정보보고서의 내용이 정권의 요구에 맞게 왜곡되는 '정보의 정치화(politicized intelligence)' 위험성이 증가한다.146) 정보의 정치화는 분석관이 정보를 정책결정자의 선호에 맞게 정책의 노선(options)이나 결과를 의도적으로 조작할 때 발생하게 된다. 물론 분석관이 그러한 행동을 취하는 데는 취급하고 있는 이슈에 대한 객관성의 상실, 특별히 선호하는 정책노선의 지지, 자신의 경력에 유리하게 활용하는 의도 등 다양한 동기가 작용한다. 그런데 정보와 정치의 관계는 마치 '반투과성막(semipermeable membrane)'과 같다.147) 즉 정책결정자는 정보분석관에게 의견을 제시할 수 있지만, 반대로 정보분석관은 그들의 정보 분석에 기초한 정책 대안을 권고할 수 없다. 그런 점에서 '정보의 정치화'의 결정적인 책임은 분석관보다는 정책결정자에게 있다고 보아야 할 것이다.

　정보분석관과 사용자 간의 관계는 국가체제 또는 국가 내부의 조직구조에 따라

---

144) Jack Davis, "Intelligence Analysts and Policymakers: Benefits and Dangers of Tensions in the Relationship," *Intelligence and National Security,* Vol.21, No.6(December 2006), p.1002.

145) Davis(2006), pp.1000-1001.

146) Lowenthal(2006), p.136.

147) Lowenthal(2006), pp.136-137.

다양하게 나타난다. 미국의 경우 정책결정권자와 정보생산자 간의 관계가 너무 소원하다는 지적이 나오기도 한다. 반면에 영국의 경우 정보생산자와 사용자 간의 관계가 지나치게 밀착되는 것을 경계하는 성향이 있다.

　미국의 정보공동체에서는 정보와 정책 간에 긴밀한 관계 유지를 매우 중요한 목표로 강조해 왔다. 게이츠(Robert M. Gates) 전 CIA 국장은 CIA 국장이 되기 전 정보분석관들에게 정책결정권자의 입장에서 분석·판단할 것을 요구하면서 정책결정권자와 보다 밀접한 관계를 유지하도록 노력하라고 당부했던 바 있다. 미국의 '기회분석(opportunity analysis)'148)은 바로 정보생산자와 사용자 간에 밀접한 관계를 유지하도록 요구하고 있으며, 그러한 관계를 유지하는 구체적인 방법은 CIA에서 편찬한 "Bridging the Intelligence-Policy Divide"라는 논문 속에 잘 정리되어 있다.149) 허만(Michael Herman)은 정보사용자와 밀접한 관계 유지를 위해 정보분석관이 대상(목표)은 물론 사용자와 감정이입을 갖도록 노력해야 한다고 강조한다.150) 물론 두 가지를 동시에 달성하는 것은 다소 어려움이 있다. 때로 이런 일로 인해서 많은 시간이 낭비될 수 있다. 즉 사용자와의 관계를 유지하는 데 소요되는 시간만큼 분석에 투입되어야 할 시간이 희생될 수 있다.

　미국의 경우와는 상반되게 영국에서는 정보생산자와 사용자 간에 다소 소원한 관계가 유지되는 것을 선호하는 성향이 있다. 미국의 경우 수많은 정보기관과 정부 부처가 워싱턴 지역에 광범위하게 흩어져 있기 때문에 정보사용자와 생산자 간에 밀접한 관계를 유지하기가 현실적으로 어렵다. 이러한 지리적인 특성 때문에 정보기관과 정부 부처 간에 밀접한 관계유지를 강조하는 듯하다. 그러나 영국의 경우 정보기관이나 정부 부처의 규모도 작고 지리적으로 가깝게 있기 때문에 정보사용자와 생산자 간에 소원한 것보다는 오히려 너무 밀착하게 되는 것을 경계하는 경향이다.

　한편, 정책결정자의 정보요구와 분석관의 정보요구가 다를 수 있다. 분석 부서의 정보요구는 장기적이고 전략적인 이슈를 선호하는 반면, 정책결정자의 정보요구는 단기적이고 전술적인 현용정보를 선호하는 특성이 있다.151) 예를 들어, 한국의 경우 북한

148) 기회분석학파는 켄델(Wilmore Kendall) 분석학파로도 통용된다. 켄델은 정보분석은 외교정책을 포함하여 정책결정자들의 목표 달성을 위한 수단 또는 기회로 활용해야 한다고 주장했다. 따라서 정보분석에 있어서 중립성이란 있을 수 없으며, 정보분석관은 정책결정자에게 가급적 밀접한 관계를 유지하면서 그들의 선호도에 부응하도록 노력해야 한다는 입장을 취했다. Willmore Kendall, "The Function of Intelligence," *World Politics*, Vol.1, No.4(July 1949); 문정인, "정보분석론," 문정인 편, 『국가정보론: 이론과 실제』(서울: 박영사, 2002), p.118.

149) J.A. Barry, J. Davis, D.A. Gries and J. Sullivan, "Bridging the Intelligence-Policy Divide," *Studies in Intelligence*, Vol.37, No.6(1994); Herman(1996), p.110.

150) Herman(1996), p.110.

151) Mark M. Lowenthal, "Intelligence Analysis: Management and Transformation Issues," Jennifer E. Sims and Burton Gerber, (ed.), *Transforming U.S. Intelligence*(Washington, D.C.: Georgetown

군사위협이나 북핵문제는 중장기적으로 중요한 정보현안으로 고려된다. 그러나 대통령이 해외순방을 계획하고 있을 경우 상대국의 정치 또는 외교 현황에 관한 정보를 우선적으로 요구하게 될 것이다. 이처럼 정책결정권자로서는 당장 눈앞의 문제 해결에 치중해야 하기 때문에 현용정보를 선호하는 경향이 있다. 미국 CIA 분석국의 경우 1980년대는 장문의 정보보고서 생산을 강조했다. 그러나 장문의 정보보고서가 분량이 많고 적시성이 떨어져서 정책결정자의 관심을 끌지 못한다는 주장이 제기된 이후 1990년대 중반부터 CIA 분석국에서 생산되는 보고서들의 대부분이 그래프와 그림을 포함하여 3-7쪽으로 축소되었다.152) 그러나 분석관에게 짧은 현용정보보고서 작성만을 요구하게 될 경우 분석에 유용하게 활용될 수 있는 학문적 이론이나 기발한 정보분석기법을 적용할 기회가 주어지지 않기 때문에 분석관의 전문성이 약화될 수 있다.

정책결정자는 정보기관이 모든 문제에 대해 정보를 제공해 줄 수 있을 것으로 기대하지만 실제로는 불가능하다. 정보기관이 모든 문제에 전문성을 갖고 있는 것은 아니기 때문이다. 그러나 사용자가 정보기관에게 전문성이 미흡한 분야에 대해 정보를 요구하게 될 경우에도 정보기관은 사용자의 요구를 충족시킬 수 있도록 최선을 다해야 한다. 정보기관으로서는 사용자에게 전문성이 없다거나 지적인 능력이 없다고 변명할 수 없다.153) 때로 정책결정자 또는 정보사용자가 갑작스럽게 정보를 요구하더라도 정보분석 부서는 이에 신속히 부응해야 한다. 이러한 사태에 대비하여 정보분석 부서의 기획관(manager)은 누가 어떤 분야의 문제에 전문성을 갖고 있는지를 파악하고 있어야 한다. 이를 위해 분석관의 경력이나 전문성에 관한 일종의 데이터베이스를 구축하고 있어야 한다. 미국의 경우 2003년 DCI 산하 정보분석 및 생산담당 차관보가 '분석 자료 목록(analytic resources catalog, ARC)'이라는 것을 만들었다. ARC는 정보공동체 내 전문 분석관들의 전문성과 과거 경력에 관한 데이터베이스로서 해마다 그 내용이 갱신된다.154)

University Press, 2005), pp.221.

152) 1980년대 장문의 보고서를 강조했던 일에 대해서는 Loch K. Johnson, "Making the Intelligence 'Cycle' Work," *International Journal of Intelligence and Counterintelligence*, Vol.1, No.4(1986), pp.6-7을 참고. 장문의 보고서가 가지는 장점에 대해서는 Arthur S. Hulnick, "Managing Intelligence Analysis: Strategies for Playing the End Game," *International Journal of Intelligence and Counterintelligence*, Vol.2, No.3(1988), pp.322-323; and Loch K. Johnson, "Analysis for a Need for Reform," *Intelligence and National Security*, Vol.8, No.2(April 1993), p.129, 134를 참고.

153) Lowenthal(2005), p.224.

154) 때로 정보사용자가 매우 생소한 분야에 대한 정보를 요구하게 될 수도 있다. 이 경우 해당 분야에 관해 경험과 전문성을 갖고 있는 분석관을 신속히 찾기가 곤란할 수 있다. 미국에서는 이러한 문제점을 해소하기 위해 의회에서 1996년 '정보공동체 예비인력 법안'을 통과시킨 바 있다. 아쉽게도 그 법안이 실행되지는 않았지만 신원조회를 통과한 전직 정보요원들이나 외부 전문가 집단으로 구성된 예비인력들은 대통령과 정보사용자의 갑작스런 정보요구에 신속히 대처할 수 있는 효과적인 방안이 될 수 있겠다. Lowenthal(2005), p.225.

최근 미국의 의회는 행정부 정책결정자들을 위해 생산된 브리핑이나 분석보고서를 받아보았던 과거의 수동적인 태도에서 벗어나 정보소비자로서 정보기관에 필요한 정보를 요구하는 등 보다 적극적인 태도를 보이고 있다.[155] 이러한 의회의 태도로 인해 정보기관은 다소 곤란한 입장에 처하게 될 수 있다. 분석 부서의 기획관(manager)은 정치적인 측면에서 뿐만 아니라 예산을 승인받는 문제와 관련하여 의회의 영향력이 크다는 것을 잘 알고 있기 때문에 의회의 정보요구에 적절히 부응해야 한다. 그럼에도 불구하고, 정보기관은 행정부의 일부로서 정책결정자를 지원하는 임무를 부여받았기 때문에 의회보다는 행정부의 정보 요구에 우선적으로 부응해야 한다. 따라서 정보기관이 행정부와 의회로부터 동일한 문제에 대해 정보 요구를 받게 되었을 경우 의회로부터 질책을 받게 될 것을 감수하더라도 행정부에 우선적으로 정보를 지원해야 할 것이다.

3. 분석관과 정보사용자 간 의사소통의 방법들

분석관이 불확실한 내용을 정책결정자에게 전달하는 것은 매우 부담스러운 일이다. 종종 분석관은 불확실한 내용을 전달하는 방법으로서 '한편으로는', '다른 한편으로는', '반면에', '아마도' 등 애매모호한 표현을 쓰기도 한다.[156] 수년 전 한 고위급 분석관이 단어와 숫자를 조합하여 사건이 발생할 가능성을 표현하는 방법을 제시한 일이 있다. 즉 10번 중 1번 또는 10번 중 7번 등 사건이 일어날 확률을 숫자로 설명한다는 것이다. 물론 말보다는 숫자를 활용하는 것이 명료하기는 하다. 그러나 이는 고객인 정책결정자들에게 정확하지도 않은 것을 정확한 것처럼 위장하는 것으로 지적받을 소지가 있다.[157]

불확실한 내용을 전달하는 한 가지 좋은 방법은 불확실한 이슈 또는 현재는 알 수 없지만 곧 밝혀낼 수 있는 정보를 구분하여 도출해내는 것이다. 그리고 "알지 못하고 있다는 것을 알고 있는 것(the known unknowns)"과 "자신이 알지 못하고 있는 것조차 알지 못하는 것(the unknown unknowns)"을 구분하여 전달해야 할 것이다. 후자의 경우 아무리 노력해도 알 수 없지만, 전자의 경우 분석관은 모든 수단을 강구하여 문제를 해결할 수 있도록 부단한 노력을 기울여야 할 것이다.[158]

---

155) Lowenthal(2005), p.223.
156) 과거 트루먼 대통령이 경제학자가 경제 예측을 내리는데 '한편으로는'과 '다른 한편으로는(on the other hand)'을 동시에 말하는 것을 듣고 싶지 않기 위해 '한쪽 팔(on the one hand)'만 가진 경제학자를 만나고 싶다고 말했다는 일화가 있다. Lowenthal(2006), p.129.
157) Lowenthal(2006), p.129.
158) Lowenthal(2006), p.129.

불확실한 내용을 전달하는 다른 방법으로서 적절한 단어를 사용하는 것도 필요하다. 분석관들은 '믿는다(believe)', '평가한다(assess)', '판단한다(judge)' 등과 같은 단어를 활용하여 자신의 견해를 표현하는 경향이 있다. 어떤 분석관은 특정한 단어가 자신의 견해를 정확히 표현하는 것으로 생각하기도 하지만 정보공동체에서 어떤 특정 단어가 가지는 의미에 대해서 합의된 것은 없다. 사전을 만들어서 의미를 정확히 정의하려는 노력이 있지만 정책결정자가 이를 인정하지 않으면 아무 소용이 없다.[159] 따라서 분석관은 자신이 전달하고자 하는 내용을 정보사용자가 명확히 이해할 수 있도록 적절한 단어를 활용해야 한다.

한편, 분석관과 정보사용자가 보고서에 사용된 용어의 의미를 각기 다르게 해석하여 상황을 오판하게 될 수 있다. 예를 들어, 'possible', 'conceivable', 'probable', 'likely', 'unlikely', 'improbable', 'highly probable' 등의 의미는 사람마다 각기 다르게 인식된다. 그래서 CIA의 '국가정보판단실(Office of National Estimates, 이후 National Intelligence Council로 개편)'은 이러한 용어의 의미를 수치를 사용하여 표준화하려 시도했다. 국가정보판단실은 직원들을 대상으로 용어의 의미에 관한 설문조사를 실시한 다음 'certain(확실)'은 100%; 'almost certain(거의 확실)'은 90%; 'probable(가능성이 있는)'은 75%; 'about even(대략 반반)'은 50%; 'improbable(가능성이 별로 없는)'은 25%' 'almost certainly not(아닌 것이 거의 확실한)'은 10%, 'impossibility(불가능)'는 0%의 확률을 의미하는 것으로 결정했다. 물론 이와 같이 표준화된 용어 정의가 공식적으로 채택되지는 않았다. 그러나 당시 'likelihood(가능성)'을 의미하는 용어로 'possible(아마도)'이나 'possibility(가능성)' 등은 가급적 사용하지 못하도록 권고했었다.[160]

이러한 모든 시도들에도 불구하고 분석관과 정보사용자 간에 사용되는 용어의 의미를 일치시킬 수는 없을 것이다. 기본적으로 분석관과 정보사용자는 각기 다른 사고 체계를 갖고 있기 때문에 동일한 용어를 각기 다른 의미로 해석하게 될 개연성을 피할 수 없다. 때로 정보판단에 대한 정보사용자의 불신이 클 경우 분석관이 정보사용자를 설득할 목적으로 실제보다 상황을 의도적으로 과장시켜서 표현할 수도 있다. 예를 들어, 이라크에 대량살상무기가 존재하는지에 여부에 대해 조지 테닛 국장은 부시 대통령에게 그것은 마치 '슬럼 덩크'와 같이 확실하다고 표현했는데 이는 분명히 과장된 용어라고 볼 수 있다.[161] 정보사용자는 그러한 상황까지 고려해서 정보판단을 내려야 할

159) Lowenthal(2006), p.129.
160) Sherman Kent, *Reminiscences of a Varied Life: An Autobiography*(San Rafael, Calif.: the Printing Factory, 1991), pp.263-264; Holt(1995), p.87.
161) 2006년 9월 10일 체니 부통령이 NBC 방송에 출연해 밝힌 바에 따르면 2002년 12월 21일 테닛

것이다. 결국 정보보고서에 사용된 용어의 부정확성을 충분히 감안하여 정보사용자 스스로 현명하게 정보판단을 내리도록 노력하는 것이 요구된다.

분석 부서 간 견해 차이를 조정하는 방법들[162]

1. Backscratching(서로 등 긁어주기) and Logrolling(협력해서 통나무 굴리기, 정치적 결탁)
일반적으로 입법 용어로 쓰이지만 정보분석에서도 많이 통용된다. 이견이 있는 양측이 서로 결탁하여 "내가 15 페이지에 있는 네 주장을 수용할 터이니, 너는 38 페이지에 있는 내 견해를 인정해주라"는 식이다.

2. False Hostages(허위로 인질 삼기)
정보기관 A는 자기들이 관철시키고자 하는 이슈가 아닌 다른 이슈(정보기관 B가 주장)에 대해서 거짓으로 강력히 반대하는 듯하는 태도를 취한다. 정보기관 A는 정보기관 B가 주장하는 이슈를 수용하는 대가로 정보기관 A가 지지하는 다른 이슈를 수용하도록 상호 교환하여 합의를 이룬다.

3. Lowest -common-denominator(최소의 공통분모)
한 정보기관은 어떤 사건이 발생할 확률이 매우 높다고 판단했고, 다른 정보기관은 확률이 낮다고 평가했다. 한쪽에서 강력하게 주장하지 않으면 서로 적정선에서 타협점을 찾는다. 이처럼 모든 구성원이 수용하기 위해서는 최소의 공통분모를 채택하게 된다.

4. Footnote wars(주석 달기 경쟁)
정보공동체 구성원들 간에 어떤 이슈를 두고 도저히 이견을 조정할 수 없는 상황에 처하게 될 수도 있다. 이 경우 각각의 정보기관이 주석을 달아 이견을 제시한다. 때로 어떤 이슈에 대해서는 여러 정보기관이 주석을 달아 이견을 표출하기도 한다. 어떤 기관의 견해가 본문에 들어가고 어떤 기관의 주장은 주석을 달아서 이견을 표출하게 될 것인지를 두고도 정보기관들 간에 치열하게 경쟁한다.

국장과 존 매클로플린 부국장이 부시 대통령과 딕 체니 부통령에게 이라크 대량살상무기 현황을 보고할 당시 부시 대통령이 "조지, 사담(후세인 이라크 대통령)과 대량살상무기는 어떤가"라고 묻자 테닛 국장은 "대통령, 그것은 슬램 덩크(Slam Dunk·덩크슛처럼 확실하다)입니다"라고 답했다고 전했다. 그러나 이후 부시 행정부는 이라크의 대량살상무기를 찾아내지 못했다. 미국은 국제사회의 신뢰를 잃었고, 두고두고 국내의 비판 여론에 시달렸다. '슬램 덩크'는 CIA의 이라크 정보 실패를 상징하는 용어가 됐다. CNN 인터넷 판 2005년 4월 29일자 보도에 따르면 테닛 전 국장은 2005년 4월 27일 미 펜실베이니아 주(州)의 커츠타운대학에서 행한 강연에서 '슬램 덩크(slam dunk)'라는 표현을 언급하면서 "지금까지 말했던 것 가운데 가장 멍청한 두 단어"라고 회고했다. http://livepoll.donga.com/fbin/output?f=fqs&code=fq_&n=200504290187(검색일: 2009년 2월 21일).

162) Lowenthal(2006), pp.122-123.

제6장

비밀공작(Covert Action)

제1절 비밀공작의 기원과 발전

일반적으로 비밀공작은 주로 강대국들 간에 또는 강대국이 약소국을 대상으로 은밀하게 영향력을 행사할 목적으로 취하는 행위로 알려졌다. 실제로 냉전시대 미국과 소련 간에 무수히 많은 비밀공작활동이 전개되었다. 특히 미국은 소련은 물론 반미 성향의 제3세계 국가들을 대상으로 각종 비밀공작을 활발하게 전개했었다. 그러나 사실 비밀공작은 강대국의 전유물이 아니었다. 역사 속에서 보면 강대국이든 약소국이든 다양한 유형의 비밀공작활동을 전개했던 것으로 나타난다. 어쨌든 비밀공작은 정보활동의 일부로서 오랜 옛날부터 수행되어 왔다. 적대국에 은밀히 잠입한 첩자가 전쟁 승리를 위해 또는 자국의 외교적인 목적을 달성하기 위해 허위정보를 유포하는 행위는 오늘날 개념으로 비밀공작의 일종인 선전공작에 해당되는 것으로서 오랜 세월동안 국가들 간에 빈번히 수행되었던 것으로 드러난다.

13세기 경 칭기즈칸이 어떤 지역을 정복하기에 앞서 첩자를 장사꾼으로 가장시켜 적국에 유언비어를 퍼뜨려 지역 내 공포분위기를 조성하고 전투가 개시되기도 전에 적들로 하여금 전의를 상실하도록 만든 행위는 일종의 심리전으로서 오늘날 개념으로 보았을 때 비밀공작의 일종인 선전공작에 해당된다. 16세기 후반기 영국의 엘리자베스 1세 여왕은 비밀공작을 효과적으로 활용하여 외교 및 군사적 목적을 달성할 수 있었다. 엘리자베스 여왕은 월싱햄 경(Sir Fransis Walsingham, 1537-90)에게 비밀정보조직의 창설을 지시했다. 월싱햄의 비밀정보조직은 스페인 무적함대의 공격을 지연시키고자 스페인이 군자금 마련을 위해 요구한 은행 대출을 최대한 유예시키는 비밀공작을 효과적으로 수행하여 스페인의 무적함대를 격파하는 데 결정적으로 기여했던 것으로 평가된다.1)

　　미국 독립전쟁 당시 프랑스와 스페인이 영국의 세력을 약화시키기 위해 자국의 소행임을 드러내지 않으면서 미국의 독립운동을 은밀히 지원한 행위도 일종의 비밀공작이라고 볼 수 있다. 프랑스의 루이 15세와 루이 16세는 영국 식민지였던 미국의 독립운동을 은밀히 지원하는 비밀공작을 효과적으로 수행하여 외교적으로 성공적인 결과를 얻었던 것으로 나타난다. 프랑스는 미국의 독립운동이 시작되기 이전부터 미국 지역에서 반(反) 영국 선전공작을 비밀리에 전개했다. 그리고 1776년 미국의 식민지 독립전쟁이 발발하자 미국인들에게 무기, 군수물자, 군자금 등을 비밀리에 지원했다.2) 당시 스페인도 영국의 세력을 약화시킬 목적으로 미국인들의 식민지 독립운동을 비밀리에 지원했던 것으로 나타난다. 스페인은 화약과 군수물자를 지원했을 뿐만 아니라 1777년부터 1778년 동안 약 40만 달러를 미국인들에게 무상으로 지원했던 것으로 나타난다.3) 여러 학자들에 따르면 프랑스와 스페인의 은밀한 지원은 일종의 비밀공작 범주에 속하는 행위로서 미국이 독립운동을 전개하기 시작했던 초창기 전투에서 승리하는 데 결정적으로 기여했던 것으로 평가한다.4) 요컨대, 프랑스와 스페인은 비밀공작을 효과적으로 전개하여 영국과의 전쟁을 치루지 않고도 영국의 세력을 약화시키는 결과를 얻음으로써 최소의 희생과 비용으로 외교적인 성과를 극대화할 수 있었다.5)

---

1) 당시 스페인 왕 펠리페 2세는 엘리자베스 여왕을 암살하고 왕권을 교체하려고 시도했으나 이것이 실패하자 무적함대를 동원하여 영국을 직접 공격하기로 결정했다. 이에 월싱햄은 해외에 첩보원들을 파견해 스페인 왕 펠리페 2세의 동향을 수집하는 한편, 스페인 무적함대의 공격을 지연시키고자 스페인이 군자금 마련을 위해 네덜란드 은행에 요구한 자금 대출을 최대한 유예하도록 비밀공작을 전개했다. 월싱햄은 비밀공작을 성공적으로 전개하여 스페인 무적함대의 공격을 1년 여 지연시킬 수 있었다. 손관승, 『우리는 그들을 스파이라 부른다』(서울: 여백, 1999), pp.42-48.

2) 1776년 5월 2일 루이 16세는 당시 코미디 작가로 명성을 날렸던 비마르셰이즈(Caron de Beaumarchais)에게 1백만 리버(livres, 프랑스의 옛 화폐 단위) 상당의 비용을 주어 식민지 독립전쟁을 수행하는 미국인들에게 지원할 군수물자를 구입하는데 사용하도록 지시했다. 그 해 8월 비마르셰이즈는 로데리크 호탈레즈(Roderigue Hortalez & Co)라는 유령회사(cover firm)를 차려서 미국인들에게 상당한 양의 무기와 군수물자를 지원했다. Samuel Flagg Bemis, *The Diplomacy of the American Revolution*(Bloomington: Indiana University Press, 1967), pp.27-28, 39-40; Roy Godson, (ed.), *Intelligence Requirements for the 1990's: Collection, Analysis, Counterintelligence, and Covert Action*(Lexington, Mass.: Lexington Books, 1989), pp.102-103.

3) Bemis(1967), p.91; Godson(1989), p.103.

4) 특히 많은 학자들은 프랑스가 비밀리에 지원했던 화약 덕분에 1777년 10월 사라토가(Saratoga)에서 미국인들이 승리할 수 있었다고 평가한다. C. H. Van Tyne, "France Aid Before the Alliance of 1778," *American Historical Review*(October 1925), pp.20-40; O. W. Stephenson, "The Supply of Gunpowder in 1776," *American Historical Review*, Vol.30, No.2(January 1925); Godson(1989), pp. 104-105.

5) Godson(1989), p.105.

제1차 세계대전 초기 독일과 영국은 서로 미국을 자기편으로 끌어들이고자 은밀하게 비밀공작을 전개했다. 독일은 아일랜드인과 독일 출신 미국인들을 비밀리에 포섭하여 반영 감정(anti-British sentiments)을 부추기는 공작을 전개했다. 그리고 미국에서 유럽 지역으로 보내는 무기 선적을 막기 위해 사보타지를 재정적으로 후원하거나 배후 조종하는 활동도 전개했다. 독일은 미국의 탄약제조 공장을 폭발시키고 전투함을 파괴시켰을 뿐만 아니라 멕시코를 부추겨서 미국을 공격하도록 유도했다. 그런데 독일의 엉성한 비밀공작은 그 실체가 드러남으로써 결국 미국 내 반독일 감정(anti-German hysteria)을 고조시키는 등 역효과를 내고 말았다. 이에 반해 영국은 미국 윌슨 대통령의 측근에게 공작원을 침투시켜 윌슨 대통령에 대한 영향공작을 효과적으로 전개하여 제1차 세계대전에 미국의 참전 결정을 유도하는데 성공했다.[6]

1945년 전후 서유럽은 경제적으로 황폐해 있었고 정치적으로도 취약한 상태에 놓여 있었다. 미국, 영국, 프랑스 등의 연합국들은 전쟁수행으로 국력이 약화되어 있었다. 이러한 상황에서 소련은 동유럽에서 공산주의 세력을 확장시키기 시작했고, 서유럽까지 위협하기에 이르렀다. 특히 소련은 1947년 9월 코민포름(Communist Information Bureau, Cominform)을 창설하여 공산당의 국제적 유대를 강화하는 활동을 전개하여 사회주의 팽창을 주도했다. 1950년대 초까지 소련의 코민포름은 유럽에 중점을 두되 전 세계국가들을 대상으로 비밀공작을 활용한 정치적 개입을 시도했다. 그러나 1950년대와 1960년대에 들어서서 소련도 CIA와 유사하게 비밀공작의 목표를 제3세계 국가로 바꾸었다. 소련에서 CIA로 망명했던 골리친(Anatoli Golitsyn)의 진술에 따르면 1959년부터 소련은 기존의 전통적인 정보활동 방식에서 한걸음 나아가 타국의 정치에 개입하는 등 본격적인 비밀공작을 전개하기 시작했던 것으로 추정된다.[7] 소련의 비밀공작은 소련 공산당이 추구하는 전 세계 공산주의 운동의 일환으로 추진되었으며, KGB 제1총국의 D처에서 그 임무를 수행했던 것으로 알려졌다.[8]

---

6) 영국 정보부 고위급 요원이었던 와이즈맨(William Wiseman)은 제1차 세계대전 당시 미국 윌슨 대통령의 최측근이었던 하우스 대령(Col. House)에게 접근하여 부자 관계에 근접할 정도로 친밀한 관계를 유지했다. 그는 하우스 대령과의 친분관계를 활용하여 윌슨 대통령에게 접근했으며 그의 신임을 얻는데 성공한다. 역사상 영국 최고의 영향공작원이라고 불릴 정도로 그는 제1차 세계대전을 전후하여 윌슨 대통령의 참전 결정과 전후 정책결정에 엄청난 영향을 미쳤던 것으로 평가된다. 이에 대해서는 Arthur Willert, *The Road to Safety: A Study in Anglo-American Relations*(London: Derek Verschoyle, 1952); W. B. Fowler, *British-American Relations, 1917-1918: The Role of Sir William Wiseman*(Princeton, NJ: Princeton University Press, 1969); John Bruce Lockhart, "Sir, William Wiseman, Bart-Agent of Influence," *RUSI Quarterly*(Summer 1989), pp.63-67; Godson(1989), pp.108-110 등을 참고.

7) Edward Jay Epstein, *Deception: the Invisible War Between the KGB and the CIA*(Toronto: Simmon & Schuster, 1989), p.78.

한편, 미국은 1947년 가을부터 서유럽 지역의 경제 부흥을 지원하기 위한 마샬 플랜(Marshall Plan)을 실행하고, 더불어 1949년 NATO(북대서양 조약기구)를 결성하여 군사적 지원을 강화하려는 노력을 기울이기 시작했다. 물론 이에 대해 코민포름을 중심으로 한 소련의 방해공작이 주도면밀하게 전개되었다. 그럼에도 불구하고, 미국은 서유럽 국가들에 대해 정치적 지원과 선전공작을 포함한 비밀공작을 효과적으로 전개함으로써 마침내 서유럽 지역에서 마샬 플랜을 성공적으로 추진할 수 있었으며,9) 나아가 NATO를 통한 군사적 결속을 강화할 수 있었다. 물론 미국의 비밀공작이 서유럽 국가들이 소련의 세력하에 공산화되는 것을 막을 수 있었던 유일한 요인은 아니다. 다만 전후 서유럽 지역에 대한 미국의 비밀공작이 적어도 서유럽 지역의 경제적 부흥과 민주주의 체제 유지에 결정적으로 기여한 여러 가지 요인들 중의 하나로 작용했음은 누구도 부인하지 않을 것이다.10)

냉전시대에 들어서서 미국과 소련 간에 제3세계 국가들을 대상으로 비밀공작이 치열하게 전개되었다. CIA의 비밀공작은 제3세계 국가들 중에 친소 사회주의 정책을 추구하는 정권을 전복시키고 친미 성향의 정당이나 정권을 지원하는 등 정치적인 개입에 중점을 두었다. 이에 비해 KGB는 정치적인 개입보다는 세계 공산화를 목표로 제3세계 인민해방전쟁을 지원하는 방식으로 비밀공작 활동을 전개했다. 그런데 KGB나 CIA 공히 일종의 비밀공작인 제3세계에 대한 정치적인 개입을 통해 그다지 좋은 결과를 얻지는 못했던 것으로 보인다.11)

요컨대, 과거의 역사를 통해 많은 국가들이 비밀공작을 빈번히 활용했던 것으로 드러난다. 이는 군사적인 수단에 비해 실질적으로 적은 비용과 노력으로 자국의 외교정

---

8) Christopher Andrew and Oleg Gordievsky, *KGB: The Inside Story*(London: Hodder & Stoughton, 1990), pp.57-58, 384-385, 420.

9) 당시 미국의 정책결정자들 간에 마샬 플랜의 효과를 두고 이견이 있었으나 이들의 공통적인 견해는 마샬 플랜을 추진함으로써 서구 유럽 국가들이 소련 블록에 속한 국가들보다 경제적으로 풍요롭게 되어 선거에서 각국내 공산당에 대한 인기가 저하될 것으로 판단했다. Rhodri Jeffreys-Jones, *The CIA and American Democracy*(New Haven and London: Yale University Press, 1989), pp.48-49.

10) Godson(1989), pp.113-116. 미국은 CIA 주도로 프랑스 내 공산주의자들에 대한 여론의 지지를 떨어뜨리기 위한 선전공작을 비밀리에 배후 지원하여 상당한 성과를 거두었다. 이어서 CIA는 이탈리아 공산당의 정권 장악을 저지하기 위해 이탈리아 내 중도우파를 지원하고 아울러 인쇄물 위조 및 기타 방법들을 사용하여 여론을 조작하는 등 비밀공작을 적극적으로 전개했다. 무엇이 결정적인 요인이었는지는 판단하기가 어렵지만, 이탈리아 공산당이 1948년 선거에서 승리하지 못했기 때문에 결과적으로 CIA의 공작이 성공적이었던 것으로 평가된다. Jeffreys-Jones(1989), pp.48-53.

11) Kevin A. O'Brien, "Interfering with Civil Society: CIA and KGB Covert Political Action during the Cold War," Loch K. Johnson and James J. Wirtz, (eds.), *Strategic Intelligence Windows into a Secret World: An Anthology*(Los Angeles: Roxbury Publishing Company, 2004), p.264.

책적 목적을 달성할 수 있는 매우 효과적인 수단으로 고려되었기 때문이다. 물론 당시의 비밀공작은 정보기관 내 전담하는 부서를 두고 수행된 것이 아니었다는 점에서 오늘날의 비밀공작과는 다소 차이가 있다. 오늘날 미국의 CIA, 러시아의 SVR, 영국의 MI6, 이스라엘의 모사드 등 국가마다 비밀공작을 전담하는 조직을 두고 다양한 유형의 비밀공작활동을 전개해오고 있다.

제 2 절 비밀공작의 이해: 개념, 특성, 필요성

1. 비밀공작의 개념

비밀공작을 의미하는 용어로는 'covert action', 'special operation', 'special activities', 'disruptive action', 'active measures', 'dirty tricks' 등이 있다. 물론 각각의 용어가 뜻하는 의미는 상황에 따라 다소 차이가 있다. 이 중에서 가장 많이 사용되는 용어는 'covert action'이다. 'special operation'이나 'special activities'는 주로 군의 특수작전을 의미하는 용어로 많이 사용되지만 비밀공작을 의미하는 용어로도 빈번히 사용된다. 'active measures(activinyye meropriatia, 적극적인 방책)'는 주로 러시아에서 많이 사용되는 용어로서 외국에 영향력을 행사하는 행동을 뜻하는데 비밀리에 수행되는 공작뿐만 아니라 공개적인 행동까지 포함하고 있어 보다 포괄적인 의미를 가진다.[12] 그리고 'disruptive action(파괴공작)'이나 'dirty tricks(비겁한 수법)'이라는 용어는 비밀공작에 비판적인 입장을 취하는 사람들이 주로 사용한다.

냉전 당시 소련을 비롯하여 대부분의 나라에서 유사한 활동을 수행했지만 미국은 어느 나라보다도 가장 활발하게 비밀공작활동을 전개했던 것으로 나타난다. 그런 점에서 비밀공작은 본질적으로 미국적인 발상이라는 갓슨(Roy Godson)의 주장이 어느 정도 설득력 있게 수용된다.[13] 현대적 의미의 비밀공작은 1940년대 후반 냉전이 시작되면서 미국에서 최초로 전개된 것으로 인정된다. 당시 미국의 행위는 정보기관이 본격적으로 주도했다는 사실뿐만 아니라 법적인 승인하에 공식적으로 추진되었다는 점에서 이전의 비밀공작과는 차이가 있다.

---

12) 이에 대한 자세한 논의는 Andrew and Gordievsky(1990)를 참고.

13) Roy Godson, "Covert Action-An Introduction," Roy Godson, (ed.), *Intelligence Requirements for the 1980's: Covert Action*(Consortium for the Study of Intelligence, New Brunswick: Nation Strategy Information Centers, Inc., 1981), p.2.

미국 국가안전보장회의(National Security Council, NSC)는 1947년 12월 'NSC 지침 4'와 1948년 6월 'NSC 지침 10/2'를 통해 이탈리아 선거에 비밀리에 개입하여 공산당 세력을 저지하는 임무를 수행하는 CIA의 활동을 공식적으로 승인해 주었다.[14] 특히 NSC 지침 10/2는 CIA 내부에 '미국의 안보와 세계평화를 위하여' 비밀공작을 담당하는 '새로운 부서(new covert operational branch)'를 창설하도록 지시하였다.[15] 그리고 새로이 창설되는 부서가 추진하는 비밀공작의 내용을 열거하고 있는바, 이를 통해 당시 미국의 정책결정자들이 비밀공작의 개념을 어떻게 정의하고 있는지를 알 수 있다. NSC 지침 10/2에 기술된 비밀공작(covert operations)의 의미는 "미국 정부에게 가해지는 책임 추궁을 회피할 수 있는 유형의 행위들로서 '공개된 군사력을 동원한 무력충돌'은 아니지만, "선전; 경제전; 사보타지, 반사보타지, 파괴, 그리고 소개(evacuation) 등 다양한 종류의 예방적 행동조치들; 지하 저항운동, 게릴라, 난민해방단체 지원 등을 포함한 적대국 전복공작; 그리고 자유세계를 위협하는 국가 내부에서 자생적으로 등장한 토착 반공세력에 대한 지원 등을 포함한다"고 정의했다.[16] 이러한 개념 정의는 문체나 언어적인 표현상의 차이점을 제외하고 핵심적인 의미에 있어서는 오늘날의 비밀공작 개념과 별다른 차이가 없는 것으로 보인다.

미국 CIA는 1949년에 신설된 '중앙정보법(Central Intelligence Act of 1949)'에 따라 비밀공작을 본격적으로 전개하게 된다. CIA는 비밀공작의 불법성과 비윤리성에 대해 미국 의회와 여론의 비판이 일기 시작한 1970년대 초반에 이르기까지 비밀공작활동을 활발하게 전개하게 된다. 그러나 비밀공작에 대한 기본 개념은 NSC 지침 10/2에서 크게 벗어나지 않았다. 예를 들어, 1955년 3월 12일에 하달된 NSC 지침 5412/1은 이전의 NSC 지침 10/2에 비교해 보았을 때 학술적인 용어를 줄이고 기만공작(deception plans and operations)을 추가하는 등 좀더 구체적으로 기술했다는 점에서 다소 차이가 있지만 핵심적인 내용은 동일하다.[17]

1970년대 들어서서 워터게이트 사건과 함께 남미지역에서 칠레 아옌데(Salvador

---

14) 1948년 2월 미국 NSC는 이탈리아를 외부로부터의 공격과 소련이 지배하는 내부 공산주의 운동으로부터 보존하는 것이 미국의 안보에 직결된다고 선언하고, 이탈리아 공산당의 세력 확장을 저지하는 CIA의 비밀공작 임무를 공식적으로 승인했다. Jeffreys-Jones(1989), p.51; and Federation of American Scientists, "National Security Council[NSC]: Truman Administration[1947-1953]," http://www.fas.org/irp/offdocs/nsc-hst/index.html(검색일: 2007년 8월22일).

15) 비밀공작 활동을 은폐 또는 가장하기 위해 '정책조정실(Office of Policy Coordination)'이라는 명칭으로 비밀공작을 전담하는 부서가 새롭게 창설되었고, 1948년 9월 1일 위즈너(Frank G. Wisner)가 부국장(assistant director) 직위의 책임자로 임명되었다. Jeffreys-Jones(1989), p.55.

16) Jeffreys-Jones(1989), pp.55-56.

17) http://history.state.gov/historicaldocuments/frus1964-68v12/actionsstatement(검색일: 2013년 10월 31일).

Allende) 대통령을 암살한 배후로 CIA가 지목되는 등 CIA의 비윤리적이고 불법적인 비밀공작활동 사례들이 잇따라 드러나면서 미국 의회와 여론의 비판이 제기되었고, 이에 따라 CIA 비밀공작의 범위와 내용을 규제하려는 노력이 시도되었다. 1974년에 제정된 휴즈-라이언 수정안(the Hughes-Ryan Amendment)은 도를 넘어선 CIA의 비밀공작을 통제하기 위해 미 의회가 취한 최초의 조치였다. 휴즈-라이언 수정안에서는 첩보수집 등 일반적인 정보활동을 제외하고 CIA가 외국을 대상으로 수행하는 모든 '공작활동(operations)'에 대해 대통령의 공식적인 허가가 있어야 하며 그 내용을 의회에 보고하도록 규정했다. 혹자는 휴즈-라이언 수정안이 비밀공작의 개념을 최초로 정의하였다고 주장하지만, 휴즈-라이언 수정안의 초점은 비밀공작을 통제하려는데 있었지 비밀공작의 개념과 범위를 규정하는 데 두지 않았기 때문에 비밀공작의 개념을 일반화하여 정의한 것은 아니었다.[18] 1980년대 말까지 미국에서 비밀공작의 개념을 일반화하여 정의한 것은 없고 단지 대통령령이나 의회 정보감독위원회(oversight committees)의 지침을 해석하여 개별적으로 정의되곤 했다.[19]

비밀공작에 대한 최초의 일반화된 개념 정의는 1991년에 개정된 미국의 '정보수권법(Intelligence Authorization Act of 1991)'에서 시도된 것으로 나타난다. 이에 따르면 비밀공작은 "행위 주체가 사람들에게 드러나지 않으면서 타국의 정치·경제·군사적 상황에 영향을 주기 위해서 미국 정부에서 취하는 행위나 활동"을 의미하는 것으로 정의하였다.[20] 1991년 정보수권법에서는 비밀공작에 속하지 않는 것을 매우 세부적으로 명시하여 비밀공작의 범주를 명확히 하고자 한 점이 특히 흥미롭다. 그에 따르면 일반적인 첩보수집, 전통적인 개념의 보안과 방첩활동, 일반적인 외교 및 군사활동, 법집행 활동, 공개적인 활동을 지원하는 행위, 국내정치 개입 등은 비밀공작의 범주에서 제외되는 것으로 기술하고 있다.[21] 그리고 행위 주체가 미국 정부인 것으로 드러나도록 수행된 활동은 비밀공작의 범주에 속하지 않는 것으로 규정하고 있다. 정보수권법에서 비밀공작의 개념을 이처럼 엄격하게 정의하려고 시도한 이유는 비밀공작으로 인정되면 시행하기 전에 반드시 대통령의 승인을 받고 의회에 보고하도록 규정하고 있기 때문이다.[22]

---

18) Abram N. Shulsky and Gary J. Schmitt, *Silent Warfare: Understanding the World of Intelligence* (Virginia: Brassey's, Inc., 2002), p.76, ft.2 참고.

19) 역사적으로 비밀공작의 개념이 어떻게 정의되어 왔는지를 간략하게 정리한 내용은 Americo R. Cinquegrana, "Dancing in the Dark: Accepting the Invitation to Struggle in the Context of 'Covert Action', the Iran-Contra Affair and the Intelligence Oversight Process," *Huston Journal of International Law*, Vol.11, No.1(Fall 1988), pp.177-209를 참고.

20) 갓슨(Roy Godson)은 1991년 정보수권법의 개념 정의가 세계 최초로 비밀공작의 개념을 일반화하여 정의하고자 시도한 것이라고 주장했다. Godson(1989), p.70.

21) Godson(1989), Appendix 1, pp.95-96.

비록 1991년 미국 정보수권법에서 비밀공작의 개념을 정의하고 있지만, 비밀공작의 개념이 모든 국가 또는 학자들 간에 일반화된 것은 아니다. 미국에서 조차 비밀공작의 개념에 대해 정보공동체를 비롯한 국가기관들마다 그리고 학자들마다 각기 다른 정의를 내린다. 이 책에서는 제1장에서 언급했듯이, '비밀공작(covert action)'의 의미를 "일반적으로 정보기관의 주도하에 자국의 대외정책을 지원할 목적으로 수행되며, 외국의 정치·경제·군사·사회 등 여러 분야에 은밀히 개입하여 자국에게 유리한 조건을 조성하기 위한 비밀정보활동"으로 정의하기로 한다.23)

이와 유사하게 알드리히(Richard Aldrich)는 비밀공작의 의미를 정보기관에서 수행하는 비밀정보활동의 일부로서 "보이지 않는 손(the hidden hand)을 활용하여 세계를 변화시키는 영향력을 행사하는 공작(operation)"이라고 칭하였다.24) 이를 해석해보면 비밀공작은 정보기관이 주도하여 비밀리에 수행한다는 점에서 첩보수집활동과 유사한 점이 있지만 행위의 목적에서 차이가 있다. 즉 수집활동은 지식으로서 정보를 생산할 목적으로 수행되지만, 비밀공작은 국가의 외교정책을 지원하는 데 목적을 둔다는 점에서 분명한 차이가 있다. 갓슨은 비밀공작의 행위 주체 범위를 보다 넓혀서 국가뿐만 아니라 다국적 기업, 노조, 종교집단, 범죄단체 등 비정부기구들도 유사한 형태의 비밀공작을 수행한다고 주장한다.25) 그러나 이는 비밀공작의 범위를 지나치게 확장한 개념으로서 그다지 받아들여지지 않으며 학계의 일반적인 견해에 따르면 국가의 정보기관이 주도하는 행위만을 비밀공작으로 인정된다.

한편, 앞서 언급했듯이 1991년 미국의 정보수권법에서는 비밀공작을 "미국의 대외정책을 지원할 목적으로 수행되는 행위로서 외국의 정부, 사건, 조직 또는 사람들에게 영향을 미치기 위해 계획된 활동이며, 정부가 개입한 사실이 드러나지 않는다는 점에서 방첩활동이나 군사행동 또는 사법경찰의 활동과는 명백히 구분된다"26)고 정의하고 있다. 그러나 외교활동, 방첩활동, 군사행동도 필요에 따라 비밀리에 수행되기 때문에 비밀공작과의 구분이 모호한 측면이 없지 않다.27) 특히 우호적인 정부를 은밀하게 지원하는 비밀공작은 외교활동과 거의 구분이 되지 않는다.28) 이와 관련하여 정보기관

---

22) Godson(1989), Appendix 1, p.96.
23) 이 책의 제1장 1절 참고.
24) Richard Aldrich, *The Hidden Hand: Britain, America and Cold War Secret Intelligence*(London: John Muray, 2001), p.5.
25) Godson(1989), p.73.
26) Intelligence Authorization Act, Fiscal Year 1991, L.102-88, August 14, 1991[50 USC 413b].
27) Shulsky and Schmitt(2002), p.76.
28) 아브람 N. 슐스키 & 개리 J. 슈미트 저, 신유섭 역, 『국가정보의 이해』(서울: 명인문화사, 2007), p.200.

이 비밀외교활동을 수행하게 될 경우 비밀공작으로 인정될 수 있는지 판단이 다소 모호하다. 정보기관이 개입하는 비밀협상은 적에게 영향력을 행사하려는 목적에서 수행된다는 점에서 비밀공작의 특성을 가진다. 그러나 대부분의 학자들은 적과 타협하고 협상에 참여한 관리들의 신분이 노출된다는 점에서 비밀공작의 범주에 포함될 수 없다는 입장을 취한다.[29]

미국 육군의 그린베레, 해군의 네이비실, 공군의 델타포스 등 특수부대에서 수행하는 특수작전(special operation)은 소수의 인원으로 비밀리에 수행된다는 점에서 정보기관이 수행하는 비밀공작과 매우 유사하다. 그러나 정보요원이 아닌 제복을 입은 군인이 주도한다는 점에서 정보기관이 주도하는 비밀공작과는 분명한 차이가 있다. 한편, 미국에서는 CIA와 국방부 중에서 어디서 비밀공작의 주도권을 가져야 할지를 두고 논쟁이 지속되어 왔다. 9/11 보고서에서는 CIA의 비밀공작을 국방부가 수행하는 것이 바람직하다는 견해를 제시했었다.[30] 그런데 논란이 지속된 끝에 2005년 6월 부시 대통령은 CIA에 '국가비밀공작처(National Clandestine Service)'를 신설하고 여기서 비밀공직 임무를 총괄하도록 권한을 부여하는 것으로 최종 결론을 지었다.[31]

일부 학자들은 비밀공작이 전통적인 개념의 정보활동 범위를 벗어난 행위로 간주하기도 한다. 물론 국가정보의 개념을 정책을 실행하는 수단이 아니고 단순히 정책결정에의 '투입수단(input)'으로 정의하게 될 경우 비밀공작은 정보활동에 포함될 수 없을 것이다. 이와 유사한 관점에서 어떤 학자는 방첩도 정책을 실행하는 수단으로 활용되기 때문에 전통적인 개념의 정보활동에 포함될 수 없다고 주장한다. 물론 이는 소수 학자들의 견해이며, 학계의 지배적인 견해는 비밀공작과 방첩 모두 정보활동의 범주에 포함한다.[32]

지금까지 살펴본바 비밀공작은 간단하게 정의할 수 없는 어려운 개념이다. 특히 비밀공작과 방첩을 명확히 구분하는 것이 쉽지 않다. 이중간첩을 색출해내고 외국 정보기관의 활동을 무력화시키는 행동은 전통적인 개념의 방첩으로 인정된다. 그러나 이중

29) Len Scott, "Secret Intelligence, Covert Action and Clandestine Diplomacy," *Intelligence and National Security*, Vol.19, No.2(2004), p.169.
30) National Commission on Terrorist Attacks Upon the United States, *The 9/11 Commission Report: Final Report of the National Commission on Terrorist Attacks Upon the United States*, July 22, 2004, p.254.(이하 9/11 Commission Report).
31) 이에 대해서는 다음 장에서 보다 자세히 논의하기로 한다. Mark M. Lowenthal, *Intelligence-From Secrets to Policy*, 3rd ed.(Washington, D.C.: CQ Press, 2006), pp.168-169.
32) 이에 대한 보다 자세한 논의는 Roy Godson, "Intelligence: An American Perspective" in K. G. Robertson, (ed.), *British and American Approaches to Intelligence*(New York: St. Martin's Press, 1987)를 참고.

간첩을 활용하여 적대국에 기만정보를 제공하는 행위는 일종의 비밀공작이라고 볼수 있다. 물론 그러한 기만책을 효과적으로 전개하여 적의 정보활동을 무력화시키는행위는 방첩의 범주에 속한다. 그 실례로 제2차 세계대전 당시 독일에서 보낸 간첩들을체포하고 이들 중의 일부를 이중간첩으로 활용하여 독일에 기만정보를 보냈던 영국의더블크로스 작전(Double Cross system)은 방첩과 비밀공작의 성격을 동시에 포괄하는개념의 작전이라고 볼 수 있다.33) 즉 독일에 기만정보를 유포하는 행위는 분명히 비밀공작의 범주에 속한다. 그런데 독일에 대해 기만책을 효과적으로 구사하여 그들의 인식을 왜곡시키거나 행동방식을 잘못된 방향으로 유도하는 행위는 곧 적의 정보활동을무력화시키는 것으로서 방첩의 범주에 속하는 것으로 인정된다. 그런 점에서 정보기관이 수행하는 비밀활동 중에는 비밀공작과 방첩의 개념이나 범주가 명확하지 않고 중첩되기도 한다.

2. 비밀공작의 특성

비밀공작(covert action)은 정보활동의 일부로서 수행되고 있지만 암살, 테러, 파괴등 불법적이고 비윤리적인 행위를 수반하고 있어 정보기관들이 수행하는 활동 중에서가장 비난을 많이 받고 있는 영역이다. 정보기관이 비밀리에 첩보를 수집하고 분석하여 정보를 생산하고 적대국 정보기관의 정보활동을 무력화시키기 위한 방첩활동 등을수행하는 것은 국익증진과 국가안보를 수호하기 위해 반드시 필요한 부분으로 인정된다. 그러나 불법적이고 비윤리적인 행위를 저지르면서까지 비밀공작을 수행하는 것이과연 바람직한 행위인가를 두고 회의적인 시각이 많다. 합법적인 활동이라면 외교부,국방부 등 일반 정부 부처에서 수행할 수 있으며, 굳이 정보기관이 나설 필요가 없다.그러나 때로 국가안보와 국익을 보호하기 위해 비밀공작이 필요하며 그러한 일을수행하는 가운데 불법과 비윤리적인 행위가 수반됨으로써 비난의 표적이 되고 있다.어쨌든 비밀공작은 불법과 비윤리성을 수반하기 때문에 정보기관만이 수행할 수 있는활동이라고 볼 수 있다. 그래서 비밀공작은 정보기관 고유의 활동이라고 주장하기도한다.34)

---

33) 당시 영국 MI5는 영국으로 침투했다가 체포된 138명의 독일 스파이들 중에서 약 40여 명을 이중간첩으로 완벽하게 전향시켜 전쟁이 끝날 때까지 독일에 허위정보를 무수히 넘겨주는 활동을전개함으로써 제2차 세계대전을 승리하는데 막대한 기여를 하게 되었다. 어니스트 볼크먼 저,이창신 역, 『스파이의 역사 1: 작전편 —20세기를 배후 조종한 세기의 첩보전들』(서울: 이마고,2003), pp.80-95.
34) 정영철, "비밀공작론," 문정인 편, 『국가정보론』(서울: 박영사, 2002), p.153.

비밀공작은 정부 일반 부처보다는 정보기관에서 수행해야 효과를 극대화할 수 있다. 그 이유로서, 첫째, 행정적 편이성과 비용절감이다. 앞서 언급했듯이 비밀공작은 첩보수집활동이나 방첩활동과 유사하며 업무적으로 중복된 부분이 많다. 실제로 동일한 시설(secret offices)이나 연락수단(communication systems)을 사용하며, 공작금(funds), 첩보원, 그리고 공작원의 포섭과 조종 등과 관련하여 거의 동일한 방법으로 업무를 수행하게 된다. 이처럼 비밀공작의 임무를 수행함에 있어서 기존의 첩보수집이나 방첩활동 시 운용했던 방법과 동일한 시설들을 활용할 수 있기 때문에 비용과 노력을 대폭 절감할 수 있다. 둘째, 비밀공작과 첩보수집, 분석, 방첩 등 여타 정보활동은 유기적으로 밀접하게 연계될 때 효과를 극대화할 수 있다. 대상국에 대해 비밀공작을 수행할 여건을 파악하기 위해서는 수집과 분석 부서의 지원이 필요하다. 비밀공작을 수행하는 데 수반되는 위험을 막기 위해서는 방첩 부서의 지원도 필요하다. 역으로 비밀공작을 수행하는 가운데 특수첩보를 획득할 수 있고, 그것이 상황을 종합적으로 분석하는 데 또는 방첩임무를 수행하는 데 유용하게 활용될 수 있다.

CIA의 경우 내부에 분석국과 공작국을 보유하고 있기 때문에 비밀공작을 계획하고 추진할 때 분석국으로부터 도움을 받을 수 있다. 특히 CIA 분석국은 현지 상황과 진행과정에 대해서 정확하고도 객관적인 분석보고서를 제시해 줌으로써 준군사공작 등 비밀공작을 수행하는 공작국에 많은 도움이 될 수 있다. 덜레스(Allen Dulles) 전 CIA 국장은 인도네시아 공작(1957-1958)과 피그만 침공작전(1961)을 수행할 당시 분석국에는 비밀로 하여 개입하지 않도록 하였다. 그 결과 현지 상황에 대한 명확한 정보를 얻지 못해 참담한 실패를 경험하게 되었다. 만일 분석국에게 사실을 알리고 도움을 받았더라면 아마도 그러한 실패를 막을 수도 있었을 것이다.[35]

정보기관이 아닌 정부 일반 부처에서 비밀공작을 수행하다가 낭패를 본 경우도 있다. 대표적인 사례로서 레이건 행정부 당시 수행되었던 '이란-컨트라 공작(Iran-Contra operation)'을 들 수 있겠다. 당시 공작을 주도했던 NSC는 임무수행에 필요한 정보를 CIA로부터 지원받았다. 그런데 불행하게도 비밀공작 임무를 수행하는 데 반드시 필요한 방첩 관련 지원을 거의 받지 못해 공작 임무를 효과적으로 수행할 수 없었던 것으로 드러났다.[36] 요컨대, 비밀공작은 정보기관이 수행해야 비용과 노력을 최소화하면서 효과를 극대화할 수 있다.

비밀공작은 비밀첩보수집(clandestine collection), 방첩 등 정보기관이 수행하는 여러

35) Lowenthal(2006), p.169.
36) Godson(1989), p.72.

가지 비밀활동들(clandestine activities) 중의 하나이다. 그런데 비밀공작은 활동 자체보다는 배후세력이 누구인지를 은폐하는데 중점을 둔다는 점에서 활동 사실을 은폐하는데 중점을 두는 비밀첩보수집, 방첩 등과는 차이를 보인다.[37] 예를 들어, 비밀첩보 수집 활동은 누가, 언제, 어떻게 첩보를 수집했는지 그 사실을 대상자가 전혀 모르게 수행되어야 한다. 방첩 목표로 지목된 인물에 대한 미행감시활동의 경우도 목표로 하여금 자신이 미행감시받고 있다는 사실을 전혀 눈치를 채지 못하게 하여야만 성공적으로 임무를 완수할 수 있을 것이다. 그런데 타국에 대한 선전공작, 정치공작 등의 비밀공작은 행위는 분명히 드러나지만 대부분 배후를 드러내지 않고 제3의 인물 또는 조직을 내세워 수행된다. 대부분의 비밀공작은 타국의 내정에 간섭하는 불법행위로서 배후가 드러나면 외교적으로 심각한 문제를 야기할 수 있다. 그러므로 비밀공작은 어차피 드러날 사실 자체에 대한 은폐보다는 배후를 숨기는데 더욱 중점을 둔다.

　　비밀공작은 원칙적으로 외국을 대상으로 하는 활동으로 제한된다.[38] 그러나 자국민을 대상으로 비밀공작활동을 전개하는 경우도 빈번하다. 실제로 권위주의 정부나 독재국가들의 경우 자국민들 대상으로 흑색선전을 유포하거나 정적을 암살 또는 테러하는 행위를 빈번히 자행한다. 냉전시대 구소련의 KGB는 반체제 인물을 색출하여 암살 또는 테러하는 행위를 자행했던 것으로 악명이 높다. 구소련을 계승한 러시아에서도 자국의 반체제 인물에 대한 암살, 테러 등 비밀공작 행위가 자행되고 있는 것으로 드러났다. 2008년 7월 7일 영국 BBC 방송 보도에 따르면 2006년 전직 러시아 FSB(연방보안국) 요원 알렉산데르 리트비넨코의 독살사건에 러시아 정보기관이 개입했던 것으로 추정된다고 밝혔다.[39] 이어서 BBC는 MI5 관계자들이 2008년 런던에서 또 다른 푸틴 비판자 보리스 베레조프스키를 암살하려는 러시아 정보기관의 계획을 저지했다고 폭로한 내용을 소개했다.[40]

　　민주주의가 발전한 미국에서조차 자국민을 대상으로 비밀공작을 전개했던 사례가 있다. 냉전 초기 CIA는 선전공작의 일환으로 미국 내 '전국학생연합(National Student Association)'에 기부금을 전달했다. CIA는 미국 대학생들이 참여하는 국제회의에 소련

---

37) Leo D. Carl, *International Dictionary of Intelligence*(McLean: Intenational Defense Consultant Services, Inc., 1990), p.63; 정영철(2002), pp.153-154.

38) 정영철(2002), p.155.

39) FSB 요원으로 활동하다가 이탈한 리크비넨코는 영국에 망명해 푸틴 전 대통령을 신랄히 비판해오던 중 2006년 방사능 독극물 폴로늄-210에 중독돼 사망했다. http://news.naver.com/news/read.php?mode=LOD&office_id=003&article_id=0021178935(검색일: 2009년 2월 27일).

40) http://news.naver.com/news/read.php?mode=LOD&office_id=003&article_id=0021178935(검색일: 2009년 2월 27일).

측 공작원이 침투하여 학생들에게 사회주의 사고를 전파하려는 기도를 간파했다. CIA 는 미국 학생들을 국제회의에 보내 소련의 기도에 대응하도록 유도했고, 그들의 해외여 행에 필요한 자금을 지원하고자 기부금을 제공했던 것이다. 그러나 미국의 국가안보법 에 따르면 CIA의 정보활동은 국외에서만 수행될 수 있다. CIA가 미국 내 학생단체에 기부금을 전달하는 행위는 명백한 위법으로 지적되어 많은 비난을 받았다. 또한 CIA는 소련 망명자와 미국인 학자들이 공동으로 저술한 반공 성향의 서적 출판을 지원해 주기로 하였다.[41] 이 밖에도 CIA는 미국 내 36명의 언론인들을 협조자로 포섭하여 활용했음을 시인했는데, 조사한 바에 따르면 그보다 훨씬 많은 400여 명을 협조자로 활용했을 것으로 추정된다.[42] 더욱이 CIA는 언론계 협조자를 활용하여 CIA에 대해 비판적인 입장을 취하는 학자들이 저술한 책에 대해 부정적인 서평을 게재하도록 사주 했던 것으로 드러났다.[43]

요컨대, 비밀공작뿐만 아니라 정보기관의 모든 활동 목표는 원칙적으로 외국을 대상으로 하지만 불행하게도 정보기관이 정권안보를 위한 도구로 악용되어 지국민들 대상으로 첩보수집 및 비밀공작을 수행하는 경우가 없지 않다.

3. 비밀공작의 필요성

종종 비밀공작은 불법적이고 비겁한 수법을 동원하여 수행된다. 비밀공작은 국가 의 주권을 침해하는 행위로서 UN 헌장에 위배된다. 더욱이 비밀공작은 뇌물공여, 절도, 납치, 살해 등 범죄행위를 수반하기도 한다. 그리고 외국의 내정에 개입한 사실이 노출 될 경우 국제적인 비난 여론은 물론 대상국가와의 외교관계가 단절되는 등 심각한 갈등을 야기할 수 있어 정치적 부담도 크다. 그래서 비밀공작이 수행될 필요가 있는지 를 두고 끊임없이 논란이 제기되어 왔다.

특히 미국에서 비밀공작의 필요성을 두고 많은 논란이 있었고, 그 때문에 1947년 이래 미국의 비밀공작활동은 침체기와 확장기를 거듭 경험하는 등 부침을 겪어왔다. 1950년대 동안 미국 CIA는 전체 예산의 50% 이상을 비밀공작 임무를 수행하는데 지출했던 것으로 알려졌다.[44] 그리고 처치위원회에 따르면 1961년부터 1975년까지

---

41) Johnson and Wirtz(2004), p.255.
42) Johnson and Wirtz(2004), p.256.
43) Johnson and Wirtz(2004), p.256.
44) Pat M. Holt, *Secret Intelligence and Public Policy: A Dilemma of Democracy*(Washington, D.C.: Congressional Quarterly Inc., 1995), p.163.

대규모 비밀공작이 무려 900여 건이나 전개되었던 것으로 드러났다.45) 그러나 1975년부터 CIA 비밀공작에 대한 국내외의 비난이 고조되면서 전반적으로 비밀공작활동이 위축되기 시작했고, 1977년부터 1981년에 이르는 카터 행정부 당시에는 국제사회의 인권과 윤리성에 대한 강조와 함께 비밀공작이 완전히 침체기에 빠졌다. 그러나 레이건 행정부 시절(1981-1989)에는 비밀공작이 다시 확대되었다. 특히 케이시(William Casey) 국장이 재임중이던 1981년부터 1986년 기간 동안 비밀공작활동이 왕성하게 추진되었다. 그러나 이후 비밀공작은 다시 위축되었다.

비밀공작의 필요성에 대해서는 대체로 두 가지 상반된 입장이 있다.46) 전통적으로 미국인들은 비밀공작을 외교정책을 지원하기 위한 마지막 방책(last resort) 또는 예외적인 수단(exceptional tool)으로 고려했다. 갓슨은 이러한 입장을 취하는 사람들을 통틀어 '예외주의자(exceptionalists)'로 칭한다.47) 이들은 비밀공작을 공개적이고 민주적인 사회에서는 용납하기 어려운 '비겁한 수법(dirty tricks)' 또는 '더러운 전쟁(dirty wars)'으로 간주한다. 일부 예외주의자는 외교적인 방법으로도 효과를 볼 수 없고 군사적인 행동을 취하기에는 위험이 따르는 특수한 상황에서 활용될 수 있는 하나의 정책 대안으로 고려하기도 한다. 이와 상반된 견해로서 코드빌라(Angelo Codevilla)처럼 비밀공작을 국가안보 목표를 달성하거나 그것을 지원하기 위해 수행되는 일반적인 국가정책의 수단으로 간주하는 입장을 취하는 사람들도 있다.48) 이들은 비밀공작은 정책을 추진하는 여러 가지 수단들 중의 하나로서 예외적인 것이 아니고, 일반적인 정책대안으로 활용될 수 있다는 입장을 취한다. 한편, 비밀공작에 반대하는 입장을 취하는 사람들은 그 목적이 합법적이라면 구태여 비밀공작을 추진할 필요 없이 다른 방법으로 목적을 달성할 수 있으리라는 것이다. 그들은 목적이 합법적이지 않다면 아예 그런 행동을 하지 말아야 한다는 입장을 취한다.49)

45) Holt(1995), p.163.
46) Godson(1989), pp.67-69.
47) Godson(1989), pp.67-69.
48) Angelo Codevilla, "Covert Action and Foreign Policy," Roy Godson, (ed.), *Intelligence Requirements for the 1980's: Covert Action*(New Brunswick: National Strategy Information Center, Inc., 1981), pp.79-111, 특히 p.81. 109.
49) CIA 비밀공작의 문제점을 비판하는 내용은 Craig Eisendrath, (ed.), *National Insecurity: U.S. Intelligence After the Cold War*(Philadelphia: Temple University Press, 2000); Jeffrey-Jones(2002) 등을 참고.

비밀공작은 '제3의 선택(a third option)'[50]

정책결정자들이 비밀공작을 합리화하기 위한 명분으로 종종 '제3의 선택(a third option)'이라는 용어를 사용한다. 국가안보와 국익에 심각한 위협을 야기하고 있는 상황에서 '제1의 선택(the first option)'은 아무런 조치도 취하지 않는 것이고, '제2의 선택(the second option)'은 군대를 동원하는 것이다. '제1의 선택'은 정부의 무능력한 모습으로 인해 국민 여론의 비난을 받을 수 있고, '제2의 선택'은 국제사회의 규범인 주권을 침해하는 행위로서 세계 여론의 비난과 함께 외교적으로 곤란한 처지에 몰릴 수 있다. 이러한 상황에서 정책결정자들은 자신이 선택할 수 있는 유일한 대안으로 비밀공작을 정당화한다.

제3절 비밀공작의 계획과 실행: 미국의 사례

1. 비밀공작의 결정과정

미국의 경우 비밀공작 계획은 대체로 CIA, 국무부, 국방부, 또는 NSC 등 행정부처 관료집단에서 요청하게 된다. 비밀공작 역시 행정부의 일반적인 정책결정과정의 일환으로 추진되기 때문에 정확히 어느 부처에서 누가 먼저 요청했는지는 알 수 없다. 어떤 나라에서 친미 정권이 실각할 위험이 있거나 또는 새로 선출된 정권이 민족주의 정책노선에 따라 미국의 이익을 침해하는 행동을 취하는 등 미국의 이익 또는 외교정책에 부정적인 영향을 미칠 것으로 예상되는 사태가 발생하게 되면 비밀공작 추진을 고려하게 된다. 일단 비밀공작이 가능한 대안으로서 제시되면 구체적인 실행계획은 CIA가 작성한다.

CIA에서 수립한 비밀공작 계획 초안은 국무부, 국방부, CIA, NSC의 고위직 관료들로 구성된 일종의 '합동위원회(interagency committee)'에서 우선적으로 검토하게 된다.[51] 때로 동 위원회에 백악관, 정보공동체, 법무부의 고위직 관료가 구성원으로 포함되기도 한다. 합동위원회는 비밀공작 계획을 추진하는 과정에서 결정적인 역할을 수행

---

50) Lowenthal(2006), pp.157-158.

51) 위원회의 명칭은 일정하지 않고 시기에 따라 다르게 변경되었다. 예를 들어, 존슨 행정부 당시 1964년에 수행된 칠레 비밀공작 계획은 '특별평가단(Special Group)'이라는 신설 기구에서 평가·승인하였다. 동 기구는 이후 '303 위원회'로 명칭이 바뀌었다가 1970년 칠레 선거에 개입할 당시에는 키신저를 위원장으로 하는 '40위원회(40 Committee)'로 명칭이 변경되었다. Holt(1995), p.157; James A. Barry, "Covert Action Can Be Just," Johnson and Wirtz(2004), pp.279-282.

한다. 동 위원회의 승인을 거쳐야만 비밀공작을 추진할 수 있으며, 반대할 경우 비밀공작 계획이 철회된다. 이들은 비밀공작 계획을 승인하기에 앞서 두 가지 위험요소를 신중하게 검토하게 된다. 첫째, 비밀공작이 일반에 노출될 위험성이다.[52] 비밀공작은 수행하는 도중, 종료된 직후, 또는 종료된 지 수년이 지난 후 등 여러 가지 시점에서 노출될 수 있고, 그로 인한 파장이 각기 다를 수 있다. 분명한 것은 어떤 시점에 노출되든지 일단 노출되면 외교적인 문제를 야기할 뿐만 아니라 관여된 사람들은 매우 곤란한 입장에 처하게 된다. 둘째, 비밀공작이 실패할 위험성이다. 비밀공작이 실패할 경우 비밀공작을 수행했던 대상국가에 정치적인 위기가 조장되고 비밀공작에 협조한 사람들이 정치적으로 궁지에 몰리게 되거나 생명이 위태롭게 되 수 있다. 따라서 그 밖의 다른 대안이 없거나 실패로 인해 발생할 수 있는 손실을 감수할 정도로 충분한 이익을 얻을 수 있다고 판단될 때 비로소 비밀공작 계획을 승인하게 된다.[53]

한편, 합동위원회는 NSC로부터 권한을 위임받아 NSC를 대신하여 결정을 내리게 되지만, 때로 NSC조차 위원회에서 결정한 사항을 잘 모르는 경우도 있다. 이는 NSC가 위원회에 결정을 위임하기 때문에 그럴 수도 있고, 또는 비밀공작을 추진하는 과정에서 문제가 발생하게 될 경우 위원회에 모든 책임을 전가시켜 대통령의 부담을 덜어주기 위한 방편으로 활용되기도 한다. 합동위원회의 의사결정이나 권한은 누가 의장이 되고 그가 행정부처에서 어떤 비중을 차지하고 있는가에 따라서 각기 다양하게 나타난다. 닉슨과 포드 행정부에서 키신저는 국가안보보좌관과 국무장관을 역임하면서 합동위원회의 의장으로서 막강한 권한을 휘둘렀던 것으로 알려졌다. 그가 위원장으로 있던 1972년 4월부터 1974년 12월까지 40건의 비밀공작이 추진되었는데 단 한 차례의 위원회도 개최되지 않았고, 단순히 전화통화만으로 비밀공작 추진이 결정되었다고 한다.[54]

1970년대에 들어서서 CIA가 칠레 아옌데 대통령 암살을 비롯하여 남미 지역에서

---

[52] 재임 중 여러 차례에 걸쳐 정보활동에 대해 조사를 받았던 전 CIA 국장 콜비(William E.. Colby, 1973-1976)는 CIA 국장은 비밀공작을 실행했던 사실이 어느 시점에서 일반인들에게 알려지게 되는 것을 항시 염두에 두어야 한다고 언급했었다. Lowenthal(2006), p.159.

[53] 예를 들어, 미국의 정책결정자들은 1980년대 아프가니스탄의 반군에게 스팅어 대공미사일을 지원할 것인지에 대해 고심했었다. 스팅어 미사일이 자칫 소련의 수중에 들어가거나 아프가니스탄 반군에게 남게 됨으로 인해 발생할 문제점을 우려했다. 그러나 미국의 정책결정자들은 당시 스팅어 미사일이 아프가니스탄 반군의 수중에 남게 됨에 따른 문제점은 미미한 것으로 판단했다. 그에 비해 아프가니스탄에서 소련군을 몰아내는 것은 미국의 사활이 달린 최고의 이익으로 고려했다. 이러한 판단에 따라 아프가니스탄 반군에게 무기를 지원하기로 결정했던 것이다. 예상대로 스팅어 미사일은 전쟁의 판도를 바꿀 정도로 아프가니스탄에서 소련군을 몰아내는데 결정적으로 기여하여 했다. Lowenthal(2006), p.159.

[54] Holt(1995), p.158.

각종 불법행위를 저질렀던 것으로 드러나면서 미국은 물론 국제사회의 비난이 증폭되었다. 이에 따라 미국에서 비밀공작을 통제하기 위한 제도적인 장치가 마련되기 시작했다. 비밀공작에 관여한 고위직 관료들이 책임을 회피하는 방편으로 종종 활용되었던 '그럴듯한 부인(plausible deniability)'은 대통령이 직접 책임을 지는 것으로 개선되었다. 1974년 휴즈-라이언 수정안(Hughes-Ryan Amendment)에 따라 대통령은 비밀공작 계획이 국가안보에 중요한 것인지를 '평가(find)'하고 적절한 시기에 비밀공작 관련 내용을 의회에 보고할 것을 의무화했다(여기서 적절한 시기가 언제인가를 두고 다소의 논란이 있다). 이란-콘트라 사건을 계기로 의회와 행정부에서 그러한 절차가 보다 엄격하게 이행되었다.55)

비밀공작 실행 절차에 관련된 법은 1987년 레이건 행정부에서 최초로 제정되었고, 1991년 개정되어 지금까지 적용되고 있는바 비밀공작을 실행하기 전에 대통령이 '문서 형태의 평가보고서(written Finding)'에 서명할 것을 의무화했다.56) 예외적으로 긴급 상황에서 '구두 평가보고서(oral Finding)'를 허용하지만 가급적 빠른 시일 내 문서로 작성되어야 한다. 소요 예산, 공작자산, 주변 여건, 외국의 협조 상황, 수반되는 위험의 수준 등 비밀공작 계획의 주요 사항들이 중간에 변경될 경우 대통령의 서명을 받은 '통고각서(memorandum of Notification, MON)'가 작성되어야 한다. 공작평가서(Finding)와 통고각서(MON)에는 공작의 목적, 승인받은 행동의 범위, 소요 예산, 국내외 참여 집단, 위험의 정도 등에 대한 사항들이 자세히 기술되어야 한다. 공작평가서(Finding)와 통고각서(MON)는 NSC 최고위원회(senior committee), NSC 법률보좌관(Legal Advisor)과 대통령 법률고문변호사(Counsel) 등의 심의를 거쳐야 한다. 공작평가서(Finding)와 통고각서(MON) 부본은 극비사항인 경우를 제외하고 통고 마감일 이전까지 의회에 전달되어야 한다.57) 이와 같은 개혁조치가 이행됨으로써 비밀공작 결정에 관련하여 전문가들로부터 광범위한 자문을 얻을 수 있으며, 법률적인 검토를 받을 수 있고, 대통령의 책임 소재가 분명해지며, 의회의 참여를 유도하는 등 여러 가지 긍정적인 효과를 얻을 수

55) 당시 NSC 구성원이었던 포인덱스터(John A Poindexter) 제독과 노스(Oliver North) 중령의 주도 하에 레바논의 베이루트에 억류된 미국인 인질 석방에 이란이 협조해주는데 대한 보상으로 적성국이었던 이란에게 불법으로 미국제 무기를 판매했고, 무기 판매로 얻은 수익을 니카라과의 콘트라 반군을 지원하는데 활용했다. 이는 일종의 비밀공작에 관련된 문제임에도 불구하고 대통령의 평가보고서(Finding)가 작성되지 않았기 때문에 대통령의 명백한 승인이 없었으며, 의회에서도 이 사실을 전혀 몰랐던 것으로 밝혀졌다. 그런 점에서 이란-콘트라 사건은 엄밀한 의미에서 비밀공작으로 인정될 수 없다는 견해도 있다. John D. Stempel, "Covert Action and Diplomacy," *International Journal of Intelligence and Counterintelligence*, Vol.20, No.1(2007), p.130.
56) Barry(2004), pp.278-286.
57) National Security Decision Directive(NSDD) 286, partially declassified on December 15, 1987, *Intelligence Authorization Act*, Fiscal Year 1991, Title VI.

있었다.

  행정부에서 작성된 비밀공작 계획은 의회의 심사 과정을 거치게 된다. 대통령은 의회에 비밀공작 계획이 미국의 외교정책 목표를 달성하기 위해 반드시 필요하고 미국의 국가안보에 중요하다는 내용의 '공작평가서(finding)'를 첨부하여 의회의 검토를 요청하게 된다. 공작 계획서는 시급을 다투는 긴급한 상황을 제외하고 반드시 문서 형태로 제출되어야 한다. 워낙 상황이 긴박하여 문서 형태로 제출하는 절차를 생략하고 일단 구두로 통보했더라도 48시간 이내 문서 형태로 작성된 공작평가서가 제출되어야 한다. 공작 계획서에는 CIA 외에 어떤 부처에게 임무를 부여했는지, 그리고 미국 정부의 통제를 받지 않는 제3자가 개입할 것인지를 명시해 주어야 한다. 그리고 비밀공작 계획 추진 과정에서 미국의 헌법이나 법률을 위반하는 행위가 없다는 점을 밝혀야 한다.58)

  비밀공작 계획을 실행하기에 앞서 대통령은 가능한 한 빨리 공작평가서를 의회 정보위원회에 제출해야 한다. 만일 비밀공작 계획이 노출될 경우 미국의 안보에 심각한 위협이 야기될 것으로 판단되면 대통령은 상·하원 정보위원장, 하원의장, 상원의장, 상원과 하원의 야당 대표들 등 극소수의 인원에게만 접근이 허용되도록 공작평가서의 배포선을 제한할 수 있다. 공작평가서가 미리 제출되지 못한 채 비밀공작이 추진될 경우 대통령은 추후 적절한 시기에 정보위원회에 비밀공작 계획에 대해서 설명하고 사전 승인을 받지 못한 이유를 해명해 주어야 한다. 또한 대통령은 의회 정보위원회에 공작평가서 배포를 제한했던 이유에 대해서도 충분히 설명해 주어야 한다.59)

  만일 미국 상·하원 정보위원회 위원들과 의회 지도자들이 비밀공작 계획에 대해 반대하지 않으면 비밀공작이 계획대로 추진된다. 그러나 의회의 반대에도 불구하고 대통령이 비밀공작 추진을 강행할 경우도 있다. 물론 의회 정보위원회는 여러 가지 방법으로 반대 의견을 관철하고자 시도할 수 있다. 예를 들어, 의회 정보위원회가 국가정보장에게 반대하는 입장을 매우 강력하게 전달하여 그로 하여금 대통령에게 비밀공작을 취소하도록 유도할 수도 있다.

  많은 전문가들은 비밀공작을 수행할 수 있는 역량은 유지하되 가급적 꼭 필요한 경우로 제한하여 신중하게 추진할 것을 권고한다.60) 그러나 문제는 역량이 있으면 그것을 활용하고 싶은 유혹이 생긴다는 것이다. 여기서 공작담당자 또는 정책결정자

---

58) 이러한 요구사항들이 미국 국가안보법 503조에 상세히 명시되어 있는데, 이 조항은 1991년 정보수권법 제 602조에 의거 수정되었다.
59) 미국 국가안보법 503조 참고.
60) Holt(1995), p.163.

중에서 누가 주도적으로 비밀공작을 추진하려 하는지 의문이 생긴다. 즉 공작담당자가 정책결정자에게 권고하고 비밀공작을 추진하든지 혹은 정책결정자가 문제를 쉽게 해결할 수 있는 방법으로 비밀공작 추진을 지시할 수 있을 것이다. 그동안의 사례를 보면 카터 대통령과 포드 대통령 당시에는 비밀공작이 별로 추진되지 않았다. 그런 점에서 정책결정자가 비밀공작의 실행에 결정적인 영향력을 행사하는 것으로 판단된다.[61]

2004년 정보개혁법에 따라 DNI 직위가 신설되면서 누가 비밀공작을 지휘·통제할 것인지를 두고 의문이 제기되고 있다. DNI는 비밀공작을 포함하여 모든 정보활동에 대해 대통령을 보좌하는 최고위직의 지위를 부여받았다. 그런데 CIA는 비밀공작을 직접 수행하는 부서로 남아 있다. 2004년의 정보개혁법에 따르면 CIA 국장은 DNI에게 지휘보고 하도록 되어 있지만 그 구체적인 범위와 내용은 규정하지 않고 있다. 정보개혁법 어디에도 DNI가 CIA가 추진하는 비밀공작을 직접 지휘통제 하도록 규정하지는 않고 있다. 법적으로는 DNI가 CIA의 비밀공작에 대해 직접적으로 개입할 여지가 없기 때문에 DNI가 CIA의 비밀공작을 지휘통제하기 위해서는 다른 제도적인 장치를 마련해야 할 것이다. 앞으로 비밀공작 추진과 관련하여 DNI와 CIA 국장이 서로 상반된 입장을 취하면서 갈등하는 상황이 발생할 수도 있다.[62]

2. 비밀공작의 예산

세계 어떤 정보기관이라도 예산에 관한 사항은 엄격히 비밀보안을 유지한다. 특히 비밀공작 예산은 더욱 철저히 보안을 유지하기 때문에 얼마나 많은 예산이 투입되었는지를 정확히 알기가 어렵다. 다만 당시의 국가적 상황, 정치지도자의 성향, 또는 추진하고 있는 비밀공작들의 유형 등에 기초하여 개략적으로 짐작할 수 있을 것이다.

CIA의 비밀공작 활동은 1949년에 '중앙정보법(Central Intelligence Act of 1949)'이 제정되면서 적극적으로 추진되기 시작했다. CIA에 '정책조정실(Office of Policy Coordination)'이 신설되어 비밀공작을 전담하게 되었으며, 비밀공작활동이 활발해지면서 이 조직의 인력과 예산이 대폭적으로 늘어났다. 1949년 302명이었던 CIA 정책조정실의 인력이 1952년에는 거의 10배나 늘어난 2,812명이 되었으며, 예산도 1949년 407만 달러에서 1952년에는 무려 20배 이상 증가한 8,200만 달러가 되었다.[63]

61) Holt(1995), p.162.
62) Lowenthal(2006), p.162.

이후 CIA 비밀공작 예산은 국가적 위기 상황, 대통령의 정책방향, 의회의 통제 수준 등에 따라 증가와 감축이 반복되는 양상을 보여준다. 베트남 전쟁 당시에는 CIA 전체 예산의 50% 이상이 비밀공작에 지출되었던 것으로 알려졌다.64) 그러나 카터 대통령이 임기를 시작하면서 CIA 비밀공작 예산은 5% 미만으로 대폭 감축되었다.65) 카터 대통령은 한동안 비밀공작 예산을 5% 미만으로 유지했었는데 1979년 소련의 아프가니스탄 침공 사건이 발생하자 이에 대응하기 위해 비밀공작 예산을 30% 이상 수준으로 대폭 증액했다.

1981년 레이건 대통령이 집권하면서 CIA의 비밀공작활동이 보다 적극적으로 전개되었으며 그에 따라 예산도 대폭 증액되었던 것으로 짐작된다. 그러나 1987년 이란-콘트라 사건이 발생하면서 CIA의 비밀공작활동에 대한 불신이 심화되었다. 이란-콘트라 사건의 여파로 CIA 비밀공작 예산은 냉전이 시작된 이래 최저 수준인 1% 미만으로 대폭 축소되었다.66)

CIA 비밀공작 예산은 1차 부시 행정부에도 대략 1% 수준을 유지했었다. 이후 클린턴 정부가 들어서면서 아이티(Haiti), 아프리카, 발칸 지역에서의 외교정책 지원을 위한 비밀공작이 활발하게 추진됨에 따라 비밀공작 예산이 다소 증가되었을 것으로 추정된다.67) 2001년 9월 11일 테러가 발생하고 나서 CIA 비밀공작 예산은 대폭 증액되었을 것으로 추정된다. 특히 아프가니스탄 탈레반 정권 전복을 위한 CIA의 준군사공작이 활발히 전개되면서 CIA 비밀공작이 다시금 활성화되기에 이른다. CIA의 준군사공작이 활발하게 전개되었던 만큼 비밀공작 예산도 대폭 증액되었을 것으로 짐작된다.

---

63) 여기에 해외에 고용 계약을 맺고 CIA에 협조하는 3,141명의 인력을 포함하면 증가된 인력의 숫자는 더욱 늘어난다. 늘어난 예산의 상당 부분은 동구권 국가들의 주민을 대상으로 선전방송을 내보내는 '라디오 자유유럽(Radio Free Europe)'을 운영하는 데 사용된 것으로 알려졌다. Anne Karalekas, *History of the Central Intelligence Agency*(Laguna Hills, Cal.: Aegean Park Press, 1977), p.31; Sig. Mikelson, *America's Other Voice: The Story of Radio Free Europe and Radio Liberty* (New York: Praeger, 1983), p.40, 42, 65; and Jeffreys-Jones(1989), p.60.

64) Johnson and Wirtz(2004), p.254.

65) 카터 행정부가 들어서면서 CIA의 비밀공작 예산이 대폭 축소됨에 따라 공작국의 인원도 감축된다. 카터 대통령이 임명한 터너 국장이 취임할 당시 CIA 공작국 소속 요원은 전성기의 8천명에서 이미 4,730명으로 감축되어 있었다. 터너 국장은 취임 후 2년에 걸쳐 CIA 공작국 소속 요원 820명을 해고했다. Johnson and Wirtz(2004), p.254.

66) Johnson and Wirtz(2004), p.254.

67) Johnson and Wirtz(2004), p.254.

제4절 비밀공작의 유형

1. 학계의 분류

앞 절에서 '비밀공작(covert action)'은 "일반적으로 정보기관의 주도하에 자국의 대외정책을 지원할 목적으로 수행되며, 외국의 정치·경제·군사·사회 등 여러 분야에 은밀히 개입하여 자국에게 유리한 조건을 조성하기 위한 비밀정보활동"이라고 정의하였다. 비밀공작은 정보기관이 주도하여 비밀리에 수행한다는 점에서 첩보수집활동과 유사한 점이 있지만 행위의 목적에서 차이가 있다. 즉 수집활동은 지식으로서의 정보를 생산할 목적으로 수행되지만, 비밀공작은 국가의 외교정책을 지원하는 데 목적을 둔다는 점에서 분명한 차이가 있다.

국가의 외교정책을 지원하기 위해 활용되는 비밀공작의 기법과 수단들은 다양하게 동원될 수 있으며, 이에 관해 학계에서도 여러 가지 견해가 제시된다. 앞서 언급했던 바, 1948년 NSC 지침 10/2에서는 비밀공작(covert operations)의 유형으로써 ① 선전공작(propaganda), ② 경제전(economic warfare), ③ 사보타지, 반사보타지, 파괴, 그리고 소개(evacuation) 등 다양한 종류의 예방적 행동조치들, ④ 지하 저항운동, 게릴라, 난민해방단체 지원 등을 포함한 적대국 전복공작, ⑤ 국가 내부에서 자생적으로 등장한 토착반공세력에 대한 지원 등을 들고 있다.[68] 홀트는 선전공작, 외국의 단체에 대한 지원, 영향공작, 준군사공작 등으로 구분하고 각각의 유형들에 대한 사례들을 들어 구체적인 설명을 제시하였다.[69] 슐스키가 범주화(categorization)하여 제시하는 비밀공작의 유형은 다소 독특하다. 슐스키는 비밀공작의 범주를 ① 우호 정부에 대한 비밀지원, ② 외국 정부의 인식에 대한 영향공작, ③ 외국 사회의 인식에 대한 영향공작, ④ 우호적인 정치세력에 대한 지원, ⑤ 정치적 사태에 대해 폭력적 수단을 통한 영향력 행사 등 다섯 가지 유형으로 분류하고 각각의 유형에 부합되는 사례들을 들어 세부적으로 설명하였다.[70]

이처럼 비밀공작의 기법과 유형에 대해 각기 다양한 견해들이 제시되고 있지만 아직까지 학계에서 이에 대한 포괄적 목록이 제시되지 않았으며 표준 유형도 정립되어

---

68) Jeffreys-Jones(1989), pp.55-56.
69) Holt(1995), pp.139-162.
70) Shulsky and Schmitt(2002), pp.159-187.

있지 않은 상황이다. 이러한 가운데 로웬탈은 비밀공작의 유형을 두 가지 기준 즉 '폭력성'과 '그럴듯한 부인(plausible deniability)' 가능성에 따라 단계별로 구분하여 선전공작, 정치공작, 경제공작, 쿠데타, 준군사공작 등으로 제시하였다.[71] 즉 폭력성 정도를 기준으로 선전공작은 폭력성이 가장 낮은 반면 정치공작, 경제공작, 쿠데타 등의 순으로 폭력성이 강화되고, 준군사공작을 가장 폭력적인 행위로 규정하였다. 거꾸로 준군사공작은 공작의 배후가 노출될 가능성이 높아 그럴듯한 부인 가능성이 가장 낮고, 쿠데타, 경제공작, 정치공작 등의 순으로 그럴듯한 부인 가능성이 점차 높다가 선전공작의 경우에는 공작의 배후를 색출하기가 매우 어려우므로 그럴듯한 부인 가능성이 가장 높은 유형의 비밀공작으로 기술하고 있다.

로웬탈이 제시하는 비밀공작의 형태는 영미 학계에서 비교적 일반화된 유형으로 인정받고 있다. 따라서 이 책에서도 그러한 분류에 따라 비밀공작의 유형과 사례들을 소개하기로 한다. 여기서 한 가지 유의할 점은 로웬탈은 비밀공작의 유형을 단계별로 분류하고 있지만 실제 비밀공작에서는 그러한 단계 또는 구분이 명확하지 않다. 대부분의 경우 여러 가지 유형의 비밀공작이 동시에 복합적으로 추진된다. 예를 들어, 1964년과 1970년대 CIA는 칠레에서 친소 사회주의 성향의 아옌데 정권을 전복시키는 쿠데타 공작을 지원하는데 흑색선전, 금품살포, 사보타지 등 여러 가지 수단을 동시에 다발적

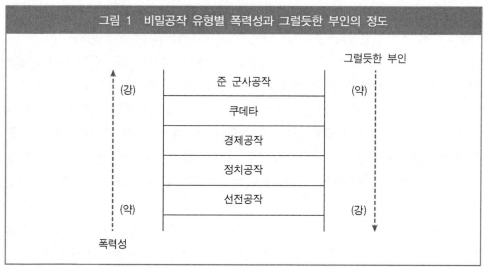

그림 1   비밀공작 유형별 폭력성과 그럴듯한 부인의 정도

출처: Mark M. Lowenthal, *Intelligence: From Secrets to Policy, 3ʳᵈ ed.*(Washington, D.C.: CQ Press, 2006), p.163, 그림 8-1.

---

71) Lowenthal(2006), pp.162-165. 이와 유사하게 존슨(Loch K. Johnson)은 쿠데타를 제외하고 4가지 유형으로 분류했다. Johnson and Wirtz(2004), pp.254-259.

으로 동원했던 것으로 드러났다. 이처럼 비밀공작의 유형을 단계별로 구분하는 것은 단순히 분류상의 편이를 위한 것으로서 실제 상황과는 차이가 있다.

2. 선전공작

선전공작은 종종 심리전(psychological warfare)으로 불리기도 하는데 주로 자국에 적대적인 개인이나 집단을 대상으로 특별한 정치적인 목적을 관철시키기 위해 정보를 유포하는 행위이다. 때로 자국에게 협조적인 개인이나 집단을 지원하기 위해서 활용되기도 한다. 자국에게 적대적인 개인이나 집단을 대상으로 정치 불안이나 경제난에 대한 거짓 소문을 퍼뜨리는 행위도 여기에 해당된다.[72] 가장 일반적이며 많이 활용되는 기법으로서 신문이나 방송 등 언론매체에 의견이나 정보 또는 역정보를 유포하는 행위가 있다. 선전공작은 정치공작, 경제공작, 쿠데타 등 모든 비밀공작을 전개하는데 기본적으로 활용되는 수단이라는 점에서 중요하다. 선전공작은 폭력성이 가장 낮고 그럴듯한 부인이 상대적으로 용이하기 때문에 비밀공작 기법들 중에서 가장 많이 활용되는 것으로 나타난다.[73]

선전공작의 목적을 효과적으로 달성하기 위한 수단으로서 다양한 종류의 기법들이 활용된다. 선전공작은 행위의 주체 또는 배후를 밝히는 문제와 관련하여 백색선전(white propaganda), 회색선전(gray propaganda), 흑색선전(black propaganda) 등 세 가지 유형으로 분류될 수 있다.

백색선전은 주체나 배후를 명백히 밝히고 선전활동을 수행하는 행위이다. 여기에 해당되는 대표적인 사례로서 냉전시대 동안 미국 정부가 United States Information Agency(USIA)라는 조직을 활용하여 공개적으로 선전공작을 전개했던 활동을 들 수 있다. USIA는 세계 각국에 주재하고 있는 미국 대사관을 통해 정보를 제공했다. 러시아의 Radio Moscow도 여기에 해당된다.[74] 백색선전은 출처를 공개하기 때문에 대체로 정확한 정보를 제공하게 되지만 때로 과장 또는 허위 정보를 유포하기도 한다. 출처를 명백히 밝히는 만큼 자국의 입장을 공개적으로 주장할 수 있다는 장점이 있다. 정부 내 홍보를 담당하는 부처 또는 외교부, 국방부 등 정부의 일반 부처에서 정부의 입장이

---

72) Lowenthal(2006), p.162.
73) 냉전기간 중 미 CIA가 수행한 전체 공작 중에서 선전공작이 약 40%를 차지했고, 그 다음 정치공작(30%), 경제공작(10%), 준군사공작(20%)이었던 것으로 알려졌다. Johnson and Wirtz(2004), p.254.
74) 국가정보포럼(2006), p.117.

나 견해를 홍보하는 행위도 여기에 해당될 수 있다. 백색선전은 공개적이며 합법적인 행위이고 정부 일반 부처에서도 수행하기 때문에 선전공작으로 인정되기 어려운 측면이 있다.

정보기관에서 주로 수행하는 선전공작은 대부분 출처를 밝히지 않고 수행한다. 앞에서 언급한 미국의 USIA가 공개적으로 선전공작을 전개했던 반면, CIA는 주로 출처를 속이면서 비밀리에 선전공작을 전개했다. 출처를 밝히지 않는다고 제공되는 정보가 모두 허위는 아니다. 냉전시대 CIA가 출처를 밝히지 않은 채 선전공작을 통해 제공되는 정보는 거의 사실이었으며(98%), 나머지 2%만 거짓이었던 것으로 알려졌다.[75]

출처를 철저히 은폐시키면서 선전활동을 수행하는 기법으로 흑색선전이 있다. 흑색선전은 특정 의견이나 사실의 출처를 완전히 은폐시킨 채 유포하는 행위를 말하며, 주로 허위 또는 폭로 정보 등을 제공할 때 사용한다. 한때 소련이 아프리카인들을 대상으로 미국이 AIDS를 퍼뜨렸다는 소문을 유포했는데 일종의 흑색선전에 속한다.[76] 흑색선전에 활용되는 언론매체는 정부가 소유 또는 통제하고 있는 경우가 많다. 일반인들에게는 독립적인 언론매체로 알려져 있지만 실제로는 정부에 의해 통제되고 있는 전위단체(front group)가 여기에 해당된다.[77] 슐스키는 그 대표적인 사례로 제2차 세계대전 전 영국이 미국 내에서 고립주의를 주창하는 대표적인 보수단체인 'American First'에 대응하기 위해 다수의 전위단체를 설립했다고 기술했다.[78] '국제민주변호사협회(International Association of Democratic Lawyer)'라는 단체는 1988년 중반 무렵 미국 정보기관 요원이 남미 지역의 어린아이들을 살해하여 장기이식에 활용하고 있다는 날조된 거짓말을 유포시키기도 했는데, 사실 이 단체는 KGB의 전위단체였다.[79] 때로 언론매체에 원하는 기사를 게재하든지 정보기관들과 연관이 없는 것처럼 철저히 위장하여 작가나 출판사에 필요한 내용을 게재 또는 출판하도록 하는 기법도 흑색선전의 일환으로 빈번히 활용된다.[80]

출처를 은폐하는 것은 같지만 얼마나 철저히 은폐하는가에 따라서 흑색선전과

---

75) Johnson and Wirtz(2004), p.254.
76) Johnson and Wirtz(2004), p.254
77) 슐스키 & 슈미트, 신유섭 역(2007), p.177.
78) 1940년에 설립되었다가 1941년 일본의 진주만 공습 이후 해체되었다. 유럽에서의 전쟁에 미국이 개입하지 않음으로써 미국의 민주주의를 보존해야 한다는 원칙을 추구했다. 영국과 유대인 그리고 루즈벨트 행정부가 미국을 전쟁으로 몰아가고 있다고 비난했다. 슐스키 & 슈미트, 신유섭 역(2007), p.177.
79) Andrew and Gordievsky(1990), p.530.
80) 이에 관한 사례들은 슐스키 & 슈미트, 신유섭 역(2007), pp.176-177 참고.

회색선전으로 구분될 수 있다. 흑색선전은 출처를 철저히 은폐하지만 회색선전은 출처를 완전히 은폐하지 않으면서 선전활동을 수행한다. 즉 출처가 어느 정도 노출되지만 공개적으로 인지되지는 않는 상태를 의미한다. 미국이 동유럽과 소련 주민들을 대상으로 1949년과 1951년에 각각 설립한 '자유 유럽 라디오(Radio Free Europe)'와 '자유 라디오(Radio Liberty)'는 CIA가 배후 조종하고 있었으면서도 마치 민간 기업체에서 운영하는 것처럼 가장하여 방송했는데 이는 일종의 회색선전 공작으로 간주된다.[81] 두 방송국에 대해 사람들은 막연하게 미국이 지원하고 있다는 것은 알고 있었지만 CIA가 배후였다는 사실은 공식적으로 밝혀지지 않았다.[82] 방송국은 뮌헨에 본부를 두고 1970년 정체가 드러날 때까지 운용되었는데, 공산권 사회 주민들의 이념과 사고방식을 변화시키는데 결정적인 역할을 수행했던 것으로 평가된다.

냉전시대 동안 CIA는 비밀공작 대상국의 신문기자, 방송인, 잡지 기자, 저술가 등을 협조자 또는 공작원으로 포섭하여 목표 국가에 대한 선전공작을 활발히 전개했다. 이들은 방송이나 언론에 CIA가 작성해 준 원고 내용을 마치 자신의 견해인 것처럼 발표했다. 내부분의 국민들은 그들이 CIA 협조자라는 사실을 전혀 알지 못하기 때문에 그들이 제공하는 정보를 신뢰하게 된다. 사회 통제가 철통같이 강화된 전체주의 독재국가의 경우 그곳의 언론인들을 CIA의 협조자로 포섭하는 것이 매우 어려웠다. 그래서 CIA는 연설문, 잡지, 책, 라디오 등을 풍선에 띄워 소련과 동구권 사회주의체제 국가들의 영토로 날려 보내는 방법으로 선전공작을 전개했다. 풍선에 실린 자료들을 통해 주민들은 바깥세상의 일을 알 수 있었다. 풍선을 통한 선전공작은 대부분 소련을 대상으로 전개되었다. 엄청나게 많은 풍선을 날려 보냈음에도 불구하고 소련 영토가 워낙 넓은데다가 엉뚱한 곳에 불시착하는 경우가 많아서 그 효과는 미미했을 것으로 추정된다.

냉전이 한창이던 시절 미국은 세계 도처의 외국 방송국에 매일 70-80건의 선전물을 방송토록 하였던 것으로 드러났다.[83] 번스타인(Carl Bernstein)은 1952년부터 1976년의 기간 동안 미국 내 400여 명이 넘는 언론인들이 CIA의 선전공작에 협조자로 활동했다고 주장했다.[84] CIA의 선전공작이 최고조에 달했을 때 800개의 신문과 방송국을

---

81) 슐스키 & 슈미트, 신유섭 역(2007), p.175.
82) 1973년 미 의회는 '자유 유럽 라디오'와 '자유 라디오'의 운영주체를 '국제방송국(Board for International Broadcasting)'으로 하여 독자적 운영체제를 허가해주었다. 이로써 '자유 유럽 라디오'와 '자유 라디오'는 '회색'에서 '백색'으로 전환된 셈이다. Stempel(2007), p.126.
83) Johnson and Wirtz(2004), pp.254-255.
84) Church 위원회는 동일 기간 동안 50명의 언론인들이 협조자로 활동했다고 폭로했고, CIA는 공식적으로 36명이라고 발표했다. Johnson(1989), p.185; United States Congress, *Final Report of the*

CIA가 운용했던 것으로 알려졌다.[85] 앞에서 언급했던바, 대표적인 사례로서 동유럽 공산국가 주민을 대상으로 공산주의체제의 모순을 비판하고 자유민주주의 체제를 선전하는 활동을 전개했던 '라디오 자유유럽(Radio Free Europe)'과 '자유 라디오(Radio Liberty)' 등을 들 수 있겠다. 아시아 지역에서는 1951년에 설립되어 필리핀 마닐라에 본부를 두고 중국 본토 주민을 대상으로 선전공작을 전개했던 '자유 아시아 방송(Radio Free Asia)'이 있었다.

냉전시대 동안 CIA는 신문사, 잡지사, 서적 출판사 등에 비밀자금을 지원하여 선전공작을 전개했다. CIA가 비밀리에 자금을 지원했던 것으로 드러난 Der Monat(서독), Encounter(영국), the Daily American(이탈리아) 등은 반소주의 성향의 대중매체였다.[86] 그리고 El Mercurio(칠레), Elimo(앙골라), Salongo(앙골라) 등은 CIA가 특정지역에서 미국의 이익을 위한 선전공작에 활용되었다.[87] 베트남 전쟁 기간 동안 *Economist* 지에 전쟁에 관해 자세하게 기술한 내용의 기사를 게재했던 것도 CIA의 선전공작의 일환이었던 것으로 밝혀졌다.[88] CIA는 체제선전에 유리한 내용을 기술하도록 작가들에게 비밀자금을 지원하기도 했다.[89] 그리고 *The Penkovskiy Papers*라는 단행본의 경우처럼 사실은 CIA가 작성했지만 다른 사람의 이름을 빌려서 출판한 서적도 많다.[90] 1970년 말까지 CIA가 직접 출판하거나 또는 CIA의 보조금을 받고 출판된 서적이 무려 1,000여 권이나 되는 것으로 알려졌다.[91]

Select Committee to Study Governmental Operations with Respect to Intelligence Activities('*Church Committee Report*'), *Book I: Foreign and Military Intelligence*(Washington, D.C: U.S. Government Printing Office, 1976), p.192, in http://www.intelligence.senate.gov/pdf94th/94755_1.pdf(검색일: 2013년 11월 1일).

85) Jeffrey T. Richelson, *The U.S. Intelligence Community*, 2nd. ed.(Lexington, MA: Ballinger, 1989), p.338.

86) O'Brien(2004), p.267; Johnson(1989), p.186.

87) Gregory F. Treverton, *Covert Action: The Limits of Intervention in the Postwar World*(New York: Basic Books, 1987), pp.14-15, 19.

88) Johnson(1989), p.197.

89) 예를 들어, W. W. Rostow, *The Dynamics of Soviet Society*(New York: W. W. Nortone & Co., 1953); Kurt Muller, *The Foreign Aid Programs of the Soviet Bloc and Communist China*(New York: Walker, 1967) 등의 책들은 CIA의 비밀자금을 지원받고 저술된 것으로 알려졌다. Johnson (1989), pp.158-159. 이 문제는 CIA법에 금지된 행위로서 미국이 이러한 행위를 실제로 저질렀는지를 두고 미 하원 법사위원회(The House Judiciary Committee on Civil and Constitutional Rights)에서 심각한 논란이 있었다. Victor Marchetti and John D. Marks, *The CIA and the Cult of Intelligence*(New York: Laurel, 1980), p.153.

90) Marchetti and Marks(1980), pp.144, 152-153.

91) Richelson(1989), p.339.

KGB의 선전공작

CIA는 선전 및 기만공작에 방송과 활자 매체 두 가지를 모두 적극 활용했던 반면, KGB는 방송매체는 거의 활용하지 않고 주로 신문, 출판사 등 활자 매체를 활용했다. 예를 들어, KGB는 1960년대 말 경 인도차이나 지역에서 미국이 생물무기를 사용했다고 주장하는 내용을 중도 성향의 Bombay Free Press Journal에 게재했다.[92] 1968년 런던 타임지와 서방 신문들이 이를 보도했다. 1982년 11월 당시 UN 주재 미국대사였던 커크패트릭(Jeane Kirkpatrick)이 남아공화국의 군 정보기관인 BOSS와 연계가 있다는 내용이 런던 New Statesman에서 보도되었는데 이는 KGB의 선전공작이었다.[93] 때로 소련은 자국 지도자에 대해 좋은 이미지를 서방국가들에게 선전할 목적으로 활자 매체를 활용하기도 했다. 예를 들어, 안드로포프(Yuri Andropov)가 KGB 의장으로 재직하던 시절 Time과 Newsweek에 그가 온건한 성향에다 영어를 유창하게 구사하며 사적으로 자유분방한 인물이라는 점을 부각시키는 내용이 게재되었는데 이것도 KGB 공작에 따른 것으로 알려졌다.[94]

KGB는 종종 신문이나 출판사에 KGB 요원을 기자로 위장 취업시켜서 첩보를 수집하고 비밀공작을 추진하는데 활용했다. 대표적인 사례로 Novosti Press를 들 수 있다. Novosti Press에는 상당수의 KGB 요원들이 기자로 가장하여 근무했으며, 30-40여 명의 해외 특파원들이 사실상 KGB 요원이었다. 또한 KGB는 덴마크 신문기자였던 페터슨(Arne Petersen)을 포섭하여 1973년부터 1981년까지 영국 보수당의 대처 수상과 반소주의 성향의 인사들에 대해 비판적인 기사를 게재하고 팜플렛을 유포시켰다. 기사는 페터슨 본인 스스로 작성하기도 하고, 때로는 KGB가 작성하여 페터슨 명의로 발표했다.[95] 바론(John Barron)의 진술에 따르면 해외에서 활동하는 500여 명의 소련 기자들 중의 대부분은 정보 요원이었으며, KGB의 지시나 허가를 얻지 않고도 소련 영토 밖에서 자유롭게 여행할 수 있는 기자는 극소수에 불과했다고 진술했다.[96]

흑색선전이든 회색선전이든 출처를 밝히지 않을 경우 두 가지 이점이 있다. 첫째, 선전활동의 대상이 되는 사람들에게 출처가 밝혀지지 않고 출처의 숨은 의도가 드러나지 않을 때 선전 내용에 대한 신뢰성을 높일 수 있고 선전 효과가 극대화될 수 있다. 예를 들어, 영국 정보기관은 제1, 2차 세계대전 당시 미국의 참전을 유도하기 위해 출처를 밝히지 않은 채 미국 내에서 영국에 대해 우호적이고 고립주의에 반대하는 의견을 유포하는 등 다양한 유형의 흑색선전 활동을 전개했던 것으로 드러났다. 영국

---

92) O'Brien(2004), p.266.
93) O'Brien(2004), p.266.
94) Andrew and Gordievsky(1990), p.419, 527.
95) Andrew and Gordievsky(1990), p.346, 495; John Barron, *KGB Today: The Hidden Hand*(New York, 1983), p.277.
96) Barron(1983), p.260.

정부가 개입했다는 사실이 드러날 경우보다는 출처를 숨기고 은밀히 참전 여론을 유도하는 것이 보다 더 효과적이었기 때문에 그러한 방식을 활용했던 것이다.[97] 둘째, 출처를 밝히지 않을 경우 외교적으로 곤란한 상황을 피하면서 의도한 목적을 달성할 수 있다. 예를 들어, 1979년부터 1981년 사이에 발생한 이란 인질사태 당시 소련 정부는 이란 인질 사건에 관련하여 공식적으로는 UN에서 미국의 입장을 지지하는 태도를 취했지만 흑색방송을 활용하여 반미 여론을 선동하는 이중적인 행동을 취했던 것으로 드러났다.[98] 소련으로서는 외교적인 문제를 피하면서 출처를 숨기고 반미 여론을 선동함으로써 원하는바 외교적인 목적을 효과적으로 달성할 수 있었던 것이다.

3. 정치공작

정치공작은 선전공작보다 한 단계 더 강력한 수단으로 활용되지만 때로 선전공작과 병행하여 전개되기도 한다.[99] 정치공작은 대상국가의 정치과정에 개입하여 자국에게 유리한 정치적 상황을 조성하기 위한 행위이다. 대상국가의 정당, 시민단체, 노조, 언론 등과 같은 정치세력 중 자국에 협조적인 세력을 지원하고 반대로 자국에 대해 적대적인 세력이 정권을 장악하지 못하도록 방해하는 활동을 수행한다.[100] 때로 대상국가의 선거에서 개입하여 특정후보의 당선을 지원하기도 한다. 집권자의 장기집권을 돕거나 축출하기 위해 특정 정당 또는 특정 후보를 다양한 방법으로 은밀하게 지원하는 행위도 여기에 해당된다. 이와 같은 정치공작은 상대국의 정치과정에 개입하는 행위로서 국내문제에 외국이 간섭하지 말아야 한다는 내정불간섭 원칙에 위배되기 때문에 노출될 경우 외교적으로 치명적인 비난을 받을 수 있다.

---

97) 당시 영국은 우호적인 언론인들을 활용하여 일간지에 기사를 싣는 활동, 뉴욕 소재 한 라디오 방송국을 활용하여 은밀히 영국에 우호적인 내용을 유포시키는 활동, 전위단체를 설립하여 전개하는 선전활동, 그리고 의회 및 미국 노동운동계에서 반대 입장을 취하는 인사들을 곤란하게 만들기 위한 활동 등을 수행했다. David Ignatius, "How Churchill's Agents Secretly Manipulated the U.S. Before Pearl Harbor," *Washington Post*(September 17, 1989), Outlook section, p.1; 슐스키 & 슈미트, 신유섭 역(2007), p.174.

98) 당시 소련은 이란 내 소련이 운영했던 흑색방송국인 '이란 국민의 소리 방송(National Voice of Iran)'을 활용하여 이란 인질사건 관련 미국을 비난하고 반미 의견을 고조시키는 행동을 취했던 것으로 밝혀졌다. 슐스키 & 슈미트, 신유섭 역(2007), p.175.

99) Lowenthal(2006), p.162.

100) 슐스키 & 슈미트, 신유섭 역(2007), p.179.

냉전시대 미국과 소련의 정치공작 사례[101]

 CIA는 정치공작의 일환으로 외국의 정치인이나 고위관료에게 비밀리에 자금을 지원해 주기도 했다. 이에 대해 비평가들은 CIA가 미국의 이익을 위한다는 명분으로 정당화하지만 뇌물증여나 다름이 없다고 지적한다. 냉전시대 동안 CIA는 이탈리아, 요르단, 이란, 에콰도르, 앙골라, 칠레, 서독, 그리스, 이집트, 수단, 수리남, 마우리티우스, 필리핀 등 세계 도처에서 여러 국가들을 대상으로 정당이나 정치인들에게 비밀리에 자금을 지원해 주었던 것으로 드러났다. CIA는 공산주의 세력에 대응하기 위해 반공 성향의 정당이나 정권을 육성·지원해 주는 등 다양한 방법을 동원했다.
 소련도 여러 국가들을 대상으로 정치공작을 전개했다. 소련은 1948년 체코에서 그리고 1978년 아프가니스탄에서 친소 정치세력을 지원하고 쿠데타를 일으키도록 배후 조종했던 것으로 알려졌다. 이 밖에도 소련은 쿠바, 앙골라, 이라크, 모잠비크 등 여러 국가들을 대상으로 정치적인 지원과 함께 쿠데타를 배후 조종하는 정치공작을 수행했다.

 정치공작은 크게 지원공작과 영향공작으로 구분될 수 있다. 지원공작은 대상국가의 정부, 정당, 노동조합, 시민단체, 언론기관, 개인 등 자국에게 우호적인 세력들을 지원하는 행위를 말한다. 영향공작은 외국정부의 정책에 직접적으로 영향을 미치는 임무를 띠고 있는 공작원들(agents of influence)을 활용하여 수행되는 정치공작을 말한다. 지원공작이 우호적인 세력을 직접 지원하는데 초점을 두는 반면, 영향공작은 대상국가의 정책에 영향을 미칠 수 있는 인사를 공작원으로 활용하여 필요한 목적을 수행한다는 점에서 간접적이라고 볼 수 있다.

 지원공작은 우호적인 정부를 지원하는 데 초점을 두고 임무를 수행한다. 그런데 우호적인 정부를 지원하는 일은 공식적인 외교를 통해서도 수행될 수도 있다. 예를 들어, 미국이 제3세계 국가들에게 군사원조를 제공하는 것은 공식적인 외교활동의 일환으로 수행되었다. 그런 점에서 우호적인 정부를 지원하는 데 목적을 두고 수행되는 정치공작은 공식적인 외교활동과 유사하다. 그러나 정치공작은 비밀리에 수행된다는 점에서 차이가 있다. 그렇다고 비밀리에 수행되는 모든 외교활동이 비밀공작으로 인정되는 것은 아니다. 비밀공작은 정보기관 고유의 활동이다. 따라서 비밀리에 수행되더라도 정보기관이 아닌 외교관이나 군인들에 의해 수행되었을 경우 비밀공작으로 인정되지 않는다.

 지원공작에는 주로 금전적인 지원이 가장 많이 활용된다. 미국 처치위원회의 보고

---

101) Johnson and Wirtz(2004), p.256.

서에 따르면 1940년대 말 미국 CIA는 "서유럽에서 소련의 정치적 영향력을 확대하려는 공산주의자들의 노력을 무산시킬 계획을 수립하도록 지시를 받았다."102) 이 계획에는 "유럽에서 공산당에 대항하는 전선을 형성하고 있는 노동단체 및 정치단체에게 보조금을 지급하는 것"이 포함되어 있었다.103) 이러한 계획이 실행되어 1940년대 말에는 주로 노조, 언론, 선거와 관련된 단체들을 지원했고, 1950년대와 1960년대에는 학생, 노동, 문화 활동분야에서 공산당에 대해 "대항전선 역할을 하는" 단체들을 적극적으로 지원했던 것으로 드러났다.104) 전 세계 청소년들을 대상으로 소련이 공산주의 운동을 전개하자 이에 대응하여 CIA는 1952년부터 1967년 기간 동안 전국학생연합(the National Students Association) 예산의 80%를 지원했던 것으로 밝혀졌다.105) 250명이 넘는 미국 학생들이 CIA 기금을 지원받아 모스크바, 헬싱키, 비엔나 등에서 개최되었던 청년 축제에 참가했다. 이들에게는 소련과 제3세계 요인들의 동향과 소련의 보안활동 상황 등에 대해 보고할 임무가 부여되었다.106)

때로 정보기관이 대상국의 선거에 직접 개입하여 상대방 후보를 비방하는 흑색선전을 전개하기도 하고, 선거 관련 중요한 정보, 전략, 자금 등을 제공하기도 한다. 미국 CIA는 1960년대부터 오랫동안 일본 자민당에 선거자금을 제공했으며, 1947년 말 이탈리아 선거에 깊숙이 개입하여 공산당이 집권하는 것을 저지하는 데 성공했던 것으로 알려졌다.107) 미 상원 '처치위원회'의 보고서에 따르면 미국은 1964년 칠레 선거에 개입하여 유권자 1인당 1달러에 해당하는 300만 달러를 지원했던 것으로 드러났다.108) 당시 CIA는 대통령에 출마한 아옌데 후보가 승리하는 것을 막기 위해 기독사회민주당에 260만 달러를 지원했는데, 이는 당시 기독사회민주당 선거운동 자금의 절반이 넘는 엄청난 금액이었던 것으로 알려졌다.109) 그리고 미국은 1970년부터 1973년 9월 칠레에

---

102) NSC Directive 10/2(June 1948). 이 지침은 Roy S. Cline, *The CIA: Reality vs Myth.*(Washington, D.C.: Acropolis Books, 1982), p.126에 인용되어 있다.
103) U.S. Congress, Church Committee(1976), p.145.
104) U.S. Congress, Church Committee(1976), p.145.
105) O'Brien(2004), p.267.
106) O'Brien(2004), p.267; Lyman B. Kirkpatrick, Jr., *The U.S. Intelligence Community: Foreign Policy and Domestic Activities*(New York: Hill & Wang, 1973), p.153; Marchetti and Marks(1980), p.41.
107) 이에 대한 보다 자세한 내용은 슐스키 & 슈미트, 신유섭 역(2007), pp.180-181.
108) 참고로 그 해 미국에서도 선거가 실시되었는데 당시 다수당 입후보자들이 지출한 선거비용의 합계를 유권자의 숫자로 나눴을 때 유권자 1인당 50센트를 지출했던 것으로 알려졌다. Treverton (1987), p.18; Holt(1997), p.145.
109) United States Senate, *Staff Report of the Select Committee(the "Church Committee") to Study Governmental Operations with Respect to Intelligence Activities: Covert Action in Chile*, 1963-1973(Washington, D.C.: U.S. Government Printing Office, 1975). 기독민주당 선거운동을 지원하기 위해 미국에서 제공한 비용의 대부분은 아옌데를 비방하는 흑색선전 및 여론조작에 활용된 것으로 알려졌다. 그 결과 1973년 9월 4일 선거에서 미국 CIA가 지원했던 기독민주당의 에두아르

서 군사 쿠데타가 발발하기까지 약 3년 동안 800만 달러를 은밀히 지원했으며, 1972년 회계연도 한 해에만 300만 달러 이상을 제공했던 것으로 알려졌다.110)

영향공작은 외국 정부의 정책에 영향을 미칠 수 있는 공작원을 활용하여 자국에 유리한 정책이 수립되고 실행되도록 유도하는 기법이다. 그러한 임무를 수행하는 자를 영향공작원(agents of influence)이라고 칭하며, 그 대상으로는 대상국의 고위직 관료, 저명학자 또는 언론인 등 여론 지도자, 정계의 요인 등이다. 이들은 정책에 영향력을 행사하는 것뿐만 아니라 중요한 비밀첩보를 수집할 수 있는 능력도 갖고 있어 두 가지 임무를 따로 구분하기보다는 병행하여 수행하는 경향을 보인다.

첩보사에 널리 알려진 영향공작원으로 프랑스인 파떼(Pierre-Charles Pathe)를 들 수 있다. 그는 1976년 KGB로부터 자금을 지원받아 정치적 이슈를 다루는 『신세시스』 (Synthesis)라는 잡지를 발행했다. 동 잡지는 한때 프랑스 하원의원의 70%가 구독할 정도로 프랑스 내 정치엘리트 층으로부터 많은 인기를 얻었었다.111) 동 잡지는 서방의 정책에 대해 매우 비판적이었던 반면 소련과 사회주의 국가의 정책을 지지하는 입장을 취함으로써 프랑스의 정책결정에 상당한 영향력을 미쳤던 것으로 평가된다.112)

세계 각국의 정보기관들은 미국으로부터 군사원조 획득과 자국에게 유리한 정책을 유도하기 위해 미국 행정부, 의회, 언론기관 등을 대상으로 로비활동(lobbying)을 끊임없이 전개한다. 이처럼 정보기관이 배후에서 은밀히 로비활동을 전개하는 것도 일종의 영향공작이라고 볼 수 있다. 물론 정보기관이 아닌 개인이나 단체가 로비활동을 전개하는 것은 영향공작이 아니다. 2004년 8월 27일 CBS 특종보도에 따르면 이스라엘은 미국 내 친 이스라엘 로비단체로 활동하는 AIPAC(America Israel Public Affairs Committee, 미국 이스라엘 공공문제위원회)를 활용하여 미국의 대이란 정책이 자국에 유리한 방향으로 결정되도록 영향력을 행사하고자 시도했을 것으로 의심을 받았다.113) 만일 AIPAC의 로비활동에 이스라엘 정보기관이 어떤 방식으로든 개입했다면 일종의 영향공작으로 볼 수 있겠다.

도 프레이가 대통령으로 당선되었다. R. 제프리-존스, 김상민 역, 『CIA와 미국 외교정책』(서울: 학민사, 2001), pp.183-184.

110) United States Senate, Church Committee(1975); 이삼성, 『세계와 미국-20세기의 반성과 21세기의 전망』(서울: 한길사, 2001), p.508.

111) 슐스키 & 슈미트, 신유섭 역(2007), p.167.

112) 파떼는 1979년 파리 교외의 비밀 접선 장소에서 KGB 요원으로부터 돈을 받는 것이 발각되어 체포되었다. 슐스키 & 슈미트, 신유섭 역(2007), p.167.

113) AIPAC은 전 세계적으로 가장 강력한 로비단체로 평가받는다. 2004년까지 해마다 100여건이 넘는 친이스라엘 입법안이 통과되게 할 정도로 영향력이 막강하고, 이스라엘의 안보를 위해 30억 달러의 기금을 운용하고 있는 것으로 알려져 있다. 『주간동아』(2004년 9월 22일).

　　이 밖에 외국의 해외 망명 지도자에게 생계비나 활동 자금을 지원하는 것도 영향공작의 일환으로 볼 수 있다. 이러한 지원을 통해 대상국에 체류하고 있는 망명 지도자의 추종세력으로부터 협조를 얻을 수 있고, 장래 망명 지도자가 본국에 복귀하여 중요한 직책을 담당하게 될 경우 자국에게 호의적인 정책을 기대할 수 있을 것이다.114) 외국의 주요 지도급 인사에 대한 신변경호(physical security)를 제공하는 것도 영향공작의 일환으로 수행된다. 국내정치적으로 불안정한 상황이 발생할 경우 이들은 신체상의 위협을 느끼면서 활동하게 된다. 이들을 위한 경호요원 제공, 훈련 및 장비의 지원, 경호 관련 정보의 제공 등은 우호적인 외국 지도자의 안전을 지키고, 이들 정부 및 지도자 개인과 우호관계를 증진시킬 수 있는 좋은 기회가 될 수 있다. 미국은 외국 주요 인사에 대한 경호 지원을 계속해 왔고, 소련도 쿠바의 카스트로, 리비아의 가다피, 이라크의 사담 후세인 등 친공산주의자들에 대한 경호 지원을 제공했던 것으로 알려졌다.115)

4. 경제공작

　　민주주의 체제든 독재체제든 각국의 정치지도자들은 공통적으로 자국의 경제문제에 대해 민감한 입장이다. 식량난, 생필품 부족, 물가 폭등 등 경제적인 불안정은 국민들의 불만을 촉발시켜 정치적인 불안을 야기하고, 상황이 더욱 악화되면 정권이 와해될 수 있기 때문이다. 냉전시대 동안 미국과 소련의 정보기관은 각각 자국에 대해 적대적인 국가의 경제체계를 약화 또는 붕괴시키는 데 초점을 두고 다양한 유형의 경제공작 활동을 전개하였다. 위조지폐를 유통시켜 경제체제를 혼란시킨다든지 대상국가의 주요 수출품에 대한 국제가격을 고의로 폭락시켜 대상국의 교역조건을 악화시키는 행위도 여기에 포함된다. 노동단체의 태업 또는 사보타지를 유도하여 기업체의 산업활동을 장기간 마비시키는 행위도 여기에 해당된다. 때로 대상국가에게 경제적 이익이 될 수 있는 계약이 성사되지 못하도록 정보기관이 은밀히 개입하는 경우도 있다. 극단적인 경우 적대적인 국가를 대상으로 경제봉쇄 조치를 취하여 경제체제를 와해시키는 행위도 경제공작의 일환으로 수행된다.

　　미국은 1962년부터 수십 년 동안 친소 사회주의 성향의 카스트로 정권을 와해시키고자 쿠바에 경제봉쇄 조치를 취함으로써 쿠바 경제를 지속적으로 악화시켰다. 쿠바에 카스트로 정권이 출범한 직후 미국 CIA는 사탕수수의 국제거래 가격을 의도적으로

---

114) 정영철(2002), p.162.
115) 정영철(2002), pp.162-163.

떨어뜨려 쿠바에 경제적으로 막대한 손실을 입히게 만들었다.[116) 이어서 쿠바의 국제
금융기구 가입 배제, 전략물자 수출통제, 미 달러화의 쿠바 유입 규제, 미국인의 쿠바
방문 허가제, 미국 거주 쿠바인들의 본국 방문 횟수 및 송금액 제한, 미국 기업의 대
쿠바 수출 규제 등 다양한 유형의 경제봉쇄 조치가 취해졌다. 이로 인해 쿠바 경제가
극심한 어려움에 처했지만 카스트로 정권을 붕괴시키는 데는 실패했다.

　경제를 혼란시키는 공작은 쿠바와 같은 독재체제보다는 칠레와 같은 민주주의
체제에 보다 효과적인 영향을 미칠 수 있을 것이다. 독재체제의 경우 국민들이 경제적
으로 궁핍해지거나 생필품이 부족해도 폭동을 일으키거나 민감하게 반응할 수 없기
때문이다. CIA는 칠레의 아옌데 대통령 집권 기간 동안 사회를 혼란시켜 아옌데 정권에
대한 군사 쿠데타가 일어날 수 있도록 환경을 조성하기 위해 다양한 유형의 경제공작
활동을 전개했다. 아옌데 대통령의 취임 직후인 1970년 12월 4일자 미국 국무부 보고서
에 따르면 당시 키신저 국무장관의 지시로 여러 기관이 참여하는 특별대책반이 구성되
어 아옌데 정권을 외교적으로 고립시키고, 세계은행·국제개발은행·수출입은행 등을
통한 모든 대출 및 여신 제공을 막아 경제적 압박을 가하는 방안을 수립했던 것으로
드러났다.[117) 이어서 실제로 미국은 칠레 사회를 혼란에 빠뜨리기 위해 경제원조 중단,
국제 차관 제공 금지 등의 금융제재 조치를 취했다.[118) 그리고 노동자들 속에 CIA
요원들을 침투시켜 불법파업과 시위를 배후 조종하는 활동도 전개했다. 1972년 10월
CIA로부터 비밀자금을 지원받은 트럭 운송업자들이 대규모 파업을 일으켰다. 칠레의
지정학적 구조상 트럭 운송업자들의 파업은 곧 국가 경제를 마비시킬 정도로 심각한
상황을 초래했다. 경제위기에 직면한 데다 우익의 교묘한 선전에 이끌린 칠레의 중산층
은 점차 아옌데 정권을 반대하는 세력으로 바뀌었던 것으로 드러났다.[119)

　1981년 서독 정부는 당시 소련과 천연가스 구매와 파이프라인 건설계약을 체결했
다. 소련으로부터 가스를 수입하고 가스관 건설 공사에 서독, 영국 등 유럽의 기업들이
참여하는 내용이었다. 당시 미국의 레이건 대통령은 이에 반대하는 입장을 취했으며,
영국이나 서독에 있는 미국 기업의 자회사들조차 이 파이프라인 건설공사에 참여하지

---

116) Johnson and Wirtz(2004), p.257.
117) Virtual Truth Commission, "Chile 2-1970-September 11, 1973, The United States and Allende, http://www.geocities.com/~virtualtruth/chile2.htm(검색일: 2013년 11월 1일).
118) 처치위원회의 보고서에 따르면, 1969년 3,500만 달러였던 미국의 대 칠레 원조는 1971년에는 150만 달러에 불과했다고 한다. 그리고 미국 수출입은행이 제공한 신용은 1967년과 1969년에 각각 2억 3,400만 달러와 2,900만 달러에 달했으나 1971년에는 제로였다고 한다. U.S. Senate, Church Committee(1975), p.33; 이삼성(2001), p.519.
119) U.S. Senate, Church Committee(1975), p.33; 이삼성(2001), p.519.

못하게 했다. 소련에 전략자원인 가스를 너무 의존하면 국가안보에 위험하다는 이유를 내세웠다. 서독이나 영국 정부는 이런 조치가 기업의 영업활동을 방해하는 위법적인 조치라며 강력 반발했고, 당시 몇 년 간 이를 두고 미국과 유럽 국가들 간에 상당한 갈등이 있었다. 그런데 이 과정에 미국 CIA가 개입하여 결국 가스 파이프라인 공사계약이 철회되도록 방해공작을 전개했던 것으로 알려졌다.120) 만일 가스 파이프라인 공사가 계획대로 추진되었다면 아마도 소련은 유럽 국가들에게 천연가스를 수출하여 얻은 막대한 재원으로 경제파탄을 막을 수 있었을 것이다. 결국 CIA의 소련에 대한 경제공작이 소련 경제를 파탄지경에 빠뜨렸고 소련체제의 붕괴를 앞당기는데 결정적인 역할을 수행했을 것으로 추정된다.

한편, 존슨 행정부와 닉슨 행정부 당시 베트남에 대해서 그리고 레이건 대통령 당시 니카라과의 사회주의 정권에 대해 취했던 것처럼 항구에 기뢰를 설치하여 민간 선박의 수송을 방해하는 행위도 경제공작의 유형에 속한다.121) 또한 CIA가 북베트남과 니카라과에서 변전소와 석유 저장탱크를 다이너마이트로 폭파시켜 경제적으로 손실을 입힌 것도 경제공작으로 간주된다. 오늘날 경제적인 혼란을 야기하는 경제공작의 새로운 방법으로 정보기관이 은밀해 개입하여 적대국의 컴퓨터 망을 교란시키는 행위가 활용되기도 한다. 전력, 통신, 금융, 철도, 항공, 군사장비 시스템 등 국가 중요 기반구조에 정보기관에서 은밀히 배후조종하는 해커들이 침투하여 대상국의 전산망을 마비 또는 교란시킬 경우 경제적으로 막대한 혼란과 손실을 야기할 수 있다.122)

5. 쿠 데 타

정부의 전복을 목적으로 하는 쿠데타 기도는 정치공작, 경제공작보다는 한 단계 더 강력한 유형의 비밀공작이라고 본다. 선전공작, 정치공작, 경제공작 등은 적대적인 국가는 물론 우호적인 국가에 대해서도 수행될 수 있지만 쿠데타 공작은 대체로 적대적인 국가만을 대상으로 수행된다는 점에서 차이가 있다. 선전공작, 정치공작, 경제공작, 준군사공작은 대체로 목표라기보다는 수단이라고 볼 수 있는 반면, 쿠데타는 그러한 수단을 활용하여 달성하고자 하는 최종목표라고 볼 수 있다. 어떤 유형의 비밀공작을 수단으로 활용할지는 상황에 따라 각기 다르겠지만 쿠데타에 성공하기까지 둘 또는

---

120) 피터 슈바이쳐 저, 한용섭 역, 『냉전에서 경제전으로』(서울: 오름 1998).

121) Johnson and Wirtz(2004), p.257.

122) Johnson and Wirtz(2004), p.257.

셋 이상의 다양한 수단 또는 기법들이 동원된다. 때로 쿠데타를 수행하는 과정에서 암살, 테러, 준군사공작 등 극단적인 폭력이 동원되기도 한다.

쿠데타 공작과 준군사공작은 서로 밀접하게 연계되며 때로 용어상의 혼란으로 인해 구분이 모호하게 사용되기도 한다. 그럼에서 불구하고, 두 용어 간에는 몇 가지 분명한 차이가 있다. 대체로 준군사공작은 수단으로 활용되는 반면 쿠데타는 선전공작, 정치공작, 경제공작 등 여러 가지 유형의 비밀공작을 통해 달성하고자 하는 최종 목표라고 볼 수 있다. 준군사공작의 궁극적인 목표는 정권교체 즉 쿠데타인 경우가 많다. 예를 들어, 1961년 미국의 피그만 침공은 무력을 동원한 준군사공작이라고 볼 수 있는데, 그 궁극적인 목표는 쿠바의 카스트로 정권을 교체하는데 두었다는 점에서 쿠데타 기도라고 볼 수도 있다. 준군사공작은 대상국가에 비정규군을 직접 투입하여 수행되지만 쿠데타는 대상국가 내부에 있는 기존단체를 지원하거나 꼭두각시(puppet) 단체를 만들어서 지원하는 등 간접적인 방법을 활용한다는 점에서도 차이가 있다. 또한 준군사공작은 암살, 테러, 전투행위 등 폭력적인 수단을 직접 동원하여 수행되지만 쿠데티 공작은 폭력행위에 직접 가담하기보다는 쿠데타를 기도하는 개인이나 집단을 간접적으로 지원하든가 또는 적대적인 집단에 대해 선전공작, 정치공작, 경제공작 등 덜 폭력적인 수단을 활용한다는 점에서 차이가 있다. 마지막으로 준군사공작은 대규모 병력을 동원하기 때문에 배후가 쉽게 노출되기 쉽지만 쿠데타는 매우 은밀하게 진행되기 때문에 준군사공작에 비해 노출될 위험이 덜 하다는 특징이 있다.

1953년의 팔레비 정권을 옹립한 이란 쿠데타, 1954년의 과테말라 쿠데타, 1963년 도미니카 쿠데타 등은 미국 CIA가 주도하여 성공했던 쿠데타 공작의 대표적인 사례로 알려져 있다. CIA는 1964년 칠레에 아옌데가 대통령으로 당선되는 것을 성공적으로 저지했으며, 1973년 아옌데 대통령 암살과 정권교체에 결정적인 역할을 수행했던 것으로 알려졌다. 반면에 1958년 인도네시아 수카르노 정권을 전복시키려던 CIA의 쿠데타 기도는 실패로 끝난 대표적인 비밀공작의 사례로 알려졌다. 또한 CIA는 쿠바의 카스트로 정권을 전복시키고자 1961년 피그만 침공에 이어 갖은 수단을 동원했으나 결국 실패하고 말았다. 아래에서 이들 사례에 대해 간략히 소개하기로 한다.

1953년의 이란 쿠데타는 영국과 미국이 협력하여 수행된 비밀공작으로서 선전공작과 정치공작을 적절히 활용하여 성공한 것으로 분석된다.[123] CIA와 MI6는 친서방 이란인과 군인, 종교지도자들을 선전선동으로 포섭하고, 이란 정부의 관료, 언론인, 기업인들을 뇌물로 매수하는 영향공작을 효과적으로 전개하여 모하메드 모사데

---

123) 이에 대한 자세한 내용은 뒷장을 참고.

그(Mohammed Mossadegh)가 이끄는 민족주의 정권을 쿠데타로 전복시키고, 모하메드 레자 팔레비(Mohammed Reza Pahlevi)를 국왕으로 삼아 독재정권을 옹립하는데 성공했다.[124)

1954년 6월 미국 CIA가 배후에서 주도한 과테말라 쿠데타는 군사작전적인 요소보다는 90% 이상 선전공작과 심리전을 효과적으로 전개하여 성공했던 것으로 나타난다.[125) 당시 미국 CIA는 군부 쿠데타를 계획하고 있던 카를로스 카스티요-아마스 대령을 지원했다. 카스티요-아마스는 미국 캔자스 주의 육군지휘참모학교에서 훈련을 받은 경력이 있는 인물이었다. 그는 온두라스에서 700명의 반란군을 훈련시켜 이들을 쿠데타에 동원했다. CIA는 과테말라 내 '자유의 소리'라는 방송국을 활용하여 반란군을 지원했다. 당시 '자유의 소리' 방송국은 정부 공영 방송국과 인접한 지역에서 공영방송 아나운서의 목소리를 모방해서 방송했다.[126) 대부분의 청취자들은 반란군의 선전방송을 정부 공영방송으로 착각했다. 수많은 반란군이 막강한 공세를 취해오고, 있지도 않은 전투에서 반란군이 승리하고 있는 것처럼 전투상황을 거짓으로 보도했다. 과테말라 정부군은 이에 속아 제대로 대응조차 하지 못하고 반란군에게 항복하고 말았다. 결국 과테말라 쿠데타는 군사작전보다는 심리전과 선전공작을 통한 기만책을 효과적으로 전개하여 쉽게 성공할 수 있었던 것이다.[127)

도미니카 공화국의 트루히요는 1930년 대통령 선거에 승리한 이후 국민들을 잔혹하게 고문하고 탄압했으며 온갖 부정부패를 저질렀다. 그럼에도 불구하고 미국은 친미노선을 유지하는 그를 방관했다. 그런데 쿠바에서 카스트로가 부패한 바티스타 정권을 무너뜨리는 혁명에 성공하자 미국의 정책결정자들은 도미니카에서도 유사한 상황이 발생할 것으로 우려했다. 이에 CIA는 그를 제거할 음모를 꾸민다. 1961년 5월 30일 수도 외곽에서 트루히요가 타고 있던 차량에 총기가 난사되었고 그는 곧바로 숨졌다. 이후 케네디 대통령은 1961년 11월 1,800명의 해병대 병력을 도미니카에 파병하여

124) 영국은 영국 소유의 영국-이란 석유회사(Anglo-Iranian Oil Company)를 이란 모사데그 정부가 국유화하려하자 이를 저지할 목적으로 CIA와 공동으로 1952년부터 모사데그를 제거하기 위한 비밀공작을 추진하였다. 암호명 '에이잭스 작전(Operation Ajax)'으로 불리는 CIA의 비밀공작은 극소수의 인원과 소규모 자금을 동원하여 극비리에 진행되었고, 1953년 8월 마침내 이란에서 민주적으로 선출된 정부를 붕괴시켰다. 애초의 작전비용은 10만~20만 달러였으나, 실제로는 1천만~2천만 달러가 소요되었던 것으로 추정된다. John Prados, *Presidents' Secret Wars: CIA and Pentagon Covert Operations Since World War II*(New York: William Morrow & Company, 1986), p.97; Thomas Powers, *The Man Who Kept the Secrets: Richard Helms & the CIA*(New York: Alfred Knoff, 1979), p.85; 이삼성(2001), pp.504-505.
125) 이에 대한 보다 자세한 내용은 뒷장을 참고.
126) 김윤덕, 『국가정보학: 이론과 실제의 이해』(서울: 박영사, 2001), p.176.
127) 이에 대한 보다 자세한 설명은 이삼성(2001), pp.506-507를 참고.

친미주의자로 알려진 발라구어(Joachim Balaguer)가 정권을 장악하도록 지원했다. 그러나 1963년 2월 총선에서 승리한 보쉬(Juan Bosch)는 미국의 기대와는 달리 보다 강력한 사회주의 정책을 추진했다. 이에 미국 CIA는 1963년 9월 도미니카 군부의 쿠데타를 지원하여 보쉬 정권을 퇴진시켰다.[128]

1973년 칠레 아옌데 정권이 전복되기까지 CIA는 선전공작, 정치공작, 경제공작 등 모든 유형의 비밀공작 기법을 다양하게 동원했던 것으로 드러났다. CIA는 1970년 선거를 전후하여 공산주의자들에 대한 흑색 선전공작, 정당 등 단체에 대한 자금 지원, 중요 인물에 대한 영향공작, 군사 쿠데타 배후 조종 등 다양한 유형의 비밀공작을 전개했다. 특히, CIA는 당시 ITT(International Telephone and Telegraph Corporation)회사에 35만 달러를 제공하고 이를 칠레 대통령 후보로서 아옌데의 강력한 경쟁자였던 알레산드리(Jorge Alessandri)에게 전달시켰던 것으로 드러났다.[129] 그리고, 1970년부터 시작하여 3년 간에 걸친 미국의 집요한 비밀공작 끝에 마침내 1973년 9월 13일 군사 쿠데타로 인해 아옌데 정권이 몰락하게 된다.

1958년 인도네시아 수카르노 정권을 전복시키려던 CIA의 기도는 실패로 끝난 대표적인 비밀공작의 사례로 알려졌는데 정치공작과 준군사공작이 활용되었다. CIA의 인도네시아 개입은 정치공작으로 시작되었다. 1955년 9월 29일 CIA는 공산당에 대항하는 회교정당(Muslim Masjumi Party)을 지원하는 정치공작에 400만 달러를 투입했다.[130] 그러나 선거 결과 공산당은 3,450만 표 중 600만 표를 획득하여 회교 정당을 물리쳤다. 1957년 인도네시아 대사를 역임하고 미국 국무부 정보조사국(INR) 국장이 된 휴 커밍의 건의로 반 수카르노 공작이 추진되었고, 여기에 국무부, 국방부, CIA가 가담했다.[131] 1957년 말 CIA는 수카르노 정권에 대항하는 군부 반란군에게 무기를

---

128) 미국 CIA의 도미니카 공화국 개입에 대한 보다 자세한 내용에 대해서는 http://www.spartacus. schoolnet.co.uk/JFKtrujillo.htm(검색일: 2007년 9월 2일)를 참고.

129) Frank McGehee, "A Model Operation-Covert action in Chile: 1963-1973," Institute for Global Communications, 8 January 1999. online copy on Hartford Web Publishing site accessed 21 September 2006, http://en.wikipedia.org/wiki/Salvador_Allende#_note-4(검색일: 2007년 9월 23일). 사실 1970년의 칠레 선거에는 CIA뿐만 아니라 소련 KGB도 깊이 개입하여 금전과 흑색선전이 난무하는 매우 혼탁한 양상의 선거전이 전개되었다. 1970년 경 KGB는 아옌데의 선거 운동을 지원하기 위해 약 40만 달러를 제공했고, 아옌데에게 직접 5만 달러를 전달했던 것으로 드러났다. The U.S. Senate Select Committee(the "Church Committee"), *The 1970 Election: a "Spoiling" Campaign,* Staff Report of the U.S. Senate Select Committee to Study Governmental Operations with Respect to Intelligence Activities, December 18, 1975. Accessed 21 September 2006 on U.S. Department of State FOIA site; Vasili Mitrokhin and Christopher Andrew, *The World Was Going Our Way: The KGB and the Battle for the Third World,* Basic Books (2005), pp.69-88, http://en.wikipedia.org/wiki/Salvador_Allende#_note-4(검색일: 2007년 9월 23일).

130) 이삼성(2001), p.546.

131) Jeffreys-Jones(1989), p.95.

제공하고 준군사공작 전문가를 지원해 주었다. 그리고 CIA는 조종사를 파견해 수마트라 섬의 반란부대 공군을 지원했는데, 1958년 5월 18일 CIA 조종사가 교회를 폭격하여 대부분의 회중을 죽이고 피격당해 추락했다.[132) 이로써 CIA가 반군세력을 지원하고 있다는 사실이 백일하에 드러나게 되었고, 결국 덜레스 CIA 국장은 반군 지원 작전을 중단시켰다.[133)

쿠바의 카스트로 정권을 전복시키기 위한 CIA의 공작은 흑색선전, 정치공작, 경제공작, 준군사공작 등 모든 수단이 동원되었으나 결국 실패하고 말았다. 1961년 CIA로부터 훈련받은 1,511명의 반 카스트로 쿠바 망명객들을 동원하여 쿠바의 피그만을 침공하는 준군사공작을 감행했으나 처참한 실패를 경험하게 되었다.[134) 피그만 침공이 실패로 끝난 뒤 케네디 정부는 '몽구스 작전(Operaion MONGOOSE)'을 전개하게 된다.[135) 이 비밀공작은 사보타주, 파괴, 심리전 등을 전개하여 쿠바 사회를 교란시켜 카스트로 정권을 전복시키고, 최종적으로 카스트로를 암살하는데 초점을 두고 추진되었다. 이 작전은 1963년 1월 종결되었고, 1963년 6월 CIA를 중심으로 새로운 비밀공작이 추진되어 쿠바의 정유공장, 철도, 고속도로, 발전소 등 기간산업 시설을 대상으로 사보타지 활동을 보다 적극적으로 전개하였다. 당시 CIA는 600여 명의 정보관들과 3,000여 명의 협조자들을 동원해 카스트로 정권을 붕괴시키기 위해 모든 수단을 동원했으나 결국 실패하고 말았다.[136)

6. 준군사공작(paramilitary operation)

준군사공작은 정보기관의 주도하에 대규모의 인원을 동원하여 적대국에 대해 직접적인 군사공격을 단행하는 행위로서 가장 폭력적이고 위험이 수반되는 비밀공작의 유형이다.[137) 종종 암살, 테러, 파괴 등 폭력적인 수단이 동원되며, 대부분 자국에 대해 적대적인 정권을 교체할 목적으로 수행된다. 정보기관이 대상국가의 반란군이나 비정규부대에 무기, 군수물자, 전략, 작전계획, 군사훈련 등을 지원하는 행위도 준군사공작

---

132) 이삼성(2001), pp.546-547.
133) 수카르노 정부는 미국이 배후 조종했다는 사실을 알았음에도 미국과의 관계를 고려해 이 문제를 공개화하지 않았다. 이삼성(2001), p.547; Jeffreys-Jones(1989), p.95.
134) 보다 자세한 내용은 뒷장을 참고.
135) 이에 대해서는 이삼성(2001), pp.538-540; Warren Hinckle and William Turner, *The Fish is Red: The Story of the Secret War Against Castro*(New York: Harper & Row, 1981), pp.121-148; Jeffrey Richelson(1989), p.335.
136) 이삼성(2001), pp.538-540.
137) Lowenthal(2006), p.163.

에 포함된다. 준군사공작은 전투행위를 지원할 뿐만 아니라 때로 전투행위에 실제로 참여한다는 점에서 일반적인 군사행동과의 경계가 모호할 수 있다. 그러나 행위의 배후가 정규군이 아닌 정보기관이라는 점에서 정규부대가 전투 병력을 동원하여 수행하는 전쟁이나 전투 행위와는 명백히 구분된다.

군에서 수행하는 '특수작전부대(special operations forces)'의 활동은 일반 군인들이 수행하는 전투와 다른 특수한 임무를 띤 작전을 비밀리에 전개한다는 점에서 준군사공작과 유사한 면이 있다. 미국 국방부의 군사용어사전에 따르면 군의 '특수작전(direct action)'은 "특수부대 또는 특수임무 수행 능력을 갖춘 부대가 특별히 설정한 요인이나 물자를 포획, 파괴, 원상회복 또는 손실을 야기하기 위해 수행되는 단기 공습과 기타 소규모 공격행위"라고 정의하고 있다.[138] 그런데 이러한 특수작전은 엄밀한 기준을 적용할 경우 준군사공작으로 인정되지 않는다. 무엇보다도 특수작전은 제복을 입은 군인들이 수행한다는 점에서 정보요원이 주도하는 준군사공작과는 분명히 다르다.[139] 또한, 비밀공작은 미국 정부가 공격행위 배후임을 은폐하려고 하는 반면, 특수작전은 미국 정부가 책임을 지고 공개적으로 공격행위를 취한다는 점에서도 차이가 있다. 특수작전은 공개적인 행위로서 '그럴듯한 부인'이 어렵기 때문에 대통령이 행위의 결과에 대해 명확히 책임을 갖는다. 따라서 행위의 배후를 은폐하는 비밀공작에 비해 윤리적인 문제가 발생할 소지가 매우 적다는 점에서도 차이가 있다. 대표적인 특수작전으로서 1980년에 이란 인질 구출작전을 들 수 있다. 당시 특수부대가 공개적으로 작전 임무를 수행했기 때문에 카터 행정부는 행위의 결과에 대해 책임추궁을 당했다.[140]

미국에는 '특수작전사령부(Special Operations Command, SOCOM)'라는 명칭의 특수작전 임무를 수행하는 부대가 있다. 이와 유사한 유형의 부대로서 영국에도 'Special Air(SAS)'와 'Special Boat Services(SBS)' 등이 있다.[141] 아프가니스탄에서 활동하고

---

138) Louise I. Gerdes, *Espionage and Intelligence Gathering*(New York: Greenhaven Press, 2004), p. 103.
139) Lowenthal(2006), p.164.
140) Gerdes(2004), p.104.
141) 미국의 특수작전부대사령부(Special Operations Command)는 공개적이거나 '백색' 임무를 수행하는 부대와 비밀공작(covert action)이나 비밀작전(clandestine mission) 등 '흑색' 임무를 수행하는 부대로 구성되어 있다. CIA와 유사한 유형의 준군사공작 활동을 수행하는 부대는 흑색공작부대로서 제1 특수작전부대-델타(1st Special Forces Operational Detachment-Delta, 일명 Delta Force), 해군 특수전수행단(Naval Special Warfare Development Group, DEVGRU, or SEAL Team 6), 육군 제 75 레인저 연대(75th Range Regiment) 등에 약 2,000명이 편성되어 있는 것으로 알려져 있다. 이들 흑색공작부대는 테러범 소탕, 인질구출 등의 임무를 수행하는데 미국 국방부는 이들 부대의 실체를 공식적으로 시인하지 않고 있다. Jennifer D. Kibbe, "Covert Action and Pentagon," *Intelligence and National Security*, Vol.22, No.1(February 2007), pp.59-68.

있는 CIA의 준군사공작 부대는 CIA 공작국 소속의 '특수활동반(Special Activities Division)'에서 관장하고 있다. 보도에 따르면 CIA 준군사공작 요원들은 아프가니스탄에 가장 먼저 도착하여 아프가니스탄 전투가 본격적으로 시작되기 전에 북부동맹(Northern Alliance)의 요원들과 교섭을 벌이고 탈레반에 대항하는 반군을 규합하여 공격태세를 준비시키는 등의 활동을 전개했다.[142] 당시 CIA 요원을 투입시킨 이유는 비밀공작을 추진하기 위해서가 아니고, CIA가 공작관이나 협조자, 또는 외국 정부와의 협력을 얻어 신속히 필요한 활동을 전개할 수 있는 능력을 갖추었기 때문이다. 특수작전에 투입되는 부대의 기동성이 과거에 비해 많이 향상되었음에도 불구하고 작전지역에 투입하기까지는 몇 주가 소요된다. 그래서 아프가니스탄에 국방부의 특수부대를 작전지역에 배치하기에 앞서 CIA 요원을 우선적으로 투입시켰던 것이다.

준군사공작 수행 관련 부처 간 주도권 경쟁 -미국의 사례[143]

미국 내 CIA와 국방부 중 어느 부처에서 준군사공작을 주관하는 것이 바람직한 것인지를 두고 오랫동안 논란이 있었다. 미국 국방부는 준군사공작이 자신들의 영역이 아니라고 판단해서 소극적인 태도를 취했기 때문에 전통적으로 CIA가 준군사공작을 주도해 왔다. 그런데 아프가니스탄 전쟁과 대테러 전쟁이 시작되면서 비밀공작의 주도권을 차지하기 위해 CIA와 국방부 간에 갈등이 전개되었다. 럼스펠드(Donald H. Rumsfeld) 국방장관은 적국의 군대 내부에 첩자를 부식하는 등 '특수작전사령부(Special Operations Command, SOCOM)'의 역할이 보다 확대될 것을 주장했다. CIA도 '공작국(Directorate of Operations)'의 인원과 조직을 확대 개편하는 등 여러 가지 조치를 취하여 준군사공작 수행 능력을 강화하고자 노력했다. 2004년 '9/11 진상조사위원회(National Commission on Terrorist Attacks Upon the United States, 일명 the 9/11 Commission)'에서 작성한 보고서에서는 CIA 공작국과 SOCOM의 임무와 역할이 중복된다는 견해를 제시하고, SOCOM이 CIA 공작국으로부터 준군사공작 임무를 이양받도록 권고하였다. 그런데 2005년 부시 대통령의 요청으로 수행된 연구에서는 CIA가 준군사공작의 임무를 수행해야 한다고 주장하여 9/11 진상조사위원회의 권고안과는 다른 의견이 제시되었다. 마침내 2005년 6월 부시 대통령은 CIA에 비밀공작임무를 전담하여 수행하도록 권한을 부여했다.

준군사공작은 대규모 인원이 동원되기 때문에 행위 자체는 물론 그 배후도 쉽게 노출될 수 있어 비밀공작의 여러 유형 중에서 '그럴듯한 부인'이 가장 어렵다. 비밀공작

---

142) Lowenthal(2006), p.164.
143) Lowenthal(2006), pp.168-169.

의 생명인 보안유지가 어려운 만큼 이러한 유형의 활동은 비밀공작의 범주에서 배제되어야 한다는 주장도 제기된다.[144) 그럼에도 불구하고, 정보기관만이 은밀하고도 신속하게 그러한 임무를 수행할 수 있다는 점에서 여전히 비밀공작의 범주에 남아 있다. 준군사공작은 배후가 노출됨으로 인한 정치적인 부담이 매우 크다. 따라서 대부분의 경우 처음부터 준군사공작에 착수하기 보다는 선전공작, 정치공작, 경제공작 등 덜 폭력적이고 배후를 숨기기 용이한 수단을 우선 동원하고 나서 별다른 성과가 없을 경우 마지막 수단으로 활용하게 된다.

냉전시대 미국 CIA는 세계 도처에서 수많은 국가를 대상으로 준군사공작을 수행했다. 공식 발표된 자료에 드러난 사실로서 CIA는 냉전시대 동안 우크라이나, 폴란드, 알바니아, 헝가리, 인도네시아, 중국, 오만, 말레이시아, 이라크, 도미니카 공화국, 베네수엘라, 북한, 볼리비아, 태국, 아이티, 과테말라, 쿠바, 그리스, 터키, 베트남, 아프가니스탄, 앙골라, 니카라과, 엘살바도르 등에서 친 서방 세력에게 군사 자문과 무기를 지원했다.[145) 냉전 초기 제3세계 국가에서 반공투쟁을 전개하는 단체에게 CIA는 필요한 자금과 부기를 지원해 주었다. 당시 CIA가 제공해 준 무기는 소총, 폭약, 실탄, 수류탄, 각종 기관총류, 대전차 로켓포 등으로 알려졌다. 레이건 대통령 당시 CIA를 통해 아프가니스탄의 반소 무장투쟁 조직인 무자헤딘(mujahideen)에게 30억 달러 상당의 무기를 제공해 주었던 것으로 밝혀졌다.[146) 당시 미국이 제공했던 무기 중에서는 소련 전투기 요격용으로 탁월한 성능을 자랑했던 스팅어 미사일(Stinger and Blowpipe missile)도 포함되어 있다. 미국이 제공한 스팅어 미사일은 소련이 아프가니스탄에서 군사작전을 전개하는데 심각한 위협이 되었으며, 소련은 제2의 베트남 전쟁이라는 함정에 빠질 것을 우려했다. 결국 스팅어 미사일이 소련이 아프가니스탄에서 철수하기로 결심한 결정적인 요인이었던 것으로 분석된다.[147)

앞서 살펴보았듯이 1980년대 아프가니스탄에서 전개된 CIA의 준군사공작은 소련군을 철수시키는 데 결정적인 역할을 수행함으로써 성공적이었던 것으로 평가된다. 그러나 CIA의 준군사공작은 성공 이상으로 많은 실패를 경험했던 것으로 알려졌다. 특히 1961년의 피그만 공격은 실패한 준군사공작의 대표적인 사례로 알려져 있다.

피그만(Bay of Pigs) 공격은 1959년 쿠바 혁명으로 집권한 카스트로가 친소 사회주의 정책을 추진하자 위기감을 느낀 미국 정부가 카스트로 정권을 전복시킬 목적으로

---

144) 슐스키 & 슈미트, 신유섭 역(2007), p.185.
145) Johnson and Wirtz(2004), p.257.
146) Johnson and Wirtz(2004), p.257.
147) Johnson and Wirtz(2004), p.257.

추진되었다. 1961년 4월 17일 새벽 무렵 CIA로부터 훈련받은 1,511명의 반 카스트로 쿠바 망명객들이 8척의 상륙용 함정에 승선하여 쿠바의 남쪽 해안에 있는 피그만(Bay of Pigs)을 공격하기 위해 출발했다. 그런데 함정은 피그만에 도착하기 전 불시에 암초에 걸려 200여 명의 사상자가 발생했다. 살아남은 1,209명은 침공 사실을 알고 미리 대기하고 있던 20만 명의 쿠바 정규군과 민병대에 의해 전원 생포되었다. 피그만 침공사건은 세계첩보사에서 '가장 우스꽝스러운 실패'로 그리고 미국 역사상 가장 쓰라린 패배로 혹평될 만큼 참으로 어처구니없는 실책으로 기록되고 있다.[148]

냉전이 종식된 이후에도 CIA는 코소보, 아프가니스탄, 이라크 등 제3세계권 국가들 내부에서 결성된 친미성향의 세력들에게 무기와 재정적인 지원을 제공했다. 특히 2002년부터 2003년의 기간 동안 CIA는 아프가니스탄 지역에서 알 카에다 세력을 소탕하기 위해 카메라와 미사일로 무장된 프레데터(Predator)라는 무인정찰기(UAVs)를 활용하기 시작했다. 이는 CIA가 시도한 새로운 방식의 준군사공작으로서 신속히 적을 식별하여 제거하는데 매우 효과적이라는 평을 얻었다.[149] 때로 준군사공작의 일환으로 CIA는 친미 성향의 무장단체에게 게릴라전과 반테러활동에 필요한 군사훈련을 시키기도 한다. 이러한 군사훈련을 담당할 교관요원은 CIA 요청에 따라 국방부에서 제공해 준다. 그리고 CIA가 국방부에서 수행하는 특수작전(Special Operation)을 지원해 주는 것도 일종의 준군사공작으로 간주된다.

군인들을 훈련시키는 일뿐만 아니라 때로 CIA는 친미 성향의 제3세계 국가 지도자를 보호하기 위해 경호원이나 민간 경찰들을 훈련시키는 일도 수행한다. 버지니아 소재 CIA 훈련장으로 알려진 캠프 페리(Camp Perry)에서 도청을 막는 방법, 테러집단의 공격을 피해 안전하게 자동차를 운전하는 경호용 운전기법 등을 교육하기도 한다.[150] CIA는 USAID(the U.S. Agency for International Development)라는 위장단체를 설립하고, 2,500만 달러의 예산을 투입하여 미시간 주립대에서 남부 베트남 정부군의 경찰들을 훈련시켰다.[151] USAID는 1952년부터 외국 경찰을 훈련시키는 프로그램을 운용했으며, 1955년부터 1962년 기간 동안 38개 국가에 요원을 파견하여 주재국 경찰들을 훈련

---

148) 1962년 카스트로는 미국으로부터 5,300만 달러 상당의 식품과 의약품을 받고 1,179명의 포로들을 교환했다. 당시 피그만 침공 결정에 관여했던 케네디 정부의 관료들은 충분히 합리적인 사고와 결정을 내릴 수 있을 것으로 기대되는 인물들이었다. 그런데 이처럼 어처구니없는 실책을 저지르게 된 원인을 제니스(Irving L. Janis)는 집단사고(Group Think)에 기인한 불합리한 정책결정으로 분석했다. 이에 대해서는 Irving L. Janis, *Victims of Groupthink*(Boston: Houghton Mifflin Company, 1972)를 참고.

149) Johnson and Wirtz(2004), p.257.

150) Johnson and Wirtz(2004), p.258.

151) Johnson(1989), p.157; and Kirkpatrick(1973), p.151.

시켰다. 1973년까지 73,000명의 외국 경찰요원들이 훈련을 받았는데, 그 해 미 의회에서 공식적으로 그러한 활동을 금지시키는 조치를 취했음에도 불구하고 CIA는 비밀리에 훈련 프로그램 운용을 지속했던 것으로 알려졌다.[152] 이란의 비밀경찰로 악명 높은 사바크(SAVAK)는 CIA 주도로 창설되었으며 CIA에서 요원들을 직접 훈련시켰다고 한다. CIA는 샤(Shah) 정권에 대항하는 반정부 단체를 진압하는 방법을 전수시켰고, 이에 대한 보답으로 사바크는 CIA에게 소련에 관한 정보를 제공해 주었다.[153]

과격하고 폭력적인 수단을 동원하는 암살, 테러, 파괴 행위 등도 준군사공작에 포함된다. 냉전시대 동안 CIA는 반미 또는 친소 성향을 띠고 사회주의 정책을 추진하는 남미, 아시아, 아프리카 지역의 정치지도자들을 대상으로 무차별 테러와 암살 행위를 자행했던 것으로 드러났다. 1975년 구성되어 CIA의 위법행위를 조사했던 처치위원회(Senate Select Committee to Study Governmental Operations with Respect to Intelligence Activities, the Church Committee)는 CIA가 1960년대와 1970년대 동안 세계 도처에서 수차례의 암살 행위를 저질렀다고 보고했다.[154]

그 중에서도 CIA가 쿠바의 카스트로(Fidel Castro)를 암살하려 시도했던 것은 널리 알려진 일이다. 1961년 피그만 공격이 실패하고 나서 쿠바에 대한 침공작전은 포기했지만, 케네디 정부는 이후에도 카스트로 정권을 붕괴시키기 위한 비밀공작을 끈질기게 수행했다.[155] 무엇보다도 케네디 정부는 독극물을 사용하고 마피아 요원을 협조자로 매수하는 등 온갖 방법을 동원하여 카스트로 암살을 시도했던 것으로 드러났다. 1975년 미 상원 처치위원회가 밝혀낸 바에 따르면 1960년부터 1965년 기간 동안 CIA는 적어도 8번에 걸쳐 카스트로 암살을 시도했다.[156] 이러한 카스트로 암살계획의 전모는 2007년

152) Gabriel Kolko, *Confronting the Third World: United States Foreign Policy 1945-1980*(New York: Pantheon, 1988), pp.50-51, 131, 210.
153) Kolko(1988), p.269.
154) Lowenthal(2006), p.170.
155) 피그만 침공이 실패로 끝난 뒤 케네디 정부는 '몽구스 작전(Operaion MONGOOSE)'을 전개하게 된다. 이 비밀공작은 사보타주, 파괴, 심리전 등 쿠바 사회를 교란시켜 카스트로 정권을 전복시키고, 카스트로를 암살하는데 초점을 두고 추진되었다. 이 작전은 1963년 1월 종결되었고, 1963년 6월 CIA를 중심으로 새로운 비밀공작이 추진되어 쿠바의 정유공장, 철도, 고속도로, 발전소 등 기간산업 시설을 대상으로 사보타지 활동을 보다 적극적으로 전개하였다. CIA는 600여 명의 정보관들과 3,000여 명의 협조자들을 동원해 카스트로 정권을 붕괴시키기 위해 모든 수단을 동원했으나 결국 실패하고 말았다. 이에 대해서는 이삼성(2001), pp.538-540; Warren Hinckle and William Turner, *The Fish is Red: The Story of the Secret War Against Castro*(New York: Harper & Row, 1981), pp.121-148; Richelson(1989), p.335.
156) 1975년 카스트로가 맥거번(George McGobern) 상원의원에게 제시한 자료에 따르면 CIA는 같은 기간 동안 카스트로나 그의 측근을 대상으로 24번에 걸쳐 암살기도를 감행했던 것으로 나타난다. CIA는 그 중에서 15건에 대해서는 부인하고 나머지는 시인했다. Arthur Schlesinger, *Jr., Robert Kennedy and His Times*(New York: Ballantine Books, 1978), p.591; 이삼성(2001), p.541.

6월 26일 CIA가 '가족보석(Family Jewel)'이라는 명칭으로 보관하고 있던 기밀문서를 공개하면서 밝혀졌다. 이 문서에 따르면 CIA는 FBI에서 악명 높은 지명수배자 10명의 명단에 들어 있는 인물 중 두 명의 마피아 조직 거물을 매수하여 카스트로를 암살하도록 제안했던 것으로 드러났다.[157]

　　CIA의 외국 지도자에 대한 암살공작은 카스트로만이 아니었다. CIA는 1960년 8월 군부 쿠데타로 물러난 콩고의 반식민주의 지도자 패트리스 루뭄바(Patrice Lumumba) 수상을 암살하려 했던 것으로 드러났다.[158] 미국은 루뭄바 수상을 중심으로 한 민족주의 세력이 확장되면서 향후 콩고에 친소 공산주의 정권이 등장할 것을 우려했다. 이에 아이젠하워 대통령은 루뭄바 수상을 암살시키는 것을 포함한 비밀공작을 승인하였다. 결국 루뭄바 수상은 반대파였던 조셉 모부투(Joseph Mobutu)의 군대에 체포되어 살해되었다.[159] 이 밖에 CIA는 1958년 10월 이라크의 카심(Abd al-Karim Qassim) 장군에 대해서도 암살을 시도했다. 앞서 언급했듯이, CIA는 1961년 5월 도미니카 공화국의 독재자 라파엘 트루히요(Rafael Trujillo)를 암살하려는 일단의 반란 집단을 배후에서 은밀히 지원했던 것으로 알려졌다.

　　1976년 이후 미국은 미국이 직접 수행하든지 또는 제3자를 동원하여 수행하든지 간에 암살행위를 공식적으로 금지했다. 암살금지 규정은 문서로 된 3개의 행정명령으로 하달되었으며, 1981년 레이건 대통령이 서명한 것을 가장 마지막으로 지금까지 그 효력이 유지되고 있다. 암살행위에 대해서는 아직도 미국에서 찬반 논란이 지속되고 있다. 암살을 반대하는 사람들은 특정인을 대상으로 국가가 암살행위를 저지르는 일은 윤리적으로 잘못된 것이라고 주장한다. 이와 반대로 윤리적으로 정당화될 수 있는 특수한 상황이 있다면서 암살행위를 옹호하는 주장을 펼친다. 2001년 9/11 테러가 발생하면서 미국에서 암살행위를 금지하는 규정을 두고 다시 논란이 일었다. 미국은 암살을 금지하는 규정을 재해석하여 오사마 빈 라덴과 그의 추종자들에 대한 암살은 테러와의 전쟁을 수행하는 데 필요한 합법적인 행위로 인정하게 되었다.[160]

---

157) 이에 대해서는 이삼성(2001), pp.541-545; http://www.donga.com/fbin/output?n=200706280142(검색일: 2007년 9월 1일)를 참고.
158) Richelson(1989), pp.337-338.
159) Stephen R. Weissman, "CIA Covert Action in Zaire and Angola: Patterns and Consequences," *Political Science Quarterly,* Vol.94, No.4(1979), pp.267-269; Richelson(1989), p.338.
160) Lowenthal(2006), p.170.

제 5 절 비밀공작의 쟁점과 과제

1. 정 당 성

비밀공작은 여러 가지 논란을 야기한다. 가장 근본적인 의문은 비밀공작이 정당화될 수 있는가하는 점이다. 이에 대해서 이상주의자(idealists)와 현실주의자(realists)로 대표되는 2개의 상반된 입장이 있다.[161] 이상주의자들은 타국의 국내 문제에 개입하는 것은 국제적인 규범으로써 주권을 침해하는 불법적인 행위라고 주장한다. 현실주의자들은 이상주의자들의 주장을 일부 수용하면서도 국익을 위해 어쩔 수 없는 선택이라는 입장을 취한다. 현실주의자들은 수십 세기의 역사 속에서 비밀공작이 국익을 위한 최선의 선택이었음을 경험적으로 보여주고 있다고 주장한다.[162]

미국은 19세기와 20세기 동안 타국의 국내정치에 개입하는 행위를 빈번히 자행했다. 그런데 대부분의 경우 군대를 동원하여 공개적으로 개입하였다. 냉전시대에 들어서서 미국은 군대를 동원한 공개적인 개입보다는 비밀공작을 적극적으로 전개했다. 냉전시대 소련의 위협이 미국의 비밀공작을 정당화시킬 수 있는 충분한 구실이 될 수 있었다. 실제로 트루만 정부(1945-1953)와 아이젠하워 정부(1953-1961) 당시에는 소련의 위협을 심각하게 느꼈기 때문에 비밀공작의 정당성에 대해 전혀 의문을 제기하지 않았다.[163] 무엇보다도 냉전시대 유럽이나 아시아 지역에서 소련과의 치열한 체제경쟁으로 인해 자칫 전쟁 상황으로까지 확대되는 사태를 막는데 기여할 수 있는 대체 수단으로서 비밀공작의 정당성이 인정받을 수 있었다.

1954년 아이젠하워 대통령은 외교정책의 수단으로서 비밀정치공작 수행에 관한 자문을 얻고자 위원회를 구성했다. 두리틀(Jimmy Doolittle) 장군을 위원장으로 구성된 위원회의 보고서에 다음과 같이 기술되었다:

> 우리는 현재 모든 수단과 희생을 치르고도 세계를 지배하겠다는 야심을 가진 무자비한 적들로부터 위협을 받고 있다. 이 게임에는 규칙이 없다. 최소한의 인간적인 도리나 규범도 무시된다. 이 게임에서 미국이 살아남으려면 미국적인 '공정한 행위(fair play)' 개념을

---

161) 로웬탈은 이상주의자와 실용주의자(pragmatists)로 구분했는데, 여기서 실용주의자는 국제정치학 용어로 현실주의자(realists)를 의미하는 것으로 해석된다. 따라서 이 책에서 실용주의자라는 용어 대신 현실주의자라는 용어를 쓰기로 한다. Lowenthal(2006), p.165.

162) Lowenthal(2006), p.165.

163) Lowenthal(2006), p.165.

재고해보아야 한다. 우리는 효과적인 간첩활동과 대간첩활동을 개발해야 하며, 적들이 우리에게 사용했던 방법보다 더 영리하고 정교한 수단을 활용하여 그들을 무력화시키고 괴멸시켜야 한다. 미국인들은 이처럼 기본적으로 모순되고 '비위에 거슬리는 철학 (repugnant philosophy)'을 이해해야 하며, 그러한 행위에 익숙해져야 한다.[164]

어쨌든, 냉전시대에는 소련이 전 세계 공산화를 목표로 선전선동을 포함한 공세적인 활동을 강화했기 때문에 이에 대응하기 위한 방편으로서 미국의 비밀공작이 정당화될 수 있었다.[165] 그러나 냉전이 종식되고 소련이라는 적대국이 사라진 상황에서 비밀공작은 더 이상 그 정당성을 상실했다. 특히 이상주의자들이 주장하는바 비밀공작은 본질적으로 주권국가에 대한 내정간섭으로서 국제법적으로 불법행위로 규정된다. 그런 점에서 과거와 같이 무분별한 비밀공작은 용인되기 어려울 것이다.

물론 비밀공작은 군사력의 사용이나 공식적인 외교채널을 통해 달성하기 어려운 외교 정책적 목표를 효과적으로 달성할 수 있는 수단이 될 수 있다는 점에서 그 필요성 자체는 인정된다. 특히 냉전이 종식되었음에도 불구하고 오늘날 테러리즘, 마약밀매, 대량살상무기 확산 등 새로운 안보위협에 대응할 필요성에서 다시금 비밀공작의 정당성을 주장하기도 한다. 그러나 비밀공작은 기본적으로 대상국가의 주권을 침범하는 행위로서 국제법적으로 용인되지 않는다. 더욱이 암살, 테러, 파괴 행위로 인한 물리적인 피해를 야기할 뿐만 아니라 선전선동, 정치공작, 경제공작 등으로 인해 대상국가의 국민들에게 공포와 불안 등 심리적 피해를 야기하기도 한다. 그러므로 비밀공작은 군사력이나 외교적인 수단으로 해결이 곤란한 상황에서 최후의 수단으로 활용되어야 하며, 그로 인한 피해(물질적, 경제적, 심리적)를 최소화하고자 하는 노력을 보임으로써 그 정당성을 인정받을 수 있겠다.

2. 그럴듯한 부인(plausible deniability)

비밀공작의 또 다른 문제점은 '그럴듯한 부인(plausible deniability)'에 관한 것이다. 대부분의 비밀공작은 대상국가의 내정에 간섭하는 행위로서 명백히 국제법에 위반되기 때문에 사실이 노출될 경우 대통령을 비롯한 최고정책결정권자가 곤란한 상황에 처하게 될 수 있다. 따라서 대통령을 비롯한 최고정책결정권자는 자신이 그러한 공작을

---

164) "Report of the Special Study Group[Doolittle Committee] on the Covert Activities of the Central Intelligence Agency, September 30, 1954" in William M. Leary, (ed.), *The Central Intelligence Agency: History and Documents*(Alabama: University of Alabama Press, 1984), p.144.

165) Barry(2004), p.278.

승인했다거나 알고 있었다는 점조차 부인할 수 있어야 한다. 그는 비밀공작이 그가 알지 못했거나 승인하지 않은 상황에서 수행되었다는 점을 그럴듯하게 주장할 수 있어야 한다.[166]

그럴듯한 부인이 성공하기 위해서는 무엇보다도 비밀공작에 관한 사항에 대해 엄격히 비밀이 유지되어야 한다. 비밀이 노출되면 아무리 그럴듯하게 부인해도 믿어주지 않게 된다. 비밀이 노출되지 않으려면 가능한 최소한의 정부 관료들만 참석하도록 범위를 좁힌다. 비밀공작의 규모가 커지면 비밀공작에 관한 사항이 노출되어 그럴듯하게 부인하기가 어렵다. 예를 들어, 피그만 공격이 시작된 직후 케네디 대통령은 아이젠하워 전 대통령에게 자문을 구했다. 케네디는 미국이 개입한 사실을 숨기기 위해 지상 전투 작전에 대해 공군 지원을 하지 않기로 한 자신의 결정이 옳았다면서 스스로를 변호했다. 이에 대해 아이젠하워는 피그만 작전의 성격과 규모를 감안했을 때 어떻게 미국이 개입했다는 사실을 은폐할 수 있느냐고 질의하면서 케네디의 결정을 비웃었다고 한다.[167]

비밀공작을 승인하는 공식적인 절차나 그러한 승인이 기록된 문서가 존재하지 않아야 한다. 문서화된 기록이 없다면 비밀공작을 누가 계획하고 승인했는지를 밝혀내기가 어렵다. 미국의 경우 1950년대와 1960년대 동안에는 비밀공작 사항에 관해 문서로 남겨두지 않았기 때문에 비밀공작을 누가 계획하고 승인했는지를 알 수 없었다. 그래서 얼마든지 비밀공작의 책임을 회피하거나 그럴듯하게 부인할 수 있었다. 그러나 이후 대통령이 비밀공작을 명령하기 위해 각각의 공작평가서(finding)에 서명하도록 의무화하면서 이제는 그럴듯하게 부인하는 것이 매우 어렵게 되었다.

비밀공작 실행 절차에 관련된 법은 1987년 레이건 행정부 당시 최초로 제정되었고, 1991년에 개정되어 지금까지 적용되고 있다. 동 법에 따라 대통령은 비밀공작을 실행하기 전에 문서 형태의 평가보고서(written Finding)에 반드시 서명해야 한다. 이에 따라 대통령은 비밀공작에 관해 더 이상 책임을 회피할 수 없게 되었으며, '그럴듯한 부인'이 사실상 거의 불가능하게 되었다. 이와 관련하여 헬름스(Richard Helms, 1966-1973) 전 중앙정보장(DCI)은 그럴듯한 부인은 비밀공작에서 절대적으로 요구되는 사항이지만 의회의 통제와 감독이 강화되면서 더 이상 유지하기 어려워졌고, 이제는 시대에 뒤떨어진 개념이 되어버리고 말았다고 술회했다.[168]

---

166) 슐스키 & 슈미트, 신유섭 역(2007), p.192.
167) Lowenthal(2006), p.166.
168) Lowenthal(2006), p.166.

3. 역류(blowback)

비밀공작의 또 다른 문제로서 역류(blowback) 현상을 들 수 있다. 원래 CIA 내부에서 사용되었던 용어로서 비밀공작이 잘못되어 자국이나 우호국의 국민들에게 의도되지 않게 부정적인 결과를 야기하는 현상을 의미한다.[169] 역류라는 용어는 1954년 3월에 작성되었는데 최근 비밀이 해제되어 공개된 CIA 보고서에서 최초로 사용되었다.[170] 동 보고서에서 CIA는 1953년의 이란의 모사데그(Mohammed Mossadegh) 정권 전복공작의 결과가 잘못되어 역류 즉 부정적인 결과를 야기할 것을 우려했다. 그러한 우려는 현실로 나타났다. 모사데그 정권 전복에 따른 쿠데타로 옹립된 팔레비 왕정은 25년간 독재와 폭정으로 이란 국민들을 탄압했다. 그리고 그 결과 1979년 호메이니(Aytollah Khomeini)을 수반으로 하는 이란 혁명이 발발했다. 그 해 미국은 이란 주재 미국 대사관에 50여 명의 미국인이 1년이 넘는 기간 동안 억류되는 사태를 겪기도 하였다. 더욱이 미국 CIA가 1953년의 쿠데타에 개입했던 사실이 알려지면서 아랍권의 국민들 간에 반미감정이 증폭되는 계기가 되었던 것이다. 이처럼 일시적으로 성공한 비밀공작이라 할지라도 역류로 인해 오히려 자국이나 우호국에 부정적인 결과를 야기하게 되는 사례들이 빈번하다.

일반적으로 알려진 역류의 의미는 비밀공작의 한 유형인 선전공작과 관련된다. 즉 해외에서 유포된 선전공작이 국내로 역류(blowback)되어 문제를 야기하는 경우를 들 수 있다. CIA는 미국 국내에서 정보활동을 수행할 수 없도록 규제되어 있다. 그런데 경우에 따라서 CIA가 해외에서 선전공작의 일환으로 유포한 내용이 미국으로 유입되는 일이 생길 수 있다. 오늘날 정보화·세계화의 흐름과 함께 지구촌 저 멀리서 일어난 사건이 실시간으로 보도되고 있는 상황을 감안했을 때 냉전시대에 비해 그러한 사례가 보다 빈번하게 발생할 수 있다. 이처럼 CIA가 해외에 선전공작의 일환으로 유포한 내용이 미국 내 언론에 보도되었을 경우 CIA가 책임을 져야 할 것인가? 특히 CIA가 해외에 선전공작의 일환으로 유포했던 왜곡된 정보가 미국의 국내 정치에 중대한 영향을 미쳤을 경우 그 책임 소재를 두고 논란이 제기될 수 있을 것이다.

오늘날 역류의 의미는 선전공작에만 한정하지 않고, 정치공작, 경제공작, 쿠데타, 준군사공작 등 모든 유형의 비밀공작으로 인해 야기되는 부정적인 결과를 의미하는

---

169) http://en.wikipedia.org/wiki/Blowback_(검색일: 2009년 4월 19일)
170) Charmers Johnson, "Blowback," http://www.thenation.com/doc/20011015/johnson(검색일: 2009년 4월 20일).

것으로 확대 해석되고 있다. 미국은 냉전시대 동안 전 세계 도처에서 비밀공작을 수행했는데, 그로 인해 미국 국민들이 직접적으로 피해를 입는 사태를 겪게 되었다. 예를 들어, 파나마의 군부 독재자 노리에가(Manuel Noriega) 전 대통령, 이라크의 사담 후세인(Saddam Hussein) 전 대통령, 그리고 9/11 테러의 주범으로 지목되고 있는 오사마 빈 라덴(Osama bin Laden) 등은 사실 미국 CIA의 협조자 또는 공작자산(assets)으로 활용되었었다. 한때 미국의 협조자로 활용되었던 이들이 미국에 등을 돌리면서 미국 국민들이 직접적인 피해를 입게 되었던 것이다.

파나마의 독재자로 악명이 높았던 노리에가는 CIA로부터 공작금을 받아 첩보를 제공하는 협조자 역할을 수행했었다. 노리에가는 파나마 운하 지역 내에 위치한 미국 남부군사령부의 자금 지원을 받고 니카라과의 산디니스타 정권과 중남미 마약 조직의 움직임에 관한 상세한 정보를 제공해 주었다. 노리에가가 체포된 후 월스트리트지의 폭로에 따르면 부시 전 대통령이 CIA 국장으로 재직하고 있던 1976-1977년의 기간 동안 노리에가에게 매년 11만 달러의 공작금을 제공했으며, 남부군사령부에서 제공한 것을 포함하여 노리에가가 미국에 협조한 대가로 받은 자금은 총 1,100만 달러에 달하는 것으로 알려졌다.[171] 노리에가는 레이건 대통령 당시 추진되었던 이란-콘트라 사건에서 미국과 긴밀한 협조체제를 유지했었다. 그러나 그는 파나마 국민들을 혹독하게 탄압한 독재자였고 국제 마약밀매에도 깊숙이 개입한 것으로 알려졌다. 이로 인해 그에 대한 미국 내 여론이 극도로 악화되었으며, 레이건 대통령은 1989년 12월 20일 파나마를 침공하여 노리에가를 전격적으로 체포하였다.[172]

이라크의 사담 후세인은 1979년 대통령이 되어 권력을 장악하기까지 미국 CIA와 긴밀한 협조체제를 유지했던 것으로 알려졌다. 미국은 이란의 호메이니 정권에 대항하는 이라크의 사담 후세인에게 첨단무기를 제공해 주고 군사훈련을 지원해 주었다. 미국의 지원 하에 1988년 이란과의 전쟁이 끝날 무렵 이라크는 세계 4위의 군사대국으로 성장했다. 그러나 그는 1990년 8월 쿠웨이트를 침공함으로써 미국과의 관계가 극도로 악화되었으며, 마침내 1991년 미국과 걸프전쟁을 치르게 되었다. 미국의 부시 대통령은 사담 후세인이 핵, 생화학 무기 등 대량살상무기를 제조하여 비축하고 있다는 것을 구실로 2003년 이라크를 공격하게 된다. 사담 후세인은 2003년 12월 13일 미군에 의해

---

171) http://windshoes.new21.org/wind-etc06-c.htm(검색일: 2009년 4월 20일).

172) 노리에가는 2007년 9월 9일 미국에서 15년의 형기를 마쳤으나 2009년 4월 8일 미국 항소법원의 결정에 따라 프랑스 당국에 신병이 인도되어 마약자금 세탁 혐의로 재판을 받을 예정이다. "미국 법원, 노리에가 프랑스로 송환 합법 판결," http://www.korea.co.kr/news/view.php?cd=10105&ns=240552(검색일: 2009년 4월 21일).

체포되었으며, 1982년 이라크 두자일 마을에서 시아파 주민 148명의 학살을 주도한 혐의가 인정돼 사형선고를 받은 뒤 2006년 12월 30일 전격적으로 사형이 집행됐다.

1979년 소련이 아프가니스탄을 침공하자 미국은 중앙아시아에서 소련의 세력 확장을 막기 위해 아프가니스탄 내 이슬람 반군들을 은밀히 지원했다. 미국 레이건 행정부 당시 빈 라덴은 사우디아라비아의 정보국장이었던 투르키 왕자의 주선으로 윌리엄 케이시 CIA 국장과 만났던 것으로 알려졌다.[173] 당시 빈 라덴은 아프가니스탄 무자헤딘(이슬람 전사)들에게 돈을 대고, 미국은 스팅어 미사일 등 무기를 지원하는 식으로 협조가 잘 이루어졌던 것으로 알려졌다.[174] 그러나 1989년 소련군이 물러나고 아프가니스탄이 혼돈상태에 접어들면서 양측의 관계는 깨지기 시작했다. 빈 라덴은 소련이 무너진 뒤 세계의 단일 패권인 미국을 제국주의자로 규정하고 적대적인 태도를 취하게 된다. 빈 라덴은 1993년 미국 뉴욕 세계무역센터(WTC) 폭탄테러사건에 자금을 지원한 배후세력으로 알려졌으며, 이후 1998년 케냐와 탄자니아 연쇄폭탄테러, 그리고 2001년 9/11 테러의 주범으로 지목되었다. CIA의 아프가니스탄 공작은 오사마 빈 라덴과의 긴밀한 협조관계를 통해 소련을 물리침으로써 성공적이었다는 평가를 받았다. 그러나 그로 인한 역풍이 너무 컸다. 빈 라덴이 이끄는 알 카에다 조직은 9/11 테러를 일으켜 미국에 상상을 초월할 정도로 엄청난 재산과 인명피해를 야기했다.

4. 손익평가

비밀공작을 실행함에 따라 손실과 이익이 발생하는바 이에 대한 손익 분석이 필요하다. 대규모 군사 또는 준군사공작을 실행하게 되는 경우를 제외하고 비밀공작을 추진함에 있어서 경제적인 비용은 그다지 많지 않다. 1964년 칠레에서 실행한 CIA의 정치공작은 비교적 큰 규모로 전개되었는데 지출된 비용은 수백만 달러에 불과했다. 경제적인 손실이 적은만큼 비밀공작의 결과로 얻게 되는 경제적인 이익도 그다지 크지 않다. 사실 비밀공작은 경제적인 목적보다는 주로 정치적인 목적을 위해 활용되는 경향을 보이기 때문이다.[175]

예외적으로 경제적인 목적이 주된 동기였던 비밀공작 사례로 이란에서 시행되었던 반 모사데그(Mossadegh) 쿠데타를 들 수 있다. 이란에서 발생한 반 모사데그 쿠데타는

---

173) http://www.ttalgi21.com/tatter/ttalgi21/76?category=4(검색일: 2009년 4월 21일).
174) http://www.ttalgi21.com/tatter/ttalgi21/76?category=4(검색일: 2009년 4월 21일).
175) Holt(1995), p.160.

모사데그가 앵글로-이란 석유회사(Anglo-Iranian Oil Company)를 국유화하려하자 이를 막기 위해 시도되었다. 미국은 직접적인 관계는 없었지만, 이란의 국유화 정책이 중동 지역의 다른 산유국으로 파급될 경우 미국계 석유회사가 타격을 입을 수 있을 것을 우려하여 영국이 주도하는 비밀공작에 협조했던 것이다. 영국에게는 경제적으로 직접 적인 이익이 되었지만, 미국은 단지 간접적인 이익을 기대했을 뿐이다. 이란의 쿠데타 가 성공함으로써 1973년까지 중동지역 산유국들의 국유화 시도가 억제되는 효과를 가져왔다. 어쨌든, 미국은 이란 쿠데타를 추진한 영국 정보기관에 협조함으로써 간접적 으로 나마 다소의 경제적인 이득을 챙긴 것으로 평가된다.[176]

비밀공작의 효과에 대한 경제적인 손익 계산은 어느 정도 분석이 가능하지만, 정치적인 손익을 정확히 평가하는 일은 쉽지 않다. 다만 비밀공작이 성공하게 될 경우 비록 정확히 계산할 수는 없을지라도 상당한 정도의 정치적인 이득을 얻을 것으로 예상된다. 1948년 미국 CIA는 이탈리아 선거에 개입하여 공산당이 패배하도록 비밀공 작을 전개했다. 혹자는 CIA가 개입하지 않았더라도 공산당이 선거에서 패배했을 것이 라고 주장하지만, 사실은 아무도 예측할 수 없는 불확실한 상황이었다. 미국으로서는 1948년 이탈리아의 선거에 효과적으로 개입하여 유럽지역에서 공산당 세력의 팽창을 저지할 수 있었다. 그런 점에서 미국은 적은 비용으로 상당한 정도의 정치적인 성과를 얻었던 것으로 평가된다.[177]

대체로 CIA 비밀공작은 사례별로 성공과 실패가 혼재된 결과를 보여준다. 앞서 언급했던바 제2차 세계대전 직후 CIA는 그리스와 이탈리아 선거에 은밀히 개입하여 공산주의 정권 등장을 성공적으로 저지했다. 이어서 CIA는 1953년 이란, 1954년 과테 말라, 1950년대 중남미 지역 국가들에서 친소 사회주의 성향의 정권을 전복시키는 비밀공작을 성공적으로 수행했다. 또한 라오스(1963-1973), 아프가니스탄(1982-1988), 파 나마(1989), 아프가니스탄과 이라크(2001-2003) 등지에서 수행된 CIA의 비밀공작활동도 성공적이었다는 평가를 받았다.[178] 물론 쿠바 피그만 침공과 카스트로 암살공작, 1956 년 헝가리 의거, 1958년 인도네시아 수카르노 전복공작 등 실패한 사례도 많다.

사실 동일한 비밀공작의 사례에 대해서 어떤 기준을 적용하는가에 따라 엇갈린 평가가 내려질 수 있다. 단기적으로는 성공한 것으로 평가되지만 장기적인 관점에서는

---

176) Holt(1995), p.160.
177) Holt(1995), p.161.
178) 지금까지의 경험으로 보아 비밀공작이 성공한 경우는 첫째, 비밀공작을 통해 달성하려는 목표 가 최소로 제한되고, 둘째, 비밀공작을 추진하는 목표 지역에 적극적으로 협조하는 집단이 존재 하며, 셋째, 국방부가 제공하는 특공부대 또는 정밀폭격 등의 지원을 받게 될 때 성공률이 높은 것으로 나타난다. Johnson and Wirtz(2004), p.258.

실패로 귀결되는 사례들이 많다. 미국 CIA의 지원을 받아 쿠데타에 성공한 팔레비 국왕은 비록 친미노선을 유지했지만 26년 간 독재자로 군림했다. 1979년의 이란혁명으로 부정부패와 독재정치로 악명 높았던 팔레비 정권이 실각하고 나서 호메이니가 이끄는 완고한 반미정권이 들어섰다. 1953년 당시 상황에서 CIA의 대 이란 비밀공작은 친미정권을 옹립했다는 점에서 매우 성공적이었던 것으로 평가되지만, 이후 반미정권이 들어서게 됨으로써 장기적인 관점에서 미국의 대외정책에 부정적인 결과를 초래하게 되었다. 냉전 초기 과테말라와 파나마에서 미국은 비밀공작을 통해 반미 성향의 정권을 교체하는데 성공했지만, 새로 등장한 정권의 악랄한 독재와 부패로 인해 국민들은 혹독한 시련을 받아야 했다. 이로 인해 미국의 비밀공작이 독재정권을 옹립하는데 악용되었다는 비난을 면키 어렵다. 1979년 소련의 아프가니스탄 침공에 대응하여 미국은 반소 무장세력을 지원했고 결국 소련군을 축출하는데 성공했다. 그러나 새로 등장한 탈레반 정권은 알 카에다 테러조직을 지원했고, 그로 인해 9/11 테러 사건이 발생하게 되었다.

이와 관련하여, 한때 CIA 공작국장을 역임했던 비셀(Richard Bissell)는 "비밀공작은 단기적이고 전술적인 차원에서 성공적인 결과를 얻을 수 있지만, 그러한 성공적인 결과를 오랫동안 유지하기 어렵다"고 술회했다. 이에 대해 처치위원회 사무국장을 역임했던 밀러(William G. Miller)는 다음과 같이 진술했다:

> 비밀공작에 대한 위원회의 평가도 비셀의 견해와 동일하다. 비밀공작 계획이 미국이 대외적으로 표방하는 외교정책 노선에 부합되고 의회와 국민들의 지지를 받게 되면 성공할 가능성이 많다. 그러나 미국의 정책결정자들이 겉으로는 선한 정책을 표방하면서 비윤리적이고 불법적인 비밀공작을 추진하게 되면 결국은 실패할 가능성이 높고 미국의 이익에 부정적인 결과를 초래하게 된다.[179)

요컨대, 비밀공작이 장기적으로 성공적인 결과를 얻기 위해서는 국가의 외교정책 노선에 부합되어야 하고, 윤리적인 정당성이 보장되어야 한다. 부정부패와 악랄한 폭정으로 신음하는 국민들을 위해 독재자를 암살하는 행위는 국제법적으로 불법이지만 적어도 인도적인 차원에서는 정당성을 인정받을 수 있다. 반대로 이란, 과테말라, 칠레, 인도네시아에서 전개된 CIA의 쿠데타 공작은 비록 단기적으로 성공했지만 그 결과 독재정권이 등장함으로써 윤리적으로 비난을 받아 마땅하다. 마지막으로, 비밀공작의 핵심적인 관건은 철저한 보안과 비밀유지에 있다. 아무리 성공한 비밀공작이라 할지라

---

179) U.S. Senate, the Church Committee(1976), p.56; Holt(1995), p.167.

도 배후가 노출되면 외교적으로 곤란한 입장에 처하게 된다. 따라서 어떤 경우에서든 비밀공작은 배후가 노출되지 않도록 수행되어야 한다.

비밀공작의 성패 비교: 미국과 소련[180]

　미국의 비밀공작은 성공과 실패가 혼재된 결과를 보여준다. CIA와 비교하여 KGB의 비밀공작이 다소 성공적이었다는 평가가 있다. 대부분의 경우 KGB가 먼저 공세를 취하고 이에 CIA가 한발 늦게 대응하는 방식으로 비밀공작을 통한 공방전이 전개되었다. 이처럼 KGB가 전반적으로 상황을 주도했다는 관점에서 CIA보다 다소 성공적으로 비밀공작을 전개했다는 평가를 받는다. 무엇보다도 KGB가 비밀공작에 활용했던 단체들 중의 상당수가 UN, UNESCO, United Council of Churches 등 국제기구로부터 공식적인 인가를 받고 활동했다. 그런 점에서 KGB의 비밀공작이 CIA보다 주도면밀했다는 평가를 얻기도 한다.

180) O'Brien(2004), p.270.

제 7 장

방첩(Counterintelligence)

정보활동이 인류의 탄생과 더불어 시작되었듯이 방첩도 정보활동의 일환으로서 오랜 옛날부터 수행되었다. 자신과 가족 또는 씨족의 안전과 번영을 위해 타 집단의 동향을 지속적으로 감시하는 정탐활동이 필요했다. 국가의 생성과 함께 정보활동이 보다 본격화된다. 자국의 생존과 번영을 추구하는 과정에서 국가 간 정보활동이 치열하게 전개되었고, 그에 비례하여 방첩활동도 활발하게 전개되었다. 타 국가 또는 적대세력의 정보활동 또는 제반 위협에 제대로 대응하지 않으면 국가적으로 엄청난 손실이 초래될 수 있기 때문이다. 때로 방첩의 실패로 인해 국가가 패망하는 참담한 상황이 발생할 수도 있다.

세계 문학사의 고전으로 널리 알려진 호머의 '일리아드'는 트로이 전쟁에 관한 장편 서사시로서 정보활동과 그것에 대한 적절한 대응이 국가의 생존과 번영에 어떤 결과를 초래하게 되는지를 잘 묘사하고 있다. 고고학자들에 따르면 트로이 전쟁은 실제 있었던 일로서 기원전 1,200년 경 스파르타를 포함한 그리스 도시국가 연합군이 오늘날 터키 동북부 지역에 위치한 트로이 성을 공격하여 수년 간에 걸쳐 치열한 전투가 전개되었던 것으로 알려졌다. 실제 전투가 어떤 양상으로 전개되었는지 구체적인 기록은 전해지지 않고 있다. 다만 트로이 성이 워낙 견고하고 방어태세가 완강하여 쉽게 함락되지 않았으며, 전투가 장기간에 걸쳐서 전개되는 가운데 엄청난 사상자가 발생했을 것으로 추측된다.

'일리아드'에서 묘사된 트로이 전쟁의 극적인 장면은 그리스 연합군의 최고전략가 오디세우스가 '트로이의 목마' 작전을 전개하여 전쟁을 승리로 이끈다는 부분이다.[1] 특히 '일리아드'에서는 그리스 연합군 측이 '시논'이라는 간첩을 적의 성에 침투시켜 허위정보를 유포하는 기만책을 활용함으로써 '트로이의 목마' 작전을 성공시켰던 것으로 서술되어 있다. 물론 '트로이의 목마' 작전은 호머가 그리스 연합군의 승리를 극적으로 묘사하기 위해 꾸며낸 이야기에 불과하다. 그러나 지금으로부터 3천여 년 전에도 간첩을 활용하고 기만책을 구사하는 등 오늘날과 유사한 형태의 정보활동이 전개되었다는 점에서 놀라움을 금할 수 없다. 무엇보다도 그리스 연합국들은 트로이 전쟁에서의 승리를 바탕으로 부족국가 형태를 벗어나 본격적인 고대국가의 기틀을 갖추게 되었으며, 고대 서양사의 주역으로 발돋움하여 오늘날 서양문화의 원조를 이루는 찬란한 문화를 꽃피우게 되었던 것이다.[2] 트로이 전쟁에서 보았듯이 정보활동은 전쟁의 승패를 좌우할 뿐만 아니라 세계의 역사를 바꾸는 결정적인 요인이 될 수 있다는 것이다.

한편, 그리스 연합군의 성공적인 정보활동은 역으로 트로이군의 실패를 의미한다. 트로이군의 결정적인 실책은 오늘날의 관점에서 보면 방첩실패를 의미한다. 그리스 연합군이 바닷가에 두고 간 거대한 목마를 트로이 성 안으로 끌어오도록 만든 것은 바로 시논이었다. 그는 거대한 목마는 그리스 연합군이 신을 위한 제물로 바친 것으로서 목마를 트로이 성안으로 들여놓으면 신의 가호로 트로이 성이 난공불락이 될 것이라는 허위정보를 유포했다. 이때 신관이었던 라오콘이 시논이 거짓말을 하고 있다고 경고했지만 분별력을 잃은 트로이 사람들은 시논의 말에 속아 목마를 성안으로 끌어왔다. 시논이라는 스파이를 식별하지 못하고 그의 속임수를 알아채지 못한 것은 곧 방첩의 실패라고 볼 수 있는데, 그로 인한 결과는 참담했다. 그리스 병사들은 트로이 성을 약탈하고 불태웠다. 트로이 성벽과 건물은 한순간에 잿더미로 변했다. 대다수 트로이 남자들은 살해당하거나 노예로 팔려갔고, 여자들은 그리스의 장수 또는 병사들의 노예가 되었다.

앞 장에서 언급했듯이, 기원전 600년 경 중국의 손자는 그가 저술한 손자병법의

---

1) 오디세우스는 엄청난 크기의 목마를 만들고 목마 속에 수십 명의 그리스 군인들을 숨겨 놓은 다음 이를 트로이 성 앞에 두고 군대를 철수시킨다. 그리고 시논이라는 이름의 스파이를 적진 깊숙이 침투시켜 목마에 대해 허위정보를 유포시키도록 했다. 트로이 군대는 최초 목마를 재수 없는 것이라 하여 파괴하려 했으나 시논의 말에 속아 결국 목마를 성 안으로 끌어들이게 된다. 밤이 되자 목마 안에 숨어 있던 오디세우스를 비롯한 그리스 연합군의 군인들이 시논의 도움을 받아 목마에서 나와 성문을 열었다. 그러자 그리스 연합군의 대병력이 쳐들어와서 잠에 빠진 트로이 군대를 몰살시켰다고 한다. 손관승, 『우리는 그들을 스파이라 부른다』(서울: 여백, 1999), pp.24-25.

2) 손관승(1999), pp.27-28.

용간편(用間篇)에서 첩자를 향간(鄕間), 내간(內間), 반간(反間), 사간(死間), 생간(生間) 등 다섯 가지 유형으로 분류하고 각각을 어떤 종류의 정보활동에 활용할 것인가에 대해 구체적으로 기술하였다. 손자는 다섯 가지 유형의 첩자들 중에서 반간은 나머지 네 가지 유형의 첩자들을 활용하는 근간이 되기 때문에 가장 중요하다고 강조하면서 다음 과 같이 기술하고 있다:

> 적의 간첩이 들어와서 아군의 정세를 탐색하려 할 때는 이를 찾아내어 여러 가지 이익을 주어 매수한 다음 다시 적지로 보낸다. 이렇게 해서 반간(反間)을 이용할 수 있는 것이다. 이 반간을 통해 적국의 주민들과 관리들의 인적사항을 알 수 있으므로 향간(鄕間)이나 내간(內間)을 얻어서 부릴 수 있는 것이다. 이 반간을 통해 적정을 알 수 있으므로 능히 사간(死間)을 통해서 허위정보를 적에게 유포시킬 수 있다. 또 반간을 통해 적정을 알 수 있으므로 능히 생간(生間)을 적국 내에서 활동시켜 기일 내에 돌아와 보고하게 할 수 있다. 오간(五間)의 활동은 군주가 반드시 알고 있어야 하며, 그 일은 반드시 반간(反間)을 통해서 하니 반간은 후히 대접해 주어야 한다.3)

그가 설명하고 있는바 반간의 활용은 오늘날 이중간첩을 활용한 방첩활동 기법과 비교해도 거의 손색이 없을 정도로서 매우 치밀하면서 대단한 통찰력을 보여주고 있다. 지금으로부터 2,600여 년 전인 그 시대에 이중간첩을 활용하여 적정을 탐색하고 방첩활 동을 수행하는 방법을 제시하는 손자의 전략이 참으로 놀랍다.

삼국시대 고구려의 장수왕은 즉위 63년째인 475년 9월 3만 명의 병력으로 백제를 기습하여 개로왕을 사로잡아 처형하고 수도 한산을 점령했다. 백제가 이처럼 치욕스러 운 패배를 하게 것을 오늘날 의미로 해석하면 방첩 실패라고 볼 수 있다. 백제 개로왕은 고구려 장수왕이 보낸 도림이라는 첩자의 속임수에 철저히 당한 것이다. 승려 신분의 도림은 죄를 짓고 고구려에서 도망 나온 것처럼 꾸미고 백제로 침투한다. 도림은 백제 를 떠돌아다니면서 바둑을 두었는데 얼마 지나지 않아 바둑을 잘 두는 것으로 소문이 자자했다. 바둑을 좋아했던 개로왕은 도림을 궁으로 불러들인다. 도림은 바둑을 미끼로 개로왕에게 접근하는데 성공한 것이다. 그는 개로왕의 신임을 얻은 다음 현란한 말솜씨 로 각종 대형 토목사업을 시행하도록 부추겨 백제의 국력을 소모시켰다. 개로왕은 도림 의 꼬임에 빠져 장엄하고 화려한 궁실, 성, 누각 등을 짓고, 선왕의 무덤도 거창하게 보수했다. 이로써 백제는 "창고가 텅 비고 백성들이 곤궁해져 나라가 누란의 위기보다 더 심각한 위기에 직면하기에 이르렀다."4) 이때를 틈타 장수왕이 백제를 공격했다.

---

3) 노병천, 『도해 손자병법』(서울: 가나문화사, 1991), pp.396-397.
4) 『삼국사기』 권 제25 「백제본기」 제3 '개로왕' 21년(475)조; 김영수, 『역사를 훔친 첩자』(서울:

개로왕은 성이 함락되기 직전 탈출했으나 결국 고구려 군대에 사로잡혀 목이 잘렸다. 이때의 상황을 『삼국사기』는 다음과 같이 전한다.

> 왕이 도망 나왔는데 고구려의 장수 재증걸루 등이 왕을 발견하고는 말에서 내려 절을 한 다음 얼굴에 침을 세 번 뱉었다. 왕의 죄를 나열하고 꾸짖으면서 왕을 묶어 아단성(아차산성) 밑으로 끌고 가서 목을 베었다. 제증걸루와 고이만년은 백제 사람이었는데 죄를 짓고 고구려로 도망간 자들이었다.[5]

『일본서기』「백제기」기록에 따르면 백제는 왕성인 한산이 점령당했을 뿐만 아니라 대후(大后, 왕비 또는 태후), 왕자 등이 모두 적의 손에 몰살당했다고 한다.[6] 게다가 『삼국사기』'고구려본기'에 따르면 남녀 8천 명이 고구려로 끌려갔다.[7] 이처럼 백제가 받은 충격과 치욕은 도림이라는 한 사람의 간첩에 제대로 대응하지 못한데서 비롯된다. 그런 점에서 방첩은 국가의 존립과 번영에 직결되는 핵심적인 요소로 인식된다.

요컨대, 방첩은 정보활동의 일환으로 오랜 옛날부터 수행되었다. 한 명의 첩자가 국가의 생존을 좌우할 만큼 엄청난 능력을 발휘할 수 있다. 앞 절에서 트로이 전쟁과 백제 개로왕의 사례를 소개했던바, 그 밖에도 동서양의 역사 속에서 첩자들의 활약상은 무수히 많다. 역으로 그러한 첩자들에 대해 제대로 대응하지 못하면 한순간에 국가가 멸망의 위기에 처할 수 있다. 그런 점에서 적대세력의 첩보활동에 대한 대응으로서 방첩의 중요성이 새삼 강조된다.

제2절 방첩의 이해: 개념, 목적, 범위

1. 방첩의 기본 개념

방첩(counterintelligence)은 효과적인 정보활동을 수행하는 데 필요한 핵심적인 요소이지만 여타 정보활동 중에서 가장 잘 알려지지 않은 분야이다. 방첩분야는 워낙 비밀의 베일에 싸여 있어 정보요원들 간에도 신비의 영역으로 생각될 정도이다. 일반인들에

김영사, 2006), p.30.
5) 『삼국사기』 권 제25 「백제본기」 제3 '개로왕' 21년(475)조; 김영수(2006), p.30.
6) 김영수(2006), p.32.
7) 김영수(2006), p.32.

게 방첩은 단순히 아국의 행정부, 군, 정보기관 등으로 침투하는 스파이 색출활동을 수행하는 기능으로 인식되고 있다. 이러한 가운데 방첩의 개념조차 한마디로 정의하기가 쉽지 않다. 기본적으로 방첩은 외국 정보기관으로부터 오는 위협을 탐지하고 무력화시키는 것으로 정의될 수 있겠다. 그런데 혹자는 방첩의 범위를 국가안보의 모든 영역으로 확대시키고 적대국의 정보기관뿐만 아니라 테러조직, 국제범죄조직 등 비국가행위자들로부터 오는 위협에 대응하는 것까지 포함시키기도 한다.8) 이처럼 방첩은 개념상의 혼란에서 비롯되어 기본목적, 활동범위, 임무와 기능 등에 관해서도 학계 전문가들 간에 제시되는 견해들이 각기 다르다.

1947년에 제정된 미국의 국가안보법(National Security Act of 1947)에서 방첩의 기본개념은 다음과 같이 정리되어 있다.

> '정보'라 함은 '국외정보'와 '방첩업무'를 포함한다. … '방첩업무'라 함은 외국 정부, 외국기관, 외국인 또는 국제적 테러리스트들의 활동에 의하거나, 이들을 대신하여 행해지는 간첩활동, 기타 정보활동, 파괴활동, 암살 등을 막기 위하여 수집한 정보 및 행해지는 활동 등을 의미한다.9)

이 법령에 따르면 정보(intelligence)는 기본적으로 '국외정보(foreign intelligence)'와 '방첩'을 포함하는 개념으로 정의하고 있다. 이러한 개념 정의를 분석해보면 방첩은 국외정보와 구분되는 것으로서 정보의 절반을 구성하는 것으로 해석될 수 있다. 어쨌든, 방첩은 정보활동의 일환으로 수행되며, 첩보수집, 분석, 비밀공작 등 여타 정보활동과 밀접하게 연계된다. 방첩활동이 제대로 수행되지 않으면 신뢰성 있는 첩보수집이나 정보분석의 결과를 생산할 수 없으며, 비밀공작을 성공적으로 수행하기 어렵다. 그런 점에서 방첩은 첩보수집, 정보분석, 비밀공작 등 여타 정보활동과 밀접하게 연계되며, 그러한 정보활동을 효과적으로 수행하는데 필요한 핵심적인 요소로 인식된다.10)

적대 세력의 위협으로부터 국가를 보호하는 활동을 수행한다는 관점에서 방첩은 일반적으로 '방어적' 성격을 띠는 것으로 인식되었다. 그러나 이는 방첩의 개념을 좁은

---

8) Roy Godson, "Counterintelligence: An Introduction," Roy Godson, (ed.), *Intelligence Requirements for the 1980s: Counterintelligence*(Washington, D.C.: National Strategy Information Center, Inc., 1980), p.1.

9) 이와 같은 개념은 1978년 1월에 발표된 미국 행정명령 12036에서 최초로 제시되었다. Executive Order 12036, "United States Intelligence Activities," 24 January, 1978, http://www.fas.org/irp/offdocs/eo-12036.htm(검색일: 2009년 9월 14일). 그리고 이에 기초하여 개정된 내용이 미국 국가안보법에 기술되어 있다. National Security Act of 1947, SEC.3(50 U.S.C. 401 a), http://www.intelligence.gov/0-natsecact_1947.shtml(검색일: 2009년 9월 14일);

10) Godson(1980), p.2.

의미로 해석한 것이고, 실제로 방첩은 그 보다 훨씬 광범위한 활동을 수행한다. 방첩은 적대 세력의 위협에 단지 수동적으로만 반응하는 것이 아니고, 보다 적극적이고 공격적으로 대응하는 활동도 수행하고 있다.11)

　　그럼에도 불구하고, 대부분의 전문가들이 방첩의 개념을 수동적이고 방어적인 활동으로 간주하는 등 왜곡된 인식을 보여주고 있다. 그 대표적인 예로서, 켄트(Sherman Kent)는 정보활동을 보안정보(security intelligence)와 능동적 정보(positive intelligence)로 분류하고, 방첩은 경찰 기능을 배후에서 지원하고 있다는 점에서 보안정보분야로 규정했다.12) 또한 켄트는 "방첩은 우리에게 피해를 끼치는 사악한 무리들로부터 국가와 국민들을 보호하는 임무를 수행한다"라고 기술하고, "보안정보(security intelligence)는 방어적인 임무를 띤 경찰이 국가와 국민에게 피해를 끼치거나 그럴 의도를 갖고 있는 자에 대해 특별 행동을 취하기에 앞서 사전에 갖고 있어야 할 지식이며 활동이다"라고 설명했다.13) 이어서 켄트는 외국에서 보낸 간첩을 색출하는 일은 가장 극적인 형태의 보안정보 활동이라고 기술했다.

　　켄트의 견해와 유사하게 랜썸(Harry Howe Ransome)도 방첩이 기본적으로 방어적인 보안 기능을 수행한다는 입장을 피력했다.14) 그는 좁은 의미에서 방첩을 "적대적인 외국의 정보활동에 대응하는 활동"으로 정의했다.15) 랜썸에 따르면 방첩은 "사보타지로부터 시설물을 안전하게 보호하고, 외국 정보기관의 첩보수집활동을 차단하는 등의 임무를 수행한다는 관점에서 '기본적으로 경찰 기능'이라고 주장했다. 또한 그는 방첩은 기본적으로 거부적(negative)이고 방어적인 기능을 수행하지만, 그것을 바탕으로 적의 의도와 능력은 물론 적에 대해 알지 못했던 정보를 찾아내는 능동적 정보(positive intelligence)를 생산하는 데 결정적으로 기여할 수 있는 요소라고 기술했다.16) 랜썸은 방첩을 적에 관한 정보를 생산하는 데 활용될 수 있는 중요한 요소로 인정했다는 점에서 방첩을 단순히 수동적이고 방어적인 기능으로 정의하는 켄트의 견해와는 다소 차이를 보인다.

　　오늘날 방첩은 방어적 보안 기능에서 나아가 보다 적극적이고 공격적인 활동을

---

11) Arthur A. Zuehlke, Jr, "What is Counterintelligence," Godson(1980), p.13.
12) Sherman Kent, *Strategic Intelligence for American World Policy*(Princeton: Princeton University Press, 1949 and 1966), pp.209-210.
13) Kent(1949 and 1966), pp.209-210.
14) Harry Howe Ransome, *The Intelligence Establishment*(Cambridge: Harvard University Press, 1970), p.14.
15) Ransome(1970), p.14.
16) Ronsome(1970), p.14.

수행하는 차원으로 이해되고 있다. 갓슨(Roy Godson), 리첼슨(Jeffrey T. Richelson), 슐스키(Abram N. Shulsky), 홀트(Pat M. Holt) 등 많은 학자들이 이러한 입장을 피력했다. 예를 들어, 갓슨은 방첩을 "상대 정보활동을 규명하고, 무력화시키고, 활용하는 것이다"라고 하였다.[17] 이와 유사하게 리첼슨은 방첩은 "외국 정보활동의 모든 국면을 이해하고 가능하다면 이를 무력화시키는 것과 관련이 있다"라고 하여 단순히 외국 정부의 불법적인 비밀 획득을 방지하는 임무를 수행하는 데 중점을 둔 대스파이활동(counterespionage)보다 넓은 의미임을 강조했다.[18] 슐스키도 방첩은 방어적인 보안뿐만 아니라 대스파이활동, 기만·대기만, 방첩분석 등 적극적인 활동까지 모두 포함된다고 기술했다.[19] 홀트도 방첩을 "적대적인 외국 정보활동을 탐지하고 그들의 활동을 무력화시키는 행위"라고 정의하고, 여기에 적대적인 정보기관으로 침투하는 노력을 의미하는 대스파이활동(counterespionage), 대사보타지(countersabotage), 그리고 대전복(countersubversion) 등을 포함시켰다.[20] 어쨌든, 방첩을 단순히 보안 기능으로 제한하는 것은 지나치게 좁은 의미의 해석이며, 보다 광범위한 차원에서 적의 정보활동 노력을 무력화시키는 능동적인 정보활동(positive intelligence)을 전개하는 것까지 포함하는 것이 타당하다고 본다.

한편, 방첩을 '활동'으로 보아야 할지 또는 그러한 활동을 통해 획득된 '정보나 지식'으로 보아야 할지를 두고 논란이 있다. 앞서 언급했던바 미국 국가안보법에서는 방첩을 지식으로서의 '정보'와 수행하는 '활동'을 모두 포괄하는 것으로 기술하고 있다. 그런데 일반인들은 물론 학자들, 심지어 방첩업무를 실질적으로 수행하는 전문 방첩관들조차 방첩을 주로 '활동'만을 의미하는 것으로 인식하는 경향을 보인다. 이와 반대로 덜레스(Allen Dulles)는 방첩을 '활동'이 아닌 '정보 또는 지식'으로 인식했다. 그는 방첩을 적대국 정보기관의 활동 목표, 방법, 대간첩 분야에 소속된 인물들 등을 파악하는 방어적인 활동(protective operation)과 관련되는 것으로 기술하고, 그러한 활동을 통해서 획득된 정보를 방첩이라고 정의했다.[21] 그러한 관점에서 덜레스는 대간첩 활동을 수행

---

17) Roy Godson, "Counterintelligence: An Introduction," Godson(1980), p.1.
18) Jeffery T. Richelson, *The U.S. Intelligence Community, fifth ed.*(Boulder, Colorado: Westview, 2008), p.394.
19) Abram N. Shulsky and Gary J. Schmitt, *Silent Warfare: Understanding the World of Intelligence* (Virginia: Brassey's, Inc., 2002), pp.99-127.
20) 리첼슨과 홀트는 'counterespionage'의 의미를 각기 다르게 해석하고 있다. 앞에서 언급했듯이, 리첼슨은 'counterespionage'의 의미를 "단순히 외국 정부의 불법적인 비밀 획득을 방지하는 임무를 수행하는데 중점을 둔 활동"으로 정의하고 있는 반면, 홀트는 "적대적인 정보기관으로 침투하는 노력"이라고 해석하고 있어 동일한 용어이지만 그 의미는 분명한 차이를 보인다. Richelson (2008), p.394; Pat M. Holt, *Secret Intelligence and Public Policy: A Dilemma of Democracy* (Washington, D.C.: CQ Press, 1995), p.109.
21) Allen Dulles, *The Craft of Intelligence*(New York: Harper and Row, 1963), p.121.

하는 미국 정보기관들에게 가급적 신속히 방첩정보가 전파될 필요가 있음을 강조했다.[22] 이와 관련하여 켄트는 보안정보(security intelligence)를 '지식과 활동(the knowledge and the activity)'으로 구분하여 분류하였던바 일찍부터 '활동(activity)'뿐만 아니라 '지식'으로서 방첩의 기능을 중요하게 인식했던 것으로 보인다.[23] 이와 유사하게 슐스키도 방첩을 "적대적인 정보기구들의 활동으로부터 보호하기 위해서 취해지는 조치들과 그러한 목적을 위해 수집되고 분석되는 첩보를 일컫는 용어"라고 정의하여 방첩을 '활동'과 '지식'을 포괄하는 것으로 정의하였다.[24]

　　비록 방첩 목표를 달성함에 있어서 '활동'이 중요한 역할을 수행하지만, '정보' 또는 '지식'의 요소를 결코 경시할 수 없다. '방첩정보(counterintelligence information)'는 방첩 분야에서 별로 주목을 받지 않고 있지만 사실은 방첩활동을 성공적으로 수행하는 데 필요한 핵심적인 요소이다. 그런 점에서 방첩은 '지식(knowledge)'과 '활동(activities)'이라는 두 가지 요소를 모두 포괄하는 것으로 보아야 한다.

2. 방첩의 목적과 범위

　　혹자는 방첩의 목적을 우리가 그들에게 하려는 것을 그들은 하지 못하게 만드는 것이라고 정의하기도 한다.[25] 우리가 외국 정부나 집단을 대상으로 다양한 유형의 정보활동을 전개하듯이 외국 정부 또는 집단도 우리나라를 목표로 정보활동을 전개한다. 적국의 정보기관은 아국에 관한 중요 비밀을 취득하고자 기도하며, 아국이 수집한 정보를 조작함으로써 또는 중요 인물에 대해 비밀리에 영향공작을 전개함으로써 아국의 정책결정자에게 제공될 자료나 사실을 조작 또는 왜곡시킨다. 또한 첩보수집활동이나 비밀공작 등 아국이 국가안보 목표 달성을 위해 수행하는 제반 활동을 탐지, 분쇄(disrupt) 그리고 대응하는 활동을 전개한다. 때로 자국의 군사력이나 경제적인 이익을 증진시킬 목적으로 아국의 첨단과학기술 및 기타 관련 정보를 취득하고자 시도하기도 한다.[26] 이처럼 외국이나 외국인 집단의 모든 정보활동과 그로 인한 위협을 파악하고

---

22) Dulles(1963), p.121.

23) Godson(1980), p.15.

24) 슐스키 외에 리첼슨과 미국 행정명령 12036에서도 동일한 견해를 피력한다. 아브람 N. 슐스키 & 개리 J. 슈미트 저, 신유섭 역, 『국가정보의 이해』(서울: 명인문화사, 2007), p.203; Richelson (2008), p.395; Executive Order 12036, "United States Intelligence Activities," 24 January 1978, http://www.fas.org/irp/offdocs/eo/eo-12036.htm(검색일: 2013년 11월 4일).

25) Holt(1995), p.105.

26) Office of the National Counterintelligence Executive, *The National Counterintelligence Strategy of the United States,* March 2005, p.1, http://www.hsdl.org/?view&did=452462(검색일: 2013년 11월 4

무력화시키는 것에 적극적으로 대응할 필요성이 있으며, 방첩은 그러한 필요성에 부응하기 위한 모든 활동을 포함한다. 즉 방첩은 수동적인 대응과 능동적인 대응을 모두 포괄하는 광범위한 활동을 수행한다.

과거 방첩이라는 용어가 오로지 대스파이활동(counterespionge)의 의미로만 해석되던 시절이 있었다. 당시 외국 정보기관의 목표는 오로지 타국의 비밀을 몰래 훔쳐오는 데 있었기 때문이다. 이처럼 방첩의 의미를 매우 협소하게 해석하는 전통적 방첩의 개념에 따르면 방첩의 목표와 범위가 외국 정보기관의 첩보수집활동에 대응(counter) 또는 방어(protect)하는 노력으로 제한된다. 그런데 세월이 지나면서 외국의 정보기관들은 각자 비밀활동의 목표를 확대하여 첩보수집이라는 기본적인 임무 외에 암살, 테러, 정부전복, 기만, 위폐제조 등 다양한 활동을 전개해 왔다.27) 이에 따라 방첩의 범위와 목표도 확대되기에 이르렀다.

오늘날 방첩은 외국 정보기관의 첩보수집 행위와 테러 등 비밀리에 조직적으로 가해지는 다양한 안보위협에 대응하는 기능으로 이해된다. 레이건 대통령 행정명령 제12333호에 따르면 방첩은 "외국 정부, 집단 또는 특정 인물 등에 의해 수행된 스파이 행위, 사보타지 또는 암살 등의 공작활동, 그리고 국제테러리즘 등으로부터 보호하기 위해 수집된 첩보(information) 그리고 수행된 활동(activities)을 의미한다"라고 정의했다.28) 이러한 정의에 따르면 전통적인 방첩의 영역을 넘어서 다양한 유형의 활동을 포괄한다. 행정명령의 개념 정의는 '대응(counter)'을 특별히 강조하고 있으며, '정보(intelligence)'의 범위를 외국 정보기관이 개입했든 안했든지 간에 군사적인 차원보다는 한 단계 낮은 차원의 테러 행위, 사보타지까지도 포함하고 있다. 2005년 3월에 발표된 '미국의 국가방첩전략목표'에서는 방첩활동의 범주에 적의 불법적 기술이전에 대한 대응 행위까지도 포함시켰다.29) 요컨대, 광의의 방첩은 전통적인 유형의 방첩뿐만 아니라 적이 취하는 모든 유형의 적대행위에 대해 대응할 목적으로 수행되는 능동적인

일).

27) Francis McNamara, *U.S. Counterintelligence Today*(The Nathan Hale Institute, 1985), p.2.

28) Ronald Reagan, "Executive Order 12333: United States Intelligence Activities," December 4, 1981, in *Federal Register 46, no.235*(December 8, 1981): 59941-55, at 59943.

29) 2005년 3월에 발표된 미국의 국가방첩전략 목표는 다음과 같은 활동을 포함하고 있다. 첫째, 미국에 해를 끼치는 외국 정부, 테러집단, 국제범죄조직 등의 정보활동을 탐지·평가·무력화·활용(exploit), 둘째, 적의 거부(denial), 침투(penetration), 영향력 행사, 또는 조작 등의 행위로부터 미국의 정보 수집과 분석 능력을 보호, 셋째, 국가보안활동이 성공적으로 수행될 수 있도록 지원, 넷째, 사활적인 국가안보적 비밀, 중요 자산, 첨단기술을 외국에서 절취, 이전(diversion), 또는 이용하려는 행위를 차단. Office of the National Counterintelligence Executive, "The National Counterintelligence Strategy of the United States," in http://www.ncix.gov/publications/policy/Final CIStrategyforWebMarch21.pdf, pp.1-2.

정보활동(positive intelligence)도 포함한다.[30]

　　과거 방첩의 주요 목표는 외국의 정보기관이었다. 그런데 오늘날 외국 정보기관은 방첩의 주요 목표이지만 유일한 목표는 아니다. 앞서 언급한 미국 행정명령 12036에서 방첩은 "외국 정부나 조직 또는 개인에 의해 수행된 간첩, 기타 비밀 정보활동, 사보타지, 국제 테러 또는 암살 등의 행위로부터 보호하는 것"으로 정의하고 있다.[31] 이에 따라서 방첩의 범위가 외국 정보기관의 정보활동에 대한 대응으로 제한되는 것이 아니고, 외국 정부, 조직, 개인 등 다양한 종류의 적대세력을 대상으로 하며 그들로부터 야기되는 기만, 파괴, 전복 등 다양한 위협 행위들에 대응하기 위한 제반 노력들을 포괄하는 것으로 확대되었다. 예를 들어, 2001년 9월 11일 미국에서 발생한 테러는 국가가 아닌 오사마 빈라덴이라는 개인, 그리고 알 카에다 조직이 주도했다. 이처럼 외국 정보기관뿐만 아니라 외국의 조직이나 외국인도 국가의 안보에 심각한 위협을 야기할 수 있다. 그런 점에서 오늘날 방첩의 목표도 외국의 정보기관은 물론 외국의 조직, 외국인 등을 모두 포함되기에 이르렀다.

　　일반적으로 방첩의 주요 목표는 적대국이나 적대세력이다. 그러나 적대국은 물론 때로 우호적인 관계를 유지하는 국가들도 방첩활동의 목표가 될 수 있다. 예를 들어, 영국이나 캐나다는 미국의 정보공동체와 밀접한 관계를 유지하고 있지만 미국의 CIA와 방첩기관들은 이들 국가의 정보활동 동향을 수집 및 분석한다. 비록 우호적인 관계를 유지하는 국가라 할지라도 그들에 관한 기본 지식과 동향을 파악해 둘 필요가 있기 때문이다. 물론 우호국에 대한 첩보수집 활동은 우호적인 관계 유지를 감안하여 지나친 수단은 자제되어야 할 것이다.

　　오늘날 적과 우호국의 구분을 떠나 세계 각국의 정보기관들과 기타 조직 또는 개인들이 무차별적으로 산업스파이활동을 전개하고 있다. 예를 들어, 프랑스의 DGSE는 미국 IBM, Texas Instruments, Bell Textron 등 미국 회사에 침투하여 산업정보를 수집했던 것으로 드러났다.[32] CIA는 프랑스 정부가 작성한 문건을 입수했는데 여기에 보면 프랑스 정보기관이 미국 항공산업에 관한 비밀을 취득하기 위해 적극적인 활동을 전개했던 것으로 밝혀졌다.[33] 독일, 일본, 이스라엘, 한국 등도 미국 기업을 대상으로 산업스파이활동을 전개했던 것으로 알려졌다.[34] 이러한 산업스파이활동에 대한 대응

---

30) Richelson(2008), pp.394.
31) Executive Order 12036, "United States Intelligence Activities," 24 January, 1978.
32) Richelson(2008), p.395.
33) Richelson(2008), p.395.
34) 피터 슈바이처 저, 황건 역, 『국제산업스파이』(서울: 한국경제신문사, 1993).

도 국가방첩의 범위에 포함되어야 하는가에 대해서는 논란이 있다. 앞서 언급했듯이
테러리즘이나 국제조직범죄는 국가안보 차원의 위협으로 인식되어 이에 대한 대응활
동은 방첩의 범위에 포함된다. 오늘날 국가안보의 범위를 경제, 자원, 환경 등 신안보위
협 요소까지 확대된 개념으로 이해하면 경제안보 차원에서 산업스파이활동에 대한
대응활동, 즉 산업보안도 국가방첩의 범주에 포함될 수도 있겠다.35)

한편, 코프랜드(Miles Copeland)는 방첩에 대해 학자들마다 다양한 정의들을 제시하
고 있는 반면 방첩의 개념은 여전히 명확하지 않고 모호한 상태로 남아 있다고 지적했
다.36) 사실 방첩은 적대국 정보기관에 침투하는 능동적 방첩과 물리적 보안을 유지하는
수동적 방첩을 포함하는 광범위한 의미로 해석된다. 방첩은 한편으로는 외국 정보기관
에 침투하여 교란 및 조정하는 임무를 수행하는 '대스파이활동(counterespionage)'의 의미
로 간주되는 반면, 다른 한편으로는 오로지 수동적이고 방어적인 '보안(security)' 기능만
을 수행하는 것으로 제한시켜 해석하기도 한다. 또는 방첩을 간첩에 대한 '수사활동
(investigative activity)'을 의미하는 것으로 매우 좁게 해석하는 경우도 있다.37) 다만, 오늘
날 국가안보의 개념이 전통적인 안보를 넘어서 초국가안보 또는 신안보 등을 포괄하도
록 확대됨에 따라 정보활동의 영역도 확대되는 양상으로 전개되고 있으며, 이에 대한
대응노력으로서 방첩의 활동범위도 수동적 보안은 물론 능동적 방첩을 포괄하도록
확대되는 추세를 보이고 있다. 다음 절에서 이러한 방첩의 유형과 실제 수행되고 있는
활동 양상에 대해 보다 구체적으로 살펴보기로 한다.

3. 방첩의 유형: 수동적 방첩(passive) vs 능동적 방첩(active)

방첩은 크게 수동적(passive) 방첩과 능동적(active) 방첩으로 분류될 수 있다. 수동적
방첩은 적대세력이 중요한 정보나 지식에 접근하는 것을 제한 또는 차단하는 데 목적으로
두고 수행되는 활동 또는 그와 관련된 정보를 의미하며, 대체로 '보안'과 유사하다. 앞서
언급했듯이 보안의 의미는 학자들마다 각기 다르게 해석되고 있으며, 때로 방첩에 포함되
지 않기도 한다. 그러나 보안은 방첩과 동일한 기능을 수행하기 때문에 방첩의 일부로
고려되어야 한다는 슐스키의 견해를 수용하여 이 책에서는 보안의 의미를 '수동적 방첩'

---

35) Richelson은 산업스파이에 대한 대응도 방첩의 영역으로 포함하고 있으나, 대부분의 국가정보학
    분야 교과서에서 산업보안에 관한 사항을 별도로 기술하지는 않고 있다. Richelson(2008), pp.
    395-397; Godson(1980); Shulsky and Schmitt(2002), pp.99-127; Mark M. Lowenthal, *Intelligence-
    From Secrets to Policy*, 3rd ed.(Washington, D.C.: CQ Press, 2006), pp.145-156.
36) Miles Copeland, *Without Cloak or Dagger*(New York: Simon and Schuster, 1974), p.161.
37) Copeland(1974), p.161.

으로 해석한다. 수동적 방첩으로서 보안은 보호할 목표 또는 대상에 따라 인원보안, 문서보안, 시설보안, 자재보안, 통신보안, 컴퓨터보안 등으로 분류될 수 있다(<표 1> 참고).

능동적 방첩은 적대세력의 위협적인 활동에 적극적·공격적으로 대응한다는 점에서 소극적 방어에 그치는 수동적 방첩과 차이가 있다. 즐키(Arthur A. Zuehlke, Jr)는 능동적인 방첩을 '수사활동(investigative activity)'과 '대응활동(countering activity)'으로 분류했다.38) 그에 따르면 '수사활동'은 적대행위와 그러한 행위를 수행하는 사람을 탐지하는데 목표를 두는 활동이다. 그리고 '대응활동'은 대스파이활동(counterespionage), 대사보타지(countersabotage), 대테러(counterterrorism) 등 적의 행동에 직접적으로 대응하는 공격적 방첩활동을 의미한다고 기술했다.39) 그런데 '수사활동'은 사실 '대스파이활동'을 수행하는데 필요한 요소로서 사실상 '대스파이활동'에 포함된다. 그리고 대사보타지, 대테러, 국제범죄 대응, 산업보안 등의 활동은 전통적인 방첩의 범위를 벗어난 활동으로 보는 것이 타당하다. 이러한 관점을 고려하여 방첩의 유형을 <표 1>과 같이 분류해볼 수 있겠다.40)

<표 1>에서 보는바와 같이 방첩은 범위 또는 영역에 기초하여 전통적 방첩과 광의의 방첩으로 구분될 수 있겠다. 전통적 방첩은 타국의 정보기관들에 의해 오랫동안 수행되어 왔던 기존의 전통적인 정보활동과 안보위협들에 대한 대응을 의미한다. 광의의 방첩은 산업스파이활동, 테러, 조직범죄, 사이버테러 등 적대국 정보기관이나 기타 범죄조직, 또는 개인들에 의해 야기되는 새로운 안보위협들에 대한 대응들을 포괄한다. 다음으로 전통적 방첩은 대응방식에 따라서 수동적 방첩과 능동적 방첩으로 분류될 수 있다. 수동적 방첩으로서 보안은 외국 또는 적대세력의 정보수집 기도를 차단 또는 제한하기 위해 취해지는 제반 조치로서 대체로 방어적이고 소극적인 대응으로 제한된다. 이에 반해 능동적 방첩으로서 대스파이활동은 외국 또는 적대세력의 정보활동과 안보위협에 대해 적극적이고 때로 공격적으로 대응하는 제반 노력을 포함한다. 이를 위해 외국 또는 적대세력의 전략 또는 동향을 파악하는데 중점을 두며, 첩보수집, 방첩수사, 방첩분석 그리고 방첩공작 등 다양한 활동을 수행하게 된다. 이러한 분류에 기초하여 다음에서 방첩의 유형과 실질적인 활동 양상을 보다 구체적으로 살펴보기로 한다.

38) Zeuhlke(1980), pp.26-27.
39) Zeuhlke(1980), pp.26-27.
40) 슐스키도 이와 유사하게 분류하고 있다. 슐스키는 방첩을 수동적 방첩과 능동적 방첩으로 분류했다. 그에 따르면 수동적 방첩은 보안을 의미하고, 능동적 방첩은 대스파이활동을 의미하는 것으로 기술했다. 그리고 적대세력의 기술정보활동에 대한 대응을 '총체적 방첩활동(Multidisciplinary Counterintelligence)'이라고 소개하고 여기에 통신보안, 전자파보안 등을 포함시켰다. Shulsky and Schmitt(2002), pp.99-127.

■ 표 1 ■ 방첩의 분류

분　류		내　용
대분류	소분류	
전통적 방첩	보안 (security)	① 문서보안 또는 기밀분류(classification of information) ② 인원보안(personnel security) ③ 시설보안(physical security) ④ 자재보안(equipment security) ⑤ 통신보안(communication security) ⑥ 컴퓨터보안(computer security) ⑦ 기타(네트워크 보안, 암호보안...)
	대스파이 활동 (counter-espionage)	① 첩보수집(collection) ② 방첩수사(counterintelligence investigation) ③ 방첩분석(counterintelligence analysis) ④ 방첩공작: 이중간첩, 기만과 역기만(counterdeception)
광의의 방첩	보안	산업보안(industrial security)
	기타	① 대테러(counterterrorism) ② 대사보타지(countersabotage) ③ 국제범죄 대응 ④ 사이버테러 대응

제3절　방첩의 실제

1. 수동적 방첩: 보안(security)

(1) 보안의 개념

방첩의 수동적 유형으로 분류되는 보안(security)은 외국 또는 적대세력의 정보수집 기도를 차단 또는 제한하기 위해서 취해지는 제반 조치를 의미한다. 외국 또는 적대세력은 정보 획득을 위해 아측의 문서, 인원, 자재, 시설, 통신 등 다양한 목표에 대해 접근을 시도한다. 보안은 적대세력이 이러한 목표에 접근하거나 침해하는 행위로부터 보호하기 위한 예방대책이라고 정의할 수 있다.[41]

---

41) 국가정보포럼, 『국가정보학』(서울: 박영사, 2006), p.135.

그러나 보안의 용어나 개념에 대해서는 국가마다 또는 전문가들 간에 각기 상이하다. 예를 들어, 미국은 보안을 "기밀에 속하는 모든 기관, 인물, 물자, 시설, 지역 등에 관한 일체의 사항을 허가되지 않은 자로부터 보호하는 것"으로 정의하고 있다.[42] 중국에서는 "비밀유지 및 안전업무"라고 칭하면서 "적의 간첩활동을 차단·예방하기 위하여 취하는 방어적 조치"로 정의하고 있다.[43] 슐스키는 방첩을 소극적 활동과 적극적인 활동으로 구분하고, 소극적인 유형의 방첩활동을 통상 '보안'으로 칭한다고 기술했다.[44] 요컨대, 보안의 개념 또는 의미에 있어서 다소간 차이가 있지만, 보안은 대체로 소극적, 방어적, 수동적인 유형의 방첩활동으로 인식되고 있다는데 공통점을 보인다.

슐스키는 보안은 방첩의 가장 중요한 출발점이라고 주장했다.[45] 정보기관은 보안을 생명처럼 중요시한다. 철저한 비밀보안이 유지되지 않으면 정보활동을 효과적으로 수행할 수 없기 때문이다. 그런 점에서 보안은 국가정보의 핵심적인 요소로 간주된다. 통상 보안은 보호해야 할 비밀이 많은 정보기관이나 군대에서 중요하게 취급된다. 그러나 보안이 정보기관이나 군대만의 기능이나 임무라고 볼 수 없다. 오늘날 보안은 정보기관이나 군대 조직만이 아니고 일반 행정부처, 민간 기업체, 심지어 개인들조차 중요하게 고려하고 있다. 왜냐하면, 보안은 어느 개인이나 조직 또는 국가가 존립을 확보하고 경쟁에서 승리하는 데 필요한 핵심적인 요소이기 때문이다. 보안이 노출될 경우 그 자체 존립이 위험해질 뿐만 아니라 금전적인 손실과 함께 경쟁에서도 매우 불리한 입장에 처하게 될 수 있다. 어쨌든, 보안은 효과적인 정보활동을 수행하는데 필요한 핵심적인 요소이지만, 정보기관만의 고유 기능이나 활동이라고 볼 수 없다.

보안이 정보기관 고유의 활동이 아니라는 관점에서 보안을 방첩에 포함시키는 것에 대해 논란이 있다. 앞서 언급했던바 레이건 대통령 행정명령 제12333호에서 방첩의 개념을 정의한 다음, 방첩의 범주에 "인원, 자재, 문서, 통신 보안 등은 포함되지 않는다"고 기술했다. 1947년 국가안보법에서는 명시하지 않았는데 왜 레이건 대통령의 행정명령에서 네 가지 유형의 활동을 방첩의 범주에서 제외시켰는지 유의해볼 필요가 있다. 슐스키는 그러한 보안업무는 CIA, FBI 등 정보기관이 아닌 미국의 일반 행정부처에서도 수행하고 있기 때문이라고 설명했다.[46] 이와 유사한 관점에서 허만(Michael Herman)도 보안(security)은 정보보안(information security)의 줄임말로서 주로 'information'

---

42) 국가정보포럼(2006), p.136.
43) 徐國豪, 外國防諜辭典(復旦大學出版社, 1993), p.57; 국가정보포럼(2006), p.136.
44) Shulsky and Schmitt(2002), p.99.
45) Shulsky and Schmitt(2002), p.99.
46) 슐스키 & 슈미트, 신유섭 역(2007), p.204.

을 보호하는 기능을 수행한다는 점에서 'intelligence'로 볼 수 없다는 입장을 취했다.[47)] NATO에서도 보안을 'information security'라고 칭하면서 정보(intelligence)의 범주에 포함시키지 않는다. 이와 관련하여 NATO에서는 정보(intelligence)와 보안(information security)의 관계를 다음과 같이 기술했다.

> 보안(information security)의 중요한 목표는 적의 정보(intelligence) 취득을 막는 것이고, 정보(intelligence)의 중요한 목표는 적의 보안(information security)을 뚫는 것이다. 그러므로 정보업무를 효과적으로 수행하기 위해서 잠재적국의 보안시스템을 파악하는 것이 필요하고, 비슷하게 보안업무를 효과적으로 수행하기 위해서는 잠재적국의 정보수집 수단들에 대해 꿰뚫고 있어야 한다.[48)]

즉 NATO에서 보안은 정보(intelligence)와 밀접히 연계되지만 정보(intelligence)의 범주에 포함되지 않는 별도의 기능을 수행하는 것으로 기술하고 있다. 사실 보안 (security)은 일반 행정부처뿐만 아니라 민간 기업체에서도 수행하고 있기 때문에 정보기관 고유의 업무로 볼 수 없다는 주장이 설득력 있는 견해로 인정된다.[49)]

한편, 보안을 방첩의 범주에 포함시킬 것인가에 대해서는 여전히 논란이 있다. 앞서 언급했듯이 슐스키는 방첩을 적극적 대스파이활동과 수동적 보안으로 구분했다. 그런데 그는 보안과 방첩은 동일한 기능을 수행하기 때문에 보안은 방첩의 일부로 고려되어야 한다는 견해를 피력했다.[50)] 허만을 제외하고 홀트, 리첼슨, 즐키(Arthur A. Zuehlke, Jr.) 등 대부분의 학자들도 슐스키와 유사한 관점에서 보안을 방첩의 범주에 포함시킨다.[51)] 실제로 보안과 방첩은 분리될 수 없는 불가분의 관계이며 밀접히 연계된다. 철저한 보안유지 없이 방첩임무를 성공적으로 달성할 수 없다. 학계의 일반적인 견해를 수용하여 이 책에서도 보안을 방첩의 범위에 포함하여 논의하기로 한다.

보안은 여러 가지 기준에 따라 다양하게 분류될 수 있다. 보안은 업무를 수행하는 주체에 따라 개인보안(personal security), 기업보안(corporation security), 국가보안(national security) 등으로 구분될 수 있다. 또한, 업무분야에 따라서 군사에 관한 것이면 군사보안

---

47) Michael Herman, *Intelligence Power in Peace and War*(New York: Cambridge University Press, 1996), pp.165-166.
48) NATO, Allied Intelligence Publication No.1, *Intelligence Doctrine*(Brussels: NATO, 1984), chapter 1; Herman(1996), p.166.
49) Herman(1996), pp.166-167.
50) Shulsky and Schmitt(2002), p.215.
51) Holt(1995), pp.112-117; Herman(1996), pp.165-166; Richelson(2008), pp394-395; and Zuehlke(1980), pp.26-27.

(military security), 공작에 관한 것이면 공작보안(operation security), 산업분야에 관한 것이면 산업보안(industrial security) 등으로 칭한다. 일반적으로 보안은 보호해야 할 대상에 따라 문서, 인원, 시설, 전산, 통신 보안 등으로 분류된다.[52] 다음에서 이에 대해 보다 구체적으로 살펴보기로 한다.

(2) 문서보안(비밀분류, classification of information)

1) 비밀분류

정부는 보호할 가치가 있는 자료를 분류하여 보관하는데, 이를 '비밀분류(classification)'라 칭한다. 일반적으로 문서에는 사문서와 공문서가 있지만, 공문서만이 국가보안에 따른 비밀분류의 대상이 된다. 이러한 공문서에는 국가기관이나 국가로부터 위임받은 공공단체 등이 작성하였거나 접수한 모든 문서, 도화(圖畵), 전자 기록 등을 포함한다.[53] 문서들은 정보의 민감도(sensitivity), 즉 정보가 적대세력에게 알려질 경우 초래될 수 있는 피해의 정도, 그리고 그에 따라 얼마만큼 정보를 보호해야 할 중요성이 있는가를 기준으로 하여 분류된다. 미국의 경우 1912년 전쟁성(War Department)에서 최초로 비밀분류체계를 설정하여 공표했고, 모든 정부 부처에 비밀분류체계가 도입된 것은 1951년 트루먼(Harry Truman) 행정부 시절부터였다.[54]

비밀이 승인받지 않고 무단으로 유출될 경우 국가안보에 야기될 수 있는 손실의 정도에 따라 비밀등급이 설정된다. 보다 민감하다고 분류되는 정보일수록 더욱 엄격히 보호되어야 하며 극소수의 사람들에게게만 접근이 허용된다. 미국의 경우 국가보안정보는 승인받지 않고 무단 유출될 경우 국가안보에 야기될 것으로 예상되는 피해정도에 따라 다음과 같이 3등급으로 분류된다.

1급 비밀(top secret): "매우 중대한 피해(exceptionally grave damage)"

---

52) 물론 이러한 보안의 분류도 학자들 간에 다소 차이가 있다. 슐스키의 경우 인원보안과 물리적 보안만을 보안에 포함시키고, 일반적으로 문서보안으로 간주하는 기밀분류는 보안에서 제외시켰다. Shulsky and Schmitt(2002), pp.99-108. 즐키는 방첩의 유형을 수동적 방첩과 능동적 방첩으로 분류하고, 수동적 방첩에 속하는 것으로서 ① 첩보출처 보호조치(defensive source programs), ② 기술정보활동에 대한 대응(Technical Surveillance Countermeasures, TSCM), ③ 보안교육(Security Education), ④ 방첩 위협에 취약한 시설이나 활동에 대한 분석 및 평가 등 네 가지를 제시했다. 즐키는 네 가지 활동이 보안을 강화시키는데 기여하지만 그 자체 보안활동은 아니라고 설명했다. 그러나 네 가지 활동은 일반적인 보안 기능과 거의 차이가 없다. 그런 점에서 즐키가 제시한 '수동적 방첩'은 일반적으로 보안과 동일한 개념으로 간주된다. Zuehlke(1980), pp.26-27.
53) 국가정보포럼(2006), pp.139-140.
54) Harlod C. Relyea, "The Presidency and the People's Right to Know," in Harlod C. Relyea, (ed.), *The Presidency and Information Policy*(New York: Center for the Study of the Presidency, 1981), pp.11-19; Executive Order 10290, September 24, 1951; and Shulsky and Schmitt(2002), p.101.

2급 비밀(secret): "심각한 피해(serious damage)"
3급 비밀(confidential): "일반적인 피해(damage)[55]"

우리나라에서도 보안업무규정 제4조에서 다음과 같은 기준에 따라 비밀을 Ⅰ, Ⅱ, Ⅲ급 비밀로 구분하고 있다.

　　　Ⅰ급 비밀: 누설되는 경우 대한민국과 외교관계가 단절되고 전쟁을 유발하며, 국가
　　　　　　　의 방위계획·정보활동 및 국가방위상 필요 불가결한 과학과 기술의
　　　　　　　개발을 위태롭게 하는 등의 우려가 있는 비밀
　　　Ⅱ급 비밀: 누설되는 경우 국가안전보장에 막대한 지장을 초래할 우려가 있는
　　　　　　　비밀
　　　Ⅲ급 비밀: 누설되는 경우 국가안전보장에 손해를 끼칠 우려가 있는 비밀[56]

이와 같은 비밀분류와 별도로 '대외비'라는 것이 있다. 대외비란 그것이 누설되는 경우 국가안보에 손해를 끼치거나 악영향을 미치는 내용이 아니라 공정한 직무를 수행하고 이해관계자들에게 공정한 기회를 보장하기 위해 "직무수행상 특별히 보호를 요하는 사항"을 말한다.[57] 그러한 사례로서 중요 정책의 추진계획에 관한 사항, 암행성 단속계획, 또는 특별지역 개발계획 등을 들 수 있다.

2) 보안조치

산더미 같이 쌓인 많은 양의 비밀문서를 보호하는 데 매우 세밀한 보안조치가 요구된다. 비밀보안 등급이 높을수록 세밀하고 강화된 보안조치가 취해진다. 비밀문서를 열람하는 누구에게든 일일이 서명을 받아야 하며, 사무실 문단속을 더욱 철저히 해야 한다. 그리고 파일이 담긴 캐비넷은 2중 또는 3중의 잠금장치가 설치된다. 비밀문서들은 쓰레기통에 무단으로 버리는 것이 아니고 무장 경비원의 감독하에 불에 태우거나 파쇄기로 파기한다. 비밀문서들이 절취되거나 부주의하게 분실되는 것을 막기 위해 부득이 이와 같은 절차가 수행되지만 사실상 매우 비효율적이며 까다롭고 성가신 일이다. 때로 문서가 분실되는 사태가 발생하는데 대부분의 경우 외국인 스파이가 절취하기보다는 비밀문서 관리 담당자의 부주의로 인한 것으로 드러난다.

---

55) Executive Order 12958, "Classified National Security Information," April 17, 1995.
56) 보안업무규정, 제2장, 제4조(비밀의 구분), 국가정보포럼(2002), p.444.
57) 보안업무시행규칙 제7조, 국가정보포럼(2006), p.141.

3) 비밀 분류의 유의점

위에서 소개한 바와 같이 비밀분류의 기준이 설정되어 있지만, 무엇을 어떤 등급의 비밀로 분류해야 할지 모호한 경우가 많다. 비밀은 국가안보에 끼치는 손실의 정도에 따라 '일반적인 피해', '심각한 피해', '매우 심각한 피해' 등으로 구분하고 있지만 그 개념이나 의미가 명확하지 않다. 이에 따라 비밀분류에 상당부분 주관성이 개입된다. 실제로 미국의 '대통령행정명령 13292'에서 보면 누가 비밀을 분류하고 어떤 등급으로 분류하는 것이 타당한지에 대해서는 아무런 언급이 없다.[58] 이에 따라 비밀을 불필요하게 과도분류(overclassification)하거나 그와 반대로 국가안보에 중요한 사항임에도 불구하고 비밀로 분류하지 않는 과소분류(underclassification)의 문제가 종종 발생할 수 있다.

비밀의 과도분류는 지나치게 많은 양의 정보를 높은 등급으로 분류하는 경우를 말한다. 이는 기본적으로 무엇을 비밀로 분류해야 할지 또는 어떤 등급으로 분류하는 것이 적절한지에 관한 기준이 명확하지 않는데서 발생한다. 더욱이 비밀을 생산하는 기관마다 비밀분류의 기준이 다르기 때문에 비밀등급의 일관성조차 유지되기가 어렵다. 과도하게 많은 양의 정보를 비밀로 분류하고 있다고 믿는 사람들은 정부 관리들이 곤란한 상황이나 질책을 모면하기 위해 비밀이 아닌 자료조차 의도적으로 비밀로 묶어두려는 관행이 있다고 주장한다.[59] 이들은 비밀분류가 정부 관리들의 책임회피 수단으로 활용되고 있다고 비난하기도 한다.

비밀의 과도분류는 여러 가지 문제점을 야기할 수 있다. 우선, 국민들이 알 필요가

---

58) Holt(1995), p.110. 미국의 '대통령행정명령 13292'에서는 비밀로 분류되는 사항을 다음과 같이 매우 포괄적으로 제시하고 있다: ① 군의 계획, 무기체계, 작전 사항; ② 외국 정부에 관한 정보(비밀유지를 전제로 외국 정부로부터 획득한 정보를 의미); ③ 비밀공작을 포함한 정보활동, 정보출처와 수단, 또는 암호술; ④ 미국의 대외관계 또는 대외활동; ⑤ 국가안보와 관련되는 과학, 기술, 경제 문제; ⑥ 정부의 핵물질이나 시설 방호 계획; ⑦ 대테러 방어를 비롯하여 국가안보와 관련되는 시스템, 설비, 사업, 계획 등의 장점과 취약성; ⑧ 대량살상무기 등이다. Executive Order 12958-Classified National Security Information as Amended by Executive Order 13292(68 Federal Register 15315에 수록되어 있음), March 28, 2003, http://www.archives.gov/isoo/policy-documents/대-12958-amendment.html?te...(검색일: 2009년 9월 17일). 한편, '대통령행정명령 13292'는 2009년 12월 29일 '대통령행정명령 13526'으로 개정되었으며, 여기에는 비밀 지정기준(제1.1조), 비밀 지정권한(제1.3조), 비밀의 범주(제1.4조), 비밀 지정금지 및 제한사항(제1.7조), 자동 비밀해제(제3.3조), 국가비밀해제센터(제3.7조), 비밀지정재심위원회(제5.3조) 등 조항을 통해 비밀 과도·과소 분류 방지 및 국민의 알권리 제고를 위해 예고문이 도래한 비밀의 적기 해제 등을 규정하고 있어 개정 전 법령의 미비점을 보완하고 있는 것으로 보여진다. Executive Order 13526-Classified National Security Information, December 29, 2009, http://www.whitehouse.gov/the-press-office/executive-order-classified-natiional-secur...(검색일: 2014년 6월 9일).

59) 행정명령 12598에서 "어떤 경우에도 개인이나 조직 또는 기관이 곤란한 상황에 처하는 것을 막기 위해 비밀로 분류되어서는 안 된다"라고 규정되어 있다. Executive Order 12958-Classified National Security Information as Amended by Executive Order 13292(68 Federal Register 15315에 수록되어 있음), March 28, 2003, http://www.archives.gov/isoo/policy-documents/대-12958-amendment.html?te...(검색일: 2009년 9월 17일).

있는 정보를 공개하지 않음으로써 국민들이 국가안보정책 관련 문제를 이해하고 토론할 기회가 상실될 수 있다. 이로 인해 건전한 여론형성을 통한 올바른 국가안보정책을 수립하는데 장애요인으로 작용할 위험이 있다. 또한 비밀분류의 엄격성이나 신뢰성이 떨어짐으로 인해 비밀분류를 무시하고 함부로 비밀을 누설하는 행동을 저지를 수 있다. 비밀을 과도하게 분류할수록 비밀보호의 필요성이나 중요성이 감소되는 반면, 비밀누설의 위험성은 증가하게 될 것이다. 비밀유지의 필요성이 존중되고 가장 중요한 비밀이 보호될 수 있는 최상의 방법은 비밀을 최소로 분류하는 것이다. 비밀로 여겨지는 것들이 최소화될 때 비밀은 보다 효과적으로 보호될 수 있을 것이다.

비밀의 분류에 관련하여 주로 과도분류가 지적되고 있지만, 때로 국가안보에 중요한 사항이 비밀로 보호되지 않은 채 방치되는 과소분류(underclassification)의 문제점에 대해서도 관심이 요구된다. 주로 정부 외부에서 생산되거나 전개되고 있는 상황에 관한 정보들이 과소분류 되는 경향을 보인다. 오늘날 정보화시대의 도래와 함께 정보의 공개성이 확대되고 엄청나게 많은 정보들이 인터넷을 통해 유통되고 있다. 이에 따라 국가안보에 상당한 영향을 미칠 수 있는 만큼 비밀로 분류되어 보호가 필요함에도 불구하고 비밀로 보호되지 않고 인터넷 등을 통해 유출되는 정보가 점차 증가하는 추세를 보이고 있다. 이와 관련하여, 1982년 CIA 부국장으로 재임 중이었던 인맨(Bobby Ray Inman) 제독은 '미국과학발전협회(American Association of the Advancement of Science)'에서 행한 연설에서 비밀의 과소분류 문제를 지적했다. 이론 및 응용 암호학 연구에 관해 언급하면서 그는 "이러한 연구 결과들을 아무런 제한 없이 발표하는 경우 외국 정부나 단체의 주목을 받게 될 것이고, 그로 인해 미국의 국가안보에 돌이킬 수 없는 손해를 야기할 수도 있을 것이다"라고 우려를 표명했다. 인맨은 기술정보에 관한 발표 활동으로 인해 국가안보에 손해가 야기될 수 있는 분야로서 컴퓨터 하드웨어와 소프트웨어, 전자장치와 기술, 레이저, 작황 예상 등을 예로 들었다.[60)]

요컨대, 비밀은 과도하거나 과소하지 않게 적절히 분류되고 철저히 관리되어야 한다. 비밀의 양이 많으면 많을수록 누설이나 분실의 위험성이 증가한다. 따라서 비밀은 사전계획에 의하여 현재 필요한 최소한의 양만 생산해야 한다. 장래 소요가 증가할 것에 대비하거나 미리 예비용으로 여유 있는 부수로 생산하지 말아야 한다. 비밀누설의 가능성을 최소화하기 위해 배포선을 제한해야 한다. 배포처에 따라 비밀의 내용을 제한함으로서 비밀을 보다 효과적으로 보호할 수 있을 것이다.

---

60) Adm. B. R. Inman, "National Security and Technical Information," 1982년 1월 워싱턴에서 열린 미국과학발전협회 연례회의에서 발표된 논문; 슐스키 & 슈미트, 신유섭 역(2007), p.215.

(3) 인원보안(personnel security)

1) 의미와 중요성

인원보안이란 국가의 중요한 비밀에 대한 보안이 잘 유지되도록 관련되는 사람을 관리하는 것을 의미한다. 즉 국가의 중요한 비밀에 대한 접근 권한을 취득할 사람의 보안의식을 심사하고, 그들이 그러한 자세를 견지하도록 지도 및 감독하는 행위를 말한다. 문서보안이나 물리적 보안은 사물이나 기계를 대상으로 하기 때문에 효과적인 관리 체계의 구축을 통해 어느 정도 보안이 유지될 수 있다. 그러나 인원보안은 사람을 대상으로 하기 때문에 관리하기가 매우 어렵다. 사람은 비밀을 직접 취급하고 관리한다. 그런데 때로 실수나 부주의로 인해 보안을 누설하기도 한다. 또한 사람은 자유의지를 갖고 있기 때문에 신념이나 가치관의 변화로 인해 또는 이기적인 욕망으로 인해 자신이 속한 단체나 국가를 배신하는 행위를 자행하기도 한다. 국가비밀을 취급하는 내부 구성원이 배신행위를 하게 되면 아무리 강화된 물리적 보안조치도 무용지물이 되고 만다. 그런 점에서 인원보안이 가장 중요하다고 본다.

인원보안에 활용되는 수단으로서 신원조사, 동향파악, 보안교육, 서약 등 네 가지를 들 수 있으며, 이에 대해서 다음에서 구체적으로 살펴본다.

2) 신원조사

신원조사는 개개인들에게 '비밀취급인가권(security clearance)', 즉 비밀로 분류된 정보에 접근할 수 있는 자격이 부여될 수 있는지 그 여부를 판단하기 위해 수행되는 조사활동이라고 볼 수 있다.[61) 신원조사는 주로 정보에 접근할 권한을 갖는 직위에 사람을 고용하기 전에 수행되며, 그가 비밀을 유지할 의사와 능력이 있는지를 판단하는데 중점을 둔다. 그러한 판단을 내리는데 있어서 고용될 사람의 성격, 정서적 안정성, 충성심, 의지력 등 다양한 요소를 고려하게 된다. 이미 고용된 사람이라 할지라도 민감한 정보에의 접근을 계속 허용할지 여부를 결정하기 위하여 주기적으로 신원 재조사를 실시한다.[62)

철저한 신원조사(investigation) 과정을 거쳐 보안유지에 신뢰성이 있다고 판단되는 개인에게 '비밀취급인가권(security clearance)'이 부여된다. 비밀등급이 높을수록 신원조사 과정이 보다 까다롭다. 미국의 경우 1급 비밀취급인가권에 대한 신원조사는 FBI에서 담당하는데, 적게 잡아도 몇 주가 걸리며 길면 수개월에 걸쳐서 개인 신상에 대해 철저한

---

61) 슐스키 & 슈미트, 신유섭 역(2007), p.217.
62) 미국의 경우 비밀취급인가권자들의 대부분(특히 1급 비밀취급인가자)은 정기적으로 신원 재조사를 받도록 의무화되어 있다. Holt(1995), p.114.

조사가 진행된다.63) 학교시절 담임선생, 친구, 이웃, 고용주, 피고용인, 친척, 소속 종교
교직자, 전 배우자(여자 또는 남자 친구) 등 주변 인물들과의 면담조사가 이루어지고, 학교
기록, 전과, 신용 등을 조회한다. 개인의 성격, 태도, 습관 등 신상에 관해 작성한 신원조사
결과를 보고한다. 개인을 고용할 해당 기관은 신원조사 결과보고서를 검토하여 개인의
보안성 수준을 평가하며, 이에 따라 비밀취급인가권을 허가 또는 거부하게 된다.

일반적으로 의회의 의원들은 당선과 함께 비밀취급인가권을 받은 것으로 간주된
다. 그러므로 이들에 대해서는 굳이 신원조사를 시행할 필요가 없다.64) 그러나 의회
보좌관들(staff members)에 대해서는 행정부 관료와 유사하게 신원조사를 실시한다. 미국
의 경우 의회 보좌관들에 대한 비밀취급인가권은 FBI가 작성한 신원조사결과보고서에
기초하여 해당 위원회에서 허가 또는 거부하게 된다. 미 상원 정보위원회의 경우 FBI
보고서를 중앙정보장(DCI, 현재는 DNI)에게 보내는데 그는 이의를 제기할 수는 있지만
거부권을 행사할 수는 없다.65)

비밀취급인가권(security clearance)과 차단(compartment))

아무리 개개인에 대한 신원조사가 철저하게 이루어졌다고 하더라도 그가 비밀을 확실
히 유지한다는 보장은 없다. 비밀을 알고 있는 사람들의 숫자가 증가하는 데 비례하여
비밀이 누설될 위험이 증가한다. 전 마피아 조직원이었던 자가 말하기를 "3명 중에서
2명이 죽으면 비밀이 유지될 수 있다"고 말한바 있다.66) 따라서 가급적 필요한 사람에게만
제한하여 비밀취급인가권을 주는 것이 바람직하다.

비밀취급인가권을 제한시키는 방법으로서 차단(compartment)의 원칙이 적용된다. 즉
비밀취급인가권을 획득한 직원이라 할지라도 '알 필요(need to know)'가 있을 경우에만
출입이나 접근이 승인된다.67) 이처럼 정보요원들 간에 수행하는 업무를 차단(compartment)
시키면 비밀누설의 가능성을 감소시킬 수 있다. 주어진 사실을 알 수 있는 사람들의 숫자
가 적을수록 비밀이 알려질 가능성이 감소된다는 것이다. 이러한 차단의 원칙이 지나치면
업무 효율성이 저하될 수 있다. 즉, 업무들 간의 상호 연계성이 차단되기 때문에 분석관들
은 전체적인 그림을 볼 수 없다. 그래서 업무 효율성과 보안 간의 적절한 조화와 균형이
요구된다.

---

63) FBI 외에 다른 정보기관들이 자체적으로 신원조사를 실시하기도 한다. 이 때문에 신원조사가
   중복으로 실시되는 경우도 있다. Holt(1995), pp.113-114.
64) 미국의 경우 과거 후버 국장시절에는 FBI가 의회 의원들에 대한 신상조사 자료를 비축해두고
   있었던 것으로 알려졌다. Holt(1995), p.113.
65) Holt(1995), p.113.
66) Curt Gentry, *J. Edgar Hoover: The Man and the Secrets*(New York: W. W. Norton, 1991), p.497.

3) 동향파악

신원조사 과정이나 절차가 아무리 까다롭다고 할지라도 보안유지에 문제가 있는 사람을 완벽히 선별해내는 것은 불가능하다. 따라서 신원상의 결격사유가 있음에도 불구하고 신원조사를 무사히 통과하여 비밀로 분류된 정보에 대한 접근이 허용되는 경우가 발생할 수 있다. 또한 고용될 당시에는 신원 상의 결격사유가 없었지만 주변 환경의 변화 또는 신념과 사상의 변화 로 인해 중요한 국가비밀을 유출시키는 행위를 하는 등 자신이 속한 기관이나 국가를 배신하게 될 수 있다. 따라서 이미 고용되어 근무하고 있는 사람에 대해서도 그 사람의 주변 환경변화 또는 파악하지 못한 신원정보에 대해서 지속적인 관찰과 더불어 관련되는 사항들을 수집하게 되는데 이를 동향파악이라고 한다.

내부 구성원에 대한 동향파악을 위해 배우자와의 불화, 음주 증가, 마약복용 의혹, 재력 이상의 과소비, 채무 증가 등 사적 행동이나 생활방식의 변화에 대해 면밀한 관찰이 진행된다. 이러한 동향을 파악하는데 주변인물에 대한 탐문, 금융조회 등 여러 가지 방법이 동원되는 가운데 최근 거짓말탐지기(polygraph) 테스트가 빈번히 활용되고 있다.[68] 미국의 경우 CIA가 거짓말탐지기를 가장 많이 활용했던 것으로 알려졌다. CIA의 경우 고용을 원하는 사람들은 누구나 거짓말탐지기 테스트를 받아야 하며, 모든 현직 요원들도 주기적으로 거짓말탐지기 테스트를 받는 것이 의무화되어 있다.[69] 현재 미국 정보공동체의 경우 CIA 외에 DIA, NRO, NSA 등이 조직의 구성원들을 대상으로 거짓말탐지기 테스트를 활용하고 있으며, FBI도 2001년 KGB의 첩자로 활동했던 한센 (Robert Hanssen) 사건 이후부터 거짓말탐지기 테스트를 활용하고 있다.[70]

물론 거짓말탐지기 테스트가 인원보안을 유지하는데 있어서 효과적인 수단이 될 수 있는가에 대해서는 의문이 제기된다. 실제로 CIA 요원으로 근무하면서 이중스파이로 암약했던 우타이 친(Larry Wu-tai Chin)과 에임즈(Aldrich Ames)라는 두 사람 모두 거짓말탐지기 테스트를 무사히 통과했다.[71] 그럼에도 불구하고 거짓말탐지기 사용을 옹호

67) Lowenthal(2006), pp.148-149.
68) 거짓말탐지기는 여러 질문들에 대한 응답자의 신체반응, 예를 들면 맥박이나 호흡 횟수 등을 체크하는 기계이다. 질문을 받았을 때 응답자의 신체에 물리적인 변화가 나타날 경우 그의 답변이 진실 되지 못한 것으로 해석될 수 있다. Lowenthal(2006), p.146.
69) Shulsky and Schmitt(2002), p.107.
70) Lowenthal(2006), p.146.
71) 우-타이 친은 CIA 요원으로 근무하면서 1952년부터 1985년까지 중국의 첩자로 암약했다. 에임즈는 CIA 요원으로 근무하면서 한때 CIA의 중요 부서인 대소련 방첩부서의 부서장으로까지 승진했는데 1985년부터 1994년 2월 FBI에 검거될 때까지 KGB의 첩자로 활동했다. 특히 그는 1986년과 1991년 시행된 두 차례의 거짓말탐지기 테스트를 무사히 통과했다. Lowenthal(2006), p.147.

하는 사람들은 이 테스트가 적어도 보안누설이나 이중스파이 행위를 억제(deterrence)하는 효과가 있다고 주장한다.[72] 즉 거짓말탐지기 테스트를 받아야 한다는 심리적 부담감 때문에 그러한 배신 행위를 삼가게 된다는 것이다. 비록 거짓말탐지기가 배신 행위를 탐지하고 억제하는 데 효과적인 수단으로 활용되고 있지만, 정확성이나 신뢰도에 대해서는 여전히 논란의 여지가 있다.

4) 보안교육

때로 보안의 중요성에 대해 잘 알고 있으면서도 무의식중에 부주의로 인해 보안을 누설하게 될 수 있다. 이러한 보안 사고를 사전에 예방하기 위해 반복적이고 지속적인 보안교육이 요구된다. 보안교육은 보안에 대한 기본지식과 이해를 증진시키는 데 중점을 두고 시행되며, 보안누설에 대한 경각심을 일깨우고 국가를 위한 충성심을 제고시키는데 매우 효과적이다.

5) 서   약

서약은 지득한 비밀을 누설하지 않겠다는 다짐을 받는 것으로서 문서 또는 구두 형식으로 이루어진다. 서약은 심리적 압박을 주어 비밀을 보호하고자 하는 취지로 시행되며, 단체로 여러 사람이 함께 하는 것보다는 개별적으로, 그리고 구두보다는 근거가 남는 문서로 하는 것이 보다 효과적이다.[73]

(4) 시설보안(physical security, 물리적 보안)

1) 의   미

시설보안이란 국가안보와 국가이익에 중요한 기능을 수행하는 시설들을 각종 위해 행위로부터 보호하기 위한 제반 대책과 그 이행을 의미한다.[74] 시설보안은 노출되거나 파괴될 경우 국가안보와 국가이익에 상당한 피해가 초래될 것으로 예상되는 시설을 보호대상으로 한다. 시설보안은 물리적 보안(physical security)과 매우 유사하다.[75] 다만, 물리적 보안의 대상은 시설뿐만 아니라 컴퓨터, 통신시설 등 각종 장비들까지 포함하고 있어 보다 포괄적이다.

---

72) Lowenthal(2006), p.147.
73) 국가정보포럼(2006), p.139.
74) 국가정보포럼(2006), p.143.
75) 슐스키와 홀트는 물리적 보안에 대해서만 소개하고, 시설보안에 대해서는 언급하지 않았다. Shulsky and Schmitt(2002), pp.107-108; and Holt(1995), pp.112-113.

2) 보안방벽

시설보안이 효과적으로 유지되기 위해서 적절한 대책이 강구되어야 한다. 우선 시설을 건설하기로 계획하는 단계부터 시설보안 대책이 검토되어야 한다. 해당 시설이 기능에 장애가 되지 않는 범위에서 보안방벽(보안시설물, 장비 등)을 선택해야 할 것이다. 그러한 방벽에는 자연방벽, 인공방벽, 동물방벽, 전자전기방벽 등이 있다.76) 자연방벽은 암벽, 호수 등 시설에 대한 접근을 거부 또는 방해할 있는 요건을 구비한 자연적인 지형물을 말한다. 인공방벽은 시설물에 대한 접근을 방해하기 위하여 인공적으로 설치된 울타리, 출입구, 보관용기, 자물쇠 장치 등이 포함된다. 동물방벽은 훈련된 경비견 등 동물의 기민성, 공격성, 후각 등을 활용하여 경비수단을 담당하는 것을 말한다. 전자전기방벽은 주로 전기나 전자장비로 설치된 보안방벽을 말하며, 경보장치, 전기벽, 감시카메라(CCTV) 등이 활용된다.

3) 보호구역

보호구역이란 국가안보에 중요한 시설, 장비, 자재 등에 관한 비밀을 유지하고 외부로부터 오는 각종 위해 행위로부터 보호하기 위하여 필요한 장소에 일정한 범위를 정하여 출입자를 통제하는 구역을 말한다.77)

보호구역은 크게 제한지역, 제한구역, 통제구역 등으로 분류된다. 제한지역은 비밀 또는 재산의 보호를 위하여 울타리 또는 경비원에 의하여 일반인의 출입에 감시가 요구되는 지역을 말한다. 제한구역이란 비밀 또는 주요 시설 및 자재에 대한 비인가자의 접근을 방지하기 위하여 출입 시 안내가 요구되는 지역을 말한다. 통제구역은 비인가자의 출입이 금지되는 보안상 극히 중요한 구역을 말한다.78)

(5) 통신보안(communication security)

20세기 들어서서 정보통신의 급속한 발달과 함께 유무선 전화기를 비롯한 각종 통신기기들이 다량의 정보를 신속히 유통시킬 수 있는 편리한 수단으로 활용되고 있다. 그런데 통신수단을 활용하여 정보가 유통되는 과정에서 도청 또는 감청을 통해 적대세력에게 중요한 정보가 유출될 위험이 커졌다. 통신보안은 국가의 중요한 비밀이 통신수단을 이용하여 전달되는 과정에서 직접 또는 간접으로 누설되는 것을 미연에 방지하거

---

76) 윤은기, 『기업정보전쟁』(서울: 유나이티드 컨설팅 그룹, 1993), pp.245-246; 김윤덕, 『국가정보학』 (서울: 박영사, 2001), p.198.
77) 국가정보포럼(2006), p.144.
78) 국가정보포럼(2006), p.144.

나 지연시키기 위한 제반 방책을 말한다.

정보를 유통하는 데 활용되는 통신수단의 종류에는 믿을 수 있는 사람(잘 훈련된 동물을 이용하는 경우도 있음)으로 하여금 통신문을 직접 휴대하게 하여 전달하는 전령통신, 우편통신, 전등·수기·신호탄·연기 등 상호 간에 약정된 부호나 신호로 의사를 소통하는 신호통신, 음향통신, 유·무선 전기통신 등이 있다.[79] 이 중에서 오늘날 정보의 유통수단으로서 가장 많이 사용되고 있는 유·무선 전기통신은 보안상 대단히 취약하다. 유선을 활용한 전기통신은 전선에 흐르고 있는 소량의 전류를 유도하여 또는 전선을 통해 흐르는 전류에 의해 만들어지는 전선 주위의 자장파동을 감지함으로써 도청이 가능하다.[80] 이러한 유선통신에 대한 도청을 방지하기 위해 전선을 지하에 매설하고, 단자판이나 맨홀에 대해서는 견고한 보호장치를 설치하며, 중요한 통신망에 대해서는 선로에 대해 주기적으로 순찰하는 등 여러 가지 보안대책이 강구된다. 그러나 최근 각종 첨단 도청장비가 개발되어 유선통신이라도 마음만 먹으면 도청이 가능하기 때문에 보안상 중요한 내용은 음어화하거나 암호장비를 사용해야 한다.[81]

오늘날 전선을 광케이블로 교체하면서 유선 통신에 대한 보안이 보다 강화된 반면, 무선 통신은 도청에 거의 무방비 상태라고 볼 수 있다. 전파가 도달할 수 있는 범위 내에 수신 장비를 설치하면 전파신호를 충분히 탐지할 수 있기 때문이다. 예를 들어, 장거리 전화 송신에 주로 사용되는 극초단파 송신은 전파가 특정한 방향으로만 지향 발사되고 있기 때문에 송신지점과 수신지점을 일직선으로 연결한 중간지점에 수신 장비를 설치하면 도청이 가능한 것으로 알려져 있다.[82] 요컨대, 지상에 설치된 안테나를 통해 전송되는 지상 극초단파(terrestrial microwave)와 기지국과 인공위성들 간에 전송되는 극초단파를 사용하는 장거리 전화통신은 대부분 도청에 취약하다.[83]

이처럼 무선통신은 도청에 취약하기 때문에 보안유지를 위해 송신되는 내용에 대한 암호화 작업이 선행된다. 과거 음성 메시지를 아날로그 신호로 변환하여 송신했던 아날로그 전화기의 경우 '보안전화(secure phones)' 또는 '비화기(scrambler)'를 사용하여 복잡한 방식으로 음성 메시지를 변환시켰다.[84] 보안전화나 비화기를 통해 송신된 메시지는 암호화 작업을 통해 의미를 알 수 없는 신호로 변환되었기 때문에 도청할 경우

---

79) 국가정보포럼(2006), p.147.
80) 김윤덕(2001), p.199.
81) 국가정보포럼(2006), p.147.
82) 전파가 한 방향이 아닌 사방팔방으로 발사될 경우 도청이 어렵다고 한다. 슐스키 & 슈미트, 신유섭 역(2007), p.238.
83) 슐스키 & 슈미트, 신유섭 역(2007), p.238.
84) 슐스키 & 슈미트, 신유섭 역(2007), p.238.

단지 의미 없는 소리를 수신하게 된다. 아날로그 전화기의 경우 암호화 이전의 음성 메시지를 복원하는 것이 원칙적으로 어렵지만 전혀 불가능한 것은 아니었다. 그런데 아날로그 대신 디지털 전화기가 사용되면서 이제 도청이 더욱 어려워졌다. 음성 메시지가 디지털 신호로 변환되어 전달되는 디지털 전화기의 경우 암호화 방법이 보다 복잡하여 도청이 거의 불가능한 것으로 알려져 있다.

　오늘날 인터넷, 휴대전화 등 통신기기의 보안대책을 강화하여 신속하고도 보다 안전하게 정보가 유통된다. 그러나 통신기기 도청에 활용되는 장비도 계속 발전하고 있어 완벽하게 보안을 유지하면서 정보를 유통시킬 수 있는 통신수단은 없다. 따라서 중요한 정보가 외부 또는 적대세력의 통신감청을 통해 유출되지 않도록 철저한 통신보안 노력이 요구된다.

(6) 전자파 보안(emanations security)

　모든 전자장비들은 전자파를 방출한다. 전자파들은 각각 고유의 파장을 갖는다. 따라서 전자파를 도청함으로써 이러한 전자파를 일으킨 전기적 신호의 특성을 알아낼 수 있다. 예를 들어, 전동타자기로 문서를 작성하게 될 때 각각의 알파벳이 고유의 전자파를 방출하게 된다. 따라서 전동타자기에서 방출되는 전자파를 도청하게 되면 어떤 내용이 작성되었는지를 알 수 있다고 한다. 컴퓨터에서 프린터로 문서가 전송되는 과정에서 방출되는 전자파를 도청하여 문서의 본문 내용이 재구성될 수도 있다. 이러한 전자파를 통한 정보 유출을 막기 위한 제반 조치를 전자파 보안이라고 하며, 전자장비에 차단막을 설치하여 전자파의 방출을 억제하거나 전자파 수집을 방해·교란하는 전자파를 발사하는 등 다양한 방법이 활용된다.

(7) 컴퓨터 보안(computer security)

　오늘날 컴퓨터와 인터넷의 획기적인 발전과 함께 정보환경에 있어서 혁명적인 변화가 일어나고 있다. 광케이블을 이용한 초고속정보통신망의 구축과 함께 정보의 생성, 저장, 처리, 가공, 검색이 보다 편리해졌으며, 정보의 유통속도도 과거에 비해 엄청나게 빨라졌다. 이러한 편리성과 유익성이 있는 반면 정보가 파괴, 유출, 변조될 수 있는 위험성도 증대하고 있다. 이처럼 컴퓨터와 인터넷을 활용한 전산망의 보안 취약요소를 사전에 발굴하여 대책을 마련함으로써 중요한 정보가 파괴 또는 유출되는 것을 방지하고, 필요한 정보가 신속하고도 안전하게 유통될 수 있겠다.

　이와 같이 전산망의 안전성과 신뢰성을 확보하기 위한 제반 노력을 컴퓨터 보안이라고 한다. 컴퓨터 보안은 엄밀히 구분하자면 컴퓨터 보안(computer security, COMSEC)과 네트워크 보안(network security, NETSEC)으로 분류된다. 컴퓨터 보안은 컴퓨터 기기 자체 즉 컴퓨터의 하드웨어가 파괴되거나 소프트웨어 프로그램 및 저장된 자료들이 무단으로 유출 또는 훼손되는 것을 방지하기 위한 제반 조치들을 말한다. 이를 위해 주요 컴퓨터 장비는 보호구역으로 설정하여 비인가자가 접근할 수 없는 장소에 설치하고, 인가된 취급자만 접근이 가능하도록 패스워드·지문 등 접근체제에 대한 보안대책이 강구된다. 네트워크 보안은 인터넷 등 전산망을 통해 정보가 유통되는 과정에서 중요한 정보가 무단으로 유출, 변조, 또는 파괴되는 행위를 방지하기 위한 제반 조치를 포함한다.

사실 컴퓨터는 인터넷을 통해 밀접하게 연계되어 있기 때문에 컴퓨터 보안과 네트워크 보안이 명확히 구분되지 않는다. 특히 해커들이 인터넷을 통해 개인이나 기관의 컴퓨터에 불법 침입하여 컴퓨터에 저장된 자료를 무단으로 유출, 변조 또는 파괴할 뿐만 아니라 국가의 주요 전산망을 마비시키거나 이를 조종하여 공항, 항만, 철도 등 국가기반시설을 파괴 또는 훼손하는 행위를 저지르기도 한다. 이와 같이 컴퓨터에 관련된 모든 것을 안전하게 보호하기 위한 제반 조치들을 정보보호(information security)라고 하며, 이를 위해 컴퓨터 시스템에 외부 침입을 막는 방화벽 설치, 침입탐지 시스템의 구축, 안티 바이러스 프로그램 설치, 암호인증제도의 시행 등 다양한 보안대책이 시행되고 있다.

2. 능동적 방첩: 대스파이활동(counterespionage)

(1) 개념과 의미: 보안 vs 대스파이 활동

일반인들은 물론 방첩 임무를 직접 수행하는 일부 전문 방첩관들 조차 방첩을 '대스파이활동(counterespionage)'과 동일한 개념으로 인식하는 경향을 보인다. 또한 일반인들 가운데 '보안(security)'과 '방첩(counterintelligence)'의 의미를 혼동하는 경우도 있다. 그리고 '대스파이활동(counterespionage)'과 '보안(security)'이라는 용어도 각각 그 의미의 차이를 구분하기가 어려울 만큼 불명확하게 사용된다. 다음에서 방첩과 관련하여 '보안'과 '대스파이활동'의 차이점을 대조해보고 그 의미를 살펴본다.

펠릭스(Christopher Felix)는 '대스파이활동'과 '보안'의 의미를 대조시켜서 구분해보고자 시도했다. 그에 따르면 '보안'의 가장 중요한 목적은 적의 간첩을 체포하는 것이지만, '대스파이활동'은 "적의 공작을 역용하여 적에 관한 정보를 획득하는 수단으로서 공격적인 활동"을 의미한다.[85] 대스파이활동이 성공하기 위해서는 적 정보기관과의 관계를 유지하는 가운데 내부 동향을 지속적으로 파악하고 있어야 한다. 현실적으로 매우 어렵지만 가장 이상적인 대스파이활동은 적의 정보기관 내부로 깊숙이 침투해 들어가 동향 파악은 물론 통제력까지 행사하는 경우이다. 펠릭스와 유사한 관점에서 슐스키도 대스파이활동을 공격적인 정보활동으로 정의했던 반면 보안은 "적대적인 정보기구가 정보를 수집하는 것을 막기 위해서 취하는 조치"로서 방어적이고 소극적인 정보활동을 의미하는 것으로 해석했다.[86] '보안'의 차원에서는 적의 간첩활동을 간파하게 될 경우 적의 간첩을 색출하여 제거하는 것으로 그 임무를 제한한다. 반면에 '대스파이활동'의 차원에서는 적의 간첩을 색출·제거하는데 그치지 않고 적의 공세적인 활동을 역용하여 가치 있는 정보를 획득하는데 관심을 둔다. 그런 점에서 보안과 비교하여 대스파이활동이 보다 공격적이고 적극적인 기능을 수행하는 것으로 여겨진다.

사실 방첩을 대스파이활동과 보안 기능으로 구분하는 펠릭스의 분류는 세계 모든 정보기관에서 일반화되어 통용되는 것은 아니다. 예를 들어, 소련 정보기관의 경우 방첩과 관련하여 그러한 구분이 없다. KGB의 가장 중요한 임무는 반혁명분자들로부터 사회주의 정권을 보호·유지하는데 두었다. KGB의 핵심적인 활동 목표는 소련 공산당의 권력을 보호하고, 국내 또는 해외에서 당의 노선을 지원하는데 두었다. 그래서 KGB는 CPSU(소련공산당)의 "창과 방패"라는 명성을 얻었던 것이다. '창과 방패'라는 용어에서 나타나듯이 KGB는 방첩에 관련하여 공격과 방어 임무를 구분하지 않고 동시에 수행하는 것으로 알려졌다. 적어도 소련의 경우 방첩은 공격과 방어를 모두 포괄하는 개념으로 인식된다.[87]

펠릭스의 주장처럼 '대스파이활동'이라는 용어는 대체로 공격적인 활동으로 인식되지만, 때로 보다 포괄적인 의미로 해석하는 경우도 있다. 미국 육군에서 펴낸 군사용어 사전(Dictionary of Military and Associated Terms, JCS Pub.1)에서 대스파이활동은 넓은 의미에서 방첩의 한 유형이라고 기술하고, 보다 구체적으로 다음과 같이 정의했다: "스파이 행위를 수행하거나 수행하고 있는 것으로 의심되는 개인, 집단, 조직을 색출, 침투, 조정, 기만, 통제 등을 통해 적의 간첩활동을 탐지, 파괴, 무력화, 이용, 혹은 방어하는 활동."[88] 이처럼 대스파이활동 용어에 대한 미국 육군의 개념 정의는 펠릭스

85) Christopher Felix, *A Sort Course in the Secret War*(New York: Dutton, 1963), p.143.
86) Felix(1963), p.150; 슐스키 & 슈미트, 신유섭 역(2007), p.204, 216.
87) Zuehlke(1980), p.18.
88) Department of Defense, *Dictionary of Military and Associated Terms, JCS Pub.1*(Washington, D.C.:

가 언급한 보안 차원의 방어적인 활동과 적극적이고 공격적인 활동을 모두 포괄하고 있다. 이러한 개념 정의는 보안과 대스파이활동을 명백히 구분하고 있는 펠릭스의 개념 정의와는 분명한 차이를 보인다.

미국 육군이 '대스파이활동'을 매우 포괄적으로 정의하고 있는 반면, '대스파이활동'의 의미를 매우 좁게 해석하여 '대인간정보(counter-HUMINT)'로 인식하는 경우도 있다. 이는 오랜 옛날부터 주로 인간을 주요 수단으로 활용하여 스파이활동을 수행해왔기 때문이다. 이에 따르면 방첩의 의미가 단순히 간첩을 색출, 포섭, 활용하는 것으로 제한된다. 그런데 20세기에 들어서서 과학기술의 급속한 발달과 함께 신호정보, 영상정보 등 과학기술정보(TECHINT)가 스파이활동을 수행하는 중요 수단으로 활용되기에 이르렀다. 이에 따라 대스파이활동은 대인간정보(counter-HUMINT)와 더불어 대기술정보(counter-TECHINT)도 포괄하는 의미로 해석되어야 할 것이다. 오늘날 간첩을 활용한 첩보활동의 위협뿐만 아니라 과학기술을 활용한 첩보활동이 더욱 심각한 위협으로 작용하고 있다. 이처럼 신호, 영상 등 다양한 수단을 활용한 위협에 효과적으로 대응하기 위해 대스파이활동의 범위가 보다 확대되어야 할 것이다.

지금까지 살펴보았던바, 일반인은 물론 학계 전문가, 또는 방첩업무를 직접 수행하는 방첩관들 조차 방첩의 의미를 각기 다르게 해석하는 경향을 보인다. 혹자는 방첩을 공격적인 성향의 대스파이활동을 의미하는 것으로 해석한다. 또는 방첩을 단순히 방어적인 임무를 수행하는 것으로 제한하는 보안으로 인식하기도 한다. 이처럼 대스파이활동 또는 보안의 의미를 두고 학자마다 엇갈린 해석이 제시된다. 그럼에도 불구하고, 일단 방첩을 대스파이활동과 보안을 모두 포괄하는 보다 광범위한 개념으로 해석되어야 한다는 데는 그다지 이견이 없는 듯하다. 그리고 대스파이활동이 공격적인 방첩을 의미하는 반면, 보안은 소극적이고 수동적인 기능을 수행한다는 데 대해서도 학자들 간에 어느 정도 일치된 견해를 보인다. 따라서 방첩활동을 대스파이활동과 보안으로 애매하게 구분하여 설명하는 것보다는 "수동적-능동적"으로 구분하는 것이 보다 유용한 의미를 가지는 것으로 생각된다.[89] 이에 따라 이 책에서 수동적 방첩은 보안을 뜻하는 것으로, 능동적 방첩으로서 대스파이활동은 첩보수집, 방첩수사, 방첩공작, 방첩분석 등을 포함하는 것으로 해석한다. 다음에서 대스파이활동의 내용에 대해 보다 구체적으로 살펴본다.

Government Printing Office, 1974), p.90.
89) 이에 대해 앞 절의 <표 1>을 참고 바람. Zuehlke(1980), p.18.

(2) 첩보수집

대스파이활동의 첫 번째 단계는 첩보수집이다. 이는 흔히 탐지(detection)활동이라고도 불린다. 적대세력이 어떤 목표를 대상으로 어떤 수단을 활용하여 첩보수집 또는 비밀공작활동을 전개하고 있는지, 그리고 누가 그러한 활동을 직접 지휘하고 있는지 등 적대세력의 정보활동에 대응하는 데 필요한 모든 정보를 수집하는 것이다. 방첩임무를 달성하기 위한 목적에서 수행되는 첩보수집은 수집 대상이 다르다는 점 외에 일반적인 첩보수집활동과 거의 유사하다. 즉 일반적인 첩보수집은 적국의 정보기관은 물론 군대 또는 정부 부처의 고위관료 등 광범위한 목표를 대상으로 수집활동을 전개하지만 방첩활동은 주로 적국의 정보기관을 목표로 한다는 점에서 차이가 있다.[90]

적의 적대적인 활동을 무력화시키기 위한 방첩활동의 일환으로 다양한 출처를 통해 외국 정보 및 보안기관의 시설, 지도체제, 주요 인물, 통신수단, 공작기법 등을 수집한다.[91] 공개출처로서 정부 공식문서(전화번호부, 안내책자, 연감, 의회 청문회 기록, 위원회 보고서 등), 단행본, 잡지 기사, 신문 등이 활용되기도 한다. 일반적인 첩보수집과 유사하게 방첩에 활용되는 비밀출처도 인간정보와 기술정보로 구분된다. 인간정보(HUMINT) 출처로서 망명객이나 이중스파이를 활용하여 적대국의 정보기관이나 정보활동에 관한 중요한 정보를 얻을 수 있다. 신호정보(SIGINT)와 영상정보(IMINT) 등 기술정보도 방첩에 활용될 수 있는 유용한 정보를 제공해 준다.

망명객들은 정보기관의 조직구조, 운용기법, 지도체제 등에 관한 정보를 제공해 준다. 1987년 6월 쿠바 정보기관 DGI(General Directorate of Intelligence)의 요원이었던 롬바드 소령(Maj. Florentino Aprllaga Lombard)이 미국으로 망명했다. 그는 쿠바에서 활동하고 있는 CIA 협조자들(assets) 중 거의 대부분이 쿠바 정부에 충성하고 있는 이중간첩이라는 사실을 알려주었다.[92] 1986년 중국 국가안전부의 국외담당 국장을 역임했던 젠산(Yu Zhensan)이 미국으로 망명하여 중국인 스파이 명단을 포함하여 중국의 해외정보활동 실태에 관한 자세한 정보를 제공해 주었다. 그는 망명하기 전 친(Larry Wu-Tai Chin)이 CIA의 FBIS(Foreign Broadcast Information Service)에 소속되어 근무하면서 오랫동안 중국의 첩자로 암약해 왔던 인물임을 알려주었다.[93]

---

90) 슐스키 & 슈미트, 신유섭 역(2007), p.227.
91) Richelson(2008), p.396.
92) Jack Anderson and Dale Van Atta, "Cuban Defector Impeaches CIA Spies," *Washington Post*(March 21, 1988), B15; Jack Anderson and Dale Van Atta, "CIA Recruits Were Castro's Agents," *Washington Post*(March 23, 1988), D11; Richelson(2008), p.399.
93) 친은 CIA 소속기관인 FBIS에서 번역사로 근무하면서 1952년부터 1985년까지 중국에 돈을 받고

고르바초프 시대 소련체제가 붕괴하면서 KGB 요원들이 대거 미국으로 망명했다. 1990년 벨기에 주재 KGB 지부장이었던 체르핀스키(Igor Cherpinski), 1991년 KGB 요원이면서 이탈리아 제노아(Genoa) 주재 소련 대사관에서 근무하고 있던 일라리오노프(Sergei Illarionov) 대령이 망명하였다. 이들은 유럽 내 KGB 스파이망에 관한 정보를 서방 정보기관에 제공해 주었다.[94] 미국 CIA는 러시아인 협조자에게 100-150만 달러를 제공하여 동독 국가보안부(Ministry of State Security, STASI)에 관한 문서를 입수했다. 그 문서에는 세계 도처에서 암약하는 수천 명의 동독 STASI 요원들의 명단이 수록되어 있었다.[95]

망명자들이 제공하는 정보는 종종 신뢰성이 떨어질 수 있다. 때로 적대세력이 망명객을 가장하여 의도적으로 침투시킨 이중스파이일 수도 있다. 따라서 이들로부터 디브리핑을 받는 사람은 그가 제공해주는 정보의 신뢰성과 이중스파이 여부에 대해 의심해보아야 한다. 예를 들어, 망명하기 전 정보기관에서 활동한 경력을 가진 망명객들에게는 그가 소속된 정보기관의 조직구조, 운영실태, 주요 업무, 공작상황, 지휘부 명단 등에 관한 질문을 통해 그에 대한 신뢰성을 평가해볼 수 있을 것이다. 망명자로부터 디브리핑을 받는 담당자는 망명자가 어떤 분야에 관해 얼마나 많은 정보를 알고 있는지, 정보를 과장하여 진술하는지, 또는 정보가 부족한 상황에서 조작하여 보고하는지 등을 평가하여 그가 제공하는 정보의 신뢰성과 그가 이중스파이인지 여부를 정확히 판단해야 한다.

기술정보수집을 통해서도 방첩에 활용될 수 있는 유용한 정보를 얻을 수 있다. 신호정보수집을 통해 획득한 정보가 방첩에 유용하게 활용되었던 대표적인 사례로서 1940년대와 1950년대 미국에서 수행되었던 코드명 'VENONA 작전'을 들 수 있다.[96] 'VENONA 작전'을 통해 영국과 미국은 1939-1948년의 기간 동안 소련이 암호로 교신했던 약 3,000여 개의 신호정보를 감청하고 이를 성공적으로 해독하여 당시 미국 내에서 암약했던 소련 스파이들의 활동 실태를 자세히 파악할 수 있었다. 위성영상은 공개

기밀문서를 넘겨준 혐의로 체포되어 1986년 종신형을 받았다. Michael Wines, "Spy Reportedly Unmasked by China Defector," *Los Angeles Times*, September 5, 1986, pp.1, 12; Daniel Southerland, "China Silent on Reported Defection of Intelligence Official," *Washington Post* (September 4, 1986), A30; Richelson(2008), p.399.

94) "Defection of KGB Agent Causes Stir," *Washington Times,* June 6, 1990, p.A11; Bill Gertz, "CIA Learning from KGB Defector," *Washington Times,* March 5, 1992; Richelson(2008), p.399.

95) William Drozdiak, "The Cold War in Cold Storage," *Washington Post*(March 8, 1999), A17.

96) VENONA에 관한 내용은 1980년대에 알려졌지만 그 사실이 공식적으로 공개된 것은 1996년이다. 이 책의 제 3장에 이에 관한 내용이 간략히 소개되어 있다. Christopher Andrew, "Intelligence, International Relations and 'Under-theorisation'," *Intelligence and National Security,* Vol.19, No.2 (Summer 2004), p.175.

출처, 인간정보, 신호정보 등에 비해 방첩에의 활용가치가 다소 미흡한 것으로 간주된다. 그럼에도 불구하고, 정보기관의 소재지에 관한 정확한 위치 정보를 제공해 줌으로써 방첩에 유용하게 활용될 수 있다. 예를 들어, 2003년 3월 미국이 이라크를 공격할 당시 미국 정찰위성이 제공해 준 영상사진을 통해 이라크 정보기관 및 보안기관(Special Security Organization)의 본부 건물이 이라크 공습을 전후하여 파괴되었는지를 파악할 수 있었다.[97]

(3) 방첩수사(counterintelligence investigation): 감시와 수사

첩보수집의 다음 단계로 수행되는 방첩수사는 엄격히 구분되지는 않지만 굳이 나누자면 감시활동과 수사활동으로 구분될 수 있다. 첩보수집을 통해 스파이 행위를 수행할 것으로 예상되는 목표가 발견되면 그에 대한 집중적인 감시활동(surveillance)이 전개된다. 그리고 감시활동을 통해 스파이 행위가 의심되면 용의자를 대상으로 수사하여 사실 여부를 밝혀낸다. 감시활동과 수사를 통해 획득된 자료는 방첩공작 및 방첩분석에 유용하게 활용된다.

옥스퍼드 사전에 따르면 감시활동은 "범죄 용의자(a suspected person)를 밀착 관찰하는 것"을 의미한다.[98] 방첩에서 감시활동은 스파이 행위를 수행할 것으로 예상되는 목표에 대해 집중적으로 관찰하는 활동을 의미한다. 여기서 감시활동의 목표는 스파이 용의자로서 사람뿐만 아니라 대사관, 영사관, 또는 외국의 상사 등 주재국에 상주하면서 스파이활동을 수행할 것으로 예상되는 시설이나 장소까지도 포함된다.[99] 첩보위성, 지상 감청기지, 차량·항공기, 선박, 잠수함 등 기술정보수집에 활용되는 장치나 시설도 감시활동의 대상이 된다. 오늘날 정보통신 시스템의 발달과 함께 인터넷을 포함한 전산망, 유무선 전화 등 스파이활동을 수행하는 공간으로 활용되는 네트워크나 시스템도 감시활동의 대상에 포함된다. 한편, 과거의 감시활동은 주로 사람에 의해 수행되는 것을 의미했지만 오늘날의 감시활동은 감시카메라, 감청장비, 컴퓨터, 항공정찰기, 첩보 위성 등 다양한 종류의 첨단과학기술 장비들이 활용되고 있다.

감시활동은 방첩의 근간을 이룬다는 점에서 중요하다. 방첩에 있어서 감시활동의 중요성에 대해 미 CIA 방첩국장(Chief of the Counterintelligence Center)을 역임한 올슨

---

97) Jeffrey T. Richelson, *America's Secret Eyes in Space: The US KEYHOLE Spy Satellite Program* (New York: Harper & Row, 1990), p.245; Richelson(2008), p.401.

98) Gary T. Marx, "Some Concepts That May Be Useful in Understanding the Myriad Forms and Contexts of Surveillance," *Intelligence and National Security,* Vol.19, No.2(Summer 2004), p.228.

99) Marx(2004), p.228.

(James M. Olson)은 다음과 같이 언급했다.

> 방첩이란 길거리를 장악하는 것이다. … 외국 정보요원은 반드시 우리의 감시하에 있어
> 야 한다. 그들이 접선하는 곳을 감시해야 하고, 시간이 촉박하여 미처 사람이 직접 감시하
> 지 못하더라도 은밀히 감시장비를 설치하여 감시상태를 유지해야 한다. 그러한 감시 역량
> 을 갖추기 위해 자격 있는 요원을 선발하고 이들에 대한 교육훈련이 필요하다. 차량, 채증
> 장비, 통신장비, 안가, 감시거점 등 많은 장비와 시설을 갖추어야 한다. 이러한 요건을
> 충족하는 데 엄청난 비용이 소요된다. 이러한 감시 역량을 갖지 못하면 우리는 2류 방첩기
> 관으로 전락할 수 있고, 가시적인 성과도 이룰 수 없다.[100]

감시활동은 스파이 용의자의 신원을 파악하고 그가 속한 조직의 인원구성, 성격, 임무, 회합장소, 협조자 등에 관한 정보를 입수하기 위해 수행된다. 스파이 용의자를 감시함으로써 범죄현장을 포착하여 검거하고, 가족 등 주변 인물들에 대한 감시를 통해 범인을 추적할 수 있는 단서를 입수할 수 있으며, 나아가 사건의 전모를 규명할 수 있는 증거 자료들을 확보할 수 있다.

때로 스파이 용의자의 스파이 행위를 사전에 차단할 목적으로 감시활동이 수행되기도 한다. 이 경우 비노출 간접활동을 기본원칙으로 하는 일반적인 감시활동과는 달리 예외적으로 근접 또는 노출 감시의 방법을 활용하게 된다. 실제로 주재국의 방첩기관이 상대국의 정보활동을 억제시킬 목적으로 감시활동을 의도적으로 강화시키는 조치를 취하기도 한다. 예를 들어, 주재국에서 활동하는 정보요원이 첩보수집 등 임무를 수행하는 과정에서 자신을 감시한다고 의심되는 인물이나 차량을 발견하게 될 경우 심리적인 압박을 받게 되어 진행하던 정보활동을 중단하거나 소극적으로 수행할 수밖에 없다. 이처럼 방첩기관의 감시활동이 강화되면 정보활동이 위축될 수밖에 없다. 그런 점에서 감시활동은 적대세력의 정보활동을 억제 또는 무력화시킬 수 있는 매우 효과적인 수단으로 간주된다.

감시활동은 방첩 목표를 달성하는 데 있어서 중요하고도 핵심적인 수단으로 인정되는 반면, 수동적이며 반복적으로 수행되는 지루한 활동이다. 또한, 기술적으로 매우 어려우며 비용도 많이 소요된다. 움직이는 목표를 대상으로 미행감시를 수행하게 될 경우 많은 인력이 필요하다. 단 1명의 방첩 용의자를 공개적으로 하루 24시간 감시하는 데 최소 6명의 인원과 3대의 차량이 소요된다고 한다.[101] 노출시키지 않고 은밀한

---

100) James M. Olson, "The Ten Commandments of Counterintelligence," in Roger Z. George and Robert D. Kline, *Intelligence and the National Security Strategist: Enduring Issues and Challenges* (New York: Rowman & Littlefield Publishers, Inc., 2006), pp.254-255.

방법으로 1명의 용의자를 감시하는 데는 최소 24명의 인원과 12대의 차량이 필요하다고 한다.102) 개인의 프라이버시를 법으로 엄격히 존중하는 사회의 경우 감시활동을 수행하는데 어려움이 있다. 예를 들어, 미국의 '공정 신용거래법(Fair Credit Reporting Act)'에서는 FBI가 당사자에게 통보하지 않고 무단으로 개인에 대한 신용거래 내역을 조회를 하지 못하도록 규정하고 있다.103)

이처럼 감시활동은 수행하기에 매우 어려운 임무로 간주되지만 단기간에 그 성과가 부각되기는 어려우며 가시적인 성과를 이루기까지 많은 시간과 노력이 소요된다. 때로 긴 시간에 걸쳐 상당한 노력을 기울였음에도 불구하고 기대했던 성과를 얻지 못할 수도 있다. 더욱이 적대세력에 대한 방첩활동을 강화하여 그들의 정보활동을 크게 위축 또는 무력화시키는 성과를 거양했다고 하더라도 그것을 가시적으로 증명할 방법이 없다. 적대세력 내부에 침투하여 그들의 내부 동향을 파악할 수 있는 보고서 등 관련 정보를 입수하기 전까지는 방첩의 가시적인 성과를 판단할 수가 없기 때문이다.

그런 점에서 로웬탈은 방첩이 매력적이라기보다는 힘들고 고통스러운 업무라고 기술했다.104) 이와 유사한 입장에서 갓슨도 방첩은 상대 정보기관을 교란 또는 무력화시키는 것을 본연의 임무로 삼고 있는바, 결코 대중의 갈채를 받을 수도 짧은 순간의 만족감도 느낄 수 없는 활동이라고 소개했다.105) 어쨌든, 방첩은 힘들고 고통스러운 반면에 그 대가나 보상이 충분치 않은 분야로 인식된다.

앞서 언급했듯이 감시활동을 통해 스파이 행위가 의심되면 용의자를 대상으로 수사하여 사실 여부를 밝혀낸다. 감시활동을 통해 입수된 첩보의 내용만으로는 범죄 혐의를 인정하기에 충분하지 못하지 못하기 때문에 그 진위 여부를 규명하기 위해 관련 증거자료를 수집하는 등의 조사활동이 요구된다. 방첩수사는 외국의 정부, 단체 또는 개인이 저지른 스파이 행위에 대한 진위 여부를 판단하기 위해 수행된다. 방첩수사는 범죄사실을 기소하거나 행정조치를 취하는 데 필요한 증거자료로 제시될 수 있으며, 방첩공작을 수행하는 데 또는 비밀취급인가권을 부여하는 데 필요한 기초자료로도 활용될 수 있다.106)

방첩수사는 경찰 등 법 집행기관에서 일반적인 범죄자를 수사하는 것과 유사한

---

101) Roy Godson, *Dirty Tricks or Trump Cards: U.S. Covert Action and Counterintelligence*(Washington, D.C.: Brassey's, 1995), p.217.

102) Godson(1995), p.217.

103) Zuehlke(1980), p.28

104) Lowenthal(2006), p.145.

105) Godson(1995), p.240.

106) http://www.thefreedictionary.com/counterintelligence+investigations(검색일: 2009년 10월 5일).

절차와 과정을 거쳐서 수행되지만, 그 동기나 목적에서 분명한 차이를 보인다. 맥나마라(Frederick McNamara)는 "모든 정보기관의 기본적인 임무는 국가의 정책결정자를 위해 국가안보 관련 정보를 수집하는 것이지 범죄자를 추적하는 것이 아니다"라고 주장했다.[107) 정보기관은 법을 위반했든지 아니든지 간에 국가의 안보에 위협이 되는 것에 관심을 집중한다. 방첩과 관련하여 정보기관의 관심사는 단순히 스파이 행위자를 체포하는데 있지 않다. 방첩수사는 그 이상의 목표, 즉 적대세력의 정보활동으로 인해 국가안보에 위협을 야기하는 요소를 차단 또는 무력화시키는 데 중점을 두고 임무를 수행한다는 점에서 일반적인 범죄수사와 명백히 차이를 보인다.[108)

방첩수사는 첩보수집 방식에 있어서도 일반적인 범죄수사와 차이가 있다. 일반적인 범죄수사는 이미 저질러진 범죄 행위 또는 곧 범죄 행위를 하게 될 것으로 예상되는 상황에 관한 첩보를 수집하는 것으로 제한된다. 그러나 방첩수사는 국가안보에 심각한 위협을 야기할 수 있지만 엄밀한 의미에서 범죄 요건을 구성하지 않는 상황에 대해서도 첩보를 수집한다.[109) 예를 들어, 외국인이 과학기술 박람회 또는 학술대회에서 공개 자료를 수집하게 될 경우, 이는 불법이나 범죄 행위가 아니다. 그러나 그러한 행위를 주의 깊게 관찰해보면 그가 비밀리에 첩보수집활동을 수행하고 있다는 사실을 발견할 수 있다. 비록 그는 범법자는 아니지만 차후 방첩이나 정보의 차원에서 중요한 의미를 가질 수 있는 인물로서 예의 주시해야 할 감시 대상이다.[110)

방첩수사는 수집된 자료의 처리 또는 활용에 있어서도 일반적인 범죄수사와 차이가 있다. 법 집행기관이 범죄를 수사할 경우 단순한 의심 이상으로 명백한 증거를 찾고자 노력한다. 수집된 자료는 법원에 제시된다. 반면에 정보기관은 많은 양의 첩보를 필요로 하며, 그 중의 일부는 법정에서는 결코 증거자료로 채택될 수 없는 소문이나 잡담(gossip)이다. 그러한 첩보는 잠재적 위협에 대한 경고 또는 징후를 제공하거나 그러한 문제를 보다 잘 파악하기 위해 수집되며, 대부분은 정보기관 내부 자료로 활용될 뿐 밖으로 유출되지 않는다. 법 집행기관은 사례별로 문제 해결을 시도하기 때문에 일단 재판이 종료되고 상고를 포기하게 되면 수사과정에서 수집된 정보는 더 이상 아무런 가치가 없다. 반대로 정보기관은 잠재적 적에 관한 정보를 지속적으로 필요로 하기 때문에 수집된 자료를 계속 축적하여 관리한다.

---

107) McNamara(1985), p.21.
108) Major Scott M. Kieffer, USAF, "Organization of Counterintelligence within the Department of Defense: Synergies with Law Enforcement Agencies," *American Intelligence Journal*(Summer 2008), p.69.
109) Kieffer(2008), p.69.
110) McNamara(1985), pp.21-22.

연방법원 판사이며 국가정보분야의 전문가로 널리 알려진 포스너(Richard A. Posner)는 FBI와 같은 범죄수사기관이 국내정보 기능을 가지는 것에 대해 비판적인 입장을 취했다. 그는 범죄수사 기능은 보안정보활동과 양립하기 어렵다면서 다음과 같이 주장했다:

> 범죄수사는 사례 중심적(case oriented)이고, 사후 조치(backward looking)에 중점을 두며, 기소 요건을 충족시키기 위해 매우 까다로운 조건을 요구하는 경향을 보인다. 이에 반해 정보는 전향적(forward looking)이고, 사례보다는 위협 중심적(threat oriented)이며, 자유분방한 성향(free wheeling)을 보인다.[111]

포스너에 따르면 법집행기관의 수사관은 불법행위를 예방하는 것보다는 법정에서 채택될 수 있는 증거 자료를 수집하는데 더 많은 관심과 노력을 집중한다.[112] 반면에 방첩수사관은 "곧 닥칠 위험을 예고하는 징후를 찾아내고자 발생할 동기나 확률이 거의 없어 보이는 가설에 기초하여 얼핏 관련성이 별로 없어 보이는 수많은 첩보들을 끈질기게 종합하는 한편, 의심스러운 용의자를 색출 및 감시하는 데 보다 많은 관심과 노력을 기울인다."[113]

요컨대, 일반적인 범죄수사는 사후행동 즉 범법행위가 드러난 이후에 필요한 조치를 취한다. 반면에 방첩은 사전행동을 요한다. 방첩은 범죄 행위가 자행되기 전에 그것을 미리 예방하는 적극적인 활동을 수행해야 한다. 방첩기관은 스파이를 바로 체포하지 않고 그를 제소할 충분한 증거를 찾을 때까지는 단순히 감시하기만 한다. 그러나 용의자가 스파이 행위를 저지르는 등 기소하는 데 필요한 증거를 찾을 때까지 감시하는 임무만을 수행하는 것은 문제가 있다. 왜냐하면 스파이 행위로 인해 발생하게 될 국가안보적 손실이 막대하기 때문이다. 따라서 방첩은 그가 범법행위 즉 스파이 임무를 수행하기 전에 그를 체포함으로써 그의 스파이 행위로 인해 야기될 수 있는 국가안보 위해요소를 사전에 차단 또는 무력화시키는 임무를 수행한다.

(4) 방첩공작(counterintelligence operation): 이중간첩과 기만

방첩공작은 외국인 또는 이들과 연계된 내국인 등에 의해 아국의 국익이 침해되는 활동을 색출·차단·역용하기 위하여 주어진 목표에 대해 계획적으로 수행하는 비노출

---

111) Richard A. Posner, *Remaking Domestic Intelligence*(Stanford, California: Hoover Institution Press, 2005), p.15.
112) Posner(2005), p.15.
113) Posner(2005), pp.15-16.

활동이라고 할 수 있다. 첩보수집과 방첩수사가 주로 적의 정보활동을 탐지(detection)하는 데 목적으로 둔 다소 소극적인 방첩활동이라면 적의 정보활동을 무력화 또는 조종(manipulation)하는 데 중점을 두는 방첩공작은 보다 적극적인 유형의 방첩활동이라고 볼 수 있다.114) 물론 첩보수집과 방첩수사는 방첩공작과 밀접히 연계된다. 무엇보다도 첩보수집과 방첩수사를 통해 축적된 정보에 기초하여 상대측은 물론 우리 측의 방첩 취약 분야에 대해 정확히 파악하고 어떤 수준의 대응 즉 방첩공작이 필요한지를 결정할 수 있다. 요컨대, 첩보수집과 방첩수사는 방첩공작 목표를 효과적으로 그리고 성공적으로 달성하는 데 필요한 핵심적인 요소이다.

적대국의 스파이활동을 무력화시키기 위해 적대국 공작원이나 협조자에 대해 체포, 기소, 또는 국외추방 등 다양한 조치가 취해질 수 있다.115) 그런데 적대국이 다양한 수단을 동원하여 첩보수집활동을 전개하기 때문에 이에 효과적으로 대응하기가 매우 어렵다. 이러한 상황에서 적대국의 첩보수집을 무력화시키는 효과적인 수단으로서 기만전략을 활용하기도 한다. 즉 보호할 필요가 있는 중요한 활동, 시설, 기술, 무기체계 등의 능력이나 의도에 관해 허위정보를 은밀히 유출시켜 적대국의 정보기관을 기만시키는 방법이 활용될 수 있다.

적의 정보활동을 무력화시키는 것도 어렵지만 적의 정보활동을 아측이 의도하는 방향으로 조종하는 것은 더욱 어려운 임무이다. 그러한 임무를 효과적으로 수행할 수 있는 주요 수단으로서 이중간첩(double agent)이 활용된다. 이중간첩이란 적대국 정보기관을 위해 스파이활동을 하고 있는 것으로 가장하고 있지만 실제로는 그들이 스파이활동을 수행하도록 되어 있는 나라로부터 통제를 받고 있는 사람을 말한다.116)

즐키는 이중간첩을 활용한 공작은 방첩활동을 효과적으로 수행할 수 있는 가장 이상적인 방책이라면서 침투(penetration), 이중간첩(double agent) 그리고 유도된 이중간첩 공작(induced double agent operations) 등 세 가지 유형으로 구분하여 소개했다.117) 침투공작은 적대국 정보기관의 내부 조직으로 침투하는 것으로서 적대국 정보기관의 구성원을 포섭하여 이중간첩으로 활용하는 것을 의미한다. 그는 적대국 정보기관의 요원으로 근무하면서 아측 방첩기관의 통제 하에 임무를 수행하게 된다.118) 이중간첩 공작은 침투공작과 다소 차이가 있다. 이중간첩 공작의 경우 적대국 정보요원이 포섭을 목적으

---

114) Zuehlke(1980), p.28.
115) Zuehlke(1980), p.30.
116) 슐스키 & 슈미트, 신유섭 역(2007), p.228.
117) Zuehlke(1980), p.28.
118) Zuehlke(1980), pp.28-29.

로 어떤 개인에게 접근해오고, 그가 아측 방첩기관에 그 사실을 보고한다. 방첩기관은 그가 적대국의 정보요원에게 포섭된 것처럼 가장하여 행동하도록 권고한다. 적대국 정보기관은 그를 포섭한 것으로 생각하지만 사실 그는 아측 방첩기관의 지시를 받고 이중간첩 임무를 수행하게 된다.[119) 유도된 이중간첩 공작은 일종의 미끼처럼 어떤 개인에게 적대국이 접근하여 포섭하도록 만드는 것을 의미한다. 일반적인 이중간첩 공작과 다른 점은 적대국이 그를 포섭하도록 유혹하는 보다 적극적인 방법을 사용한다는 것이다. 그런데 일단 적대국이 그를 포섭하게 되면 일반적인 이중간첩 공작과 동일한 절차와 방법을 적용하여 임무를 수행하게 된다.[120)

이중간첩 공작은 사실 수행하기가 매우 어렵다. 이중간첩 임무를 수행하는 자가 적대국 정보기관으로부터 신뢰감을 유지하려면 지속적으로 적절한 정보를 제공해 주어야 한다. 그렇지 않을 경우 적대국 정보기관에서 그를 의심하게 되고, 때로 그의 목숨이 위태롭게 될 수 있다. 이중간첩이 적대국 정보기관에 제공해 주는 정보를 흔히 '닭모이(chicken feed)'라고 불리는데, 겉으로 보기에는 비밀로 분류된 민감한 정보이지만 실제로는 그다지 중요한 것이 아니어야 한다.[121) 이 경우 방첩공작을 수행하는 기관에서는 이중간첩이 신뢰를 유지하는 데 따른 이익이 신뢰 유지를 위해 제공되는 정보로 인해 초래될 피해보다 훨씬 커야 할 것이다. 이를 위해 적대국 정보기관의 의심을 불러일으키지 않는 범위 내에서 가능한 한 중요하지 않은 정보를 제공해야 한다.

'닭모이'를 적절히 활용할 경우 방첩공작 목표를 매우 효과적으로 달성할 수 있다. 즉 적대국이 잘못된 행동을 취하도록 유도하기 위해서 고안된 거짓정보를 실제 정보와 적절하게 섞어서 제공함으로써 적국의 정보수집활동은 물론 분석능력까지도 조정 또는 통제할 수 있다. 그 대표적인 사례로서 제2차 세계대전 당시 영국이 수행했던 암호명 '더블크로스 시스템(Double Cross System)'을 들 수 있다. 제2차 세계대전 당시 영국은 독일 정보기관 압베르가 사용하고 있는 암호를 해독하여 독일 측에서 영국으로 침투시킨 138명의 독일 스파이와 그 밖에 영국을 상대로 첩보활동을 벌이기 위해 독일이 포섭한 20여 명의 스파이를 모조리 체포했다.[122) 영국은 이들 중 약 40여 명을 포섭하여 이중간첩으로 활용하는 암호명 '더블크로스 시스템(Double Cross System)'을 전개했다. 영국은 포섭된 이중간첩을 이용하여 거짓 정보와 실제 정보를 적절히 섞은 혼합 정보를 독일에 전달시켰다. 당시 영국 MI5에서 공작을 직접 담당했던 매스터맨(John Masterman)

---

119) Zuehlke(1980), p.29.
120) Zuehlke(1980), p.29.
121) 슐스키 & 슈미트, 신유섭 역(2007), p.231.
122) 어니스트 볼그먼 저, 이창신 역, 『스파이의 역사 1: 작전편』(서울: 이마고, 2003), p.85.

은 더블크로스 시스템을 통해 영국은 다음과 같은 일곱 가지 목표를 달성했다고 술회
했다.

- 독일의 간첩망에 대한 통제
- 영국에 침투하는 간첩 체포
- 독일 정보기관의 인물정보 및 활동방식에 관한 지식 습득
- 독일 정보기관이 사용하는 음어(codes)와 암호(ciphers)에 관한 첩보 획득
- 독일이 이중간첩에게 확인하도록 요청한 질문들로부터 독일의 계획과 의도 파악
- 독일에 거짓정보를 전달함으로써 독일의 계획에 영향
- 영국의 계획과 의도에 대해 독일을 기만[123]

제2차 세계대전이 막바지에 달하던 1944년 경 영국은 암호명 '울트라 계획(Ultra
Project)'을 통해 독일의 암호를 성공적으로 해독했다. 영국은 포섭한 이중간첩을 이용하
여 연합군이 노르망디가 아닌 파드 칼레(Pas de Calais)로 상륙한다는 거짓 정보를 독일
측에 지속적으로 흘려보냈다. 울트라 계획을 통해 영국은 허위로 전달한 정보에 대해
독일이 어떤 반응을 보이는지 파악할 수 있었다. 영국이 제공한 허위정보에 속아 독일
은 연합군이 파드 칼레로 상륙할 것으로 예상하여 방어 병력을 노르망디가 아닌 파드
칼레 지역에 집중시켰다. 이처럼 울트라 계획과 더블크로스 시스템을 적절히 활용하여
연합군은 독일을 철저히 기만시켰고, 마침내 제2차 세계대전 승리의 결정적인 분수령
이 되었던 노르망디 상륙작전을 성공시켰다.

이중간첩 공작을 통해 두 가지 효과를 얻을 수 있다. 첫째, 적대국 정보기관의
정보관들을 파악·색출함으로써 적대국 정보기관의 정보활동을 무력화시킬 수 있다.
즉 이중간첩 공작은 적대국 정보기관의 정보관들을 파악하여 추방시키고 그들이 구축
한 공작망을 와해시키는 데 매우 긴요하게 활용될 수 있다. 또한 이중간첩 공작은
적대국 정보관을 PNG하거나 체포, 구금, 공소하는 데 필요한 증거를 제공해 줄 수
있다. 둘째, 적대국의 정보활동 기술을 파악할 수 있기 때문에 적대국의 정보활동에
대해 보다 잘 대응할 수 있다. 즉 적대국의 정보활동으로 인해 야기되는 위협을 감소시
키는 효과를 기대할 수 있다.[124]

이와 반대로 적대국에서 이중간첩 공작을 성공적으로 전개하게 될 경우 아측의

---

123) 슐스키 & 슈미트, 신유섭 역(2007), p.233.
124) Zuehlke(1980), p.31.

방첩공작이 적대국 정보기관에게 역용되는 결과를 초래하게 된다. 예를 들어, 적대국 정보기관이 자신의 조직에 소속된 정보관이 상대국 정보기관에 포섭되거나 이중간첩으로 활동하고 있다는 사실을 알게 되면 그를 다시 포섭하여 이중간첩으로 역용하게 될 수 있다. 이 경우 적대국 정보기관은 아측의 방첩 활동으로 인해 노출될 것을 우려할 필요 없이 마음 놓고 아측에 대해 정보활동을 수행할 수 있게 될 것이다. 미국이 시행했던 비밀공작 중에서 첩보사에서 참담한 실패로 평가되고 있는 '피그만 공격'이 실패한 결정적인 요인은 CIA가 애써 포섭한 쿠바인 첩보원들이 모두 카스트로의 비밀정보기관에 소속된 이중간첩이었기 때문이다.[125] 이처럼 방첩공작은 단 한 순간의 방심과 자만도 용납되지 않으며, 치밀하고 주도면밀한 계획과 철저한 보안을 유지함으로써 원하는바 목적을 성공시킬 수 있는 고도의 두뇌싸움 양상으로 전개된다.

(5) 방첩분석(counterintelligence analysis)

일반인들은 물론 방첩활동을 전문적으로 수행하는 방첩요원들조차 방첩의 핵심은 수사활동(investigation)이라고 믿는다. 즉 우리 사회에 침투하여 암약하고 있는 스파이를 색출하기 위해 필요한 첩보를 수집하는 일이 가장 핵심적인 관건이라고 생각한다. 그런데 이에 대해 갓슨은 방첩의 핵심 요소는 방첩분석에 있다면서 방첩분석의 중요성을 강조했다.[126] 어쨌든, 방첩임무를 성공적으로 수행함에 있어서 방첩분석의 역할도 절대로 과소평가될 수 없다.

방첩분석이란 방첩에 관련하여 수집된 단편첩보들을 처리 및 종합하여 의미 있는 사실이나 결정적인 결론을 도출하는 과정을 뜻한다. 첩보활동을 통해 수집된 자료는 대부분 단편적이며 정확성이나 신뢰성을 확신할 수 없다. 따라서 수집된 첩보에 대해 방첩분야 전문가의 평가와 분석의 작업이 반드시 필요하다. 분석의 과정을 거쳐 생산된 정보 즉 방첩정보는 방첩공작이나 방첩수사 등 방첩임무를 수행하는 데 필요한 핵심적

---

125) 이들은 CIA에 협조하는 척하면서 CIA로부터 얻은 피그만 공격의 시간과 상륙지점 등에 관한 정보를 카스트로에게 그대로 알려주었다. CIA의 야심찬 쿠바 침공계획은 보안누설과 더불어 허술한 작전계획 등으로 인해 단 한차례의 공격도 제대로 시행하지 못한 채 완전히 실패하고 말았다. 당시 CIA는 미국에 망명해 있던 반 카스트로 쿠바인들을 훈련시켜 1961년 4월 17일 이른바 피그만 공격에 이들을 투입했다. 4척의 수송선에 분승한 1,511명의 대원들은 의기양양하게 피그만으로 향했다. 그러나 이들 중 200명은 상륙하기도 전에 배가 암초에 부딪혀 사망했다. 카스트로는 사전에 정보를 입수하여 정부 내 위험 인사들을 구금하고 진압군을 미리 피그만으로 출동시켰다. 침공한 대원들은 4월 21일까지 나흘간의 격전 끝에 115명이 전사하고 1,189명이 포로가 되는 참패를 당했다. 이 사건을 배후 조종한 케네디 행정부의 위신도 크게 손상되었다. 채승병, "패전 속 승리학 ―피그만 침공," http://www.militaryreview.com/?inc=newsView&sno=31&no=2686&ssno=46(검색일: 2007년 2월 4일).

126) Godson(1995), p.187.

인 요소로 활용된다.

한편, 분석의 과정을 통해 생산된 정보는 해외정보를 담당하는 부서에만 필요한 것이 아니다. 그것은 방첩임무를 수행함에 있어서도 없어서는 안 될 긴요한 요소이다. 해외정보의 수집이 정보분석에 필요한 생 자료를 제공해 주듯이 방첩활동을 통해서도 정보분석에 필요한 가치 있는 정보가 획득될 수 있다. 첩보수집이나 방첩활동이나 공통적으로 기존의 정보나 지식에 기초하여 임무를 수행하게 된다. 즉 적대국 정보기관의 정보활동에 따른 위협에 관한 사전지식을 충분히 참고하여 첩보수집과 방첩활동의 목표설정, 계획수립, 실행, 평가 등의 임무를 수행하게 된다. 요컨대, 방첩정보는 정보기관의 정보활동을 수행하는 데 필요한 유용한 정보를 제공해준다. 그런 점에서 방첩활동과 정보기관의 정보활동은 밀접하게 연계된다.

방첩분석에서 제공되는 핵심적인 결과물로서 위협평가(threat assessment)를 들 수 있다. 방첩분석에서 제공하는 위협평가는 외국 정보기관, 국제테러단체 등 적대 세력의 위협 수준에 대해 분석 및 평가하는 내용을 포함하고 있다. 이러한 위협평가는 방첩기관이나 해외 정보기관뿐만 아니라 여타 기관에서도 필요로 한다. 예를 들어, 군의 작전 수행에 필요한 보안조치를 계획할 경우에도 위협평가가 유용하게 활용될 수 있다. 위협평가를 통해 제시된 자료는 보안 취약 요소를 색출하고 보안대책을 강화하는 방안을 수립하는 등 다양한 용도(예를 들어, 현재 연구개발 중인 최신무기체계를 어디에서 어떻게 시험하는 것이 바람직한지, 또는 야전 기동 훈련을 수행할 수 있는 적절한 장소, 시설보안을 개선할 수 있는 최적의 방법 등)에 활용될 수 있다.127)

무엇보다도 방첩분석은 방첩활동을 효과적으로 수행하는 데 필요한 핵심적인 요소로 활용된다. 과거 적대국 또는 우호국을 대상으로 수행되었던 방첩공작에 대한 사후 검토를 통해 현재의 방첩공작이 적대 세력의 정보위협에 얼마나 효과적으로 대응하고 있는지를 평가해 볼 수 있겠다. 적대 세력의 신분위장, 포섭기법, 자금출처, 연락수단, 위험인물, 훈련방법 등에 관해 축적된 자료와 경험들은 방첩공작을 효과적으로 추진하는 데 활용될 수 있을 것이다.128) 예를 들어, 방첩분석을 통해 적대국 공작관과 협조자가 하루 중 어느 시간에 접선하는지, 어떤 종류의 수수소(dead drop)를 운용하는지, 외교관과 정보관은 어떤 차이점을 나타내 보이는지 등에 관해 일정한 패턴을 찾아낼 수 있을 것이다.129) 이러한 패턴을 적절히 활용하면 스파이 용의자에 대한 감시활동을

127) Zuehlke(1980), p.33.
128) Robert H. Kupperman, *Facing Tomorrow's Terrorist Incident Today*(Washington, D.C.: Department of Justice, 1977).
129) 냉전시대 공산주의 국가의 외교관은 돈이 없어 궁핍하게 생활했던 반면 정보관은 상대적으로

언제, 어디에 집중하는 것이 효과적인지를 알아낼 수 있을 것이다.[130]

방첩정보는 정보활동을 수행하는 데 중요한 투입요소가 될 수 있다. 적대국 정보기관과의 지속적인 접촉을 통해 방첩요원은 적대국 정보활동의 수준을 평가하고, 나아가 앞으로 그들이 어떤 의도를 갖고 어떤 행동을 취할 것인지를 추정해볼 수 있다. 예를 들어, 적대국이 정보활동을 보다 활발하게 수행하게 될 경우 조만간에 군사적인 행동을 취할 위험이 있다는 신호로 유추해 볼 수 있다. 또한, 방첩정보는 외국 정보기관들에 대한 백과사전적 지식을 제공해 줌으로써 적극적 정보활동을 수행하는데 기여할 수 있다. 보고서, 연구, 평가 등의 형태로 제공되는 백과사전적 지식은 성격상 분석적이라 기보다는 단순히 기술적인(descriptive) 자료로서 전 세계 정보기관 및 보안기관의 조직구조, 기능, 인력, 예산, 교육훈련, 위치 등에 관해 매우 포괄적이면서도 구체적으로 소개하는 내용으로 구성되어 있다.[131] 이러한 지식을 적절히 활용하면 적대국 정보기관의 정보활동을 파악하는데 도움이 될 수 있다.

방첩분석에서 가장 중요하게 고려해야 할 문제로서 적국의 기만(deception)을 들 수 있다. 기만이란 적국이 당면한 정치, 군사 또는 경제 상황에 대해 잘못된 정보분석을 하도록 유도하는 것을 말한다.[132] 적의 기만에 속아 상황을 잘못 파악함으로써 정보실패(intelligence failure)를 초래하기도 한다. 물론 적이 기만을 시도하지 않더라도 정보기관 스스로 잘못된 정보분석으로 인해 상황을 오판함으로써 정보실패를 초래하기도 하지만, 정보실패 사례들 가운데 상당 부분은 적의 기만에 효과적으로 대응하지 못한데서 비롯된 것으로 나타난다. 따라서 방첩분석을 통해 적국의 기만 의도를 철저히 파악하고 이에 적절히 대응함으로써 정보실패로 인한 피해를 막을 수 있을 것이다.

사실 기만과 정보실패는 서로 연관된 개념이다. 한 쪽에서 상대방을 기만하는

많은 돈을 갖고 여행과 오락을 즐기는 등 비교적 여유 있는 생활을 했던 것으로 알려졌다. 따라서 그들의 생활방식을 유심히 관찰해보면 누가 정보관인지를 식별할 수 있었다고 한다. Godson(1995), p.195.

130) 1970년대 한 변절한 미국인 정보관이 미국인 스파이를 찾아내는 기법을 발표하여 엄청난 파란을 일으켰다. 이 일을 계기로 1982년 미국 정보요원의 신분을 폭로하는 일에 관련될 경우 범죄행위로 규정하는 정보관 신분노출금지법(the Agent Identities Act)이 제정되었다. Godson(1995), p.195.

131) Zuehlke(1980), pp.34-35

132) 슐스키 & 슈미트, 신유섭 역(2007), p.241. 기발한 기만공작은 적이 풀기 어려운 수수께끼 속에서 헤어나지 못하는 가운데 적이 사실을 전혀 파악하지 못하도록 신호정보, 인간정보, 외교, 대중매체, 소문, 선전 등 여러 가지 기법들을 활용한다. 적의 편에서 일하는 것으로 알려진 공작원에게 문서 또는 구두로 허위정보를 제공해 주거나, 적이 영상 또는 신호정보 수단을 활용하여 가로채도록 허위정보를 의도적으로 흘려보낸다. 이때 적의 반응을 파악할 수 있는 신뢰할 만한 연락 수단이 있다면 기만공작을 효과적으로 수행하는데 큰 도움이 될 수 있다. 즉 적의 반응을 정확히 파악할 수 있다면 적이 잘못된 결론을 확신하도록 가공된 메시지를 보낼 수 있을 것이다. Godson(1995), p.192.

데 성공하면 다른 쪽에서는 정보실패를 의미하기 때문이다. 방첩공작을 통해 적을 효과적으로 기만할 수 있는 반면, 역으로 상대국의 기만행위에 제대로 대응하지 못하면 아측에게 심각한 위협이 야기될 수 있다. 어떻게 기만이 방첩 차원에서 위협이 될 수 있을까? 간혹 아측에서 수행한 방첩공작이 적의 기만전략에 역용되는 연결고리가 되기도 한다. 즉 아측이 방첩공작을 통해 침투시킨 공작원 또는 이중스파이를 적대국이 탐지하게 될 경우, 적대국은 그를 '이중'스파이 또는 기만전략을 수행하는 데 필요한 연결 고리로 역용할 수도 있다. 또는 아측이 계획한 기만전략에 활용된 적대국 정보기관 출신의 협조자가 역으로 적대국 정보기관에 협조하게 될 경우 심각한 방첩 실패가 야기될 수 있다.133)

감시활동, 방첩수사, 방첩공작 등 방첩에서 활용하고 있는 여러 가지 활동들은 적의 기만에 대응하는데 활용될 수 있다. 무엇보다도 방첩분석은 방첩 관련 다양한 첩보들을 종합하여 적의 기만에 대해 최종적인 판단을 내려준다는 점에서 방첩의 성패에 결정적인 요인으로 작용할 수 있다. 한편, 방첩부서에서 적의 기만에 대해 독자적으로 판단을 내리게 될 경우 수집 또는 분석 부서와 마찰을 빚게 될 수 있다. 그러나 방첩부서가 적의 기만에 대해 수집 또는 분석 부서에게 제기하는 의혹이나 경고는 적의 기만으로 인해 발생될 심각한 손실을 예방할 수 있다는 점에서 반드시 필요하다고 본다. 방첩 부서는 그러한 역할을 수행하는 경험과 전문성을 갖추고 있다. 방첩 요원들은 적의 기만을 식별할 수 있는 탁월한 분석 능력을 갖추고 있다. 그들은 음모적이고 은밀하게 행동하는 적들과 오랫동안 거래하는 가운데 축적된 경험을 바탕으로 적의 기만에 민감하게 대처할 수 있는 전문성을 배양해 왔다. 그런 점에서 수집관이나 분석관에 비해 방첩요원이 적의 기만에 대해 효과적으로 대응할 수 있는 잠재력을 갖춘 것으로 인정된다.134)

방첩분석은 다음 몇 가지 단계를 거쳐서 체계적으로 수행되어야 한다. 첫째, 방첩분석의 대상이 선정되어야 한다. 방첩임무 수행에 필요한 자원과 인력이 제한되어 있다는 점을 고려하여 우선 보호해야 할 목표 또는 대상을 선별하는 작업이 요구된다. 가장 중요한 보호 목표로서 국가의 전략적 지휘통제시스템, 전략무기의 위치와 성능, 그러한 무기의 사용계획, 방어계획, 보복공격계획 등을 들 수 있다.135) 둘째, 비밀유지를 위해 보호해야 할 목표 또는 대상이 선정된 다음 그러한 목표 또는 대상이 비밀을

133) Zuehlke(1980), p.20.
134) Zuehlke(1980), pp.20-21
135) Godson(1995), p.188.

보호 또는 유지함에 있어서 어떤 취약성이 있는지를 분석하는 것이다.[136] 셋째, 적대국 정보기관의 정보목표가 무엇이고 그것을 달성하기 위해 어떤 능력을 갖고 있는지를 분석하는 것도 방첩분석의 중요한 과제이다. 넷째, 외국 정부가 아국의 인식(perception)이나 행동을 조종하기 위해서 어떤 비밀수단을 활용하는지를 파악해보아야 한다.[137] 만일 적대국이 아측의 국외정보 수집과 분석을 조작하여 아측에게 왜곡된 판단을 획책할 경우 방첩분석관은 대기만(counterdeception) 분석으로 대응할 수 있을 것이다. 대기만 분석관은 아측의 인식을 조작하려는 행위를 수행하고 있는 자가 누구인지를, 어디에 소속되어 있는지, 그리고 그들의 목적이 무엇인지 등을 알아내야 한다. 적이 아측의 정보를 어떻게 조작하고 있는지를 상세히 파악한 다음 역으로 이에 대응하는 조치를 취할 수 있을 것이다.

제 4 절 방첩의 새로운 영역

1. 테러리즘 대응

(1) 9/11과 뉴테러리즘

2001년 9월 11일 알 카에다에 의해 자행된 미국의 뉴욕과 워싱턴에 대한 동시다발적 테러는 '자살공격'과 '대량살상'이라는 테러의 새로운 양상을 극적으로 보여주면서 전 세계에 뉴테러리즘의 공포를 확산시켰다. 9/11 테러는 2001년 9월 11일 알 카에다 소속 19명의 테러범들이 민간항공기 4대를 납치하여 뉴욕의 세계무역센터, 국방부 건물 등에 자살 충돌하는 사상 초유의 사건이었다. 이 테러 사건은 납치된 민간항공기가 테러무기로 사용되었다는 전대미문의 특이성 때문에 우리의 주의를 끈다. 이 사건으로 사망자 2,749명(최종집계), 부상자 3,600명, 피해액 2,000억 달러라는 천문학적 인명 및 재산 피해를 초래했다.[138]

9/11 테러로 대표되는 뉴테러리즘은 여러 가지 측면에서 과거의 전통적 테러리즘과 비교된다.[139] 첫째, 과거의 테러가 뚜렷한 목적을 내세웠던 것과는 달리 뉴테러리즘

---

136) Godson(1995), p.190.
137) Godson(1995), pp.192-194.
138) 조성권, "테러발생시 미치는 경제·사회적 파급영향," 이상현 외 편, 『테러와 한국의 국가정보: 테러 발생 시 파급영향과 우리의 대응방향』, 세종정책토론회보고서(2004), p.92.
139) 채재병, "국제테러리즘과 군사적 대응," 『국제정치논총』, 제44집 2호(2004), pp.55-73.

은 통상 테러 목적이 추상적이며 공격 주체를 밝히지 않는다. 통상 테러범들은 요인 암살, 항공 테러 및 납치 등을 저지르고 나서 자신의 신분을 밝히고 정치적 요구사항을 제시했다. 주로 민족주의자와 분리주의자들의 열망이나 혁명적이고 이상적인 야망에서 비롯되는 등 테러 동기가 비교적 직접적이고 명확했다. 이에 비해 21세기 뉴테러리즘은 요구조건이나 공격 주체가 불분명하여 추적이 불가능한 경우가 대부분이다. 둘째, 전통적인 테러조직은 위계적이고 단일화된 형태로 비교적 실체 파악이 용이하지만 뉴테러리즘의 조직은 다원화되어 있기 때문에 그 실체를 파악하기가 매우 어렵다. 셋째, 비교적 피해규모가 적었던 전통적 테러리즘에 비해 뉴테러리즘은 전쟁 수준의 무차별 공격으로 인해 그 피해가 상상을 초월한다. 특히 뉴테러리즘은 핵, 화학, 생물학, 방사능 등 대량살상무기로 무차별적인 대량살상과 파괴를 시도하는 경향을 보인다. 또한, 사이버 공간을 이용한 사이버 테러리즘과 극단적 자살테러 등 새로운 유형의 테러 수단을 동원하고 있다는 점에서도 과거의 테러리즘과 구별된다.

한편, 이슬람 과격단체에 의한 테러는 9/11 테러사건 이전까지는 주로 미국을 표적으로 했지만, 최근 그 대상이 무차별적으로 확산되는 양상으로 전개되고 있다. 그동안 한국은 테러의 안전지대로 생각되어 국제테러의 위협에 대해 비교적 무관심했다.[140] 그런데 2004년 말 한국인 김선일 씨 납치 피살 사건[141]을 계기로 한국인도 국제테러리즘의 표적이 될 수 있음을 깨우치게 되었다. 이어서 2007년 7월 탈레반의 한국인 납치 사건[142]이 발생함으로써 국제테러리즘의 심각성을 다시금 인식하게 되었다. 사실 한국은 미국의 동맹국으로서 이라크와 아프가니스탄에 군대를 파병하고 있기 때문에 이슬람 테러조직에 의해 표적이 될 가능성이 많다. 또한 한국은 세계 12위의 경제대국으로서 경제적으로는 물론 사회문화적으로 국제사회에서 인적 교류가 활발한 편이다. 따라

140) 기존 여론조사에 따르면 한국인은 2003년까지 응답자의 5-8%만이 국제테러를 위협으로 인식할 정도로 관심이 저조했으나(국방대학교 안보문제연구소 2002년 및 2003년 여론조사 보고서), 2004년 국방연구원의 조사에서는 51.4%의 응답자가 한국에 테러 가능성이 '있다'라고 보았다. 이제 한국 국민들도 국제테러의 위협을 심각하게 인식하고 있는 것으로 생각된다. 전경만 외, 『국민안보인식 동향분석과 정책대안』, 국방연구원 보고서(2004년 8월), p.53.
141) 2004년 6월 22일 한국인 김선일 씨가 이라크 무장단체에 납치되어 피살된 사건이다. 같은 해 5월 31일 김선일은 국제적인 이슬람 테러리스트 알 자르카위가 이끄는 무장단체에 의해 납치되었다. 6월 21일 아랍계 위성방송 알자지라에 의해 피랍 사실이 처음으로 공개된 뒤 한국정부는 납치한 무장단체와 석방을 위한 교섭에 들어갔다. 그러나 무장단체 측은 이라크에 대한 한국군의 2차 파병 철회를 요구했고, 그 요구사항이 수용되지 않자 6월 22일 살해한 것으로 추정된다. http://100.naver.com/100.nhn?docid=782082(검색일: 2009년 12월 15일).
142) 2007년 7월 19일(현지 시각) 아프가니스탄 카불에서 칸다하르로 향하던 23명(여자 16명, 남자 7명)의 한국인이 탈레반 무장 세력에 납치되었던 사건이다. 탈레반은 피랍된 23명 중 2명을 살해했으나 한국정부와 탈레반의 협상 결과 다른 인질 21명은 8월 31일까지 단계적으로 모두 풀려나 피랍사태는 42일만에 종료되었다. http://ko.wikipedia.org/wiki/%ED%83%88%EB%A0%88%EB%B0%98_...(검색일: 2009년 12월 15일).

서 한국은 여러 가지 측면에서 테러 대상으로 지목되어 피해를 입게 될 가능성이 있다고 보아야 할 것이다. 실제로 2009년 3월 15일 예멘을 여행하던 한국 국적의 관광객 18명이 세이운 지역에서 테러 공격을 당해 4명이 사망하고 3명이 부상당하는 사건이 발생하였다.[143] 이는 알 카에다 소속의 10대 조직원에 의한 자살 폭탄 테러로 밝혀졌는데, 이로써 한국인들이 해외에서의 테러 공격에 더 이상 예외가 아니라는 점을 다시 한 번 주지시켰다.

(2) 테러조직의 특성

정보활동은 테러리즘을 막을 수 있는 핵심적인 요소이다. 이를 위해 정보기관은 테러조직의 지도자, 조직원, 은행계좌, 기타 자금출처, 도피처, 무기 저장소, 지원세력, 조직원 포섭 장소 등에 관한 정보를 수집해야 한다. 또한 테러리스트들이 언제 어떤 방식의 테러를 계획하고 있는지를 사전에 파악해야 한다. 그러나 테러리즘에 관한 정보활동은 현실적으로 매우 어렵다. 무엇보다도 테러조직은 기습적으로 테러공격을 감행하기 위해 자신들의 신분이나 활동을 노출시키지 않는 등 비밀보안을 철저히 유지하는 특성을 가졌기 때문이다.

알 카에다의 경우 세포조직, 포섭된 조직원에 대한 심사, 암호사용 등에 관해서 비밀보안을 철저히 유지하고 있다.[144] 9/11 테러사건의 경우에서 보았듯이 대규모 조직을 동원해서 오랜 기간에 걸쳐 공격작전을 진행하고 있었음에도 불구하고 그 내용이 외부로 거의 노출되지 않았을 정도로 알 카에다의 비밀보안은 철저했다. 2002년 발리 테러사건, 2004년 마드리드 테러사건, 2005년 런던 테러사건의 경우처럼 소규모 조직을 동원하여 테러공격을 감행하게 될 경우에는 테러 계획에 관한 정보를 사전에 취득하기가 더욱 어렵다. 소규모 테러공격의 경우 적은 규모의 조직, 인원, 그리고 자원이 동원된다. 소수의 인원이 테러공격에 동원되기 때문에 지역주민들 속에 숨어있는 용의자를 색출하기가 매우 어렵다.

테러공격을 막기 위해 정보기관이 취해야 할 핵심적인 임무는 테러조직에서 활동하고 있는 조직원의 신분과 소재지를 알아내는 것이다. 그런데 오늘날 테러조직들은 초국가적으로 활동하기 때문에 조직원의 신분이나 소재지를 파악하는 것이 매우 어렵다. 알 카에다의 경우 60개 이상의 국가에 세포조직과 협력자들을 두고 있는 초국가적

---

143) http://ko.wikipedia.org/wiki/2009%EB%85%84_%EC%98%88%EB%A9...(검색일: 2009년 12월 15일).
144) David Charters, "Counterterrorism Intelligence: Sources, Methods, Process, and Problems," in David Charters, (ed.), *Democratic Responses to International Terrorism*(Ardsley-on-Hudson, NY: Transnational Publishers, 1991), pp.228-234.

테러조직이다.145) 이들은 전 세계에 걸쳐 분산되어 활동하고 있는 이민자들을 조직원으로 채용하고 있다. 때로는 불법 이민자를 조직원으로 활용하기 때문에 그들이 거주하고 있는 국가에 서류상으로 그들의 이름조차 아예 없는 경우가 많다. 또한 이들은 한 국가에만 소속되어 활동하는 것이 아니고 여러 국가에서 초국가적으로 활동하기 때문에 이들을 색출하여 제거하는 일이 매우 어렵다.

오늘날 테러조직들은 인터넷을 활용하여 과거보다 용이하게 테러를 계획, 협력, 실행할 수 있게 되었다. 예를 들어, 테러조직들은 인터넷을 통해 필요한 조직원을 신속히 충원할 수 있게 되었으며, 조직원들 간 의사소통이 원활하게 이루어짐으로써 조직의 융통성 또는 상황 대처 능력이 획기적으로 증대되었다. 이들은 인터넷을 활용하여 테러 기법에 관한 선전, 지령 등을 전파하고, 테러공격을 수행하는 데 필요한 무기를 생산·습득할 수 있는 방법을 소개해 주기도 한다. 또한 인터넷을 활용하여 테러공격에 참여할 조직원을 모집하기도 한다. 그 결과 무슬림의 급진화가 점점 가속화되고 테러에 가담하는 인원이 더욱 늘어나는 경향을 보인다.146) 익명의 조직과 조직원이 기습적으로 테러를 감행하고 테러공격에 가담했던 조직이 전격적으로 해산됨으로써 테러공격의 배후 또는 용의자를 색출하는 것이 더욱 어렵게 되었다.

(3) 대테러 정보수집 수단들

테러 관련 정보를 수집하는 데 있어서 공개출처정보를 비롯하여 기술정보(TECHINT), 인간정보(HUMINT) 등 다양한 수단이 활용된다. 때로 테러공격의 배후를 추적하는 데 공개출처정보가 활용되기도 한다. 예를 들어, 알 자지라 등 공개된 대중매체를 통해 테러조직이 자신들의 입장을 선전하기도 하고 혹은 테러행위를 자행하고 나서 그것이 자신들의 소행임을 주장하기도 한다. 그러나 테러조직이 신문이나 잡지, 또는 대중매체를 통해 테러활동을 공개하는 일은 거의 없다. 따라서 공개출처정보는 테러 관련 정보수집에 그다지 효용성이 없다. 위성이나 항공기를 통해 얻을 수 있는 영상정보(IMINT)는 테러조직의 경우 조직의 규모가 작고 특정한 건물이나 시설을 근거지로 활용하지 않기 때문에 활용도가 떨어진다. 그리고 대부분의 테러조직이 공식적인 통신 네트워크를 갖추지 않고 활용하지도 않기 때문에 통신정보(COMINT)를 통한 통신

---

145) Paul Maddrell, "Failing Intelligence: U.S. Intelligence in the Age of Transnational Threats," *International Journal of Intelligence and Counterintelligence*, Vol.22, No.2(Summer 2009), p.205.

146) Declassified Key Judgments of the National Intelligence Estimate, "Trends in Global Terrorism: Implications for the United States," dated April 2006, available at: http://www.dni.gov/press_releases/ Declassified_NIE_Key_Judgements .pdf; Maddrell(2009), p.206.

감청 역시 활용도가 떨어진다.

테러조직에 관한 정보를 취득하는 데 가장 유용한 수단은 결국 인간정보가 될 것이며, 다음과 같은 세 가지 방법들이 활용된다.147) 첫째, 테러조직의 내부에서 활동하는 인물을 포섭하여 협조자 또는 공작원으로 활용하는 방법이 있다. 이 경우 정보요원이 직접 자신의 신분을 밝히고 포섭하기보다는 다른 테러조직의 요원인 것처럼 신분을 위장하여 목표에 접근한 다음 포섭하는 방법이 좋다. 둘째, 테러조직 내부 요원을 포섭하는 일이 쉽지 않을 경우 테러조직 내부로 공작원을 침투시킨다. 이 공작원이 테러조직 내부에서 높은 지위를 취득하게 되면 중요한 정보를 제공해 줄 수 있을 것이다. 셋째, 테러조직에 관한 첩보를 수집하는데 있어서 가장 저렴하면서도 쉬운 방법은 체포한 테러리스트를 철저히 심문하는 것이다. 조지 테닛 전 미국 중앙정보장에 따르면 체포된 알 카에다 지도자들로부터 알 카에다의 조직원, 사고방식, 전략 등에 관해 매우 유용한 정보를 얻을 수 있었다고 한다.148)

(4) 대테러 국제협력

테러 관련 정보를 수집하는 데 인간정보가 기술정보에 비해 상대적으로 효과적인 수단으로 인정되지만, 사실 인간정보 역량도 매우 제한적이다. 특히 미국의 경우 CIA가 인간정보를 담당하고 있지만 미국의 인간정보 능력은 매우 미흡한 수준으로 평가된다.149) 더욱이 테러조직이 전 세계에 분산되어 초국가적으로 활동하고 있기 때문에 미국 단독으로 테러조직을 추적하는 것이 불가능하다. 따라서 관련 국가들과의 정보협력이 절실히 요구된다. 9/11 테러사건 이후 CIA의 주요 활동목표는 미국 주도의 대테러 국제 정보협력 체제를 구축하는 것이었다. 이에 따라 유럽, 중동, 아시아의 24개국 이상이 회원으로 참여하는 대테러정보센터(Counterterrorist Intelligence Centers, CTICs)가 구성되었다.150) CTICs는 미국과 외국 정보기관의 요원들로 구성되어 상호 정보교환 및 협력을 유지하고 있다. 미국은 심지어 NSA가 감청한 비밀정보를 회원국들에게 제공해 주기도 한다. 통신정보(COMINT)는 미국이 테러조직에 관해 수집한 정보의

---

147) Schlomo Gazit and Michael Handel, "Insurgency, Terrorism, and Intelligence," Roy Godson, (ed.), *Intelligence Requirements for the 1980s: Counterintelligence*(Washington, D.C.: National Strategy Information Center, Inc., 1980), pp.135-137.
148) 9/11 이후 인간정보 수단을 통해 수집한 첩보의 양이 많아졌지만 협조자나 공작원을 통해 얻는 것은 거의 없고, 대부분의 중요한 첩보는 무하메드(Khalid Sheikh Muhammad), 주바다(Abu Zubaydah) 등 체포된 알 카에다 조직원들로부터 입수되었던 것으로 알려졌다. George J. Tenet, *At the Center of the Storm: My Years at the CIA*(London: Harper Press, 2007), pp.250-257.
149) Charters(1991), pp.236-240; Maddrell(2009), p.211.
150) Maddrell(2009), p.207.

80-90%를 점할 정도로 매우 비중이 크다.151) 이는 미국 정보공동체의 과거 관행에서는 결코 상상조차 할 수 없는 매우 혁명적인 변화라고 본다. CTICs는 테러 용의자를 체포하여 심문하고, 그들의 자금 출처 봉쇄, 군수지원 차단 등의 활동을 수행한다. 테러용의자를 직접 체포하는 일은 주로 지역 경찰이 맡고 있다. 이와 같은 정보협력을 통해 2001년 9/11 테러 이후 수많은 테러범들을 체포하여 색출하는 성과를 거두었다. 초국가적 적대 세력이 나타나면서 미국 정보공동체가 주도하는 초국가적 정보협력이 이루어지게 된 것이다.

　　오늘날 CIA는 공작원 포섭보다는 외국 정보기관들과의 협력에 중점을 두는 방향으로 정보활동을 변화시켰다. 이들 외국 정보기관들은 인간정보 수단을 활용하여 자국 영토 내에서 활동하고 있는 이슬람 테러범들에 관한 정보를 수집하게 된다. 이에 따라 국제 대테러활동은 외국 정보기관의 인간정보활동에 상당부분 의존하게 되었다. 요컨대, 미국의 통신정보(COMINT) 및 첨단장비를 통해 취득된 정보와 외국 정보기관의 인간정보(HUNINT)가 상호 교환되어 국제적인 정보협력이 이루어지고 있는 것이다.152)

2. 사이버 테러의 실태와 대응

(1) 사이버 테러의 실태

　　인터넷이 전 세계적으로 보급되어 있는 지금, 개인이나 기업은 물론 공공기관에 이르기까지 거의 모든 컴퓨터가 네트워크 시스템으로 연결되어 있다. 이러한 전자적 공간은 일반적으로 사이버 공간(cyber space)이라 불리고 있다.153) 사이버 공간은 "컴퓨터의 네트워크화를 통해 형성된 세계로서 정보화 사회를 상징하며, 물질적인 실체와 떨어진 가상공간"이다.154) 간단히 말하자면 "인터넷으로 통칭되는 네트워크 공간"을

---

151) "Foreign Network at Front of CIA's Terror Fight," *The Washington Post*(18 November 2005); Richelson(2008), p.349.
152) 미국은 때로는 협박으로 때로는 금전적 보상으로 외국 정보기관으로부터 정보협력을 유도하기 위해 노력하고 있다. 예를 들어, 예멘의 경우 정보협력에 비협조적이었는데 미국이 아프가니스탄을 점령하고 나서 자국도 점령될 수 있다는 두려움 때문에 미국에게 정보를 제공하는 등 협력을 하게 되었다. CIA는 정보협력을 꺼리거나 소극적인 태도를 취하는 국가에 대해 뇌물 또는 기타 금전적인 보상을 주기 위해 많은 예산을 확보해 두었다고 한다. 2010년 1월 28일자 뉴욕타임즈 보도에 따르면 미국은 아프가니스탄에서 탈레반과 싸우고 있는 파슈톤 족 신와리(Shinwari) 부족에게 협조 대가로 100만 달러를 지급하기로 했다고 한다. Maddrell(2009), p.208; 『조선일보』(2010.1.30.).
153) 사이버라는 용어는 통신기술과 컴퓨터 시스템 제어를 총괄한 용어로서 '사이버네틱스(cybernetics)'로부터 파생된 것이다. 안보 카츠야·시모하타 노리치카 저, 박춘식·김현수 역, 『사이버 테러』(서울: 진한도서, 2003년), p.9.
154) 1984년 캐나다의 공상 과학 소설가 윌리엄 깁슨(William Gibson)이 그의 소설 뉴로맨서(Neuromancer)

의미한다.155) 이러한 사이버 공간에서는 어떠한 정보도 간단히 국경을 넘을 수 있으며, 군사기밀에서부터 기업 데이터, 개인 정보에 이르기까지 다양한 정보가 세계를 무대로 자유롭게 돌아다니고 있다. 이러한 사이버 공간은 인류생활의 편의를 확대시키는 반면 각종 범죄의 온상이 됨으로써 부작용을 초래하기도 하는 이중성을 보여주고 있다.

오늘날 항공·철도·전력·가스·행정 서비스 등 다양한 정보시스템에서 인터넷이 사회·경제 활동의 기본 인프라로 정착됨에 따라 그 활용도가 점차 높아지고 있다. 정보통신기술의 발전과 함께 유비쿼터스 환경이 현실화되면서 언제 어디에서나 편리하게 정보통신기기를 사용할 수 있게 되었다. 이처럼 일상생활 전반에 걸쳐 정보통신기술이 활용되어 삶의 질을 높여주는 등 정보통신기술의 활용 범위는 지속적으로 확장될 것이다. 정보통신기술은 경제성장의 원천이 되고 있으며, 사회시스템의 효율성을 높이고 기업의 역량을 효과적으로 발휘할 수 있게 해준다. 이제 정보통신기술은 우리에게 보다 나은 미래를 제공해 주는 원동력이자 현대사회에 없어서는 안 될 필수불가결한 사회기반이 되었다.

이렇게 정보화가 진전되는 반면 이에 대한 역기능 또한 다양해져 지능화된 해킹, 사이버 테러, 사이버 사기 등이 날로 심화되고 있는 실정이다. 이전에 존재하지 않았던 신종 사기 기법들이 사이버 공간을 통해 매년 새롭게 대두되고 있다. 해킹기술을 사용하여 개인과 기업에 금전적인 피해를 입히고 있으며, 이러한 추세는 멈추지 않을 것으로 예측되고 있다. 더구나 이러한 해킹기술은 개인과 기업에 대한 사이버 공격 시도에 머물지 않고, 국가를 대상으로 하는 공격 형태로 진행되어 그 피해 및 파급효과도 증가되고 있다. 실제로 일부 국가의 해커가 타국의 기본 인프라를 마비시키고 정부기관의 시스템에 침입하는 사건이 빈번하게 보도되는 실정이며, 이러한 사건은 국제적인 외교마찰로도 이어지고 있다.

그 대표적인 사례로서 2007년 중국인민해방군 산하 해커부대가 미 펜타곤을 해킹하여 부시 대통령이 후진타오 중국 국가주석에게 유감을 표명한 바 있다.156) 그리고 2010년 1월 구글을 비롯한 30여 개의 미국 인터넷 기업이 중국에 위치한 해커들로부터 공격을 받았던 일로 미국과 중국 간 외교적 갈등이 있었으며, 2011년 6월에도 미국의 G-mail 계정 정보가 유출되었는 데 구글 측에서는 해킹 발원지가 중국인민해방군 보안

에서 처음 사용한 말이다. 야후 '사이버 공간'; 서동주, "테러전 시대 '사이버 안보'의 연구동향과 정책적 함의-한국정치학에서 '사이버 공간'연구의 쟁점과 과제," 사이버커뮤니케이션학회 추계 쟁점 세미나, 『사이버 공간에서의 새로운 쟁점들: 정보격차, 사회운동 그리고 사이버테러』(2007년 11월 2일), p.50.

155) 길정일, "정보화시대의 국가안보," 『국가전략』, 제6권 4호(2000), p.80.

156) 유동렬, 『사이버공간과 국가안보』(서울: 북앤피플, 2012), p.131.

부라고 밝혀서 미국과 중국 간 또다시 외교적인 문제로 부각되었다.[157] 이 밖에도 2008년 8월 러시아와 그루지아 간 사이버 전쟁으로 인하여 그루지아의 정부·언론·금융·교통 전산망이 마비되는 사건, 2012년 9월 중국이 일본의 센카쿠 열도 국유화 항의 차원에서 일본 총무성을 분산 서비스거부(DDos)로 공격한 사건, 2012년 10월과 11월 이란이 미국의 금융회사와 이스라엘 정부를 해킹한 사건, 2013년 3월 인도가 파키스탄 정보국을 해킹한 사건 등 세계 도처에서 국가 간 사이버전이 점차 심화되는 양상으로 전개되고 있다.[158] 우리나라에서도 2009년 7월 7일 북한에 의한 DDoS 공격으로 청와대와 국회, 네이버의 전산망이 마비되었으며, 2011년 3월 4일 청와대와 국가정보원, 국민은행 등 주요 사이트가 마비되는 사건도 북한의 소행으로 드러났다.[159] 2011년 4월 12일 농협전산망 장애 발생으로 인터넷 뱅킹이 중단되었고, 이어서 2012년 6월 9일, 2013년 3월 20일과 6월 25일 등 여러 차례에 걸쳐 언론사, 은행, 정부기관 등에

■ 표 2 ■   최근 우리나라의 주요 사이버해킹 사례

분 류	주요 내용
국가기관	o 청와대(2006년), NSC(2008년) o 18대 국회 261건 해킹사고 o 통일부 해킹 시도(2011년)

공공망	o 한국원자력연구원, 세라믹기술원, 무역보험공사,
	  산업기술시험원, 한수원, 가스공사 등 지경부 산하 기관에
	  40여 차례 북한의 해킹 시도(2011년)
	o 농협전산망(2010-2011년)

일반망	o 고려대 정보보호대학원 이메일 계정(2011년) o 육사 동기회 사이트(2011년) o 페이스북 이메일 위장 악성코드 유포(2011년) o 북한 컴퓨터 전문가를 이용한 게임 해킹(2011년) o 네이트, 싸이월드 등 300만 명 고객정보 해킹(2011년) o 게임업체 넥슨의 회원 1,320만 명 개인정보 해킹(2011년) o TV 조선, 중앙일보 서버 해킹(2012년) o 북 정찰총국 연계, 악성코드 유포(2012년)

출처: 유동렬, 『사이버공간과 국가안보』(서울: 북앤피플, 2012), p.67.

157) 유동렬(2012), p.131.
158) 국가정보원 외 편, 『2009 국가정보보호백서』(2009년 4월), p.xvii, 8; 『동아일보』(2013.9.23.).
159) 『동아일보』(2013.10.28.).

전산망 장애가 발생했는데 모두 북한의 소행으로 밝혀졌다.[160]

우리나라의 경우 인터넷과 컴퓨터 등 정보통신기술 활용도가 매우 높기 때문에 편이성이 큰 만큼 그 부작용도 많이 나타나고 있다. 우리나라는 2012년 7월 현재 인터넷 이용자가 3,812만 명(인터넷 이용률 78.4%), 초고속인터넷 가입자가 1,861만 명에 이르는 등 세계 최고 수준의 정보통신 인프라를 확충하고 본격적인 지식정보사회로 도약하고 있다.[161] 인터넷 뱅킹을 통한 조회, 자금이체 및 대출서비스 이용 건수는 2008년 당시 하루 평균 2,243만 건에서 5,285만 건(2013년 3월 현재)으로 2배 이상 증가하였다.[162] 그러나 인터넷 이용을 통한 편이성이 증가하는 만큼 그에 따른 역기능도 커지고 있다. 특히 네트워크 확대 보급에 따른 정보교환 및 공유로 인하여 정보의 불법적인 접근이 가능하고 이에 따라 주요 기밀의 유출 가능성도 높아지고 있다. 또한 악성 댓글, 스팸메일, 개인정보 유출, 금전적인 목적의 피싱(Phishing)이나 파밍(Pharming)[163]에 따른 개인적 피해가 증가하고 있으며, 불건전 정보의 유통, 개인 사생활 침해 등과 같은 부작용들이 심각한 사회문제로 대두되고 있다.[164]

정보통신 윤리관의 결여, 전자 금융·전자상거래로 인한 다양한 범행 기회, 산업스파이에 의한 국부 유출, 범죄에 대한 명확한 처벌 규정 미비와 맞물려 정보화의 역기능은 더욱 가속화될 것으로 예상된다. 이에 따라 정부와 기업, 그리고 개인 모두가 정보보호에 대한 인식을 공고히 하고 사이버공간의 안전을 유지하는 데 최선을 다해야 할 것이다.

---

160) 농협전산망 해킹사건의 경우 완전 복구되기까지 무려 18일이 소요되었다. 우리 사법당국은 2011년 5월 3일 수사결과 발표를 통해 4월 12일 농협 전산망 해킹사건을 북한에 의한 사이버테러로 규정했다. 유동렬(2012), p.68; 『동아일보』(2013.10.28.).

161) 인터넷통계정보시스템(KISA ISIS), "2012년 인터넷이용실태조사 최종보고서," http://isis.kisa.or.kr/board/index.jsp?pageId=040100&bbsId=7&itemId=792&pageInd...(검색일: 2013년 11월 6일).

162) 국가정보원 외 편(2009년 4월), p.6; 조선일보(2013.5.15.), http://biz.chosun.com/svc/news/printContent1.html?type= (검색일: 2013년 11월 6일).

163) 합법적으로 소유하고 있던 사용자의 도메인을 탈취하거나 도메인 네임 시스템(DNS) 또는 프락시 서버의 주소를 변조함으로써 사용자들로 하여금 진짜 사이트로 오인하여 접속하도록 유도한 뒤에 개인 정보를 훔치는 새로운 범죄수법을 말한다. 피싱에 이어 등장한 새로운 인터넷 사기 수법이다. 넓은 의미에서는 피싱의 한 유형으로서 피싱보다 한 단계 진화한 형태라고 할 수 있다. 그 차이점은 피싱은 금융기관 등의 웹사이트에서 보낸 이메일로 위장하여 사용자로 하여금 접속하도록 유도한 뒤 개인정보를 빼내는 방식인데 비하여 파밍은 해당 사이트가 공식적으로 운영하고 있던 도메인 자체를 중간에서 탈취하는 수법이다. 피싱의 경우에는 사용자가 주의 깊게 살펴보면 알아차릴 수 있지만, 파밍의 경우에는 사용자가 아무리 도메인 주소나 URL 주소를 주의 깊게 살펴본다 하더라도 쉽게 속을 수밖에 없다. http://100.naver.com/print_100.php?id=795983 (검색일: 2010년 2월 16일).

164) 이에 대한 자세한 내용은 국가정보원 외 편(2009년 4월), pp.52-62를 참고.

(2) 사이버테러의 개념과 특징

오늘날 철도, 항공, 발전소 등 국가의 주요 기반시설이 정보통신 네트워크에 의해 관리·통제되고 있다. 국방과 같은 전통적인 군사적 목적 이외에 정보통신시스템, 전력·가스·석유 등의 에너지 시스템, 금융시스템, 육상·해상·항공 교통을 관리하는 운송시스템, 급수체계, 전자정부, 응급서비스 등을 포함하는 정부 서비스 등 국가 기능 유지를 위해 모든 영역에 걸쳐 광범위하게 정보통신 네트워크가 구축되어 있다.165) 이에 따라 정보통신 인프라의 위협이 주요 기반시설의 위협으로까지 확장되고 있어 국가 안보적 측면에서도 심각한 위험이 될 수 있다. 예를 들어, 군 지휘통신망의 두절로 인한 군 작전 수행 불능, 원자력발전소 통제시스템의 오작동으로 인한 방사능 유출, 가스제어시스템의 마비로 인한 가스폭발 사고 유발, 교통관리시스템의 오류로 인한 열차 충돌 사고 유발, 항공관제시스템 마비로 인한 항공기 충돌 사고 유발 등 다양한 유형의 사고가 발생할 수 있다.166)

이와 같이 사이버상에서 개인, 기업체, 더 나아가 국가의 전산망을 교란 또는 마비시키고 저장된 정보자료를 절취, 훼손 또는 왜곡시킴으로써 사회경제적 피해는 물론 국가안보까지 위협하는 일체의 공격행위를 '사이버테러'라고 칭할 수 있겠다.167) 국가적 차원에서 발생한 사이버테러의 경우 미사일이나 핵무기 또는 생화학무기 등에 의한 대량살상 이상으로 엄청난 피해를 야기할 수도 있다.168) 전통적인 테러리즘의 경우 정치적, 이념적 목적이 테러리즘 여부를 판단할 수 있는 중요한 요건을 구성하지만 사이버테러의 경우는 피해 범위와 정도에 관점을 둔다는 점에서 차이가 있다. 예를 들어, 우리나라에서 2003년 발생한 '1.25 인터넷 대란'은 사이버 공격에 악의가 있었는지 여부를 판단할 수는 없지만 피해 범위와 정도가 심각했다는 점에서 사이버테러로 간주한다.169)

유비쿼터스 시대의 도래와 함께 사이버테러로 인한 개인, 기업, 정부의 피해가 더욱 증가할 것으로 보인다. 이러한 피해를 최소화하기 위해 국가차원에서 사이버테러

---

165) 한국정보보호센터(1999.12, 현재는 한국인터넷진흥원으로 명칭 변경).
166) 국가정보포럼(2006), p.156.
167) 사이버테러의 용어에 대해 국제사회 차원에서 일반적으로 합의된 정의는 아직 없는 실정이다.
168) 안보 카츠야·시모하타 노리치카, 박춘식·김현수 역(2003), p.55.
169) 2003년 1월 25일 오후 2시경 '슬레머(slammer)'라는 웜이 10여 분만에 전 세계로 확산되어 인터넷을 마비시켰고 인터넷 기반이 발달한 우리나라에 가장 많은 피해를 야기한 것으로 나타났다. 당시 약 8시간 동안 온라인 쇼핑, 여행예약, 인터넷 뱅킹 등 국가 전체의 인터넷 서비스가 거의 마비되었다. 국가정보포럼(2006), pp.156-157.

에 대한 징후를 조기에 탐지하여 신속히 대응해야 할 것이며, 이를 위해 관련 분야의 기술개발 등 국가적 역량을 구축해야 할 것이다.

한편, 사이버테러는 전통적인 테러와는 여러 가지 면에서 다르다. 첫째, 과거의 테러가 소총, 포탄 등 물리적 수단을 활용하여 건물이나 교량 파괴 및 인구를 살상하는 방식으로 전개되는데 반해, 사이버테러는 컴퓨터 바이러스, 해킹, 전자우편 폭탄, 고출력 전자파 공격, 논리폭탄 등 새로운 무기를 활용하여 국가의 정보시스템을 마비 또는 교란시키는데 중점을 둔다.170) 둘째, 전통적인 테러의 경우 적과 우군의 구별이 확실하고 특정지역의 주민이나 건물에 피해를 일으키는 반면 사이버테러는 침해 시 국가기능이 총체적으로 마비되는 등 엄청난 피해가 발생되는 데도 불구하고 적군 또는 침입자를 확인하기 곤란하고 심지어 침해된 사실조차 모르는 경우가 허다하다. 셋째, 전통적인 테러는 일정 지역 즉 물리적 공간에서 이루어지는 반면, 사이버테러는 컴퓨터와 네트워크로 구성된 사이버공간에서 이루어진다는 점이다. 특별한 공간이 정해진 것이 아니고 통신망이 설치된 곳이면 지구촌 어디에서나 공격이 가능하며 통신망 전체를 차단하지 않는 한 예방이 어렵기 때문에 전투공간이 무한정하다고 볼 수 있다.171) 넷째, 전통적인 테러는 사전에 모의하여 공격을 준비하는 과정에서 어느 정도 징후를 포착할 수 있지만 사이버테러는 은밀한 공간에서 단순히 컴퓨터 조작만으로 공격이 가능하기 때문에 사전 예측이 거의 불가능하다. 또한 사이버테러 행위자는 일면 안식이 없어도 이념과 생각이 같으면 사이버 상으로 담합하여 공격을 감행하기 때문에 공격 주체의 규모·특징 등을 확인하기가 매우 어렵다. 마지막으로, 사이버테러는 컴퓨터 단말기 조작으로 간단하게 공격할 수 있기 때문에 최소의 노력과 금전적 투자로 테러 효과를 극대화할 수 있다. 예컨대, 해커의 침투로 인해 전력, 통신, 금융망 마비, 컴퓨터 망을 이용한 전자상거래의 혼란, 철도, 항공, 군사장비 시스템 파괴 등이 발생할 경우 사회적으로 엄청난 혼란과 경제적으로 막대한 손실을 초래할 수 있다.

요컨대, 사이버테러는 선전포고도 총성도 전선도 따로 없는 새로운 유형의 테러 행위라고 볼 수 있다. 전쟁지역의 광역화, 사전예측 불가, 피해규모의 대형화 등의 특성을 가진 사이버테러는 전통적 테러리즘과는 판이하게 다른 형태로 전개되기 때문에 새로운 방식으로의 대응이 요구된다.

---

170) 사이버테러에 활용되는 각종 무기의 종류 및 특성에 대해서는 다음 절에서 보다 자세히 소개하기로 한다.

171) Roger C. Molander, Andrew S. Riddile, and Peter A. Wilson, *Strategic Information Warfare: A New Face of War*(RAND National Defense Research Institute, November 1995), pp. 19-20.

■ 표 3 ■	전통적 전쟁과 사이버전 특성 비교	
구 분	전통적 전쟁	사이버 전쟁
공격무기	소총, 포탄 등 물리적 수단	컴퓨터 바이러스, 해킹, 전자우편 폭탄, 고출력 전자파 공격, 논리폭탄 등
공격목표	건물·교량 파괴 및 인구 살상	국가 정보시스템의 마비 또는 교란
피아식별	적/우군 구별 명확	적/우군 식별 불가, 침투 사실 불명확
전쟁영역	물리적 공간에서 전투 수행	컴퓨터와 네트워크로 구성된 무한정 사이버 공간
사전예측	사전 징후 포착 가능	은밀한 공간 전투 수행으로 사전예측 곤란
비용/효율	고비용, 제한적 효율	최소의 노력과 금전적 투자로 테러효과 극대화

(3) 사이버테러 공격의 유형 및 사용무기

사이버테러 공격에는 다양한 종류의 무기가 활용되는데, 크게 두 종류 ―컴퓨터 하드웨어 공격과 소프트웨어 공격― 로 분류된다.

컴퓨터 하드웨어가 가진 약점을 노리는 대표적인 방법으로는 TEMPEST(누설전자파), EMI(전자기 간섭), EMC(전자기 호환) 등이 있다.[172] 이러한 무기들은 주로 컴퓨터 시스템이 내는 전자파를 수집해 컴퓨터가 수행하는 작업의 내용을 유출해내는 방법을 활용한다. 컴퓨터가 배출하는 전자파는 일정한 규칙을 갖고 있어 컴퓨터시스템이 입력 하거나 출력할 때 내는 주파수와 파장을 분석하면 컴퓨터 파일의 내용을 복구할 수 있다고 한다. 이 무기는 전산망을 파괴하지 않고 적국의 비밀정보를 몰래 수집하는 스파이활동에 많이 동원된다. 또한, 전파방해(electronic jamming)는 오래전부터 사용되어 온 방법이다. 적국의 시스템에서 송/수신하는 전파의 흐름을 방해해서 전달하고자 하는 정보를 없애거나 가짜정보를 중간에 삽입하여 통신망을 교란하는 행위이다. 치핑 (chipping)은 시스템 하드웨어를 설계할 때 칩 속에 고의로 특정코드를 삽입시켰다가 필요시 시스템을 공격할 때 사용하는 방법이다.

이 밖에 고에너지를 가지는 전자기파를 이용하여 정보시스템 및 정보통신망의 기능을 마비시키는 무기로서 '고출력 전자파 공격무기(Electro-Magnetic Pulse Bomb, 일명 'EMP'탄)',[173] 정보시스템을 구성하는 특정부품(전자회로기판 등)을 찾아 파괴함으로써

---

172) 이들의 특성 및 성능에 대해서는 Edward Waltz, *Information Warfare: Principles and Operations* (Boston: Artech House, Inc., 1998), pp.341-342 참조.

기능을 마비시키는 초미세형 로봇(Nano Machine), 정보시스템을 구성하는 특정성분(실리콘 등)을 인지하여 부식·파괴함으로써 기능을 마비시키는 전자적 미생물(Microbes) 등 다양한 무기들이 활용되고 있다.[174]

컴퓨터 소프트웨어가 가진 취약점을 공격하는 것으로서 일반적으로 알려진 컴퓨터 해킹(hacking)이 있다. 해킹은 컴퓨터와 통신 관련 지식을 가진 해커가 전산망에 침투해 컴퓨터 바이러스를 삽입하거나 데이터베이스를 파괴시키는 방법이다. 컴퓨터 바이러스와 유사한 종류로 '논리폭탄'이라는 것이 있다. 논리폭탄은 컴퓨터시스템에 일시적으로 오류가 발생하도록 시스템 내부 코드를 바꾸는 것이다. 그리고 전 세계 컴퓨터 프로그램의 70-80%를 생산하는 미국이 쉽게 이용할 수 있는 방법으로 '트랩도어(Trap Door 혹은 Back Door)'라는 것이 있다.[175] 트랩도어는 시스템 내부를 설계할 때부터 프로그램에 실수나 고의로 장치된 침입로를 일컫는다. 개발자만 알 수 있는 이 트랩도어를 이용하면 언제든지 쉽게 시스템 내부에 침투해 전산망을 마비시킬 수 있다고 한다. 이 밖에 시스템 관리자 권한을 취득할 목적으로 작성한 불법 프로그램으로서 '트로이목마(Trojan House)'[176]라는 것이 있고, 정보통신망에 전송되는 중요 정보를 획득할 목적으로 작성한 불법 프로그램으로서 '스니퍼(Sniffer)'라는 것도 있다.[177]

한편, 컴퓨터 바이러스 중 가장 강력한 파괴력을 가진 무기로 알려진 '객체이동가상무기(Autonomous Mobile Cyber Weapon, AMCW)[178]라는 것이 있다. AMCW는 공격 목표지점에 정확하게 도달해 적국의 기간 통신망이나 방공망 같은 중요 전산망을 파괴하거나 교란시키는 무기로 알려졌다. 이 무기는 마치 스마트 탄처럼 정해진 공격목표에 정확하게 도달하는 순항 능력을 갖고 있다고 한다. 이 무기는 전산망에 침입하면 복제 과정을 통해 무한대로 성장하며 생물처럼 변이를 일으켜 제거하기도 힘들다고 한다. 또한 침투 흔적이 전혀 없어 전산망이 거의 완전히 파괴될 때까지 침투된 사실조차 모르는 경우가 대부분이라고 한다. 문제는 이 무기를 합법 또는 비합법적인 방법으로 누구든지 구입할 수 있다는 것이다. 그래서 범죄단체나 테러리스트들이 AMCW를 활

173) Winn Schwartau, *Information Warfare: Chaos on the Electronic Superhighway*(New York: Thunder's Mouth Press, 1994), p.180.
174) Schwartau(1994), p.180.
175) 이것의 특성 및 성능에 대해서는 Waltz(1998), p.284, 326을 참고.
176) 고대 그리스 시대 '트로이 목마' 전설에서 따온 것으로 얼핏 유익한 프로그램인 것처럼 보이지만 사실은 시스템을 파괴하는 컴퓨터 바이러스이다. 다행히도 이것은 복제 능력이 없어 여타 종류의 바이러스에 비해 덜 위협적인 것으로 알려졌다. Waltz(1998), pp.283-284.
177) 한국정보보호센터(현 한국인터넷진흥원), 『정보전 대응체계 구축방안』(1999. 7), pp.5-6.
178) 이에 대해서는 http://user.chollian.net/~iv1010/cyberwar/news-1-1.htm(검색일: 2000년 3월 29일) 참고.

용하게 되면 국가의 정보기반구조를 일시에 파괴시켜 엄청난 피해를 야기하게 될 것이다. 예를 들어 AMCW가 국내 방공망 통제시스템에 침투되면 전투기 한 대도 띄우지 못한 채 국내 상공은 적의 공습에 무방비 상태가 되고 전국이 불바다가 될 수 있다.

이 밖에 최근 전 세계적으로 빈번히 발생하여 상당한 피해를 야기해온 서비스거부(denial of service, DoS)라는 것이 있다. 이는 네트워크 또는 전산시스템에 과도한 부하를 유발하여 정상적인 정보통신 서비스를 중단시키거나 성능을 떨어지게 하는 행위이다. 이에 해당되는 전형적인 수법으로서 분산 서비스거부(distributed denial-of-service, DDoS) 공격이 있는데, 공격자가 인터넷으로 원격조종이 가능한 컴퓨터들을 수백 또는 수천 대 규모로 미리 확보한 후에 특정 기관에 동시에 접속하도록 명령하여 대상 기관의 정보통신 서비스를 마비시키는 행위를 말한다.[179] 2000년 2월 세계적인 인터넷 서비스 업체인 야후(Yahoo), 온라인 쇼핑몰 이베이 등이 서비스거부 공격으로 인해 피해를 입은 바 있다. 앞서 언급했듯이, 한국에서도 2009년 7월 7일 분산서비스거부(DDoS) 공격으로 엄청난 피해를 입은데 이어서 2011년 3월 4일 또다시 DDoS 공격을 당했다.[180]

(4) 주요국의 사이버테러 대응실태

리비키(Martin Libicki)는 해커전이나 사이버전이 가까운 미래에 발생할 수 있는 잠재적인 전쟁이라고 했다.[181] 이미 해커전이 현실로 일어나고 있다. 2001년 4월 미국 해군 정찰기가 중국 전투기와 충돌한 사건이 발생한 후 미국과 중국 간에 본격적인 해커전이 전개되었다. 2001년 4월 한 달 동안 친미 해커들이 파손한 중국 웹사이트는 최소한 350개였고, 친중 해커들의 목표가 된 미국 웹사이트는 37개였다고 알려졌다.[182] 특히, 이러한 해커전이 양국의 묵인하에 전개되었다는 점에서 일종의 국가 간 사이버전쟁이 본격적으로 전개될 가능성이 머지않았음을 예고한다.[183] 어쨌든, 국제사회에서

---

179) 스튜어트 멕큐어 외 공저, 황순일·김광진 편역, 『해킹과 보안: 네트워크 시스템 관리자를 위한』(서울: 사이버출판사, 2002), pp.526-531; 국가정보포럼(2006), p.158.

180) 2009년 7.7 DDoS 공격은 61개국 435개의 서버를 이용해 청와대를 비롯한 국내 22개 사이트와 백악관을 포함한 14개 미국 웹사이트가 접속 장애를 유발한 공격이다. 당시 접속 장애뿐만 아니라 하드웨어 파괴 명령에 의해 일반 PC 160대가 손상되었다. 공격의 근원지 추적 결과 북한 체신성에서 사용하는 IP주소로 밝혀져 북한 소행인 것으로 드러났다. 유동렬(2012), p.132; http://ko.wikipedia.org/wiki/7%C2%B77_DDoS_%EA%B3%B5...(검색일: 2010년 2월 16일).

181) Martin C. Libicki, "What is Information Warfare?" ACIS Paper 3 (August 1995), in http://www.ndu.edu/inss/actpubs/act003/ a003.html(검색일: 2001년 7월 21일).

182) 중국 해커들이 목표로 삼은 기관들 중에는 백악관 외에 FBI, 항공우주국(NASA), 의회는 물론 뉴욕 타임즈, LA 타임즈, CNN 등 보도매체들도 포함되어 있다. 『연합뉴스』(2001.5.1.).

183) 이와 관련하여, 뉴저지 주 소재 기술 보안회사인 비질링크스(Vigilinx)사의 정보담당자 제리 프

사이버전쟁은 더 이상 가상이 아닌 현실이 되고 있다. 이러한 추세에 부응하여 세계 각국은 사이버전쟁 또는 사이버테러 대응체계를 구축하는데 심혈을 기울이고 있다.

미국은 '컴퓨터 보안법(Computer Security Act of 1987)', '문서작업 감축법(Paperwork Reduction Act of 1995)', '통신법(Telecommunication Act of 1996)', '국가정보기반보호법(National Information Infrastructure Protection Act of 1996)' 등 사이버테러 대비 관련법을 꾸준히 정비 중에 있다. 2001년의 9/11 테러 이후 미국은 테러 관련 22개 부처를 통합하여 국토안보부를 설립하였으며, 국토안보부의 5개 부문 중 하나로 '정보분석정보보호(IAIPP)' 차관실을 두고, 그 산하에 사이버테러 대응을 총괄하는 사이버안보국(NCSD)을 설치하였다. 현재 사이버안보국은 산하에 민·관 분야의 사이버위협 예방 및 대응을 위한 정부침해 대응기구인 US-CERT를 구성, 2006년 초부터 국가 차원의 사이버위협 예·경보 체계를 운영하고 있다.[184] 2009년 1월 오바마 대통령 취임 이후 사이버안보에 대한 강한 의지를 표명하면서 백악관에 사이버안보보좌관을 신설했다.[185] 이어서 2010년 5월 메릴랜드 주 포트 미드(Fort Meade)에 근거지를 둔 사이버사령부를 출범시켰다.[186]

이 밖에 한반도 주변 국가들도 사이버전 대비책 마련에 심혈을 기울이고 있는 것으로 알려졌다.[187] 중국 인민해방군(PLA)의 중앙군사위원회는 "컴퓨터 바이러스 침투가 원자탄보다 효율적이다"라는 개념 아래 1997년 6월 100명 규모의 컴퓨터 바이러스 부대를 창설하였고, 유사시 미국을 비롯한 서방국가들에 대해 사이버 공격을 감행하겠다는 계획을 밝혔다고 한다.[188] 또한 1999년 중국 인민군 대령으로 재직하고 있는 퀴아오 량(Qiao Liang)과 왕샹수이(Wang Xiangsui)가 저술한 『무한 전쟁』(*Unrestricted Warfare*)에서[189] '비대칭 전쟁(Asymmetric Warfare)'[190]의 개념이 언급되었던바, 이와 관

리스는 "이번 웹사이트 공격은 조직 수준에서 특이한 양상을 띠고 있다. ··· 국가가 그것을 후원한다고 말할 수는 없지만 묵인하고 있는 것은 확실하다"고 주장했다. 『연합뉴스』(2001.5.1.).

184) 백종욱, "국가 사이버 안전체계 강화방안," 한국정보보호진흥원, 『유비쿼터스 시대의 정보보호 역할 모색』, 제 9회 정보보호심포지움 SIS 2004, 2004년 7월 14-15, p.299.

185) 유동렬(2012), p.135.

186) 사이버사령부는 4만여 명의 전문 인력으로 구성되어 미군의 사이버전 방어/공격 활동을 총괄 조정·통합한다. 유동렬(2012), p.135.

187) 한국, 중국, 일본, 대만 등 아시아 국가들의 사이버전 대응실태에 대한 자세한 분석은 Damon Bristow, "Asia: Grasping Information Warfare?" *Jane's Intelligence Review*(December 1, 2000) 참고.

188) Bristow(2000); 송주석, "미래 정보보호 신기술 국방 적용 방안," 국군기무사령부, 『국방 IT 혁신과 정보보호 전략』, 2006 국방정보보호 컨퍼런스(2006), p.45.

189) Qiao Liang and Wang Xiangsui, *Unrestricted Warfare*(Beijing: the Chinese People's Army Literature and Arts Publishing House, 1999).

190) 핵, 생화학무기, 사이버 공격 등으로 적의 중요 시스템을 목표로 집중 공격하여 전통적인 전투를 최소화하고 적을 굴복시키는 전략을 의미한다. 비대칭 전쟁에 대한 자세한 논의는 김진우, "비대칭 위협의 양상과 전망," 『주간국방논단』, 제 835호(2001. 2) 참고.

련하여 미 태평양사령부(USPACOM)의 한 고위층은 중국 인민해방군이 이미 레이저 기반 위성공격무기(Anti-Satellite Weaponry), 전략 및 전술용 미사일, 특히 사이버전 기술 개발에 심혈을 기울이고 있다고 증언했다.[191] 인민해방군은 매년 약 5만여 명의 전문해 커를 양성하는 것으로 추정되고 있다.[192] 사이버전 관련 인원은 정부, 민간 IT 산업, 학계 등을 포함하여 약 40만 명으로 추산된다.[193]

일본에서도 경찰청을 중심으로 관련 부서들이 사이버 테러에 대처하기 위해 제반 노력을 기울이고 있다.[194] 정부 전산망 및 산업시설에 대한 사이버 테러리즘의 위협이 증가함에 따라 일본 경찰청에서는 다른 국가의 사례 및 테러조직의 동향, 대응체제 및 각종 보호대책의 조사·분석 등을 통해 사이버 테러에 대한 대책을 강구하고 있다. 일본 방위청은 2000년 10월 시험용 바이러스와 해킹 기술을 독자적으로 개발한다는 방침을 발표하고 육·해·공 자위대를 통합하여 조직된 '사이버 부대'를 창설하고, 2001 년도부터 방위예산에 사이버테러 공격을 방어하기 위한 첨단 전자장비 및 관련 기술 개발 비용을 포함시켰다.[195] 또한 2005년 4월에는 일본정보보호센터(NISC)를 설립하여 중장기 정보보호 기본전략을 수립하고 종합적인 대응책을 추진하고 있다.[196]

이 밖에 러시아도 걸프전 이후 사이버전의 중요성을 인식하고 이에 대한 연구를 본격적으로 수행하고 있는 것으로 알려졌다. 러시아는 KGB 후신인 FSB 내에 사이버전 전담부대를 설치하고 컴퓨터 바이러스 등 사이버 무기를 개발하여 실전에 배치하고 있는 것으로 알려졌다.[197] 러시아는 2002년에 세계 최초로 해커부대를 창설하였으며, 이들이 2007년 에스토니아에 대한 사이버 공격의 배후로 지목되었다.[198] 2008년 사이 버부대 예산으로 1,524억 원을 배정하는 등 사이버전력 강화에도 많은 노력을 기울이고 있는 것으로 알려졌다.[199]

『연합뉴스』보도에 따르면 미국 국방부는 "북한과 중국의 컴퓨터 해킹 능력이 미 중앙정보국(CIA) 수준에 도달한 것으로 평가하고 있다"면서, "특히 북한은 장거리 탄도 미사일인 대포동 1호의 제어기술을 자체 개발하는 등 이와 관련된 소프트웨어 분야에

191) "China Focuses on Asymmetric Warfare" (March 12, 1999), in http://www.antionline. com.(검색일: 2000년 3월 29일).
192) 유동렬(2012), p.150.
193) 유동렬(2012), p.150.
194) http://www.miti.go.jp/report-e/g316001e.html.(검색일: 2000년 3월 29일).
195) 송주석(2006), p.45.
196) 송주석(2006), p.45.
197) 송주석(2006), p.46.
198) 유동렬(2012), p.152.
199) 유동렬(2012), p.152.

서 세계적인 수준을 유지하고 있다"고 했다.[200] 2010년 6월 8일 개최된 '제 8회 국방정
보보호 컨퍼런스'에서 국군기무사령관은 "북한은 인민학교에서부터 영재를 선발하여
해커 군관으로 양성하는 등 사이버부대를 전략적 차원에서 육성 중에 있다"고 언급한
바 있다.[201] 북한은 김일성 종합대학, 김책공업종합대학, 평양컴퓨터기술대학 등에 IT
관련 학과를 개설하고 연간 약 7,600여 명의 전문 인력을 양성해오고 있는 것으로
알려졌다.[202] 또한 국방위원회 직속 정찰총국, 조선인민군 총참모부, 통일전선부, 225
국(구 당 대외연락부) 등에 사이버 전담 부서를 두고 해킹, 사이버테러, 대남 사이버심리
전 등을 전개하고 있다.[203] 국가정보원에 따르면 북한은 '우리민족끼리' 등 400여 개의
SNS를 활용하여 사이버심리전을 전개하고 있다고 한다.[204] 특히, 북한은 종북·이적단
체를 통한 퍼 나르기로 정부 정책 비방, 남남갈등 조장, 총선 및 대선 개입 선동 등의
글을 유포·확산시키고 있는 것으로 드러났다.[205]

한편, 가상공간은 국경 없는 공간이기 때문에 외국 해커들의 침입에 무방비한
상태로 노출되어 있으며, 특히 음란·폭력물이 난무하고 있다. 그럼에도 불구하고, 대부
분의 국가들이 사이버 범죄에 관한 관련법을 갖추고 있지 않기 때문에 범죄자를 색출하
더라도 처벌이 거의 불가능한 상황이다.[206] 또한, 사이버 공간에서의 범죄 행위에 대해
국가마다 법률 또는 규제 방식이 각기 다르기 때문에 국가 간 공동 노력의 필요성이
대두되었다.

이와 관련하여 컴퓨터 해킹 범죄 행위에 대응하기 위해 미국의 주도로 1988년
'국제 침해 사고 대응팀 협의회(FIRST: Forum of Incident Response Security Team)'라는
기구가 조직되어 현재 국제적인 협의체로 발전되었다.[207] 동 기구는 1998년 현재 북미
48개국, 유럽 26개국, 아태 4개국 등 78개 국가들이 회원으로 가입되어 있으며, 한국정

---

200) 『연합뉴스』(2001.5.27.). 미국은 사이버전을 수행할 수 있는 북한의 해킹 능력을 미 CIA에 버금
가는 수준으로 평가했다. 남길현, "사이버전 및 사이버테러 대응기술과 민·관·군 CERT 공동
대응방안," 『21세기 정보환경변화와 국방 정보보호 발전』, 국군기무사령부 주최 세미나(2003.5.
16), p.62.
201) 유동렬(2012), p.48.
202) 김흥광(전 함흥컴퓨터기술대학 교수) 증언; 유동렬(2012), p.50.
203) 유동렬(2012), pp.52-55, 국가정보원은 2013년 11월 4일 국회 정보위 국정감사에서 북한이 국방
위와 노동당 산하에 1,700여 명으로 구성된 7개 해킹부대를 두고 있다고 밝혔다. 『동아일보』
(2013.11.5.).
204) 『동아일보』(2013.11.5.).
205) 『동아일보』(2013.11.5.).
206) 예를 들어, 넬슨 카베이 필리핀 국가수사국(NBI) 부국장에 따르면 2000년 5월 초 전 세계적으
로 100억 달러에 달하는 막대한 피해를 입혔던 '러브 바이러스' 용의자가 체포되었으나, 컴퓨터
범죄에 대한 관련법이 없는 상태였기 때문에 기껏해야 최고형이 징역 6개월인 고의적 기물손괴
죄 등으로 이들을 처벌할 수밖에 없는 실정이었다고 한다. 『연합뉴스』(2000.5.15.).
207) 국가정보원·정보통신부, 『2007 국가정보보호백서』(서울: 국가정보원, 2007), p.100.

보보호센터(현 한국인터넷진흥원)는 1998년에 국정원은 2006년에 가입하였다.[208] 또한 G-8 국가들을 중심으로 2005년부터 메리디안(MERIDIAN) 회의를 개최하여 국가정보통신기반 보호정책을 포함하여 대테러 정책, 사이버 범죄 예방 등에 대해 논의해오고 있다.[209]

우리나라에서도 일찍부터 사이버테러에 대응하기 위해 다양한 노력을 기울여왔다. 우선, 컴퓨터 범죄 및 해킹에 대한 피해에 대응하기 위해 정부의 관련 부처에서 각각 정보보호 담당기관을 설립하여 운영하고 있다. 국가정보원의 '국가사이버안전센터', 미래창조과학부 산하의 '인터넷 침해 대응본부', 국방부의 '국방정보전대응센터', 대검찰청의 '인터넷범죄수사센터', 경찰청의 '사이버안전국' 등이 있다.[210] 이 중에서 '국가사이버안전센터'는 2003년 1.25 인터넷대란을 계기로 사이버 공격에 대한 국가차원의 종합적·체계적인 예방 및 대응을 위해 2004년 2월 국가정보원 산하에 설치되었다. NCSC는 국가 사이버안전 정책 수립, 국가사이버안전 전략회의 및 대책회의 운영, 사이버위기 경보 발령, 사고 조사·분석 및 대응 복구 등 사이버안전 총괄기관으로서의 역할을 담당하고 있다. 또한 공공·민간 등 분야별 정보공유 활성화와 공조체제 강화를 위해 NCSC 내 유관기관이 참여하는 '민·관·군 사이버위협 합동대응팀'을 운영하고 있으며, 종합판단·정보공유·합동분석·합동조사 등 4개 분야에 대한 합동업무를 수행하고 있다. 요컨대, 국가정보원은 국가 전반의 사이버안전 업무를 총괄 조정하는 임무를 수행하며, 대규모 사이버공격 발생 등 위기상황 발생 시 민·관·군을 총괄하여 관계기관과 함께 대응하는 체계를 갖추고 있다.[211]

이 밖에 정보보호에 관한 기술 및 정책을 연구하고 개발하는 전문기관으로 국가보안기술연구소(NSRI), 한국인터넷진흥원(KISA), 한국전자통신연구원(ETRI) 등이 있다.[212] 그리고 국방관련 정보전에 대비하여 국방과학연구소, 한국국방연구원 등에서 대응방안 및 공격무기에 관한 연구를 수행 중에 있는 것으로 알려졌다.

사이버테러에 대응하기 위해 관련법과 제도도 꾸준히 마련해 왔다. 2001년 사이버테러로부터 국가 주요 정보통신기반 시설을 보호하기 위한 '정보통신기반보호법'이 제정·공포되었다. 2001년 7월 10일 '정보통신기반보호법 시행령'이 국무회의에서 의

---

208) 허만형, "정보화 역기능과 정부의 역할," http://www.kisa.or.kr/news/reverse.function/topic8.htm, p.4. (검색일: 2000년 3월 29일).
209) 국가정보원·정보통신부(2007), p.101.
210) 이들 기관의 주요 업무 및 활동 현황에 대해서는 국가정보원·정보통신부(2009), pp.16-46 참고.
211) 국가정보원·정보통신부(2009), pp.16-17.
212) 국가정보원·정보통신부(2009), pp.47-51.

결되어 정보통신부와 국가정보원을 중심으로 해킹, 컴퓨터 바이러스 등 전자적 침해행위로부터 통신, 금융, 교통, 전력 등 주요 사회기반 시설과 관련된 정보시스템을 보호하기 위한 업무가 본격적으로 추진되었다. 2005년 국가안보를 위협하는 해킹, 컴퓨터 바이러스 등 사이버 공격으로부터 국가정보 통신망을 보호하기 위하여 사이버 안전에 관한 조직 및 운영에 관한 사항을 체계적으로 정립한 '국가사이버 안전관리규정'이 대통령 훈령으로 발령되었다.

한편, 2013년도에는 '3.20 사이버테러', '6.25 사이버공격' 등 북한의 대규모 사이버공격이 연이어 발생했다. 국가안보를 위협하는 사이버공격이 현실화됨에 따라 기존의 사이버안보업무 수행체계의 보완 등 범국가 차원의 종합적인 대책방안 마련을 위해 유관부처 합동으로 '국가사이버안보 종합대책'을 수립하였다. 동 종합대책은 '선진 사이버안보 강국 실현'을 목표로 사이버위협 대응체계 즉응성 강화, 유관기관 스마트 협력체계 구축, 사이버공간 보호대책 견고성 보장, 사이버안보 창조적 기반조성 등 4대 전략을 담고 있다. 오늘날 정보통신 기술의 발전과 함께 빠르게 변화하는 정보화의 속도만큼 그에 따른 역작용도 빠르게 확산되는 추세에 부응하여 관련 법제를 신속히 정비 및 보완하는 노력이 필요하다.

3. 국제범죄 대응

(1) 세계화 현상과 국제범죄

교통 및 통신의 급속한 발달로 지구상의 거리가 소멸되는 세계화(globalization) 현상이 보다 가시적으로 나타나고 있다. 세계화는 대체로 지구 전체를 하나의 단위로 하여 국가의 경계에 의해 정의되어 온 전통적 공간을 넘어서 국가 간 상호작용이 점진적으로 확대되는 공간적 현상으로 이해할 수 있다.[213] 일반적으로 세계화는 상품과 투자의 교류 공간인 시장이 전 지구적으로 확대되는 것을 의미하지만, 인간과 사고의 교류 및 상호 침투 등 비시장적인 요소들이 국경을 넘어 파급되는 것까지도 포함한다. 그래서 세계화는 지구 한 부분에서의 결정이 모든 사람들의 일상생활에 지구적 영향을 미치게 됨을 의미하기도 한다.[214]

---

213) 이상현, "정보화시대의 국가안보: 개념의 변화와 정책대응," 국제관계연구회 편, 『동아시아의 국제관계와 한국』(서울: 을유문화사, 2003), pp.278-279.
214) Victor Cha, "Globalization and the Study of International Security," *Journal of Peace Research,* Vol.37, No.3(2000); Jean-Marie Guehenno, "The Impact of Globalization on Strategy," *Survival,* Vol.40, No.4(1999); 이상현(2003), p.279.

세계화는 긍정과 부정의 양면성을 가진다. 세계화는 국가 간, 지역 간, 계층 간의 경쟁을 통해 효율의 극대화를 이루도록 유도한다.[215] 즉 경쟁과 특화를 통해 자본, 노동 등 자원을 최적으로 배분하는 효과를 산출한다. 또한 세계시장의 단일적 통합과 시장 광역화를 통해 규모의 경제에 따른 이익의 극대화를 가능케 하는 등 긍정적인 효과를 초래한다. 반면에 세계화는 자본수출, 경쟁력의 우위 등을 통해 세계경제에 대한 일부 선진국들의 패권적 지배를 강화시키는 부작용을 야기하기도 한다. 또한 국가들의 대외의존도를 심화시키고 나아가 주권의 영역이 침해되는 결과를 초래하기도 한다. 그리고 세계화는 국가 간, 계층 간 소득의 양극화를 확대시키는 데도 한 몫을 하고 있다. 그 결과 세계화는 대량 실업, 생활수준의 하락, 빈부격차의 확대, 외국 자본의 횡포, 외국에 대한 종속성의 심화, 국가 주권의 위축 등 여러 가지 부정적인 현상을 초래하는 것으로 비판되고 있다.

안보적 차원에서 세계화는 대량살상무기, 사이버 범죄, 종족분규, 마약밀매, 환경파괴, 전염병 확산 등 초국가적 위협의 범위와 유형을 확대시키고 나아가 심화시키고 있다는 점이 지적된다. 무엇보다도 국가의 영토에 국한되었던 개인이나 집단이 국경을 초월하여 범죄를 저지르게 됨으로써 범죄현상의 광역화, 세계화를 초래하게 되었다. 컴퓨터와 통신 네트워크가 전 세계적으로 확산됨에 따라 컴퓨터 해킹, 바이러스 유포, 금전적 목적의 피싱(Phishing)이나 파밍(Pharming) 등 시공을 초월한 다양한 종류의 범죄가 사이버 공간에서 횡행하고 있다. 오늘날 사이버 공간을 통한 범죄는 마피아·삼합회·야쿠자 등 기존의 국제범죄 조직에 국한되지 않고, 개인, 우범자 집단, 범죄 프리랜서 등으로 확대되고 있다.[216] 이들은 사이버 공간을 활용하여 국제적 범죄 네트워크를 형성하여 보다 지능적이고 조직적으로 범죄를 저지르고 있다. 이들은 때로 국가를 능가하는 수준의 무력을 갖추고 엄청난 피해를 야기하기 때문에 국제사회에서 국가 이상의 심각한 안보위협 요인으로 부각되고 있다.

(2) 국제범죄의 개념

국제범죄라는 용어는 광범위한 의미를 가진다. 우리말의 '국제범죄'라는 용어는 크게 두 가지 의미를 가지는 것으로 해석될 수 있다. 첫째, 'international crime'에 해당되는 것으로서 간단히 말하자면 "국제사회의 일반적인 법익(法益)을 침해한 위법 행위"를 뜻한다.[217] 여기에는 일반적인 국제법 위반 행위(crime against international law)뿐만

---

215) 신현종, "세계화의 본질과 특성," http://yu.ac.kr/~shinhj/html/ra4.htm(검색일: 2004년 10월 25일).
216) 국가정보포럼(2006), p.161.

아니라 노예 거래와 같은 반인륜적 범죄 행위(crime against humanity), 침략전쟁(crime against peace), 전쟁범죄(war crime), 집단살상(genocide) 등 국제사회에서 발생하는 다양한 유형의 범죄 행위들이 포함된다.[218] 둘째, 'transnational crime'을 지칭하는 용어로서 엄격히 번역하면 '초국가적 범죄'로 해석되며, 마약거래, 무기밀매, 자금세탁, 문화재 밀수 등 국경을 넘나들며 자행되는 범죄 행위를 일컫는다.[219]

두 가지 유형의 국제범죄 중에서 정보기관이 주로 관심을 갖고 활동하는 분야의 업무는 후자 즉 초국가적 범죄라고 본다. 따라서 이 책에서도 국제범죄의 의미를 초국가적 범죄로 제한하고 이에 대해 중점적으로 소개하기로 한다. 전통적으로 초국가적 범죄에 해당되는 국제범죄로서 마약밀조 및 밀거래, 통화·여권 위변조, 밀수, 국제인신매매, 밀입국 알선, 자금세탁, 국제무역사기, 무기제조 및 밀거래(핵물질 포함), 위장결혼, 납치 등을 들 수 있다.[220] 이 밖에 새로운 유형의 국제범죄로서 보이스 피싱 등 국제금융 범죄, 국제사이버 범죄, 전략물자 범죄 등이 국제사회의 안보를 위협하는 요인으로 부각되고 있다.

국제범죄는 드물게 개인이 독자적으로 저지르는 경우도 있지만 주로 3명 이상의 사람들로 구성된 그룹 즉 국제범죄조직이 주축이 되어 자행한다. 유엔협약에 따르면 국제범죄조직은 "재정적 또는 기타 물질적 이익을 직·간접으로 획득하기 위해 한 가지 이상의 중대한 범죄 또는 이 협약에 상응하는 규정위반을 자행할 의도를 갖고 동일 기간에 연계하여 활동한 3명 또는 그 이상의 사람들로 구성된 집단"으로 정의한다.[221] 인터폴에서는 국제범죄조직을 "영리추구를 목적으로 국경을 초월하여 불법 활동을 지속적으로 자행하는 인적 집단이나 기업"을 지칭한다.[222] 간단히 말해서 초국가적 범죄조직은 2개국 이상에 걸쳐서 범죄행위를 자행하는 집단을 의미한다.

우리나라의 경우 국가정보원법에서 국제범죄조직은 대공·대정부전복·방첩·대테러와 함께 국내 보안정보의 한 분야로 명기하고, 이에 대한 정보를 수집·작성·배포

---

217) http://100.naver.com/100.nhn?docid=22569(검색일: 2010년 2월 22일).
218) 보다 자세한 내용은 http://en.wikipedia.org/wiki/international_crime(검색일: 2010년 2월 22일)를 참고.
219) 보다 자세한 내용은 http://en.wikipedia.org/wiki/international_crime(검색일: 2010년 2월 22일)를 참고.
220) 국가정보대학원, 『국제범죄대응활동』(서울: 국가정보대학원, 2009), p.5.
221) United Nations Convention Against Transnational Organized Crime, Article 2, (a), 2000, 11.15. 이 협약은 2000년 11월 15일 제55차 유엔총회에서 채택되었으며, 2006년 말 기준 147개국이 서명하고 129개국이 비준하였다. 우리나라는 2000년 12월 13일 서명은 하였으나 비준은 하지 않고 있다. http://www.unodc.org/documents/treaties/UNTOC/Publications/TOC%20Convention/TOCbook-e.pdf(검색일: 2010년 2월 25일).
222) 국가정보대학원, 『국제범죄대응활동』(서울: 국가정보대학원, 2008), p.3.

할 수 있도록 규정하고 있다.[223] 국가정보원법에 따르면 국제범죄조직은 삼합회, 마피아 등 국제적 규모의 범죄조직에 국한된 의미라기보다는 "조직 규모와는 관계없이 2개 국가 이상이 연계되어 마약류 밀매·위폐·밀수·밀입국·국제인신매매·국제사기 등 국가안보 및 국제질서에 해악을 끼치는 범죄를 자행하는 조직"이라고 폭넓게 해석하고 있다.[224] 즉 야쿠자, 마피아 등 국제적으로 악명 높은 범죄조직뿐만 아니라 개인, 기업체, 군소 집단 등도 국제범죄 행위자의 범주에 포함된다.

(3) 국제범죄조직의 실태

오늘날 국제범죄조직은 연간 3조 달러 규모의 지하경제를 장악하고 있는 것으로 알려져 있는데 이는 세계 500대 기업 총 자산의 60%에 해당된다.[225] 이들은 국제경제 질서를 문란하고 불법자금을 동원하여 자국의 정치권을 비호 또는 세력화하는 등 해당 국가는 물론 국제사회에 심각한 해악을 끼치고 있다. 이들 국제범죄조직은 테러조직과는 달리 이념보다는 경제적 이익만을 추구하며, 수직적 권력구조에 따른 엄격한 위계질서를 갖추고 있다. 또한 이들은 첨단 과학장비로 무장하고, 위장 및 증거인멸 등 매우 지능적이고 전문적으로 범죄활동을 전개한다. 특히 이들은 2개국 이상 국제적으로 연계하여 정보기관에 버금가는 비노출활동을 전개한다. 따라서 그들의 신원, 소재지, 그리고 활동 실태를 파악하는 것이 결코 용이하지 않다.

일반인들에게 흔히 알려져 있는 주요 국제범죄조직으로서 일본의 야쿠자, 중국의 삼합회, 러시아 마피아 등이 있으며, 그 밖에도 세계 도처에 수많은 범죄조직들이 활동하고 있는 것으로 알려져 있다. 주요 국제범죄조직 현황은 <표 4>와 같이 정리해 보았다.[226]

일본 야쿠자는 18세기 중반 보부상 집단과 전문 도박집단을 모체로 출현하였다.[227] 20세기 초 일본의 극우 군국주의자들과 결탁하여 급성장했으며, 제2차 세계대전을 전후하여 일본 내 불량청년 집단을 흡수하여 세력을 확대했다. 야쿠자는 현재 약 3,300여 개의 조직에 8만 5천여 명이 활동 중이다. 이들은 주로 기업 M&A, 건설업,

---

223) 국가정보원법 제 3조(직무) ①항 1호: 국외정보 및 국내보안정보(대공·대정부전복·방첩·대테러 및 국제범죄조직)의 수집·작성·배포.
224) 국가정보포럼(2006), p.163.
225) 국제범죄조직의 연간 불법이익이 1조 달러, 자금세탁 규모가 2조 8천억 달러에 달하는 것으로 알려져 있다. 국가정보대학원(2008), p.6.
226) 국가정보대학원(2008), p.12.
227) 야쿠자의 어원은 화투놀음(카르타) 중 삼마이(三枚)에서 가장 낮은 패인 8·9·3패(망통)에서 유래되어 "아무 쓸모없는 부류"라는 뜻을 가진다. 국가정보대학원(2008), p.13.

■ 표 4 ■ 주요 국제범죄조직 현황

조직명	규 모	근거지	주요 활동무대	활동실태(주요수법)
일본 야쿠자	3천여 개 조직 8만 5천여 명	일본	일본, 대만, 홍콩, 러시아, 태국, 미국, 호주, 남미	○ 합법적 법인체 운영 ○ 도박장 등 각종 유흥업소 운영 ○ 마약, 매춘, 밀수, 보호세 강탈
중국계 삼합회	4천여 개 조직 100만여 명	중국 홍콩 대만	중국, 대만, 미국, 홍콩, 마카오	○ 마약, 도박, 인신매매 ○ 여권 위조 및 변조 ○ 밀입국 알선
러시아 마피아	8천여 개 조직	러시아	러시아, 미국, 일본, 유럽, 동남아 등	○ 정치권 연계, 기업체 운영 등 러시아 경제의 40% 장악, 강력한 세력으로 부상 ○ 마약, 총기밀매, 매춘, 자금세탁
미국 마피아	25개 조직	미국	미국, 유럽, 남미, 동남아	○ 마약, 도박, 고리대금 ○ 이태리 혈통을 가진 자만이 정식 조직원 가능
이태리 마피아	4개 대 조직 1만 8천여 명	이탈리아	이태리, 미국, 유럽	○ 마약, 도박, 자금세탁, 고리대금
남미 마약 카르텔	1천여 개 조직 2만 5천여 명	중남미	남미, 미국, 유럽, 아시아	○ 마약, 자금세탁, 인신매매
아프리카 범죄조직	1만 5천여 명	나이지리아 남아공화국	유럽, 아시아	○ 마약밀매, 금융 사기범죄 등

카지노 운영, 운수업 등 합법적인 사업체를 운영하기도 하고, 마약밀매, 매춘, 도박 등 불법 활동에 개입하기도 한다. 연간 수입이 약 1조 엔 규모에 이를 정도로 막강한 경제력을 과시한다.

중국 삼합회(Triad)는 청나라 시대인 17세기 말 중국 소림사 승려 5명이 주축이 되어 '반청복명(反淸復明)' 즉 명나라 복원을 명분으로 조직된 비밀결사체인 천지회(天地會)에 뿌리를 두고 있는 것으로 알려져 있다.228) 19세기 말 가로회(哥老會), 삼합회 등으로 이어지다가 20세기 들어 청방(靑幇), 선방(線幇), 홍방(紅幇) 등 조합 형태의 범죄 조직으로 변모해 왔다. 1949년 중국 본토에 공산정권이 수립되자 본거지를 홍콩과

---

228) 三合會의 '三合'은 '天·地·人'의 合一을 의미하며, 영국이 홍콩을 점령 통치하자 삼합회 조직원들이 삼각형 모양의 깃발을 들고 활동한데서 'Triad'라고 칭하게 되었다고 한다. 국가정보대학원(2008), p.14.

대만 등으로 이동하여 암약하다가 1978년 중국 정부의 개방정책 실시 이후 본토로 진출하여 세력을 확대해 왔다. 현재 삼합회 조직의 규모는 중국 본토의 흑사회(黑社會 또는 黑幇) 15만 명, 홍콩 신의안(新義安, Sun Yee On) 5-6만 명, 대만의 죽련방(竹聯幇) 2만 명 등 4천여 개 조직에 100만여 명이 활동하고 있는 것으로 알려져 있다.[229] 최근 삼합회는 중국, 대만 정부의 강력한 단속을 피해 활동 거점을 주변국(태국, 미얀마), 북미(미국, 캐나다), 중남미(파라과이, 파나마, 볼리비아, 페루, 브라질 등)는 물론 유럽의 벨기에, 네덜란드, 체코 등지로까지 진출을 확대시키고 있다.

마피아(Mafia)는 13~19세기에 걸쳐 이탈리아 시칠리아 섬 서부지역의 대지주들이 강도로부터 농지 보호를 위해 만든 소규모 사병조직인 마피에(MAFIE)에 뿌리를 두고 있다. 마피아는 '복종과 침묵의 규칙'(오메르타), CAPO(두목)을 정점으로 하는 피라미드 조직, '고세'라는 패밀리 단위로 운영되며, 이탈리아 혈통이 아니면 정식 조직원이 될 수 없는 매우 패쇄적인 성향의 조직이다.[230]

이탈리아 마피아는 4대 조직에 1만 8천여 명이 활동하며, 마약밀매, 공공사업, 강도, 절도, 기업체에 대한 공갈 사기, 도박, 밀수 등을 통해 연간 30조 리라(약 1억 3천만 달러)의 불법 수입을 취득하고 있는 것으로 알려져 있다.[231] 미국 마피아는 19세기 말 미국 동부로 이주한 시칠리아 출신 범죄자와 그 후예들이 조직한 '흑수회(Black Hand Societies)'에 기원을 두고 있으며, 현재 24개 패밀리와 10만여 명의 조직원을 거느린 대규모 연합 범죄조직이다. 이들은 마약밀매, 도박, 무기밀매, 매춘, 고리대금업 등을 통해 막대한 규모의 불법 수입을 취득하고 있는 것으로 알려져 있다.

러시아 마피아는 1980년대 말 구소련 공산체제가 무너지면서 공권력이 이완되고 경제 질서가 문란해지는 과정에서 등장한 범죄단체이다. 이들은 정부 재산의 민영화 과정에서 각종 이권에 개입하여 경제적 부를 축적함으로써 세력을 확장하였다. 이들은 주로 군수물자, 수산물 밀거래 등 경제적 이득을 취하는 데 몰두하는 성향을 보여 '경제 마피아'라고 불리기도 한다. 러시아 전 지역을 장악하는 통일된 조직은 없고, 도시별 또는 민족별로 조직을 이루어 상호 독립성을 유지하고 있다.[232] 현재 약 8천여 개 조직에 12만여 명이 조직원으로 활동 중이며, 이들 중에는 전 KGB 요원, 공산당 간부, 전직 관료, 군인, 지역 유지 등도 있다. 1980년대 중반부터 마약밀매, 위폐유통,

---

229) 국가정보대학원(2008), p.15.
230) 국가정보대학원(2008), p.16.
231) 국가정보대학원(2008), p.16.
232) 민족별로는 체첸, 아제르바이잔, 아르메니아, 그루지아 마피아가 존재한다. 국가정보대학원(2008), p.17.

무기밀매, 자금세탁 등의 활동을 통해 엄청난 규모의 불법이득을 취하고 있다. 러시아 내무부 통계에 따르면 부패 공직자들과 결탁하여 러시아 전체의 30%에 해당되는 4만 여 개의 기업 및 은행을 운영하고 있으며, 러시아 총생산의 약 40-42%에 이르는 규모의 지하경제를 장악하고 있는 것으로 알려져 있다.[233]

남미 마약 카르텔은 콜롬비아 및 멕시코를 근거지로 약 1천여 개 조직에 2만 5천여 명이 활동하고 있는 것으로 알려져 있다. 최근 메데인, 칼리카르텔 등 거대 마약 카르텔이 와해되면서 군소 마약조직들이 마약사업에 개입하는 양상을 보이고 있다.[234] 아프리카 범죄조직들은 나이지리아, 가나, 남아공화국 등 국가들을 중심으로 1만 5천여 명이 활동하고 있으며, 중남부 지역에서 생산된 대마 등 마약류를 유럽이나 미국, 일본 등지로 공급하는 불법행위를 자행하고 있다. 특히 나이지리아 범죄조직들은 전 세계를 대상으로 금융사기를 일으키는 주범으로 유명하다.[235]

(4) 대응책과 한계

세계화, 정보화의 추세는 인류사회의 발전이라는 긍정적인 측면이 있는 반면 국제범죄의 급격한 증가라는 부정적 측면을 야기하기도 한다. 특히 교통·통신의 발달, 국제교류의 급속한 증가 등 세계화의 진전과 함께 국지적 범죄현상이 국가와 영토를 초월하여 광역화되는 양상을 보여주고 있다. 컴퓨터와 인터넷의 보급이 전 세계적으로 확대되면서 컴퓨터 해킹 등 사이버 공간에서 각종 범죄가 날로 증가하고 있다. 오늘날 국제범죄는 보다 지능적이고 기업적인 특성을 보이고 있으며, 국제적 범죄 네트워크를 형성하여 전 세계에 걸쳐 마약밀매, 위폐유통, 무기밀매, 금융사기, 자금세탁, 인신매매 등 각종 범죄행위를 자행하고 있다. 따라서 이들 국제범죄조직을 색출·와해시키고 그들의 불법적인 활동을 통제하지 못하면 국제사회의 평화와 안전을 유지할 수 없다.

세계 각국에서는 자국 내 범죄조직의 폐해에 대한 우려와 함께 국가마다 자체적으로 대응 노력을 기울여왔다. 그러나 세계화의 진전과 함께 범죄조직들은 점차 국제적 네트워크를 형성하여 마약, 밀입국, 인신매매, 총기밀매 등 불법적인 활동을 전개하게 되었다. 이러한 상황에서 각각의 국가들은 국제범죄에 효과적으로 대처하기 위해 국제적 공조의 필요성을 공감하게 되었다. 마침내 UN을 중심으로 국제범죄에 대응하기 위한 몇 개의 국제협약이 체결되었다. 예를 들어, 마약에 대해서는 UN이 주축이 되어

---

233) 국가정보대학원(2008), p.17.
234) 1993년 메데인 카르텔 두목 에스코바르가 사살되고, 1995년 칼리 카르텔 두목 로드리게스 형제가 검거됨에 따라 두 거대 마약 카르텔 조직이 와해되었다. 국가정보대학원(2008), p.18.
235) 국가정보대학원(2008), p.19.

1961년 '마약에 대한 단일협약', 1971년 '정신성 물질에 관한 협약', 1988년 '마약 및 향정신성물질 불법거래 방지에 관한 유엔협약' 등 3개의 국제협약이 체결되어 마약조직에 대응하기 위한 국제공조체제가 구축되었다.[236]

국제범죄의 폐해가 갈수록 심각해지는 가운데 마약뿐만 아니라 여러 가지 유형의 초국가적 국제범죄들에 보다 광범위하고 종합적으로 대응할 필요성이 제기되었다. 이에 따라 1997년 UN 산하에 '마약 및 국제범죄 대응기구(United Nations Office on Drugs and Crime, UNODC)'가 설립되어 국제범죄에 대한 국제적 공조와 협력을 위한 노력이 전개되었다.[237] 앞서 언급했듯이, 2000년 11월 15일 제55차 유엔총회에서 '초국가적 범죄에 대한 유엔협약'이 체결되었다.[238] 그리고 매년 4월 UNODC 주관으로 오스트리아 비엔나에서 '범죄예방 및 형사재판 위원회(Commission on Crime Prevention and Criminal Justice)' 총회를 개최하여 세계 각국의 정보 및 수사 기관이 참석한 가운데 국제범죄 문제 해결을 위한 방안을 논의해오고 있다. 그러나 각국의 법체계가 다르고 국제범죄에 대한 국제적 공조 노력이 미흡하여 아직은 범죄의 국제화 추세를 따라잡지 못하고 있는 것으로 판단된다.

한편, 마약, 국제조직범죄 등은 국외조직과 연계하여 수행되는 점을 감안 자국의 국내부문과 국외부문과의 연계부문에 대한 정보활동이 보다 강화되어야 하겠다. 사실 이런 문제들은 얼핏 보기에 경찰 등 국내 사법기관들이 간여할 문제 같지만, 슐스키가 언급했듯이 정보기관이 수행해야만 효과적인 결과를 얻을 수 있다.[239] 오늘날 국제범죄는 국경을 초월하여 초국가적으로 전개된다. 국외에서 벌어진 국제범죄에 대해 국내 사법기관들은 관할권도 없고 필요한 정보를 얻을 수도 없다. 그리고 국제범죄조직에 관한 정보를 얻기 위해 첩보수집활동은 물론 때로 조직 내부로 협조자를 침투시키는 활동도 전개해야 한다. 국내 사법기관은 그러한 역량을 갖추지 못했기 때문에 그러한 활동을 효과적으로 수행할 수 없다. 그리고 마약밀매, 무기거래, 밀수, 도박, 자금세탁, 인신매매 등 국제범죄는 그 폐해가 크기 때문에 개별 사건의 해결보다는 사전 예방이 보다 중요하다. 그런 점에서 사전에 정보를 입수하고 사건 발생을 차단 또는 예방하는 조치를 취하는 것이 필요하다. 따라서 국내 사법기관보다는 정보기관이 그러한 활동을 보다 효과적으로 수행할 수 있을 것으로 판단된다.

---

236) 국가정보포럼(2006), p.162.
237) http://www.unodc.org/unodc/index.html?ref=menutop(검색일: 2010년 2월 26일).
238) United Nations Convention against Transnational Organized Crime, Article 2, (a), 2000, 11.15. http://www.unodc.org/documents/treaties/UNTOC/Publications/TOC%20Convention/TOCebook-e.pdf(검색일: 2010년 2월 25일).
239) Shulsky(1991), pp.4-5.

제 5 절　방첩의 과제와 전망

　　방첩은 한마디로 아국의 안보와 국익에 위협이 되는 세력들에 대한 대응이다. 방첩의 목표는 적대국은 물론 테러집단, 국제범죄조직, 기타 아국에 해를 가하려는 세력들의 실체를 확인·평가하고, 이들의 기능이나 활동을 무력화 또는 역이용하는 일련의 노력들을 통해 국가안보와 국익을 수호하는데 있다. 한편, 오늘날 세계화, 정보화의 추세와 더불어 테러, 마약, 국제범죄, 사이버테러 등 새로운 안보위협이 부각되고 있으며, 첨단산업기술 획득을 위한 국가 간 첩보 전쟁이 치열하게 전개되고 있다. 과거의 적대세력은 국가로 한정되었지만 오늘날 테러집단, 국제범죄조직, 또는 개인에 이르기까지 다양한 행위자가 국가안보 또는 국익을 위협하는 세력으로 부상되고 있다.

　　이처럼 변화된 안보환경에 따라 방첩의 개념, 목표, 그리고 범위에 있어서 많은 변화가 나타나고 있는바, 국가안보와 국익을 보호하기 위한 방첩 본연의 임무를 성공적으로 수행하기 위해 방첩의 전략에 있어서 새로운 변화와 개혁이 요구되고 있다. 다음에서 방첩의 개념, 목표, 그리고 범위에 있어서의 여러 가지 변화들을 추적해보고, 이에 부응하여 향후 바람직한 방첩전략을 모색해보기로 한다.

　　첫째, 새로운 정보환경에 부응하여 방첩의 개념이 변화되어야 한다. 통상적으로 세계 대부분의 국가에서 보안을 방첩의 대부분으로 인식하는 경향을 보이고 있다. 앞에서 언급했듯이 보안은 방첩의 가장 중요한 출발점으로서 철저한 보안 없이 방첩임무를 효과적으로 수행할 수 없다. 그러나 방첩의 개념을 방어적이고 소극적인 보안으로 한정하면 방첩이 추구하는 목표를 성공적으로 달성할 수 없다. 예컨대, 축구, 배구 등 스포츠 경기에서 공격 없이 수비에만 치중하는 소극적인 전략으로는 경기를 유리하게 끌고 갈 수 없다. 철저한 수비와 더불어 상대의 취약점을 파고들어 적극적으로 공격함으로써 원하는바 승리를 쟁취할 수 있다. 마찬가지로 성공적인 방첩은 방어적인 차원의 보안과 더불어 보다 적극적으로 적대세력의 위협을 탐지, 파괴, 무력화, 역용하는 등의 공격적인 활동이 수반되어야 할 것이다.

　　앞서 언급했듯이 구소련 당시 KGB는 소련 공산당(CPSU)의 '창과 방패'라는 명성을 얻었다. 방첩에 관해서도 KGB는 공격과 방어임무를 포괄하는 개념으로 인식했다. 9/11 이후 미국의 방첩전략도 소극적이고 수동적인 보안에 그치지 않고, 적대 세력 내부에 은밀히 침투하여 방첩 관련 첩보를 수집하고 적의 정보활동을 무력화 또는

조종(manipulation)하는 등의 방첩공작을 적극적으로 추구하고 있다. 2005년 클리브
(National Counterintelligence Executive)는 "과거의 방첩은 적대세력의 공격을 기다리는 소
극적인 정책이었다"고 평가하고, "이제 우리는 더 이상 적의 공격을 기다리지 않을
것이다"라고 선언했다.240) 2009년 발표된 '미국의 방첩전략'에서 미국 정보공동체가
추진할 네 가지 방첩목표로서 ① 내부위협 탐지, ② 외국 정보기구로의 침투, ③ 사이버
와 방첩의 융합, ④ 외국 정보기관의 침투 차단 등을 제시하고 보다 공세적인 방첩전략
의 추진 필요성을 강조했다.241) 이처럼 미국을 비롯한 선진정보기관들은 과거의 수동
적이고 소극적인 보안을 넘어서서 보다 적극적이고 공세적인 방첩을 추구하고 있다.
이러한 추세를 반영하여 향후 방첩의 개념이 수동적인 보안과 더불어 능동적인 방첩을
동시에 포괄하도록 변화되어야 할 것이다.

둘째, 새로운 안보위협들에 대응하기 위해 방첩의 목표도 변화되어야 한다. 냉전시
대 동안 국가의 주요 안보위협 세력은 오로지 국가로 한정되었다. 그래서 미국을 비롯
한 자유민주주의 국가들에게 '방첩=대공'이라는 등식이 성립되었고, 그들에게 방첩의
주요 목표는 공산주의 국가들이었다. 그러나 탈냉전과 함께 국가 간 산업스파이활동이
치열하게 전개되면서 방첩의 목표가 적대국가뿐만 아니라 우호적인 관계를 유지하고
있는 국가들로까지 확대되었다. 또한 테러, 마약, 국제조직범죄 등 초국가적 안보위협
이 부상하면서 방첩의 목표가 외국 정부는 물론 조직, 개인 등 다양한 종류의 행위자들
로까지 확대되었다. 방첩의 목표가 바뀌면 대응방식도 변화되어야 한다. 새로운 목표에
대해 기존의 대응방식으로는 효과적인 결과를 얻을 수 없으며, 자칫 엄청난 재앙을
초래할 수 있다.

그러한 방첩실패의 대표적인 사례로서 9/11 테러 사건을 들 수 있겠다. 탈냉전과
함께 새로운 방첩목표로서 부각된 테러리즘, 마약, 조직범죄 등 초국가안보위협은 냉전
시대의 방식으로는 해결이 어렵다. 그럼에도 불구하고, 미국의 정보공동체는 냉전시대
의 조직구조, 운영체계, 그리고 활동방식을 고수함으로써 새롭게 부상한 초국가안보위
협에 효과적으로 대응하지 못했던 것으로 지적된다.242) 9/11 테러가 임박한 상황에서

---

240) David Morgen, "U.S. Adopts Preemptive Counterintelligence Strategy," http://www.washingtonpost.
com/wp-dyn/articles/A10397-2005Mar5.html(검색일: 2013년 11월 7일); The Times of India, "US
Conter-Intelligence Adopts New Strategy," http://articles.timesofindia.indiatimes.com/2005-03-06/us/278
42964_1_counterintelli...(검색일: 2013년 11월 7일).
241) The Office of the National Counterintelligence Executive, "The National Counterintelligence Strategy
of the United States of America(2009)," NCIX-2010-002, http://www.din.gov/files/ documents/Newsr...
(검색일: 2013년 11월 7일).
242) 이에 대한 자세한 논의는 전웅, "초국가안보위협과 정보활동의 방향 —미국의 사례를 중심으
로," 『국가정보연구』, 제 3권 2호(2010년), pp.58-70을 참고.

CIA를 비롯한 미국의 정보기관들은 대테러 관련 첩보수집활동을 효과적으로 수행하지 못했다. 당시 대테러 관련 미국의 유일한 첩보출처로서 신호정보(COMINT)는 테러범의 동향에 관한 중요한 첩보를 수집하기도 어려웠고, CIA의 인간정보(HUMINT) 수집 역량도 매우 미흡한 수준이었던 것으로 평가되었다. 결국, 미국의 정보공동체는 새로운 안보위협으로 부각된 방첩목표로서 국제테러리즘에 단지 미온적인 대응에 그침으로써 9/11 테러를 사전에 막지 못하는 참담한 실패를 경험하게 된 것이다.

셋째, 국가안보의 개념이 기존의 전통적 안보에서 포괄적 안보로 확대된 만큼 그에 대한 대응으로서 방첩의 범위도 확대되어야 할 것이다. 냉전시대까지 군사안보 개념이 주류를 이루었지만 오늘날에는 경제, 자원, 환경 등을 포함하는 신안보개념과 더불어 테러리즘, 마약, 국제조직범죄, 사이버테러 등을 포함하는 초국가안보개념으로까지 확대되었다. 이에 따라 경제방첩, 대테러, 국제범죄 대응, 사이버테러 대응 등 새로운 방첩의 과제들이 부상되었다. 전통적 방첩은 정치, 군사, 외교 등의 분야에서 암약하는 외국의 스파이를 색출하고 이들에 의한 정보활동을 견제·차단·무력화시키는데 중점을 두었다. 오늘날 산업스파이, 테러조직, 국제적 마약밀매단, 해커 조직 등 방첩의 새로운 영역에서 다양한 유형의 행위자들이 국가안보와 국익을 심각하게 위협하는 세력으로 부각되고 있는바, 이들에 대한 대응으로서 방첩의 범위가 보다 확대되기에 이르렀다.

여기서 문제는 한정된 예산과 인력으로 확대된 방첩의 범위에 대응하여 어떻게 하면 방첩임무를 효과적으로 달성할 수 있을까 하는 것이다. 이에 대한 대안으로 방첩목표의 우선순위를 설정하는 것이 되겠다. 방첩목표 우선순위는 나라마다 그리고 각 나라가 처한 시기와 상황에 따라 각기 다를 수 있다. 예를 들어, 냉전시대 미국의 방첩목표 최우선순위는 소련 KGB에게 주어졌지만, 오늘날에는 중국 또는 알 카에다 테러조직이 될 수 있겠다. 우리나라의 경우 방첩의 최우선 순위는 북한의 대남 간첩행위에 대한 대응활동에 주어져야 할 것이다. 북한은 끊임없이 공작원을 남파하여 국가기밀의 탐지·수집은 물론 대남 심리전을 전개하여 우리 체제를 분열·약화시키고 궁극적으로 대한민국 자유민주주체제의 전복을 기도하고 있어 국가안보에 가장 큰 위협요인으로 작용하기 때문이다. 또한 북한의 대남 선전·선동 활동에 동조하는 등의 이적행위를 자행하는 국내 친북 또는 종북 세력들도 대한민국 자유민주주의 체제에 대한 심각한 위협으로 작용하는바 이들 세력이 부식·확산될 있는 터전을 발본색원하는 차원에서 이들에 대한 적극적인 방첩수사활동이 강조된다. 이 밖에도 중국, 일본, 러시아 등 주변국의 스파이 행위에 대한 대응 또는 테러리즘, 국제범죄조직, 산업스파이 등에 대한 대응 등도 방첩의 또 다른 중요한 목표가 될 수 있겠다. 이처럼 방첩목표 우선순위의 설정은 국가안보에 가장 심각한 위협이 되는 요소에 집중하도록 유도함으로써 한정된 예산과 인력을 효율적으로 활용할 수 있는 방안으로 고려된다.

요컨대, 방첩의 개념, 목표 그리고 범위가 변화됨에 따라 방첩전략에 있어서도 과감한 조정과 변혁이 요구된다. 기존의 수동적이고 방어적인 보안으로는 변화된 방첩 환경에 효과적으로 대응할 수 없다. 앉아서 기다리는 식의 수동적 방첩을 초월하여 보다 적극적이고 공세적인 방첩전략을 추구해야 한다.

최근 IT 기술의 발전 및 급격한 정보화 사회로의 변화 등 정보의 디지털화를 가속시키는 추세에 부응하여 간첩, 산업기술 유출, 해킹, 사이버 테러 등 방첩 관련 범죄에 대한 증거수집 및 분석·수사를 위해 전문적인 '디지털 포렌식'[243) 기술이 활용되고 있다. 이처럼 컴퓨터, 인터넷 등 첨단 과학 장비와 기술을 활용하여 날로 지능화하는 적대 세력의 안보 위해 활동을 효과적으로 탐지·색출·차단·무력화하기 위해 방첩분야 첩보수집, 분석, 수사 그리고 공작 기법의 첨단화·과학화가 요구된다.

한편, 과거 간첩들은 주요 송·수신 수단으로서 1990년대까지 모르스 부호나 메모리식 송신기 등을 사용했었다. 그런데 오늘날 간첩들은 인터넷을 통해 첨단 암호화된 통신 프로그램을 통신수단에 활용하기 때문에 이들의 활동을 탐지·색출하는 데 많은 어려움이 있다. 최근 '왕재산 사건'[244)에서 드러났던바 이들 조직원들은 인터넷을 활용하여 첨단 암호화된 프로그램을 통해 중요 비밀이 담긴 대용량 파일을 수시로 북한에 전달했다.[245) 따라서 이러한 간첩 용의자들을 색출하려면 이들이 사용하는 암호체계를 타파하여 해독할 수 있도록 정보기관 스스로 고도의 전문화된 암호해독 역량을 갖추어야 할 것이다.

오늘날 방첩 관련 국가안보 위협의 새로운 양상으로 전통적 영역과 새로운 영역이 상호 밀접하게 연계되는 '다차원 안보위협' 현상이 나타나고 있다.[246) 즉 전통적 안보

---

243) 디지털 포렌식은 정보기기에 내장된 디지털 자료를 근거로 삼아 그 정보기기를 매개체로 하여 발생한 어떤 행위의 사실 관계를 규명하고 증명하는 신규 보안서비스분야이다. 디지털 포렌식은 검찰, 경찰 등의 국가수사기관에서 범죄수사에 활용되며, 일반 기업체 및 금융회사 등의 민간분야에서도 그 필요성이 증가하고 있다. 정의래·홍도원·정교일, "디지털 포렌식 기술 및 동향," 『전자통신동향분석』, 제22권 1호(2007년 2월), p.98.

244) 왕재산 사건은 2011년 7월 8일 북한 225국(옛 노동당 대외연락부)의 지령을 받아 국내 지하당 총책으로 10여 년 간 간첩행위를 한 혐의로 IT업체 대표 김모 외 5명이 중형을 받은 사건이다.

245) 이들 왕재산 조직원들은 이메일을 통해 지령문을 수신하거나 대북보고문을 발신하면서 북한 공작조직이 개발해 제공한 변신프로그램(암호화·복호화 프로그램)인 일명 '스테가노그라피' 기법을 사용했다고 검찰은 밝혔다. '스테가노그라피'란 전달하려는 기밀정보를 이미지 파일이나 MP3 파일 등에 암호화해 숨기는 심층 암호기술이다. 이들은 이렇게 암호화된 지령문이나 대북포고문 등을 신문기사 파일 등에 은닉해 존재 자체를 완전히 숨기려 했던 것으로 드러났다. "왕재산, 자금자급 암호통신체계 갖춘 첨단지하당," http://news1.kr/articles/5594/print(검색일: 2013년 11월 11일).

위협으로서 적대 세력의 국가기밀 탐지·수집 및 침투·파괴·전복 등의 공작활동과 새로운 안보위협으로서 테러리즘과 국제범죄가 상호 밀접하게 연계되어 수행되는 양상으로 전개될 수 있다. 우선, 정보화에 따른 사이버 공간의 등장과 세계화의 진전으로 전장 환경이 급격히 변화하고 있다. 예를 들어, 국제적 돈세탁, 무기 밀거래, 마약 밀거래, 불법이민 네트워크 등 국제범죄활동을 수행하는 조직이 사이버 공간을 활용하여 보다 값싸고, 쉽게, 신속하게, 그리고 은밀하게 국가안보를 심각히 위협하는 범죄 행위를 저지를 수 있다.247) 혹은 북한의 특수전 요원들이 탈북자나 조선족으로 신분을 위장하여 안산 등 국내 외국인 이주자 밀집 지역에 잠입한 다음 인터넷을 활용하여 첨단 암호화된 프로그램을 통해 북한으로부터 지령을 받고 광화문 등지에서 폭탄 테러를 감행하게 될 경우를 가정해 볼 수도 있다. 이처럼 전통적 영역의 안보위협 세력이 새로운 안보영역의 수단과 기법을 활용하여 테러, 마약, 사이버공격 등 범죄 행위를 저지르게 될 경우 그로 인해 국가적으로 엄청난 피해가 발생할 수 있다.

이러한 전통적 안보위협과 새로운 안보영역이 결합되어서 나타나는 '다차원 안보위협' 현상은 오늘날 단기적인 현상이 아니고 세계화·정보화의 진전과 함께 앞으로 장기적이고 지속적으로 발생할 수 있을 것으로 추정된다. 또한, 앞에서 언급했듯이, 오늘날 방첩의 개념, 목표, 범위가 전반적으로 확대되는 추세를 보이고 있다. 더욱이 적대국을 비롯한 국가안보 위협세력의 활동기법은 날로 첨단화·지능화되는 양상을 보이고 있다. 그렇다고 방첩분야의 인력과 예산을 대폭 확대시킬 수도 없는 상황이다. 이처럼 여러 가지 어려운 여건하에서 국가방첩의 목표를 어떻게 성공적으로 달성할 수 있을까? 점차 복잡하게 전개되는 적대세력의 안보위협들에 대해 과연 정보기관이 어떻게 대응해야 할 것인가?

방첩 분야의 환경이 바뀌었으면 그에 따라 방첩활동의 기법이나 전략도 마땅히 변화해야 한다. 방첩의 개념, 목표, 범위, 영역이 확대된 만큼 이에 부응하여 방첩 관련 인원, 조직체계, 예산, 그리고 전략의 대폭적인 변화와 혁신이 필요하다. 무엇보다도, 한정된 인원과 예산으로 방첩효과를 극대화할 수 있는 획기적인 방안이 마련되어야 할 것이다. 그러한 변화와 혁신을 위한 노력이 신속히 그리고 지속적으로 이루어짐으로써 미국의 9/11 테러사건과 같은 참담한 방첩 실패를 사전에 철저히 차단하고, 궁극적으로 방첩 본연의 목표인 국가의 안전과 이익을 지킬 수 있을 것이다.

---

246) '다차원 안보위협'과 이에 대한 대응방식으로서 '융합안보'에 대한 자세한 논의는 윤민우, 『다차원 안보위협의 도전과 융합안보』(서울: 청목출판사, 2013)를 참고.
247) 윤민우(2013), p.21.

제 3 편

정보기구론

· · · National Intelligence Studies · · ·

- 제 8 장   정보기구의 개관
- 제 9 장   미국의 정보기구
- 제10장   동북아 주요국의 정보기구
- 제11장   유럽의 정보기구
- 제12장   이스라엘의 정보기구
- 제13장   한국의 정보기구

정보기구의 개관

National Intelligence Studies

오늘날 전 세계 거의 모든 국가들이 정보기관을 운용하고 있다. 정보기관은 첩보수집, 정보분석, 방첩, 비밀공작 등의 정보활동을 전문적으로 수행하는 조직이다. 정보기관은 정보활동을 수단으로 하여 궁극적으로 국가의 안전보장이라는 목표를 달성하고자 노력한다. 정보기관이 제대로 된 정보활동을 수행하지 못할 경우 국가안보에 치명적인 손실을 초래할 수 있는바, 정보기관은 국가의 안전보장과 번영을 달성하는 데 필요한 핵심적인 요소로 인정된다.

정보기관의 기본적인 임무는 정책결정자가 정책을 수행하는 데 필요한 '사전 지식'으로서의 정보를 지원하는데 있다. 즉 정보기관은 국가정책의 담당자에게 정책의 입안, 계획, 집행, 실행 결과에 대한 예측 등 정책결정의 제반과정에 필요한 정보를 제공해 준다. 이를 위해 공개 또는 비밀 수단을 활용하여 입수하기 어려운 자료 또는 첩보를 수집하고, 그 진위 또는 타당성 여부를 면밀히 검증하는 정보분석의 과정을 거쳐 마침내 지식으로서의 정보가 생산된다. 정보기관에서 최종적으로 생산된 정보는 정책결정자에게 제공되고, 그가 올바른 정책결정을 내릴 수 있도록 지원함으로써 궁극적으로 국가안보에 기여하게 된다. 정보기관이 외부 상황에 대한 정확한 정보를 제공하지 못할 경우 국가의 안보와 이익에 치명적인 손실을 야기할 수 있다. 예를 들어, 2001년 발생했던 9/11 테러 사건에서 드러났듯이 적시에 정확한 정보판단 또는 경고가 내려지지 않을 경우 적의 기습에 제대로 대처하지 못함으로써 국가적으로 엄청난 인명과 재산의 손실을 초래하게 된다. 그러므로 정보기관의 가장 중요한 임무는 정확한 정보분석과 판단을 통해 현재의 상황을 올바로 판단하고 미래의 안보위협을 적시에 예측·경고하는데 있다고 본다.

이 밖에도 정보기관은 상대국 정보기관의 첩보수집, 전복, 테러 및 파괴 행위 등 각종 정보활동에 대응하는 방첩 임무도 수행한다. 중요한 국가기밀이 적의 스파이에게 유출될 경우 국가안보에 심각한 위협이 야기될 수 있다. 또한 적의 기만이나 역정보를 제대로 파악하지 못하면 정책결정자에게 왜곡된 정보를 제공하게 됨으로써 정책결정자의 판단과 정책결정을 잘못된 방향으로 이끌 수 있다. 이로 인해 국가의 안전과 이익에 치명적인 손실을 야기할 수 있다. 일반적으로 광의의 방첩으로 분류되는바 적대국의 전복, 테러, 파괴행위 등 각종 공작을 사전에 파악하여 차단함으로써 국민의 생명과 재산을 보호하는 활동도 정보기관이 수행하는 중요한 임무이다.[1]

마지막으로 정보기관은 비밀공작(covert action)임무를 수행한다. 앞장에서 언급했던바, 비밀공작은 자국의 대외정책을 지원할 목적으로 수행되며, 외국의 정부, 정치, 경제, 군사, 사회 등 여러 분야에 은밀히 개입하여 자국에게 유리한 여건을 조성하기 위한 행위이다.[2] 일반적으로 첩보수집, 정보분석 등 정보기관이 수행하는 대부분의 활동은 정책을 지원하는데 있지만, 비밀공작은 정책을 집행하는 활동이라는 점에서 차이가 있다. 비밀공작은 사실상 다른 나라에 대한 '은밀한 내정간섭(covert intervention)'이라는 점에서 유엔 헌장에 위배되며, 뇌물매수, 폭력, 납치, 살해 등 범죄수단이 동원되기 때문에 윤리적인 문제점을 내포한다.[3] 더욱이 비밀공작 행위의 사실이 노출될 경우 국제적인 비난여론은 물론 대상 국가와의 외교 단절 사태도 초래할 수 있어 위험부담이 크다. 그럼에도 불구하고 미국, 러시아, 영국, 이스라엘 등 많은 국가들이 전담조직을 설립하여 그러한 비밀공작을 활발히 수행하고 있다.

제 2 절 정보기관의 특성

정보기관은 비록 정부조직의 일부로서 구성되지만 정보기관이 수행하는 업무영

---

1) Abram N. Shulsky and Gary J. Schmitt, *Silent Warfare: Understanding the World of Intelligence* (Virginia: Brassey's, Inc., 2002), pp.99-128을 참고.
2) 비밀공작의 개념에 대해서는 이 책의 제 6장을 참고 바람.
3) 국가정보포럼, 『국가정보학』(서울: 박영사, 2006), p.113.

역, 기본임무, 활동방식, 조직의 속성 등 여러 가지 측면에서 일반 정부 부처 또는 여타 민간 기관과는 다른 모습을 보인다. 종종 정보기관의 조직 및 활동방향에 대한 개혁 노력이 바람직한 결과를 얻는데 실패하는 근본적인 이유는 정보기관이 일반 부처와 다른 점을 충분히 고려하지 않고 일반 부처와 동일한 잣대로 정보조직을 개편하고 활동 방향을 조정하려 시도했기 때문이다. 그런 점에서 정보기관과 정부 부처 기관을 비롯한 여타 조직과의 차이점을 분명히 인식할 필요가 있다.

첫째, 정보기관은 기본임무와 업무영역에 있어서 일반 정부 부처 또는 여타 민간조직과 차이를 보인다. 앞 절에서 서술했듯이 정보기관은 정보활동을 수단으로 하여 국가안보라는 목표를 달성하기 위해 설립된 조직이다. 정보기관은 기본적으로 대적활동을 목표로 하며, 그것을 통해 국가안보를 수호하는데 있다. 정보기관의 활동 목표는 일반 국민이 아닌 적을 대상으로 한다. 첩보수집, 정보분석, 방첩, 비밀공작 등 정보기관이 수행하는 정보활동의 기본 목표는 적대세력의 위협으로부터 국가의 안전을 보전하는데 있다. 즉 정보기관은 정보활동이라는 수단을 활용하여 국가안보라는 목표를 달성하고자 한다. 그런 점에서 정보기관은 일반 국민들을 대상으로 대국민 서비스를 주요 임무로 하는 정부 부처 기관들 또는 이윤을 추구하는 민간 기업체와는 존재 이유와 목표가 분명히 다르다.

한편, 정보기관은 국가의 안전보장에 위협을 야기할 수 있는 모든 요소들에 관해 첩보를 수집하고 분석하는 임무를 수행하도록 책임이 부여되어 있다. 오늘날 국가안보의 의미가 '포괄적 안보' 개념으로 변화됨에 따라 국가안보 달성을 위해 수행되는 정보활동의 영역도 정치, 경제, 군사 환경, 사회, 테러리즘, 마약, 조직범죄 등 매우 광범위하게 확대되었다. 정부 각 부처의 경우 외교, 국방, 교육, 내무, 환경, 통상 등 각각 담당하는 전문 영역이 명확히 설정되어 있지만, 정보기관의 경우 외교, 국방, 치안, 환경 등 국가안보와 관련되는 모든 분야에 걸쳐 첩보를 수집하고 분석하여 생산된 자료를 필요한 부처에 지원한다. 그런 점에서 한 분야의 업무만을 전담하는 일반 정부부처에 비해 정보기관이 담당하는 업무의 영역은 매우 광범위하고 포괄적이다.

둘째, 정부 부처는 물론 민간의 어떤 조직이든 정책의 입안과 집행 등 정책결정과정을 주관하지만 정보기관은 정책결정을 지원하는 것으로 그 임무가 제한된다는 특징을 가진다. 일반 정부 부처의 경우 담당 업무에 관한 정책을 입안하고 최선의 정책을 결정하여 집행하는 등 일련의 정책결정과정에 전반적으로 관여한다. 즉 일반 부처의 경우 정책을 입안하고 집행할 권한과 책임을 갖고 있는 반면, 정보기관은 정책결정에 필요한 자료를 제공하는 데 있지 정책을 결정하고 집행하는 역할은 배제된다. 정보기관은 정책결정에 직접적으로 관여하지 않는 것을 기본원칙으로 한다. 정보기관이 정책결정에 관여하게 될 경우 자칫 정보의 객관성이 훼손될 수 있을 뿐만 아니라 정보기관이 권력기관화 될 수 있기 때문이다.

정보기관은 정보를 수집하고 분석한다. 정보는 곧 힘(권력)이다. 그러므로 정보가 잘못 이용될 경우 부작용을 초래할 수 있다. 정보기관의 고위관리는 자신의 의도나 목적을 달성하기 위해 정보 접근을 선별적으로 허용할 수 있다. 때로 정부 부처 내 정보기관에 협조적인 관리에게 중요한 정보를 제공해 주고, 그 반대급부로 그가 정보기관의 특권을 보호해 주기도 한다. 길(Peter Gill)은 '고어-텍스 국가'라는 비유로 보안정보 기관이 국내 사회로 깊숙이 침투하는 사례를 설명한다.[4] 정보는 오직 한 방향, 즉 정보기관으로만 흐른다. 정보기관으로부터 국가나 사회로는 정보의 흐름이 차단되어 있다. 정보기관은 국가의 통제로부터 벗어나 상당한 수준의 자치를 누리며 정보 독점권을 활용하여 국가의 정책에 영향을 미칠 수 있다. 따라서 정보기관이 권력화 될 소지를 차단하기 위해 정보기관이 정책결정에 직접적으로 관여하지 않는 것이 바람직하다. 물론 예외적으로 비밀공작의 경우 정보기관이 계획을 수립하여 직접 실행하지만, 정보기관의 가장 중요한 임무는 정책결정자에게 필요한 정보를 제공함으로써 정책결정자가 적시에 최선의 정책결정을 내릴 수 있도록 지원하는데 있다.

셋째, 비밀성은 정보기관의 존재 이유로서 민간은 물론 정부 부처 어떤 조직에서도 찾아보기 어려운 특징적인 모습이다. 정보화시대에 들어서서 사회 모든 분야에서 정보의 공개성이 확대되는 추세를 보이고 있는 반면 정보기관의 활동방식은 기본적으로 비밀성에 바탕을 두고 수행된다. 오늘날 신문, 라디오, TV, 인터넷 등 공개적인 출처를 활용하여 누구든 필요한 자료를 합법적으로 그리고 손쉽게 얻을 수 있다. 외교관의 경우 공식적인 외교활동을 통해 합법적으로 관련 정보를 수집할 수 있으며, 일반 정부 부처의 경우 비밀자료가 일부 있지만 대부분 공개적으로 획득한 자료를 활용하여 업무를 수행한다. 그러나 첩보수집, 분석, 방첩, 비밀공작 등 정보기관에서 수행하는 정보활동의 대부분은 철저하게 비밀을 유지하는 가운데 전개된다.

정보기관은 차단의 원칙과 비밀성을 유지하려는 특성 때문에 외부의 변화에 대해 저항하고 폐쇄적인 태도를 보인다.[5] 정보기관 고유의 조직 구조적 특성에서 비롯되어 비밀성을 중요시하고 폐쇄적이며 경직된 조직문화가 형성된다. 지시가 있을 때까지는

---

4) Peter Gill, *Policing Politics: Security Intelligence and the Liberal Democratic State*(London: Frank Cass, 1994), pp.79-82.

5) Bruce D. Berkowitz and Allan E. Goodman, *Best Truth: Intelligence in the Information Age*(New Heaven and London: Yale University Press, 2000), p.165.

무조건 비밀을 유지하려는 정보기관의 조직문화는 매우 부정적인 결과를 초래한다. 그러한 문화를 유지하고 있는 조직은 일반 사회와 단절되어 사회의 상식이나 변화에 관심이 없고 무감각하게 된다. 사회는 그러한 정보조직을 제대로 통제하지 못하고 있다고 느끼게 된다. 만일 조직이 실수를 하게 되면 일반 국민들은 정보조직이 통제 밖에 있다고 느끼기 때문에 실제보다 더 확대 해석하게 된다. 또한 일반 국민들은 정보기관의 능력에 있어서 한계와 제약성을 제대로 이해하지 못하고 있기 때문에 정보기관에 대해서 비현실적인 기대감을 갖기도 한다.

차단의 원칙과 비밀성을 유지하는 정보기관의 조직 형태는 오늘날의 정보화 사회에는 부적합하다. 비밀성은 정보의 자유로운 흐름을 통해 생산성과 창조성을 유도하는 정보혁명의 본질에 배치된다. 공개성과 네트워크를 강조하는 정보혁명은 비밀성과 상반된다. 비밀성을 강조하는 정보기관의 조직문화에서 정보혁명의 장점이 전혀 발휘될 수 없다. 비밀성과 차단의 원칙이 고수되는 한 정보의 자유로운 흐름과 네트워크 형성이 불가능하다. 정보화는 시대적 추세이다. 비밀성을 생명으로 하는 정보기관이라고 할지라도 그러한 시대적 요구를 완전히 외면할 수는 없을 것이다. 정보화의 흐름에 맞추어 이제 정보기관도 비밀보안과 부인으로 일관하던 과거의 방식에서 벗어나야 한다. 정보기관 역시 정보화라는 시대적 요구에 부응해야 할 것이며, 이를 위해 비밀보안은 최소로 하고 보다 공개적이고 책임 있는 기관으로 탈바꿈하려는 노력이 요구된다.[6] 그렇다고 비밀성과 차단의 원칙을 완전히 버리라는 것은 아니다. 비밀성과 차단의 원칙을 완전히 버린다면 정보기관 고유의 임무를 수행할 수 없으며, 그에 따라 정보기관 스스로 존재할 이유가 없어지게 된다. 따라서 정보기관의 기본 속성인 비밀성과 차단의 원칙은 고수하되, 정보화의 흐름을 반영하여 가급적 최소한의 수준에서 비밀성을 유지하는 가운데 본연의 임무를 수행할 수 있는 현명한 전략이 요구된다.

어쨌든, 정보기관을 설립하게 된 기본적인 취지 또는 존재 이유는 비밀활동에 있다. 합법적이고 공개적인 활동을 통해 국가안보 목표를 충분히 달성할 수 있다면 굳이 정보기관이 존재할 필요가 없을 것이다. 공개출처정보를 통해 적의 동향을 얼마든지 파악할 수 있다면 정보기관의 스파이활동이 불필요할 것이다. 공식적인 외교활동을 통해서 외교 문제를 해결할 수 있다면 불법적이고 비윤리적인 행위가 수반되는 비밀공작을 추진할 필요가 없을 것이다. 정보기관은 정부의 여타 조직이 수행할 수 없는 고유의 임무들을 수행하기 때문에 존재 가치가 있다. 정보기관은 비밀공작을 통해 국가의 외교정책적 목표 달성을 은밀히 지원하는 역할을 수행한다. 또한, 정보기관은 상업

---

6) Berkowitz and Goodman(2000), pp.149-152.

적으로 별로 이익이 없기 때문에 민간부문에서 관심을 갖지 않는 사안, 기술적으로 어려워서 민간 부문에서 수집하지 않으려하거나 수집할 수 없는 정보(information), 그리고 법적인 제약이나 위험성 때문에 민간 부문에서 수집할 수 없거나 수집하지 않으려하는 정보(information) 등을 비밀리에 수집할 수 있다.[7] 어쨌든, 정보기관은 언론 매체나 민간 기업체 또는 정부 부처 어떤 기관도 제공하지 않거나 제공할 수 없는 중요한 정보(information)를 찾아내고 해석하는 일을 수행할 수 있다. 이처럼 정보활동은 공개적이고 합법적인 수단으로 해결이 불가능한 상황에서 국가안보를 위해 활용될 수 있는 유일한 수단이다. 그런 점에서, 정보기관의 역할과 중요성이 다시금 강조된다.

　　마지막으로, 정보활동은 불법과 비윤리적인 행위가 수반되며, 정보기관은 국가 내에서 그러한 행위가 허용되는 특별한 조직이다. 일반적으로 정보활동은 철저하게 마키아벨리적(Machiavelli) 또는 현실주의적(realpolitik) 관점에 따라 수행되는 것으로 간주된다.[8] 무엇보다도 정보활동은 일반적인 윤리 또는 도덕 기준을 초월한 분야로 인식된다. 정보요원들에게 일반적인 윤리 기준을 적용하여 정보활동을 수행하도록 요구한다면 대부분 수긍하기 어렵다는 입장을 보일 것이다. 예를 들어, 비밀첩보 수집활동을 수행하는 과정에서 필요한 정보를 얻기 위해 불가피하게 상대방을 협박하거나 뇌물을 주는 등 불법과 비윤리적 행위를 저지를 수 있다. 그렇다고 이를 엄격히 금한다면 정보활동을 효과적으로 수행하는 것이 거의 불가능하다. 이처럼 정보의 세계에서는 일반적인 윤리 기준으로는 논할 수 없는 요소들이 존재한다. 어쨌든 정보활동을 수행하는 데 따른 불법적이고 비윤리적인 행위는 국가의 안보적 목적을 위해 수행된다는 전제하에서 정당화될 수 있다.[9]

　　그렇다고 정보활동의 불법과 비윤리적 행위가 모두에게 일반적으로 용인되는 것은 아니다. 지금으로부터 약 200년 전 철학자 칸트(Kant)는 "스파이활동은 다른 사람을 속이기 때문에 본질적으로 비열하고 야비하다"면서 비판적인 입장을 보였다.[10] 암호해독의 권위자인 칸(David Kahn)은 정보활동은 간교한 짓, 타인을 염탐하기, 몰래 훔치기

---

7) Berkowitz and Goodman(2000), p.40.

8) Arthur S. Hulnick and David W. Mattausch, "Ethics and Morality in U.S. Secret Intelligence," Jan Goldman and Martin Gordon, (eds.), *Ethics of Spying: A Reader for the Intelligence Professional* (Lanham, Maryland: The Scarecrow Press, Inc., 2010), pp.39-51.

9) William Colby, "Democratic System and National Intelligence: The American Experience in Comparative Perspective," Jin-hyun Kim and Chung-in Moon, (eds.), *Post-Cold War, Democratization, and National Intelligence: A Comparative Perspective*(Seoul: Yonsei University Press, 1996), p.25.

10) H. Reiss(tr. H. B. Nisbet), *Kant: Political Writings*(Cambridge: Cambridge University Press, 1991), pp.96-97; Michael Herman, "Ethics and Intelligence after September 2001," *Intelligence and National Security,* Vol.19, No.2(Summer 2004), p.342.

등을 하는 것으로서 인간의 윤리에 어긋나는 행위라고 결론지었다.[11] 윤리적 차원 이상으로 스파이 행위는 세계 어디서나 불법으로 간주된다. 그런데 정보요원은 국가로부터 스파이활동을 수행하도록 임무를 부여 받았다. 정보요원은 임무를 수행하는 과정에서 협조자를 금전이나 미인계 등으로 유혹하여 포섭하고 첩보를 제공하도록 그를 협박하는 등의 비윤리적인 행위를 저지르게 된다. 정보기관의 공작관은 외국에서 협조자를 포섭하여 그에게 전화 도청, 비밀문서 절취, 허위선전 등의 스파이활동을 수행하는데 필요한 불법 자금을 지원하기도 한다. 비록 불법적인 행동은 오직 해외에서만 허용되지만 해외와 국내의 구분이 모호하기 때문에 때로 국내에서도 유사한 불법행위가 자행될 수 있다는데 문제가 있다. 이처럼 정보활동에 수반되는 불법과 비윤리성으로 인해 일반인들에게 정보기관에 대한 두려움과 함께 불신감이 존재한다.

한편, 정보기관의 비밀주의 속성과 정보활동의 불법성 및 비윤리적인 행위 등으로 인해 종종 정보기관은 민주주의와 양립되기 어려운 조직으로 인식된다. 과연 민주주의와 정보활동이 양립할 수 있는가? 많은 사람들은 어렵다는 입장을 취한다. 그들의 사고에 따르면, 민주주의 정부에서는 정부에서 취하는 정책결정이나 활동에 대해 국민들이 통제력을 행사할 수 있어야 한다. 그런데 정보기관은 정보활동을 공개하지 않기 때문에 국민들이 정보활동에 대해 통제력을 행사할 수가 없다. 국민들이 정보활동에 대해 통제력을 행사하지 못한다면 민주주의의 기본 원칙에 모순되는 것으로 생각될 수 있다.[12] 이러한 상황에서 민주주의와 정보기관이 조화를 이룰 수 있는 묘안으로서 마련된 것이 바로 정보기관에 대한 민주적 통제장치이다. 의회의 정보기관에 대한 감독제도는 정보기관의 비밀성을 어느 정도 보장하면서 정보기관의 권력남용이나 불법적인 정보활동을 감시 및 통제할 수 있는 효과적인 방안으로 고려된다. 의회의 정보기관에 대한 감독은 완전 개방된 대중토론이나 민주적 의사결정으로 인해 정보활동의 비밀성이 훼손될 위협을 방지하면서 정보기관의 불법적인 활동을 억제할 수 있는 최선의 대안으로 인정된다.[13] 그런 점에서 민주주의 국가에서 정보기관에 대한 감독 및 통제 제도는 반드시 필요하다고 본다.

11) Herman(2004), p.342.
12) Colby(1996), p.23.
13) Abram N. Shulsky, *Silent Warfare: Understanding the World of Intelligence*(New York: Brassey's, Inc., 1991), pp.144-148.

제3절 정보기구의 유형

오늘날 전 세계 대부분의 국가들이 정보기구를 두고 있지만, 정보기구의 조직체계, 수행 임무, 활동방향 등은 각각 다르다. 이는 국가마다 안보상황, 이데올로기, 정치문화, 국내정치 구조, 대외관계, 역사적인 경험 등이 각기 다른데 기인한다. 세계 각국 정보기관들의 유형은 크게 통합형과 분리형, 국가정보기구 대 부문정보기구 등으로 분류될 수 있다.

첫째, 정보기구는 첩보수집, 정보분석, 비밀공작, 방첩활동 등 모든 정보활동을 단일 정보기관에서 수행하는 통합형과 기능별로 한 가지 특정분야 임무를 수행하는 분리형으로 구분된다. 통합형 정보기구의 대표적인 사례로는 구소련의 KGB, 중국의 국가안전부 그리고 우리나라의 국가정보원 등을 들 수 있다. 미국, 영국, 이스라엘, 그리고 대부분의 유럽 국가들은 신호정보, 영상정보 등 기능별로 구분하여 단일 임무를 수행하는 분리형 정보기구를 운용하고 있다. 예를 들어, 미국의 국가안전국(NSA), 영국의 정보통신본부(GCHQ)는 신호정보를 전문적으로 수행하며, 미국의 국가정찰국(NRO)은 영상정보 수집활동을 담당하는 정보기관이다. 통합형 정보기구는 해외와 국내 정보활동을 단일 정보기관에서 통합하여 수행하지만, 분리형 정보기구의 경우 해외정보와 국내보안정보활동을 구분하여 수행한다. 미국의 연방수사국(FBI), 영국의 보안부(SS), 독일의 헌법수호청(BfV), 프랑스의 국내정보총국(DCRI), 러시아의 연방보안부(FSB), 이스라엘의 신베스(Shin Beth) 등은 국내에서 보안 및 방첩활동을 전담하는 정보기관이다. 그리고 미국의 CIA, 영국의 SIS, 프랑스의 대외안보총국(DGSE), 독일의 BND, 이스라엘의 모사드(Mossad) 등은 해외정보활동을 담당한다.

일반적으로 정보기관은 비밀주의와 차단의 원칙을 고수하기 때문에 정보기관들 간의 정보 공유 또는 협력이 매우 어렵다. 통합형 정보기구의 경우 정보활동에 대한 중앙집권적인 통제가 용이하여 보다 효율적으로 임무를 수행할 수 있다는 장점을 가진다. 그러나 정보기관들 간의 경쟁이나 견제장치가 없기 때문에 권력집중이 심화됨으로써 정보기관이 막강한 권한을 행사하게 될 수 있다. 이는 민주주의적 견제와 균형의 원리에 역행하는 것이며, 자칫 정보기관이 권력의 도구로 악용될 소지도 있다. 또한 정보조직의 역동성이 떨어지고 조직이 관료화되어 전문성이나 경쟁력이 저하될 수 있다는 단점이 있다.[14] 분리형 정보기구의 경우 한 가지 임무를 전문적으로 수행하기 때문에 그 분야 업무에 관한 한 최고의 전문성을 발휘할 수 있다는 장점이 있다. 또한 정보기관들 간 경쟁하는 가운데 상호 견제가 이루어지기 때문에 특정 정보기관으로 권력이 집중되거나 권한의 남용을 막을 수 있다. 반면에 정보기관의 배타적인 조직 속성으로 인해 정보기관들 간 정보의 공유 및 협력이 원활하게 이루어지지 않음으로써 정보활동의 효율성이 저하될 수 있다는 단점이 있다. 익히 알려졌던바, 미국이 2001년 9/11 테러를 사전에 파악하지 못했던 결정적인 요인은 CIA, FBI, NSA 등을 비롯한 16개 정보기관들 간의 정보 공유 및 협력이 원활하게 이루어지지 않음으로써 종합적인 정보판단을 내리지 못했기 때문이었던 것으로 분석된다.

둘째, 정보기구를 국가수준의 정보활동을 수행하는 국가정보기관(national intelligence organization)과 행정부처에 소속되어 특정분야의 정보활동을 수행하는 부문정보기관 (departmental intelligence organization)으로 구분해 볼 수 있다. 국가정보기관은 국가차원의 정보활동을 효율적으로 수행하기 위해 부문정보기관을 조정·관리할 권한을 가진다. 부문정보기관은 해당 부처의 업무 수행을 지원하기 위해 관련된 첩보를 수집하고 정보를 생산한다. 대표적인 국가정보기관으로는 미국의 CIA, 프랑스의 DGSE, 독일의 BND, 한국의 국가정보원 등을 들 수 있다. 미국의 국가안보국(NSA), 국가정찰국(NRO), 국가지영정보국(NGA) 등은 국방부 산하 정보기관이지만 국가 차원의 정보활동을 수행하고 있기 때문에 국가정보기관으로 분류된다. 미국의 국방정보국(DIA), 러시아의 참모부정보총국(GRU), 이스라엘의 아만, 한국의 기무사와 정보사 등은 군사 부문의 정보활동을 수행하는 부문정보기관으로 분류된다.

셋째, 정보기관은 행정 부처 소속부서에 따라 분류될 수 있다. 행정수반 직속 정보기관이 있는 반면 각각의 행정부처에 소속되어 있는 정보기관이 있다. 행정수반 직속 정보기관으로서 미국의 CIA, 러시아의 SVR와 FSB, 한국의 국가정보원 등은 대통령 직속이며, 일본의 내각정보조사실, 이스라엘의 모사드 등은 수상 직속이다. 행정 부처 소속 정보기관으로서 영국의 비밀정보부(SIS)와 정보통신본부(GCHQ)는 외무성 소속이며, 보안부(SS)는 내무성 소속이다. 독일의 연방정보부(BND)는 수상실 장관 직속이고 헌법보호청(BfV)은 내무성 소속이다. 프랑스의 대외안보총국(DGSE)은 국가정보기관으로 분류되지만 소속은 국방부로 되어 있다. 중국의 국가안전부는 국무원 산하 기관으로 알려졌고, 미국의 FBI는 법무부 소속이다.

---

14) 국가정보포럼(2006), p.176.

제 4 절 정보기구 비교: 민주주의 국가 vs 권위주의 국가

　　미국이나 영국 등 민주주의가 발달한 선진국의 경우 국가정보기구의 가장 중요한
활동 목표는 정책결정자가 국가안보정책을 수행하는 데 필요한 정보를 지원하는데
있다. 적대국의 능력과 의도를 파악하고 미래에 발생할 위험을 적시에 파악하여 경고하
는 등의 임무를 수행함으로써 국가안보를 지키는데 기여한다. 부문정보기구로서 군
정보기관의 정보활동은 적대국의 전략계획, 군사동향, 능력과 취약점 등 순수하게 군사
분야로 제한되며, 경찰조직과는 엄격히 분리되어 있다. 국내보안정보기구 역시 고차원
의 경찰 기능을 수행하지만 미국의 FBI, 영국의 SS(일명 MI5)처럼 경찰조직과 분리된
형태로 존재한다. 요컨대, 선진정보기관의 경우 분리형 정보기구 유지, 행정부와 의회
의 정보기관에 대한 통제 및 감독 시스템의 제도화 등을 통해 정보기관의 권력집중을
방지하기 위한 제도적 장치가 마련되어 있다. 이로써 정보기관이 정권안보가 아닌 국가
안보라는 본연의 임무에 충실한 모습을 보여준다.

　　반면, 대부분의 권위주의 또는 독재정치 체제의 경우 군사정보기관과 경찰조직의
활동 영역이나 기능이 중첩되는 경향을 보인다. 권위주의 체제의 경우 민주적인 선거방
식을 통해 수립된 정권이 아니기 때문에 국민들의 지지기반이 약하며, 국내 반체제
세력의 활동은 체제안보에 심각한 위협을 야기할 수 있다. 그러므로 권위주의 독재정권
의 경우 정보활동의 가장 중요한 목표는 국가안보가 아닌 정권안보에 있다. 이들의
정보활동 목표는 외국을 대상으로 하기보다는 정권을 위협하는 내부 반체제 세력의
동향을 감시하는데 중점을 둔다.15) 따라서 국내보안정보기관을 활용하여 국민들의 동
향을 감시하고 반체제 세력의 활동을 색출·무력화하는데 모든 역량을 집중한다. 대표
적인 사례로 구소련의 KGB를 들 수 있다. 이러한 권위주의 국가체제하에서 정보체계
의 해외정보 부문은 취약한 반면 방첩과 보안정보기관의 규모와 영향력은 막강하다.
이들 보안정보기관은 오직 집권자에게 충성함으로써 정권의 시녀 역할을 수행한다.
정보기관이 권력기관으로서 막강한 권한을 행사하는 반면 이들에 대한 입법부와 사법
부의 통제와 감독의 손길은 거의 미치지 않는다.16)

---

15) J. Michael Waller, *Secret Empire: The KGB in Russia Today*(Boulder: Westview Press, 1994), p.13;
　　John J. Dziak, *Chekisty: A History of the KGB*(Lexington: Lexington Books, 1988); and Thomas C.
　　Bruneau and Kenneth R. Dombroski, "Reforming Intelligence: The Challenge of Control in New
　　Democracies," www2.warwick.ac.uk/fac/soc/pais/.../bruneau.pdf(검색일: 2013년 10월 6일).

길(Peter Gill)은 권위주의, 민주주의 등 국가체제의 속성에 따라 국내보안정보기관을 몇 가지 유형으로 분류하였다.[17] 길에 따르면 정보기관이 보유하고 있는 권력의 정도, 외부의 정치적인 통제나 감독으로부터 자유로운 정도 즉 자치권의 수준, 사회 내부 속으로 얼마나 깊숙이 침투하고 있는지 등 세 가지 척도를 기준으로 정보기관을 '국내정보국형(Bureau of Domestic Intelligence)', '정치경찰형(Political Police)', '독립적 보안국가형(Independent Security State)' 등 세 가지 유형으로 분류하였다.[18] 첫째, '국내정보국형'은 영국의 MI5 등 민주주의 체제하의 보안정보기구에 해당된다. 이러한 유형의 보안정보기구는 헌법과 법률에 규정된 바에 따라 제한된 권한을 행사한다. 국가안보에 저촉되는 범죄 행위에 관한 정보만을 수집하는 것으로 업무 영역이 제한되며, 자국민을 대상으로 비밀공작을 전개하지 않는다. 둘째, '정치경찰형'은 남미 또는 동남아시아 지역 내 대부분의 권위주의 정권에서 찾아 볼 수 있다. 이러한 유형의 보안정보기구는 민주적인 정책결정으로부터 벗어나 상당한 정도의 자치권을 가지며, '국내정보국형'에 비해 입법부와 사법부의 감시 감독을 거의 받지 않는다. 이러한 유형의 보안정보기구는 집권여당이나 정치지도자에게만 충성하며, 국가안보에 위협이 될 수 있는 방첩이나 범죄 등에 관한 정보활동보다는 국내 반정부세력을 정치적으로 탄압하는데 대부분의 역량을 집중한다. 마지막으로, '독립적 보안국가형'의 보안정보기관은 입법부와 사법부의 감시나 통제를 전혀 받지 않으면서 '정치경찰형'의 경우보다 훨씬 더 막강한 권한과 영향력을 행사한다. 이러한 유형의 보안정보기관으로서 데 클라크(de Klerk) 대통령 당시의 남아공화국, 차우세스쿠(Nicolae Ceaucescu) 치하의 루마니아 등을 들 수 있다. 이러한 유형의 보안정보기관은 국내 사회로 깊숙이 침투하여 무소불위의 막강한 권력을 휘두른다.

국가의 속성에 따라 군 정보기관과 민간 정보기관 간의 구분이 모호한 경우도 있다. 대부분의 권위주의 정권에서 군은 정보의 생산자이면서 최종 사용자로서 정보에 대한 독점권을 가진다. 남미 또는 동남아시아 지역 내 권위주의 군사정권의 경우 군 정보기관이 모든 정보를 독점적으로 장악하고 있으며, 군은 물론 민간 부문에 대해서도 국내 사회 깊숙이 침투하여 막강한 권한과 영향력을 행사한다. 반면에 민주주의가 발달한 선진 정보기관의 경우 군 정보기관과 민간 정보기관의 활동 영역이 엄격히 구분되는 경향을 보인다. 대체로 군 정보기관은 군사 부문의 정보를 담당하고 민간 정보기관은

---

16) Bruneau and Dombroski(2013), p.3.
17) Gill(1994), pp.60-61.
18) Gill(1994), pp.60-61.

354 제 3 편 정보기구론

전략정보와 방첩 임무를 수행하도록 각자의 영역이 명확히 구분되어 있다.

　　정치체제의 속성에 따라 국내정보와 해외정보의 활동 영역의 구분이 모호한 경우가 있으며, 국내와 해외 부문의 정보활동 역량에 있어서 뚜렷한 차이를 보이기도 한다. 권위주의 정권의 경우 종종 단일 정보기관이 국내 감청과 해외정보활동을 동시에 수행하는 모습을 보인다. 대표적인 사례로 구소련의 KGB와 중국의 국가안전부를 들 수 있다. 그러나 미국이나 영국 등 대부분의 민주주의 국가들은 각기 다른 독립된 정보기관이 국내정보와 해외정보의 영역을 담당한다. 예를 들어, 미국의 FBI와 영국의 SS(일명 MI5)는 국내 방첩과 보안정보활동을 수행하고 있으며, CIA와 영국의 SIS(일명 MI6)는 해외에서의 방첩과 첩보수집활동을 담당하고 있다. 프랑스, 독일 등 대부분의 유럽 국가들도 독립된 정보기관이 각각 국내 또는 해외정보활동을 수행하도록 영역이 구분되어 있다. 한편, 후진국이나 권위주의 정권의 경우 주로 국내정보분야에 역점을 두고 정보활동을 수행하기 때문에 국내보안정보 역량은 막강하다. 그에 비해 해외정보 영역은 인력과 전문성이 매우 미흡한 수준으로 나타난다. 해외정보활동은 국내정보활동에 비해 많은 비용과 전문적인 정보활동 능력이 요구되는 반면, 저개발국이나 후진국의 경우 해외정보활동을 수행할 전문성도 부족하고 막대한 비용을 감당할 수 없기 때문이다.[19)]

　　정보기관에 대한 통제 방식에 있어서도 민주주의 국가와 권위주의 국가 간 차이를 보인다. 정보기관을 통제할 수 있는 일반적인 방법은 단일 정보기관이 정보의 생산과 사용을 독점하는 사례를 방지하기 위해 여러 개 정보기관으로 분리시키는 것이다.[20)] 분리형 정보기구의 경우 단일 정보기관으로 권력이 집중되지 않고 정보기관들 간 경쟁하는 가운데 상호 견제장치가 작동됨으로써 정보기관에 대한 민주적 통제가 용이하게 이루어질 수 있다는 장점이 있다. 그러나 통합형 정보기구의 경우 권력집중이 심화되어 단일 정보기관이 막강한 권한을 갖게 된다. 정보기관들 간의 경쟁이나 견제장치가 거의 없기 때문에 민주주의적 견제와 균형의 원리에 입각한 민주적 통제가 불가능하다. 대부분의 민주주의 국가에서 정보기관에 대해 의회는 물론 행정부, 사법부, 그리고 언론 등에 의한 감시와 통제가 유지됨으로써 정보기관의 불법과 권력남용을 억제하는 제도적 장치가 마련되어 있다. 반면에 권위주의 독재정권의 경우 정보기관이 국가의 최고 권력기구로서 입법, 행정, 사법 등 3권을 장악하고 막강한 권한을 휘두르고 있기 때문에 이들에 의한 민주주의적 통제 또는 감독 기능이 행사되지 못한다.

---

19) Bruneau and Dombroski(2013), p.15.
20) Bruneau and Dombroski(2013), p.16.

제 9 장

미국의 정보기구

제 1 절 기원과 발전

　　미국의 정보기구는 다른 나라들에게 일종의 모델이자 경쟁 상대이다. 미국의 정보기구는 러시아와 더불어 전 세계에서 가장 큰 규모의 조직으로 구성되어 있으며, 아마도 가장 모범적이며 막강한 영향력을 미치는 것으로 여겨진다. 따라서 미국의 정보기구가 어떻게 형성되어 발전해 왔고, 어떤 조직구조와 운영체계를 갖추고 있으며, 현재 어떤 활동을 수행하고 있는지 등에 대해 보다 많은 이해가 필요하다.

　　영국, 프랑스, 독일, 러시아 등 유럽의 강대국들과 비교하여 미국의 정보활동 역사는 매우 짧은 편이다. 영국은 엘리자베스 1세 당시인 16세기 후반부터, 그리고 프랑스를 비롯한 대부분의 유럽 국가들은 17세기 초부터 비밀정보조직을 설립하여 정보활동을 수행했던 것으로 알려졌다. 미국의 경우 영국과 독립전쟁(1775-1783년)을 수행하는 동안 영국군 관련 정보를 수집하는 등 정보활동을 활발히 전개했다. 특히 독립전쟁 당시 미국 대륙군(the Continental Army)의 사령관이었던 워싱턴(George Washington) 장군은 영국군의 이동 및 작전 상황을 파악하는 데 첩자들을 빈번히 활용했으며, 이를 통해 여러 번의 전투에서 승리할 수 있었다.[1] 독립전쟁이 종료된 이후 미국의 초대 대통령으로 취임한 워싱턴은 영수증 없이도 정보활동에 사용되는 비용을 지출할 수 있는 '비밀정보 활동비(the Secret Service Fund)'라는 명목의 예산 신설을 의회에 요청했고, 이를

---

1) Christpoher Andrew, *For the President's Eye's Only: Secret Intelligence and the Ameican Presidency from Washington to Bush*(New York: Harper-Collins Publishers, Inc., 1996), pp.7-8.

의회가 승인해 주었다. 동 예산은 신설 첫해 4만 달러 수준에서 2년 후 100만 달러 이상으로 증액되었는데, 이는 당시 연방정부 총 예산의 12%에 달하는 엄청난 액수였다.[2] 워싱턴 대통령은 동 예산을 활용하여 비밀정보활동을 활발히 전개했고, 후임 대통령들도 그러한 선례를 따랐다.

남북전쟁이 종료될 무렵인 1865년 링컨 대통령은 재무부 산하에 위조화폐 단속을 주요 임무로 하는 '비밀경호국(Secret Service, SS)'을 설립했다.[3] 비밀경호국(SS)은 1894년 클리블랜드(Grover Cleveland) 대통령 암살 음모를 적발하는데 공을 세웠고, 그것을 계기로 몇 년 후 대통령 경호 업무를 담당하는 기구로 탈바꿈했다. 비밀경호국(SS)은 미국 최초의 연방 법집행기관으로 출범했지만, 사실 정보활동과는 관련성이 적었다. 이 무렵 군에서는 전투임무 수행을 지원하기 위해 또는 적에 관한 첩보수집을 목적으로 소규모 정보조직이 설립되기 시작했다. 1882년 외국의 함선 건조 기술을 습득할 목적으로 해군 항해국(Bureau of Navigation) 소속의 '해군정보처(Office of Naval Intelligence, ONI)'가 설립되었고, 이어서 1885년 육군에 '군 첩보부대(Military Information Division, MID)'가 설치되었다.[4]

한편, 주(州) 경계를 초월하여 각종 범죄들이 횡행함에 따라 연방정부 차원의 수사기구 설립 필요성이 대두되었다. 이에 따라 1908년 시어도어 루스벨트 대통령 당시 보나파르트(Charles Bonaparte) 법무장관 주도로 '수사국(Bureau of Investigation, BI)'이 창설되었다. 창설 당시 수사국은 재무부의 '비밀경호국(SS)'에서 차출한 9명의 요원들로 구성되었다. 이후 수사국은 미국 내 암약하는 독일 첩보망을 일망타진하는 등의 수훈을 세웠고, 1935년 연방수사국(Federal Bureau of Investigation, FBI)으로 개칭되어 오늘에 이르고 있다.[5]

미국의 경우 1776년 영국의 식민지로부터 독립한 이후로부터 1940년대에 이르기까지 영국, 프랑스, 독일 등 유럽 국가들에 비해 다소 소극적이고 미미한 수준에서 정보활동이 수행되었던 것으로 평가된다.[6] 비록 19세기 말경 재무부 산하에 또는 육군 및 해군 산하에 정보조직이 설립되어 정보활동을 수행했지만 국가적인 차원에서 본격적인 정보활동을 전개하게 된 것은 제2차 세계대전 이후로 본다.[7] 유럽 국가들과 비교

---

2) Andrew(1996), p.11.
3) 제프리 존스, 정연희 역, 『FBI 시크릿』(서울: Human & Books, 2008), p.11.
4) ONI는 최초 4명의 장교로, 그리고 MID는 1명의 장교와 7명의 민간인 보조원을 구성원으로 설치되었다. 이들은 오늘날과 같은 유형의 정보활동을 수행하기에는 턱없이 미흡한 소규모 조직이었다. Andrew(1996), pp.24-25.
5) 제프리 존스, 김상민 역, 『CIA와 미국 외교정책』(서울: 학민사, 2001), p.27.
6) 로웬탈, 김계동 역, 『국가정보: 비밀에서 정책까지』(서울: 명인문화사, 2008), p.16.

하여 미국이 오랫동안 대외 정보활동에 소극적이었던 이유는 지정학적 요인에서 비롯
된다. 미국은 대서양을 사이에 두고 유럽대륙으로부터 멀리 떨어져 있었기 때문에 유럽
강대국들로부터 공격받을 위험성이 그다지 크지 않았다. 이처럼 심각한 안보위협이
부재한 상황에서 굳이 국가적 차원에서 정보활동을 수행할 필요성을 인식하지 못했던
듯하다. 게다가 미국은 자유민주주의적 가치를 건국의 이념으로 신봉하는 전통에 따라
합법성과 공개성의 원칙이 강조되는 사회적 분위기에 젖어 있었다. 이에 따라 미국의
지도자들은 비밀주의와 비윤리적인 속성을 가진 정보활동에 대해서 대체로 부정적인
태도를 취했던 것으로 보인다. 예를 들어, 후버 행정부의 스팀슨(Henry L. Stimson) 국무
장관은 "신사는 남의 편지를 훔쳐보지 않는다(Gentlemen do not read each other's mail)"라는
유명한 말을 남기며 미국 내 최초로 암호전문을 감청하고 해독하는 등의 활동을 성공적
으로 수행해왔던 '블랙 체임버(Black Chamber)'를 즉각 폐쇄하도록 명령했다.[8]

그런데 1940년대에 이르러 미국의 정보활동은 새로운 국면을 맞이하게 되었다.
제2차 세계대전의 발발과 함께 행정부와 의회의 정책결정자들은 정보를 국가안보의
중요한 요소로 인식하게 되었다. 루스벨트(Franklin D. Roosevelt) 대통령은 1941년 7월
도노반(William J. Donovan)을 책임자로 하는 '정보협력관실(Office of Coordinator of
Information, COI)'을 신설하였다.[9] COI는 국무부와 전쟁부의 정보를 통합·조정하고 보
다 종합적인 국가정보 생산을 목표로 하여 설립되었으나, 1941년 12월 7일 일본의
진주만 기습을 제 때에 예측하지 못하는 등 문제점이 지적되었다.[10] 이에 따라 루스벨
트 대통령은 COI를 대체하여 1942년 6월 13일 '전략정보국(Office of Strategic Service,
OSS)'을 설립하였다. OSS의 설립은 단일 정보기관이면서 복합적인 정보활동임무를
수행하는 미국 최초의 국가정보기구이면서 국가정보를 생산하는 데 민간 학자들을
활용했다는 점에서 미국 첩보사에서 혁명적인 사건으로 기록된다.[11] 공식적으로 CIA
의 전신으로 알려진 OSS는 전쟁을 지원하는 데 목적을 두고 설립된 정보기구로서
제2차 세계대전 중 해외에 많은 요원을 파견하여 첩보수집과 파괴공작을 전개했으며,

7) 로웬탈, 김계동 역(2008), p.16.
8) 블랙 체임버는 암호 분석 전문가로 알려진 야들리(Hurbert O. Yardley)가 국무부와 전쟁부의 재
  정지원을 받아 뉴욕 맨해튼에 사무실을 두고 설립했으며, 제1차 세계대전 이후 1917년부터
  1929년까지 운영했다. 블랙 채임버는 12년 동안 19개국의 암호전문 4만 5천 건을 성공적으로
  해독하는 등의 성과를 올렸다. 송문홍, "미국의 국가정보체계," 문정인 편저, 『국가정보론』(서울:
  박영사, 2002), p.341.
9) 국가정보포럼, 『국가정보학』(서울: 박영사, 2006), p.179.
10) 제프리 존스, 김상민 역(2001), pp.32-33; 국가정보포럼(2006), p.179..
11) R. Harris Smith, OSS: The Secret History of America's First Central Intelligence Agency(Berkeley:
  University of California Press, 1981); and Bradley F. Smith, The Shadow Warriors: OSS and the
  Origins of the CIA(New York: Basic Books, 1983).

중요한 전략정보를 생산하여 정책결정자에게 제공하는 등의 임무를 수행했다.12) OSS 는 형식상으로는 군 합동참모본부(JCS)의 지시를 받도록 되어 있었지만 실제로는 대통령의 직접적인 통제하에 임무를 수행했다.13) OSS는 제2차 세계대전이 종료되면서 전쟁 지원이라는 애초의 설립 목적이 소멸됨에 따라 트루먼 대통령의 지시로 1945년 10월 해체되었다. OSS가 맡았던 첩보수집 기능은 전쟁부 및 육군으로, 조사·분석 기능은 국무부로 이관되었다.14)

1945년 이후 소련에 의한 위협이 부상하면서 이에 효과적으로 대응하기 위해 모종의 '중앙정보기구' 설립 필요성을 느끼게 되었다. 이에 따라 국무부, 전쟁부 등 정부 관료들을 중심으로 새로이 설립될 기구의 성격과 형태에 관해 다양한 아이디어들이 제시되었다. 반면에 트루먼(Harry Truman) 대통령을 포함하여 상당수의 정부 고위 관료들, 그리고 상·하원 의원들의 대다수가 '중앙정보기구'를 설립하게 될 경우 정보독점, 권력 확대, 그리고 중앙집권화 등으로 인한 경찰국가의 출현 위험성에 대해 심각한 우려를 표명하였다.15) 새로이 출범할 중앙정보기구에 관해 미국 내 행정부, 의회, 여론 등에서 각기 상반되는 아이디어들이 제기되는 가운데 트루먼(Harry Truman) 대통령은 1946년 1월 과도기적 중앙정보기구로서 '중앙정보단(Central Intelligence Group, CIG)'을 창설하였다. CIG는 국무부, 전쟁부, 해군의 최고 수뇌들로 구성된 '국가정보국(National Intelligence Authority, NIA)'의 지휘를 받아 분산된 정보 기능을 통합·조정하는 역할을 수행하게 되었다.16) 이후 1947년 7월 '국가안전보장법(National Security Act)'이 의회에서 통과됨에 따라 CIG는 오늘날의 '중앙정보국(Central Intelligence Agency, CIA)'으로 재탄생하게 되었다. CIA는 대통령 직속기관이면서 국가안전보장회의(National Security Council,

12) OSS가 CIA의 전신으로 인정되는 이유는 CIA가 창설 당시 OSS 출신 베테랑 요원들을 대거 영입하였다는데 있다. 그리고 윌리엄 콜비, 윌리엄 케이시 등을 포함한 역대 CIA 부장 중 4명이 OSS 출신이었다. 제프리 존스, 김상민 역(2001), p.34; 국가정보포럼(2006), p.179..

13) William Colby and Peter Forbath, *Honorable Men: My Life in the CIA*(New York: Simon and Schuster, 1978), p.57. OSS는 탄생 초기부터 여러 정보기관들로부터 견제를 받았다. 육군과 해군은 자신들 나름의 독자적인 정보활동을 수행하고 있었고, FBI는 그 당시 자신들의 텃밭으로 여겼던 라틴 아메리카 지역에 OSS가 개입하는 것을 견제했다. 심지어 맥아더 장군이나 니미츠 제독도 OSS가 자기네 영역인 태평양 지역에서 활동하는 것을 허용하지 않았다. 결과적으로 제2차 세계대전 중 OSS의 활동영역은 주로 유럽지역에 국한될 수밖에 없었다. 송문홍(2002), p.344.

14) 송문홍(2002), p.344.

15) 트루먼 대통령은 1946년 1월 '중앙정보단(Central Intelligence Group, CIG)'이 창설된 직후 개최한 비공식 기자회견에서 "우리는 게슈타포를 조심해야 한다. … 안보문제는 항상 국민에 의해 선출된 관리의 지휘 하에 두어야 장차 아무런 문제도 일어나지 않을 것이다"라고 답변했다. 당시 상·하원의 민주당과 공화당 의원들도 대부분 중앙정보기구에 관한 아이디어를 독일의 게슈타포와 같은 것으로 공박하였다. 제프리 존스, 김상민 역(2001), pp.46-47.

16) Pat M. Holt, *Secret Intelligence and Public Policy: A Dilemma of Demoacracy*(Washington, D.C.: Congressional Quarterly Inc., 1995), p.28.

NSC)의 산하기관으로서 NSC의 지휘를 받게 되었다. CIA 국장은 미국 정보공동체 내 각급 정보기관의 정보활동을 조정·통합하는 역할을 수행하는 '중앙정보장(Director of Central Intelligence, DCI)' 직위를 겸하게 되었다.

트루먼 대통령은 훗날 CIA 창설을 후회했다. 그는 "자유롭고 민주적인 정부와 CIA의 비밀주의는 조화되기 어렵다"며, "막대한 예산을 쓰면서도 비밀이라는 이유로 그들이 무엇을 하는지 모르고, 따라서 감시와 통제 밖에 있는 CIA"를 강력하게 비판했다.17) 한편 CIA의 부문정보기관들에 대한 통합·조정 기능은 시작부터 한계에 부닥쳤다. 육군과 해군은 각각 기존의 정보기관을 유지하고 있었고, 공군은 산하에 새로운 정보기관을 창립하였다. 국무부에는 해외정보 분석을 전담하는 '정보조사국(Bureau of Intelligence and Research, INR)'이 있었고, FBI도 독자적으로 정보활동을 수행하고 있었다. 이들 부문정보기관들은 CIA와의 정보 공유 또는 협력을 꺼려했기 때문에 CIA의 부문정보기관들에 대한 통합·조정 기능은 애초 기대와는 달리 제대로 이행되지 못했다. 1952년에는 신호정보의 감청과 암호개발 및 해독을 전담하는 '국가안보국(National Security Agency, NSA)'이 창설되었다. 그리고 1961년 10월 국방부 산하 정보기관의 분석 부서를 통합하여 '국방정보국(Defense Intelligence Agency, DIA)'이 설립되었다.18)

냉전시대 동안 CIA를 비롯한 미국의 정보기관들은 정보활동을 활발히 전개하여 소련과 동유럽 사회주의 세력의 팽창을 저지하고 마침내 그들을 와해시키는 데 있어서 핵심적인 역할을 수행했다. 그런 점에서 냉전시대 미국의 정보활동은 매우 성공적이었던 것으로 인정된다. 그런데 소련의 붕괴와 함께 냉전이 종식되면서 대외 안보환경에 급격한 변화가 일어났다. 테러, 마약, 조직범죄, 핵무기 확산 등 새로운 안보위협이 부상되었고, 이러한 변화에 부응하여 미국의 정보공동체를 개혁해야 한다는 논의가 미 의회를 중심으로 활발히 진행되었다. 새로운 위협에 효과적으로 대응하려면 정보공동체의 정보활동 목표와 방향을 새롭게 조정해야 했으며, 그에 따라 정보기관들의 조직과 운영체계의 대폭적인 개편이 요구되었다. 그러나 그러한 개혁이 전격적으로 실행되지 못하고 지연되는 와중에 2001년 9월 11일 테러 사건이 발생하게 되었다.

9/11 테러 사건은 미국 사회에 엄청난 충격을 주었다.19) 9/11 테러 이후 부시 대통

---

17) Holt(1995), p.29; 송문홍(2002), p.345.
18) NSA와 DIA는 정책결정자들의 숙고 없이 창설되었다고 지적된다. NSA는 대통령이 행정명령(Executive Order)조차 없이 간단한 지침(Directive)만으로 창설되었고, DIA는 맥나마라(Robert S. McNamara) 국방장관이 백악관과의 상의도 없이 설립하게 되었다고 한다. Holt(1995), p.30; 송문홍(2002), p.346.
19) 9/11 테러로 인해 미국은 2,970여 명의 무고한 생명이 희생되었고 약 2천억 달러에 이르는 재산상의 피해를 입었다. National Commission on Terrorist Attacks Upon the United States, *The 9-11*

령은 대테러 활동을 강화하는 데 중점을 두고 정보공동체의 조직과 운영 방향에 일대 개혁을 단행하게 된다. 우선, 대테러 업무를 총괄하는 조직으로서 국토안보부(the Department of Homeland Security)를 창설하였을 뿐만 아니라 백악관 내 국가안전보장회의 (NSC)와 유사한 형태의 '국토안보회의(the Homeland Security Council)'를 설립하였다.20) 또한, '테러위협통합센터(Terrorist Threat Integration Center)'를 설립하여 국내외 테러문제 를 종합적으로 분석하는 임무를 수행토록 하였다.21) 또한, FBI의 주요 활동 목표를 테러 공격을 막는데 두도록 기구와 운영 방향을 개혁하였다. 그리고 미국 전역에 걸쳐 테러리스트들의 활동을 무력화시키기 위한 연방정부의 대응노력을 지원해 주고, 테러 행위를 예방하고 조사·공소하는 데 필요한 법적인 조치를 강화하는 내용을 골자로 하는 '애국법(USA PATRIOT Act)'을 제정하였다.22)

한편, 의회는 2002년 11월 '9/11 진상조사위원회(National Commission on Terrorist Attacks upon the United States, 일명 9/11 Commission)'를 구성하여 테러 대응 실패의 원인을 규명하고 개선 방안을 모색하였다.23) 2004년 7월 발표된 9/11 최종보고서는 9/11 테러 를 사전에 예방하지 못한 요인으로서 첫째, 납치한 '항공기 자체를 무기화'하리라고 예상치 못한 '상상력 결핍', 둘째, 각급 정보기관 간 정보 공유 미흡 및 정보 통합관리 능력의 부재, 셋째, 고위층에서부터 일선 근무자에 이르기까지 총체적인 대테러 마인드 부족 등을 지적했다. 동 보고서는 그러한 문제점을 해소하기 위해 정보기관들 상호간 수평적인 정보 공유의 영역을 확대하고, 현재의 중앙정보장(DCI) 직을 '국가정보장 (Director of National Intelligence, DNI)'으로 대체하여 정보공동체에 대한 통제권을 강화할 것 등을 제안하였다.24) 9/11 최종보고서에서 제시한 권고안에 기초하여 의회는 2004년

Commission Report(Final Report of the National Commission on Terrorist Attacks Upon the United States, 이하 9/11 Report), Official Government Edition, http://www.9-11commission.gov/report/911 Report.pdf(검색일: 2004년 10월6일).

20) 2002년 11월 25일 부시 대통령이 서명한 '국토안보법(Homeland Security Act of 2002)'에 근거하여 2003년 1월 24일 '국토안보부'가 공식 출범하게 되었다

21) White House, "Fact Sheet: Making America Safer by Strengthening Our Intelligence Capabilities," August 2, 2004.

22) 원명은 "Uniting and Strengthening America by Providing Appropriate Tools Required to Intercept and Obstruct Terrorism Act of 2001"이며, 총 215조항으로 이루어졌다. 2001년 10월 26일 부시 대통령의 서명으로 발효되었고, 인권 침해 소지가 많은 16개 조항에 대해서는 4년 후 시효 만료를 명기했다. 4년 후 동 법의 일부 내용을 수정하여 상·하원에서 통과되었고, 2006년 3월 9일 부시 대통령이 서명하여 재차 발효되었다. http://en.wikipedia.org/wiki/USA_PATRIOT_ACT(검색일: 2008년 1월 23일).

23) 미 의회는 공화·민주 양당에서 추천한 10명으로 '9/11 진상조사위원회'를 구성, 2002년 11월부터 2004년 7월까지 250만 페이지의 자료들을 열람하고, 1,200여 명의 관련자들과 면담을 실시했다고 한다. 그리고 19일간 청문회를 개최하여 9/11 테러 예방의 실패원인 분석 및 개선방안 등을 제시한 최종보고서를 발간하였다. 9/11 Report(2004).

12월 '정보개혁법(Intelligence Reform Act)'을 제정하였다.[25] 정보개혁법에 따라 CIA, FBI 등 정보공동체 소속 16개 정보기관의 예산과 인력을 총괄 조정하는 권한을 가진 장관급의 '국가정보장(Director of National Intelligence, DNI)' 직위가 신설되었다. 이외에 정보개혁법에 근거하여 '합동정보공동체위원회(Joint Intelligence Community Council)'가 설립되어 정보공동체를 감독하는 기능을 수행하게 되었다.[26]

제 2 절 조직과 운영체계

1. 미국의 정보공동체 개관

미국의 정보기구 또는 정보체계는 흔히 '정보공동체(intelligence community)'로 불리는데, 미국의 정보체계의 독특한 모습을 묘사하는데 매우 적합한 용어로 생각된다. 미국에서 '정보공동체'란 각 분야에서 다양한 정보활동을 수행하고 있는 정보기관들의 집합체를 의미한다. 미국의 '정보공동체(community)'는 업무적으로 관련이 있거나 때로는 연합된 기관 및 부서들로 구성되며, 이들은 각기 다른 정보사용자들을 위해서 그리고 여러 계선조직의 명령 및 지휘체계 하에서 활동한다. 때로 정보공동체 내 정보기관들 간에 중복된 업무를 수행하는 등의 비효율성이 지적되곤 하는데, 이는 각각의 정보기관들이 어떤 종합적인 계획에 기초하여 창설된 것이 아니고 그때그때 요구되었던 여러 가지 다양한 정보수요들을 충족시키려는 목적에서 설립되었기 때문이다.[27]

미국의 정보공동체는 초기에는 단순한 협의체 개념에 의하여 운영되었으나 점차

---

24) 9/11 Report(2004).

25) 원명은 '2004 정보개혁 및 테러방지법(Public Law 108-458, *Intelligence Reform and Terrorism Prevention Act of 2004*, 이하 2004 정보개혁법)'이다. "Intelligence Reform and Terrorism Prevention Act of 2004," www.nctc.gov/docs/pl108_458.pdf(검색일: 2008년 3월 29일); and Douglas Jehl, "Bush to Create New Unit in FBI for Intelligence," *New York Times*(June 30, 2005).

26) JICC는 DNI를 의장으로 하고, 국무부장관, 재무부장관, 국방부장관, 에너지부장관, 국토안보부장관, 검찰총장 등을 구성원으로 한다. JICC는 정보요구, 예산, 정보기관의 활동성과 등에 관해 DNI에게 자문하는 역할을 수행한다. JICC 위원 중에 누구든지 DNI가 제공한 정보와 상반되는 내용을 대통령에게 보고할 수 있는 권한을 가진다. DNI보다 서열이 높은 장관들이 정보 업무에 관해 대통령에게 직접 보고할 수 있는 권한을 갖고 있기 때문에 DNI에 대한 견제 수단으로서의 역할을 충분히 수행할 수 있을 것으로 기대되었다. 그러나 DNI를 제외하고 JICC 위원들이 정보공동체의 정보기관들에 대해 관리 및 운영하는 업무에 매진할 시간이 거의 없다는데 문제가 있다. 그래서 기대와는 달리 JICC가 정보기관들을 감독하는데 실질적인 역할을 수행하기가 다소 어려운 것으로 지적된다. Mark M. Lowenthal, *Intelligence-From Secrets to Policy*, 3rd. ed. (Washington, D.C.: CQ Press, 2006), p.192.

27) 로웬탈, 김계동 역(2008), p.15.

조직의 성격과 목적이 규정되었다. 9/11 이전까지 정보공동체는 CIA 부장이 겸임하는 중앙정보장(Director of Cental Intelligence, DCI)을 정점으로 하여 각 부문정보기관들이 협조하여 높은 수준의 종합적인 정보 생산을 목적으로 구성되었다. 9/11 이후 기존의 DCI를 대체하여 정부 부처의 장관급에 해당되는 국가정보장(DNI) 직위가 신설되었다. DNI는 16개 정보기관들로 구성된 미국의 정보공동체를 관리하는 수장의 역할을 수행하게 된다. 과거 DCI와 비교하여 DNI는 정보공동체의 예산이나 인사에 대해 보다 강력하고도 실질적인 권한을 행사할 수 있도록 제도화되었다. DNI는 국가정보분야의 수석 참모로서 대통령과 NSC에 정보분야에 대해 조언을 담당하게 된다. 또한 국가대테러센터(National Counterterrorism Center, NCTC) 등 산하기구를 지휘·감독하는 책임도 맡고 있다.

'국가정보장실(Office of Director of National Intelligence, ODNI)'은 국가정보장을 최고책임자로 하고, 그 휘하에 국가정보수석차장(Principal Deputy Director of National Intelligence), 분석담당 국가정보차장(Deputy Director of National Intelligence for Analysis), 수집담당 국가정보차장(Deputy Director of National Intelligence for Collection), 관리담당 국가정보차장(Deputy Director of National Intelligence for Management), 정보사용자 지원 담당 국가정보차장(Deputy Director of National Intelligence for Customer Outcome) 등 5명의 국가정보차장을 두고 있다.[28] 산하 기관으로는 DCI 산하 기관이었던 국가정보위원회(National Intelligence Council, NIC), 국가방첩집행관실(National Counterintelligence Executive), 국가대테러센터(National Counterterrorism Center), 국가대확산센터(National Counterproliferation Center), 공개정보센터(Open Source Center), 정보공유위원회(Information Sharing Council) 등을 두고 있다.[29]

9/11 이전까지 정보공동체는 총 14개의 정보기관들로 구성되어 있었다. 9/11 이후 정보공동체의 새로운 구성원으로서 국토안보부(DHS)와 법무부 마약단속국(DEA)이 추가되어 현재 총 16개 정보기관들로 구성된다.[30] 정보공동체 내 정보기관들은 정보활동의

---

28) 현재 국가정보장실(ODNI)의 건물은 워싱턴 D.C. 동남부 포토맥 강 부근 공군기지 내에 소재한 DIA 건물 2층에 들어 있으며, 총 인원은 500-700명으로 추정된다. 국가정보 분석담당 차장은 국가정보위원회(National Intelligence Council, NIC) 의장을 겸임하게 된다. 수집담당 국가정보차장은 첩보수집 및 공작활동을 담당하게 된다. 관리담당 국가정보차장은 인사, 교육훈련, 예산 문제를 담당한다. 마지막으로 정보사용자 지원담당 국가정보차장은 대통령과 고위정책결정자들의 정보요구를 파악하고 그들에게 필요한 정보를 제공하는 임무를 수행하게 된다. *Washington Post* (May 7, 2005).

29) 국가대테러센터는 기존의 테러위협통합센터(TTIC)를 확대·개편하여 설립되었다. 국가반확산센터는 2005년 3월 발표된 WMD 위원회 보고서의 권고사항에 따라 2005년 6월 29일 창설되었다. 이 기구는 DCI 산하 군비정보·비확산 센터의 기능을 대체하여 대량살상무기 확산 방지를 위한 정보분석 및 대응책을 마련하는 임무를 담당한다. http://chimuchyo.egloos.com/1087764(검색일: 2013년 11월 14일).

30) 국토안보부(DHS)는 2002년 11월 의회에서 통과된 '국토안보법(Homeland Security Act)'에 의해 창설되었고, 법무부 마약단속국(DEA)은 2006년 2월 17일 정보공동체 16번째 구성원으로 추가되

수준에 따라서 국가정보기관과 부문정보기관으로 분류된다. 정부 부처에 소속되지 않은 독립적 정보기관인 중앙정보국(Central Intelligence Agency, CIA)과 조직체계상 국방부 산하기관으로 되어 있는 국가안보국(National Security Agency, NSA), 국가정찰국(National Reconnaissance Office, NRO), 국가지형정보국(National Geospatial Intelligence Agency, NGA) 등은 자신이 소속된 특정 부처가 아니라 국가 차원에서 정보활동을 수행한다는 점에서 국가정보기관으로 분류된다. 부문정보기관으로는 국방부 산하의 국방정보국(Defense Intelligence Agency, DIA), 육·해·공군 및 해병 정보국, 국무부 산하의 정보조사국(State Department's Bureau of Intelligence and Research, INR), 법무부 산하의 연방수사국(Federal Bureau of Investigation, FBI), 마약단속국(DEA), 에너지부 산하의 정보실(Office of Intelligence, IN), 재무부 산하의 정보지원실(Office of Intelligence Support, OIS), 국토안보부(DHS) 산하의 해안경비대(Coast Guard)와 정보와분석국(Intelligence and Analysis) 등이 있다.[31]

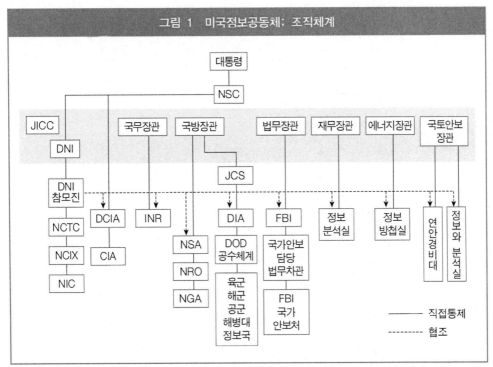

그림 1 미국정보공동체: 조직체계

출처: Mark M. Lowenthal 저, 김계동 역, 『국가정보: 비밀에서 정책까지』(서울: 명인문화사, 2008), p.43.

었다. ODNI Website(http://www.dni.gov/index.php/intelligence-community/members-of-the-ic) 참고.
31) Lowenthal(2006), p.32, 그림 <3-1> 참고.

　　미국 정보공동체는 기능에 따라 정보 사용자(Clients), 정보 관리자(Manager), 첩보수집 및 기획자(Collectors and Builders), 첩보수집자(Collectors), 분석 및 생산자(Analysis/ Producers) 등으로 분류될 수 있으며, 이에 대해서는 <그림 2>에 잘 묘사되어 있다.[32] 대통령은 정보 사용자이지만 정보 관리자는 아니다. 국방부, 국무부, 재무부, 에너지부, 법무부, 국토안보부 등의 장관들은 모두 정보 사용자이면서 동시에 정보 관리자 기능도 수행한다.[33] NRO, 국방부 공수체계, DNI 산하 과학기술담당 차장, CIA 과학기술부 등은 첩보수집 기획자로서의 임무를 수행한다.[34] 첩보수집임무를 수행하는 정보조직 으로는 NGA, NSA, 국방부 내 공수체계(Defense Airborne System), DIA의 국방인간정보처(Defense Humint Service, NCS)',[35] DNI 산하 수집담당 국가정보차장, CIA '국가비밀공

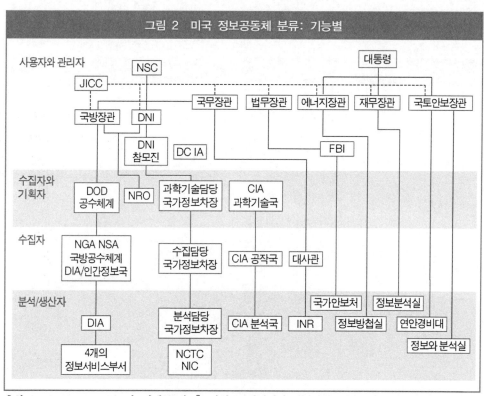

그림 2　미국 정보공동체 분류: 기능별

출처: Mark M. Lowenthal 저, 김계동 역, 『국가정보: 비밀에서 정책까지』(서울: 명인문화사, 2008), p.48.

32) Lowenthal(2006), p.35, 그림 <3-3> 참고.
33) Lowenthal(2006), p.36.
34) Lowenthal(2006), pp.36-37.
35) '국방인간정보국(Defense Humint Service, DHS)'으로 불리기도 하는데 같은 이니셜인 국토안보부 (DHS)와 혼동되는 것을 피하기 위해 통상 'DIA/Humint'로 불린다. 기구 명칭에서 나타나듯이 국방 관련 인간정보 수집을 담당한다. Lowenthal(2006), p.37.

작처(National Clandestine Service, NCS)',[36] 국무부의 대사관, FBI의 '국가안보처(National Security Branch, NSB)' 등이 있다.[37] 마지막으로 완성된 정보를 생산하는 주요 기관으로서 CIA의 정보분석국(DI), DIA의 정보분석국(DI), 그리고 국무부의 정보조사국(INR) 등이 있다. 이 밖에 육·해·공군 및 해병대 정보기관들, 2005년 9월 신설된 FBI 산하 '국가안보처(National Security Branch, NSB)', 국토안보부 산하 '정보와분석실(Intelligence and Analysis)', 에너지부의 '정보방첩실(Intelligence Office), DNI 산하 국가정보위원회 (NIC), 국가테러방지센터 등에서도 정보분석 및 생산 기능을 수행한다.[38]

<그림 3>에서 묘사되었듯이, 미국의 정보기관은 예산 출처에 따라 각각 국가정보프로그램(National Intelligence Program, NIP),[39] 합동군사정보프로그램(Joint Military Intelligence Program, JMIP), 전술정보프로그램(Tactical Intelligence and Related Activities,

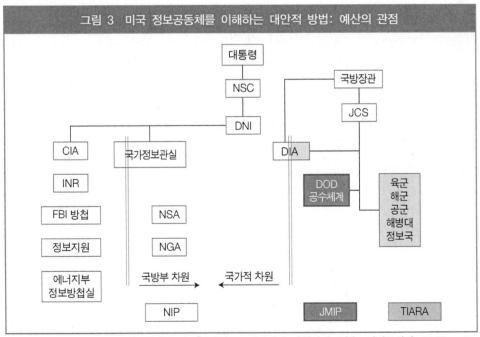

그림 3　미국 정보공동체를 이해하는 대안적 방법: 예산의 관점

출처: Mark M. Lowenthal 저, 김계동 역, 『국가정보: 비밀에서 정책까지』(서울: 명인문화사, 2008), p.67.

---

36) 2004년 정보개혁법에 따라 CIA 산하 공작국(Directorate of Operation, DO)을 확대 개편하여 신설된 조직이다.
37) Lowenthal(2006), p.36.
38) Lowenthal(2006), p.37.
39) 이전에는 '국가해외정보프로그램(National Foreign Intelligence Program, NFIP)'이었으나 국토안보와 국내정보를 포함시키면서 개명되었다. Lowenthal(2006), p.34.

TIARA) 등으로 분류된다.[40] 일반적으로 NIP는 국가적 차원에서 정보활동을 수행하는 프로그램을 의미하며, JMIP는 전략적 차원에서, TIARA는 전술적 차원에서 군사정보를 지원하는 임무를 수행하는 프로그램을 말한다.[41] NIP에 관련되는 기능을 수행하는 정보조직으로서 국가정보관실, CIA, INR, FBI, 에너지부 정보방첩실, NSA, NGA 등이 있으며, 이들이 사용하는 예산은 전체 정보공동체 예산의 절반 이상을 차지한다.[42] DIA의 경우 NIP와 JMIP를 동시에 수행하고 있다. JMIP는 주로 국방부 소속 정보조직이 담당하고 있으며, 정보공동체 예산의 대략 1/10을 차지하는 것으로 알려졌다. TIARA는 육·해·공군 및 해병대 정보기관과 특수작전사령부(Special Operations Command, SOCOM)가 수행하고 있으며, 정보공동체 총 예산의 약 1/3을 차지한다.[43]

미국은 9/11 테러 사건 이후 10여 년 동안 정보역량 개선에 약 5,000억 달러를 투입했던 것으로 알려졌다. 2013년 8월 29일 워싱턴포스트(WP)가 CIA 직원이었던 에드워드 스노든으로부터 입수한 미 정보기관의 '2013 회계연도 예산안' 기밀 자료에 따르면, 2013년도 미국 정보공동체의 16개 정보기관이 사용하는 총 예산은 526억 달러(약 58조 4,649억 원)로 밝혀졌다.[44] 그리고 16개 정보기관에 종사하는 인력은 총 10만 7,035명으로 나타났다.[45]

2. 미국의 정보기관

(1) 중앙정보국(Central Intelligence Agency, CIA)

CIA는 1947년 국가안전보장법(National Security Act of 1947)에 기초하여 설립되었으며, 1949년 중앙정보부법(Central Intelligence Agency Act)에 의해 더욱 확고한 법적 기반을 확보하게 되었다. 2001년 9/11 테러 사건이 발발하기 이전까지 CIA는 미국 정보공동체의 대표적인 정보기관으로서 국가안전보장회의(National Security Council, NSC)의 지시를 받아 첩보수집, 정보분석, 비밀공작 등의 임무를 수행했다. CIA 국장이 이전에 겸임했던 중앙정보장(Director of Centeral Intelligence, DCI) 직위는 2004년 정보개혁법에 의해

---

40) Lowenthal(2006), p.50, 그림 <3-4> 참고.
41) Lowenthal(2006), p.31.
42) Lowenthal(2006), p.50.
43) Lowenthal(2006), p.49.
44) 16개 정보기관들 중 예산 규모가 가장 큰 조직은 147억 달러를 사용하는 CIA로 알려졌다. 그 다음으로 NSA 108억 달러, NRO 103억 달러, NGA 49억 달러, DIA 44억 달러 등으로 밝혀졌다. 『조선일보』(2013.8.31.).
45) 정보공동체에서 근무하고 있는 인력 중 민간인은 8만 3,675명, 군인 2만 3,360명으로 밝혀졌다. 『조선일보』(2013.8.31.).

국가정보장(Director of National Intelligence, DNI)이 대체하게 되었다. 이에 따라 CIA 국장은 CIA만을 지휘하게 되었고, DNI에게 보고하도록 됨으로써 그 위상이 다소 격하되었다.[46)]

CIA는 첩보수집과 정보분석의 업무를 수행함에 있어서 전체 정보공동체를 선도해 왔으며, 특히 인간정보에 기초한 비밀공작활동을 전담해 왔다. 국가안전보장법과 중앙정보부법에 따른 CIA의 주요 임무는 다음과 같다:

① 국외정보와 방첩정보의 수집·생산·배포
② 마약 생산 및 거래에 관한 외사정보의 수집·생산·배포
③ 국외 방첩활동[47)]
④ 여타 정보기관의 국외정보활동 조정
⑤ 대통령이 승인한 비밀공작 수행
⑥ NSC 지침에 의거한 정보공동체의 공통 업무 수행[48)]

CIA에는 국장(Director)과 1명의 차장(Deputy Director)이 있으며, 산하조직으로는 국가비밀공작국(National Clandestine Service, NCS), 분석국(Directorate of Intelligence, DI), 과학기술국(Directorate of Science and Technology, DS&T), 그리고 지원국(Directorate of Support, DS) 등이 있다. 국가비밀공작국은 2004년 정보개혁법에 따라 CIA 산하의 공작국(Directorate of Operation, DO)을 확대 개편하여 신설된 조직으로서 CIA, FBI, 국방부와 육·해·공군 및 해병대 등 여러 정보기관에서 개별적으로 수행했던 비밀공작 기능을 통합하여 총괄 조정하는 권한을 가진다.[49)] 분석국(Directorate of Intelligence, DI)은 공개출처 및 비밀활동을 통해 수집된 각종 첩보를 분석하여 정제된 정보를 생산하는 기능을 수행한다. 과학기술국은 기초 및 응용과학 연구개발, 기술정보 수집시스템의 설계 및

---

46) Jeffrey T. Richelson, *The U.S. Intelligence Community, 5th ed.*(Boulder, Colorado: Westview Press, 2008), p.17.
47) 이전까지 미국 내에서의 외사정보와 방첩정보 수집은 FBI와 협조하여 수행하도록 되었는데, '2004 정보개혁법'에 따라 CIA가 국내 방첩활동을 수행할 경우 DNI와 법무장관의 승인을 받아야 한다.
48) Executive Order 12333 of United States Intelligence Activities, December 4, 1981, Section 1.8, http://www.cia.gov/cia/information/대12333.html(검색일: 2013년 11월 14일); 국가정보포럼(2006), p. 185.
49) 새로운 기구를 DNI 산하에 둘 것인지 아니면 CIA 산하 조직으로 둘 것인지를 두고 정부 부처 내에서 한동안 논란이 있었는데, 2005년 10월 13일 CIA 내에 '국가비밀공작국(National Clandestine Service, NCS)'이라는 명칭으로 설립되기에 이르렀다. "DNI and D/CIA Announce Establishment of the National Clandestine Service," *CIA Press Releases and Statements*, Fact Sheet, 13 October, 2005. http://www.cia.gov/public_affairs/press_release/2005/pr10132005.html(검색일: 2005년 12월 2일).

운용, 과학기술 정보의 최종생산 등을 담당한다. 지원국은 장비 및 비품 공급, 통신, 재정, 교육훈련, 의료, 인사관리, 기록물관리, 보안 등의 업무를 수행한다.

　　CIA 본부는 워싱턴 D.C.의 남쪽 버지니아주 랭리(Langley)에 소재하고 있으며, 워싱턴 근교에 여러 지부들이 산재해 있는 것으로 알려졌다. CIA 재직 인원은 1994년 1만 7천여 명에서 2013년 8월 현재 2만 1,575명으로 드러났다.[50] 2013년도 CIA 예산은 미국 정보공동체 16개 정보기관들 가운데 가장 많은 147억 달러이며, 지난 10년 간 약 56%가 증가한 것으로 알려졌다.[51]

(2) 국가안보국(National Security Agency, NSA)

　　NSA는 신호정보(SIGINT)를 전담하는 국방부 산하의 기관으로서 1952년 트루먼 대통령에 의해 창설되었으나 그 존재조차 철저히 비밀에 부쳐 한동안 일반인들에게 전혀 알려지지 않은 조직이었다. NSA는 1957년 발행된 정부조직 편람(U.S. Governmental Organization Manual)에서 국가안보와 관련되는 극비의 기술정보활동을 수행하는 국방부 소속의 독립된 기관으로 등장하면서 비로소 그 존재가 공식적으로 알려졌다.[52] NSA는 각종 해외 신호정보(SIGINT)를 수집·분석하고, 미국의 정보시스템을 보호하는 역할을 수행하고 있다. NSA가 수행하는 신호정보활동의 범주에는 외국의 암호체계를 해독하고, 미국 정부기관이 사용하는 암호와 암호기를 제작하여 자국의 암호보안을 유지하는 기능이 포함된다.

　　NSA의 장은 주로 육·해·공군의 3성 장군 중에서 지명되며, 상원 인준을 거쳐서 임명된다. NSA는 국방부장관의 지휘체계에 속하지만 부처를 초월하여 국가 차원에서 신호정보 기능을 수행하고 있기 때문에 국가정보기관으로 인정받고 있다.[53] NSA의 조직은 최근에 비로소 알려졌는데, 크게 2개의 핵심부서 ─신호정보국(Signal Intelligence Directorate), 정보보호국(Information Assurance Directorate)─ 와 여러 개의 부속 기구들로 구성되어 있다.[54] NSA의 본부는 워싱턴 근교 메릴랜드 주 포트 조지 미드(Fort George G. Meade)에 소재하고 있으며, 3개의 건물에 약 3만-4만 명의 인원이 재직하고 있는

---

50) 1991년 경 CIA 재직인원은 약 2만 명이었는데 냉전 종식과 함께 1990년대 동안 소규모 인원을 감축하였고, CIA 영상분석관들이 국가영상정보국(National Imagery and Mapping Agency, NIMA)으로 흡수됨에 따라 1만 6천 명 수준으로 줄어들었다. 그리고 2001년 9/11 테러 발발 이후 재직인원이 다시 증원되어 2008년 당시 약 2만 명을 넘을 것으로 추정되었다. Richelson(2008), p.17. 『조선일보』(2013.8.31.).

51) 『조선일보』(2013.8.31.).

52) Richelson(2008), p.30.

53) 송문홍(2002), p.358.

54) NSA 산하 각 부서의 조직표와 구체적인 임무는 Richelson(2002), pp.32-37 참고.

것으로 알려졌다.[55] NSA는 휘하에 육·해·공군의 정보부대를 거느리고 있으며, 세계 각지에 통신감청소를 운영하고 있다. 해외에 근무하고 있는 인원을 포함한 전체 NSA 직원은 약 8만-12만 명에 이르는 것으로 추산되는데, 이는 미국 정보기관 중 최대 규모로 알려져 있다.[56] 예산은 2008년 당시 70억 달러로 추정되었으나, 2013년 현재 108억 달러로 대폭 증가된 것으로 밝혀졌다.[57] 이는 미국 정보공동체 16개 정보기관들 중 CIA에 이어 두 번째로 많은 규모이며, 이 예산의 상당 부분은 암호해독을 위한 첨단 컴퓨터 설비의 구입 및 유지에 소요되는 것으로 알려졌다.[58]

NSA의 본부 지하실에는 초정밀 컴퓨터들이 있어 전 세계 첩보수집 기지에서 들어오는 엄청난 정보량을 처리한다. NSA가 보유하고 있는 전자장비들은 지구상에서 교신되는 모든 전화·전보·텔렉스 등을 언제든지 도청할 수 있는 것으로 알려졌다.[59] 특히 NSA는 영국, 캐나다, 호주, 뉴질랜드 등 영연방 국가들과 함께 '에셜론(ECHELON)'이라는 비밀 감청조직을 결성하여 전 세계의 무선 통신, 위성 통신, 전화, 팩스, 이메일을 감청하고 있는 것으로 알려져 있다.[60] 그동안 NSA의 도·감청 활동에 대해 수차례에 걸쳐 많은 의혹이 제기되었음에도 불구하고 미국 정부는 공식적으로 그 실체를 인정한 적이 없었다.[61] 그런데 앞 장에서 언급했던바, 2013년 6월 10일 CIA와 NSA에서 컴퓨터 기술자로 일했던 스노든(Edward Joseph Snowden)이 영국 일간지 가디언과 『워싱턴포스트』지를 통해 미국 NSA를 필두로 하는 서방 정보기관들이 전 세계 일반인들의 통화기록과 인터넷 사용정보 등의 개인정보를 무차별적으로 수집·사찰해온 사실을 폭로했

---

55) 그동안 NSA 재직인원을 약 2만 5천 명으로 추정했었다. 그런데, 2013년 6월 10일 CIA와 NSA 에서 컴퓨터 기술자로 일했던 에드워드 스노든(Edward Joseph Snowden)이 폭로한 기밀 자료에 따르면 2013년 기준 NSA 재직인원은 약 3-4만 명인 것으로 밝혀졌다. 당시 스노든은 영국 일간 지 『가디언』과 『워싱턴 포스트』를 통해 미국 NSA를 필두로 하는 서방 정보기관들이 전 세계 일반인들의 통화기록과 인터넷 사용정보 등의 개인정보를 무차별적으로 수집·사찰해온 사실을 폭로했다. "에드워드 스노든-위키백과," http://ko.wikipedia.org/wiki/%EC%97%90%EB%...(검색일: 2013년 11월 15일); 『동아일보』(2013.11.4.).

56) 송문홍(2002), p.357.

57) Richelson(2008), p.32; 『조선일보』(2013.8.31.).

58) Richelson(2008), p.32.

59) 도청된 내용의 암호는 컴퓨터로 해독해낸다. 그리고 도청된 통신내용을 재빠르게 판독하여 정보 가치 여부를 키워드(key word)로 심사한다. 또한 타국의 군사관계 통신을 수집·분석하여 군사력 배치나 이동상황을 알아내기도 한다. http://100.naver.com/100.php?id=111376(검색일: 2005년 12월 19일).

60) 에셜론의 설립 경위, 기지, 활동 내용 등에 대한 보다 자세한 소개는 본서의 제3장을 참고 바람.

61) NSA의 감청 의혹이 사실로 드러난 대표적인 사례로는 2003년 3월 2일 영국 『옵저버』지가 NSA 의 비밀 문건을 입수해 폭로한 기사가 있다. 유엔의 이라크 전쟁 결의를 이끌어낼 목적으로 NSA가 각국 유엔 대표들의 전화와 이메일을 도청했다는 것이 주된 내용이었다. 그러나 NSA의 감청행위가 고도의 은밀성을 띄고 극비리에 수행되었기 때문에 에셜론의 실체를 입증할 수가 없었다. 부승찬, "미국의 '무차별 도청'은 계속된다," 『동아닷컴』(2013.11.4.), http://weekly.donga. com/docs/magazine/print.php?mgz_part=weekly&n=20131...(검색일: 2013년 11월 15일).

다.[62] 스노든의 폭로로 미국 정부는 에셜론의 실체를 지목하지는 않았지만 사실상 도청 사실을 인정하기에 이르렀다. 제임스 클래퍼 미국 국가정보장(DNI)은 10월 29일 하원 청문회에 참석해 "외국 지도자들에 대한 감시는 전혀 새로운 것이 아니며, 이들에 대한 감시활동은 첩보의 기본"이라면서 "미국 동맹국들 역시 미국을 상대로 첩보활동을 한다"고 주장했다.[63] NSA의 도청 파문으로 국내외적으로 비난 여론이 고조하자 오바마 대통령은 미국 대통령으로서는 최초로 외국 정상들에 대한 도청 사실을 인정하고, NSA 첩보수집활동에 대한 재검토 작업에 착수했다고 밝혔다.[64]

NSA는 미국 정보공동체 16개 정보기관 가운데 보안이 가장 철저한 곳으로 알려졌는데, 스노든의 폭로 사건으로 인해 조직, 인력구성, 예산, 그리고 활동 내용 등이 적나라하게 드러나고 말았다.[65] 스노든이 언론에 유출한 기밀문서는 최대 20만 건에 달하는 것으로 알려졌다.[66] '20만 건'이라는 기밀문서의 양은 지난 2007년 폭로 전문 웹사이트인 위키리크스가 공개한 미국 국무부와 국방부의 기밀문서 40만 건에 비해서는 적은 양이다. 그러나 위기리크스가 공개한 문서에는 '2급 비밀(Secret)' 이상으로 분류된 자료가 없지만 스노든이 유출한 NSA 문서 중 많은 양이 '1급 비밀(Top Secret)' 또는 '특수정보(Special Intelligence)'로 분류되어 있어 파급력은 더 클 것으로 보인다.[67]

그동안 미국은 NSA의 조직을 통하여 테러조직 등 적대세력에 대한 감청활동을 성공적으로 수행해왔다는 평가를 받아왔으며, 이들의 활동은 미국의 다른 여타 정보기관의 경우보다 더 중요한 비밀로서 보호받아왔다. 이처럼 철저하게 보안을 유지해왔던 NSA에 어떻게 스노든 폭로사건과 같은 보안누설 사고가 발생하게 되었는가? 이는 아마도 NSA 조직이 지나치게 비대해진데 기인한 것으로 분석된다. 9/11 이후 테러 정보 수집의 양이 급증하자 미 정보기관들은 수학자, 언어학자, 엔지니어, 컨설턴트

---

62) "에드워드 스노든-위키백과," http://ko.wikipedia.org/wiki/%EC%97%90%EB%...(검색일: 2013년 11월 15일).

63) 부승찬(2013).

64) 부승찬(2013).

65) 스노든이 미국의 *Washington Post* 지에 폭로한 바에 따르면 NSA의 2013년 회계연도 예산은 108억 달러이다. 이는 미 정보공동체에서 147억 달러의 예산이 책정된 CIA에 이어 두 번째로 많은 것으로 알려졌다. 『조선일보』(2014.8.31.).

66) 스노든 사건을 조사 중인 미국 정부 관계자들은 정부 내부 평가 결과 스노든이 접근한 것으로 분류되는 서류가 수십만 건에 이른다고 밝혔다. 이와 관련하여 키스 알렉산더 NSA 국장은 2013년 10월 31일 미국 볼티모어 외교자문위원회(BCFA) 행사에서 "스노든이 기자들과 공유한 문서의 양이 5만 건에서 20만 건 사이"라고 밝혔다. "미 NSA 국장 '스노든 유출 기밀문서 최대 20만건," 『서울신문』(2013.11.15.), http://www.seoul.co.kr/news/seoulPrint.php?id=2013111580086(검색일: 2013년 11월 15일).

67) "미 NSA 국장 '스노든 유출 기밀문서 최대 20만 건," 『서울신문』(2013.11.15.), http://www.seoul.co.kr/news/seoulPrint.php?id=2013111580086(검색일: 2013년 11월 15일).

등 다양한 분야의 민간인들을 대거 채용했다.[68] 특히 NSA는 다루는 정보가 워낙 광범위해서 내부 직원만으로는 모든 작업을 처리할 수가 없어 부득이 민간인들을 대거 고용하게 되었다고 한다. 스노든 역시 컨설팅 회사 부즈엘런해밀턴의 파견 직원 신분으로 NSA의 컴퓨터 시스템을 관리했다. 제대로 된 보안교육을 받지 않은 민간인이 1급 국가기밀을 쉽게 접하게 된 결과 그처럼 심각한 보안누설 사고가 발생하게 되었을 것으로 추정된다.

(3) 국가정찰국(National Reconnaissance Office, NRO)

1960년 5월 미국의 첩보비행기 U-2기가 소련 상공에서 격추되었다. 이에 따라 미국은 소련 영토를 합법적으로 관찰할 새로운 방안을 모색하게 되었다. 1961년 9월 6일 당시 NRO는 CIA와 공군 간 상호 정찰업무를 협조하기 위한 기구로 설립되었지만, 31년이 지난 1992년 처음으로 그 존재를 시인할 정도로 오랜 기간 동안 이름조차 공개되지 않았던 비밀조직이다.[69]

NRO는 정찰위성 및 탐지기기의 연구개발 지원·감독, 우주 및 지상기지 건설, 발사장치 선별, 수집자료 전송 등 우주정찰 시스템을 관리·운용하는 임무를 수행하고 있다. NRO는 국방·정보·우주통신 분야의 관련 조직과 협력관계를 유지하고 있으며, 특히 NSA, NGA, CIA, DIA 등의 정보기관과 군 우주사령부 등 여러 기관들과 밀접하게 연계되어 임무를 수행하고 있다. NRO는 과거 공군(A)과 해군(B), CIA(C) 그리고 공군과 CIA 합동(D) 등 4개 부서로 운영해 왔는데, 1992년 4월 '신호정보국(SIGINT Systems Acquisition and Operations Directorate)'과 '영상정보국(IMINT Systems Acquisition and Operations Directorate)' 그리고 '통신체계 조달 및 운용국(Communications Systems Acquisition and Operations Directorate)' 등 기능별 3개 부서로 개편됐다.[70] 1997년 3월 '기술개발국(Advanced Systems and Technology Directorate)'이 추가되었고, 2006년 10월 15일 '시스템 엔지니어링 부국장실(the Office of the Deputy Director for Systems Engineering)'을 확대 개편하여 '시스템 통합 엔지니어링국(Directorate of Systems Integration and Engineering)'이 5번

---

68) 『월스트리트저널』(WSJ)에 따르면 2012년 기준 미국의 비밀취급권자 491만 명 중 21.6%에 달하는 106만명이 민간업체 소속이라고 한다. 『동아일보』(2013.11.4.).

69) NRO의 존재에 대해서는 1971년 1월 『뉴욕 타임스』지가 간략히 언급했고, 이어서 1973년 9월 『워싱턴 포스트』지가 의회보고서를 인용해 보도함으로써 널리 알려졌다. 이에 대해 미국 정부는 한동안 시인도 부인도 하지 않는 정책을 펴오다 1992년에 NRO를 공개했다. http://news.naver.com/news/read.php?mode=LSD&office_id=020&article_id0000146779=0000146779&section_id=100&menu_id=100(검색일: 2005년 12월 19일).

70) 『동아일보』(2002.8.21.).

째 부서로 추가되었다.[71]

2001년 3월 '미래 영상 체계(Future Imagery Architecture)'라는 NRO의 새로운 첩보위성 프로젝트가 보도되기도 했다.[72] 이는 향후 20년 동안 250억 달러를 들여 탐지가 어려운 먼 우주나 지역을 탐지할 수 있는 위성을 만들기 위한 것이다. 이 위성이 개발되면 강력한 망원경과 레이더로 야간이나 구름을 투과하여 세계 어느 곳에 있는 군사시설 사진도 촬영할 수 있게 되어 앞으로 수십 년 동안 미국 위성정보활동의 근간이 될 것으로 전망되었다.

NRO는 미국의 정보기관들 중에서 상당히 많은 예산을 쓰는 곳으로 알려졌다. 대부분의 NRO 예산은 첩보 위성을 개발하거나 타 업체에 위성제작을 의뢰하는데 쓰인다. 1994년 당시 70억 달러 이상의 예산을 쓰고 있는 것으로 알려졌으며, 2008년 예산은 약 90억 달러로 추정되었다.[73] 2013년 현재 NRO의 예산은 103억 달러로 알려졌으며, 전체 재직 인원은 1997년 말 현재 2,753명으로 추정된다.[74]

(4) 국가지형정보국(National Geospatial Intelligence Agency, NGA)

1996년 10월에 제정된'국가영상지도법'(National Imagery Mapping act of 1996)에 기초하여'국가영상지도국(National Imagery and Mapping Agency, NIMA)'이 창설되었고, 2003년 '국가지형정보국(National Geospatial Intelligence Agency, NGA)'으로 확대 개편되었다. NIMA는 CIA 소속의 '국가사진판독본부(National Photographic Interpretation Center, NPIC)', 국방부 산하의 '국방지도국(Defense Mapping Agency, DMA)', '중앙영상실(Central Imagery Office, CIO)',[75] '국방보급계획국(Defense Dissemination Program Office, DDPO)' 등의 모든 기능을 포괄하여 설립되었다.[76] NIMA는 창설 당시 영상정보 분석임무를 수행했던 2,000명의 요원과 7,000명의 국방지도국(DMA) 요원을 흡수하여 약 9,000명의 직원으로 구성되었다.[77] 2003년 11월 24일 NIMA는 사진, 지도, 차트, 환경 등의 자료

71) Richelson(2008), p.41.
72) 이에 대해서는 http://terms.naver.com/item.php?d1id=7&docid=2618; http://blog.daum.net/kwjeonga/10808920(검색일: 2013년 11월 14일)을 참고.
73) 송문홍(2002), p.359; Richelson(2008), p.43.
74) Richelson(2008), p.43; 『조선일보』(2013.8.31.).
75) 1992년 5월 6일 국방부 산하 기관으로 설립되었으며, 주로 국방부, 전투사령부, CIA 등 필요한 기관에 영상정보를 지원하는 임무를 수행했다. Richelson(2008), pp.43-44.
76) Richelson(2008), p.45.
77) NIMA, "National Imagery and Mapping Agency Established," October 1, 1996; William S. Cohen and George J. Tenet, "Memorandum of Agreement Between the Sectetary of Defense and the Director of Central Intelligence on the National Imagery and Mapping Agency," October 16, 1998.

를 종합하여 '지형정보(geospatial intelligence)'를 생산하는 기능을 수행하고 있는 조직체의 특성을 고려하여 기관의 명칭을 '국가지형정보국(NGA)'으로 변경하게 되었다.[78]

NGA의 주요 임무는 지구상의 각종 영상자료를 분석·평가하여 국가정책결정자와 군에 적시에 정확한 정보를 제공하는데 있다. 과거 영상정보는 거의 대부분 NRO를 통해 제공되었는데, 비밀로 분류되어 있어 생산 및 배포가 매우 제한적이었다. 오늘날 상업용 위성의 발달로 고해상도의 영상정보를 공개적으로 획득할 수 있게 되었다. NGA는 이러한 상업용 위성들을 통해 생산되는 영상정보를 활용함으로써 영상정보 획득에 소요되는 비용을 대폭 절감하면서 필요한 기관에 유용한 영상정보를 제공하고 있다.[79] 9/11 테러 이후 NGA는 국토안보부는 물론 국내 보안시설에 관한 지도와 사진을 제공해 줌으로써 국토안보를 방어하는 데 중요한 역할을 담당하고 있다. 또한 NGA가 제공하는 영상정보는 미국은 물론 해외에서 허리케인, 쓰나미, 지진 등 자연재해 발생에 따른 재난구호활동에도 긴요하게 활용되고 있다.[80]

NGA는 국방부 산하의 정보기관으로서 미국 메릴랜드 주 베데스타(Bethesda)에 본부를 두고 있는데, 2011년 경 버지니아 주 포트 벨보이어(Fort Belvoir)로 이주할 계획으로 알려졌다.[81] NGA는 한때 재직 인원을 9,000명에서 7,500명으로 감축할 계획이었으나 9/11 테러가 발발함에 따라 2008년 현재 9,000명 수준을 유지하고 있는 것으로 추정된다.[82] 2013년도 기준 NGA의 예산은 49억 달러로 미국 정보공동체 16개 정보기관 중 CIA, NSA, NRO에 이어 네 번째로 많은 액수이다.[83]

(5) 연방수사국(Federal Bureau of Investigation, FBI)

FBI는 루즈벨트 대통령에 의해 1908년 법무부 산하 '조사과(Investigative Division)'로 창설되어 1909년 '조사국(Bureau of Investigation)'으로 바뀌었다가 1934년 현재의 명칭으로 개칭되어 오늘에 이르고 있다.[84]

FBI는 법무부 산하 기관으로서 연방정부의 경찰인 동시에 미국 내 방첩업무를 담당한다. CIA와 DIA도 자체적인 방첩 기능을 갖고 있지만 방첩분야에 관한 한 FBI는

---

78) "NGA History," http://www.nga.mil(검색일: 2006년 7월 14일); Richelson(2008), p.47.

79) Richelson(2008), p.47.

80) Richelson(2008), p.47.

81) Richelson(2008), p.51.

82) Missy Frederick, "Murrett Striving for Right Balance at NGA," *Space News*(November 20, 2006), p.12; Richelson(2008), p.51.

83) 『조선일보』(2013.8.31.).

84) John Simeone and David Jacobs, *The FBI*(Indianapolis: Alpha Books, 2003), p.59; 국가정보포럼 (2006), pp.189-190.

미국 정보공동체에서 최고의 권위를 인정받고 있다.[85] 방첩활동의 일환으로 미국 내 활동하는 외국 스파이 혹은 외국 정보기관을 위해 일하는 미국인을 체포하는 임무를 수행한다. FBI는 국내 방첩활동을 수행하는 외에 각급 정보기관의 방첩활동을 조정하는 권한도 갖고 있다. FBI는 연방정부의 경찰로서 모든 연방법률 위반행위에 대한 수사권을 가지고 있다.[86]

FBI의 성장과 발전은 전설적인 전임 국장 후버(John Edger Hoover)와 밀접하게 관련된다. 후버 국장은 1924년 불과 29세의 나이에 FBI 국장에 취임해 1972년 5월 2일 사망할 때까지 48년간 재직했다. 후버는 국내 정치인들을 회유·협박하는 과정에서 자체 수집한 정보를 활용한 것으로 유명하다.[87] 후버 국장은 자신이 모든 정보기관을 통제하는 것을 꿈꾸어 왔었고, 그러한 야망을 실현하고자 1930년대 이래 FBI의 업무 영역을 해외정보 분야로까지 확장하기 위해서 노력했다.[88] 1939년 루즈벨트(Franklin D. Roosevelt) 대통령은 FBI에게 서반구 지역에서의 첩보수집활동 임무를 부여했고, FBI는 그러한 임무를 수행하는 조직으로서 산하에 '특수정보처(Special Intelligence Service, SIS)'를 설립했다.[89] 제2차 세계대전이 종료된 직후 후버 국장이 FBI의 영역을 더 확대시키려는 계획을 제시했지만 1947년 CIA가 설립되면서 FBI의 활동 범위는 국내로 축소되었다. 그 결과 FBI는 라틴 아메리카 영역에 대한 관할권을 상실하였다.[90]

이후에도 FBI는 해외로 업무 영역을 확장하려는 시도를 계속했으며, 이로 인해 해외정보 부문의 주무기관인 CIA와의 갈등이 지속되었다.[91] 1970년까지 10여 개국의 미국 대사관에 FBI 요원을 파견하여 해외정보 수집활동 및 FBI 본부와의 연락업무를 수행했다. 1970년에는 해외 주재 미국 대사관에 파견되는 FBI 대표부가 20여 개국으로 확대되었으나 후버 국장이 사망하고 FBI의 전횡이 폭로되면서 해외로 업무 영역을 확장하려는 FBI의 계획이 종결되었으며, 해외주재 미국 대사관에 파견되는 FBI 대표부

---

85) 송문홍(2002), p.363.
86) 알코올, 위조지폐, 밀수, 우편, 밀입국 등과 같이 특별법으로 규정되어 다른 연방기관에 위임된 사항은 제외된다. 국가정보포럼(2006), p.190.
87) 그는 재임 중 미국 내 유명 정치인, 종교인, 연예인 등에 대해 불법적인 도청 및 미행감시를 지시하는 등 무소불위의 권한을 휘둘렀던 것으로 악명을 떨쳤다. 커트 젠트리, 정형근 역, 『존 에 드거 후버 I, II』(서울: 고려원, 1992).
88) 제프리 존스, 정연희 역(2008), p.355; 송문홍(2002), p.363.
89) 당시 SIS는 멕시코, 아르헨티나, 브라질 등지에 약 360명의 요원을 파견했다. Richelson(2008), p. 159.
90) 제프리 존스, 정연희 역(2008), p.355; 송문홍(2002), p.355.
91) CIA와 FBI 간의 오랜 갈등은 1994년 알드리히 에임즈(Aldrich Ames) 사건으로 인해 최고조에 달했다. 이 사건 당시 두 기관은 허술한 방첩기능에 대해 서로를 비난했다. 이 사건 직후 정보기관들 간의 방첩업무 협조를 위해 국가방첩센터(National Counterintelligence Center, NCC)가 설립됐다. 송문홍(2002), p.364.

도 15개국으로 축소되었다.[92] FBI는 1996년 당시 23개국에 대표부를 두고 약 70명의 요원을 '법률 무관(legal attachés)'이라는 명칭으로 파견하고 있었으며, 이후 이를 확대하려는 계획을 지속적으로 추진해왔다.[93] 2004년 3월 현재 FBI는 46개국에 '법률무관실 (Legal attache office, LEGAT)'이라는 명칭의 대표부를 두고 있으며, 여기에 119명의 특수 요원과 75명의 지원 요원이 근무하고 있다.[94]

과거 FBI는 워싱턴 주재 외국 대사관에 대해서 불법 도청과 무단 침입을 자행했던 일로 유명하다. FBI 요원들은 워싱턴 주재 모든 공산권 국가들의 대사관 전화를 일상적으로 도청했으며, 심지어 우방국이 미국과 협상을 진행 중이거나 국내적으로 특별한 상황이 발생했을 경우 우방국 대사관 전화조차 도청했던 것으로 알려졌다.[95] 때때로 FBI는 암호 관련 자재 또는 외국의 정보활동 관련 자료들을 획득하고자 외국 대사관에 무단 침입하기도 하였다.[96]

9/11 이후 미국 정보공동체 정보기관들 중에서 FBI에 대해 가장 큰 폭의 내부 조직 개편이 단행되었다. 9/11 이후 2001년 10월 '반테러법'이 제정되어 FBI의 수사권이 법적으로 보다 확대되었다. FBI는 중점 업무 방향을 조직범죄 수사에서 테러대응으로 전환하고, 대테러활동 비중을 대폭 증가시켰다.[97] 한편, WMD 위원회 보고서는 FBI의 정보 부문이 DNI의 지휘통제하에 놓여야 한다는 것을 주장하고, 이를 위해 FBI 내 가칭 '국가안보처(National Security Service)'의 창설을 권고하였다. 이에 따라 2005년 9월 12일 '국가안보처(National Security Branch, NSB)'가 창설되었다.[98]

---

92) Stanford J. Ungar, *The FBI*(Boston: Little Brown, 1976), pp.225-226, 242; Richelson(2008), p.159.
93) 1996년 향후 4년 간에 걸쳐 해외 주재 FBI 대표부를 23개 국에 추가로 증설하고, 여기에 파견할 법률 무관을 59명 정도 증원한다는 내용의 계획안을 내놓은 다음 이를 적극 추진해 왔다. 해외 대표부 증설의 목적은 국제조직범죄, 마약거래 등의 분야에 관해 FBI와 외국의 상대기관들과의 교류·협력을 강화한다는데 있다. R. Jeffrey Smith and Thomas W. Lippman, "FBI Plans to Expand Overseas," *Washington Post*, August 20, 1996, pp.A1, A14.
94) Richelson(2008), p.161.
95) Richelson(2008), p.161.
96) Richelson(2008), p.161.
97) 9/11 이후 FBI는 ① 대테러 요원 증원 및 관련 부서 확대, ② 핵심산업 보호업무 강화, ③ 업무 효율성 증대, ④ 정보분석 능력 향상 등에 중점을 두고 임무 및 조직 개편을 단행했다. 특히 FBI는 최우선 과제를 테러방지에 설정하고, 이를 위해 2002년 5월 경 본부 및 지부의 대테러 요원을 총 2,178명에서 3,718명으로 대폭 증원하였다. http://www.fas.org/irp/news/2002/05/fbi052902b.html(검색일: 2013년 11월 14일).
98) 그동안 영국의 MI5와 유사한 형태로 독립적인 국내정보기구의 창설이 필요하다는 주장에 제기되어왔었는데 이에 대해 FBI가 강력히 반대하는 태도를 보였었다. FBI는 독립적인 국내정보기구 창설로 인해 자신들의 영역이 축소되는 것을 원치 않았던 것이다. 백악관은 그러한 입장을 어느 정도 수용하여, FBI 내에 국내정보와 안보업무를 통합하여 수행하는 새로운 기구로서 NSB를 설립하기로 결정한 것이다. NSB의 장은 '행정차장보(Executive Assistant Director)'이며, 그는 수하에 정보국(Directorate of Intelligence), 대테러처(Counterterrorism Division), 대방첩처(Counterintelligence Division) 등을 두고 있다. Richelson(2008), pp.159-160.

NSB는 FBI 산하기관이면서도 DNI의 지휘 감독을 받게 된다는 특징을 갖고 있으며, 무엇보다도 미국의 오랜 전통이 되어온 국내와 국외 정보활동의 장벽을 허물기 위한 목적으로 창설되었다는데 큰 의미를 가진다.[99] DNI는 NSB 내 모든 기구들의 활동에 대한 조정권과 예산에 대한 권한을 행사하게 된다. NSB의 장을 임명할 경우 반드시 DNI의 승인을 받아야 한다. NSB의 활동에 필요한 예산도 '국가정보프로그램 (National Intelligence Program)'에 따라 배정받도록 하여 DNI의 NSB에 대한 예산통제권을 확립하였다. 또한 NSB의 경우 FBI 국장과 DNI에게 동시에 보고하도록 보고체계가 이원화되어 있다는 점도 특징적이다. 그리고 DNI는 NSB를 통해 FBI 활동요원들, 지부 요원들(resident agencies), 그리고 NSB 요원들에 대해서 직접적으로 지시·감독할 수 있는 권한을 갖고 있다. 따라서 DNI의 FBI에 대한 통제권이 한층 강화된 것으로 보인다. 요컨대, 과거 FBI에 대해서 거의 아무런 권한도 행사하지 못했던 DCI에 비해 DNI는 막강한 권한을 가지게 된 셈이다.

FBI 국장은 임기 10년으로 대통령이 지명하고, 상원의 인준 절차를 거쳐서 임명된다. FBI 본부는 Washington D.C.에 소재하고 있으며, 본부 산하에 56개 지부와 400개 출장소를 운용하고 있고 해외에도 46개 지부를 설치하여 운용하고 있는 것으로 알려졌다. FBI에는 2002년 1월 당시 1만 1,000명의 사법요원(Special Agent)과 1만 6,000명의 지원인력이 근무하고 있는 것으로 알려져 있었는데, 2009년 9월 대테러 요원을 대폭 증원하면서 조직을 대폭 개편했다. 이에 따라 대테러 및 정보수집 업무에 종사하는 FBI 요원은 2,514명에서 5,419명으로, 합동 대테러 테스크포스의 수는 35개에서 106개, 그리고 합동 대테러 테스크포스의 요원은 912명에서 4,421명으로 증가시켰으며, 테러 정보분석관은 1,023명에서 2,511명으로 늘렸다.[100] 2013년 5월 31일 현재 FBI에는 특수요원(special agent) 13,785명과 전문 지원인력 22,117명을 포함, 총 35,902명이 재직하고 있다.[101] 2012년 기준 FBI의 예산은 대테러, 컴퓨터 해킹, 보안 등의 활동을 수행하기 위해 증액된 1억 1,920만 달러를 포함하여 총 81억 달러로 알려졌다.[102]

---

99) 이와 관련하여 헤이든(Michael Hayden) 전 국가정보차장은 "미국은 더 이상 해외와 국내로 정보 구조를 분리하는 '사치'를 누리지 않을 것이다. 왜냐하면 적은 그런 구분을 인정하지 않기 때문이다"라고 하여 국내와 국외 정보활동의 통합 필요성을 강력히 주장했다. *New York Times*(June 30, 2005).
100) 『한국일보』(2009.9.14.).
101) 전문 지원인력은 정보분석관, 특수언어 전문가, 과학자, IT 기술자 등으로 구성되어 있다. FBI Website, http://www.fbi.gov/about-us/quick-facts(검색일: 2013년 11월 14일).
102) FBI Website, http://www.fbi.gov/about-us/quick-facts(검색일: 2013년 11월 16일).

(6) 국방정보국(Defense Intelligence Agency, DIA)

국방정보국(DIA)은 1950년대 후반 아이젠하워 행정부 시절부터 시작되어 케네디 행정부 시절에 최고조에 달했던 정보공동체의 중앙집중화(centralization) 추세를 반영하여 창설된 기관이다.[103] 아이젠하워 대통령 당시인 1957년 소련이 세계 최초로 스푸트니크(Sputnik) 인공위성을 발사함으로써 미국 내 촉발된 '미사일 갭(missile gap) 논쟁'[104] 이 고조되는 가운데 미국의 육·해·공군 정보기관들은 무기 도입 등 예산 소요를 정당화시키는 방향으로 소련의 미사일 전력과 개발능력에 대해 각기 상이한 평가를 내놓았다. 이처럼 각 군 정보기관들 간의 경쟁적인 정보활동을 통합·조정할 필요성이 제기되었고, 이 문제를 검토하기 위해 1959년에 '합동연구팀(Joint Study Group)'이 구성되었다.[105] 합동연구팀은 육·해·공군 소속 정보부대들 간의 경쟁적인 정보활동을 통합하여 군사 분야에 있어서 종합적인 정보수집 및·분석 업무를 수행할 기구의 설립을 제안했다. 이에 맥나마라(Robert S. McNamara) 국방장관의 지시로 1961년 10월 DIA가 창설되었다.[106]

DIA는 해외 군사정보를 수집·분석하여 국방부장관, 합동참모본부, 그 밖의 국방부 예하 부대에 필요한 정보들을 제공하고 있다. 보다 구체적으로 외국군 및 외국 지형에 관한 기본정보의 수집 및 분석, 군사와 관련된 과학기술정보의 수집 및 전파, 그리고 잠재적 적국 및 동맹국의 능력, 취약점, 의도에 관한 정보판단 등의 임무를

---

103) Richelson(2008), p.60.
104) 1957년 10월 4일 소련이 세계 최초로 인공위성 스푸트니크를 발사하는 데 성공하자 당시 상원이었던 존 F. 케네디를 비롯한 미국의 일부 정치인들이 미국의 대륙간탄도미사일(ICBM) 숫자와 능력이 소련에 훨씬 뒤쳐져 있다고 주장했다. 이로써 미국 내 소련과의 '미사일 격차'가 사실인지를 두고 열띤 논쟁이 벌어졌다. 나중에 밝혀졌지만 소련과의 '미사일 격차'가 완전히 과장되었으며, 사실은 미국의 ICBM 능력과 숫자가 소련보다 훨씬 앞서 있었다. 그럼에도 불구하고, 이러한 논쟁이 전개된 데에는 정치적인 배경이 있었다. 당시 대통령 후보로 출마한 케네디 상원의원이 소련과의 '미사일 격차'를 정치적으로 쟁점화 하여 선거에서 자신에게 유리한 국면으로 활용하고자 했다. 아이젠하워 대통령은 1956년부터 U-2기로 소련 영공에 대한 항공정찰활동을 승인해 주었다. 미국 정부는 U-2기를 통해 수집한 정보에 기초하여 당시 소련이 미국을 공격할 수 있는 ICBM의 숫자가 12개 정도에 불과하다는 사실을 알고 있었음에도 불구하고 이를 공개적으로 발표하지 않았다. 왜냐하면 이를 밝힐 경우 소련 영공에 대한 U2기의 불법적인 정찰활동이 드러날 수 있기 때문이었다. Wikipedia, "Missile Gap," http://en.wikipedia.org/wiki/Missile_gap(검색일: 2013년 11월 16일).
105) U.S. Congress, Senate Select Committee to Study Governmental Operations with Respect to Intelligence Activities, *Final Report, Book I: Foreign and Military Intelligence*(Washington, D.C.: U.S. Government Printing Office, 1976), p.325; U.S. Congress, Senate Select Committee to Study Governmental Operations with Respect to Intelligence Activities, *Final Report, Book VI: Supplementary Reports on Intelligence Activities*(Washington, D.C.: U.S. Government Printing Office, 1976), p.266; Richelson(2008), p.60.
106) Richelson(2008), p.60.

수행한다.107) 이 밖에 DIA는 국방부 산하 정보기관들의 활동을 통합·조정하고 해외주재 무관을 관리하는 임무도 수행한다.

2003년 2월 DIA는 조직 개편을 단행하여, 현재 '인간정보국(Directorate for Human Intelligence)', '징후계측 및 기술정보수집국(Directorate for MASINT and Technical Collection)', '분석국(Directorate for Analysis)' 등을 포함한 7개국으로 구성되어 있다.108) DIA 본부는 워싱턴 D.C. 근교의 볼링(Bolling) 공군기지 내 '국방정보분석센터(Defense Intelligence Analysis Center, DIAC)'에 소재하고 있다. 2005년 현재 육·해·공군에서 차출된 군인과 민간인을 포함하여 약 7,500명의 직원이 근무하고 있으며, 2013년도 현재 총 예산 44억 달러로 알려졌다.109) DIA 국장은 육·해·공군의 3성 장군이 번갈아가며 맡으며 상원 인준을 거쳐 임명된다. DIA 국장은 국방부 장관과 합참의장의 군사정보분야 수석 자문 임무를 수행한다.110)

(7) 육·해·공·해병 등 각 군 정보부대 및 통합사령부 단위 정보부대

영국, 캐나다의 경우 통합된 국방정보기관이 창설되면서 각 군 정보부대는 폐기되었다. 호주와 프랑스는 각 군 정보부대를 유지하되 그 임무를 엄격히 전술정보로 제한했다. 반면에 미국에서는 국방정보를 종합적으로 총괄하는 DIA가 설립되었음에도 불구하고 육·해·공·해병대 등 각 군별로 별도의 정보부대를 운용하고 있다. 이들 정보부대는 자신이 소속된 군의 특수한 정보수요에 부응하여 각각 독자적으로 정보활동 임무를 수행하고 있다. 미국이 이처럼 각 군별 정보부대를 유지하게 된 배경에는 관료주의적인 요소와 더불어 미국 군의 독특한 조직구조 및 임무수행 여건에서 비롯된 것으로 생각된다.111) 무엇보다도 미국은 전 세계를 무대로 광범위한 지역에서 군 병력을 배치해 두고 있다. 따라서 각 군별 조직체계와 지휘체계로부터 유리되지 않은 정보기관만이 자신이 속한 군의 특수한 정보수요를 충족시킬 수 있으리라는 점이 고려되었을 것이다.112)

냉전이 종식된 직후인 1990년대 초에 들어서서 각 군 정보기관의 조직과 기능에 있어서 상당한 변화를 경험하게 된다. 1990년 경 미 상원 정보위원회의 한 보고서에서

---

107) http://www.intelligence.gov/1-members_dia.shtml(검색일: 2005년 11월 20일); 국가정보포럼(2006), p.191.
108) Richelson(2008), pp.65-66.
109) 『조선일보』(2013.8.31.).
110) http://www.dia.mil/history/histories/Directors/index.html(검색일: 2005년 12월 19일).
111) Richelson(2008), p.87.
112) Richelson(2008), p.87.

각 군 정보기관들 간 업무의 중복성, 정보공유 및 협력의 부재 등을 지적하면서 비효율적인 요소의 개선 필요성을 제기했다.[113] 이에 따라 각 군별 정보기관의 인력과 예산이 삭감되었으며, 중첩되거나 불필요한 기능이 통합되고 일부 비효율적인 정보활동에 대한 개선이 이루어졌다.

각 군별 정보부대의 명칭은 각 군별 특징을 반영하여 약간의 차이가 있다. 현재 육군은 '육군정보부대(Army Military Intelligence, MI)', 해군은 '해군정보실(Naval Intelligence Office, NIO)', 공군은 '공군 정보감시정찰대(Air Force Intelligence, Surveillance and Reconnaissance resource, Air Force ISR resource)', 해병대는 '해병정보부대(Marine Corps Intelligence, MCI)'를 두고 있다. 이 중에서 1882년에 창설된 해군정보실이 가장 오랜 전통을 자랑한다. 공군은 가장 많은 첩보수집 시스템을 갖추고 있어 최대 규모의 정보부대를 운용하고 있다.[114] 각 군별 정보부대의 기본임무는 군 지휘관이 필요로 하는 정보를 제공해 주는 것이다. 정보담당 장교는 중대 단위에서부터 합참의장에 이르기까지 각 지휘단계 별로 배치되어 있으며, 미 육군의 경우 정보담당 최고위직은 중장급인 정보참모차장(Dupuly Chief of Staff for Intelligence, DCSI)이다.[115]

미군은 각 군 단위 이외에도 육·해·공·해병대 등 각 군들이 통합적으로 구성되는 통합군사령부(Unified Command) 단위로도 정보부대들을 운영하고 있다. 현재 미국은 전 세계에 분산 배치된 미군을 지휘하기 위해 중부사령부(Central Command), 유럽사령부(European Command), 북부사령부(Northern Command), 태평양사령부(Pacific Command), 남부사령부(Southern Command), 아프리카사령부(Africa Command) 등 6개 지역에 통합군사령부를 두고 있다. 이 밖에 지역 개념이 아닌 기능별 사령부로서 특수전사령부(U.S. Special Operations Command), 전략사령부(U.S. Strategic Command), 수송사령부(U.S. Transportation Command) 등을 두고 있다.

(8) 국무부 정보조사국(Bureau of Intelligence and Research, INR)

국무부 정보조사국(INR)은 국무부 산하 작은 규모의 조직으로서 주로 미국의 대외정책에 필요한 정보분석 업무를 담당한다. 제2차 세계대전이 종결된 이후 전략정보국

---

113) U.S. Congress, Senate Select Committee on Intelligence, *Report 101-358: Authorizing Appropriations for Fiscal Year 1991 for the Intelligence Activities of the U.S. Government, the Intelligence Community Staff, the Central Intelligence Agency Retirement and Disability System, and for Other Purposes*(Washington, D.C.: U.S. Government Printing Office, 1990), pp.4-5.

114) http://www.intelligence.gov/1-members.shtml(검색일: 2005년 11월 20일); 국가정보포럼(2006), p. 192.

115) Richelson(2008), p.88.

(Office of Strategic Service, OSS)이 해산됨에 따라 OSS의 조사·분석 기능이 국무부로 이관되면서 국무부가 정보 기능을 갖게 되었다. INR은 몇 차례 명칭 변경과 조직 개편을 거쳐서 1957년 오늘날과 유사한 형태의 조직으로 탄생하게 되었다.

INR은 비밀활동은 하지 않지만 해외 주재 대사관 요원들이 수집한 정보를 정상적인 외교경로를 통해 보고 받으며, 주로 공개 자료를 수집·활용하여 분석 업무를 수행한다. INR은 여타 정보기관들과 함께 국가정보판단보고서(NIEs)의 작성에 관여하며, '조간정보요약(Morning Intelligence Summary)' 등 각종 정보보고서를 생산하여 국무장관과 관련 부처에 제공한다.116)

INR의 장은 차관보급이며, 3명의 부차관보가 17개 부서를 나누어 관장하고 있다. INR의 전체 인력은 약 300명 수준이며, 그중 약 120명은 박사학위 소지자로 알려졌다.117) 비록 INR 내 분석관의 수는 다른 정보기관에 비해 적지만 정보판단은 정확한 것으로 정평이 나있다. 예를 들어, 2002년의 국가정보판단보고서에서 정보공동체 내 대부분의 정보기관들은 이라크의 대량살상무기가 존재한다고 판단했는데 INR 보고서는 이와 다른 견해를 피력했었다. 그래서 2004년 7월 미국 상원 정보위원회는 이라크 전쟁 이전 정보기관들의 보고서들이 대부분 잘못되었던 것으로 평가했던 반면 INR 보고서에 대해서는 그러한 평가를 유보했었다.118)

(9) 국토안보부(Department of Homeland Security, DHS)

국토안보부(DHS)는 2001년 9월 11일 발생한 테러사건 이후 미국 행정부 내의 각 부처에 분산된 대 테러기능을 통합할 목적으로 설립되었다. 2002년 11월 25일 부시 대통령이 서명한 '국토안보법(Homeland Security Act of 2002)'에 근거하여 2003년 1월 24일 '국토안보부'가 공식 출범하게 되었다. 이는 1947년 전쟁부와 해군부를 통합해

---

116) 송문홍(2002), p.362.

117) U.S. Congress, Senate Select Committee to Study Governmental Operations with Respect to Intelligence Activities, *Final Report, Book VI, Supplementary Reports on Intelligence Activities* (Washington, D.C.: U.S. Government Printing Office, 1976), pp.271-276; U.S. Congress, House Committee on Appropriations, *Departments of Commerce, Justice, and State, the Judiciary, and Related Agencies Appropriations for 1992, part 3*(Washington, D.C.: U.S. Government Printing Office, 1991), p.451. 2004년 현재 INR에서 해외정보분석 업무를 담당하는 분석관은 약 165명인데, 이는 CIA의 약 1/10 수준이다. 이들은 대부분 학계 출신으로서 오랜 기간 동안 한 분야를 담당해온 전문가들로 알려졌다. http://www.dkosopedia.com/index.php/Bureau_of_Intelligence_and_Res...(검색일: 2005년 12월 19일).

118) 미 상원에서 정보기관의 개혁을 논의하는 가운데 INR을 미 정보공동체 개혁의 긍정적인 모델로 평가하였다. http://www.dkosopedia.com/index.php/Bureau_of_Intelligence_and_Res...(검색일: 2005년 12월 19일).

국방부를 창설한 이후 가장 큰 규모의 정부조직 개편으로서 기존의 22개 정부 조직에서 17만 명을 흡수하였으며, 당시 연간 예산이 380억 달러에 달하는 공룡부서로 등장했다.[119)]

국토안보부는 국경 경비, 재난대비 활동, 화생방 공격대비 활동, 정보분석 등의 업무를 관할하며, 무엇보다도 미국 내 테러 공격 예방 및 취약성 보완, 테러 피해 최소화, 원활한 복구활동 지원 등 총체적인 테러 예방 및 대처 활동을 수행한다. '국토안보부 신설 법안' 제1장 101조에 따르면, 국토안보부는 ① 정보분석과 기간시설 보호, ② 핵·생화학 공격 대응, ③ 국경 및 교통 보안, ④ 비상사태 대처 및 대응 조치, ⑤ 연방·주·지방 정부기관 및 민간 부문과의 공조 등 분야에서 주도적 역할을 담당하게 된다(미 국토안보법 제1장 101조). 국토안보부는 통합된 22개 부서의 기존 업무 수행 권한을 지속 유지하는 가운데, 인터넷 도청, 인터넷 사용자 위치 추적 등 테러와 관련된 광범위한 감시 권한을 행사하고 있다. 또한 사법·정보·행정기관들로부터 테러 위협이나 미국 내 테러 취약 부문 및 기간시설 등에 대한 테러 정보를 의무적으로 제공받을 권한도 보유하고 있다. 국토안보부의 가장 중요한 업무는 미국에 대한 테러공격의 예방과 국민 보호이며, 수장인 장관은 미국 안의 모든 테러 위협과 관련된 정보에 대한 접근권, 비자발급 및 거부 권한을 갖는다. 그러나 국토안보부 신설법안에는 인권침해와 관련된 조항들이 많이 포함되어 있어 기본권을 위협한다는 국내외의 비난도 받고 있다.

국토안보부의 조직은 장관을 수장으로 하여 부장관 1명, 차관 5명, 차관보 6명, 감사관, 해안경비대장 등으로 구성된다(미 국토안보법, 1장 102, 103조). 그리고 장관과 부장관 산하에 차관을 책임자로 하는 정보분석·기간시설보호국, 과학·기술국, 국경·교통안전국, 비상사태대응국, 행정관리국 등 5국(局)을 두고 있다.[120)]

정보와분석국(Intelligence and Analysis, IA)은 CIA와 FBI의 협조를 바탕으로 국가안보를 위협하는 정보를 수집하고 분석하는 임무를 수행한다. 그리고 백악관, 연방청사, 의회 의사당, 원자력발전소 등과 같은 주요 사회기간시설이나 건물을 보호하는 일도 맡고 있다. 과학·기술국은 화학, 생물, 방사능, 핵과 관련된 테러를 집중 연구하고 대처하는 임무를 수행한다. 국경·교통안전국은 법무부의 이민국(INS), 재무부의 관세국,

---

119) 국토안보부에 흡수된 주요 부서로서 세관(U.S. Customs Service), 재무부 산하의 비밀경호국 (U.S. Secret Service), 법무부 산하 이민귀화국(Immigration and Naturalization Service), 농업부 산하의 동식물위생검역국(Animal and Plant Health Inspection Service), 해안경비대(U.S. Coast Guard)와 교통부 산하 교통안전국(Transportation Security Administration), 연방비상계획처(Federal Emergency Management Agency) 등이 있다. 미 상원은 2006년 국토안보부의 예산으로 308억 달러를 통과시켰다. http://news.findlaw.com/hdocs/docs/terrorism/hsa2002.pdf(검색일: 2005년 12월 19일).

120) http://www.dhs.gov/interweb/assetlibrary/DHS_OrgChart_2004.pdf(검색일: 2005년 12월 20일).

교통부의 해안경비대, 교통보안청을 흡수해 국경과 해안 경비, 미 본토로 들어오고 나가는 모든 인적·물적 자원을 통제·관리한다. 비상사태대응국은 테러공격, 대규모 재난 등 긴급 상황에 대응하는 임무를 수행한다. 마지막으로 행정관리국은 예산, 인사, 조달, 시설 지원 등의 행정 업무를 수행한다.

국토안보부의 장관은 행정부 내 국방장관이나 법무장관 등과 같은 장관급 지위로 미국 내 테러 위협과 관련한 모든 정보에 접근할 수 있으며 막강한 권한을 부여받는다.[121] 전쟁이나 기타 군사적 방어활동에 개입할 권한은 부여되지 않지만 미 본토의 안보와 관련해서는 그에 상응하는 지휘권을 행사할 수 있다. 이 밖에 비자발급 업무를 관할하며, 전통적으로 국무장관의 권한이었던 외국인에 대한 비자발급을 거부할 수 있는 권한도 이양 받았다.

(10) 에너지부의 정보방첩실(Office of Intelligence and Counterintelligence, OICI)

에너지부는 오래 전부터 정보 관련 업무를 수행해 왔다. 에너지부의 정보기능은 1946년으로 그 기원이 거슬러 올라간다. 당시 행정부는 '원자력위원회(Atomic Energy Commission, AEC)'에 해외에서 필요한 정보를 수집할 수 있는 기능을 부여했다. 이후 1977년 에너지부가 신설되면서 원자력위원회(AEC)의 정보 관련 활동은 에너지부로 이관되었다. 에너지부 산하의 정보 관련 부서는 몇 차례의 조직개편과 명칭변경을 거쳤고, 마침내 2006년 '정보방첩실(Office of Intelligence and Counterintelligence, OICI)'이 설립되어 오늘에 이르고 있다.[122]

'정보방첩실'은 산하에 정보국(Intelligence Directorate)과 방첩국(Counterintelligence Directorate)을 두고 있다.[123] 정보국은 산하에 핵정보분석단(Nuclear Intelligence Analysis Division), 반테러단(Counterterrorism Division), 에너지안보단(Energy Security Division), 과학기술단(Science & Technology Division) 등을 두고 있다. 핵정보분석단은 외국의 핵무기개발 프로그램을 감시 보고하는 것을 주 임무로 수행한다. 핵정보분석단은 1990년 걸프전

---

121) 국토안보부의 초대장관으로는 1년 가까이 백악관 국토안보국장을 지낸 톰 리지가 임명되었다. 그는 6선의 하원의원 출신으로 1994년에는 펜실베이니아 주지사로 선출됐었다. 9/11 테러 직후 부시 대통령의 요청에 그는 주저하지 않고 펜실베이니아 주지사를 사임하고 백악관 국토안보국장으로 들어갔다. 초대 국토안보부 장관인 톰 리지 장관의 뒤를 이어 2005년 2월 15일 연방판사 출신의 마이클 처토프(Michael Chertoff)가 2대 장관에 취임했다. 그는 취임 당시 51세로 하버드 법대를 졸업했고, 9/11 테러 사태 당시 연방법무부 범죄담당 차관보로서 테러와의 전쟁 초기 전략을 주도적으로 수립했던 연방 검사 출신의 범죄전문가이다(DHS Internet Site, http://www.dhs.gov/dhspublic/display?theme=11&content=4353, 검색일: 2005년 12월 20일).
122) Richelson(2008), pp.145-146.
123) Richelson(2008), p.147.

쟁 당시 미 합참과 DIA에 이라크의 핵무기 프로그램에 대한 평가 보고서를 제출했다.
또한 러시아 및 구소련 공화국들의 핵무기에 대한 지휘·통제 상황, 핵물질 확산 위험성
등을 감시하는 임무도 수행하고 있다.124) 에너지안보단은 원유 등 미국의 전략 에너지
자원의 수급에 영향을 줄 수 있는 국제사회의 변화 동향을 파악하는 임무를 수행한다.
반테러단은 러시아를 비롯한 핵시설 보유국들로부터 핵 또는 방사능 물질이 테러조직
에게 유출될 위험성을 분석하고 감시하는 임무를 수행한다. 과학기술단은 국가 또는
집단이 핵무기를 생산하는 데 영향을 미칠 수 있는 과학기술의 발전 동향을 검토하는
임무를 수행한다. 그리고 방첩국(counterintelligence Directorate)은 에너지부의 산업스파이
위험성 등 방첩 취약성에 대해 평가하는 기능을 수행한다.

(11) 재무부의 정보분석실(Office of Intelligence Analysis Support, OIA)

남북전쟁이 종료될 무렵인 1865년 링컨 대통령은 재무부 산하에 '비밀경호국
(Secret Service, SS)'을 설립하여 위조화폐를 단속하는 임무를 수행하도록 하였다.125)
비밀경호국(SS)은 1894년 클리블랜드(Grover Cleveland) 대통령 암살 음모를 적발하는데
공을 세웠고, 그것을 계기로 몇 년 후 대통령 경호 업무를 담당하는 기구로 탈바꿈했
다.126) 이후 비밀경호국은 대통령 경호 및 대통령과 행정부 내 고위 인사를 보호하기
위한 방첩업무를 담당했었다. 비밀경호국(SS)은 미국 최초의 연방 법집행기관으로 출범
했지만, 사실 정보활동과는 관련성이 적었다. 이후 비밀경호국(SS)은 2003년 1월 24일
창설된 '국토안보부'에 흡수되었다. 이로서 재무부가 오랫동안 수행해 왔던 대통령
경호업무도 국토안보부로 이관되었다.

재무부 산하 정보 업무를 전문적으로 수행했던 최초의 조직은 1961년에 설립된
'국가안보실(Office of National Security, ONS)'이었다. 1971년 당시 대통령 행정명령에
따라 미국 정보공동체가 구성되었고, 국가안보실(ONS)은 재무부를 대표하여 정보공동
체의 일원이 되었다. 국가안보실(ONS)은 1977년 재무부 산하에 설립된 '정보지원실
(Office of Intelligence Support, OIS)'에 흡수되었다. 정보지원실(OIS)은 국무부와 협력하여
해외에서 경제, 금융, 통화에 관한 정보를 수집하는 임무를 수행했다. 이후 정보지원실
은 2004년 정보수권법(Intelligence Authorization Act for Fiscal Year 2004)에 의거하여 설립

---

124) Richelson(2008), p.146.
125) 제프리 존스, 정연희 역(2008), p.11.
126) ONI는 최초 4명의 장교로, 그리고 MID는 1명의 장교와 7명의 민간인 보조원을 구성원으로 설
    치되었다. 이들은 오늘날과 같은 유형의 정보활동을 수행하기에는 턱없이 미흡한 소규모 조직
    이었다. Andrew(1996), pp.24-25.

된 '정보분석실(Office of Intelligence and Analysis, OIA)'에 흡수되었다.[127] 정보분석실
(OIA)은 현재 재무부를 대표하는 정보기관으로서 정보공동체의 공식 구성원이다.

재무부는 정보분야 업무를 담당하는 최고위직으로서 '테러·금융정보 담당 차관
(Under Secretary of the Treasury for Terrorism and Financial Intelligence)'을 두고 있다. 그는
테러·금융정보실(Office of Terrorism and Financial Intelligence, OTFI)'의 장을 맡고 있고,
예하에 2명의 차관보를 두고 있는데 그 중 1명은 정보분석실(OIA)의 장을 맡고 있다.[128]
정보분석실(OIA)은 재무부 소관 업무와 관련되는 해외정보와 해외방첩정보를 입수,
분석, 배포하는 임무를 수행한다. 보다 구체적으로 테러, 무기확산 등 미국의 국가안보
에 심각한 위협을 야기할 것으로 우려되는 개인이나 집단을 재정적 또는 물질적으로
지원하는 조직망(network)에 관한 정보분석임무를 수행한다.[129]

(12) 마약단속국(Drug Enforcement Administration Intelligence, DEA)

마약단속국(DEA)은 FBI와 더불어 법무부에 소속된 정보기관으로서 해외와 국내
에서 마약단속 업무를 전담하며, 현재 정보공동체의 공식적인 구성원으로 되어 있다.
마약단속국은 기본적으로 경찰조직에 가까우며 정보기관으로 인정되기 어려운 측면도
있다.[130] 실제로 마약단속국은 카터 대통령과 레이건 대통령 당시 잠시 동안을 제외하
고는 미국 정보공동체의 공식적인 구성원으로 인정받지 못했었다.[131] 1981년 레이건
대통령 행정명령 12333호에서도 마약단속국의 위상이 정보와 경찰(law enforcement) 사
이에서 모호하게 규정됨으로써 경찰 영역에 남아 있었다.[132]

사실 미국에서 CIA와 FBI는 물론 각 군 정보부대들도 주요 기능의 하나로서 마약
단속 업무를 수행하고 있다. 따라서 DEA의 마약단속 업무는 CIA, FBI의 업무 영역과
일부 중복된다. 물론 DEA는 오로지 마약단속 업무만을 전념한다는 점에서 CIA와 FBI
처럼 여러 가지 기능 중의 일부로서 마약단속 업무를 수행하는 조직과는 차이가 있다.

DEA는 현재 전 세계 도처 63개 국에 걸쳐 86개 해외지국에 약 680여 명의 분석관
이 임무를 수행하고 있다.[133] DEA 조직 내 정보 업무를 전담하는 부서는 '마약정보단
(Intelligence Division)'이다. 마약정보단에는 '전략정보과(Office of Strategic Intelligence)',

---

127) Richelson(2008), p.154.
128) 나머지 1명은 테러금융실(Terrorist Financing)의 장을 맡고 있다. Richelson(2008), pp.152-153.
129) Richelson(2008), p.154.
130) 송문홍(2002), p.364.
131) Richelson(2008), p.155.
132) Richelson(2008), p.155.
133) Richelson(2008), p.155.

'수사정보과(Office of Investigative Intelligence)', '특수정보과(Office of Special Intelligence)' 등이 있다. 2006년 초 설립된 '국가안보정보과(Office of National Security Intelligence)'는 전략정보과 산하 부서인데 현재 DEA를 대표하여 정보공동체의 구성원으로 활동하고 있다.

(13) 해안경비대(Coast Guard Intelligence)

해안경비대는 1966년 10월 창설된 이래 교통부 소속 기관이었는데, 2001년 12월 국토안보부 소속으로 바뀌었다. 해안경비대는 해상에서의 불법 마약 거래, 밀입국, 불법 조업 등을 단속하고 항만의 안전확보, 수색 및 구조 업무, 해양 자원 보호 등의 업무를 수행한다. 해안경비대는 군사력을 갖춘 무장조직으로서 경찰 업무 및 정보활동을 병행하여 수행한다는 점이 특징적이다.

해안경비대는 1920년대 무렵부터 해상 영역에서 정보활동을 수행했다. 특히 해안경비대는 암호해독 전문가 팀을 운영, 주류 밀수조직의 암호통신을 해독함으로써 밀수조직을 와해시키는 등의 업적을 세웠다.[134] 오늘날 해안경비대에서 정보활동을 수행하는 부서로는 정보실(Office of Intelligence), 정보협력실(Intelligence Coordination Center, CGICC), 현장정보지원팀(Field Intelligence Support Team), 해상정보융합센터(Maritime Intelligence Fusion Centers, MIFCs) 등이 있으며, '정보 및 범죄수사 담당 사령관보(Assistant Commandant for Intelligence and Criminal Investigation)'가 이들 부서를 총괄한다.[135] 해안경비대에서 정보활동을 수행하는 요원들의 숫자는 2002년 194명에서 2004년 437명으로 증원되었으며, 2005년 8월 현재 800명으로 알려졌다.[136]

제3절 최근 변화 동향

냉전시대 동안 CIA를 비롯한 미국의 정보기관은 소련체제를 붕괴시키는 데 핵심적인 역할을 수행하는 등 대체로 성공적이었던 것으로 인정된다. 그러나 탈냉전기에 들어서서 미국의 정보기관은 9/11 테러 사건을 비롯하여 거듭된 실패를 경험하게 된다.

---

134) 국가정보포럼(2006), p.193.
135) Richelson(2008), p.164.
136) Richelson(2008), p.164.

냉전시대 성공적인 정보활동을 전개했던 미국의 정보기관들이 탈냉전기에 들어서서
왜 실패를 거듭하고 있는가? 이는 근본적으로 미국의 정보공동체가 탈냉전기 국제사회
의 혁명적인 안보환경 변화에 제대로 부응하지 못한데서 비롯된 것으로 보인다. 특히
탈냉전과 함께 새롭게 부각되고 있는 WMD의 확산, 테러리즘 등 초국가안보위협은
냉전시대의 방식으로는 해결이 어렵다. 그럼에도 불구하고 미국의 정보공동체는 한동
안 냉전시대의 조직구조, 운영체계, 그리고 활동방식을 고수해 왔다. 그로 인해 탈냉전
기 새롭게 부상하고 있는 초국가안보위협에 효과적으로 대응하지 못했던 것으로 판단
된다. 그 결과 미국 정보기관은 9/11 테러를 사전에 막지 못했으며, 이라크의 WMD에
관한 정보를 잘못 판단하는 등의 치명적인 실책들을 저질렀다.

9/11 테러 진상조사위원회 보고서는 미국 정보공동체의 문제점으로서 관료조직적
인 상상력 부재, 미숙한 정책대응, 그리고 정보기관들 간의 정보공유 부재 등을 언급하
고, 그 중에서도 정보공유 부재를 가장 심각한 문제라고 지적하였다. 그래서 미국의
정보공동체는 이러한 문제를 해결하기 위해 다각적인 방향에서 개혁들을 시도하였다.
2001년 9/11 테러사건 이후 DNI 직위 신설, 국토안보부(DHS)의 설립, 국가반테러센터
(NCTC) 설치 등 정보공동체는 대대적인 조직개편을 단행했고, 테러리즘에 대응하기
위한 인력과 예산을 대폭 확대했다. 이러한 모든 노력에도 불구하고 미국의 정보공동체
는 한동안 기대했던 만큼의 성과를 보여주지 못했다. 특히, 9/11 진상조사위원회보고서
에서 정보공동체의 문제점으로 지적되었던 관료조직적인 상상력의 부재, 미숙한 정책
대응 그리고 정보기관들 간의 정보공유 부재 등이 여전히 개선되지 못했던 것으로
지적되었다.[137]

한편, CIA를 비롯한 미국의 정보기관들은 지난 10여 년 동안 9/11 테러를 일으킨
오사마 빈라덴을 체포하고자 총력을 기울여왔다. 그리고 2011년 5월 2일 CIA 주도로
수행된 기습작전을 통해 마침내 파키스탄 지역에 은신해 있던 그를 색출하여 사살했다.
또한 미국 CIA는 영국 MI6와 협력하여 리비아의 독재자 카다피의 은신처를 파악했고,
무인항공기 드론을 조종해 2011년 10월 20일 그곳을 정확히 조준 폭격했다. 카다피는
부상을 입은 채 도주하다가 NATO 연합군에게 생포되었다. 이러한 성과는 미국 정보공
동체가 그동안 꾸준히 추진해 온 개혁의 결과로 분석된다.

한편, 미국의 정보공동체의 통합과 정보기관들 간의 협력은 여전히 미흡한 수준에
머물러 있는 듯하다. DNI는 정보공동체 내 정보기관들에 대한 통제력을 충분히 행사하

---

137) 이에 대한 보다 자세한 논의는 전응, "9/11 이후 미국의 정보공동체 개혁," 『국방연구』, 제51권
2호(2008년 8월), pp.85-110 참고.

지 못하고 있다. 또한 정보기관들 간의 정보공유 및 협력도 기대했던 만큼 잘 이루어지지 않고 있다. 대부분의 정보기관들이 자신들이 수집한 정보의 소유권을 주장하면서 다른 기관과 공유하는 것을 꺼려하는 경향이 있다.[138] '2004년 국가정보개혁법'에 따라 DNI는 정보공동체 내 정보의 유통과 공유를 촉진하는 임무를 부여 받았다. 그러나 정보공동체 내 정보기관들은 비밀보안을 생명으로 여기고 있어 자신의 조직 밖으로 정보가 유출되는 것을 두려워한다. 어쨌든 미국의 정보공동체의 지속적인 노력에도 불구하고 정보기관들 간의 정보공유 및 협력은 여전히 쉽지 않은 과제로 남아 있다.

---

138) 특히 CIA와 FBI는 여전히 공작을 통해 입수한 첩보들을 공유하지 않으려 하고 있는 것으로 지적된다. The Commission on the Intelligence Capabilities of the United States Regarding Weapons of Mass Destruction. Report to the President of the United States(March 31, 2005), http://www. whitehouse.gov/wmd(검색일: 2005년 8월 24일).

동북아 주요국의 정보기구

제1절 **일본의 정보기구**

1. 기원과 발전

막부(幕府)시대 오다 노부나가에 이어 일본 열도를 제패한 도요토미 히데요시(豊臣秀吉)는 1592년 임진왜란을 일으켜 조선을 침략했다. 당시 일본은 조선침략을 준비하기 위해 조선에 대한 정탐활동을 대대적으로 전개했다. 정탐꾼들을 미리 파견하여 조선군조차 모르는 한반도 샛길을 표시한 상세한 지도를 만들어 훗날 가토 기요마사(加藤淸正), 고니시 유키나가(小西行長) 등이 이끄는 왜군은 불과 보름만에 한양에 입성할 수 있었다.[1] 영화 또는 일본 사극에 자주 등장하는 닌자(忍子)는 도쿠가와 막부시대 사무라이정신으로 첩보수집과 파괴공작을 수행했던 일종의 정보원이었다.[2]

일본이 정보활동을 본격적으로 전개하기 시작한 것은 1876년의 메이지유신(明治維新) 이후로 본다. 메이지유신 이후 봉건제가 폐지됨에 따라 사무라이 계급의 특권이 박탈되었다. 당시 몰락한 사무라이들은 낭인(浪人)이 되어 만주, 중국, 조선에 진출하여 산업과 무역업계에 종사하였다. 그들은 현지사정에 관한 정보를 수집하여 자신들의 무역업과 산업을 확장하는데 활용했고, 다시 획득한 정보를 일본 정부에 제공해 주었다. 이때부터 첩보수집 및 공작활동에 민간 낭인, 정보 관료, 기업체, 군 정보관 등으로 구성된 일본 고유의 독특한 군·산·민(軍産民) 혹은 민·산·정(民産政) 정보복합체가 형

---

1) 최평길, 『국가정보학』(서울: 박영사, 2012), p.107.
2) 최평길(2012), p.108.

성되기에 이른다.3) 메이지유신 이래 일본이 막강한 무역대국이자 군사대국으로 성장하게 된 배경에는 이러한 정보복합체의 역할이 중요하게 작용했을 것으로 추정된다.

메이지유신 이래 축적된 산업무역역량, 정보력, 그리고 막강한 군사력에 바탕을 두고 일본군은 1894년 청일전쟁, 1904년 러일전쟁에서 승리할 수 있었다. 이후 제2차 세계대전을 치르면서 군부의 영향력이 강화됨에 따라 전시 군사 내각체제를 형성하게 되었으며, 정보활동도 군사정보에 중점을 두고 전개되었다. 당시 일본의 정보체계는 동경 소재 일본군 대본영 산하 육군 제2부인 정보참모부를 핵심으로 하여 구성되었다. 1936년에는 대본영 정보참모부에 만주, 러시아, 중국, 한국, 동남아, 태평양 지역에 대한 정보수집, 감청, 암호해독, 파괴공작 등을 담당하는 부서들이 설치되었다.4) 당시 일본 군부는 '나가노 학교'라는 정보요원 양성학교를 설립하여 첩보수집, 비밀공작 등 정보활동에 필요한 우수한 재원을 육성하였다.5)

제2차 세계대전에서 패전한 이후 일본의 정보활동은 군사안보보다는 경제분야에 중점을 두고 전개되었다. 일본은 국가안보 부문은 거의 전적으로 미국에 의존하면서 국가의 모든 노력을 경제재건 및 부흥에 총 집결시키는 '경제우선주의'의 국가전략을 추구했다. 이에 따라 국가안보와 관련된 전략정보는 자연히 미국이 주도하게 되었고, 일본은 경제적 번영을 위한 첩보수집 및 정보분석에 중점을 두게 되었다. 또한 태평양 전쟁 당시까지 공격적으로 구축했던 해외 군사정보수집체계는 전격적으로 해체되었고, 대사관 등 공식적인 기관이 전담하는 구조로 변화되었다.6) 패전국 지위로 전락한 일본이 독자적인 국가정보체계를 구축하기 어려운 상황에 처하게 됨에 따라 부족한 해외 정보수요를 충족시킬 수 있는 방안으로서 일본만의 독특한 정보운용체계를 활용하게 되었다. 예를 들어, 민간 기업에서 획득한 정보가 연구기관을 경유하여 혹은 직접 정계 실력자나 정부 부처에 비공식적으로 보고되어 활용되는 방식으로 해외정보 수요를 충족·보완하는 역할을 담당하였다.7) 이처럼 정부는 물론 개인, 민간기업, 연구소 등 다양한 주체들이 정보를 수집하고 분석하는 역할을 수행하는 일본식 정보복합체가 제도화되었다.

---

3) 최평길(2012), pp.109-110.
4) 최평길(2012), p.109.
5) 당시 각 부대에서 정예요원 20명을 선발하여 매우 혹독한 훈련을 시킨 것으로 유명하다. 졸업시험은 소만국경을 침범하여 폭파임무를 수행하거나 국경선 일대에서 홍백전을 벌였던 것으로 알려졌다. 나가노 학교 출신들은 전후 일본의 민간 기업에 취직하여 정부와 기업 간 해외 정보공유의 핵심적인 고리 역할을 수행하였다. 남창희, "일본의 정보·보안 체계," 문정인 편, 『국가정보론: 이론과 실제』(서울: 박영사, 2002), p.460.
6) 남창희(2002), p.457.
7) 남창희(2002), p.457.

사실 일본식 정보복합체는 일종의 국책연구기관인 '만철조사부'에 기원을 두고 있다. 만철조사부는 1907년 대련에 본사를 둔 '만주철도주식회사(이하 만철)'의 산하기관으로 설립되었다.8) 만철조사부는 동경대학 출신 등 총 4,500여 명의 우수한 인력으로 구성되었으며, 만주, 중국, 나아가 동남아에 이르기까지 국제정세, 현지의 법, 문화, 관행 등에 관한 광범위한 조사활동을 전개했다.9) 이후 만철조사부는 하얼빈, 길림, 북경 등에 지사를 두고 현지 사정에 대해 수집한 정보를 관동군에 보고하는 등 일본의 만주통치를 뒷받침하는 첩보활동을 수행했다.10) 현재 일본의 노무라종합연구소(NRI), 미츠비시종합연구소 등 민간 대기업의 연구기관들이 해외 경제동향 및 정세분석의 중추 역할을 수행하게 된 것은 과거 만철조사부의 오랜 경험과 역량에 바탕을 둔 것으로 여겨진다.11)

전후 일본은 국가정보기관의 역할이 축소된 반면 민간 연구기관과 현지에 파견되어 있는 종합상사의 상사원들이 수집한 경제 및 산업정보를 통산성(MITI)이나 자민당 의원 등 유력 정치인들에게 제공하는 비공식 정보 네트워크 체계를 발전시켰다.12) 미츠이 그룹을 비롯한 종합상사들은 전 지구적인 정보수집 네트워크를 갖고 산업정보 수집활동을 적극적으로 전개했다. 통산성 역시 막강한 인원을 동원하여 전 세계 도처에서 현지 무역실태, 상업제도, 해외시장 현황, 기술개발 동향 등 일본의 무역 및 산업 발전에 도움이 되는 정보를 닥치는 대로 수집했다.13) 이처럼 일본은 통산성을 중심으로 구축된 비공식 정보 네트워크 체계를 적절히 활용하여 경제 및 산업 관련 해외 고급정보 수요를 충족시킬 수 있었으며, 마침내 경제대국으로 부활할 수 있었다.

전후 일본은 전수방위를 표방한 안보전략에 따라 공식적 정보기관들의 설립과 활동을 적극적으로 추진할 수 없었다. 1952년 7월 21일 공안조사청이 설치되었고, 같은 해 8월 총리부 설치령으로 내각 관방장관 산하에 내각조사실이 창설되었다. 내각조사실은 1957년 미국 CIA의 요청에 따라 공산권 국가들의 동향에 관한 정보를 중점적으로 수집했으며, 1976년 12월 내각정보조사실로 개칭되었다.14) 그리고 일본 통합막료회의

8) 만철은 대만총독이었던 고다마 켄타로, 초대 총재 고토 신페이 등이 주도하여 설립했으며, 요코하마 정은은행에서 2억 엔을 투자하여 외무성과 대장성이 공동으로 관장했다. 남창희(2002), p.460.
9) 남창희(2002), pp.460-461.
10) 남창희(2002), p.460.
11) 남창희(2002), p.461.
12) 남창희(2002), pp.477-478.
13) 1990년대 외무성 직원이 약 2,510명이었을 당시 통산성의 직원 수는 약 15,450명에 달할 정도로 엄청난 인원이 해외 산업정보 수집활동에 종사했던 것으로 알려졌다. 남창희(2002), p.478.
14) 남창희(2002), p.461.

직속기관인 정보본부는 각 자위대 정보기관의 분산된 기능을 통합하는 데 목적을 두고 1999년 초에 정식으로 발족되었다.

2. 구성과 기능

일본의 공식적인 정보기관으로는 관방부 산하의 내각정보조사실, 법부성 외청인 공안조사청, 경찰청 경비국, 외무성 국제정보총괄관, 방위청의 정보본부 등이 있다. 그 중 정보분야 업무를 전문적으로 수행하는 핵심적인 정보기관은 내각정보조사실, 공안조사청, 방위청 정보본부로 보며, 이들 기관은 각각 해외정보, 국내보안정보, 군사정보 등을 관장한다.

일본에서 정보분야 업무를 관장하는 최고 회의체로서 '내각정보회의'와 '내각합동정보회의'가 있다. 내각정보회의는 각 정보 관계 기관의 연락조정을 통해 내각의 중요 정책에 관한 국내외 정보를 종합적으로 파악하기 위해 1998년 10월 내각에 설치되었다. 동 회의는 내각관방장관이 주재하는 관계부처 차관급 회의로서 연 2회 개최된다.[15] 내각합동정보회의는 일본 내 정보분야를 실질적으로 관장하는 최고 의결기구로서 1986년 7월에 내각에 설치되었다.[16] 이 기구는 상설기관이 아니고 총리관저에서 부정기적으로 개최되는 협의체 회의이다.[17] 동 회의는 내각정보조사실, 공안조사청, 방위청 정보본부, 외무성 국제정보총괄관실, 경찰청 경비국 등 각 정보기관의 책임자들로 구성되며, 내각 관방 부장관 주재하에 국내외 중요정책에 관한 정보를 공유 및 협력하는 역할을 수행한다.

(1) 내각정보조사실(Cabinet Intelligence and Research Office, CIRO)

내각정보조사실은 1952년 8월 총리부설치령에 따라 내각관방소속의 내각조사실로 출범했으며, 1986년 12월 내각법에 따라 내각정보조사실(이하 내조실)로 명칭이 변경되어 오늘에 이르고 있다.[18] 내각정보조사실은 일본총리의 비서실인 내각관방(Cabinet Secretary)에 소속되어 있으며, 내각의 중요 정책에 관련된 정보의 수집, 분석과 기타 조사업무를 담당한다.[19] 내각정보조사실은 일본 국가정보체계의 중추적인 기구로서

---

15) 2008년 3월 내각 결정에 의해 재무성, 금융청, 경제산업성, 해상보안청이 구성원에 추가되었다. 김선미, "일본의 정보기구," 한국국가정보학회 편, 『국가정보학』(서울: 박영사, 2013), p.381.

16) 국가정보포럼, 『국가정보학』(서울: 박영사, 2006), p.198.

17) 동 회의는 설치된 이후 대부분 격주로 개최되고 있다. 김선미(2013), p.381.

18) 남창희(2002), p.462.

총리 직속의 공안위원회와 경찰청, 법무성 산하의 공안조사청 그리고 방위청 정보본부 등과 긴밀히 협의하여 정보조정임무를 담당한다.[20)]

내조실은 '내각정보관'[21)]을 수장으로 하여 차장, 총무부문, 국내부문, 국제부문, 경제부문, 내각정보집약센터, 내각정보분석관, 내각위성정보센터, 국가방첩센터 등으로 구성되어 있다.[22)] 총무부는 외곽 정세연구회를 관리하고, 인사, 후생, 교육훈련, 연락·조정 등의 일반 행정 기능을 수행한다. 국내부는 내각의 중요 정책 수립을 위한 국내 정보의 수집 및 분석을 담당하며, 내각의 주요 정책에 대한 국민여론의 동향 조사와 신문, 방송, 잡지의 논조를 분석하는 업무도 수행한다. 국제부는 동남아조사회, 세계경제조사회 등 외곽단체들을 운용하여 해외정보를 수집·분석하는 임무를 수행한다. 경제부는 국내외 경제 관련 연구 및 조사 업무를 수행한다. 자료부는 민주주의연구회를 통하여 정보자료의 존안 관리를 담당한다. 내각정보집약센터는 대규모 재해 등 긴급사태에 관한 정보 수집을 담당한다. 내각정보분석관은 특정 지역 또는 분야에 관해 고도의 분석이 요구되는 업무를 수행한다. 내각위성정보센터는 국가의 안보와 대규모 재해에 대응하기 위한 영상정보의 수집 및 분석 업무를 담당한다.[23)] 국가방첩센터는 방첩기능을 강화할 목적으로 2008년 4월 1일 내각정보관을 센터장으로 하여 설치되었다.[24)]

내조실은 영국, 미국 등 여타 국가들과 비교하여 매우 적은 200여 명 정도의 소수 인원으로 구성되어 있다.[25)] 그럼에도 불구하고, 내조실은 일본 국내는 물론 전 세계에 걸쳐 다양한 분야의 정보를 광범위하게 수집·분석하는 임무를 원활히 수행해오고 있는 것으로 인정받고 있다. 그러한 배경에는 과거 만철조사부로부터 유래된 오랜 전통에 따라 민간 연구기관과 현지에 파견되어 있는 종합상사의 상사원들의 협조를 바탕으로 구축된 비공식 정보 네트워크 체계를 효과적으로 활용한데서 비롯된 것으로 보인다.

---

19) 국가정보포럼(2006), p.198.

20) 최평길(2012), p.114.

21) 2001년 시행된 행정개혁에 의해 내각정보조사실장이 내각정보관으로 승격되었다. 내각정보관은 내각관방부의 경력직 공무원 또는 경찰에서 경력을 쌓은 전문직 공무원 중에서 기용된다. 최평길(2012), p.114. 김선미(2013), p.368.

22) 김선미(2013), pp.374-375; http://www.cas.go.jp/jp/gaiyou/jimu/jyouhoutyousa.html(검색일: 2013년 11월 18일).

23) 동 센터는 2000년 비교적 큰 규모의 조직으로 탄생하였으며, 실질적으로는 독립적으로 운영되는 것으로 알려져 있다. 현재 4기의 첩보위성과 320명의 인원이 근무하며, 일본판 국가정찰국(NRO)의 역할을 수행하고 있다. 연현식, "일본의 정보기구 개혁 동향과 그 의미,"『국가정보연구』, 제1권 1호(2008), p.141.

24) 연현식(2008), p.141.

25) 최평길에 따르면 내조실의 재직 인원이 총 1,200명이라고 주장했지만 대부분의 전문가들은 200명 내외로 추정한다. 최평길(2012), p.118.

실제로 내조실은 풍부한 자금력을 활용하여 약 25개에 달할 정도로 많은 외곽단체의 인건비, 사업비 등을 부담하고, 그 대가로 그들로부터 중요한 정보를 제공받고 있는 것으로 추정된다.26) 또한 일본의 미츠이, 미츠비시 등 민간 종합상사에서 전 세계로 파견한 상사원들이 현지 정보를 수집하여 내조실에 제공해주기도 한다. 또한 일본 대사관은 신문사 및 방송사의 현지 특파원들과 고급 정세정보를 교환하는 등 긴밀한 협조체제를 유지하고 있는 것으로 알려졌다.27) 이 밖에 내조실은 외국 정보기관들과의 정보협력을 통해 부족한 정보력을 보완하기도 한다. 특히 일본은 1947년 맺어진 미·영 간 신호정보 공유협정(UKUSA Accord)에 제 3자적 지위로 참여함으로써 신호정보를 지원받고 있으며, CIA와의 정보교환을 통해 미국 측으로부터 중요한 정보를 제공받고 있는 것으로 알려졌다.28)

내조실은 왜소한 조직으로서 상대적으로 규모가 큰 조직인 경찰, 특히 외사 경찰이 이에 대해 막강한 영향력을 행사하고 있다. 내조실 전체 인원의 약 1/4는 경찰청 출신이 차지하고 있으며, 내조실의 수장은 전통적으로 경찰 서열 3-4위급 인사가 퇴직하면서 임명되어 왔다.29) 이 밖에 내조실은 외무성, 공안조사청, 방위성, 경제산업성, 재무성 등 다양한 부서 출신들로 구성되어 있기 때문에 내조실이 일본 내각 내에서 독자적인 영향력을 발휘할 수 있는 여건에 놓여 있지 않다.30) 실제로 내조실은 부문정보기관과의 정례적인 회합을 주도하고 있지만 주요 정책결정은 내각회의에서 이루어지기 때문에 정보업무를 총괄 또는 주도적인 역할을 수행하는데 한계가 있는 것으로 보인다.31)

(2) 공안조사청(Public Security Investigation Agency, PSIA)

공안조사청은 1952년 한국전쟁 중 일본 내 좌익단체의 활동을 통제하기 위한 목적으로 설립되었다. 이후 공안조사청의 임무는 소련, 중국, 북한 등 공산권의 대일본 공작, 일본 주재 외국 기관들의 동향에 관한 정보수집 등으로 확대되었다.32) 오늘날 공안조사청은 경찰청과 더불어 국내보안, 방첩, 대테러 등의 업무를 중점적으로 수행하고 있다. 공안조사청은 법무성의 외청으로서 약 1,500-2,000여 명 정도의 인원으로 구성되어 있는데 대부분 경찰요원이며 간부진은 검찰출신으로 구성되어 있다.33)

---

26) 남창희(2002), p.464.
27) 남창희(2002), pp.464-465.
28) 연현식(2008), p.142.
29) 연현식(2008), p.142.
30) 연현식(2008), p.143.
31) 연현식(2008), p.143.
32) 국가정보포럼(2006), p.199.

공안조사청은 일본 정보기구로서는 특이하게 인간정보 수집활동을 적극적으로 수행하고 있는 것으로 알려졌다.[34] 공안조사청은 수사권이 없고 조사 권한만 갖는다. 공안조사청의 조직은 2001년 조직 통폐합에 의해 본청, 연수소, 8개 지방공안조사국, 14개 지방사무소, 9개 출장소 등으로 구성되어 있다.[35] 본청은 총무부, 조사 제1·2부, 국제참사관실 등으로 구성되어 있는데, 핵심부서는 조사 제1·2부이다. 조사 제1부는 국내 공안사건, 극좌과격파, 공산당, 극우, 오옴진리교 문제 등 국내정보를 총괄한다. 조사 제2부는 한반도, 중국 및 아시아, 러시아 및 미국, 유럽지역 등 해외정보를 담당한다. 그리고 2개의 국제참사관실은 국제테러리즘과 해외정보기관과의 정보협력 업무를 각각 분장하고 있다.[36]

공안조사청의 조직은 장관, 차장, 총무부, 조사 1·2부 및 지방조사국, 조사사무소 등으로 구성되어 있는데, 세부 조직, 시설, 기능 등은 법률상 비밀로 분류되어 공개되지 않고 있다. 공안조사청은 국가공무원법 100조 및 공안조사청 규정 4조가 정한 범위 내에서 비밀정보활동을 수행한다. 종래 국내정보 수집활동에 중점을 두었으나 해외정보 수집활동도 병행하여 수행하고 있는 것으로 알려졌다.[37]

(3) 방위성 정보본부(Defense Intelligence Headquarters, DIH)

방위성 정보본부는 일본 통합막료회의(2006년 3월 통합막료감부로 개편) 산하 군사정보기관이다. 과거 일본에는 통합된 군사정보기관이 없이 육상, 해상, 항공 자위대 등 각 부대와 통합막료회의, 그리고 자위대 직속의 정보부대 등 각 부대별로 분산되어 정보활동을 수행했었다. 이처럼 각 부대별로 독자적으로 정보수집 및 분석활동을 수행했기 때문에 정보체계의 효율성이 매우 미흡했다. 이러한 문제점을 보완하기 위해 각 자위대 정보기관의 분산된 기능을 통합하자는 제안이 제기되었고, 1995년 12월 그러한 제안이 수용되어 1997년 11월 20일 방위청 내 새로 통합된 군사정보기관으로서 방위청 정보본부가 정식 발족되기에 이르렀다. 이후 정보본부는 2006년 3월부터 다시 방위청 장관의 직할기관으로 개편되어 방위청 내 중추적인 정보기관으로서의 역할과 지위를 갖게 되었다.[38]

---

33) 남창희(2002), p.474; 연현식(2008), p.146.
34) 국가정보포럼(2006), p.199.
35) 연현식(2008), p.147.
36) 연현식(2008), p.147.
37) 남창희(2002), p.474.
38) 연현식(2008), pp.143-144.

방위성 내 첩보수집 업무를 담당하는 조직으로는 방위국 내의 조사과, 통합막료회의 산하의 사무국, 각 육·해·공 막료감부의 조사부 등이 있으며, 정보본부는 방위성 산하 모든 정보기구의 정보 업무를 통합·조정하는 중추적인 기관이다.[39] 정보본부는 자체적으로 인간정보, 영상정보, 신호정보, 공개정보 등 다양한 출처로부터 정보를 수집하며, 이를 방위성 각 기관 및 타부서로부터 제공되는 정보들과 융합하여 방위성과 자위대가 필요로 하는 전략정보를 생산하는데 중점을 둔다.[40]

방위성 정보본부는 본부장 및 부본부장 산하에 총무부, 계획부, 분석부, 통합정보부, 화상·지리부, 전파부 등 6개 부서와 6개의 통신소로 구성되어 있으며, 약 2,300여 명의 인원이 활동하고 있는 것으로 알려졌다.[41] 본부장은 현역 육·해·공군의 자위관이 임명되며, 부본부장에는 민간의 사무관이 방위성 내부부국의 심의관 겸무로 임명된다.[42] 총무부는 정보본부 직원의 인사, 급여, 교육훈련, 후생복리 등의 업무와 경비, 회계, 보안 업무를 담당하고 있다. 계획부는 첩보 수집 및 정리에 관한 계획, 관계부서와의 연락조정, 조직 및 정원, 경비 및 수입의 예결산, 행정재산의 취득, 업무계획, 정보관리에 관한 기획과 섭외에 관한 업무 등을 관장하고 있다. 분석부는 정보의 종합적인 분석, 정보의 수집정리 및 조사·연구, 통합방위계획과 통합경비계획의 작성에 필요한 정보 업무 등을 담당하고 있다. 통합정보부는 긴급으로 처리해야 하는 정보와 외국 군대의 동태에 관한 정보의 수집·정리, 통합막료감부에게 자위대의 운용에 필요한 정보의 제공 등과 관련된 업무를 담당하고 있다. 화상·지리부는 영상·지리정보의 수집정리 및 조사에 관한 업무를 관장하고 있다. 마지막으로 전파부는 신호정보에 관한 업무를 수행하고 있다.[43]

정보본부는 2006년 6월 현재 37개의 재외공관에 48명의 방위주재관(defense attaches, 무관)을 파견하여 해외에서 군사분야의 정보를 수집하고 있다.[44] 정보본부는 주로 공개정보와 인간정보 수단을 활용하여 방대한 양의 첩보수집활동을 전개하고 있는 반면, 불법적인 비밀공작활동은 수행하지 않고 있는 것으로 알려졌다.[45]

---

39) 남창희(2002), p.466.
40) 국가정보포럼(2006), p.200.
41) 『일본 방위백서(2006)』, p.123; 연현식(2008), p.144. 정보본부 요원 가운데 약 70%에 해당하는 인원이 전파부 및 각 통신소에 속해 있는 것으로 알려져 있다. 김선미(2013), p.377.
42) 연현식(2008), p.144.
43) http://www.mod.go.jp/dih/busyo.html(검색일: 2008년 4월 12일); 연현식(2008), pp.144-145.
44) 과거 방위주재관이 수집한 내용은 외무성을 경유하여 방위성에 보고되었는데, 2004년 경 방위성에 직보하는 것으로 보고 채널을 변경했다. 『일본방위백서(2004)』, pp.186-187; 연현식(2008), p.145.
45) 연현식(2008), p.145.

(4) 기 타

이 밖에 일본 내 정보 업무와 관련되는 조직으로서 경찰청 경비국, 외무성 국제정보통괄관 조직 등이 있다.

일본의 경찰은 방대한 조직과 인원을 바탕으로 국내치안과 정보분야에서 주도적인 역할을 수행하고 있다. 일본 내 정보기관의 수장 및 핵심 보직의 상당수를 경찰 출신이 장악하고 있어 경찰은 사실상 일본의 정보기관들에 대해 가장 강력한 영향력을 행사하고 있다.46) 경찰은 정보활동 중에서 주로 해외 각국의 스파이를 감시하는 방첩기관의 역할을 수행한다. 경찰청 산하의 정보기관으로서 경찰청의 경비국, 경시청의 공안부, 경찰서의 경비과 및 공안과 등이 있다. 경찰청 경비국은 국가공안위원회의 특별기관인 경찰청 내부 부국의 하나로서 공안경찰의 사령탑 역할을 수행한다.47) 경비국은 전국의 공안경찰을 지휘해 국제테러 조직, 구공산권 등 외국 정보기관, 일본 공산당, 시민활동(반전운동, 노동운동 등), 컬트 단체(구 옴진리교 등), 우익단체, 극좌단체 등에 대한 사찰이나 협조자 관리를 주된 임무로 수행하고 있다.48)

국제정보통괄관은 외무성 산하 조직으로서 정보의 분석 및 평가를 전문적으로 수행하는 기관이다. 일본 외무성은 2004년 8월 정보수집 및 분석능력을 강화할 목적으로 이전의 국제정보국을 폐지하고 대신 '국제정보통괄관'을 신설했다. 동 조직은 시시각각 변화하는 국제정세에 기민하게 대응하고자 객관적이고 종합적인 관점에서 국제정세를 분석·판단하는 임무를 수행한다. 동 조직은 미국 국무부 산하 정보조사국(INR)과 유사한 성격의 기관으로서 첩보수집활동을 수행하지 않고, 주로 분석·평가 업무를 전담하고 있다.49) 동 조직은 국제정보통괄관을 수장으로 하여 수하에 4명의 국제정보관, 사무관, 임기제 전문분석원 등을 두고 있으며, 총 인원은 대략 100명이다.50)

3. 최근 동향과 전망

일본은 제2차 세계대전 이후 반전(反戰), 반군(反軍), 평화 사상의 분위기 속에서

---

46) 내조실의 내각정보관이 대부분 경찰 출신이 맡아왔고, 방위성, 공안조사청, 외무성 등의 주요 보직에도 경찰 출신들이 장악하고 있는 것으로 알려졌다. 연현식(2008), p.147.
47) 김선미(2013), p.379.
48) 김선미(2013), p.379.
49) 김선미(2013), p.380.
50) 연현식(2008), p.145.

전수방위를 표방하는 안보전략을 추구했으며, 이에 따라 정보기구 및 활동도 대폭 축소
되었다. 그런데 소련의 붕괴와 함께 냉전이 종식되면서 일본의 전수방위 안보전략도
일부 변화되는 모습을 보였다. 미국은 동아시아 지역에서 일본의 군사적 역할이 확대될
것을 요구했으며, 일본 정계 내에서도 국제역할 확대론의 압력이 점차 고조되는 분위기
가 일어났다. 1990년대 이후 일본의 지역안보에 대한 역할 범위를 어디까지 확대해야
할 것인가를 두고 첨예한 노선대립이 있었다. 당시 오자와 이치로(小澤一郎) 등이 주축이
되어 주장했던 '국제공헌확대론'에 대해 후나바시를 대표로 하는 '시민평화세력
(Civilian Gobal Power)'은 이에 반대하는 입장을 취했다.[51] 현재까지 군사안보 역할 강화
라는 방향과 평화대국을 지향하는 노선 간의 충돌이 해소되지 않고 있는 상황이다.

　　냉전체제의 종식과 함께 동서 간 극단적인 체제대결이 사라지면서 군사적 위협이
감소하는 양상을 보였다. 반면, 일본은 냉전 이후 대내외 안보환경 상황을 자국에 심각
한 군사위협으로 인식하게 되었고, 그것을 빌미로 군사력과 정보력을 강화시키려는
움직임을 보여왔다. 일본이 정보 역량을 강화시키려는 노력을 기울이게 된 중요한 외부
적 요인으로서 북한과 중국을 들 수 있겠다. 일본은 1998년 8월 북한이 발사한 대포동
미사일이 자국 상공을 넘어가자 이를 명분으로 정찰위성 등 첨단 군사장비를 개발·
도입하며 군사력을 강화했다. 북한의 미사일 위협을 빌미로 1999년부터 정찰 위성
개발에 착수, 2003년 2기의 정찰 위성을 성공적으로 쏘아 올렸다. 어쨌든 북한의 핵과
미사일 문제는 일본 정부로 하여금 효과적인 대북 정보수집 및 분석이 일본의 국가안보
에 중요하다는 인식을 갖게 되는 결정적인 계기가 되었다. 또한 중국의 지속적인 경제
성장에 기초한 군사력 강화는 대중 정보역량의 대폭적인향상 필요성을 증대시켰다.
특히 2001년의 9/11 테러를 계기로 대테러전과 대량살상무기 확산 저지가 국제사회의
공통적인 안보현안으로 부상되면서 자연스럽게 일본이 국가정보 역량 확대를 추진할
수 있는 좋은 기회가 되었으며, 나아가 미·일 간의 긴밀한 정보 협력 및 공유 필요성도
증대되었다. 또한 대내적으로 태풍, 지진, 해일 등 각종 대규모 재난발생 빈도가 증가하
면서 재난 대비 정보역량 강화 필요성도 제기되고 있다.

　　이처럼 대내외적으로 안보 불안이 증가하면서 일본 내 정보력 강화를 위한 국내적
관심과 요구가 보다 강렬해지고 있다. 이에 부응하여 일본 정부는 정보역량 강화 의지
를 천명하고 그에 따른 노력을 계속하고 있다. 그동안 일본은 내각부관방장관 예하의
내각정보관에 의한 국가정보의 중앙조정 및 통제기능을 강화하는 조치를 취했다. 또한
방위청을 방위성으로 승격시켜 위상을 높이고 정보본부를 방위성 장관직할체제로 개

---

51) 남창희(2002), pp.480-481.

편하여 군 정보기능의 집약 및 효율성 향상을 도모했다.

　　여기서 한발 더 나아가 일본은 중앙정보기관의 설치를 모색하고 있다. 일본은
전후 정보기관을 둘러싼 여론의 반발로 인해 중앙정보기관이 설치되지 않고 현재까
지 각 성·청 중심의 분산형 정보체계를 운용해왔다. 1980년대 중반부터 중앙정보기
관 설치의 필요성이 지속적으로 논의되어 왔으나 부정적인 여론으로 인해 적극적인
추진이 이루어지지 않았었다. 이러한 가운데 2007년 아베 신조 총리 재임 시 일본판
'국가안전보장회의(NSC)'와 '중앙정보기관(CIA)'의 창설이 추진되었다. 당시 구상에
따르면 내조실을 중심으로 각 부서에 분산되어 있는 정보조직을 통합·확대하여 최종
적으로 약 1,000명 이상의 새로운 정보기관을 창설하여 미국의 CIA나 이스라엘의
모사드와 같은 규모 있고 효율적인 조직으로 변모시키겠다는 것이었다. 2007년 NSC
창설안이 각료회의에서 통과되었으나, 후쿠다 야스오 총리가 취임하면서 각 부처
간 의견이 상충되는 가운데 특히 외무성과 방위성의 반대로 NSC 창설안은 폐지되고
말았다.[52]

　　2012년 12월 아베 총리가 재집권하면서 정보·위기관리체제 개편이 재추진되었
다. 아베 총리는 2013년 초 알제리에서 발생한 일본인 인질사건과 센카쿠(중국명 다오위
다오) 열도에서 중국 해군이 자위대 구축함에 사격용 레이더를 비춘 사건에 대응할
때 일본의 정보 수집·분석 역량이 충분하지 않았다면서 미국의 국가안전보장회의
(NSC)를 모델로 한 일본판 NSC의 발족을 의욕적으로 추진해 왔다.[53] 2013년 8월 30일
아사히 신문에 따르면 아베 정권은 현재의 내각정보조사실을 확대해 '내각정보국'을
신설할 방침이라고 밝혔다.[54] 이어서 2013년 11월 7일 일본 중의원에서 '국가안전보장
회의(일본판 NSC)' 설치 법안이 가결되었다.[55] 내각정보국의 설립은 총리 관저의 정보
수집 능력을 높이고 2014년 1월 발족할 예정인 외교·안보정책의 사령탑 '국가안전보
장회의(일본판 NSC)'와의 공조를 강화하기 위한 포석으로 보인다. 신설되는 내각정보국

---

52) 『서울신문』(2010.3.3.); 김선미(2013), pp.382-383.
53) 『연합뉴스』(2013.10.24.).
54) 『한국일보』(2013.8.30.).
55) 일본 정부 관계자에 따르면 NSC 사무국인 '국가안보국'은 '총괄', '동맹 및 우호국', '중국 및
　　북한', '기타 지역', '정보', '전략' 등 6개 부문으로 편성될 예정으로 알려졌다. 국가안보국은 자
　　위대 간부 십 수 명을 포함한 50명으로 구성된다. 정보수집활동은 외무성과 방위성, 경찰청 등
　　기존 부처에 맡기고 국가안보국은 수집된 정보를 분석하는 역할을 맡게 된다. 국가안보국의 각
　　반에는 현역 육·해·공 자위대 관계자들이 배속된다. 이는 현역 자위대원들의 전문적 군사지식
　　과 경험을 총리 및 관련 각료들에게 직접 전달함으로써 의사결정을 원활하게 하려는 포석이라
　　고 요미우리 신문이 전했다. 또한 국가안보국장은 관계부처의 차관과 국장 등 간부들이 참여하
　　는 간사회에서 기본방침을 정리한 뒤 총리와 관방장관, 외무상, 방위상이 참여하는 이른바 '4각
　　료회의'에 보고하게 된다. 『연합뉴스』(2013.10.24.); 『요미우리신문』(2013.11.7.).

에는 현재 내각정보조사실에 1명뿐인 내각정보관을 3명으로 늘려 국내, 대외, 방위 등 세 분야를 담당토록 하고 3명 가운데 1명을 '내각정보감'으로 임명할 예정이다.[56] 내각정보국이 수집·분석한 정보는 국가안전보장회의의 외교·안보정책 판단 자료로 쓰이게 될 것이다.

한편, 일본이 제2차 세계대전 이전의 과거처럼 강력한 정보체계를 구축하고 본격적인 정보활동을 전개해 나아갈 것인지 향후 그 귀추가 주목된다. 현재 추진하고 있는 일본판 NSC와 내각정보국의 설립은 기존의 성·청을 중심으로 구축되어 있는 일본의 정보체계에 있어 일대 혁명적인 변화를 가져올 것이다. 일본판 CIA로서 내각정보국이 신설되는 것에 대해 일본 내 반대 여론도 있을 것이며, 경찰청과 방위성 내 기존 정보기관들의 상호 경쟁과 견제도 예상된다. 그래서 내각정보국이 대규모 인원과 막강한 영향력을 가진 경찰청과 방위성의 정보조직을 조정·통제하는 중앙정보기관으로서의 역할을 성공적으로 수행할 수 있을지도 주목된다. 그리고 일본의 안보 및 정보체계가 중앙집약적이고 강력한 권한을 갖게 됨에 따라 한반도를 비롯한 주변국의 안보에 어떤 영향을 미칠 수 있을 것인지도 주의깊게 관찰해 보아야 할 것이다.

제 2 절 중국의 정보기구

1. 기원과 발전[57]

대부분의 경우 국가가 수립되고 나서 당, 군대, 정보조직 등이 설립되는 반면, 중국은 특이하게도 1949년 국가가 수립되기 이전에 당과 군이 창설되었다. 1921년에 중국 공산당이 조직되었고, 1927년에 인민해방군이 창설되었다. 이에 따라 정보체계도 당, 군, 국가의 순서로 설립·운영되어 왔다.[58] 중국의 경우 국가 수립 이전까지 정보기관이 별도로 설립된 것이 아니고 당 또는 군의 산하 일부 조직에서 정보활동 임무를 수행하였다. 정보조직은 비밀지하 조직으로 설립된 중국 공산당의 생존을 보장하기 위해 활용되었고, 무장혁명조직으로 창설된 인민해방군의 전투임무 수행을 지원했다.

---

56) 3명의 정보관은 경찰청, 외무성, 방위성 등에서 정보수집·분석을 담당하는 부서로부터 정보를 수집하고 이를 종합하여 분석한 결과를 총리에게 보고하게 된다. 『한국일보』(2013.8.30.).

57) 이 절은 김태호, "제15장, 중국의 정보·보안 체계," 문정인 편, 『국가정보론: 이론과 실제』(서울: 박영사, 2002), pp.492-496의 내용을 요약·정리하였음을 밝힌다.

58) 김태호(2002), p.492.

그리고 1949년 국가가 수립되고 나서 정보조직은 반혁명 분자 색출 등 국가체제 유지에 필요한 핵심적인 도구로 활용되었다.

1920년대 중국의 정보활동은 중국 공산당 산하 기구에서 수행되었다. 1925년 말 중국 공산당 산하 기구로서 중앙군사부(中央軍事部), 1926년 당 중앙군사위원회, 1927년 11월 중앙특별공작위원회(中央特別工作委員會, 일명 中央特委) 산하 중앙특과(中央特科, 일명 '보위부') 등이 설립되었고, 이들 기구 내 정보조직이 설치되어 운영되었다. 정보활동은 당 업무의 일환으로 수행되었기 때문에 '당무(黨務)'와 정보 업무(情報業務)의 구별이 없었다. 예를 들어, 중앙특과의 주 임무는 "총무(總務), 정보(情報), 행동(行動) 및 통신(通信)"으로서 정보활동은 당 업무의 일환으로 수행되었다.[59]

1930년대 말 기존의 특과(보위부)를 흡수하여 설립된 중앙사회부(中央社會部)는 중국 건국 이전까지 정보 업무를 총괄적으로 수행했다. 1930년대 말에서 1940년대 말까지 중국은 항일 투쟁 및 국민당 군과의 내전을 치렀던 시기로서 중앙사회부는 당 지도부의 대외정세 판단에 필요한 해외정보의 수집, 국민당의 내부 상황 및 군 정보 입수, 반당 및 변절자 처리 등 다양한 유형의 정보활동을 전개했다. 당시 정보조직은 당내 군사조직, 특히 당 중앙군사회원회 내에 설치·운영되었기 때문에 '당통(黨統)'과 '군통(軍統)'의 구별 없이 당·군 지도부의 지휘통제를 받았다. 정보조직에 대한 당과 군의 장악은 1949년 국가가 수립된 이후에도 관행으로 남아 있었다.[60]

중국의 건국 직후인 1950년대 초까지 정부(국무원)가 설립되지 않았기 때문에 정보조직은 당과 군에만 존재하였다. 당내에는 내사 및 내부 안전을 담당하는 중앙조사부(中央調査部, 전 중앙사회부), 공산권 국가들 간의 정보협력을 담당하는 중앙대외연락부(中央對外聯絡部), 그리고 '책반'[61] 및 국내외 침투활동 조직인 중앙통일전선공작부(中央統一戰線工作部, 약칭 統戰部)가 설치·운영되었다. 군에는 총참모부 정보부와 중앙군사위원회 총정보부를 통합하여 총참모부 2부를 신설하였다. 중앙군사위원회 3국과 총참모부 기술부가 총참모부 3부로 통합되었으며, 총정치부 연락부가 설치되었다. 그리고 1954년 9월 정부조직인 국무원이 정식 출범하게 됨에 따라 중국은 비로소 당·정·군 체계를 갖추게 되었으며, 정보조직도 당·정·군 모두에 설치·운영되었다.[62]

한편, 문화혁명 기간(1966-1976년) 동안 대부분의 당·정·군 정보조직이 모택동의 부인 강청과 사인방(四人幇)[63]에 의해 와해되었으며, 해외정보 업무도 대부분 마비되거

---

59) 김태호(2002), p.492.
60) 김태호(2002), p.494.
61) 적의 내부에 들어가서 모반을 획책하는 행위를 말한다.
62) 김태호(2002), p.494.

나 중단되었다. 중앙조사부의 경우 조직이 완전히 해체되어 그 기능과 활동은 총참모부 2부로 이관되었다.[64] 1971년 임표(林彪)의 사망 이후 주은래 총리가 중앙조사부, 총참 2부 및 총참 3부 등을 재건했으나 1970년대 전반기에는 극심한 국내 권력투쟁으로 인해 정보조직도 파벌 간 정쟁에 휩싸이게 되었다. 1976년 모택동 사망 이후 화국봉(華國鋒) 등 모택동 추종파인 '범시파(凡是派)'는 당 중앙조사부의 역할 및 권한 증대를 통해 개인 및 파벌의 세력 확대를 추구하기도 하였다.[65]

1970년대 후반 등소평이 실권을 장악하고 1980년대 들어서서 개혁개방을 본격적으로 추진했다. 이에 따라 중국에 대한 외국의 정보활동이 증가했다. 대외개방에 따라 국내 체제유지에 많은 어려움이 야기되었고, 외국에 관해 보다 많은 정보가 요구되었다. 이러한 대내외 안보환경의 변화에 대응하기 위해 정보활동을 보다 강화할 필요성이 증가하였으며, 이에 부응하여 마침내 1983년 6월 국가안전부(國家安全部)가 신설되었다. 국가안전부는 공안부의 기존 방첩단위(1-4국), 중앙조사부의 일부 기능 및 군 총참모부의 일부 인력을 통합하여 설립되었다.

2. 구성과 기능

(1) 개   관

중국은 당(中國共産黨)이 통치하는 '당-국가(party-state)' 체제이며, 정보조직은 중국내 공산당 1당 지배를 영속화시켜 주는 필수불가결한 수단으로서 의미를 가진다. 비록 국가조직으로 행정부 격인 국무원, 입법부에 해당되는 '전국인민대표회의(全國人民代表會議)', 사법기관으로 검찰조직인 '최고인민검찰원(最高人民檢察院)'과 재판기관인 '최고인민법원(最高人民法院)' 등이 있지만, 실질적으로는 중국공산당이 중국 내 모든 권력을 독점하고 있다. 중국 공산당은 약 8,500만 명에 이르며, 이들 중 25-35명의 당최고위급 지도자들이 당·정·군의 주요 직위를 겸임하고 있어 사실상 이들이 당무(黨務)를 포함, 입법·사법·행정 분야에 대해 막강한 권한을 행사하면서 중국을 통치하고 있다.[66]

---

63) 문화혁명기 주도세력인 4인의 지도자로서 모택동의 부인 강청(江靑), 장춘교(張春橋), 요문원(姚文元), 왕홍문(王洪文) 등을 지칭한다.

64) FAS, "Ministry of State Security History-Chinese Intelligence Agency," http://www.fas.org/irp/world/china/mss/history.htm(검색일: 2012년 11월 5일).

65) FAS, "Ministry of State Security History-Chinese Intelligence Agency," http://www.fas.org/irp/world/china/mss/history.htm(검색일: 2012년 11월 5일).

66) 김태호(2002), p.487.

한편, 중국 내 방대한 공식적 관료·행정 조직이 존재하고 있지만, 실질적인 업무수행은 '계통(系統)'이라는 해당 업무에 관련된 공식 관료조직 또는 비공식 단위 조직 내에서 이루어진다. '계통'은 당무계통(黨務系統), 조직계통(組織系統), 선교계통(宣敎系統), 정법계통(政法系統), 재경계통(財經系統), 군사계통(軍事系統) 등 6개 분야로 나뉘어져 있는데, 정보분야는 '정법계통'에 속한다. 정법계통은 다른 계통과 유사하게 위로는 당 중앙정법위원회로부터 아래로는 향(鄕), 진(鎭) 등 하급 단위에 이르기까지 모두 포괄하고 있으며, 이러한 조직체계를 통해 공산당 1당 지배를 유지하는 핵심적인 기능을 수행하고 있다.[67]

현재 중국의 정법계통에는 당의 대외연락부, 통일전선공작부, 국무원 산하의 국가안전부, 공공안전부(이를 줄여서 '공안부'로 통칭한다). 신화사 등이 포함되며, 각 성·시·자치구 내 당 위원회 내에 정법위원회가 설치되어 있다. 군사계통의 경우는 '4총부(총참모부, 총정치부, 총후근부, 총장비부)' 중 총참모부 2·3·4부와 총 정치부 연락부가 정보업무를 수행하며, 각 군구 내 집단군과 사단 급까지 정법위원회가 설치되어 있다.[68] 중국의 주요 정보체계 총괄도는 <그림 1>과 같다.

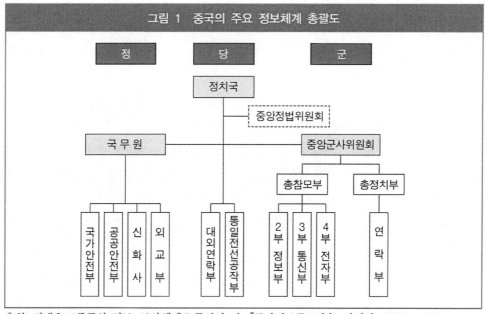

그림 1 중국의 주요 정보체계 총괄도

출처: 김태호, "중국의 정보, 보안체계," 문정인 편, 『국가정보론』(서울: 박영사, 2002), p.499.

---

67) 김태호(2002), p.488.
68) 김태호(2002), p.498.

1949년 국가설립 이후 중국 정보체계의 일차적인 목표는 공산당 1당 지배를 유지하는데 있으며, 이를 위해 체제안정을 저해하는 반혁명분자 색출, 자치구의 분리·독립운동의 통제, 외국에 대한 정보수집 및 방첩활동 등의 임무를 중점적으로 수행한다. 또한, 경제발전, 통일 및 외교안보 정책을 수행하는 데 필요한 정보를 제공해 준다. 경제발전은 개혁개방 이후 중국이 추구하는 최대의 국가목표로서 이를 위해 중국의 정보기관들은 외국의 경제·산업 동향, 첨단 과학기술 등에 관한 각종 정보를 수집한다. 통일문제에 대응하기 위한 노력으로서 대만의 분리 독립 움직임을 감시·파악·통제하는 대(對) 대만공작도 정보계통이 수행하는 주요 임무 중의 하나이다. 그리고 미국, 러시아, 일본, 한국 등 주변국의 군사 및 외교안보 동향을 파악하여 중국의 대외정책 및 군사전략을 수립하는 데 필요한 정보를 제공해 주는 임무도 수행한다.

중국 내 정보가 생산되어 배포 및 순환되는 과정은 다음과 같다. 중국 내 정보조직은 당·정·군 내에 모두 존재하며, 각 조직 내 하급단위에서 수집된 정보는 일반적으로 각 조직 최상급 단위의 판공실(廳)에서 취합된다. 각 조직의 판공실(廳)은 취합된 정보들에 대해 서로 간에 의견조율을 거쳐 당 중앙정법위원회에 보고하게 되며, 이를 당 정치국에서 최종 확정하는 것으로 추정된다.[69] 다음에서 중국의 정보체계를 당, 국무원, 군 등으로 구분하여 살펴보기로 한다.

(2) 당 산하 정보기구

당 산하 정보기구로서 당 중앙정법위원회, 당 중앙통일전선공작부, 당 중앙대외연락부 등이 있다.

당 중앙정법위원회의 전신은 중앙법제위·중앙정법영도소조 등이다. 문화혁명 종료 이후인 1980년 1월 24일 당 중앙정법위원회로 부활되었다. 정법위원회는 서기 1명, 위원 6명, 비서장 1명 등으로 구성되어 있다. 위원은 국가안전부장, 공안부장, 사법부장, 최고인민법원장, 최고인민검찰장, 총정치부 부주임, 중앙기율검사위원회 등이 포함되며, 위원의 숫자가 고정된 것은 아니다.[70] 당 중앙정법위원회는 매년 12월에 개최되는 '전국정법공작회의(全國政法工作會議)'를 통해 다음 해 정법활동의 주요 목표를 발표하며, 5년 단위로 정법목표를 추진한다. 예를 들어, 1996-2000년 간 정법활동의 주요 목표는 정치·사회의 지속적 안정, 중대 형사사건 발생 증가의 억제 및 처리, 치안질서 확립, 사회주의

69) 중국의 권력구조 및 정책결정과정 상 가장 중요한 단위는 정치국이지만, 정치국의 위원 수(23명)에 비해 업무가 과중하여 특별한 하자가 없는 한 당 중앙정법위원회의 '결정'을 형식상 승인하는 역할에 그칠 것으로 판단된다. 김태호(2002), p.497.
70) 김태호(2002), p.497.

시장경제에 부응하는 법률보장 및 지원 등이었다. 앞서 살펴본 바와 같이 당·정·군의 각 조직 하급단위에서 수집된 첩보들이 취합되고 분석의 과정을 거쳐 생산된 정보들은 최종적으로 당 중앙정법위원회에 보고된다. 그런 점에서 당 중앙정법위원회가 당·군·정의 정보 및 보안 업무를 총괄·조정하는 최상위 기관으로서의 역할을 수행한다.

당 중앙통일전선공작부(이하 통일전선부)는 중국의 통일전선공작을 담당하는 주무 부서로서 국가수립 이전인 1930년대부터 중국 공산당 내에 설치되어 운영되어 왔다. 통일전선부는 오랫동안 설치·운용되어 왔음에도 불구하고 극도의 보안이 유지되어 대외활동이 잘 드러나지 않는 조직이다. 통일전선부는 부장 1명, 부부장 5명, 비서장 1명 등이 포함되어 있다. 통일전선부는 대(對) 대만 통일전선공작을 주 임무로 하면서 홍콩, 마카오, 대만 등 중화권 국가들의 경제통합을 촉진하는 정보수집, 분석, 비밀공작 등의 활동도 수행하고 있다.

당 중앙대외연락부(이하 대외연락부)는 1930년대 중앙연락국(中央聯絡局)으로 운영되었다가 국가수립 이후 현재의 명칭으로 개칭되었다. 대외연락부는 당의 대외관계를 담당하는 부서로서 냉전체제 동안 주로 사회주의 국가, 전 세계 공산당, 좌파 정당 및 단체와의 관계를 유지·발전시키는데 목표를 두고 임무를 수행했다.[71] 그러나 구소련과 동유럽 등 사회주의 체제가 붕괴되고 국제공산주의 운동이 쇠퇴하면서 공산권과의 연대 활동은 과거에 비해 대폭 축소되었다. 냉전체제 종식 이후 앙골라, 세네갈, 나이지리아를 비롯한 아프리카 국가들의 공산당, 사회당 또는 우당(friendly party)과의 연합전선을 통해 중국의 영향력을 확장하는 활동을 수행했다. 최근에는 석유자원 확보에 중점을 두고 정보활동을 수행하고 있는 것으로 알려졌다.[72] 대외연락부는 전 세계를 8개 지역으로 나누어 각 지역에 관한 첩보수집임무를 수행하는 지역국을 두고 있는데, 구체적인 활동 내용은 외부에 잘 알려져 있지 않고 있다.

(3) 국무원 산하 정보기구

국무원 산하 정보기구로서 국가안전부, 공안부, 신화사(新華社) 등이 있다. 국가안전부(國家安全部, MSS)는 중국의 대표적인 국가정보기관으로서 국내외 정보수집 부서였던 공안부 산하 방첩기구와 중국 공산당 중앙위원회 조사부의 일부 기능이 통합되어 1983년 6월에 설립되었다. 국가안전부의 조직구조는 명확히 밝혀진 바 없으나 미국

---

71) 북한과의 '당대당(黨對黨)' 관계는 모두 대외연락부가 주무부서 역할을 수행하고 있는 것으로 알려져 있다. 1994년 7월 김일성 사망 이후 북·중 공식교류가 크게 감소했음에도 불구하고 대외연락부의 부부장급 인사의 북한 방문은 거의 매년 이루어졌던 것으로 드러났다. 김태호(2002), p.500.

72) 최평길(2012), p.103.

과학자협회(Federation of American Scientists)에서 1997년에 발표한 자료에서는 12개 국과
기타 5개 부서로 구성되어 있는 것으로 밝혀졌다.[73] 그런데 2004년 타이완에서 발표한
자료에서는 17개 공작국과 기타 9개 부서로 구성되어 있는 것으로 알려졌다.[74] 이로
보아 국가안전부의 조직이 1990년대 12개 국에서 점차 확대된 것으로 추정된다. 각
부서 명칭 및 수행하는 업무는 <표 1>과 같다.

■ 표 1 ■   국가안전부 조직체계

부 서	명 칭	업 무 내 용
제1국	구미정보국	유럽, 미주, 대양주 지역 정보수집
제2국	동구정보국	러시아, CIS 및 동유럽지역 정보수집
제3국	아비(亞非)정보국	아시아 · 아프리카 정보수집
제4국	태항오국(台港澳局)	대만, 홍콩, 마카오 지역 정보수집
제5국	정보분석통보국	정보의 분석과 통보, 수집 지도
제6국	기술정보국	과학기술정보의 수집 · 연구 및 통신공작/활동 지휘
제7국	반간첩정보국	반간첩 정보의 수집
제8국	반간첩정찰국	외국간첩의 추적 · 정찰 · 체포
제9국	통신정찰국	우편물 검사 및 통신정찰
제10국	대방정찰국(對防偵察局)	해외 중국 공관 안전공작 담당 (유학생 및 반중국 세력 감시 활동 병행)
제11국	정보자료중심국	문서자료의 수집 · 연구 · 관리
제12국	사회조사국	사회단체 연락 및 민의 동태 조사
제13국	기술정찰국	과학 기자재 관리 · 연구
제14국	밀마(密碼)통신국	암호 · 통신공작 담당
제15국	대항하연구국	대만 · 홍콩 · 마카오 지역 정보분석 · 연구조사
제16국	계산기관리국	전산망 보안 관리, 사이버정보 분석
제17국	양화기업국(兩化企業局)	국가안전부 소속 기업 및 사업관리 담당
기 타	기타부서	판공청(辦公廳), 행정관리국, 인사국, 정치부, 종합계획국, 조직선전부, 교육배훈(培訓)부, 노(老)간부국, 감찰심계(審計)국 등

출처: 이호철, "중국의 정보기구," 한국국가정보학회 편, 『국가정보학』(서울: 박영사, 2013), p.394.

---

73) http://fas.org/irp/world/china/mss/org_09.htm(검색일: 2014년 10월 31일).
74) 이호철, "중국의 정보기구," 한국국가정보학회 편, 『국가정보학』(서울: 박영사, 2013), p.394.

<표 1>에서 드러난 바와 같이, 국가안전부는 공산당 체제유지, 방첩, 국내외 반혁명주의자 및 반체제 인물 감시, 해외 첩보수집 및 공작활동 등 다양한 임무를 수행한다.[75] 국가안전부는 국내 보안 및 방첩활동, 해외정보의 수집 및 공작활동, 신호정보 수집, 국내외 정보분석 등 복합적인 업무를 한 개의 기관에서 수행한다는 점에서 구소련의 KGB 유사한 통합형 정보기관으로 분류된다. 특히, 국가안전부는 일반 경찰처럼 국가안보 위해 용의자에 대해서 체포 또는 구금할 수 있어 세계 어떤 정보기관과 비교하여 그 권한이 막강하다.[76] 국가안전부의 재직 인원이나 예산에 대해서는 어떤 자료에서도 나타난 바가 없어 정확한 숫자나 규모는 알 수 없지만 아마도 엄청난 인원이 재직하고 있을 것으로 추정된다.

공안부(公安部, MPS)는 사회 공공치안을 담당하는 주무 부서로서 타국의 일반 경찰기관과 유사한 임무와 기능을 수행한다. 공안부는 국가 공안업무를 총괄하는 기관으로서 각급 공안기관의 소관 업무를 지휘·감독하는 역할을 수행한다. 또한, 사회치안 유지, 경호·경비 업무, 국가 대테러 업무, 범죄 수사 및 예방활동, 보안활동, 교통·철도·소방업무, 특수업종 및 무기류 관리, 호적·국적·출입국·외국인 체류·여행 관련 업무 등을 수행하고 있다.[77] 이처럼 공안부는 일반적인 경찰업무 외에 잡다한 업무를 수행하고 있는데 이는 중국에서 '공공안전'의 의미를 확대 해석하고 있기 때문인 것으로 분석된다.[78] 1983년 4월에 설립되어 각종 소요진압 및 치안유지를 담당하는 '인민무장경찰(the Chinese People's Armed Police Force)'도 공안부 소속이다. 1989년 천안문 사태를 진압하는데 인민무장경찰이 동원되었던 것으로 알려졌으며, 그 숫자는 110만 명 이상으로 추정된다.[79] 평화 시 이들은 공안부의 통제하에 사회치안, 경호, 국토건설 등의 임무를 수행하는 반면, 전시에는 군 사령부의 통제하에 전투지역 방호(security), 해안경비, 대 침투방어(anti-infiltration) 등의 활동을 수행한다.[80]

신화사는 중국 내 또는 전 세계로 뉴스를 보도하는 통신사 기능을 수행하면서 동시에 중국 지도부에 정보를 제공하는 임무를 수행한다. 신화사는 전 세계로부터 수집된 뉴스를 번역, 요약, 분석하여 중국 내 독자들에게 제공해 주는 등 일반적인 신문사와 유사한 기능을 수행한다. 신화사는 국가안전부 등 정보기관 요원의 대외파견 시 신분을

---

75) 김태호(2002), pp.502-503.
76) http://en.wikipedia.org/wiki/Ministry_of_the_People%27s(검색일: 2012년 11월 5일).
77) 국가정보포럼(2006), p.206.
78) 김태호(2002), p.502.
79) http://www.fasorg/irp/world/china/mps/pap.htm(검색일: 2012년 11월 5일).
80) http://www.fasorg/irp/world/china/mps/pap.htm(검색일: 2012년 11월 5일).

위장하는 수단으로 활용되기도 한다. 실제로 국가안전부 소속으로서 홍콩 지부에 파견된 일부 비밀요원은 신화사 소속으로 신분을 가장하여 '비밀 부서(covert section)'[81]에서 근무하기도 한다. 신화사는 당 중앙선전부의 지휘·감독 하에 국내 31개 지부, 국외 140개 지국을 운영하고 있으며, 고용 인원은 1만 명이 넘는 것으로 알려졌다.[82] 신화사 사장은 '인민일보(人民日報)' 사장과 마찬가지로 국무원 부장(장관)급에 해당되는 대우를 받고 있다.[83]

(4) 군 산하 정보기구

이군 산하 정보기구로서 군 총참모부 2부, 3부가 있고, 군 총정치부 소속의 연락부와 정치보위부 등이 있다.

이군 총참모부 2부는 군 정보활동의 총괄부서로서 '군사정보부' 또는 '군정보부'로 불리기도 한다. 동 부서는 중국의 가상적국 및 주변국을 중심으로 전 세계 주요 국가들의 군사전략, 군사동향, 병력규모, 무기체계, 주요 군 인사 등 군사정보를 수집하고 나아가 군사분야의 대간첩활동을 총괄 지휘하는 임무를 수행하고 있다.[84] 동 부서는 군사정보활동을 위해 외국으로 몰래 흑색요원을 잠입시키기도 하고 해외 주재 중국대사관에 무관들을 파견하기도 한다.[85] 총참모부 2부는 주로 인간정보 수단을 활용한 군사정보 수집활동에 중점을 두지만, 인간정보, 신호정보, 영상정보 등 비밀출처와 공개출처를 융합하여 최종적으로 정보분석 보고서를 생산하고 이를 중국군 사령부 등 관련 부서에 배포하기도 한다.

총참모부 3부는 '통신정보부' 또는 '기술정찰부'라고 불리며, 신호정보 수집, 암호해독, 위성정찰 사진 판독 등의 임무를 중점적으로 수행하고 있다.[86] 동 부서는 중국 주재 외국 공관에 대한 통신감청 업무도 수행하고 있다. 또한 중국의 각 지역 및 부대 단위에 지상 기지국, 선박, 항공기 등 다양한 유형의 신호정보 수집시설을 설치·운용하고 있다. 동 부서에는 약 2만여 명의 요원이 근무하고 있는 것으로 알려졌다.[87]

---

81) 신화사는 공식적으로는 그러한 부서의 존재 자체를 부인하고 있다. 그러나 신화사 직원들은 그 부서를 '보안과(security section)'라고 칭하며, 국가안전부에서 파견된 고위직 정보요원이 부서장으로 근무하고 있는 것으로 알려졌다. http://www.fasorg/irp/world/china/mps/pap.htm(검색일: 2012년 11월 5일).

82) Todd Hazelbarth, *The Chinese Media: More Autonomous and Diverse—Within Limits, CSI 97-10003* (Washington, D.C.: CIA Center for the Study of Intelligence, 1997), p.16; 김태호(2002), p.504에서 재인용.

83) 김태호(2002), p.504.

84) 국가정보포럼(2006), p.206.

85) http://www.fasorg/irp/world/china/pla/dept_2.htm(검색일: 2012년 11월 5일).

86) 김태호(2002), p.505; 국가정보포럼(2006), p.207.

총정치부는 중국 군대의 최상부에서부터 최하위 단위에 이르기까지 모든 조직에 편성되어 중국 군부의 내부 동향을 감시하고, 군인들에게 공산주의 사상을 세뇌·교화시키는 등의 임무를 수행하고 있다. 총정치부 소속의 연락부는 과거 국민당 군내 '침투·모반·책동 및 심리전'을 담당했던 '백군공작부(白軍工作部)'에 뿌리를 두고 있으며, 한 때 '대적공작부(對敵工作部, 줄여서 敵工部)'라는 명칭을 사용했었다.[88] 총정치부 연락부는 '연락국', '조사연구국', '변방국', '대외선전국' 등 4개 국과 상해 및 광주에 분국을 운영하고 있다.[89] 연락국은 대만의 정세파악, 대만 군에 대한 심리전, 그리고 요원의 대만 파견 등의 활동을 수행한다. 조사연구국은 '중국인민대외국제우호연락회(中國人民對外國際友好聯絡會)'라는 위장명칭을 사용하면서 중국 주재 외국대사관을 주요 공작대상으로 하여 첩보수집활동을 전개한다. 이 밖에 변방국은 베트남에 대한 침투공작, 대외선전국은 군의 선전활동을 주관하고 있는 것으로 알려졌다.[90]

마지막으로 군 총정치부 보위부는 군내 보안을 담당하는 정보조직으로 추정되지만 그들이 구체적으로 어떤 임무나 역할을 수행하고 있는지는 잘 알려져 있지 않다.

3. 과제와 전망

중국은 '주권수호, 현대화 달성, 안정유지'라는 개혁·개방기의 국가안보 목표를 지속적으로 추진하고 있으며, 당·정·군 내 설치된 정보조직들이 이를 뒷받침하는 역할을 충실히 수행하고 있다. 지금까지 중국 정보기관은 국내 안정을 위한 치안·방첩활동과 더불어 경제발전을 지원하는 역할을 효과적으로 수행해 왔으며, 앞으로도 그러한 활동이 중국 정보기관의 중요한 정보 목표가 될 것으로 예상된다. 이와 더불어 중국 정보기관은 향후 외교·안보 정책을 지원하는 역할을 보다 확대해 나아갈 것으로 보인다.

무엇보다도 중국은 당(中國共産黨)이 통치하는 '당-국가(party-state)' 체제이며, 정보조직은 중국 내 공산당 1당 지배를 영속화시켜 주는 수단으로서 의미를 가진다. 따라서 이들의 정보활동 목표는 외국을 대상으로 하기보다는 사회주의 국가체제를 위협하는

---

87) 이들 중 대부분은 '루오양 외국어학교(Louyang Institute of Foreign Languages)' 출신으로서 그곳에서 감청활동 수행에 필요한 외국어를 습득하는 것으로 알려졌다. http://www.fasorg/irp/world/china/pla/dept_3.htm(검색일: 2012년 11월 5일).

88) 김태호(2002), p.508에서 재인용.

89) 총정치부의 조직도 및 개요에 대해서는 일본 대외 정보조사부 아시아국의 웹 사이트(http://www2.odn.ne.jp/~cae02800/cn/military/politics.htm)를 참고. 김태호(2002), p.508에서 재인용.

90) 특히 '대만의 소리(해협지성)' 방송을 운영하고 있는 것으로 알려져 있다. 김태호(2002), p.508.

내부 반체제 세력의 동향을 감시하는데 중점을 두고 있다. 1949년 국가가 설립된 이래 중국 정보기구의 가장 중요한 업무는 국내 안정유지로서 치안, 보안, 방첩 이외에 자치구의 분리·독립 운동 , 민주화 활동, 반사회 조직 등을 중점 관리하는데 주어졌다. 특히 1970년대 말 개혁·개방 정책을 채택한 이후 외국인들과의 접촉이 빈번해지고 사회체계의 다원화·분권화로 인해 체제 불안을 야기하는 요인이 많았음에도 불구하고 국가안전부를 비롯한 중국의 정보기관은 당의 국가·사회 통제를 효과적으로 지원함으로써 내부 체제안정을 유지하는데 핵심적인 역할을 수행해 왔다.

다음으로 '현대화' 달성이라는 목표에 따라 경제발전 지원 업무 역시 중국 정보기관이 수행하는 중요한 업무이다. 2005년 3월 전국인민대표대회에서 원자바오 총리는 첨단기술 개발과 국방무기의 현대화를 위한 노력을 강화하겠다고 천명했다.[91] 그리고 11차 5개년계획에 이어서 12차 5개년계획에서도 전면적인 과학기술발전을 이루어 경제사회발전을 추진한다는 계획을 발표하였다.[92] 이러한 경제사회발전 목표를 위해 미국을 비롯한 서방국가들로부터 첨단 과학기술 습득을 위한 중국의 정보기관의 산업스파이활동이 보다 강화될 것으로 예상된다.

최근 뉴스 보도에 따르면 미국 내 산업스파이 사건의 85%가 중국과 관련되어 있는 것으로 드러났다.[93] 중국의 산업스파이활동은 미국의 첨단과학기술과 군사기술에 집중되어 있으며, 중국계 미국인, 학자, 유학생, 기업인, 기자 등 다양한 요원을 첩보수집 수단으로 활용하고 있는 것으로 알려졌다.[94] 미국 정보공동체 발표에 따르면 현재 미국에는 2,600명 이상의 외교관이 70여 개의 사무실에서 각종 명목으로 중국을 위한 정보활동을 수행하고 있는 것으로 알려졌다.[95] 또한 약 4만여 명의 중국 학생들이 미국에 유학 중에 있고, 연간 27개 단체방문을 포함 10만여 명이 미국을 방문한다. 이들 중 일부는 공산당원으로서 잠재적으로 정보활동을 수행할 수 있는 요원으로 볼 수 있다.

한편, 중국 정보기관은 자체적으로 운영하는 기업이나 중국계 민간 기업들을 앞세

91) 『2005年政府工作報告』, 제10기 전국인민대표자대회 제3차 회의(2005년 3월 5일); 이호철(2013), p.399에서 재인용.
92) 『2006年政府工作報告』, 제10기 전국인민대표자대회 제4차 회의(2006년 3월 5일); http://www.gov.cn/gzdt/2011-07/13/content_19095915. htm; 이호철(2013), p.399에서 재인용.
93) 미국 사법부가 정리한 사례집에 따르면 2009년 1월부터 2013년 1월까지 산업스파이와 무역기밀 절취 범행이 총 20건 적발됐고 그 가운데 17건이 중국과 관련된 사건이었다고 한다. "미국, 중국 산업스파이 더는 못참는다," 『Economy Insight』(2013.5.1.), http://www.economyinsight.co.kr/news/articlePrint.html?idxno=1794(검색일: 2013년 11월 20일).
94) 이호철(2013), p.399.
95) 최평길(2012), p.103.

워 합작, 기업인수 등의 방식으로 기술을 획득하기도 한다. 때로 재미 중국계 과학자를 포섭하거나 각종 학술회의에 중국 과학자들을 참석시켜 첨단 과학기술을 습득하고 있다. 미국 국립연구원(National Laboratory)에서 과학자로 근무하던 대만계 중국인 피터 리(Peter Lee)는 1985년과 1997년 2차에 걸쳐 중국 정보요원에게 소형 핵탄두 실험정보 와 잠수함 전술에 관한 극비자료를 넘긴 혐의로 구속되었다.96) 또한 1999년 로스 알라 모스 연구소에서 근무 중이던 웬호 리(Wen Ho Lee)는 중국 정보요원에게 포섭되어 핵탄 두와 미사일 설계도를 불법적으로 유출시킨 혐의로 구속되었다.97) 요컨대, 해외 주재 중국 화교, 전 세계에 퍼져 활동하는 기업인, 외교관, 유학생, 학자, 여행자 등은 어떠한 방식으로든 중국 정보기관과 연계된 잠재적 정보요원으로 보아야 할 것이다.

최근 중국은 인간정보에서 한 단계 더 나아가 사이버 정보활동을 펼치고 있다. 상대국의 정보망에 은밀히 침투하여 중요한 정보를 빼내거나 전산망을 마비시키는 등 사이버전쟁(cyber war)을 적극적으로 전개하고 있다. 미 국방부에 따르면 2008년 한 해만 중국이 주도한 해킹이 54,640건에 달했고, 2009년에는 전년도에 비해 60%나 증가했다고 발표했다.98) 중국이 스파이활동을 통해 획득한 첨단 산업기술이 중국의 경제발전 또는 군사무기 개발에 얼마만큼 기여했는지는 알 수 없으나 중국 정보기관이 지속적으로 개입해온 점을 감안했을 때 적어도 상당한 정도의 성과를 얻었을 것으로 판단된다. 특히 정보기술을 포함한 첨단 과학기술이 민간경제 및 방위산업에서 차지하 는 비중을 고려할 때 앞으로도 이 부분에 대해 중국 정보기관이 집중적인 노력을 기울 일 것으로 보인다.

오늘날 중국은 막강한 경제력을 바탕으로 미국과 함께 G2 국가로 부상했으며, 이에 따라 향후 중국은 미국과 국제질서의 재건축에 적극 관여할 태도를 보이고 있다. 특히 동아시아 지역에서 미국과의 패권경쟁이 심화될 조짐을 보이고 있는 가운데 북핵 문제, 센카쿠 열도 관련 일본과의 갈등, 남중국해 문제 등 주변 국가들과 복잡하고 어려운 외교·안보 현안들을 해결해 나가야 하는 입장에 처해 있다. 이러한 상황에서 중국 지도부는 동아시아 주변국들의 정치, 경제, 군사, 안보 동향에 관한 올바른 평가가 중국의 안보와 직결된 사안임을 인식하고 있다. 최근 중국이 미국의 국가안전보장회의 (NSC)를 본뜬 조직을 신설하기로 결정한 것도 이러한 안보 과제를 효과적으로 해결해 보려는 시도에서 비롯된 것으로 분석된다.

---

96) 최평길(2012), p.104.
97) 최평길(2012), p.104.
98) 최평길(2012), p.105.

중국은 2013년 11월 12일 폐막한 중국 공산당 제18기 중앙위원회 제3차 전체회의
(3중전회)에서 중국판 NSC인 '국가안전위원회'의 설립을 결정했다. 관영 인민일보는
11월 13일 "대국은 기본 하드웨어로 항공모함과 핵잠수함, 차세대 전투기가 있어야
하듯 기본 소프트웨어로 국가안전위원회가 필요하다"고 주장했다.[99] 중국으로서는 센
카쿠 열도 영유권 분쟁 또는 북한 급변사태 등 군사적 충돌이나 긴급한 외교현안이
발생할 때 신속하고 체계적으로 대응하기 위해 외교안보 사령탑이 필요했을 것이다.
국가안전위원회는 내치와 외치를 모두 아우르는 막강한 권력기구가 될 것으로 분석된
다.[100] 미국 CIA가 NSC의 핵심기구로서 역할을 수행하는 것처럼 국가안전위원회의
창설과 함께 이를 지원하는 핵심조직으로서 중앙집권화 된 새로운 정보기관의 출현도
예상된다. 아마도 새로운 정보기관은 확대된 안보개념에 기초하여 외교, 국방, 군사
영역은 물론 경제, 금융, 에너지, 과학기술 등의 영역에 관해 정보를 수집·분석하여
생산된 자료를 국가안전위원회에 지원하는 역할을 수행하게 될 것이다.

향후 중국은 개혁·개방 정책을 지속적으로 추진할 것으로 보인다. 이에 따라 중국
의 정보기관은 국내 안정을 위한 치안·방첩 활동과 더불어 경제발전 및 외교·안보정
책을 지원하는데 활용될 것이다. 중국 정보기구는 미국과 러시아와 같은 주요국과 비중
이 높아지고 있는 동아시아 주변국들, 그리고 대만에 대한 정보 및 공작활동도 지속적
으로 전개될 것으로 예상된다. 최근 중국은 민주화에 따른 반체제 활동의 증가, 소수민
족의 분리 독립 운동, 대만 문제, 미중 패권경쟁, 북핵문제, 일본 및 남중국해 영토분쟁
등 산적한 외교·안보 현안 과제들을 해결해 나아가야 하는 입장에 처해 있다. 이처럼
당면한 국내외 도전과 안보위협을 극복하기 위한 대안으로 국가안전위원회가 만들어
졌으며, 이를 지원하기 위한 새로운 정보기구의 출현이 예상된다. 새로운 출범하는
정보기관이 향후 어떤 조직체계와 인원을 갖추고, 산적한 외교·안보 관련 분야의 난제
들을 해결하기 위해 어떤 임무와 역할을 수행하게 될 것인지 그 귀추가 주목된다.
또한 중국이 새로운 안보기구를 설립하고 적극적인 정보활동을 전개하는 것이 한반도
와 동북아 지역의 안보에 어떤 파급효과를 가져올 것인지도 관찰해 보아야 할 대목
이다.

---

99) "중-일 NSC 창설 경쟁 '아시아 패러독스' 고착되나," 『동아일보』(2013.11.14.).
100) 시진핑 중국 국가주석이 현재 국가안전위원회 창설을 진두지휘 중이며 공안 사법 분야를 관장
    하는 멍젠주(孟建柱) 정법위원회 서기와 왕후닝 정치국원 겸 중앙정책연구실 주임, 왕융칭 정법
    위 비서장 등이 창설 작업에 참가중이라고 한다. 『동아일보』(2013.11.14.).

제 3 절 러시아의 정보기구

1. 기원과 발전

러시아 정보기관은 폭군으로 알려진 모스크바 대공국의 왕 이반 황제(Tsar Ivan IV)가 1565년에 설립한 '오프리치니나(Oprichnina)'에 뿌리를 두고 있다. 그러나 오프리치니나는 엄격한 기준으로 보면 정보기관이라기 보다는 비밀경찰 조직에 가깝다. 짜르의 직속기관으로서 오프리치니나는 1572년 해체될 때까지 주로 반역자 색출 임무를 수행했다. 무려 6,000여 명에 달하는 오프리치니나의 요원들은 무고한 사람들을 반역자로 몰아 집단 살상하는 등 악명을 떨쳤다.101) 이후 17세기 말 피터 대제(Peter the Great)에 의해 설립된 '프리오브라젠스키 프리카즈(Preobrazhensky Prikaz)' 역시 일종의 비밀경찰 조직으로서 오프리치니나보다는 규모는 작았지만 국가 봉사를 회피하는 귀족이나 술에 취해 짜르에 대해 농담하는 주정꾼까지 처벌했는데 피터 대제가 죽기 직전 해체되었다.102)

이후 1825년 12월 러시아 최초로 반체제 운동인 '데카브리스트(Decembrist) 봉기'가 발발하자 니콜라이(Nikolai) 1세는 반정부 운동을 억압하기 위해 1826년 '러시아 재판소 제3분과(the Russian Third Section of the Imperial Chancery)'라는 비밀경찰조직을 설립했다. 제3분과는 아마도 세계 최초의 비밀경찰조직이었을 것으로 추정되는데, 반체제 인사들을 감시하고 여론 동향을 파악하는 등의 임무를 수행했다.103) 이후 19세기 후반에 들어서서 반정부활동이 고조됨에 따라 이에 대처하기 위해 알렉산더 2세(Tsar Alexander II) 당시 '오흐라나(Okhrana)'라는 비밀정보조직이 설립되었다.104) 오흐라나는 1900년경 요원이 약 10만 명에 달할 정도로 조직이 대폭 확대되었다. 오흐라나는 반역자 색출을 통한 왕권보호 등 국내 보안정보활동에 역점을 두었지만, 종종 런던, 베를린, 로마 등지에 요원들을 파견하여 국외 정보수집활동을 전개하기도 하였다. 이들은 때때로 외교정책을 지원하기 위한 비밀공작활동을 수행하기도 했으며, 무선감청, 암호해독 등 신호정보활동을 매우 효과적으로 전개했던 것으로 알려졌다.105) 오흐라나는 국가

---

101) 이 조직의 권력이 점차 비대해짐에 따라 두려움을 느낀 이반 황제는 1572년 조직을 전격적으로 해체했다. Mark Lloyd, *The Guinness Book of Espionage*(Middlesex: Guinness Publishing Ltd., 1994), pp.22-23.
102) 양승함·김태환, "러시아의 정보기구, " 문정인(2002), p.386.
103) 국가정보포럼(2006), p.208.
104) Lloyd(1994), pp.23-24.

주도로 설립되어 일정한 조직체를 갖추고 비밀첩보 수집활동을 수행했다는 점에서 오늘날의 정보기관들과 유사한 면이 없지 않다. 그러나 애초 국내정치적 목적에서 설립되어 주로 정권안보적 차원의 왕권수호에 치중했다는 점에서 국가적 차원의 안보목표 달성에 목적을 둔 오늘날의 국가정보기관과는 다소 차이가 있다고 본다.

러시아 혁명 발발 직후인 1917년 12월 20일 KGB의 원조격인 '비상위원회(VChK, 러시아어 약자로서 흔히 베체카 또는 체카로 불려졌다)'가 창설되었다.106) 초대 위원장으로 레닌의 절친한 친구였던 제르진스키(Feliks Dzerzhinskii)가 임명되었으며, 1922년 해체될 때까지 즉결심판권 등 초법적인 권한을 갖고 반혁명분자를 색출하는 과정에서 수많은 인명을 살상했다. 체카가 해체된 이후 그 기능이 '국가정치부(GPU)'로 이전되었다가 소련 정권이 설립되면서 GPU는 '인민위원회(Council of People's Commissars)' 산하의 '통합국가정치국(OGPU)'107)으로 개편되었다. 이후 1934년 OGPU는 '국가안보국(GUGB)'으로 개편되었다가 '국가내무위원회(NKVD)'에 통합되었다. NKVD는 사회적 불순분자를 처결할 수 있는 초법적 권한을 갖고 1930년대 스탈린 대숙청의 주요 도구로 활용됨으로써 악명을 떨쳤다.108)

스탈린이 사망한 이후 1954년 'KGB(Komitet Gosudarstvennoy Bezopanosti)'109)가 창설되었다. 흐루시초프는 KGB의 힘을 약화시키는 방향으로 개혁을 시도했으나 KGB 내부로부터 상당한 반감을 일으켰고, 그로 인해 그가 실각하게 되었던 것으로 알려졌다.110) 흐루시초프의 실각에서 교훈을 얻은 브레즈네프는 KGB의 위상을 강화시키고 정치적 반대세력을 탄압하기 위한 도구로 활용했다. 브레즈네프 시대 동안 KGB가

---

105) 오흐라나는 1917년 러시아 혁명이 발발하면서 볼셰비키가 정권을 장악한 뒤 해체되었다. Lloyd (1994), pp.23-24.

106) 'VChK'는 Vserosiiskaya Cherzvychainaya Komissiya po Borbe s Kontrrevolyusiei I Sabotazhem의 러시아어 약자로서 영문명은 'All Russian Extraordinary Commission to Combat Counterrevolution and Sabotage'이다. 이를 번역하면 '전 러시아 반혁명 테러진압 비상위원회'이다. 양승함·김태환 (2002), p.387.

107) OGPU(Obiedinyonnoye Gosudarstvennoye Politicheskoye Upravleniye-Unified State Political Administration, 1923-1934)는 1923년 소비에트 사회주의 연방이 출범하면서 설립되어 전 연방에 걸쳐 무소불위의 막강한 권력을 행사하게 된다. 1923년부터 1931까지 OGPU는 소련의 모든 경찰기능을 독점했을 뿐만 아니라, 항공대와 전차부대가 완비된 자체의 군대를 보유했다. 그리고 모든 공장과 관공서와 적군(赤軍) 부대 내에 침투한 첩보원과 정보제공자들로 이루어진 방대한 정보망을 갖추고 스탈린의 권력 사유화를 위한 핵심적인 수단으로 활용되었다. 이지수, "냉전 후 러시아 정치에서 정보기관의 역할과 전망," https://www.google.co.kr/#newwindow=1&q= GPU...(검색일: 2013년 11월 22일).

108) 1935년부터 1940년까지의 피의 대숙청 기간 당시 1천만 명이 넘는 러시아인들이 체포되었으며, 이 중 적어도 7백만 명 이상이 처형되었던 것으로 알려졌다. 양승함·김태환(2002), p.388.

109) 영문명은 'Committee for State Security'로서 이를 번역하면 '국가안보위원회'가 된다.

110) Christopher Andrew and Oleg Gordievsky, *KGB, The Inside Story*(New York: Haper Collins, 1990), pp.477-478; 양승함·김태환(2002), p.389에서 재인용.

공산당 보다 우위에서 당을 압도한 것은 아니었지만 막강한 조직과 권한을 갖고 소련 사회 전반에 걸쳐 광범위한 기능을 행사했다. KGB는 방첩 및 해외정보의 수집·분석 등과 같은 보편적 정보 업무뿐만 아니라 군사보안, 국경 방위와 같은 특수 보안 업무 및 국가원수 경호의 기능도 수행했다.111) 무엇보다도 KGB는 정권안보의 수단으로 활용되어 소련 사회 내 체제에 불만을 가진 수많은 주민들을 감시·색출하고 숙청했던 것으로 악명을 떨쳤다. 이를 위해 KGB는 정부 각 부처는 물론 국영기업들에도 1인 이상의 KGB 요원들로 구성된 부서를 두어 정부 관리나 고용인들에 대해 정치적 감시 활동을 전개했다.112)

구소련 당시 KGB는 인원과 규모 면에서 세계 최대의 정보기관으로 인정되지만, 정확한 인력이나 예산은 공개되지 않았기 때문에 알 수 없다. 다만, 70년대 중반 경 약 70만 명, 1980년대에는 약 40만 명의 인력이 KGB에 근무했던 것으로 추정되고 있다.113) 소련 예산회계제도의 특수성과 철저한 보안조치 때문에 KGB 예산이 어느 정도인지 대략적인 추정조차 불가능하다. 다만, 1960년대 중반 미국 FBI의 후버 국장이 미 하원에서 증언한 내용에 따르면 당시 소련의 해외정보활동비가 15억 달러 이상이라고 하였다.114) 그리고 미국 CIA는 1975년 당시 KGB 총 예산 중 해외공작 예산만 연간 50억 달러로 추산했다.115) 내부 조직 역시 잘 알려지지 않았으나 1980년대 후반 경 4개의 '주무국(chief directorate)'과 그 보다 규모가 작은 10여 개의 부서(directorate) 및 다양한 행정 및 기술지원과(department)들이 있었던 것으로 전해진다.116)

구소련이 붕괴됨에 따라 구소련 사회주의 체제를 지탱하는 핵심 역할을 수행해 왔던 KGB가 1991년 12월 공식적으로 폐기되었다. KGB의 조직과 인력은 러시아 공화국 관할로 이관되었다. 이에 앞서 1991년 8월 러시아의 초대 대통령에 당선된 옐친은 정보기관의 권력 집중에 따른 폐해를 차단하고자 KGB를 몇 개의 조직으로 분리시키는 구상을 추진했다. 과거 KGB 내 해외 업무를 전담하던 제1총국은 1991년 10월 해외정보부(Foreign Intelligence Service, SVR)로 분리·독립되었다. 이어서 1992년 1월 KGB의 제2총국을 비롯한 국내 담당부서들을 통합하여 '보안부(Ministry of Security, MB)'가 설립

111) 국가정보포럼(2006), pp.208-209.
112) KGB는 모든 직장과 기관은 물론 사법부까지도 감시요원을 배치하여 반체제 및 간첩 용의자를 색출하는 활동을 수행했다. 심지어 KGB 요원 개개인도 상호 감시제도에 의해 자신도 모르게 항상 감시를 받았다고 한다. 김훈, 『KGB와 공작활동』(서울: 대왕사, 1992), p.259.
113) 김훈에 따르면 KGB 요원은 총 50만 명으로 추산되며, 이 중 24만 명은 경비총국 소속 현역 군인으로 편성되었던 것으로 알려졌다. 김훈(1992), p.241; 양승함·김태환(2002), p.391.
114) 김훈(1992), p.257.
115) 김훈(1992), p.257.
116) KGB의 조직 및 임무에 대한 보다 자세한 설명은 양승함·김태환(2002), pp.391-393을 참고.

되었다. 1993년 2월 보안부 내 구 KGB의 제 8총국과 16총국을 기반으로 미국의 NSA 와 유사하게 신호정보 기능을 수행하는 '연방정보통신국(Federal Agency for Government Communication and Information, FAPSI)'이 창설되었다. 1993년 12월 옐친은 보안부를 해체 하고 대신 권한이 훨씬 축소된 연방방첩부(Federal Counterintelligence Service, FSK)를 신설 했다.[117] 이때 보안부 산하에 있던 국경수비대(Border Guards)는 연방국경수비대(Federal Border Service)로 분리·독립시켰다. 이후 1995년 4월 연방방첩부(FSK)를 확대·개편하 여 연방보안부(Federal Security Service, FSB)가 설립되었다. 보안부에서 FSK로 재편 시에 는 기구의 축소와 권한의 약화를 목적으로 하였으나 FSB로 개편되면서 그 권한이 대폭 강화되었다.[118] 2003년 3월 FSB는 연방국경수비대에 이어 FAPSI까지 흡수 통합 함으로써 구소련 당시 KGB가 보유했던 수준에 버금가는 막강한 조직과 권한을 보유하 게 되었다.

2. 구성과 기능

(1) 해외정보부(Foreign Intelligence Service, SVR)

해외정보부(SVR)는 1991년 10월 구 KGB의 해외정보 담당 부서인 제1총국을 기반 으로 창설되었다. SVR은 대통령 직속의 국가정보기관으로서 해외정보의 수집 및 분석 을 담당하며, 대통령으로부터 직접 지시를 받고 보고한다.[119] 해외정보부의 조직은 PR국, S국, X국, KR국 등 총 8개국으로 구성되어 있다. SVR의 각 부서별 주요 업무는 <표 2>와 같다. SVR은 세계 각국의 군사, 정치, 경제, 과학기술 등 일반적인 정보목표는 물론 대량살상무기의 확산, 불법 무기거래, 마약 거래, 조직범죄 등 다양한 유형의 초국가적 안보위협 요소들에 관한 첩보수집 및 정보분석 업무를 수행하고 있다. SVR은 미국의 CIA와 유사하게 해외 비밀공작활동을 수행하는데, 미국과는 달리 러시아 대통 령은 러시아 의회의 승인이나 통제 없이 언제든 비밀공작임무를 지시할 수 있다. SVR 은 대테러활동 등 세계 도처의 각국 정보기관들과 정보협력을 담당하는 창구로서의 역할을 수행하기도 한다. 또한 해외주재 러시아 공관과 해외여행 중인 러시아 시민들을 보호하는 임무도 수행한다.

---

117) 옐친 대통령은 정보기관의 권한을 약화시키려는 목적보다는 정보기관에 대한 자신의 통제를 강화하기 위한 의도에서 개편을 단행했던 것으로 추측된다. 양승함·김태환(2002), p.396.

118) 양승함·김태환(2002), p.396.

119) 매주 월요일 대통령에게 주례보고를 하며, 필요시 언제든 대통령에게 직접 보고할 수 있다. Wikipedia, "Foreign Intelligence Service(Russia)," http://en.wikipedia.org/wiki/Foreign_Intelligence_ Service_(Russia)(검색일: 2013년 1월 3일).

■ 표 2 ■   SVR의 조직체계

부 서	주요 업무
PR국	정치정보 및 해외정보 수집
S국	위장 정보요원 양성 및 해외파견, 외국에서의 테러작전 및 사보타지, 러시아 거주 외국인 포섭
X국	과학 및 기술 정보 업무
KR국	외국 정보 및 보안 기관에 대한 침투, 해외 거주 러시아 시민 감시
OT국	조직 운영 및 기술 지원 업무
R국	SVR의 해외 활동에 대한 평가
I국	정보자료의 분석 배포, 대통령을 위한 정보 요약보고 업무
경제정보국	경제정보 수집 업무

출처: Books LLC (ed.), Russian Intelligence Agencies: Federal Security Service(Books LLC, 2010); 김광린, "러시아의 정보기구," 한국국가정보학회(2013),   p.413.

SVR은 전 세계 각국 주재 러시아 공관에 사무소와 요원을 두고 있으며, 약 1만 2천여 명의 요원이 활동하고 있는 것으로 추정되고 있다.[120] 구소련 당시 KGB를 비롯한 여타 정보기관들과 마찬가지로 SVR도 외교관, 무역대표부 직원, 특파원, 상사원 등으로 신분을 위장하여 해외정보활동을 수행한다. 최근 SVR은 해외에 진출한 거의 모든 러시아 기업들을 자신들의 해외정보활동을 지원하는 일종의 전위조직으로 활용하고 있는 것으로 알려졌다.[121] 그 대표적인 사례로 아에로플로트(Aeroflot)라는 기업을 들 수 있다. 이 기업은 과거 외국으로부터 소련시민을 압송 또는 철거시키는 일을 수행했었다. 그런데 이 회사 전체 직원 약 14,000명 중 대략 3,000여 명이 SVR, FSB, GRU 요원이라고 한다.[122]

일반적으로 대부분의 나라에서 외교정책은 외교부가 주도하지만, 러시아의 경우는 특이하게도 외교부보다는 SVR이 주도권을 행사한다. 옐친 대통령 집권 당시 SVR은 러시아 외교부와 외교정책의 주도권을 놓고 다툼을 벌였던 것으로 알려졌다.[123] 당시

120) 양승함·김태환(2002), p.399.

121) Alexander Kouzminov, Biological Espionage: Special Operations of the Soviet and Russian Foreign Intelligence Services in the West(Gereenhill Books, 2006); 김광린, "러시아의 정보기구," 한국국가정보학회(2013), p.414에서 재인용.

122) Books LLC (ed.), Russian Intelligence Agencies: Federal Security Service(Books LLC, 2010), p.30; 김광린(2013), p.414에서 재인용.

123) Wikipedia, "Foreign Intelligence Service(Russia)," http://en.wikipedia.org/wiki/Foreign_Intelligence_ Service_(Russia)(검색일: 2013년 1월 3일).

SVR 부장으로 재직 중이었던 프리마코프(Yevgeni Primokov)는 구소련의 군소 공화국들을 러시아 연방으로 통합시키는 일에 서방이 개입하는 것을 경고하고, 서방의 NATO 확장이 러시아 안보에 위협이 된다면서 비난했다. 반면에, 당시 러시아 외교부장관 코즈레프(Andrey Kozyrev)는 이와 상반되는 입장을 취했다. 그런데 1996년 1월 코즈레프가 사임하고 나서 프리마코프가 후임 외교부장관으로 임명되었으며, 다수의 SVR 요원들이 외무부로 영입되면서 SVR이 외교문제에 관한 주도권을 갖게 되었다. 그리고 1999년 9월 옐친은 러시아 외교정책을 수행함에 있어서 SVR의 주도권을 공식적으로 인정해주었다.124) 실제로 이란으로의 핵기술 이전, NATO의 동진에 대한 러시아의 대응, ABM 조약의 수정 문제 등 주요 외교 현안에 관한 러시아의 입장을 결정함에 있어 SRV이 주도권을 행사했던 것으로 알려졌다.125) SVR은 러시아 대통령에게 미국 CIA와 유사한 형태의 대통령 일일브리핑을 생산해서 보고하는데, CIA와는 달리 외교정책에 관련하여 바람직한 정책대안을 제시한다.126) 그러한 정책대안이 러시아 외교정책에 반영되는 만큼 러시아의 외교정책 결정에 있어서 SVR의 영향력이 증가하게 될 것이다.

SVR의 가장 중요한 정보목표는 CIS 지역의 국가들이다. CIS 지역은 러시아의 대외정책에서 최우선 순위를 갖는 지역이다. 이 지역 국가들은 구소련 시대에는 대체로 공유된 가치와 이념을 유지했으나 오늘날 개별 국가들의 정치적 지향점, 이념과 체제, 당면한 경제적 이익 등에서 상당한 차이를 보이고 있다. 따라서 CIS 지역에 대한 러시아의 영향력 유지 및 내부 결속 강화는 러시아의 주요 외교 과제로 남아 있으며, SVR은 그러한 외교정책 목표를 달성하는 데 핵심적인 역할을 수행하고 있다. SVR은 CIS 지역 국가들과의 정치·경제적 유대를 강화하는 한편, 테러리즘, 마약밀매 등 새로운 안보위협에 대응하기 위해 국가 간 공조체제를 강화시키는 데 중점을 두고 정보활동을 전개하고 있다.

과거 GRU 요원으로 활동했던 루네브(Stanislav Lunev) 대령의 증언에 따르면, 최근 SVR과 GRU는 냉전이 치열하게 전개되었던 시절보다 더 적극적으로 미국에 대한 정보활동을 수행하고 있는 것으로 알려졌다.127) 1992년 러시아와 중국 간 정보협력

---

124) Wikipedia, "Foreign Intelligence Service(Russia)," http://en.wikipedia.org/wiki/Foreign_Intelligence_Service_(Russia)(검색일: 2013년 1월 3일).

125) Victor Yasmann, "Whither Russian Foreign Intelligence?" *Asian Times*(June 6, 2000).

126) Wikipedia, "Foreign Intelligence Service(Russia)," http://en.wikipedia.org/wiki/Foreign_Intelligence_Service_(Russia)(검색일: 2013년 1월 3일).

127) 미 FBI 자료에 따르면, 구소련이 해체되기 직전인 1980년대 말 경 북미 지역에 약 140여 명의 KGB 및 GRU 요원들이 활동했었는데 1995년경에는 그 숫자가 약 100명으로 감소했다가 2000

협정이 비밀리에 체결되었다. 이 협정에 따라 SVR은 GRU와 함께 중국 인민해방군의 정보국과 정보교류를 유지하고 있는 것으로 알려졌다.[128] 또한 SVR은 벨루로스, 아제르바이잔 등 구소련 군소 공화국들 내 비밀경찰 기관들과 협정을 맺고 정보협력 및 교류를 유지하고 있다.[129]

(2) 연방보안부(Federal Security Service, FSB)

구소련의 붕괴와 함께 KGB가 해체되는 과정에서 해외담당 부서는 SVR로 독립되었고, 국내 보안 및 방첩 담당부서들을 통합하여 '보안부(Ministry of Security, MB)'가 설립되었다. 보안부는 1993년 12월 권한이 훨씬 축소된 연방방첩부(Federal Counterintelligence Service, FSK)로 개편되었다. FSK는 1995년 4월 연방보안부(Federal Security Service, FSB)로 확대·개편되었으며, 이후 그 권한과 위상이 점차적으로 강화되었다. 2000년 러시아 연방 대통령에 당선된 푸틴은 FSB를 대통령 직속으로 두어 정보기관에 대한 대통령의 장악력을 강화시켰다.[130] 2003년 3월 FSB는 연방국경수비대에 이어 FAPSI까지 흡수통합함으로써 구소련 당시 KGB가 보유했던 수준에 버금가는 막강한 조직과 권한을 보유하게 되었다.[131] <표 3>에서 보는 바와 같이 FSB의 조직은 방첩국, 헌법체제 보호 및 대테러국, 연방경호국, 경제보안국, 국경경비 등 10개 국으로 구성되어 있다.[132]

년대 들어서서 그 숫자가 증가했던 것으로 알려졌다. Stanislav Lunev, "Expulsion of Russian Spies Teaches Moscow a Needed Lesson," Newsmax(22 March 2001), http://www.newsmax.com/archives/articles/2001/3/22/141340.shtml(검색일: 2013년 11월 22일).

128) Wikipedia, "Foreign Intelligence Service(Russia)," http://en.wikipedia.org/wiki/Foreign_Intelligence_Service_(Russia)(검색일: 2013년 1월 3일).
129) Wikipedia, "Foreign Intelligence Service(Russia)," http://en.wikipedia.org/wiki/Foreign_Intelligence_Service_(Russia)(검색일: 2013년 1월 3일).
130) Eberhard Schneider, "The Russian Federal Security Service under President Putijn," in Stephen White, (ed.), *Politics and the Ruling Group in Putin's Russia*(New York: Palgrave MacMillan, 2008); http://en.wikipedia.org/wiki/Federal_Security_Service_(Russia)(검색일: 2013년 1월 3일). 2004년 3월 대통령령에 따라 FSB는 법무부 산하 조직으로 개편되었다. Presidential Decree No.314, O sisteme I strukture federalnykh organov ispolnitelnoy vlasti, 9 March 2004, in Rossiyskaya gazeta(http://www.rg.ru/2004/03/11/federel_dor.html, 12 March 2004, http://en.wikipedia.org/wiki/Federal_Security_Service_(Russia)(검색일: 2013년 1월 3일).
131) 2003년 3월 11일 FAPSI는 FSB 산하의 '특수통신정보국(Service of Special Communications and Information, Spetsviaz)'으로 개편되었다. 그리고 2004년 8월 7일 특수통신정보국(Spetsviaz)은 연방경호부(Federal Protective, Service, FSO)에 흡수 통합되었다. Wikipedia, "FAPSI," http://en.wikipedia.org/wiki/FAPSI(검색일: 2013년 1월 3일).
132) Book LLC와 김광린은 FBI 조직이 11개 국으로 구성된 것으로 소개하고 있으나, 연방경호국은 FSB에서 분리되어 독립한 정보기관이다. 따라서 FSB 조직은 연방경호국을 제외한 10개 국으로 구성된 것으로 추정된다. Books LLC(2010); 김광린(2013), p.408. 한편, 위키피디아에서는 2008년 현재 9개국으로 구성되어 있다고 기술되어 있다. Wikipedia, "Federal Security Service," http://en.wikipedia.org/wiki/Federal_Security_Service(검색일: 2013년 11월 23일).

■ 표 3 ■   FSB의 조직체계

부　　서	주요 업무
방첩국	전략시설에 대한 방첩지원, 군사 분야 방첩 관련 업무
헌법체제보호 및 대테러국	테러리즘 및 정치적 극단주의 감시 통제
경제보안국	경제보안에 관한 제반 업무
공작정보 및 국제관계국	분석과 예측 및 전략기획 업무
조직인사국	조직과 인사에 관한 제반 업무
활동지원국	제반 지원 업무
국경경비국	국경 경비 및 통행에 관한 업무
통제국	감찰 및 내부 보안 업무
과학 및 공학기술국	과학 및 엔지니어링에 관한 업무
조사국	조사 및 수사 업무

출처: Books LLC (ed.), Russian Intelligence Agencies: Federal Security Service(Books LLC, 2010); 김광린(2013), p.408.

　　FSB는 KGB의 주요 계승자로서 러시아의 국내 보안정보활동을 주관하는 정보기관이다. FSB는 방첩, 대테러, 마약 및 조직범죄 대응 등 일반적인 국내 보안정보활동 외에 부패사범, 불법자금 세탁, 불법이민, 불법 무기 거래 등의 문제에 대응하는 임무도 수행한다. 또한 러시아 연방 내 하천, 연안 및 대륙붕 지역 등의 수자원 보호, 개인 및 화물, 상품 및 동식물 등의 러시아 국경 통과 관련 업무도 FSB의 업무 범위에 포함된다. 이 밖에 국가안전보장과 관련된 과학기술정책을 수립하여 추진하는 업무도 수행한다.[133] 테러 문제와 관련하여 단순히 첩보 수집이나 대책 수립의 범위를 넘어서 자체적으로 대테러 특수부대인 '알파'를 운영하고 있는 점도 특징적이다.[134]

　　FSB는 필요시 러시아에 있는 모든 법집행기관과 정보기관들에 대한 지휘·통제권을 행사할 수 있어 러시아 연방 내 최고 정보기관으로서의 위상을 과시한다. FSB는 미국의 FBI, 관세청(Immigration and Custom Enforcement, ICE), 경호실(the Secret Service), 연방보호국(the Federal Protective Service), NSA, 해안경비대(United States Coast Guard), DEA 등을 합친 것에 버금가는 수준의 권한과 기능을 갖고 있는 것으로 평가된다.[135]

---

133) 국가정보포럼(2006), p.210.
134) T국으로 불리는 대테러국(Antiterrorism Directorate)은 FSB 대테러센터라는 특수분과 산하에 알파부대를 포함한 대테러부대를 운영하고 있다. 양승함·김태환(2002), p.399; 국가정보포럼(2006), p.210.
135) Wikipedia, "Foreign Intelligence Service(Russia)," http://en.wikipedia.org/wiki/Foreign_Intelligence_Service_(Russia)(검색일: 2013년 1월 3일).

FSB는 독자적인 감옥체계를 운영하며, 법원의 재가하에 일반 서신을 검열하고 전화를 도청할 수 있는 권한을 가진다.[136] 또한 경우에 따라 영장 없이도 수색할 수 있는 권한도 갖고 있다. 이처럼 막강한 권한을 갖고 있는데 반해 검찰이나 의회의 감독이나 통제력은 매우 미미한 수준에 그치고 있다.

FSB의 인력은 77,640명으로 법률에 의해 제한되어 있으나 최대 13만 명의 보조 인력까지 포함하면 총 인력은 20만 명이 넘을 것으로 추정된다.[137] 이는 러시아 국민 약 700명 당 1인의 FSB 요원을 두고 있는 것으로서 이처럼 막강한 조직과 권한이 악용될 경우 자칫 정권의 도구로 전락되거나 공권력의 남용에 따른 사생활과 인권침해의 가능성이 증대될 것으로 우려된다. 실제로 2000년 FSB 출신의 푸틴 대통령이 취임한 이래 상당수의 FSB 출신 인사들이 정부 요직에 등용되었으며, 이들이 러시아 정계는 물론 재계 등 러시아 사회 전반을 장악하고 막강한 영향력을 발휘하고 있는 것으로 알려졌다.[138] 과거 KGB나 FSB에 재직했던 전직 요원들의 증언에 따르면 FSB를 포함한 러시아 정보기관의 고위 관리들이 정보기관을 자신들의 사적인 또는 정치적인 목적을 위하여 악용하는 경우가 빈번하며, 심지어 FSB 조직 자체가 청부살인이나 인질, 테러 등의 범법행위에 깊이 연루된 것으로 추정된다.[139]

(3) 참모본부 정보총국(Chief Intelligence Directorate of the General Staff, GRU)

러시아 혁명 이듬해인 1918년 10월 21일 군의 작전 수행을 지원하고 군사정보를 수집하기 위한 목적으로 'RU(Registration Department, Registrupravlenie)'라는 조직이 창설되었다. RU는 1920년 경 소련군 참모부(Red Army Staff) 소속의 '제2국(정보총국)'으로 개편되었고, 이 조직이 나중에 참모본부 정보총국(Chief Intelligence Directorate of the General Staff, GRU)이 되었다.[140] 소련 연방이 사라지면서 KGB가 해체되어 SVR, FSB 등 여러 정보기관으로 분리·개편되었지만 GRU는 그대로 존속되었다. 1992년 4월 러시아 연방의 국방부가 창설된 이후 GRU는 참모본부 소속의 '정보총국(Chief Intelligence Directorate)'으로 개편되어 오늘에 이르고 있다.

GRU는 전략·전술적인 군사기밀과 군사과학 기술에 관한 정보수집을 주 임무로

---

136) 양승함·김태환(2002), p.398.
137) 양승함·김태환(2002), p.399.
138) 현 러시아 연방 대통령 푸틴은 1998년 옐친 대통령에 의해 FSB 부장으로 임명되었다가 2000년 옐친의 뒤를 이어 대통령이 되었다.
139) 이에 대한 몇 가지 대표적인 사례들은 양승함·김태환(2002), pp.404-405를 참조.
140) GRU는 러시아 명칭은 'Glavnoye Razvedyvatelnoye Upravleniye'의 약어이다.

하지만, 때로 해외에서 산업스파이활동이나 게릴라전에 관여하기도 했다. 창설 초기에는 해외에서의 군사정보 수집에 역점을 두었기 때문에 국내문제에는 관여하지 않았다. 그러나 1930년대 스탈린은 GRU를 국내 보안정보기관과 경쟁시키고 그들을 숙청하는 데 이용하기도 하였다. 당시 GRU는 군 내 반정부 세력을 체포·처형하는 임무도 수행했다. 이후 GRU는 군의 보안업무를 담당하지 않고 국내 문제에도 개입하지 않는 등 정치권력과 일정한 거리를 두었다. 그 결과 GRU는 소련 연방이 해체된 이후에도 존속될 수 있었던 것으로 추측된다.

GRU는 독립적인 군사정보기구로서 군 지휘계통을 통해 당 정치국에 직접 보고하고 지시를 받는다. 또한 GRU는 미국의 그린베레(Green Beret), 델타포스(Delta Forces) 및 네이비실(Navy Seal) 등과 유사한 종류의 특수부대인 스페츠나즈(SPETSNEZ)를 보유하고 있다.[141] GRU는 해외 주재 러시아 대사관에 별도의 무관 사무실을 두고 독자적인 정보활동을 수행한다. 그러나 GRU는 구소련 당시에는 KGB, 그리고 현재는 FSB의 조정을 받고 있는 것으로 알려져 있다.[142] 이 때문에 GRU를 독립된 비밀정보기관으로 인정하기기가 어려운 측면이 있다.[143]

GRU는 해외정보활동에 있어서 SVR에 버금가는 수준의 자원과 활동력을 갖고 있는 것으로 평가되고 있다.[144] 특히 1997년 당시에는 SVR보다 6배나 많은 스파이를 해외에 배치해두고 정보활동을 수행했던 것으로 알려져 있다.[145] 오늘날 해외 주재 러시아 대사관에 근무하는 무관들의 대부분은 GRU 소속이다.[146] GRU 요원은 때로 러시아 국영 항공사, 해운회사 또는 기타 기업체 평사원 등으로 신분을 가장하여 대상국가에 파견되기도 한다.[147] GRU 조직의 규모와 인원은 아직껏 잘 알려져 있지 않다. 다만, 1980년대 말경에는 본부 요원 2,000명과 해외 파견요원 3,000명 그리고 기타

---

141) 1997년 당시 스페츠나즈의 인력은 약 2,500여 명으로 알려졌다. Stanislav Lunev, "Changes May Be on the Way for the Russian Security Services," *The Jamestown Foundation,* September 12, 1997; 김광린(2013), p.419.

142) 냉전시대 소련은 해외공관에 KGB와 GRU 요원을 외교관 신분으로 파견했는데 공관원 전체의 약 40-60%가 정보요원이었으며, 그 중에서 KGB와 GRU의 비율은 약 2:1 정도였던 것으로 알려져 있다. 모든 공관은 대외적으로는 대사(공관장)가 지휘하는 것으로 되어 있으나 내부적으로는 대사, KGB 책임자, GRU 책임자가 각각 모스크바로부터 직접 지시를 받았으며 독자적으로 보고했다. 김훈(1992), p.269, 277.

143) 국가정보포럼(2006), p.211.

144) 양승함·김태환(2002), p.402.

145) Lunev(1997), http://www.jamestown.org/publications_details.php?volume_id=4&issue_id=217&article_id=2507; Wikipedia, "Foreign Intelligence Service(Russia)," http://en.wikipedia.org/wiki/Foreign_Intelligence_Service_(Russia)(검색일: 2013년 1월 3일).

146) 어니스트 볼크먼 저, 석기용 역, 『20세기 첩보전의 역사: 인물편』(서울: 이마고, 2004), pp.63-75, 187-194을 참고.

147) 김훈(1992), p.277.

요원을 합쳐 약 6,500명 정도로 추정했다.[148] 그리고 2000년대 초 GRU 소속 직원이 약 2만여 명에 이르는 것으로 추정되고 있으나 사실 여부는 여전히 불투명하다.[149]

일본에서 활약했던 전설적인 소련의 스파이 조르게(Richard Sorge)는 바로 GRU 소속의 공작관이었다.[150] 1958년 KGB가 미국 CIA의 스파이로 적발한 포포프(Yuri Popov) 중령, 1962년 영국 MI6와 미 CIA를 위해 스파이 행위를 했던 사실이 노출되어 처형된 펜코프스키(Oleg Oenkovsky) 대령 등도 GRU 소속 요원이었다.[151]

(4) 연방정보통신국(Federal Agency for Government Communications and Information, FAPSI)

소련 연방이 해체됨에 따라 1991년 12월 24일 KGB의 제 8총국(정보통신, Government Communications)과 16총국(전자정보)의 핵심부서가 대통령 비서실의 정보국(Administration of Information Resources)으로 편입되었다.[152] 이 조직은 1994년 2월 러시아 대통령 직속의 연방정보통신청(Federal Agency of Government Communications and Information, FAPSI)으로 대체되었다. 한때 '경호국(Main Guard Directorate, GUO)'과 FSK(이후 FSB)는 FAPSI의 기능을 자신들의 관할로 흡수하려고 경합을 벌였었다. 그 결과 FAPSI 기능 중 일부가 독립되어 GUO 관할하에 이른바 대통령통신 시스템(Presidential Communications System)이 설립되기도 하였다.[153] 2003년 3월 11일 FAPSI는 FSB 산하의 '특수통신정보국(Service of Special Communications and Information, Spetsviaz)'으로 개편되었다. 그리고 2004년 8월 7일 특수통신정보국(Spetsviaz)은 연방경호부(Federal Protective, Service, FSO)에 흡수 통합되었다.[154]

FAPSI는 미국의 NSA와 유사하게 신호정보활동을 수행하는 기구이다. 보다 구체적으로 러시아 정보통신 시스템과 텔레커뮤니케이션 라인을 유지·관리하고, 암호해독을 전담했었다. 전 세계를 대상으로 전자정보(Electronic Intelligence, ELINT)활동을 수행했으며, 러시아 정부의 인터넷 네트워크 관리도 담당했다.[155] 또한 FAPSI는 정보통신 산업분야에 대한 국가규제 업무도 수행했다. 최근 급증하고 있는 전자금융 및 증권거래

---

148) 김훈(1992), p.277.
149) 이 중 10-20%가 해외에 근무하고 있는 것으로 추정된다. 국가정보원, 『러시아 현황』(2002.9), p.91.
150) 볼크먼, 석기용 역(2004), pp.210-223을 참고.
151) 볼크먼, 석기용 역(2004), pp.63-75, 187-194를 참고.
152) 양승함·김태환(2002), p.399.
153) 양승함·김태환(2002), p.400.
154) Wikipedia, "FAPSI," http://en.wikipedia.org/wiki/FAPSI(검색일: 2013년 1월 3일).
155) 양승함·김태환(2002), p.400.

그리고 전자암호체계(encryption system) 등을 관리하는 업무도 담당했다.

FAPSI는 러시아의 보안기구들 중에서 가장 은밀한 기구였으며, 그 인원이 FSB와 SVR의 요원을 합친 숫자를 초과할 만큼(약 10만여 명 이상) 러시아의 여타 정보기관들 중에서 규모가 가장 컸었던 것으로 알려졌다.156)

(5) 연방경호부(Federal Protective Service, FSO)

소련 연방이 붕괴된 이후 KGB의 제9총국을 기반으로 '경호국(Main Guard Directorate, GUO)'이 설립되었다. 당시 GUO는 KGB의 제9총국의 규모를 넘어서는 강력한 부서로 성장했었고, FAPSI로부터 대통령의 정보통신에 관한 기능을 인수받기도 하였다. 한때 GUO는 독자적으로 첩보수집 임무를 수행하는 조직은 물론 과거 제7총국의 알파부대를 포함하여 2만 5천여 명의 특수부대 요원들로 구성되었었다.157) 1993년 말 GUO로부터 대통령 경호 기능이 분리되어 독립적인 대통령 경호실(Presidential Security Service, PSB)이 창설되었지만, 1996년 1월 다시 GUO로 예속되었다. 1996년 5월 27일 GUO가 확대·개편되어 연방경호부(Federal Protective Service, FSO)가 설립되었다.

FSO는 핵전쟁 발발 시 사용되는 '핵가방(Black Box)'을 관리하는 업무도 담당하고 있다. 또한 정부 요인 경호 및 주요 건물들에 대한 방호 업무를 수행하며, 러시아의 무기수출회사(Rosvooruzhenie) 등 주요 시설물에 대한 경비 업무도 전담하고 있다.158) 2008년 5월 현재 FSO는 2-3만여 명의 특수부대 요원과 수천 명의 민간인들로 구성되어 있다.159) FSO는 영장 없이 수색, 미행 감시, 체포할 권한을 가질 뿐만 아니라 여타 정부 부처에 명령을 내릴 수 있는 등 막강한 권한을 가진 권력기관으로 알려져 있다.

3. 전망과 과제

제정 러시아 시대로부터 현재에 이르기까지 러시아의 정보기관은 국가안보 수호라는 정보기관 본연의 기능보다는 주로 집권 세력의 정권 유지를 위한 도구로서 활용되었다. 오프리치니나로부터 러시아 재판소 제3분과에 이르기까지 러시아의 정보기구들은 오늘날의 엄격한 기준에 따르면 정보기관이라기보다는 일종의 비밀경찰조직으로서

156) www.agentura.ru/enlish/dosie/fapsi(검색일: 2013년 5월20일); 김광린, "러시아의 정보기구의 현황과 활동: FSB와 SVR을 중심으로,"『국가정보연구』, 제4권 1호(2011년 여름호), p.201.
157) 양승함·김태환(2002), p.401.
158) 양승함·김태환(2002), p.401.
159) Wikipedia, "Federal Protective Serviced(Russia)," http://en.wikipedia.org/wiki/Federal_Protective_Service_(Russia)(검색일: 2013년 1월 3일).

러시아 황제의 정권유지를 위한 도구에 불과했다. 이후 1900년대 초 설립된 오프라나는 국가 주도로 설립되어 일정한 조직체를 갖추고 비밀첩보 수집활동을 수행했다는 점에서 오늘날의 정보기관들과 유사한 면이 없지 않다. 그러나 오프라나 역시 정권안보 차원의 왕권수호에 치중했다는 점에서 국가적 차원의 안보목표 달성에 목적을 둔 오늘날의 국가정보기관과는 다소 차이가 있다고 본다.

집권세력의 정권유지를 위한 사회통제 기능에 중점을 두는 러시아 정보기관의 잘못된 전통은 1917년 러시아 공산혁명 이후 설립된 정보기관들에서도 그대로 계승되었다. 레닌과 스탈린 치하에서 정보기관은 초법적인 권한을 갖고 혁명정권의 건설과 강압적인 전체주의 독재체제를 유지하는 핵심적인 버팀목으로서의 역할을 담당했다. 스탈린 사후 집권한 브레즈네프 역시 집권기간 내내 KGB를 정권유지를 위한 수단으로 활용하여 소련 사회 내 체제에 불만을 가진 수많은 주민들을 감시·색출하고 숙청하는 행위를 지속함으로서 악명을 떨쳤다.

구소련의 붕괴 이후 1991년에 집권한 옐친 대통령은 KGB를 해외정보, 국내방첩, 신호정보, 경호기관 등으로 분리시킴으로써 러시아 역사상 최초로 정보기구의 민주화 및 비정치화를 추구했다. 그러나 집권 후반기로 접어들면서 옐친 대통령도 정보기관의 권한을 강화시키고 조직을 확대 개편하는 등 민주화 추세에 역행되는 조치를 취했다. 이어서 집권한 푸틴 대통령 역시 자신의 정권적 이익 추구를 위한 수단으로 정보기관을 활용하고 있다는 점에서 과거와 전혀 다를 바가 없다. 푸틴 치하의 정보기관은 사회통제의 측면에서 이전처럼 직접적이지는 않지만 공작정치 등을 통해 간접적으로 은밀하게 정치지도부의 이익과 목적을 실현시키는 핵심적인 도구로서 활용되고 있다.[160]

소련체제가 무너지고 나서 러시아 사회의 민주화에 부응하여 FSB과 SVR 등 정보기관에 대한 의회의 통제가 제도화되는 등 일부 발전이 이루어지기도 했다. 그러나 정보기관에 대한 의회의 통제는 형식적으로만 이루어지고 있을 뿐이고 실질적으로는 거의 행사되지 못하고 있는 것으로 보인다. 과거 KGB 요원의 숫자는 시민 428명당 1명 수준이었으나 FSB 요원의 숫자는 시민 297명당 1명이라는 통계에서 드러나듯이 FSB는 KGB보다 더 강력한 사회통제 능력을 갖추었다는 평가도 있다.[161] 실제로 FSB는 주민들에 대한 감청, 정치단체들에 대한 통제, 정부기관들에 대한 감시, 위장기업의 설립 등 러시아 사회 전반에 걸쳐 막강한 통제력을 행사하고 있다. FSB는 수사권을 가지며 수색영장 없이도 가택과 기업체 사무실로 진입할 권한을 행사할 수 있는 것으로

---

160) 양승함·김태환(2002), p.412.
161) 김광린(2011), p.205.

알려졌다.[162] 일부 학자는 과거 KGB가 공산당에 의해 적절히 통제되었던 반면 KGB를 계승한 FSB의 경우 공산당처럼 견제해 줄 기구가 존재하지 않는다는 점에서 사실상 KGB보다 더 강력한 정치사찰 기구라고 주장하기도 한다.[163]

범세계적인 민주화 추세에 역행되게도 러시아는 대통령을 중심으로 권력이 보다 강화되는 양상을 보이고 있다. 특히 러시아의 정보기구는 막강한 권한을 갖고 러시아 사회 전반에 걸쳐 강력한 통제력을 행사하고 있는 것으로 나타난다. 또한 오늘날 러시아 정보기구의 전·현직 요원들이 정계 및 재계는 물론 심지어 문화계에 이르기까지 러시아 사회 전반을 장악하고 있으며, 이로 인한 부정부패의 심각성이 빈번히 지적되고 있다.[164] 그동안 수차례에 걸쳐 러시아 나름대로 정보기구를 개혁하려는 노력이 있었지만 러시아 정보기구의 막강한 권한과 불합리한 관행은 그다지 개선되지 않고 있는 듯하다. 향후 러시아 정보기구 스스로 탈권력화, 탈정치화, 그리고 부정부패 일소 등 모종의 긍정적인 변화를 위해 부단히 노력하고, 그 결과 정보활동의 효율성 회복과 함께 국가안보라는 본연의 임무에 충실할 수 있을지 주목해 보아야 할 대목이다.

---

162) 이와 관련한 어떤 행위에 대해서도 FSB는 면책권을 가진다. "Russia, Keeps Getting Back," *Economist*(April 15, 1995), pp.51-52.

163) 'KGB Resurrection'을 주제로 한 심포지움에서 Vladimir Bukovsky 등과의 인터뷰, FrontPage Magazine.com(April 30, 2004); 김광린(2011), p.204에서 재인용.

164) 러시아의 지배적인 정치적 인물 1,016명 중 78%는 KGB 또는 FSB 등 정보기관에 근무한 경력을 가진 자들로 알려졌다. Peter Finn, "In Russia, A Secretive Force Widens," *Washington Post*(December 12, 2006); 김광린(2011), p.205. 러시아 정보기구의 부정부패 연루에 대해서는 양승함·김태환(2002), pp.402-411를 참고.

제11장

유럽의 정보기구

제1절 영국의 정보기구

1. 기원과 발전

영국 정보기구의 기원은 엘리자베스 1세 당시인 1573년 월싱햄 경(Fransis Walsingham, 1537-90)이 설립한 비밀조직에서 찾을 수 있다. 월싱햄 공작은 옥스퍼드와 케임브리지 대학 출신의 우수한 인력들을 선발하여 이들에게 암호학과 첩보기술을 훈련시켰다.[1] 엄격한 훈련과 전문성을 갖춘 엘리트 요원으로 구성된 월싱햄의 비밀조직은 국내외로부터 여왕 암살음모를 적발하여 왕권을 보호하고 주요국에 관한 정보를 수집하는 등의 임무를 성공적으로 수행했다. 특히 월싱햄은 비밀공작 활동을 효과적으로 전개하여 1588년 스페인 왕 펠리페 2세의 무적함대를 격파하는 데 결정적인 역할을 수행했던 것으로 평가된다.[2] 과거 어떤 비밀조직보다도 정보활동을 체계적이고 효과적으로 수행했다는 점에서 세계 역사상 최초로 등장한 근대적인 형태의 정보기관으로 인정받기도 한다.[3] 당시 프랑스, 독일, 러시아 등 대부분의 유럽 국가들에서 단순히 왕권보호를 위해 비밀조직을 설치·운용했던 반면, 월싱햄의 비밀조직은 최초 왕권보호를 목적으로 설립되었지만 점차 국가적 차원의 안보를 위한 정보활동을 활발히 전개했다는 점에서 분명한 차이를 보였다. 무엇보다도 월싱햄의 비밀조직은 이후 영국의

---

1) 손관승, 『우리는 그들을 스파이라 부른다』(서울: 여백, 1999), p.45.
2) David Owen, *Hidden Secrets: A Complete History of Espionage and the Technology Used to Support It*(New York: Fairefly Book, 2002), pp.19-20.
3) 손관승(1999), pp.42-45.

정보기구가 지향해야 할 하나의 롤 모델이 되었다는 점에서 중요한 의미를 가진다.

19세기 후반 무렵 유럽 대륙에서 육·해군 무기체계의 급속한 발전이 있었고, 이로 인해 전쟁 양상이 획기적으로 변화했다. 예전보다 대규모 병력이 광범위한 지역에서 전투를 수행하게 됨으로써 기동성과 집중력을 동원한 전격적인 기습작전이 보다 빈번하게 전개되었으며, 이로 인해 전투 지휘 및 통제가 보다 복잡해졌다. 이러한 변화에 대처하기 위해서는 전투를 지휘하는 야전사령관에게 부대의 이동, 전쟁 계획 등을 지원해주는 참모조직이 필요로 했다. 영국의 경우 크림전쟁 이후 전쟁성 산하 '지형통계국(War Office Topographical and Statical Department)'이 창설되었지만 활동은 미약했다. 영국에서 군사정보분야의 활동이 본격화된 것은 1873년 전쟁성의 '정보국(War Office Intelligence Branch)'이 창설되면서부터이다. 1878년 전쟁성 정보국 산하에 설립된 '인도지부'(Indian Intelligence Branch)와 1882년 해군에 설립된 '대외정보위원회(Foreign Intelligence Committee)' 등은 군사정보활동을 전문적으로 수행하는 정보조직이었다.[4]

한편, 1909년 주로 영국 본토 내 암약하는 독일 간첩들을 색출할 목적으로 '비밀정보국(Secret Service Bureau)'이 설립되었는데, 아마도 이것이 영국 최초 국가적 수준의 정보기관으로 인정된다.[5] 초기 비밀정보국은 육군과 해군으로 분리되었다가 1년도 지나지 않아 '국내과(Home Section)'와 '해외과(Foreign Section)'로 재편되었다. 국내과는 육군성 소속 하에 영국 연방 및 본토 내에서의 방첩 및 수사활동 임무를 수행했으며, 국외과는 해군성의 관할권 하에 유럽 국가들에 공작관들을 파견하여 군사동향에 관한 첩보수집활동을 전개했다.[6] 1916년 국내과와 국외과는 '군사정보국(Directorate of Military Intelligence)'의 일부로 편입되면서 각각 'MI5'와 'MI6'라는 명칭을 부여받았다.[7] 1921년 MI6의 업무가 외무부로 이전된 다음 '비밀정보부(Secret Intelligence Service, SIS)'로 개명되었으며, MI5는 1931년 내무부 관할의 '보안부(Security Service, SS)'로 개명되었다.[8]

---

4) Michael Herman, *Intelligence and Power in Peace and War*(New York: Cambridge University Press, 1996), p.17.

5) Francis H. Hinsley, et.al., *British Intelligence in the Second World War* (New York: Cambridge University Press, 1979), p.16; Nigel West, *MI6-British Secret Intelligence Service Operations, 1909~1945* (London: Weidenfeld & Nicolson, 1983), p.4; Christopher Andrew, *Secret Service: The Making of the British Intelligence Community*(London: Heinemann, 1985), pp.58-59.

6) 니겔 웨스트, 이덕웅 역, 『영국 비밀정보부』(서울: 대왕사, 1990), pp.31-35.

7) 여기서 'MI'는 'Military Intelligence'의 약어이다. 이는 이 기관들이 군 조직의 일부였기 때문이다. 이외에도 MI-8(암호해독), MI-11(심리전 공작) 등이 있었다. 최진우, "유럽의 국가정보체계-영국, 독일, 프랑스," 문정인 편, 『국가정보학: 이론과 실제』(서울: 박영사, 2002), p.521.

8) Andrew(1985), pp.139-174.

제1차 세계대전 당시 유럽에서 무선감청은 주로 육군이나 해군에서 수행되었다. 영국의 경우 육군은 'MI8', 해군은 'Room 40'이라는 암호부대를 운용하고 있었다.[9] 해군의 Room 40는 '짐머만의 전보(Zimmerman's Telegram)'를 해독함으로써 제1차 세계대전에서 미국의 참전을 유도하는데 결정적인 역할을 하였다.[10] 1919년 Room 40과 MI-8의 일부 인원이 브레츨리 파크(Bletchley Park) 소재 정부 '암호학교(Government Code and Cypher School, GCCS)'에 통합되었다. GCCS는 제2차 세계대전 동안 독일의 에니그마(Enigma) 암호체계를 해독하기 위한 '울트라 작전(Ultra Project)'[11]을 비밀리에 추진했고, 마침내 암호해독에 성공함으로써 제2차 세계대전에서 연합군이 승리하는데 결정적으로 기여했다.[12] GCCS는 1946년 '정보통신본부(Government Communication Headquarters, GCHQ)'로 개편되어 오늘날까지 존속되고 있다.[13]

제1차 세계대전의 경험을 통해 영국은 전쟁을 수행함에 있어서 국가적 차원의 정보분석기구가 필요하다는 인식이 생기게 되었다. 특히, 1930년대부터 적대국인 독일의 군사력이나 전쟁 계획 등에 대한 종합적인 분석의 필요성이 증대되었다. 당시 영국에 부문정보기구들이 있었지만 이들의 능력으로는 이러한 임무를 적절히 수행할 수 없다고 판단했다. 그래서 1939년 부문정보기관에서 제공되는 단편적인 정보를 종합하는 기능을 수행하는 정보기구로서 '합동정보위원회(British Joint Intelligence Committee, JIC)'가 설립되었다. JIC는 제2차 세계대전 중 전쟁 임무를 효과적으로 수행하여 명성을 얻었다. 이 기구를 통해 영국은 제2차 세계대전 동안 적의 육군, 해군, 공군, 정치, 경제 등 모든 요소들을 종합적으로 분석하는 '국가평가(national assessment)'가 가능했다.

월싱햄의 비밀조직에서 시작된 영국 정보기구의 발전과정은 세계 첩보사에서 중

9) Room 40에는 800여명의 무선통신사, 그리고 70-80명의 암호해독가와 사무원들이 근무하고 있었다. 바바라 터크먼, 김인성 역, 『짐머만의 전보』(서울: 평민사, 2003), p.46.
10) 제1차 세계대전이 한창 진행되던 1917년 1월 17일 당시 독일 외상이었던 짐머만이 워싱턴 주재 독일대사관으로 보낸 암호 전문을 Room 40에서 감청했다. 이를 해독한 결과 멕시코가 미국을 공격하면 과거 미국에게 빼앗겼던 영토의 일부를 수복하는데 독일이 도움을 주겠다는 내용이 포함되어 있었다. 영국 정부는 이 사실을 결정적인 시기에 미국 대통령에게 제보했고, 독일의 처사에 격분한 미국은 대독(對獨) 선전포고와 함께 참전을 결정하게 되었다. 영국은 '짐머만의 전보'를 적절히 활용하여 미국의 참전을 유도했고, 결국 제1차 세계대전에서 독일에 승리할 수 있었다. 터크먼, 김인성 역(2003).
11) 이에 대한 자세한 내용은 어니스트 볼크먼, 이창신 역, 『스파이의 역사 1: 작전편』(서울: 이마고, 2003), pp.117-133를 참고.
12) 영국의 저명한 역사학자 Hinsley 교수에 따르면 울트라 작전(Ultra Project)의 성공으로 연합군이 적어도 3-4년 앞당겨서 전쟁을 승리로 종결시킬 수 있었다고 주장했다. F. H. Hinsley, "British Intelligence in the Second World War," in C. Andrew and J. Noakes, (eds.), *Intelligence and International Relations 1900-45*(Exeter: University of Exeter Press, 1987), p.218.
13) Robert D. A. Henderson, *International Intelligence Yearbook*(Washington, D.C.: Brassey's Inc., 2002), p.160.

요한 의미를 가진다. 최초 왕권보호 차원에서 설립된 영국의 정보기구는 점차 국가안보를 위한 목적에 부응하는 방향으로 발전했다. 제1, 2차 세계대전을 거치면서 SS, SIS, GCHQ 등 영국의 정보기관들은 전쟁에서 승리하는데 결정적인 역할을 수행했다. 또한 독일의 게슈타포처럼 정보기관이 정권안보의 수단으로 전락되지 않도록 정보기관의 권력집중을 통제하는 방향으로 '분리형 정보체계'[14]를 발전시켰다. 영국 정보체계의 조직, 임무, 기능, 활동 등은 미국은 물론 여타 국가들의 정보기구 형성 및 발전에 긍정적인 영향을 끼쳤다.

2. 구성과 기능

(1) 보안부(Security Service, SS, 일명 MI5)

보안부는 내무부 소속으로서 대간첩, 대테러 등 국내 방첩 및 보안 업무를 총괄하여 수행하는 국내 보안정보기구이다. MI5는 1909년 비밀정보국에 기반을 두고 창설되었지만, 이후 거의 80년이 지나도록 법적 지위는 물론 그 존재 자체가 인정되지 않았다. 1989년 보안부법(Security Service Act 1989)이 제정됨으로써 비로소 법적인 기반을 갖추게 되었다.[15] 이 법에 따르면 MI5의 주요 임무는 국가안전의 보호에 있으며, 구체적으로 간첩행위·테러·사보타지 등의 위협으로부터 보호, 정치적·산업적 또는 폭력적 수단으로 의회민주주의를 전복 또는 음해할 의도를 가진 행위로부터 국익보호, 그리고 테러리스트를 지원하는 해외범죄조직에 대한 감시 등의 임무를 수행한다.[16]

MI5는 오랫동안 주로 적성 국가들의 스파이활동에 대응하는 방첩에 역량을 집중해왔지만, 최근 들어 테러, 마약, 불법이민, 조직범죄 등 과거 경찰이 담당해 왔던 영역으로까지 활동의 폭을 넓히고 있는 추세를 보인다.[17] 그 중에서 MI5 정보역량의 약 2/3 이상이 대테러 업무에 투입되는 것으로 알려졌다.[18] 이 밖에 MI5는 북아일랜드 문제는 물론 웨일즈나 스코틀랜드의 극단적 민족주의자들에 대한 정보활동도 활발하게 수행하고 있는 것으로 알려졌다.[19]

영국의 경우 국내정보활동과 사법활동(law enforcement)이 제도적으로 구분되어 있

---

14) 분리형 및 통합형 정보기구의 유형, 특징, 차이점 등에 대해서는 이 책의 제 8장을 참고할 것.
15) Henderson(2002), p.160.
16) 최진우(2002), pp.522-523.
17) 이상현, "21세기 안보환경 변화와 국가정보기관의 새로운 역할," 『국가정보연구』, 제1권 제1호 (2008), p.98.
18) 이상호, "영국의 정보기구," 한국국가정보학회, 『국가정보학』(서울: 박영사, 2013), p.429.
19) 이상현(2008), p.98.

다. 즉 MI5는 국내보안 정보활동만을 담당하고, 사법활동은 경찰의 영역으로 제한된다. 이에 따라 MI5는 국내보안 정보기구로서 미국의 FBI와 유사한 기능을 수행하지만 경찰이 가진 체포권이 없으며, 집주인의 승낙 없이는 가택 수색조차 할 수 없다.[20] 이처럼 MI5 요원들은 일반인들처럼 아무런 특권이 없다. 따라서 MI5의 경우 여타 국가들의 국내보안 정보기구들과 비교하여 권력남용의 위험도 비교적 적을 것으로 추정된다.

MI5는 부장(Director General)을 수장으로 하여 각각 1명의 차장, 차장보 그리고 법률 자문 등을 두고 있다. 차장 산하에는 대테러국, 사이버·대간첩·반확산국, 북아일랜드국, 기술공작·분석·감청국, 감찰실(Ethics and Review) 등 5개국이 있고, 차장보 산하에는 재정 및 기획국, 인사 및 보안국, 기술개발국 등 3개국을 두고 있다.[21] 1998-1999년 회계연도 당시 MI5의 총 인원은 약 1,900여 명이었고, 예산은 약 2억 달러 규모로 알려졌다.[22] 최근 재직 인원이 확대되어 약 3,800여 명이 근무하고 있는 것으로 알려졌다.[23]

(2) 비밀정보부(Secret Intelligence Service, SIS, 일명 MI6)

비밀정보부(SIS)는 많은 사람들에게 007 제임스 본드의 영화 시리즈 속에 등장하는 MI6로 더 많이 알려져 있다. MI6는 MI5보다도 더 철저히 비밀에 싸인 정보기관으로서 오랫동안 법적인 기반은 물론 공식적으로 그 존재조차 인정되지 않았었다. 그런데 1992년 5월 6일 영국 하원(House of Commons)에 의해 최초로 SIS의 존재가 공식적으로 인정되었으며, 1994년 '정보부법(Intelligence Services Act of 1994)'이 발효됨에 따라 비로소 법적인 기반을 갖추게 되었다.[24] 2010년 10월 28일 SIS 부장이 대중들 앞에 나타나 정보기관의 비밀성과 보안 유지 문제에 관한 주제로 연설을 했는데, 이는 SIS 창설 101년 만에 최초로 기록될 만큼 철저한 보안유지를 전통으로 하는 SIS로서 매우 이례적인 사건이었다.[25]

---

20) 박영일 편, 『강대국의 정보기구』(서울: 현대문화사, 1994), p.43.
21) SS(MI5) website, http://www.mi5.gov.uk/about-us/who-we-are/organisation.html(검색일: 2013년 11월 26일).
22) Henderson(2002), p.159.
23) SS(MI5) website, http://www.mi5.gov.uk/output.orgainsation.html(검색일: 2013년 11월 26일); 이상호 (2013), p.429.
24) Paul Todd and Jonathan Bolch, *Global Intelligence: The World's Secret Services Today*(Bangladesh: The University Press, Ltd., 2003), p.102.
25) John F. Burns and Alan Cowell, "Urging Secrecy, British Spy Chief Goes Public," *New York Times,* 28 October 2010, http://www.nytimes.com/2010/10/29/world/europe/29britain.html?_r=0(검색일: 2013년 11월 26일).

영국 외무부 소속의 해외정보기관으로서 SIS의 주 임무는 영국 정부의 안보·국방·외교·경제 정책을 수행하는 데 필요한 비밀정보를 제공해 주는데 있다.[26] 또한 SIS는 미국의 CIA와 유사하게 비밀공작활동을 주도적으로 수행해 왔다. 예를 들어, SIS는 1917년 러시아 혁명과 함께 소련이 공산화되면서 러시아에서 볼쉐비키 세력의 권력 장악을 막기 위해 멘쉔비키를 지원하는 비밀공작을 수행하기도 하였다.[27] 또한 SIS는 1950년대와 1960년대 동안 이란, 이라크, 예멘 등 중동지역에서 선전공작, 쿠데타 공작 등 다양한 유형의 비밀공작을 수행했던 것으로 드러났다.[28]

냉전시대 동안 SIS는 소련을 주요 목표로 하여 첩보수집 및 비밀공작 활동을 수행했다. 그러나 냉전의 종식과 함께 적대국이었던 소련으로부터의 위협이 사라지면서 구소련 지역에 대한 SIS의 정보활동은 대폭 축소되었다. 대신 SIS의 정보목표는 유럽연합의 확대로 인한 유럽지역에 관한 정보수집, 그리고 경제안보의 중요성이 강조됨에 따른 경제정보수집 등으로 활동 영역이 변화되는 모습을 보여주고 있다. 또한 9.11 테러 이후 SIS는 대테러 업무와 그에 따른 국제적 공조에 보다 역점을 두고 정보활동을 수행하고 있다. 이 밖에도 SIS의 정보활동 영역은 대량살상무기의 확산, 사이버 테러, 국제조직범죄 등 초국가적 안보 이슈들에 이르기까지 확대되는 양상으로 전개되고 있다.[29]

SIS는 내각의 승인을 받고 합동정보위원회(Joint Intelligence Committee, JIC)의 지휘·감독 하에 해외에서의 첩보수집 및 비밀공작 임무를 수행한다. SIS는 조직의 수장인 부장 아래 본부장을 두고 있으며, 본부장 산하에는 인사·행정처, 특수지원처, 방첩·보안처, 정보요소·생산처 등 4개의 처와 해외공작을 통제하는 '통제단'이 있다.[30] SIS의 해외공작 부서는 영국, 유럽, 러시아, 서반구, 아프리카, 중동, 극동 등 7개 지역으로 구분되며 각 지역별로 1명의 '통제관'을 두어 관할 지역을 관리·감독한다.[31] 1990년대 말 당시 SIS의 재직 인원은 약 2천여 명 수준으로 알려졌다.[32]

26) Henderson(2002), p.160.
27) 최진우(2002), p.526.
28) 이에 관한 보다 자세한 내용은 박영일(1994), pp.36-37을 참고.
29) SIS website, http://www.sis.gov.uk/(검색일: 2013년 11월 26일).
30) 이상호(2013), p.428.
31) 이상호(2013), p.428.
32) Henderson(2002), p.160. 다른 출처에 따르면, SIS의 재직 인원은 1993년 2,400명에서 1996년 2,150명으로 감축되었으며, 해외 거점도 60개에서 51개로 축소된 것으로 알려졌다. Todd and Bolch(2003), p.107.

(3) 정보통신본부(Government Communication Headquarters, GCHQ)

GCHQ는 영국 외무부 소속으로서 합동정보위원회(JIC)의 지휘·감독 하에 영국 정부 부처와 군에 신호정보와 정보보호(information assurance)를 제공해 주는 임무를 수행한다. 좀더 구체적으로 "GCHQ는 영국에 있는 모든 외국 대사관의 메시지(message)와 국가기관과 이해관계를 갖고 있는 개인 및 상사들의 모든 무선통신, 텔렉스 및 전보통신을 감청하고 해독"하는 임무를 담당한다.[33] 또한 영국 정부의 통신을 보호하는 암호 체계를 개발하고 해독하는 임무도 수행한다.

GCHQ의 조직과 활동은 오랫동안 대중들에게 거의 알려지지 않았는데, 1983년 GCHQ의 소속 요원이면서 KGB의 첩자로 암약하다 체포된 프라임(Geoffrey Prime)에 대한 재판이 대중매체에 공개되면서 비로소 일반인들에게 알려지게 되었다. GCHQ의 산하 기구인 '통신전자보안단(Communications-Electronics Security Group, CESG)'은 영국 정부의 정보통신망과 핵심기반시설에 대한 통신보안 임무를 담당하며,[34] '합동기술언어국(Joint Technical Language Service, JTLS)'은 통신정보 감청결과 획득된 음성대화 내용을 번역하여 정부 각 부처에 제공해 주는 임무를 수행하고 있다.[35]

GCHQ는 1989년부터 독자적인 인공 위성을 확보하여 신호정보활동을 수행하고 있다.[36] GCHQ는 육·해·공군이 운영하고 있는 각 군 통신감청부대를 지휘하고, 영국 각 지역, 아일랜드, 독일, 지브랄타, 포클랜드, 아프리카 및 아시아 지역 등 세계 각지에 감청기지를 운영하고 있다.[37] GCHQ는 제2차 세계대전이 발발하면서 현재까지 미국 NSA와 긴밀한 정보협력을 유지해오고 있다. 또한 캐나다, 호주, 뉴질랜드 등 영연방 국가들과 협력하여 미국 NSA 주도로 운용되고 있는 에셜론 체제(Echelon Surveillance System)[38]의 핵심 구성원으로서 전 세계에 걸쳐 감청활동을 적극적으로 수행하고 있다.

---

33) Tony Bunyan, *The History and Practice of the Political Police in Britain*(London: Quarteret Books, 1977), p.191; 박영일(1994), p.24.
34) James Bamford, *The Puzzle Palace: A Report on NSA, America's Most Secret Agency*(Boston: Houghton Mifflin, 1982), p.335.
35) Duncan Campbell, "Inside the 'SIGINT' Empire," Bamford(1982), p.493.
36) 이상호(2013), p.430.
37) 이상호(2013), p.430.
38) 미국 NSA 주도 하에 영국, 캐나다, 뉴질랜드 등 영연방 국가들을 중심으로 구축된 비밀 감청 협력체계를 일컫는다. 1947년 미국과 영국이 통신정보를 공동으로 수집·공유하자는 비밀 합의에 기초하여 출발했다. 1972년 영국과 미국이 먼저 시작한 UKUSA라는 국제 통신감청망에 캐나다, 호주 뉴질랜드 등 영연방 국가들과 유럽지역의 독일, 덴마크, 스페인이 가입하여 협력체계를 구축하고 있는 것으로 알려져 있다. 에셜론 시스템은 회원국을 제외한 전 세계의 무선통신, 위성통신, 전화, 팩스, 이메일 등 모든 종류의 통신정보를 수집·분석·공유한다. 에셜론 시스템은 120여 개의 첩보위성을 기반으로 모든 종류의 통신을 하루 30억 건까지 도청할 수 있다는

한편, GCHQ의 정보활동은 1994년 정보부법이 발효됨에 따라 의회 '정보안보위원회(Parliament's Intelligence and Security Committee)'의 감독을 받고 있다.[39] 냉전 말기 GCHQ의 인원은 약 6,000명 수준이었는데 1997년 4,500명으로 축소되었으며, 당시 예산은 약 7억 달러 정도로 알려졌다.[40] 2012년 현재 약 5,500명의 인원이 재직하고 있는 것으로 알려졌다.[41]

(4) 합동정보위원회(Joint Intelligence Committee, JIC)

합동정보위원회(Joint Intelligence Committee, JIC)는 1936년 '대영제국 국방위원회(Committee of Imperial Defence)'의 분과로 출범했으며, 1939년 영국 '합동정보위원회(British Joint Intelligence Committee, JIC)'라는 명칭으로 개편되었다.[42] JIC는 제2차 세계대전 중 부문정보기관에서 제공되는 단편적인 정보를 종합하는 기능을 수행함으로써 전쟁을 승리로 이끄는데 결정적으로 기여했다는 평가를 받았다.[43] 1957년 '내각사무처(Cabinet Office)' 소속으로 이전되어 현재까지 존속되고 있다.[44]

JIC는 현재 영국 내각사무처(Cabinet Office)의 구성원으로서 내각에 안보, 국방, 외교 문제 등에 관해 자문을 제공하고 영국 내 정보기관들들 총괄·조정·지휘하는 기능을 수행하고 있다. 좀더 구체적으로 영국 수상과 내각 장관들에게 국가정보목표 우선순위에 따른 정보수집 및 분석에 관해 자문을 제공하고, SIS·GCHQ·SS·국방부 등에서 수행하는 첩보수집과 정보분석활동을 지휘·감독하는 임무를 담당한다.[45] 그리고 미국의 국가정보위원회(National Intelligence Council)와 유사하게 영국 정보공동체 정보기관들의 견해를 종합한 국가정보판단보고서를 생산한다.[46] 또한 영국의 각 정보기관에서 작성한 내용을 토대로 '일일정보보고서', '장기정세보고서', '주간정보 평가보

주장이 있지만 그 능력과 실상에 대해 아직도 정확히 파악되지 않고 있다. 최영재, "전 세계 도청망 에셜론 공포," 『신동아』(2000년 4월호), http://www.donga.com/docs/magazine/new_donga/200004/nd20000...(검색일: 2006년 12월 6일); Todd and Bloach(2003), p.44; Wikipedia, "ECHELON," http://en.wikipedia.org.wiki/ECHELON(검색일: 2006년 12월 5일);『동아일보』(2013.11.4.).

39) Stephen Twigge, Edward Hampshire, and Graham Macklin, *British Intelligence: Secrets, Spies and Sources*(The National Archives, 2008), p.87.

40) 최진우(2002), p.528.

41) GCHQ website, http://gchq.gov.uk/AboutUs/Pages/index.aspx(검색일: 2013년 11월 26일).

42) Herman(1996), p.26.

43) Herman(1996), p.26.

44) Wikipedia, "Joint Intelligence Committee(United Kingdom)," http://en.wikipedia.org/wiki/Joint_Intelligence_Committee(United Kingdom)(검색일: 2013년 2월 5일).

45) Wikipedia, "Joint Intelligence Committee(United Kingdom)," http://en.wikipedia.org/wiki/Joint_Intelligence_Committee(United Kingdom)(검색일: 2013년 2월 5일).

46) Henderson(2002), p.161.

고서' 등을 작성하여 총리 및 내각에 배포한다.47) 그리고 각종 위험과 위협을 평가하여
위기에 대한 조기경보를 발령한다.

JIC의 구성원(membership)은 SIS, SS, GCHQ 등 3개 수집부서의 장, '국방정보국장
(Chief of Defence Intelligence)', '국방정보참모차장(Deputy Chief of Defence Intelligence
Staff)', '평가실장(Chief of the Assessment Staff)', 국방부 대표, 외무부 대표, 그 외 정부
각 부처 대표, 수상의 외교담당보좌관 등으로 구성된다.48) 특이하게도 JIC 주간 회의에
미국 CIA의 런던 거점장이 정례적으로 참석하며, 때로 호주, 캐나다, 뉴질랜드 등 영연
방 국가의 정보기관에서 파견한 영국 주재 거점장이 참석하기도 한다.49)

JIC 사무국에는 1명의 상임위원장과 '고위직 공무원단(Senior Civil Service)'이 재직
하고 있다. 고위직 공무원단은 '정보안보 사무국(Intelligence and Security Secretariat)' 직원
과 '평가참모들(Assessment Staff)'로부터 지원을 받고 있다.50) 평가참모들은 종합분석
(all-source analysis) 업무를 수행한 경험이 풍부한 전문 분석관들로서 군과 정부 각 부처
에서 차출된다.

(5) 런던 경찰국(Metropolitan Police Service, MPS, 일명 Scotland Yard)

런던 경찰국(Metropolitan Police Service, MPS)은 영국의 경찰대 중 가장 크고 유일한
국가경찰로서 런던 중심으로부터 15마일 반경 외곽 지역 및 그 주변지대에 대한 경찰
업무를 담당하고 있다.51) MPS는 영국 내 반테러활동을 주도하는 기관이면서 영국
왕실 및 정부 요인 경호임무도 담당하고 있다. MPS는 1829년에 창설되었는데, 창설
당시 경찰국의 위치가 런던 소재 옛 스코틀랜드 국왕의 궁전 터에 위치했기 때문에
'스코틀랜드 야드(Scotland Yard)'라는 별칭을 갖게 되었다고 한다.52)

MPS에서 정보 및 보안 관련 업무를 담당하고 있는 부서는 '범죄수사부(Criminal
Investigation Department)' 산하 '특수지부(Special Branch)'이다. 특수지부는 1883년 런던에
서 '페니어 결사 비밀회원(Fenian)'의 폭탄 테러에 대응할 목적으로 설립되었다. 이후

---

47) 이상호(2013), p.425.
48) 박영일(1996), pp.50-51; Wikipedia, "Joint Intelligence Committee(United Kingdom)," http://en. wikipedia.org/wiki/Joint_Intelligence_Committee(United Kingdom)(검색일: 2013년 2월 5일).
49) Wikipedia, "Joint Intelligence Committee(United Kingdom)," http://en.wikipedia.org/wiki/Joint_ Intelligence_Committee(United Kingdom)(검색일: 2013년 2월 5일).
50) Wikipedia, "Joint Intelligence Committee(United Kingdom)," http://en.wikipedia.org/wiki/Joint_ Intelligence_Committee(United Kingdom)(검색일: 2013년 2월 5일).
51) 런던(City of London) 지역의 경찰 업무는 런던 경찰청이 담당하고 있다. http://en.wikipedia.org/ wiki/London_Metropolitan_Police(검색일: 2013년 2월 5일). 최진우(2002), p.529.
52) 최진우(2002), p.529.

특수지부는 반영(反英) 지하조직인 '아일랜드 공화국군(Irish Republican Army, IRA)'에 대응하는 임무를 선도했었는데, 1992년 MI5에 그 주도권을 넘기게 되었다.[53] 특수지부는 첩보수집 역량과 체포권을 활용하여 테러 및 조직범죄 대응임무를 주도적으로 수행해 왔었는데, 2006년 '대테러사령부(Counter Terrorism Command)'로 흡수 통합되었다.[54]

'대테러사령부(Counter Terrorism Command, CTC, 일명 SO15)'는 MPS 산하부서로서 '전문공작(Specialist Operations)' 임무를 수행한다. CTC는 통합된 반테러 수사기관이 필요하다는 인식하에 2006년 '반테러지부(Anti-Terrorist Branch, 또는 SO13)'와 '특수지부(Special Branch)'를 통합하여 설립되었다.[55] CTC는 약 1,500명의 경찰인력을 보유하고 있으며, 해외 지부에도 수많은 수사요원들이 활동하고 있는 것으로 알려졌다.[56]

2013년 11월 현재 MPS 인력은 경찰인력 13,000명을 포함하여 약 31,000명이며, 2011년 10월 현재 연간 예산은 41억 파운드로 알려져 있다.[57]

(6) 국방정보부(Defence Intelligence)

'국방정보부(Defence Intelligence)'는 영국 정보공동체의 구성원이지만 SIS, SS, GCHQ 등 독립성을 갖춘 정보기관과는 달리 국방부의 한 부서로서 존속한다. '국방정보부(Defence Intelligence)'는 1946년에 설립된 '합동정보국(Joint Intelligence Bureau)'에 뿌리를 두고 있다.[58] 합동정보국은 1964년 각 군의 정보조직을 흡수하여 '국방정보참모부(Defense Intelligence Staff, DIS)'로 확대·개편되었다가 2010년 초 현재의 명칭으로 바꿨다.[59]

DI의 주 임무는 군 관련 각종 공개 또는 비공개첩보를 수집하고, 국방정책의 수립 또는 군사작전의 수행 시 요구되는 군사정보를 종합적으로 분석하여 필요한 부처에 배포하는데 있다. 영국의 국익에 사활적인 영향을 미칠 수 있는 국내외 정치, 군사, 과학기술 분야의 변화 동향에 관해 적시에 전략적인 경고를 내리는 임무도 수행한다.

53) Henderson(2002), p.161.
54) Henderson(2002), p.161.
55) Wikipedia, "Counter Terrorism Command," http://en.wikipedia.org/wiki/Counter_Terrorism_Command (검색일: 2013년 11월 27일).
56) Wikipedia, "Counter Terrorism Command," http://en.wikipedia.org/wiki/Counter_Terrorism_Command (검색일: 2013년 11월 27일).
57) Metropolitan Police Service Web site, http://content.met.police.uk/Site/About(검색일: 2013년 11월 26일); Wikipedia, "Joint Intelligence Committee(United Kingdom)," http://en.wikipedia.org/wiki/Joint_Intelligence_Committee(United Kingdom)(검색일: 2013년 2월 5일).
58) 최진우(2002), p.529.
59) Wikipedia, "Defence Intelligence Staff(United Kingdom)," http://en.wikipedia.org/wiki/Defence_Intelligence_Staff(검색일: 2013년 2월 5일).

DI에서 생산한 보고서는 국방부는 물론 영국 합동정보위원회(JIC), 영국 내각의 각 부처 그리고 NATO와 EU에서도 활용되고 있다.[60] DI의 재직 인원은 2000년대 초 약 4,600명으로 추정되었는데 그 중 60%가 군인이고 나머지는 민간인 신분인 것으로 알려졌다.[61]

3. 최근 동향과 전망

최근 영국의 정보기구들은 국내외적 안보환경 변화에 부응하려는 노력 속에서 조직구조, 및 활동방향에 있어 모종의 혁신을 시도하고 있다. 9/11 테러 이후 영국 사회 일각에서는 영국 정보체계의 효율성을 증진시키기 위해 SS, SIS, GCHQ 등 영국의 중추적 정보기관들을 하나로 통합시켜야 한다는 주장도 제기되었다.[62] 2002년 당시 SIS를 비롯한 영국의 정보기관은 이라크 대량살상무기 보유에 대해 오판했던 것으로 드러났다.[63] 이로 인해 영국 정보체계의 문제점들에 대해 신랄한 비판들이 제기되었고, 이에 부응하여 새롭게 출범한 내각마다 다양한 유형의 정보공동체 개혁안을 추진하게 되었다.

그동안 영국 정보공동체 개혁안의 추진방향은 9/11 테러 사건의 교훈에서 비롯되는바 분산되어 있는 정보기구의 역량을 통합하는데 중점을 두었다. 특히 영국 정보공동체 내 각급 정보기관들의 정보활동에 대한 조정·통합·지휘 기능을 수행해왔던 JIC의 역량을 향상시키는 방향으로 개혁 조치를 추진했다. 실제로 블레어 내각에서부터 시작되어 브라운(Gordon Brown) 수상을 거쳐 2010년 집권한 캐머론(David Cameron) 수상에 이르기까지 각 내각마다 영국 정보체계의 효율성을 증진시킨다는 기치를 내걸고 새로운 정보기구를 설치하고 기존의 정보조직을 개편하는 등 다양한 유형의 개혁 조치를

---

60) Wikipedia, "Defence Intelligence Staff(United Kingdom)," http://en.wikipedia.org/wiki/Defence_Intelligence_Staff(검색일: 2013년 2월 5일).

61) 최진우(2002), p.529.

62) 과거 MI5의 법률자문을 지냈던 한 전문가는 영국의 정보체계가 3개의 정보기관으로 분리되어 있기 때문에 비효율적으로 방만하게 운영되며 예산조차도 통제 불능의 상태에 빠져 있다고 비판했다. *The Economist*(March 31, 2001); 국가정보포럼, 『국가정보학』(서울: 박영사, 2002), p.218.

63) 당시 SIS 부장이었던 리처드 경(Sir Richard Dearlove)과 JIC 의장이었던 스칼렛(John Scalett)은 의회 '허튼 조사위원회' 답변에서 이라크의 대량살상무기 보유가 상당히 신뢰할 만한 정보라고 증언했었다. "No.10 Backs Spy Chiefs Who Kept WMD Fears from Hutton," *The Times*(July 17, 2002). 그리고 버틀러 경(Lord Butler of Brockwell)을 의장으로 구성된 버틀러위원회의 최종보고서에서는 블레어 수상으로 하여금 영국을 이라크 전쟁으로 이끌고 가게 된 정보기관의 보고서는 치명적 결함을 갖고 있었다고 지적했다. "Blair Faced Cheek," *The Times*(July 17, 2004); 국가정보포럼(2002), p.219.

취했었다.64)

　　그러나 일각에서는 그동안 각 내각에서 추진했던 정보조직 개편의 결과가 개선이 아니고 오히려 개악을 초래했다고 주장하기도 한다.65) 블레어 수상의 경우 자신의 최측근으로 알려진 스칼렛(John Scarlett)을 SIS 수장으로 임명함으로써 정보기관을 정치적으로 활용하려는 의도를 가졌다는 비판에 직면했다.66) 더욱이 블레어 수상은 종합적 정보분석 역량을 강화하기 위해 '합동정보분석기구(Joint Intelligence Organisation)'를 설립하는 등 비롯한 일부 정보기구들에 대한 개편을 단행했다.67) 그런데 블레어 수상이 추진했던 정보기구 개혁은 복잡하고 빠르게 변화되는 정보환경에 신속하고 유연하게 대응할 수 없는 수직적이고 관료주의적인 유형의 조직으로 개편됨으로써 효율성이 오히려 저하되었다는 지적을 받았다.68) 이후 브라운 내각과 캐머론 수상도 각각 정보체계에 대한 일련의 개혁조치들을 단행했지만 기대했던 만큼 효율성이 개선되었다는 평가를 얻지는 못했다.69)

　　사실 영국의 JIC는 1939년 설립된 이래 70여 년의 세월이 흐르는 동안 미국을 비롯한 여타 선진 정보기관들조차도 부러워할 만큼 영국 정보공동체 내 각급 정보기관들에 대한 조정·통합·지휘 기능을 매우 성공적으로 수행했다는 평가를 받아왔다.70) 그런데 9/11 테러 사건 이후 영국 정보공동체에 대한 조직 개편과 개혁 조치는 기대했던 만큼 성공적이지 못했던 것으로 보인다. 분명 이라크 대량살상무기 보유에 대해 오판 등 정보실패가 또다시 발생하지 않도록 영국 정보공동체의 역량 강화를 위해 모종의 개혁 조치가 요구된다. 어떤 방식의 개혁 조치가 단행되어야 할지는 과거의 경험과 교훈, 그리고 기존의 정보체계에 대한 냉철한 분석에 바탕을 두어야 할 것이다. 어쨌든 급변하는 대내외 안보환경에 효율적이고 능동적으로 대처하기 위해 영국 정보공동체 스스로 어떤 방향의 조직개편과 개혁 방향을 추구해야 할 것인지 심각히 고민해야 할 과제를 안고 있다.

---

64) 9.11 테러 사건 이후 영국 정보기구의 조직개편에 관한 보다 자세한 논의는 Philip H. Davies, "Twilight of Britain's Joint Intelligence Committee?" *International Journal of Intelligence and Counterintelligence*, Vol.24, No.3(Fall 2011), pp.427-446을 참고 바람.

65) Davies(2011), pp.439-440.

66) 앞서 언급했듯이, 2002년 당시 JIC 의장이었던 스칼렛(John Scalett)은 의회 허튼조사위원회 답변에서 이라크의 대량살상무기 보유가 상당히 신뢰할만한 정보라고 증언했었다. "No.10 Backs Spy Chiefs Who Kept WMD Fears from Hutton," *The Times*(July 17, 2002).

67) https://www.gov.uk/government/organisations/national-security/groups/joint-intelligence-organisation(검색일: 2014년 11월 6일).

68) Davies(2011), pp.433-434.

69) Davies(2011), pp.435-439.

70) Davies(2011), p.428.

---

1. 기원과 발전

프랑스 정보기구는 루이 13세(1601-1643) 당시인 1620년 경 리슐리외(Richelieu) 추기경이 설립한 '샹브루 누아(Cabinet Noir)'[71]에 뿌리를 두고 있다. 과거 부르봉 왕조를 설립한 앙리 4세와 그의 선왕 앙리 3세가 암살되었기 때문에 리슐리외 추기경은 국가의 안전보다는 왕권보호의 필요성에 보다 역점을 두고 정보기관 설립을 추진하게 되었다. 그 결과 정보활동의 방향도 국내 귀족들의 동향을 감시하면서 서신 검열을 하는 등 주로 왕권수호 임무에 치중했던 것으로 알려졌다.[72] 샹브르 누아는 1642년 리슐리외 추기경의 사망과 루이 14세가 즉위하면서 그 위상이 다소 약화되었지만, 이후 오랜 기간에 걸쳐 프랑스 절대왕정을 수호하는 핵심적인 통치수단으로 활용되었다.[73] 1789년 프랑스 혁명이 발발한 뒤 샹브르 누아는 시민의 권익보다는 왕권수호를 위해 어두운 음모와 공작을 일삼는 조직이라는 비난이 거세게 일어나면서 한동안 폐쇄되었다.[74] 그러나 나폴레옹이 집권하면서 샹브르 누아는 이름만 바뀐 채 부활되었으며,[75] 나폴레옹 3세 당시에는 외부의 적들에 대응하기보다는 정권안보에 위협이 되는 내부의 정적들을 감시하는 비밀경찰 활동을 중점적으로 수행했다. 1855년 나폴레옹 3세는 '군복을 입고 군사훈련을 받은' 경찰조직을 설립하여 독일, 러시아 등 적대국을 대상으로 정보활동을 수행하도록 임무를 부여했지만, 보불전쟁(1870-1871)에서 프러시아에 대해 제대로 된 정보활동을 수행하지 못했고 결국 프랑스는 참담한 패배를 경험하게 되었다.

보불전쟁이 끝날 무렵 프랑스에 '통계 및 군사정찰과(Statistical and Military Reconnaissance Section)'가 창설되어 알사스-로렌(Alsace-Lorraine)을 점령하고 있는 독일군에 관한 첩보수집임무를 수행했다.[76] 통계 및 군사정찰과는 이후 조직과 기능이 확장되

---

71) 프랑스어의 '샹브르(Chambre)'는 'Cabinet'이고 '누아(Noir)'는 영어의 'black'을 뜻한다. 따라서 샹브르 누아는 'Black Cabinet', 즉 '어두운 방' 또는 '숨겨진 내각'이라는 의미를 가진 비밀정보기관을 뜻한다. 손관승(1999), p.49.

72) 이러한 활동 덕분에 샹브르 누아는 방첩 및 보안활동을 매우 효과적으로 수행한 세계 최초의 정보기관이라는 평가를 받기도 하였다. Owen(2002), p.20; Mark Lloyd, *The Guinness Book of Espionage*(Middlesex: Guinness Publishing Ltd., 1994), p.18.

73) 손관승(1999), p.51.

74) 손관승(1999), p.51.

75) 나폴레옹은 조셉 푸셰(Joseph Fouché)를 책임자로 하여 보다 강력한 정보기관을 운용했다. 손관승(1999), p.51.

76) 박영일(1994), p.90.

어 '첩보국(Service de Renseignement, SR)'으로 또는 '특수국(Special Service)'으로 발전하게
되었다. 첩보국은 프러시아를 비롯한 적대국들의 군사동향에 관한 첩보를 수집하고,
내부 스파이들을 적발하는 등 방첩활동을 성공적으로 수행함으로써 명성을 떨쳤다.
그러나 '드레퓌스 사건'[77]으로 인해 첩보국의 위상은 하루아침에 추락하고 말았다.
드레퓌스(Alfred Dreyfus) 대위가 1894년 간첩 누명을 쓰고 체포될 당시 근무했던 곳이
바로 첩보국이었다. 당시 첩보국은 무고한 드레퓌스에게 간첩혐의를 씌웠을 뿐만 아니
라 그의 결백이 밝혀진 뒤에도 사건을 조직적으로 은폐·조작하려 기도했던 사실이
드러남으로써 프랑스 정보기관에 대한 대내외 신뢰도가 심각히 손상되었다.

드레퓌스 사건의 결과로 1899년 첩보국이 해체되었다. 첩보국의 방첩기능은 내무
부의 '치안국(Surete Generale)'에 할당되었고, 정보기능은 축소되어 육군 참모부(Army
General Staff)의 '제2국(Deuxième Bureau, DB)'[78]에 배정되었다. 제2국은 독일, 이태리,
오스트리아 등 주변국들의 군사동향에 관한 첩보수집 및 방첩활동을 성공적으로 수행
함으로써, 이후 프랑스 정보기관의 대명사로 인정받았다. 프랑스는 '제2국' 외에 1880
년 경 외무부 산하에 '서신검열소(Cabinet Noir)'를 설치하여 독일, 영국, 이탈리아 등으
로부터 오는 외교 전문을 몰래 검열하는 활동도 수행했다.[79] 또한 전쟁 발발 시 독일
육군의 무선통신을 도청하고 암호를 해독할 목적으로 1909년 육군성, 해군성, 내무부
등 여러 부처들이 합동으로 '암호공동위원회(Commission Interministeriel de Cryptographie)'
를 창설하여 운용했다.[80]

1936년 첩보국(SR)이 제2국에서 분리되어 독일, 이탈리아, 스페인, 러시아 등 주요

---

77) 유태인 출신으로 프랑스 첩보국에서 근무하고 있던 드레퓌스 대위는 1884년 10월 어느 날 간첩
혐의로 체포되었다. 당시 첩보국은 명백한 증거 없이 그를 독일 스파이로 지목했고, 이후 그의
결백이 밝혀진 뒤에도 사건을 조직적으로 은폐·조작하려 했던 것으로 드러났다. 1906년 7월 드
레퓌스 대위는 최고재판소로부터 무죄 판결을 받았다. 그러나 22년 간을 감옥 속에서 법정투쟁
을 하면서 지내야 했던 그의 삶은 무참히도 파괴되었다. 이 사건은 당시 프랑스 사회에 엄청난
충격과 파장을 일으켰다. 프랑스 정보기관의 비도덕성과 무능력, 그리고 파렴치함은 결코 용납
될 수 없었다. 이 사건을 계기로 실추된 프랑스 정보기관의 명예는 오랜 기간 회복되지 못했다.
이 사건의 보다 자세한 전모에 대해서는 손관승(1999), pp.58-61을 참고.
78) 1871년 보불전쟁에서 패하고 나서 프랑스 육군 참모부가 프러시아의 편제를 모방하여 설립된
조직이 바로 '제2국'이다. '제2국'이라는 명칭은 4개의 국으로 편성된 프랑스 육군 참모부 편제
에서 비롯된다. 당시 제1국은 인사, 2국은 첩보, 3국은 작전, 4국은 병참을 담당했고, 이 중 첩
보담당 참모 부서를 특별히 '제2국'으로 호칭하게 되었다. 1992년 이후 제2국은 '군 정보국
(Military Intelligence Directorate)'에 속하게 되었으며, 육·해·공군으로부터 올라오는 정보를 취
합하여 분석하는 기능을 담당했다. Norman Polmar and Thomas B. Allen, *Spy Book: The
Encyclopedia of Espionage*(New York: Randon House, 1998), p.166; 최진우(2002), p.537.
79) Christopher M. Andrews, "France and the German Menace," in Ernest R. May, (ed.), *Knowing
One's Enemies: Intelligence Assessment Before Two World War*(Princeton, N.J.: Princeton University
Press, 1984), pp.127-149.
80) 박영일(1994), p.91.

국들을 대상으로 첩보를 수집하고, 해외 각국으로부터 발송된 암호전문을 해독하는 등의 임무를 수행했다.[81] 1937년 내무부 산하에 '국토감시국(Direction de la Sécuritè du Territoire, DST)'이 설립되어 프랑스 내 외국 스파이들을 색출하는 방첩임무를 수행했다.[82] 그 무렵 공군성 및 해군성 산하에 각각 정보부를 두고 있었지만 1938년까지 사실상 모든 정보 기능은 육군성(War Ministry)에 집중되어 있었고, 육군성 산하 제2국이 군사정보를 수집하고 분석하여 종합된 정보보고서를 작성·배포하는 책임을 담당했다.[83]

제2차 세계대전의 발발과 함께 1942년 독일이 프랑스를 점령하게 되자 프랑스 망명정부는 독일에 대항하는 데 필요한 특수 정보활동임무 수행을 목적으로 '중앙정보활동국(Bureau Central de Rensegnements et d'Ation, BCRA)'을 설립했고, 이것이 해외안보총국(DGSE)의 전신인 '해외정보 및 방첩국(Service de Documentation Eutérieure dt de Contre-Espionage, SDECE)'의 모태가 된다. 제2차 세계대전 중 BCRA는 제2국의 첩보국과 병합하여 '총특무국(Direction Générale des Services Spéciaux, DGSS)'이 되었다가 얼마 되지 않아 '연구조사총국(Direction Générale de Éudeset Recherches, DGER)'으로 명칭이 바뀌었다. DGER은 1946년 해체되었다가 이듬해 '해외정보 및 방첩국(Service de Documentation Eutérieure dt de Contre-Espionage, SDECE)'이라는 명칭으로 새로이 창설되었다.

1947년 설립 당시 SDECE의 편제는 총무본부(행정, 인사, 재무, 보안 등), 정보수집본부(아프리카, 동구, 아시아, 미주 등 지역별로 '과'가 있었음), 방첩본부, 암호해독부, 파일부, 연구부, 기술부 등이 있었으며, 당시 SDECE의 총 근무 인원은 약 2천 명(그 중 민간인 55%, 군인 45%) 정도였다. 이후 얼마 되지 않아 제7부와 공작부가 증설되었다. SDECE 산하 공작부는 유괴, 암살, 파괴공작 등 공작활동을 전문적으로 수행하는 기관으로서 명성을 떨쳤는데 제11공수사단에서 선발된 장병으로 편성되었다. 1980년 경 SDECE의 총 인원은 3천 명으로 증원되었는데, 무관이 과반수를 차지했었다. 제7부는 전성기에는 1일 평균 20~27개의 외교행낭을 비밀리에 개봉했었으며, 중요 서류의 개봉, 첩보수집 등의 임무를 수행했다.

프랑스 정부는 그동안 국내 정보활동은 내무부의 기관 —예컨대, 치안경찰, RG, 특히 DST 등— 이 담당하고, SDECE는 외국을 담당한다고 주장해 왔다. 그러나 추적권 행사의 필요에서 외국공관, 국제공항, 외국인 숙박호텔, 국제항만 등은 SDECE의 활동

81) 박영일(1994), pp.92-93.
82) Henderson(2002), p.53.
83) 박영일(1994), p.94.

영역으로 인정되고 있다. SDECE는 당초 수상 직속기구였는데, 1965년 국방부 산하 조직으로 소속이 변경되었다. SDECE는 1982년 4월 4일 '해외안보총국(La Direction General de la Securite Exterieure, DGSE)'으로 명칭을 변경, 오늘에 이르고 있다.

국토감시청(DST)은 1899년 5월에 창설된 내무부 소속의 '사법조사 관리총국'에 뿌리는 두고 있다. 사법조사 관리총국은 제1차 세계대전이 발발하기까지 방첩업무를 관장했던 것으로 알려졌다.[84] DST는 1937년 내무부 산하 기관으로 창설되었으며, 1942년 프랑스가 독일에 점령되자 독일군에 의해 해체되었다.[85] 이후 독일군이 물러가고 프랑스가 해방되면서 재창설되어 1944년에 오늘날의 명칭인 국토감시국(DST)으로 개칭되었다. DST는 2008년 7월 1일 프랑스 경찰청 산하의 RG(Direction centrale des Renseignements généraux)[86]와 함께 통폐합되어 DCRI(Direction Centrale du Renseignement Intérieur)에 흡수되었다.[87] 그리고 2014년 5월 12일 DCRI의 조직과 기능을 확대·개편하여 내무부 장관 직속의 국내정보기구로서 '국내안보총국(Direction Generale de la Securite Interieure, DGSI)'이 설립되었다.

2. 구성과 기능

(1) 해외안보총국(Direction Generalede la Securite Exterieure, DGSE)

DGSE는 프랑스의 대표적인 국가정보기관이면서도 대통령 직속이 아닌 국방부 소속으로 되어 있다.[88] DGSE는 해외에서의 첩보수집 및 비밀공작을 담당하며, 수집된 첩보를 종합하여 분석하는 기능도 수행하고 있다.[89] 여타 정보기관과 다른 점으로서 DGSE는 국가안보에 위협이 되는 간첩, 반국가사범 그리고 테러범에 대한 "수사권"을 갖고 있으며, 소속 직원들의 범죄에 대한 수사도 담당한다.[90] 기본적으로 해외 부문은 DGSE가 담당하고, 국내정보 및 수사권은 내무부 산하의 국내안보총국(DGSI)이 갖고

---

84) 최진우(2002), p.539.
85) Henderson(2002), p.53; 박영일(1994), p.94.
86) RG는 프랑스 경찰청 산하 정보기관으로서 DCRI에 흡수통합 되기 이전까지 3,850명의 경찰 인력이 근무했었으며, 테러, 도박, 조직범죄, 그리고 급진 이슬람주의자들에 대한 감시 등의 임무를 수행했다. http://en.wikipedia.org/wiki/Direction_centrale_du_renseignement_g%C3%A9%C...(검색일: 2013년 3월 21일).
87) 동 기관들의 통폐합은 니콜라스 사르코지 대통령이 내무장관으로 재직 중에 적극 추진했던 것으로 알려졌다. 『연합뉴스』(2007.9.14.).
88) DGSE의 요원들은 공식적으로는 제44보병연대 소속의 병사들이다. 최진우(2002), p.539.
89) DGSE의 비밀공작에는 국외에서 프랑스의 이익에 반하는 활동을 하는 인물을 물리적으로 제거하는 'Action Homo'까지 포함되는 것으로 알려졌다. 최진우(2002), p.539.
90) 최명호, 『세계의 정보기관들』(서울: 대왕사, 1993), p.134.

있다. 그러나 추적권의 필요성이 고려되어 국내 소재 외국공관, 국제공항, 외국인 숙박호텔, 국제항만 등은 DGSE의 활동 영역으로 인정되고 있다.[91]

DGSE의 조직과 정원은 국방비밀로 규정되어 있으나 지금까지 알려진 바에 따르면, 전략국(Directorate of Operations), 정보분석국(Directorate of Intelligence), 기술정보수집국(Technical Directorate), 행정지원국(Directorate of Administration), 공작국(Directorate of Operations) 등 5개 국으로 구성되어 있다.[92] 그 중 전략국은 정보사용자를 위해 필요한 정보를 생산하는 기능을 담당한다. 또한 공작국 산하에 비밀공작임무를 계획하고 수행하는 조직으로 '공작처(Action Division)'가 있다.[93]

2009년 현재 DGSE의 예산은 총 5억 4천 380만 유로이며 여기에 별도의 특별기금으로 4천 890만 유로를 운용하고 있는 것으로 알려졌다.[94] 2007년 현재 총 4,620명의 요원이 근무하고 있는 것으로 알려졌다.[95]

(2) 국내안보총국(Direction Generale de la Securite Interieure, DGSI)

앞 절에서 언급했듯이, 2008년 7월 1일 프랑스 경찰청 산하의 RG(Direction centrale des Renseignements généraux)와 DST를 통폐합하여 DCRI(Direction Centrale du Renseignement Intérieur, DCRI)가 창설되었다. 2014년 5월 12일 DCRI의 조직과 기능을 확대·개편하여 내무부 장관 직속의 국내정보기구로서 국내안보총국(DGSI)이 설립되었다. DGSI의 조직은 경제보호국, 대테러국, 정보기술국, 대전복국, 대간첩국, 국제국 등 8개 국으로 구성되어 있으며, 대간첩, 대테러, 사이버테러 대응 등의 임무를 수행하고 있다.[96] 2013년 현재 3,300여 명이 근무하고 있으며, 예산 규모는 약 4천 1백만 프랑으로 알려져 있다.[97]

---

91) 최진우(2002), p.539.

92) Henderson(2002), p.51.

93) Wikipedia, "Directorate-General For External Security," http://en.wikipedia.org/wiki/Directorate-General_for_External_Security(검색일: 2013년 11월 27일).

94) DGSE 산하 국장을 역임했던 실버장(Claude Silberzahn)에 따르면 전체 예산은 군사정보분야(25%), 경제정보분야(25%) 그리고 외교정보분야(50%)로 배분된다. Wikipedia, "Directorate-General For External Security," http://en.wikipedia.org/wiki/Directorate-General_for_External_Security(검색일: 2013년 11월 27일).

95) 1999년 당시 약 2,700명의 민간인 정보요원과 1,300명의 군인들이 재직하고 있는 것으로 알려졌다. Wikipedia, "Directorate-General For External Security," http://en.wikipedia.org/wiki/Directorate-General_for_External_Security(검색일: 2013년 11월 27일).

96) http://en.wikipedia.org/wiki/Direction_centrale_du_renseignement_int%C3%A9rieur(검색일: 2013년 3월 21일).

97) http://en.wikipedia.org/wiki/Direction_centrale_du_renseignement_int%C3%A9rieur(검색일: 2013년 3월 21일).

DGSI는 DST와 RG를 통폐합하여 설립되었기 때문에 과거 DST와 RG의 모습이나 행적을 살펴봄으로써 DGSI의 임무 및 기능을 개략적으로 파악할 수 있을 것이다. 따라서 다음에서 DST와 RG의 조직체계와 수행해 온 정보활동 내용을 살펴보기로 한다.

1) 국토감시청(Direction de la Sécurité du Territoire, DST)

DST는 내무부 산하 정보기관으로서 국내보안 및 방첩활동을 담당하고 있다. 보다 구체적으로 대간첩, 반테러 그리고 산업보안활동을 주관하고 있으며, 프랑스 내 반확산과 조직범죄에 대한 대응활동도 수행하고 있다. 1982년 12월 22일자 법령에 따르면 DST가 담당하는 공식 업무는 "국가안보에 위협이 되는 외부 세력의 교사, 기도, 지원에 의해 자행되는 공작활동이 프랑스의 영토 내에서 전개되는 것에 대해 조사, 예방, 진압하는 것"으로 명시되어 있다.[98]

냉전시대 DST는 프랑스 영토 내에서 활동하는 구소련 및 동구 공산권 국가들의 정보활동에 대응하는데 역점을 두었다. 1978-1985년 기간 동안 프랑스에서 간첩활동을 하다가 적발되어 재판에 회부된 사건이 29건이 있었는데 그 중 27건은 바르샤바 조약국들이 관련되었고, 2건은 알제리와 중국이 관련되었던 것으로 알려졌다.[99] 특히 구소련의 KGB는 프랑스에 가장 많은 거점을 확보하여 스파이활동을 전개했던 것으로 알려졌는데, 소련 대사관의 지휘감독하에 한때 약 700명의 요원이 활동하였다고 한다.[100] 당시 DST도 구소련의 KGB 내부에 첩자를 두고 KGB의 간첩활동 전모를 파악하는 등 방첩공작을 성공적으로 수행했던 것으로 알려졌다.[101] DST는 구소련 KGB의 과학기술정보 수집부서인 T국 요원을 포섭하여 'Farewell'이라는 암호를 부여하고, 그를 통해 KGB가 서구의 과학기술을 훔치려는 계획과 실제 수행된 간첩활동에 관련된 서류 4,000건을 입수했다. 1983년 Farewell이 제공한 자료에 기초하여 DST는 40명의 외교관, 5명의 무역대표부 직원, 2명의 타스통신 기자를 포함 47명의 소련 외교관을 간첩행위를 했다는 혐의로 추방하는 등의 성과를 올렸다.[102]

냉전 이후 DST의 정보활동은 산업보안과 대테러에 중점을 두는 방향으로 변화되었다. DST 산하 부서 중에서 '경제보안과 국가기술보호국(Economic Security and Protection of National Assets department)'은 프랑스의 방위산업, 의약, 통신, 자동차 등 제조업분야의

98) 최진우(2002), p.542.
99) Pierre Piam, *Secreted' Etat: La France du Secret, les Secrets de la France*(Paris: Fayard, 1986), pp. 82-83; 박영일(1994), pp.117-119.
100) 최진우(2002), p.542.
101) 박영일(1994), pp.117-118.
102) 박영일(1994), pp.117-118.

첨단기술을 보호하는 임무를 수행했으며, 프랑스 내 22개 지역에 지부를 20년 넘게
설치·운용했었다. DST 예산의 약 1/4이 프랑스 내 테러리즘에 대응하는 활동에 사용되
었던 것으로 알려졌다. DST는 한때 재직 인원이 5천 명 수준에 달했던 적이 있었으나
2000년 경에는 약 1,500명이 재직하고 있었던 것으로 알려져 있다.[103]

2) 경찰청 정보국(Direction Centrale des Renseignements Généraux, RG)

RG의 공식명칭은 'Direction Centrale des Renseignements Généraux(Central
Directorate of General Intelligence)'이다. 프랑스 내무부 장관의 지휘를 받고 있는 경찰청
산하 정보 업무를 담당하는 한 부서로 존재했었는데, 앞서 언급했던바 2008년 7월
1일 DST와 함께 DCRI에 합병되었다.

RG는 연구실(Research), 사회문제 분석실(Analysis, prospective and Society facts), 행정
지원실(Resources and methods) 그리고 카지노 및 도박 담당실(Games and casinos) 등의
부서를 두고 있었다. RG에는 총 3,850명의 경찰 인력이 근무하고 있었는데, 도박 및
카지노 업무 담당요원을 제외하고는 수사권을 갖지 못했다.[104] 연구실은 테러조직의
동향을 지속적으로 감시하고 테러에 관한 정보수집 및 분석업무를 담당했다. 사회문제
분석실은 각종 사회단체 및 금융기관들로부터 수집된 첩보를 분석하고 융합하는 임무
를 담당했다. 행정지원실은 신규직원 모집 및 교육훈련, 군수품 지원 등의 업무를 수행
했다. 마지막으로 카지노 및 도박 담당실은 경마 등 게임산업 전반에 대한 감시활동
업무를 담당했다.

(3) 군 정보기관

프랑스의 대표적인 군 정보기관으로서 '군사정보부(DRM)'와 '국방보안국(DPSD)'
을 들 수 있다.

군사정보부(Direction du Renseignement Militaire, DRM)는 1992년 6월에 창설된 군
정보기관으로서 군 참모총장의 지휘감독을 받는다. 미국의 군 정보기관인 DIA(국방정
보국)와 유사하게 군사정보를 종합적으로 분석하여 보고서를 생산하는 기능을 담당한
다. 생산된 정보보고서는 국방장관, 합참의장, 각 군 사령관 등 국방 관련 부서에 제공된
다. DRM은 1993년 9월에 설립된 '정보 및 전자전 여단(Brigade de Renseignements et
de Guerre Electronique, BRGE)'의 지원을 받고 있다. 2000년 무렵 1,700명의 요원들이

---

103) Henderson(2002), p.53.
104) France RG web site, http://en. wikipedia.org/wiki/Direction_centrale_des_renseignement_g%3%A9n%
    (검색일: 2013년 4월 17일).

재직하고 있었으며, 봉급이나 수당을 제외하고 순수 운영예산(operation budget)은 550만 달러로 알려져 있다.[105]

국방보안국(Direction de la Protection et de la Sécurité de la Défense, DPSD)은 DGSE와 더불어 국방부 산하 기관으로서 국방부장관에게 직접 보고한다. DPSD는 국방부의 최고국방위원회(the Supreme Council of Defense) 산하 국방참모부(Defense Staff) 소속 정보기관이다. 1981년까지 Military Security(Sécurité Militaire, SM)라는 명칭으로 알려진 군 보안기관에 뿌리를 두고 설립되어 오늘에 이르고 있다. DPSD는 한국의 보안사령부와 유사한 군 보안기관으로서, 군 방첩활동 및 군 내 정치동향 감시, 군의 정치적 중립성 등에 대한 감시활동을 담당한다.[106] 또한, DPSD는 "군사 시설 및 방위산업 시설을 포함하여 국가안보에 중요한 인원, 문서, 자재, 시설에 대한 보호"를 담당한다. 2000년 무렵 재직 인원이 1,600명이었는데 매년 인력이 감축되어, 2009년 현재 1,279명이 재직하고 있다.[107] 2006년 전체 예산은 8,990만 유로로 편성되었는데, 그 중 직원 인건비가 7,800만 유로이며 운영비(operating expense)는 770만 유로로 알려졌다.[108]

(4) 합동정보위원회(Comité Interministériel de Renseignement, CIR)

'합동정보위원회(Comité Interministériel de Renseignement, CIR)'는 정보공동체 간 업무 조정 역할을 담당하고 있다. 대통령, 총리 그리고 관련 부처 장관들에게 필요한 정보를 제공해 주기도 한다. CIR은 총리를 최고책임자로 하며, 군 참모총장, 외교단장(the chief of the diplomatic corps), 대통령실장(the presidential cabinet director), 경찰청장, DGSE국장, 국방장관 등이 구성원으로 참여한다.

3. 최근 동향과 전망

프랑스의 정보기구는 최초 설립 당시부터 국가안보보다는 정권안보를 위한 수단으로 활용되어 반란을 감시하고 암살음모를 사전에 탐지·색출하는 데 주목적이 있었고, 심지어 정적 탄압의 도구로 악용되기도 하였다. 초기 프랑스 정보기구의 이러한 전통과 경험은 이후 프랑스 정보기구가 정권안보 차원을 넘어 국가안보 차원의 정보기

---

105) Handerson(2002), p.52.
106) 최진우(2002), p.545.
107) 2006년 경 1,459명이 재직했는데, 그 중 군인 1,090명, 민간인 369명으로 구성되었다. http://en.wikipedia.org/wiki/Direction_G%C3%A9rale_de_la_S%...(검색일: 2013년 4월 17일).
108) http://en.wikipedia.org/wiki/Direction_G%C3%A9rale_de_la_S%...(검색일: 2013년 4월 17일).

구로 발전하는데 상당한 장애요인으로 작용했을 것으로 추정된다. 한편 1871년 보불전쟁에서 프랑스가 프러시아에 패배한 뒤 군 정보기관을 설립하여 전쟁임무 수행을 지원하는 등 국가적 차원의 정보기구로 발돋움하려는 모습을 보였다. 그러나 드레퓌스 사건으로 인해 프랑스의 국가정보기관에 대한 신뢰도가 또다시 추락하고 말았다. 이 사건을 계기로 실추된 프랑스 정보기관에 대한 명예가 오랜 기간 회복되지 못했었다.

프랑스는 제1, 2차 세계대전을 거치면서 오늘날과 같은 정보기구로 발전하였다. 프랑스의 군 정보기관들은 주변국들에 관한 군사동향 수집 및 방첩활동을 성공적으로 수행해왔다. 또한 독일, 이탈리아, 러시아 등 해외 각국으로부터 발송되는 무선통신을 감청하고 암호전문을 성공적으로 해독하는 등의 활동을 통해 전쟁 임무 수행에 긍정적으로 기여했다. 냉전시대 동안 DST는 프랑스 내에서 암약해온 구소련과 동구 유럽 공산국가들의 스파이들을 색출하는 데 많은 성과를 올림으로써 프랑스의 국가안보 체제를 유지하는 데 핵심적인 역할을 수행했다.

최근 DGSE는 대테러와 반확산을 주요 과제로 설정하고, 이 문제를 해결하기 위해 적극적인 노력을 기울이고 있다. DGSE는 지하드 등 테러조직의 테러활동이 다차원적이고 광범위한 네트워크를 활용하여 변화무쌍하게 전개되고 있는 점을 감안하여 이에 대한 대응 능력을 강화하는 방안을 지속적으로 강구하고 있다. 또한 대량살상무기의 확산은 국제사회의 안보를 위협하는 주요 요인으로서 DGSE 역시 적극적인 해결 노력을 기울여야 할 과제로 인식하고 있다. 이를 위해 DGSE는 대량살상무기의 확산 우려가 있는 국가들의 동향을 면밀히 감시하고, 이들 국가들에게 민감한 기술이나 물질이 공급되지 않도록 차단하는 등의 활동도 수행하고 있다.[109]

최근 프랑스는 북아프리카 지역의 이슬람 국가들에 대한 영향력을 유지·확대하고자 부심하고 있다. 프랑스는 최근 이 지역에서 군사개입을 지속적으로 확대해 왔으며, 이를 위해 정보 역량을 보다 강화시키려는 노력을 기울여왔다. 2013년 4월 9일 올랑드(Francis Hollande) 프랑스 대통령은 신임 DGSE 국장 후보로서 바졸렛(Bernard Bajolet)을 지명했는데, 이는 아프리카 지역의 이슬람 국가에 대한 프랑스의 영향력 확대를 위한 포석으로 추정된다.[110] DGSE는 냉전시대 동안 소련과 동구권 국가들을 정보목표로 하였으나 냉전 이후 정보목표는 북아프리카 지역의 비국가행위자들에 보다 역점을 두는 방향으로 변화되었다. 이에 따라 북아프리카 지역 상황을 잘 알고 있는 외교관들

---

109) France DGSE website, http://www.defense.guv.fr/english/dgse/tout-le-site/two-major-challenges(검색일: 2013년 4월 17일).

110) Joseph Fitsankis, "Middle East Expert to Lead France's External Spy Agency," *AP Press*(April 12, 2013).

이 대거 DGSE에 영입되어 과거 군인들이 맡았던 직위들 대체하게 되었다.

한편, 2001년 이후 잦은 정권 교체로 인해 DGSE의 정보수집 역량이 약화되었다는 평가를 받고 있다.[111] DGSE 고위직 요원들의 상당수가 정치적으로 임명되곤 했으며, DGSE가 정쟁에 휘말리는 사례가 빈번히 발생했던 것으로 지적된다.[112] 이러한 상황이 개선되지 않을 경우 DGSE의 정보 역량이 약화될 것으로 우려된다. 향후 DGSE가 프랑스의 대표적인 국가정보기관으로서 자신의 역량을 충분히 발휘하자면 무엇보다도 정쟁에 휘말리지 않고 정보기관 본연의 임무에 충실할 수 있도록 중립성이 보장되어야 할 것이며, 이를 위한 제도적 개선이 이루어져야 할 것이다.

제 3 절 독일의 정보기구

1. 기원과 발전

독일의 정보기구는 1815년부터 점진적으로 도입되기 시작한 프러시아의 참모조직에 뿌리를 두고 발전했다. 1866년 3월 그러한 참모조직의 한 유형으로서 독일 육군 총참모부 산하에 '정보국(Intelligence Bureau)'이 설립되었다.[113] 1866년과 1870년 프러시아가 오스트리아와 프랑스와의 전쟁에서 승리를 거두면서 프러시아의 참모조직이 새삼 명성을 얻게 되었다.[114] 적정에 관한 정보를 수집하는 일이 프러시아 참모조직의 중요한 임무였으며, 그것이 정보기구로 발전되는 중요한 전기를 이루었던 것이다.

제1차 세계대전이 발발하면서 독일 육·해군 내 설립된 정보기구들의 정보활동이 보다 활발하게 전개되었다. 이들은 전시 통신첩보의 수집, 암호해독, 항공정찰 등은 물론 수집된 첩보의 종합분석과 해외공작에 이르기까지 다양한 유형의 정보활동임무를 수행했던 것으로 드러났다.[115] 그러나 제1차 세계대전에 패배하면서 독일은 군사력이 크게 제한되었으며, 정보기구와 그들의 활동도 현저하게 위축되기에 이르렀다.

히틀러가 집권하면서 독일의 군사력이 급격히 증강되었다. 이와 함께 육·해·공군

111) Fitsankis(2013).
112) Fitsankis(2013).
113) David Kahn, *Hitler's Spies: German Military Intelligence in World War II*(New York: Collier, 1985), p.32.
114) M. Van Crevald, *Command in War*(Cambridge, Mass.: Harvard University Press, 1985), p.149.
115) 독일은 1915년부터 1918년까지 항공사진 정찰활동(airborne photographic reconnaissance)을 수행했던 것으로 알려졌다. Kahn(1985), p.34; 박영일(1994), pp.140-141.

은 물론 외무부, 경제 부처 등 민간 부문에 이르기까지 다양한 유형의 정보기구들이
설립되었으며, 그들이 수행하는 정보활동의 임무와 범위도 광범위하게 확대되었다.[116)
히틀러 집권 당시 대표적인 정보기구로서 '독일제국 치안본부(RSHA)'[117)와 압베르
(Abwehr)를 들 수 있다.

RSHA는 1939년 9월 27일 나치당과 정보, 보안 및 비밀경찰기구들이 연합하여
설립된 정보기관이다.[118) RSHA는 첩보수집, 범죄수사, 외국인 감시, 여론동향 파악,
나치당 이념 선전 및 세뇌 등의 임무를 수행했다. RSHA는 7개 부로 구성되었는데
그 중 제4부는 유태인 대학살을 주도한 게슈타포(Gestapo)로서 악명을 떨쳤다.

압베르(Abwehr)는 1921년 독일 국방부 산하 정보기관으로 창설되었다. 설립 당시
에는 10명의 정보관(현역 3명, 예비역 7명)과 몇 명의 행정요원으로 구성된 소규모 조직이
었는데 1928년 해군정보부를 병합하여 조직이 다소 확대되었다. '압베르'란 명칭은
방첩기관이라는 의미를 갖고 있으며, 주로 인간정보 수단을 활용하여 군사정보를 수집
하는 임무를 수행했다.[119) 제2차 세계대전이 발발하자 빌헬름 카나리스(Wilhelm Canaris)
제독의 지휘 아래 압베르는 군사정보의 수집, 방첩 그리고 독일군에 대한 사보타지
대응 등의 활동을 수행했다.[120)

제2차 세계대전이 끝날 무렵 독일 육군의 동부군사령부 소속 겔렌(Reinhard Gehlen)
중령은 소련 관련 정보를 전문적으로 다루어 명성을 떨쳤었는데, 1944년 말부터 1945
년 초까지 소련에 관한 방대한 정보를 마이크로필름에 담아 은밀한 장소에 보관하고
있었다. 1945년 4월 미군에게 투항한 겔렌은 자신이 보관해 둔 자료를 협상카드로
제시하여 자신의 지휘 하에 소련을 대상으로 첩보수집활동을 수행할 독자적인 정보기
구의 설립을 허가해달라고 요청했다. 1946년 7월 겔렌은 독일로 돌아와서 미국 정보기
관과의 협약에 따라 '겔렌 조직(Gehlen Organization)'을 설립하였다.[121)

겔렌 조직의 요원들은 대부분 압베르 출신들로 충원되었지만, 간혹 나치 친위대

---

116) 박영일(1994), pp.142-144.
117) 원명은 *Reichssicherheitshauptamt*(Reich Main Security Office 또는 Reich Security Head Office)이
다. Wikipedia, "SS-Reichssicherheitshauptamt," http://en.wikipedia.org/wiki/SS-Reichssicherheitshauptamt
(검색일: 2013년 11월 27일).
118) 1925년 300명으로 설립된 나치 친위대(SS)는 1933년 히틀러가 집권하면서 5만 명으로 팽창하
여 독일 경찰력까지 장악하기에 이른다. 1932년에는 SS의 정보기구로서 SD가 설립되었다.
RSHA는 SS, SD, 기타 비밀경찰기구 등이 통폐합되어 설립된 정보기구이다. Walter S. Zapotoczny,
"The SS, SD, and Gestapo," http://www.wzaponline.com/TheSS.pdf(검색일: 2013년 4월 23일).
119) http://en.wikipedia.org/wiki/Abwehr(검색일: 2013년 4월 24일).
120) 카나리스 제독은 1935년부터 압베르의 수장으로 취임하여 1944년 압베르가 해체될 때까지 재
직했다. http://en.wikipedia.org/wiki/Abwehr(검색일: 2013년 4월 24일).
121) 박영일(1994), p.150.

(SS)의 게슈타포로 활동했던 경력을 가진 인물들이 채용되는 경우도 있었다. 이들은 히틀러 치하에서 잔혹한 행동을 자행했던 경력이 드러나면서 독일 내 많은 논란을 일으켰다. 겔렌 조직은 1950년대 자체 정보망을 활용하여 소련과 동구권 국가들의 동향에 관한 정보를 미국 CIA에게 제공했다. CIA는 겔렌 조직에게 정보활동을 수행하는데 필요한 예산과 더불어 자동차, 가솔린, 자재, 장비 등을 지원해 주었다. 1956년 4월 1일 겔렌 조직에 기초하여 서독 내 BND가 창설되었고, 초대 국장으로 겔렌이 임명되었다.122)

한편 독일 연방공화국 기본법 초안을 마련하는 과정에서 연합군의 군사정부는 1949년 4월 14일자 "치안서신(Police Letter)"을 통해 독일 내 연방경찰과 정보기관의 설립 구상을 인가했다.123) 새로 설립되는 정보기구는 헌법보호청(BfV)으로 명명되었으며, 영국 MI5를 모델로 하여 경찰로부터 완전히 분리되고 체포권, 가택 수색권 등의 권한은 갖지 못하도록 하였다.124) 1950년 9월에 제정된 법에 따르면 하원은 새로 설립될 BfV의 임무를 "연방공화국 또는 어떤 지역의 헌법 질서를 정지, 변경 및 혼란시키려는 동향에 관한 첩보를 수집하고 평가하는데 있다"고 정의했다.125) 1950년 11월 7일 마침내 BfV가 설립되었다. 초기 BfV는 공산주의자 또는 극우집단들의 동향을 감시하는데 역점을 두고 임무를 수행했으며, 이후 방첩임무가 추가되었다.

2. 구성과 기능

(1) 연방정보부(Bundesnachrichtendienst, BND)

연방정보부(BND)는 수상 직속기구로서 해외정보활동을 수행하는 독일의 대표적인 국가정보기관이다. BND는 해외정보활동을 수행하면서 민간 부문은 물론 군사 분야의 첩보들도 수집하고 있다. BND는 독일 국내와 해외에 300여 개 지부를 두고 전 세계를 대상으로 첩보수집활동을 전개하고 있다.126) 독일 '연방정보부법' 제1조에 규

---

122) 겔렌은 1956년부터 1968년까지 12년 동안 BND 국장으로 재직했다.
123) 박영일(1994), p.150.
124) Heinz Hohne and Hermann Zolling, *The General Was a Spy*(New York: Coward, McCann and Geohagen, 1971), p.191.
125) 박영일(1994), p.151.
126) 독일군 전략정찰사령부(the Kommando Strategische Aufklärung, Strategic Reconnaissance Command)도 유사한 임무를 수행하지만 엄격히 의미로 보았을 때 비밀 정보활동은 아니다. 전략정보사령부는 BND와 밀접한 협조체제를 유지하는 가운데 군사첩보 수집활동을 수행하고 있다. Wikipedeia, "Bundesnachrichtendienst," http://en.wikipedia.org/wiki/Bundesnachrichtendienst(검색일: 2013년 4월 28일).

정된 바에 따르면 BND의 임무는 "독일의 대외 및 안보정책에 중요한 의미가 있는 해외정보를 획득하는 데 요구되는 첩보를 수집 및 분석한다"고 규정되어 있다.[127] 보다 구체적으로 BND는 해외에서의 정보수집, 연방정부의 해외 특수임무 수행(인질구출 등), 대간첩 업무, 산업정보수집 등의 임무를 담당하고 있다. 또한 국제 테러리즘, WMD 확산, 첨단기술의 불법 유출, 조직범죄, 불법무기 및 마약 거래, 자금세탁, 불법 이민, 정보전 등 다양한 문제들에 대해 대응하는 임무도 수행하고 있다. 독일이 통일된 이후에는 구동독 정보기관인 슈타지(Stasi) 청산 업무를 수행했다.

히틀러 집권 당시 나치 치하에서 게슈타포의 감시와 통제에 시달렸던 경험 때문에 대부분의 서독 국민들은 스파이활동 자체에 대해서 부정적인 인식을 갖고 있었다. 이에 따라 초기 BND의 정보활동은 주로 소련과 폴란드, 체코슬로바키아, 헝가리, 유고슬라비아 등 동유럽 국가들을 주요 목표로 제한하여 임무를 수행하였다. BND는 독일군의 협조를 얻어 동유럽 지역 내 소련과 동구 공산국가들에 관해 신뢰성 있는 정보를 제공해 주었다. 당시 BND가 제공해준 정보는 NATO에 대한 소련군의 군사작전에 대응하는데 요구되는 경보체계(warning system)를 구체화하는 데 중요한 역할을 담당했다.

초대 국장으로 재직했던 겔렌 장군이 사임할 무렵 조직의 효율성이 다소 약화되었다는 지적이 있지만, 그동안 BND는 여러 가지 어려운 여건 속에서도 많은 성과를 거두었다.[128] 예를 들어, BND는 냉전시절 NATO에 제공된 바르샤바 조약기구에 관한 정보 중 약 70%를 기여했다고 한다.[129] 또한 BND는 1962년 소련이 쿠바에 소련제 미사일을 배치하고 있다는 사실을 알아내서 미국에게 통보해 주었던 것으로 알려졌다. 중동지역에서 '6일 전쟁'이 발발하기 직전 이스라엘이 이집트를 공격할 날짜와 시간을 정확히 파악하여 미국에게 제보해 주기도 하였다.[130] 1968년 소련의 체코 침공에 대해서도 CIA가 미처 파악하지 못하고 있었던 반면 BND는 사전에 정확히 알고 있었던

127) 독일 BND Website, http://www.bnd.bund.de (검색일: 2013년 5월 10일).
128) 1960년대 초기 동독 주민으로서 BND에 첩보를 제공해 온 협조자들 중의 약 90%는 슈타지(Stasi)로 널리 알려진 동독 정보기관에 협조하는 이중 스파이였던 것으로 드러났다. Wikipedeia, "Bundesnachrichtendienst," http://en.wikipedia.org/wiki/Bundesnachrichtendienst(검색일: 2013년 4월 28일).
129) 최명호(1993), p.138.
130) 1967년 6월 2일 비밀해제된 미국 NSC 회의록에 따르면 헬름스(Richard Helms) CIA 국장이 중요한 첩보를 보고하겠다면서 당시 딘 러스크 국무장관이 주재하고 있던 회의를 중단시켰다. 그는 이스라엘의 임박한 공격개시 일자와 시간을 보고했는데 이는 러스크가 회의에서 언급한 내용과 달랐다. 러스크는 바로 그 전날 텔아비브 주재 미국 대사로부터 모든 것이 정상이고 아무런 공격 징후도 없다는 내용의 보고를 받았다고 얘기했었다. 그러나 헬름스는 "미안합니다만, 저는 제 판단이 옳다고 확신합니다. 이스라엘은 공격을 개시할 것이며, 아주 짧은 기간 내 자신들의 목적을 달성할 것입니다"라고 말했다. Wikipedia, "Bundesnachrichtendienst," http://en.wikipedia.org/wiki/Bundesnachrichtendienst(검색일: 2013년 4월 28일).

것으로 밝혀졌다. 1972년 뮌헨 올림픽에서 이스라엘 선수들이 테러범들에게 납치되어 살해되는 사건을 발생하게 되었는데, 이를 계기로 BND는 대테러 역량을 대폭 강화시켰다.

2009년 조직개편과 함께 BND는 산하에 상황실(Situation Center, GL), 첩보지원국(Specialized Supporting Services, UF),[131] 신호정보국(Signal Intelligence, TA), 정보협력국(Areas of Operation and Foreign Relations, EA), 테러 및 국제범죄대응국(Terrorism and International Organized Crime, TE), 반확산국(Proliferation, TW), 보안국(Security, SI) 등 12개 국을 두고 있다. 상황실은 각종 보고서들을 최종 편집·발간하여 관련부서에 배포하는 임무를 담당한다. 첩보지원국은 영상정보(IMINT), 지구공간정보(Geospatial Intelligence), 공개출처정보(OSINT) 등을 수집하는 임무를 수행하며, 신호정보국은 신호정보수집을 담당한다. 정보협력국은 NATO 국가들을 포함하여 외국 정보기관들과의 정보협력 업무를 수행하며, 반확산국은 핵무기, 화학무기, 생물무기의 확산 방지 업무를 수행한다.

냉전시대 동안 서독 BND의 본부는 뮌헨(Munich) 인근 풀라츠(Pullach)에 소재하고 있었다. 통일 이후 BND 본부가 풀라츠(Pullach)와 베를린으로 분산되었는데, 2016년 경 베를린으로 통합될 계획이라고 한다. BND는 독일과 해외에 약 300여 개의 지부를 운용하고 있으며, 2005년 당시 6,050 명의 요원이 재직하고 있었다. 2013년 당시 직원 수는 6,500명이며, 예산은 5억 3,100만 유로인 것으로 알려졌다.[132]

(2) 헌법보호청(Budesamt für Vergassungsschutz, BfV)

독일연방 헌법보호청은 독일 내무부 산하 국내 보안정보를 담당하는 기관이다. 독일의 헌법보호청법에 따르면 BfV의 기능은 "첫째, 자유와 민주주의 기본질서 또는 연방정부의 존립에 위협을 가하는 행위와 연방헌법보호청의 기능을 불법적으로 약화시키려는 행위," "둘째, 독일의 안보를 위태롭게 하는 행동 및 스파이활동 등의 이적행위," "셋째, 독일의 국제적 이익을 위태롭게 할 수 있는 폭력행위 또는 폭력행사를 위한 준비활동 등"에 대한 첩보의 수집 및 평가라고 규정되어 있다.[133] 1972년 뮌헨 올림픽 테러사건을 계기로 BfV법을 확대·정정하였으며, 외국인 과격단체에 대한 동향 파악 및 감시임무가 추가되었다.[134] 요컨대, 헌법보호청은 간첩행위 및 반국가활동

---

131) 영상정보(IMINT), 지구공간정보(Geospatial Intelligence), 공개출처정보(OSINT) 등을 수집하는 임무를 담당하고 있다.

132) 2009년 당시 4억 6천만 마르크의 예산을 운용하고 있는 것으로 알려졌다. Wikipedia, "Bundesnachrichtendienst," http://en.wikipedia.org/wiki/Bundesnachrichtendienst(검색일: 2013년 4월 28일).

133) 최진우(2002), p.535.

등 자유민주주의적 질서를 파괴하는 세력들에 대한 감시 및 사찰을 통해 국가안보 위해요인을 조기에 탐지·예방하고 헌법질서를 수호하는 임무를 수행하고 있다.

냉전시대 동안 BfV의 주요 임무는 서독 내에서 암약하던 동독 스파이들을 추적하고 색출하는데 역점을 두었다. 그러나 동독과 구소련이 해체되면서 BfV의 정보활동 대상 또는 목표에 커다란 변화가 일어나게 되었다. 냉전 이후 동독이나 소련을 포함한 동구권 국가들은 BfV 정보활동의 주요 관심사에서 벗어나게 되었다. 대신 독일 내 극좌 또는 극우 급진주의자들의 활동이 주요 대상으로 부각되었다. 이에 따라 헌법보호청은 극좌 공산주의자, 신나치주의 극우파들, 이슬람 극단주의자들, 테러단체, 조직범죄 등의 동향을 파악하고 그들의 헌법질서 파괴 행동에 대응하는데 많은 노력을 기울이고 있다.[135] BfV는 독일 내 암약하는 극단주의자들의 조직구조, 자금출처, 보유 무기, 행동계획 등을 파악하기 위해 감시활동은 물론 때로 조직 내부에 협조자를 침투시키기도 한다.[136]

한편, 독일 내 좌익성향의 시민운동 세력들은 간헐적으로 헌법보호청의 활동에 대해 비판적인 입장에서 헌법보호청의 존재이유에 대해 의문을 제기하고 헌법보호청의 폐지를 주장하기도 한다.[137] 그러나 헌법보호청은 독일 자유민주주의체제 수호의 핵심적인 기반으로서 결코 폐지의 대상이 될 수 없다. 독일의 헌법에 해당되는 '기본법(Basic Law)'에 따르면 헌법의 수호는 곧 민주주의의 보호를 의미한다.[138] 헌법보호청은 헌법을 효과적으로 수호하기 위해 독일 내 급진 과격분자들의 활동과 국가안보에 위협이 되는 요소들에 관한 정보를 수집·분석·평가하여 국가의 안보정책 수립에 필요한 참고자료로 활용하도록 지원하는 역할을 수행한다. 또한 헌법보호청은 국민들의 안보위협에 관한 경각심을 고취시킬 목적으로 헌법질서를 파괴하려는 세력들의 동태에 관한 내용의 연례보고서를 매년 발행하고 있으며, 종종 공개 학술세미나를 개최하여 국민들의 안보의식을 계도하는 활동도 수행한다.[139] 그런 점에서 독일의 헌법보호청은 이른바 독일 자유민주주의체제 수호를 위한 일종의 조기경보체계라고 할 수 있겠

---

134) 최명호(1993), p.139.
135) Wikipedia, "Federal Office for the Protection of the Constitution," http://en.wikipedia.org/wiki/Bundesamt_f%C3%BCr_Verfassungsschuitz(검색일: 2013년 4월 28일).
136) Encyclopedia of Espionage, "Germany, Intelligence and Security," http://www.faqs.org/espionage/Fo-Gs/Germany-Intelligence-and-Security.html(검색일: 2013년 5월 13일).
137) 오길남, "자료/독일 연방헌법보호청 연구," 「조갑제닷컴」(http://www.chogabje.com/board/view.asp?C_IDX=25784&C_CC=AB(검색일: 2013년 5월 13일).
138) 최진우(2002), p.535.
139) Wikipedia, "Federal Office for the Protection of the Constitution," http://en.wikipedia.org/wiki/Bundesamt_f%C3%BCr_Verfassungsschuitz(검색일: 2013년 4월 28일).

다.[140)]

연방 헌법보호청은 일반 경찰과는 달리 체포·수색·신문 등의 사법경찰권(수사권)이 없다. 그래서 BfV는 영국의 MI5와 마찬가지로 혐의자를 체포하거나 신문할 수 없으며, 가택수색이나 압수 등의 권한도 없다. 수사권이 없기 때문에 혐의자의 범죄행위를 입증할 수 있는 증거 수집에 역점을 두고 임무를 수행한다. 그리고 혐의자에 대한 경찰수사권 발동이 가능하다고 판단될 만큼 충분한 증거가 포착되면 동 사건을 검찰이나 범죄수사청에 이관한다.[141)] BfV가 수집한 정보는 연방 정부와 주 정부의 다른 기관에 제공되며 법정에서 중요한 증거로 활용될 수 있다.[142)]

독일 연방은 16개 주로 구성돼 있으며, 16개 독립 주 정부는 주 헌법수호법에 따라 주 내무부 산하에 주 헌법수호기관(LfV)을 설치·운영하고 있다. LfV는 주 수준에서 각자 개별적인 관할과 책임을 갖고 있어 BfV와 협조관계를 유지하지만 종속되어 있는 것은 아니다.[143)] BfV는 16개 주 헌법보호기관(LfV)에 대해 명령 또는 지시할 권한은 없으나, 그들의 활동을 조정하는 역할을 담당한다.[144)]

헌법보호청은 산하에 총무과, 정보기술과, 좌익 급진주의자 대응과, 우익 급진주의 대응과, 대간첩 및 예방보안과, 이슬람 극단주의 및 테러 대응과 등 총 8개의 과(departments)로 편성되어 있다.[145)] 2012년 현재 전체 직원은 2,700명이고, 예산은 2억 1천만 유로로 알려졌다.[146)]

(3) 군 정보기구: 군 정보부(MAD)

독일의 경우 정보기구의 담당 영역을 해외 부문과 국내 부문으로 엄격히 구분하고 있으며, 민간 부문과 군 부문도 구분되어 있다. 군 부문의 정보기구로서 '군 정보부(Militärischer Abschirmdienst, Military Counterintelligence Service, MAD)'가 있다. MAD는 연방 국방부와 육·해·공군 등 각 군 정보기관의 협력을 얻어 군사 부문 정보활동을 수행하고 있다.

---

140) 최진우(2002), p.535.
141) 최명호(1993), p.139.
142) 최진우(2002), p.534.
143) 최명호(1993), pp.138-139.
144) 오길남((검색일: 2013년 5월 13일).
145) Wikipedia, "Federal Office for the Protection of the Constitution," http://en.wikipedia.org/wiki/Bundesamt_f%C3%BCr_Verfassungsschuitz(검색일: 2013년 4월 28일).
146) 2008년 당시 직원은 2,529명이었고, 예산은 1억 5,523만 마르크로 알려졌다. Wikipedia, "Federal Office for the Protection of the Constitution," http://en.wikipedia.org/wiki/Bundesamt_f%C3%BCr_Verfassungsschuitz(검색일: 2013년 4월 28일).

독일 연방 국방부 산하의 군 방첩기구인 MAD는 연합군과 독일 정부 간 연락사무소에 뿌리를 두고 1956년 창설되었다. 1986년까지는 연방군 보안국(Amt für Sicherheit der Bundeswehr, ASBw)으로 알려졌었는데, 1990년 군사보안국(MAD)으로 개칭하고 활동 영역도 확장하였다. MAD는 외국 스파이 및 국내 안보 위해 극단주의(주로 좌익) 세력의 연방군에 대한 침투 공격을 차단하고, 군사분야 활동 요원들에 대한 보안감사 및 감찰활동 등을 주요 임무로 수행하고 있다. 2009년 현재 MAD의 요원 수는 현역 군인과 군무원을 합쳐 1,213명이며, 예산은 약 7천 300만 유로로 알려졌다.[147]

3. 최근 동향과 전망

독일은 NATO와 EU의 핵심 회원국으로서 국제경제, 정보(intelligence) 및 안보 문제에 관련하여 미국 또는 이웃 유럽 국가들과 긴밀한 협력관계를 유지해오고 있다. 그러나 독일은 과거 이웃 국가들을 침략하여 무자비한 폭력과 잔인한 행동을 저질렀던 경력을 갖고 있다. 오늘날 독일은 국제사회를 이끄는 모범적인 민주주의 국가로 탈바꿈했지만, 제1, 2차 세계대전을 일으켜 엄청난 인명을 잔혹하게 살상했으며, 나치 치하의 유태인 대학살(Holocaust)이라는 반인륜적 범죄를 저질렀다. 또한 히틀러의 친위대로서 게슈타포는 무고한 시민을 체포, 구금, 고문, 강제추방 등 갖은 악랄한 수단을 동원하여 탄압함으로써 악명을 떨쳤다. 또한 동독 공산주의 독재체제하에서 대다수의 동독 국민들이 슈타지(STASI) 등 정보기관의 무자비한 감시와 탄압으로 인해 이루 말할 수 없는 고통을 겪었다.

동서독 통일과 함께 독일 연방의 정부 지도자들은 과거 히틀러 치하의 게슈타포 등 독일 정보 및 보안기관들의 악명을 떨치고 자유민주주의체제에 부합되는 바람직한 정보기관 상(象)을 정립하고자 부심하고 있다. 과거 나치 치하에서 게슈타포의 악행을 경험한 독일 국민들은 정보기관에 대해 생리적인 거부감을 갖고 있다. 따라서 1949년 서독 정부 수립 당시 정보기관의 권력 비대화를 방지하는 것이 무엇보다도 중요한 일로 여겨짐에 따라 정보기관들의 기능과 권한을 분산시켰다. 그 결과 해외정보 업무는 BND가, 국내보안 및 방첩 업무는 BfV가 그리고 군 방첩 업무는 MAD가 각각 담당하게 되었다. 이로써 독일은 정보기관의 권력 집중화를 회피할 수 있었다.

1990년 독일의 통일과 함께 동독 정보기관 슈타지의 청산, 통일 이후 내부적 갈등 등 다양한 도전들에 직면했다. BND를 비롯한 독일 정보기구는 그러한 과제들을 해결

147) 오길남(검색일: 2013년 5월 13일).

하는데 긍정적인 역할을 수행했다. 한편, 냉전의 종식과 함께 소련과 동구권 국가들로
부터의 안보위협이 사라진 반면, 테러리즘, WMD 확산, 국제조직범죄, 마약밀매 등
새로운 안보위협이 부각되기에 이르렀다. 유럽연합(EU)의 맹주로서 독일은 테러리즘,
WMD 확산 등 유럽 지역의 안보위협에 공동으로 대처할 필요성이 증대됨에 따라 유럽
국가들과의 정보협력을 적극적으로 추진하는 모습을 보이고 있다. 실제로 BND를 비롯
한 독일의 정보기구는 이러한 다양한 문제들에 대처하기 위해 NATO와 서유럽동맹
(WEU)의 국가들과 긴밀한 협조체제를 구축하여 인적 정보는 물론 기술정보분야에서도
협력관계를 돈독히 유지하고 있다.

　　독일은 국내적으로는 극우 또는 극좌 과격주의자들의 준동으로부터 자유민주주의
적 헌법질서를 확고히 유지하고, 대외적으로는 테러리즘, WMD 확산 등 새로운 안보위
협에 효과적으로 대응하기 위해 유럽 국가들의 적극적인 협력을 이끌어내야 하는 과제
를 안고 있다. 향후 독일 정보기구들이 이러한 대내외적 도전을 극복하고 독일의 국익
을 증진시키는 데 어떠한 역할을 수행할 수 있을지 주목된다.

제12장

이스라엘의 정보기구

제1절 기원과 발전

이스라엘은 오랜 옛날부터 정보활동을 수행해 왔다. 앞 장에서 언급했듯이 구약성서 민수기 13장에 보면 기원전 1,400년 경 모세가 이스라엘 백성을 이집트에서 탈출시킨 다음 가나안 땅을 정복하기 위해 12명의 정탐꾼을 보내는 내용이 있다.[1] 이 밖에도 여리고성을 정복하기에 앞서 정탐꾼을 보내는 등 구약성서의 여러 곳에서 정탐활동을 수행하는 내용들이 나온다.[2] 이스라엘 사람들은 주로 자신들의 적대세력에 대해 스파이들을 활용했는데, 때로는 자신들의 종족 간에도 정탐행위가 빈번했던 것으로 나타난다. 특히 이스라엘 사람들의 의식 속에 스파이활동은 자신들의 신이 인정하는 행위로서 윤리적으로 정당화되었다. 아마도 그러한 이스라엘 사람들의 의식 또는 전통에 뿌리를 두고 오늘날의 모사드 등 세계적으로 명성을 날리는 정보기관들이 탄생하게 되었을 것이다.

오늘날의 이스라엘 정보기구가 창설되는 계기는 유태인들의 '시오니즘(Zionism)'과 밀접히 관련된다. '시온(Zion)'은 유대교의 신전이 있는 예루살렘 동쪽에 위치한 '오펠(Opel)' 언덕을 말한다. 그러므로 '시오니즘'이란 '시온 언덕으로 돌아가자'는 사상이며 운동을 의미한다. AD 70년 이스라엘이 로마에 의해 멸망한 이후 유태인들은

---

[1] 구약성서, 민수기 13장 참고.

[2] 구약성서, 여호수아 2장 참고. John M. Cardwell, "A Bible Lesson on Spying," *Studies in Intelligence*(Winter 1978), http://southerncrossreview.org/44/cia-bible.htm(검색일: 2013년 5월 24일).

세계 각지로 흩어져 거의 2천년 동안 박해와 고난을 받아왔다. 시오니즘이 탄생하게 된 결정적인 계기는 1882년 러시아에서의 조직적인 유태인 학살에서 찾을 수 있다. 당시 유대인들 간에 자신들의 생명과 재산을 보호해 줄 수 있는 국가건설이 필요하다는 인식이 싹트게 되었고 그것이 시오니즘 사상으로 발전하게 되었다.[3] 시오니즘은 한동안 이상 또는 사상에 불과했으나, 1917년 11월 영국 발포어 수상에 의한 '발포어 선언(Balfouer Declaration)'[4]을 통해 팔레스타인 지역에 유태인 민족국가 건설을 약속함으로써 현실적인 운동으로 촉발되기에 이르렀다. '발포어(Balfouer) 선언'에 따라 팔레스타인 지역으로 유태인들의 이주가 시작되었고, 얼마 지나지 않아 팔레스티나 지역에 거주하던 유대인들이 아랍인들의 공격을 받게 되었다. 이에 유태인들 스스로 아랍인들과의 무력충돌에 대비하여 촌락별로 자체 방위대를 조직하였는데, 이것이 후일 이스라엘군의 기초를 이루는 '하가나(Hagana)'[5]이다. 하가나는 그 휘하에 '쉐이(SHAI)'[6]라는 정보조직을 갖고 있었는데, 이것이 오늘날의 이스라엘 정보기관으로 발전하게 되었다.[7]

한편, 독일에서 히틀러 정권이 출범하고 나서 1933년 이후 그의 지배가 유럽 전 지역으로 확대됨에 따라 각지에서 유태인에 대한 박해가 심해졌다. 이에 따라 유대인들의 민족국가 건설을 의미하는 '시오니즘(Zionism) 운동'이 더욱 본격적으로 전개되기 시작했다. 팔레스타인 지역으로 이주하는 유태인들의 수가 늘어나고 그들의 토지 매입이 확대되면서 아랍인들과의 마찰이 증가되었고, 그것이 점차 무력충돌로 발전하게 되었다. 당시 하가나는 유태인들을 소부대로 편성하여 그들을 훈련시키고 아랍인들의 공격에 대응하도록 하였으며, 전투에 필요한 무기를 외국으로부터 밀수입하는 활동도 수행했다. 한편 제2차 세계대전 중 팔레스티나 지역을 위임 통치했던 영국은 아랍세계를 자신들의 지지 세력으로 확보하기 위해 유태인들의 팔레스타인 귀환운동(이민사업)

---

3) 국가정보포럼, 『국가정보학』(서울: 박영사, 2006), p.231.

4) 1917년 11월 영국 발포어(Arthur James Balfouer) 외상은 유대계 영국인으로서 당시 유럽 최대 은행가였던 로스차일드(Rothschild) 경에게 팔레스티나에 유태인 민족국가 건설을 약속한다는 내용의 편지를 보냈는데 그것이 이후 '발포어 선언(Balfouer Declaration)'으로 널리 알려졌다.

5) 하가나(Haganah)는 '지키는 사람이라는 의미'를 가지는 '하쇼머(Hashomer)'에서 연유된다. 하쇼머는 의용심으로 자기 자신들과 유태인의 부락 및 농장을 방어한다는 뜻이다. 제1차 세계대전을 전후하여 유태인이 아랍인의 공격을 받게 되자 하쇼머의 개념은 '방위'라는 뜻을 가지는 '하가나'개념으로 전환되었다. 따라서 하가나는 1920-1948년간 팔레스티나에 있는 유태인 공동사회의 민병대적인 비밀군사조직으로서 그들의 주된 임무는 유태인 부락을 아랍의 공격으로부터 방위하는 것이었다. 문정인·전병준, "이스라엘의 정보·보안 체계," 문정인 편, 『국가정보론: 이론과 실제』(서울: 박영사, 2002), pp.416-417.

6) 당시 쉐이는 영국, 아랍, 유태인의 내부 정치세력(주로 극우와 극좌), 나찌 독일 등에 대한 정보수집활동을 전개했다. Jeffrey T. Richelson, "Israeli Intelligence Organizations," *Foreign Intelligence Organizations*(Cambridge: Ballinger, 1988), pp.24, 59, 65-66; 문정인·전병준(2002), p.417.

7) 문정인·전병준(2002), p.417.

을 극도로 억제하는 정책을 추진했다. 이를 타개하고자 하가나는 1937년 '모사드 르 알리야 베트(Mossad le Aliyah Bet)', 즉 '이민협회 B(Institute of Immigration B)'를 조직하여 유대인들을 팔레스타인으로 이주하는 비합법적인 이민 사업을 전개했다.[8]

제2차 세계대전이 격화된 1941년 5월 하가나는 '팔마(Palmach)'라는 군대조직을 설립하였다. 팔마는 팔레스타인 거주 유태인들이 자위의 수단으로 자기들 스스로가 조직한 이스라엘 최초의 군대였으며, 그 간부들은 오늘날 이스라엘 군의 주축이 되었다.[9] 팔마의 아랍과(課)에서는 유태인 젊은이들이 아랍사회 속에서 아랍인처럼 생활하고 활동할 수 있도록 그들을 훈련시켰다. 팔마의 해상파견대 '팔리암(Palyam)'에서는 팔마 요원들을 불법 이민선의 항해사로 배치하여 선장을 감시하고 배신자가 생기지 않도록 조치를 취하는 등의 임무를 수행했다. 후일 팔리암은 이스라엘 해군 정보부대의 기초를 이루었다.[10]

1948년 5월 14일 이스라엘은 독립국가가 되었다. 그 해 6월 당시 수상이었던 벤 구리온(David Ben-Gurion)은 하가나 산하 정보조직이었던 쉐이를 해체하고 나서 군사, 국내, 그리고 해외 등 각각의 영역을 담당하는 3개의 정보기관을 설립하였다. 첫째, 이스라엘군(Israel Defense Force, IDF) 총참모부 산하에 '군 정보부(Military Intelligence, MI)' 가 창설되었으며, 둘째, 국내보안 업무를 담당하는 '신베트(Shin Beth)'[11]가 설립되었다. 마지막으로 해외정보를 담당하는 기관으로 외무부 산하에 정치국(Political Department)[12]

---

8) 당시 공식적인 이민담당 기구는 '이민협회 A'였다. 하가나가 설립한 '이민협회 B' 즉 모사드 요 원은 총 10명으로 구성되어 프랑스, 스위스, 터키 등 유럽 각지에 분산 배치되었다. 이들은 이 주자를 수송하기 위한 선박을 대거 구입하고 가짜여권, 안전가옥 등을 활용하여 1938년부터 1948년 이스라엘 건국 이전까지 약 10만 명의 유태인들을 팔레스타인으로 이주시켰다. 박영일 편, 『강대국의 정보기구』(서울: 현대문화사, 1994), p.213; http://en.wikipedia.org/wiki/Mossad_ LeAliyah_Bet(검색일: 2013년 5월 27일).

9) 제2차 세계대전 중 전선이 북아프리카로 확대되자 영국은 팔마를 군사적으로 활용하기 위해 이 들에게 군사훈련을 시키고 지원을 제공했다. 그 결과 팔마는 고도의 훈련을 받게 되었다. 물론 당시 총 병력은 제2차 세계대전 말기에 약 2,000명, 이스라엘 독립(1948.5) 직전에는 3,000명 정 도에 불과했다. 이스라엘 독립전쟁 당시 12명의 장군 중 3명, 45명의 대령 중 20명, 중·소령 급 의 40% 이상이 팔마 출신이었다. 김희상, 『중동전쟁』(서울: 일신사, 1977), pp.37-38; 문정인·전 병준(2002), p.417.

10) 박영일(1994), p.214.

11) 이 기구는 보안부대라는 히브리어 Sherut Bitachon Klali의 두문자(頭文字)를 따서 사바크 (SHABAK)로도 불린다. 당시 '신베트'는 수상 직속기관으로서 이스라엘 국가 창건 이전 모사드 의 기구, 인원, 전통 등을 이어받아 실질적으로 중앙정보기구의 역할을 수행하였다. 이후 1951 년 모사드가 창설되면서 '신베트'의 임무는 방첩 및 국내보안업무로 제한되었다. 박영일(1994), p.214.

12) 당시 동 기구의 임무는 적대세력 속으로 은밀히 침투하여 사보타지와 선전공작을 수행하는 것 이었다. Ephraim Kahana, "Historical Dictionary of Israeli Intelligence," *Historical Dictionary of Intelligence and Counterintelligence, No.3*(Lanham, Maryland: The Scarecrow Press, Inc., 2006), p.xxi.

이 설치되었다. 그리고 1949년 4월 영국의 합동정보위원회(Joint Intelligence Committee)를 모방하여 이스라엘 정보공동체 내 정보기관들에 대한 통합·조정 업무를 담당하는 기구로서 가칭 '최고정보위원회(A Supreme Committee for Intelligenced Work)'[13]가 설립되었다.

1949년 12월 13일 벤 구리온 수상은 외교부 정치국을 감독하고, 보안부와 군 정보기구들을 조정할 기구로서 '정보조정연구소(Mossad, Institute for Co-ordination)'의 설립을 지시했고,[14] 1951년 동 기구를 재편하여 해외정보활동을 전담하는 독립적이고 중앙집권화된 조직체로서 오늘날의 모사드(Mossad)가 탄생하게 되었다.[15] 모사드는 외교부 산하에서 떨어져 나와 수상 직속기구가 되었으며, 초대 부장에 실로아(Reuven Sjhiloah)가 임명되었다. 그런데 1952년 5월 바그다드에 있는 모사드 첩보망이 이라크 보안당국에 의해 일망타진되고, 로마에 있는 모사드 첩자가 이집트의 이중첩자라는 사실이 밝혀져 실로아는 부장직을 사임하게 되었다.[16] 그 후임으로 신베트 부장으로 재직 중이었던 이써 하렐(Isser Harel)이 제2대 모사드 부장으로 취임하였다. 모사드는 하렐의 탁월한 지휘하에 기반을 마련하고 세계적인 명성을 떨치게 되었다. 1948년 이스라엘 군 총참모부 산하의 한 부서로 설립되었던 군 정보부(MI)는 1953년 그 위상이 군의 해군, 공군 등과 같은 급의 독립적인 기구로 격상되었고, 그 기능이 확대되어 오늘날의 아만(AMAN)이 되었다.[17]

이 밖에 이스라엘의 정보기관으로서 라캄과 '정치연구센터(Center of Political Research)'가 있다. 라캄(LAKAM)은 1957년 국방부 산하 기관으로 창설되어 공개 및 비밀출처를 통해 과학기술정보 수집임무를 담당했다.[18] 정치연구센터는 1948년 6월 외무부 산하에 설치된 '정치국(Political Department)'에 기반을 두고 있다. 정치국은 1951

---

13) 동 조직은 나중에 히브리어로 '라세이 하세루팀(Va'adat Rasei Hasherutim, 약어로 VARASH)'이라는 명칭으로 확정되었는데, 이를 번역하면 '정보기관장위원회(the Committee of Directors of the Intelligence Services)'가 된다. 동 위원회에는 군정보부, 외무부 정치국, 이스라엘 경찰의 책임자와 부책임자가 참석하였으며, 나중에 모사드 초대 국장으로 취임했던 실로아(Reuven Shiloah)가 의장을 맡았다. 문정인·전병준(2002), p.418; Kahana(2006), p.xxi.
14) 그래서 12월 13일이 모사드의 창립기념일이 되었다. Kahana(2006), p.xxii.
15) Kahana(2006), p.xxii.
16) 문정인·전병준(2002), p.418.
17) Stewart Steven, *The Spymasters of Israel*(New York: MacMillan, 1980), pp.32-33; 박영일(1994), p.215.
18) 라캄의 정식 명칭은 'Leshkat Kesher Madao'인데 약어로 LAKAM 또는 LEKEM으로 표기되며, '과학관계국(Bureau of Scientific Relations)'으로 번역된다. 라캄의 창설 년도는 1957년, 1960년대 중반 등 각기 다른 주장들이 있지만, 시몬 페레스(Simon Peres)가 국방부 차관으로 재직 중이었던 시기에 그가 주도하여 설립했다는 점을 고려했을 때 1957년에 창설되었을 것으로 추정된다. 문정인·전병준(2002), pp.426-427; 박영일(1994), p.215; Kahana(2006), p.xxiv.

년 모사드가 설치되면서 해외정보수집 기능이 박탈되어 '연구국'으로 축소되었다가 1973년 10월 욤 키푸르 전쟁에서의 정보실패를 조사하기 위해 구성된 아가니트위원회 (Arganat Commission)의 건의에 따라 외교부 산하 '정치연구센터(Center for Political Research)'로 확대·개편되어 오늘에 이르고 있다.[19]

제2절 조직과 운영체계

1. 이스라엘 정보공동체 개관

이스라엘 정보공동체는 해외정보를 담당하고 있는 모사드, 국내보안을 담당하고 있는 신베트, 군사정보를 담당하고 있는 아만, 외무부 산하의 정치연구센터(Center for Political Research), 내무부 산하의 경찰청 등으로 구성되어 있다. 1957년에 설립되어 과학기술 정보수집을 담당했던 라캄(LAKAM)이라는 조직도 한때 이스라엘 정보공동체 의 일원이었으나 1986년 해체되었다.[20] 앞장에서 언급했던바 영국의 합동정보위원회 (Joint Intelligence Committee)를 모델로 1949년 4월에 설립된 '정보기관장위원회(Va'adat Rasei Hasherutim, 약어로 VARASH)'는 이스라엘 정보기관들에 대한 통합·조정 업무를 담당한다. 동 위원회에는 모사드, 신베트, 아만 등 각 정보기관의 책임자와 수상의 정보·군사·정치·대테러 대책 고문이 참석하며, 의장은 모사드 부장이 맡고 있다.[21]

2. 이스라엘의 정보기관

(1) 모사드(Mossad)

모사드는 이스라엘 내 최고 정보기관의 위상을 가진다. 모사드의 공식명칭은 'ha Mossad le Modiin ule Tafkidim Meyuhadim'으로서 이를 해석하면 '정보 및 특수임무 연구소(the Institute for Intelligence and Special Tasks)'라는 의미를 가진다. 모사드는 주로 인간정보 수단을 활용하여 해외에서의 첩보수집 및 비밀공작임무를 담당한다. 모사드

---

19) 1973년 10월 욤 키푸르 전쟁 관련 정보실패 요인을 조사하기 위해 아가니트 위원회가 구성되었고, 동 위원회에서 이스라엘 정보공동체 내에 보다 다양한 정보를 제공할 수 있는 통로로서 정보기관이 설립될 필요성을 건의했다. 문정인·전병준(2002), p.427.

20) 라캄의 설립과정, 임무, 기능 등에 대해서는 뒷 절에서 보다 자세히 소개하기로 한다.

21) Richelson(1988), p.229; 문정인·전병준(2002), pp.419-420.

가 주로 관심을 갖고 수집하는 핵심적인 첩보수집 목표는 아랍국들의 군사력 배치, 군기 및 사기, 군수, 지휘체계 등이다. 또한 아랍국들의 국내정치 동향, 아랍국 지도자들 간의 관계, 아랍국들의 외교활동 동향 등에 관한 첩보도 중요한 관심사 중의 하나이다.

모사드는 과학기술정보 특히 전자기술분야에서 세계 최고의 수준을 자랑한다. 그 대표적인 사례로서 모사드는 '프로미스(PROMIS)'로 널리 알려진 초강력 컴퓨터 데이터 베이스를 개발했는데, 이 프로그램을 이용하여 엄청난 분량의 자료를 저장·처리할 수 있는데 외국의 몇몇 정보기관들도 이를 구입하여 활용할 정도로 그 성능을 인정받고 있다.[22] 또한 모사드는 오랫동안 적대국가들 내 거주하고 있는 유태인 난민들을 구출하는 일, 팔레스타인 민족운동 단체로 침투하여 사보타지를 행하는 활동, 방첩활동 등의 임무를 수행해 왔다. 그리고 지난 수십 년에 걸쳐 모사드는 자신들의 업무 영역을 점차적으로 확장했다. 모사드의 확장된 업무영역으로는 (1) 이스라엘 국경 밖 지역에 관한 첩보수집, (2) 특별한 국가와의 외교 관계를 발전·유지하기, (3) 적대국가의 비재래식 무기 개발 및 구입 저지, (4) 해외에서 이스라엘 사람이나 시설에 대한 테러 행위 저지, (5) 이스라엘 국경 밖 특수임무 수행 등이다.[23]

모사드는 산하에 8개 '과(department)'를 두고 있다. 그 중 수집과(Collection Department)는 모사드 내 규모가 가장 큰 부서이며, 전 세계적으로 광범위한 인간정보 네트워크를 갖고 있는 것으로 알려졌다. 수집과의 요원들은 해외 공관에서 공직 또는 비공직 가장 정보관 신분으로 근무하면서 첩보수집임무를 수행한다. 수집과의 본부에는 세계 각 지역을 담당하는 데스크들이 있는데 이들은 세계 도처 거점(station)에서 활동 중인 공작관(case officer)에게 필요한 지시를 내린다. 또한 데스크는 첩보를 제공해 주는 협조자들에 대한 관리도 담당하고 있다. 2000년부터 모사드는 신문 등 대중매체에 수집관 모집광고를 하고 있다.[24] 정치 및 정보협력과(Political Action and Liaison Department)는 해외주재 이스라엘 대사관에 사무실을 두고 모사드와 외국 정보기관들과의 정보협력 업무를 담당한다.[25] 연구과(Research Department)는 모사드에서 세 번째로 큰 부서로서 모사드의 수집관들이 수집한 첩보자료들을 처리하는 임무를 담당한다. 연구과 소속 연구원들은 주로 공개출처정보를 활용하여 상세한 보고서를 작성하며, 이를 모사드 공작관, 또는 군과 정부기관에 배포한다. 연구과가 생산하는 보고서로는 일일상황보고

22) Kahana(2006), p.li.
23) International Business Publication, *Israel Intelligence, Security Activities and Operations Handbook, Volume 1: Strategic Information and Regulations*(Washington DC: International Business Publication, 2013), p.82.
24) International Business Publication(2013), p.81.
25) International Business Publication(2013), p.81.

서, 주간요약보고서, 월간상세보고서 등이 있다. 연구과는 전 세계를 지리적으로 구분하여 각각 15개의 지역을 담당하는 사무실을 두고 있다. 그리고 연구과에는 특별히 반확산 문제를 전담하는 부서도 두고 있다. 기술과(Technology Department)는 모사드의 공작임무 수행에 필요한 첨단과학기술 장비의 개발을 담당한다. 2001년 모사드는 이스라엘 신문에 모사드의 기술과에 근무할 전기기술자와 컴퓨터 과학자를 구한다는 광고를 게재하기도 하였다.[26]

메사다(Metsada)는 라는 이름으로 알려진 모사드의 특수공작부서(Special Operations Division)에 대해서는 공개적으로 밝혀진 것이 거의 없다. 이 조직은 이스라엘 정부의 묵시적인 승인하에 이스라엘의 안보를 위협하는 세력을 대상으로 암살 또는 사보타지, 준군사공작, 심리전 등 매우 위험하고 민감한 임무들을 수행한다. 이와 유사한 활동을 하는 조직으로서 '심리전국(Lohamah Psichologit, LAP)'은 전 세계적으로 언론 접촉망을 운영하면서 심리전, 선전공작, 기만공작 등의 임무를 수행하는 것으로 알려져 있다.[27]

모사드가 전 세계 도처에서 비밀공작을 활발하게 전개하고 있는 점을 감안했을 때 모사드 요원의 숫자가 많을 것으로 생각되지만 실제는 예상보다 많지 않다. 1980년대 모사드 소속 요원은 1,500-2,000명이었는데, 그 숫자가 다소 줄어 최근 1,200명으로 추정된다.[28] 모사드가 소수의 요원으로 전 세계를 누비며 비밀공작을 성공적으로 수행할 수 있는 것은 세계 곳곳에 산재해 있으면서 모사드 현장 요원들을 지원하는 자발적 유대인 협조자망, 즉 사야님(sayanim)을 운용하고 있기 때문이다.[29] 이들은 이스라엘을 위한 충성심에서 비롯되어 모사드 현장 요원이 요청 시 숙소제공, 차량지원, 자금융통, 의료서비스, 정보제공 등을 자발적으로 협조해 주고 있다.[30]

---

26) International Business Publication(2013), p.81.
27) 고든 토머스 저, 이병호·서동구 역, 『기드온의 스파이: 모사드의 비밀을 파헤친 리얼 스토리』 (서울: 예스위캔, 2010), p.101; International Business Publication(2013), p.81.
28) International Business Publication(2013), p.80. 한 때 모사드를 CIA나 KGB처럼 인적 구성을 다양화하고 숫자를 늘려야 한다는 주장이 제기된 적도 있다. CIA나 KGB의 경우 현장 요원들을 지원하기 위해 수만 명의 분석관, 과학자, 기획관 및 전략요원을 고용하고 있다. 이라크와 이란도 약 1만 명의 현장 정보요원을 운용하고 있다. 그러나 1963년부터 1968년까지 모사드 부장으로 재직했던 아미트(Meir Amit)는 모사드의 정식 직원은 1,200명을 약간 상회하는 정도가 적절하다고 고집했다. 토머스, 이병호·서동구 역(2010), p.90.
29) 토머스, 이병호·서동구 역(2010), p.99.
30) 사야님은 아미트 부장 당시 최초 조직되었으며, 1998년 영국에만 4,000명 이상, 그리고 미국에는 그 4배 이상인 약 16,000명이 있을 것으로 추정된다. 전 세계에 흩어져 있는 이들을 모두 합치면 약 3-4만 명의 사야님이 존재하고 있을 것으로 추정된다. 토머스, 이병호·서동구 역(2010), p.99.

(2) 신베트(Shin Beth)

사바크(Shabak) 또는 신베트(Shin Beth)는 이스라엘 수상 직속 정보기관으로서 방첩 및 국내보안 정보임무를 수행한다. 신베트의 활동영역은 기본적으로 국내 지역으로 한정되지만 인적 네트워크는 전 세계에 퍼져 있을 정도로 광범위하다. 신베트는 산하에 공작(operation)임무를 수행하는 3개의 과(department)를 두고 있다.[31] 그 중 아랍과(Arab Affair Department)는 아랍 테러조직의 네트워크에 관한 정보를 수집하고 반테러 공작 임무를 수행한다. 아랍과 소속 공작관들은 '미스타라빔(Mist'aravim)'이라는 이름으로 알려진 아만 소속 비공개 요원들과 협력하여 대정부전복활동 임무도 수행한다.[32] 또한 하마스의 군부 세력에 대응하는 활동도 적극적으로 전개하고 있다.[33] 비아랍과(Non-Arab Affairs Department)는 아랍권 외 지역문제를 담당하며 공산권과 비공산권 분과로 나뉘어져 있는데 동구권과 러시아 지역에 보다 역점을 두고 정보수집활동을 수행하고 있다. 이들은 이스라엘 주재 외국 정보기관이나 상대국의 외교부 조직 내부에 침투하여 필요한 정보를 수집하는 임무도 수행한다.[34] 또한 구소련과 동구권 국가들로부터 이주 해온 유태인들을 심문하는 일도 이들이 수행하는 임무 중의 하나이다. 그리고 방호보안 과(Protective Security Department)는 이스라엘의 정부 건물, 대사관, 방위산업체, 과학기술 장비 및 시설, 민간 산업시설, 국영 항공사 등을 보호하는 임무를 수행하고 있다.

신베트는 이스라엘 국내에서 정치공작임무를 수행하는 기관(political espionage agency)으로 알려져 있다.[35] 미국을 비롯한 대부분의 자유민주주의 국가의 경우 국내에 서의 비밀공작 활동은 엄격히 금지되고 있지만, 이스라엘은 국내적으로 테러분자들은 물론 극단주의 세력이 준동하고 있는 등 특수한 여건에 놓여 있기 때문에 국내에서의 비밀공작활동이 허용되고 있는 듯하다. 신베트는 이스라엘 내부의 극우세력이나 정부 전복 활동을 전개하는 좌파운동 단체 등 극단주의 정치집단 내부에 공작원을 침투시켜 이들의 활동을 감시하는 임무를 수행한다.[36] 실제로 신베트는 이스라엘 내 극좌 성향 정당의 내부 조직에 공작원을 성공적으로 침투시키기도 했으며, 주변 아랍국이나 소련 을 위해 스파이활동을 수행했던 여러 명의 외국인 기술자를 색출해내기도 하였다.[37]

---

31) International Business Publication(2013), p.90.
32) International Business Publication(2013), p.90.
33) International Business Publication(2013), p.90.
34) International Business Publication(2013), p.90.
35) International Business Publication(2013), p.75.
36) International Business Publication(2013), p.75.
37) 이와 같은 사례들에 대한 자세한 소개는 International Business Publication(2013), pp.90-91을 참고.

이스라엘이 처한 특수한 안보환경을 고려했을 때 신베트의 임무는 매우 중요하다. 이스라엘은 주변의 적대적인 아랍국들에게 포위되어 있는 가운데 아랍 테러분자들로부터 테러 위협을 받고 있기 때문에 국내치안과 방첩은 곧 이스라엘의 생존과도 직결되는 결정적인 요소이다. 이스라엘 건국 이래 많은 사람들이 귀국했는데 그들 중에 적의 스파이가 잠입해 있지 않다고 단정할 수 없다. 게다가 이스라엘 국적을 갖고 이스라엘에 동화된 30만 명의 아랍인들은 언제든 이스라엘을 배반할 소지가 있는 '트로이의 목마'와 같은 존재들이다. 그럼에도 불구하고, 이스라엘은 나름대로 명예를 중시하는 입장에서 이스라엘 내 아랍인들에 대해 대대적인 숙청작업이나 '마녀사냥'같은 행동을 취하지는 않고 있다. 1967년 6일 전쟁을 전후로 몇 개월 간 이스라엘 내 아랍인들의 활동에 대해 일부 제한하는 일이 있었지만 그 이후로는 그러한 일이 없었다. 이스라엘 치하 아랍인들은 이스라엘 국민들과 완전히 동등하지는 않더라도 큰 차별이 없는 대우를 받고 있는 것으로 보인다.

한편, 신베트는 반정부활동 혐의가 있는 인물을 체포 또는 구금할 권한이 있다. 이스라엘 정부는 신베트의 활동이 대중 여론에 노출되는 것을 적절히 통제해 왔지만, 1980년대 신베트의 잔혹행위가 잇따라 노출되면서 곤혹스러운 입장에 처하기도 하였다. 당시 협박, 고문, 법정에서의 거짓증언 등 신베트의 잘못된 행위들에 대해 여론의 비난이 쏟아졌다. 그럼에도 불구하고 이스라엘 정부는 신베트가 이스라엘의 생존과 안보를 위해 긴급히 정보를 수집하는 과정에서 수행된 가혹행위에 대해 묵시적으로 용인하는 입장을 취했다.38)

(3) 아만(Aman)

아만은 이스라엘 군에 소속된 군 정보기관으로서 육·해·공군과 동등한 위상을 가지며, 산하에 상당히 많은 수의 단위 부서들이 전술정보임무를 수행하고 있다. 모사드와 신베트는 수상으로부터 직접 지시를 받고 보고하도록 되어있는 반면, 아만은 국방부 산하기관으로서 국방부장관의 지휘·감독 하에 군사정보를 처리·작성·배포하며, 통신감청을 통해 인근 국가들의 동향을 면밀히 파악하는 등의 업무를 수행한다. 아만은 국가정보판단보고서를 생산하여 수상과 내각에 제공하며, 이 밖에도 일일정보보고서와 전쟁위험평가 보고서도 생산한다. 또한, 아만은 군과 정부 간 업무 협력을 담당하고 있으며, 민간 정보기관과 군 정보기관들 간 정보의 흐름을 조정하는 역할도 수행한다. 아만에는 약 7,000명의 요원이 근무하고 있으며,39) 이들이 수행하는 가장 핵심적인

---

38) International Business Publication(2013), p.90.

임무는 주변 적대국들로부터의 전쟁 위협을 판단하는 것이다.[40)]

아만 산하에는 공작임무를 지원하는 2개의 분과(sub-department)가 있다. 그 중 대외관계과(Foreign Relations Department)는 외국 군 정보기관과의 정보협력 및 해외 주재 이스라엘 무관들의 활동 조정 등의 임무를 담당하고 있다. 그리고 1976년 7월 엔테베 작전에 투입된 특공부대로 널리 알려진 '사이렛 매트칼(Sayeret Matkal)'은 총참모부 소속 수색정찰부대(Deep Reconnaissance Unit)로서 반테러 공작임무를 중점적으로 수행하고 있다.[41)]

한편, 이스라엘은 각 군마다 정보기관을 두고 있다. 공군정보국(Air Intelligence Directorate)은 이스라엘 공군 정보부대이며, 해군정보과(Naval Intelligence Department)은 이스라엘 해군 정보부대이다. 이들은 아만에 소속되어 있지만, 독립성을 어느 정도 인정받고 있는 준자치 부서(semi-autonomous branch)이다.[42)] 그리고 이스라엘 군은 중앙, 북부, 남부, 본부 등 4개의 지역 사령부를 두고 있는데, 각 사령부마다 예하에 정보부대를 두고 있다.

이스라엘은 건국 초기부터 주변 아랍국들로부터의 군사적 위협으로 인해 국가적 존망이 걸린 절체절명의 위급한 상황을 빈번히 겪었기 때문에 군사정보를 담당하는 아만의 역할이 상대적으로 매우 중요했다. 그러한 역사적 경험에 기인하여 아만은 군사정보와 민간 정보의 영역이 구분되어 있는 서방 정보기관들과는 달리 군사정보는 물론 정치정보 등 민간 정보기관들이 담당하는 영역까지 침범하여 정보 업무를 수행해 왔다. 그래서 아만이 수행하는 비군사적 또는 정치적 분야의 정보 업무는 민간 정보기관들에게 이양하는 등 이스라엘 정보공동체 내 정보기관들 간의 업무조정 작업이 필요하다는 주장이 종종 제기되어 왔다.[43)]

그럼에도 불구하고 아만은 여전히 이스라엘 안보의 핵심적인 역할을 지속적으로 담당하게 될 것으로 보인다. 무엇보다도 모사드 또는 신베트와 비교하여 아만은 몇 가지 유리한 정보활동 여건을 갖고 있다. 우선, 아만은 적과 대치하고 있기 때문에 적의 동향을 늘 관찰하고 있으며, 많은 포로들을 통해 적의 실정을 잘 파악할 수 있다.

39) 이스라엘은 군 의무복무제를 시행하고 있기 때문에 군 정보기관인 아만은 물론 모사드와 신베트 등 민간 정보기관들의 정보요원들도 군복무를 필한 사람들로 구성된다.
40) International Business Publication(2013), p.72, 91.
41) 노병천, "번개치 듯 105초 끝낸 구출작전 전 세계 놀라," 『중앙 선데이』(2012.4.1.), http://article.joins.com/news/option/article_Print.asp?ctg=13&total_id=7768999(검색일: 2013년 11월 28일); International Business Publication(2013), p.76.
42) International Business Publication(2013), pp.75, 91.
43) International Business Publication(2013), p.76.

또한 인간정보 수단과 더불어 최첨단 기술정보 수집수단을 갖추고 있어 뛰어난 정보수집 역량을 갖추었다. 아만은 그러한 이점을 충분히 활용하여 이스라엘 생존을 좌우하는 아랍국들의 군사동향, 전투력, 전술 등에 관한 정보를 효과적으로 수집·분석하여 전쟁 위험성을 사전에 경고하는 역할을 수행한다. 그런 점에서 이스라엘 정보공동체에서 아만이 차지하는 비중과 중요성은 여전히 강조되고 있다.

아만은 1973년 10월 발발한 욤 키푸르(Yom Kippur) 전쟁 당시 이집트 군과 시리아 군의 이스라엘에 대한 기습공격을 사전에 파악하지 못했다. 그로 인해 적시에 경고를 발하지 못한 것은 전적으로 아만의 실책이었다. 당시 이집트가 이스라엘에 대해 공격을 개시할 여러 가지 징후들이 드러났음에도 불구하고 아만 지휘부는 그 심각성을 인식하지 못하고 이를 무시했다. 결국 이스라엘 군은 아무런 대비가 없는 상태에서 이집트 군의 공격을 받고 엄청난 피해를 입게 되었다.

1973년의 욤 키푸르(Yom Kippur) 전쟁 이후 아만의 조직체계에 상당한 변화가 일어나게 된다. 가장 중요한 변화는 아만 내 연구부서의 위상이 기존의 '과(department)'에서 '처(division)'로 한 단계 상승된 점이다.44) '사이먼-토브 절차(Siman-Tov Procedure)'로 널리 알려졌던바 조직 운용에 있어서도 획기적인 변화가 있었다. 즉 직속상관이 자신의 견해를 수용하지 않으려 할 경우 그가 비록 하위직 정보관일지라도 그의 직속상관보다 더 높은 직위의 정보관에게 자신들의 관점이나 판단을 호소할 수 있도록 제도적으로 보장해 주는 것이다. 또한 아만 조직 내 '통제단(Control Unit)'이 새로 편성되었는데 이들의 임무는 소위 '악마의 변론(Devil's Advocacy)'45) 역할을 수행하는 것이었다. 이 조직의 요원들은 아만 부장의 직할 부서로서 필요시 언제든 부장에게 직접 보고하는 것이 허용되었다.46)

1973년 이전까지 아랍국들을 대상으로 한 이스라엘의 정보활동에 기술정보 수단이 많이 활용되었지만 인간정보 수단에 보다 역점을 두었다. 그런데 1973년 욤 키푸르 전쟁 이후에는 인간정보보다는 신호정보를 비롯한 기술정보 수단을 보다 많이 활용하게 되었다.47) 특히 8200단(Unit 8200)은 예산과 인력은 소규모였지만 전 세계를 통틀어

---

44) Kahana(2006), p.xlii.
45) 이 기법의 핵심은 사람들의 사고 속에 뿌리 깊이 박혀 있는 핵심 가정이나 추진요소(drivers)들을 바꾸거나 반박하는 것이다. 중요한 판단이면서도 워낙 신뢰도가 높아 사람들의 사고에 깊이 고착된 견해를 쉽게 뒤집을 수 없는 경우에 이 기법을 활용하면 매우 효과적일 수 있다. 이 기법에서는 사람들에게 상식처럼 인정받고 있는 주장이나 논리에 도전하기 위해 의도적으로 증거자료를 자신에게 유리한 내용만 취사선택하여 활용하기도 한다. 이에 대한 보다 자세한 소개는 이 책의 제5장을 참고.
46) Kahana(2006), p.xlii.
47) Kahana(2006), p.li.

미국과 대등할 정도로 최고 수준의 신호정보활동을 수행하는 것으로 명성을 떨쳤다.[48)] 사실 첩보 위성을 수단으로 하는 영상정보활동은 워낙 많은 비용과 기술이 요구되기 때문에 미국이나 러시아 등 초강대국들이 거의 독점적인 역량을 갖추고 있다. 이스라엘 은 예산과 인력 면에서 극히 작은 나라임에도 불구하고 첩보 위성을 개발하여 쏘아 올리는 등 영상정보분야에서도 세계를 선도하는 역량을 과시하고 있다.[49)]

(4) 라캄(LAKAM)

라캄은 1957년 당시 핵개발을 목적으로 설립되었는데, 이후 군사 부문의 과학기술 정보를 수집하는 활동을 담당하게 되었다.[50)] 해외에서의 과학기술 정보수집을 위해 미국과 유럽의 대사관과 영사관에 '과학담당관(Science Attaches)'을 두었으며, 때로 위장 업체를 설립하기여 정보수집활동을 전개하기도 하였다.[51)] 라캄은 1967년 6일 전쟁 직후 프랑스 미라주(Mirage) 폭격기의 중요 부분에 관한 설계도를 획득하는 데 성공하는 등의 성과를 올리기도 하였다.[52)] 1985년 당시 미국의 뉴욕, 보스턴, 로스엔젤리스 등지 의 이스라엘 영사관에 라캄의 사무실이 설치되어 있었으며, 그 곳에서 군사과학기술분 야의 정보수집활동을 매우 활발하게 수행했던 것으로 알려졌다.[53)]

라캄은 폴라드(Jonathan J. Pollad) 사건으로 인해 돌연 해체되었다. 폴라드는 미 해군 정보국 소속의 정보요원이었다. 그는 워싱턴 소재 미 해군 반테러경보센터(Naval Anti-Terrorist Alert Center)에 근무하면서 워싱턴 소재 이스라엘 대사관에서 활동 중이던 라캄 소속 공작원에게 꽤 많은 분량의 군사과학기술 관련 기밀문서들을 전달했다. 그리고 그 대가로 상당한 수준의 금전적 보상을 제공받았다.[54)] 1986년 미 정보기관의 추적으 로 그의 스파이행위가 밝혀졌고, 그는 체포되어 종신형을 받았다. 이와 관련하여 이스 라엘 정부는 미국에서는 스파이활동을 하지 않는 것을 기본원칙으로 삼고 있다고 강조 하면서, 이 사건은 정부 공식적인 방침을 무시한 개인들의 빗나간 행동이라고 주장했

---

48) Kahana(2006), p.li.
49) Kahana(2006), p.li.
50) 문정인·전병준(2002), p.427.
51) 문정인·전병준(2002), p.427.
52) 당시 미라주 폭격기에 관한 비밀 유출을 프랑스 정부가 엄격히 통제하고 있어 설계도를 획득하 는 일이 거의 불가능했다. 그런데 라캄은 미라주 폭격기에 사용될 제트 엔진 제작에 참여하고 있었던 스위스 국적의 공학자 알프레드 푸리우엔크네츠(Alfred Frauenknecht)를 포섭했고, 그로부 터 미라주 폭격기의 엔진부품 설계도를 스위스에서 입수하여 이를 독일과 이탈리아를 거쳐 이 스라엘까지 수송하는데 성공했다. 박영일(1994), p.216.
53) 박영일(1994), p.216.
54) International Business Publication(2013), p.93.

다. 이후 이스라엘 정부는 이 사건에 전혀 개입하지 않았음을 일관되게 주장했지만, 그러한 의혹이 완전하게 해소되지 못했던 듯하다. 결국 그 사건으로 인해 1986년 라캄이 해체되었고, 그 임무와 기능이 과학기술국과 국방부로 이관되었다.55)

(5) 정치연구소(the Center for Political Research)

외무부 산하의 '정치연구소(the Center for Political Research)'는 미국 국무부의 정보조사국(INR)과 유사한 기능을 수행하며, 산하에 10개의 과(departments)를 두고 있다. 이스라엘이 처한 특수한 안보상황에서 정치연구소는 중동의 정치 동향을 파악하는 임무를 중점적으로 수행한다.56) 구체적으로 인접 중동 국가 지도자들의 정치적 성향, 정당 등 주요 정치집단들의 활동 상황, 국민여론 동향 등에 관한 첩보를 수집하고 분석하는 임무를 수행한다.

제3절　향후 전망과 과제

모사드, 신베트, 아만을 주축으로 한 이스라엘 정보·보안체계는 세계에서 가장 전문적이고 효과적이라는 평판을 얻어왔다. 이들 정보기관들은 이스라엘이 주변의 적대적인 아랍 국가들과의 전쟁 등 어려운 안보상황을 성공적으로 극복함에 있어서 핵심적인 역할을 수행해 왔던 것으로 인정받고 있다. 특히 모사드는 아이히만 납치공작, 엔테베 작전, 미그 21기 탈취공작 등 불가능할 것으로 생각되는 비밀공작을 잇따라 성공시킴으로써 세계적인 명성을 떨치게 되었다. 그러나 1990년대에 들어서서 이스라엘 정보체계는 라빈 총리 암살,57) 암만에서의 암살공작 실패,58) 스위스 도청 스캔들59)

---

55) 박영일(1994), p.217.

56) International Business Publication(2013), p.9.

57) 1995년 11월 4일 라빈(Yitzhak Rabin) 이스라엘 수상이 평화집회에 참석하던 중 극우단체 '예얄(Eyal)'의 일원인 아미르(Yigal Amir)의 총격을 받고 사망했다. 이 사건은 이스라엘 사회에 엄청난 충격을 주었으며, 신베트 경호체계에 심각한 문제가 있다는 점이 지적되었다. 『세계일보』(1995.11.7.).

58) 벤야민 네탄야후가 수상으로 재직 중이던 1997년 9월 25일 요르단의 암만(Amman)에서 하마스(Hamas)의 간부였던 칼리드 메샬(Khalid Meshal)을 암살하려다 미수에 그친 사건이다. 사건의 자세한 경위와 결과에 대한 소개는 문정인·전병준(2002), pp.440-442를 참고.

59) 1998년 2월 19일 새벽에 모사드 공작요원이 이슬람 무장단체인 헤즈볼라 간부들의 활동을 감시하기 위해 스위스 베른 소재 고급주택에 도청장치를 설치하던 중에 발각되어 스위스 경찰에 체포된 사건이다. 이 사건으로 인해 이스라엘과 스위스의 외교관계가 극도로 악화되었으며, 모사

등 잇따른 정보실패와 공작실패를 경험하게 된다. 이와 더불어 신베트는 1996년에 발생한 2건의 폭탄테러 사건60)을 막지 못했다. 이와 같은 신베트의 잇따른 대테러 보안활동의 실패와 관련하여 책임소재와 대처방안을 둘러싸고 신베트와 아만 간에 공개적인 비난전이 벌어지기도 하였다.61)

사실 이스라엘 정보·보안체계의 문제점은 1973년 욤 키푸르 전쟁 당시 상황으로 거슬러 올라간다. 당시 이스라엘은 이집트와 시리아의 기습을 예상하지 못했는데, 그 결정적인 요인은 첩보수집의 실패가 아니고 수집된 첩보에 대한 정보판단의 실패에서 비롯된 것이었다. 즉 수집된 첩보의 해석을 둘러싸고 아만과 모사드가 대립하였고, 이를 적절히 조정하지 못함으로써 정보판단 상의 치명적인 오류를 범하고 말았다. 전쟁이 종결된 이후 당시 제기된 문제점들을 파악하고 개선을 위한 노력을 기울였지만 이후에도 여러 차례에 걸쳐 정보 또는 공작실패를 경험하게 된다. 이스라엘 수상을 비롯한 정치지도자들은 종종 정보기관의 정보판단을 불신했으며, 역으로 정보기관들은 수상을 비롯한 정치지도자의 정책에 도전하는 태도를 보이기도 했다.62) 또한 모사드, 신베트, 아만 등 주요 정보기관들 간의 과도한 경쟁의식과 비협조로 인해 정보활동의 효율성이 저하되는 문제도 지적되었다.63)

이러한 문제점을 극복하기 위해 이스라엘 정보공동체는 여러 가지 개혁 조치들을 단행했다. 우선 지나친 비밀주의로 인한 비효율성을 개선하기 위해 공개성을 강화하려는 모습을 보였다. 예를 들어, 모사드와 신베트 등 정보기관의 존재 자체에 대해서 공식적으로 부인하고 철저히 비밀을 유지했던 기존의 관례를 깨고 모사드와 신베트 부장의 임명 사실을 언론에 공개하기 시작했다.64) 정보요원 채용에 있어서도 기존의 비밀주의 관례에서 벗어나 공개채용 방식을 채택하였다. 모사드는 2000년 7월 30일 창설 이래 처음으로 언론에 신입직원 채용을 위한 공채 광고를 내었다.65) 또한 과거 인간정보 수단에 편중된 정보활동 방향에서 벗어나 기술정보 수집능력을 강화하려는

드의 야톰(Danny Yatom) 부장이 사임했다. 이에 대한 보다 자세한 소개는 문정인·전병준(2002), pp.436-437를 참고.

60) 하마스(Hamas) 소속 5명의 자살특공대가 서(西) 예루살렘 지역에서 1996년 7월 30일과 9월 4일 두 차례의 폭탄 테러를 저질렀고, 이로 인해 이스라엘인 21명이 사망했다. 신베트는 이 테러를 사전에 파악하여 예방하는데 실패했다. 문정인·전병준(2002), p.450.

61) 문정인·전병준(2002), pp.450-451.

62) 이에 대한 대표적인 사례들은 문정인·전병준(2002), p.453을 참고.

63) *The Washington Times*(March 2, 1998); 문정인·전병준(2002), p.453

64) 1996년 당시 아얄론(Ami Ayalon) 신베트 부장과 야톰(Danny Yatom) 모사드 부장의 임명 사실을 언론에 최초로 공개했다. 문정인·전병준(2002), p.453.

65) 『한국일보』(2000. 8.1.); 문정인·전병준(2002), p.454.

노력도 기울였다. 이스라엘은 1988년 최초로 '오펙(Ofeq)1' 위성을 발사한 이래 후속 위성 발사를 지속적으로 성공함으로써 마침내 독자적인 영상정보 수집능력을 확보했다.66)

이스라엘은 절대적으로 열등한 수준의 자원과 인력으로 주변의 호전적인 적대국들을 상대해야 하는 작은 나라이다. 이스라엘 군의 주축은 현역이 아니라 대부분 예비역으로 구성되어 있다. 650만 명에 불과한 소규모 인구에서 현역병을 대거 차출하여 장기간 군복무에 종사시키게 될 경우 민간 부문 경제는 치명적인 타격을 입게 될 것이다. 그래서 대부분의 국민들은 평상시 예비역으로 편성되어 있다가 전쟁이 발발하게 되면 군에 소집되어 전투에 투입된다. 이스라엘 정보기관은 적의 공격 징후를 사전에 파악하고 전쟁이 임박하게 되면 조기경보를 발하는 역할을 수행한다. 전쟁 발발하기 최소한 48-72시간 전에 조기경보가 발령되어야만 예비군 동원에 필요한 시간을 확보할 수 있을 것이다. 이처럼 이스라엘이 처한 특수한 안보상황에서 정보기관의 조기경보 역할은 이스라엘의 생존과 번영을 유지하는 핵심적인 요소로 자리매김하고 있다.67)

한편 오늘날 이스라엘은 대내외적으로 여전히 어려운 안보상황에 처해 있다. 테러리스트의 위협이 전 세계적으로 그 영역을 확대하고 있으며, 이란, 북한 등 세계 도처에서 비밀리에 핵개발 계획이 추진되고 있다. 생화학무기 및 미사일 등 비재래식 무기의 확산 역시 이스라엘의 안보에 심각한 위협이 되고 있다. 더욱이 테러 및 주변국들로부터의 군사적 위협이 이전과는 달리 보다 복잡한 양상으로 전개되고 있다. 과거의 전쟁은 일정한 시간과 장소에서 전개되었으며, 적은 중앙집권적인 정부 형태와 군대조직을 갖추고 전쟁임무를 수행했다. 그러나 대테러 전쟁을 비롯한 최근의 전쟁 양상은 기존의 전쟁과는 상당한 다른 모습으로 전개되고 있다. 종종 사회구성원 전체가 전투에 참여하게 되며, 적의 정책결정과정은 애매모호하고 그들의 전략은 철저히 비밀에 싸여 쉽게 알 수가 없다.68) 또한 정보통신 관련 보안장비의 급속한 발전으로 인해 적의 통화 내용을 감청하여 필요한 정보를 획득하는 일이 과거에 비해 훨씬 어려워졌다. 또한 인터넷의 발달로 인해 적대세력들은 각종 소셜 미디어를 이용하여 대중들을 선동하고 지지를 호소하는 등의 심리전을 전개하기도 한다.69)

이처럼 변화된 안보환경에 직면하여 이스라엘 정보기관의 지도자들은 기존의 정

66) 2010년에는 '오펙(Ofeq)9' 위성을 발사하는데 성공했다. http://en.wikipedia.org/wiki/ofek-9(검색일: 2013년 6월 12일).
67) Kahana(2006), p.xxxix.
68) Yosef Kuperwasser, *Lessons from Israel's Intelligence Reform,* Analysis Paper, No.14(October 2007), p.XI.
69) Kuperwasser(2007), p.XII.

보활동 방식으로는 대응하는데 한계가 있음을 새롭게 인식하게 되었고, 이에 따라 국가 정보에 대한 기본 개념, 인식, 활동방향 등에 있어서 대폭적인 개혁을 추진하게 되었다. 이와 관련하여 이라크 전쟁 직후인 2003년 경 이스라엘 정보 네트워크의 실태를 조사하기 위해 위원회가 구성되었다. 위원회는 과거 이스라엘 건국 당시의 상황을 반영하여 부여된 정보기관의 임무와 역할이 수십 년이 지나도록 그대로 유지됨으로써 현재의 변화된 안보환경에 부적합하다는 결론에 도달했다.[70] 이에 따라 이스라엘 정보공동체 내 각급 정보기관의 임무와 기능을 새로운 안보환경에 부합되도록 재조정할 필요성을 제기하였다. 위원회는 현재의 이스라엘 정보공동체 구조를 '국가안전보장회의(National Security Council)'를 컨트롤 타워로 하여 모사드, 신베트, 아만 등 3-4개의 독립된 정보기관을 운용하되 각각의 업무 영역을 명확히 구분하도록 권고안을 제시하였다.[71]

한편, 모사드, 신베트, 아만 등 정보기관들 간에는 지리적인 기준에 따라 업무 영역이 구분되어 있다. 그렇지만 종종 정보기관들 간 업무가 중복되어 임무를 수행하던 중에 상호 충돌하는 경우도 있다. 이를 위해 정보기관의 수장들 간에 정보협력을 위한 모종의 합의문에 서명하는 등 정보기관들 간의 정보공유 및 협력을 유지하기 위해 지속적인 노력을 기울이고 있다.[72] 때로 '정보협력소위원회(the Intelligence Subcommittee)'를 구성하여 정보기관들 간의 업무 중복 또는 충돌을 조정하기 위한 제도적 장치로 활용하기도 한다.[73]

이 밖에도 이스라엘 정보공동체는 정보활동의 효율성을 향상시키고 정보분석의 오류를 감소시키기 위해 다양한 노력을 기울여왔다. 예를 들어, 아만은 분석의 효율성을 향상시키기 위해 새로운 분석의 도구(tool)로서 '체계적 사고(Systemic Thinking)'라는 개념을 도입했다.[74] '체계적 사고'는 분석관으로 하여금 복잡한 현상에 대해 개괄적이면서도 총체적인 정보판단을 내릴 수 있도록 유도해 주는 장점을 가진다. 따라서 분석관이 오늘날 전개되는 전쟁 양상처럼 복잡한 분야의 문제들을 분석·평가하는데 이러한 분석도구가 유용하게 활용될 수 있을 것으로 기대되었고, 실제로 아만에서 이를 도입하여 활용했다.

아만은 '체계적 사고' 개념의 연장선상에서 분석 조직을 9개의 팀으로 전면 개편했

---

70) International Business Publication(2013), p.77.
71) 위원회에서 권고한 각 정보기관의 기능과 업무 영역에 관한 자세한 내용은 International Business Publication(2013), p.77를 참고.
72) International Business Publication(2013), p.74.
73) International Business Publication(2013), p.74.
74) Kuperwasser(2007), p.XIII.

다.75) 기존의 분석팀은 국가 또는 지역에 기초하여 구성되었으나 새롭게 설립된 분석팀은 소위 '체계(Systems)'에 기반을 두고 있다. 이에 따라 분석의 관점이 시리아의 정책이나 전투력 또는 레바논의 정치집단에 있는 것이 아니고, 이스라엘의 안보에 영향을 주는 모든 요소들, 즉 이란의 영향력, 국제적인 압력, 문화적인 관점, 미디어 등을 종합적으로 고려하여 전체적인 '체계(system)'를 파악하는데 있다. 이러한 방법을 활용하여 분석관은 지엽적인 요소에 초점을 두는 시각을 탈피하여 주어진 분야의 갈등이나 긴장 상태를 총체적으로 이해하고 파악할 수 있다. 그리고 각 체계마다 '정보체계장(Head of Intelligence System)'을 두고 있으며, 그는 체계와 관련된 보고서의 생산 및 배포, 업무 분장, 그리고 첩보수집의 방향 설정 등을 담당한다. 특히 '정보체계장'은 수집과 공작을 총괄하는 권한을 갖고 있기 때문에 수집관과 분석관 간의 협업을 조율할 수 있으며, 이를 통해 중요한 첩보나 이슈가 간과될 위험을 최소화할 수 있을 것으로 기대된다.76)

　　아만의 개혁 사례에서 나타나는바 이스라엘 정보기관이 가지는 한 가지 장점은 정보실패에서 끝나지 않고 이를 거울삼아 끊임없이 문제점들을 개선하고자 노력하는 모습이다. 바로 그러한 장점이 이스라엘이 처한 어려운 안보상황을 극복해낼 수 있는 원동력이 되었으며, 앞으로도 그럴 것이다. 그러한 노력의 결과 오늘날 이스라엘 정보기구가 세계 최고라는 명성을 얻게 되었던 것으로 짐작된다.

　　앞서 언급했듯이, 이스라엘 정보공동체 역시 과거 수많은 정보실패를 경험했다. 오늘날에도 이스라엘은 결코 방심할 수 없는 극히 어려운 안보상황에 처해 있다. 이스라엘은 주변 아랍 적대국들부터의 전쟁 위협이 지속되는 가운데 테러, 반확산 등 새로운 양상의 안보위협에도 대처해야 한다. 특히 대테러 전쟁을 비롯한 오늘날의 전투 양상은 과거와는 달리 매우 복잡한 양상으로 전개된다. 물론 지금까지 이스라엘 정보공동체가 어려운 상황을 매우 성공적으로 극복해 왔다. 특히 21세기에 들어서서 이스라엘에서는 그다지 큰 정보실패가 발생하지 않았다. 그런 점에서 모사드, 신베트, 아만 등 이스라엘의 정보기관들의 정보활동은 매우 성공적으로 수행되었다는 평가를 받고 있다. 이들은 아랍국들의 군사력 규모와 동향을 파악하고 국내 및 해외에서 아랍인들에 의한 테러행위를 차단하는 등의 활동을 매우 효과적으로 수행해 왔다. 이는 이스라엘

---

75) Kuperwasser(2007), p.XIII.
76) 이스라엘의 경우 수집관과 분석관 간의 업무적 구분이 다른 어떤 나라보다도 엄격하다. 수집관이 수집한 생 자료를 처리하는 과정은 일종의 분석업무로 볼 수 있으며, 분석관이 결론을 도출하는데 결정적인 요소로 작용한다. 역으로 분석관은 국가의 전략적인 또는 공작적인 필요를 잘 이해하고 있기 때문에 무엇을 어떻게 수집해야 할지 즉 수집의 범위와 방향을 설정하는 역할을 담당한다. 따라서 수집과 분석의 효율성을 증진하려면 수집관과 분석관 간의 상호 대화를 제도화하는 등 밀접한 협조체제를 유지하는 것이 필요하다. Kuperwasser(2007), p.XIII.

정보기관들 스스로 과거의 정보실패 경험을 통해 문제점들을 도출하고 이를 개선하기 위해 지속적인 노력을 기울였던 결과로 생각된다. 미래 이스라엘의 안보상황은 더욱 불안정하고 불투명하며 불확실할 것으로 예상된다. 이처럼 이스라엘이 처한 다양한 유형의 안보위협과 도전들에 대해 향후 이스라엘 정보공동체가 어떻게 대응할지 주목된다.

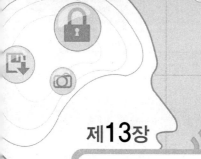

제13장

한국의 정보기구

제1절 기원과 발전

1. 근대 이전

우리나라에서 기록에 나타난 정보활동은 기원 전후 고구려, 백제, 신라 등 삼국이 역사 무대에 등장하면서부터 시작된 것으로 보인다. 삼국시대는 우리나라 역사상 가장 전쟁이 많았던 시기였다. 기록에 따르면 삼국시대 700여 년 동안 총 460회의 전쟁이 발발했던 것으로 나타난다.[1] 특히 589년 수나라가 중국을 통일한 이후 동아시아 국제질서가 재편됨에 따라 전쟁의 양상이 국제전으로 변모하면서 전쟁의 횟수가 급격하게 늘어났고 전쟁의 규모도 커졌다.[2] 이러한 상황에서 고구려, 백제, 신라 등 삼국은 당시 급변하는 동아시아 지역의 국제정세를 보다 정확하게 파악하고 자국의 생존을 확보하기 위해 정보활동을 활발하게 전개했다.

특히 고구려는 백제와 신라와 비교하여 상당히 이른 시기인 기원전부터 첩자를 활용하여 정보활동을 매우 활발하게 수행했던 것으로 보인다. 고구려는 중원 왕조나 북방민족과 국경을 접하고 있었기 때문에 첩보 대상국이 신라나 백제에 비해 많았다. 고구려의 경우 백제와 신라 외에 중원 왕조인 수나라, 당나라, 북방 정권인 북위, 북연, 선비, 돌궐, 말갈 등 다양한 나라들을 대상으로 첩보활동을 수행했던 것으로 보인다.[3]

---

1) 김영수, 『역사를 훔친 첩자』(서울: 김영사, 2006), p.7.
2) 김영수(2006), p.7.
3) 김영수(2006), p.15.

삼국사기 고구려 본기 '대무신왕' 15년 조의 기록에 나오는 호동왕자와 낙랑공주의 이야기는 사실성은 떨어지지만 고구려가 일찍부터 첩자와 그 활용의 중요성을 인지하고 있었음을 적나라하게 보여준다.[4] 고구려는 장수왕 당시 승려 도림을 백제에 은밀히 첩자로 침투시켜 개로왕과 백제를 파탄지경에 빠뜨리는 첩보전을 전개하기도 하였다.[5]

삼국시대에는 고구려의 을지문덕과 연개소문, 신라의 김유신과 김춘추 등 첩보전의 대가들이 많았다. 특히 을지문덕 장군은 고구려를 침략한 수나라의 군대에 포로로 잡혀 적정을 염탐하고 돌아와 다양한 유형의 심리전과 교란작전을 펼쳐 30만 명에 이르는 수나라 군대를 몰살시켰다. 살수대첩으로 널리 알려진 이 전쟁에서 을지문덕 장군은 첩보전과 능수능란한 용병술을 효과적으로 펼쳐 동아시아 지역 패권다툼에서 중국의 수나라에 완승을 거둘 수 있었다.[6]

그러나 삼국시대 이후 우리나라 역사에서 첩보활동은 거의 자취를 감춘 것처럼 보인다. 삼국을 통일한 신라는 더 이상 외부의 적을 대상으로 첩보활동을 수행하지 않았다. 당시 통일 신라가 당나라 또는 발해를 대상으로 첩보활동을 전개했다는 기록이 별로 없다. 신라 말기로 접어들면서 귀족세력들은 사병조직을 확대했고, 지방 세력도 독자적으로 힘을 길러 중앙 정부에 맞서는 모습을 보였다. 종래 외부의 적을 겨냥했던 첩자와 그 조직이 내부 정적들 간의 세력 다툼에 빈번히 활용되었다. 이로 인해 과거 국가와 민족의 생존과 번영에 기여한 애국자로 추앙받았던 첩자의 이미지와 위상이 차츰 부정적으로 변화되기 시작했다.[7]

삼국시대에는 첩자의 개념이 국가의 생존을 위한 군사행위의 일환으로서 인식되었다. 그래서 고대의 첩자는 긍정도 부정도 아닌 대체로 '중성(中性)'적으로 인식되었으며, 결코 부정적인 이미지만을 갖는 것은 아니었다.[8] 그런데 삼국시대 이후 첩자의 이미지가 부정적으로 바뀌게 된다. 일부 첩자들이 정권을 장악하려는 귀족세력들 간의

---

4) 김영수(2006), pp.19-22.

5) 삼국사기 개로왕조에 나오는 이야기이다. 백제에 성공적으로 침투한 도림은 바둑으로 개로왕의 마음을 사로잡았다. 개로왕은 도림의 꾐에 빠져 바둑을 두느라 국사를 소홀히 하였으며, 장엄하고 화려한 궁실, 성, 누각 등을 짓고 선왕의 무덤도 거창하게 보수하는 등 대대적인 토목공사를 벌여 국고를 완전히 탕진하였다. 이로 인해 백성들은 도탄에 빠지게 되었고 임금에 대한 백성들의 원망이 극에 달했다. 이때를 틈타 AD 475년 장수왕이 백제를 공격하여 수도인 한성을 함락하고 개로왕을 생포하여 죽였다. 첩보전에 승리한 장수왕은 한강 하류를 차지하여 영토를 크게 넓힐 수 있었다. 반면 방첩에 실패한 개로왕은 자신의 생명을 잃었을 뿐만 아니라 비옥한 한강 유역의 땅을 잃고 웅진(현 공주)으로 도읍을 옮겨야 했다. 김영수(2006), pp.28-37; 김부식 저, 이강래 역, 『삼국사기 2』(서울: 한길사, 1998), pp.524-526.

6) 김영수(2006), pp.45-57.

7) 김영수(2006), p.193.

8) 김영수(2006), p.195.

내부 권력다툼에 이용되면서 첩자들의 이미지는 비열하고 탐욕스러운 존재로 전락하게 되었다. 이로 인해 국가의 생존과 안위를 지키는데 활용되었던 첩자들의 애국적인 모습은 사라지게 되었다. 점차 첩자(간첩)는 국가와 민족을 이간시키는 비열한 인물 또는 추악한 탐욕에 사로잡혀 조국을 배반하는 행동을 서슴지 않는 극악무도한 존재들로 낙인이 찍히게 되었다. 삼국시대 이후 이러한 역사적·사회적 배경으로 인해 우리 사회에서 첩자들이 부정적인 이미지를 갖게 되었던 것이다.

후삼국시대에 들어서서 후백제, 신라, 고려 등 상호 간에 전쟁을 수행하는 과정에서 중국 정권들과의 대외관계가 필요했기 때문에 첩보활동이 다시 빈번하게 수행되었을 것으로 추측된다. 그러나 불행하게도 그에 관한 기록이 별로 없어 정확한 내용을 파악하기 어렵다.[9] 고려시대 역시 외부의 적들에 대한 첩보활동보다는 주로 왕권유지 및 귀족들 간의 세력다툼을 위해 첩자들이 활용된 듯하다. 당시 중국 대륙의 송나라 또는 북방 지역의 거란족, 여진족, 몽고족 등을 대상으로 첩보활동이 적극적으로 수행되었다는 기록은 별로 없다. 고려는 후삼국을 통일하고 나서 얼마 지나지 않아 북진정책을 포기했으며, 심지어 거란의 1차 고려침략(993년)이 있기 불과 6년 전인 987년 성종은 무책임하게도 태평성대를 외치며 전국의 병기를 거두어 농기구를 만들었다고 한다.[10] 당시 고려의 지배계층은 왕권을 보호하고 자신들의 기득권을 유지하는 데에만 관심이 있었을 뿐 첩보활동에 소홀함으로써 외부 적들의 동향을 전혀 파악하지 못했다. 이처럼 지배계층의 무책임하고 안이한 안보의식의 결과로서 고려는 거란족, 여진족, 몽고족의 잇따른 침략에 국토가 유린되고 수많은 백성들이 무참하게 희생되는 등 속수무책으로 당했던 것이다.

이성계의 위화도 회군으로 건국된 조선은 '친명사대주의'를 표방하고 한반도에 안주함으로써 스스로 약소민족국가로 전락하고 말았다. 당시 명나라와 일본이 바다 멀리 남아시아와 동아프리카로 진출하는 진취적인 모습을 보였던 것과는 여러모로 대비된다. 조선의 임금과 지배계층은 사대주의에 안주한 채 넓은 세상을 보려하지 않았던 우물 안 개구리 식 의식에서 탈피하지 못했다. 안타깝게도 그들은 국가의 생존과 번영에 첩보활동이 얼마나 중요한 요소인지를 전혀 인식하지 못했다. 무엇보다도 사대부들이 지배계층을 형성하고 있었던 조선 사회는 유교식 사고방식에 젖어 첩자행위 자체를 깔보는 분위기가 팽배했다. 이러한 사회적 분위기 속에서 첩자는 애국자와는 전혀 거리가 먼 지배계층의 권력욕에 악용되는 비열하고 탐욕스러운 존재로 추락하고 말았다.

---

9) 김영수(2006), p.194.
10) 문영일, 『한국국가안보전략사상사』(서울: 21세기군사연구소, 2007), p.412.

　　건국 이후 200년간 외침이 없었던 조선은 무사안일에 빠져 버렸다. 지배계층은 당파싸움만을 일삼았고 외부 적들의 동향에 대해서 전혀 관심을 갖지 않았다. 이러한 가운데 선각자 이이가 임진왜란 10년 전인 1582년(선조 15년)에 북의 여진(만주족)과 남쪽의 왜구에 대비하기 위해 '징병 10만 양성'을 선조에게 건의했다. 그러나 조정의 대신들은 '평화시대에 국가 재정 소모라니 웬 말이냐'며 반대했다.[11] 조선 사대부들의 안보불감증이 얼마나 심각한 수준이었는지를 보여주는 대표적인 사례이다. 외부 적들의 동향에 대한 정보활동이 제대로 수행되지 않아 남쪽의 왜와 북방 청나라로부터의 침략이 임박한 극도의 위험한 상황 속에 있었음에도 불구하고 조정에서는 이를 전혀 파악하지 못하고 있었다. 그래서 조선은 정보력 부재로 인해 망했다는 혹자의 주장이 설득력 있게 받아들여진다.[12]

　　일본에 1년간이나 체류하면서 일본의 조선침략 의도를 관찰한 조선통신사 김성일과 황윤길의 엇갈린 정보보고는 조선 지배층의 당쟁이 얼마나 심각한 수준이었는가를 짐작케 한다. 당파싸움과 무사안일에 젖은 조정의 관료들은 전쟁이 임박한 상황에서 제대로 된 경고조차 애써 무시했다. 평화와 요행을 바라던 선조는 황윤길의 의견을 "실세한 서인이 인심을 어지럽히려 한다"며 배척하고 김성일의 의견을 받아들였다.[13] 선조와 지배층이 스스로 "침략을 없을 것이다"라는 최면에 빠져 안보 도박을 저지르게 된 결과는 참혹했다. 전쟁에 참여했던 조선군뿐만 아니라 무고한 백성들마저 일본군에 의해 무참히 학살되었다. 정확한 숫자는 알 수 없으나 임진왜란 동안 18만-1백만 명의 인명이 살상되었고, 경작지의 2/3이 파괴되었던 것으로 추정된다.[14] 문화재 손실도 막심하여 경복궁을 위시한 건축물과 문화사적으로 귀중한 가치를 지닌 서적, 미술품, 도자기 등이 대거 파괴되거나 소실되었다.

　　그토록 참혹한 전란을 겪었음에도 불구하고 조선의 지배계층은 충분히 반성하지 못했다. 지배계층은 권력 쟁취를 위한 당파싸움을 지속하는 가운데 무사안일에 빠져 외부 적들의 동향 파악을 위한 첩보활동에 여전히 무관심했다. 물론 조선시대 국경

---

11) 문영일(2007), pp.570-571.
12) 김영수(2006), p.194.
13) 문영일(2007), p.574.
14) 위키백과, "임진왜란," http://ko.wikipedia.org/wiki/%EC%9E%% (검색일: 2013년 6월 24일). 수도 한성이 수복된 후 명나라 군사들과 함께 도성에 들어온 류성룡은 당시의 참상을 "모화관에서 백골이 무더기로 쌓여 있고, 성 안에는 죽어 넘어져 있는 사람과 말이 이루 셀 수 없어 냄새와 더러움이 길에 가득하여 사람이 가까이 갈 수가 없었다"라고 적었다. 1593년 5월 한성이 수복된 후의 기록을 보면 전쟁이 발발하기 전 10만 명에 이르던 한성의 인구가 3만 8천여 명에 불과하였다. 이것은 단지 서울의 인구만을 비교한 숫자이므로 전국적인 피해를 감안했을 때 얼마나 많은 백성이 죽었는지 짐작하고도 남음이 있다. http://mybox.happycampus.com/anzzangsik/4943162(검색일: 2013년 6월 24일).

밖 외적들의 동향에 관한 정보를 수집하기 위한 노력이 전혀 없었던 것은 아니다. 성종 이후 소규모의 왜구와 여진의 침입이 끊이지 않자 병조판서, 병조참판, 국경 지방의 관찰사와 절도사를 지낸 인물을 참여시켜 군사대책을 협의했다.[15)]

이후 1517년(중종 12년) 변방지대 왜구와 여진의 침입 등 비상사태 발생 시 군사적 대응책을 협의하기 위한 비상설기구로 비변사(備邊司)가 설치되었다. 1555년(명종 10년)에 발생한 을묘왜변을 계기로 비변사는 상설기구로 발전하였다. 1592년 임진왜란이 일어나자 비변사는 전쟁수행을 위한 최고기관이 되어 국정전반을 총괄하였으며, 이후 그 기능과 권한이 점차 강화되어 의정부를 제치고 최고의 정치·군사 기관이 되었다. 비변사의 권한이 강화되면서 의정부와 육조는 실권을 잃게 되었다. 그런데 이후 비변사는 의정부와 육조를 주축으로 하는 국가행정체제를 문란하게 하였을 뿐 정작 중요한 임무인 국가안보와 위기관리 업무에 있어서는 제대로 된 역할을 수행하지 못했다. 즉 외부의 적대국 동향에 관한 정보수집활동 등을 통한 국방력 강화와 사회 혼란의 타개에 비변사가 전혀 도움이 되지 못했던 것으로 평가된다.[16)] 때로 비변사는 조직 내 '낭청(郎廳)'[17)]이라는 하급관료를 변경지역에 파견하여 외적의 동향에 관한 정보를 수집하는 임무를 수행하기도 했다. 그러나 이는 비변사 기능의 극히 일부에 지나지 않았으며, 사실상 제대로 된 정보활동은 수행되지 못했다. 낭청은 그 신분과 담당 업무가 공개되어 있었기 때문에 철저하게 신분을 위장하고 비밀리에 정보활동을 수행하는 오늘날의 정보요원들과는 판이하게 다르다. 그런 점에서 조선시대 비변사는 오늘날 기준에서 정보기구로 볼 수 없다. 이처럼 조선은 정보활동에 소홀함으로써 외부 적대세력의 동향을 파악하는 데 실패했으며, 그 결과 임진왜란과 병자호란에 이어 구한말 일본의 침략으로 인해 끝내 망하고 말았다.

2. 근대 이후

쇄국정책을 고수해왔던 조선은 1876년 일본의 강압으로 강화도조약을 맺고 마침내 개항을 하게 되었다. 개항과 함께 서구 문물이 물밀 듯이 들어오면서 조선의 근대화가 시작되었다. 개항 이후 당시 집권세력은 청의 양무운동의 경험을 받아들여 기존의

---

15) http://mtcha.com.ne.kr/korea-term/sosun/term178-bibyunsa.htm(검색일: 2013년 6월 26일).
16) http://mtcha.com.ne.kr/korea-term/sosun/term178-bibyunsa.htm(검색일: 2013년 6월 26일).
17) 비변사의 조직과 기능은 시대에 따라 변화되었는데, 17세기 경 비변사는 재상급 최고위 직인 대신(大臣), 판서급 중간간부인 당상(堂上), 그리고 종6품 하급관료인 낭청 등으로 구성되었다. 낭청 직위에 총 12명을 두었다.

지배질서를 온존시키는 가운데 서양의 발전된 기술문명을 수용한다는 '동도서기론(東道西器論)'에 입각한 근대화정책을 추진했다.[18] 그러나 조선은 자주적 근대화에 실패하고 제국주의 침탈로 인해 험난한 길을 걷게 되었으며, 종국에는 일제에 의해 국권을 강탈당하고 말았다. 이러한 시대적 상황에서 구한말 정보활동은 대체로 외세의 침탈을 막아 국권을 수호하는데 초점을 두고 수행되었다. 그리고 국권을 침탈당한 일제시기에 국내외에서 항일단체가 조직되어 일제의 통치에 저항했으며, 이러한 독립운동의 일환으로 일제의 동향에 관한 정보수집, 선전활동, 비밀단체 결성, 일제의 주요 시설 파괴, 요인암살 등 다양한 유형의 비밀정보활동이 전개되었다.

구한말 개항 이후 근대화가 진행되는 가운데 정보활동의 양상에 있어서도 획기적인 변화가 일어났다. 그러한 변화는 서양식 외교제도의 도입과 교통·통신의 발전 등 크게 두 가지 요인에서 비롯된다.[19] 첫째, 개항 이후 조선에 서양식 외교제도가 도입되면서 국가적 정보활동의 기본 틀이 변화되었다. 과거 전통적인 외교방식은 대상국에 사신이나 통신사 등 사절단을 파견하는 방문외교 형식으로 이루어졌다. 그런데 개항 이후 세계 각국들과 조약을 체결하여 외교관계를 맺음에 따라 조선 내 일본, 영국, 중국, 미국, 독일, 러시아, 프랑스 등 각국 공관들이 설치되었다. 조선 내 외국 열강의 공식적인 외교활동이 수행되었을 뿐만 아니라 자국의 이익을 확보하기 위한 정보활동도 치열하게 전개되었다. 조선 정부 역시 세계 각국에 상주공관을 설치하여 외교활동과 더불어 정보활동을 전개했다. 구한말 서양의 발전된 과학기술이 도입되면서 경인선, 경부선 등 철도가 부설되었고, 우편, 전신, 전화 등 통신시설이 가설되었다. 교통 및 통신의 획기적 발달은 정보활동의 공간을 국내 또는 중국, 일본 등 주변국에 그치지 않고 미국, 영국, 러시아 등 서구 제국으로 크게 확대시켰다. 통신수단의 획기적인 발달로 정보가 신속히 대량으로 유통되었고, 그러한 정보의 유통 과정에서 필요한 정보를 수집하고 감시하기 위해 비밀정보활동의 필요성이 증가하였다.[20]

한편, 구한말 외국 열강의 침탈과 국내 지도자들의 내분으로 국가가 존망의 위기에 처해 있었다. 19세기 말에서부터 20세기가 시작되는 무렵 일본은 갖은 수단을 동원하여 한반도를 강탈하려는 가운데 정부의 고위관리들은 친일파 또는 친러파 등으로 분열되어 국가기밀을 팔아먹었다. 특히 고종황제의 어전회의에서 비밀리에 논의된 중요한 정보가 일본 공관에 곧바로 유출되는 사례가 빈번히 발생했다고 한다.[21] 이에 따라

---

18) Encyclopaedia Britannica, "한국의 근대화," http://preview.britannica.co.kr/bol/topic.asp?article_id=b03g0052b021(검색일: 2013년 6월 26일).

19) 국가정보포럼, 『국가정보학』(서울: 박영사, 2006), p.243.

20) 국가정보포럼(2006), p.243.

기밀유출을 막는 방첩활동과 함께 국권수호를 위한 정보활동을 전담할 전문 정보기관이 필요하였고, 이에 부응하여 1902년 6월 고종의 지시로 '제국익문사'가 설립되었다. 제국익문사는 우리나라 최초 근대적 형태의 비밀정보기관으로 여겨진다.

제국익문사는 비밀정보기관이라는 사실을 은폐하고자 대외적으로는 매일 사보(社報)를 발간해 일반 국민들에게 배포하고 때때로 국가에 긴요한 서적을 인쇄하는 등 현대판 통신사 기능을 담당했다.22) 그러나 실제로는 고종 황제 직속의 비밀정보기관으로서 외국과 유착된 정부 고위관리들을 찾아내어 단속하고 외국인들의 국내 체류 동향과 출입국 내용을 파악하는 등의 임무를 수행했다. 1907년 고종 황제 강제 퇴위 사건을 다룬 나라사키 게이엔의 『한국정미정변사(韓國丁未政變史)』에서 "고종 황제가 평소 내각의 친일 대신들을 의심해서 3-4인의 밀정을 붙여 모든 기밀을 탐지하게 했고, 많은 일들이 이 밀정에 의해 결정되었다"고 비판하는 내용이 기록되어 있다.23) 이로 미루어 보아 제국익문사가 오늘날 각국의 정보기관과 유사한 종류의 방첩활동을 은밀히 수행했던 것으로 추정된다.

그동안 제국익문사의 실체에 대해서 거의 알려진 바가 없었으나 1996년 11월 '제국익문사비보장정(帝國益聞社秘報章程)'이 발견되면서 비로소 제국익문사의 조직체계와 임무에 관한 자세한 사항이 알려지게 되었다.24) 총 23개 조로 구성된 '비보장정'에는 제국익문사의 조직과 기능, 활동범위 등을 자세하게 기록하고 있다. 동 책자에 따르면 제국익문사의 설립목적을 "황제가 국가를 경영하는데 필요한 정보를 제 때에 정확하고도 완전하게 공급하는데 있다"고 기술하고, 주 임무는 "매일 비밀보고서를 작성해 오로지 황제에게 보고함으로써 황제의 총기(聰氣)를 보필하는데 있다"고 규정하였다.25) 제국익문사의 조직 역시 규모는 작지만 오늘날의 정보조직과 유사한 체계를 갖추고 있었던 것으로 보인다. 오늘날의 정보기관 수장에 해당되는 총책임자로서 '독리(督理)'를 두었고, 그 밑에 '사무(司務)', '사기(司記)', '사신(司信)' 등 3명의 임원을 두었다.26) 그리

---

21) 이태진, 『고종시대의 재조명』(서울: 태학사, 2000), pp.389-391.

22) 사보에는 황실이 베푸는 혜택을 공개해 빛나도록 하는 일, 누구를 칭송하고 찬양하는 사항, 정부 고시로는 적절하지 않으나 국민들에게 알려야 할 사항, 비판 여론에 대응하여 수시로 설명해 국민 대중이 오해하거나 현혹되지 않도록 하는 일 등을 게재했다. 정규진, 『한국정보조직』(서울: 한울, 2013), p.69.

23) 이태진(2000), p.389.

24) 1996년 11월 25일 서울대 이태진 교수가 한국학중앙연구원 장서각에서 책자 형태로 동 문서를 찾아내 일반에 공개했다. 정규진(2013), p.68.

25) 제국익문사, 『제국익문사비보장정』(제국익문사, 1902).

26) 독리는 주로 황제의 측근이면서 신임이 가장 두터운 자로 임명되었다. 사무는 회사 내부의 사무를 총괄하는 일과 비밀보고서 분석하는 일을 담당했고, 사기는 회사의 재정업무를 총괄하면서 생산된 비밀보고서를 황제에게 보고하는 임무를 수행했다. 그리고 사신은 각종 문서 관리 및

고 독리와 임원의 지휘하에 '통신원'이라는 명칭의 활동요원들 두었다. 이들은 각 분야 및 요소에 따라 '상임통신원', '보통통신원', '특별통신원', '외국통신원' 그리고 '임시통신원' 등으로 구분되었으며, 총 인원은 61명이었다.[27] 한편, '비보장정'에는 각 통신원들이 수집해야 할 과제들이 매우 구체적으로 명시되어 있었는데, 그 중에서도 일본 정부와 일본인들의 동향을 파악하는 사항이 가장 많은 부분을 차지하고 있었다. 이와 함께 각 통신원들은 정부 고위관리들이 외국과 내통하는지 여부, 국가전복을 기도하는 자들의 움직임, 외국 정부의 정치 및 군사 동향, 국내 외국인들의 특이 행동 등 다양한 과제들을 대상으로 수집활동을 전개했던 것으로 추정된다.[28]

당시 제국익문사 요원들은 통신원, 밀정, 밀사 등 다양한 신분으로 위장하여 철저히 보안을 유지하는 가운데 비밀임무를 수행했던 것으로 보인다. 예를 들어, 중요한 자료를 황제에게 보고할 때는 '화학비사법(化學秘寫法)'으로 보고서를 작성토록 제한함으로써 황제 외에 다른 사람이 알아보지 못하도록 하였다.[29] 또한 비밀보고서를 넣은 봉투에 '성총보좌(聖聰補佐)'라는 문양을 새겨 넣어 황제 외에 다른 사람이 보지 못하도록 일종의 보안관리 조치도 취하였다.[30] 제국익문사의 요원들은 일본의 삼엄한 감시를 받던 상황에서도 미국, 영국, 러시아, 프랑스, 독일 등 각국에 을사조약이 무효임을 선언하는 고종 황제의 친서를 전달하고, 나아가 이에 대해 세계 각국의 여론에 호소하는 활동을 막후에서 지원하기도 하였다.[31] 그러나 국권회복을 위한 요원들의 모든 노력이 수포로 돌아갔고, 제국익문사는 1907년 고종이 퇴위하면서 결국 해체되고 말았다.[32]

1910년 한일합방과 함께 일제는 헌병, 경찰, 행정기관, 밀정 등 모든 수단을 동원하여 국내외 항일운동 세력을 색출하고 이들의 활동을 무력화시키는 조치들을 취했다. 이로 인해 한반도에서는 일제의 삼엄한 감시를 피하여 비밀결사 형태의 항일운동이

비밀보고서의 발간 업무를 담당했다. 정규진(2013), pp.70-71.
27) 상임통신원은 총 16명으로 정부 각 부처를 담당했다. 보통통신원은 고위관리들이나 군 고위층을 담당하는 요원으로서 15명이 배치되었다. 특별통신원은 주한 외국 공관, 일본 수비대, 인천·부산 등 항구를 담당하는 21명의 요원들로 구성되었다. 외국통신원은 일본 도쿄, 중국 상하이 등 외국에 파견된 요원으로서 총 9명이었다. 그리고 임시통신원은 정원을 정하지 않고 국내외 실정을 고려해 파견하도록 규정하고 있었다. 정규진(2013), pp.71-72.
28) 통신원들의 수집과제들에 대한 상세한 내용은 정규진(2013), pp.72-74를 참고.
29) 화학비사법은 화학용액이나 과일즙을 사용해 글씨를 쓰는 것으로서 외견상 표시가 나지 않고 투명하지만 열이나 화학용액을 가하면 글씨가 드러난다. 정규진(2013), p.74.
30) '성총보좌'란 황제의 총명함을 보좌한다는 의미이다. 정규진(2013), p.74.
31) 국가정보포럼(2006), p.244.
32) 1907년 7월 20일 고종이 헤이그 밀사 사건의 책임을 추궁하는 일본의 강압에 못 이겨 황위를 순종에게 위임했다가 바로 양위했다.

전개되었다. 그러나 일제의 무단통치로 인해 한반도에서의 항일운동이 점점 어려워지자 많은 독립 운동가들이 연해주, 북간도, 미주 지역 등 해외로 이주했고, 이들을 중심으로 항일민족단체들이 결성되어 독립운동을 전개하기 시작했다.

　1919년 4월 중국 상해에서 임시정부가 창설되었다. 임시정부는 민족의 대표기구이자 독립운동을 지휘할 최고기구로서의 위상과 역할을 인정받기 위해 무엇보다도 국민적 지지기반을 확보해야 했다. 이를 위해 임시정부는 '연통제', '교통국', '특파원', '지방선전부'등 여러 가지 유형의 기구를 조직하여 국내와 연계된 활동을 수행했다. '연통제'는 1919년 7월 임시정부의 내무부 주관 하에 도(道)-부(附)-군(郡)-면(面)에 책임자를 임명하여 설치된 비밀행정체계였다. '교통국'은 1919년 8월 교통부 관할하에 국내와의 통신연락을 위해 설치된 기구였다. 임시정부는 이러한 행정조직을 활용하여 국내의 실정을 조사·보고하도록 하였다. '특파원'은 특수임무를 띠고 국내로 파견되는 요원을 뜻한다.[33] 1920년 3월에 조직된'지방선전부'는 기존의 연통제, 교통국, 특파원 등을 통해 이루어지고 있던 비밀정보활동을 총괄하는 임시정부의 정보기구라고 할 수 있다.[34]

　임시정부 내 '지방선전부'가 조직되고 산하에 행동기구로서 '선전대'가 설치되면서 1920년 6월부터 선전대원들이 국내로 파견되었다. 일종의 정보요원으로서 선전대원들은 '총독부의 정책 및 관리의 행동', '국민의 민심 상태', '국내의 독립운동 상황' 등을 조사·보고하는 임무가 주어졌고, 진충보국(盡忠報國)한다는 자세와 상관의 지휘명령을 반드시 수행해야 한다는 등 엄격한 행동규정이 요구되었다.[35] 이 밖에도 선전대원들은 유력인물의 국외탈출, 국내 독립운동 단체의 결성, 독립시위운동 유도, 독립자금 전달, 일제 통치시설 파괴, 요인 암살 등 다양한 유형의 정보활동을 비밀리에 수행했다. 또한 일종의 선전공작으로서 『독립신문』, 『임시정부 공보(公報)』, 『신한청년(新韓靑年)』, 『신대한(新大韓)』 등의 신문·잡지, 그리고 임시정부에서 발표하는 각종 포고문 등의 선전물들을 발간하여 국내외에 배포하기도 하였다.[36]

　일제시대 동안 임시정부와 더불어 항일 무장투쟁을 전개했던 대표적인 독립운동

---

33) 1919년 7월 임시정부 내무총장이었던 안창호는 각 도와 경부선·경의선·경원선을 중심으로 특파원을 파견하였고, 이들에게 '선전 및 시위운동', '시위운동 준비 및 실행', '연통부 설치', '정황시찰' 등의 임무를 부여하였다. 특파원들이 수행해야 할 이러한 임무는 정보활동이었으며, 이들은 일종의 정보요원이었다. 한시준, "대한민국 임시정부의 국내정보활동," 『한국근현대사연구』, 제15집(2000년 겨울호), p.104.

34) 한시준(2000), p.104.

35) 한시준(2000), p.104.

36) 한시준(2000), pp.85-90.

단체로서 '의열단'과 '한인애국단'을 들 수 있겠다. 이들은 항일 독립운동의 일환으로 첩보수집 및 비밀공작 등 정보활동 임무를 수행했다. '의열단'은 1919년 11월 만주 길림에서 김원봉 등이 결성한 단체로서 일본인과 친일 매국노 암살, 일제 시설 파괴, 폭동 등 일제의 통치에 항거하는 활동을 벌였다. 의열단이 주도했던 부산경찰서 폭탄투척(1920년 9월 14일), 밀양경찰서 폭탄투척(1920년 12월 27일), 조선총독부 폭탄투척(1921년 9월 21일), 상해 황포탄 부두에서의 일본 대장 다나까 기이치 암살시도(1922년 3월 28일), 동양척식주식회사 폭탄투척(1926년 12월 28일) 등은 오늘날 정보기관에서 수행하는 준군사공작과 흡사하다. '한인애국단'은 1931년 10월 임시정부 국무령이었던 김구의 책임 하에 특무공작임무를 수행하기 위해 설립된 항일독립운동 단체이다. 김구는『백범일지』에서 "나는 정부 국무회의에서 '한인애국단'을 조직해 암살, 파괴 등의 공작을 실행하게 되었다"고 기술했다.[37] 임시정부를 국가기관으로 보고 애국단을 '특무공작기관'으로 보았을 때 애국단의 이러한 활동은 비밀공작의 한 유형인 준군사공작에 해당된다. 임시정부가 애국단을 조직하여 비밀공작이라는 항일투쟁 방식을 선택히게 된 것은 최소의 비용으로 효과를 극대화하려는 전략에서 비롯된 것으로 보인다. 비밀활동을 위해 요원들의 신분을 철저히 위장했기 때문에 애국단의 정확한 규모는 알 수 없다. 다만, 당시 일제 정보기관이 파악하여 기록한 바에 따르면 안공근, 엄항섭, 김동우, 이수봉 등 10여 명을 핵심단원으로 하여 총 인원은 약 80여 명으로 추정된다.[38] 애국단은 이봉창의 일본천황 폭탄투척(1932년 1월), 윤봉길의 상해 홍구공원 폭탄투척(1932년 4월) 등의 항일투쟁을 전개하여 한국인의 독립의지를 전 세계에 알리는데 크게 기여했다.

1940년 9월 17일 임시정부는 광복군을 창설하여 무장 세력을 갖추고 항일 독립운동을 전개했다.[39] 광복군은 대원들 중에서 일부 인원을 선발하여 영국군과 공동으로 대적선전공작 임무를 수행하기도 하였다.[40] 이들은 인도에서 일본과 접전을 벌이고

---

37) 김구는 공작에 사용하는 돈과 인물의 출처에 대해 일체의 전권을 위임받았다. 김구 저, 도진순 역,『백범일지』(서울: 돌베개, 2003), p.7.
38) 김창수, "한인애국단의 성립과 활동," 한국독립운동사연구소,『한국독립운동사연구』, 제2집 (1988), p.443.
39) 광복군 총사령부는 총사령 이청천, 참모장 이범석, 만주에서 독립군을 조직하여 활동했던 군사간부들, 그리고 중국의 군관학교를 졸업하고 중국군에 복무하고 있던 한인 청년들 등으로 구성되었다. 한시준, "중경시기 대한민국 임시정부의 위상과 역할,"『한국독립운동사연구』, 제33집 (2009), p.80.
40) 인면전구공작대(印緬戰區工作隊)라는 이름으로 인도에 파견하였는데, 한지성, 문응국 등 모두 9명으로 구성되었다. 이들은 1943년 8월 영국군 총사령부가 있는 인도 켈거타에 도착하여 영국군으로부터 영어와 방송기술을 비롯하여 일본어 방송, 문서번역, 전단작성 등에 대한 교육을 받은 다음 1944년 초 영국군에 분산·배속되었다. 김광재,『한국광복군의 활동 연구 -미전략첩보

있는 영국군의 최전선에 투입되어 일본군에 대한 대적방송, 적문서 번역, 전단 제작 및 살포 그리고 포로 심문 등을 담당했다. 광복군은 미국의 전략첩보기구인 OSS(Office of Strategic Services)와 합작하여 국내 진입작전을 추진했다. OSS는 한반도에 대한 전략적 가치를 중요시하면서 이 지역에서의 첩보활동에 한국인들을 이용하려 했다. OSS의 비밀정보국은 광복군 대원들을 국내로 진입시켜 적(일본군)의 후방에서 비밀공작을 전개하는 일명 '독수리계획(Eagle Project)'을 입안했다. 동 계획은 1945년 4월 3일 김구 주석과 광복군 총사령관 이청천의 최종 승인을 얻어 실행되기에 이르렀다.[41] 광복군 대원들은 1945년 5월부터 3개월간 OSS의 훈련을 마치고 8월 중 국내에 진입하여 비밀공작을 전개하려 계획했다[42]. 그러나 8월 10일 저녁 일본이 포츠담선언에서 요구한 무조건 투항을 받아들였다는 소식과 함께 일제의 항복 소식이 전해지면서 안타깝게도 광복군의 국내 진입작전은 실행에 옮겨지지 못했다.[43]

3. 광복 이후

1945년 8월 15일 해방과 함께 남북이 분단되어 미·소 양군이 각각 진주하게 되었다. 1945년 9월 9일 미 제24군단이 한국에 진입하여 미군정이 실시되었다. 주한 미 24군단 예하에는 두 그룹이 정보활동임무를 수행했다. 하나는 7개의 일반참모부 중의 하나인 G-2(정보참모부)였고, 다른 하나는 CIC(Counter Intelligence Corps)로 일컫는 방첩대였다.[44] G-2는 주로 군사분야의 정보를 수집하는데 중점을 두었던 반면, CIC는 본래

국(OSS)과의 합작훈련을 중심으로』, 동국대 박사학위논문, 1999; 한시준(2009), p.84.

41) 한시준, 『한국광복군연구』(서울: 일조각, 1993), p.280.

42) 김구 주석은 1945년 8월 5일 총사령 이청천 등 19명을 대동하고 중국 서안으로 가서 8월 7일 미국 OSS 총책임자 도노반(William B. Donovan) 소장을 만나 광복군 대원들을 국내로 진입시키는 문제에 대해 협의했다. 협의 결과 OSS 훈련을 마친 광복군 대원들을 국내에 진입시켜 적에 대한 후방공작을 전개한다는 것이었고, 이를 위한 제반 준비는 OSS 측에서 담당하기로 하였다. 국내 진입작전은 3단계로 계획되었다. 첫 단계는 광복군 대원들을 잠수함으로 국내에 진입시킨다는 것이고, 다음 단계는 이들로 하여금 국내에 거점을 마련하여 부여된 각종 공작과 민심을 선동하는 것이며, 마지막 단계는 OSS 측의 협조를 얻어 무기를 비행기로 운반하여 적 후방에서 무장활동을 전개하는 것이었다. 협의를 마치고 나서 도노반 소장은 "금일 금시로부터 아메리카 합중국과 대한민국 임시정부와의 적 일본에 항거하는 비밀공작이 시작된다"고 선언했다. 김구, 『백범일지-백범학술원총서 2』(서울: 나남출판, 2002), p.405; 한시준(2009), p.88.

43) 한시준(2009), pp.87-88.

44) 1945년 9월 9일 주한 미군 제24군단이 남한에 진입할 당시 '제224 CIC 파견대(the 224th CIC Detachment)'도 함께 왔다. 이후 남한에는 24군단에 배속된 224 파견대 외에 CIC 산하 '전투부대분견대(Combat Unit Detachment)', '수도부대(Metropolitan Unit)', '지역부대(Area Unit)' 등이 있었다. 이들 각 파견대는 도쿄 소재 제441 파견대의 통제 아래 있었는데, 1946년 2월부터 제224 CIC 파견대가 남한 주둔 모든 CIC 파견대에 대한 통제권을 행사하도록 조정되었다. 그리고 그해 4월 모든 CIC 파견대가 제971 CIC 파견대로 통합되었고, 이때부터 CIC의 남한에서의 활동

임무인 방첩업무 외에 미군정체제 운영에 필요한 정보수집, 북한 정보수집, 그리고 대북공작 업무까지 수행했다.[45] 또한 '민간정보통신대(Civil Communications Intelligence Group)'를 운영하면서 통신감청 및 우편물 검열 등의 임무도 수행했다.[46]

대한민국 정보기구의 뿌리는 미군정 시절로 거슬러 올라간다. 미군정 당시인 1945년 11월 중순 미 군정법령 제28호에 의거 '국방사령부'가 설치되었다.[47] 1946년 1월 군정청 국방사령부 산하에 정보과가 발족되었고, 그것이 1946년 8월 조선경비대 총사령부 정보국으로 개편되었다가 1948년 8월 15일 대한민국 정부 수립 이후 육군본부 정보국 소속으로 개편되었다.

1948년 8월 대한민국 정부수립과 함께 주한 미 CIC가 수행했던 업무의 대부분은 육군본부 정보국이 인수하였다. 육본 정보국은 정부 수립부터 중앙정보부가 설립되기까지 한국의 중추적인 정보기구로서의 임무를 수행했다. 당시 육본 정보국은 방첩대(CIC)와 첩보대(HID)를 직접 지휘했고, 대한민국 정보비 전체 예산의 절반 이상을 사용했던 것으로 알려졌다.[48] 육본 정보국은 1949년 6월 1일 당시 1과(전투정보과), 2과(첩보과), 3과(방첩과) 등 3개과로 구성되어 있었는데 한국전쟁이 발발하자 1과(전투정보과), 2과(방첩과), 3과(첩보과) 등으로 개편되었다.[49] 1과(전투정보과)의 주 임무는 남북한 상황을 정확히 분석하고 예측하는 것이었다. 1과 출신으로서 박정희, 이후락, 김종필, 박종규(전 경호실장) 등이 있었고, 나중에 이들 중 상당수가 5.16 주도세력이 되었다.[50] 2과(방첩과)는 최초 '특별조사과'로 불리다가 특무과, 특별조사대, 방첩대 등으로 명칭을 바꿨으며, 간첩과 이적분자들을 수사하는 것을 주 임무로 하였다.[51] 3과(첩보과)는 대북공작 및 심리전 활동을 담당했으며, 한국전쟁 발발 후 1951년 3월 25일 육본 직할부대인 첩보부대(HID)로 독립했다.[52] 육군 정보국은 1959년 1월 1일 육군본부에 일반참모부장

이 본격적으로 전개되었던 것으로 알려졌다. 양동안, "해방공간에서의 남북한 정보·정치공작 활동," 한국국가정보학회 학술세미나 발표 논문(2010년 2월 23일), p.14.

45) 국가정보포럼(2006), p.248.

46) 국가정보포럼(2006), p.248.

47) 동 조직은 1946년 9월 '통위부'로 개칭되었다가 1948년 8월 15일 대한민국 정부 수립과 함께 국방부가 되었다. "군사 유경험자들의 창군 노력은 어떠했는가?" http://www.imhc.milikr/user/imhc/download/war625/1k15.pdf(검색일: 2013년 8월 21일).

48) 정규진(2013), p.256.

49) 육군본부 군사감실, 『육군사 제 3집』(서울: 육군인쇄공장, 1961); 정규진(2013), p.253.

50) 박정희는 남로당에 가입한 혐의로 1948년 11월 11일 체포되어 한 달 간 조사받았다. 그 해 12월부터 정보국에 있으면서 숙군작업에 협조하다 12월 말 전투정보과장에 취임했다. 1949년 4월 박정희는 파면되어 민간인 신분으로 전투정보과에 계속 근무하다가 한국전쟁 발발 직후 복직해 다시 전투정보과장을 맡았다. 5.16 군사정변 직후 중앙정보부 창설을 주도한 김종필, 이영근, 서정순, 김병학 등 육사 8기생들이 전투정보과 출신이다. 정규진(2013), pp.253-254.

51) 2과는 1950년 10월 특무부대로 개편되었다가 1960년 방첩부대가 되었으며, 이후 국군보안사령부(1977년)로 개편되었다가 1991년 기무사령부가 되었다. 정규진(2013), p.254.

제도가 도입되면서 일반참모부 산하 정보참모부로 개편되었다.

육군 정보국은 한국의 근대적인 정보·보안체계의 기원을 이루는 것으로 인정되고 있다.[53] 육군 정보국은 한국 군 정보체계의 근간을 형성하고 있을 뿐만 아니라 이후 민간 정보기관으로 설립된 중앙정보부의 핵심인력이 이곳 출신들이다. 당시 해·공군 도 존재했지만 군의 주력이 육군이라는 점에서 육군 정보국이 군 정보체계의 중추적 역할을 수행했다. 앞에서 언급했듯이 박정희, 김종필, 이후락, 박종규 등 1961년 5.16 군사정변과 이후 창설된 중앙정보부의 중추세력이 대부분 육군 정보국 출신들이었던 것으로 나타난다. 육군 정보국은 1948년 10월 19일 발생한 여순반란사건을 계기로 시작된 숙군작업을 벌여 군 내 좌익세력을 제거함으로써 대한민국 국가체제의 안정화 를 유지하는데 결정적으로 기여했다.[54] 육군 정보국은 군사정보는 물론 민간 부문에까 지 광범위하게 정보활동을 전개함으로써 정부수립 초기 가장 강력한 정보기관으로서 의 위상을 가졌다.

냉전이 극단으로 치닫던 1950년대 중반 미 CIA는 한국과 협력하여 소련의 대외팽 창을 저지하는 임무를 수행하고자 하였고, 이를 위해 이승만 대통령에게 중앙정보기구 의 창설을 요청했다. 이승만 대통령이 이를 수용하여 1959년 1월 이후락을 책임자로 하여 육·해·공군에서 선발된 40여 명의 장교와 사병들로 구성된 '중앙정보부'가 설립 되었다.[55] 국방장관 직속기관으로서 명칭은 '중앙정보부'였지만 사실상 수행하는 임무 는 CIA와의 정보협력 창구에 불과했던 것으로 추정된다. 중앙정보부의 주요 임무는 각군 정보부대서 올라오는 정보를 정리하는 일과 CIA에서 제공해 주는 정보를 정리해 매일 국방장관에게 보고하는 것이었다.[56] 그리고 미 CIA의 정보제공에 상응하여 CIA 측에 우리가 수집한 북한정보를 제공해 주었다. 중앙정보부는 이승만 정부의 몰락과 함께 해체되었다. 1960년 4.19 혁명으로 장면 총리가 집권하자 당시 CIA의 한국 지부장 이었던 실버(Peer de Silva)가 장면 총리에게 중앙정보기구의 설립을 강력히 요청했다.[57] 이에 장면 정부는 1961년 1월 '중앙정보연구위원회'라는 이름의 기관을 설립하고 총

---

52) 3과는 한때 대북 심리전 목적의 판매용 월간지인 『봉화』와 『북한특보』를 발행하기도 하였다. 정규진(2013), p.255.
53) 김당, "한국의 정보기관," 문정인 편, 『국가정보론: 이론과 실제』(서울: 박영사, 2002), p.573.
54) 여순반란사건을 계기로 전군에 걸쳐 1949년 7월까지 진행된 숙군작업을 통해 총 4,749명이 검 거되어 총살, 유기형, 파면 등으로 제거되었다. 국방부전사편찬위원회, 『한국전쟁사 제1권: 해방 과 건군』(서울: 동아출판사, 1967); 정규진(2013), pp.259-260.
55) 이후락은 박정희에 이어 육본 정보국 전투정보과장으로 근무한 경력이 있었으며, 1955년부터 3 년 간 주미 한국대사관 무관으로 근무하다 귀국해 중앙정보부장을 맡았다. 정규진(2013), p.279.
56) 정규진(2013), p.278.
57) 실버는 1959년 9월 한국에 부임 후 장면 부통령을 적어도 일주일에 한번 이상 만났을 정도로 가까운 관계를 유지했던 것으로 알려졌다. 정규진(2013), pp.280-281.

책임자인 '중앙정보연구실장' 직위에 이후락을 임명했다. 중앙정보연구위원회는 총리 직속 기구로서 소수의 대령 급 정보장교와 서울대를 졸업한 20여 명의 요원들로 구성되었다. 제1공화국 중앙정보부가 국방장관 산하 조직이었던데 비해 중앙정보연구위원회는 총리 직속으로 격상되었지만 중앙정보기구로서의 위상이나 기능을 전혀 부여받지 못했다. 특히 국회의 견제로 인해 법적 근거를 마련하지 못했으며, 공식적으로 편성된 예산조차 없어서 총리실로부터 예산을 지원받았다. 매주 1회 정도 총리에게 해외정보를 보고하는 외에 제대로 된 정보활동이나 기능을 수행하지 못했다.[58] 이후 중앙정보연구위원회는 1961년 5.16 군사정변 이후 중앙정보부가 설립되면서 중앙정보부 산하 해외담당 부서로 흡수되었다.

4. 중앙정보부의 창설과 변천

1961년 5월 16일 군사정변이 일어난 지 채 한 달이 지나지 않은 6월 10일 '중앙정보부법'이 공포됨과 함께 중앙정보부가 창설되었다. 앞 절에서 언급했던바, 박정희, 김종필, 박종규 등 5.16 군사정변의 주체세력은 대부분 육본 정보국 출신들로서 일찍이 국가체제의 운영에 있어서 정보의 중요성을 인식하였던 듯하다. 특히 중앙정보부 창설의 주역인 김종필은 5.16 이전부터 정보기구의 설립을 계획했었던 것으로 알려졌다.[59] 이에 따라 5.16 직후 혁명 사업을 이행할 전위조직으로서 중앙정보부를 설립하게 되었던 것이다. 중앙정보부 설치 근거는 '국가재건최고회의법' 제18조에 명시되어 있는바, "공산세력의 간접 침략과 혁명과업 수행의 장애를 제거하기 위해 국가재건최고회의에 중앙정보부를 둔다"라고 밝히고 있다.[60] 이에 따라 중앙정보부에는 순수한 정보 업무 외에 수사기능도 부여되는 등 막강한 권한을 부여받았다. 1961년 6월 10일 공포된 '중앙정보부법' 제 4조에 따르면 중앙정보부장이 정보수사에 관해 국가의 타 기관 소속 직원을 지휘·감독하도록 규정되어 있는바, 중앙정보부장에게 군 정보수사기관 및

---

58) 김충식, 『남산의 부장들 I』(서울: 동아일보사, 1992), pp.32-38; 정규진(2013), p.282.

59) 김종필은 5.16 이전에 중앙정보부가 포함된 정부조직 안(案)을 만들어 놓고 있었던 것으로 보인다. 1961년 5월 16일 새벽 김종필은 '혁명방송'을 내보내기 위해 서울 남산 소재 KBS 방송국에 있었는데 최영택 당시 육본 첩보부대(HID) 첩보과장이 그날 새벽 4시쯤 총소리를 듣고 KBS로 찾아가 김종필을 만났다. 김종필은 최영택에게 혁명정부 기구표를 보여주었는데 거기에 중앙정보부가 대통령 직속기관으로 편성되어 있었다고 한다. 조선일보사의 김종필 인터뷰, "50년 맞은 5.16<상>, JP, 그날을 말하다," 『조선일보』(2011.5.12.).

60) 당시 김종필은 "혁명을 뒷받침할 무서운 기관으로서 수사권을 부여하기로 했다. 혁명이 끝나고 민간정부가 세워질 때는 수사권을 분리시켜 FBI와 같은 기구를 만들고 국가안전에 관한 수사를 전담시킬 생각이었다"라고 밝혔다. 조갑제, 『박정희 4: 5.16의 24시』(서울: 조갑제닷컴, 2006), pp.285-286; 정규진(2013), p.287.

검·경에 관한 지휘·감독 권한까지 부여되었던 것이다.[61]

1961년 중앙정보부의 창설은 우리나라 역사상 최초로 국가적 차원의 정보기관이 등장하게 되었다는 점에서 큰 의미를 가진다.[62] 삼국시대 고구려를 비롯하여 백제와 신라 등은 우리 역사에서 가장 활발하게 정보활동을 수행했지만 오늘날처럼 국가적 차원에서 상설화된 정보기관을 설립하여 정보활동을 전개했던 것은 아니었다. 광복 이후 군과 경찰을 중심으로 운영되어 온 정보기관들 역시 전술적 차원 혹은 부문정보기관의 수준을 벗어나지 못했다. 육본 정보국이 군사정보는 물론 민간 부문에까지 광범위하게 정보활동을 전개했지만 국방부에 소속되어 있어 국가적 차원의 전략정보 기능을 수행하는 데는 한계가 있었다. 중앙정보부법 제1조 규정에 따라 중앙정보부는 정보수사기관에 대한 조정 및 감독 권한을 가짐으로써 법적으로 국가정보기구로서의 위상을 부여 받았다.[63] 법적인 권한과 더불어 중앙정보부는 군은 물론 경찰과 검찰에 이르기까지 정보수사활동을 실질적으로 조정 및 감독하는 역할을 수행함으로써 명실상부하게 국가정보기구로서 발돋움하게 되었다.

중앙정보부는 초대 부장으로 취임한 김종필을 위시하여 육사 8기 출신 장교들이 주축이 되어 창설되었고, 육군 정보국, 방첩부대, 첩보부대, 헌병대, 경찰 등 여러 기관에서 뽑아온 요원들이 창설 멤버로 합류했다.[64] 1963년 10월 군정을 종식하고 민정으로 이양하기 위한 대통령 선거를 앞두고 5.16 주체세력은 민심수습 차원에서 '중앙정보부법'의 일부 개정을 선거공약으로 제시하였다. 이에 따라 1963년 12월 14일 공포된 개정 법안은 중앙정보부의 정치 개입 시비를 개선하는 방향으로 직무 범위를 보다 명확하게 규정하였다. 예를 들어, 국내정보의 범위를 국내보안정보(대공 및 대정부전복)로 좁혔으며, 범죄수사의 범위도 형법 중 내란·외환의 죄, 국가보안법 및 반공법에 규정된 범죄의 수사 등으로 구체화했다. 또한 '정치활동 금지' 조항을 신설해 중앙정보부의 "부장, 차장 및 기획조정관은 정당에 가입하거나 정치활동에 관여할 수 없다"고 규정했다.[65]

---

61) 심지어 중앙정보부법 제 6조에서는 중앙정보부 업무와 관련된 범죄수사는 검사의 지휘를 받지 않도록 명시하고 있다. 정규진(2013), p.288.

62) 김당(2002), p.575.

63) 중앙정보부법 제1조에 따르면 "정부 각부 정보수사활동을 조정 감독하기 위하여 국가재건최고회의 직속하에 중앙정보부를 둔다"고 규정하였다. 1961년 중앙정보부법 제1조; 정규진(2013), p.309. 그리고 중앙정보부법의 하위법령인 '정보 및 보안업무 조정·감독 규정'에서 법무부, 국방부 등 조정 대상기관들과 조정이 필요한 사항을 구체적으로 예시하고 있다. 정규진(2013), p.290.

64) 미국에서 발간된 학술서적에 따르면 창설 당시 중앙정보부의 총 인원을 3,000여 명 수준으로 추정했다. International Business Publications, *Korea South: Intelligence & Security Activities and Operations Handbook*(Washington, D.C.: International Business Publications, 2006), p.69

65) 정규진(2013), p.289.

5. 10.26 사건과 국가안전기획부

박정희 대통령의 집권기간 동안 중앙정보부는 정보기관으로서의 기능을 넘어서 정권을 지탱하는 중추적인 역할을 수행했다. 그러나 1979년 10월 26일 김재규 중앙정보부장의 박대통령 시해사건을 계기로 중앙정보부는 급격한 변동을 겪게 된다. 1979년 10월 27일 새벽 계엄이 선포되고 계엄사령부 내에 합동수사본부가 설치되었다. 합동수사본부는 중앙정보부를 대체하여 검찰, 경찰 등 모든 정보수사기관에 대한 조정·감독 권한을 행사하게 되었다. 합동수사본부장은 전두환 보안사령관이 겸임하였다. 결국 보안사령부가 대통령 및 중앙정보부장이 공석이 된 비상시국에 합수본부를 만들어 모든 정보수사기관을 장악했다. 현역 군인이 중앙정보부장을 맡을 수 없다는 법적 제한에도 불구하고 1980년 4월 14일 전두환 보안사령관이 중앙정보부장 서리로 취임했다. 전두환과 노태우 등의 하나회가 중심이 된 신군부세력이 집권하면서 1980년 12월 19일 중앙정보부의 명칭이 국가안전기획부로 바뀌었고, 이어서 12월 31일 '국가안전기획부법'이 제정되었다. 새로 제정된 안기부법에 따르면 과거 중앙정보부의 '정보 및 보안업무의 조정·감독' 조항이 '정보 및 보안업무의 기획·조정'으로 바뀌었다. 이에 따라 안기부는 종래 중앙정보부가 수행했던 정보수사기관에 대한 감독권한이 배제되었다.

보안사는 정권 창출기관이라는 배경으로 군내의 보안뿐만 아니라 정치에도 깊숙이 개입하였다. 10.26 박대통령 시해사건을 통해 보안사는 중앙정보부를 접수했다. 전두환 보안사령관은 합동수사본부장을 겸임하면서 검찰 및 경찰을 포함하여 모든 정보수사기관을 장악함으로써 정권 탈취를 위한 유리한 기반을 확보했다. 보안사는 12.12 신군부 쿠데타를 통해 권력을 장악한 전두환 보안사령관이 대통령이 되기까지의 과정에서 충실한 수족 역할을 했다. 보안사는 간첩사건은 물론 시국사건까지 수사하는 등 막강한 권력을 휘둘렀다. 그러나 1987년 민주화 이후 보안사는 그 역할을 축소하도록 국내 여론의 압력을 받았다. 특히 1990년 10월 4일 윤석양 이병이 보안사의 민간인 사찰을 폭로함으로써 보안사의 기능 축소가 불가피하게 되었다. 이 사건을 계기로 보안사는 국군기무사령부로 명칭을 바꾸고 국내 정치에 더 이상 개입하지 못하게 되었다.

1979년 10.26 사건 이후 보안사에 접수되어 보안사의 강력한 통제하에 있었던 안기부는 1984년부터 그 기능을 상당부분 회복한 것으로 알려져 있다.[66] 안기부의 권한이 강화되면서 또다시 불법적인 정치개입과 권한남용 등 여러 가지 문제들에 대한 비판이 제기되기에 이르렀다. 안기부에 대한 비판은 다음 세 가지로 요약된다. 첫째,

---

66) 김당(2002), p.577.

국가정보기관이 국가정책을 지원하는 수준에 머무르지 않고 직접 정책집행에 관여하는 점, 둘째, 중앙정보부 시절부터 지속되어 온 고문, 불법 도감청으로 인한 인권침해, 셋째, 불법적으로 선거에 영향력 행사하거나 정치사찰을 통한 정치 개입 등이었다. 1993년 2월 취임한 김영삼 대통령은 안기부에 대한 여러 가지 비판들을 수용하여 안기부의 기능을 조정하는 작업을 진행했고, 마침내 1994년 1월 개정된 안기부법이 탄생했다. 개정된 안기부법은 첫째, 정무직에 국한되었던 정치개입 금지 규정을 전 직원으로 확대했다. 그리고 직권남용행위를 구체적으로 적시하고 이를 위반할 경우 형사 처벌할 수 있는 근거를 두었다. 둘째, 안기부법의 '정보조정협의회' 규정을 삭제했다. 이로써 안기부가 국가 주요 정책에 관련해 여타 부처 관계자를 소집할 수 있는 법적 근거가 사라졌다. 안기부가 국가정책에 직접적으로 관여할 수 있는 여지를 없애버린 것이다. 셋째, 행정부처에 대한 보안감사 제도를 폐지함으로써 행정 부처들의 업무에 안기부가 개입할 수 없도록 하였다. 무엇보다도 국회에 '정보위원회'가 설치되어 안기부의 정보 활동을 합법적으로 감시하고 통제할 수 있는 법적 기반도 마련되었다.

6. 국가정보원

1997년 대통령 선거에서 안기부는 북풍공작사건[67]의 배후로 지목되어 다시금 개혁의 도마 위에 오르게 되었다. 김대중 정부의 출범과 함께 안기부의 명칭을 '국가정보원(National Intelligence Service, NIS)'으로 변경하고, 중앙정보부 시절부터 써온 "음지에서 일하고 양지를 지향한다"는 부훈(部訓)도 "정보는 국력이다"라는 원훈(院訓)으로 바꾸었다. 김대중 전 대통령은 "정치사찰을 하지 말라"며 정치개입 중단을 지시하기도 하였다.[68] 또한, 모든 예산집행 시 근거자료를 남기는 등 조직의 투명성도 일부 제고되었다.[69] 하지만 김대중 정부는 출범한 지 채 1년도 되지 않은 1998년 12월 31일 야당인

---

67) 1997년 15대 대통령 선거 당시 안기부가 김대중 후보의 당선을 막기 위해 북한과의 연루설 등을 퍼뜨린 사건이다. 안기부는 월북한 전 천도교 교령 오익제 씨를 내세워 김대중 후보가 북한의 김정일로부터 정치자금을 받았다는 내용의 기자회견을 지시하는 등 색깔공세와 정치공작을 벌였던 것으로 드러났다. 권영해 안기부장은 이대성 안기부 해외조사실장을 통해 추진 상황을 수시로 보고 받고 자금을 결재하는 등 북풍공작을 주도한 혐의로 기소돼 징역 4년을 선고받았다. JTBC, "'국정원 대선 개입 의혹 사건' 뭘 남겼나" http://news.jtbc.co.kr/ArticlePrint.aspx?news_id=NB10293200(검색일: 2013년 7월18일).

68) http://cafe306.daum.net/_c21_/bbs_search_read?grpid=R4V&fldid=33xZ&datanum=(검색일: 2013년 7월 18일).

69) 이강래 전 국정원 기조실장은 "처음 가보니 예산집행이 주먹구구식으로 이뤄지고 있었다"며 "모든 세출·세입 예산집행 때 근거 자료를 남기도록 했다"고 말했다. http://cafe306.daum.net/_c21_/bbs_search_read?grpid=R4V&fldid=33xZ&datanum=(검색일: 2013년 7월 18일).

한나라당 의원들이 국정원이 국회에 비밀사무실을 두고 국회의원들을 사찰했다는 의
혹을 제기함으로써 곤란한 입장에 처했다.[70] 더욱이 김대중 정부의 임동원, 신건 국정
원장은 휴대폰 불법 감청으로 법정에서 유죄 판결을 받게 되었다.

　　노무현 정부에 들어서서도 국정원에 대한 개혁 논의는 지속되었다. 2003년 4월
25일 고영구 원장은 청와대에서 노무현 대통령으로부터 임명장을 받은 직후 '탈정치화,
탈권력화를 통한 국정원의 정상화'를 강조했다.[71] 노무현 전 대통령은 국정원으로부터
국내 정치 관련 보고를 받지 않았던 것으로 알려졌다.[72] 또한 노무현 전 대통령은
국정원 직원이 그동안 정당이나 정부 부처, 언론사 등을 출입하면서 정보를 수집하던
관행도 금지할 방침임을 밝힌바 있다.[73] 즉, '정치사찰' 시비를 야기할 수 있는 활동을
금지시킴으로써 국정원의 정치적 중립성을 확고히 하겠다는 의지를 보였던 것이었다.
또한 노무현 정부는 대통령 자문기구인 국가안전보장회의(NSC)의 위상 및 기능을 강화
하여 NSC를 명실상부한 국가안보 위기관리 사령탑 역할을 수행하도록 개편했다. NSC
는 외교안보분야의 실질적인 정책조정 기구로서 기능을 수행하게 되었고, 국정원의
대북 및 해외정보 등 외교안보 관련 정보도 NSC를 통해 대통령에게 보고하도록 하였
다. NSC 활성화는 국정원이 NSC에 보고하는 외교안보 관련 정보를 NSC 차원에서
점검할 수 있게 됨으로써 국정원의 활동을 간접적으로 통제하는 효과를 가져왔던 것으
로 평가된다.[74]

　　이명박 정부 역시 정권 출범과 함께 국정원의 대대적인 조직 및 인적 쇄신 등

---

70) 소위 '국회 529호 사건'으로 알려졌던바, 1998년 12월 31일 한나라당 의원들이 국정원이 국회
본관 529호실에 상주 사무실을 두고 국회의원들을 불법적으로 도청했다는 의혹을 제기한 사건
이다. 이에 대해 1999년 1월 15일 시민단체로 구성된 진상조사위(위원장: 손봉숙 정치개혁시민
연대 공동대표)에서 "국회 출입 안기부 직원의 활동은 안기부법에 규정된 안기부의 직무범위를
벗어난 것이지만, 안기부의 특성상 자료보관 및 보안유지를 위해 보안시설을 갖춘 사무실을 설
치·운영하고 이를 안기부 직원이 사용한 것 자체를 문제 삼을 수는 없다"고 주장했다. 또한,
"한나라당이 529호 기물을 파손하며 강제 진입하여 무단으로 자료를 열람·복사한 것은 정당한
것으로 볼 수 없다"고 말하면서 정부와 한나라당 모두 잘못했다고 결론지었다. 이후 김종필 총
리가 대통령을 대신해서 사과하면서 여야의 대치국면이 종결되었다. http://news.donga.com/Wiew?
gid=741237&date=19990115(검색일: 2013년 7월 19일).
71) 동아닷컴, "국정원 개혁, 칼을 잡았다마는," http://weekly.donga.com/docs/magazine/print.php?mgz_
part=weekly&n=200304300...(검색일: 2013년 7월 18일).
72) 동아닷컴, "고영구의 국정원 개혁 태풍전야," http://weekly.donga.com/docs/magazine/print.php?
mgz_part=weekly&n=200304030...(검색일: 2013년 7월 18일).
73) 동아닷컴, "고영구의 국정원 개혁 태풍전야," http://weekly.donga.com/docs/magazine/print.php?
mgz_part=weekly&n=200304030...(검색일: 2013년 7월 18일).
74) 김대중 전 대통령도 1998년 법 개정을 통해 NSC 내에 사무처를 신설하는 등 NSC 활성화를 통
한 국정원 통제 방안을 마련했지만 사무처 규모가 너무 작아 실효를 보지 못했다는 평가를 받
았다. 동아닷컴, "고영구의 국정원 개혁 태풍전야," http://weekly.donga.com/docs/magazine/print.php?
mgz_part=weekly&n=200304030...(검색일: 2013년 7월 18일).

개혁 의지를 보였다. 정권 출범 전인 대통령직 인수위 시절 지난 10년 간 국정원의 대공수사권이 극도로 위축된 반면 남북대화 및 교류협력 지원 업무가 비대해졌다는 비판이 제기되었다.[75] 국정원이 매번 정치판의 소용돌이에 휘말렸다는 지적에 부응하여 국정원의 탈정치화를 제도화하는 방안을 마련하고자 부심하였다. 그러나 이명박 정부의 임기가 끝나면서 국정원은 또다시 정치개입 논란에 휘말리게 되었다. 원세훈 전 원장은 2012년 대통령 선거를 앞두고 국정원 직원들을 동원해 인터넷 커뮤니티와 포털 사이트, 트위터 등에 정치 관여 글을 게시하여 선거에 개입했다는 혐의로 2013년 7월 3일 검찰에 불구속 기소되었다. 이어서 그는 2013년 7월 10일 건설업자로부터 억대의 금품을 받은 혐의로 구속되어 서울구치소에 수감되었다.[76] 일단 국정원의 선거법 위반 혐의는 1심 재판에서 무죄로 판결되었다. 이로써 아직 재판이 최종적으로 종결된 것은 아니지만 국정원의 대선개입 의혹은 상당부분 해소된 것으로 생각된다.[77]

박근혜 정부에 들어서서 국정원은 정치개입 의혹을 해소하고 탈정치를 제도화하기 위한 자체 개혁 작업에 착수했다. 국정원은 2013년 7월 10일 박근혜 대통령이 주문한 자체 개혁방향과 관련해 테스크 포스(TF)를 만들어 방첩과 대테러 부문을 강화하고 정치개입 소지를 없애는 것을 골자로 한 '제2의 개혁작업'에 착수한다고 밝혔다.[78] 국정원은 "남북 대치 상황에서 방첩과 대테러, 산업스파이 색출활동 등 정보기관 본연의 임무는 강화하고 정치개입 등 문제의 소지는 없애도록 하겠다"며 "과거에 잘못된 부문이 있다면 이를 적극 바로잡아 새로운 국가정보기관으로 거듭날 것"이라고 다짐했다.[79] 국정원은 남재준 원장 취임 후 일부 부서 통폐합과 조직개편, 인사제도와 업무규

---

75) 2008년 1월 5일 대통령 직 인수위에 대한 국정원의 업무보고에서 지난 10년 동안 국정원이 정권에 끌려 다녔다는 질책이 쏟아졌던 것으로 전해졌다. 당시 진수희 정무분과위원회 간사는 "지난 10년 간 국정원은 정치적으로 끊임없는 구설수에 시달리고 대공 업무 핵심인 간첩수사의 실적이 지지부진했던 데다 정권의 일방적인 대북정책에 끌려 다닌 점은 반성해야 한다"고 지적했다. http://blog.daum.net/printView.html?articlePrint_12402979(검색일: 2013년 7월 22일).

76) http://app.yonhapnews.co.kr/YNA/Basic/Article/Print/YIBW_showArticlePrintView...(검색일: 2013년 7월 22일). 그는 알선수재 혐의에 대해 1심에서 징역 2년에 추징금 1억 6275만 원을 선고 받았고, 2심에서 징역 1년 2월에 추징금 1억 84만 원으로 감형돼 형량을 모두 채우고 2014년 9월 9일 만기 출소했다. 『동아일보』(2014. 9.11.).

77) 서울중앙지법 형사합의21부(부장판사 이범균)는 지난 2014년 9월 11일 원 전 원장에 대해 공직선거법 위반 혐의는 무죄로, 국정원법 위반 혐의는 유죄로 판단하고 징역 2년 6월에 집행유예 4년, 자격정지 3년을 선고한 바 있다. 『동아일보』(2014. 9.11.).

78) 2013년 7월 10일 국정원은 대변인 명의의 성명을 통해 "과거 정부로부터 국정원의 정치개입과 도청 등 여러 문제가 제기돼 국민의 신임을 받아야 함에도 불구하고 논란이 지속되고 있어 대단히 안타깝다"며 "새로운 국정원으로 거듭나기 위해 국정원 내에 자체 TF를 만들어 제2의 개혁 작업에 착수해 대내외 전문가 자문과 공청회 등으로 개혁 방안을 마련하기로 했다"고 발표했다. http://www.segye.com/articles/components/func/print.asp?aid=20130710025042(검색일: 2013년 7월 19일).

79) http://www.segye.com/articles/components/func/print.asp?aid=20130710025042(검색일: 2013년 7월 19

정 정비, 인적 쇄신 등 강력한 자체 개혁을 이미 추진하고 있다는 점도 강조했다.[80] 남재준 원장에 이어 2014년 7월 18일 이병기 주일대사가 신임 국정원장으로 취임하였다. 이병기 신임 국정원장은 국정원 개혁 방향에 대해 "아직 많은 의견을 듣고 있는 단계로서 퇴행적 축소가 아니라 발전적 혁신을 고민하고 있지만, 중요한 것은 무엇을 하고 무엇을 하지 말아야 할지를 명확히 구분하는 것"이라는 대전제를 제시했다.[81] 그는 국정원의 본연 업무에 대해서는 "안팎의 적대세력으로부터 국가를 보위하고, 안전문제 등 포괄적 위협으로부터 국민을 보호하며, 자유민주주의 체제 수호를 통해 국체를 보전하는 것"이라고 천명했다.[82] 이 원장은 이날 취임사를 통해 국정원 직원들에게 정치관여 금지와 완벽한 임무 수행을 당부하면서 국정원 임무의 '기본'으로 돌아가 국민 신뢰를 회복해 나가겠다고 다짐했다. 취임 일성으로 그는 "반드시 정치중립 서약을 지키겠다"고 선언했다.[83]

제2절 국가정보원

1. 조직과 운영체계의 변천

오늘날 우리나라의 정보·보안체계는 국가정보기구로서 국가정보원이 있고, 부문정보기관으로서 군에는 국군기무사령부, 국군정보사령부, 국방정보본부 등이 있으며, 민간 정부부처에는 통일부 정보분석국, 외교부의 외교정책실, 안전행정부의 경찰청 등이 있다. 국가정보기관과 부문정보기관의 관계를 비롯한 우리나라 정보·보안체계의 운용은 정권 변동과 시대적 상황을 반영하여 변화되어 왔다.

1961년 중앙정보부가 창설됨에 따라 중앙정보부가 국가정보기구의 역할을 수행하면서 부문정보기관인 군, 검찰, 경찰, 행정 부처의 정보 관련 부서를 기획·조정·감독하는 방식으로 운용해 왔다. 중앙정보부법 제5조(협의기관)에 따라 중앙정보부 산하에 '정보위원회'를 구성하여 군, 경찰, 행정 부처 정보 관련 부서를 조정·감독하는 기능을

일).

80) http://www.segye.com/articles/components/func/print.asp?aid=20130710025042(검색일: 2013년 7월 19일).

81) http://www.newdaily.co.kr/mobile/mnewdaily/newsview.php?id=211696(검색일: 2014년 11월 7일).

82) http://www.newdaily.co.kr/mobile/mnewdaily/newsview.php?id=211696(검색일: 2014년 11월 7일).

83) http://www.newdaily.co.kr/mobile/mnewdaily/newsview.php?id=211696(검색일: 2014년 11월 7일).

수행했다.[84] 1973년 3월 대통령령으로 발표된 '정보 및 보안업무조정·감독 규정'에 따르면 중앙정보부의 조정·감독 권한의 범위와 군, 검찰, 경찰, 행정 부처의 정보관련 부서들이 수행해야 할 정보·보안 관련 업무의 내용을 구체적으로 열거하였다. 중앙정보부장은 한국 정보·보안체계의 최고 수장으로서 부문정보기관들에 대해 실질적인 조정 및 감독 기능을 행사했다.

　　1980년 12월 19일 중앙정보부 명칭을 국가안전기획부로 바꾸고 그 해 12월 31일 '국가안전기획부법'이 제정되면서 정보·보안기관에 대한 중앙정보부의 감독 권한이 배제되었다. 종래 중앙정보부가 정보·보안기관을 통제해 오던 법적 근거였던 '정보 및 보안업무의 조정·감독' 직무조항이 안기부법에서는 '정보 및 보안업무의 기획·조정' 기능으로 바뀌었다. 그동안 중앙정보부가 정보·보안기관에 대한 '조정·감독' 기능을 독점하는 것에 대해 군·경 등 부문정보기관의 불만들이 많았던 것으로 보인다. 특히 보안사는 1978년 김재규 중앙정보부장이 박정희 대통령에게 건의해 보안사의 민간 대상 정보활동을 금지시킨 조치에 대해 크게 반발했었다.[85] 그러한 와중에 1980년 보안사 출신을 주축으로 하는 신군부가 권력을 장악하면서 중앙정보부의 부문정보기관에 대한 감독 기능을 배제시켰던 것이다.[86] 신군부는 1개 기관이 정보·보안기관에 대한 조정·감독 기능을 수행하는 대신 정보·보안기관이 함께 모여 국가정보정책을 논의하는 일종의 협의체 방식으로서 '정보조정협의회' 제도를 도입했다. 정보조정협의회는 중앙정보부 시절에 운용되었던 '정보위원회'의 기능과 거의 유사하지만 구성원에서 다소 차이가 있다. 정보위원회의 경우 중앙정보부장을 위원장으로 하고 군·검·경 등 부문정보기관의 국/실장들이 위원으로 참석했던 반면, 정보조정협의회의 경우 안기부장이 위원장이 되고 외무·내무·법무·국방·문공부 장관 등 장관들이 위원으로 참석했다.[87] 정보조정협의회는 제5·6공화국 시기 동안 존속하면서 국가안보에 중요한 영향을 미칠 수 있는 주요 정보정책을 기획·조정하는 데 긍정적으로 기여했던 것으로 평가된다. 그러나 안기부가 행정 부처 업무에 대해 지나치게 개입한다는 비판 여론이

---

84) 당시 위원회는 중앙정보부장, 중앙정보부 차장, 외무부 정보문화국장, 내무부 치안국장, 공보부 조사국장, 대검찰청 수사국장, 국방부 합동참모본부 전략정보국장, 육군 정보참모국장, 해군 정보부장, 공군 정보국장 및 해병대 정보국장과 중앙정보부장이 위촉하는 약간 인으로 구성되었다. 위원회는 국가정보판단의 토의 및 조정, 국가정보정책의 기획 및 시행 등의 임무를 수행했다. 정규진(2013), pp.309-311.

85) 정규진(2013), p.293.

86) 정규진(2013), p.294.

87) 정보조정협의회는 소관사항을 예비 심의하거나 협의회에서 위임받은 사항을 처리하기 위해 협의회에 실무협의회를 두었다. 실무협의회는 위원장 1인과 협의회 구성원이 소속된 부처 또는 그 산하기관 실무 국장급 이상 중에서 협의회 해당위원이 지명한 자로 구성되었다. 정규진(2013), p.294.

제기되기도 하였다.[88]

김영삼 대통령이 집권하면서 1994년 1월 안기부법을 개정했다. 그동안 안기부가 행정부처 업무에 지나치게 개입하는 등 권한을 남용한다는 비판이 제기되었고, 이를 반영하여 개정된 안기부법에서는 '정보조정협의회' 규정이 삭제되었다. 정보조정협의회는 국가위기 발생 시 관계부처 책임자들이 신속히 모여 수집된 정보를 놓고 대응책을 마련하는 등 나름대로 순기능적인 역할을 담당하기도 했었다. 그러나 그것을 대체할 다른 수단을 마련하지 않고 없애버림으로써 이후 국가위기 발생 시 적절히 대응하는데 어려움이 있었다. 2003년 화물차 전국 동시 파업으로 물류대란이 발생하자 국무회의를 주재하던 노무현 대통령이 "과거엔 국가적인 위기 대처를 안기부가 했는데, 그 기능이 없어지고 새 방식조차 없어 문제"라고 지적했었다.[89] 그래서 노무현 정부 당시 과거 정보조정협의회와 유사하게 국가위기 관리기능을 전담하는 가칭 '안전기획본부'를 국무총리 또는 행정자치부 장관 직속으로 신설하는 방안을 추진했었으나 검토 단계에서 다른 부처와의 업무 중복 등 부정적 여론에 부딪쳐 결국 성사되지 못했다.[90]

오늘날 국정원은 국가정보기관으로서 부문정보기관에 대한 정보 및 보안업무의 기획 및 조정 권한을 가진다. 정보 및 보안업무기획·조정규정에 따르면 "국정원장은 국가정보 및 보안업무에 관한 정책의 수립 등 기획업무를 수행하며, 동 정보 및 보안업무의 통합기능 수행을 위하여 각 정보수사기관의 업무와 행정기관의 정보 및 보안업무를 조정한다"고 규정하고 있다.[91] 그러나 국정원의 부문정보기관에 대한 감독 권한이 배제됨에 따라 현실적으로 국정원의 부문정보기관들에 대한 조정 기능은 매우 제한적이다.

2. 임무와 기능

국가정보원은 우리나라의 대표적인 국가정보기관으로서 대통령 소속하에 두며 대통령의 지시·감독을 받는다. 또한 국가정보원장은 대통령이 주재하는 국가안전보장회의에 국내외 정보를 수집·평가하여 보고하도록 규정하고 있다.[92] 이로써 국가정보

---

88) 6공화국 말 민주화가 진전되면서 "안기부가 각 행정부처에 정보관(과거의 조정관)을 파견해 이른바 행정조정이라는 것을 하고 있고, 이것이 고위층으로 올라가면 '관계기관 대책회의' 또는 '시국 대책회의 형태'로 초법률적인 결정을 내린다는 부정적 시각이 팽배했었다. 정규진(2013), p.294.

89) 『중앙일보』(2003.7.15.); 정규진(2013), pp.296-297.

90) 정규진(2013), p.297.

91) '정보 및 보안업무기획·조정규정'(1999년 3월 31일 개정 대통령령 제16211호) 제3조.

원은 대통령의 안보정책을 지원하는 중추기관으로서의 역할을 담당하도록 제도화되어
있다.

국가정보원의 직무와 역할은 정부조직법과 국정원법에 명시되어 있다. 정부조직
법 제17조에 따르면 "국가안전보장에 관련되는 정보·보안 및 범죄수사에 관한 사무를
관장하기 위해 대통령 소속으로 국가정보원을 둔다"고 규정되어 있다. 이로써 국정원
이 수행하는 정보활동의 범위가 정보·보안 및 범죄수사로 설정되었음을 알 수 있다.
또한 그러한 정보활동 수단을 통해 국정원이 달성하고자 하는 궁극적인 목표가 국가의
안전보장이라고 볼 수 있겠다. 국정원이 수행하는 직무와 기능은 국정원법 제3조에
보다 자세히 규정되어 있는바, 첫째, 국외 정보 및 국내 보안정보(대공, 대정부전복, 방첩,
대테러 및 국제범죄조직)의 수집·작성 및 배포, 둘째, 국가기밀에 속하는 문서·자재·
시설 및 지역에 대한 보안 업무, 셋째, 형법 중 내란의 죄, 외환의 죄, 군형법 중 반란의
죄, 암호부정사용의 죄, 군사기밀보호법에 규정된 죄, 국가보안법에 규정된 죄에 대한
수사, 넷째, 국정원 직원의 직무와 관련된 범죄에 관한 수사, 다섯째, 정보 및 보안
업무의 기획·조정 등이다.

국가정보원은 중앙정보부 창설부터 현재에 이르기까지 정보활동을 통해 대한민
국의 국가안보를 수호하는 핵심적인 역할을 담당해 왔다. 우선 국내외 정치, 경제,
군사 동향 등 다양한 요소 및 분야들에 대한 정보를 수집·분석하여 국가안보 위협을
사전에 예측하고 대비할 수 있도록 지원하는 임무를 수행해 왔다. 또한, 국가정보원은
여타 정보기관들과는 달리 국가정보원법에 근거하여 국가의 안전보장을 위태롭게 하
는 범죄에 대한 수사권을 보유하고 있다. 즉 국가의 안전과 존립 그리고 자유민주주의
적 기본질서를 위태롭게 하는 범죄에 대해 수사할 수 있는 권한을 가진다. 앞서 언급했
던 바 국가정보원의 수사범위는 국가안보를 위태롭게 하는 여섯 가지 범죄 유형, 즉
형법 중 내란의 죄 및 외환의 죄, 군형법 중 반란의 죄와 암호부정사용죄, 군사기밀보호
법에 규정된 죄, 국가보안법에 규정된 죄 등이다. 따라서 국가정보원은 정보 및 보안
업무와 더불어 '정보사범' 등에 대한 수사 업무를 동시에 취급하는 '정보수사기관'으
로서의 지위를 가진다.[93] 물론 국가의 안전보장을 위태롭게 하는 정보사범 등에 대한
수사권을 국가정보원이 독점하고 있는 것은 아니고, 검찰과 일반사법경찰관리(경찰),
군검찰과 군사법경찰관리(기무부대원) 등도 관련 법령에 근거하여 정보사범에 대한 수

92) 국가안전보장회의법 제10조. 그리고 국가안전보장회의법 제2조에 따르면 국가안전보장회의는 대
통령이 의장이 되며 국무총리, 외교부장관, 통일부장관, 국방부장관, 국정원장 및 대통령령으로
정하는 약간의 위원으로 구성된다.
93) 김호정, "안보수사," 한국국가정보학회 편, 『국가정보학』(서울: 박영사, 2013), pp.219-220.

사권을 가진다. 따라서 이들 기관도 그 범위 내에서 정보수사기관으로서의 지위를 가진다.[94]

남북대치가 지속되고 있는 가운데 북한 공산집단은 끊임없이 공작원을 남파하여 국가기밀의 탐지·수집은 물론 한민전 등 대남방송을 통해 국내에 산재하고 있는 자생적 공산주의자, 좌익용공세력 등을 선동하여 국론을 분열시키고 대한민국의 자유민주주의체제를 무너뜨리고자 기도하고 있다. 북한은 1950년 6.25 남침도발사건을 일으켜 대한민국을 적화통일하려 했을 뿐만 아니라 이후 1968년의 통혁당 사건, 1979년의 남민전 사건, 1983년의 버마 아웅산 묘소 암살폭파사건, 1987년의 대한항공 공중폭파사건, 1992년 조선노동당 중부지역당 사건, 1998년 민족민주혁명당 사건 등 간첩 남파 및 각종 도발 행위들을 저질렀다.[95] 2006년과 2007년의 일심회 사건, 2011년에 적발된 왕재산 사건 등 2000년대에 들어서서도 북한은 대남적화통일 노선을 결코 포기하지 않은 것으로 나타난다.[96] 이처럼 북한 공산집단의 대남적화통일전략과 우리가 처한 안보현실에서 안보위협 세력들에 관한 정보수집과 대간첩활동은 국가정보원에서 수행해야 할 가장 중요한 임무가 되어왔다. 실제로 국정원은 1990년 이후부터 2007년까지 전체 간첩 123명 중 89%인 109명(경찰 12명, 기무사 2명)을 검거했던 것으로 알려졌다.[97]

2011년의 왕재산 간첩사건에서 보았듯이 관련자들의 철저한 묵비일관, 범죄수법의 첨단·지능화에 따른 범증 수집 곤란 등으로 인해 범죄 사실을 입증해내는데 상당한 어려움이 있었던 것으로 알려졌다.[98] 이처럼 북한 공산집단과 그들을 추종하는 안보위협세력들의 범죄 수법이 날로 지능화하는 양상을 보이고 있는바, 그러한 추세에 효과적으로 대처하기 위해 첨단 과학 장비와 더불어 최고의 전문성을 갖춘 수사관이 요구되고 있다. 또한 고도의 보안이 요구되는 안보수사 업무의 특성을 감안할 때 일반 수사기관에서 이를 취급할 경우 중요한 국가기밀이 누설될 우려가 있다. 무엇보다도 북한 공작

---

94) 국가정보원의 '정보 및 보안업무 기획·조정 규정'에 따르면 국가정보원은 국가정보기관으로서 부문정보기관인 검찰과 경찰의 정보 및 수사 업무를 조정할 권한을 가진다. 김호정(2013), p. 220.

95) 각 사건의 경위 및 내용에 관한 간략한 소개는 김호정(213), pp.225-228을 참고.

96) 각 사건의 경위 및 내용에 관한 간략한 소개는 김호정(213), p.228을 참고.

97) 국정원은 2000-2007년 기간 동안 검거된 간첩 16명 중 88%인 14명을 검거하는 실적을 올렸던 것으로 알려졌다. 전웅, "21세기 국가정보기관의 위상과 역할," 『정세와 정책』(세종연구소 발간, 2007년 10월호), p.14. 2008년-2012년 8월까지 국정원, 경찰, 검찰 등 사법기관이 검거한 간첩은 총 19명으로 집계되었다. "국정원, 현정부 들어 간첩 19명 검거 … 안보 경각심 높아져," http://article.joins.com/news/option/article_print.asp?ctg=10&total_id=9069457(검색일: 2013년 8월 19일).

98) 김호정(2013), p.250.

조직 등 안보위협 세력의 공세에 효율적으로 대처하기 위해 정보사범 등에 대한 수사를 통해 획득한 첩보 자료를 체계적으로 수집·분석할 수 있는 능력을 갖춘 정보수사기관이 반드시 필요하다. 어쨌든 최고의 정보력, 고도의 보안성, 그리고 전문적인 수사 역량 등을 겸비한 조직만이 안보수사분야에서 최적의 역량을 발휘할 수 있을 것이다. 그런 점에서 안보수사 분야의 업무는 일반 경찰이나 검찰조직보다는 그러한 역량을 갖추고 있는 정보기관이 수행하는 것이 바람직하다고 본다.

국정원은 대북정보를 수집·분석하고, 간첩을 색출하는 등의 전통적인 정보활동을 수행하는 외에 테러, 마약, 국제조직범죄, 산업보안 등 새로운 안보위협에도 적극 대응하는 노력을 기울여 왔다. 우선 국정원은 2005년 4월부터 '테러정보통합센터'를 신설하여 테러정보의 효율적 수집-전파체제를 구축하는 등 국가차원의 테러위협 대응테세를 확립하고, 대테러활동을 효과적으로 전개해 왔다. 또한 국정원은 국제범죄, 사이버테러, 산업기밀 유출 등 새로운 안보위협에 대응하기 위해 산하에 '국제범죄정보센터', '국가사이버안전센터', '산업기밀보호센터' 등을 두고 있다. 오늘날 국제범죄조직들은 국가 간 커넥션을 통해 국경을 넘나들며 마약·위폐·금융사기 등 조직범죄를 자행함으로써 국가안보를 심각히 위협하고 있다. 이러한 상황에 대처하고자 1994년 1월 국제범죄정보센터가 설치되었으며, 주요 업무로서 국제범죄조직에 관한 정보수집, 해외정보·수사기관과의 협력체제 유지, 대국민 국제범죄 피해 예방활동 등을 수행하고 있다.99) 국가사이버안전센터는 해킹, DDoS 공격 등 사이버 위협으로부터 국가기밀 유출을 방지하고 국가정보통신망을 보호하기 위한 목적으로 2004년 2월에 설립되었으며, 사이버 공격의 탐지·예방, 해킹 사고 발생 시 사고조사 및 복구지원, 국가사이버정책 총괄 등의 업무를 관장하고 있다.100) 산업기밀보호센터는 2003년 10월에 설립되어 우리나라의 첨단기술을 보호하고 안전한 기업활동을 지원하는 등 산업보안활동 업무를 수행하고 있다. 동 기구는 설립된 이래 우리 기업이 보유한 첨단산업기술을 해외로 불법 유출하려는 산업스파이를 적발함으로써 국부유출을 차단하는 활동을 효과적으로 전개해 왔다.101)

---

99) 국가정보원 홈페이지, http://service4.nis.go.kr/images/intro/Content01.jpg(검색일: 2013년 8월 13일).
100) 국가정보원 홈페이지, http://service4.nis.go.kr/images/intro/Content01.jpg(검색일: 2013년 8월 13일).
101) 국가정보원 홈페이지, http://service4.nis.go.kr/images/intro/Content01.jpg(검색일: 2013년 8월 13일).

제 3 절 부문정보기관

1. 군 정보기관

(1) 국방정보본부

국방정보본부는 국방부 및 합동참모본부 산하 군 정보기관으로서 군사정보 및 군사보안에 관한 업무를 총괄한다.[102] 국방정보본부는 1981년 10월 12일 합동참모본부의 제2국(J-2)을 모체로 창설되었다.[103] 국방정보본부의 창설로 한국군은 군사정보 및 보안업무에 대한 효율적인 관리와 체계적인 발전의 기반을 마련하게 되었다. 그렇지만 당시 합동참모본부는 군령권을 가진 기관이 아니고 단순히 자문기관이었기 때문에 군사정보를 총괄할 정도의 권한이나 위상을 가지지는 못했다. 오히려 육군 정보국을 비롯한 각군 본부의 정보국이 실질적으로 군사정보를 관장했던 것으로 보인다.[104] 그런데 1990년 7월 국군조직법이 개정되어 국군이 합동군제로 개편되면서 합동참모본부가 군령권을 갖게 되었고, 이에 따라 정보본부의 위상도 격상되었다.[105] 그리고 1993년 발생한 시노하라 사건[106]을 계기로 국방정보본부의 권한이 한층 강화되어, 정보사령부, 제 7235부대(일명 777부대), 국군기무사령부에 대한 조정·통제권을 보유하게 되었다.[107]

국방정보본부는 군사전략정보를 수집·분석·생산·전파하는 업무를 기본 임무로 수행하고 있다. 또한 합참본부, 각군 본부 및 작전사령부급 이하 부대의 특수 군사정보 예산의 편성 및 조정 업무를 담당한다. 또한 사이버 보안을 포함한 군사보안 및 방위산

---

102) 2011년 7월 1일 개정 '국방정보본부령(대통령령 제23007호)'에 따르면 국방정보본부장은 국방부장관의 명을 받아 정보본부의 업무를 총괄하고, 합동참모본부의 군령 업무 수행을 위한 정보업무를 지원하도록 규정되어 있다. 2011년 7월 1일 개정 '국방정보본부령(대통령령 제23007호)' 참고.
103) 국방정보본부는 1981년 9월 30일 발표된 대통령령 제10474호, '국방정보본부설치령'에 근거하여 창설되었다. http://encykorea.aks.ac.kr/Contents/Print(검색일: 2013년 8월 20일).
104) 김당(2002), p.581.
105) 김당(2002), p.581.
106) 1993년 6월 26일 일본 후지 TV 서울지국장 시노하라가 당시 친분관계를 유지하고 있던 국방정보본부 근무 내국인 장교로부터 우리 군의 군사기밀을 입수하여 일본 무관에게 전달한 사실이 적발되어 형을 선고받은 사건이다. http://www.nis.go.kr/svc/affair.do?metjhod=content&cmid=12740(검색일: 2013년 8월 20일).
107) 당시 기무사령부는 군내 방첩업무를 맡고 있어 대적군사정보와 보안업무에 관해서만 정보본부의 조정을 받도록 하였다. 김당(2002), pp.581-582.

업 보안정책에 관한 업무, 군사 관련 지리공간정보에 관한 업무 그리고 군사정보전력의 구축에 관한 업무도 관장한다.108) 이 밖에 재외 공관 주재 무관의 파견 및 운영 업무, 주한 외국 무관과의 협조 및 외국과의 군사정보 교류 등의 업무도 국방정보본부가 주도적으로 수행하고 있다.

국방정보본부 예하에는 군사관련 인간·영상·징후계측 정보를 담당하는 정보사령부, 신호정보를 관장하는 777사령부 그리고 군사 관련 지리공간정보를 수집·생산하여 지원하는 임무를 수행하는 국방지형정보단 등을 두고 있다.109) 또한, 국방정보본부는 최근 국방부의 직할부대로 독립한 '국군사이버사령부'와 긴밀한 관계를 유지하는 가운데 적의 인터넷 공격을 예방하고 필요시 복구 및 대응하는 업무도 간접적으로 관여하고 있다.110)

국방지형정보단은 2011년 7월 1일 국방정보본부 산하 부대로 창설되었다. 육군본부 직할부대인 육군지형정보단의 조직과 인원을 바탕으로 해·공군과 해병대 전문 인력을 추가로 충원하여 운영 중이다. 국방지형정보단은 군사 관련 지리공간정보의 수집·생산·지원·연구개발 및 전구(戰區) 작전지원 업무를 관장한다. 국방지형정보단의 핵심 업무 영역인 지리공간정보(Geospatial Intelligence, GEOINT)는 지형과 시설물 그리고 이와 연계된 활동을 영상과 공간정보에 바탕을 두고 시각적으로 통합해 쉽게 활용할 수 있도록 하는 업무로서 정보분야에서 2000년대 이후 가장 주목받고 있는 영역 중의 하나이다.111) 국방지형정보단은 지형정보와 영상정보가 융합된 GEOINT의 구현과 합동작전에 소요되는 지형정보를 제공하는 것을 주 임무로 한다. 또한 국방분야 지형정보와 관련된 국내외 협력 업무와 연구개발임무를 수행해 우리 군의 통합 지리공간정보센터 역할을 수행하고 있다. 국방지형정보단의 창설은 우리 군의 지형정보체계가 단순한 군사지도 제작 수준을 넘어 첨단 입체디지털 지형정보 관리체계를 구축하는 단계로 발전하는 모습을 보여주었다는 점에서 큰 의미를 가진다. 또한 육군 위주 지원에서 육·해·공 전군 동시 지원으로 합동성을 강화하는 데 기여하고 있다는 점도 긍정적으

---

108) 2011년 7월 1일 개정 '국방정보본부령(대통령령 제23007호)' 제1조 2항 참고.

109) 2011년 7월 1일 개정 '국방정보본부령(대통령령 제23007호)' 제 4조 2항 참고.

110) "군 사이버사령부 독립 … 인력 2배 확대," 『연합뉴스』(2011.4.20.); 이상호, "한국의 정보기구," 한국국가정보학회 편, 『국가정보학』(서울: 박영사, 2013), p.489.

111) 사진과 영상을 통해 획득·분석한 정보와 적 상황을 디지털 지도 기반의 정보체계에 통합할 경우 군사작전에 큰 도움이 된다는 인식이 확산되면서 1990년대 중엽 미국에서 GOINT의 중요성이 최초로 부각되었다. 이후 1996년 미국은 군사지도 제작을 담당하던 국방지도국(DMA)을 국가영상지도국(NIMA)으로 개편하고, 2004년에는 명칭을 국가지형정보국(National Geospatial Intelligence Agency, NGA)으로 다시 바꾸는 등 GEOINT 분야 발전을 선도해 왔다. http://blog.naver.com/Post Print.nhn?blogId=molykyh&logNo=110123194730(검색일: 2013년 8월 20일).

로 평가된다.

(2) 정보사령부

정보사령부는 국방부의 직할부대인 국방정보본부의 예하부대로서 주로 군사 관련 첩보수집임무를 수행하는 군 정보기관이다. 정보사령부는 육군 정보국 내 군 관련 첩보수집 임무를 담당했던 2과(첩보과, 1949년 6월 1일 설립)에 뿌리를 두고 있다. 육군 정보국 2과는 1950년 한국전쟁이 발발 직후 육군 정보국 3과(첩보과)로 개편되었다가 1951년 3월 25일 육군본부 직할부대인 HID(Headquarters of Intelligence Detachment)로 독립했다.[112] 당시 HID는 주로 북파공작원을 양성해 북한군 지역으로 침투시키는 일을 수행했다. 1961년 AIU(Army Intelligence Unit)로 명칭을 바꾸었다가 1972년 육군 정보사(Army Intelligence Command, AIC)로 확대 개편되었다. 1990년 11월 육·해·공군 첩보부대, 즉 육군 정보사와 해군의 UDU, 그리고 공군의 20특무전대 등을 통합하여 국군정보사령부가 창설되어 오늘에 이른다.

정보사령부는 군 조직 중에서 가장 보안이 철저하여 조직의 존재 여부를 포함하여 수행하는 임무에 대해서조차도 일반에게 잘 알려지지 않았다. 다만, 과거 HID를 모체로 대북공작 및 첩보수집 활동을 수행하는 첩보부대로 추정되었다. 그런데 2000년 10월 2일 당시 국회 통일외교통상위원회 소속 김성호 의원이 북파공작원 366명을 명단을 공개하면서 이 명단을 국군정보사령부가 작성·보관해 왔다고 진술함으로써 이 기관이 대북공작과 관련된 업무를 수행하는 군 정보기관으로 알려지게 되었다.[113] 정보사령부는 설립된 이래 주로 군사 관련 인간정보수집 및 대북공작임무를 담당해 왔었는데 최근 영상 및 징후계측 정보의 수집 등으로 그 업무 영역을 대폭 확장하였다. 2011년 7월 개정된 국방정보본부령(대통령령 제23007호)에 따르면 정보사령부는 군사관련 영상·인간·기술·계측·기호 등의 정보를 수집·지원 및 연구하는 업무를 수행한다.[114] 또한 적의 영상정보 등 정보수집활동에 대한 방어대책으로서의 대정보(對情報)에 관한 업무도 담당하고 있다.

(3) 국군기무사령부

국군기무사령부는 국방부의 직할부대로서 대한민국 국군 내 군사보안 및 방첩,

---

112) 정규진(2013), pp.255-256.
113) 『동아일보』(2000.10.3.); 국가정보포럼(2006), p.262.
114) 2011년 7월 1일 개정 '국방정보본부령(대통령령 제23007호)' 참고.

범죄수사를 담당하는 군 정보기관이다. 국군기무사령부는 1948년 5월 조선경비대 정보 처 내에 설치된 '특별조사과'를 모체로 하여 발전되었다. 특별조사과는 1948년 11월 '특별조사대'로 개칭되었으며, 1949년 10월 육군본부 정보국 특무대로 개편되면서 간 첩 및 부정부패자 색출 업무를 담당했다.[115] 한국전쟁 발발 이후 대공전담 부서의 확대 필요성이 제기됨에 따라 1950년 10월 21일 육군본부 직할부대로서 육군 특무부대로 개편되었다. 그리고 1953년에 해군 방첩대, 1954년에 공군 특별수사대가 창설됨으로써 육·해·공 3군이 각각 방첩부대를 보유하게 되었다.[116] 1968년 1.21 사태를 계기로 육군 방첩부대에서 육군 보안사령부로, 해·공군 방첩부대가 해·공군 보안부대로 개칭 되었다. 1977년 10월 주한미군 철수 문제 등 국내외 안보환경의 불확실성이 증가하고 각 군 간 유기적 협력체제 강화 필요성에 따라 육·해·공 3군의 보안부대를 통합하여 국군보안사령부로 출범, 대공활동과 군내 비리척결임무를 수행했다. 그리고 1990년 윤석양 이병이 민간인 불법사찰을 폭로하는 사건을 계기로 부대명칭을 '기무사령부'로 개칭하는 한편 부대규모를 축소하고 군내 방첩 업무에만 주력하게 되었다.[117]

기무사는 창설 당시부터 지금까지 한국군 내부에서 막강한 영향력을 가졌으며, 1960-80년대로 이어지는 군사정권 시기에는 군 외부에 대한 영향력도 상당했다. 이는 본래 군 내부 및 군 관련 사항에 엄격히 제한하여 적용되어야 할 수사권을 포괄적으로 적용한 결과였다. 군사정권 시절 보안사령관은 정기적으로 대통령과 독대, 직접 보고를 하였던 것으로 알려졌다.[118] 더욱이 1979년 10.26 사건 직후 전두환 보안사령관이 중앙 정보부장 서리까지 겸임하면서 보안사는 국내의 모든 정보를 통제하게 되었다. 1980년 대 이후 보안사는 야당 정치인사, 재야인사, 학생운동, 노동운동 등에 대한 민간인 사찰을 계속해 왔던 것으로 알려졌다.[119] 그런데 1990년 윤석양 이병의 양심선언으로

---

115) 기무사령부 홈페이지, http://www.dsc.mil.kr/main.do?cmd=main(검색일: 2013년 8월 21일).

116) 당시 육군 특무부대 및 방첩부대원들은 조선시대 암행어사가 차던 마패와 유사한 '메달'을 갖 고 다녔다고 한다. 이 메달은 앞면에 '육군특무대', '육군방첩부대'라는 글자가 적혀 있고 뒷면 에 영문 약자인 'K.A.CIC'라고 적혀 있었다고 한다. 『동아일보』(2013.11.16.).

117) 기무(機務)란 '밖으로 드러나지 않게 비밀을 지켜야 할 중요한 일'로 조선이 1880년 설치한 '통 리기무아문'과 1894년 갑오개혁 때 정치와 군사 사무를 관장한 '군국기무처'에서 처음 사용됐다 고 한다. 『동아일보』(2013.11.16.).

118) 보안사의 대통령 독대는 김영삼 문민정부를 거쳐 김대중 정부까지 계속됐다. 전직 기무사 고 위 장성에 따르면 "김대중 정부 때까지 기무사령관의 'VIP(대통령)' 대면보고는 월 한 차례 정 도 이뤄졌다"고 한다. 노무현 대통령은 정권 출범 직후 정보기관장의 대통령 독대 폐지를 선언 했다. 이에 따라 기무사 직보는 국방부장관을 통한 간접보고로 바뀌었다. 이후 이명박 정부에서 정보기관장의 대면보고가 부활되면서 기무사령관의 독대보고가 재개됐다. 박근혜 정부에서 기 무사령관의 대통령 독대보고는 다시 사라진 것으로 보인다. 『동아일보』(2013.11.16.).

119) 위키피아, "국군기무사령부 -엔하위키 미러," http://mirror.enha.kr/wiki/%EA%....(검색일: 2013년 8월 21일).

기무사의 민간인 사찰 전모가 언론에 폭로되었다. 당시 폭로된 민간인 사찰 명단이 무려 1,300여 명에 이르렀으며, 심지어 집권당 대표였던 김영삼 씨도 사찰 대상에 포함되었던 것으로 드러났다.[120] 1993년 김영삼 대통령이 취임하면서 기무사령관의 대통령 독대를 없애고 정상적으로 국방부장관의 통제를 받게 되면서 군 외부에 대한 영향력은 과거에 비해 상당부분 줄어든 것으로 추정된다.[121]

기무사는 국방부장관 소속이지만 대적(對敵) 군사정보와 보안 업무에 관해서는 국방정보본부의 조정을 받는다. 기무사의 조직과 인원에 관한 사항은 극비로 간주되고 있어 일반에게 잘 알려지지 않았다. 다만 1998년 6월 경 기구 개편을 단행했고, 당시 사령관과 참모장 산하에 활동부서인 기무·보안·방첩 등 3개 처와 2개 단(방첩단·대공수사단), 감찰실과 기획관리실 등 지원부서로 구성되었다는 사실이 알려졌다.[122] 최근 언론보도에 따르면 기무사 조직은 '3부 8처 체제'로 구성되어 있다.[123] 1부는 정보, 2부는 보안, 3부는 방첩과 대테러를 담당하며, 각부 산하에 8처가 편재되어 있다.[124]

기무사 요원들은 엄격한 테스트를 거쳐 선발된다. 장교의 경우 임관 후 4-6년차 장기복무자들 중에서 교육성적과 근무성적이 우수한 이들에게 응시자격이 주어지며 필기 및 면접시험 등 엄격한 과정을 거쳐 선발된다.[125] 병사들은 육군훈련소에서 전산추첨과 철저한 신원조사를 거쳐 선발되며, 기무사 부대에서 행정병과 특기병으로 근무하게 된다.

기무사는 크게 군사보안 지원, 군 방첩, 군 및 군 관련 첩보수집 처리, 특정범죄 수사 등 네 가지 업무를 수행한다.[126] 군사보안에 관련하여 기무사는 군을 대상으로 군사기밀에 대한 보안지원 업무를 수행함으로써 군사기밀을 보호하고 보안사고 예방대책을 마련하는데 주력하고 있다. 또한 정보통신기반보호법 제 8조 1항 및 동법 시행령 제12조 1항에 의거 군 주요 정보통신기반시설에 대한 보호대책, 침해사고 예방

120) 위키피디아, "국군기무사령부 -엔하위키 미러," http://mirror.enha.kr/wiki/%EA%....(검색일: 2013년 8월 21일).
121) 기무사의 고유 업무는 군내 방첩 업무 및 군인과 군사기밀에 대한 보안감시이며, "치명적인 군사보안 범죄나 군사기밀 유출 범죄, 군내 간첩활동 등에 연루되지 않는 이상 민간인에 대한 사찰을 할 수 없게 되어 있다. 위키피디아, "국군기무사령부 -엔하위키 미러," http://mirror.enha.kr/wiki/%EA%....(검색일: 2013년 8월 21일).
122) 김당(2002), p.583.
123) 『동아일보』(2013.11.16.).
124) 군내 일반 정보와 군내 인사 업무를 담당하는 1부가 핵심 부서로 꼽힌다. 『동아일보』(2013.11.16.).
125) 국방·군사·정보통신에 대한 소양평가와 군 안보 이슈에 관한 논술시험 등 1차 관문을 통과한 뒤 개인발표-심층면접-종합면접으로 이어지는 3단계 면접을 본다. 합격자들은 22주간 전입 교육을 받은 후 본부와 일선 부대에 배치된다. 『동아일보』(2013.11.16.).
126) 국군기무사령부 홈페이지, http://www.dsc.mil.kr/main.do?cmd=main(검색일: 2013년 8월 22일).

및 복구 등의 기술지원 업무도 수행하고 있다. 군 방첩에 관해서 기무사는 안보위해사범 검거, 대간첩 작전, 대테러 작전, 심리전 지원 등을 통해 외부의 각종 위협으로부터 대응하는 임무를 수행한다. 또한 군 및 군 관련 첩보수집을 통해 군 전투력 저해요인을 조기에 파악하여 조치함으로써 군이 최상의 전투력을 유지할 수 있도록 지원하는 업무도 담당하고 있다. 기무사가 수행하는 특정범죄 수사의 범위는 군인 및 군무원에 대해서는 형법상 내란·외환의 죄, 군형법상 반란·이적의 죄, 군형법상 군사기밀누설죄 및 암호부정사용죄, 국가보안법위반죄, 군사기밀보호법위반죄 등을 대상으로 하고, 민간인에 대해서는 대적(對敵) 군사기밀누설죄, 군사지역 내 간첩죄, 군사기밀보호법위반죄 등에 대한 수사를 관장하고 있다.

2. 기타 정보기구

(1) 경찰청 정보국 및 보안국

우리나라 정보경찰의 조직체계를 보면 경찰청에 전국 정보경찰을 총괄 지휘, 감독, 관리 운영하는 정보국이 있고, 지방경찰청과 일선 경찰서에 정보과와 정보계가 설치·운영되고 있다. 2010년 9월 기준으로 정보경찰의 인력은 본청과 지방을 합쳐 총 3,577 명으로 구성되어 있는 것으로 알려졌다.[127]

경찰청 내 정보 및 보안을 담당하는 부서로서 각각 정보국과 보안국을 두고 있으며, 외사방첩 관련 문제를 담당하는 외사국이 있다.[128] 정보국은 정보 1-4과로 편성되어 있고, 보안국은 보안 1-3과로 구성되어 있다. 외사국은 외사기획과, 외사정보과 및 외사수사과를 두고 있다.[129] 지방경찰청에도 정보관리과와 보안부를 두고 있으며, 보안부는 보안 1-2과와 외사과로 구성된다. 또한 각급 경찰서에도 정보과, 보안과 또는 정보보안과가 설치되어 있다.

'경찰청과 그 소속기관 직제(대통령령 제24526호, 2013년 5월 6일 일부 개정)'규정 제14 조에 따르면 경찰청 정보국은 치안정보에 관한 업무, 정치·경제·노동·사회·학원·종교·문화 등 제 분야에 관한 치안정보의 수집·작성 및 배포, 정책정보의 수집·분석·작성 및 배포, 집회·시위 등 집단사태의 관리, 신원조사 및 기록관리 등의 업무를

---

127) 송병호, "한국정보경찰역량과 효과성 인식에 관한 조사연구," 『한국자치행정학보』, 제25권 제 3호(2011 겨울), p.405.
128) 정보국장과 보안국장은 치안감 또는 경무관 직위로 보한다. '경찰청과 그 소속기관 직제(대통 령령 제24526호, 2013년 5월 6일 일부 개정)'규정 제14, 15조 참고.
129) '경찰청과 그 소속기관 직제 시행규칙(안전행정부령 제15호, 2013년 8월 23일 일부 개정)' 제12 조의 2 참고.

수행한다.130) 보안국은 보안경찰 업무에 관한 기획 및 교육, 북한이탈 주민관리 및 경호안전대책, 간첩 및 보안사범에 대한 수사의 지도·조정, 보안 관련 정보의 수집 및 분석, 남북교류와 관련되는 보안경찰 업무, 간첩 등 중요 방첩수사에 관한 업무, 중요 좌익사범의 수사 등을 담당하고 있다.131) 이 밖에 외사국은 외국 경찰기관과의 교류·협력, 외사정보의 수집·분석 및 관리, 외국인 또는 외국인과 관련된 간첩의 검거 및 범죄의 수사지도, 외사보안 업무의 지도·조정, 국제공항 및 국제해항 보안활동에 관한 계획 및 지도 등의 업무를 담당하고 있다.132)

(2) 통일부 정세분석국

통일부는 통일 및 남북대화·교류·협력에 관한 정책을 수립하고, 남북대화 및 통일교육 등의 업무를 담당하는 정부 부처이다. 이처럼 북한 및 통일 관련 정책을 수립·총괄하는 임무를 수행하려면 북한의 정치·군사·경제·사회문화 등 제 요소에 대해 많은 정보를 필요로 하며, 이를 위해 일찍부터 정보분석 업무를 담당하는 부서를 설치·운용해 왔다. 2008년 초 이명박 정부가 출범하면서 한때 통일부는 존폐위기에 놓였으며, 2008년 2월 정부조직 개편 때 정보분석국이 폐기되었다. 이후 2009년 5월 12일 통일부 조직은 기존의 1실(기획조정실)-3국(통일정책국, 남북교류협력국, 인도협력국) 체제에서 2실(기획조정실, 통일정책실)-2국(남북교류협력국, 정세분석국) 체제로 개편되었다.133) 새로 개편된 조직에 정세분석국이 신설되었는데 명칭만 바뀌었고 사실상 기존 정보분석국의 기능이 부활된 셈이다.

정세분석국은 정세분석총괄과, 정치군사분석과, 경제사회분석과, 정보관리과 등으로 구성된다. 정세분석국은 국내외 방송·통신의 청취를 통한 북한의 정세 및 동향 파악, 통일 관련 자료의 조사·수집·분류·정리 및 보존, 북한의 정치·외교·군사·경제·사회문화 등 각 분야 및 주변정세에 관한 실태 파악, 북한의 정세와 동향에 관한 종합평가 및 전망, 통일정책의 분석 및 평가 등을 담당하고 있다. 이 밖에도 북한자료센터의 운영, 북한정세분석 관련 국내외 관계 기관과의 협조, 북한 주요인물 DB 관리 등의 업무도 정세분석국에서 수행하고 있다.134)

---

130) '경찰청과 그 소속기관 직제(대통령령 제24526호, 2013년 5월 6일 일부 개정)' 규정 제14조 참고.

131) '경찰청과 그 소속기관 직제(대통령령 제24526호, 2013년 5월 6일 일부 개정)' 규정 제15조.

132) '경찰청과 그 소속기관 직제 시행규칙(안전행정부령 제15호, 2013년 8월 23일 일부 개정)' 제12조의 2항.

133) "통일부, 정세분석국 신설, 인도협력국 폐지," 『조선일보』(2009.5.12.), http://m.chosun.com/article.jtml?contid=2009051200710(검색일: 2013년 8월 26일).

134) 통일부 인터넷 홈페이지, http://www.unikorea.go.kr/CmsWeb/viewPage.req?idx=PG0000000696(검색

제4절 대내외 안보환경 변화와 국가정보의 과제

국가정보원은 1961년 중앙정보부로 창설되어 국가안전기획부를 거쳐 현재에 이르기까지 정보활동을 통해 대한민국의 국가안보를 수호하는 중추적인 역할을 담당해 왔다. 한국 최고의 국가정보기관으로서 국가정보원은 군의 정보사, 기무사 그리고 경찰청 정보국 등 부문정보기관들과 협조체제를 유지하는 가운데 북한의 군사적 도발을 비롯한 각종 안보위협에 관한 정보를 사전에 수집하여 신속히 대응하도록 지원했을 뿐만 아니라 국내에서 암약하는 간첩을 색출하고 국내 북한 추종세력들의 동향에 관한 정보를 수집하는 등 국가체제의 안위를 위협하는 각종 범죄행위들을 철저히 차단함으로써 대한민국의 자유민주주의체제를 유지하는데 기여해 왔다. 국가정보원 등 한국의 국가정보체계는 효과적인 정보활동을 통해 튼튼한 안보를 지탱해 주는 축으로서의 역할을 충실히 수행함으로써 대한민국의 번영과 발전에 크게 기여했던 것으로 인정된다.

비록 대한민국이 바야흐로 선진국으로 진입하는 데 성공했지만 아직 갈 길이 멀다. 이제 겨우 선진국의 문턱에 진입한 대한민국이 여기서 만족할 수는 없다. 세계 최고를 향해 한 단계 더 도약하기 위해 우리 앞에 놓인 많은 과제들을 해결해내야 한다. 보다 나은 대한민국으로 발전하기 위해 정치, 경제, 군사, 외교, 사회문화 등 우리 사회의 제반 요소에 걸쳐 선진화를 위한 노력이 지속되고 있다. 급변하는 국내외 안보환경과 더불어 우리 사회의 제반 요소들이 선진화의 길을 향해 나아가는 데 부응하여 우리나라의 국가정보체계에 있어서도 일대 변화와 혁신이 요구되고 있다. 과거의 비효율적이고 불합리한 요소들을 과감히 타파하고 새로운 과제와 도전에 적극적으로 대응하려는 모습을 보여야 할 것이다.

첫째, 한국의 정보기관이 선진정보기관으로 도약하는 데 필요한 최우선 과제로서 국가정보의 중립성 확보 문제가 대두된다. 과거 중앙정보부로부터 국가안전기획부에 이르기까지 권력남용과 인권침해 등으로 인해 국민들은 정보기관에 대해 부정적인 이미지를 갖게 되었다. 물론 역대 정부들이 그러한 문제점을 직시하고 개선을 위해 나름대로 노력을 기울였다. 예를 들어, 김영삼 정부 들어서서 안기부법 개정을 통해 안기부의 수사권 및 보안감사권을 폐기하고 정보의 공개화를 추진하는 등 과감한 개혁

일: 2013년 8월 26일).

을 추진함으로써 정보기관의 권력남용과 인권침해를 막기 위한 제도적 개선이 이루어졌다. 김대중 정부에 들어서서 국가정보원으로 명칭을 바꾸고 정치적 중립 유지 및 권력남용을 방지하기 위한 노력이 있었다. 이후 노무현 정부를 거쳐 이명박 정부에 이르기까지 정권마다 그러한 의지를 강력히 천명했다. 그러나 역대 정보수장들이 정치적 사건에 연루되어 임기를 정상적으로 마치지 못하거나 또는 임기를 마친 후 선거부정, 불법감청 등 국내정치에 불법적으로 개입한 사실이 드러나 구속되기도 하였다.[135] 정권이 바뀔 때마다 어김없이 반복되는 정보기관의 권한남용과 불법적인 정치개입 사례가 더 이상 발생하지 않도록 획기적인 개선책이 강구되어야 할 것이다.

어느 나라에서든 정보기관이 정치에 개입할 소지가 있으며, 민주주의가 정착되지 않은 후진국일수록 그러한 경향이 다분하다. 때로 미국처럼 민주주의가 발전한 국가에서도 정보기관이 정치에 개입하는 사례가 발생하기도 하였다. 예를 들어 후버 국장 재임 시 FBI는 부당하게 선거에 개입하고 불법적인 도청을 하였으며, 온갖 월권행위를 저질렀던 것으로 드러났다. 이후 미국은 휴즈-라이언법의 도입 등 여러 가지 제도적인 장치를 마련하여 정보기관에 대한 의회의 통제를 강화시킴으로써 정보기관의 불법이나 월권행위를 엄격히 차단시킬 수 있었다. 이처럼 미국, 영국, 이스라엘 등 선진국에서 정보기관들의 권한남용과 불법행위 개연성을 감독하고 통제하기 위해 어떠한 법, 제도, 그리고 국가정보 운용체계 등을 마련하고 있는지에 대해 보다 심층적으로 연구해 볼 필요가 있다. 이를 통해 우리 정보기관의 인권침해 및 불법적인 정치개입을 근절할 수 있는 바람직한 방안이 마련될 수 있을 것으로 기대해본다.

둘째, 남북대치가 지속되고 있는 상황에서 대북정보수집과 대간첩활동은 우리 정보기관이 수행해야 할 가장 중요한 임무로 남아 있다. 북한의 도발 가능성은 우리 안보에 가장 급박하고도 심각한 위협을 주고 있다. 천안함 폭침이나 연평도 포격처럼 북한은 전면남침보다는 국지적이고 기습적인 방법으로 도발을 강행할 가능성이 높다.

---

135) 중앙정보부와 국가안전기획부 시절은 물론 1999년 국가안전기획부에서 국가정보원으로 이름을 바꾼 뒤 3개 정권에 걸쳐 9명의 원장들 중 무려 6명의 원장들이 불법과 비리를 저지른 혐의로 검찰에 불려가 조사를 받았다. 김대중 정부 시절 이종찬, 천용택 전 원장은 정치공작 의혹에 연루되어 검찰조사를 받았다. 임동원 전 원장은 불법감청 지시와 대북송금을 주도한 혐의로 재판에 넘겨져 집행유예를 받았고, 신건 전 원장 역시 불법감청 지시로 집행유예가 선고되었다. 노무현 정부의 김만복 원장은 대북협상 관련 비밀을 누설해 기소유예 처분을 받았다. 이명박 정부의 원세훈 전 원장은 대선에 개입한 혐의로 재판에 넘겨진 상태이고, 역대 국정원장으로는 처음으로 금품수수 개인비리 혐의로 검찰에 구속되었다. "[종합뉴스] 역대 국정원장 9명 중 6명 조사 … 원세훈, 첫 개인비리 불명예?" 『채널 A 뉴스』(2013.7.4.), http://news.ichannela.com/view.php?id=News_View_Print/3/201307042201/56299(검색일: 2013년 8월 26일). 이 밖에 중앙정보부와 국가안전기획부 시절 정보기관 수장을 역임했던 인물들의 퇴임 후 근황에 대해서는 <국정원 50주년> ④ 역대 수장들은 지금(종합)>,"『연합뉴스』(2011.5.29.)를 참고.

앞으로도 북한은 농협 전산망 마비나 디도스(DDoS) 공격 등의 사이버테러뿐만 아니라 무장공비 파견, 납치, 테러, 폭파 등 다양한 방법으로 도발을 감행할 것으로 예상된다. 또한 권력세습 또는 경제정책의 실패 등으로 인해 북한에 급변사태가 발생할 가능성이 있어 북한체제의 내부 동향을 정확히 파악해야 할 것이다. 이처럼 북한의 도발 징후 및 북한체제의 변화 조짐들을 사전에 포착하여 철저히 대비할 수 있도록 대북 정보수집 역량이 대폭적으로 강화되어야 할 것이다.

북한은 끊임없이 공작원을 남파하여 국가기밀의 탐지·수집은 물론 한민전 등 대남방송을 통해 국내에 산재하고 있는 자생적 공산주의자, 좌익용공세력 등을 선동하여 국론을 분열시키고 궁극적으로 대한민국의 자유민주주의체제를 무너뜨리고자 기도하고 있다. 이러한 북한의 대남공작활동에 대응하여 우리 정보기관도 북한 주민들을 대상으로 북한체제의 모순성을 알리고 자유민주주의 사상을 전파하는 등 대북심리전 활동을 보다 적극적으로 전개해야 할 것이다. 한편, 국내 북한을 추종하는 안보위협 세력들이 우리 사회 곳곳에 침투하여 국론을 분열시키고 대한민국 체제를 무너뜨리고자 기도하고 있다. 이들은 대부분 지하조직을 구성하여 비밀리에 활동하고 있으며, 이들의 반국가적 범죄수법이 매우 지능적이기 때문에 이들이 자행하는 반국가적 범죄 행위의 실체를 규명하는데 상당한 어려움이 있다. 이러한 국내 안보위협 세력의 실체를 면밀히 파악하고 이들이 저지르는 반국가적 범죄 행위를 철저히 색출·차단하기 위해 우리 정보기관의 안보수사 역량이 대폭 향상되어야 할 것이다.

셋째, 오늘날 세계화, 정보화, 민주화의 큰 흐름에 따라 안보환경에 있어서도 상당한 변화를 보이고 있으며, 이러한 추세에 부응하여 우리 정보기관들 스스로 적극적인 대응 노력을 기울여야 할 것이다. 세계화의 진전에 따라 대량살상무기, 사이버범죄, 테러리즘, 마약밀매, 환경파괴, 전염병 확산 등 초국가적 안보위협이 점차 심화되고 있는바 이러한 안보위협 요소들에 대해 첩보수집 목표를 새롭게 설정하고 이들의 실상을 철저히 파악하여 대처해야 할 것이다. 오늘날 정보화의 진전과 더불어 세계 각국의 정보기관들이 각종 첨단정보통신 장비를 활용하여 첩보수집 및 방첩활동을 전개하고 있는바, 이러한 추세에 뒤떨어지지 않도록 정보활동에 필요한 첨단 과학 장비의 연구개발을 위해 지속적인 투자가 이루어져야 할 것이다. 더불어 정보화의 부작용으로 대두되고 있는 사이버테러 및 해킹 피해가 발생하지 않도록 철저한 대응 노력이 요구된다. 민주화의 진전과 더불어 국민들은 알권리를 내세우며 정보활동의 공개성과 책임성을 요구하고 있다. 이에 따라 기본적으로 비밀보안을 유지하되 보안에 저촉되지 않는 범위 내에서 공개할 수 있는 부분은 국민들에게 과감히 공개하는 방식으로 대국민 정보서비스를 보다 확대하는 방안을 고려해보아야 하겠다. 또한 민주화에 따라 우리 정보기관 스스로 통제와 감독으로 인한 제약을 받으면서도 정보활동을 효과적으로 수행할 수 있는 방안도 모색해 보아야 할 것이다.

　마지막으로, 국가정보원 등 우리 정보기관들이 정보활동을 원활히 수행할 수 있도록 법과 제도의 마련이 요구된다. 오늘날 대내외 안보환경이 급변하는 가운데 테러리즘, 해킹, 사이버범죄 등 새로운 안보위협이 부각되고 있지만 이에 대응하기 위한 우리의 법체계는 과거의 틀을 벗어나지 못하고 있다. 그동안 새로운 안보위협에 대처하기 위해 관련 법률의 개정을 시도했었지만 정치적 이해관계 때문에 번번이 무산되고 말았다. 우선 정보기관이 수행하는 중요한 업무 중의 하나인 비밀공작(covert action)이 사실상 법적 근거 없이 수행되고 있다. 미국의 경우 국가안전보장법 제 503조에 비밀공작 관련 규정을 명시하고 있는 반면, 국정원의 직무를 규정한 국정원법 3조 어디에도 비밀공작에 대해 기술하지 않고 있다.[136] 또한 우리 형법상 간첩죄의 구성요건이 '적국을 위하여'라고 규정되어 있어 적국이 아닌 나라를 위해 간첩행위를 한 경우 처벌할 법적 근거가 없다. 이에 대해 일찍부터 학계 등에서 문제제기를 해왔지만 아직 법률개정이 이루어지지 않고 있다.[137] 또한 2004년부터 추진되어 온'테러방지법'이 정파적 이해관계 때문에 두 번이나 폐기된 후 법률 제정이 이루어지지 않고 있다. 이 밖에 테러 및 범죄예방을 위해 반드시 필요한 '통신비밀보호법'과 날로 심각해지는 사이버 공격에 효과적으로 대처하는데 필요한 '정보통신기반보호법' 역시 법률 제정이 미뤄지고 있는 실정이다. 우리 정보기관이 정보 및 수사 활동이 합법적으로 원활하게 수행될 수 있도록 이러한 분야의 법률적 뒷받침이 신속히 이루어져야 할 것이다.

---

136) 1996년 3월 23일 정형근 의원이 개정안을 발의했으나 2008년 5월 29일 임기만료로 폐기되었다. 문경환·이창무, "국정원 국내 정보활동의 법적 근거 및 활동방향 연구: 방첩과 정책정보활동을 중심으로," 『국가정보연구』, 제2권 2호(2009년 겨울호), pp.112-116; 염돈재, "한반도 안보환경 전망과 국가정보의 과제," 『2011 한국국가정보학회 학술회의 논문집』(2011년 5월), p.120.

137) 김호정, "외국 스파이 처벌유형·적용법규 비교 연구와 우리의 스파이 규제법 정비 방안," 『국가정보연구』, 제2권 2호(2009년 겨울호), pp.126-180.

제 4 편

정책과 정보

· · · National Intelligence Studies · · ·

- 제14장 국가안보와 정보
- 제15장 정보의 실패
- 제16장 정보의 민주적 통제

제14장

국가안보와 정보

제1절 국가정보와 국가안보의 연계

국가안보와 관련하여 국가정보는 어떤 의미를 가지는가? 국가정보의 궁극적인 존재 이유는 어디에 있는가? 왜 국가가 막대한 예산과 인원을 투입하여 정보활동을 수행하는가?

지식, 활동, 조직으로서의 국가정보의 궁극적인 목표는 국가안보에 있다. 즉 국가 정보의 모든 조직, 활동 그리고 그것을 통한 지식의 생산은 국가안보적 이익을 증진시 킴에 있다는 것이다. 최초로 정보에 관한 이론을 정립한 셔만 켄트(Sherman Kent)는 국가정보는 "국가존립에 절대 불가결한 지식"[1]이라고 했던바, 여기서 말하는 지식이란 국가안보정책 수립의 토대가 되는 지식으로서 군사정보는 물론 외교, 경제, 자원·환경 등 다양한 분야에 관한 지식이 포함된다.

다른 관점에서 국가정보는 국가안보 목표 달성에 필요한 여러 가지 수단들 —예컨 대, 경제, 과학기술, 경찰, 외교, 군사력 등— 중의 하나라고 할 수 있다. 즉 국가정보는 국가안전보장과 관련되는 외교, 국방, 경제 등 정책의 수립과 집행에 필요하거나 대내 외 국가적 안보위협으로부터 국가이익을 수호하는 데 요구되는 수단이라고 할 수 있다. 한마디로 국가정보는 "국가안보 목표를 달성하기 위한 중요한 수단이자 투입변수"[2]로

1) Sherman Kent, *Strategic Intelligence for American World Policy*(Princeton, N.J.: Princeton University Press, 1949, 1965 재판), pp.3-4.
2) 문정인, "국가안보와 국가정보: 바람직한 정보기구 모색을 위하여," 『국가전략』, 제2권 1호 (1996), p.43.

서 국가안보에 종속된다.3) 따라서, 국가정보기관의 존재 이유는 국가안보목표의 달성에 있으며, 국가의 안보목표가 변화되면 정보활동의 성격과 범위도 수정되어야 할 것이다.

그러나 문제는 국가안보라는 개념 자체가 모호하여 국가정보의 범위와 성격도 쉽게 규정하기 어려운 점이다. 국가적 생존에 관한 것으로서 국가안보에 대한 관심은 오랫동안 국제정치학자들의 관심 영역이 되어 연구되어 왔으나, 이에 대해 명확히 정립된 개념은 없다. 그 주요한 이유는 월퍼스(Arnold Wolfers)가 지적하듯이 안보의 개념 자체는 절대적일 수 없고 그 국가가 처한 시대와 상황에 따라서 변화되기 때문이다.4)

이처럼 국가안보의 개념들이 일반적으로 정립되지 않은 가운데 로버트 맨델(Robert Mandel)이라는 학자가 제시하고 있는 개념 정의를 소개해본다. 맨델은 학계 연구들에 대한 검토를 바탕으로 국가안보를 "일반적으로 국가정부의 책임으로써 국가 및 시민의 핵심적 가치가 대내외로부터 위협받는 상황을 방지하여 심리적(psychological)으로 뿐만 아니라 물리적인 안정(physical safety)을 추구하는 것"5)이라고 정의했다. 여기서 '핵심적 가치'란 의미는 다양하게 해석될 수 있으나, 일반적으로 국민 차원에서는 개인의 생명과 재산 그리고 국가적 차원에서는 생존, 번영, 국가적 위신 등이 될 수 있겠다. 그러나 그 내용이나 범위를 구체적으로 규정하는 데는 이견이 있을 수 있다. 더욱이 심리적인 차원에서의 안보는 다분히 주관적 판단에 의존할 수밖에 없다.

다소 이견이 있을 수는 있으나, 맨델의 정의는 국가안보와 관련하여 시간과 상황의 변화에 관계없이 수용될 수 있는 비교적 설득력 있는 개념 정의로서 인정된다. 이러한 국가안보 개념 정의에 따른 국가정보의 역할을 살펴본다.

<그림 1>은 국가안보의 제 구성요소들과 관련하여 국가정보가 어떤 기능 또는 역할을 가지는가를 나타내고 있다.6) 그림에서 보는 바와 같이 국가안보의 핵심적인 구성요소는 국력 즉 국가의 능력이라고 볼 수 있다. 동심원의 맨 안쪽에 표시된바, 국가의 능력, 즉 월등한 수준의 군사력, 경제력 그리고 과학기술력 등은 국가안보를 유지함에 결정적인 요소라고 할 수 있겠다. 그러나 국가안보는 자국 스스로의 능력만으

---

3) 이에 관련하여 문정인은 국가정보는 수집, 분석, 평가, 예측이라는 복합적 **관점**을 포함하는 국가 안보정책의 한 분야로서 국가안보를 위한 수단이지 그 자체 독립적인 성격을 지닐 수 없다고 지적한다. 문정인(1996), p.48 참조.

4) Arnold Wolfers, *Discord and Collaboration*(Baltimore: Johns Hopkins University Press, 1962), p.150.

5) Robert Mandel, *The Changing Face of National Security: A Conceptual Analysis*(Westport, Connecticut: Greenwood Press, 1994), p.21.

6) 아래 그림은 맨델(Mandel)의 '국가정보 구성요소'라는 개념 틀에 기초하여 저자가 재구성하였다. Mandel(1991), p.27, 그림 5 참조.

로는 불가능하다. 특히 약소국의 경우 주변 환경에 많은 영향을 받을 수 있는바, 이를 크게 둘로 나누어 부정적인 요소로서 적대 국가를 비롯한 외부로부터의 군사, 경제, 자원·환경 등에서의 위협들을 들 수 있고, 긍정적인 요소로서 외부와의 군사동맹 또는 경제, 자원·환경 분야 등에서의 협력관계를 들 수 있다.

그리고 여기서 국가안보에 중요한 영향을 미치는 요인으로서 국가안보정책결정권자 또는 국가안보기관의 인식작용 또는 지각력(perception filter)과 정보력(information filter) 등을 들 수 있다. 여기서 인식력과 정보력은 광의의 개념으로서 국가의 능력에 속하는 것이지만, 그것이 국가안보에 미치는 특수한 역할과 중요성을 고려하여 별도로 분류했다.

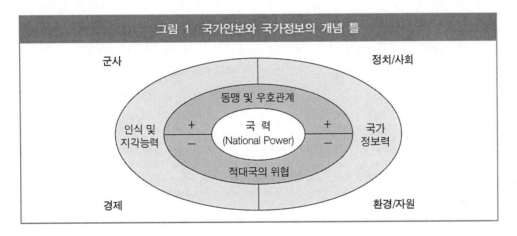

그림 1 국가안보와 국가정보의 개념 틀

인식력(perception filter)은 외부 상황을 보는 일종의 시각을 의미한다. 즉 안보정책결정자가 안보문제를 결정하기 위해 상황판단을 해야 하는데, 인식력은 상황판단에 앞서 외부 현상을 보는 일종의 눈(eye)이라고 할 수 있다. 다른 말로 표현하자면 외부 상황을 정확히 파악할 수 있는 능력이라고 볼 수 있다. 전쟁 또는 위기 상황에서 정책결정자들이 종종 사태를 오판하여 잘못된 정책결정을 내리고 그로 인하여 상황을 악화시키는 사례들을 역사의 경험 속에서 볼 수 있다.[7] 예컨대, 적대국가의 군사력 또는 공격기도에 대한 과대 또는 과소평가, 전쟁에 대한 제3국의 개입 가능성에 대한 오판, 전쟁이 불가피하다는 그릇된 상황 인식 등을 들 수 있겠다. 제1차 세계대전,[8] 한국전쟁에서

---

7) 이에 관한 학자들의 다양한 이론과 역사상의 사례들을 정리한 것으로서 R. Jervis, *Perception and Misperception in International Politics*(Princeton, NJ: Princeton University Press, 1976); Grag Cashman, *What Causes War: An Introduction to Theories of International Conflict*(New York: Lexington Books, 1993), pp. 61-72 참조.

8) 로버트 노스(Robert North)는 제1차 세계대전은 독일 지도층이 적대 국가들의 전쟁 기도를 과대

제3국인 중국의 개입,9) 1965년 인도와 파키스탄의 캐시미르 분쟁(the Kashmir war), 1967
년의 중동전쟁,10) 그리고 이라크의 쿠웨이트 침공에 따른 걸프 전쟁11) 등은 그러한
대표적인 사례들이다.

어쨌든 이러한 왜곡된 인식, 즉 오인(misperception)은 정책결정자가 외부 현상에
대한 인식(perception)이 실제 현실과 다를 때 발생한다. 그런데 그 결과는 국가 안보적
이익에 치명적인 손실을 가져온다.12) 이와 같은 오인이 발생하는 원인들로서는 정책결
정자의 성장배경, 가치관, 성격 등 다양하지만,13) 이러한 오인의 소지를 최소화 할
수 있는 방법이 곧 정보력이다. 즉 국가정보는 정책결정권자의 선입견, 편견, 이데올로
기적 독선을 해소시켜 주는 역할을 한다.14)

오늘날 각종 신문, 잡지, 방송 등 다양한 정보 매체들을 통해 첩보와 정보의 홍수를
이루고 있는 정보화 시대에 있어서 과다한 정보가 오히려 정책결정자들의 판단을 왜곡
시킬 수 있다. 반대로 어떤 특정 상황에 대해서는 정작 꼭 필요한 정보가 부재하여
올바른 정책판단을 내릴 수 없는 경우도 있다. 이 경우 국가의 정보력, 즉 국가정보는
공개 자료 수집 또는 비밀공작 등 다양한 방법을 통해 쉽게 입수하기 어려운 정보를

평가한데 기인한다고 분석했다. 레보우(R. N. Lebow)는 제1차 세계대전은 당시 유럽의 지도층이
전쟁이 불가피하다는 잘못된 인식이 확산된 데서 비롯된 것이라고 주장했다. Robert North,
"Perception and Action in the 1914 Crisis," in J. C. Farrell and A. P. Smith, (eds.), *Image and
Reality in World Politics*(New York: Columbia University Press, 1967), p.122; R. N. Lebow,
Between Peace and War: The Nature of International Crises(Baltimore: Johns Hopkins University
Press, 1981), p.254 참조.

9) 당시 미 지도층 —특히 맥아더 장군과 참모진— 은 중국이 북한을 방어할 능력도 의지도 없다
고 오판했으며, 중국이 개입할 가능성이 있음을 시사하는 정보를 입수하고도 이를 단순한 허세
로서 무시했다. 김일성의 남침도 미국이 개입하지 않을 것이라는 오판에서 비롯된 것이다. 이에
대해서는 Lebow(1981), pp.158-161 참조.

10) 1967년 중동전쟁과 1965년 인도와 파키스탄의 캐시미르 분쟁(the Kashmir war)은 각각 이집트의
나세르(Nasser)와 파키스탄 지도층이 상대국의 군사력을 과소평가한 반면 자신의 군사력을 자만
한 결과로서 발생했다고 분석한다. 이에 대해서는 Lebow(1981), pp.242-243; J. Stoessinger, 3rd
ed, *Why Nations Go to War*(New York: St. Martins Press, 1982), pp.125-126

11) 1991년 이라크의 사담 후세인이 쿠웨이트를 침공한 것은 쿠웨이트가 이라크의 부채 탕감 요구
를 거절하고 원유 생산량 억제에 동의하지 않을 것이라고 오판한 것, 그리고 주변 중동국가들
이 이라크의 쿠웨이트 침공 가능성을 과소평가한 것 등이 결정적인 요인이 되었을 것으로 분석
하고 있다. 즉, 이라크는 자국의 군사·경제적 이익이 침해될 것을 과대평가했고, 주변 국가들은
이라크의 쿠웨이트 침략 동기를 과소평가한 결과로서 걸프 전쟁이 발생했다고 주장하고 있다.
Cashman(1993), p.63.

12) 이와 관련하여 도이치(Karl Deutsch)는 전쟁의 정책결정 중 50-60%가 다른 국가의 의도 및 능력
에 대한 오인과 잘못된 판단에 기인한 것이라고 밝히고 있다. Lloyd S. Etheredge, "Personality
and Foreign Policy," *Psychology Today*((March 1975), p.38에서 재인용.

13) 지도자의 심리적 성향, 즉 성격, 신념체계, 지각력이 정책결정과정에 어떤 영향을 미치는가에 대
한 분석으로서 Mandel(1991), pp.48-61, 70-76 참조.

14) Pat M. Holt, *Secret Intelligence and Public Policy: A Dilemma of Democracy*(Washington, D.C.:
Congressional Quarterly, Inc., 1995), p.13.

수집하여 제공해 줌으로써 정책 판단에 유용하게 활용될 수 있다. 또한 왜곡된 첩보들 또는 상호 모순된 과다한 첩보들의 내용을 분석 평가하여 정확하고 타당성 있는 정보를 생산, 이를 정보사용자 즉 정책결정자에게 제공함으로써 정책결정자가 상황을 올바로 인식·판단하도록 도와준다.

국가안보의 최종적인 책임자는 최고정책결정권자이고, 국가정보는 최고정책결정권자의 올바른 정책결정에 요구되는 정보 자료를 제공해 줌으로써 국가안보에 핵심적인 기능을 한다고 볼 수 있겠다. 즉 '사용자를 위한 사전지식'으로서 국가정보는 국가정책의 담당자에게 정책의 입안, 계획, 집행, 실행결과에 대한 예측 등 정책결정의 제반과정에 필요한 정보를 제공함으로써 국가안보에 기여한다.

정보를 제공받음으로써 정책결정자는 올바른 선택과 판단을 내릴 수 있는 것이다. 물론, 제공된 정보의 질이 높다고 해서 정책의 선택도 반드시 최선이 되는 것은 아니다. 그러나 훌륭한 정보가 제공되지 않는다면 국가정책의 결정은 실제 상황에 제대로 대응하지 못한다. 따라서 최상의 국가이익을 반영할 수도 없고 국가안전보장 목표를 효율적으로 달성할 수도 없게 되는 것이다. 예컨대, 국가가 막강한 자원, 경제력, 군사력을 보유하고 대외적으로 강대국과 동맹 또는 우호적인 협력관계를 유지하여 외부적 위협을 통제할 능력이 있으면 국가안보 목표를 달성함에 매우 유리한 여건에 놓여 있다고 보겠다. 그러나 국가정보 기능이 제대로 유지되지 않아 외부 상황에 대한 정확한 분석과 평가를 내리지 못하면 자원, 경제력, 군사력이 효율적으로 운용될 수 없어 무용지물이 되고 말 것이다.

한편, 위에서 언급한바 국가안보는 물리적 안정감뿐만 아니라 심리적 안정감까지 포함한다. 국가정보는 국가적 차원에서의 물리적인 안정감을 유지함에 기여할 수 있을 뿐만 아니라 심리적 차원에서의 안보유지에 기여할 수 있다. 예컨대, 정책결정자나 일반 국민이 외부 상황에 대한 정확한 정보가 없다면 위기가 아닌 상황을 위기로 인식하여 과민 반응을 보이며 심리적 불안정이 유발될 수 있을 것이다. 그러나 신뢰할 수 있는 국가정보는 정책결정자나 국민에게 심리적 안정감을 부여함으로써 국가안보에 기여할 수 있을 것이다.

반대로 국가정보력의 부재 또는 국가정보에 대한 불신감의 증가 등 여러 요인으로 인하여 국가정보가 제 기능을 수행하지 못할 경우 위기가 닥쳐오고 있음에도 불구하고 이를 위기로 인식하지 못하는 '안보 불감증'이 생기고, 이로 인해 국민 또는 엘리트의 안보태세가 해이해져 국가안보에 치명적인 손실을 초래할 수 있을 것이다.

요컨대, 국가정보는 국가안보의 핵심 요소들로서 자원, 군사력, 경제력 등을 적절히 활용하여 우호국과의 동맹 또는 외교 협력관계를 구축·유지하고, 적대관계에 있는 국가의 상황을 올바로 파악하여 시의 적절하게 대응하도록 유도하며, 나아가 국민들에게 심리적 안정감을 부여해 주는 등의 역할을 수행함으로써 국가안보 목표 달성에 요구되는 핵심적인 기능을 수행한다고 할 수 있다.

한편, <그림 1> 동심원의 맨 바깥은 국가안보분야를 표시한 것으로서 냉전시대 동안 가장 핵심적인 요인이었던 군사분야는 물론 경제, 자원·환경, 사회 등 다양한 분야를 포함하고 있다. 냉전시대 동안 국가안보의 개념은 타국으로부터 가해오는 군사적 침략이나 위협에 대응하기 위한 정책적 노력을 의미하는 것으로서 국가방위(national defense)라는 개념과 동일시 되었다.15) 그러나 근래 에너지 파동, 무역마찰, 식량위기, 환경 파괴 등 비군사적 위협들이 안보상의 위기를 초래한다는 인식이 새롭게 싹트면서 안보의 개념이 기존의 군사안보 개념으로 일원화·집중화되는 것에서 탈피하여 다양화·분산화 되는 경향을 보이고 있다.16)

이와 같은 안보 개념의 변화는 탈냉전기 국제질서의 근본적 재편과정에서 비롯된 안보환경의 변화와 맥을 같이 한다. 그런데 이러한 안보환경이 변화됨에 따라 국가안보를 증진시키는 수단으로서 국가정보의 성격, 범위 및 역할도 불가피하게 변화될 수밖에 없다. 다음에서 대내외 안보환경 변화가 국가정보의 기능, 임무, 역할에 어떤 변화를 초래하고 있는지 살펴본다.

제 2 절 탈냉전기 대내외 환경변화와 국가정보

1. 대외 안보환경 변화

냉전 이후 국제질서의 근본적인 재편이 이루어지면서 주변 안보환경이 급변하고 있다. 안보환경의 변화는 불가피하게 안보의 개념 및 목표의 변화를 수반하고 있다.17) 예컨대 냉전기의 안보개념은 국가방위(national defense)와 유사한 의미로서 군사적 차원에서의 외부적 위협에 대응한 국가적 노력을 국가안보로 총칭했다.18) 이에 따라서

---

15) 백종천·이민룡 공저, 『한반도 공동안보론』(서울: 일신사, 1993), pp.89-90.
16) 백종천·이민룡(1993), p.92.
17) 탈냉전기 안보상황의 변화에 따른 국가안보의 개념을 잘 정리한 것으로는 Mandel(1991)을 참조 바람.
18) Mandel(1991), pp.18-19; 백종천·이민룡(1993), p.90.

국가정보도 적대국의 군사력 현황, 전쟁 징후의 조기 포착, 주변 안보환경의 변화 등에 관한 첩보를 수집하고 이를 분석·평가함에 역점을 두었다.

그러나 탈냉전기에 들어서서 국가안보 개념은 군사전략적 측면에서의 안보 개념에 추가하여 경제, 자원·환경, 사회 문제 등 비군사적인 요소들을 포괄하는 개념으로

■ 표 1 ■ 탈냉전기 안보개념의 변화에 따른 대외 안보현안들

지 역	분 야	내 용
국 제	군 사	• 내란, 민족 분규, 종교분쟁, 영토 분쟁 등 • 군비경쟁(WMD 확산 등)
	경 제	• 무역마찰 • 산업스파이 활동
	자원·환경	• 식량 및 에너지 위기 • 환경파괴(유해폐기물, 핵폐기물, 대기오염, 기후변화, 산성비, 오존층 파괴 등)
	사 회	• 마약거래(코케인, 히로뽕 등) • 국제조직범죄 • 국제테러리즘
동북아 및 한반도	군 사	• 지역 국가 간 군비경쟁 • 핵무기확산 및 증강 • 영토 및 국경분쟁(독도, 조어도 등) • 분단국 간의 군사적 갈등(중국-대만, 남북한)
	경 제	• 한·미·일·중 무역마찰
	자원·환경	• 핵폐기물 투기 • 대기 오염 및 산업 폐기물
	정치·외교	• 내부 정치 불안정 • 주변국의 남북한 교차승인 • 다자간 안보협력 • 안보동맹관계
북 한	군 사	• 군비증강(핵, 미사일, 화생무기 등) • 전쟁준비태세 및 군사도발 가능성 • 정전협정 무력화 기도
	경 제	• 남북 경협 • 경제난
	자 원	• 식량난 • 에너지난
	정치·외교	• 미·북 관계개선 • 권력승계 및 내부정치 불안정 • 정권붕괴 및 탈북자 문제

변화했다. 이와 관련하여 <표 1>은 탈냉전기 안보개념의 변화에 따른 쟁점 안보현안을 지역 및 분야별로 구분하여 정리해 본 것이다.

<표 1>에서 보는 바와 같이 대외 안보현안이 광범위해짐에 따라 국가정보의 범위도 적대국의 군사현황에 대한 첩보수집에 추가하여 국가들의 무역 및 경제 동향, 국제 에너지문제, 식량위기, 마약, 테러, 국제범죄, 환경문제 등 다양한 분야들에 대해 정보활동을 수행하도록 확대되었다.

그런데 탈냉전기 안보환경의 변화는 단순히 위와 같은 안보 이슈의 다양화만을 의미하지 않는다. 즉, 국가안보 능력의 상대적 약화, 국가안보 영역의 확대, 국가안보 대상국의 확대 등 다양한 변화를 수반하고 있다.

우선, 국제사회가 점차 지구촌화되면서 자국의 영토에 대한 통제력을 기준으로 평가했을 때 국가의 안보능력은 상대적으로 약화되는 경향을 보이고 있다. 정보화 시대에 접어들면서 교통과 통신의 급속한 발달, 국경을 초월한 다국적기업의 활동, 국제기구의 역할 증대 등으로 국경의 의미가 점차 상실되어가고 있다. 국경을 초월하여 활동하는 행위자들(actors) ―개인, 다국적기업, 국제기구 등― 의 수적 증가와 이들의 역할이 증대되는 만큼 상대적으로 이들에 대한 국가의 통제력(또는 집중력)이 약화될 것이며 국가의 영토 내 영향력 또한 감소될 것이다. 이는 곧 궁극적으로 국가의 안보능력을 감소시키는 결과를 초래하고 있다.[19]

둘째, 국제사회에서 국가 간의 상호 의존성이 증대되면서 국가안보의 관심 영역이 확대되는 결과를 초래했다. 국가 간 상호 의존성의 증가는 한 국가의 국내 정책이 직접적으로 대외적인 파급효과를 가져오기 때문에 국내 정책과 대외 정책의 구분이 모호해졌다.[20] 이는 곧 국가안보의 관심 대상이 상대국의 외교분야에만 국한되는 것이 아니라 국내 정치·경제·사회·문화 등 모든 영역에까지 확대됨을 의미한다. 이에 따라 자국의 경우에 있어서도 대외문제와 국내 상황이 어떻게 연계되는지를 파악해야 하기 때문에 과거에 비해 안보문제를 다루기가 훨씬 복잡하고 어려워졌다고 볼 수 있다.

셋째, 냉전시대 동안에는 적대국과 우호국의 구분이 명확하였으나, 냉전적 이념 대립이 소멸되고 국가 간의 교류 영역이 확대되면서 적과 우군의 구분이 모호해짐으로 인해서 국가안보에 영향을 줄 수 있는 관련 대상국의 범위가 확대되었다. 예컨대, 미국과 일본의 경우 미·일 안보동맹을 기반으로 군사적으로는 우호적이지만, 무역 및 경제

---

19) 국제질서의 변화가 국가안보에 어떤 영향을 가져오는가에 대한 분석은 Mandel(1991), pp.11-14 참조.
20) Mandel(1994), pp.11-14.

분야에 대해서는 경쟁 또는 대립적인 관계에 놓여 있다. 비슷하게 한·중 관계도 경제적인 교류와 협력이 증진되면서 경제적으로는 비교적 우호적인 반면 사회주의와 자본주의 체제간의 이념적인 대립이 지속됨으로써 정치·군사적으로는 다소 껄끄러운 관계에 놓여 있음을 볼 수 있다.

이와 같은 안보환경의 변화에 따라서 국가정보의 활동의 성격 및 역할 범위도 변화될 수밖에 없다. <표 2>에서 이러한 상황을 알기 쉽게 정리해 보았다.

■ 표 2 ■ 대외 안보환경 변화와 국가정보

안보환경 변화 내용	문제점 및 결과	국가정보에의 의미
• 안보 이슈의 다양화 - 군사적 요인 (전쟁, 국방, 동맹 등) - 비군사적 요인 (경제, 자원·환경 등)	• 안보의 범위 확대 • 안보현안의 증가 • 분야별 상호연계로 인한 복잡성 증가	• 정보수집 분야의 확대 • 국가정보능력의 분산화 • 분야별 종합적 정보 체계 확립의 필요성
• 국제사회 내 국경을 초월한 행위자들(actors) —개인, 다국적 기구 등— 의 수적 증가와 활동영역 확대	• 안보 능력의 집중력 감소 • 행위자들에 대한 통제력 약화	• 정보 수집대상의 수적 증가 • 정보활동 영역의 확대 • 국가정보능력의 분산화
• 국내문제와 대외정책의 연계	• 국내문제의 국제화 • 국내문제와 대외 정책의 구분 모호	• 타국의 국내 문제들에 대한 정보수집 필요성 증가 • 자국 내 국내 문제와 대외관계의 연계 부문에 관한 정보력 확대 필요
• 적대국과 우호국의 구분 모호	• 안보관련 대상국의 수적 증가	• 정보활동 대상국의 숫자 증가 • 정보력의 분산화

첫째, 국가안보 개념의 확대와 더불어 국가정보수집 목표도 과거의 군사적 요소 외에 비군사적인 요소들을 추가한 다양한 분야로 확대됨에 대해서는 위에서 이미 언급했다. 이와 관련하여 분야별 다양한 정보들이 상호 복잡하게 연계되기 때문에 이를 체계적으로 파악하기 위한 종합적 정보체계의 확립이 요구된다. 셔먼 켄트(Sherman Kent)는 국가정보는 전통적인 개념의 '운용정보(operational intelligence 또는 tactical intelligence)'[21]를 초월한 '전략정보(strategic intelligence)'가 되어야 한다고 했다. 여기서

---

21) 작전 및 전술 수준의 정보행위로서 야전에서 적의 병력 배치 현황, 탱크, 야포 등 장비의 숫자,

전략정보는 경제, 정치, 사회, 과학기술 등 제반 분야에 대한 연구분석을 종합한 체계적이고도 포괄적인 정보를 의미하는 것으로서, 정책담당자에게 장차 발생할 미래에 대한 '큰 그림(big picture)'을 그려주는 장기 예측정보 같은 것이라고 볼 수 있다.[22] 어쨌든, 국가안보의 개념이 다양한 분야로 확대된 만큼 국가정보 역시 특정분야에 한정된 정보가 아닌 국방, 경제, 외교 등 모든 분야를 총괄하여 종합적으로 작성된 정보가 되어야 한다. 그러므로 국가정보활동 역시 특정 부처의 권한이나 이익을 넘어서는 보다 높은 수준 즉 국가안전보장과 국가이익이라는 대국적 차원에서 수행되어야 할 것이다.

둘째, 국가 간 상호 의존성이 증대하면서 한 나라의 국내 정치, 국방, 경제, 사회복지 정책 등 국내문제가 타국의 국가안보적 이익에 직접적인 영향을 주고 있는바, 관련국의 외교정책 이외에 국내 문제들로서 국내 정치 동향, 군사력 현황, 경제활동 등 모든 요소로 확대하여 정보를 수집·분석해야 할 것이다. 예를 들어, 관련국의 국내 문제에 대한 정보실패 사례로서 1978년 이란 팔레비 국왕의 정치적 곤경과 그의 통치에 반대하는 저항세력들을 미국이 과소평가함으로써 이후 미국이 이란 사태로 인해 곤혹을 치러야 했던 것을 들 수 있다.[23] 비슷하게 1973년 '오일쇼크(Oil Shock)'에서처럼 경제상황의 급작스런 변화를 예측하지 못한 것도 사우디아라비아와 OPEC 회원국 정부의 내부 정치·경제 동향에 대한 정보가 미흡했기 때문인 것으로 지적된다.[24]

한편, 국내 불법적인 반체제, 반정부활동은 물론이고 마약, 국제테러범죄, 국제조직범죄 등은 국외조직과 연계하여 수행되는 점을 감안 자국의 국내 부문과 국외 부문과의 연계부문에 대한 정보활동이 보다 강화되어야 하겠다. 사실 이런 문제들은 얼핏 보기에 국내 사법기관들이 간여할 문제 같지만, 이에 대해 슐스키는 세 가지 이유를 들어 정보기관에서 다루어야 한다고 지적하고 있다.

첫째, 이러한 범죄들은 국외에서 범죄가 이루어지는 경우가 많은데 이 경우 국내의 사법기관들로서는 관할권이 없음은 물론 필요한 정보의 입수도 여의치 않다. 둘째, 사법기

병력의 운용 등에 관한 정보를 말한다. Kent(1949), pp.3-10, 209-215; Abram N. Shulsky, *Silent Warfare: Understanding the World of Intelligence*(Virginia: Brassey's , Inc., 1991), pp.171-172.

22) Bruce D. Berkowitz and Allen E. Goodman, *Strategic Intelligence for American National Security* (Princeton: Princeton University Press, 1989), p.4.

23) 당시 카터 대통령은 "나는 우리나라의 정치정보 수준에 만족하지 않는다"는 내용의 수기 메모를 밴스(Cyrus Vance) 국무장관, 브레진스키(Zbigniew Brzezinski) 대통령 안보담당보좌관, 터너 (Stanfield Turner) CIA 국장 등에게 전하면서 실망감을 표했다고 한다. Stanafield Turner, Secrecy and Democracy: The CIA in Transition(Boston: Houghton Mifflin, 1985), p.113; Shulsky(1991), p.60에서 재인용.

24) 미국 정보전문위원회, 수집·생산 및 품질에 대한 소위원회 저, "미국 정보의 분석과 석유문제, 1973-1974: Staff Report," 95th Cong., 1st sess., 1977, Committee Print, pp.4-5.

관들은 구체적 범죄가 실행되려는 시점이나 실행된 이후에야 사건 해결에 착수하는 경향
이 있는데 이러한 문제들은 비행기 폭파사고에서 보듯 그 광범위한 파장효과로 볼 때
해결보다는 예방이 중요하다. 특히 마약범죄와 같이 국제적 조직이 연루되어 있을 경우
개별적 사건의 해결은 큰 의미가 없다. 마지막으로 구체적 사건의 해결 역시 관련 조직에
대한 상세한 정보가 없으면 그 해결 또한 불가능하기 때문이다.[25]

어쨌든, 국제사회 내 다국적기업은 물론 테러 및 범죄조직에 이르기까지 다양한
행위자들이 국경을 초월하여 활동하고 있으며, 이들이 국가안보와 국익에 미치는 파장
이 크기 때문에 국가의 정보활동도 타국의 국내 문제는 물론 국내 문제와 해외 부문이
연계되는 영역에 이르기까지 확대되어야 할 것이다.

셋째, 적과 우군의 구분이 명백했던 냉전시대에는 소수의 적에 대해서 집중적으로
정보활동을 펼 수 있었으나, 이제 적과 우군의 구분이 명백하지 않은 상황에서 군사적
적대국은 물론 군사적으로는 우호적이지만 다른 분야 —즉, 경제 및 무역 등— 에 있어
서는 경쟁관계에 놓인 국가들에 대해서까지 정보활동의 범위를 확대해야 할 것이다.
예컨대, 한국의 경우 냉전시대 동안에는 군사안보에 치중하여 우리의 군사적 적대국으
로서 북한, 중국, 소련 등 소수의 국가에 대해서만 정보활동을 집중하면 되었다. 그러나
이제 군사적으로 동맹관계 또는 우호적 관계를 유지하고 있지만 경제 및 무역 부문에서
는 경쟁관계에 놓여 있는 일본, 미국을 비롯한 여타 서방 선진국들과도 정보전쟁을
치러야 한다.

이 경우 이들이 군사적으로 적대국이 아닌 이상 우방관계를 희생하면서까지 경제
적 첩보전을 수행해야 하는가 하는 회의가 있을 수 있다. 그러나 군사안보 이상으로
경제문제가 국가안보에 지대한 영향을 미치는 현실을 감안했을 때 경제 및 무역에
관련된 정보활동 역시 결코 소홀히 생각할 수 없는 영역이다. 실제로 경제적 이익을
최우선으로 한 무한 경쟁의 시대 속에서 적과 우군의 구별 없이 국가 간 산업 스파이
활동이 전개되고 있으며, 무역협상에서 빈번히 도청장치를 동원하여 상대방의 협상전
략을 간파하고 그것에 대응하기 위한 정보활동이 치열하게 전개되고 있는 것이 오늘의
현실이다. 어쨌든, 적과 우군의 구분이 모호해짐으로 인하여 국가정보활동 대상국의
숫자가 증가된 만큼 소수의 국가에 집중했던 국가의 정보력이 분산화 될 수밖에 없을
것이다.

---

25) Shulsky(1991), pp.4-5.

2. 민주화의 확산

이러한 안보환경의 변화 외에 국내정치 분야에 있어서 민주화의 진전도 국가안보 정책을 수행함에 중요한 영향을 가져온다. 냉전의 붕괴와 함께 세계 도처에서 민주화가 진행되고 있다. 과거 사회주의 종주국으로서 전체주의 독재체제였던 소련과 동구권이 붕괴하고 나서 자본주의적 시장경제체제의 도입과 함께 민주화가 진행되고 있다. 러시아가 민주화 과정을 진행하고 있고, 폴란드, 체코, 헝가리 등 동구권 사회주의 국가들도 민주주의 체제로 변화되어가고 있다. 한국, 대만, 중남미 국가들도 과거 권위주의 정권이 몰락하고 민주화가 착실히 진행되는 와중에 있다.

이러한 국내정치 민주화 움직임이 국가안보에 미치는 영향만큼 정보기관의 기능 및 활동에도 변화가 요구되고 있다. 과거 독재정권 또는 권위주의 정권은 비밀유지를 명분으로 하여 대중이나 이익집단의 제약 없이 안보정책을 자유재량으로 추진할 수 있었다. 그러나 민주화가 진행되면서 안보와 관련한 외교정책 수행에 있어서 정책결정 자는 의회와 대중의 반응을 무시할 수 없게 되었다. 민주화된 정권에서는 여론과 이익 집단이 정책결정과정에 개입하기 때문에 정책결정권자의 재량권이 축소되어 정책의 일관성과 효율성이 저하되는 경향이 있다. 특히, 안보정책의 경우 주도면밀한 계획, 전문적인 지식, 비밀보안이 요구되는 분야인 반면 민주주의 체제에서는 알권리를 내세우며 여론이 정책의 공개성과 책임성을 요구하고 있어 정책 수행에 있어서 효율성이 떨어질 가능성이 많다.[26)]

비록 민주화가 안보정책의 효율성을 저하시키는 요인이 될 수 있을 망정 민주화의 진행은 범세계적 추세이며, 이와 함께 안보정책에 대한 견제와 통제가 강화되는 추세에 있다. 이미 미국을 비롯한 여타 민주주의 국가들에서는 정부의 비밀성에 대한 회의감으로 말미암아 일찍부터 의회가 일부 정부기관들에 대한 감독활동을 해왔다. 그리고 대중매체의 영향력이 증가하면서 안보정책결정에 대한 일반 국민 여론의 영향력도 함께 증가하는 현상을 보이고 있다.

과거에는 극소수의 대중만이 안보정책에 관심을 갖고 있었기 때문에 정부가 이를 무시할 수 있었다. 또한, 정부는 대국민 홍보활동을 통해 얼마든지 정부의 안보정책에

---

26) 이와 관련하여 미국 민주주의를 관찰하였던 프랑스 사상가 토크빌(Alexis de Tocqueville)은 외교 업무를 수행한다는 것은 지식, 보안, 판단, 계획 그리고 인내를 필요로 하는 것이기 때문에 독재체제가 민주주의 체제보다 속성상 더욱 효율적이라고 주장한 바 있다. Alexis de Tocqueville, *Democracy in America*, Vol.1(New York: Knopf, 1945), pp.234-235; Lloyd Jensen, *Explaining Foreign Policy*(New Jersey: Prentice-Hall, Inc., 1982), p.108.

대해 국민이 지지하도록 유도할 수 있었다. 그러나 대중매체가 발전하면서 정부의 대국민 홍보활동의 효과가 감소하는 반면, 대중매체가 오히려 여론 형성에 주도적인 역할을 수행하는 양상으로 변화되면서 일반 대중들의 안보정책에 대한 관심과 이해력이 증가하고 있다.[27] 이에 따라 이제 정부도 외교 및 국방정책의 실패에 대한 국민 여론의 비판을 무시할 수 없는 상황에 처하게 되었다. 어쨌든 외교, 국방 등 안보정책결정에 관련되는 기관들의 활동에 대해 여론의 개입과 감시가 강화되고 있으며, 정보기관도 여기서 예외 될 수는 없을 것이다.

민주화에 따라 정보기관에 대한 의회, 대중매체, 국민의 감시활동 증가는 곧 정보활동 여건이 악화되었음을 의미하며, 이로 인해 정보기관의 존립마저 위협받고 있다. 소련이 붕괴하고 러시아가 민주화를 진행하면서 과거 불법적인 비밀정보활동으로 악명을 떨쳤던 KGB가 해체된 것이 그 구체적인 사례가 될 수 있겠다. 이러한 상황은 비단 권위주의 독재정권에 한정되지 않는다. 미국의 경우 적대국인 소련이 소멸되고 냉전이 종식됨에 따라 CIA와 FBI를 비롯한 정보기관에 대한 의회 및 대중의 정보감독이 점차 강화되는 양상을 보였다. 물론 미국에서 정보감독이 강화되는 것은 민주화보다는 안보상황의 변화 즉 적대국의 소멸과 그로 인해 극단적인 안보위협이 감소되었기 때문이다. 그리고 일단 안보상황이 개선되자 안보문제에 밀려 있었던 차선의 중요한 가치로서 민주성을 회복하는 차원에서 정보기관에 대한 감독활동이 새롭게 강조된 것이라고 볼 수 있다.

미국의 경우 일반 정부기관들에 대해서는 일찍부터 의회의 감시활동이 있어 왔다. 그러나 냉전시기의 극단적인 안보위협에 대응하는 조직으로서 정보기관의 특수성을 인정하여 이들의 비밀활동에 대해서는 그래도 어느 정도 허용해 주는 태도를 취해 왔었다. 그러나 닉슨 대통령 당시 워터게이트 사건이 발생하면서 정보기관의 도덕성에 상당한 의문이 일게 되었고, 이로 인해 미 의회 상·하 양원 특별위원회가 구성되어 대외원조에 관한 두 가지 법안들로서 1974년에 '휴즈-라이언 법안(the Hughes-Ryan Amendment)'과 '정보자유법(the Freedom of Information Act)'이 제정되었다.[28] 여기서 휴즈-라이언 법안은 미국 정보기관의 활동에 대한 의회의 감시를 노골적으로 요구한 최초의 법안이 되었으며, 이로 인해 미국의 정보기관은 결과적으로 비밀활동을 수행함에 있어서 상당한 제한을 받게 되었다.[29]

---

27) Mandel(1994), p.33.
28) 법안 제정 당시의 상황들에 대해서는 로이 갓슨 저, 국제과학문화연구소 역, 『80년대의 정보요구 (2)』(국제과학문화연구소, 1988), pp.163-168 참조.
29) 1974년 12월 30일 포드 대통령에 의해 비준된 휴즈-라이언 수정안의 내용은 첫째, 대통령이 국

미국에서는 1970년대 중반부터 의회 상·하 양원에 각각의 정보위원회가 설립되어 정보기관들에 대한 감독 업무를 시행해 왔다. 동위원회는 정보활동 예산에 관한 통제권을 행사하는 가운데 미국 정보공동체 정보기관들이 수행하는 정보활동의 내용을 파악할 수 있었다.[30] 이에 관련하여 전 CIA 부국장 로버트 게이츠(Robert M. Gates)는 "의회에 의한 정보감독제도로서 상·하원정보위원회는 CIA나 여타 정보기관의 예산지출 및 정보우선순위에 대해 행정부 내 누구보다도 더 많은 지식과 영향력을 갖고 있다"[31]고 언급한 바 있다. 이후 의회의 감독활동이 지나치게 강화됨에 따라서 정보기관이 순수하게 국가안보를 위한 목적의 비밀활동조차 효과적으로 수행되지 못함으로써 결국 미국의 정보역량이 심각하게 약화되고 있다는 비판도 있었다.[32] 이에 부응하여 정보기관에 대한 의회의 감독을 다소 완화시키려는 시도들이 있었지만, 이후 정보기관들에 대한 의회의 감독기능은 점차 강화되었다. 특히, 레이건 대통령 당시 이란-콘트라 스캔들이 밝혀지면서 정보기관의 비밀활동에 대한 의회의 감독에 문제가 있었던 것으로 지적되었고,[33] 이후 미 의회 상·하 양원 정보위원회의 정보기관들에 대한 통제 및 감독 기능이 보다 강화되었다.

한편, 1970년대 중반 미국이 의회를 통한 정보감독제도를 창안하자 여타 민주주의 국가에서도 비슷한 유형으로 정보활동에 대한 감독제도를 창설했다. 예컨대, 캐나다 의회는 보안정보검토위원회(SIRC)를 창설하여 캐나다의 국내정보기구 감독을 담당했고, 민간 기구로서 캐나다 보안정보국을 설립한 바 있다. 한국의 경우에도 김영삼 문민정부가 출범한 이후 국회에 상임위원회로서 정보위원회가 창설되어 국가안전기획부를 비롯한 정보기관의 정보활동 예산에 관한 권한을 행사하게 됨으로써 정보기관에 대해 의회가 감독권을 행사하게 되었다.

가안보에 중요하다고 결정하지 않은 이상, CIA는 정보수집 이외의 곳에 돈을 지출할 수 없다는 것, 둘째, 대통령은 그런 결정을 내린 후 그것을 적절한 시기에 의회의 해당 위원회에 제출해야 한다는 것이다. 동 법안에 의해서 최초 상·하 양원 군사위원회와, 세출위원회, 국방분과위원회, 대외관계위원회 등 6개 상임위원회와 상·하원 정보위원회를 합쳐 총 8개 위원회들이 정보기관의 비밀공작을 보고받게 되었다. 그러나 이후 정보기관의 비밀성을 보호하는 차원에서 1980년 10월 휴즈-라이언 법안을 수정, 대통령의 비밀공작 보고 대상이 8개에서 2개 즉 상·하 정보위원회로 축소·조정되었다. 이에 대해서는 갓슨, 국제과학문화연구소 역(1988), pp.164-171 참조.

30) 상·하 정보위원회의 정보기관 감독활동에 대해서는 Holt(1995), pp.223-230 참조.

31) Robert M. Gates, "The CIA and American Foreign Policy," *Foreign Affairs*, Vol.66, No. 2 (Winter 1987/88), p.225.

32) Roy Godson, Intelligence Requirements for the 1980's: An Introduction," Roy Godson, (ed.), *Intelligence Requirements for the 1980's: Elements of Intelligence*(Washington, D.C.: National Strategy Information Center, Inc., 1979), pp.6-8.

33) 상·하원 정보위원회는 정보활동 감독권을 행사해왔음에도 불구하고 레이건 대통령이 수년 동안에 걸쳐 니카라과 반군 지원을 위한 비밀공작을 수행했던 내용을 전혀 알지 못했다고 한다. Holt(1995), p.16.

의회의 정보기관 감독제도는 정보기관의 비밀성을 어느 정도 보장하면서 대중의 정보기관에 대한 여론을 반영하기 위한 것이라고 볼 수 있다. 즉 의회의 정보기관에 대한 감독은 완전 개방된 대중토론이나 민주적 의사결정으로 인한 비밀성 파괴의 위협을 방지하면서 정보기관의 불법적인 활동을 방지할 수 있는 최선의 대안으로 인정된다.34) 정보기관으로서는 대중의 정보에 대한 공개성과 책임성 요구에 부응하여 자신들의 정보활동이 대중 여론이 규탄하는 수단이나 목적을 추구하지 않음을 보여주어야 한다. 이로 인해 정보기관이 생명처럼 중요하게 보호하고자 하는 비밀성이 크게 제한될 수밖에 없는 처지에 놓여 있다. 어쨌든, 의회 및 대중의 정보활동 감독이 강화될수록 정보활동의 자율성이 제한되고 비밀·보안을 유지하기 어려워 효율적인 정보활동이 위협받게 될 것이다. 이러한 상황에서 정보활동의 비밀성과 효율성을 크게 훼손하지 않으면서 정보기관에 대해 통제 및 감독을 효과적으로 수행하기 위한 방안으로서 의회의 정보감독제도가 도입된 것이다.

사실 민주주의와 정보기관은 양립하기 어려운 점이 있다. 정보기관은 비밀과 보안을 생명으로 하는 반면 민주주의는 정보기관의 비밀성을 용납하지 않기 때문이다. 또 다른 차이점은 민주주의는 비밀활동의 방법 또는 수단에 문제가 있음을 강조하고, 정보기관은 비밀활동의 목적이 국가안보에 있음을 강조하는데 있다.35) 즉 정보기관은 국가의 안보적 이익을 위해 세부 공작사항에 대해 비밀을 유지해야 한다는 필요성을 구실로 자칫 불법행위(unauthorized action)마저 은폐함으로써 민주주의의 가치를 위협할 가능성이 있다. 특히, 문제는 정보기관의 비밀활동이 국가안보가 아닌 특정인의 정권적 이익 즉 정권안보에 악용될 소지가 있다는 데 있다.

물론 이러한 사례는 일반적으로 권위주의 독재정권에서 빈번히 나타나지만, 민주주의 정부에서도 정도는 약하지만 비슷한 사례가 많이 있다. 미국의 경우에도 대통령이 단순히 자신의 정권적 이익을 목적으로 정보기관의 보고서 내용을 국민들에게 과장하여 발표하는 경우가 종종 있다고 지적된다.36) 또는 대통령이 자신의 정치적인 목적에 정보기관을 이용하는 경우도 있다.37) 이러한 이유로 인하여 민주주의 국가에서 정보기

34) Shulsky(1991), pp.144-148.
35) Holt(1995), p.15.
36) Holt(1995), p.4.
37) 가장 잘 알려진 사례는 백악관 지시에 의해 명백히 정치적인 목적으로 FBI(연방수사국)가 당내 대통령 반대자를 조사했던 사건이다. 판사이면서 당시 법무차관이었던 로렌스 실버만(Laurence Silbermen)이 1978년에 증언한 바에 따르면, 1964년 대통령선거 2주전 존슨 대통령의 지시로 FBI가 골드워터(Goldwater) 상원의원 참모진에 대한 약점을 조사했다고 한다. Testimony of Laurence H. Silberman, July 18, 1978, in U.S. *Senate, Select Committee on Intelligence*, National Intelligence Reorganization and Reform Act of 1978: Hearings, 96th Cong., 2nd sess., 1978,

관이 대중의 불신 대상이 되는 것이 당연하다고 볼 수 있다. 국가정보의 특성이 비밀유지에 있기 때문에 얼마든지 정보를 조작하여 국민들을 기만할 수 있을 것이다. 그러나 국민들의 상식에 벗어난 거짓 정보가 계속 악용될 경우 정권은 물론 국가정보에 대한 국민의 신뢰가 감소될 것이다. 오늘날 민주주의 국가에서 국가정보의 생존 기반은 국민적 신뢰와 지지로부터 비롯된다는 사실을 감안했을 때, 국가정보가 정권적 차원에서 악용되는 사례는 억제되어야 할 것이다.

　　정보기관에 대한 국민의 불신을 해소하고 정책에 대한 국민적 신뢰와 지지를 얻기 위해 국가정보의 공개화와 책임성이 강조되는 반면, 이로 인해 정보활동의 효율성이 감소할 수밖에 없는 딜레마에 빠진다. 민주주의 정부의 경우 자신들의 정책이 합리적이라는 사실을 대중에게 설득하기 위해서 세부적인 정보를 공개하도록 압력을 받게 된다. 그로 인해 부득이 정보출처를 공개했을 경우 어렵게 확보된 정보 자료를 잃어버리게 됨으로써 막대한 손실을 감수해야 된다. 그러한 구체적인 사례로서 1986년 미국의 레이건 대통령이 리비아 폭격을 정당화시키기 위해서 미국의 첨단 암호해독 능력을 공개했던 경우가 있다. 그로 인해 미국은 암호화된 메시지를 통한 정보획득 기회를 완전히 상실하게 되었다. 『워싱턴 포스트』지 보도에 따르면 당시 상황은 다음과 같다.

　　　　레이건 대통령과 그의 최고위 참모들은 미국이 리비아가 서베를린 나이트클럽의 폭파
　　에 직접적인 책임이 있다는 강력한 증거를 갖고 있다는 것을 보여주기 위해서 민감한
　　정보를 예외적으로 공개했다. … 대통령에 의해 인용된 세부사항들은. … 정보에 의하면,
　　미국은 리비아의 민감한 외교적 통신을 가로채서 해독할 수 있는 능력이 있음을 분명히
　　했다.[38)]

　　결국, 미국은 암호해독에 관한 정보를 공개함으로써 오랜 기간에 걸쳐 막대한 인력과 장비를 들여 어렵게 구축한 정보출처를 상실하고 말았다.

　　지금까지 살펴본바, 민주주의가 다소간에 국가정보의 효율성을 저해할 수 있는 것으로 판단된다. 분명히 민주화가 진행되면서 여론은 정보의 공개성과 책임성 요구를 강화하고 있으며, 이는 곧 국가정보활동 여건을 악화시키는 결과를 초래하고 있다. 그러나 비록 정보기관의 효율성이 저해되는 한이 있더라도 민주주의적 가치는 절대적으로 존중되어야 한다. 즉 국가정보와 민주주의 간에 양립할 수 없는 어려움이 있지만,

---

　　Committee Print, p.616; Shulsky(1991), p.157에서 재인용.

38) Bob Woodward and Patrick E. Tyler, "Libyan Cables Intercepted and Decoded," *Washington Post* (April 15, 1986), Al; Shulsky(1991), p.44에서 재인용.

국가정보활동은 민주적인 가치를 최대한 존중하는 가운데 이루어져야 할 것이다. 범세계적인 민주화 추세는 역행할 수 없다. 이제 민주사회에서 국민적 신뢰와 지지 기반 없이 국가 정보기관은 존립할 수 없을 것이다. 그러므로 민주화 추세에 부응하여 정보기관 스스로 민주주의적 가치와 정보기관의 비밀성이 조화를 이루는 가운데 정보활동을 효율적으로 수행할 수 있는 획기적인 방안을 모색해 보아야 할 것이다.

제 3 절　국가정보의 도전과 극복

손자병법에 따르면 "총명한 군주와 현명한 장수가 움직이기만 하면 적을 이기고 출중하게 공을 세우는 것은 먼저 적정을 알고 있기 때문"[39]이라고 하여 일찍부터 정보의 중요성을 강조한 바 있다. 탈냉전기에 들어서서 안보의 개념이 다소 변화했을망정 국가안보의 핵심개념은 여전히 군사안보이며, 손자가 말한 대로 국가안보를 지킬 수 있는 결정적인 요소는 정보활동이다. 손자의 견해에 따르면 적에 관한 전술을 알아내는 것 즉 정보활동이 적을 직접 공격해서 패배시키는 것보다도 중요하다고 했다.[40] 이는 일반적으로 무력을 사용하는 전쟁에 적용되겠지만, 경제전쟁 또는 무역전쟁이라고 표현되는 오늘날의 상황에서도 응용될 수 있는 개념이다. 전쟁은 물론 군축회담, 외교협상, 무역협상 등에서 상대방에 대한 정보 없이 바람직한 결과를 가져올 수 없기 때문에 국가들 간에 정보전이 치열하게 전개되고 있는 것이 오늘의 현실이다. 어쨌든 정보활동이라는 것은 무장된 적의 병력과 전투를 벌이는 것만큼이나 치열한 것이며, 국가안보를 유지함에 절대적인 요소라고 하겠다.

한편, 탈냉전기 안보환경 변화와 국내 민주화의 진행은 우리 국가정보체계에 도전이면서 일종의 기회를 제공하고 있다. 국가안보 개념의 확대와 더불어 안보환경이 복잡하게 변화되면서 안보목표 달성을 위한 수단으로서 국가정보의 중요성이 증가했으며, 그 기능, 역할, 범위도 확대되었다. 그러나 정보기관은 한정된 예산과 인원으로 확대된 기능과 활동을 수행해야 하기 때문에 부득이 국가의 정보 능력이 분산화 될 수밖에 없는 상황에 처해 있다. 또한 민주화가 진행되면서 대중 여론은 정보활동의 공개성과

---

39) 『손자병법』 용간편(用間篇)에 나오는 구절로서 원문은 "故明君賢將, 所以動而勝人, 成功出於衆者, 先知也,"이다. 노병천, 『도해 손자병법』(서울: 연경문화사, 1996), p.310 참조.
40) 『손자병법』 모공편(謀攻篇)에 나오는 구절로서 원문은 "故上兵伐謀 其次伐交, 其次伐兵, 其下攻城, 攻城之法, 爲不得已"라 했다. 노병천(1996), p.82.

책임성 요구를 강화하고 있고, 이로 인해 국가정보가 생명으로 하는 비밀성마저 위협받고 있다.

그런데 이러한 문제들이 우리의 국가정보체계에만 국한된 것이 아니요, 전 세계의 정보기관이 정도는 다르지만 비슷한 종류의 어려움에 처해 있다. 중요한 것은 이들 정보기관들이 불리한 여건을 극복하고, 국가안보적 이익을 증진함에 배전의 노력을 기울이고 있다는 점이다. 미국의 CIA, 프랑스의 DGSE, 독일의 BND 등 서방 정보기관들도 냉전의 종식과 함께 과거 적대 국가를 겨냥해 수행해 왔던 정보활동 목표를 상실하게 되는 상황에서 국제테러리즘, 조직범죄, WMD의 확산 등 새로운 안보위협들을 정보활동 목표로 설정하여 적극적인 대응 노력을 기울이고 있다. 또한, 탈냉전기 민주화 및 정보화 조류에 적응하고자 조직, 기능 및 활동의 대폭적인 개혁을 시도하고 있다. 특히 국가정보기관이 정부조직의 일부라는 기존의 관념에서 탈피, 점차 국가정책 수립기능과 함께 미래 정보화 사회를 선도하는 역할로 탈바꿈하고자 부심하고 있다.

서방 정보기관에 비하여 우리 정보기관은 일종의 이중 부담을 안고 있다. 즉, 냉전이 종식되었음에도 불구하고 우리 정보기관은 북한이라는 적대세력으로부터의 군사적 위협에 대응해야 할뿐만 아니라, 세계 각국 정보기관들의 경제 및 산업첩보 수집활동이 강화되고 있어 이에 대처해야 하는 과제를 안고 있다. 여기에 국내정치의 민주화로 인한 예산 및 인원의 감축, 정보활동의 공개성 요구 등에 부응하여 정보활동이 위축되는 등 어려움에 처해있다. 그러나 우리 정보기관은 이러한 위기와 도전을 발전을 위한 기회로 삼아 새로운 정보환경에 적극적으로 적응함은 물론 점차 치열해져 가는 정보전쟁에서 승리할 수 있는 경쟁력 있는 정보기관으로 탈바꿈할 수 있는 계기를 마련해야 하겠다.

새로운 안보 위협들과 정보환경의 변화라는 도전에 직면하여 우리 국가정보체계의 과감한 개혁이 요구된다. 국가안보 목표의 변화에 따른 국가정보목표우선순위(PNIO)의 조정, 수집수단의 과학화, 분석방법의 체계화, 정보활동의 공개성, 효율적인 인력과 조직관리 등 다양한 부문에서 획기적인 발상의 전환이 요구된다. 이를 통해 국가안보의 초석으로서 정보활동의 사명감과 효율성이 증진될 수 있을 것이다. 어쨌든, 이러한 모든 노력들을 통해 국가정보기관은 국민의 신뢰와 존경을 받는 국가기관으로 자리잡을 수 있을 것이다.

제15장

정보의 실패(Intelligence Failure)

제1절 **정보실패의 개념**

요즈음 미국 학계의 정치학 분야에서 '정보실패(intelligence failure)'라는 용어는 '정부의 실패(government failure)'나 '시장의 실패(market failure)'라는 용어처럼 일반적으로 많이 사용되고 있다.[1] 정보실패는 국가안보와 이익에 치명적인 영향을 미칠 수 있다는 관점에서 현실 정치에서는 물론 학계에서도 많은 연구들이 나와 있다. 그런데 대부분의 연구들이 정보실패의 역사적 사례들을 중심으로 내용을 전개하고 있으며, 아쉽게도 그 개념이나 이론적 논의는 대체로 미흡한 상황이다.

아직까지 '정보실패'의 개념에 대해 학계에서 일반적으로 인정되는 정의가 제시되지 않고 있는 한편, 개념적인 모호성으로 인해 몇 가지 문제점들이 발생될 수 있다. 예컨대, 정보실패의 책임 소재가 정보기관의 실책에서 비롯된 것으로 알려졌지만 사실은 정책결정권자의 편견이나 왜곡된 판단에서 비롯된 경우가 많다. 정보기관에서 적시에 제대로 된 정보를 제공했음에도 불구하고 최고정책결정권자가 이를 무시하거나 왜곡되게 해석하여 낭패를 보게 될 수 있다. 엄밀히 말해서 이는 정보실패라기보다는

---

1) 정보실패에 대해 잘 정리된 글로써는 M. W. Lowenthal, "The Burdensome Concept of Failure," in A. C. Maurer, M. A. Tunstall and J. M. Keagle, (eds.), *Intelligence: Policy and Process*(London: Westview, 1985); Michael Herman, *Intelligence Power in Peace and War*(Cambridge: Cambridge University, 1996), pp.221-239; Walter Laqueur, *A World of Secrets: The Uses and Limits of Intelligence*(New York: Basic Books, Inc., 1985), pp. 255-292; Abram N. Shulsky and Gary J. Schmitt, *Silent Warfare: Understanding the World of Intelligence*(Washington D.C.: Brassey's, Inc., 2002)를 참고.

'정책실패(policy failure)'로 보는 것이 타당하다. 때로 최고정책결정권자가 자신의 오판이나 실수로 인한 '정책실패'를 '정보실패'로 규정하여 그 책임을 정보기관에 전가하는 경우도 있을 수 있다. 또는 최고정책결정권자가 자신의 정치적 목적에 활용하고자 정보기관의 정보판단을 의도적으로 왜곡시킬 수도 있는데 흔히 이를 '정보의정치화'라고 하며, 이에 대해서는 뒷 절에서 자세히 살펴보기로 한다.

이처럼 책임 소재가 정보기관에 있든 최고정책결정권자에게 있든지 간에 이를 모두 정보실패로 통칭하는 경향이 있다. 그러나 엄격히 말하자면 부정확한 첩보자료, 잘못된 정보분석 등 정보기관의 잘못이나 실책만을 '정보실패'로 규정하는 것이 타당하다고 본다. 물론 역사적으로 알려졌던 바 정보실패의 사례들은 한 가지 요인에서 비롯되기보다는 위에서 언급한 여러 가지 요인들이 복합적으로 작용하여 발생했던 것으로 나타난다. 그럼에도 불구하고 정보실패에 이르게 된 주요 원인과 책임 소재가 어디에 있는가에 따라서 '정보실패', '정책실패', 또는 '정보의 정치화' 등으로 보다 엄밀한 개념적 구분이 필요하다고 본다.2)

흔히 '정보실패'는 "기습(surprise)을 제 때에 정확히 예측하지 못하게 되어 발생하는 것"으로 여겨진다.3) 라쿠어(Walter Laqueur)는 정보실패를 야기하는 기습의 종류로서 적의 '군사적 기습(Strategic Military Surprise)', '정치적 기습(Political Surprise)', '경제·과학 기술적 기습(Economic and Scientific-Technological Surprise)' 등으로 구분했다.4) 로웬탈(Mark M. Lowenthal) 역시 정보기관의 가장 중요한 임무는 기습에 대비하는데 있다고 언급했다.5) 슐스키(Abram N. Shulsky)는 정보실패란 기본적으로 상황에 대한 오판(misunderstanding)이라고 정의하고, 그 때문에 정부 또는 군대가 그 자신의 이익에 반하거나 부적절한 행동을 취하게 되는 것이라고 기술했다.6) 여러 가지 관점을 종합해 보건대, 정보실패는 기습에 제대로 대비하지 못한 상황을 의미하는 것으로 생각되며, 이를 개략적으로 정의하자면 "국가이익이나 안보에 치명적인 영향을 끼칠 수 있는 현상을 제대로 예측하거나 판단하지 못함으로써 국가적으로 상당한 손실이 발생하게 되는 상황을 의미하는 것"이라고 할 수 있겠다.

---

2) 뒷장에서 언급하겠지만, 이 글에서 '정보실패'는 광의적인 의미로 해석하여 크게 '정보적 실패'와 '정보외적 실패'로 구분된다. 정보적 실패는 정보기관 자체의 실책에서 비롯된 것을 의미하고, 정보외적 실패는 '정보의 정치화'와 '정책실패'를 들 수 있다. '정책실패'는 정책결정권자의 무지와 오판으로 인해 잘못된 정책결정을 내리게 되는 것을 의미한다.

3) Shulsky and Schmitt(2002), pp.62-64; Laqueur(1985), pp.255-271.

4) Laqueur(1985), pp.255-271.

5) Mark M. Lowenthal, *Intelligence: From Secrets to Policy*(Washington, D.C.: 2002), pp. 2-4.

6) Shulsky and Schmitt(2002), p.63.

여기서 정보실패의 책임 소재 또는 주체가 정보기관만을 의미하는가 아니면 정책 결정권자까지 포함하는 것인가 하는 논란이 있을 수 있다. 물론 엄밀한 의미로 정보실패는 정보기관만의 실책을 의미하는 것이어야 되겠지만, 대부분의 경우 정보기관만의 실책보다는 정책결정권자들의 오판이나 의도적 왜곡 등 여러 가지 다양한 요소들이 복합적으로 작용하여 정보실패가 발생하는 경향이다. 따라서 이 글에서도 정보실패의 의미는, 일반적으로 통용되는바, 정보기관의 실책은 물론 정책결정권자와 관료들의 정책적 실책 또는 정보를 정치적 목적에 악용하는 '정보의 정치화'까지 포함하는 보다 넓은 의미로 해석하고자 한다. 그러나 정보기관의 실책과 정보기관 외에 다른 행위자의 실책은 분명히 구별되어야 한다. 왜냐하면 누가 잘못했는가를 분명히 규명함으로써 또다시 유사한 실책이 반복되는 것을 방지할 수 있기 때문이다.

정보실패 중에서 가장 많이 알려진 용어로서 기습공격을 제때에 알아차리지 못해서 발생하는 '경고실패(warning failure)'가 있다. 그리고 적의 능력을 과대 또는 과소평가하거나 동향을 잘못 파악하는 것은 '정보오판(intelligence misjudgement)'이라는 용어로 표현되는 것이 보다 적합할 것으로 생각되는데 넓은 의미의 정보실패에 포함된다.

우선 역사적으로 알려졌던 바 경고실패의 대표적인 사례들로서는 1941년 제2차 세계대전 당시 일본의 진주만 기습사건, 1941년 독일의 러시아 침공사건, 1950년 6월 북한의 남침도발에 의한 한국전쟁의 발발, 1951년 중국의 한국전쟁 개입, 1962년 중국의 인도 공격, 1968년 8월의 체코슬로바키아 사태, 1973년 욤 키푸르(Yom Kippur) 전쟁, 1979년 중국의 베트남 침공, 1982년 아르헨티나의 포클랜드(Falklands) 침공, 1990년 이라크의 쿠웨이트 침공, 2001년 9월 11일 미국에서 발생한 알 카에다에 의한 테러사건 등이 있다.[7] 이 모든 사례들의 경우 전문성을 갖춘 정보기관이 적의 기습에 무방비 상태로 있다가 꼼짝없이 당했던 것으로 평가된다.

역사적으로 정보왜곡 즉 상대방의 능력이나 취약점 또는 동향을 잘못 판단하여 낭패를 보았던 사례들이 무수하게 많이 나타난다. 한 예로 1978-79년 이란에서 사하(Shah) 정권의 몰락 등 정치적인 변화나 쿠데타 발생을 미리 예측하는 데 실패하는 경우를 들 수 있다. 정보실패의 범위를 조금 더 넓힌다면 1973-74년 동안 OPEC가 석유를 무기화할 것에 대해 예측하지 못한 것도 포함될 수 있다. 냉전시기 동안 미국 정보공동체는 종종 미 의회의 여야 양쪽으로부터 소련의 의도와 군사적 능력에 대해서

---

7) R. K. Betts, *Surprise Attack: Lessons for Defense Planning*(Washington D.C.: Brookings Institution, 1982), chapter 2 and 3; and E. Kam, *Surprise Attack: the Victim's Perspective* (Cambridge, Mass. and London: Harvard University Press, 1988), pp.3-4.

잘못 평가했다는 비난을 받아왔다.[8] 미국은 소련의 전략적인 능력에 대해 때로는 과소 또는 과대평가했는데, 그 중에서 1950년대 말 소련의 ICBM 위협을 과대평가함으로써 그 유명한 '미사일 갭'(missile gap) 논쟁을 야기했던 일도 있다.[9] 무엇보다도 미국의 정보기관은 1990년대 초 소련 경제체제의 붕괴와 소련체제가 군소국가로 분할되는 사태를 예측하지 못했던 일로 비난받기도 하였으며, 그로 인해 미 의회에서 CIA를 해체해야 한다는 주장이 제기되기도 하였다.

제 2 절 정보실패의 실제

정보기관의 입장에서 볼 때 정보실패에 관한 한 억울한 측면이 없지 않다. 사실 사람들은 성공보다는 실패에 대해 더 많은 관심을 갖는 경향이 있다. 일반적으로 정보 실패의 사례들은 방송매체에 쉽게 노출되어 잘못한 것에 대해 공식적인 조사가 이루어 진다. 그러나 성공 사례들은 보안 때문에 상당 기간 동안 비밀 속에 가려져 알려지지 않게 된다. 제2차 세계대전 당시 성공적인 정보활동 사례들이 많지만 보안 때문에 수십 년 이상을 숨겨진 채 드러나지 않았다. 또한 국가적으로 위험한 상황을 피하는데 정보활동이 결정적인 역할을 수행했음에도 불구하고 일단 위험 상황이 지나고 나면 정보활동이 기여한 바는 잊혀지고 마는 경향이 있다.

예를 들어, 1990년 Gulf전 당시 이라크의 쿠웨이트 침공에 대해 정보기관의 경고 실패를 문제 삼는 반면, 1961년 이라크의 쿠웨이트 침공에 대해 영국의 정보기관이 미리 알아채고 선제공격을 취함으로써 사태를 성공적으로 마무리했던 일은 사람들에 게 별로 기억되지 않고 있다.[10] 또한, 1968년 8월 WTO 조약국들이 체코를 침공하려고 미리 군대를 준비시켰는지를 판단하는데 실패한 것에 대해서는 주목을 끌었지만, 1980 년부터 1981년까지 미국이 서방 정보기관을 활용하여 폴란드 사태를 진압하려는 소련 의 군사준비태세에 효과적으로 대응했던 사례는 별로 알려지지 않았다.[11]

---

8) 이에 대해서는 B. Berkowitz and A. Goodman, *Strategic Intelligence for American National Security*(Princeton: Princeton University Press, 1989), pp.125-36; D. S. Sullivan, "Evaluating U.S. Intelligence Estimates," in R. Godson, (ed.), *Intelligence Requirements for the 1980s: Analysis and Estimates*(Washington D.C.: National Strategy Information Center, 1980), pp.49-73.

9) J. Prados, *The Soviet Estimate: US Intelligence Analysis and Soviet Strategic Forces*(Princeton: Princeton University Press, 1986), chapter 5-8.

10) Herman(1996), p.225.

사실 실패와 성공은 혼합되어 있다. 베츠(Richard K. Betts)가 말한 것처럼 유리병에
물이 반쯤 있을 때 보는 관점에 따라 반이나 찼다고 볼 수도 있고, 반밖에 없다고
보기도 한다.[12] 즉 같은 사례를 두고 보는 관점에 따라 실패로 평가할 수도 있고 성공으
로 볼 수도 있다는 것이다. 예를 들어, 1962년의 쿠바 미사일 위기는 부분적으로는
정보실패였다. 왜냐하면 미국의 정보기관은 애초부터 소련의 지대지 미사일이 그 섬에
배치될 가능성이 적을 것으로 평가했기 때문이다. 그러나 U-2기가 찍은 영상물로 당시
상황을 탐지할 수 있었던 것은 정보의 승리라고 볼 수 있다.[13] 이와 유사하게 1982년
아르헨티나의 포클랜드 침공(Falkland invasion)을 알지 못한 것은 영국 정보기관의 실패
로 여겨진다. 그러나 아르헨티나의 군대가 포클랜드에 상륙하기 2-3일 전에 영국 정보
기관이 그러한 상황을 경고해 줌으로써 영국이 즉각적으로 반응할 수 있도록 준비태세
를 갖추고 미국이 외교적으로 영국을 지지해 주도록 유도하는데 결정적으로 기여했
다.[14] 그런데 이러한 영국 정보기관의 긍정적인 역할은 제대로 평가받지 못했다.

한편 외견상 정보실패로 보이지만 실상을 깊이 따져보면 그렇지 않는 경우도 많다.
정보기관의 잘못이라기보다는 비정보적 요소들(non-intelligence elements) 때문에 실패하
게 되는 경우도 있다. 예를 들어, 일본의 진주만 기습 당시 워싱턴에서 경고 전문 발송이
지체되어 일본이 공격할 바로 그 무렵 진주만에 겨우 상업용 전보가 도착했는데 이는
정보의 실패라기보다는 지휘통제 시스템의 문제라고 볼 수 있다.[15] 때로 정보가 정책을
만나는 지점에서 정책결정권자가 적절하게 반응하지 못함으로써 정보실패를 야기하기
도 한다. 즉 정책결정권자가 정보기관의 경고를 중요하지 않은 것으로 생각하여 무시하
거나 의도적으로 결정을 지연시키는 등의 경우가 여기에 해당된다. 예를 들어, 존슨
행정부는 당시 베트남 상황에 대한 CIA의 평가를 무시하고 베트남 전쟁에 지나치게
깊이 빠져들게 되어 낭패를 보게 되었던 것으로 나타난다.[16] 물론 정보기관은 정보경고
(intelligence warning)에 대해 정책결정권자들이 관심을 갖도록 해야 할 의무가 있다. 그렇
지만 이 경우에도 엄밀히 따지자면 경고조치를 취한 정보기관에게 책임을 묻기보다는
경고에 대해서 적절하게 반응하지 못한 정책결정권자들에게 책임이 있다고 본다.[17]

11) Herman(1996), p.225.
12) R. K. Betts, "Surprise, Scholasticism, and Strategy: A Review of Ariel Levite's Intelligence and
Strategic Surprises," *International Studies Quarterly*, Vol.33, No.3(September 1989), p.331.
13) Herman(1996), p.225.
14) Herman(1996), p.225.
15) 어니스트 볼크먼 저, 이창신 역, 『스파이의 역사 1(작전편): 20세기를 배후 조종한 세기의 첩보
전들』(서울: 이마고, 2003), pp.293-312.
16) Herman(1996), p.225.
17) 베츠(R. K. Betts)에 따르면 기습공격을 당한 국가들의 정책결정자들이 대부분 사전에 경고를 받

1941년 독일의 소련 침공에 대해서 스탈린은 84개의 경고를 받았음에도 불구하고 이를 무시했던 것으로 나타난다.[18] 따라서 1941년 독일 침공에 대해 스탈린이 오판하게 된 것은 정보실패라기 보다는 그가 독재자였기 때문이라는 지적이 타당하다고 본다.[19] 물론 정보기관의 책임자가 사용자가 신뢰할 수 있도록 사용자와 밀접한 관계를 유지하지 못했거나 작성된 정보보고서의 중요성에 대해 충분할 정도로 사용자의 주의를 끌지 못했던 점은 분명히 정보의 실패라고 볼 수 있다. 그러나 모든 책임이 정보기관에게만 있다는 것이 아니라면 정보실패의 많은 부분이 정책결정권자의 정책적인 대응이 미흡했던 데서 비롯된 것으로 생각된다.

비록 잘못된 결론을 내렸더라도 정보가 항상 올바르게 판단할 수 없는 부분이 있다는 점을 어느 정도 인정해 주어야 한다. 사실 자국의 행동도 예측할 수 없는데 타국의 행동을 예측하는 것은 더욱 어려울 것이다. 때로 사회과학에서 '반사예측'이라 하여 예측했기 때문에 예측한대로 상황이 발생하기도 하고 아니면 그 반대로 상황이 전개되기도 한다. 무엇보다도 비밀에 쌓인 독재자의 머릿속에 있는 생각을 파악한다는 것은 거의 불가능하다고 본다.

월스테터(R. Wohlstetter)는 진주만 기습사건을 예로 들어 예측이 어렵다는 점을 적절히 설명하고 있다.

> 진주만의 기습사건은 개인이든 집단적인 차원에서든 당시 책임자들의 잘못이라고 볼 수 없다. 그것은 음모도 아니고 사람들이 부주의해서도 또는 우매했기 때문에 발생한 것도 아니었다. 이는 단지 적의 행동에 대해 지금까지 예측했던 내용에서 벗어나지 않는 징후들에만 귀를 기울이게 되는 인간의 속성에서 비롯되었다고 본다. 공격할 것으로 전혀 상상조차 할 수 없는 목표에 대해 전혀 귀를 기울이고 있지 않는 상태에서 그 상황이 발생할 것을 포착해낸다는 것은 거의 어렵다고 본다.[20]

모든 예측이 그러하듯이 가까운 장래에 일어날 일에 대해서는 어느 정도 예측하는 것이 가능하지만 먼 장래에 일어날 장기적인 상황에 대한 예측은 사실상 거의 어렵다고 본다. 저비스(Robert Jervis)는 장기 정보판단(longer-term assessment)에 대해 다음과 같이 기술했다.

았음에도 불구하고 이를 무시하고 적절한 조치를 취하지 않아서 낭패를 보게 되었던 사례들이 많다고 한다. Betts(1989), pp.16-17.

18) B. Whaley, *Codeword Barbarossa*(Cambridge, Mass.: MIT Press, 1973), chapters 3-5.

19) Herman(1996), p.226.

20) R. Wohlstetter, *Pearl Harbor: Warning and Decision*(Stanford: Stanford University Press, 1962), p. 392.

과학에 있어서처럼 정치학 분야에 있어서도 올바르게 판단하는 사람들이 잘못 판단하는 사람들과 거의 구분될 정도로 정보판단에 있어서 특별히 우수한 능력을 갖고 있다고 생각되지는 않는다. ... 단지 제대로 판단하는 사람들의 예측이나 평가가 잘못 판단하는 사람들보다는 상황을 좀더 현실에 유사하게 묘사했다는 것뿐이다.[21]

요컨대, 이처럼 예측이나 판단이 어렵다는 점을 어느 정도 감안한다면 베츠(Richard K. Betts)가 주장하듯이 정보실패는 피하기 어려운 것이며 자연스러운 것이라도 볼 수 있다.[22] 그런 점에서 분석관의 실수에 대해서 다소 관용적일 필요가 있다. 그렇다고 정보실패가 전혀 없다는 것은 결코 아니다. 역사상 수많은 정보실패의 사례들이 있었고, 각 사례마다 다양한 유형의 정보실패 요인들이 작용했던 것으로 나타난다. 예를 들어, 최근 9/11 테러 진상조사위원회(National Commission on Terrorist Attacks Upon the United States)에서 발표한 『9.11 테러 최종보고서』에서 지적했던 것처럼 분석관들의 경직된 사고로 인한 상상력 부재로부터 정보기관들 간의 정보공유 미흡 등 다양한 유형의 정보실패 요인들이 제기된다.[23] 다음에서 정보실패의 요인들을 살펴보기로 한다.

제 3 절 정보실패의 요인들

1. 첩보수집 수단 및 자료의 신빙성

일반적으로 정보실패의 주요 요인은 분석에 있다는 것으로 여겨진다. 그러나 레빗(A. Levite)은 정보실패의 주요 요인은 분석보다도 첩보수집에 있다고 주장했다.[24] 그는 진주만 기습사건과 미드웨이 해전을 비교하고 나서 분석은 증거자료의 질에 달려 있다고 결론지었다. 즉 미국은 진주만 기습 당시에는 암호해독을 완벽하게 할 수 없었지만 미드웨이해전에서는 일본 해군의 암호 메시지를 해독할 수 있었기 때문에 미국이 승리

---

21) Robert Jervis, *Perception and Misperception in International Politics*(Princeton: Princeton University Press, 1976), p.179.

22) R. K. Betts, "Analysis, War and Decisions: Why Intelligence Failures are Inevitable," *World Politics*, Vol.31, No.1(October 1978), p.88; Herman(1996), p.224.

23) 미 의회는 공화·민주 양당에서 추천한 10명으로 '9/11 진상조사위원회'를 구성, 250만 페이지의 자료 열람, 1,200여 명과의 면담, 19일간의 청문회 등을 실시하여 최종보고서를 작성 발표했다. National Commission on Terrorist Attacks Upon the United States, The 9-11 Commission Report, http://www.9-11commission.gov/report/911Report.pdf 참조(검색일: 2004년 10월 6일); 국가정보원, 『9.11 Report』(2004).

24) A. Levite, *Intelligence and Strategic Surprises*(New York: Columbia University Press, 1987), p.177.

할 수 있었다고 주장했다. 크노르(K. Knorr)는 진주만 기습은 미국이 오늘날과 같은 성능을 가진 해양감시 위성을 보유했더라면 일어나지 않았을 것이라고 지적했다.25) 허만(Michael Herman)은 영국 정보기관이 아르헨티나의 포클랜드 침공계획을 사전에 알지 못했던 원인은 부분적으로 수집이 충분치 못했기 때문이라고 분석한다.26) 즉 아르헨티나는 영국의 정보 목표로서 우선순위가 낮았기 때문에 충분한 수집활동을 수행하지 않았다는 것이다.

1980년대 이후 가능해진 전천후에다가 실시간으로 전송되는 위성사진 기술이 있었더라면 체코슬로바키아나 아프가니스탄을 침공하기 전 소련의 군사행동에 대한 미국의 평가보고서 내용이 완전히 달랐을 것이라는 주장도 제기된다.27) 당시 위성기술이 워낙 열악하여 구름에 가려지면 제대로 된 영상을 확보할 수가 없었고, 필름을 현상하는 방법으로 위성사진을 얻어야 했기 때문에 제대로 된 영상을 확보하기까지 시간이 꽤나 많이 걸렸을 것이다. 그래서 소련의 군사행동을 적시에 정확히 판단하기가 어려웠다는 것이다. 이처럼 첩보수집 수단이 미흡했기 때문에 상황을 제대로 분석할 수 없었고, 그로 인해 적시에 제대로 된 정보판단이 나올 수가 없었다는 것이다.

한편, 첩보수집 수단의 종류에 따라 장점과 단점이 있으며, 그러한 장단점을 어떻게 활용하는가에 따라서 정보의 성공 또는 실패라는 결과로 나타난다. 주로 항공기나 위성정찰을 통해 획득되는 '현상정보(observational intelligence)'는 군대가 훈련하는 것인지, 혹은 정치적인 목적을 위해 동원되는 것인지, 아니면 정말로 공격하기 위한 목적인지를 구분할 수 없다.28) '의미정보(message-like intelligence)' 수집수단은 군사비밀문서나 암호 메시지 내용을 파악하는 데 적합하지만 사실상 수집하기가 매우 어렵다는 단점이 있다. 이러한 두 가지 첩보수단의 장단점을 정보분석 과정에 적절히 활용함으로써 올바른 정보판단이 가능하다. 예를 들어, 냉전시대 미국의 위성영상정보는 소련에 군사시설과 같은 물리적 시설에 대해서는 신뢰성 있는 정보를 제공해 주지만, 소련의 의도나 계획을 알아내기 위해서는 통화내용의 감청이나 암호화된 전문을 해독해서 얻은 의미정보가 필요하다. 1962년 10월 쿠바 미사일 위기 당시 미국 정부는 쿠바 영공에 대한 U-2기 정찰을 통해 쿠바에 소련 미사일 기지가 건설되고 있다는 것을 탐지했으며,

---

25) K. Knorr, "Avoiding Surprise in the 1980s," in Roy Godson, (ed.), *Intelligence Requirements for the 1980s*(Lexington, Mass.::: Lexington Books, 1989), p.116.

26) Herman(1996), p.231.

27) Herman(1996), p.231.

28) '의미정보(message-like intelligence)'란 상대방의 의도나 계획, 능력, 취약점에 관한 정보를 말하고, 이와 대비되는 것으로써 '현상정보(observational intelligence)'란 항공이나 위성정찰 등을 통해 관찰이 가능한 정보를 뜻한다. 이에 대해서는 Herman(1996), pp.82-87.

사진 판독을 통해 소련 본토에 건설된 미사일 기지의 초기 영상사진과 비교해본 결과 쿠바에 배치된 소련제 미사일의 종류를 알아낼 수 있었다.[29] 이처럼 현상정보와 의미정보를 적절히 취합하여 소련의 의도를 정확히 파악할 수 있었고, 이를 바탕으로 미국은 소련에 대해 적절한 조치를 취할 수 있었던 것이다.

그러나 현상정보나 의미정보 중 한 가지에만 지나치게 의존하게 될 경우 정보실패 또는 왜곡을 야기하게 된다. 영상정보는 보이는 것만을 볼 수 있고 숨기거나 외형적으로 존재하지 않는 것은 보여주지 않는다. 즉 영상정보는 소련의 ICBM 기지나 비행기 격납고와 같이 노출된 물체를 탐색하는 데는 탁월한 능력을 발휘하며 그것을 통해 때로 중요한 단서를 찾아낼 수도 있다. 그러나 영상정보만으로는 소련의 미사일계획처럼 눈으로 볼 수 없는 것에 대해서는 전혀 능력을 발휘할 수 없다. 또한 영상정보에 나타난 비행기 격납고에 무엇이 들어 있는지 그리고 설계자가 어떤 생각을 하고 있는지에 대해서는 전혀 알 수가 없다. 미국이 1960년대 소련의 미사일 무기 증강에 대해서 과소평가하는 실수를 범하게 된 것도 정보판단을 영상정보에만 지나치게 의존한데서 비롯된 것으로 여겨진다.[30]

2. 분석관의 오류와 자질

앞서 살펴본바 효과적인 수집수단의 부재 외에도 정보실패에는 정보와 사용자 간의 관계, 조직의 경직성, 분석관의 인지적 오류, 효과적인 비밀보안의 여부 등 무수히 많은 요인들이 작용하는 것으로 지적된다. 어떤 학자의 연구에 따르면 노르망디 상륙작전에서 독일이 실패하게 된 원인으로 10개의 오판(misperception)과 50개의 기타 사소한 실수들이 복합적으로 작용했다고 설명한다.[31] 그런데 그 중에서도 정보실패를 야기하는 가장 결정적인 요인은 결국은 정보분석에 있다고 본다.

학계의 연구들은 정보실패에는 여러 가지 요인들이 복합적으로 작용한다는 점을 대체로 인정하지만, 분석관의 오류 등 인지적 차원의 문제점들을 특히 강조하는 경향이다. 즉 정보분석의 실패는 1차적으로 분석관에서 비롯되는 것으로 생각된다. 분석관이 올바른 정보판단에 실패하는 요인은 인지적 오류(cognitive failure)와 분석관의 자질 부족

29) Herman(1996), p.231.
30) Herman(1996), pp.76-77.
31) T. L. Cubbage II, "The German Misapprehensions Regarding Overlord: Understanding Failure in the Estimative Process," in M. I. Handel, (ed.), *Strategic and Operational Deception in the Second World War*(London: Frank Cass, 1987); Herman(1996), p.228.

(capability failure) 등 크게 두 가지로 구분된다.32) 인지적 오류는 거울이미지(mirror image), 집단사고(group think), 분석상의편견 등을 들 수 있다.33) 거울이미지란 상대방의 동기나 가치를 자신과 동일한 것으로 착각하는 것을 의미한다. 그 대표적인 사례가 냉전 당시 미국의 학계나 정보분석관들이 미국사회의 기준을 그대로 적용하여 소련의 권력 엘리트를 강경파와 온건파로 구분하고 이들 간의 대립과 갈등하는 구조로 파악한 점이다.34)

　이 밖에도 분석관들이 흔히 범하기 쉬운 인지적 오류들로서 최초 개념으로 정립시킨 것을 고수하기, 자신의 생각과 모순되는 정보를 회피하기, 기대하는 바를 반영하려는 것, 편견과 사고의 경직성, 인식론적 조화를 유지하려는 속성, 결론에 도달하는 과정의 문제점들, 집단 내 개인들의 견해가 무시되는 점 등이 지적된다.35) 물론 이러한 오류는 분석관에게만 있는 것은 아니다. 특히 편견이나 고정관념은 모든 사람들이 일반적으로 갖고 있는 현상이다. 그러나 정보요원들이 그러한 오류에 빠졌을 때 그 결과는 치명적이다. 제2차 세계대전 당시 독일 보안당국은 에니그마(enigma) 암호체계를 적국이 절대로 해독할 수 없을 것이라는 고정관념에 빠졌다.36) 결국 그러한 고정관념을 떨치지 못한 것이 독일이 패전하는 치명적인 요인으로 작용했다고 본다. 독일 보안당국이 그러한 고정관념에서 탈피하여 연합군 측이 에니그마 암호체계를 해독할 수도 있으리라고 생각하고 그에 대한 보안대책을 강구했더라면 아마도 제2차 세계대전의 양상이 다르게 전개되었을지도 모른다.

　분석관뿐만 아니라 대체로 사람들은 동일한 자료들에 대해서 각기 자신만의 방식으로 해석하려는 '인식론적경직성'을 갖고 있다. 그런데 이러한 인식론적 경직성은 정보와 사용자 간의 관계 또는 정보공동체 자체의 집단사고(group think)와 결합되어 왜곡된 결과를 더욱 심화시킬 수 있다. 예컨대, 정보사용자와 분석관과의 관계가 너무 소원할 경우 분석보고서를 제대로 이해하지 못함으로써 분석결과가 더욱 왜곡되게 해석될 수 있다. 그래서 미 CIA 국장을 역임했던 게이츠(Gates)는 정보분석관들에게 정책결정권자의 입장에서 분석·판단할 것을 요구하면서 정책결정권자와 보다 밀접한 관계를 유지하도록 노력하라고 당부하기도 하였다.37) 반대로 분석관과 사용자와의 관

32) 문정인, "정보분석론," 문정인 편저, 『국가정보론』(서울: 박영사, 2002), pp.144-146.
33) Bruce D. Berkowitz and Allan E. Goodman, *Strategic Intelligence*(Princeton: Princeton University Press, 1996), pp.199-202; Mark Lowenthal, *Intelligence: From Secret to Policy*(Washington, D.C.: Congressional Quarterly Press, 2000), p.81, pp.90-92; Herman(1996), pp.227-239.
34) 문정인(2002), p.144.
35) 이에 대한 자세한 논의는 Kam(1988), chapter 4-6.
36) Herman(1996), pp.232-234.

계가 지나치게 밀착되면 '정보분석의 정치화'[38) 현상을 초래할 수 있다. 그리고 집단사고란 해당 정보기관의 조직적 특성 때문에 분석관 개인의 개별적 의견이나 판단이 허용되지 않고 집단적으로 사고하는 경향을 의미한다.[39) 집단사고의 대표적인 사례로는 1961년의 피그만 사건을 들고 있다. 당시 CIA에서 훈련시킨 쿠바 망명객들을 동원하여 카스트로 정권을 무너뜨리기 위해 감행한 피그만 침공은 무리한 작전이었음에도 불구하고 집단적 분위기에 압도되어 아무도 반대 의견을 개진하지 못했던 것으로 알려졌다. 또한, 냉전 당시 미국 정보기관의 분석관들이 소련에 대해 대체로 강경한 입장을 취했는데 이는 일종의 집단사고로서 온건한 입장을 취할 경우 동료들로부터 따돌림을 당할 수도 있을 정도로 당시 미국의 관료집단이 반공 이데올로기에 압도되어 있었기 때문이다.[40) 이와 관련하여 1980년대 미국 국방장관 산하기구인 정보판단국장(Director of Net Assessment)은 다음과 같이 진술한 바 있다

> ... 미국에서 당시 정보는 주로 적(敵) 군사력의 강점에만 초점을 맞추었고 취약성에 대해서는 별로 관심을 갖지 않았다. 정보공동체의 구성원들에게 적의 군사력에 대해 질문하게 될 경우 적의 강점은 길게 설명할 수 있었겠지만 적의 취약점에 대해서는 아주 단편적인 내용 외에는 답변을 제대로 못할 정도였다.[41)

이 밖에도 다양한 유형의 인지적 오류들이 분석관의 정보실패를 야기하도록 작용할 수 있다. 예를 들어, '늑대소년효과(crying wolf effect)'처럼 평소 사소한 것에 지나치게 많이 경고하다가 정작 결정적인 순간에 발한 경고를 무감각하게 받아들임으로써 적절한 대응을 못하게 되는 경우도 있다. 또는 매일매일 점진적으로 변화하는 상황에 빠져 전반적인 추세를 놓치는 경우도 있을 것이다. 여기서 가장 경계해야 할 문제는 지속적인 경고에 무감각해진 것(alert fatigue)으로 인한 정보판단의 실패이다. 그 대표적인 사례로서 1968년 소련의 체코슬로바키아 침공과 1973년 욤 키푸르(Yom Kippur) 기습의 경우 위협 상황이 너무 오래 지속되는 바람에 정작 기습을 정확히 판단하지 못했던 것이다.[42)

---

37) "Remarks by R. Gates on 'Analysis'," in Roy Godson, (ed.), *Intelligence Requirements for the 1990s*(Lexington, Mass.: Lexington Books, 1989), p.111.

38) 이에 대한 자세한 논의는 Lowenthal(2000), chapter 6; 문정인(2002), pp.146-147 등을 참조.

39) 문정인(2002), pp.144-145.

40) Herman(1996), pp.247-248.

41) A. Marshall, "Intelligence and Crisis Management," in J. N. Merritt, R. Read and R. Weissinger-Baylon, (eds.), *Crisis Decision-Taking in the Atlantic Alliance: Perspectives on Deterrence*(Menlo Park, Ca.: Strategic Decisions Press, 1988).

분석관의 인지적 오류뿐만 아니라 분석관의 능력 또는 자질도 정보실패를 야기하는 중요한 요인이다. 정보분석을 하는데 있어서 분석관이 분석기법을 제대로 활용하지 못하거나 첩보 자료들을 효과적으로 처리하지 못하는 등 전문성이 떨어지면 심각한 정보실패를 초래할 수 있다. 1970년대 말 카터 대통령 당시 소련의 에너지 상황에 대한 정보분석은 분석기법상의 하자로 인해 정보실패가 발생했던 대표적 사례로 지적된다.[43] 수집된 모든 첩보들이 정보분석에 활용되는 것은 아니지만 일단 분석을 위해 요약, 분류, 번역, 암호 해독 등 일련의 처리과정을 거쳐야 한다. 그런데 전문성이 부족한 분석관의 경우 적시에 필요한 내용을 요약, 분류, 번역하는 작업을 제대로 수행할 수 없다. 또한 분석관은 첩보의 홍수 속에서 시달린다. 오늘날 컴퓨터가 발달되어 정보의 처리가 과거에 비해 훨씬 쉬워졌지만, 엄청난 양의 첩보들 중에서 옥석을 가리는 것은 여전히 쉬운 일이 아니다. 예를 들어, 한국전쟁 중 중국이 개입할 것을 예측하지 못한 것은 첩보의 홍수 속에 필요한 정보를 추려내지 못한데 있다는 주장도 있다.[44] 이처럼 분석관의 언어적 능력, 직관력 그리고 분석 업무에 관한 전문성이 부족하여 정보실패가 발생하고 이로 인해 국가안보에 치명적인 결과를 초래할 수 있다.

3. 정보의 정치화

분석관의 자질이나 인지적 오류에서 비롯된 정보실패 이상으로 심각한 문제는 '정보분석의 정치화' 현상이다. '정보분석의 정치화'란 정보의 생산자와 사용자 간의 관계에서 종종 발생하는 일로서 정책결정권자의 선호에 맞게 분석보고서를 작성하는 것을 말한다. 1991년 미 상원 정보위원회 청문회에서 게이츠(Robert M. Gates)를 DCI(미국 정보공동체 의장)로 인준하는 과정에서 이 문제가 큰 쟁점으로 부각되었다. 게이츠는

42) Herman(1996), p.233.
43) 1979년 소련의 아프가니스탄 침공 이후 미국 카터 대통령은 미국 정보당국에 소련의 에너지 수급상황이 소련의 페르시아만 정책에 미치는 영향을 분석토록 지시한 바 있다. 당시 CIA는 HUMINT에 기초하여 소련이 심각한 에너지 위기를 극복하고자 페르시아만 침공 가능성이 있다고 예측한 반면, DIA는 영상정보에 기초하여 소련에 에너지 문제가 심각하지 않다는 판단에서 페르시아만에 대해 공세적인 태도를 취하지 않을 것으로 예측했다. 결국 DIA가 올바로 예측한 것으로 판명되었는데, 당시 CIA가 실패하게 된 요인은 수집방법의 문제뿐만 아니라 분석기법에도 오류가 있었기 때문인 것으로 평가된다. 문정인(2002), pp.145-146.
44) 문정인(2002), p.146. 일반적으로 중국의 개입에 대해서는 당시 정보기관에서 몇 차례 경고했었지만 맥아더가 이를 받아들이지 않아서 낭패를 보게 되었던 것으로 알려져 있다. 일설에 따르면 맥아더의 참모들이 DIA로부터 38선을 넘어 북진하게 될 경우 중국이 개입하게 될 것이라는 경고 메시지를 받았는데 이를 맥아더에게 전할 경우 그가 화를 낼까봐 아예 전달하지 않았다는 주장도 있다.

CIA 분석부서를 관장하는 부국장 경력을 가졌었는데, 분석관으로써 게이츠가 레이건 행정부의 반소정책을 지지하는 성향의 보고서를 작성했다는 비판이 제기되었다.[45] 사실 정치적으로 민감한 문제에 대해서 분석관이 정치적인 중립을 유지하는 것이 매우 어렵다. 그래서 어쩔 수 없이 집권 여당에게 기울어진 내용의 분석보고서가 작성되는 일이 많다. 예를 들어, 1981년 미 상원 외교관계 위원회에서 CIA가 중남미 지역에 대한 보고서를 작성하여 브리핑을 실시했는데 민주당 출신 상원의원들은 보고서 내용이 객관적이지 않다면서 불만을 표했고, 한 상원의원은 아예 자리를 박차고 나갔다고 한다. 반면에 공화당 출신 상원의원인 헬름스(Jesse Helms)는 최고로 훌륭한 발표라면서 극찬했다고 한다.[46]

미국이 대(對) 이라크 전쟁의 명분으로 내세웠던 대량살상무기의 존재 여부가 조지 부시 공화당 대통령 후보와 존 케리 민주당 대통령 후보 간에 대결했던 2004년도 미국 대선의 최대 쟁점으로 부각된바 있다. 문제는 미 CIA가 이라크의 대량살상무기에 관해 왜곡된 정보판단을 내렸고, 그것이 미국이 이라크 전쟁을 단행하게 된 중요한 요인으로 작용하였다는데 있다. CIA는 2002년 말 발간된 보고서에서 이라크가 유엔 결의와 기타 규제를 위반하면서 대량살상무기 프로그램을 은밀히 추진하고 있다고 결론지었다.[47] 그런데 이라크에 대량살상무기가 존재하지 않았고, 따라서 이라크 전쟁은 잘못된 정보에 근거해서 시작되었음을 지적하는 연구결과들이 속속 제시되고 있다.

우선 '영·미안보정보위원회(British American Security Information Council)'가 발간한 보고서는 이라크전쟁 직전 미국과 영국 정보기관이 사담 후세인이 대량살상무기를 보유하고 있다는 결론을 내렸지만 이라크에 대량살상무기가 없다는 사실은 피할 수 없는 결론이라고 단정지었다.[48] 또한 미국의 싱크 탱크인 카네기 국제평화재단(Carnegie Endowment for International Peace)도 2004년 1월 8일 보고서를 통해 "이라크가 대량살상무

---

45) 이 문제를 두고 미 상원 정보위원회 청문회에서 치열한 논쟁이 있은 다음 게이츠는 상원에서 투표에 부쳐져 64대 31의 찬성으로 인준되었다. Pat M. Holt, *Secret Intelligence and Public Policy: A Dilemma of Democracy*(Washington, D.C.: Congressional Quarterly Inc., 1995), pp.83-84.

46) Holt(1995), pp.83-84.

47) 당시 CIA 보고서에서 언급하고 있는 주요 내용은 다음과 같다. 1998년 마지막으로 무기사찰을 받은 이래 이라크는 생화학무기 프로그램을 계속 유지하였고, 유엔 규제를 넘는 150km 이상의 사거리를 가진 탄도미사일을 보유하고 있다. 후세인 정부는 석유를 비밀리에 판매한 자금을 WMD 개발에 투입하고 있다. 만일 이라크를 당장 제지하지 않으면 10년 내에 핵무기까지 보유할 가능성이 있다. Director of Central Intelligence, "Iraq's Weapons of Mass Destruction Programs," October 2002, http://www.odce.gov/cia/reports/Iraq_wmd/Iraq_Oct_2002.pdf(검색일: 2004년 7월 6일); 이상현, "이라크전쟁과 미국의 정보활동: 정보실패의 교훈과 시사점," 국가정보대학원, 국가정보 포럼 발표문(2004.7.8), pp.4-5에서 재인용.

48) 이상현(2004), pp.5-6.

기(WMD)를 폐기 또는 이동하거나 은닉했을 가능성은 없다"고 주장하면서 "부시행정부가 이라크의 WMD 위협을 조직적으로 왜곡했다"고 평가했다.49) 이라크의 대량살상무기 존재 여부에 관한 가장 결정적인 내용은 2004년 10월 6일 '이라크 서베이그룹(ISG)'이 미국 의회에 제출한 918쪽 분량의 보고서에서 발표되었다.50) 찰스 듀얼퍼(Charles Duelfer)를 단장으로 하여 이라크의 대량살상무기 개발 의혹을 조사해왔던 이라크 서베이그룹(ISG)은 보고서에서 이라크의 대량살상무기 프로그램은 1991년 걸프전 직후 폐기됐다고 밝혔다. 또한 보고서에서는 미국이 공격할 당시 이라크는 생화학무기를 보유하지 않았고, 핵무기 프로그램 재건도 추구하지 않았을 뿐만 아니라 이 같은 능력을 확보하려는 노력도 하지 않고 있었다고 기술했다.51) 결국 이라크의 대량살상무기에 관한 2002년의 CIA 보고서는 실상을 완전히 오판한 것으로 판단된다.

한편, 정치가들은 '정보의 정치화'가 드러나서 정치적으로 쟁점화되거나 여론의 비난을 받게 될 경우 종종 정보기관을 희생양으로 삼아 책임을 모면하고자 한다. 2004년 6월 2일 조지 테닛 미 CIA 국장은 '개인적인 이유'로 사임한다고 발표했다.52) 그러나 사실은 이라크 대량살상무기 소재에 대한 정보판단 실수와 9/11 테러 발생 전 알카에다의 위협에 대한 정보를 제대로 파악하지 못한 데 대한 책임을 지고 사임한 것으로 볼 수 있다. 테닛 국장이 부시 행정부의 정보실책에 대한 책임을 지고 사임했지만, 그 정보실책이 과연 CIA만의 실책이냐에 대해서는 논란이 제기된다. 부시로서는 테닛의 사임을 통해 자신에 대한 여론의 비난을 잠재우고 특히 도널드 럼즈펠드 국방장관에 대한 사임 압력을 희석시킬 수 있으리라는 계산을 했을 수도 있다. 이라크에 WMD가 부재한 것으로 밝혀짐에 따라 이라크 공격을 주도했던 부시 대통령과 럼스펠드 국방장관은 여론의 거센 비난을 받는 등 매우 곤란한 입장에 처하게 되었다. 아마도 테닛은 이라크전쟁 관련 부시와 럼스펠드의 정책실패에 대한 여론의 비난을 무마하기 위한 정권의 희생양이 되었을 것으로 추정된다.53)

'정보분석의 정치화' 사례는 과거로부터 지금까지 무수히 많았으며, 정보가 사용

---

49) 카네기재단은 보고서에서 "정보왜곡과 잘못된 정보판단 때문에 미국과 중동, 나가가 세계 안보에 즉각적인 위협이 없는데도 이라크의 위험성이 극히 과장됐다"며 "이라크가 생산·보유했던 대량살상무기는 미국의 침공 훨씬 이전에 전량 파괴됐다"고 강조했다. 『한겨레』(2004.1.8.).

50) 『세계일보』(2004.10.7.).

51) 듀얼퍼 단장은 이라크 지도자들은 나중에 서방의 제재조치가 해제되면 이란과 이스라엘에(미국이 아니고) 대응하기 위해 핵시설을 복구하려는 야망을 갖고 있었다고 결론지었다. 『한겨레』(2004.10.7.)

52) 『조선일보』(2004.6.4.).

53) 이와 관련하여 부시 행정부가 은밀하게 그의 사임을 유도한 것이라는 해석이 많다. 터너 전 CIA 국장은 CNN에 출연, "테닛은 밀려났으며 희생양"이라며 "선거기간 동안인데 사임을 요구받지 않고는 그만두지 않았을 것"이라고 말했다. 『조선일보』(2004.6.4.).

자와 밀접한 관계를 유지하고 있는 한 앞으로도 지속적으로 존재할 것이다. 정보기관도 정부조직의 일부로서 정부를 지원한다. 그래서 정보기관이 정부와 밀접한 관계를 유지할수록 의식적이든 무의식적이든지 간에 정보보고서의 내용이 정권의 요구에 맞게 왜곡될 위험성이 증가한다. 문제는 정보의 정치화로 인해 정보의 왜곡이 드러났을 때 그 책임이 상당 부분 정치가들에게 있음에도 불구하고 분석관들에게만 비난의 화살이 집중된다는 점이다. 사실 분석관들은 사건이나 추세를 객관적으로 관찰하는 것에 그치는 것이 아니고 더 나아가 정책에 봉사하는 사람들이다. 단순히 정책에 봉사한다는 이유만으로 분석관이 비난받아서는 안된다.[54] 그런 점에서 정보분석의 정치화로 인한 책임을 전적으로 분석관에게 전가하는 것은 불합리하다고 본다.

4. 정보조직체계와 관료주의적 경직성

정보체계의 조직구조나 절차상의 결점 때문에 정보실패 또는 왜곡을 야기하는 경우도 많이 발생한다. 미국이 일본의 진주만 공격을 사전에 예측하는 데 실패한 가장 결정적인 요인은 당시 미국의 정보기관이 여섯 분야로 세분화된 데다 서로 정보를 공유하지 않았기 때문인 것으로 평가된다. 1947년 CIA의 창설 배경에는 바로 이러한 문제점을 해소하기 위해서였다. 그럼에도 불구하고 미국에서 정보기관들 간의 정보공유는 여전히 해소되지 않는 문제로 남아 있다. 9/11 테러 사건 역시 정보기관들 간의 정보공유가 미흡하여 테러를 저지할 수 있는 여러 번의 기회를 놓치게 되었던 것으로 드러났다.

최근 발표된 미 의회 9/11 진상조사위원회(National Commission on Terrorist Attacks upon the United States, 일명 9/11 Commission) 최종보고서에 따르면 미국은 정보통합관리의 실패로 9/11 테러를 무산시킬 수 있었던 10번의 기회를 놓치게 된 것으로 분석되었다.[55] 동 보고서에 따르면 미 NSA는 2000년 1월 사전에 항로를 답사하기 위해 쿠알라룸푸르를 방문한 테러분자 세 명의 통화를 감청하여 이들이 불순인물이라는 사실을 알았음에도 불구하고 유관기관에 이를 전파하지 않았던 것으로 드러났다. 또한 CIA는

---

54) Herman(1996), p.228.

55) 미 의회는 공화·민주 양당에서 추천한 10명으로 '9/11 진상조사위원회'를 구성, 2002년 11월부터 2004년 7월까지 250만 페이지의 자료들을 열람하고, 1,200여 명과 면담을 실시했으며, 19일간 청문회를 개최하여 9/11 테러 예방의 실패원인 분석 및 개선방안 등을 제시한 최종보고서를 발간하였다. National Commission on Terrorist Attacks upon the United States, *The 9/11 Commission Report*(이하 The 9/11 Commission Report, http://www. gpoaccess.gov/911(검색일: 2004년 10월 9일).

2001년 3월 태국 당국으로부터 테러범 중 1명이 LA행 UA편에 탑승했다는 정보를 입수하고도 이를 FBI와 공유하지 않음으로써 이들의 미국 내 행동을 사전에 포착할 중요한 기회를 상실한 것으로 지적되었다. 그리고 FBI 본부는 미니에폴리스 지부에서 체포한 이슬람인 비행 훈련생을 CIA의 알 카에다 관련 정보와 연계시키지 않고 단순히 추방시키는 조치만 취함으로써 용의자 심문을 통해 얻을 수 있는 중요한 단서를 놓치게 된 것으로 드러났다. 요컨대, 미국 내 CIA, FBI, 국무부, 군, 국토안보 관련 부처 등 관련 조직들 간에 통합된 정보공유체제가 부재한 결과가 9/11 테러를 막지 못한 결정적인 요인인 것으로 지적되었다.[56]

정보조직체계의 결함뿐만 아니라 정보와 관련된 관료조직의 경직성 역시 정보실패 또는 왜곡을 야기하는 중요한 요인으로 생각된다. 앞서 언급했던바, 9/11 최종보고서에서 9/11 테러를 막지 못한 요인을 창의력, 정책, 대응능력, 관리 등 네 가지로 지적했는데 그 첫 번째 요인을 정부 부처 관료들의 '상상력의 부재'에서 찾는 것이 주목된다.[57] 보고서에 따르면 미국의 정보공동체나 항공보안전문가 등 그 어떤 관료도 피랍 항공기를 이용한 자살테러 가능성에 대한 체계적인 분석을 하지 않았던 것으로 나타났다.[58] 특히 미 정보공동체에서 테러 문제를 전담하는 대테러센터는 자살테러가 중동 테러 분자들의 주요 전술임에도 불구하고 테러 분자의 시각에서 분석을 시도하지 않았다는 점이 지적되었다. 결국 정보공동체 내 관료들의 경직된 사고와 상상력의 부재로 인해 테러 가능성을 과소평가했고, 그로 인해 9/11 테러에 대한 적절한 대응책을 마련하지 못하게 되었던 것으로 분석된다.

정부 부처 간 경쟁, 지나친 부처 이기주의, 관료들의 타성이나 경직된 사고 등 관료정치로 인한 정보 왜곡은 과거로부터 지속된 문제였다. 냉전시대 소련의 군사력에 대한 왜곡된 평가는 관료정치적인 폐단에서 비롯된 것으로 여겨진다. 관료들은 사후 책임을 모면하기 위해서 때로는 최악의 시나리오를 기초로 보고서를 작성하기도 하고,

---

56) 이러한 문제점을 해소하기 위해 9/11 최종보고서에서는 정보기관들 상호 간의 수평적인 정보공유의 영역을 확대하고, 현재의 중앙정보장(DCI) 직을 국가정보장(Director of National Intelligence, DNI)으로 대체하여 정보공동체에 대한 통제권을 강화할 것을 제안하였다. *The 9/11 Commission Report*(검색일: 2004년 10월 9일).

57) *The 9/11 Commission Report*(검색일: 2004년 10월 9일).

58) 물론 일부 기관에서 항공기납치 자살 테러 시나리오를 제시한 일도 있지만, 그것이 실제로 발생할 가능성은 낮은 것으로 판단하였다. 1999년 8월 초 미 FAA 민간항공보안정보실은 빈 라덴이 항공기를 납치, 테러를 가할 위험성을 종합해 보았다. 이들은 관련 사항에 대해 가용한 모든 정보를 동원하여 몇 개의 주요 시나리오를 착안했는데 그 중 하나가 바로 항공기납치 자살 테러였다. 그러나 FAA 분석관들은 이 시나리오를 가능성이 없다고 판단했다. 이 방법을 사용한다면 '라흐만'과 같은 주요 과격세력들의 석방이라는 목표를 달성하기 위해 당국과 대화를 할 수 없기 때문이라는 것이 판단의 근거였다. *The 9/11 Commission Report*(검색일: 2004년 10월 9일).

종종 자국의 국방 예산을 증액시키기 위해서 의도적으로 상대국의 군사력을 과장하기도 했다.[59]

그 대표적인 사례로서 냉전기간 동안 미국의 정보기관은 소련의 전략무기체계에 대해 과소 또는 과대평가하는 등의 실수를 저질렀다.

> 미국 정보기관은 1960년대 말 소련의 ICBM 증강 속도와, 1970년대 소련 SLBM 증강에 대해 과소평가했다. 또한 미국은 1970년대 말 소련 미사일의 정확도, 소련의 방위비 지출에 대해서도 낮게 평가했다. 반면 미국은 1950년대 소련의 전략폭격기 능력과 ICBM 배치 상태를 과대평가했다. … 전략폭격기 능력에 대한 왜곡된 평가는 3년 동안 지속되었고, ICBM 배치상태에 대한 과장된 평가로 인한 미사일 갭(논쟁)은 5년간 지속되었다. 미국은 1967년부터 1972년의 기간 동안만 소련의 미사일 배치 속도에 대해 실제보다 낮게 평가했다. 반면, 같은 시기 동안 소련의 MIRV 능력, 이동식 ICBM의 배치, 전략폭격기, 국방물자 조달 상태 등에 대해서는 과대평가하는 실수를 범했다.[60]

그러나 전반적으로 보아 미국 정보기관은 소련의 전략핵무기 능력에 대해서는 과대평가 했던 것으로 나타난다. 1950년대 말 소련의 전략핵무기 능력에 대한 미국의 과대평가로 인해 거의 30여 년간에 걸쳐 미국과 소련 간에 군비경쟁이 지속되었던 것이다.

1940년대 말부터 1960년대 초까지 소련은 175개 사단이 완전편제(full-strength)인 것으로 평가되었는데, 이는 지나치게 과장된 것으로서 정확히 평가하자면 약 1/3 정도만 완전편제(full-strength)이고, 1/3은 부분편성(partial strength), 나머지 1/3은 기간편성(cadre formation)이었던 것으로 밝혀졌다.[61] 1940년대 후반기 소련 군사력에 대한 왜곡된 평가가 이후 10여 년간 그대로 지속되어 미국은 소련의 전략미사일 능력에 대해 과대평가했고, 그로 인해 미국 내에서 '미사일 갭'(missile gap) 논란을 불러일으켰다. 미국에서는 '미사일 갭'(missile gap)의 여파로 ICBM 증강에 더욱 박차를 가했고, 소련 역시 이에 대응하여 미사일 생산을 증강시키는 등 미국과 소련 간에 전략무기경쟁이

---

59) Herman(1996), pp.246-249.

60) J. Prados, *The Soviet Estimate: U.S. Intelligence Analysis and Soviet Strategic Forces*(Princeton: Princeton University Press, 1986), pp.294-295.

61) M. A. Evangelista, "Stalin's Postwar Army Reappraised," *International Security,* Vol.7, No.3(Winter 1982-83), p.112. 이와 관련하여 다소 엇갈린 주장이 제기된다. 더필드(J. S. Duffield)는 1950년대 이미 정보기관에서 그 사실을 알고 있었음에도 불구하고 미국 정부에서 의도적으로 이를 발표하지 않았다고 주장했다. 이에 반해 가토프(R. L. Garthoff)는 1960년대 초까지 미국 정보기관의 정보판단보고서에서 소련 사단의 편제에 관해 완전, 부분, 기간 등의 구분이 나타나지 않는 것으로 보아 그 때까지 정보기관이 소련 편제를 정확하게 알지 못했을 것으로 추정했다. J. S. Duffield, "Soviet Military Threat to Western Europe," *Journal of Strategic Studies*, Vol.15, No.2(June 1991); R. L. Garthoff, "Estimating Soviet Military Force Levels," *International Security*, Vol.14, No.4(Spring 1990) 참조.

본격화되었던 것이다.

냉전시대 소련의 군사력에 대해 왜곡된 평가를 내리게 된 데는 여러 가지 요인들이
작용했을 것으로 추정된다. 우선 기본적으로 1945년 이후 소련 군사력에 대해 객관적으
로 관찰할 수 있는 방법이 없었기 때문이다. 특히 소련처럼 폐쇄적이고 통제된 사회체
제에서 소련군대의 능력, 취약점, 의도, 계획 그리고 동향 등과 같은 의미정보(message-
like intelligence)를 얻기가 매우 어려웠을 것이다. 이러한 상황에서 실수를 줄이기 위해서
분석관들은 최악의 시나리오를 가정하게 되었고, 그것에 바탕을 두고 정보판단을 내리
게 됨으로써 정보가 왜곡되는 결과를 초래했다.[62] 사실 군사적인 위협의 정도를 정확히
파악할 수 없는 상황에 처했을 때 적에 대해 과소평가하는 것보다는 과대평가하는
것이 나중에 용서받기 쉽다. 그래서 분석관은 사후 책임을 회피할 목적으로 가급적
적의 능력을 과대평가하려는 경향이 있다. 이처럼 관료적 책임회피 또는 무사 안일한
태도가 정보의 왜곡을 야기할 수 있다는 것이다.

적의 위협이나 군사력에 대한 평가가 왜곡되는 가장 결정적인 요인은 국방 관련
부서들의 관료주의적 집단 이기주의 때문이기도 하다. 정부의 어떤 부처도 적의 위협을
과장한다고 부처의 크기나 예산이 늘어나지 않는다. 그러나 평화 시 적의 위협을 과장
할 경우 국방부는 인원과 예산을 늘릴 수 있다. 특히 군대는 정보의 사용자이자 생산자
이기 때문에 적의 능력이나 위협을 과장하여 국방비를 증액시키고자 하는 유혹에 빠질
위험성이 크다.[63] 1998년에 발표된 럼스펠드 보고서는 북한이 향후 5년 내에 미국
본토까지 도달할 수 있는 미사일을 개발하게 될 것으로 판단했다. 그러나 이는 당시
미국 내 논란을 빚고 있었던 미사일 방어계획(MD)을 추진하기 위한 명분으로 활용코자
지나치게 과장된 것으로 드러났다. 1950년대 말 '미사일 갭' 논쟁 당시 CIA를 비롯한
정보기관은 소련 영공 위로 U-2기 정찰활동을 수행하여 소련의 미사일 능력이 과장되
었다는 사실을 알고 있었던 것으로 추측된다. 그럼에도 불구하고 소련의 미사일 능력에
대해서 명확한 정보판단을 유보한 것은 미사일 개발을 명분으로 국방비를 증액시키고
자 하는 국방부와 군산복합체의 의도를 반영한 것으로 생각된다.

5. 정보배포와 조직 운영체계의 문제점

이 밖에도 정보의 실패와 왜곡에 작용하는 다양한 요인들이 있다. 작성된 정보의

---

62) Herman(1996), p.247.
63) Herman(1996), p.248.

배포과정에서 정보의 실패를 야기하기도 하고, 사용자를 설득하는데 시간이 지체되어 적시에 대응조치를 취하지 못하게 됨으로써 낭패를 보게 되는 경우도 있다. 일본의 진주만 기습 당시 워싱턴에서 보낸 경고 전문이 늦게 도착하는 바람에 일본의 기습에 꼼짝없이 당했던 것으로 나타나는데 이는 정보분석의 실패라기보다는 배포과정의 실패로 여겨진다.64) 전직 정보분석관들의 회고담에 따르면 경고실패가 지속적으로 발생하게 되는 원인으로서 정보조직이나 절차상의 문제에서 비롯될 수 있다는 것이다.65) 즉 새로운 증거자료들을 분배하고 평가하는 데는 많은 시간이 소요되며, 특히 모순되는 결론들에 대해 초안을 작성하고 이에 대해 사용자를 설득하는 등 일련의 과정에서 많은 시간이 지체됨으로써 적시에 경고정보를 발하지 못하는 사태가 발생할 수 있다는 것이다.66)

또한 정부조직이 지나치게 세분화됨으로써 정보실패가 발생하는 경우도 있다. 영국 정보기관의 실패에 관한 조사 결과에 따르면 1982년 초 아르헨티나의 태도가 점차 강경해지는 것에 관한 보고서가 영국 '내각사무처(Cabinet Office)'에 배포되지 않음으로써 포클랜드에서 위협이 고조되는 상황을 파악하는데 실패했던 것으로 밝혀졌다.67) 영국이 히틀러 정권 초기에 독일의 재무장을 알아차리는 데 실패한 원인은 당시 '산업정보센터(Industrial Intelligence Centre)'에서 관련 보고서를 제때에 배포하지 못했기 때문인 것으로 나타났다.68) 특히 미국에 비해 영국의 경우 정보공동체가 통합되지 않고 합동정보위원회(JIC)로 운영되기 때문에 정보의 생산에서 배포에 이르는 시간이 더욱 지체될 것으로 보인다. 조직적인 차원에서 뿐만 아니라 분석관의 개인적인 실책도 경고실패를 야기하는 요인으로 작용할 수 있다. 예컨대, 불확실한 상황을 보고하느니 확실하게 설명할 수 있을 정도로 상황이 명확해질 때까지 기다리다가 보고할 시기를 놓치게 되는 경우도 있을 것이다.

정보공동체의 인사관리가 정보왜곡이나 실패에 영향을 주는 요인으로 작용하기도

---

64) 1941년 진주만 기습 당시 미국의 정보공동체는 매직작전을 통해 일본군 암호체계를 해독하고 일본의 비밀전문들을 감청하여 진주만 기습이 있기 하루 전인 12월 6일 마침내 일본의 진주만 공격의 전모를 파악했다. 그런데 워싱턴에서 진주만 해군사령부로 일본의 기습공격에 대비할 것을 지시하는 경고전문을 군의 긴급통신 아닌 민간회사인 웨스턴 유니언 사를 통해 발송하는 결정적인 실수를 저질렀다. 일본의 진주만 공습이 개시된 저녁 무렵까지 경고전문이 전달되지 못한 채 하와이 소재 웨스턴 유니언사의 창고에 있었다. 볼크먼, 이창신 역(2003), pp.293-312.
65) Herman(1996), p.233.
66) Betts(1989), p.89.
67) Herman(1996), p.233.
68) W. Wark, "Intelligence Predictions and Strategic Surprise: Reflections on the British Experience in the 1930s," in K. G. Robertson, (ed.), *British and American Approaches to Intelligence*(London: MacMillan, 1987), pp.91-100.

한다. 국방정보분야 분석관들의 경우 민간 주도의 정보기관에서 근무하는 분석관들에
비해 전문성이나 자질이 다소 떨어지는 것으로 나타나는데 이는 인사관리에 문제가
있기 때문이다. 영국이나 미국의 정보기관들은 어느 정도 독자성을 유지하면서 민간
주도로 운영되지만 국방정보분야는 핵심 직책에 대부분 군인들로 구성되어 있다. 그런
데 국방정보분야는 적을 직접적으로 방어하고 대응하는 야전 군사활동에 비해 중요하
게 여겨지지 않는다. 전투조종사에게 국방정보분야는 매력적인 분야가 아니다. 따라서
승진이나 경력관리에 민감한 유능한 군인들은 국방정보분야의 근무를 회피한다. 또한,
이들은 잦은 보직 이동으로 인해 한 분야에서 전문성을 심화시키는 민간 출신 정보분석
관들에 비해 전문성이 떨어질 수밖에 없다.

영국의 경우 군 출신 정보전문가가 거의 없으며, 국방정보분야의 요원들은 대부분
군 복무기간 중 한 차례 정도 맡게 되는 보직으로서 단지 잠시 동안 근무하는 경향이
다.[69] 미국에서는 군대의 규모가 워낙 커서 정보분야 업무의 전문화가 대체로 용이하지
만, 정보 업무에 근무하는 기간이 짧아 정보 업무의 일관성이나 전문성이 떨어지는
점이 여전히 문제로 남아 있다. 특히 보직 순환이 잦아서 오래 동안 정보분야에서
근무하는 일이 드물기 때문에 국방정보분석의 전문성이 다소 미흡하다는 평가를 받고
있다.[70] 또한 각기 다른 부대로부터 차출되어 정보분야의 보직에 근무하는 관계로
자신의 출신 부대 이익을 고려하지 않을 수 없다. 따라서 이들이 신뢰성 있고 독자적인
정보판단을 내릴 수 있을 것으로 기대하기 어렵다. 국방정보 부서에 고용된 민간인들은
보다 객관적인 정보판단을 내릴 수 있을 것으로 기대되지만, 그들 역시 야전 군사분야
에 대한 경험이 부족하다는 점에서 한계가 있다. 영국의 국방참모장(Chief of the Defense
Staff)을 역임했던 어떤 장군은 "민간인들은 야전훈련을 해보지도 않았고 … 대포
(Tornado)의 성능이나 위력을 실감하지도 못하며, SSBN과 같은 장비가 어떻게 작동하
는지 알지 못한다. …"고 지적했다.[71] 어쨌든 국방정보분야에서 정보판단 실패가 발생
하는 중요한 요인은 보직 또는 인사관리상의 문제점에서 비롯되는바 전문성 있는 분석
관을 확보하기가 어려운데 있다고 본다.

---

69) Herman(1996), p.248.
70) Herman(1996), pp.248-249.
71) Herman(1996), p.249.

제 4 절 정보실패의 극복방안

　　지금까지 정보실패의 개념과 의미, 그리고 여러 가지 유형의 정보실패 원인들에
대해서 분석해 보았다. 냉전시대 동안 미국의 정보공동체가 소련의 군사력에 대해 전반
적으로 과대평가함으로써 군비증강을 유도했던 것처럼 왜곡된 정보는 정책결정자로
하여금 그릇된 정책결정을 내리게끔 만든다. 9/11 테러 사건에서 보았듯이 적시에 정확
한 정보판단 또는 경고가 내려지지 않을 경우 적의 기습에 제대로 대처하지 못함으로써
국가적으로 엄청난 인명과 재산의 손실을 초래한다. 이처럼 정보의 왜곡이나 실패는
국가의 안보와 이익에 치명적인 결과를 초래한다. 그런 점에서 정보실패 또는 왜곡의
가능성을 최소화시키기 위해 분석의 객관성과 정확성을 향상시키려는 노력이 요구
된다.

　　첫째, 정보분석의 객관성과 정확성을 향상시키는 가장 결정적인 대안은 무엇보다
도 분석관의 자질향상에 있다고 본다.[72] 오늘날 위성정찰, 신호정보 등 첩보수집 수단
이 고도로 발전하여 정보분석에 활용되고 있지만, 여전히 최종적인 정보판단은 기계가
아닌 인간이 하는 것이다. 그러한 관점에서 라쿠어(Walter Laqueur)는 "과거뿐만 아니라
앞으로도 분석관의 자질은 결정적인 요소"[73]라고 결론짓는다. 라쿠어는 "천재적인 정
보분석관은 태어나는 것이 아니라 만들어지는 것이다"라면서, "분석관의 능력을 향상
시킬 수 있는 확실한 방법은 그 분야에 유능한 전문 인력을 채용하고 그들을 잘 훈련시
키는데 있다"라고 주장한다.[74] 또한 라쿠어는 "천재적인 정보요원은 소수로 족하며,
교육을 통해 최소한 일정한 수준까지 분석관의 정치적인 판단이나 이해력을 올릴 수
있다"[75]고 언급했던바, 분석관 교육의 중요성을 강조한 점이 주목된다.

　　둘째, 정보의 정치화 현상을 개선하는 방안으로서 정보분석관과 사용자 간의 관계
를 새롭게 설정 또는 개선해 볼 필요가 있다. 정보분석관과 사용자 간의 관계에 대해서
는 두 가지 상반된 접근법이 제시된다. 갓슨(Roy Godson)은 기회분석기법(opportunity-
oriented analysis)에 입각해서 분석관은 정책결정자와 밀접한 관계를 유지함으로써 정책
결정자들의 선호도에 맞는 분석 자료를 제공해 주는 것이 바람직하다고 주장한다.[76]

---

72) 문정인(2002), p.149.
73) Laqueur(1985), p.308.
74) Laqueur(1985), p.319.
75) Laqueur(1985), p.322

이와 대조적으로 베츠(Richard Betts)는 소속기관의 입장이나 정보공동체의 합의에 구애되지 않고 분석관에게 최대한 자율성을 보장해 주는 것이 바람직하다는 입장이다.[77] 분석의 영역에서 자율성이 확보되어야만 분석관이 적대국의 능력이나 취약점을 가감 없이 평가하고 그것에 바탕을 두고 보다 객관적인 중장기 정보판단을 제시할 수 있으리라는 것이다. 특히 베츠(Richard Betts)는 분석관들이 보다 포괄적이며 창의적인 특징을 가진 국가정보판단보고서(National Intelligence Estimates, NIE)를 작성함에 있어서 특정 정보기관의 견해와는 다른 독창적인 견해가 제시될 수 있도록 보다 자유로운 분위기를 조성해주는 것이 요구된다고 주장한다.[78]

이처럼 분석관과 사용자와의 관계에 대해서 서로 상반된 대안을 제시하고 있어 도대체 어떤 입장을 취하는 것이 바람직한지를 판단하기가 매우 어렵다. 이에 대해서 안타깝게도 뾰족한 해결책이 없다고 본다. 다만 현명한 분석관이라면 두 가지 모순된 대안을 절충하여 필요와 상황에 따라서 적절히 대처할 수 있을 것으로 생각된다. 사실 상호 충돌하는 모순적인 주제에 관한 보고서를 작성하게 될 때 한쪽에 다소 치우친 편파적인 입장을 취하게 되는 것은 어쩔 수 없는 일이다. 그럼에도 불구하고 분석관은 가급적 객관성을 유지하도록 노력해야 한다. 물론 그렇다고 정보가 정책에 반영되는 것조차 회피될 정도로 지나치게 순수해야 한다거나 무조건 엄정한 객관성을 유지하는 것도 바람직하지 않다. 분석관들은 대체로 추구되고 있는 정책과 부합되게 보고서를 작성해야 한다. 따라서 정책에 봉사한다는 이유로 인해 분석관이 비난받거나 혹은 분석관들이 그러한 비난에 대해 지나치게 두려워하지 않도록 보다 자율적인 분위기를 조성해주어야 할 것이다.

셋째, 분석관 또는 정책결정권자의 편견이나 집단사고 등 인간의 취약한 인식과 판단에서 비롯되는 인지적 오류를 막을 수 있는 방안으로서 분석분야 업무에 비전문가의 활용, 정책결정권자와 전문가 간의 빈번한 접촉 등 다양한 방안들이 제시된다. 베츠(Richard K. Betts)는 일반적인 상식이나 고정관념을 타파하기 위해서 분석 부서에 비전문가 활용을 제안한다.[79] 특히 적국의 상대적인 능력에 대해서 오판할 가능성을 최소화하

---

76) Godson(1989), pp.5-8; Herman(1996), p.229; 기회분석에 대해서 잘 정리된 내용은 J. Davis, *The Challenge of Opportunity Analysis*(Washington D.C.: Center for the Study of Intelligence(CIA), 1992), pp.6-17을 참고.

77) Richard K. Betts, "U.S. Strategic Intelligence Estimates: Let's Make Them Useful," *Parameters*(US Army War College), Vol.10, No.4(December 1980), pp.25-26.

78) Richard K. Betts, "U.S. Strategic Intelligence: Politics, Priorities and Direction," in L. Pfaltzgraff, Jr., U. Ra'anan and W. Milberg, (eds.), *Intelligence Policy and National Secuirity*(London: Macmillan, 1981), p.263.

79) Richard K. Betts, "Warning Dilemmas: Normal Theory vs Exceptional Theory," *Orbis*(Foreign Policy

는데 이 방법이 매우 효과적일 것으로 생각된다. 헨델(M.I. Handel)은 관료조직의 '계층질서 효과(the effects of hierarchy)'로 인해 정책결정권자가 하위직 정보분석관의 정보판단보고서를 왜곡되게 해석할 가능성을 최소화하기 위해 고위직 정책결정권자와 하위직 전문가와의 접촉이 빈번하게 이루어지는 것이 바람직하다고 주장했다.[80] 분석관이나 정책결정권자 모두 한계를 가진 인간으로서 인지적 오류를 교정하는 완벽한 해결책은 없다고 생각된다.

넷째, 정보판단의 왜곡이나 실패에 명백히 책임이 있는 정보기관들의 조직을 개편하는 방법도 고려해 볼 수 있다. 실제로 미국의 경우 정보실패가 명백히 드러날 경우 정보기관의 수장이 사임하거나 부서 개편을 단행하는 일이 종종 있다. 2004년 6월 조지 테닛 CIA 국장이 이라크 대량살상무기 존재 여부에 관한 정보판단 실수와 9/11 테러 위협에 대한 정보를 제대로 파악하지 못한 것에 대해 책임을 지고 사임하였던 것으로 알려졌다. 1941년 진주만 기습을 계기로 세분화된 정보기관을 통합하고 정보공유를 확대하기 위해 CIA라는 중앙집권적 정보기관이 새로 창설되었다. 9/11 테러를 계기로 미국은 국토안보부(DHS)라는 새로운 조직을 창설했다. 그리고 9/11 진상조사위원회 최종보고서에서 냉전이 종식되었음에도 불구하고 미국의 국가안보 체제는 여전히 냉전체제의 위협에 대응하는 모델로 조직되어 있다고 지적하고, 국제테러리즘과 같은 새로운 위협에 대응하기 위해 정부조직의 전면적인 개편과 정보활동 방향의 변화를 제안했다.[81]

한편, 정보실패에 대한 해결책으로서 조직 개편에 대해서는 상반된 시각이 있다. 헨델(M.I. Handel)과 베츠(Richard Betts)는 조직 개편에 대해서 비판적인 입장을 취한다. 헨델은 정보판단의 실패를 교정하는데 조직을 개혁하는 것은 별로 관련성이 없으며, 어떤 방법도 별로 효과가 없다고 본다고 주장했다.[82] 베츠도 미국은 정보실패를 해결하는 방안으로서 조직 개편하는 것을 통해 별로 좋은 결과를 얻지 못했다고 주장했다.[83]

Research Institute), Vol.26, No.4(Winter 1983).
80) M.I. Handel, "Avoiding Surprise in the 1980s," in Godson(1980), p.104.
81) 보고서에서는 국제테러리즘 대비 정보 조직의 개혁과 관련하여 다섯 가지를 제안했다. 첫째, 국가대테러센터를 설치하여 국내외 이슬람 테러에 대한 전략정보 및 공작활동을 통합한다. 둘째, 국가정보장(DNI) 직위를 신설하여 정보공동체의 역량을 통합한다. 셋째, 기존 정부의 틀을 벗어나 네트워크에 기반을 둔 정보공유시스템을 구축하여 대테러 분야에 종사하는 수많은 인원들의 노력과 지식, 그리고 경험을 통합한다. 넷째, 의회의 감독을 통합하고 강화하여 대테러 활동의 수준을 높이고 책임소재를 분명히 한다. 다섯째, FBI와 국토방위기관을 강화한다. 이에 대한 구체적인 내용에 대해서는 The 9/11 Commission Report(검색일: 2004년 10월 9일), chapter 13을 참조.
82) M.I. Handel, "Intelligence and the Problem of Strategic Surprise," Journal of Strategic Studies, Vol.7, No.3(September 1984), p.270.

베츠에 따르면 장기 예측판단을 위해 조직 개편을 단행할 경우 정보자료의 생산에 있어서 약간의 개선은 가능하지만 혁신적으로 개선되지는 않는다고 주장하면서 정보조직의 개편에 대해 비관적인 입장을 취했다.[84] 물론 이와 반대되는 의견도 있다. 코드빌라(A. Codevilla)는 정보조직 개편의 효과가 미흡할지라도 특정한 시기에 부합되는 특정한 조직이 요구되는 조직 개편이 필요하다고 주장한다.[85] 이처럼 상반된 입장에서 어떤 주장이 맞는지 쉽게 결론을 내기가 어렵다. 다만, 정보조직을 변화시키는 것으로부터 지나치게 많은 것을 기대하지는 말아야 하며, 정보분야의 개혁을 추진함에 있어서 중요한 것은 단순히 시스템이나 조직의 전면적인 개편보다는 점진적인 개선에 목표를 두는 것이 바람직할 것으로 사료된다.[86]

마지막으로, 적시에 경고정보를 발하지 못해서 발생하는 경고실패(warning failure)를 개선하기 위해 경고정보 업무만을 전담하는 기구가 설치되는 것이 제안된다. 미국의 경우 1950년부터 25년 동안 정보공동체 내에서 경고 업무를 전담하여 수행하는 기관으로서 '워치위원회와 국가지수센터(Watch Committee and National Indications Center)'가 있었으며, 1970년대에 들어서서 '국가정보관(National Intelligence Officer, NIO)'이 그 역할을 이어 받았다.[87] 영국은 포클랜드 사태 이후 '판단국(Assessment Staff)'의 고위직 요원들에게 경고임무를 부여하고 있다. 이러한 경고 업무를 담당하는 특별 기구들이 설치된다고 해서 경고실패를 완전히 방지할 수는 없지만 그러한 기구들 나름대로 장점이 있다. 예컨대, 경고기구는 경고 목표에 대한 수집 방향을 제시해 줌으로써 잠재적인 목표에 대한 첩보수집활동을 효율적으로 수행하는데 기여할 수 있다. 또한, 경고를 전담하는 특별기구가 설치되었을 경우 정보공동체 내 정보기관들의 협력을 얻을 수 있기 때문에 모든 출처로부터 수집된 첩보들을 종합하여 경고정보 보고서를 효과적으로 작성할 수 있다. 이 경우 관련되는 모든 첩보 자료들이 검토되고 서로 모순되는 자료들도 적절하게 평가됨으로써 경고정보 판단에 있어서 정확성이 향상될 수 있을 것이다.

지금까지 정보실패 또는 왜곡을 개선할 수 있는 방안들을 살펴보았다. 앞서 언급했던 모든 방안들이 제대로 실행된다면 아마도 정보분석의 질적 수준이 상당히 높아질

---

83) Betts(1980), p.26.

84) Betts(1980), p.26.

85) A. Codevilla, "Comparative Historical Experience of Doctrine and Organization," in Godson(1980), pp.12-13.

86) Betts(1978), p.84.

87) C.M. Grabo, "The Watch Committee and the National Indications Center: the Evolution of U.S. Strategic Warning 1950-75," *International Journal of Intelligence and Counterintelligence*, Vol.3, No. 3(Fall 1989).

수 있을 것이다. 그러나 모든 개선 방안을 그대로 실행한다는 것이 현실적으로 불가능하며, 설사 모든 개선 방안이 실행되었다고 할지라도 정보실패 또는 왜곡 현상을 완벽하게 해결할 수는 없다. 저비스(R. Jervis)는 "정보조직상의 결함이나 정보의 정치화와 같은 문제가 없을지라도, 세상의 현상을 이해하는 데 장애요소들이 너무 많아서 정보는 종종 부정확하게 결론을 내린다"고 지적했다.[88] 분명히, 중장기 예측이나 정보판단은 인간의 능력으로서 한계가 있다. 결론적으로, 정부의 정책결정권자들은 정보실패나 왜곡의 위험부담을 어느 정도 감수(또는 인정)해야 하며, 이러한 점을 충분히 고려하여 신중하게 정책결정을 내려야 할 것이다.

---

88) R. Jervis, "What's Wrong with the Intelligence Process?" *International Journal of Intelligence and Counterintelligence*, Vol.1, No.1(Spring 1986), p.28.

제16장

정보의 민주적 통제

제1절 개관: 정보통제의 개념, 기원, 발전

국가정보학을 연구하는 영미 학자들 간에 '정보통제'를 의미하는 용어로 'intelligence oversight' 또는 'intelligence control'이 사용된다. 영미 학계에서 매우 드물게 일부 학자들이 'intelligence control'이라는 용어를 사용하고 있지만 'intelligence oversight'라는 용어가 보다 일반적으로 통용되는 듯하다. 엄밀히 구분하자면 'control'과 'oversight' 간에는 다소 다른 의미를 포함하고 있다. 예컨대, 'control'은 '통제' 또는 '관리'라는 의미를 가지는 것으로 생각되는 반면, 'oversight'는 '감독' 또는 '감시'라는 뜻으로 해석된다.[1] 대체로 'intelligence control'은 정보기관에 대한 대통령이나 행정부의 역할에 초점을 둔 용어로 보인다. 즉 대통령이나 행정부가 산하기관인 정보기관이나 그것이 수행하는 정보활동을 관리, 조정, 또는 통제한다는 의미를 가지는 것으로 해석된다. 이와 대조하여 'intelligence oversight'는 주로 의회의 역할에 주목하여 의회가 정보기관이나 그들이 수행하는 정보활동을 감시 또는 감독하는 활동을 의미하는 것으로 해석된다.

오래 전 국가가 시작되면서부터 군주 또는 행정수반은 정권 또는 국가체제를 유지할 목적으로 정부기관들에 대한 '통제(control)'를 행사해 왔다. 민주주의 국가의 등장과

---

1) 로웬탈(Mark M. Lowenthal)은 'oversight'를 'supervision(관리, 감독)' 또는 'watchful care(감시)'의 의미를 가지는 용어로 해석했다. Mark M. Lowenthal, *Intelligence from Secret to Policy*, 3rd. (Washington, D.C.: CQ Press, 2006), pp.191-219.

함께 삼권분립의 원칙에 따른 견제와 균형의 원리가 적용되면서 의회의 주요 역할로서 정부기관에 대한 '감독(oversight)' 임무가 주어지게 되었다. 의회의 '감독(oversight)'이란 정부기관의 조직, 활동, 계획, 정책 이행 실태 등을 검토(review), 감시(monitoring), 감독(supervision)하는 것을 의미한다.[2] 영국의 철학자 밀(John Stuart Mill)은 "국민을 대표하는 대의기관으로서 의회에게 주어진 역할은 정부를 감시하고 통제하는 것이다"라면서 감독(oversight)은 의회가 수행하는 가장 의미 있는 활동이라고 주장했다.[3] 이와 유사한 관점에서 윌슨(Woodrow Wilson) 대통령도 "대의기관인 의회가 수행해야 하는 가장 바람직한 임무는 행정부가 하는 일을 부지런히 감시하고 그것에 대해 국민들에게 가급적 많이 얘기해 주는 것이다"라고 언급하면서 행정부에 대한 의회의 감독 기능이 중요함을 강조했다.[4]

이처럼 정부의 일반 부처 또는 기관들에 대한 의회의 감독 필요성이 인식되면서 오래 전부터 이미 실질적인 감독활동이 시행되어왔다. 그러나 정보기관은 조직과 활동의 비밀보안이 유지되지 않으면 주어진 임무를 효과적으로 수행할 수 없다는 점이 인정되어 의회의 감독 대상에서 예외적인 영역으로 남아 있었다. 미국, 영국, 프랑스 등 민주주의가 고도로 발달한 선진국에서도 오랫동안 정보기관에 대해서는 대통령과 행정부가 독점적으로 통제 및 관할하는 것을 당연하게 여겼다. 대통령이나 수상 등 행정수반이 제안한 정보활동 내용에 대해 의회는 거의 아무런 제약을 가하지 않았다. 일반 국민 여론도 그러한 분위기를 자연스럽게 받아들였다.

근대 이후 영국, 프랑스 등 유럽 국가들에서 초보적인 형태의 정보기관이 등장했다. 그리고 20세기 초에 들어서서 영국, 프랑스, 독일 등 세계의 주요 강대국들이 국가 차원의 정보기관을 설립하여 정보활동을 본격적으로 전개했다. 그러나 정보기관은 의회의 감독 대상에서 예외적인 영역으로 인정되어 그들의 조직이나 정보활동에 대해 제대로 된 통제나 감독이 이행되지 않았다. 그런데 미국에서 정보기관을 더 이상 대통령이나 행정수반의 독점적 관할하에 두는 것을 용납할 수 없는 일련의 사건이 발생하게

---

2) Frederick M. Kaiser, "Congressional Oversight," CRS Report for Congress, 97-936 Gov, January 3, 2006, http://assets.opencrs.com/rpts/97-936_2006...(검색일: 2013년 12월 5일); Patrick J. Donaldson, "Infiltrating American Intelligence: Difficulties Inherent in the Congressional Oversight of Intelligence and the Joint Committee Model," *American Intelligence Journal*, Vol.28, No.1(2010), p.13.

3) John Stuart Mill, *Considerations on Representative Government*(London: Parker, Son, and Bourn, 1861) in Donaldson(2010), p.13.

4) Woodrow Wilson, *Congressional Government: A Study in American Politics*(Houghton: Miffin and Company, 1901); Sterling Marchand, "Fixing What Isn't Broken: How Congressional Oversight Has Adapted to the Unique Nature of the Intelligence Community," *American Intelligence Journal*, Vol.28, No.1(2010), p.5.

되었다. 1970년대 들어서서 미국에서 워터게이트 사건이 폭로되고 제3세계 도처에서 CIA 비밀공작의 불법성과 비윤리적인 문제가 알려지기 시작했다. 미국 여론은 정보기관을 "보이지 않은 정부(invisible government)" 또는 "통제 불능의 광포한 코끼리(rogue elephant out of control)"라고 비판하기도 하였다.5) 당시 정보활동에 대해 조사했던 내용이 TV 또는 신문에 대대적으로 보도되기도 하였다.

비록 여론의 호된 비판이 제기되었지만 대부분의 미국 국민들은 정보활동이 여전히 국가안보를 위해 중요한 요소임을 인정했다. 미국 국민들은 국가안보를 위해 때로 불가피하게 외국의 법을 위반하면서 스파이활동을 전개할 수 있다는 점을 충분히 이해했다. 그렇지만 정보기관이 미국의 법까지 위반하는 것은 용인할 수 없다는 입장을 취했다. 그래서 행정부만의 독점적인 통제를 용인할 수 없고, 미국 헌법에 따른 권력분립의 원리를 적용하여 입법부의 감독이 필요하다는 견해가 제기되었다. 문제는 정보활동의 비밀성을 유지하면서 정보기관을 효과적으로 감독할 수 있는 방법을 찾아내는 것이었다. 이후 미국은 수년 동안 정보활동의 비밀성을 최대한 보장하면서 정보기관을 효과적으로 감독할 수 있는 방안을 찾아내고자 많은 시행착오를 거쳤다. 마침내 미국은 세계 최초로 의회가 정보기관을 감독 또는 통제할 수 있는 권한을 갖게 되는 법률안을 마련하게 되었다. 동 법률안에 기초하여 의회의 상원과 하원에 정보위원회를 설치하여 정보기관의 조직과 정보활동을 실질적으로 감독하는 제도적 장치도 마련하였다.

이러한 미국의 경험은 비슷한 문제로 고심하던 여타 민주주의 국가들에게 귀중한 교훈이 되었고, 상당수의 국가들이 미국식 모델을 자국의 실정에 맞게 적용하여 다양한 형태의 정보감독 관련 규정과 제도를 마련하게 되었다. 미국을 시초로 호주, 캐나다가 각각 1979년과 1984년에 정보기관을 통제하기 위한 법률을 제정했다.6) 유럽에서도 영국을 시작으로 하여 1988년 덴마크, 1991년 오스트리아, 1993년 루마니아, 1994년 그리스, 1996년 노르웨이, 1997년 이탈리아 등이 정보기관을 통제하기 위한 개혁 조치들을 시행하였다.7) 미주와 유럽 지역 외의 여타 지역에서는 아르헨티나와 남아프리카

---

5) William E. Colby, "Democratic System and National Intelligence: The American Experience in Comparative Perspective," Jin-hyun Kim and Chung-in Moon, (eds.), *Post-Cold War, Democratization, and National Intelligence*(Seoul: Yonsei University, 1996), p.28.

6) Australian Security Intelligence Organisation Act 1979 and Canadian Security Intelligence Service Act 1984를 참고. Leigh L. Lustgarten, *In from the Cold: National Security and Democracy*(Oxford: Clarendon Press, 1994).

7) Hans Born and Ian Leigh, *Making Intelligence Accountable: Legal Standards and Best Practice for Oversight of Intelligence Agencies*(Oslo, Norway: House of the Parliament of Norway, 2005), p.79. 이 밖에 J. P. Brodeur, D. Töllborg, and P. Gill, (eds.), *Democracy, Law and Security: Internal Security Services in Contemporary Europe*(Aldershot: Ashgate, 2003).

공화국을 제외하고 그러한 정보감독 노력이 그다지 적극적으로 전개되지 않고 있는 것으로 보인다.[8]

　　정보기관은 오래 전에 설립되었지만 정보감독 또는 정보통제라는 용어는 비교적 최근에 등장한 개념이다. 1970년대 들어서서 비로소 미국의 정치인들 또는 학계에서 '의회의정보감독(congressional intelligence oversight)' 또는 '정보감독(intelligence oversight)' 이라는 용어가 본격적으로 거론되기 시작했다. 일부 학자들 간에 'intelligence control' 이라는 용어가 사용되기도 했지만, 대부분의 학자들은 의회가 정보기관에 대한 통제를 주도해야 한다는 인식에 따라 'intelligence oversight'라는 용어를 보다 빈번히 사용했다. 따라서 'intelligence control'보다는 'intelligence oversight' 개념이 보다 적절한 용어로 판단된다.

　　여기서 'intelligence oversight'는 직역하면 '정보감독' 또는 '정보감시'에 가깝지만, 국내 학계에서는 이를 '정보통제'라는 용어로 번역하여 사용해 왔다. 엄밀히 말하자면 의회의 '정보감독(intelligence oversight)', 행정부의 '정보통제(intelligence control)' 그리고 언론의 '정보감시(intelligence monitoring)' 등이 보다 정확한 번역이 되겠지만 국내 학계에서는 대체로 이를 구분하지 않고 '정보통제'로 통칭하고 있다. 앞서 언급했듯이, 협의의 '정보통제'는 행정부의 정보기관에 대한 관리와 감독을 뜻한다. 그리고 광의의 '정보통제'는 입법부, 행정부, 사법부, 언론 등 모든 기관의 감시감독을 의미한다. 본 장에서 '정보통제'라는 용어의 의미를 광의의 포괄적인 개념으로 통칭하여 사용하기로 한다. 본래 정보통제는 입법부가 주도적인 역할을 수행하는 것으로 인식되지만, 행정부, 사법부 그리고 언론도 정보기관에 대해 실질적인 감시감독 또는 통제활동을 수행한다. 따라서 본 장에서 입법부는 물론 행정부, 사법부, 언론 등의 정보통제활동을 포괄적으로 살펴보기로 한다.

■ 표 1 ■　'intelligence control'과 'intelligence oversight'의 용어 비교

용　어	의　미	관련 기관
intelligence control	정보기관이나 정보활동에 대한 관리, 조정, 통제	대통령과 행정부
intelligence oversight	정보기관이나 정보활동에 대한 감시 또는 감독	입법부

8) Born and Leigh(2005), p.79.

제 2 절 이론적 논의

1. 학자들의 견해

정보통제의 의미에 대해 학자들마다 다양한 견해를 피력하고 있다. 랜섬(Harry Ransom)은 정보통제의 의미를 한마디로 "정보정책에 관한 주도권을 차지하기 위해 의회와 대통령 간의 밀고 당기는 게임"으로 묘사하고, 의회와 대통령 간에 어떤 관계를 형성하고 있는가에 따라 정보통제의 양상이 각기 다르게 전개될 수 있다면서 "어떤 경우에는 정보통제가 거의 불가능할 수도 있다"고 주장했다.[9] 정보통제에 관한 학계의 논의는 접근방법, 필요성, 효과적인 방법 등에 관해 각기 다양하며 때로 상반된 견해들이 제시되기도 한다.

학자들이 제시하는바 정보통제의 접근방법은 크게 두 가지로 요약된다.[10] 첫째, '공식적·법적인 접근방법'으로서 정보규제법, 엄격한 예산감독, 행정명령, 조직개편, 특정 정보활동에 대한 의회의 금지조치 등을 통해 정보활동을 규제하고자 노력하는 것을 의미한다. 둘째, '정보요원의 가치관 변화에 중점을 둔 접근방법'으로서 관료조직으로서 정보기관 내 정보요원들의 일상 행동을 지배하는 비공식적인 규범이나 가치기준을 변화시키는데 초점을 둔다. 이들은 공식적 법적인 통제는 예방보다는 조치에 불과하며, 정보업무의 비밀성과 자유재량권을 인정해 주지 않기 때문에 효과적이지 못한 방식이라고 주장한다. 이들은 정보요원들이 자신의 업무에 임하는 태도에 따라서 직권남용이나 초법적인 행위를 예방할 수 있다는 입장을 취한다. 그러나 국내외 학계에서 논의되는바 정보통제는 대체로 공식적·법적 접근방법을 의미하며, 정보요원의 가치관 변화에 중점을 둔 접근방법은 정보통제의 영역이라기보다는 정보활동의 윤리성에 관한 문제로서 다루는 경향을 보인다.[11] 따라서 본 장에서 정보통제는 주로 공식

---

9) Harry Howe Ransom, "Strategic Intelligence and Intermestic Politics," Charles W. Kegley, Jr. and Eugene R. Wittkopf, (eds.), *Perspectives on American Foreign Policy: Selected Readings*(New York: St. Martin's, 1983), pp.299-319.

10) Glenn Hastedt, "Controlling Intelligence: Defining the Problem," Glenn Hastedt, (ed.), *Controlling Intelligence*(Portland, Oregon: Frank Cass & Co. Ltd., 1991), p.13.

11) 정보활동의 윤리성 문제를 다룬 대표적인 연구로서 E. Drexel Godfrey, Jr., "Ethics and Intelligence," Foreign Affairs, Vol.56, No.3(April 1978), pp.624-642; Louise I. Gerdes, (ed.), *Espionage and Intelligence Gathering*(New York: Greenhaven Press, 2004); and Jan Goldman, (ed.), *Ethics of Spying: A Reader for the Intelligence Professional*, Volume 2(Lanham, Maryland: The Scarecrow Press, Inc., 2010) 등을 참고 바람. 이 밖에 '세계정보윤리학회(International Intelligence Ethics Association)'의 홈페이지에 들어가 보면 정보활동의 윤리성 문제를 다루고 있는 학술논문과 저

적·법적 접근방법에 중점을 두고 논의하기로 한다.

공식적·법적 접근방법에 따른 정보통제의 필요성을 두고 학자들 간의 입장은 찬반이 엇갈린다. 정보기관에 대한 통제와 감독을 옹호하는 학자들은 정보기관에 대한 통제를 강화함으로써 정보활동의 불법과 비윤리성을 근절해야 한다고 주장한다. 이와 반대로 정보통제를 반대하는 학자들은 정보기관에 대한 지나친 통제는 국가안보에 위협을 야기할 수 있다는 입장을 취한다.[12] 대표적인 정보통제 옹호론자로서 앤드류(Christopher Andrew)는 "민주사회에서 정보체계(intelligence system)는 정부 주도가 아니고 아무도 인식하지 못하는 가운데 성장했"고 주장하고, 정보기관을 통제하는 것은 "정책결정자의 무관심과 무지를 극복하는 과정"이라면서 정보통제의 필요성을 강조했다.[13] 이와 반대되는 견해를 주장하는 대표적인 학자로서 코드빌라(Angelo Codevilla)는 "호전적인 적대국들에게 둘러싸여 있는 국제사회의 냉혹한 현실에서 정보기관을 통제하는 것이 반드시 바람직한 것은 아니다"라고 주장하고, 정보기관이 가진 능력을 십분 발휘할 수 있도록 정보활동에 대한 통제장치를 풀어주는 방안도 고려해 볼 필요가 있다고 제언했다.[14]

정보감독(intelligence oversight)에 대한 의회의 역할에 대해서도 두 가지 상반된 입장이 제기된다.[15] 예를 들어, 올스테드(Kathryn Olmsted)는 의회의 정보감독은 필요하나 제대로 수행되지 못했다고 지적하고, 처치위원회(Church Committee) 보고서, 파이크위원회(Otis Pike Committee) 보고서, 록펠러(Rockefeller) 보고서 등에서 정보통제에 관한 개혁안을 제시했으나 정보조직은 거의 개선된 것이 없다고 주장했다.[16] 또한 그는 의회가 정보감독 기능을 제대로 수행하지 못하는 결정적인 요인은 의회 스스로 정보기구에 대한 감독활동 수행을 부담스럽게 여기는데서 비롯된 것으로 결론지었다.[17] 이와 반대로 노트(Steven F. Knott)는 의회의 정보감독은 불필요하다는 입장을 강력히 피력한다. 그에 따르면 미국의 건국 역사에서 워싱턴, 제퍼슨, 링컨 등 역대 대통령들이 의회의

___

서들을 접할 수 있다. http://intelligence-ethics-blogspot.kr(검색일 : 2013년 10월 21일).

12) 이에 대해서는 Hastedt(1991), p.13.

13) Christopher Andrew, "Governments and Secret Services: A Historical Perspective," *International Journal*, Vol.34, No.2(Spring 1979), pp.168-169.

14) Angelo Codevilla, "Reforms and Proposals for Reforms," in Roy Godson, (ed.), *Intelligence Requirement for the 1980's: Elements of Intelligence*, revised edition(Washington, D.C.: Transaction Books, 1983), pp.93-110.

15) Loch K. Johnson, "Balancing Liberty and Security," Roger Z. George and Robert D. Kline, (eds.), *Intelligence and the National Security Strategist: Enduring Issues and Challenges*(Oxford: Rowman &Littlefield Publishers, Inc., 2006), p.69.

16) Johnson(2006), p.69.

17) Johnson(2006), p.69.

감독 없이 비밀공작을 효과적으로 수행했었다고 언급하고, "정보활동은 비밀성, 시의성, 융통성, 효율성이 보장되어야만 성공할 수 있는 민감한 사안으로서 의회가 개입하면 실패할 위험이 있다"고 주장했다.[18] 그래서 그는 1947-1974년의 시스템으로 되돌려서 정보활동에 대한 의회의 감독과 통제를 해제하는 것이 바람직하다고 주장했다.

2. 민주주의와 정보통제

공적인 업무 또는 활동을 수행함에 있어서 투명하고 정직하며 책임지는 정부는 민주주의 체제를 유지하는 핵심적인 기반이다.[19] 이를 위해 정부기관의 활동에 대해 철저한 감시감독이 요구된다. 대부분의 민주주의 국가에서 행정부 각급 기관들에 대한 감시감독은 감사기관의 감사활동, 의회의 국정감사제도 등 다양한 방법을 동원하여 이행된다. 그러나 정보기관은 행정부에 소속된 기관이면서도 비밀주의 속성으로 인하여 감시감독에 있어서는 예외적인 영역으로 남아 있다.[20] 정보기관은 비밀보안을 생명으로 하기 때문에 자신들의 활동에 대해 무한정 공개할 수 없다. 정보기관의 특성상 조직과 활동이 노출된 상태에서는 정보활동을 효율적으로 수행할 수 없기 때문이다.

한편, 민주주의 체제에서는 정부에서 취하는 정책결정이나 활동에 대해 국민들이 통제력을 행사할 수 있어야 한다. 그런데 정보기관은 정보활동을 공개하지 않기 때문에 국민들이 정보활동에 대해 통제력을 행사하기 어렵다. 정보활동에 대해 통제력을 행사하지 못한다면 민주주의의 기본원칙에 모순되는 것으로 생각된다. 그렇다면 민주주의와 정보기관은 양립할 수 없는가? 민주주의는 공개성을 요하는 반면 정보기관은 비밀보안을 생명으로 한다는 점에서 대비된다. 또한 민주주의는 행위에 대한 책임성(accountability)을 요구하는 반면 정보기관은 행위사실이나 그 배후를 그럴듯하게 부인 또는 은폐하려는 속성을 보인다. 그런 점에서 정보기관은 민주주의와 양립하기 어려울 것으로 여겨진다.

정보기관의 비밀성과 책임회피 행위는 분명 공개성과 책임성을 요구하는 민주주의의 기본원칙에 모순된다. 물론 그러한 모순이 정보기관에만 해당되는 것은 아니다. 민주국가에서도 종종 정부에서 취하는 중요한 정책결정이나 활동에 대해서 엄격히

---

18) Johnson(2006), p.69.
19) DCAF Intelligence Working Group, *Intelligence Practice and Democratic Oversight-A Practitioner's View*, Occasional Paper No.3(Geneva, Switzerland: Geneva Centre for the Democratic Control of the Armed Forces, 2002), p.2.
20) Judith K Boyd, "Improving U.S. Congressional Oversight of Intelligence Services: A Comparative Policy Approach," *American Intelligence Journal*, Vol.28, No.1(2010), p.29.

비밀을 유지한다. 예를 들어, 부동산정책, 금융통화정책 그리고 협상전략 등이 공개될 경우 특정 단체나 국가에 치명적인 손실을 야기할 수 있다. 따라서 민주주의 정부라 할지라도 정부가 추진하는 모든 정책을 공개할 수는 없고, 사안에 따라 엄격히 비밀을 유지해야만 추구하는 정책 목표를 효과적으로 달성할 수 있다. 정보기관의 경우에도 조직이나 활동이 공개될 경우 국가안보를 위한 정보활동을 효과적으로 수행할 수 없다. 따라서 민주국가에서도 정보기관의 조직이나 활동에 대한 비밀 유지는 어느 정도 정당한 것으로 인식된다.

이와 관련하여 미국의 초대 대통령을 역임했던 조지 워싱턴은 제대로 된 정보활동이 필요하다는 것은 굳이 강조할 필요조차 없는 분명한 사실이라고 언급하고, 국가정책을 수행함에 있어서 중요한 정책결정에 관련한 내용은 엄격히 비밀을 유지해야 한다고 주장했다.[21] 냉전시대 동안 미국에서 정보활동은 국가안보를 유지하기 위한 핵심적인 수단으로 부각되었으며, 그것에 대해 대통령과 행정부가 독점적으로 통제 및 관할하는 것을 당연한 것으로 여겼다. 대통령이 필요하다고 제안한 정보활동 내용에 대해 의회는 거의 아무런 제약을 가하지 않았다. 양식 있는 상원의원들은 대부분 비밀스런 정보활동 내용에 대해 알려고 하지도 않았고, 그것에 대해 책임을 지려 하지도 않았다. 일반 국민 여론도 그러한 분위기를 자연스럽게 받아들였다. 요컨대, 민주국가에서도 정치지도자들은 물론 일반 국민들 간에 정보기관과 비밀정보활동의 필요성에 대해서는 대체로 공감하는 태도를 보인다.

과거는 물론 오늘날에도 정보기관과 비밀정보활동은 국가안보를 유지하기 위한 핵심적인 요소로 간주된다. 그러한 필요에 따라 전 세계 거의 모든 국가들이 정보기관을 운용하고 있다. 민주주의 국가에서도 정보기관은 분명히 존재한다. 그런 점에서 민주주의와 정보기관은 양립할 수 있다고 본다. 즉 민주주의적 요구에 따라 정보기관에 대한 통제력이 행사되면서 동시에 정보기관의 조직이나 활동에 대한 비밀보안이 유지될 수 있다는 것이다. 물론 그것이 생각처럼 쉽지는 않다. 미국, 캐나다, 영국 등 정보 선진국들은 일찍부터 정보기관에 대한 통제활동을 효과적으로 수행하는 데 필요한 제도적 장치들을 도입하여 시행해 왔다. 그러나 정보기관에 대한 통제활동은 기대한 만큼 효과적이지 않았던 것으로 나타난다.

그렇다면 정보기관에 대한 통제활동이 왜 효과적으로 이행되기 어려운가? 한마디로 말하자면 민주주의와 정보활동은 상호 교환적인 관계(trade off)이기 때문이다. 즉 한쪽이 강화되면 다른 한쪽은 약화되는 속성을 보여준다. 예를 들어, 민주주의적 가치

21) Colby(1996), p.24.

에 중점을 두고 정보활동의 공개성과 책임성을 강조하면서 정보기관에 대한 통제를 강화하면 비밀정보활동이 위축될 수 있다. 반대로 정보기관에 대한 감시감독을 소홀히 할 경우 정보기관의 재량권이 확대됨으로써 비밀정보활동이 보다 활발하게 전개되는 양상을 보인다. 요컨대, 민주주의와 정보활동은 양립할 수는 있지만 상호 교환적인 관계이기 때문에 한쪽이 강화되면 다른 한쪽은 약화된다.

국가가 정보활동을 통해 달성하고자 하는 궁극적인 목표는 국가안보이다. 즉 국가정보는 국가의 안보 목표를 달성하는 데 필요한 하나의 수단이다. 따라서 어떤 국가가 심각한 안보 위협에 처하게 될 경우 안보 위협에 효과적으로 대응하기 위한 수단으로서 정보활동을 강화시키게 된다. 그런데 정보기관에 대한 통제가 지나칠 정도로 철저하면 정보활동을 활발하게 전개하기가 어려워진다. 그와 반대로 국가적으로 안보 위협이 그다지 심각하지 않을 경우 대부분의 민주주의 국가에서는 민주주의적 절차를 강조하면서 정보기관에 대한 통제력을 강화하는 경향을 보인다. 이처럼 정보기관에 대한 통제의 수준은 민주주의와 국가안보라는 두 가지 가치 중에서 무엇을 중요하게 고려하고 어디에 우선순위를 두는가에 따라 결정될 것이다. 즉 국가가 처한 시대적 상황에 따라 정보기관에 대한 통제의 수준이 다를 수 있다.

정보기관에 대한 통제의 수준은 국가가 처한 시대적 상황에 따라 다소 차이가 있을 수 있지만 정보기관에 대한 적정 수준의 통제가 필요하다는 점은 누구나 공감한다. 또한 국가안보를 지키기 위해 정보활동이 반드시 필요하다. 그렇다고 정보활동의 효율성을 극대화하기 위해 민주주의를 희생시켜 정보기관에 대한 통제를 소홀히 하는 것은 바람직하지 않다. 민주주의는 국가안보 이상으로 중요한 가치이기 때문이다. 민주주의 국가에서 정보기관에 대한 통제는 반드시 필요하며 결코 예외가 있을 수 없다. 정보기관에 대한 통제를 소홀히 할 경우 정보기관이 자칫 정권안보의 수단으로 이용될 수도 있고, 비효율적인 정보활동을 방치함으로 인해 소중한 국가예산이 낭비되는 사태가 초래될 수도 있기 때문이다. 반대로 정보기관에 대한 통제가 지나치면 정보활동이 위축되어 국가적 안보 위협에 제대로 대응하지 못할 수 있다. 따라서 정보활동을 지나치게 위축시키지 않으면서 동시에 정보기관에 대한 통제활동을 효과적으로 이행할 수 있는 방안이 모색되어야 할 것이다.

한편, 정보기관이나 정보활동에 관한 자료 접근이 매우 제한적인 것처럼 정보의 통제에 관한 자료도 충분치 않다. 미국의 경우 정보기관에 대한 통제를 매우 중요한 이슈로 다루고 있고 학계에서도 많은 연구가 이루어지고 있다. 미국만큼은 아니지만 영국의 경우에도 정보기관에 대한 통제 실태를 어느 정도 알 수 있을 정도의 연구물이

나와 있다. 그러나 두 국가를 제외하고 여타 국가의 경우 자료 접근이 매우 제한되어
있어 정보기관에 대한 통제 실태를 파악하기가 쉽지 않다. 따라서 본 장에서 세계
최초로 그리고 가장 모범적으로 정보기관에 대한 통제력을 유지하고 있는 것으로 알려
진 미국의 사례를 중점적으로 살펴보기로 한다.

3. 정보통제의 필요성

민주국가든 독재국가든 정보기관에 대한 통제와 감시감독은 반드시 필요하다. 정
보기관은 첩보수집, 감시, 도청, 파괴, 테러, 전복 공작 등 다양한 유형의 정보활동을
수행한다. 그러한 정보활동을 수행하는 과정에서 정보기관이 비합법적이고 반윤리적
인 문제를 야기하는 행위를 자행할 수 있으며, 종종 정보기관의 비능률과 부정한 행위
에 대해서 통제력이 행사되지 못하는 상황이 발생할 수 있다. 특히 정보활동은 비밀보
안을 철저히 유지하면서 수행되기 때문에 현실적으로 이를 감독 또는 통제하기가 쉽지
않다. 그러나 막강한 능력을 가진 정보기관을 제대로 통제하지 않으면 정권 또는 국가
체제에 심각한 위협을 야기할 수 있다. 따라서 정보기관을 효과적으로 감독 또는 통제
하는 것은 정권유지 차원에서는 물론 국가체제를 운영함에 있어서 매우 중요한 요소로
인식된다.

민주주의 국가에서 정보통제의 기본 목표는 정보기관이나 그 활동의 비밀성을
유지하면서 동시에 시민의 알권리와 인권을 보호해 주는데 있다.[22] 물론 2개의 상반된
가치를 동시에 추구하면서 균형을 이루는 것이 쉽지는 않지만, 민주주의 국가에서 어느
한편의 희생이나 포기는 결코 허용될 수 없다. 다시 말해서, 민주국가에서 정보통제는
국가의 안보 위협에 효과적으로 대응하기 위해 정보활동의 비밀성을 최대한 보장하면
서 동시에 민주주의 체제의 핵심 가치인 '기본권(civil liberties)', '투명성(transparency)',
'책임성(accountability)'을 보호하는 역할을 수행한다.[23]

다음에서 국가안보와 민주주의를 동시에 충족시키는 일종의 절충적이고 합목적적
인 제도로서 민주적 정보통제의 특성 및 장단점에 대해 보다 자세히 논의해 본다.

첫째, 정보통제는 민주주의의 핵심적 가치로서 국민의 '기본권'을 보호하는 역할
을 수행한다. 대부분의 민주국가에서 헌법에 국민들의 '기본권'을 보장하는 조항을

22) Marchand(2010), p.6; Matthew B. Walker, "Reforming Congressional Oversight of U.S. Intelligence,"
International Journal of Intelligence and Counterintelligence, Vol.19, No.4(2006), p.711; and
Donaldson(2010), p.13.
23) Walker(2006), p.709; and Donaldson(2010), p.13.

포함하고 있다. 일반적으로 기본권이란 정부가 법적인 절차를 거치지 않고 개인의 생명, 자유, 재산을 박탈할 수 없다는 것을 의미한다. 그런데 정보활동을 수행하는 과정에서 종종 국민들의 기본권이 침해되는 사례가 발생한다. 예를 들어, 정보기관은 전쟁, 테러, 마약 등 각종 안보 위협에 대응하기 위해 첩보수집 또는 방첩활동을 적극적으로 수행할 의무가 부여되어 있는 반면, 이를 수행하는 과정에서 불가피하게 개인의 사생활권(privacy rights)이 침해될 수 있다. 과거 미국에서도 CIA, FBI 등 정보기관이 법원의 영장청구 등 합법적인 절차를 거치지 않고 자국민들을 대상으로 감청이나 미행감시 활동을 전개했었다. 이는 명백히 개인의 사생활권을 침해하는 불법적이고 비윤리적인 행위로서 의회의 정보감독 또는 사법부의 판결 등을 통해 적절히 통제될 필요가 있다.

둘째, 정보통제는 조직으로서 정보기관이나 그들이 수행하는 정보활동의 투명성을 보장해 줌으로써 민주주의적 가치를 보호하는 역할을 수행한다. '투명성' 역시 결코 포기하거나 희생될 수 없는 민주주의의 핵심적인 가치이다. 투명성이 보장되지 않는 사회는 민주주의로 인정될 수 없으며 민주주의 체제를 유지할 수도 없다. 일반적으로 민주주의 국가는 투명성의 원칙에 따라 정부기관의 조직, 계획 그리고 활동을 가급적 투명하게 공개할 의무가 있다. 물론 민주주의 국가라고 할지라도 모든 것을 투명하게 공개해야 한다는 것은 아니다. 예컨대, 국가안보에 중대한 피해를 초래할 수 있는 정보는 국가비밀로 분류하여 공개하지 않을 수 있고, 국가의 중요한 정책을 계획 또는 집행하는 과정에서 효율성이나 성과를 높이기 위해 불가피하게 비밀을 유지할 수 있다. 그런데 그러한 비밀정보 또는 그것을 수집하는 행위가 국가안보 또는 공적인 이익을 위한 조치라면 문제가 없지만 때로 특정 정당이나 정치지도자의 사적 이익을 위해 악용될 수도 있다. 결국 정보기관이 국가안보가 아니라 정권안보 또는 개인의 권력유지를 위한 수단으로 전락되는 불행한 사태가 초래될 수 있다.[24] 특히 정보기관은 비밀보안을 구실로 조직이나 활동을 공개하지 않는다. 따라서 특정 정당이나 정치지도자가 정권적 이익을 목적으로 정보기관을 활용하여 불법적인 행위를 저질러도 그 사실이 외부로 드러나지 않을 수 있다. 그러한 불법적이고 비윤리적인 행위가 자행되지 않도록 비밀성을 크게 훼손하지 않는 범위에서 정보기관이나 그들의 활동에 대한 적정 수준의 공개를 의무화하는 통제장치가 필요하다.

셋째, 정보통제는 정보기관이 내린 정책결정이나 수행한 행위에 대해 책임성을 요구함으로써 정보기관의 잘못된 행위나 정책결정이 반복 또는 지속되는 것을 방지한

---

24) 문정인·배종윤, "정보기관과 민주적 통제," 문정인 편, 『국가정보론: 이론과 실제』(서울: 박영사, 2002), p.288.

다. 민주주의는 정부가 수행한 정책결정이나 행위에 대한 책임성(accountability)을 요구한다. 국민의 기본권이 침해되었거나 공적 자금이 비효율적으로 낭비되었을 경우 누군가 책임을 져야한다. 그러나 불법적인 활동이나 잘못된 행위에 대해 책임을 묻지 않고 방치하면 그러한 사태가 지속되거나 또는 반복적으로 발생할 수 있다. 정보기관의 경우 조직이나 활동에 대해 공개하지 않는 것을 원칙으로 하기 때문에 그들이 수행한 행위 사실은 물론 그것을 배후에서 지원한 책임자를 파악하기도 쉽지 않다. 종종 잘못된 행위가 드러나도 정보기관은 자신이 배후세력으로서 은밀히 활동했다는 사실을 그럴듯하게 부인하여 책임을 회피하려는 태도를 보인다. 정보기관이 수행한 잘못된 행위를 밝혀내고 책임자를 처벌함으로써 국민의 기본권이나 국가 이익이 침해되는 일이 반복 또는 지속되는 사태를 방지할 수 있다. 정책결정 또는 행위에 대해 책임지는 정부는 국민의 존경과 신뢰를 얻을 수 있다. 민주주의의 핵심적 가치를 보호하기 위해, 그리고 국민의 존경과 신뢰를 획득하기 위해 정보기관의 정책결정이나 행위에 대해 책임 소재를 분명히 할 수 있도록 적정 수준의 통제장치가 요구된다.

마지막으로 정보기관에 대한 통제는 정보기관이 수행한 정보활동에 대해 정당성(validity)을 보장해 준다. 국민의 대표기관인 의회가 정보기관의 계획이나 활동 사항을 사전에 알고 있거나 승인했다면 정보기관은 자신의 정책결정 또는 행위로 인해 초래될 수 있는 책임을 모면할 수 있다.[25] 의회가 정보기관의 활동을 빈틈없이 그리고 효과적으로 관리감독하고 있다고 인식하게 되면 국민들은 정보기관이 수행하는 건전한 정보활동을 적극 지지하게 될 것이다.[26] 이와 반대로 정보기관에 대한 의회의 통제가 미흡하다고 인식되면 국민들은 정당성 여부가 불확실한 정보활동에 막대한 예산이 지출되는 것을 그다지 달가워하지 않을 것이다.[27] 정보기관에 대한 통제가 효과적으로 이루어지면 행정수반이나 정보기관의 수장이 정보관들을 자신들의 사적인 목적을 위해 악용하는 사태를 미연에 방지할 수도 있다. 정보기관에 대한 통제는 행정 수반 또는 정보기관 수장의 불합리한 요구로부터 정보기관이나 정보요원을 보호해 줄 수 있다. 이처럼 적정 수준의 정보통제를 통해 정보활동의 정당성이 인정됨으로써 정보기관은 국민들로부터 신뢰와 지지를 받을 수 있을 것이다.

한편, 정보기관의 입장에서 감시감독과 통제를 받는 것이 부담스럽고 불편할 수

25) Donaldson(2010), p.14. Christopher M. Ford, "Intelligence Demands in a Democratic State: Congressional Intelligence Oversight," 81 Tul. L. Rev.721, 761(February 2007), in http://litigation-essentials.lexisnexis.com/webcd/app?action=DocumentDisplay&am...(검색일: 2013년 12월 9일).

26) Boyd(2010), p.29.

27) Ford(2007); and Donaldson(2010), p.14.

있다. 때로 정보통제가 지나칠 정도로 강화되면 정보활동의 효율성이 감소되어 궁극적으로 안보위협에 효과적으로 대응하지 못하는 사태를 초래하게 될 수 있다. 그렇다고 민주적 절차와 가치를 배제하거나 결코 희생시킬 수 없다. 법이 정한 민주적 절차와 원칙은 반드시 준수되어야 한다. 그것이 무너지면 민주주의 국가로서의 기반이 뿌리채 흔들릴 수 있기 때문이다. 따라서 정보기관의 비밀성과효율성을 유지하면서 동시에 효과적으로 통제할 수 있는 방안이 모색되어야 한다.

요컨대, 민주주의 국가의 경우 입법부의 정보통제는 국가의 정보자산(intelligence resource)을 함부로 남용하거나 비효율적으로 사용하지 않도록 행정부를 견제하는 역할을 수행한다는 데서 중요한 의미를 가진다.28). 정보통제는 기본적으로 정보기관의 정책, 예산, 활동 등을 검토하는데 중점을 둔다. 정보통제는 대통령이나 정보기관의 수장이 비윤리적인 인권 침해 또는 불법 행위를 저지르지 않도록 감독하는데 있으며, 이를 통해 민주주의의 핵심가치인 기본권을 보호한다는 점에서 반드시 필요한 행위로 인정된다.29) 또한 정보기관의 비정상적인 조직구조, 예산 낭비, 비효율적인 정보활동 등을 방지하는 역할도 수행한다. 무엇보다도 정보통제가 효과적으로 이루어지면 국민들로부터 정보활동에 대해 정당성 또는 합법성을 인정받게 되며, 정보기관에 대한 국민들의 신뢰와 지지를 얻을 수 있을 것이다.30) 그런 점에서 정보통제가 정보기관에게 반드시 부정적인 것은 아니며, 장기적인 관점에서 오히려 유리하고 긍정적인 결과를 가져올 수 있을 것으로 판단된다.

제3절   정보통제의 기구들

1. 행 정 부

(1) 의   의

1970년대 들어서서 미국에서 의회를 통한 정보통제 제도가 새롭게 도입되기까지 행정부가 독점적으로 정보기관에 대한 통제력을 행사했다. 오랫동안 정보통제는 행정부의 고유 권한으로 인식되었으며, 행정부 외에 어떤 기관도 정보기관에 대한 영향력을

---

28) Marchand(2010), p.6; and Donaldson(2010), p.13.
29) Walker(2006), pp.711-713.
30) Donaldson(2010), p.13.

행사하지 못했다. 그런데 오늘날 대부분의 민주주의 국가에서 삼권분립의 원칙에 따라 의회가 정보기관에 대한 감독임무를 수행하도록 법적인 권한을 부여받고 그에 따른 권한을 행사하고 있다. 이러한 의회의 정보감독과는 별도로 여전히 행정부 차원에서 소관 부처인 정보기관에 대한 통제가 수행되고 있다. 무엇보다도 행정부의 정보통제는 의회가 부여받지 못한 권한이나 역할을 행사할 수 있기 때문에 의회의 정보감독 기능을 보완할 수 있다는 점에서 그 필요성이 인정된다.

정보기관은 첩보수집, 감시, 도청, 파괴, 테러, 전복 공작 등 행정부의 다른 어떤 기관도 수행할 수 없는 특별한 활동을 수행한다. 그러한 정보활동을 수행하는 과정에서 정보기관이 비합법적이고 윤리적인 문제를 야기하는 행위를 자행할 수 있다. 또한 정보 기관의 조직은 철저히 비밀에 쌓여 있다. 이에 따라 조직구조의 비효율성이 심화될 위험도 있다. 이처럼 정보기관의 무능, 부패, 비효율성 등 조직구조를 개선하지 않으면 정보활동을 효과적으로 수행할 수 없을 뿐만 아니라 국가 예산을 불필요한 일에 낭비하 게 되는 결과를 초래할 수 있다. 행정부가 막강한 능력을 가진 정보기관을 제대로 통제하지 않으면 정권 유지에 크나큰 부담이 될 수 있으며, 정보기관의 무능력과 비효 율성으로 인해 국가체제에 심각한 위협을 야기할 수 있다. 그러므로 행정부 차원에서 정보기관을 효과적으로 감독 또는 통제하는 것은 정권유지 차원에서는 물론 국가체제 를 안정적으로 운영함에 있어서 매우 중요한 요소로 인식된다.

대통령과 수상 등 행정수반은 행정부 산하 기관들에 대해 통제할 권한과 의무를 가진다. 정보기관도 행정부의 산하기관으로서 마땅히 대통령이나 수상 등 행정수반의 감독 또는 통제를 받게 된다. 대통령이나 수상 등 행정수반은 인사권, 조직개편, 행정명 령권 등 다양한 제도와 수단을 활용하여 정보기관에 대한 통제력을 행사하고 있다.

(2) 최고정책결정자의 통제 수단들

1) 인 사 권

일반적으로 대통령이나 수상 등 행정부의 수반이 관료조직을 장악할 수 있는 가장 중요한 수단은 인사권이다. 대통령이나 수상 등 행정수반은 장·차관을 비롯한 행정부 의 주요 보직에 대한 인사권을 행사함으로써 통제력을 유지한다. 대통령이나 수상은 정보기관의 장에 대한 임명 및 해임권을 갖고 있으며, 이를 통해 정보기관의 조직을 통제한다. 정보기관의 수장에 대한 인사는 일반 행정 부처의 장관들보다 신중하게 고려 된다. 정보기관의 경우 막강한 능력과 권한을 갖고 있는 반면, 조직과 활동 내용은 철저히 비밀에 쌓여 있기 때문이다. 그래서 일반적으로 정보기관의 수장은 대통령이나 수상 등 행정수반이 가장 신뢰할 수 있는 측근으로 임명하는 경향을 보인다. 예를 들어, 미국의 카터 대통령은 자신의 고향 친구인 터너(Stansfield Turner, 1977-1981) 제독을 CIA 국장으로 임명했으며, 레이건 대통령도 자신의 절친한 친구인 케이시(William J. Casey)를 CIA 국장으로 임명하여 그에게 소련을 와해시키는 비밀공작을 주도하는 임무를 부여했다.

때로 정보기관이 수행한 불법적인 활동이나 비윤리적인 행위 사실을 최고정책결정자가 전혀 알지 못하거나 알고 있으면서도 통제하지 못하는 경우도 있다. 예를 들어, 미국의 FBI는 후버 국장 재임시절 후버 국장이 선호하는 대통령 후보를 지원하는 등 선거에 불법적으로 개입했으며, 무고한 시민들을 대상으로 불법 도청이나 미행감시 등 비윤리적인 활동을 저질렀다. 트루먼과 케네디 대통령을 비롯한 여러 대통령들이 그의 비리 사실을 알고 그를 해임시키려 시도했던 것으로 알려졌다.[31] 그러나 역대 대통령들은 그가 자신들의 약점을 폭로하거나 정치적으로 보복할 것을 우려하여 아무도 그를 해임시키지 못했다. 그는 47년 간을 FBI 국장으로 군림하면서 온갖 불법을 자행했지만 해임되지 않은 채 사망할 때까지 재임했다. 이처럼 정보기관의 수장은 무소불위의 막강한 권한을 행사할 수 있기 때문에 잘못된 인물을 임명하게 될 경우 정권유지는 물론 체제 안위에 심각한 위협을 야기할 수 있다. 따라서 일반 부처의 장·차관과는 달리 정보기관의 수장을 임명함에 있어서 보다 신중한 선택이 요구된다.

2) 조직개편

대통령이나 수상은 행정부의 수장으로서 정부조직을 새롭게 만들거나 해체할 수 있는 권한을 가진다. 정보기관에 대해서도 업무의 효율성을 제고하고 통치권자로서 조직에 대한 장악력을 높이기 위해 불필요한 조직을 해체하고 새로운 조직을 신설하는 등 조직 개편을 단행할 수 있다. 때로 통치권자가 자신을 대신하여 행정부 내에 정보기관을 통제할 별도의 새로운 기구를 설립하기도 한다. 정보기관들에 대해 견제 또는 감독하는 임무를 효과적으로 수행하기 위해 동 기구는 대체로 통치권자의 직속기구이면서 여타 정보기관들로부터 독립된 조직 형태를 보인다.

미국의 경우 종종 참담한 정보실패를 경험했으며, 그 때마다 정보공동체에 대한 개편을 단행했던 것으로 나타난다. 예를 들어, 미국의 CIA는 1941년 '진주만 기습'의 실패를 경험하고 나서 창설되었다. 당시 기습을 사전에 파악하는 데 실패하게 된 경위

---

31) Wikipedia, "J. Edger Hoover," http://en.wikipedia.org/wiki/J._Edger_Hoover#cite_ref-Hack.2C_2007_41-0(검색일: 2013년 12월 9일).

를 조사하는 가운데 군 정보기관들의 불충분한 정보공유와 지나친 경쟁으로 인해 적시에 적의 기습을 파악하지 못했던 것으로 평가되었다. 이에 따라 국가적 차원에서 종합적으로 정보를 분석할 새로운 정보기구가 필요하다는 공감대가 확산되었고, 마침내 1947년 CIA를 설립하게 되었다. 미국은 2001년 9/11 테러 사건 이후 테러 업무를 전담할 국토안보부(Department of Homeland Security, DHS)를 신설했고, 16개 정보기관들에 대해 강력한 통제력을 행사하는 권한을 가진 장관급 직위의 국가정보장(Director of National Intelligence, DNI)을 신설했다. 이 밖에 대통령을 대신하여 정보공동체의 정보활동을 통제 또는 감독하는 기구로서 1947년 국가안보법에 따라 설립된 NSC(국가안전보장회의), 1956년 아이젠하워 대통령 당시 설립된 해외정보자문위원회(Board of Consultant on Foreign Intelligence Activities),[32] 그리고 1976년 포드 대통령이 설립한 정보감독위원회(Intelligence Oversight Board, IOB)[33] 등이 있다.

일반적으로 정보기관은 비밀보안을 생명으로 하기 때문에 조직구조에 대해 철저히 비밀을 유지한다. 조직구조의 비밀성은 한편으로는 효과적인 정보활동을 수행하는 데 필요한 핵심적인 요소이지만 다른 한편으로는 외부와 차단되어 상대적으로 경쟁이 적기 때문에 조직구조의 비효율성이 심화될 수 있는 위험도 있다. 예를 들어, 정보기관이 관료 조직화되어 행정지원 부서가 지나치게 비대화되면 수집, 분석, 비밀공작, 방첩 등 본연의 정보활동은 상대적으로 위축될 수 있다. 이처럼 비정상적인 조직구조를 보다 효율적인 조직구조로 개편함으로써 정보활동의 효율성과 생산성을 제고할 수 있을 것이다. 요컨대, 정보기관에 대한 조직 개편은 정보조직의 경쟁력을 향상시키고 나아가 통치권자의 통제력을 강화시킬 수 있는 효과적인 방안으로 활용된다.

3) 행정명령권

대통령이나 수상 등 행정수반이 정보기관을 통제할 수 있는 또 하나의 중요한 수단으로서 행정명령권이 있다. 법률을 제정할 수 있는 권한은 의회가 갖고 있지만 대통령은 행정명령을 통해 입법부와 유사한 형태의 법률 제정권을 갖는다. 행정명령은 입법부가 제정한 법률에 비해 영구적이지 못하고 강제력이 떨어지는 단점이 있다. 또한, 행정명령은 법률이 아니기 때문에 강력히 집행되기 어려우며, 입법부의 권한을 약화시킬 수 있다는 문제점이 제기된다.[34] 그러나 행정명령은 통치권자가 의회의 승인을 받지 않고 신속히 자신이 원하는 업무나 활동을 추진할 수 있기 때문에 정보기관을

---

32) 동 기구의 설립과정 및 주요 역할에 대해서는 뒷 절을 참고.
33) 동 기구의 탄생 배경과 역할에 대해서는 뒷 절에서 자세히 소개하기로 한다.
34) Lowenthal(2006), p.208.

통제하는 수단으로서 유용하게 활용된다.[35]

미국 대통령의 행정명령권은 헌법에 구체적으로 명시되지는 않았지만 미국 헌법 2조 1절 1항의 규정에 근거하여 합법적인 것으로 인정된다.[36] 미국의 경우 역사상 4명의 대통령(1976년 포드, 1978년 카터, 1981년 레이건, 2004년 부시 등)이 국가정보와 관련하여 광범위한 문제를 포괄하는 행정명령(executive order)을 내렸던 것으로 나타난다.[37] 대부분의 행정명령은 정보기관이 수행하는 특정한 유형의 정보활동을 억제 또는 촉진할 목적으로 발동시킬 수 있다. 예를 들어, 카터 대통령이 재임 중이던 1978년 1월 24일의 행정명령 12036호는 과거 CIA를 비롯한 정보기관이 수행해왔던 다양한 유형의 국내정보 활동을 대폭 제한 또는 금지하는 내용을 포함하고 있다.[38] 때로 대통령이나 수상이 직접 정보기관을 통제하기가 어렵기 때문에 정보기관을 간접적으로 통제할 기구를 행정부 내에 설립하기 위해 행정명령이 내려지기도 했다. 앞서 언급했듯이, 미국의 아이젠하워 대통령은 1956년 2월 6일의 행정명령 10656호를 통해 대통령국외정보자문위원회(President's Foreign Intelligence Advisory Board, PFIAB)의 전신인 '해외정보자문위원회(Board of Consultant on Foreign Intelligence Activities)'를 설치했다. 또한, 포드 대통령은 1976년 2월 18일 행정명령 11905호를 통해 정보감독위원회(Intelligence Oversight Board, IOB)를 설치했다.

(3) 행정부의 정보통제 기구들(미국의 사례)

앞서 언급했듯이 정보기관은 외부와 단절되어 경쟁이 적기 때문에 조직구조의 비효율성이 심화될 수 있다. 때로 막강한 권한을 남용하여 불법과 비윤리적 행동을 저지를 수도 있다. 더욱이 철저히 비밀보안을 유지하고 있어 통치권자조차도 정보기관의 잘못된 행동을 전혀 파악하지 못할 수 있다. 사실 대통령이나 수상 등 행정수반은 시간도 없고 전문성도 부족하여 정보기관에 대해 직접적인 통제력을 행사하기가 어렵다. 따라서 대통령이나 수상 등 행정수반을 대신하여 정보기관을 통제할 기구가 필요하다. 정보기관들에 대한 견제 또는 감독하는 임무를 효과적으로 수행하기 위해 동 기구는 대체로 대통령이나 수상 직속으로 설치되며 여타 정보기관들로부터 독립된 위상을 유지한다.

---

35) 문정인·배종윤(2002), p.293.
36) 미국 헌법 제2조 1절 1항에서 "행정권은 미국 대통령에 속한다"고 규정하고 있다.
37) Lowenthal(2006), p.207.
38) http://www.fas.org/irp/offdocs/대/대-12036.htm(검색일: 2011년 1월 31일).

1) NSC(National Security Council): 정보기획실(Office of Intelligence Programs, OIP)과 합동정보공동체위원회(Joint Intelligence Community Council, JICC)

NSC는 1947년 제정된 국가안보법(National Security Act of 1947)에 따라 설치되었다. NSC는 대통령 자문기구로서 국가안보와 외교정책에 관련된 임무를 수행하는 행정부의 최고위급 각료들로 구성된다. NSC는 대통령을 의장으로 하고 부통령, 국무부장관, 재무부장관, 국방부장관, 국가안보보좌관 등을 구성원으로 한다. 합참의장은 군사분야 자문위원으로, 국가정보장(Director of National Intelligence, DNI)는 정보분야 자문위원으로 참석한다. NSC는 정보공동체의 정보기관들로부터 정보활동이나 정책에 관해 보고를 받고 지휘·감독하는 권한 갖는다.

NSC 산하에 '정보기획실(Office of Intelligence Programs, OIP)'은 오랫동안 행정부 내 정보활동을 감독하는 최고위급 기관으로서 임무를 수행해 왔다. 그런데 2004년 정보개혁법에 따라 '합동정보공동체위원회(Joint Intelligence Community Council, JICC)'가 설립되어 정보공동체를 감독하는 기능을 수행하게 되었다.[39] JICC는 DNI를 의장으로 하고, 국무부장관, 재무부장관, 국방부장관, 에너지부장관, 국토안보부장관, 검찰총장 등을 구성원으로 한다. JICC는 정보요구, 예산, 정보기관의 활동성과 등에 관해 DNI에게 자문하는 역할을 수행한다. JICC 위원 중에 누구든지 DNI가 제공한 정보와 상반되는 내용을 대통령에게 보고할 수 있는 권한을 가진다. DNI보다 서열이 높은 장관들이 정보 업무에 관해 대통령에게 직접 보고할 수 있는 권한을 갖고 있기 때문에 DNI에 대한 견제 수단으로서의 역할을 충분히 수행할 수 있을 것으로 기대되었다. 그러나 DNI를 제외하고 대부분의 JICC 위원들이 정보공동체 내 정보기관들을 관리 및 운영하는데 매진할 시간이 거의 없고, 정보 업무에 관한 전문성도 부족하다는데 문제가 있다. 그래서 기대와는 달리 JICC가 정보기관들을 감독하는 실질적인 역할을 수행하기가 사실상 어려울 것으로 지적된다.[40]

2) 대통령 정보자문위원회(President's Intelligence Advisory Board, PIAB)[41]

대통령 정보자문위원회(PIAB)는 다른 나라에는 찾아보기 어려운 미국 고유의 독특한 기구이다.[42] 1956년 2월 6일 아이젠하워 대통령이 행정명령 10656호를 통해 '해외

39) Lowenthal(2006), p.192.
40) Lowenthal(2006), p.192.
41) 동 기구의 창립배경, 연혁, 조직구성, 그리고 활동 및 기능에 대해서는 Wikipedia, "President's Intelligence Advisory Board," http://en.wikipedia.org/wiki/President's_Intelligence_Advisory_Board(검색일: 2013년 12월 9일)를 참조.

정보자문위원회(Board of Consultant of Foreign Intelligence Activities)'를 설치했다. 케네디 대통령은 피그만 사건 이후 이를 대통령해외정보자문위원회(President's Foreign Intelligence Advisory Board, PFIAB)로 개칭하고 적극적으로 활용했다. 그러나 닉슨 대통령 재임 중이던 1972년 이후 점차 활동이 위축되었고, 카터 대통령 시기에는 아예 폐기되는 운명에 처했다.[43] 이후 레이건 대통령 시기에는 위원회의 구성원을 확대하면서 부활했다. 그리고 1993년 빌 클린턴 대통령의 행정명령 12863호에 의거 IOB가 PFIAB 소속의 분과위원회로 흡수되었다. 이후 부시(George W. Bush) 대통령 당시인 2008년 2월 29일 PFIAB는 PIAB(President's Intelligence Advisory Board)로 개칭되어 현재에 이르고 있다.

아이젠하워 행정부(1953-1961) 이래 역대 대통령들은 국외정보활동 자문 관련 NSC 정보기획실(Office of Intelligence Program, OIP)보다는 PFIAB에 더 많이 의존했던 것으로 나타난다.[44] NSC 정보기획실과 비교하여 PFIAB는 고위직 관료들로 구성되었고, 보다 객관적인 자문활동을 수행했던 것으로 인정되었다. PIAB 위원들은 대통령이 임명하며, 대부분의 위원들은 전직 정보관들과 정보와 관련된 업무 경험을 가진 민간인들로 구성된다.[45] 위원회 구성원의 숫자는 5명에서 24명에 이르기까지 역대 대통령들의 성향에 따라 각기 달랐다.[46] PIAB의 주요 임무는 CIA가 수행하는 정보활동의 성과와 효율성을 평가·감독하고 이를 향상시킬 수 있는 방안에 대해 대통령에게 조언하는 것이다.[47] PFIAB는 피그만 침공 실패 이후 케네디 대통령에게 DIA(Defense Intelligence Agency) 창설을 권고했다.[48] 또한 1976년 소련의 전략적인 능력과 의도를 분석할 기법으로서 A팀 대 B팀의 경쟁분석을 제안하기도 했었다.[49] 정보공동체에 대한 공식적인 감독권

---

42) Cynthia M. Nolan, "The PFIAB Personality: Presidents and Their Foreign Intelligence Boards," *International Journal of Intelligence and Counterintelligence*, Vol.23, No.1(2010), p.35.

43) Nolan(2010), p.30.

44) Lowenthal(2006), p.192.

45) 1990년대 동안에는 정치적 성향을 가진 인물들이 위원으로 임명되었다. 2001년부터 2005년의 기간 동안에는 포드 대통령(1974-1977)과 부시 대통령(1989-1993) 재임 당시 국가안보좌관을 역임했던 스코우크로프트(Brent Scowcroft)가 PFIAB 의장을 맡았다. 스코우크로프트는 2003년 이라크 침공 결정에 반대하는 입장을 강력히 주장하였는데, 이는 과거 아버지 부시 대통령과의 절친했던 관계를 고려했을 때 매우 이례적인 일로 받아들여진다. 그는 2005년 교체되었는데 이는 당시 부시 대통령이 그의 발언에 대해 불쾌하게 생각했기 때문이었던 것으로 분석된다. Lowenthal(2006), p.192.

46) Kenneth Michael Absher, Michael Desch, and Roman Popadiuk, *Confidential and Privileged: The President's Foreign Intelligence Advisory Board-Learning Lessons from Its Past to Shape Its Future*, Report Presented to the Richard Lounsbery Foundation, Washington, D.C., 16 June 2008, pp.26-29.

47) Congressional Research Service, *The President's Foreign Intelligence Advisory Board: An Historical and Contemporary Analysis(1955-1975)*(Washington, D.C.: Library of Congress, Manuscript Division, 1975), p.4.

48) Nolan(2010), p.32.

49) Nolan(2010), p.32.

은 의회가 갖고 있으며, PFIAB는 정보기관을 감독 또는 관리할 법적인 권한은 없다. 그럼에도 불구하고, PFIAB는 간혹 비공식적으로 정보기관의 활동에 대해 조사·평가·감독하는 역할을 수행하기도 했다.[50] PFIAB는 정보기관에 대해서는 독립적인 위치에서 객관적이고 공정한 조사·평가를 내릴 수 있지만, 대통령 직속 자문기구로서 대통령이 임명하기 때문에 대통령의 정치적 입장을 배려하는 권고사항을 제시하는 등 정치중립적인 성향을 유지하기가 어렵다.

3) 정보감독위원회(Intelligence Oversight Board, IOB)

1973년 칠레의 아옌데(Salvador Allende) 정권이 붕괴되었다. 그 후 미국 CIA가 비밀공작을 통해 아옌데 정권을 붕괴시키기 위해 불법적으로 개입했던 사실이 드러났다. CIA는 비밀공작을 수행하는 과정에서 온갖 불법과 비윤리적인 행위를 자행했던 것으로 의심되었다. 이에 포드 대통령은 행정부에 정보기관이 수행하는 정보활동의 합법성 여부를 조사·평가하는 정보감독 기구를 설립하도록 지시하였다. 마침내 포드 대통령 재임 중이던 1976년 2월 18일 행정명령 11905호에 의거 IOB가 설치되었다.[51] IOB는 클린턴 대통령 당시 행정명령 12863호에 따라 PFIAB 소속의 분과위원회로 편입되었고, 부시 대통령(George W. Bush) 당시 행정명령 13462호에 의거 PFIAB가 PIAB로 개칭됨에 따라 PIAB 소속 위원회로 편입되었다.

IOB는 현재 PIAB의 부속기관으로서 PIAB의 위원이 된다. IOB는 대통령이 임명하는 5명 이하의 위원으로 구성되는데 행정부 부처나 정보기관에 소속되지 않으면서 이 분야 관련 전문성을 갖출 것을 자격조건으로 한다.[52] IOB는 정보기관의 감사관(Inspector General)과 법률고문(General Counsels)으로부터 정기적으로 보고를 받으며, 그들을 지휘·감독할 권한을 갖고 있다. IOB는 정보활동의 위법성 여부에 대해 조사하는 권한을 갖고 있지만, 사건을 추적하거나 소환할 수 있는 권한은 없다. IOB는 정보기관

---

50) 예를 들어, 1994년 소말리아에서 미군이 철수하는 사건이 발생했다. 당시 클린턴 대통령은 PFIAB에 이 사건의 경위에 대한 조사를 맡기고자 했다. 이에 9명의 PFIAB 위원과 8명의 의원들로 구성된 Aspin-Brown 위원회가 구성되어 사건의 경위를 조사하게 되었다. 이로써 PFIAB가 의회의 정보감독활동에 비공식적으로 동참하였다. Loch K. Johnson, *Secret Agencies: Secret Intelligence in a Hostile World*(New Haven, CT: Yale University Press, 1998), p.55; and Nolan (2010), 29.

51) U.S. President, "President Gerald R. Ford's Executive Order 11905: United States Foreign Intelligence Activities, Executive Order 11905," *Weekly Compilation of Presidential Documents,* Vol.12, No.8, 23 February 1976, http://www.fas.org/irp/offdocs/eo11905.htm(검색일: 2011년 2월 4일).

52) 1976년 설립 당시 3명이었다가 1993년 9월 13일 클린턴 대통령 당시 행정명령 12863호에 따라 4명으로 증원되었으며, 부시 대통령 재임 중이던 2003년 5월 14일 행정명령 13301호에 따라 5명으로 증원되어 현재에 이르고 있다. Nolan(2010), Appendix A, pp.48-53.

의 불법적인 정보활동 내용을 발견하게 되는 즉시 대통령과 검찰총장(Attorney General)에게 통지하는 임무를 맡고 있다.[53]

IOB와 유사한 기능을 수행하는 행정부처 차원의 감독기구로서 국방부의 '정보감독단(Intelligence Oversight Program, IOP)'을 들 수 있다. IOP는 국방부에서 자체적으로 설립하여 정보감독임무를 수행하는 기구이다. IOP는 미국 국민의 기본권을 침해하지 않으면서 국방부가 정보 및 방첩 활동을 제대로 수행하고 있는지를 검토·평가하는 임무를 수행한다.[54]

4) 감사관실(Office of the Inspector General)

미국의 경우 행정부의 각 부처와 각 정보기관들의 내부에 '감사관실(Office of the Inspector General)'이 있으며, 동 기구의 최고위직에 감사관(Inspector General)을 두고 있다.[55] 감사관실은 1978년에 제정된 감사관법(Inspector General Act of 1978)에 따라 독립적인 위상을 유지하고 있다.[56] 미국 정보공동체에는 정보기관들을 감독하는 12명의 감사관을 두고 있으며, 모두 정보기관에 소속된 것이 아니고 독립성을 가진 기구이다. CIA와 국방부를 담당하는 감사관은 의회에서 제정된 법에 근거하여 설치되었고, 나머지 DIA, NRO 등을 담당하는 감사관은 국방부에서 설치했다. 이들 감사관은 행정 부처는 물론 의회에 보고하기도 한다.

CIA의 경우 내부 감독 업무를 수행하는 기관으로 감사관실과 법률고문실(Office of the General Counsel)을 두고 있다. CIA 감사관과 법률고문(General Counsel)은 대통령이 지명하고, 상원 정보위원회의 인준을 받는다.[57] CIA 감사관은 의회와 행정부로부터 정보기관에 대한 감독권을 행사하도록 법적인 권한과 책임을 부여받았다.[58] CIA 감사

53) U.S. President(1976). http://www.fas.org/irp/offdocs/eo11905.htm(검색일: 2011년 2월 4일).
54) http://hqinet001.hqmc.usmc.mil/ig/Div_Intell_Oversight/Supporting%20Documents/Intel+Ovst+Indoc+Short+Vrsn(3).doc(검색일: 2011년 2월 4일).
55) 1978년 감사관법 제정 당시 연방정부 부처 내 12개의 감사관실을 두었으나 2013년 현재 73개로 증가했다. 미국 감사관실(Council of the Inspectors General on Integrity and Efficiency) 홈페이지, http://www.ignet.gov.index.html(검색일: 2013년 12월 9일).
56) http://en.wikisource.org/wiki/Inspector_General_Act_of_1978(검색일: 2011년 2월 1일).
57) 우리나라 국가정보원의 감사관이나 감찰실장은 국정원장이 임명하는 것으로 임무를 시작하는데 반해, 미국 CIA의 감사관과 법률고문은 대통령이 지명하고 상원 정보위원회의 인준을 받아야 한다. The General Accounting Office(GAO), "Central Intelligence Agency: Observations on GAO Access to Information on CIA Programs and Activities," United States General Accounting Office, Before the Subcommittee on Government Efficiency, Financial Management and Intergovernmental Relations, and the Subcommittee on National Security, Veterans Affairs, and International Relations, Committee on Governmental Reform, House of Representatives, July 18, 2001, p.2; and http://www.cia.gov/offices-of-cia/general-counsel/index.html(검색일: 2011년 2월 1일).
58) 1989년 법률에 의거 CIA 내부에 감사관실(the Office of the Inspector General)이 설치되었다.

관은 CIA 국장에게 직접 보고할 권한과 의무를 가진다. 또한 CIA 감사관은 상원 정보위원회의 지시에 따라 감찰 및 조사 활동을 수행하고 그 결과를 보고하기도 한다. 따라서 CIA의 감사관은 독립적인 위상을 유지하는 가운데 보다 객관적이고 공정하게 조사·평가 임무를 수행한다. CIA 법률고문은 CIA 국장에게 CIA의 정보활동 관련 모든 법적인 문제에 대해 자문하는 역할을 담당한다.[59]

일반적으로 감사관은 철저한 비밀보안을 원칙으로 하여 임무를 수행한다. 감사관은 주로 행정부에 대해 정보기관의 책임성을 강화시키려는데 목적을 둔다. 감사관은 정보기관 내부에 대한 감찰임무를 수행하며, 이를 위해 비밀 자료에 무제한 접근할 수 있도록 법으로 규정하고 있다. 감사관은 정보기관의 활동에 대한 평가, 불만 조사, 회계감사 등의 임무를 수행한다. 감사관은 IOB에 활동 내용을 보고할 의무가 있으며, 행정부의 고위 담당자에게도 정기적으로 보고하도록 되어 있다.[60]

5) 내부 감찰기구

대부분의 정보기관은 내부에 자체적으로 감사 또는 감찰 업무를 담당하는 부서를 두고 있다. 감찰 부서는 주로 정보활동의 비효율성이나 불합리한 관행을 조사·평가하는 업무를 담당한다. 이와 더불어 정보기관 내 요원들의 직권남용, 불법 활동, 비윤리적인 행위 등을 감시·조사하여 처벌하는 등의 임무도 수행한다. 정보기관의 내부 감찰기구는 정보기관 내부에서 발생하는 비리와 문제점들을 가장 구체적으로 정확히 파악할 수 있다는 장점이 있다. 그러나 정보기관 내부에 소재하고 있기 때문에 조사 내용의 공정성이나 객관성이 떨어질 수도 있다. 특히 정보기관 스스로 조직 보호를 위해 혹은 동료애에 사로잡혀 내부 비리를 외부에 가급적 표출하지 않으려는 경향을 보일 수 있다. 또한 정보기관 내부의 감찰기구는 외부와 차단되어 있기 때문에 내부의 비효율성이나 잘못된 관행을 제대로 적시하지 못할 수도 있다.

(4) 장점과 한계

정보기관에 대한 행정부의 통제는 통치권자의 고유 권한이다. 대통령이나 수상은 행정부의 수반으로서 인사, 조직 개편 그리고 행정명령을 통해서 정보기관에 대해

GAO(2001), p.2.

59) http://www.cia.gov/offices-of-cia/general-counsel/index.html(검색일: 2011년 2월 1일).

60) 캐나다의 경우 감사관은 매 6개월마다 보안정보위원회에 활동 내용을 보고할 의무가 있으며, 행정부의 고위담당자에게도 정기적으로 보고하도록 되어 있다. Ian Leigh, "The Accountability of Security and Intelligence Agencies," Loch K. Johnson, (ed.), *Handbook of Intelligence Studies* (London: Routledge, 2007), p.78.

직접적으로 통제력을 행사할 수 있다. 또한 행정수반은 정보기관과 그들의 활동을 감독하는 기구를 설치하여 간접적으로 통제력을 행사하기도 한다. 이처럼 행정부는 직접적인 방식과 간접적인 방식을 적절히 활용하여 정보기관을 효과적으로 통제할 수 있다.

무엇보다도 행정부의 수반은 정보에 관한 정책을 입안할 책임과 더불어 정보기관으로부터 보고받을 권한을 가진다. 역으로 정보기관은 행정부의 지시사항을 이행할 책임을 갖고 있으며, 비밀공작 등 정보 관련 중요한 사안에 대해서 행정부에 보고할 의무가 있다. 행정부는 정보정책을 입안하고 정보활동목표우선순위(Priorities of National Intelligence Objective, PNIO)를 설정하며, 예산의 승인과 회계감사 과정에 참여한다. 이처럼 정보기관과 행정부 수반 간의 권한과 책임의 교환을 통해 정보기관에 대해 적절한 통제가 유지된다.

또한, 행정부는 정보기관을 효과적으로 통제하는 데 필요한 전문성을 갖추고 있다. 행정부는 정보기관에 대한 감독활동을 수행한 경험이 있는 관료, 정보활동을 직접 수행했던 전직 정보관, 정보분야 관련 식견을 가진 학자 등 전문 인력을 충분히 활용할 수 있다. 행정부에 비해 의회는 전문성이 부족하기 때문에 행정부의 도움 없이 독자적으로 정보기관에 대한 감독기능을 효과적으로 수행할 수 없는 것으로 평가된다.[61] 혹자는 의회의 감독 기능은 행정부가 정보기관을 얼마나 효과적으로 장악하고 통제하는가에 달려 있다고 주장한다.[62] 어쨌든 행정부는 전문성과 경험을 갖춘 인력을 활용하여 정보기관을 효과적으로 통제할 수 있다는 장점을 가진다.

이처럼 행정부가 정보통제에 관해 전문성과 풍부한 경험을 갖추고 있음에도 불구하고 행정부의 정보기관에 대한 통제력 역시 종종 한계에 직면한다. 이는 비밀보안을 생명으로 하는 정보기관의 속성에서 비롯되는바 비밀리에 수행되는 정보활동에 대한 완벽한 통제는 사실상 매우 어렵다. 실제로 미국에서 행정부의 최고정책결정자인 대통령조차 모르는 가운데 불법적인 정보활동이 자행되는 사태가 발생했었다. 1977년 2월 18일『워싱턴 포스트』지는 카터 대통령에게 CIA가 요르단의 후세인 왕에게 수백만 달러의 불법자금을 제공해 왔다는 사실을 알고 있는지 질문했다.[63] 이는 대통령이 알고 있어야 할 매우 중요한 사안임에도 불구하고 당시 카터 대통령은 전혀 알지 못했

---

61) Leigh(2007), p.70.

62) Leigh(2007), p.70.

63) Bob Woodward, "CIA Paid Millions to Jordan's King Hussein," *Washington Post*(February 18, 1977); and Pat M. Holt, *Secret Intelligence and Public Policy: A Dilemma of Democracy* (Washington D.C.: Congressional Quarterly Press, 1995), p.242.

었다고 답변했다.64) 이란-콘트라 사건에 대한 미 의회의 조사 결과에서 밝혀졌던바 당시 레이건 대통령과 부시 부통령이 사건의 진행경과에 관련하여 제대로 파악하지 못했던 것으로 알려졌다.65) 이처럼 행정부의 최고정책결정자조차도 핵심적인 정보를 파악하지 못할 정도로 정보기관에 대한 행정부의 통제력이 미치지 못하는 상황이 종종 발생한다.

한편, 행정부의 정보통제는 양면성을 지닌다. 대통령이나 수상 등 행정수반이 산하 조직인 정보기관을 확고하게 장악하고 있으면 정보기관의 일탈행위를 방지하는 긍정적 효과를 기대할 수 있는 반면, 이들이 정보기관을 정권적 또는 사적인 목적에 악용할 소지도 있다. 실제로 권위주의 정권이나 독재체제하에서 정보기관이 국가안보보다는 독재자의 정권유지를 위한 도구로 전락하는 사례들이 빈번하다. 예를 들어, 구소련의 KGB는 정상적인 정보활동보다는 스탈린이나 브레즈네프 등 사회주의 독재자의 정권유지를 위해 주민들의 동향을 감시하고 반체제 인사들을 탄압하는데 더 많은 노력을 기울였던 것으로 알려졌다. 간혹 민주주의 국가에서도 정보기관이 정책결정자의 정권적 또는 사적인 목적에 이용하기도 한다. 이라크전쟁에 이르는 과정에서 부시 대통령과 핵심 관료들은 이라크 대량살상무기에 관한 정보들 가운데 자신들의 정치적 목적을 달성하는데 유리한 정보만을 선별적으로 활용했던 것으로 나타났다.66) 아마도 부시 대통령은 이라크 공격의 구실로 삼고자 이라크 대량살상무기 관련 정보를 의도적으로 조작 또는 왜곡했을 것으로 추정된다.67) 영국의 BBC 방송은 2005년 3월 20일자 보도에서 블레어 수상이 이끄는 영국 정부가 이라크전쟁을 앞두고 이라크 대량살상무기 관련 정보를 의도적으로 조작했다고 폭로했다.68) 물론 영국의 정보기관이 적극적으로 앞장서서 정보를 왜곡한 것은 아니다. 그렇지만 정책결정자의 의도를 파악하고 정보 왜곡을 묵인하는 태도를 취했다는 점에서 '정보의 정치화' 현상이 발생했던 것으로 판단된다. 그래서 리(Ian Leigh)는 정책결정자가 정보기관과 지나치게 밀착하게 될 경우 정보의 정치화가 발생할 위험이 있다고 경고한다.69)

분명히 행정부는 여타 기관보다도 정보기관을 보다 효과적으로 통제할 능력이

64) Holt(1995), p.242.
65) 아마도 레이건 대통령은 사건의 진행 상황을 알고 있었을 것으로 추정된다. 그렇지만 그것을 시인할 경우 발생할 파장을 우려하여 모른다고 '부인'하는 태도를 보였을 것이다. Holt(1995), p.242
66) Patrick Martin, "Bush White House in Crises over Iraq War Lies," http://www.wsws.org/articles/2003/jul2003/iraq-j14_prn.shtml (검색일: 2005년 6월 18일).
67) 이에 대한 보다 자세한 설명은 전웅, "9.11 테러, 이라크전쟁과 정보실패," 『국가전략』, 제11권 4호(2005년), pp.23-33을 참고.
68) 『연합뉴스』(2005.3.25.).
69) Leigh(2007), p.69.

있다. 그렇지만 정보기관을 행정부의 통제와 감독에만 맡겨두는 것은 충분치 못하다. 정보기관이 최고정책결정자와 밀착하게 될 경우 정권적 목적에 악용되거나 정보의 정치화가 발생할 수 있기 때문이다. 이러한 문제를 개선하는 방안으로서 행정부의 정보통제와 더불어 의회를 통한 견제와 감독이 병행될 것이 요구된다.

(5) 과   제

행정부의 정보통제는 최고정책결정자의 고유권한이다. 최고정책결정자는 인사, 조직 개편, 행정명령 등의 수단을 적절히 활용하여 정보기관에 대한 통제력을 유지한다. 그런데 최고정책결정자는 정보기관을 통제 또는 감독하는 데 요구되는 시간도 없고 전문성도 부족하다. 그래서 미국의 경우 최고정책결정자를 대신하여 행정부 내에 정보기관을 감독할 독립적인 기구들을 설치·운용하고 있다. 이처럼 다양한 제도적 장치와 수단들을 활용함에도 불구하고 행정부의 정보기관에 대한 통제는 결코 완벽하지 못하다. 앞서 언급했던바 최고정책결정자 또는 정보기관의 수장조차도 정보기관의 불법적인 행위에 대해 제대로 파악하지 못하고 있는 경우가 있고, 반대로 정책결정자와 정보기관이 지나치게 밀착하여 정권에 악용되는 사례도 빈번하다. 따라서 행정부의 불완전한 정보통제를 보완할 수 있도록 다양한 방안들이 강구되어야 할 것이다.

우선, 정보기관이 정책결정자와 지나치게 밀착함으로 인해 초래될 문제점을 개선할 수 있는 한 가지 방안으로서 정보기관에 대한 '통제'와 '조직운영'을 분리시키는 것을 고려해 볼 수 있다. 상식적으로 행정부의 수반과 정보기관의 수장은 각기 다른 임무와 역할을 수행해야 한다. 즉 정보기관에 대한 '통제' 및 '조직운영'에 있어서 정책결정자와 정보기관 수장의 역할분담이 필요하다는 것이다. 대체로 정책결정자는 정보기관의 활동에 대한 '통제' 기능을 수행하고, 정보기관의 수장은 조직을 장악하여 '운영'하는 역할을 맡는 것이 바람직하다. 정책결정자가 정보기관의 조직 개편이나 인사에 지나치게 관여하게 되면 정보기관의 수장이 정보기관조직에 대한 장악력을 유지하기 어렵다. 반대로 정보기관의 수장이 정보기관의 활동에 대해 지나치게 통제 또는 감독하는 역할을 수행하게 되면 정보활동을 효과적으로 수행할 수 없을 것이다. 예를 들어, 카터 대통령 당시 CIA 비밀공작의 불법성과 비윤리성이 미국 사회에서 심각한 문제로 부각됨에 따라 CIA 국장으로 재임했던 터너 제독은 CIA의 비밀공작을 통제하는데 역점을 두고 CIA의 베테랑 공작관들을 대폭 해임시키는 등의 조직 개편을 단행했다.[70]

---

70) 당시 CIA 공작국 소속으로 재직 중이었던 약 800여 명의 베테랑 공작관이 해고되었던 것으로 알려졌다.

그 결과 인간정보활동 수행에 필요한 CIA의 공작망이 일시에 와해되었다. 그로 인해 CIA의 첩보수집 능력이 현격히 저하되었고, 결국 그것이 2001년 9/11 테러를 막지 못한 중요한 요인으로 작용했을 것으로 추정된다.

정보기관이 정권에 악용되지 않고 정치중립적인 정보활동을 수행하기 위한 제도적 보완장치로서 정보기관의 수장에 대한 임기제, 정보기관의 관료에게 상부의 비합리적인 지시사항을 거부할 법적인 권리 부여, 내부고발행위(whistle blowing) 등을 고려해 볼 수 있겠다. 이러한 제도적 장치들은 정보기관의 정치적 중립성을 개선시킬 수 있는 매우 이상적인 제안이지만 현실적으로 최고정책결정자 또는 정보기관의 입장에서 수용하기 어려운 부분이 있다. 예를 들어, 정보기관의 수장에 대한 임기제를 보장할 경우 최고정책결정자의 통제권이 약화될 수 있다. 그리고 정보관에게 상부의 비합리적인 지시사항을 거부할 법적인 권리를 부여할 경우 자칫 조직으로서 정보기관의 위계질서가 손상될 수 있다. 무엇보다도 내부고발행위를 허용할 경우 정보기관의 비밀보안 유지가 어려워지기 때문에 정보기관 입장에서 수용하기가 쉽지 않을 것이다. 이러한 부작용 또는 문제점을 최소화하면서 정보기관의 정치적 중립성 효과를 극대화할 수 있도록 세부적인 시행규칙이나 법률이 마련되어야 할 것이다.

일부 정보기관의 경우 불법적인 행위를 자행하고도 이를 은폐 또는 부인하는 태도를 보인다. 미국 CIA에서 수행했던 비밀공작의 경우 행위 사실은 분명히 드러나지만 그 배후를 철저히 숨기는 것을 원칙으로 한다. 그래서 파괴, 테러, 암살 등 정보기관의 불법행위로 인해 국가적으로 막대한 피해가 발생했음에도 책임 소재를 밝힐 수가 없다. 정보기관에 있는 아무도 책임지지 않으려 한다. 이는 정보기관의 비밀주의 속성에서 비롯된 것으로서 반드시 개선되어야 한다. 이를 개선할 수 있는 한 가지 방안으로서 비밀공작 등 정보활동 관련 지시사항을 반드시 문서로 작성하도록 의무화하는 것을 고려해 볼 수 있다. 지시사항이 문서로 남겨짐으로써 책임소재를 명백히 하고 나중에 "그럴듯한 부인"을 하지 못하도록 제도화하는 방안이다. 실제로 미국, 캐나다, 헝가리의 경우 이를 법으로 규정하여 실행하고 있으며, 캐나다와 호주는 행정부 고위정책결정자의 정보 관련 지시사항을 정보기관의 외부에 공개하도록 규정하고 있다.71) 이러한 방안이 정착되면 부수적인 효과도 기대해 볼 수 있다. 즉 불법행위를 지시한 자는 나중에 그에 대해 처벌받을 수 있기 때문에 삼가하거나 심사숙고하여

---

71) 캐나다법에서는 검토위원회(Review Body)에, 호주법에서는 정보보안감사관(Inspector-General of Intelligence and Security)에게 정보활동 관련 지시사항을 전달하도록 규정하고 있다. Leigh(2007), p.70.

결정하게 될 것이다. 이로써 정보기관이 불법적인 정보활동을 자제 또는 억제하게
될 것이다.

마지막으로 정보기관에 대해 행정부가 통제력을 행사함에 있어서 정보기관 외부
에 설치된 독립적인 감독기구의 역할이 매우 중요하다. 앞서 언급했듯이, 미국의 경우
대통령 직속 정보감독위원회(IOB)와 감사관실(Office of Inspector Generals)이 그러한 역할
을 수행하고 있다. 이들은 정보기관에 대한 통제를 목적으로 설치되었기 때문에 이에
관한 한 의회 또는 행정부의 어떤 기관보다도 전문적인 능력을 갖추고 있다. 또한,
정보기관에 소속된 부서가 아니고 독립적인 위상을 갖춘 기구로 설치되었기 때문에
정보기관의 잘못된 행위를 보다 객관적이고 공정하게 조사·평가할 수 있다. 행정부의
정보감독기구가 성공적으로 임무를 수행하기 위해서는 동 기구의 사법적 판단, 독립성,
권한을 법적으로 보장해 주는 것이 무엇보다도 중요하다.[72] 또한 객관적이고 효율적인
평가작업을 진행하기 위해 비밀 자료에의 접근이 허용되어야 하며, 조사에 필요한 사람
을 언제든 접촉할 수 있어야 한다.[73]

앞서 언급한 모든 방안을 활용한다 할지라도 정보기관을 완벽하게 통제하기는
어렵다고 본다. 더욱이 행정부의 정보통제는 부분적이며 한계가 있으며, 이를 보완하기
위해 의회의 정보감독이 반드시 필요하다. 사실 의회는 전문성이 부족하기 때문에 행정
부의 도움 없이 독자적으로 정보기관에 대한 감독 기능을 수행하기가 어렵다. 효과적인
의회의 감독 기능은 행정부가 정보기관을 얼마나 효과적으로 장악하고 통제하는가에
달려 있다. 그런 점에서 행정부의 정보통제는 의회의 정보감독 기능 이상으로 중요한
의미를 가진다. 따라서 정보기관에 대한 행정부의 통제와 입법부의 감독 기능은 상호
충돌하기보다는 보완적인 방향으로 활용되어야 할 것이다.

2. 입법부

(1) 의   의

20세기에 들어서서 행정부는 양적으로 엄청나게 팽창했고, 그에 따라 막강한 권력
을 휘두르게 되었다. 행정부의 막강한 권력을 적절히 견제하지 않으면 헌법에 보장된
국민의 기본권이 침해될 수 있다. 미국의 한 저명한 전직 의원은 "국가적 현안을 다루는
것도 중요하지만 의회의 가장 근본적인 임무는 미국 국민의 자유를 보호하기 위해

---

72) Leigh(2007), p.78.
73) Leigh(2007), p.78.

최고정책결정자의 권력을 견제하는데 있다"고 주장했다.74) 실제로 민주주의 체제에서
삼권분립의 정신에 따라 입법부는 행정부를 견제하는 역할을 수행하게 된다. 국민을
대표하는 대의기관으로서 의회는 국가의 자원을 적절히 그리고 효율적으로 사용하는
지를 감독해야 할 책임을 가진다. 요컨대, 의회의 행정부에 대한 통제활동은 두 가지
목적 —첫째, 국민의 기본권 보호, 둘째, 국가 자원의 효율적인 사용 유도— 을 위해
민주주의 국가체제에서 반드시 필요한 요소이다.

삼권분립 원칙에 따라 대부분의 민주주의 국가에서 입법부의 행정부에 대한 통제
가 일반화되었지만 정보기관은 예외적인 영역으로 남아 있었다. 철저한 비밀보안을
생명으로 하는 정보기관의 특성을 고려하여 한동안 정보기관은 의회의 통제대상에서
예외가 인정되었다. 앞 절에서 언급했듯이, 1970년대에 들어서서 미국에서 세계 최초로
정보기관에 대한 의회의 통제제도를 도입하게 되었으며, 그 이전에는 미국을 비롯한
대부분의 국가에서 행정부가 독점적으로 정보기관에 대한 통제력을 행사했다. 오랫동
안 정보기관에 대한 통제 또는 감독활동은 행정부의 고유 권한으로 인식되었으며, 행정
부 외에 어떤 기관도 정보기관에 대한 영향력을 행사하지 못했었다.

오늘날 민주주의 국가에서 삼권분립의 원칙에 따라 의회가 정보기관에 대한 통제
또는 감독활동을 수행하도록 법적인 권한을 부여하고 있으며, 그에 따른 통제력을 행사
하고 있다. 그런데 대부분의 국가에서 의회의 정보기관에 대한 감독 기능이 헌법에
명시되어 있지는 않다. 그러나 헌법의 취지를 광의적으로 해석했을 때 의회가 행정부에
대해 통제 또는 감독 권한을 가지는 것으로 인정되며, 행정부의 산하 조직인 정보기관
도 예외가 될 수 없다는 입장이다. 슐레진저(Arthur M. Schlesinger, Jr.)는 의회의 감독
기능은 굳이 명시될 필요가 없다고 주장했는데, 그 이유를 "법을 만들 권한은 법이
성실하게 집행되었는지를 감독할 권한까지 포함하기 때문이다"라고 설명했다.75) 미국
의 사법부는 "헌법을 보다 광범위에서 해석했을 때 행정부에 대한 감독 기능은 의회에
부여된 책임"으로 인정해 왔다.76) 그리고 1946년에 제정된 '입법부 재편법(Legislative
Reorganization Act of 1946)'에 따라 미국 의회 스스로 정부 각 기관들의 행정집행에 대한

74) Lee Herbert Hamilton, *How Congress Works and Why You Should Care?*(Bloomington: Indiana University Press, 2004), p.2.
75) Arthur M. Schlesinger, Jr. and Roger Burns, (eds.), *Congress Investigates: A Documented History, 1792-1974*(New York: Chelsea House, 1975), p.xix.
76) Watkins Vs. United States, 354 U.S. 178, 187(1957)("The power of the Congress to conduct investigations is inherent in the legislative process. That power is broad."); McGrain v. Daugherty, 273 U.S. 135, 174(1927)("We are of opinion that the power of inquiry-with process to enforce it-is an essential and appropriate auxiliary to the legislative function.").

감독활동을 지속적으로 수행하도록 의회 위원회에 법적인 권한이 위임되었음을 인정했다.[77] 요컨대, 대부분의 국가에서 의회는 헌법과 법률에 따라 정보기관을 통제 또는 감독할 법적인 권한과 책임을 가지는 것으로 인정된다.

한편, 정보기관은 비밀보안을 유지해야 하기 때문에 국민들과의 직접적인 접촉이 어려운 입장이다. 이러한 상황에서 의회는 국민들과 정보기관들 간 일종의 가교 역할을 수행한다. 즉, 의회는 정보기관에 대한 통제활동을 통해 한편으로는 정보기관에게 정보활동 관련 국민들의 시각을 제시해 주고, 다른 한편으로는 국가안보와 관련된 정보활동의 내용을 국민들에게 알려준다. 국민을 대표하는 대의기관으로서 의회는 정보기관들에게 국민들이 허용하는 것과 허용하지 않는 것이 무엇인지를 알려주는 역할을 수행한다. 이와 같이 의회가 "제2의 견해"를 제시해 줌으로써 정보기관은 자신들의 정보활동에 대한 외부의 시각을 알 수 있고, 나아가 자신들의 정보활동이 국민들이 허용하는 기준에서 벗어나지 않았음을 확신할 수 있을 것이다.[78] 이로써 정보기관이 보다 책임성 있는 정보활동을 수행하게 될 것이다. 또한, 의회 정보위원회는 청문회 또는 토론회 개최, 각종 보고서 발간 등을 통해 국가안보와 관련된 정보활동의 내용에 대한 국민들의 관심과 이해를 증진시키는 역할을 담당한다. 이처럼 의회가 국민들과 정보기관들 간의 가교 역할을 효과적으로 수행하게 될 때 궁극적으로 정보기관이나 정보활동에 대한 국민들의 신뢰가 증진될 수 있을 것이다.[79]

(2) 의회의 정보통제 수단들

대부분의 민주주의 국가에서 의회는 입법 또는 조사활동을 통해 정보기관에 대한 감독 기능을 수행하고 있다. 입법 기능은 의회 감독의 핵심적인 부분이다. 의회의 의원 전체 또는 정보위원회가 각 정보기관들의 책임과 권한, 정보기관들 간 협력의 방식, 예산의 편성과 승인 절차 등에 관한 법률 초안을 제시하고 협상을 통해 법률안을 확정한다. 또한, 의회는 조사활동을 통해 정보기관이 국민의 기본권에 관한 법과 규범을 지키는지, 그리고 국가적인 필요와 목적에 부합되도록 예산을 적절히 활용하여 정보활동을 효과적으로 수행하고 있는지 등을 평가한다.[80]

77) Legislative Reorganization Act of 1946, ⨍ 136, 60 Stat.812, 832.
78) Judith K. Boyd, "Improving U.S. Congressional Oversight of Intelligence Services: A Comparative Policy Approach," *American Intelligence Journal*, Vol.28, No.1(2010), p.32.
79) Hans Born, *Democratic and Parliamentary Oversight of the Intelligence Services: Best Practices and Procedures,* May 2002. Geneva Centre for the Democratic Control of Armed Forces (DCAF); Judith K. Boyd, "Improving U.S. Congressional Oversight of Intelligence Services: A Comparative Policy Approach," *American Intelligence Journal*, Vol.28, No.1(2010), p.32.

1) 입 법 권

입법권은 의회 본연의 임무로서 행정부를 합법적으로 견제할 수 있는 가장 강력한 수단이다. 입법부는 자신에게 필요한 권한을 스스로 법제화할 수 있다.[81] 정보기관에 대해 적절한 통제수단이 필요하다고 판단될 경우 법률을 제정하여 통제 또는 감독 권한을 행사할 수 있다. 입법권을 통해 행정부를 감독할 권한은 삼권분립을 원칙으로 하는 대부분의 민주주의 국가에서 보장되어 있다. 미국의 경우 헌법 제1조 8절 18항에서 "의회는 앞서 말한 권한과 이 헌법에 따라 미국 정부와 그 부처 혹은 관료에게 부여된 기타 모든 권한을 실행시키기 위해 필요하고 적절한 모든 법률을 제정할 권한을 가진다"라고 규정되어 있는바 의회의 입법권을 통한 행정부 감독권한이 헌법에 명시되어 있다.

비록 의회의 입법권은 오래 전부터 헌법에 보장된 권한이었지만 그것이 행정부를 감독하는 데 실질적으로 사용된 것은 비교적 최근의 일이다. 의회의 입법권을 활용하여 정보기관에 대한 감시 및 통제력을 행사하려는 시도는 1970년대 미국에서 세계 최초로 전개되었다. 1974년 8월 워터게이트 사건이 폭로되었고, 같은 해 9월 미국 CIA가 불법적이고 비윤리적인 비밀공작을 통해 칠레 아옌데 대통령을 살해하는데 개입했다는 사실이 알려졌다. 이에 따라 미국에서 정보기관에 대한 통제가 필요하다는 여론이 비등했으며, 이에 부응하여 마침내 미 의회에서 휴즈-라이언(Hughes-Ryan) 법안을 제정하게 되었다. 휴즈-라이언 법안은 정보기관이 비밀공작을 수행하기 전에 대통령의 승인을 거치도록 했고, '적절한 시기'에 의회의 관련 위원회들에 보고하도록 규정해 놓았다.[82] 휴즈-라이언 법안은 불이행 시 처벌 조항이 구체적으로 제시되지 않는 등 정보기관에 대한 통제력을 행사하는 데 필요한 내용을 완벽히 구비하고 있지는 않지만, 세계 최초로 정보기관에 대한 의회의 감독 및 통제 기능을 법률적으로 공식화하고자 하는 시도였다는 점에서 의미를 가진다.[83] 이후 미국 의회는 정보기관에 대한 감시 및 통제를 강화하는 내용의 법제화 작업을 계속하였다.

미 의회는 1978년 감청 등 기타 감시활동에 대해 영장심사를 의무화함으로써 부적절한 국내정보활동을 금지하는 해외정보감시법(Foreign Intelligence Surveillance Act, FISA)을 통과시켰다. 이어서 1980년 휴즈-라이언 법률안을 수정한 정보감독법(Intelligence

---

80) Boyd(2010), p.31.
81) 문정인·배종윤(2002), p.298.
82) 문정인·배종윤(2002), p.315.
83) 휴즈-라이언 법안의 주요 내용과 미흡한 점에 대해서는 문정인·배종윤(2002), p.315; Rhodri Jeffreys-Jones, *The CIA and American Democracy*(New Haven: Yale University Press, 1989), pp. 205-206을 참고.

Oversight Act)을 제정하여 정보기관에 대한 감독권한을 보다 강화시켰다. 동 법률에 따라 비밀공작을 포함하여 정보기관의 정보활동 전반을 소위 '8인방(Gang of Eight)'이라고 불리는 의회의 주요 인사들에게 보고하도록 규정했다.[84] 동 법률에 따라 비밀공작에 대한 사전 통보가 어려운 비상시에는 대통령이 선 진행 후 반드시 의회에 보고하는 것을 의무화하였다.[85]

　　이어서 미 의회는 1982년 정보기관에서 활동하는 비밀요원의 신원공개를 금지하는 정보신원법(Intelligence Identities Act)을 제정했으며, 1989년에는 CIA '감사실장법(CIA Inspector General Act)'을 제정하여 CIA로부터 독립적인 위상의 CIA 감사실장 직위를 신설하였다. CIA 감사실장은 CIA의 정보활동을 감시하고, 감찰활동 내용을 정례적으로 의회에 직접 보고하도록 의무화하였다. CIA 감사실장은 CIA 조직 내부에 있으면서 CIA 조직으로부터 독립적인 지위를 보장받고 있기 때문에 CIA의 정보활동을 보다 면밀히 파악하여 의회에 보고할 수 있다는 장점을 가진다. 그리고 '1991년의 정보수권법(Intelligence Authorization Act of 1991)'은 그동안 모호하게 규정되었던 비밀공작의 개념을 보다 구체적으로 명료하게 규정하고, 비밀공작 추진 시 의회에 사전 보고하는 것을 의무화하였다. 이로써 정보기관이 비밀공작을 은밀히 추진하고도 이에 대해 의회에 보고하는 것을 의도적으로 회피하려는 기도를 봉쇄하고자 하였다.

　　한편, 2001년 9/11 테러 이후 발효된 미국 애국법(USA Patriot Act)은 의회의 정보기관에 대한 통제활동을 완화시키려는 취지에서 제정되었다. 그동안 의회의 지나친 정보 감독과 통제로 인해 국내 전복세력에 대한 감청 등 정상적인 정보활동조차 제대로 수행되지 못했고, 그로 인해 9/11 테러 용의자를 사전에 색출하는데 실패했다는 지적이 있었다. 이러한 지적에 따라 미국 애국법은 국내 전복세력을 대상으로 정보수집활동을 강화시키려는 취지에서 감청 등 기타 감시활동에 대한 FISA 재판부의 영장심사 의무를 한시적으로 완화하는 내용을 포함하고 있다.

---

84) 이들은 상·하원 정보위원회 위원장(2명)과 상·하원 정보위원회 소속 의원 중 소수당 출신 간사(각 2명씩 4명), 하원 의장 및 하원의 소수당 대표(2명), 그리고 상원의 다수당 대표 및 상원의 소수당 대표(2명) 등 모두 8명이다. 문정인·배종윤(2002), p.315.

85) 장노순, "정보기관과 의회 관계의 양면성," 2009년 한국국가정보학회 연구지원사업, p.16; Holt (1995), p.225.

■ 표 2 ■		미국 의회에서 법제화되었던 정보감독 관련 주요 법률들
법 안	발효 년도	핵심 내용
국가안보법 (National Security Act)	1947	CIA 창설과 업무, 활동에 관해 규정하고 있으나, 정보기관과 의회 관계가 모호한 상태
휴즈-라이언법 (Hughes-Ryan Act)	1974	비밀공작에 대해 대통령의 승인과 적절한 시점(2일내)에 의회에 보고 의무화 규정
해외정보감시법 (Foreign Intelligence Surveillance Act/FISA)	1978	감청 등 기타 감시활동에 대해 FISA 재판부의 영장심사를 의무화함으로써 부적절한 국내정보 활동 금지
정보감독법 (Intelligence Oversight Act)	1980	비밀공작을 포함한 모든 정보활동에 대해 의회에 사전보고를 의무화
정보신원법 (Intelligence Identities Act)	1982	정보기관에서 활동하는 비밀요원의 신원공개 금지
CIA 감사실장법 (CIA Inspector General ACT)	1989	CIA로부터 독립적인 위상의 CIA 감찰실장 직위를 신설하여 CIA의 정보활동을 감시하고, 활동 내용을 정례적으로 의회에 보고하도록 의무화
정보수권법 (Intelligence Authorization Act)	1991	비밀공작의 개념을 보다 구체적으로 명료하게 규정하고, 대부분의 경우 대통령이 의회에 구두가 아니고 서면으로 사전 보고하도록 의무화했음. 긴급한 경우에만 대통령의 보고 유보기간(2일) 기회 부여
미국애국법 (USA Patriot Act)	2001	정보공유 증진과 국내 전복세력을 대상으로 정보수집 활동 강화를 위해 감청 등 기타 감시활동에 대한 FISA 재판부의 영장심사 의무를 한시적으로 완화
정보개혁 및 테러방지법 (Intelligence Reform and Terrorism Prevention Act)	2004	16개 정보기관들을 통합·관리할 강력한 조직으로서 DNI를 창설하고, 반테러활동으로 인해 사생활 및 인권 침해를 감독하는 임무를 수행하는 '사생활 및 기본권 감시위원회'를 행정부 산하 독립기구로 설립

2) 예산안 심의권

행정부의 예산안에 대한 의회의 심의권은 입법부가 행정부를 견제할 수 있는 매우 유용한 수단이다. 정부가 편성한 예산안은 반드시 의회의 심의 및 승인을 받아야 한다. 의회는 예산안 심의를 통해 정보기관이 수행하는 정보활동의 합법성을 유도하고 효율성을 향상시키는 데 중요한 역할을 수행할 수 있다. 정보기관이 비밀보안을 구실로 예산안 심의를 받지 않는다면 불법적인 정보활동을 수행할 위험성이 커진다. 그러나 정보활동에 대한 예산안 심의 절차를 거치도록 의무화하면 정보기관 스스로 불법적이거나 비합법적인 정보활동을 자제하게 될 것이다. 특히 정보기관에 배정된 예산을 어떻게 집행했는지를 의회에 보고해야 하기 때문에 불법적인 활동에 예산을 지출하거나 낭비할 수 없을 것이다.

의회는 예산안 심의를 통해 정보활동의 방향을 조정 및 통제하는 역할을 수행할 수 있다. 의회는 예산 통제를 통해 어떤 종류의 첩보 위성을 얼마나 많이 제작하여 배치하는 것이 바람직한지, 또는 정보기관 내 비밀공작이나 첩보수집 담당 전문 요원의 정원을 몇 명 증원 또는 감축하는 것이 적합한지 등을 결정하는데 중요한 영향을 미치게 된다.[87] 예를 들어, 첩보수집 수단으로서 기술정보(TECHINT)보다 인간정보(HUMINT)를 강화시켜야 한다는 여론이 우세한 상황일 경우 의회는 기술정보에 소요되는 예산을 삭감하고 대신 인간정보활동에 소요되는 예산을 증강하도록 요구할 수 있다. 또는 비밀공작의 불법성과 비윤리성이 부각되는 상황에서는 비밀공작에 소요되는 예산이 의회의 심의과정에서 삭감될 수 있을 것이다. 배정된 예산을 어떻게 사용했는지를 의회에 보고해야 하기 때문에 정보기관 스스로 불필요한 활동에 과도한 예산 지출을 자제하고 성과를 극대화하려는 노력을 기울이게 될 것이다. 이처럼 예산 통제를 통해 정보활동의 방향이 조정되고, 그로서 효율성이 향상될 수 있을 것으로 기대된다.

의회와 정보공동체 예산 공개-미국의 사례[86]

1997년 당시 테닛(George Tenet) 중앙정보장(DCI)은 1998년도 정보공동체 예산이 266억 달러라고 공개했다. 테닛의 정보공동체 예산 공개는 정보자유법(Freedom of Information) 소송에 대응하기 위한 방편으로 취한 조치였다. 그런데 1998년 테닛은 국가안보를 위해 정보공동체 예산을 공개하지 않는 것이 바람직하다면서 예산 공개를 거부했다. 이와 관련하여, 미 상·하원은 2004년 정보개혁법에서 정보공동체 예산을 공개하지 않는 것이 바람직하다는 입장을 취했다.

한편, 정보공동체의 총액 예산을 공개하는 것에 대해서는 찬반 여론이 비등하다. 찬성하는 사람들은 총액 예산을 공개하는 것만으로는 구체적인 정보활동 내용을 파악할 수 없기 때문에 국가안보에 그다지 손실이 되지 않는다고 주장한다. 공개를 반대하는 사람들은 일단 총액 예산을 공개하게 되면 점차적으로 강도를 더해서 세부 예산 항목까지 공개하라고 요구하게 될 것으로 우려한다. 그래서 그런 상황으로 발전되는 것을 막기 위해 아예

---

86) Lowenthal(2006), pp.203-206.
87) Lowenthal(2006), p.206.

총액 예산조차 공개하지 않는 것이 바람직하다는 입장을 취한다.

여기서 한 가지 흥미로운 사실은 1997년 테닛 중앙정보장이 공개한 예산 총액 숫자는 국방비의 대략 1/10 정도일 것으로 추정한 민간 전문가들의 평가와 별로 차이가 없는 것으로 드러났다.

3) 청 문 회

청문회는 책임 있는 정부 관료에게 필요한 정보를 요구하고 외부 전문가들부터 대안적인 견해를 청취하는 등 정보기관에 대한 감독 기능을 수행하는 데 필요한 핵심적인 수단으로 활용되고 있다. 청문회는 논의 주제에 따라 대중에 공개될 수도 있고 그렇지 않을 수도 있는데, 정보위원회 청문회는 보안유지의 필요성 때문에 대부분 비공개로 진행된다. 청문회는 반대파를 공격하는 입장에서 진행되기 때문에 객관성이 떨어질 수 있다. 행정부는 청문회를 행정부의 정책방향을 제시하고 의회와 국민들에게 정책을 선전하는 토론회(forum)로 활용하려는 경향을 보인다. 반면에 의회는 행정부가 청문회를 그러한 목적으로 활용하려는 의도를 잘 알고 있기 때문에 청문회를 통해서 제공되는 정보에 대해 의심하는 입장을 보인다. 따라서 청문회가 행정부의 정책에 대한 객관적인 검증이라는 본래의 취지에 부합되도록 진행되기가 사실상 어려운 상황이다.

그럼에도 불구하고, 청문회는 의회가 정보기관을 감독 또는 통제하는데 활용될 수 있는 매우 효과적인 수단이다. 정보위원회 청문회는 대부분 비공개로 진행되기 때문에 외부에 노출될 우려 없이 정보기관의 조직과 활동에 관한 구체적인 내용을 검증할 수 있다. 즉 청문회를 통해 정보기관이 수행한 정보활동이 어떤 성과를 얻었는지, 정보공동체 조직과 인원의 비효율적인 배치는 없었는지, 불필요한 예산 낭비는 없었는지 등 다양한 내용들이 밝혀질 수 있다. 무엇보다도 비밀보안을 핑계로 정보기관이 은폐할 수 있는 불법적인 정보활동의 내역이 밝혀질 수 있다. 역으로 정보기관은 청문회에 대비하여 불법이나 비윤리적인 정보활동을 스스로 자제하려는 태도를 취한다. 그래서 청문회는 정보기관의 정보활동을 통제하는 기능을 수행하게 된다.

4) 임명 동의

올바른 정보활동은 국가안보 목표를 달성하는 데 필요한 핵심적인 수단이다. 그러나 때로 정보기관은 집권세력의 정치적인 목적에 영합하는 정권안보활동을 수행하면서도 비밀보안을 구실로 이를 철저히 은폐할 소지가 있다. 정보기관의 수장은 조직으로서 정보기관을 장악하고 국가안보에 중대한 영향을 미칠 수 있는 다양한 유형의 정보활동을 지휘한다. 정보기관의 수장은 국가안보에 치명적인 영향을 미칠 수 있는 임무를 수행하는 동시에 막강한 권한을 보유하는 지위로 알려져 있다. 그래서 대부분의 민주주의 국가에서 정보기관의 수장은 행정부의 수반이 임명하되 의회의 임명동의를 필요로 한다. 의회는 정보기관의 수장으로 지명된 후보에 대해 그의 지명(nomination)을 확정 또는 거부할 권한을 가진다.

미국의 경우 상원에서 정보기관의 수장에 대한 임명동의 권한을 가진다. 그동안 대통령이 지명한 정보기관의 수장에 대한 임명동의는 대부분 승인되었다. 그런데 1977년 카터 대통령 당시 중앙정보장(DCI)로 지명되었던 소렌슨(Theodore Sorenson)이 상원 정보위원회에 출석하여 그의 자격에 대해 제기된 여러 가지 문제점들에 대해 답변한 후 대통령 스스로 그의 지명을 철회했다. 소렌슨의 지명 철회는 이전에는 없었던 최초의 사례로 기록된다. 당시 소렌슨은 제2차 세계대전 당시 양심적 병역거부자로서 병역을 회피했었는데 이러한 경력을 가진 자가 과연 비밀공작을 수행할 의지가 있을지에 대한 의문이 제기되었다. 또한 그는 비밀문서인 펜타곤 보고서(베트남 전에 대한 국방부의 연구)를 언론에 누설한 혐의로 기소된 엘스버그(Daniel Elsberg)를 변호했었는데, 이러한 경력을 가진 자가 과연 비밀정보의 출처와 방법을 보호할 능력이나 의지가 있는가에 대해 의문이 제기되었다.[88]

1977년 이래 상원 인사청문회에서 몇 명의 중앙정보장(Director of Central Intelligence, DCI) 지명자에 대한 임명동의가 거부되었다. 1987년 게이츠(Robert M. Gates)는 이란-콘트라 사건과 관련하여 첫 번째 지명이 철회되었었다.[89] 1997년 클린턴 대통령 당시 DCI로 지명되었던 레이크(Anthony Lake)는 청문회가 매우 엄격하게 진행되어 통과가 어려울 것으로 예상되자 자진 사퇴했다.[90] 한국의 경우 국정원장 지명자에 대해 국회에서 인사청문회가 개최되지만 의회의 승인 여부에 관계없이 대통령이 임명을 강행할 수 있다. 그 대표적인 사례로서 노무현 대통령 당시 고영구 국정원장의 임명을 들 수 있다. 2003년 4월 국회 정보위원회는 노무현 대통령이 국정원장으로 임명한 고영구 변호사가 민변 출신으로서 이념적 편향성을 가졌다는 등을 이유로 '부적절하다'는 내용의 청문경과 보고서를 채택했다. 그러나 청와대는 인사위원회를 열어 고영구 국정원장 임명을 강행했다.[91]

---

88) 마크 로웰탈 저, 김계동 역, 『국가정보: 비밀에서 정책까지』(서울: 명인문화사, 2008), p.281.
89) 1991년 5월 부시 대통령에 의해 두 번째로 CIA 국장에 지명된 다음 상원 인준청문회에서 야당인 민주당으로부터 정책결정자들을 만족시키기 위해 정보를 정치화시켰다는 지적을 받았으나 11월 5일 상원의 인준을 받았다. Wikipedia, "Robert Gates," http://en.wikipedia.org/wiki/Robert_Gates(검색일: 2013년 12월 10일).
90) 로웰탈, 김계동 역(2008), p.281.

인사청문회를 통한 임명동의는 지명자가 해당 직위를 수행하는 데 필요한 경력이나 업무 능력을 갖추었는지를 검증하는데 중점을 두어야 한다. 그러나 실제로는 지명자의 전문성이나 직무수행 능력과는 무관한 개인적인 비리 또는 사생활을 들추어내어 그를 낙마시킴으로써 그를 임명한 행정부의 수반 또는 여당에 정치적인 타격을 주려는 목적으로 악용되는 사례가 빈번히 발생한다. 그럼에도 불구하고, 의회의 인사청문회는 지명자가 직무수행에 필요한 능력과 자격을 갖춘 적격자인지를 검증할 유일한 수단이라는 점에서 의미가 있다. 비록 지나치게 까다로운 절차와 정치적인 목적에 악용되는 문제점이 있지만 그러한 절차는 반드시 필요하다. 적어도 그러한 지명절차가 있음으로 인해 임명권자는 국가적으로 막강한 영향력을 가진 중요한 직위에 부합되는 능력과 자격을 갖춘 자를 신중히 선별하여 임명하게 될 것이다.

5) 정보자료 요구

행정부는 대체로 자신들의 입장이나 정책을 지지하는 자료만을 선별적으로 제공 또는 보고하려는 태도를 취한다. 그런데 행정부의 정책이나 활동에 대해 보다 객관적이고 공정한 판단을 내리려면 행정부가 자체적으로 제공하는 정보나 자료만으로는 충분치 않다. 특히 정보기관에 대한 감독임무를 충실히 수행하려면 필요한 정보에의 접근을 무제한적으로 허용해 주어야 할 것이다. 이에 따라 대부분의 민주주의 국가에서 의회는 정보기관의 조직과 활동 내용에 관한 정보 또는 자료들을 요구할 수 있도록 법제화하였다. 예를 들어, 미국의 경우 대통령은 비밀공작을 포함한 불법적인 정보활동의 내용에 대해 의회 정보위원회에 즉시 보고할 의무를 가진다.[92] 그리고 의회 정보위원회에서 정책이나 정보활동의 내용에 관련된 정보 및 자료를 요청할 경우 협조해야 할 의무가 있다. 의회의 정보감독기구가 증인을 소환하거나 청문회 개최를 요구할 권한을 가질 경우 정보 또는 자료의 공개를 보다 강력히 추진할 수 있을 것이다. 한편, 정보의 공개성보다도 국가안보를 위해 비밀유지의 필요성을 보다 중요시될 경우 예외적으로 일부 민감한 정보는 제공하지 않을 수도 있다. 호주의 경우 의회 정보위원회(Parliamentary Committee)는 비밀공작 등 공개될 경우 국가안보에 부정적인 영향을 줄 수 있는 민감한 정보에 대해서는 공개요구를 할 수 없도록 법제화되어 있다.[93]

---

91) 물론 이와 관련하여 법적인 문제는 없다. 인사청문회법은 임명동의안이 제출된 날부터 20일 이내에 국회는 심사와 인사청문회를 마치도록 규정하고 있다. 이때까지 청문회를 끝내지 못하면 대통령은 10일 이내에 청문회 보고서를 보내주도록 국회에 요청할 수 있다. 그 기한 내에 국회가 보고서를 보내지 않으면 대통령은 임명대상자를 임명할 수 있다. 대한민국 인사청문회법 제6조 1-4항 참고.

92) United States Code, Title 50, Section 413(a) in Born and Leigh(2005), p.91.

의회 정보위원회 위원들이 민감한 정보를 외부에 공개하게 될 경우 국가안보에 부정적인 영향을 미치게 될 수 있다. 이로 인해 의회와 행정부 간 또는 의회와 정보기관 간의 신뢰가 깨지게 되고, 그로 인해 정보공개와 관련하여 그들 간에 원만한 협력관계를 유지하기가 어려워질 수 있다. 이러한 사태를 방지하기 위해 미국, 노르웨이 등 대부분의 국가에서는 의회 정보위원회 위원이 당국의 허가 없이 무분별하게 비밀정보를 공개하지 못하도록 의무화하고 있다.[94] 요컨대, 의회 정보위원회는 대통령이나 정보기관에게 정보활동에 관한 정보 및 자료의 공개를 요구할 권한을 가지고 있는 반면, 권한에 따른 의무사항으로서 외부에 무분별한 정보 유출이나 공개를 하지 않을 책임이 수반된다.

6) 조사와 보고

대부분의 민주주의 국가에서 의회는 행정부의 정책이나 활동에 대해 조사하고 그 결과를 보고할 권한을 가진다. 의회의 정보감독과 관련하여 의회는 종종 특별한 종류의 위원회를 구성하여 정보활동의 효율성, 합법성, 또는 인권 남용 여부 등을 검증하기 위한 조사활동을 수행한다. 의회 위원회는 조사를 통해 정보기관이 수행한 정보활동에 관해 새롭게 발견한 실태와 문제점들을 요약하고 그러한 문제점들을 개선 또는 극복할 방안들을 권고안으로 제시하는 보고서를 내놓곤 한다.

예를 들어, 미 CIA가 1960년대부터 1970년대 초까지 칠레 아옌데 정권에 대해 불법적으로 개입한 사건이 1974년 *New York Times*지에 기사화되어 폭로되면서 미 의회의 상원과 하원에 각각 조사위원회가 설치되었다. 1976년 4월 미 상원에서는 처치(Frank Church) 의원을 위원장으로 하는 처치위원회(Church Committee)가 출범하게 되었으며, 이후 하원에는 파이크(Otis Pike) 의원을 위원장으로 하는 파이크 위원회(Pike Panel)가 설립되었다. 처치위원회는 15개월 간의 조사를 진행하였고, 결과보고서에서 정보기관을 상시적으로 감시 감독할 수 있는 기구의 설치를 제안했다.[95] 하원에 설립된 파이크 위원회의 결과보고서에서도 동일한 내용을 제안했다. 1986년 이란-콘트라 사건이 발발

---

93) Intelligence Services act 2001, Section 29-32(Australia) in Born and Leigh(2005), p.92.
94) United States Code Section 413. General Congressional Oversight Provisions, (d); *The Act relating to the Monitoring of Intelligence, Surveillance and Security Services*, 1995 in Born and Leigh (2005), p.93.
95) 위원회의 조사결과 CIA뿐만 아니라 NSA, FBI, 기타 군 정보기관들이 국내에서 불법적인 스파이 행위를 전개했던 사실이 밝혀졌다. 위원회의 조사 내용은 *Times*지에서 폭로한 내용보다 더 상세하면서 새로운 사실들을 밝혀냈다. 처치위원회는 CIA의 암살음모와 국내 불법 스파이 행위에 대해 여러 건의 보고서를 발간했다. 하원 파이크위원회는 수년 동안 세계 도처로부터 발생한 위협들에 대한 정보공동체의 정보분석이 매우 미흡한 수준이었음을 호되게 질책했다. 문정인·배종윤(2002), p.316.

하자 의회는 상·하원 합동조사위원회로서 이노우에-해밀턴 위원회(the Inouye-Hamilton Committee)를 구성했고, 여기서 NSC 참모와 몇몇 CIA 직원이 불법적인 정보활동을 저지른 사실을 밝혀냈다.

2001년 발생한 9/11 테러 사건 이후 2002년 11월 미 의회에서는 공화당과 민주당 양당 동수로 추천한 전문위원 10명으로 '9/11 진상조사위원회(National Commission on Terrorist Attacks upon the United States, 일명 9/11 Commission)'를 구성하여 1년 8개월 동안 조사활동을 전개하여 마침내 '9/11 Report'를 발간했다.[96] 2004년 미국의 대통령 선거 당시 부시 대통령과 행정부 고위관리들이 이라크를 공격하기 위해 이라크의 대량살상무기(WMD)에 관한 정보를 의도적으로 조작했을 것이라는 여론의 비난이 일었다. 부시 대통령은 그러한 비난을 잠재우고자 2004년 2월 6일 이라크 WMD 정보오류를 포함한 미국의 정보능력을 조사할 '특별조사위원회(The Commission on the Intelligence Capabilities of the United States Regarding Weapons of Mass Destruction)'를 구성했다.[97] 위원회는 2005년 3월 31일 총 692쪽에 달하는 최종보고서를 발표했는데, 여기서 미 정보공동체의 이라크에 대한 WMD 정보판단은 '치명적인 실패'라고 규정했다.[98]

이러한 의회의 조사활동은 마땅히 공정하고 객관적으로 수행되어야 하지만 실제로는 그렇지 못한 것으로 지적된다. 행정부에서 생산되는 보고서는 수직적이고 계층적인 관료체계 하에서 대통령이나 수상의 입장을 전폭적으로 지지하는 방향으로 일사분란하게 작성된다. 그런데 의회는 기본적으로 대통령을 지지하는 여당과 그에 대해 반대하는 야당으로 구성되어 있다. 따라서 의회에서 보고서가 생산되는 과정에서 동일한 이슈를 두고 여당과 야당 간에 각기 상반된 견해를 제시하면서 충돌하는 경우가 빈번하게 발생한다. 이처럼 의회의 당파성으로 인해 객관적이고 공정한 조사결과를 기대하기가 어려운 현실이다.

---

96) '9/11 진상조사위원회'는 총 250만 페이지 이상의 자료를 검토하고, 10개국에 걸쳐 1,200명과 면담을 실시했으며, 19일간의 청문회 기간 중 160명의 증인을 출석시키는 등 심층 조사를 진행하였던 것으로 알려졌다. National Commission on Terrorist Attacks Upon the United States, *The 9-11 Commission Report(Final Report of the National Commission on Terrorist Attacks Upon the United States.* 이하 *The 9-11 Commission Report),* Official Government Edition, http://www.9-11 commission.gov/report/911Report.pdf(검색일: 2004년 10월 6일).
97) 동 위원회는 베트남 참전 군인인 찰스 롭(Charles S. Robb) 전 버지니아 상원의원 겸 주시사와 닉슨 및 포드 대통령 시절 법무장관을 역임한 로렌스 실버먼(Laurence H. Silberman)이 각각 민주당과 공화당을 대표해 공동위원장에 임명됐으며, 나머지 초당적 인사 7명을 포함하여 9명으로 구성되었다. 『서울경제』(2004.2.9.).
98) The Commission on the Intelligence Capabilities of the United States Regarding Weapons of Mass Destruction, Report to the President of the United States(March 31, 2005), http://www.whitehouse.gov/wmd(검색일: 2005년 8월 24일).

(3) 의회의 정보통제 기구: 정보위원회(*미국의 사례)

앞서 살펴보았듯이 의회는 입법권을 비롯하여 다양한 수단들을 활용하여 정보기관에 대해 감독 및 통제하는 활동을 수행한다. 사실 정보기관을 감독 또는 통제하는 것은 쉬운 일이 아니다. 정보기관은 비밀보안을 철저히 유지하고 있기 때문에 직접적인 통제 권한을 가진 통치권자조차도 조직 내부의 문제점이나 비리를 전혀 파악하지 못할 수 있다. 이러한 정보기관을 제대로 감독하자면 고도의 전문성이 요구되며 적지 않은 시간과 노력이 소요된다. 따라서 의원 개개인이 독자적으로 정보감독활동을 수행하는 것은 불가능하다. 그래서 대부분의 민주주의 국가에서는 의회에 정보감독 기능을 수행하는 위원회를 두고 있다. 미국은 세계 역사상 최초로 상원과 하원에 각각 정보기관에 대한 감독 기능을 수행하는 위원회를 설치하였으며, 이후 대부분의 민주주의 국가들도 미국과 유사한 형태의 위원회를 설치하여 운영하고 있다. 물론 그러한 위원회의 구성, 역할, 운영, 권한 등은 각 국가마다 다소 차이가 있다. 미국 상·하원에 설치된 정보위원회는 세계 최초이자 정보감독 기능을 효과적으로 수행하고 있는 가장 대표적인 모델로 인정되고 있다. 다음에서 미국의 정보위원회가 설치되게 된 배경, 역할, 권한 등에 대해 살펴보기로 한다.

1) 연   혁

1970년대 초까지 미국에서 정보활동에 대해 대통령과 행정부가 독점적으로 통제 및 관할하는 것을 당연한 것으로 여기는 분위기였다. 일반적으로 대통령이 필요하다고 제안한 정보활동 내용에 대해 의회는 거의 아무런 제약을 가하지 않았다. 대부분의 의원들은 정보활동의 특수성을 인정해주는 입장을 취했다. 의원들은 대체로 정보활동의 은밀하고 비밀스러운 부분까지 권력분립의 원칙을 적용하여 통제 또는 감독하는 것에 대해 그다지 적극적인 태도를 보이지 않았다. 그런데 1970년대에 들어서서 워터게이트 사건이 폭로되고 제3세계 도처에서 CIA 비밀공작의 불법성과 비윤리적인 활동이 알려지면서 그러한 분위기가 반전되었다. 미국 여론은 정보기관을 '보이지 않는 정부(invisible government)' 또는 '통제불능의 광포한 코끼리(rogue elephant out of control)'라고 비판하였다.[99]

1974년 『뉴욕 타임즈』지는 CIA에 관한 기사를 6월부터 12월까지 거의 200일 내내 게재했다. 당시 『뉴욕 타임즈』지의 허쉬(Seymour M. Hersh) 기자는 CIA가 베트남

---

99) Colby(1996), p.28.

전쟁기간 중 미국 내 반전인사 및 단체들을 대상으로 불법적인 내사활동을 벌였고, 민주적이고 합법적으로 선출된 칠레의 아옌데 정권에 대한 전복공작을 전개했다는 사실을 폭로했다.[100] 1974년 12월 『타임』지에 CIA에 관해 9건의 기사들이 커버스토리로 나왔던 이례적인 일도 있었다. 미국 의회는 칠레 아옌데 정권 전복공작은 소련의 개발도상국 개입에 대응하기 위해 냉전의 일환으로 수행되는 필요한 조치로서 일부 인정하는 입장을 취했던 반면에 베트남 전쟁에 반대하는 미국 시민을 대상으로 내사활동을 전개했다는 사실은 도저히 용인할 수 없다는 태도를 보였다. CIA를 비롯한 정보기관의 불법적이고 비윤리적인 정보활동 내용이 적나라하게 드러나면서 마침내 미국 하원에서 1974년 말 세계 최초로 정보기관에 대한 의회의 감독을 규정하는 휴즈-라이언 수정안(Hughes-Ryan Amendment)이 통과되었다. 앞 절에서 언급했듯이, 휴즈-라이언 법안은 세계 최초로 정보기관에 대한 의회의 감독 및 통제 기능을 법률적으로 공식화하고자 하는 시도였다는 점에서 의미를 가진다.[101] 이후 미국 의회는 정보기관에 대한 감시 및 통제를 강화하는 내용의 법제화 작업을 계속하였다.

한편, 1975년은 '정보의해(Year of Intelligence)'라고 불릴 정도로 정보기관과 정보활동에 관한 뉴스가 미국 내 신문과 방송 등 대중 미디어의 최대 이슈가 되었다.[102] 이에 따라 1975년 상·하원이 각각 특별조사위원회를 구성하여 정보기관의 활동에 대해 광범위한 조사활동을 전개했다. 또한 상·하원 청문회를 통해 그동안 알려지지 않았던 정보활동 관련 각종 비리와 의혹들이 속속들이 밝혀지게 되었다. 그 결과 행정부 차원이 아닌 의회 차원에서 독립적으로 정보기관에 대해 감시 또는 통제할 필요성이 제기되었다. 이에 따라 1976년 5월과 1977년 7월 각각 상원과 하원에 정보위원회가 설치되기에 이르렀다.

2) 구   성

미국의 정보위원회는 상원과 하원에 특별위원회(select committee)로 설치되어 있다.[103] 특별위원회는 일반적으로 특정 안건을 다루기 위해 일시적으로 구성된다. 그런데 미국의 상원과 하원에 설치된 '정보위원회(Permanent Select Committee on Intelligence)'

---

100) Johnson(2006), pp.68-71.
101) 휴즈-라이언 법안의 주요 내용과 미흡한 점에 대해서는 문정인·배종윤(2002), p.315; Jeffreys-Jones(1989), pp.205-206을 참고.
102) 몇몇 CIA 요원들은 1975년 당시 그들이 참담한 처지에 몰렸던 점에서 그 해를 'Year of Intelligence'라고 칭했다. Johnson(2006), p.68.
103) 미국 의회의 위원회는 상임위원회(standing committee)와 각 상임위원회에 속해 있는 소위원회(subcommittee), 그리고 특정 안건을 다루기 위해 일시적으로 구성되는 특별위원회(select committee)로 구성되어 있다. 미국정치연구회 편, 『미국 정부와 정치』(서울: 명인문화사, 2008), p.212.

라는 명칭은 '특별위원회'이지만 상임위원회와 마찬가지로 상시 가동되는 위원회이다.[104] 정보위원회가 '특별위원회'라는 명칭을 갖게 된 이유는 양당 원내총무 등 의회의 지도부와 정보 업무와 관련되는 다른 상임위원회를 대표하는 의원들을 선발하여 (select) 구성하고 있기 때문이다.

일반적으로 미국 의회 내 각종 위원회에 소속되는 양당 위원들의 구성은 전체 의석수에 비례하여 배정된다. 그러나 상원 정보위원회의 구성은 특별하다. 상원 정보위원회는 다수당이 소수당에 비해 1명 더 많은 인원을 배정하게 되며, 다수당의 선임자가 위원장, 그리고 소수당의 선임자는 부의장이 된다.[105] 1976년 상원 정보위원회 설립 당시 위원회의 당파성을 우려하려 그러한 규정을 두었던 것으로 판단된다.[106] 각 위원들은 소속 정당의 의원총회에서 선출되고, 정보위원장은 다수당 위원 중에서 상원의장이 임명한다. 그리고 양당 원내 총무는 당연직 위원으로 추가되나 표결권은 갖지 않고 의사정족수에도 산입되지 않는다. 정보위원 중에는 각 정당별로 세출위원회, 군사위원회, 외교위원회 및 법사위원회 소속 의원이 최소한 1명씩 포함되어야 한다. 정보위원회 위원의 임기는 2년이며, 연임은 가능하나 8년 이상을 계속하여 위원으로 재직할 수 없도록 규정하고 있다. 정보위원회에는 총 30명의 전문위원(staff)과 행정요원을 두어 의원들의 활동을 보좌하고 있다.[107]

하원 정보위원회는 상원의 경우와는 다르게 양당의 의석 분포에 비례하여 위원을 구성하고 있다.[108] 하원 정보위원회 위원은 상원과는 달리 각 당 원내총무의 추천에 의해 하원의장이 임명하며, 정보위원장도 하원의장이 지명한다. 상원과 마찬가지로 양당 원내 총무는 당연직 위원으로 추가되나 표결권은 갖지 않고 의사정족수에도 산입되지 않는다. 또한 정보위원은 소속 정당과는 상관없이 세출위원회, 군사위원회, 외교위원회 및 법사위원회 소속 의원이 최소한 1명 이상씩 포함되어야 한다. 하원 정보위원회는 상원과는 달리 감독소위원회, 입법소위원회, 평가소위원회, 프로그램 및 예산수권 소위원회 등 4개의 소위원회를 두어 전문분야별로 안건을 심의한다.[109] 하원 정보위원

---

104) 미국정치연구회(2008), p.212.

105) 상원 정보위원회의 위원 수는 매 회기마다 양당 합의에 의해 조정되는데 109th Congress(2005-2007)에서 상원 정보위원회 위원은 15명으로 구성되어 있다. Lowenthal(2006), p.210.

106) Lowenthal(2006), pp.211-212.

107) 염돈재, "의회의 정보기관 통제제도와 운영실태에 관한 비교연구 -미국, 독일, 한국 사례를 중심으로," 『행정논총』, 제41권 제1호(2003년), p.167.

108) 하원 정보위원회의 위원 수는 상원의 경우처럼 양당 합의에 의해 조정되는데 109th Congress-2005-2007에서 하원 정보감독위원회 위원은 21명의 위원으로 구성되어 있다. Lowenthal(2006), p.210.

109) 염돈재(2003), p.168.

회 위원의 임기는 2년이며, 연임은 가능하나 8년 이상을 계속하여 위원으로 재직할
수 없도록 규정하고 있다.110) 하원 정보위원회에는 총 19명의 전문위원(staff)과 7명의
행정·지원 요원을 두어 의원들의 활동을 보좌하고 있다.111)

3) 위상과 의원들의 선호도

앞서 살펴본 바와 같이 정보위원회 위원의 구성, 임기 및 활동 등은 의회 내 여타
상임위원회와 비교하여 다소 상이한 양상을 보여주고 있다. 이로 인해 정보위원회의
의회 내 위상 또는 의원들의 선호도가 좀 특별할 것으로 생각된다. 의원들이 정보위원
회에 소속되기를 선호하는 특별한 장점이 있을까? 혹은 의원들이 선호하지 않는 단점
이 있을까?

우선 정보위원회가 의원들에게 호감을 주지 못하는 여러 가지 요인들이 있다.112)
대부분의 의원들은 정보분야 업무에 대해 전문성이 거의 없는 문외한이다. 따라서 소관
업무를 파악하는데 어려움이 있고 이를 극복하기 위해 상당한 시간과 노력이 소요될
것을 각오해야 한다. 게다가 지역구 유권자들은 환경, 위생, 복지 등의 분야에 관심이
있는 반면 정보분야에 대해서는 별로 관심을 갖지 않는 성향을 보인다. 물론 CIA를
비롯한 정보기관들이 집중적으로 소재하고 있는 워싱턴 D.C.의 유권자들은 정보 분야
에 어느 정도 관심을 가질 수 있다. 그러나 대체로 정보분야는 지역구 유권자들의
경제적 이익이나 복지에 전혀 도움이 되지 않기 때문에 대부분의 지역구에서 유권자들
의 지지나 관심을 얻기가 어렵다. 무엇보다도, 여타 분야와는 달리 정보활동에 관한
내용은 엄격한 비밀유지를 요한다. 위원들은 위원회에서 보고 들은 내용에 대해 엄격히
비밀을 유지해야할 의무가 부여된다. 의원들은 비밀로 분류된 내용을 고의로 또는 실수
로 누설했을 경우 그에 상응한 처벌을 각오해야 한다. 이러한 여러 가지 이유로 인해
의원들은 정보위원회에 소속되는 것을 그다지 선호하지 않는 입장을 취한다.

이러한 단점들 외에 정보위원회는 의원들이 특별히 선호하는 여러 가지 장점들도
있다.113) 첫째, 정보위원회에서 다루는 정보는 엄격히 비밀이 유지되는 가운데 소속
위원들에게만 공개되기 때문에 소속 위원들은 국가적으로 중요한 비밀정보를 취득할
수 있는 특권을 가진다. 둘째, 위원들은 국가안보에 직접적인 영향을 미치는 중요한

---

110) 1996년 컴베스트(Larry Combest)는 1996년 당시 하원정보감독위원회 의장으로 재직하고 있었는
   데 소속 위원의 임기 연장을 제안했다. 현재 하원정보감독위원회 위원의 임기는 8년이다. Lowenthal
   2006), p.211.
111) 염돈재(2003), p.168.
112) Lowenthal(2006), p.210.
113) Lowenthal(2006), p.210.

업무를 수행하는 만큼 여타 위원회 소속 의원들에 비해 상대적으로 높은 위상을 인정받을 수 있으며, 그 결과 자신들의 경력관리에 긍정적인 효과를 얻을 수 있다.[114] 셋째, 일반적으로 정보정책은 국가적 관심사로서 방송과 신문 등 전국적인 대중 매체에 출연하여 발표 또는 토론할 기회가 많아지기 때문에 대중적 지명도를 높일 수 있으며, 이는 곧 선거에서 당선 가능성을 높일 수 있는 중요한 요인으로 기대된다.

4) 위원의 임기 제한

앞서 언급했듯이 의회 내 여타 위원회와는 달리 하원과 상원 정보위원회 소속 위원들의 임기는 2년이며, 연임은 가능하나 8년 이상을 계속하여 위원으로 재직할 수 없도록 규정하고 있다. 2004년 로버트(Pat Robert, 캔사스 주 공화당 상원의원) 상원정보위원회 의장과 록펠러(John D Rockefeller IV, 웨스트 버지니아 주 민주당 상원의원)가 임기 제한 규정을 바꾸자고 제안했으나 상원 토의에서 거부되었다.[115] 정보위원회는 왜 여타 위원회에는 없는 임기 제한 규정을 유지하려 하는가? 과연 임기 제한이 위원회 소속 의원들의 의정활동에 어떤 영향을 줄 수 있을까?

모든 규정이 그렇듯이 임기 제한 규정 역시 장단점을 가진다. 우선, 임기 제한을 둘 경우 감독자와 피감독자 간 다소 거리를 둘 수 있어 위원들과 정보기관들 간의 유착관계를 막을 수 있다는 장점이 있다. 또한 소속 위원들의 임기가 짧은 만큼 보다 많은 의원들이 정보위원회 활동을 경험해 볼 수 있다는 장점도 있다.[116] 반면에 지식이나 경험이 생소한 정보분야를 이해하는 데 많은 시간이 노력이 소요되는데 비해 임기 제한으로 인해 어렵게 습득한 지식이나 경험을 활용하여 전문성을 발휘할 기회가 상실된다는 문제가 있다. 또한 임기 제한 제도로 인해 위원회에서 오래 재직하고 있다가 자신이 연장자가 되면 위원회 의장이 될 수 있는 기회가 사라지게 된다. 이 때문에 의원들이 정보위원회 위원을 선호하지 않게 될 수도 있다는 단점이 있다.[117]

5) 주요 역할과 운영실태

상·하원 정보위원회는 기본적으로 정보기관과 그들의 정보활동이 합법적으로 그리고 효율적으로 수행되었는지를 감독하는 역할을 수행한다. 그러한 역할을 수행하기 위한 수단으로서 의회는 입법권, 예산심의권, 청문회, 임명동의, 정보자료 요구, 조사와

---

114) 앞서 언급했듯이 109th Congress(2005-2007)에서 하원 정보감독위원회 위원은 21명, 상원 정보감독위원회 위원은 15명으로 구성되어 있다. Lowenthal(2006), p.210.
115) Lowenthal(2006), p.211.
116) Lowenthal(2006), p.211.
117) Lowenthal(2006), p.211.

보고 등의 권한을 가지며, 이에 대해서는 앞 절에서 충분히 설명했다. 한마디로 정보위원회는 그러한 다양한 수단들을 활용하여 정보기관의 권력남용 또는 불법적이고 비윤리적인 정보활동을 감시하며, 나아가 정보활동의 효율성을 제고하도록 유도하는 등의 역할을 수행한다.

　　정보기관에 의해 수행되는 정보활동은 대부분 국가의 안보와 관련된 사안이다. 따라서 정보위원회의 정보감독활동은 여야 당파를 떠나서 공정하고 객관적으로 수행되어야 할 것이다. 그런데 실제로는 정보위원회가 당파성을 극복하지 못하고 여야 간에 각기 상반된 견해를 제시하면서 충돌하는 경우가 빈번하게 발생한다. 대체로 상원이 초당적으로 정보위원회를 운영하고 있는데 반해 하원은 당파성이 강한 것으로 알려졌다. 특히 108대 하원(2003-2005)과 109대 하원(2005-2007)은 당파적인 분열이 매우 심했던 것으로 나타난다.[118]

　　의회 정보위원회를 제외한 다른 위원회들은 서로 간에 필요한 정보를 얼마든지 공유할 수 있다. 그러나 정보공동체에 관한 정보는 정보위원회에만 배포되고 엄격히 통제된다. 정보위원회는 행정부로부터 엄청난 양의 정보를 제공받고 있다. 예를 들어, 1995년 한 해 동안 약 5,000건의 출판물 ―예를 들어, the National Intelligence Daily(국가일일정보), the Military Intelligence Digest(군사정보요약), National Intelligence Estimates(국가정보판단보고서) 등― 이 각 정보위원회에 배포되었던 것으로 알려졌다.[119] 한편, 극도의 비밀보안을 요하는 정보는 정보위원회 소속 의원들에게조차도 배포되지 않는다. 대통령은 비밀공작을 시행하기 전에 의회에 사전 통보하도록 되어 있지만, 법률에 정해져 있는바 그 배포선은 정보위원회 의장, 상·하 양원의 다수당 및 소수당 대표 등을 포함한 '8인방(Gang of Eight)'으로 제한된다.[120] 대통령은 헌법에 규정된바 국가안보를 위해 필요하다면 정보를 공개하지 않을 수 있음을 주장해 왔다. 과거 부시 대통령과 오바마 대통령은 정보 배포선을 '8인방'으로 제한하지 말고 모든 정보위원회 소속 의원들에게 공개하는 것을 내용으로 하는 개정 법률안에 대해 거부권을 행사하겠다고 선언했었다.[121]

　　정보위원회의 회의는 대체로 비공개를 원칙으로 하며, 위원들은 위원회에서 보고 또는 논의된 내용에 대해서 비밀을 엄수해야 한다. 위원회에서 보고 또는 논의된 내용

---

118) Lowenthal(2006), p.212.
119) L. Britt Snider, *Sharing Secrets with Lawmakers: Congress as a User of Intelligence 40*, Doc No. CSI 97-10001(1997), pp.32-33.
120) Marchand(2010), p.7.
121) Marchand(2010), p.7.

을 대외적으로 발표하고자 할 경우 위원회 결의를 거친 후 해당 정보기관의 동의를 얻어 위원장이 발표하게 된다. 각 위원의 개별적인 발표는 허용되지 않는다. 정보위원회의 결의에도 불구하고 정보기관이 대외발표에 동의하지 않을 경우 정보위원회가 대통령에게 공개를 요청할 수 있다. 대통령도 거부할 경우 의회는 본회의의 결의를 통해 공개 여부를 최종결정하게 된다. 그러나 지금까지 그러한 사례는 한 번도 없었던 것으로 알려졌다.122)

정보위원회의 정보감독활동은 여야 당파를 초월하여 공정하고 객관적으로 그리고 효과적으로 이루어져야 한다. 이는 곧 정보기관의 정보활동이 보다 효율적이고 합법적으로 수행되도록 유도하는데 긍정적으로 기여할 수 있다. 또한 위원회는 정보감독을 통해 정보기관이 비밀보안을 구실로 불법적이고 비윤리적인 정보활동을 수행할 것에 대한 국민들의 우려를 불식시키도록 노력해야 할 것이다. 정보위원회의 정보감독이 효율적으로 수행되는 만큼 국민들은 정보기관에 대해 보다 많은 신뢰와 지지를 보내게 될 것이다.

(4) 장점과 한계

1) 장 점

정보기관은 행정부의 산하기관이다. 따라서 행정부는 여타 기관보다도 정보기관을 보다 효과적으로 통제할 능력이 있다. 실제로 행정부는 다양한 수단과 제도들을 활용하여 정보기관에 대한 통제력을 행사한다. 일반적으로 행정부의 수반인 최고정책결정자는 정보기관에 대해 인사권, 조직개편 그리고 행정명령권 등을 통해 정보기관의 조직과 활동을 통제한다. 앞 절에서 살펴보았듯이 미국의 경우 NSC 정보기획실(OIP), 합동정보공동체위원회(JICC), 대통령 정보자문위원회(PIAB), 정보감독위원회(IOB), 감사관실(Office of the Inspector General) 등의 기구들을 활용하여 정보기관을 적절히 통제하고 있다. 대통령이나 수상 등 행정수반이 산하 조직인 정보기관을 확고하게 장악하고 있으면 정보기관의 일탈행위를 효과적으로 저지할 수 있을 것이다. 그렇지만 정보기관을 행정부의 통제와 감독에만 맡겨두는 것은 충분치 못하다. 정보기관이 최고정책결정자와 밀착될 경우 정권적 목적에 악용되거나 정보의 정치화가 발생할 수 있기 때문이다. 이러한 문제를 개선하는 방안으로서 행정부의 정보통제와 더불어 의회를 통한 견제와 감독이 요구된다.

무엇보다도 행정부의 산하 기관인 정보기관에 대한 의회의 통제 및 감독은 민주주

122) 염돈재(2003), p.170.

의 기본원리인 삼권분립의 원칙에 부합된다. 오늘날 대부분의 국가에서 행정부는 양적인 팽창과 함께 막강한 권력을 휘두르고 있다. 정보기관의 조직과 활동은 비밀보안이 유지되기 때문에 자칫 대통령이나 행정부의 수반이 정보기관을 자신들의 정권적 이익에 악용하더라도 철저히 은폐될 수 있다. 따라서 정보기관에 대한 적절한 감독이나 통제가 없으면 행정부의 막강한 권력을 견제하지 못함으로써 민주주의 기본원리가 훼손될 뿐만 아니라 헌법에 보장된 국민의 기본권이 침해될 수 있다. 또한 정보기관의 조직, 예산, 활동 등은 철저히 비밀보안을 유지하기 때문에 그것이 비효율적으로 운용되더라도 그러한 사실이 전혀 드러나지 않음으로써 국가자원의 낭비를 초래할 수 있다. 따라서 행정부 소속기관인 정보기관의 조직과 활동에 대한 의회의 감독은 국가자원의 낭비를 막고 나아가 예산의 효율적인 사용을 유도할 수 있다. 이처럼 정보기관에 대한 의회의 감독활동은 국민의 기본권을 보호하고 나아가 국가 자원의 효율적인 사용을 유도하는데 긍정적으로 기여할 수 있다.

또한 의회는 입법권, 예산안 심의권, 청문회, 임명동의권 등 행정부가 갖지 않은 여러 가지 수단들을 활용하여 정보기관에 대한 통제 및 감독 활동을 수행할 수 있다. 예를 들어, 행정부의 행정명령은 입법부가 제정한 법률에 비해 영구적이지 못하고 강제력이 떨어지는 단점이 있다. 또한, 행정명령은 법률이 아니기 때문에 강력히 집행되기도 어렵다. 이에 비해 의회의 입법권은 일단 법이 통과되면 폐지될 때까지 정보기관의 조직과 활동에 대해 지속적으로 강력한 통제력을 행사할 수 있다는 장점이 있다. 이 밖에 예산안 심의권, 청문회 임명동의권 등은 의회가 행정부를 견제할 수 있는 강력한 통제수단으로서 활용될 수 있다. 사실 행정부는 정보기관의 관료들과 긴밀한 유대관계를 갖기 때문에 정보기관과의 유착관계가 형성됨으로써 객관적이고 엄중한 통제가 사실상 어려울 수 있다. 반면에 의회 의원들은 정보기관 관료들과의 유대관계가 그다지 긴밀하지 않기 때문에 의회가 가지는 여러 가지 가용한 수단들을 활용하여 보다 공정하고 객관적으로 정보기관에 대한 감독활동을 수행할 수 있을 것으로 기대된다.

2) 문제점과 한계들

존슨(Loch K. Johnson)을 비롯하여 많은 학자들이 의회의 정보감독활동이 효과적이지 못하다고 비판해 왔다.[123] 2004년 9/11 위원회는 "의회의 감독활동은 제대로 된

---

123) Hans Born, Loch K. Johnson and Ian Leigh, (eds.), *Who's Watching the Spies? Establishing Intelligence Service Accountability*(Washington, DC: Potomac Books, 2005); and Loch K. Johnson, "A Shock Theory of Congressional Accountability for Intelligence," Loch K. Johnson, (ed.), *Handbook of Intelligence Studies*(New York: Routledge, 2007), p.343.

기능을 수행하지 못했으며, 이러한 문제점을 개선할 필요성이 앞으로 해야 할 가장 중요하면서도 가장 어려운 일 중의 하나가 되었다"라고 결론지었다.124) 미국의 경우 의회의 의원들조차 스스로 의회의 정보감독활동이 미흡하다는데 동의하는 입장을 표한다. 예를 들어, 맥케인(John McCain, 공화당 아리조나 주 상원의원)은 "우리는 아직도 정보기관에 대해 효과적인 감독 기능을 수행하지 못하고 있다"고 지적했다.125) NSA가 영장 없이 감청활동을 전개했던 사실에 상당한 충격을 받고 나서 펠로시(Nancy Pelosi) 하원의장은 하원에 정보감독 기능을 개선하기 위한 초당적 기구를 만들자고 제안했다.126)

사실 미국 의회는 세계에서 최초로 정보위원회를 설립하여 정보기관과 정보활동에 대한 감독 기능을 수행해 왔다. 미국 의회의 정보감독활동은 여타 국가들이 따르고자 하는 일종의 모델로 알려져 있다. 그럼에도 불구하고, 당파성, 의원들의 전문성 부족, 그리고 소극적인 태도 등으로 인해 의회의 정보감독 기능이 기대하는 만큼 효과적이지 못한 것으로 판단된다. 이러한 문제점은 미국을 포함하여 의회민주주의 체제를 유지하고 있는 대부분의 국가들에서 공통적으로 나타나는 현상으로 이해된다.

첫째, 당파성 문제로서 의회의 정보감독활동은 기본적으로 여야 당파를 떠나 공정하고 객관적으로 수행되어야 한다. 그러나 실제로는 의회가 당파성을 극복하지 못하고 여야 간에 각기 상반된 견해를 제시하면서 충돌하는 경우가 빈번하게 발생한다. 앞서 언급했듯이 미국의 경우 상원은 비교적 초당적으로 정보위원회를 운영하고 있는데 반해 하원은 당파성이 강한 것으로 나타난다. 이처럼 당파성이 강하게 표출될 경우 정보공동체에 대한 감독활동에 있어서 일관성이 떨어져 정보활동의 효율성이 저해될 수 있다. 예를 들어, 레이건 행정부 당시 민주당이 장악하고 있던 하원은 행정부의 정보공동체 예산 증액 요구에 반대하는 입장을 취했다. 반면에 클린턴 행정부 당시인 1995년 공화당이 다수당이 되자 행정부에서 요청한 정보공동체 예산보다 더 많은 금액을 지원해주려 했다.127) 이처럼 의회의 당파성으로 인해 정보감독의 일관성이 떨어지면 정보활동의 효율성을 저해하는 요인이 될 수 있으며, 궁극적으로 국가안보에 심각한 손실이 야기될 수 있다.

둘째, 의원들의 전문성 부족에 관한 문제로서 일반적으로 행정부와 비교하여 의회

---

124) *The 9-11 Commission Report*, http://www.9-11commission.gov/report/911Report.pdf(검색일: 2004년 10월 6일).

125) Sen. John McCain remarks, "Meet the Press," NBC Television(November 21, 2004).

126) Nancy Pelosi, "The Gap in Intelligence Oversight," *Washington Post*(January 15, 2006), B7.

127) Lowenthal(2006), p.212.

는 정보기관을 효과적으로 통제하는데 필요한 전문성이 미흡하다. 앞 절에서 언급했듯이, 행정부는 정보기관에 대한 감독활동을 수행한 경험이 있는 관료, 정보활동을 직접 수행했던 전직 정보관, 정보 분야 관련 식견을 가진 학자 등 전문 인력을 충분히 활용할 수 있다. 반면에 의회 의원들은 그러한 전문 인력을 영입하여 활용할 수 있는 예산이나 인력이 충분하지 않은 여건이다. 또한 선거에 의해 선출되는 의원들은 임기가 제한되어 있기 때문에 정보분야에 관한 전문성을 배양할 수 있는 시간이 충분하지 않다. 더욱이 정보감독 기능을 전문적으로 수행하는 정보위원회 위원들의 임기가 제한될 경우 전문성을 습득하여 유지하기가 매우 어려운 여건에 놓이게 된다. 앞 절에서 언급했듯이 미국의 경우 의회 내 여타 위원회와는 달리 하원과 상원 정보위원회 소속 위원들의 임기를 제한하고 있다. 지식이나 경험이 생소한 정보분야를 이해하는데 많은 시간이 노력이 소요되는데 비해 임기 제한으로 인해 어렵게 습득한 지식이나 경험을 활용하여 전문성을 발휘할 기회가 상실된다는 문제가 있다. 어쨌든 행정부에 비해 의회는 전문성이 부족하기 때문에 행정부의 도움 없이 독자적으로 정보기관에 대한 감독 기능을 수행하는데 한계가 있는 것으로 평가된다.[128]

셋째, 의원들의 무관심과 소극적 감독활동과 관련되는 문제로서 랜섬(Harry H. Ransom)은 미국 의회의 정보기관에 대한 감독활동이 "간헐적이고 일회성이며 기본적으로 비판적인 성향이 미흡하다"고 지적한다.[129] 왜 의회의 정보감독활동이 그러한 양상으로 전개될까? 의원들은 본질적으로 유권자들의 표를 의식하여 행동하는 성향을 보인다. 그런데 의회의 정보감독활동은 유권자들의 표를 얻는데 그다지 도움이 되지 않기 때문에 의회 의원들이 정보기관에 대한 감독활동에 대해 적극적인 관심을 갖지 않는다는 것이다. 실제로 대부분의 의원들은 지루하게 행정부의 사업계획을 검토하는 것보다는 선거자금을 모으는데 더 많은 관심과 시간을 할애하고 싶어 하는 성향을 보인다. 특히 비밀정보기관이나 정보활동에 관한 검토는 일반인에게 알려지지 않도록 비공개로 수행된다. 일반 국민들에게 알려지지 않기 때문에 유권자들의 표를 얻는데 전혀 도움이 되지 않는다. 따라서 의원들이 선거에 도움이 되지 않는 정보기관이나 정보활동에 대해 굳이 관심을 가질 이유가 없다.

이처럼 의원들의 소극적인 정보감독활동과 관련하여, 맥큐빈과 슈왈츠(M.D. McCubbins and T. Schwartz)는 의회의 정보감독활동을 경찰의 '순찰활동(police patrolling)'

---

128) Leigh(2007), p.70.
129) Harry H. Ransom, "Secret Intelligence Agencies and Congress," *Society* 123(1975), pp.33-38 in Johnson(2007), p.344.

과 소방관의 '화재진압(fire fighting)' 작업에 비유하여 설명한다.130) 그들의 연구에 따르면 순찰자로서 의회의 의원들은 경찰이 거리를 순회하면서 상점 문단속을 점검하고 어둡고 구석진 곳에 손전등을 비춰보는 등 순찰활동을 수행하는 것과 유사하게 행정부의 각종 활동이나 사업들을 검토하는 역할을 수행하게 된다. 이러한 모든 활동은 범죄를 사전에 예방하는 조치라고 볼 수 있다. 이와 대조적으로 소방관들은 화재가 발생하고 경보가 울려야 행동에 들어간다. 이와 유사하게 의원들도 행정부에 대해 의례적인 감독활동을 수행하다가 불법을 저지르거나 사회적으로 비난받을 사건이 터지면 그때서야 비로소 행동을 취하는 모습을 보인다.

존슨(Loch K. Johnson)은 1975년부터 2006년의 기간 동안 미국 의회의 정보감독활동에 대해 심층적으로 분석한 결과로서 의회의 정보감독활동이 앞에서 언급한 경찰관의 '순찰활동(police patrolling)'과 소방관의 '화재진압(fire fighting)' 작업을 지속적으로 반복하는 일종의 패턴을 보여주고 있다고 설명한다.131) 즉, 정보실패 또는 정보기관의 비리 등 일종의 충격적 사건이 발생하게 되면 의회는 평상시 마지못해 소극적으로 수행하던 정보감독의 태도에서 집중적인 화재진압활동 양상으로 변화된다. 이후 의원들은 한동안 부적절한 정보활동을 규제할 목적으로 수정안이나 개선책들을 마련하는 등 강력한 순찰활동을 전개하게 된다. 이처럼 강화된 순찰활동은 수개월 동안 지속될 수 있으며, 심한 충격을 받았을 경우에는 수년 동안 지속될 수도 있다. 그러나 일단 사건이 어느 정도 진정되고 개혁이 시행되면 의원들은 본래의 모습으로 되돌아가 또다시 정보 분야의 문제에 대해서 무관심한 태도를 보이게 된다.

(5) 과   제

오늘날 대부분의 민주국가에서 의회는 입법권, 예산안 심의권, 청문회, 임명동의권 등 행정부가 갖지 않은 여러 가지 수단들을 활용하여 정보기관에 대한 통제 및 감독활동을 수행한다. 그런데 앞서 언급했듯이, 의회는 지나친 당파성, 전문성 부족 그리고 소극적인 태도 등으로 인해 정보감독 기능을 기대한 만큼 효과적으로 수행하지 못하고 있는 것으로 판단된다. 이러한 문제점은 미국을 포함하여 의회민주주의 체제를 유지하고 있는 대부분의 국가들에서 공통적으로 나타나는 현상으로 이해된다.

---

130) M. D. McCubbins and T. Schwartz, "Congressional Oversight Overlooked: Police Patrols and Fire Alarms," *American Journal of Political Science 28*(1984), pp.165-179.

131) 존슨의 연구에 따르면, 1974년 12월 CIA의 국내정보활동 행위가 드러남에 따른 충격 때문에 이후 약 6년 동안 정보기관의 비리 행위와 정보활동의 문제점들에 대해 강도 높은 조사활동(fire fighting)이 전개되었지만, 이후 나머지 약 25년 기간 동안 의회 정보감독위원회 활동의 80%는 형식적인 순찰활동만 수행했다고 평가했다. Johnson(2007), pp.344-346.

정보기관에 대한 의회의 감독활동은 민주주의 체제를 유지하고 나아가 국가안보
를 지키는데 필요한 핵심적인 요소이다. 그런 점에서 의회의 정보기관에 대한 감독이
효과적으로 이루어질 것이 요구된다. 이를 위해 의회의 지나친 당파성, 전문성 부족,
그리고 소극적인 태도 등이 개선되어야 할 것이다. 무엇보다도 의원들 스스로 정보
업무 분야에 대한 전문성을 제고하고자 노력해야 할 것이며, 정보감독활동을 보다 적극
적으로 수행할 여건이 조성되어야 할 것이다. 예를 들어, 정보감독활동을 적극적으로
수행하여 공로가 많은 의원에게 의회 의장이나 시민단체가 영예의 상을 수여하는 방법,
의장 직권으로 특전을 주는 방안, 또는 지역 또는 전국 신문에 정보감독활동을 성공적
으로 수행한 의원들의 이름을 보도하는 방안도 고려해 볼 수 있겠다.132) 즉 정보감독
활동에 공로가 많은 의원들에게 그러한 특혜 또는 상을 수여함으로써 유권자들에게
정보감독활동의 중요성을 인식시키고, 그러한 활동을 적극적으로 수행하는 의원들이
선거에서 보상받을 수 있도록 여건을 조성해 주는 것이다.

의원들에게 동기 부여를 통해 전문성이 제고되고 의원들 스스로 정보감독활동을
적극적으로 수행하게 된다면 상당한 성과를 이룬 것으로 인정된다. 그렇지만 이는 단지
절반의 성공에 불과한 것으로 생각되며, 궁극적으로 행정부의 협조가 없으면 정보기관
에 대한 감독이나 통제가 성공적으로 수행되기 어렵다고 본다. 그런데 미국의 경우는
물론 여타 국가에서도 행정부가 의회의 정보감독활동에 대해 부정적이거나 소극적
태도를 보이고 있어 실질적으로 의회의 정보감독이 효과적으로 수행되지 못하고 있는
실정이다.

일반적으로 전문 정보요원이나 백악관 관료들은 상·하원 정보위원회에 소속된
의원들을 민감한 정보활동에 쓸데없이 개입하는 "소견 좁은 관리자(micro-managers)"
라면서 비웃는 등 부정적인 태도를 취한다.133) 부시 대통령(George H.W. Bush)은 처치위
원회(Church Committee)와 파이크 위원회(Pike Committees)의 진상조사활동이 끝날 무렵
중앙정보장(DCI)으로 재직했었는데, 그 위원회의 구성원들을 "얼간이 바보들(untutored
little jerks)"이라고 비난했었다.134) 공화당을 지지하는 민간단체인 '공화당 국가위원회
(the Republican National Committee)' 의장이 2006년 2월 경 처치와 파이크 위원회(Church
and Pike Committees) 때문에 9/11 테러 사건이 발생했다고 비난했던 일도 있었다.135)

---

132) Johnson(2007), p.355.
133) Johnson(2007), p.355.
134) Bob Drogin, "Spy Agencies Fear Some Applicants Are Terrorists," *Los Angeles Times*(March 8,
    2005), A1, Johnson(2007), p.356에서 재인용.
135) 멜맨(Ken Mehlman) 의장이 ABC 뉴스에서 언급한 내용이다. "This Week with George
    Stephanopoulos," *ABC News*(February 5, 2006), Johnson(2007), p.356에서 재인용.

이들은 시계 바늘을 1975년 이전으로 되돌려서 정보기관들이 의회의 지나친 감독활동에서 벗어나 보다 자유롭게 정보활동을 수행하는 것이 바람직하다는 입장을 취한다. 의회가 9/11 테러에 관한 진상조사를 수행하는 과정에서 백악관, DCI 그리고 정보기관의 관리들이 의도적으로 자료 제공을 지연시키는 등 비협조적인 태도를 취했던 것으로 드러났다.136)

이처럼 행정부가 의회의 정보감독활동에 대해 부정적이고 비협조적인 태도를 고수하게 되면 의원들은 정보가 차단되어 정보기관에 대한 감독활동을 효과적으로 수행할 수가 없다. 그 결과 정보공동체가 외부로부터 견제 또는 통제를 받지 않게 되어 보다 심각한 정보실책이나 스캔들이 발생할 가능성이 커지게 된다. 따라서 행정부는 이제 그러한 태도에서 벗어나 의회의 정보감독활동에 적극 협조해야 할 것이다. 무엇보다도 의회 정보감독활동에 대한 행정부의 부정적 태도가 개선되고 보다 적극적인 협력을 이끌어내기 위한 여건 또는 제도적인 장치가 마련되어야 할 것이다.

3. 언   론

(1) 의   의

언론은 기본적으로 국내외에서 일어나고 있는 다양한 사실을 보도함으로써 국민들의 알권리를 충족시키는 역할을 수행한다. 이러한 언론의 보도 권한은 표현의 자유에 해당되는 것으로서 민주주의 체제에서 헌법과 법률을 통해 최대한 보장되고 있다. 언론은 이러한 표현의 자유를 활용하여 행정부, 입법부, 사법부 등 국가기관이 하는 일을 부지런히 감시하고 그것에 대해 국민들에게 가급적 많이 알려주는 역할을 수행한다. 그래서 언론은 민주주의 국가에서 행정부, 입법부, 사법부에 이어 "제4의 권부"라고 칭할 만큼 막강한 권한을 가진다. 이러한 역할을 수행함으로써 언론은 민주주의 체제를 유지하는데 필요한 핵심적인 근간을 이룬다.

미국의 경우 '헌법 제정자들(The Founding Father)'은 삼권분립의 원리를 적용하여 연방정부와 입법부, 사법부 간 견제와 균형을 유지하는 긴장관계를 조성하고자 부심했던 것으로 나타난다. 이와 함께 수정헌법 제1조를 통해 행정부와 언론 간에도 견제와 협력의 긴장관계가 유지되도록 의도했던 것으로 보인다. 미국 수정헌법 제1조에서 "의회는 언론과 출판의 자유를 제한하는 어떤 법도 제정하지 말아야한다"고 기술되어

---

136) *The 9-11 Commission Report*, http://www.9-11commission.gov/report/911Report.pdf (검색일: 2004년 10월 6일).

있다.137) 이처럼 미국에서 표현의 자유는 미국 헌법과 대법원 결정에 따라 광범위하면서도 무제한으로 보장된다.138) 물론 그러한 권한과 함께 언론은 국가안보에 관해 합리적인 질의를 조심스럽게 제기하고 행정부와 그들이 수행하는 비밀활동을 지켜보는 감시견(watchdog)의 역할을 수행해야 할 의무를 가지게 되었다.139)

민주주의 체제에서는 정부에서 취하는 정책결정이나 활동에 대해 국민들이 통제력을 행사할 수 있어야 한다. 그런데 정보기관은 정보활동을 공개하지 않기 때문에 국민들이 정보활동에 대해 알 수가 없으며, 그로 인해 정보기관이나 정보활동에 대해 적절한 통제력을 행사하기가 어렵다. 여기서 언론의 역할이 중요하게 활용된다. 언론은 국민들에게 정부에서 취하는 정책결정이나 활동에 대해 국민들에게 알려주는 역할을 수행한다. 물론 정보기관은 비밀보안을 생명으로 하기 때문에 자신들의 활동에 대해 무한정 공개할 수 없다. 정보기관의 특성상 조직과 활동이 노출된 상태에서는 정보활동을 효율적으로 수행할 수 없기 때문이다. 이러한 정보기관의 특수성을 인정하여 일부 내용에 대해서는 보도 제한을 두고 있지만 보안에 저촉되지 않는 범위에서 정보기관이나 그들이 수행하는 비밀정보활동의 내용에 대해 언론기관은 얼마든지 보도할 권한을 가진다. 물론 정보기관에 대한 언론의 감시와 통제 권한이 헌법이나 법률에 직접적으로 명시되어 있지는 않다. 그럼에도 불구하고 민주주의 체제에서 언론과 표현의 자유가 헌법에 보장되어 있는 점을 감안했을 때 언론의 정보기관에 대한 감시와 통제 권한은 간접적으로나마 분명히 인정된 것으로 간주된다.

한편, 언론과 정보기관은 사실상 양립하기가 어렵다. 언론은 공개성을 요구하는 반면 정보기관은 비밀보안을 생명으로 한다는 점에서 대비된다. 또한 언론은 정보기관의 행위에 대한 책임성(accountability)을 요하는 반면 정보기관은 행위사실 이나 그 배후를 그럴듯하게 부인 또는 은폐하려는 속성을 보인다. 정보기관의 비밀성과 책임회피 행위는 분명 공개성과 책임성을 요구하는 언론의 속성과 모순된다. 어떤 면에서 언론과 정보활동은 상호 교환적인(trade off) 관계라고 볼 수 있다. 즉 한쪽이 강화되면 다른 한쪽은 약화되는 속성을 보여준다. 예를 들어, 정보기관이나 정보활동에 대한 언론보도가 지나치면 정보기관의 비밀정보활동이 위축될 수 있다. 반대로 정보기관에 대한 언론의 감시가 소홀해질 경우 정보기관의 재량권이 확대됨으로써 비밀정보활동이 보다 활발하게 전개될 수 있다.

---

137) Holt(1995), p.171.
138) Holt(1995), p.173.
139) Holt(1995), p.173.

그렇다면 언론과 정보기관 간의 모순을 어떻게 조화시킬 수 있을까? 국가가 정보
활동을 통해 달성하고자 하는 궁극적인 목표는 국가안보이다. 즉 국가정보는 국가의
안보 목표를 달성하는데 필요한 하나의 수단이다. 따라서 어떤 국가가 심각한 안보위협
에 처하게 될 경우 안보위협에 효과적으로 대응하기 위한 수단으로서 비밀정보활동을
강화시키게 된다. 그런데 언론의 감시가 지나쳐 비밀정보활동에 대해 무차별 보도하게
되면 국가안보에 치명적인 손실을 초래할 수 있다. 그와 반대로 국가적으로 안보위협이
그다지 심각하지 않을 경우 대부분의 민주주의 국가에서는 표현의 자유를 강조하면서
정보기관에 대한 언론의 감시 역할을 최대한 허용하는 경향을 보인다. 이처럼 국가안보
와 표현의 자유라는 두 가지 가치 중에서 무엇을 중요하게 고려하고 어디에 우선순위를
두는가는 국가가 처한 시대적 상황에 따라 결정될 수 있을 것이다.

정보기관에 대한 언론보도의 수준은 국가가 처한 시대적 상황에 따라 다소 차이가
있을 수 있다. 국가안보가 심각한 위협에 놓여 있다면 표현의 자유가 일부 제한될
수 있을 것이다. 반대로 국가안보 상황이 그렇게 심각한 상황이 아니라면 보안에 저촉
되지 않는 범위에서 정보활동에 대한 언론보도가 최대한 허용되어야 한다. 비록 국가안
보는 국가가 추구하는 최고의 목표이자 가장 중요한 가치이지만 민주주의 역시 결코
포기할 수 없는 중요한 가치이다. 정보기관이나 그들이 수행하는 정보활동에 대한 언론
의 감시는 반드시 필요하다. 언론은 정보기관의 권력남용으로 인해 국민의 기본권이
침해되는 것을 감시하고 나아가 정보기관이 자칫 정권안보의 수단으로 악용될 가능성
을 차단하는데 기여할 수 있다. 또한 비효율적인 정보활동에 대한 언론보도는 소중한
국가예산이 낭비되는 사태를 예방하는 등의 긍정적인 효과를 기대할 수 있다. 반대로
정보기관에 대한 언론보도가 지나치면 비밀정보활동이 위축되고 그로 인해 국가안보
에 치명적인 손실을 초래할 수도 있다. 따라서 국가안보에 미치는 손실을 최소화하면서
동시에 정보기관에 대한 언론의 감시활동을 효과적으로 이행할 수 있는 방안이 모색되
어야 할 것이다.

(2) 언론의 정보통제 수단들

민주주의 국가에서는 삼권분립의 원리에 따라 입법부와 사법부가 대통령과 행정
부를 견제하는 역할을 수행한다. 그런데 대통령이나 행정부의 정책결정에 대해 입법부
와 사법부의 견제가 효과적으로 적용되지 않는 분야가 있다. 예를 들어, 국방이나 외교
정책 분야는 대통령이 막강한 권한을 가지는 반면 입법부나 사법부의 견제가 상대적으
로 미약하다. 이러한 상황에서 언론의 역할이 상대적으로 중요하게 부각된다. 물론

언론은 대통령이나 행정부를 견제할 수 있는 공식적인 권한이 없다. 그럼에도 불구하고, 언론은 사려분별 있고 건전한 여론을 형성하여 행정부의 정책결정이나 행동을 효과적으로 견제하는 역할을 수행한다. 이와 관련하여 1971년 6월 '뉴욕 타임즈 대 미국 정부 소송'(403 U.S. 713, 1971년 6월 30일 최종 판결)의 판결문에서 대통령과 행징부에 대한 언론의 견제 역할을 다음과 같이 설명했다:

> 당시 제기된 소송에서 대법원은 닉슨 행정부가 베트남에서 미국의 개입에 관한 국방부 문서를 공개하지 않으려는 소청을 기각했다. 스튜어트(Potter Stewart) 판사는 판결문에서 미국 헌법은 대통령에게 "국방과 국제관계 등 2개의 분야에 관해 엄청난 권한을 주었다"면서 "이러한 권한은 입법부와 사법부에 의해 거의 견제받지 않고 있다"고 지적했다. 그는 "이러한 상황에서 대통령의 권한을 효과적으로 제한할 수 있는 방안은 현명한 사리판단을 가진 시민들에게 달려 있다"고 주장하고, "언론은 시민들에게 정확한 정보를 제공하여 그들을 일깨우고 건전한 여론 형성을 유도함으로써 민주주의 정부의 가치를 보호하는데 기여한다"고 언급했다.[140]

앞 절에서 언급했듯이 정보기관에 대한 공식적인 통제 역할은 행정부와 의회가 수행한다. 행정부와 의회는 정보기관에 대해 통제력을 행사할 수 있는 법적인 권한을 갖고 있으며, 다양한 수단들을 활용하여 정보기관에 대한 감독 기능을 수행한다. 행정부와 의회의 정보기관에 대한 감독 및 통제 기능은 법률에 따라서 합법적으로 부여된 권한을 행사한다는 차원에서 공식적이고 직접적인 활동이라고 할 수 있다. 반면에 정보기관에 대한 언론의 감시활동은 법률에 구체적으로 명시되어 있지 않다. 따라서 언론의 정보기관에 대한 감시활동은 비공식적이고 간접적인 방식으로 수행된다.

언론매체들은 어떤 방식으로 정보기관에 대한 감시활동을 수행하는가? 비밀보안을 생명으로 여기는 정보기관 내부의 조직과 그들이 수행하는 비밀정보활동의 내용을 어떻게 알아내고 그것을 국민들에게 공개할 수 있을까? 오늘날 정보기관이 여전히 비밀의 영역 속에 싸여 있지만 다양한 출처로부터 정보기관과 그들의 비밀활동에 관한 정보가 유출된다.[141] 언론매체들은 여러 가지 채널을 통해 정보기관의 비밀정보활동 내용에 대해 알게 되며, 보도할 가치가 있을 때 이를 공개함으로써 국민들의 여론을 형성하는데 기여한다. 이러한 활동을 통해 언론은 간접적으로 정보기관을 통제하는 역할을 수행하게 된다.

언론과 정보기관은 한편으로는 갈등하면서 다른 한편으로는 협력하는 모순적인

---

140) Holt(1995), p.173.
141) Holt(1995), pp.171-187 참고.

관계를 가진다. 우선, 언론과 정보기관은 '비밀'에 대해 상반된 입장에서 서로 갈등하는 관계를 가진다. 정보기관은 비밀성을 추구하는 반면 언론인들은 공개성을 추구한다. 정보기관은 비밀을 취급하는 가운데 그것이 대중에게 공개되는 것을 극도로 꺼리는 입장이다. 물론 언론인들도 국가안보 등 불가피하게 비밀유지의 필요성을 인정한다. 그러나 그들은 본능적으로 비밀을 공개하고자 하는 속성을 갖고 있다. 정보기관의 요원들은 자신들의 비밀정보활동을 숨기려하고, 언론인들은 어떻게든 그것을 밝혀내서 대중들에게 공개하고자 한다. 이처럼 정보기관의 요원들과 언론인들 간에는 비밀의 공개를 놓고 끊임없이 갈등하는 입장을 취한다. 이와 동시에 언론과 정보기관은 공생 또는 협조 관계를 유지한다. 언론과 정보기관은 서로 상대를 중요한 첩보의 출처로 활용하고자 부심한다. 정보관이 타국의 정부 부처 관료를 첩보를 제공하는 협조자로 포섭하듯이 훌륭한 기자는 정보기관에 협조자를 두고 그들로부터 중요한 첩보를 얻고자 노력한다. 때때로 정보기관은 기자들을 포섭하여 자신들이 원하는 것만을 보도하고 원하지 않는 내용은 보도하지 않도록 회유하기도 한다.

대체로 언론은 두 가지 방식으로 정보기관을 견제 또는 통제한다. 첫째, 정보기관이나 그들의 비밀정보활동 내용을 보도하는 것이다. 언론매체는 정보기관을 감독할 공식적인 권한이 없기 때문에 불법적인 정보활동에 대해 직접적인 조치를 취할 수 없다. 언론매체가 할 수 있는 유일한 수단은 정보활동의 실책이나 문제점에 대해 부단히 보도하는 것이다. 예를 들어, 언론기관이 앞으로 추진할 예정인 불법적인 비밀공작의 내용을 미리 보도하게 되면 아마도 정보기관은 부득불 그것을 중단하지 않을 수 없을 것이다. 또한 정보기관이 추진할 비밀정보활동 내용을 보도함으로써 이에 대한 시민들의 이해를 증진시킬 수 있을 것이다. 이는 곧 시민들의 건전한 여론 형성을 유도할 것이며, 그것을 통해 정보기관의 비밀정보활동을 간접적으로 견제할 수 있을 것이다. 둘째, 언론은 의회 정보위원회와 상호 밀접한 관계를 유지하고 있으며, 그것을 활용하여 정보기관을 통제할 수 있다. 스미스트(Frank J. Smist, Jr.)에 따르면, 『뉴욕 타임즈』지나 『워싱턴 포스트』지와 같은 출판 미디어는 의회 상·하원 정보위원회에서 다룰 의제를 설정하는 데 결정적인 역할을 가진다고 주장했다.142) 실제로 당일 아침 신문의 헤드라인 기사는 백악관을 비롯한 워싱턴 정가의 관심을 끌게 되며 의회의 의제 설정에 중대한 영향을 미친다. 예를 들어, 1974년 12월 22일 『뉴욕 타임즈』지에 과거 CIA의

---

142) Frank J. Smist, Jr., *Congress Oversees, the United States Intelligence Community, 1947-1989* (Knoxville: University of Tennessee Press, 1990), p.19; and Loch K. Johnson, *America's Secret Power: The CIA in a Democratic Society*(New York: Oxford University Press, 1989), p.221.

불법적인 정보활동에 관한 기사가 실렸는데, 단 한편의 기사가 워싱턴 정가에 미친 파장은 실로 엄청났다. 그 기사가 나온 이후 포드 대통령의 지시로 과거 CIA의 국내 정보활동에 대해 조사할 록펠러위원회를 구성하게 되었다. 의회에서도 CIA의 불법적인 국내정보활동의 진상을 보다 철저하게 규명하고자 하는 취지에서 상원과 하원에 각각 처치위원회와 파이크위원회가 설치되었다. 이후 두 개의 위원회는 상·하원 정보위원회의 모태가 되었던 것이다.

미국의 사례에서 보았듯이 불법적인 정보활동에 관한 언론매체의 보도가 의회에 정보기관을 영구적으로 감독할 정보위원회를 설치하게 되는 결정적인 계기가 되었던 것이다. 오늘날 언론은 정보위원회와 밀접한 관계를 유지하고 있으며, 이를 활용하여 정보기관을 감시하고 견제하는 역할을 수행한다. 의회 정보위원회는 정보기관에게 필요한 자료를 공식적으로 요구할 권한이 있으며, 이를 통해 언론매체들이 얻기 어려운 자료들을 취득할 수 있다. 종종 의회 정보위원회는 자신들이 취득한 자료들을 언론매체에 은밀히 제공하여 보도하도록 유도함으로써 정보기관을 간접적으로 견제할 수 있다. 그 반대로 언론매체가 입수한 자료를 의회 정보위원회에 제공함으로써 의회 내 진상조사위원회가 구성되어 심층 조사가 이루어지도록 하는 경우도 있다. 예를 들어, CIA가 니카라과의 콘트라 반군을 지원하기 위해 '게릴라전에서의 심리공작(Psychological Operation in Guerrilla Warfare)'이라는 책자를 제공해 주었는데 이를 AP통신(Associated Press)이 입수하여 하원 정보위원회에 제공했었다.[143] 그 책자는 AP통신에게는 좋은 기사거리가 되었고, 의회 정보위원회는 진상조사를 할 수 있는 계기를 마련할 수 있었다. 이처럼 언론매체와 의회 정보위원회 간 상호 밀접히 협조하는 가운데 정보기관을 견제하는 역할이 수행될 수 있다.

(3) 한계와 과제

행정부와 의회는 공식적으로 정보기관을 감독 또는 통제할 권한과 의무를 가지며, 실제로 다양한 수단을 활용하여 정보기관과 그들의 비밀정보활동을 통제할 수 있다. 그러나 언론은 정보기관을 통제할 수 있는 공식적인 권한이나 수단이 없기 때문에 정보기관을 감시하는 것이 사실상 매우 어렵다. 이 밖에 여러 가지 제약으로 인해 언론은 행정부와 의회와 비교하여 정보기관을 감시하고 통제하는 데 있어서 매우 불리한 입장이다. 다음에서 언론이 정보기관을 감시하는 데 있어서 행정부 또는 의회와 비교하여 어떤 한계와 불리한 여건에 놓여 있는지를 구체적으로 살펴보기로 한다.

---

143) Johnson(1989), p.241.

우선, 언론매체는 정보기관을 감시 또는 견제할 직접적인 또는 공식적인 권한이 없다. 언론매체가 정보기관을 견제할 유일한 수단은 정보기관이 수행했던 잘못된 정보활동에 관한 사실을 보도하는 것뿐이다. 그런데 정보활동에 관한 사건이 국가적으로 경보를 울리거나 충격을 야기하려면 정보기관의 스캔들이나 정보실책에 관한 내용이 주요 신문의 헤드라인으로 몇 주 동안 지속적으로 게재되는 일이 있어야 한다. 1974년 『뉴욕 타임즈』지는 CIA에 관한 기사를 6월부터 12월까지 거의 200일 내내 게재했다.[144] 1974년 12월 *Times*지에 CIA에 관해 9건의 기사들이 커버스토리로 나왔던 이례적인 일도 있었다.[145] 그 결과 정보기관을 상시적으로 감독할 공식적인 기구로서 상·하원에 정보위원회가 설치되었다. 그리고 *Times*지는 1986년 10월과 11월 중에 니카라과에서 CIA가 비밀공작을 수행하는 과정에서 저지른 비리에 관한 11건의 주요 기사들을 내보냈으며, 1986년 12월에는 무려 18건의 주요 기사들을 게재함으로써 1987년 의회 합동청문회가 개최되는데 결정적인 요인으로 작용했다.

이처럼 정보기관이 수행했던 잘못된 정보활동을 국가적인 문제로 부각시키고 그에 따라 의회 또는 행정부 차원의 본격적인 조사가 진행되도록 유도하기 위해서는 언론매체의 단호한 의지와 지속적인 노력이 요구된다. 그런데 언론매체가 단호한 의지를 갖고 정보기관을 지속적으로 감시하는 일이 실제로는 거의 불가능하다. 언론매체 역시 사기업으로서 이윤추구가 가장 중요한 목적이기 때문이다. 비밀정보활동에 대한 보도가 대중들로부터 호응을 받고 상업적인 이익을 취하는 데 도움이 된다면 그러한 역할을 수행하겠지만 그렇지 않을 경우 정보기관에 대한 감시활동을 지속할 수 없을 것이다. 더욱이 행정부 또는 정보기관이 국가안보에 심각한 손실을 초래할 수 있다는 것을 구실로 언론매체에게 정보기관의 스캔들이나 정보실책에 관한 내용에 대한 보도를 자제하도록 압력을 행사할 수도 있다. 따라서 언론매체의 단호한 의지가 없다면 행정부나 정보기관의 보도 자제 또는 중단 압력을 무시하고 이를 지속적으로 보도하기가 현실적으로 쉽지 않을 것이다.

언론매체가 정보활동의 실책에 대해 지속적으로 보도해도 정파적 이익 때문에 간단히 무시되는 경우도 있다. 즉 의회 여야 의석분포, 의회 정보위원회 위원장의 정치적 입장 그리고 위원들의 개별적인 성향 등 다양한 요인에 따라서 정보기관에 대한 감독활동이 강화 또는 약화될 수 있다. 예를 들어, 2006년 초 부시 대통령이 FISA (Foreign Intelligence Surveillance Act)를 위반했으리라는 추측기사들이 대중매체에 광범위

---

144) Johnson(2007), p.345.
145) Johnson(2007), p.345.

하게 보도되었다.146) 물론 1974년 CIA의 국내 스파이활동 사건이나 1987년 이란-콘트라 사건에 비해 정도는 다소 약했다. 그런데 당시 공화당이 백악관과 하원을 장악하고 있었기 때문에 공화당 의원들은 여러 가지 제기된 주장에 대해서 심도 있게 조사해보자는 민주당 측의 요구를 거부했다.147) 이처럼 정파적 이익으로 인해 비밀정보활동과 관련하여 국가적으로 중요한 파장을 야기할 수 있는 사건에 대해 제대로 된 조사가 진전되지 못하게 되는 경우도 있다.148)

　　언론매체의 정보기관에 대한 감시 역할에 있어서 또 다른 제한점은 대부분의 언론보도가 문제가 발생할 것을 사전에 예방하기보다는 이미 발생한 문제점을 지적하는데 한정된다는 것이다. 화재가 이미 발생하고 나서 진압하는 것보다는 그것이 발생하기 전에 예방하는 것이 보다 중요하다. 그렇지만 앞으로 발생할 가능성이 있다는 것을 전제로 정보기관이 추진 중인 비밀정보활동의 내용을 사전에 보도하는 것은 현실적으로 어렵다. 물론 언론매체의 그러한 보도가 정보기관이 추진하려던 잘못된 정보활동을 사전에 차단하는 효과를 얻을 수 있겠다. 그러나 그러한 보도가 나오고 나서 정보기관이 추진하려던 계획을 중단하게 되면 결과적으로 허위보도를 한 것으로 인식됨으로써 언론매체는 매우 곤란한 입장에 처하게 될 것이다. 따라서 정보기관의 실책이 어느 정도 가시화되었거나 향후 잘못된 계획을 추진할 가능성이 크다 할지라도 언론매체는 이를 보도하는 데 매우 신중한 태도를 보일 것이다. 무엇보다도 아직 가시화되지 않았거나 가능성 단계에 있는 정보활동의 문제는 사람들의 주목을 끌기 어렵기 때문에 언론매체 스스로 보도할 만한 동기가 충분치 않다. 어쨌든 이러한 제한 요인들 때문에 정보기관에 대한 언론매체의 감시 기능이 효과적으로 수행되기 어렵다.

　　무엇보다도 언론 기자들의 취재는 공개적이고 합법적인 영역에 한정되기 때문에 비밀의 영역에서 수행되는 정보기관의 활동을 감시 또는 통제하기가 쉽지 않다. 정보기관에 의해 수행된 비밀정보활동의 내용이 대외적으로 공개될 경우 국가안보에 치명적인 손실을 야기할 수 있다. 따라서 언론이 정보기관이나 정보활동에 관해 보도할 가치가 있는 내용을 사전에 알고 있더라도 그것을 허가 없이 무단으로 공개할 수 없다. 국가마다 비밀을 분류하는 기준이 마련되어 있고 그에 따라 비밀등급을 설정해두고 있으므로 그러한 기준에 따라 공개 여부를 판단할 수도 있겠다. 그러나 구체적인 사안에 관련될 경우 과연 그것이 비밀로 유지되어야 하는가를 결정할 수 있는 객관적인

---

146) Johnson(2007), p.345.
147) Scott Shane, "Senate Panel's Partisanship Troubles Former Members," *New York Times*(March 12, 2006), p.A18.
148) Johnson(2007), p.345.

기준이 없다. 이 때문에 행정부나 정보기관은 국가안보에 치명적인 손실을 야기할 수 있다면서 비밀유지의 필요성을 강조하지만 언론매체는 그러한 필요성을 과소평가하면서 보도하려는 입장을 취한다. 국가안보의 필요성에 따라 언론보도를 통제하는 것도 중요하지만 지나친 보도 통제는 정보기관의 실책이나 잘못된 관행을 개선할 기회마저 차단됨으로써 궁극적으로 국민의 기본권이 침해되거나 정보활동의 효율성을 저하시키는 등의 부정적인 결과를 초래할 수 있다. 반대로 절대적으로 비밀이 요구되는 상황에서 언론매체의 무책임한 보도는 비밀정보활동을 위축시키고 나아가 국가안보에 치명적인 위협을 야기할 수 있다. 극단적인 경우 익명으로 비밀리에 활동하는 정보 요원의 신원이 노출되어 생명을 잃게 되는 사태를 초래할 수 있다.149) 요컨대, 정보활동 관련 비밀유지와 공개 간 적절한 균형 유지가 필요한 반면 기본적으로 정보활동분야의 비밀주의 속성으로 인해 언론매체의 정보기관에 대한 감시가 제한적일 수밖에 없다.

4. 사 법 부

(1) 의   의

일반적으로 정보기관은 법이나 사법부 판사의 권위가 미치지 못하는 영역으로 생각되어왔다. 그래서 대부분의 사람들은 TV 드라마, 영화, 소설 등에서 음흉한 인상의 정보요원이 초법적인 행동을 벌이는 내용들을 일반적인 현상으로 받아들이는 경향을 보인다. 그러나 실상은 이와 다르다. 오늘날 미국의 경우 연방 판사들은 헌법과 법률에 따라 다양한 유형의 정보활동에 대해 검토 및 조사 활동을 수행해오고 있다. 연방 판사들은 비밀취급인가권자이기 때문에 자동적으로 비밀자료에의 접근이 허용되며, 정보활동 관련 소송이 제기될 경우 사법적인 판단을 내리게 된다.150) 판사들은 행정부의 정보 관련 전문성을 존중하면서도 법률적인 판단을 요할 경우 엄중한 심판자로서의 역할을 수행한다.

정보기관과 그들이 수행하는 정보활동에 대한 감독 기능을 수행함에 있어서 부딪히는 딜레마는 기본적으로 정보기관의 비밀주의 속성과 민주주의의 중요한 가치인

---

149) 예를 들어, 미국 CIA 소속의 한 정보요원이 그리스 아테네 지부의 책임자로 활동했었는데 1975년 경 한 잡지에서 그의 신분이 밝혀진 이후 암살당했던 일이 있었다. 이 사건을 조사하는 과정에서 CIA는 수천 명 이상의 CIA 소속 정보 요원들의 신분이 외부에 노출된 사실을 발견했다. 이를 계기로 정보 요원들의 신분 공개를 금지하는 정보요원 신분보호법(the Intelligence Identities Protection Act of 1982)이 제정되기에 이르렀다.

150) Fred F. Manget, "Intelligence and the Rise of Judicial Intervention," Loch K. Johnson, (ed.), *Handbook of Intelligence Studies*(New York: Routledge, 2007), p.329.

공개성이 충돌하는데서 비롯된다. 정보활동이 효율적으로 수행되려면 비밀유지가 필요하지만 지나친 비밀보안은 결코 바람직하지 않다. 정부가 지나치게 많은 비밀을 갖게 되면 공무원이나 정치인들이 책임 회피 수단으로 악용될 수 있으며, 시민의 기본권이 훼손되는 상황이 은폐될 수도 있다. 민주적 정보통제는 바로 그러한 딜레마를 해결하기 위한 방안으로서 고려된다. 의회와 유사하게 사법부의 정보통제도 정보기관이나 그 활동의 비밀성을 최대한 보장하면서 동시에 시민의 알권리와 인권을 보호해 주는데 있다.

정부의 비밀보호와 신속한 행정 조치 필요성으로 인해 개인의 기본권이 침해되는 경우에 정보활동에 대한 사법적인 해석이나 검토가 요구된다. 그러한 기본권에 해당되는 사례로서 고소인이 공정하게 형사재판을 받을 권리, 부당하게 체포 및 구금되지 않을 권리, 사생활 보호권, 언론·출판의 자유 등이 있다. 일반적으로 고소인으로서 시민이 비밀정보활동에 대한 사법적인 검토를 요구하게 될 경우에 판사들이 개입하게 된다. 대체로 법원의 판사들은 정부가 지나치게 많은 비밀을 갖지 못하도록 견제하는 역할을 수행한다. 그리고 정부의 비밀보호와 시민의 인권에 관련된 문제가 상충될 경우 법원의 판사들은 중재자의 역할을 수행한다. 요컨대, 사법부의 정보감독은 헌법을 현명하게 해석하여 외국의 침략으로부터 국가를 방어하고 질서를 유지하는 것과 행정부의 지나친 비밀보호와 정보활동으로 인해 개인의 인권이 침해되는 것을 적절히 조화시키는데 중점을 둔다.

(2) 미국의 사례

1) 연   혁

오늘날 정보감독은 어느 한 부처의 전유물이 아니고 입법부, 행정부, 사법부에게 공통으로 부여된 기능이다.[151] 그러나 앞 절에서 언급했듯이, 민주주의가 고도로 발달한 국가에서조차 오랫동안 정보기관에 대한 통제 또는 감독활동은 행정부의 고유 권한으로 인식되었으며, 행정부 외에 어떤 기관도 정보기관에 대한 영향력을 행사하지 못했었다. 1970년대 초까지 의회는 대통령이 필요하다고 제안한 정보활동 내용에 대해 거의 아무런 제약을 가하지 않았다. 대부분의 의원들은 비밀정보활동의 특수성을 인정하여 정보기관에 대해 통제 또는 감독하는 것에 대해 그다지 적극적인 태도를 보이지 않았다. 의회 의원들과 유사하게 당시 법원의 판사들도 1970년대 초반까지 정보분야에 대해서 거의 아무런 관심도 개입도 하지 않았다. 정보활동은 주로 외교 문제와 관련되

---

151) Boyd(2010), p.30.

기 때문에 판사들은 정보활동과 관련하여 정치적으로 문제를 야기할 수 있는 민감한 문제에 대해 개입하기를 꺼렸다. 대부분의 경우 판사들은 사법부의 판단을 유보하고 의회 내 여야가 타협하여 처리하도록 방관하는 등 수동적인 자세를 취했다. 당시 미국의 연방법원은 사법적인 권한이 매우 제한적이었기 때문에 외교정책의 경우처럼 구체적인 사례나 증거 자료가 없는 추상적인 사안에 대해서는 심리하지 않으려는 입장을 고수했다.152)

다소 모호한 부분이 없지 않지만 정보기관과 법집행기관은 수행하는 기능이 각기 다르다. 일반적으로 정보기관은 정보활동을 중점적으로 수행하는 반면에 법집행기관은 주로 경찰활동을 수행한다. 경찰활동은 일반시민들에게 직접적이고 즉각적인 영향을 미치지만 정보활동은 그렇지 않기 때문에 법원의 심리를 받을 이유가 없다. 특히 정보활동은 국가안보를 위해 수행되는 활동으로서 국내법의 영역을 벗어나 국가의 생존과 주권이라는 고차원의 법률에서 다룰 수 있는 문제로 인식된다.153) 그래서 미국의 경우 연방법원 판사들은 비밀정보기관의 활동은 국가안보라는 초법적인 영역의 임무를 수행하고 있다고 인식하여 가급적 사법적인 판단을 회피하려는 태도를 취해 왔다.154)

그런데 1970년대에 들어서서 사법부의 소극적이고 회피적인 태도에 다소 변화가 일기 시작했다. 당시 워터게이트 사건과 함께 칠레를 비롯하여 중남미 지역에서 CIA가 수행했던 비윤리적인 정보활동의 내용이 드러나면서 의회에서 관심을 갖고 진상을 조사하기 시작했다. 의회 상·하원에 각각 처치위원회와 파이크위원회가 구성되어 CIA의 정보활동에 대한 진상조사 활동을 전개했다. 이 무렵 사법부에서도 정보기관에 대한 통제와 관련하여 상당한 변화가 일어났다. 1960년대 들어서서 일기 시작한 사법적 행동주의가 확산되면서 행정부활동에 대해 사법부가 관여할 여건이 점차 성숙되어가고 있었다. 국제적인 문제를 법적인 테두리에서 통제하려는 움직임도 보다 가시화되기 시작했다. 더욱이, 미국의 정보기관들이 법집행기관의 활동 영역에 속하는 대테러, 마약퇴치, 비확산 등의 문제에 관여하게 되면서 사법부의 개입 여지가 보다 확대되기에 이르렀다155).

---

152) Manget(2007), p.329.

153) 서덜랜드(Sutherland) 판사는 1936년 커티스-라이트 소송(Curtiss-Wright case)에서 주권에 관한 사항은 헌법을 초월한 영역에 속한다고 해석했다. *U.S. v. Curtiss-Wright*, at note 3, Manget (2007), p.330에서 재인용.

154) Manget(2007), p.330.

155) G. Gregory Schuetz, "Apprehending Terrorists Overseas Under United States and International Law: A Case Study of the Fawaz Yunis Arrest," *Harvard International Law Journal*, Vol.29, No.2(Spring

한편, 미 의회에서 정보기관의 활동을 통제하는 여러 가지 법률들을 통과시켰다. 그러한 법률이 많아질수록 사법부의 법률적 판단 필요성이 증가하게 된다. 앞 절에서 언급했던바, 1974년의 휴즈-라이언법(Hughes-Ryan Act), 1978년의 해외정보감시법(Foreign Intelligence Surveillance Act, FISA), 1980년의 정보감독법(Intelligence Oversight Act), 1982년의 정보신원법(Intelligence Identities Act) 등을 들 수 있다. 이후 동 법률에 근거하여 정보기관과 그들이 수행했던 정보활동에 관련하여 여러 가지 소송들이 제기되었으며, 사법부에서는 제기된 소송들을 심의하는 과정에서 비밀정보활동에 관련된 문제에 대한 사법적 판단과 조사활동을 수행했다.

이러한 일련의 과정을 거쳐서 오늘날 미국에서 정보활동에 대한 사법적인 감독체계가 구축된 것이다. 1980년 당시 검찰총장이었던 시빌레티(Benjamin Civiletti)는 "비록 개개의 사건을 어떻게 법률적으로 적용하여 판단하는가에 대해서는 이견이 있지만, 정보활동이 법률적인 판단의 영역에 속한다는 데에 대해서는 아무도 의심하지 않는다"고 기술했다.156) 사법부의 정보감독활동은 헌법과 법률에 의해 제한되기 때문에 의회의 정보감독처럼 포괄적으로 수행될 수는 없다. 비록 사법부의 정보감독 기능이 제한적으로 수행될지라도 이제 정보활동은 분명히 사법적 판단의 영역에 속하는 것으로서 법원의 심리를 피할 수 없게 되었다.

2) 주요 법률들과 사법부의 역할

미국의 경우 민사 또는 형사 소송에서 정보활동과 관련되는 사안이라 할지라도 일반적인 소송절차와 그다지 차이가 없다. 다만, 정보활동의 특성에서 비롯되는바 소송을 진행하는 과정에서 비밀보안이 유지되도록 요구하는 점이 다르다. 이처럼 소송에서 비밀성이 문제가 되는 경우에 사법적인 판단이나 개입이 필요하게 된다. 연방법원 판사들은 행정부의 지나친 비밀보호가 문제를 야기하여 민주주의적 가치와 충돌하는 사안에 대해 검토하고 심리하게 된다. 판사들은 정보활동의 속성에 따른 비밀보호의 필요성을 인정하면서도 공정한 재판을 위해 필요하다고 판단될 경우 정보기관에게 비밀 자료를 제출하도록 요구할 수 있다. 판사들은 공정한 재판과 비밀보호 간의 조화를 이루고자 하는 취지에서 비밀 자료의 공개 여부를 신중히 검토하고 그에 따라 재판의 형식을 공개 또는 비공개로 할 것인지 등을 심리하게 된다.

1980년 '비밀정보 처리절차법(Classified Information Procedures Act, CIPA)'이 통과되

1988), pp.499-531 참조.

156) Benjamin Civiletti, "Intelligence Gathering and the Law," *Studies in Intelligence*, Vol.27(Summer 1983), pp.13, 15.

어 형사소송 법정에서 비밀정보를 특별한 절차와 규정 없이 임시로 취급했던 종래의 관행을 탈피하여 세부적인 절차가 마련되었다.[157] 동 법률에 따라 피의자가 공정한 재판에 필요하다고 인정되는 범위에서 비밀정보를 증거 자료로 제출하는 것이 허용되고 있다. 또한, 정부 측에서 민감한 문건을 대체할 수 있는 자료 또는 비밀 해제된 자료의 요약 분을 제공하는 등의 방법을 활용하도록 허용함으로써 비밀정보의 공개에 따른 정부 측의 손실을 최소화할 수 있도록 배려해 주고 있다. 동 법률은 판사들에게 정부 측의 비밀을 보호해 주면서 공정한 재판이 진행될 수 있도록 균형적인 입장을 취하도록 요구하고 있다. 정보를 공개하지 않으면 피의자가 공정한 재판을 받을 수 없다는 점을 호소하게 될 경우 판사들이 동 법률안에 따라 비밀 자료를 검토한 후 구형(prosecution)을 철회하거나 대폭 감소시킬 수 있다.[158]

사법부의 정보감독이 가장 활발하게 수행되는 분야는 국내정보활동에 관한 사안이다. 국내정보활동이 문제가 되는 것은 우선 해외정보활동과 구분이 모호한데서 비롯된다. 정보기관이 수행하는 감청이나 인터넷 감시 등은 해외와 국내의 구분 없이 모두 이루어 질 수 있다. 그래서 해외에서만 허용된 정보수집활동을 국내에서 자국민을 대상으로 수행하게 되는 경우가 종종 발생한다. 자국민을 대상으로 감청이나 인터넷 감시 등이 수행될 경우 헌법에서 보장하고 있는 개인의 기본권으로서 사생활 보호권이 침해를 받을 수 있다. 미국은 개인의 사생활 보호권을 보장하기 위해 외국이나 테러단체를 위한 정보활동이나 심각한 범죄활동에 관련된 경우를 제외하고 원칙적으로 자국민들 대상으로 하는 정보활동을 금지하고 있다. 그러한 원칙을 벗어난 대표적인 사례로서 1970년대 초 닉슨(Richard Nixon) 대통령과 관련된 워터게이트 스캔들을 들 수 있다. 또한, 미국의 FBI가 1956년부터 1971년까지 자국 내 각종 극단주의 단체들을 대상으로 코인텔프로(Counter Intelligence Program, Cointelpro)[159]라고 불리는 정보활동을 수행했던

---

157) 18 U.S. CA. App.III Section 1 et seq.(Westlaw 2006), in Manget(2007), p.332.

158) 대표적인 사례로서 이란-콘트라 사건 관련 소송을 들 수 있다. *United States v. Ferandez*, No.CR89-0150-A(E.D. Va. April 24, 1988); Lawrence E. Walsh, *Final Report of the Independent Counsel for Iran/Contra Matters, Vol.I: Investigations and Prosecutions*(Washington, D.C.: August 4, 1993), pp.283-293; Manget(2007), p.333 등을 참고.

159) 후버 전 FBI 국장이 주도한 코인텔프로는 1956년부터 1971년 기간 동안 수행되었다. 코인텔프로에 따라 FBI는 인권단체, 반전운동본부, 흑인 인권단체에 첩보원을 깊숙이 투입시켜 첩보를 수집하고, 사실을 조작하고, 비밀리에 조직의 분열을 조장하는 등의 활동을 수행했던 것으로 알려졌다. 이는 수정헌법 제1조 규정을 위반한 것으로 비판되었다. 코인텔프로의 문제점이 밝혀진 이후 FBI는 수사방침을 바꿨다. 이에 따라 교회, 도서관, 정치적인 모임 등에서 불법적인 행동이나 음모를 꾸미고 있다는 명백한 증거가 없는 한 이들 단체를 대상으로 첩보수집활동을 전개할 수 없게 되었다. Louise I. Gerdes, *Espionage and Intelligence Gathering*(New York: Greenhaven Press, 2004), pp.129-130.

일도 있다.[160] 그리고 1970년대 중반 CIA의 혼돈작전(Operation Chaos)[161]과 NSA의
샴록작전(Operation Shamlock)[162] 등도 자국민들 대상으로 수행된 불법적인 정보활동이
었다.

　　미국에서 정보수집을 목적으로 수행되는 국내 정보활동을 규제하는 법률로서 '범
죄 단속 및 안전한 거리 조성을 위한 포괄적인 법안(the Omnibus Crime Control and Safe
Streets Acts of 1968)' 중의 셋째 장(Title III)과 '해외정보감시법(Foreign Intelligence
Surveillance Act of 1978, FISA)' 등 두 가지가 있다. Title III는 심각한 범죄활동에 연루된
미국인들을 대상으로 한 정보수집을 허용하되, 이에 대해 반드시 의회에 보고하도록
규정되어 있다. FISA는 미국에서 활동하는 외국 정보요원에 대해 전자감청을 수행하는
데 필요한 영장을 전담하여 발부해 주는 법원을 설립하기 위한 목적으로 제정되었다.
FISA는 전자감청 승인 명령을 신청할 때 감청 대상자와 감청방법에 관해 상세한 내용
을 보고하도록 규정하고 있다. FISA에 의해 설립된 '해외정보감시법원(Foreign
Intelligence Surveillance Court)'이라고 불리는 특별법원은 대법원장이 임명하는 11명의
연방판사로 구성되어 비공개로 운영되며, FBI, NSA 등의 정보기관들이 테러나 간첩활
동이 의심되는 미국인들에 대해 신청한 감청 및 미행감시 활동을 심의하고 허락 여부를
결정한다.[163]

---

160) 당시 FBI는 국내 단체들을 대상으로 다양한 유형의 비밀공작을 전개했다. FBI는 공작원을 직
　　접 대상 조직 내부에 침투시켜 정보를 획득하고 내부를 교란시키는 방법, 언론 등 출판물 그리
　　고 서신이나 전화 등을 조작하여 대상이 되는 단체에 대한 역정보를 유포시키고 불신을 조장하
　　는 방법, 해당 단체에 반대하는 단체를 지원하거나 위장단체를 직접 운영하는 방법 그리고 해
　　당 단체와 관련된 미국인들을 상대로 법 집행을 과도하게 시도하여 활동을 억제하는 방법 등
　　다양한 수단을 동원하여 비밀공작을 전개했던 것으로 드러났다. 이에 대한 구체적인 설명은
　　Senate Select Committee to Study Governmental Operations with Respect to Intelligence Activities,
　　Final Report, Sen. Rept. 94-755(Washington, D.C.: Government Printing Office, 1976) 참조. FBI가
　　수행한 부적절한 국내 정보활동에 대한 보다 포괄적인 설명은 Whitfield Diffle and Susan
　　Landau, *Privacy on the Line: The Politics of Wiretapping and Encryption*(Cambridge: The MIT
　　Press, 1998), 제 7장; Athan G. Theoharis, "Dissent and the State: Unleashing the FBI, 1917-1985,"
　　The History Teacher, Vol.24, No.1(1990), pp.41-52; Athan G. Theoharis, "FBI Wiretapping: A Case
　　Study of Bureaucratic Autonomy," *Political Science Quarterly*, Vol.107, No.1(1992), pp.101-122; 신
　　유섭, "국내정보활동과 기본권: 미국의 사례를 통해 본 교훈," 『한국과 국제정치』, 제24권 제2호
　　(2008년 여름), p.177.
161) 이에 대해서는 1974년 『뉴욕 타임스』지 기자였던 허쉬(Seymour M. Hersh)가 작성하여 12월 22
　　일부터 12월 31일까지 『뉴욕 타임스』지에 계속 보도되었다. 당시 보도에 따르면 CIA는 닉슨 및
　　존슨 행정부하에서 베트남 전에 반대하는 사람들을 감시하는 '혼돈작전'이라는 프로그램을 운용
　　했던 것으로 드러났다. 신유섭(2008), p.183.
162) 샴록작전은 NSA가 아무런 법적 절차 없이 해외와 연결된 전보 내용을 비밀리에 감청한 것으
　　로서 미국 시민의 사생활 침해와 관련하여 주목을 받았다. Britt L. Snider, "Unlucky SHAMROCK:
　　Recollections from the Church Committee's Investigation of NSA," *Studies in Intelligence*, No.10
　　(1999-2000), pp.43-51; 신유섭(2008), p.183.
163) 원래 구성원은 7명이었으나 보다 효율적인 업무 수행을 위해 2001년 9/11 테러 이후 11명으로

미국에서 전자감청활동은 1968년 당시 연간 200회 수준에서 매년 꾸준히 증가하여 1992년경 1,000회를 넘어섰고, 2006년경에는 거의 1,800회 이상 수준에 도달한 것으로 나타난다.[164] FISA법에 따라 감청활동을 수행하려면 영장을 청구해야 한다. 그런데 1995년부터 2006년 사이의 12년 동안 전자 감시활동에 대한 승인이 신청된 32,702건 중 기각된 사례는 단 5건뿐이었던 것으로 알려졌다.[165] 이는 법원이 감청행위 자체에 대해 그다지 부정적인 인식을 갖고 있지 않음을 반증한다. 심지어 미국 의회는 감청활동을 적극 지지하는 입장을 취하는 것으로 나타난다. 1994년 의회에서 통과된 '법 집행을 위한 통신지원법(Communications Assistance for Law Enforcement Act, CALEA)' 은 바로 그러한 입장을 반영하고 있다.[166] CALEA는 감청이 보다 용이하게 이루어질 수 있도록 미국의 통신회사들에게 기술적 조치를 취하도록 요구하는 것을 내용으로 하고 있다. 한걸음 더 나아가 미국 의회는 2007년 비록 한시적이기는 하지만 해외의 의심되는 대상과 관련된 통신을 사전 영장 없이 감청할 수 있는 법안을 통과시켰다. 동 법안에 따라서 정보기관들은 국가정보장(DNI)이 그리고 FBI의 경우는 검찰총장이 외국과 연결되는 감청활동을 실질적으로 지휘하는 권한을 갖게 되었으며, FISA 법원은 이들에 의해 이루어지는 감청활동의 적합성을 사후 심사하는 역할만 수행하게 되었다. 이로써 미국의 의회와 사법부는 정보기관이 합법적으로 수행하는 감청의 필요성을 인정하고 그것을 용인하거나 또는 적극적으로 지원하는 입장을 취하는 것으로 나타난다.

한 여론조사에 따르면 다수의 미국인들이 영장 없이 감청이 이루어지는 것은 반대하지만 그것이 테러 방지를 목적으로 수행된다면 용인될 수 있다는 입장을 보였다.[167] 어쨌든 미국의 의회, 사법부 그리고 다수의 미국인들은 합법적으로 이루어지는 감청에 대해서는 대체로 긍정적인 반응을 보이는 것으로 판단된다. 이로써 사법부는 테러방지 등 국가안보를 위한 감청활동의 필요성을 인정하지만 그로 인해 시민들의 기본권으로서 사생활이 침해되는 것에 대해서는 통제하는 입장을 취한다. 요컨대, 사법부의 정보감독은 정보기관들이 합법적으로 수행하는 감청이나 감시활동을 긍정적으로 용인하되 그로 인해 미국 수정헌법 제4조에서 규정하고 있는 시민의 기본권이 침해되는 것을

증원되었다. 신유섭(2008), p.178.
164) http://www.uscourts.gov; 신유섭(2008), p.179.
165) 미 연방법원 행정국(Administrative Office of the United States Courts, 2006, 2007); 신유섭(2008), p.180 참조.
166) 신유섭(2008), p.180.
167) *New York Times*(January 27, 2006); 신유섭(2008), p.182.

통제하는데 중점을 두고 수행되고 있다.

(3) 장점과 한계

사법부는 삼권분립의 원칙에 따라 행정부의 산하 기관인 정보기관과 그들의 정보 활동에 대해 객관적이고 독립적인 입장에서 감시 및 통제 역할을 수행할 수 있다. 앞 절에서 기술했듯이, 행정부의 경우 정보기관이 최고정책결정자와 지나치게 밀착되어 정권적 목적에 악용되거나 정보의 정치화가 발생할 수 있다. 의회의 경우에는 여야 간 당파성을 극복하지 못하여 공정하고 객관적인 정보감독이 이루어지기 어려울 수 있다. 그러나 사법부의 경우 여야 간의 당파성을 초월하여 공정한 재판을 통해 정보활동에 대한 감독 기능을 수행한다. 특히 사법부의 정보감독은 정보기관이 정보활동을 수행하는 과정에서 개인의 인권을 침해하는 사례에 대응할 수 있는 매우 효과적인 수단이다.[168]

한편, 정부활동에 대한 사법부의 감독은 의회와 비교해 보았을 때 매우 제한적이다. 앞 절에서 살펴본 바와 같이 의회의 경우 입법권, 예산안 심의권, 청문회, 임명동의 등 다양한 수단을 활용하여 매우 포괄적으로 정보감독 기능을 수행한다. 사법부의 경우 정보활동 관련 소송이 제기될 경우에 한해 판사의 사법적 판단을 통해 정보기관이 수행한 행위에 대해 개입할 수 있다. 소송이 제기되지 않는 경우 사법부가 정보기관의 조직이나 정보활동에 대해 감시 또는 통제하는 역할을 수행할 수 없다. 의회의 경우 정책성향을 띠고 정보기관의 조직이나 활동 방향에 대한 문제점을 지적하고 개선 방향을 제시하는 등 광범위하게 정보감독 기능을 수행한다. 그러한 의회의 정보감독과 비교하여 사법부의 경우 제기된 소송과 관련하여 단순히 법리적 해석을 내리는데 중점을 두기 때문에 그 역할이 매우 제한적이다.

사법부가 국가안보 관련 소송을 진행하게 될 경우 몇 가지 문제점이 야기된다. 무엇보다도 사법부의 정보감독은 국가안보적으로 주요한 사안에 대한 비밀보호에 있어서 취약점이 있다. 공개재판이 아닌 비공개로 재판이 진행되더라도 최소한 판사, 변호사, 법원 사무원 등에게 국가안보와 관련된 민감한 자료들이 노출될 수 있다. 이처럼 소송이 진행되는 과정에서 공개되지 말아야 할 중요한 기밀이 공개됨으로 인해 국가안보적으로 치명적인 손실이 야기될 수 있다. 또한 사법부에서 국가안보를 전문영역으로 하는 행정부의 업무에 지나치게 개입하게 될 경우 권력분립의 원칙이 약화될 수도 있다. 때로 판사들이 안보영역에 대해 사법적인 판단을 내리게 됨에 따라 그들

---

168) Leigh(2007), p.75.

스스로 정치화에 빠져들 위험도 있다. 국가안보 관련 소송이 제기되어 불가피하게 판결을 내려야 할 경우 사법부는 행정부의 정책결정에 대해 대체로 존중하는 입장을 취한다. 이로 인해 재판의 공정성이 훼손될 수 있다. 이러한 문제점들을 고려하여 사법부의 정보감독 권한은 국가안보에 관련한 사안은 가급적 배제하고, 개인의 사적인 권한이 침해되는 경우로 한정하는 것이 바람직할 것으로 판단된다.[169]

제4절 정보통제의 과제

오늘날 대부분의 민주주의 국가에서 정보기관에 대한 통제가 일반화되었지만 국가마다 정치체제와 안보상황이 상이하기 때문에 정보감독의 방식, 유형 그리고 효율성도 각기 다양하다. 예를 들어, 대통령 중심제를 채택하고 있는 정치체제는 내각책임제 국가와는 다른 방식으로 정보기관에 대한 통제력을 행사하게 될 것이다. 또한, 심각한 안보위협에 처해 있는 국가와 그렇지 않은 국가 간에 정보기관에 대한 통제의 정도에 차이가 있을 것이다. 그러한 차이점에도 불구하고 공통적인 현상은 정보기관에 대한 통제가 현실적으로 쉽지 않다는 것이다. 이는 기본적으로 정보기관이 비밀보안을 생명처럼 여기는 조직이고, 그들이 수행하는 정보활동은 엄격히 비밀에 싸여 있기 때문이다.

정보기관과 그들이 수행하는 정보활동에 대한 통제 또는 감독 기능은 어느 한 부처의 전유물이 아니고 행정부, 입법부, 사법부 등 모두에게 공통으로 부여된 책임이다. 물론 어떤 부처가 정보감독의 주도권을 갖고 어떤 방식으로 감독활동을 수행하는지, 즉 정보감독의 유형은 국가마다 다양하다. 미국의 경우 입법부, 사법부, 행정부 등 삼권분립의 원칙이 엄격히 유지되기 때문에 의회가 행정부 산하의 정보기관들에 대해 신랄하게 비판하고 감독하는 모습을 보인다. 그러나 의원내각제를 채택하고 있는 국가의 경우 삼권분립이 다소 모호하기 때문에 정보기관에 대해서도 엄격한 견제와 균형이 유지되기 어렵다. 예를 들어, 의원내각제를 채택하고 있는 영국의 경우 의회 정보위원회 위원들은 자신들의 관리통제하에 있는 장관이나 정보기관을 비판하는 데 부담스러운 입장일 것이다.[170] 대부분의 민주주의 국가에서는 삼권분립 원칙에 따라

169) Leigh(2007), p.75.
170) Hans Borns and Marina Caparini, (eds.), *Democratic Control of Intelligence Services: Containing*

사법부가 행정부에 대한 견제 기능을 담당한다. 그런데 일부 민주주의 국가에서는 삼권분립 원칙이 다소 모호하여 사법부의 엄격한 독립성이 유지되지 않기 때문에 사법부가 정보기관의 활동에 대해 감독 또는 판단하는 역할을 수행하는데 부담을 가지기도 한다. 이 경우 법원은 전통적으로 정보활동분야에 관해서는 행정부의 입장을 존중하는 태도를 보인다.[171)]

한편, 국가이익과 국가안보의 우선순위가 어떻게 설정되는가에 따라서 정보활동과 그것에 대한 민주적 통제의 방향이 다르게 전개될 수 있다.[172)] 국가의 안보가 심각하게 위협받는 상황에 처하게 될 경우 정보활동에 대한 통제가 완화되는 경향을 보인다. 예를 들어, 2001년 9/11 테러 이후 발효된 미국 애국법(USA Patriot Act)은 의회의 정보기관에 대한 통제활동을 완화시키려는 취지에서 제정되었다. 그동안 의회의 지나친 정보감독과 통제로 인해 국내 전복세력에 대한 감청 등 정상적인 정보활동조차 제대로 수행되지 못했고, 그로 인해 9/11 테러 용의자를 사전에 색출하는데 실패했다는 지적이 있었다.[173)] 이러한 지적에 따라 미국 애국법은 국내 전복세력을 대상으로 정보수집활동을 강화시키려는 취지에서 감청 등 기타 감시활동에 대한 FISA 재판부의 영장심사 의무를 한시적으로 완화하는 내용을 포함하고 있다. 이처럼 국가안보에 우선순위를 둘 경우 정보기관에 대한 의회의 통제가 완화됨으로써 정보활동이 보다 활발하게 수행될 수 있을 것이다.

여기서 문제는 정보기관이 행정부 또는 의회로부터 통제를 덜 받게 되면 권력을 남용할 소지가 있고, 그로 인해 개인의 기본권에 대한 침해가 발생할 우려가 있다는 것이다. 역으로 국가적으로 안보 위협이 그다지 심각하지 않을 경우 정보기관에 대한 통제력이 강화됨으로써 인권, 언론자유, 준법, 견제와 균형 등 사회의 기본적 가치가 유지될 수 있을 것이다. 그러나 지나친 정보감독과 통제로 인해 정상적인 정보활동조차 제대로 수행되기 어려운 여건에 처하게 됨으로써 궁극적으로 국가안보에 심각한 손실을 초래할 수 있다. 이처럼 국가안보와 정보통제는 상호 모순적이어서 한편에 지나치게 편중되면 다른 한편에 심각한 문제가 야기될 수 있다. 즉 국가안보에 우선순위를 두면 정보통제가 완화됨으로써 개인의 기본권이 침해되고, 정보통제에 우선순위를 두면 정보활동이 위축되어 국가안보에 심각한 손실이 발생하게 되는 것이다. 물론 양자 간의 적절한 조화와 균형을 이루는 것이 가장 바람직하겠지만 그것이 실현되기가 매우 어렵

Rogue Elephants(Burlington, VT: Ashgate Publishing Company, 2007), p.14.

171) Borns and Caparini(2007), p.16.

172) Hastedt(1991), pp.9-10.

173) *The 9/11 Commission Report.*

다는 것이다.

　미국을 비롯하여 대부분의 민주주의 국가에서 정보기관에 대한 통제가 기대한 만큼 만족스럽게 수행되고 있지는 않는 듯하다. 미국은 일찍이 의회의 정보감독 시스템을 도입하여 아마도 가장 모범적으로 정보기관에 대한 감독활동을 수행하고 있는 나라로 인정받고 있다. 그럼에도 불구하고, 앞 절에서 살펴보았듯이 미국에서도 정보기관에 대한 의회의 감독활동이 여러 가지 한계에 부딪혀 그다지 효과적이지 않은 것으로 평가되고 있다. 행정부의 경우 산하기관인 정보기관에 대해 직접적인 관리감독 권한을 가지고 있음에도 불구하고 현실적으로 통제력을 행사하는데 한계가 있다. 예를 들어, 행정부의 최고정책결정자는 정보활동이 잘못되었을 경우 그에 대한 자신의 책임을 모면하기 어렵기 때문에 정보기관에 지나치게 밀착하는 것을 원치 않을 수 있다. 그 때문에 행정부의 최고정책결정자조차도 정보기관에 대한 통제에 대해서 적극적인 태도를 갖지 않는 경향을 보이기도 한다.174)

　앞에서 언급했듯이 정보기관에 대한 통제가 어려운 결정적인 요인은 일반 행정부처와 다르게 정보기관은 비밀리에 업무를 수행하기 때문이다. 정보기관의 조직과 활동의 비밀성이 보장되지 않으면 정보활동을 효과적으로 수행할 수 없으며, 그로 인해 국가안보 목표를 성공적으로 달성할 수 없다. 따라서 정보활동의 비밀성을 보장하면서 정보기관에 대한 통제력을 효과적으로 행사할 수 있는 방안이 마련되어야 할 것이다.

　어떻게 하면 정보기관의 조직 또는 활동에 대한 비밀성을 최대한 보장하면서 통제활동을 효과적으로 수행할 수 있을까? 행정부는 정보기관에 대해 직접적인 관리감독 권한을 가지고 있을 뿐만 아니라 고도의 전문성을 갖추었기 때문에 가장 효과적으로 통제력을 행사할 수 있을 것으로 기대된다. 그러나 종종 행정부의 최고정책결정자가 정보기관과 지나치게 밀착됨으로써 객관적인 정보통제에 어려움이 있다. 이러한 문제점을 극복할 수 있는 방안으로서 의회를 통한 정보감독제도가 도입되었던 것이다. 실제로 대부분의 민주주의 국가에서 의회가 정보기관에 대한 감시감독활동을 수행하도록 법적으로 제도화되어 있다. 그런데 의회는 행정부와 비교하여 정보기관에 대한 감독기능을 수행하는데 필요한 전문성이 부족하다. 사법부의 경우 재판을 통해 사법적 판단을 내릴 수 있기 때문에 비밀정보활동으로 인해 침해될 수 있는 개인의 기본권을 보호하는데 효과적으로 대응할 수 있다는 장점이 있다. 그러나 사법부의 정보통제는 정보활동과 관련하여 제기된 소송에서 판사가 법리적 해석을 내리는 것으로 제한되기 때문에 그 역할이 매우 협소하다. 언론은 비윤리적이고 불법적인 정보활동의 실태를 공개함으

174) Hastedt(1991), p.13.

로써 국민들의 알권리를 충족시키고 나아가 올바른 방향으로 정보활동이 수행되도록 정보기관을 감시하는 역할을 수행한다. 그러나 언론은 잘못된 정보활동에 대해 보도하는 방법 외에 다른 직접적이고 공식적인 수단이 없어 정보기관을 통제하는데 한계가 있다.

이처럼 정보통제와 관련하여 행정부, 입법부, 사법부, 언론 등은 각각 장단점을 가지고 있는 반면 일괄적으로 어떤 기관이 어떤 방식의 통제 활동을 수행하는 것이 효과적이라고 단정 짓기는 어렵다. 정보기관과 그들이 수행하는 정보활동에 대해 적정 수준의 통제가 분명히 요구되는 반면 어떤 수단 또는 방식이 효과적인지는 국가체제의 특성 또는 국가가 처한 안보상황에 따라 각각 다를 수 있다. 다만, 대부분의 민주주의 국가에서 의회는 법률에 의해 정보기관에 대한 감독활동을 수행하는 공식적인 기구로 인정된다. 그런 점에서 의회가 주축을 이루면서 행정부, 사법부, 언론 등 관련 부처들이 서로 협력하여 정보기관을 통제하는 방안이 고려된다. 의회가 다양하면서도 강력한 권한을 활용하여 정보감독활동을 주도하는 가운데 행정부의 전문성, 사법부의 공정한 재판 그리고 언론의 적극적인 공개 등이 결합될 때보다 효과적인 통제가 이루어질 수 있을 것이다. 요컨대, 정보기관에 대한 통제활동을 어느 한 부처의 소관업무로 맡겨두기보다는 모든 관련 부처들이 서로 협력할 때보다 성공적인 결과를 얻을 수 있을 것으로 기대된다.

제 5 편

국가정보와 국가정보학의 발전방향

National Intelligence Studies

- 제17장 정보환경 변화와 국가정보의 발전방향
- 제18장 국가정보학의 향후 연구방향

제17장

정보환경 변화와 국가정보의 발전방향

제1절 정보환경의 변화

탈냉전, 세계화 또는 정보화로 표현되는 오늘의 세계는 하루가 다르게 급변하고 있다. 컴퓨터와 통신 네트워크의 비약적인 발전에 따른 정보화 혁명은 인간의 모든 삶을 획기적으로 변화시키고 있다. 오늘날 인터넷과 위성통신 등 초국가적 정보통신망의 등장으로 개인, 시민집단, 기업, 국가, 초국가적 기구 등 다양한 행위자들이 서로 직접 연결되고 있다. 이에 따라 이들 행위자들 간의 교류양식이 근본적으로 변화되고 있으며, 이러한 변화가 개개인의 생활양식을 비롯하여 국내 및 국제사회의 정치, 경제, 사회, 문화 등 제반 영역에 엄청난 영향을 미치고 있다.

우선, 인터넷을 비롯한 정보통신수단의 혁명적인 발전에 힘입어 국경을 초월한 가상적 세계(virtual community)에서 다양한 활동이 전개되고 있다. 이에 따라 국가의 전통적인 영역인 영토와 주권이 약화되는 반면, 개인, 다국적기업, NGO 등 초국가 행위자들의 역할이 강화되고 있다. 특히 가상공간은 국경 없는 공간이기 때문에 해커들의 침입에 무방비 상태로 노출되어 있으며, 여기서 국가들 간 또는 국가와 비국가행위자들 간 다양한 유형의 정보전이 치열하게 전개되고 있다. 정보화는 전쟁의 양상까지 변화시키고 있다. 과거 산업화 시대의 전쟁은 파괴력을 가진 무기를 얼마나 보유하고 있는가에 따라서 승패가 결정되었다. 특히 지난 20세기는 핵무기를 보유한 국가가 군사강국으로 부상했다. 그러나 정보화가 심화되는 미래의 전쟁은 정보전이 될 것이며 정보력이 우세한 군대가 승리하게 될 것이다.

한편, 2001년 9/11 테러 사건이 발생하면서 국제테러리즘은 국제사회의 평화와 안정을 심각하게 위협하는 요인으로 부각되었다. 미국은 9/11 테러 사건을 계기로 국제사회에서 소위 팍스 아메리카나(Pax Americana)를 더욱 강력히 구축하고자 시도하고 있다. 세계적으로 압도적인 군사력을 유지하고 있던 미국의 군사력은 9/11을 기점으로 더욱 증강되었다. 9/11 이후 부시 행정부의 일방주의적 패권추구는 국제사회의 또 다른 불안정 요인으로 지목되기도 했다. 이에 따라 21세기 정보화·세계화의 시대적 조류와는 상반되게 전통적인 군사력 중심의 안보질서가 다시 부활하는 조짐도 보였었다.

그러나 21세기 정보화와 세계화의 조류가 확산될수록 전통적인 군사력에 바탕을 둔 안보개념은 점차 퇴색하게 될 것으로 보인다. 정보화·세계화의 진전에 따라 안보환경과 개념이 획기적으로 변화할 것이다. 무엇보다도 국제사회의 실상은 단순히 국가 간 갈등과 투쟁의 연속만으로 볼 수 없을 만큼 매우 복잡하게 변화되었다. 국가 간 무역과 교류가 획기적으로 증가하고 있는 상황에서 상호 협력의 필요성이 증대하게 되었다. 또한 환경오염으로 인한 오존층 파괴, 자원의 급속한 고갈, 전 세계적 식량위기 등의 문제는 국가 단독으로 해결될 수 없고 여러 국가들이 상호 협력을 통해서만 해결이 가능한 문제이다. 이처럼 새롭게 변화된 안보환경에서 전통적인 방식으로는 안보위협에 적절히 대응할 수 없다. 따라서 이를 극복하기 위한 새로운 대응방안이 요구된다.

국가정보는 국가안보 목표를 달성하기 위한 수단이다. 국가안보의 목표를 충실히 달성하기 위해 국가정보체계는 새롭게 부각되는 안보위협 등 대내외 안보환경의 변화에 신축성 있게 부응해야 할 것이다. 21세기 국가정보체계에 영향을 미칠 수 있는 환경변수로써 세계화, 정보화, 민주화 등을 들 수 있겠다. 다음에서 이러한 변수들이 국가정보환경에 미치는 영향을 개괄적으로 검토해 본다.

첫째, 안보적 차원에서 세계화는 대량살상무기, 사이버 범죄, 종족분규, 테러리즘, 마약밀매, 환경 파괴, 전염병의 확산 등 초국가적 위협의 범위와 유형을 확대시키고 나아가 심화시키고 있다는 점이 지적된다.[1] 초국가적 안보 위협들은 개인, 국가 내 다양한 이익집단, 다국적 기업, 국제조직, 테러리스트 등 주로 비국가행위자들(non-state actors)에 의해 주도되고 있다. 이러한 비국가행위자들이 국경을 초월하여 활동함에 따라 이들이 국제사회에서 차지하는 비중과 역할이 증대하게 되었다. 이에 따라 안보의 논의 대상이 국가 중심적인 사고를 벗어나게 되었으며, 안보 위협의 영역 또한 국가의 영토에 한정되는 것이 아니고 전 지구적 차원으로 확대되었다. 무엇보다도 각종 국제기

---

1) Lynn E. Davis, "Globalization's Security Implications," pp.1-2, www.rand.org/publications/IP/IP245/IP245.pdf.(검색일: 2004년 10월 25일).

구, 인종 및 문화에 근거한 집단, 테러 집단, 심지어 범죄조직에 이르기까지 비국가적 행위자들은 때때로 국가를 능가하는 수준의 무력을 갖추고 있어 국제사회에서 국가 이상의 심각한 안보 위협 요인으로 부각되기도 한다.[2]

이처럼 세계화의 추세와 더불어 국제사회의 쟁점 현안으로 부각되고 있는 초국가적 안보 위협들은 위협의 주체, 대상과 범위, 대응방식 등 여러 가지 측면에서 전통적인 국가 중심의 안보 위협과는 다른 양상을 보여준다. 그런 점에서 새로운 초국가적 안보 위협에 대한 국가정보체계의 대응방식도 변화될 것을 요하고 있다. 과거에는 주로 국가 중심으로 정보활동이 이루어졌지만, 이제는 개인, 국가 내 다양한 이익집단, 다국적 기업, 테러리스트 등 비국가행위자들에 대해 정보를 수집하고 분석해야 할 임무가 추가되었다. 이는 곧 정보수집과 분석의 대상이 그만큼 넓어졌다는 것을 의미하며, 역으로 정보역량이 분산화 됨에 따라 정보 생산활동의 효율성이 저하될 수도 있다.

한편, 초국가적 안보 쟁점 또는 위협은 대응방식에 있어서도 전통적인 안보 위협과는 다르다. 전쟁이나 군사적 위협 등 전통적인 안보 위협에 대해서는 국가들 간의 동맹관계, 세력균형, 집단안보 조치 등에 초점을 두는 현실주의적 접근방법으로 어느 정도 해결이 가능했다. 그러나 국제범죄, 마약, 테러리즘, 환경오염 등 초국가적 안보 쟁점들은 현실주의적 인식 틀을 크게 벗어나 있다.[3] 초국가적 안보 쟁점들은 대부분 국제관계 행위자들 간의 상호 의존성 확대 및 심화로 인해 발생하는 문제들인 만큼 그 해결책도 행위자들 간의 긴밀한 협조에 바탕을 두어야 한다.[4] 세력균형, 군비증강, 동맹 등 전통적인 안보위협에 대한 대응책들은 대체로 '안전보장 딜레마'를 야기하기 때문에 행위자들 간의 협력이 매우 어렵다. 그러나 전염병의 확산, 환경파괴, 국제테러리즘, 마약밀매 등 초국가적 쟁점들은 문제 해결을 시도하는 행위자들 간에 이해의 공감대가 쉽게 형성될 수 있기 때문에 반드시 안보 딜레마를 야기하지는 않는다.[5] 따라서 행위자들 간의 상호 이해와 협력을 바탕으로 하는 공동안보 또는 협력안보와 같은 접근방법을 활용하게 될 경우 보다 효과적으로 해결될 수 있다는 특징을 가진다.

사실 군사안보와 같은 전통적인 안보위협에 대해서는 인간정보(HUMINT), 기술정보(TECHINT) 등 모든 수단을 동원하여 국가들 간의 치열한 첩보전쟁이 전개되고 있어

---

2) 이상현, "정보화시대의 국가안보: 개념의 변화와 정책대응," 국제관계연구회 편, 『동아시아의 국제관계와 한국』(서울: 을유문화사, 2003), p.6.

3) Michael Brown, The Rise of China(Cambridge, MA.: MIT Press, 2000); 최종철, "초국가적 안보 위협과 한국의 안보: 새로운 인식과 대응책 구상," 국방대학교 안보문제연구소, 『한국안보의 주요 쟁점과 전략』, 안보연구시리즈 제1집, 제1호(2000), p.20.

4) 최종철(2000), p.21.

5) 최종철(2000), p.21.

정보협력이 불가능하다. 그러나 국제범죄, 마약, 테러리즘, 환경오염 등 초국가적 안보 위협의 경우 안보딜레마가 발생할 가능성이 낮기 때문에 국가들 간의 정보협력이 비교적 원활하게 이루어질 수 있다는 것으로 해석된다.

둘째, 세계화의 진전에 따라서 위협의 대상과 범위가 전통적인 군사적 영역뿐만 아니라 비군사적 영역으로까지 확대되었다. 세계화는 때로 전 세계의 국가들에게 심각한 경제적인 위기와 충격을 야기함으로써 경제안보를 위협하는 요인으로 여겨진다. 1995년에 발생된 멕시코의 금융위기나 1997년에 발생된 한국·태국·인도네시아 등 동아시아 여러 나라의 금융위기도 자본주의 경제의 세계화 확대에 따라 발생된 현상으로 보아야 할 것이다. 이 밖에 환경오염으로 인한 오존층 파괴, 자원의 급속한 고갈, 전 세계적인 식량 위기 등은 단순히 국가 차원의 문제를 넘어서 지구촌에 거주하는 모든 인류를 위협하는 요인으로써 쟁점화 되기에 이르렀다. 이에 따라 안보의 범위가 군사적 요소에서 경제, 자원, 환경·생태 등을 포함하는 비군사적 요소들로 확대되었다. 또한 오늘날 컴퓨터와 통신 네트워크가 전 세계적으로 확산됨에 따라서 컴퓨터 해킹이나 바이러스 유포 등을 비롯한 사이버 범죄도 새로운 종류의 안보 위협 요인으로 부각되고 있다.

이처럼 안보 위협의 영역이 전통적인 군사안보뿐만 아니라 경제, 자원, 환경·생태 등 비군사적 요소로까지 확대되는 만큼 국가정보의 수집 목표 및 활동이 확대되는 결과를 초래하였다. 이처럼 수집 목표가 다양해지고 다양한 분야의 첩보들이 상호 복잡하게 연계되기 때문에 이를 체계적으로 파악하기 위해서는 종합적 정보체계의 확립이 요구된다. 어쨌든, 안보의 위협이 다양한 분야로 확대된 만큼 국가정보 역시 특정분야에 한정된 정보가 아닌 국방, 경제, 환경, 외교 등 모든 분야를 통괄하여 종합적인 시각에서 작성된 정보가 되어야 한다. 이에 따라 국가정보활동은 특정 부처에 제한된 좁은 범위를 벗어나 보다 높은 수준 즉 국가안전보장과 국가이익이라는 대국적 차원에서 수행되어야 할 것이다.

셋째, 정보화시대에 들어서서 새로운 안보 위협으로서 컴퓨터와 통신망을 활용한 가상세계에서 벌어지는 '정보전(cyberwar 또는 information warfare)'[6]이 부각됨에 따라 이에 대한 국가정보체계의 적극적인 대응노력이 요구되고 있다. 정보전이란 "해커, 범죄조직, 또는 적국(敵國)의 물리적 및 논리적인 공격으로부터 자국의 주요 정보통신 기반구조를 보호하는 한편 필요시 적국의 주요 기반구조를 공격하여 상대적 우위를 선점하기 위한 방어 및 공격 행동을 의미하는 것"으로 본다.[7] 이미 미국을 비롯하여 세계

---

6) 정보전과 관련하여 information warfare, cyber war, net war 등 다양한 용어들이 사용된다.

각국에서 정보전으로 인한 피해사례가 속속들이 발견되고 있으며, 이에 대응하기 위해 국가들이 각고의 노력을 기울이고 있다.

정보전은 선전포고도 총성도 전선도 따로 없는 새로운 유형의 전쟁이다. 그것은 크루즈 미사일이나 전투기를 동원하는 재래식 전쟁과는 달리 전 세계를 거미줄처럼 연결하고 있는 컴퓨터 통신망의 가상공간에서 이루어지는 전쟁이다. 정보전은 인명살상이나 물리적 파괴뿐만 아니라 컴퓨터망 교란, 전자폭탄 등을 이용하여 국가 주요 기반구조를 무력화 또는 파괴시켜 국가 경제에 막대한 손실을 초래하는 활동을 포함한다. 정보전은 재래식 전쟁과는 달리 별도의 전투지역이 없고 통신망이 깔려 있는 곳이면 어디서든 공격이 가능하며, 은밀한 공간에서 단순히 컴퓨터 조작만으로 공격이 가능하기 때문에 사전 예측이 불가능하다는 특징이 있다. 무엇보다도 정보전은 컴퓨터 단말기 조작으로 간단하게 공격할 수 있기 때문에 최소의 노력과 금전적 투자로 테러 효과를 극대화할 수 있다. 이처럼 전투지역의 광역화, 사전예측 불가, 피해규모의 대형화 등의 특성을 가진 정보전은 재래식 전쟁의 양상과는 판이하게 다른 형태로 전개되기 때문에 재래식 전쟁의 방식으로는 적절히 대응할 수 없다.[8)]

어쨌든, 정보전은 이제 현실이며, 자칫 대응노력을 게을리 할 경우 국가 정보기간망 파괴로 인한 경제적 손실은 물론 국가 전체의 안전보장에 엄청난 피해를 가져오게 된다. 향후 국가들 간에 정보전(information warfare)이 치열하게 전개될 것이며, 이에 대한 국가적 차원의 대응 노력이 요구된다. 또한, 해킹, 컴퓨터 바이러스 유포 등 사이버 범죄를 차단하는 노력도 함께 기울여야 할 것이다.

넷째, 정보혁명은 국가정보기관의 고유 업무인 '비밀'의 생산과 정보소비자의 태도에 중대한 변화를 초래하고 있다.[9)] 국가정보기관은 일반 부처와는 달리 비밀 자료를 수집·생산·배포하는 활동을 수행한다. 그러나 정보화가 진전되면서 인터넷을 비롯한 비밀 자료보다는 공개 자료를 통해서도 얼마든지 유용한 정보를 획득할 수 있게 되었다. 이에 따라 비밀리에 첩보수집활동을 수행할 필요성이 점차 감소되고 있다. 이미 인터넷을 비롯한 공개출처 첩보 자료로 나와 있는 것을 알지 못하고 많은 시간과 노력을 들여서 비밀리에 수집하고자 애쓰는 어리석음을 범하기도 한다. 때로 상업용 정보, 언론 보도, 학술단체의 논문들, 연구소의 연구보고서 등이 정보기관의 자료보다도 더 신빙성 있고 유용하게 활용될 수 있다는 주장도 제기된다.[10)] 실제로 랜드셋(LANDSAT)

---

7) 한국정보보호센터, 『가상정보전(Cyber-War) 대응 계획』(1998.6). p.2.
8) Roger C. Molander, Strategic Information Warfare: A New Face of War, RAND National Defense Research Institute, November 1995, pp.19-20.
9) 문정인, "국가안보와 국가정보," 문정인 편, 『국가정보론』(서울: 박영사, 2002), pp.11-14.

이나 스팟(SPOT)과 같은 상업용 위성이 주요 첩보출처로서 정보분석에 활용되고 있다. 또한 중장기 경제정보 판단의 경우 정보기관보다는 민간의 경제연구소들이 훨씬 더 전문성을 갖고 있으며, 이들의 판단이 보다 신빙성이 있는 것으로 인정된다. 물론 정보기관이라고 모든 분야에 경쟁력을 갖출 필요는 없다고 본다. 따라서 경제를 비롯하여 전문성이 미흡한 분야에 대해서는 전문성을 갖춘 학자 또는 연구소에서 나온 공개첩보를 활용하는 것이 보다 경제적일 것으로 판단된다.

한편, 정보혁명은 정보의 생산 및 배포체계에 있어서 일대 변화를 야기하였고, 이에 따라 정보소비자의 태도에 획기적인 변화가 나타나고 있다.[11] 과거에는 정보기관을 비롯하여 정부의 일부 기관들이 정보를 독점하는 경향이 많았다. 정보의 흐름이 정부의 일부 기관들에게만 집중됨에 따라 일반 국민들은 고급 정보를 접하기가 매우 어려웠다. 그러나 오늘날 컴퓨터와 인터넷의 보급이 확산됨에 따라 개인들도 필요한 정보를 얼마든지 얻을 수 있고, 때로 중요한 정보를 인터넷을 통해 배포함으로써 정부의 일부 기관에게 집중되었던 정보의 독점체계가 무너지고 정보공유가 과거 어느 때보다도 활성화되고 있다.[12]

그리고 정보공유가 활성화됨에 따라 정보소비자의 태도에 있어서도 상당한 변화가 나타났다. 민간 부문의 정보소비자들은 과거 정보 흐름에 수동적인 태도를 보였다. 그러나 이제는 정보의 흐름에 보다 적극적으로 개입할 수 있는 능력과 여건을 갖추었다. 과거에 민간 부문의 정보소비자들은 정부기관에서 배포하는 정보들을 일방적으로 수용하는데 그쳤으나, 이제는 배포된 정보의 신뢰성과 타당성을 판단하고 때로 비판적인 입장을 취하기도 한다. 타당성이 떨어지거나 유용하지 않은 정보는 정보소비자들의 관심을 끌기 어려우며, 때로 정보소비자들로부터 호된 비판을 받게 될 수도 있다는 점에 유의해야 한다.[13] 과거의 관성에 따른 상투적인 정보수집·분석·배포만으로는 까다로워진 정보소비자의 구미를 만족시킬 수 없다는 점이 강조된다. 따라서 정보기관은 보다 전문화되고 신뢰성 있는 정보생산을 위해 노력해야 할 것이다.[14]

마지막으로 탈냉전기 민주화의 진전도 국가정보체계에 중요한 영향을 미치게 될 것으로 보인다. 냉전의 붕괴와 함께 세계 도처에서 민주화가 진행되고 있다. 과거 사회

---

10) 문정인(2002), pp.12-13.
11) 문정인(2002), p.14.
12) Bruce D. Berkowitz and Allan E. Goodman, *Best Truth: Intelligence in the Information Age*(New Haven: Yale University Press, 2000), pp.17-21; 문정인(2002), p.14에서 재인용.
13) 문정인(2002), p.14.
14) 문정인(2002), p.14.

주의 종주국으로서 전체주의 독재체제였던 소련과 동구권이 붕괴하고 나서 자본주의적 시장경제체제의 도입과 함께 전 세계적으로 민주화가 진행되고 있다. 러시아가 꾸준히 민주화 과정을 진행하고 있고, 폴란드, 체코, 헝가리 등 동구권 사회주의 국가들도 민주체제로 변화되어가고 있다. 한국, 대만, 중남미 국가들도 과거 권위주의 정권이 몰락하고 민주화가 착실히 진행되는 와중에 있다.

이러한 민주화 움직임은 정보기관의 기능 및 활동에도 변화를 요구하고 있다. 과거 독재정권 또는 권위주의 정권하에서 정보기관은 정보를 독점하고 막강한 권한을 행사했다. 그러나 민주화가 진전되면서 국민들이 알권리를 내세우며 정책의 공개성과 책임성을 요구하고 있다. 민주화의 진행은 범세계적 추세이며, 이와 함께 정보기관에 대한 견제와 통제가 강화되는 추세에 있다. 이미 미국을 비롯한 여타 민주주의 국가들에서는 정부의 비밀성에 대한 회의감으로 말미암아 일찍부터 의회가 정보기관들에 대한 통제권을 강화시키는 조치들을 취해 왔다. 민주화의 흐름에 따라 정보기관에 대한 의회, 대중매체, 국민의 감시활동 증가는 곧 비밀정보활동의 여건이 악화되었음을 의미한다. 여기서 비록 정보기관의 효율성이 저해되는 한이 있더라도 민주주의적 가치는 절대적으로 존중되어야 한다. 어떤 면에서 국가정보와 민주주의 간에 양립할 수 없는 어려움이 있지만, 국가정보활동은 민주적인 가치를 최대한 존중하는 가운데 이루어져야 할 것이다. 따라서 정보기관은 민주화에 따른 감독과 통제에 따른 제약을 받으면서도 비밀정보활동을 효과적으로 수행할 수 있는 방안을 모색해 보아야 할 것이다.

제 2 절 한국 국가정보체계의 발전방향

지금까지 세계화, 정보화, 민주화 등의 변수들이 21세기 국가정보체계에 어떻게 영향을 미칠 것인가를 개괄적으로 검토해 보았다. 다음에서 이러한 변수들이 한국적 특수 상황에 어떻게 적용될 수 있는가를 살펴보기로 한다. 즉 한국은 현재 어떤 정보환경에 처해 있고 그러한 상황에 대해 지금까지 어떠한 대응노력들을 기울였으며, 향후 한국의 국가정보체계를 발전시키는 바람직한 방향이 무엇인가를 간략히 논의해 보기로 한다.

탈냉전기 정보화·세계화의 추세와 함께 김영삼 정부가 출범하면서 국민들의 민주화 요구가 거세게 일어났다. 국가정보체계에 대해서도 국민 여론은 정보활동의 효율성

제고, 정보의 공개화, 정보 예산 및 인원의 감축, 수사권 및 보안감사권 폐기 등 많은 요구사항들을 제기하였다. 이러한 국민적 요구에 부응하여 국가안전기획부에 이어 국가정보원에서는 자체적으로 국가정보체계의 여러 가지 문제점들을 색출하고 이를 개선하기 위한 노력들을 기울여왔다.

예컨대, 김영삼 정부 당시 국가안전기획부는 탈냉전기 새로운 안보개념의 변화에 부응하여 이미 국가정보목표우선순위(priorities of national intelligence objectives, PNIO)를 재조정했으며, 영상 및 기술정보수집에 투자를 확대하고자 노력해 왔다. 또한 대학졸업자 가운데 우수한 인력들이 대거 정보요원이 되고자 지원하였고, 박사 및 석사 등 전문성을 지닌 우수한 인력들을 채용하여 인적 자원이 점차 향상되는 모습을 보이고 있다. 또한, 김영삼 정부 출범 이후 안기부법 개정과 보안감사 기능의 철폐를 통해 안전기획부의 권력남용을 막기 위한 제도적 개선이 이루어졌다. 그리고 탈냉전기 국가안보 목표의 정보수집 대상의 다변화도 PNIO의 재조정과 함께 이루어져 정보수집 범위가 대북한 방첩 및 수집활동은 물론 경제, 환경, 사회문화, 과학기술 등 다양한 분야까지 확대되었고, 국제조직범죄, 마약, 테러리즘 등의 문제에 대응코자 외사방첩 관련 부서를 새로이 설립하여 운용하고 있다.

한편, 한국은 남북분단이라는 특수한 여건에 처해 있기 때문에 정보화·세계화의 추세에 따른 안보환경의 변화, 즉 초국가적인 안보위협들이나 비군사적 안보 위협들에 제대로 대응하기 어려운 상황이다. 사실 한국은 탈냉전에도 불구하고 여전히 북한과 군사적으로 대치하고 있어 냉전시대와 다를 바가 없다. 이러한 상황에서 우리 정보수집 및 활동은 대북분야에 대한 첩보수집 및 방첩활동에 치중할 수밖에 없다. 현재 CIA를 비롯한 선진 정보기관의 경우 군사부문 이상으로 비군사적인 부문 즉 산업기술, 경제, 환경, 마약, 국제조직범죄, 테러리즘 등에 많은 정보활동을 수행하고 있지만, 한국의 경우 제한된 인원과 예산을 고려 한정된 부문 특히 대북분야에 대한 정보활동에 우선순위를 두어야 하는 실정이다.

국가정보의 공개화 역시 국민적 공감대 형성을 위해 장기적으로 추진해야 할 중요한 과제로서 국가정보원을 비롯한 정부기관들이 나름대로의 노력을 기울이고는 있지만, 현재 한국이 처한 특수한 여건에서 실행상의 어려움이 많다. 특히, 남북이 이념적으로 뿐만 아니라 군사적으로 대결하고 있는 현재 한국의 여건에서 정보의 선택적 공개마저 사실상 쉽지 않을 것이다. 그럼에도 불구하고 국민은 납세자로서 국가정보기관의 활동에 대해 알권리를 갖고 있으며, 국가정보기관 역시 원칙적으로 국가안보에 위배되지 않는 한 국민의 알권리를 선택적으로 충족시킬 수 있도록 대국민 정보서비스를 보다 확대·실행토록 노력해야 할 것이다.

국가정보체계의 향후 개선 방향은 크게 두 가지, 즉 (1) 국가정보체계의 '효율성'과 (2) '민주화' 제고로 집약된다. 이는 앞에서 언급한 세계화·정보화 추세와 국내정치 민주화에 대한 대응방안이면서, 향후 국가정보체계가 지향해 나아가야 할 목표라고도 할 수 있겠다. 국가정보체계의 효율성을 제고하는 방안으로서는 (1) 국가정보원과 같은 국가정보기관에 복잡 다양한 부문정보를 통합, 조정하는 기능이 부여되어야 하겠으며, (2) 한정된 인원과 예산으로 과도한 정보 요구를 충족시키기 위해서는 국가정보목표우선순위(PNIO)를 재조정, 국가안보에 긴요한 분야에 정보력을 집중하고, (3) 예산 및 인력관리를 효율화할 필요성이 제기된다. 그리고 국가정보체계의 민주화를 실천하기 위해서는 (1) 정보의 비밀성을 최대한 보장하는 범위에서 의회와 여론의 정보활동에 대한 감시기능을 유지하고, (2) 국민들의 정보 욕구를 충족시키는 방향으로 대국민 정보서비스를 확대하며, (3) 민간 부분의 정보연구활동을 장려하는 방안 등을 고려해 볼 수 있겠다.

이러한 정책의 결과로서는 국가정보체계의 효율성 향상을 통해 (1) 국가정보력이 증강되고, (2) 국가정보에 대한 국민적 신뢰감이 증진될 수 있겠다. 또한 국가정보의 민주화가 이루어지면 정보기관에 대한 국민적 지지와 존경을 획득할 수 있을 것이다. 국가정보력이 증강됨은 곧 물리적 측면에서의 국가 안보능력 향상을 의미한다. 그리고 국민적 신뢰감, 지지 및 존경 획득은 심리적 측면에서의 국민적 안정감을 확보해 줌으로써 전체적으로 국가 안보 역량의 향상을 가져올 것으로 기대된다.

그런데 문제는 정보의 '민주화'와 '효율성'이 현실적으로 양립하기 어렵다는 점이다. 정보의 민주화는 정보의 공개성과 책임성을 요구하는 반면, 정보활동은 비밀·보안을 통해 효율성을 극대화할 수 있기 때문이다. 이러한 모순은 미국의 CIA를 비롯한 선진 정보기관들조차 해결하지 못하고 있는 문제로서 아직까지 완전한 해결책은 없다. 특히, 북한과의 냉전적 군사대결을 지속하고 있는 한국의 현실 여건에서 정보의 민주화 요구에 부응하여 의회 및 여론의 지나친 정보 감시활동은 자칫 비밀성에 바탕을 둔 정보활동의 효율성을 크게 저해할 수 있다. 역으로 정보기구에 대한 의회와 대중 여론의 감시활동이 제대로 이루어지지 않으면 정보기구 스스로 또다시 국가안보가 아닌 정권적 이익에 악용되는 과거의 전철을 되풀이하게 될 위험이 있다. 이 경우 정보기관에 대한 국민적 불신이 증가되는 악순환을 거듭하게 될 것이다. 어쨌든, 현재로서 정보의 민주화와 효율성을 동시에 만족시킬 수 있는 뾰족한 해결책이 아직은 없으며, 이 문제에 대해서는 향후 지속적인 연구가 요청된다.

현재 한국의 국가정보는 매우 어려운 여건에 놓여 있다고 볼 수 있다. 탈냉전, 세계화 그리고 정보화의 흐름과 더불어 정보수집 대상 및 범위가 확대된 반면 정보기관의 인원과 예산을 확대할 수 없는 상황에 처해 있다.[15] 이처럼 어려운 여건에서 어떻게 하면 최선의 효과를 가져 올 수 있을 것인가? 어떻게 하면 최소의 인원과 노력으로 국가정보 역량의 극대화를 달성할 수 있을까?

우선, 제한된 예산과 인원을 효율적으로 활용 관리하는 방안이 마련되어야 하겠다. 콜비(William E. Colby) 전 CIA 국장은 정보요원은 많을 필요가 없고, 소수 정예화 하는 것이 더 중요하다고 주장했던바,[16] 이는 곧 정보요원의 전문성 향상을 의미한다. 그러나 예산에 관한 한 다른 견해가 있다. 『손자병법』에서 손자는 "지기(知己)는 비교적 용이하나 지피(知彼)는 비용을 물 쓰듯 해도 좋다"[17]고 했다. 그만큼 정보활동에 충분한 예산이 지원되어야 한다는 점을 강조하고 있다. 어쨌든, 충분한 예산의 뒷받침 없이 정보활동이 효과적으로 이루어질 수 없다는 점을 감안 정부와 국회는 정보기관의 예산에 관한 한 국가안보 차원에서 적극적인 지원이 요청된다.

둘째, 위에서 언급했던바, 한정된 인원과 예산으로 국가정보 목표를 효과적으로 달성하기 위해서는 국가정보목표우선순위(PNIO)의 재조정이 요구된다. 셔만 켄트(Sherman Kent)에 따르면 "무엇이 국가적 현안문제이고, 그것이 닥쳐올 다른 문제와 밀접히 연결되어 있는 지를 기준으로 설정하여 우선순위를 결정해야 한다"[18]고 했다. 우리의 경우 북한 정권이 존재하는 한 대북 군사정보가 가장 긴요한 현안으로 생각되는 바, 여기에 인원과 예산을 집중해야 할 것이며, 나머지 현안들 역시 중점을 두어야 할 국가안보 우선순위에 바탕을 두고 인원과 예산을 배분함으로써 최선의 효과를 가져

---

15) 문민정부 이후 정보기관의 예산 및 인원이 상당 부분 감축된 것으로 보도되었으나, 정확한 규모는 비밀사항으로서 여기서 구체적인 자료는 제시할 수 없다. 한편, 정보기관의 예산 및 인원 감축으로 인한 문제는 한국의 국가정보기관에만 국한된 것이 아니고, 탈냉전기 미국의 CIA를 비롯한 전 세계 대부분의 정보기관이 공통적으로 직면하고 있는 일반적인 추세로서 인식된다. 이에 대해서는 Robert Mandel, *The Changing Face of National Security: A Conceptual Analysis* (Westport, Connecticut: Greenwood Press, 1994), p.32 참조.

16) William E. Colby, "Recruitment, Training and Incentives for Better Analysis," Roy Godson, (ed.), *Intelligence Requirements for the 1980s: Analysis and Estimates*(New Brunswick: National Strategy Information Center, Inc., 1980), pp.163-171.

17) 손자는 적에 대한 정보실패가 곧 국민의 전 재산과 생명의 엄청난 손실을 가져온다고 주장하면서, 정보활동을 위해 충분한 비용이 필요함을 강조했다. 『손자병법』의 용간편(用間篇)에 나오는 원문을 그대로 적으면 다음과 같다. "凡興師十萬, 出征千里 百姓之費, 公家之奉, 日費千金, 內外騷動, 怠於道路 不得操事者, 七十萬家, 相守數年, 以爭一日之勝, 而愛爵祿百金, 不知敵之情者, 不仁之至也, 非人之將也, 非主之佐也, 非勝之主也." 노병천, 『도해 손자병법』(서울: 가나문화사, 1991), pp.308-309.

18) Sherman Kent, *Strategic Intelligence for American World Policy*(Princeton, N.J.: Princeton University Press, 1949, 1966 재판), p.38.

올 수 있을 것이다.[19)]

셋째, 국가정보의 종합적인 분석 기능을 강화시키는 것 역시 예산을 절감하면서 국가안보 목표를 효과적으로 달성할 수 있는 방안으로 고려될 수 있다. 전형적으로 미국이 일본의 진주만 기습을 예상하지 못했던 것은 모든 관련 정보를 총괄적으로 분석할 권한과 정보출처를 가진 중앙 집중화된 분석부서가 없었기 때문인 것으로 지적된다.[20)] 그런데 이 문제는 여전히 해소되지 않고 있었던 것으로 나타난다. 미 의회 9/11 진상조사위원회(National Commission on Terrorist Attacks upon the United States, 일명 9/11 Commission) 최종보고서에 따르면 미국은 정보통합관리의 실패로 9/11 테러를 무산시킬 수 있었던 10번의 기회를 놓치게 된 것으로 평가되었다.[21)] 미국 내 CIA, FBI, 국무부, 군, 국토안보 관련부처 등 관련 조직들 간에 통합된 정보 공유체제가 부재한 결과가 9/11 테러를 막지 못한 결정적인 요인인 것으로 지적되었던바, 정보의 종합분석 기능이 그만큼 중요하다고 볼 수 있다.[22)]

우리나라의 경우 국가정보체계는 국가정보원 이외에도 국방정보본부, 정보사, 기무사, 경찰, 외무부, 통일부 등의 기관들로 구성되어 있다. 여기서 국가정보원이 법적으로 부문정보의 통합·조정 기능을 갖고 있다고는 하지만, 부문정보기관들 간의 관료적 경합, 대립, 알력 등으로 인하여 사실상 정보교류가 원활히 이루어지지 않고 있으며, 국가정보원의 부문정보 통합·조정 기능도 다소 미흡한 실정이다.[23)] 이로 인하여 엄청

---

19) Mandel(1994), p.32.

20) 미국은 이러한 정보실패를 교훈 삼아 CIA를 설립하게 되었다. 미국 국가안전보장법 제101조에 따르면 CIA는 "국가안전보장에 관련되는 정보를 종합·평가하여 이를 관련 정부 부처에 배포하는 임무를 수행한다"라고 규정되어 있다. 그러나 사실상 CIA와 부문정보기관들 —국방정보국 (DIA), 국가안보국(NSA), 국무부의 정보조사국(INR) 등— 간에 정보교류 및 협력이 원활히 이루어지지 못했던 것으로 보인다.

21) 동 보고서에 따르면 미국 NSA는 2000년 1월 사전에 항로를 답사하기 위해 쿠알라룸푸르를 방문한 테러분자 3명의 통화를 감청하여 이들이 불순인물이라는 사실을 알았음에도 불구하고 유관기관에 이를 전파하지 않았던 것으로 드러났다. 또한 CIA는 2001년 3월 태국 당국으로부터 테러범 중 1명이 LA행 UA편에 탑승했다는 정보를 입수하고도 이를 FBI와 공유하지 않음으로써 이들의 미국 내 행동을 사전에 포착할 중요한 기회를 상실한 것으로 지적되었다. 그리고 FBI 본부는 미니에폴리스 지부에서 체포한 이슬람인 비행 훈련생을 CIA의 알 카에다 관련 정보와 연계시키지 않고 단순히 추방시키는 조치만 취함으로써 용의자 심문을 통해 얻을 수 있는 중요한 단서를 놓치게 된 것으로 드러났다. National Commission on Terrorist Attacks upon the United States(일명, the 9/11 Commission), The 9/11 Commission Report, http://www.gpoaccess.gov/ 911(검색일: 2004년 10월 9일).

22) *The 9/11 Commission Report.*

23) 이러한 정보기관의 관료주의적 병폐는 미국 CIA를 비롯한 선진 정보기관들에서도 고질적인 문제로 지적된다. 이에 대해서는 Berkowitz and Goodman(2000), pp.160-167 참조. 한편, 국가정보원의 부문정보 통합·조정 부여가 '정보 민주화'에 역행된다는 주장이 제기될 수도 있다. 그러나 이는 기본적으로 부문정보기관들 간의 부처 이기주의 때문에 동일한 사안의 정보활동에 인원과 예산이 중복 투자되는 되는 결과를 초래함으로써 국가정보체계가 비효율적 운용되는 사례를 방지하자는 의도에서 제기 되었던바 '정보 민주화' 추세를 심각하게 저해하지는 않을 것으로 본

난 재원과 인력, 그리고 정보의 낭비를 초래하고 있다. 따라서 국가정보기관으로서 국가정보원이 부문정보를 실질적으로 통합·조정하는 기능을 가질 수 있도록 법적·제도적 장치의 보완이 요청된다.

요컨대, 국가정보기관이 한정된 예산과 인력으로 국가안보 목표를 효율적으로 수행하고, 국민들의 정보 욕구를 최대한 충족시켜 신뢰감과 책임성을 가진 국민의 정보기관으로 발돋움하기 위해 효율적이고 신축성 있는 국가정보체계의 운용이 절실히 요구된다.

한편, 국가정보체계의 발전을 위한 한 가지 대안으로서 '국가정보에 대한 민간부문 연구'의 활성화를 제언하고 싶다. 이는 '효율성'과 '민주화'라는 두 가지 양립할 수 없는 목표를 동시에 달성할 수 있는 방법으로서 나름대로 의미를 지닌다.

정보는 이제 음모적 활동이 퇴색되고 사회과학의 한 분야로서의 성격이 강해지고 있다고 한다.[24] 이와 관련하여 셔먼 켄트(Sherman Kent)는 정보는 모든 형태의 정치, 경제, 사회, 군사문제를 이해하고, 궁극적으로 예측하는 일반사회과학이 되어야 한다고 주장한 바 있다.[25] 콜비(William E. Colby) 전 CIA 국장은 정보가 더욱 발전하여 과학적이고도 체계적인 사회과학적 접근에 바탕을 두게 되면, 정보는 비밀에 덜 의존하게 되고 보다 공개화 될 수 있다고 주장하면서, 정보분석을 위해 새로운 학문분야를 구성해보자고 제안하기도 했다.[26]

미국의 경우 민간 학계와 정보기관들 간의 연구 및 정보 교류가 활발히 이루어지고 있으며, 이를 통해 정보체계의 발전에 상당히 기여하고 있는 것으로 알려졌다. 특히 미국 내 정치학자, 역사학자, 사회학자, 국제법 및 헌법 학자 등 다양한 분야의 전문가들로 구성되어 1979년에 설립된 '국가정보연구회(Consortium for the Study of Intelligence, CSI)'[27]는 80년대 동안 총 6권에 달하는 『80년대의 정보요구』에 이어 『90년대의 정보

다.

24) Abram N. Shulsky, *Silent Warfare: Understanding the World of Intelligence*(Virginia: Brassey's, Inc., 1991), p.i.

25) 셔먼 켄트(Sherman Kent)는 이런 학파의 대표적인 인물로서 그의 저서 『미국의 세계전략을 위한 전략정보』에서 최초로 그러한 주장을 소개하고 있다. Kent(1949), p.155 참조. 또한, 콜비 전 CIA 국장도 이를 적극 지지하는 입장을 취하고 있다. 이에 대해서는 Shulsky(1991), pp.161-163 참조.

26) 물론 국가정보는 비밀성에 바탕을 두고 있고, 사회과학은 자유로운 지식 교환을 전제하고 있어 근본적인 차이가 있다. 그러나 정보와 학문의 궁극적인 목표가 미래에 대한 예측에 있다는 점에서는 공통점을 가진다고 볼 수 있다. Colby(1980), p.59; Shulsky(1991), pp.162-163 참조.

27) 미국 '국가정보연구회'의 기원, 목적 및 활동에 대해서는 Roy Godson, (ed.), *Intelligence Requirements for the 1980's: Analysis and Estimates*(New Brunswick: National Strategy Information Center, Inc., 1980), p.217 참조.

요구』라는 책을 펴내는 등 국가정보체계 발전을 위한 연구를 활발히 진행했었다.[28] 또한 미국 정보체계의 개혁을 위한 '실무 연구팀(The Working Group for Intelligence Reform)'을 구성하여 정보기관 및 대통령에게 정보기관의 개혁방향을 제시하기도 했다.[29] 이 밖에도 미국에서는 약 100개 이상의 대학에 국가정보에 관련된 과목이 개설되어 이 분야에 대한 연구 및 강의가 활발히 진행되고 있다.

국내 학계에서도 국가정보에 대한 관심과 연구가 증대하고 있다. 1995년 경 국가정보에 관심을 가진 인사들을 중심으로 '국가정보연구회'가 설립되어 국가정보에 대한 연구가 최초로 시작되었다.[30] 2000년대에 들어서서 국가정보에 관한 국내 학계의 관심이 증가되었고, 국가정보학을 학문적으로 체계화하여 연구할 필요성이 제기되었다. 이러한 국내 학계의 분위기가 무르익는 가운데 마침내 2007년 '한국국가정보학회'가 창립되었고, 이를 계기로 국가정보에 대한 본격적인 연구가 진행되었다.[31] 한편, 일부 대학에서도 학문의 한 분야로서 '국가정보학'에 대한 강좌가 개설되고 있는바 이는 매우 바람직한 현상이라고 볼 수 있다.[32] 이러한 민간 학계의 연구 및 학술 교류가 활성화되면 정보의 비밀성이 제거됨으로써 국가정보의 '민주화' 요구를 충족시키는 데 기여할 수 있을 것이다. 또한, 민간 부문의 국가정보분야 연구가 활성화되어 새로운 분석기법의 개발이 이루어지면 정보분석의 과학화를 촉진시켜 국가정보의 효율성이 제고될 수 있겠다. 마지막으로 비판 없이는 발전도 없다는 견지에서 민간 부문의 정보활동에 대한 비판적 견해를 정보기관이 겸허히 수용함으로써 국가정보체계의 발전을 기할 수 있겠다. 이러한 관점에서 민간 부문의 국가정보에 대한 연구를 정부 차원에서 적극적으로 지원해 줄 필요성이 있다.

---

28) Roy Godson, (ed.), *Intelligence Requirements for the 1990's: Collection, Analysis, Counterintelligence and Covert Action*(New Brunswick: National Strategy Information Center, Inc., 1989).
29) 동 연구회는 정보개혁을 위한 실무 연구팀 구성원들이 연구·발표한 논문과 토론 내용을 수록하여 한권의 책자, *A Paper Presented on the Working Group on Intelligence Reform*(Consortium for the Study of Intelligence, 1994)를 발간했다.
30) 1995년 경 당시 서울시립대 김진현 총장과 연세대 문정인 교수, 중앙대 윤정석 교수 등을 중심으로 30여 명의 학자, 언론인들이 '국가정보연구회'를 결성했고, 1995년 10월 "탈냉전, 민주화, 국가정보 -비교론적 시각에서"라는 제하의 국제 학술회의를 개최하기도 하였다.
31) 2007년 10월 19일 창립되었으며, 현재 회원 수는 약 350여 명에 이르고 있다.
32) 2013년 현재 연세대, 고려대, 이화여대, 동국대, 한양대, 중앙대, 경희대, 인하대, 한국외대, 부산대 등은 학부과정에서, 성균관대, 서강대, 건국대 등은 대학원에 석사과정을 설립하여 국가정보론을 강의하고 있다.

국가정보학의 향후 연구방향

　　국가정보학은 정치학은 물론 행정학, 정책학, 역사학, 전쟁사, 군사학, 전략론, 협상론 등 다양한 학문 분야들과 연계를 가진다. 그 중에서도 특히 외교사 또는 국제정치학과 가장 밀접하게 관련된다. 그렇지만 국제정치학분야에서조차 정보를 주제로 하는 연구는 충분히 이루어지지 않고 있다. 그래서 데리안(James Der Derian)은 국제정치학에서 정보학은 "최소로 이해되고 가장 이론화가 이루어지지 않고 있다"고 지적했다.[1] 이처럼 국가정보학에 관한 학계의 관심이 미흡한 상황에서 국가정보학분야 연구자들이 어떤 형태로 이론체계를 구축하고 학문적 체계를 정립하는데 기여할 수 있을까? 그 한 가지 방법으로서 국가정보학과 인접 학문과의 연계성을 집중적으로 추적하여 공통점을 도출함으로써 바람직한 연구방향을 모색해 볼 수도 있겠다. 이와 관련하여 플라이(Michael Fry)와 호크스타인(Miles Hochstein)은 국제정치학과 국가정보학은 학문적 연구의 공통점을 찾을 수 있으며 이를 통해 바람직한 연구 성과를 얻을 수 있을 것으로 낙관했다.[2] 예를 들어, 버코위즈와 굿맨(Berkowitz and Goodman)의 저서, *The Best Truth*는 탈근대적(post-modern) 이론에 정보활동을 적용시켜 분석을 시도한 연구로서 국제정치와 국가정보를 성공적으로 접목시킨 대표적인 사례로 인정된다.[3] 버코위즈와 굿맨은 탈냉전기 미국 정보환경의 변화를 안보환경의 변화, 정보혁명, 미국 국내정치의 변화 등 세 가지 요인들로 집약하고, 이러한 변화들에 적응하기 위해서 정보기관은 정보기획

---

1) James Derian, *Antidiplomacy: Spies, Terror, Speed and War*(Oxford: Blackwell, 1992).

2) Michael Fry and Miles Hochstein, "Epistemic Communities: Intelligence Studies and International Relations," in Wesley K. Wark, (ed.) *Espionage: Past, Present, Future?*(London: Frank Cass, 1994), pp.14-28.

3) Bruth D. Berkowitz and Allen E. Goodman, *Best Truth: Intelligence in the Information Age*(New Heaven, CT: Yale University Press, 2000).

및 순환과정, 인력관리체계, 조직구조 등을 혁신적으로 변화시켜야 한다고 주장했다.[4) 버코위즈와 굿맨은 정보기관이 정보화시대의 변화 요구를 거부하고 저항하게 될 때 정보기관은 자체 붕괴하거나 국가적으로 치명적인 손실을 가져오게 될 것이라고 지적했다.[5)

이와 유사한 관점에서 라트멜(Andrew Rathmell)은 오늘날의 사회가 정보화 시대의 도래와 함께 자본집약적인 대량생산의 시대에서 디지털 테크노로지와 세계 통신망 (world-wide web)으로 표현되는 '지식집약적이고 분산화된 세계화 체계(knowledge intensive, dispersed globalized systems)'로 변화되었다고 설명했다.[6) 이에 따라 오늘날 안보 위협의 특성을 라트멜은 '위협의 파편화(fragmentation of threat)'로 표현하고, 정보기관이 이처럼 변화된 안보 위협의 본질을 제대로 파악하고 대응해야 한다고 주장했다. 버코위즈와 굿맨 그리고 라트멜 공히 정보화시대의 변화에 부응하기 위해 정보공동체의 관료주의적 특성인 '수직적 계층구조' 타파 및 공개출처 첩보의 비중과 중요성의 확대를 주장했다.[7) 요컨대, 이들의 연구는 탈근대 이론에 정보활동을 적용시켜 분석해 봄으로써 정보활동의 방향을 새롭게 정립시키는 동시에 국가정보학이 학문의 한 분야로서 국제관계 연구의 발전에 기여할 수 있음을 실증적으로 보여주었다.

한편, 국가정보학은 여러 가지 인접 학문분야의 이론들을 적용하여 분석해 볼 필요가 있으며, 그러한 과정에서 개념 또는 연구 영역을 보다 넓힐 수 있을 것이다. 앞으로 국가정보학에서 인접 학문분야의 이론들을 적용하여 중점적으로 연구해야 할 주제로서 (1) 정보의 정치화, (2) 비밀공작, (3) 정보활동의 윤리성, (4) 정보기관에 대한 감독 및 통제, (5) 정보기관의 국내정치에 대한 영향력, (6) 세계 정보기관들에 관한 비교 연구, (7) 탈냉전기 새로운 안보 위협에 대한 정보기관의 역할 등을 들 수 있겠다.[8) 위에서 제시한 일곱 가지 연구 대상들은 매우 중요한 주제들임에도 불구하고 학계의 연구가 미흡하게 이루어진 분야들이다. 따라서 이와 관련하여 지금까지 어떤 연구가 이루어졌고 어떤 부분의 연구가 미흡하며 향후 어떠한 방향으로 연구가 진행되어야

---

4) Berkowitz and Goodman(2000), pp.1-30.

5) Berkowitz and Goodman(2000), pp.165-166.

6) Andrew Rathmell, "Towards Postmodern Intelligence," *Intelligence and National Security*, Vol. 17, No.3(2002), pp.87-104.

7) Berkowitz and Goodman(2000), pp.165-166; and Ratmell(2002), pp.87-104.

8) 스캇(Len Scott)과 잭슨(Peter Jackson)은 국가정보학에서 중점적으로 연구해야 할 대상으로서 (1) 정보의 정치화, (2) 비밀공작, (3) 정보활동의 윤리성, (4) 대중문화와 정보활동, (5) 국내 또는 국제적인 정보협력 등 다섯 가지 과제를 제시하였다. Len Scott and Peter Jackson, "The Study of Intelligence in Theory and Practice," *Intelligence and National Security*, Vol.19, No.2(Summer 2004), pp.156-163.

할 것인지를 살펴보기로 한다.

첫째, '정보의 정치화'란 정보가 정치권력에 이용되는 것을 의미한다. 많은 학자들이 이 문제에 관심을 갖고 연구해 왔다. 일반적으로 독재정권이나 권위주의 정부에서 정권유지를 위해 정보를 정치적으로 악용하는 사례들이 많다. 그러나 민주주의 정부에서도 그러한 일이 종종 발생한다. 영국의 블레어 정부와 미국의 부시 행정부가 이라크 대량살상무기에 관한 정보를 의도적으로 왜곡시켜 활용했다는 의혹을 받았는데, 그것이 사실이라면 정보를 정치적 목적에 활용한 대표적인 사례가 될 것이다.[9] 만일 부시 행정부가 의도적으로 정보를 왜곡시켜 이라크를 공격했던 것으로 나타나게 될 경우 불필요한 전쟁에 빠져들어 국가적 위신의 추락은 물론 수많은 인명을 값없이 희생시키는 결과를 초래하게 된 것이다. 이처럼 정치가들이 정보를 의도적으로 왜곡하여 정권적인 목적에 활용할 경우 단순히 정보의 신뢰성이 저하되는 차원을 넘어서 국가의 생존과 이익에 치명적인 손실을 야기할 수 있다. 그런 점에서 '정보의 정치화'에 대해 학술적인 차원에서 체계적이고 보다 심도 깊은 연구와 논의가 필요하다. 이러한 논의를 통해 정보와 정치권력 간의 관계에 관한 새로운 이론이나 지식을 얻을 수 있을 것으로 기대한다.

둘째, 스캇과 잭슨은 지금까지 학계에서 정보활동의 어두운 측면으로서 비밀공작에 대한 연구를 회피하였지만, 냉전 종식과 함께 연구 여건이 개선되었으므로 이 분야에 대한 학계[10]의 연구가 보다 활성화될 것을 제안하였다. 과거 지난 반세기 동안 CIA를 비롯한 서방 정보기관들은 비밀공작을 수행함으로써 국내 또는 국제사회의 비난을 받아왔으며, 그러한 활동에 관한 자료를 엄격히 비밀로 분류하여 공개하지 않으려 했다. 물론 미국은 과거 수행했던 비밀정보활동 관련 자료를 전 세계를 통틀어 가장 많이 공개하고 있는 것으로 인정된다. 그럼에도 불구하고, 상당히 많은 양의 비밀정보

---

9) 2003년 여름 영국 정부와 정보공동체는 이라크를 공격할 목적으로 이라크 WMD(대량살상무기)에 관한 정보를 의도적으로 왜곡시켰다는 의혹을 받았다. 당시 문제가 된 문서는 영국 SIS의 인간정보(HUMINT) 첩보 자료와 합동정보위원회의 정보판단보고서로 알려져 있다. 위 문서들은 이라크 군이 45분 내에 생화학무기를 배치할 수 있을 것으로 평가했다. Scott and Jackson(2004), pp.150-151. 미국의 싱크 탱크인 카네기 국제평화재단(Carnegie Endowment for International Peace)은 2004년 1월 8일 보고서를 통해 "이라크가 대량살상무기를 폐기 또는 이동하거나 은닉했을 가능성은 없다"면서 부시 행정부가 이라크의 WMD 위협을 조직적으로 왜곡했다"고 평가했다. 카네기재단은 보고서에서 "정보왜곡과 잘못된 판단 때문에 미국과 중동, 나아가 세계안보에 즉각적인 위협이 없는데도 이라크의 위험성이 극히 과장됐다"며 "이라크가 생산·보유했던 대량살상무기는 미국의 침공 훨씬 이전에 전량 파괴됐다"고 강조했다. 『한겨레』(2004.1.18.). 결국 이라크에 대량살상무기가 존재한다고 주장했던 2002년의 CIA 보고서는 부시 행정부의 정책적 시각을 뒷받침하기 위해 조직적으로 왜곡되었을 것으로 추정된다. 물론 아직까지 이에 대해 확실한 결론이 나온 것은 아니다.

10) Scott and Jackson(2004), pp.153-155.

활동 관련 자료들에 대해서 엄격히 비밀을 유지하고 있다. 때로 제1차 세계대전 이전의 아주 오래된 자료임에도 불구하고 공개하지 않는 경우도 있다[11]. 이에 대해 일부 학자들은 미국 정부가 비밀을 과도하게 분류하는 성향이 있다고 지적하기도 한다. 물론 그런 면이 없지 않다. 그러나 수백 년 전의 아주 오래된 사건이라고 할지라도 미국에 협조하여 비밀공작활동을 수행했다는 사실이 드러날 경우 당사국의 국가적 위신이나 명예에 치명적인 손상을 가져올 수 있기 때문에 불가피하게 관련 자료를 공개하지 못하는 경우도 있다. 특정 자료를 비밀로 분류하고 공개를 거부하는 보다 중요한 이유는 첩보 자료의 "출처와 수단을 보호하기 위해서"라고 생각된다.[12] 요컨대, 첩보 자료를 공개하게 될 경우 그러한 첩보를 수집한 사람과 그것을 수집하기 위해서 사용한 기법이 노출될 수 있기 때문에 자료의 공개를 꺼리게 되는 것이다.

어쨌든, 자료의 접근성이 크게 제한됨에 따라 비밀공작에 대한 학계의 연구가 매우 미흡했었다. 게다가 일부 학자들은 정보기관의 정보활동에 비밀공작을 포함시킬 수 없다는 관점에서 이에 대한 연구를 회피했다. 그러나 켄트(Sherman Kent)는 정보기관이 수행하는 모든 활동은 정보라고 주장했다.[13] 정보를 수집하는 것과 타국의 국내문제에 개입하는 것을 구분하는 것은 사실상 어렵고 무의미하다. 마찬가지로 국가정보는 정책을 지원하는 역할을 수행하면서 동시에 정책의 도구로서의 기능을 수행한다. 그러므로 첩보수집만을 정보활동에 포함하고 비밀공작을 정보활동이 아닌 것으로 제외하는 것은 무의미하다고 본다. 특히 인간정보(HUMINT)의 경우 첩보수집활동과 비밀공작 활동을 분리하는 것이 사실상 어렵다. 그런 점에서 비밀공작은 정보활동의 일부로서 연구될 필요성이 있다고 본다.

최근 미국에서는 냉전시대 동안 미국에서 수행한 비밀공작에 관한 비밀 자료들이 공개되면서 이 분야에 대한 연구가 활발히 전개되고 있다. 특히 비밀공작 사례 연구들을 통해 냉전의 기원과 변화에 대해 새로운 사실이 규명되고 있다. 이에 따라 냉전시대의 역사와 정치적 상황을 다시 써야 한다는 주장도 제기될 정도로 비밀공작은 국제관계사 연구에 중요한 의미를 가진다고 본다.[14] 그런 점에서 비밀공작활동에 대한 학계의

---

11) Michael A. Turner, *Why Secret Intelligence Fails*(Dulles, Virginia: Potomac Books, Inc., 2006), p.229.

12) Turner(2006), p.229.

13) Sherman Kent, *Strategic Intelligence for American World Policy*(Princeton, N.J.: Princeton University Press, 1949, reprinted 1965), p.151.

14) Sara-Jane Corkem, "History, Historians and the Naming of Foreign Policy: A Postmodern Reflection on American Strategic Thinking during the Truman Adminstration," *Intelligence and National Security*. Vol.16, No.3(2001), pp.146-163.

보다 많은 관심과 연구가 요구된다.

셋째, 정보활동의 윤리성은 중요한 주제이면서도 학계의 연구가 매우 미흡한 분야로 지적된다. 슐스키에 따르면 기원전 6세기에 중국의 손자가 정보활동을 수행함에 있어서 윤리성을 언급했다고 기술했다.[15] 그러나 이후 정보활동의 윤리성에 대한 학계의 논의는 거의 없었다. 갓프레이(E. Drexel Godfrey)가 1978년 Foreign Affairs지에 '윤리와 정보'라는 논문을 발표하였고, 이후 일부 학자들이 몇 편의 논문들을 발표하였지만 아직까지도 이 분야의 연구가 활발하지는 않은 듯하다.[16] 비교적 최근인 2006년에 출간된 Ethics of Spying: A Reader for the Intelligence Professional은 골드맨(Jan Goldman)이 정보활동의 윤리성문제를 다룬 논문들을 모아서 편찬한 단행본으로서 이 분야 연구에 매우 유용한 참고 자료로 활용될 수 있겠다.[17]

허만(Michael Herman)은 정보의 윤리성을 다룬 최근의 논문에서 "일반적인 정책결정 시 윤리성이 고려되는 것처럼 정보정책을 결정함에 있어서도 윤리성을 중요한 요소로서 고려해야 한다"고 언급했다. 또한 그는 무력의 사용과 마찬가지로 정보활동에 관련해서도 일종의 '윤리적인 기준'이 마련되어야 한다고 주장했다.[18] 그러한 윤리기준이 마련되기 위해서라도 정보활동의 윤리성에 대한 학계의 논의가 보다 활성화될 필요가 있다. 한편, 정보기관이 외부적으로 수행하는 정보활동뿐만 아니라 정보기관 내부의 윤리성도 중요한 문제로 고려된다. 즉 정보기관과 정보요원들이 자신이 활용하고 있는 공작원이나 일반인에게 어떤 책임을 느끼고 있는가? 정보기관이 자신들이

---

15) Abram N. Shulsky, *Silent Warfare: Understanding the World of Intelligence*, 2nd. ed. (New York: Brassey's, Inc., 1993), p.187.

16) E. Drexel Godfrey, Jr., "Ethics and Intelligence," *Foreign Affairs*, Vol.56(April 1978), pp.624-642.정보활동의 윤리성 문제를 다룬 단행본으로 Ernest W. Lefever and Roy Godson, *The CIA and the American Ethic: An Unfinished Debate*(Georgetown University, 1979)가 있다. 그리고 이후 발표된 논문으로는 David Cannon, "Intelligence and Ethics: The CIA's Covert Operations," *The Journal of Libertarian Studies*, Vol.4, No.2(Spring 1980), pp.197-214; John Barry, "Covert Action Can Be Just," *Orbis*(Summer 1993), pp.375-390; David L. Perry, "Repugnant Philosophy: Ethics, Espionage, and Covert Action," *Journal of Conflict Studies*(Spring 1995), in http://www.scu.edu/ehtics/publications/submitted/Perry/repugnant.html(검색일: 2006년 8월 16일); Lynn F. Fischer, "Espionage: Why Does It Happen," http://www.fpif.org/pdf/gac/0403bugging.pdf(검색일: 2006년 8월 16일); Michael Herman, "Modern Intelligence Services: Have They a Place in Ethical Foreign Policies?" in Conflict Studies Research Centre(September 1999), http://www.da.mod.uk/CSRC /documents/Special/M18(검색일: 2006년 8월 16일); Michael Herman, "Ethics and Intelligence after September 2001," *Intelligence and National Security*, Vol.19, No.2(Summer 2004), pp.342-358; Toni Erskine, "As Rays of Light to the Human Soul? Moral Agents and Intelligence Gathering," *Intelligence and National Security*, Vol.19, No.2(Summer 2004), pp.359-381 등이 있다.

17) Jan Goldman, (ed.), *Ethics of Spying: A Reader for the Intelligence Professional*(Lanham, Maryland: The Scarecrow Press, Inc., 2006).

18) Herman(1999), p.308.

활용하고 있는 공작원 등 첩보출처를 보호하기 위해 얼마나 노력하고 있는가? 이러한 문제에 대해서 아직 충분한 연구가 이루어지지 않고 있다. 미국에서는 암살행위가 국가운영(statecraft)을 위해 반드시 필요한가를 두고 일반인들 간에 논쟁을 불러 일으켰었다.[19] 요컨대, 정보활동은 윤리성에 저촉될 가능성이 많다는 점에서 국가정보학 연구자들은 이 분야에 대한 연구에 보다 많은 관심을 가져야 할 것이다. 정보가 어떤 목적으로 활용될 경우 윤리적으로 문제가 되는가? 누구에게 어떻게 첩보활동 수단이 활용되는 것이 윤리적인 문제를 야기하는가? 이러한 문제에 대해서 정보학계에서 보다 많은 연구와 논의가 이루어져야 할 것이다.

넷째, 정보기관에 대한 감독 및 통제 활동 역시 매우 중요한 주제임에도 불구하고 학계의 연구가 미흡한 분야로 생각된다. 앞서 언급했던바 정보활동의 불법성과 윤리성에 관한 문제는 1970년대 워터게이트 사건과 CIA 비밀공작의 불법성과 비윤리성에 대한 논란이 제기되면서 학계에서 지속적인 관심을 보여 왔다. 1970년대 미 의회에서는 몇 개의 특별위원회가 설립되어 CIA 정보활동의 비윤리성, 불법성 그리고 감독 및 통제 활동에 대한 대안을 마련하고자 노력하였다.[20] 실제로 미 의회는 정보기관을 감시하고 통제하기 위해 1974년 휴즈-라이언 법안, 1978년의 '해외정보감시법(Foreign Intelligence Surveillance Act)' 그리고 1980년 '정보감시법(Intelligence Oversight Act)' 등을 제정했다. 그런데 1990년대 이후 들어서서 정보기관에 대한 감독 및 통제를 주제로 상당히 많은 논문들이 발표됨으로써 국가정보학의 여타 분야들보다도 특별히 이 분야 연구가 매우 활성화된 것으로 나타난다. 1990년대를 전후하여 발표된 몇 편의 논문 및 저서들 중에서 1991년에 출간된 해스테드(Glenn P. Hastedt)의 저서, *Controlling Intelligence*가 주목된다.[21] 해스테드는 정보활동에 대한 의회, 언론, 여론 등의 감독활

---

19) 이에 대해 잘 정리된 논의는 Jeffery T. Richelson, "When Kindness Fails: Assassination as a National Security Option," *International Journal of Intelligence and Counterintelligence*, Vol.15, No.2(2002), pp.243-274를 참조 바람.

20) 예를 들어, 칠레 아옌데 정권에 대해 CIA가 개입한 일을 조사하기 위해 1976년 4월 미 상원에 '처치위원회(Church Committee)'가 출범하여 15개월간의 조사활동을 진행하였으며, 결과보고서에서 정보기관을 상시적으로 감시, 감독할 수 있는 기구의 설치를 제안했다. 하원에서도 '파이크위원회(Pike Committee)'가 출범하여 비슷한 내용의 보고서를 제출했다. 위 결과보고서에 기초하여 1976년 5월 상원이 '상원정보특별위원회(SSCI, the Senate Select Committee on Intelligence)'를 설치했고, 1977년 7월 하원도 '하원상임정보특별위원회(HPSCI, the House Permanent Select Committee on Intelligence)'를 설치했다.

21) Glenn P. Hastedt, *Controlling Intelligence*(London: Frank Cass, 1991). 이 밖에도 Alfred B. Prados and Richard A. Best, "Intelligence Oversight in Selected Democracies," CRS Rept. 90-483, Congressional Research Service, Library of Congress, September 21, 1990; Pat M. Holt, *Secret Intelligence and Public Policy: A Dilemma of Democracy*(Washington, D.C.: Congressional Quarterly Inc., 1995), pp.169-236; Abram N. Shulsky and and Gary J. Schmitt, *Silent Warfare: Understanding the World of Intelligence*, 3rd. ed. (New York: Brassey's, Inc., 2002), pp.129-159 등을 참고 바람.

동 양상을 논의하고, 정보분석, 비밀공작, 방첩 등 정보활동 단계별로 감독·통제에 대해서 심층적으로 기술하였다. 무엇보다도 해스테드의 저서에서 미국의 정보 통제 실태를 캐나다의 경우와 비교하여 분석한 점은 특별한 의미를 갖는다. 즉 정보기관에 대한 세계 각국의 통제 실태를 비교해봄으로써 효과적인 정보 통제의 방안을 도출해 볼 수 있을 것이다. 효과적인 정보감독 및 통제는 정보기관이 윤리성과 책임성을 갖고 정보활동을 수행하도록 유도하게 될 것이다. 그런 점에서 각국의 정보 통제 실태를 비교하는 연구가 보다 활성화될 필요가 있다.

다섯째, 정보기관의 국내정치적 역할 또는 영향력에 관한 주제에 대해 학계의 보다 많은 논의와 연구가 요구된다. 일반적으로 민주주의 정치체제에서 정보기관이 국내정치에 관여하는 것을 엄격히 금지하고 있다. 그러나 민주주의 체제라 할지라도 '정보의 정치화' 사례에서 나타나는바 때때로 정보기관이 국내정치적 목적을 위해 이 용되기도 한다. 정보기관의 국내정치적 역할은 주로 권위주의 독재체제에서 많이 나타 난다. 앤드류에 따르면 정보기관은 권위주의 독재체제에서 두 가지 역할을 수행한다.[22] 우선, 정보기관은 일당 독재국가에서 핵심적인 권력기관이며, 독재자의 권위에 도전하 는 모든 사회집단을 억압하고 통제하는 역할을 수행한다. 또한, 정보기관은 외부세계에 대해 왜곡된 인식을 확대 재생산하는 기능을 수행한다. 예를 들어, 구소련의 스탈린, 북한의 김정일, 이라크의 사담 후세인 등은 모두 독재자로서 정보기관을 자신들의 독재 정권을 유지할 목적에 활용하였다. 이처럼 정보기관이 권위주의 독재정권하의 국내정 치에서 막강한 영향력을 행사하고 있음에도 불구하고 이에 대한 학계의 연구가 거의 없는 실정이다. 정보기관의 국내정치적 역할에 대해 세계 각 국가들 간 비교해 보았을 경우 흥미로운 결과를 얻을 수 있을 것이다.

여섯째, 세계 정보기관들에 관한 비교연구도 중요한 주제이면서 학계의 연구가 미흡한 분야이다. 정보기관 조직의 내부 구조 또는 운영 실태는 극도의 보안을 유지하 고 있기 때문에 자료의 접근이 거의 불가능하다. 전직 정보요원들의 회고록에서도 이에 대해서는 거의 언급하지 않는 경향을 보인다. 따라서 이에 대한 학자들의 연구가 쉽지 않았을 것으로 판단된다. 물론 미국의 경우 비교적 정보 자료들을 많이 공개하고 있으 며, CIA나 미국 정보공동체의 조직구조나 운영에 대해서 많은 논문 및 저서들이 나와 있다.[23] 미국 정보기관 외에 일부 소수의 학자들이 영국, 소련, 이스라엘 정보기관에

---

22) Christopher Andrew, "Intelligence, International Relations and 'Under-theorisation'" *Intelligence and National Security*, Vol.19, No.2(Summer 2004), p.177.
23) 미국의 경우에도 정보공동체 내 15개 정보기관들 중에서 CIA에 대한 연구가 대부분이고 나머지 정보기관에 대한 연구는 거의 없다. CIA 외 정보기관에 대한 연구로는 James Bamford, *Body of*

대한 연구를 수행했다.[24] 그러나 그 외 국가들의 정보기관의 조직구조 및 운영 실태, 정보활동 등에 관한 연구는 손꼽을 정도로 많지 않다. 이러한 상황에서 세계 각국 정보기관의 조직구조와 운영체계를 비교하는 연구도 거의 수행되지 않고 있다. 불과 몇 편 안되는 비교연구 유형의 저술 중에서 갓슨이 편·저술한 *Comparing Foreign Intelligence: The U.S., the USSR, the U.K. & the Third World*는 영국, 미국, 독일, 오스트레일리아 등 주요 국가들의 국가정보 분석체계를 소개 및 비교하는 내용이 수록되어 있다.[25] 그러나 비교연구라는 제목에도 불구하고 비교의 기준조차 제대로 제시되지 않았으며, 단순히 국가별 국가정보 분석체계를 소개하는 내용에 불과하다. 따라서 갓슨의 저술도 엄밀한 의미에서 비교연구로 인정되지 않는다.

향후 학문적으로 인정되는 비교연구 방법론을 적용하여 세계 각국 정보기관의 조직구조, 운영체계 그리고 활동기법 등에 관해 보다 많은 연구가 수행될 것을 기대해 본다. 이러한 비교연구를 통해 정보활동을 효과적으로 수행할 것으로 기대되는 정보조직체의 모형이 구축될 수 있을 것이다. 이러한 모형은 향후 정보기관의 개혁방향을 설정하는 데 중요한 참고가 될 수 있다. 요컨대, 정보기관들에 대한 비교연구를 통해서 정보기관의 개혁방향과 효과적인 정보활동을 위한 방안이 마련될 수 있을 것이다. 그런 점에서 국가별 정보기관에 대한 비교연구의 중요성과 필요성이 강조된다.

일곱째, 탈냉전의 도래와 함께 전통적인 안보 위협과는 다른 유형의 새로운 안보 위협이 부각되고 있는바 이에 대한 정보활동의 역할이나 방향에 대한 연구가 필요하다. 종래 학계의 국가정보학 연구의 주류는 전략적 기습과 정보실패에 관한 것이었다. 진주만 기습을 필두로 욤 키푸르 전쟁(Yom Kippur War), 포클랜드(Falklands) 전쟁, 이라크의 쿠웨이트 침공 등 여러 가지 형태의 기습 또는 정보실패 사례들에 대해 학계에서 많은 연구가 수행되었다. 그런데 탈냉전과 함께 안보의 개념이 군사안보 중심에서 경제, 자원, 환경 등 군사외적 요소까지 포함하도록 확대되었다. 또한 종래 안보위협의 주체는 주로 국가로부터 왔으나, 이제 테러, 마약, 국제범죄 조직 등 초국가적 집단들이 국가의 안보에 심각한 위협을 야기하는 요인으로 부각되기에 이르렀다. 2001년 9/11 테러 사건 이후 미국은 국제테러리즘을 최대의 안보위협으로 고려하여 한동안 모든

Secrets: Anatomy of the Ultra-secret National Security Agency(New York: Doubleday, 2001); Ronald Kessler, *The Bureau: The Secret History of the FBI*(New York: St. Martin's Press, 2002) 등이 있다.

24) Stephen Dorril, *MI6: Fifty Years of Special Operations*(London: Fourth Estate, 2000); Peter Deriabin and T. H. Bagley, *KGB: Masters of the Soviet Union*(New York: Hippocrene Books, 1990); Philip H. J. Davies, *MI6 and the Machinery of Spying*(London: Frank Cass, 2004).

25) Roy Godson, (ed.), *Comparing Foreign Intelligence: The U.S., the USSR, the U.K. & the Third World*(Washington, D.C.: Pergamon-Brassey's, 1988).

정보역량을 여기에 집중시켜 왔다. 이처럼 변화된 안보환경에 부응하여 정보활동의
목표나 방향도 변화되었으며, 이에 따라 국가정보학 연구의 방향도 전략적 기습 등
군사문제 중심에서 경제, 자원, 환경, 테러 위협 등 다양한 주제로 확대되는 경향을
보이고 있다.

    예를 들어, 마크라키스(Kirstie Macrakis)의 논문은 동독 정보기관(East German Ministry
for State Security, MfS or Stasi)의 산업스파이활동을 사례로 연구한 내용으로서 정보기관
에 의해 수행된 산업정보활동이 국가의 경제와 과학기술의 발전에 기여할 수 있는가를
평가했다.[26] 냉전 종식과 함께 미국 CIA를 비롯한 정보기관들이 경제정보활동을 위해
노력하고 있는 현재의 상황을 감안했을 때 중요한 시사점을 얻을 수 있는 의미 있는
연구로 평가된다. 동독의 산업스파이활동은 슈타지에서도 가장 성공적으로 산업스파
이활동을 수행했던 부서로 알려진 HVA의 '과학·기술국(HVA's Sector for Science an
Technology)'에서 주로 수행했다.[27] 마크라키스는 사례연구를 통해 동독이 냉전시대
동안 산업스파이활동을 매우 효과적으로 수행했지만, 그것을 통해 국가의 과학기술과
경제발전을 성취하지 못했던 것으로 결론지었다.[28] 역설적으로 동독이 서방국가로부
터 몰래 입수한 문서들은 오히려 동독의 과학기술 혁신을 약화시키고, 서방국가에 대한
기술 종속성을 증가시켰던 것으로 나난다.[29] 요컨대, 마크라키스의 연구는 산업스파이
활동이 경제안보적 차원에서 얼마나 도움이 되는가에 대한 평가해 봄으로써 경제정보
활동의 의미와 역할을 새롭게 재정립하는데 참고가 될 수 있을 것이다. 이와 유사하게

---

26) Kristie Macrakis, "Does Effective Espionage Lead to Success in Science and Technology? Lessons
    from the East German Ministry for State Security," *Intelligence and National Security*, Vol.19,
    No.1(Spring 2004), pp.52-77.

27) HVA(중앙정보본부)는 동독 정보기관인 슈타지(Stasi)의 해외담당 부서로서 주로 서독에 대한 비
    밀공작임무를 담당했다. HVA는 서독의 정치인들을 매수하여 서독의 주요 정책을 동독에 유리
    하게 이끌고 서독의 재계와 노동계, 학계, 종교계, 학생운동세력들 등에 효과적으로 침투하여
    그 영역을 확대 또는 깊숙이 관여하는 것을 목표로 활동해 왔다. http://www.konas.net/article/
    article.asp?idx=5529(검색일: 2014년 11월 17일). HVA 산하의 정보과학·기술국은 3개의 공작처
    (XIII, XIV, XV)와 1개의 평가처(V)로 구성되었는데 이는 HVA 전체 15개 처 중에서 4개를 차
    지하는 것으로서 그 비중이 매우 큰 편이다. 1989년 당시 슈타지 요원은 90,000명이었고, HVA
    요원은 4,000명이었는데 그 중 10%에 해당되는 400명의 요원이 과학·기술국에서 활동하고 있었
    던 것으로 알려졌다. Macrakis(2004), pp.56-58. 참고로 1989년 당시 BND(Bundesnachrichtendienst)
    요원은 약 7,000명에 불과했던 것으로 알려졌다.

28) Macrakis(2004), p.71.

29) 동독은 산업스파이활동을 적극적으로 전개했음에도 불구하고 컴퓨터 산업처럼 빠르게 발전하는
    분야에서 결코 서방국가들의 수준을 능가할 수 없었다. 1980년대 중반 동독은 1 메가비트 컴퓨
    터칩을 개발한다는 무모한 목표를 설정하고 1990년 붕괴되기 직전까지 약 140억 마르크를 투자
    했지만, 양산체제에 진입하지 못하고 실패하고 말았다. 이후 1989년 동독 서기장 호네커가 고르
    바초프에게 동독에서 처음 생산했다면서 1 메가비트 컴퓨터칩을 선물로 제공했는데 나중에 알
    고 보니 서방에서 구입한 가짜로 밝혀졌다. Macrakis(2004), p.70.

자원, 환경, 테러, 마약, 조직범죄 등 새로운 안보 위협 요인들에 대한 정보활동의 기법이나 방향에 대한 학계의 보다 많은 관심과 연구들이 요구된다.

지금까지 국가정보학의 학문적 성과와 향후 연구과제들에 대해서 논의해 보았다. 정보활동은 국가의 생존과 번영에 핵심적인 요인으로 인정되고 있다. 그럼에도 불구하고, 냉전시대까지 정보활동에 관한 학문적 연구는 대체로 미흡했던 것으로 나타난다. 학문의 한 분야로서 국가정보학의 연구가 미흡하게 이루어진 주요 요인은 국가들이 정보활동에 대해 엄격히 비밀을 유지함으로써 자료의 접근성이 극히 제한되기 때문이다. 그런데 냉전의 종식과 더불어 과거 비밀로 분류되었던 자료들이 대거 일반인들에게 공개되면서 국가정보학 연구가 보다 활성화되는 추세를 보이고 있다. 국가정보학에 대한 학계의 관심과 연구가 지속적으로 활성화되기 위해서는 정부의 공식기록문서에 대한 자료 접근성이 더욱 완화되어야 할 것이며, 정부 차원에서 국가정보학분야 학계의 연구를 장려하고 지원해 주는 노력이 요구된다.

무엇보다도 국가정보학의 학문적 발전을 도모하는 데 있어서 정부의 역할이 매우 중요하게 작용한다. 정부와 국가정보학분야 학계가 어떤 관계를 유지하는가에 따라서 학자들의 연구가 활성화될 수 있고 반대로 학자들이 이 분야에 대한 연구에 소극적인 태도를 보이게 될 수도 있다. 정부와 학계의 관계에 있어서 매우 대비되는 사례로서 영국과 미국을 들 수 있다. 미국에서는 학계와 정부의 관계가 매우 밀접한 것으로 나타난다. 제2차 세계대전 당시 미국 역사상 최초의 중앙집권적 정보기관인 전략정보국(OSS)이 설립된 이래 학계는 미국의 정보정책을 형성 및 발전시키는 데 있어서 중요한 역할을 수행했다.[30] CIA는 학계의 정보학 연구를 적극 장려했으며, 때로 전문 교육을 받은 역사학자들을 팀원으로 채용했다.[31] 그리고 학자들을 초빙하여 일정기간 동안 정보기관에서 연구활동을 수행하도록 지원했다. 이와 반대로 영국을 포함한 유럽 국가들 대부분은 학계와 정보활동 간에 상당한 거리를 두었던 것으로 나타난다.[32] 근래 영국은 SS(MI-5)에 관련된 자료를 포함하여 정보의 공개성을 확대하려는 모습을 보이고 있다.[33] 그럼에도 불구하고 공식 문서에 대해서는 아직도 엄격히 통제하는 정책을

---

30) Robin Winks, *Clock and Gown: Scholars in the Sectet War*(New York: William Morrow, 1987).

31) Scott and Jackson(2004), p.153.

32) Wolfgang Krieger, "German Intelligence History: A Field in Search of Scholars," *Intelligence and National Security*, Vol.19, No.2(Summer 2004), pp.42-53.

33) 영국 국가문서보관소(the National Archives, formly the British public Record Office)에 대한 자문 역할을 담당하고 있는 챈슬러(Chancellor) 경의 자문위원회는 영국 역사학자들을 동원하여 정부 기록문서에 대한 비밀해제 정책을 추진하였다. 영국에서 2005년 1월 '정보자유법(Freedom of Information Ach, FOIA)'이 시행되었지만 정보기관에 관한 부분은 여기서 제외시켰기 때문에 정보활동에 관한 자료 접근은 여전히 어려운 실정이다. Scott and Jackson(2004), p.152.

보이고 있다. 영국과 미국 정부 간 정보 자료 공개 정책의 상이성이 궁극적으로 이 분야에 대한 학계의 연구발전에 있어서 차이를 초래한 결정적인 요인이 되었던 것으로 나타난다.

한국의 경우 국가정보학에 대한 학계의 연구와 교육은 지극히 부진한 실정이다. 이는 무엇보다도 정보활동에 대한 자료 접근성의 제약이 여타 국가들보다 많았기 때문이다. 더불어 과거 권위주의 정부하에서 국가정보기관에 대한 왜곡된 이미지가 학자들 간에 뿌리 깊이 고착되어 국가정보학을 학문적으로 연구할 가치가 있는 분야로 인정하지 않았기 때문이다. 지금까지 국내 저명 학술지에 게재된 논문은 고작 10편 내외에 불과하며,[34] 모두 10여 권의 교과서가 시중에 발간되었지만 그 중 일부는 기대에 미치지 못하는 수준으로 평가되고 있다.[35] 정보활동 관련 번역서조차도 충분히 나와 있지 않으며, 학술적 가치가 미흡한 저널리즘적 저서 몇 권이 발간되었을 뿐이다.[36]

앞에서 언급했던바, 1995년 경 국내에서도 '국가정보연구회'가 설립되어 학계 및 민간 부문에서 국가정보체계에 대한 연구가 시작되었으며, 2007년 '한국국가정보학회'가 창설되어 국가정보학에 대한 연구가 보다 활성화되었다. 그리고 국내 일부 대학 학부 또는 대학원 석사과정에서 학문의 한 분야로서 '국가정보학'에 대한 강좌가 개설되어 강의가 진행되고 있다. 그러나 국내 국가정보학분야를 전공으로 하여 연구하는 학자는 손꼽을 정도로 많지 않다. 대학의 학부 또는 대학원에서 국가정보학을 전문적으

34) 문정인, "국가안보와 국가정보: 바람직한 정보기구 모색을 위하여," 『국가전략』, 제2권 1호 (1996); 전웅, "국가정보와 안보정책," 『국제정치논총』, 제36집 3호(1997), pp.207-236; 신유섭, "냉전 종식 이후 미국 정보기구의 개혁 방향," 『국제정치논총』, 제 39집 2호(1999), pp.39-58; 신유섭, "ONDI 창설을 통해 본 미국 정보계 개혁의 성격과 전망," 『국제정치논총』, 제45집 3호 (2005), pp.127-148; 전웅, "9.11 테러, 이라크전쟁과 정보실패," 『국가전략』, 제11권 4호(2005), pp.5-40 등이 있다.
35) 국내 발간된 교과서로서 김윤덕, 『국가정보학』(서울: 박영사, 2001); 문정인 편, 『국가정보론: 이론과 실제』(서울: 박영사, 2002); 국가정보포럼, 『국가정보학』(서울: 박영사, 2006), 한희원, 『국가정보』(서울: 법률출판사, 2008); 최평길, 『국가정보학: 정보력은 국가브랜드』(서울: 박영사, 2012); 국가정보연구회 편, 『분단국의 국가정보』(서울: 박문각, 2012); 한국국가정보학회 편, 『국가정보학』(서울: 박영사, 2013) 등이 있다.
36) 대표적인 번역서로 필립 차일드스 저, 정형근 역, 『경제전쟁과 미국 CIA』(서울: 1994); 윌리엄 V. 케네디 저, 권재상 역, 『첩보전쟁』(서울: 자작나무, 1999); R. 제프리스-존스 저, 김상민 역, 『CIA와 미국 외교정책』(서울: 학민사, 2001); 제임스 뱀포드 저, 곽미경·박수미 역, 『미 국가안보국 NSA I, II』(서울: 서울문화사, 2002); 바바라 터크먼 저, 김인성 역, 『짐머만의 전보』(서울: 평민사, 2003); 어니스트 볼크먼 저, 이창신 역, 『스파이의 역사 1(작전편): 20세기를 배후 조종한 세기의 첩보전들』(서울: 이마고, 2003); 어니스트 볼크먼 저, 석기용 역, 『21세기 첩보전의 역사』(서울: 이마고, 2004); 후베르투스 크나베 저, 김주일 역, 『슈타지 문서의 비밀』(서울: 월간조선사, 2002) 등이 있다. 저널리즘적 저서로 조갑제, 『국가안전기획부』(서울: 조선일보사, 1988); 이도성, 『남산의 부장들』(서울: 동아일보사, 1993); 문일석, 『KCIA, 비록-X파일』(서울: 한솔미디어, 1996); 손관승, 『우리는 그들을 스파이라 부른다』(서울: 여백, 1999); 이정훈, 『공작: 한국의 스파이 전쟁 50년』(서울: 동아일보사, 2003) 등이 있다.

로 강의할 강사 인력도 충분치 않은 실정이다. 이처럼 열악한 상황에서 국가정보학의 학문적 발전을 기대하기 어렵다. 국가정보학의 학문적 발전은 새로운 이론이나 기법의 개발을 통해 국가정보 업무의 효율성을 향상시키는데 기여할 수 있다. 또한 국가정보학은 올바른 정보활동의 방향을 제시해 주고 국민들에게 국가정보의 중요성을 인식시켜 주는 등 긍정적인 역할을 수행할 수 있다. 이러한 관점에서 민간 학계의 국가정보학에 관한 연구와 교육을 보다 활성화시킬 필요가 있으며, 이에 대한 정부의 적극적인 지원 노력이 요구된다.

요컨대, 21세기에 들어서서 국가정보는 국가의 생존과 번영의 핵심적인 요소로 부각되었으며, 이에 대한 학계의 연구와 관심이 증대되고 있다. 그런데 지금까지 국가정보학은 학계의 관심 부족과 자료 접근의 제약성으로 인해 학문적으로 저발전 된 상태에 놓여 있다. 이제 정보활동의 중요성이 부각되는 만큼 학계의 보다 많은 관심과 연구가 요구되며, 국가정보학의 학문적 발전을 위해 정부 차원에서의 지원이 절대적으로 필요하다. 이를 위해 국가정보학의 발전을 가로막는 자료의 접근성 제한이 대폭 완화되어야 할 것이며, 정부와 학계 간의 협력이 더욱 강화되어야 할 것이다. 보다 많은 정보활동 관련 자료가 일반인들에게 공개되고 학계의 연구가 활성화될수록 국가안보 또는 정부의 정책결정과정에서 국가정보가 수행하는 역할에 대한 학계 또는 일반인들의 이해가 증진될 수 있을 것이다. 역으로 이는 올바른 정보활동과 정보정책의 수행을 지탱하는 튼튼한 기반이 될 것이다.

부   록
(QR코드 수록)

National Intelligence Studies

- 사례: 미국의 비밀공작
- 참고문헌
- 국가정보 관련 법령

사례: 미국의 비밀공작
[본 QR코드를 스캔하시면, 현대국가정보학의 사례를 참고하실 수 있습니다.]

참고문헌
[본 QR코드를 스캔하시면, 현대국가정보학의 참고문헌을 참고하실 수 있습니다.]

국가정보 관련 법령
[본 QR코드를 스캔하시면, 현대국가정보학의 국가정보 관련 법령을 참고하실 수 있습니다.]

1. 국가정보원법
2. 국가정보원직원법
3. 국가보안법
4. 정보및보안업무기획·조정규정
5. 방첩업무규정
6. 보안업무규정
7. 국가사이버안전관리규정

찾아보기

(ㄱ)

가설 검증 173

간첩   68

감사관 576

감사관실 576

감시활동 297, 298

갓슨 46

개로왕 268

객체이동가상무기 321

거부 지역 138, 142

거울이미지 540

거점 73

거짓말탐지기 테스트 287

게리파 워즈 94

게슈타포 448

게이츠 165

겔렌 448

겔렌 조직 448

경고실패 533, 554

경성목표 131, 138

경제공작 244

경찰청 정보국 444, 504

계량분석 173, 175

계층질서 효과 553

공개정보센터 153

공개첩보수집 141

공개출처정보 141, 143, 152, 155,
    157, 159

공개출처정보의 장단점 154

공안부 406

공안조사청 393

공작원 77

공작평가서 229

공직 가장 69

과도분류 283

과소분류 283

과테말라 쿠데타 247, 248

광포한 코끼리 49, 594

국가안보 514, 564

국가안보국 368

국가안보법 201, 573

국가안전기획부 489, 494

국가안전보장회의 202

국가안전부 404, 406

국가정보 일일보고 191

국가정보 6, 10, 513
국가정보관 554
국가정보기관 10
국가정보목표우선순위 530, 636, 638
국가정보연구협의회 45
국가정보연구회 640, 652
국가정보원 490
국가정보원의 직무와 역할 496
국가정보의 공개화 636
국가정보장실 362
국가정보체계 529
국가정보판단보고서 167, 192
국가정보학 33, 58, 643
국가정보학의 접근방법 37
국가정찰국 371
국가지형정보국 372
국군기무사령부 501
국내안보총국 442
국내정보 11
국내정치 민주화 524
국무부 정보조사국 379
국민의 기본권 567
국방정보국 377
국방정보본부 499
국방지형정보단 500
국외정보 11
국제범죄 328
국제테러리즘 630
국토감시청 443
국토안보부 32, 380
굿맨 47
그럴듯한 부인 258
글로벌 호크 97

기만 307
기만정보 187
기무사 502
기본권 566
기본정보보고서 189
기술정보 128, 129, 130
기습 532
기용 76, 139
기회분석 208
9/11 진상조사위원회 360
9/11 최종보고서 546
9/11테러 309

(ㄴ)
남미 마약 카르텔 333
내각정보국 398
내각정보조사실 391
내부고발행위 581
노리에가 261
뉴테러리즘 309, 310
늑대소년효과 541
능동적 방첩 276, 277

(ㄷ)
닭모이 303
당 중앙대외연락부 404
당 중앙정법위원회 403
당 중앙통일전선공작부 404
대스파이활동 272, 292
대안분석기법 176
대외비 282
대통령 정보자문위원회 573
대통령국외정보자문위원회 572

더블크로스 시스템 303
더블크로스 작전 135, 137
도림 268
도이치 규칙 139
독일제국 치안본부 448
동독 정보기관 650
동향파악 287
드레퓌스 사건 439
드보크 87

(ㄹ)
라디오 자유유럽 238
라이바 돔 73
라캄 467
래크로스 100
러시아 재판소 제3분과 412
런던 경찰국 434
레이더정보 122
레이저정보 121
로버트 한센 87
로사트 프로그램 101
로웬탈 16, 47
리욜리트 114
리첼슨 46

(ㅁ)
마약단속국 384
마우리스 데진 83
마키아벨리 41
마타 하리 82
마피아 332
만주철도주식회사 390
만철조사부 390

메사다 462
모비 딕 93
모사드 460, 461
몽구스 작전 250
무인 정찰기 96
무자헤딘 253
문서보안 281
물리적 보안 288
미국 애국법 586
미국의 정보공동체 361
미국의 정보위원회 594
미드웨이 해전 105, 537
미사일 갭 98
미사일 갭 논쟁 377
미인계 81
미인계 수법 89
민주주의 562
민주화 524
밀 557

(ㅂ)
방위성 정보본부 394
방첩 9, 269
방첩공작 301
방첩분석 305, 308
방첩수사 297, 299
방첩의 목적과 범위 273
방첩정보 307
백색선전 235
백색정보관 69
뱅가드 프로젝트 98
버코위즈 47
버코위즈와 굿맨 56

베이지안 기법 175
베티 펙 82
보안 271, 276, 280
보안교육 288
보안부 429
보안사 489
보안업무규정 282
보호구역 289
부문정보 10
부문정보기관 10
분리형 정보기구 350
분산 서비스거부 322
분석관의 자질 부족 539
분석상의 편견 540
불가사의 188
브레인스토밍 174, 182
브리핑 195
블랙 캐비넷 24
블랙버드 95
비공직 가장 69, 70
비밀공작 8, 233, 644
비밀공작 계획 227
비밀공작의 개념 217
비밀공작의 기원 213
비밀공작의 예산 231
비밀공작의 유형 233
비밀공작의 특성 222
비밀공작의 필요성 225
비밀문서작성 86
비밀분류 281, 283
비밀성과 효율성 568
비밀의 분류 284
비밀정보부 430

비밀첩보수집 141
비밀취급인가권 285
비상위원회 413

(ㅅ)
사담 후세인 261, 543
사법부의 정보감독 615
사생활권 566
사야님 462
사이버 공간 314
사이버테러 318, 314, 326
사이버테러 공격 320
사이버해킹 316
사회과학적 기법 170, 172
산업보안 276
삼권분립 원칙 583
삼합회 331
상업용 위성 102
상원 정보위원회 596
생 자료 7
샴록 109
샴록작전 619
샹브루 누아 23, 438
서비스거부 322
서약 288
선전공작 235
세계화 327
섹스공작 82
셔먼 켄트 41
소리 없는 전쟁 6
손자 21
손자병법 21, 40, 67, 267, 529
수동적 방첩 276

수레떼 27
수사활동 277
수정헌법 제1조 606
수카르노 249
순찰활동 603
슈타지 35
슐스키 6
스노든 109
스키테일 21
스테가노그라피 86
스파이 기술 85
스푸트니크 98
시나리오 전개기법 182
시민의 알권리 565
시설보안 288
시오니즘 456
신베트 463
신원조사 285
신호정보 104, 123
신화사 406
CIA 감사실장 586
10.26 사건 489

(ㅇ)
아락스 위성 101
아리랑 1호 103
아리랑 5호 103
아만 464
아옌데 정권 575
악마의 변론 178
안보환경의 변화 520
알 카에다 311
알 카에다 테러조직 264

알려진 사실 186
알프레드 프렌젤 81
암호 168
암호분석 168
압베르 448
야쿠자 330
얀타르 100
에너지부의 정보방첩실 382
에니그마 45, 169
에니그마 암호체계 540
에셜론 109
에셜론 시스템 109
에임즈 81
엘리 코헨 75
역류 260
연방보안부 418
연방수사국 373
연방정보통신국 422
영국합동정보위원회 30
영상정보 90, 123, 125
영향공작 241
영향공작원 243
오사마 빈 라덴 261
오인 516
오판 532
오프리치나 23, 412
오흐라나 26, 412
외국장비신호정보 113
욤 키푸르 466
욤 키푸르 전쟁 469
울트라 계획 35, 169, 304
워커 81, 89
워터게이트 사건 218

원격측정정보 113
월싱햄 23, 426
위성정찰 98, 101
위협 631
은현잉크 86
의미정보 538
의열단 483
의회 정보위원회 584, 599
의회의 입법권 585
의회의 정보감독 559
이노우에-해밀턴 위원회 593
이라크 대량살상무기 579
이라크 전쟁 543
이라크의 대량살상무기 544
이란 쿠데타 247
이란 혁명 260
이중간첩 137, 302
이중간첩 공작 303, 304
이중간첩과 기만 301
익스플로러 프로젝트 98
인간정보 66, 128, 131
인간정보 수집 133
인도 핵실험 158
인식론적 경직성 540
인원보안 285
인지적 오류 539
일일정세 브리핑 191
일회용 암호표 169
임명동의 590
입법권 585
RC-135 116
RQ-1 프레데터 96
RQ-4 글로벌 호크 96

SR-71 95
U-2기 94
U-2기 격추 사건 94
ULTRA 계획 60

(ㅈ)
자발적 첩보원 77
자유 라디오 237, 238
자유 유럽 라디오 237
잠복공작원 76
장수왕 268
재무부의 정보분석실 383
적외선정보 122
전략정보 6
전자 감청활동 620
전자정보 111
전자파 보안 291
전통적 방첩 277
정보 3
정보감독 559
정보감독법 585
정보감독위원회 571, 575
정보경고 535
정보관 68
정보기관 343, 344, 562
정보기관의 특성 344
정보방첩실 382
정보분석 162
정보분석보고서 184, 189
정보사령부 501
정보생산자 164
정보소비자 164
정보수권법 219

정보순환 13
정보신원법 586
정보실패 52, 531, 532
정보오판 533
정보와분석국 381
정보요구 14, 16
정보위원회 청문회 589
정보위원회 594
정보위조 136
정보의 윤리성 646
정보의 정치화 207, 532, 644
정보의 해 595
정보의 홍수 134
정보전 632, 633
정보통신본부 432
정보통제 556, 565
정보통제의 필요성 561
정보혁명 633
정보협력관실 357
정보화시대 146
정보활동목표우선순위 578
정보활동의 윤리성 646
정보활동의 효율성 568
정찰위성 92
정책결정권자 533
정치공작 240
제3분과 26
제3의 선택 227
제국익문사 480
제니트 100
조르게 73
조지 테닛 102
좌전 67

준군사공작 247, 250
중국인민해방군 315
중앙정보국 358, 366
중앙정보부 487
중앙정보부법 487
중앙정보장 202
지상기지 118
지원공작 241
진주만 기습사건 536
질적 분석 173
질적 분석기법 174
집단사고 540, 541
징후계측정보 121

(ㅊ)
차단의 원칙과 비밀성 347
참모본부 정보총국 420
처치위원회 12, 592
첩보 3
첩보수집 65
첩보원 68, 77
첩자 21, 67, 68
청문회 589
체카 413
초국가적 안보 631
초정밀 민간관측위성 104
최악의 시나리오 546
축소화 86, 87
칭기즈칸 213

(ㅋ)
카스트로 250, 255
컴퓨터 보안 291

컴퓨터 해킹 321
케년 114
케임브리지 코민테른 80
코드 168
코메타 100
코인텔프로 618
쿠데타 246
클라우제비츠 41
KH-12 98

(ㅌ)
탈냉전기 146
터너 제독 130
테러사건 55
통고각서 229
통신보안 289
통신정보 107
통일부 정세분석국 505
통합형 정보기구 350
통화량 분석 112
트랩도어 321
트로이 목마 267, 321
트로이 전쟁 266
트리피모비치 몰로디 73
특수작전 221, 251
특수작전사령부 251

(ㅍ)
파이크 위원회 592
판단정보보고서 192
팝피 114
패트리스 루뭄바 256
펜코프스키 78, 88

포섭된 첩보원 77
포클랜드 침공 533, 535
포틀랜드 스파이 링 74
폴라드 80
프레데터 97
프리즘 110
피그만 공작 137
피그만 침공 250
피그만 침공사건 254

(ㅎ)
하가나 457
하원 정보위원회 596
한국국가정보학회 641
한인애국단 483
합동정보공동체위원회 573
합동정보위원회 200, 433, 445
항공정찰 92
해안경비대 385
해외안보총국 441
해외정보감시법 585
해외정보감시법원 619
해외정보부 415
핵심 전제조건 점검 178
핵정보 122
행정명령권 571
허만 16, 47
헌법보호청 451
현상정보 538
현용정보보고서 190
협조자 77
호메이니 260
혼돈작전 619

홀트 47
화재진압 604
회색선전 235
후버 374

휴즈-라이언 수정안 219
흑색선전 235
흑색정보관 69
히에로글리프 6, 20

저자약력

□ 학력

- 연세대학교 정치외교학과 졸
- 미국 조지아대학교(University of Georgia, Athens), 정치학 석사
- 미국 조지아대학교(University of Georgia, Athens), 정치학 박사

□ 경력

- 전 연세대학교 사회과학연구소 연구원
  경남대학교 극동문제연구소 초빙연구위원
  연세대, 고려대, 성균관대, 경희대, 이화여대, 숙명여대 등 강사
  전 국가정보대학원 교수
- 현 한국정치학회, 한국국제정치학회 이사
  한국국가정보학회 부회장
  국가안보전략연구원 객원연구원

□ 저서 및 논문

『국가정보학』(서울: 박영사, 2006)
『국가안보론: 이론, 환경, 그리고 정책구상』(서울: 국가정보대학원, 2006)
『전환기의 국제정치이론과 한반도』(서울: 일신사, 1996)
『미국정치의 과정과 정책』(서울: 나남출판, 1994)
"방첩의 개념과 실제: 대스파이 활동(Counterespionage)을 중심으로", 『한국경찰연구』(2014)
"초국가안보위협과 정보활동의 방향-미국의 사례를 중심으로", 『국가정보연구』(2010)
"9/11 이후 미국의 정보공동체 개혁", 『국방연구』(2008)
"탈냉전시대의 국가정보학: 학문적 기원, 위상, 그리고 한계", 『국제정치논총』(2006)
"9.11 테러, 이라크 전쟁과 정보실패", 『국가전략』(2005)
 그 외 다수

현대국가정보학

초판발행   2015년 1월 30일
중판발행   2021년 9월 10일

지은이   전 웅
펴낸이   안종만·안상준

편 집   우석진
기획/마케팅   강상희
표지디자인   홍실비아
제 작   고철민·조영환

펴낸곳   (주) **박영사**
             서울특별시 금천구 가산디지털2로 53, 210호(가산동, 한라시그마밸리)
             등록 1959. 3. 11. 제300-1959-1호(倫)

전 화   02)733-6771
f a x   02)736-4818
e-mail   pys@pybook.co.kr
homepage   www.pybook.co.kr
ISBN   979-11-303-0163-1   93350

정 가   32,000원